Franz Schnabel:
Deutsche Geschichte
im neunzehnten Jahrhundert

Band 1:
Die Grundlagen

Mit einer Einleitung von Eberhard Weis

Deutscher
Taschenbuch
Verlag

dtv

Unveränderter photomechanischer Nachdruck
der Ausgabe Freiburg i. Br. 1929
Vorbemerkung, Einleitung und Vorwort 1947 wurden
neu gesetzt.

August 1987
Deutscher Taschenbuch Verlag GmbH & Co. KG, München

Umschlaggestaltung: Celestino Piatti
Gesamtherstellung: C. H. Beck'sche Buchdruckerei, Nördlingen
Printed in Germany · ISBN 3-423-04461-6

Das Werk

Dieser in seiner Art einmalige Versuch, die deutsche Geschichte des 19. Jahrhunderts in all ihren Dimensionen darzustellen, ist – wie auch der des Vorgängers Treitschke – unvollendet geblieben. Dennoch gehört er zu den großartigsten Leistungen der deutschen Geschichtswissenschaft. Es ist das Werk eines katholischen Liberalen aus dem demokratischen Musterland Baden, der die Vorherrschaft Preußens im Reich für ein Unglück hielt, das Werk eines gründlichen, unbestechlichen und weisen Historikers, eines Geschichtsschreibers und Stilisten in der guten deutschen Tradition des 19. Jahrhunderts, die heute ausgestorben scheint.

Schnabel schrieb nicht nur politische Geschichte, er suchte die ganze Breite des sozialen Lebens einzufangen, und dazu gehören eben auch Hegel und die Eisenbahn, die Studenten, der Protestantismus und die Landwirtschaft. Schnabel dachte europäisch und war ein überzeugter Demokrat, und so erscheint er eigentümlich modern im Umkreis der nationalen Themen zugewandten, weitgehend nationalistisch gesinnten Historikerzunft seiner Zeit, weshalb sein Werk denn auch 1937 verboten wurde und er als einer der wenigen Historiker seinen Lehrstuhl verlor.

Der Verfasser

Franz Schnabel, geb. 1887 in Mannheim, war seit 1922 Professor für Geschichte an der Technischen Hochschule in Karlsruhe, wurde 1936 aus politischen Gründen entlassen, arbeitete als freier Journalist und Privatgelehrter, baute nach dem Krieg das Schulwesen in Baden wieder auf und war von 1947 bis 1962 Professor für Neuere Geschichte an der Universität München, wo er 1966 starb. Neben seinem Hauptwerk veröffentlichte Schnabel eine Einführung in die historischen Quellen zur deutschen Reformation, eine Monographie über den Reichsfreiherrn vom Stein und ein verbreitetes Geschichtsbuch für die Höheren Schulen und zahllose Abhandlungen, Vorträge und Aufsätze.

INHALT

ZWEITES BUCH

Die Grundlegung eines neuen Geistes

DRITTES BUCH

Die Grundlegung eines neuen Staates

[illegible]

Die [illegible]

VORBEMERKUNG

Das Hauptwerk eines der führenden deutschen Historiker, der in der Zeit des Nationalsozialismus eine untadelige Haltung bewahrt hat und dazu einer der populärsten akademischen Lehrer unserer Zeit gewesen ist, war seit einer Reihe von Jahren nicht mehr greifbar. Oft wurde man von französischen, britischen, amerikanischen und osteuropäischen Kollegen danach gefragt. Die deutsche Historikerzunft hingegen konnte mit dem „Außenseiter" Franz Schnabel, so scheint es, über Lippenbekenntnisse hinaus nach der Katastrophe des übersteigerten Nationalismus so wenig anfangen wie davor. Über die Gründe kann man nur spekulieren: Gewiß ist der Mangel an Resonanz zum Teil in fachwissenschaftlicher Enge zu suchen, die Schnabels Ausgreifen auf die Fülle des geschichtlichen Lebens mißtraute; sicherlich hinderte auch der restaurative Charakter eines Teils der westdeutschen Geschichtswissenschaft nach dem Zweiten Weltkrieg das Verständnis für Schnabels kosmopolitische, an Westeuropa orientierte Sicht – von dem seinem Geschichtsverständnis eher konträren Bild deutscher Geschichte, wie es in der DDR verordnet wurde, einmal ganz abgesehen. Die strukturgeschichtlichen Ansätze der nachfolgenden Historikergeneration von Theodor Schieder, Werner Conze, Otto Brunner und anderen, gar nicht zu reden von neueren Arbeiten in den historischen Sozialwissenschaften, „kliometrischen" Disziplinen usw., hatten zwar Schnabels erweitertem Geschichtsbild manche Anregungen zu verdanken, folgten aber doch einem andersartigen Wissenschaftsverständnis. Schnabels ganz an der humanistischen Bildungstradition orientierte Erzählkunst, die bildhafte Faktensättigung mit diskursiver Erklärung und lebendiger Schilderung verband, geriet da leicht in den Geruch des „Unwissenschaftlichen". Wie dem auch sei: Wir meinen, daß die „Deutsche Geschichte im neunzehnten Jahrhundert" des großen Historikers Franz Schnabel, dessen 100. Geburtstag auf den 18. Dezember 1987 fällt, heute so frisch und lebendig ist, daß sie weiterhin auf ein breites Leserpublikum rechnen darf.

Erich Angermann — Eberhard Weis

Franz Schnabel

EINLEITUNG

Von Eberhard Weis

Das Leben Franz Schnabels (1887–1966) ist ein Beispiel für die Bedingtheit von Persönlichkeit und Werk eines Historikers durch die Eindrücke seiner frühen Jahre, mehr aber noch ein Beispiel für geistige Originalität und Unabhängigkeit. Schnabel zeigte, wie ein scharfsichtiger und charaktervoller einzelner die heraufziehenden Gefahren für Kultur, Humanität und Demokratie frühzeitig erkannte, sie offen ansprach und auch unter der Diktatur keinerlei Konzessionen machte. Er hat unsere Wissenschaft und eine ganze Nachkriegsgeneration von Geschichtslehrern sowie zahlreiche Angehörige anderer Berufe tief beeinflußt. Seine „Deutsche Geschichte im neunzehnten Jahrhundert" hat ihren Wert behalten und gehört zu den klassischen Leistungen der deutschen Geschichtsschreibung.

Bestimmend für den Werdegang Franz Schnabels war zunächst seine Herkunft aus dem Bürgertum des deutschen Südwestens und seine Prägung gleicherweise durch Humanismus, Liberalismus, ein nicht konfessionalistisch betontes, von der Mutter ererbtes katholisches Christentum und schließlich wohl auch durch die geistigen Anregungen, die er zeitlebens von Frankreich empfing. Sein Vater gehörte einer badischen Kaufmannsfamilie evangelischer Konfession an, seine Mutter, eine geborene Guillemin, entstammte einer französischen Familie aus der Normandie. In einer unveröffentlichten autobiographischen Aufzeichnung von etwa 1949 schrieb Schnabel: „Dank den Verwandten meiner Mutter kam ich schon als Knabe nach der Normandie und nach Paris. Wer aber in seiner Jugend französischen Boden betritt, wird immer den Sinn für die großen Konturen der Weltgeschichte mitnehmen."[1] Seine Vaterstadt Mannheim, in der er am 18. Dezember 1887 geboren wurde und in der er seine letzte Ruhe fand, nachdem er am 25. Februar 1966 in München verstorben war, hat sein Leben in mehrfacher Hinsicht bestimmt: Hier vermittelte ihm ein glänzendes humanistisches Gymnasium seine klassische Bildung[2], hier kam er gleichermaßen in Berührung mit der Kultur und dem Mäzenatentum der Kurfürsten der Barockzeit und des in seiner Kurpfälzer Zeit aufgeklärten und kunstfreundlichen Karl Theodor wie mit der schöpferischen Kraft des aufstrebenden Bürgertums in Geschichte und Gegenwart, mit dem traditionsreichen badischen Liberalismus sowie den Ergebnissen der industriellen Revolution. Schnabel rühmte an Mannheim, daß hier auch noch in seiner Zeit Gewerbefleiß, industrielle Dynamik und eine große, für die Kultur und die Geschichte aufgeschlossene bürgerliche Bildungsschicht der Stadt ihr Gepräge gaben. Hier entwickelte bereits der junge Mann die Idee, einst das 19. Jahrhundert und seine geschichtlichen Grundlagen zu erforschen und darzustellen.

Schnabel begann nach dem Abitur 1906 das Studium der Geschichte und Romanistik an der Universität Berlin, wo er nebenbei auch den Nationalökonomen Gustav Schmoller hörte, und setzte es dann in Heidelberg fort. 1910 legte er dort das Staatsexamen für das Lehramt an Gymnasien ab und wurde im gleichen Jahr mit einer von Hermann Oncken gegebenen Arbeit promoviert: „Der Zusammenschluß des politischen Katholizismus in Deutschland im Jahre 1848", die noch 1910 im Druck erschien. In ihr wie auch in anderen frühen, das Verhältnis zwischen Staat und Kirche berührenden Arbeiten zeigte Schnabel bereits geistige Unabhängigkeit. Weder stimmte er in den Chor der bedingungslosen Lobredner des Bismarckischen Reiches ein, noch in den des damals zum Teil noch in Kulturkampfstimmung befindlichen politischen Katholizismus. Als historisch abwägender liberaler Katholik erkannte er beiden Sphären, der des Staates und der der katholischen Kirche ihre Eigenberechtigung zu und versuchte, ihre Argumente verständlich zu machen, ohne einer dieser Mächte das Recht zuzusprechen, einseitig der anderen ihren Willen und ihre Maßstäbe aufzuzwingen.

Schnabels weitere Arbeiten, darunter seine Karlsruher Habilitationsschrift „Geschichte der Ministerverantwortlichkeit in Baden" (Karlsruhe 1922), leisteten Pionierarbeit für die Geschichte Badens, des Musterlandes des deutschen Liberalismus, und sind noch heute für die Wissenschaft unentbehrlich. Hierzu gehört die äußerst knappe, aber aus den Quellen erarbeitete prägnante politische Biographie „Sigismund von Reitzenstein. Der Begründer des badischen Staates" (Heidelberg 1927). Heute ist unbestritten, daß Reitzenstein zu den großen und erfolgreichen deutschen Reformern des frühen 19. Jahrhunderts gehörte; der kleindeutsch-borussischen Geschichtsschreibung war der Name kaum bekannt. Dem Parlamentarismus und der Verwaltung Badens im Zeitalter des Frühkonstitutionalismus war die fast gleichzeitig erschienene Arbeit „Ludwig von Liebenstein. Ein Geschichtsbild aus den Anfängen des badischen Verfassungslebens" (Karlsruhe 1927) gewidmet.

In der Zwischenzeit hatten sich im Leben Franz Schnabels wichtige Veränderungen ergeben. Von 1911 bis 1922 war er als Gymnasiallehrer tätig, unterbrochen durch dreijährigen Kriegsdienst. Vor dem Kriege hatte er in der Insel-Bücherei eine deutsche Übersetzung von Mérimées „Carmen" veröffentlicht. Es spricht für eine gewisse Toleranz und Kulturfreundlichkeit, daß die damalige Armeeführung den Landsturmmann Schnabel einige Monate abstellte, um für seine Mitsoldaten im Standort Cambrai eine Geschichte dieser traditionsreichen Stadt schreiben zu lassen, eine Darstellung, der nicht der geringste Zug von Kriegspropaganda anhaftet. Während seiner Gymnasialtätigkeit verfaßte Franz Schnabel zwei in den zwanziger Jahren veröffentlichte Schulbücher: „1789–1919. Eine Einführung in die Geschichte der neuesten Zeit" und „Deutschland in den weltgeschichtlichen Wandlungen des letzten Jahrhunderts". Diese Schulbücher erlebten viele Auflagen und spielten für die Studenten nach dem Zweiten Weltkrieg ebenso wie für einen weiten Kreis von Geschichtsfreunden wieder eine große Rolle. Sie waren keine chronologischen Faktensammlungen, sondern verbanden in meisterhafter Weise eindrucksvolle Darstellung und Reflexion. Hier wie bei seinen eigentlich wissenschaftlichen Werken ging es Schnabel um das Aufzeigen geschichtlicher Zusammenhänge und um die Entwicklung des historischen Verständnisses. Ohne sein persönliches Zutun wurde der überaus erfolgreiche Schulmann 1920 von der Technischen Hochschule Karlsruhe aufgefordert, sich zu habilitieren[3]. Wie ihm bereits damals in Aussicht gestellt worden war, erhielt er 1922 einen Ruf auf ein Ordinariat an dieser Hochschule. Den Hörsaal füllten vorwiegend Studierende der Ingenieurwissenschaften und ein interessiertes Publikum aus der Stadt. Neben seinem Lehrstuhl hatte er auch mehrere Jahre die Leitung des Badischen Generallandesarchivs inne. Wie in Schnabels Werken, so spielte auch für ihn persönlich die Erfahrung des Schulmannes eine unvergleichlich größere Rolle als die des Archivars und Archivforschers.

Wenige deutsche Historiker sind so stark durch eine erfolgreiche Schulpraxis und didaktische Erfahrung geprägt worden wie Franz Schnabel. „Eben daraus erklärt sich zum Teil seine Bedeutung für unsere Wissenschaft, daß sich dieses pädagogische Vermögen mit einer seltenen Fähigkeit verband, große Weiten der geschichtlichen Zusammenhänge zu erschließen. So wurde es ihm möglich, neue Formen der Zusammenschau zu entwickeln, die beides in einem taten: Sie führten die Fachhistorie in wesentlicher Weise weiter und trugen gleichzeitig entscheidend dazu bei, außerhalb der Fachwelt das geschichtliche Interesse zu beleben."[4] Und noch ein anderes Interesse, das ihn ebenfalls unter den deutschen Historikern heraushob, wurde durch die Karlsruher Erfahrungen entwickelt. Daß er an einer Technischen Hochschule lehrte, und daß seine Hörer überwiegend Naturwissenschaftler und Techniker waren, veranlaßte ihn dazu, den Naturwissenschaften und der Technik sein besonderes Augenmerk zu schenken, ihre Entwicklung aus der europäischen Geistes- und Kulturgeschichte und ihren Beitrag zu den säkularen Wandlungsprozessen zu erforschen und darzustellen. Am stärksten kam diese Fähigkeit im dritten Band seiner „Deutschen Geschichte im neunzehnten Jahrhundert" zum Ausdruck.

Bereits 1920 hatte es Schnabel übernommen, in Analogie zu dem Werk von Wattenbach für das Mittelalter eine Quellenkunde zur deutschen Geschichte der Neuzeit zu schreiben. Die gesamte Neuzeit zu bearbeiten, war in Anbetracht der Fülle der vorhandenen Quellen schon damals tatsächlich eine von einem Menschen nicht zu bewältigende Aufgabe, es sei denn, er hätte sehr summarisch gearbeitet. Nach elf Jahren legte Schnabel jedoch einen Band vor, der immerhin das gesamte Zeitalter der Reformation umfaßte: „Deutschlands geschichtliche Quellen und Darstellungen in der Neuzeit. Erster Teil: Das Zeitalter der Reformation 1500–1550."[5] Schnabel löste das Problem der Fülle, indem er in bunter Folge über die Quellen, ihre Verfasser, ihren Inhalt, ihre Entstehung und Bedeutung, dazwischen aber auch über die Überlieferungsgeschichte und sensationelle Funde, über Kontroversen in späteren Jahrhunderten und die wissenschaftliche Literatur bis hin zu seinen Zeitgenossen berichtete. Rudolf Stadelmann, der in seiner Rezension von 1934 in der Historischen Zeitschrift aus der Sicht der damaligen Zunft an einigen unkonventionellen Zügen und Auslassungen des Werkes eine gewisse Kritik übte, erkannte an: „Als ausgezeichneter Didakt erweist sich der Verf. nicht bloß durch die souveräne Flüssigkeit des Ausdrucks und die kluge Beschränkung auf das, was sich dem Strom einer fortlaufenden Erzählung ohne Gewaltsamkeit eingliedern läßt, sondern auch durch die Fähigkeit, einprägsame und sichtbare Tatsachen hervorzukehren."[6] Zusammenfassend glaubte er sagen zu müssen, „daß Schnabels Buch eines jedenfalls vermag: durch sachliche Belehrung Enthusiasmus zu wecken"[7]. Zur Fortsetzung dieses noch heute wichtigen Werkes kam Schnabel nicht mehr.

Im gleichen Jahr 1931, dem 100. Todesjahr des Freiherrn vom Stein, erschien eine schmale, essayhafte Biographie Steins aus der Feder Schnabels[8], gleichzeitig mit der zweibändigen Biographie Steins von Gerhard Ritter[9]. Ritters Werk beruhte – im Gegensatz zu dem Schnabels – auf ausgedehnten Archivstudien. Es erschien einbändig, gestrafft und modernisiert nochmals 1958[10]. Schnabel dagegen gab aufgrund der gedruckten Quellen und der zeitgenössischen Literatur eine Deutung Steins, die damals nicht ohne Gegenwartsbezug war und in den Grundzügen der im Dritten Buch von Band 1 der „Deutschen Geschichte im neunzehnten Jahrhundert" entsprach. Schnabel sah in Stein zeitlebens den bedeutendsten, weitblickendsten und idealistischsten deutschen Staatsmann, den eindeutigsten Vertreter des liberalen Rechtsstaates, der seine Meinung stets ohne Rücksicht auf die momentane Opportunität vertrat. In seinem kurz nach dem Zweiten Weltkrieg erschienenen Vortrag „Was bedeutet uns heute der Freiherr vom Stein?"[11] kommt dies besonders deutlich zum Ausdruck. Er sieht ihn weniger, wie es Ritter tat, als Konservativen in der preußisch-kleindeutschen Tradition. Heute ist das quellengesättigte Werk Gerhard Ritters ebenso unentbehrlich für eine Beschäftigung mit Stein wie die Interpretation Schnabels, die er 1947 so formulierte: „Die Reform des Freiherrn vom Stein und auch seine außenpolitische Tätigkeit im Dienste seines niedergedrückten Volkes sind erfüllt von dem Gedanken, daß der Schutz des Rechtes, die Verwirklichung der Gerechtigkeit höchster Sinn und Zweck des Staates ist." Aus allen Schriften und Taten Steins sei zu erkennen, „daß er überzeugt war, wie sehr die Wahrung des Rechtes Liebesdienst ist und wie furchtbar sich die Mißachtung des Rechtes gegen den Menschen selber wenden muß und ganze Völker zerstört"[12]. „Er hat gegen das alte Recht der Privilegierten das neue Recht der aufsteigenden Schichten – das Recht der Arbeit, der Begabung und Leistung – emporgehoben, und er war sich bewußt, daß er damit zugleich auch gegen das alte, überkommene und überholte Recht ein noch älteres Recht aufrief, das in der Natur des Menschen gegeben ist und in einer sich verwandelnden Zeit wieder zur Geltung gelangen mußte."[13]

Das Nebeneinander der beiden Stein-Biographien, mehr aber noch Schnabels öffentliches Bekenntnis zur Weimarer Republik, das er zum Beispiel in einer Rede zum Reichsgründungstag am 18. Januar 1923[14] vor der Studentenschaft seiner Technischen Hochschule aussprach, und in der er das Kaiserreich tadelte, eine Prüfung der nationalen Institutionen auf Erneuerungsbedürftigkeit unterlassen zu haben und den Deutschen der Weimarer Republik vorhielt, noch jede Restauration von Überholtem und Ausgestorbenem sei vergeblich geblieben – all dies hat zu Ritters vollkommen ablehnender Stellungnahme gegen Schnabels „Stein" von 1932 beigetragen. Ritter warf Schnabel vor, Stein zur Idealgestalt der „Demokratie von 1918" hochzustilisieren und am Kaiserreich wie an der Historikerzunft unberechtigte Kritik zu üben[15]. Erst während des „Dritten Reiches", als beide Historiker mit der Diktatur in Konflikt gerieten, Schnabel amtsenthoben und Ritter zuletzt verhaftet wurde, mögen sie sich nähergekommen sein. Nach dem Zweiten Weltkrieg pflegten sie kollegiale Mindestbeziehungen und sprachen mit Respekt voneinander, geliebt haben sich aber, wie Beobachter deutlich feststellen konnten, diese beiden damals bedeutendsten deutschen Neuzeit-Historiker nie, obwohl sie nahezu gleich alt, beide Schüler Onckens waren und lange gewissermaßen als „Nachbarn" in Karlsruhe bzw. Freiburg gewirkt hatten.

Als im Juli 1932 die geschäftsführende preußische Regierung durch Reichskanzler von Papen und sein Kabinett amtsentsetzt wurde, ein Rechtsbruch, den man in der Literatur häufig als „Preußenschlag" bezeichnet, erhob Schnabel flammenden Protest in einem Aufsatz „Neudeutsche Reichsreform", den er gleichzeitig im „Hochland" und im „Badischen Beobachter" veröffentlichte[16]. Mit eindrucksvollen Worten warnt er hier vor Fehlentwicklungen, die sich in Deutschland anbahnten. Der Aufsatz beginnt mit den Sätzen: „Auch wenn die Diskussion geschlossen sein sollte und künftig nur noch diktiert wird im deutschen Vaterlande, so bleibt es doch die Pflicht der geistig führenden Schicht, so lange ihre Stimme zu erheben, wie dies möglich ist. Mag das ‚ruere in servitium' immer weiter um sich greifen und vor längst beschlossenen Dingen jedes Wort ohnmächtig sein, vernichtet werden durch den Spott über Ideologen und ‚radoteurs', so dürfen doch die geschichtlichen Grundlagen des deutschen Staatslebens nicht unverteidigt bleiben. Unsere ruhm- und leidvolle deutsche Geschichte lehrt, wie der deutsche Staat auf rechtsstaatlicher und bundesstaatlicher Grundlage erwachsen ist, und daß die Beseitigung dieses doppelten Charakters einen größeren und schlimmeren Bruch mit der Vergangenheit darstellen würde, als dies jemals die Revolution vom November 1918 gewesen ist. Denn die Ausdehnung der Parlamentsrechte lag im Zug der allgemeinen geschichtlichen Entwicklung der Vorkriegszeit ... Die Monarchen versanken im November 1918, nirgends rührte sich auch nur ein Finger, um sie zu retten. Aber ... die überwiegende Mehrheit des Volkes hielt an dem überlieferten

Charakter des deutschen Staates fest und sprach sich in der Nationalversammlung von Weimar für ein Reich aus mit einer rechtsstaatlichen Verfassung und mit der naturgemäßen und historisch gewordenen Gliederung in Stämme und Länder. Nun sind – ganz unvermittelt und lediglich begünstigt durch die furchtbaren wirtschaftlichen Nöte – ungeschichtliche Kräfte mächtig geworden, die alles wieder in Frage stellen und das Reich zum Gegenstande gefährlicher Experimente machen wollen."[17] Obwohl das Bild der Zukunftsentwicklung, das er andeutet, pessimistisch war, hat auch er damals offenbar nicht geahnt, *wie* schlimm tatsächlich alles werden würde. Dies sollte er jedoch bald erkennen.

In dieser unruhigen und krisenhaften Zeit entstand Schnabels Hauptwerk, seine „Deutsche Geschichte im neunzehnten Jahrhundert", und zwar gelang es ihm, in dem kurzen Zeitraum von acht Jahren, 1929 bis 1937, die vier vorliegenden Bände zu veröffentlichen. Er war damit einer Aufforderung des Verlegers Hermann Herder, Leiter des gleichnamigen Freiburger Verlages, gefolgt. Herder bat Schnabel, der bei Beginn Mitte dreißig war, in einem Band eine Darstellung der deutschen Geschichte des gesamten Jahrhunderts, des bürgerlichen Zeitalters, zu geben. Wie erwähnt, entsprach diese Aufgabe einem Plan, den Schnabel bereits als junger Student gehegt hatte. Schnabel, der bei der Annahme des Auftrages bemerkte, er benötige wohl zwei Bände, wollte mehr als nur eine auf der Sekundärliteratur aufgebaute, überblickartige Darstellung des Zeitraumes, konzentriert auf die politische Geschichte, geben, wie sie es vor und nach ihm immer wieder gegeben hat. Er wollte die Geschichte des Zeitalters unter Rückgriff auf die hauptsächlichsten primären Quellen neu schreiben, wie er im Vorwort zur ersten Auflage von Band 1 ausführt. Und in der Tat handelte es sich um Forschung und Darstellung zugleich. Allerdings leistete er keine Archivarbeit. In diesem Falle hätte er bei seiner weiten Konzeption das Werk gar nicht erst zu beginnen brauchen. Zur politischen Geschichte lagen inzwischen zahllose Einzeluntersuchungen und gedruckte Quellen vor, die er benützen konnte. Für andere Bereiche, wie etwa die Technikgeschichte, hätte ihm ohnehin die Archivarbeit nicht viel genützt. Seine Quellen waren vielmehr, neben Gesetzblättern und Akteneditionen, vor allem die Schriften und Briefe der handelnden Personen selbst oder wichtiger Beobachter des Zeitgeschehens, soweit sie gedruckt waren, besonders aber auch die literarischen, philosophischen und technologischen Werke der Epoche sowie die Publizistik. Im Gegensatz zu modernen Überblicksdarstellungen gibt Schnabel am

Ende eines jeden Bandes die Quellen und Belege, auf die er sich jeweils stützte, Seite für Seite an.

Die ständige Einstreuung von besonders charakteristischen zeitgenössischen Äußerungen und von Episoden, welche die Entwicklung und geistige Zusammenhänge beleuchten, machte Schnabels Bücher und Aufsätze, ebenso wie seine Vorlesungen, so lebendig, anschaulich und überzeugend. Er vermittelte Problemgeschichte, arbeitete auch die Wechselwirkungen zwischen verschiedenen Bereichen des geschichtlichen Lebens in vorbildlicher Weise heraus, wobei er Erzählkunst auf hohem Niveau mit der Fähigkeit zur Synthese verband. Obwohl Schnabel in seinen Münchner Vorlesungen das gesamte 19. und zunehmend auch das 20. Jahrhundert behandelte – es gibt davon stichwortartige Nachschriften[18] –, hätte er kaum das gesamte 19. Jahrhundert mit derartiger wissenschaftlicher Intensität darstellen können, wie er es in den vorliegenden vier Bänden tut, zumal er jede Zuarbeit ablehnte. In der Einführung zu dem Neudruck von 1964 schrieb Schnabel: „Niemand hat mitgewirkt und beigetragen. Diese vier Bände verdanken ihr Dasein ganz und ausschließlich der eigenen Kraft des Autors und des Verlegers." Und er fügt hinzu: „Und wenn das Gesamtwerk ein Torso bleiben muß, so darf ich mich trösten an dem Gedanken, daß die größten Meister unserer Zunft das gleiche erfahren haben. Die ‚Römische Geschichte' von Theodor Mommsen, die ‚Kultur der Renaissance' von Jacob Burckhardt, die ‚Weltgeschichte' Rankes sind unvollendet geblieben."[19]

In ihren sehr in die Tiefe gehenden Nachrufen auf Schnabel von 1967 und 1968 haben zwei seiner Schüler, der 1973 verstorbene Friedrich Hermann Schubert und Lothar Gall, eingehend die Frage diskutiert, warum Schnabel nicht zum Abschluß seiner „Deutschen Geschichte im neunzehnten Jahrhundert" gekommen ist[20]. Beide stimmen in der Vermutung überein, daß bei der gleichen Ausführlichkeit das Werk kaum durch einen einzelnen zu Ende geführt werden konnte, sowie in der Feststellung, daß Schnabel weder in den Jahren seiner Entfernung aus dem Amt durch die Nationalsozialisten noch während seiner sechzehnjährigen Lehrtätigkeit in München Zeit und Ruhe zur Fortführung seines Werkes gefunden hat. Beide bestätigen, woran sich auch der Schreiber dieser Zeilen erinnert, daß Franz Schnabel jedoch die Hoffnung auf eine Weiterarbeit nicht aufgegeben hat, zumal er aufgrund der Lebensdaten seiner Vorfahren mit einem hohen Alter rechnete. Es blieben ihm jedoch nach seiner Emeritierung nur noch drei Lebensjahre, in denen er erschöpft wirkte.

Der erste Band der „Deutschen Geschichte im neunzehnten Jahrhundert" unter dem Titel „Die Grundlagen" erschien noch in der Weimarer Republik, 1929. Der Erfolg war so groß, daß der Band bereits 1937 in unveränderter zweiter Auflage erscheinen konnte. Der zweite Band, „Monarchie und Volkssouveränität", aber wurde bereits nach der Machtergreifung Hitlers publiziert, ohne daß dies den Inhalt, ebenso wie den der folgenden Bände, im geringsten beeinflußt hätte. In der Einleitung zum zweiten Band, die vom 1. Juni 1933 datiert, sagt Schnabel doppeldeutig: „Wir haben in den letzten Wochen und Monaten fast physisch fühlbar erlebt, wie die Tore des 19. Jahrhunderts endgültig und vollständig geschlossen worden sind." In allen seinen Publikationen erscheint das 19. Jahrhundert, vor allem dessen erste Hälfte, wohlgemerkt als die Epoche der Freiheit. In diesem Kontext muß man den zitierten Satz sehen. Und Schnabel scheut sich nicht, weiter zu bemerken: „Das deutsche Volk wird die große Überlieferung des deutschen Staates und des deutschen Geistes auch in dem neuen Leben, das es sich im 20. Jahrhundert aufbauen muß, nicht verleugnen wollen; die echten Werte der Vergangenheit können vorübergehend verdunkelt, niemals vernichtet werden." Schon das Thema dieses Bandes, Liberalismus und Verfassungsgedanke, bedeuteten in der positiven Weise, in der Schnabel sie behandelte, einen Affront gegen das Regime. Auch der bedeutungsvolle und grundlegende Einfluß des englischen Parlamentarismus und des englischen Staatsdenkens sowie der Französischen Revolution wird ganz unzeitgemäß herausgestellt.

Der dritte Band, „Erfahrungswissenschaften und Technik", erschien 1934. Bereits im Vorwort, wie auch im gesamten Band, wird auf die untrennbare Verbindung von Verfassungsgedanken, Erfahrungswissenschaften und moderner Technik hingewiesen, deren gemeinsamer Träger das Bürgertum war. „‚Konstitution und Maschine' war das Leitwort eines Jahrhunderts, das mit all seinen Schöpfungen und seinen Mängeln das Zeitalter des Bürgertums gewesen ist."[21] So war auch dieser Band mit seiner souveränen Überschau der Entwicklung der Geschichtswissenschaften, der Naturwissenschaften und der Technik mit ihren gemeinsamen geistigen Wurzeln gleichzeitig ein Politikum. Dies gilt nicht minder für den 1937 erschienenen vierten Band, „Die religiösen Kräfte", ein in den Augen der damaligen Machthaber denkbar unerwünschtes Thema. Welche originelle Arbeitsleistung auch in diesem, Katholizismus und Protestantismus vor 1848 behandelnden Band enthalten ist, deutet Schnabel selbst im Vorwort an: „Wenn von den früheren Bänden gesagt werden durfte, daß sie von Gegenständen handeln, die man bisher in einer deutschen Geschichte nicht zu finden pflegte, so gilt dies mehr noch von dem vorliegenden Bande. Nach den großen Gelehrten und Ingenieuren sollen auch die religiösen Denker und Erzieher und das gläubige Volk, unsere schlichten Altvorderen in den Annalen der deutschen Geschichte künftig nicht fehlen, sondern mithelfen, Zeugnis zu geben von dem vielfältigen geistigen Reichtum des deutschen Lebens. Die religiöse und kirchliche Geschichte des 19. Jahrhunderts ist bisher nicht geschrieben worden, obwohl die Anzahl der Monographien Legion geworden ist. So blieb nichts anderes übrig, als auch für diesen Band ein ungemein weitschichtiges Quellenmaterial durchzuarbeiten und auszusondern."[22]

Schon vor der Veröffentlichung dieses Bandes war Schnabel 1936, mit 49 Jahren, aus politischen Gründen zwangsentpflichtet worden; die akademische Lehrtätigkeit war ihm nun untersagt. Der bereits 1939 von ihm im Manuskript großenteils fertiggestellte fünfte Band behandelte als Korrelat zur Verfassungsbewegung und zu der stürmischen Entwicklung in Wissenschaft und Technik die nationale Idee und die nationale Frage in Deutschland von den Tagen des Humanismus bis zum Vorabend der Revolution von 1848/49, in ständigem Vergleich zur Entwicklung in anderen europäischen Staaten. Auch dieser Band macht keinerlei Konzessionen an Ideologie und Politik des Nationalsozialismus. Die Zensurbehörden des Reichspropagandaministeriums, die bereits alarmiert waren durch die rasche Verbreitung und den Erfolg der ersten vier Bände, verboten 1941 die Veröffentlichung des bereits zur Hälfte umbrochenen fünften Bandes bzw. knüpften sie an Änderungsauflagen, die Autor wie Verlag in mutiger Weise ablehnten. Schnabel hat nach dem Kriege in der wohl richtigen Erkenntnis, daß das Manuskript dieses Bandes zwar nicht in politischer Hinsicht, wohl aber in bezug auf die dem Autor seinerzeit nicht zugängliche ausländische Literatur einer gründlichen Überarbeitung bedürfe, auf eine Veröffentlichung des fünften Bandes verzichtet. Er kam nicht mehr zu der geplanten Neubearbeitung, verwendete aber einige besonders wichtige Partien und Grundgedanken für einzelne Aufsätze. Die beiden noch vorhandenen Exemplare des Manuskripts sind unvollständig.

Schnabel lebte, sozusagen in der inneren Emigration, in seinem Hause in Heidelberg, übrigens in der Nachbarschaft von Theodor Heuss. Es traf ihn besonders hart, daß er nicht mehr lehren durfte[23]. Wenn auch das Weitererscheinen der „Deutschen Geschichte" durch die Behörden unterbunden war, so hatte der Autor wenigstens noch die Möglichkeit, in Zeitschriften, die noch nicht gleichgeschaltet waren, wie dem „Hochland" oder der „Frankfurter Zeitung", Aufsätze zu veröffentlichen. Er schrieb Beiträge teils zur badischen und Pfälzer Geschichte, die er stets in allgemeine Zusammenhänge stellte, teils zur Bildungsgeschichte oder zu Fragen, die mit dem Inhalt seines fünften Bandes zusammenhingen[24].

Nach Kriegsende wurde Schnabel zum Landesdirektor für Unterricht und Kultus, also zu einer Art Kultusminister, für das amerikanisch besetzte Nordbaden ernannt. Bis 1947 war er hier am Wiederaufbau des Bildungswesens maßgebend beteiligt. Er fühlte sich jedoch stärker zur Lehre als zu Verwaltung und Wissenschaftsorganisation, die ihm weniger lagen, hingezogen. Als er 1947 gleichzeitig Rufe nach Marburg und München erhielt, entschied er sich für München. Schnabel begann dort seine Lehrtätigkeit mit 60 Jahren. Das bayerische Kultusministerium räumte ihm das höchst ungewöhnliche Vorrecht ein, den Zeitpunkt seiner Emeritierung selbst zu bestimmen. Er trat erst 1962, kurz vor der Vollendung seines 75. Lebensjahres, zurück. In München konnte er wie nie zuvor in die Weite wirken. Er bildete nicht nur fünfzehn Jahrgänge künftiger Geschichtslehrer aus, hatte zahlreiche Examenskandidaten, Doktoranden und einige Habilitanden, sondern in seine Vorlesungen an der bereits damals studentenstärksten deutschen Universität strömten auch zahlreiche Studierende anderer Fachrichtungen, darunter Juristen und Naturwissenschaftler, ferner Menschen, die bereits im Berufsleben standen oder gestanden hatten. Zeitweise reichten weder die Große Aula noch das dann wieder aufgebaute Auditorium Maximum mit seinen 1200 Plätzen für Schnabels Vorlesungen aus; die Zuhörer standen zum Teil oder saßen auf Gängen und Treppen. Er hatte keinerlei Starallüren, wirkte eher wie ein etwas scheuer, in sich gekehrter Gelehrter, der persönlich ganz hinter dem Gegenstand seines Vortrages zurücktrat. Dennoch hatte er ein verhaltenes Pathos, das sich beispielsweise steigerte, wenn er auf schöpferische Leistungen einzelner Menschen zu sprechen kam, die unter Entbehrungen und Leiden erbracht worden waren und von den Zeitgenossen zunächst nicht verstanden wurden. Besonders gern verweilte er etwa bei Gutenberg, Kopernikus, Kepler, Galilei, Descartes, Leibniz, Newton, Benjamin Franklin, Alexander und Wilhelm von Humboldt. In ihnen verkörperte sich für ihn das Kreative, das in die Zukunft Weisende des europäischen bzw. amerikanischen Menschen. Bei großen Staatsmännern und Technikern der Macht dagegen – ausgenommen die führenden Köpfe der deutschen Reformzeit – war bei ihm eine kritische Note nicht zu überhören. Bei Friedrich dem Großen etwa und Bismarck stellte er auch die menschenverachtenden Züge und die Ansätze heraus, die zu späteren Fehlentwicklungen führten. Was seine Vorlesungen besonders belebte und auflockerte, war sein unerschöpflicher Vorrat an Zitaten, die zum Schmunzeln anregten, die aber vor allem, wie auch in seinen Schriften, dazu dienten, das Wesen der Dinge und Persönlichkeiten verständlich zu machen und Zusammenhänge zu erläutern.

In seinen Vorlesungen sprach Schnabel überwiegend frei, wobei er immer wieder einen Blick auf stenographisch beschriebene Zettel warf, die vor allem Zitate enthielten. Großen Eindruck machte es auf seine Studenten, als einmal in den ersten Nachkriegsjahren wegen Stromausfalls am Anfang der Vorlesung das Licht im überfüllten Hörsaal ausging. Schnabel setzte, ohne auch nur einen Augenblick zu stocken, seinen Vortrag fast eineinhalb Stunden lang im Dunkeln in der gewohnten Brillanz fort, wobei er nur die Zitate sinngemäß zusammenfaßte. Niemand rührte sich, niemand verließ den Platz. Ein ungeheurer Applaus dankte dem Redner am Schluß.

Die Seminare Schnabels waren für die Teilnehmer weniger gewinnbringend als seine Vorlesungen. Sie wirkten – trotz seiner sonstigen didaktischen Begabung – zu wenig geplant, zu stark improvisiert, zu sehr ausgefüllt mit langen Studentenreferaten. Dies war allerdings damals fast allgemein die Regel. Ein Genuß war es jedoch, in den Diskussionen Schnabels originellen und geistvollen Bemerkungen und Betrachtungen zuzuhören, die auch den Wissenschaftsbetrieb alter und neuer Zeit mit Humor und Ironie behandelten. Dabei griff er aber selten Menschen persönlich an, sondern glossierte Zustände und Konventionen. Am meisten lag ihm daran, Verständnis und Interesse für die echten Leistungen der Vergangenheit und für das Humane zu wecken.

Schnabel mied, soweit möglich, den offiziellen Wissenschaftsbetrieb. Als der einzige Lehrstuhlinhaber der Neueren Geschichte an der Universität München widmete er den Hauptteil seiner Zeit und Arbeitskraft der Lehre, den Studenten, der Durchsicht der ungezählten Prüfungs- und Seminararbeiten. Er nahm nie ein Forschungs-Freisemester. Obwohl er damals bereits im siebten, zuletzt im achten Lebensjahrzehnt stand, hielt er vielstündige Sprechstunden, hörte jeden Studenten aufmerksam und freundlich an, erkundigte sich nach seiner Heimat, seinen Sorgen und Plänen, beriet und half, wo es ging. Auch den schüchternsten Studenten brachte er zum Sprechen. Dabei würzte er, wie bei ihm üblich, die Gespräche mit Bonmots, Anekdoten und Zitaten, von denen heute noch viele von seinen damaligen Studenten erzählt werden und es verdienten, aufgezeichnet zu werden.

Von Arbeit überhäuft, aber immer gesammelt und nie nervös wirkend, lebte Franz Schnabel zurückgezogen am Rande Münchens und ging gesellschaftlichen Verpflichtungen und Einladungen, wo es nur möglich war, aus dem Wege. Seine Schwester führte ihm, der unverheiratet war, den Haushalt. Allerdings da, wo er im Interesse der Wissenschaft oder der Öffentlichkeit gefordert war, stellte er sich. Von 1951 bis 1959 war er Präsident der Historischen Kommission bei der Bayerischen Akademie der Wissenschaften, einer 1858 von König Max II. von Bayern auf Vorschlag Rankes gegründeten Institution zur Erforschung der deutschen Geschichte, deren kooptierte Mitglieder in Deutschland, Österreich und der Schweiz lehren. In seiner Münchner Zeit kam Schnabel nicht mehr zur Weiterarbeit an seiner „Deutschen Geschichte im neunzehnten Jahrhundert". In einem Vorwort zum ersten Band der rasch vergriffenen Nachkriegsauflage wies er nicht ohne berechtigten Stolz darauf hin, daß er gegenüber der Erstausgabe von 1929 bis 1937 kein Wort habe ändern müssen. Es hat nicht viele Geisteswissenschaftler in Deutschland gegeben, die dies von sich sagen konnten. Schnabel hielt ferner beachtete Vorträge vor einer großen Öffentlichkeit, die auch gedruckt vorliegen, und von denen jeder für sich sowohl als Werk geschichtlicher Darstellung als auch als Zeugnis der Persönlichkeit und Weltsicht Franz Schnabels bedeutsam ist. Es handelte sich zum Beispiel um „Der Buchhandel und der geistige Aufstieg der abendländischen Völker" (Freiburg 1951), den öffentlichen Vortrag vor der Bayerischen Akademie der Wissenschaften „Das humanistische Bildungsgut im Wandel von Staat und Gesellschaft" (München 1956, 2. Auflage 1964) oder seinen aufgrund von Archivalien gearbeiteten geistes- und historiographiegeschichtlich überaus ergebnisreichen Festvortrag, der als Beitrag zu einer Festschrift aus Anlaß des hundertjährigen Bestehens der Historischen Kommission erschien: „Die Idee und die Erscheinung" (in: „Die Historische Kommission bei der Bayerischen Akademie der Wissenschaften 1858–1958", Göttingen 1958). Schließlich seien aus einer großen Zahl anderer Vorträge noch genannt: „Der Ursprung der vaterländischen Studien" (1955), „Der Aufstieg der modernen Technik aus dem Geiste der abendländischen Völker" (Festvortrag auf der Gedenktagung „75 Jahre Otto-

Motor", Köln 1951) und „Alexander von Humboldt" (München 1959). In allen zeigte sich Schnabel nicht nur erneut als ein Meister des gesprochenen wie des geschriebenen Wortes, sondern auch als ein historischer Denker. Seine Gabe, mit verhältnismäßig einfachen, klaren Worten und aussagekräftigen Beispielen komplizierte historische Zusammenhänge zu veranschaulichen, machten auch seine Rundfunkvorträge zu einem Erlebnis für einen großen Hörerkreis. Sieben seiner großen Rundfunkvorträge sind enthalten in dem von Kurt Seeberger herausgegebenen Sammelband „Die letzten hundert Jahre" (München 1961). Dies war auch der Ort, wo Schnabel zum letzten Mal zu dem Phänomen Bismarck Stellung nahm in dem Vortrag: „Bismarck und die Deutschen". Er diskutiert hier nicht mehr, wie 1949 in seinem „Hochland"-Aufsatz „Das Problem Bismarck"[25], der Anlaß zu heftigen Kontroversen mit anderen deutschen Historikern gegeben hatte, die Frage, ob es eine mögliche Alternative zum kleindeutschen Kaiserreich von 1871 gegeben habe. Aber im Grunde sieht er nach wie vor Bismarck als einen zwar genialen Staatsmann, jedoch als „zutiefst illiberal", als ein Unglück für Deutschland an. Durch sein Wirken sei Deutschland abgekoppelt worden von den westeuropäisch-amerikanischen Verfassungstraditionen und auch von den Idealen des deutschen Liberalismus der ersten Jahrhunderthälfte.

Obwohl Schnabel einerseits an das Gute im Menschen und an die Zukunft auch Deutschlands glaubte, falls es sein humanistisch-christlich-liberales Erbe nicht aufgäbe, zur strengen Rechtsstaatlichkeit und zur Demokratie zurückkehre – ohne diese Hoffnung wäre sein pädagogisches Engagement sinnlos gewesen –, fiel uns Studenten im Gespräch mit ihm auch immer wieder ein tiefer Pessimismus auf. Er war sich in der Beurteilung der künftigen Entwicklung Deutschlands nicht sicher. In seinen Vorlesungen und in Gesprächen äußerte er häufig auch eine herbe Kritik an Adenauer und Heuss, ohne sich indessen deswegen für die SPD oder eine andere Partei erwärmen zu können. Innenpolitisch fürchtete er in Deutschland zeitlebens Gefahren eher von rechts als von links. Die Kritik Schnabels an den Politikern und Verhältnissen in der Bundesrepublik, an die sich der Schreiber dieser Zeilen aus Vorlesungen und Gesprächen vor 1952 erinnert, faßte Schnabel selbst in dem Aufsatz „Die humanistische Bildung im zwanzigsten Jahrhundert" (Essen 1962)[26] so zusammen: „Diese nicht rechtzeitig neugestalteten deutschen Universitäten sind dann in der Hitlerzeit zugrundegegangen, und besonders in den letzten Kriegsjahren waren sie ja nur Torso. Der Weg zu einer Reform war also 1945 frei. Aber das Jahr 1945 ist kein neuer Anfang geworden, sondern hat, wie auch auf anderen Gebieten, nur zu einer Restauration geführt." Weder seine positiven Vorstellungen über die richtige Universitätsreform noch über einen die Restauration vermeidenden politischen Neuaufbau waren damals und sind heute deutlich. Hinsichtlich der Bildungsreform muß man bedenken, daß Schnabels Ideal ja keineswegs die extreme Demokratisierung des Bildungswesens und die Massenuniversität war, wie sie sich seitdem tatsächlich entwickelt hat. Die letztere fürchtete er als eine fast tödliche Gefahr für echte Bildung und wissenschaftliche Kreativität. Obwohl er persönlich riesige Hörerzahlen nicht ungern zur Kenntnis nahm, war sein Ideal, wie Friedrich Hermann Schubert herausgestellt hat, eher das einer Eliteuniversität im Sinne des 19. Jahrhunderts. Die fortschreitende Akademisierung des Berufslebens hielt er für eine Fehlentwicklung. Er wünschte keine Vermehrung der Lehrstühle, keine Vergrößerung der Mitarbeiterzahlen – er selbst arbeitete beharrlich ohne Assistenten – und hatte am Einsatz technischer und organisatorischer Hilfsmittel kein Interesse[27]. Auch wie man den politischen Wiederaufbau nach 1945 seiner Ansicht nach anders und besser hätte gestalten können, wurde aus seinen damaligen Ausführungen nicht klar. Vielleicht wird später eine Durcharbeitung seines Nachlasses hierüber genauere Aufschlüsse bringen können. Mit zunehmender Stabilisierung der Bundesrepublik und auch der internationalen Lage etwa nach 1952 scheint sich sein Pessimismus gemildert zu haben, um dann in seinen letzten Lebensjahren wieder zu erstarken. Ein gewisser Zwiespalt ist in seinen schriftlichen Äußerungen, auch in seiner hier vorliegenden „Deutschen Geschichte im neunzehnten Jahrhundert", nicht selten zu bemerken. Einerseits sind seine Arbeiten wie auch sein persönliches Leben durchzogen von einem humanitären, liberalen und verfassungsstaatlichen Idealismus, vom Bemühen um Befestigung einer in westlichen Traditionen stehenden deutschen Demokratie. Andererseits sieht er bereits seit der Mitte des 19. Jahrhunderts Kultur, Humanität und Rechtsstaat immer mehr verfallen, befürchtet er die Atomisierung der Kultur, geistlose Bürokratisierung und eine unberechenbare, emotionale Herrschaft der Massen, ein Prozeß, den Schnabel, so scheint es zumindest an manchen Stellen, für irreversibel hielt[28]. Aber schwanken nicht die meisten denkenden Menschen zwischen Furcht und Hoffnung, bemühen sich nach Kräften, das ihre beizutragen, damit die Dinge sich gut entwickeln, und sind doch immer wieder von Zweifeln heimgesucht, ob dies alles etwas nützt?

Die „Deutsche Geschichte im neunzehnten Jahrhundert", die jetzt wieder dem Leser zur Verfügung gestellt wird, ist – das dürfte nach dem Gesagten nicht mehr besonders zu betonen sein – mehr als eine geschichtliche Überblicksdarstellung irgendeines Historikers. Sie ist ein Meisterwerk geistiger Durchdringung und fundierter, origineller Deutung der deutschen Geschichte der ersten Jahrhunderthälftc. Bei der Darstellung der Grundlagen greift sie zurück auf die Entwicklung Europas seit der Antike, stellt die Wirkungen des Christentums, des Humanismus und der Aufklärung heraus und hebt besonders die Bedeutung der Französischen Revolution, des Empire, des Neuhumanismus und der Romantik für die deutsche Geschichte hervor. Eine Darstellung, wie sie im ersten Band, „Die Grundlagen", von der deutschen Reformzeit gegeben wird, hatte in der älteren Literatur nicht ihresgleichen. Sie geht nicht nur umfangmäßig, sondern auch in bezug auf die behandelten Aspekte, weit über Friedrich Meineckes geistvollen Überblick „Das Zeitalter der deutschen Erhebung" (1906) hinaus. Schnabel sieht die Dinge stärker im europäischen Zusammenhang, stärker auch im Rahmen der deutschen und nicht nur der preußischen Geschichte, mehr unter dem Blickwinkel des Verfassungs- und weniger des künftigen kleindeutschen Nationalstaates[29]. Viel näher steht Schnabel gleichwohl der abwägenden, geistesgeschichtlich orientierten Art Meineckes als der zwar glänzend geschriebenen, aber gehässigen und parteiischen „Deutschen Geschichte im neunzehnten Jahrhundert" Heinrich von Treitschkes[30], die ebenfalls nicht über 1848 hinausführt. Treitschke – ohne Zweifel ein großer Geschichtsschreiber – sieht und beurteilt alle Kräfte und Epochen der deutschen Geschichte allein unter dem Gesichtspunkt, ob sie der späteren Einigung unter preußischer Führung vor- oder entgegengearbeitet haben. Die deutsche Geschichte ist für ihn ausschließlich Vorgeschichte der Schaffung des Bismarckischen Reiches. Von solchen verzerrenden Perspektiven ist Schnabel himmelweit entfernt. Er will bewußt die Vielgestaltigkeit der deutschen Geschichte, die er als einen kostbaren Wert betrachtet, und die Einbettung Deutschlands in die europäische Entwicklung zeigen. Dank der Art, in der ihm dies gelingt, gewinnt sein Werk zeitlosen Wert. Natürlich hat die Forschung seit dem Erscheinen von Schnabels Bänden neue Quellen ausgewertet und viele Einzelheiten erforscht, die man damals noch nicht oder nicht so genau kannte. Auch die Geschichte der Nachbarstaaten ist für uns heute besser erschlossen als vor 50 Jahren. Das Gesamtbild ist jedoch nicht wesentlich verändert worden. Und es handelt sich bei

Schnabel nicht nur um eine meisterhafte Darstellung, sondern auch um eine Deutung. Diese Deutung aber, mag man auch in einzelnen Punkten anderer Meinung sein, gehört zum Tiefsten und Bedenkenswertesten, was über die deutsche Geschichte gesagt worden ist. Obwohl die vier Bände schon vor und am Anfang der Herrschaft des Nationalsozialismus geschrieben worden sind, nehmen sie in den meisten Punkten bereits die politische Erfahrung vorweg, die unsere Nation seitdem gemacht hat, sind also nach wie vor aktuell, ja in vieler Hinsicht zeitlos.

Dies gilt auch für den zweiten Band, „Monarchie und Volkssouveränität". Zwar reicht die Darstellung der politischen Vorgänge nur bis zum Beginn der zwanziger Jahre, während die folgenden ihren Stoff bis zum Vorabend der Revolution von 1848 behandeln. Hätte Schnabel das Werk fortgesetzt, so hätte er nach dem fünften Band, „Nationale Bewegung", vor der Behandlung der Revolution mindestens noch einen sechsten Band zur politischen Geschichte vor 1848 schreiben müssen. Großartig aber sind auch im zweiten Band wieder die Fülle und Tiefe der historischen Betrachtung. In einem ersten Abschnitt, „Die Ordnung", werden nicht nur die konservativen Denker der Zeit, das System Metternichs und des Legitimismus in Europa behandelt, sondern auch die politischen Verhältnisse in den Einzelstaaten einschließlich der süddeutschen Verfassungen. Der zweite Abschnitt, „Die Bewegung", ist der Entstehung und dem Gedankengut des deutschen Liberalismus sowie dem Verfassungsdenken der Zeit gewidmet. Der dritte Abschnitt, „Der Kampf", behandelt vor allem Wartburgfest, Studentenbewegungen, Karlsbader Beschlüsse, Demagogenverfolgungen, Wiener Schlußakte, Bundeskriegsverfassung, in ausführlicherer Form aber das Ringen um eine preußische Verfassung und um die Weiterführung der Reformen in Preußen und enthält Partien über Bildungswesen und Kunst. Nicht nur einzelne wichtige Probleme der Verfassungen, sondern auch Fragen wie die gutsherrlichen Verhältnisse des Ostens, die Anfänge der Zollvereinspolitik, die Selbstverwaltung finden hier eine knappe Darstellung.

Nicht nur für die Entstehungszeit völlig neu, sondern bis heute nicht überholt und nicht ersetzt ist der dritte Band mit den vier Hauptabschnitten über Hegel und seine Zeit (an ihm, wohl besonders an den Ausführungen über Kultur- und Machtstaat, hat die NS-Zensur am frühesten Anstoß genommen), über die Entwicklung der Geschichtswissenschaft (einschließlich Sprach- und Literaturwissenschaften, Archäologie, historische Rechtswissenschaft, Theologie usw.), über die Naturwissenschaften und die Technik. Dieser Band trug besonders zum Ansehen Schnabels in Kreisen der Technik, der Naturwissenschaften und der Wirtschaft bei. Obwohl Schnabel, wie wohl alle politischen Historiker seiner Zeit, der Wirtschafts- und der Sozialgeschichte keine eigenen Kapitel einräumt, wird die frühe Industrialisierung mit ihren positiven und negativen Aspekten besonders in diesem Band mit zahlreichen originellen Betrachtungen einbezogen. Nicht minder neuartig war schließlich in seiner Zeit der vierte Band über die religiösen Kräfte, über den Katholizismus und den Protestantismus – und er ist dies noch heute, obwohl es in Deutschland nicht an neueren Darstellungen der Kirchengeschichte aus katholischer, evangelischer und ökumenischer Sicht mangelt. Schnabel gibt eben mehr als Kirchengeschichte: Er stellt dar und deutet die Beziehungen zwischen Staat und katholischer Kirche von der alten Reichskirche über die Konkordate nach dem Wiener Kongreß, die Kirchenpolitik der Mittelstaaten, bis hin zu den Kölner Wirren; er behandelt die kirchliche Wissenschaft, die religiöse Kunst (Nazarener und Neugotik) und Musik, den konservativen, den liberalen und den sozialen Katholizismus, den kirchlichen Zentralismus, die Kirche und das Problem der Masse. Das zweite Buch, das dem Protestantismus mit allen seinen Strömungen gewidmet ist, ist noch umfangreicher. Es führt von der Erweckungsbewegung und der preußischen Union bis zum liberalen Protestantismus, den Reformbestrebungen Friedrich Wilhelms IV. und zum Weg in den religiösen Indifferentismus. Obwohl das 19. Jahrhundert nicht primär durch die Religiosität gekennzeichnet ist und die religiöse Substanz spätestens seit der Jahrhundertmitte unter den Gebildeten immer mehr im Schwinden war, werden in diesem Band doch zentrale Fragen der deutschen Geistes- und Kulturgeschichte sowie der Beziehungen zwischen Staat und Kirche und zwischen den Konfessionen dargestellt.

Während Schnabel sich des diametralen Gegensatzes seines Wesens, seiner Geschichtsschreibung und seiner politischen Ansichten gegenüber Treitschke voll bewußt war, fühlte er sich, bei allem Understatement, das er pflegte, am nächsten mit Jacob Burckhardt verwandt. Diese Nähe ist in der Tat auffallend, wenn man an die Distanz von ihren Zunftgenossen, die kulturgeschichtliche Orientierung, einen fast aristokratischen Liberalismus, das kritische Verhältnis zum Machtstaat und den Pessimismus gegenüber dem nach ihrer Ansicht heraufziehenden Zeitalter der Massen mit unabschätzbaren Gefahren für die Kultur des alten Europa denkt. Dagegen unterschieden sich beide Historiker nicht nur durch Raum, Zeit und Konfession, in die sie hineingeboren waren, sondern auch dadurch, daß Schnabel doch im Gegensatz zu Burckhardt primär politischer Historiker war, und daß er im Rahmen der Kulturgeschichte, anders als Burckhardt, der Kunst fernerstand, mit Technik- und Wissenschaftsgeschichte aber um so vertrauter war.

Die bedeutendsten modernen Darstellungen der ersten Hälfte des 19. Jahrhunderts wie die von Kurt von Raumer und Manfred Botzenhart (1959–1980)[31], Karl-Georg Faber (1979)[32], Thomas Nipperdey (1983)[33] und Heinrich Lutz (1985)[34], ergänzen zwar die „Deutsche Geschichte im neunzehnten Jahrhundert" im Licht der neueren Forschung und setzen eigene, starke Akzente, aber sie machen damit Franz Schnabels klassisches Werk keineswegs überflüssig. Es behält, wie auch diese Autoren anerkennen, seinen Wert. Karl-Georg Faber (1979) urteilt: „In der Konzeption deutlich von der kleindeutschen Sicht Treitschkes abgehoben, ist Schnabels Geschichte des 19. Jahrhunderts, ohne eindeutig großdeutsch orientiert zu sein, mit der Herausarbeitung der geistigen Struktur der Zeit nach wie vor die beste Gesamtdarstellung."[35] Thomas Nipperdey (1983) bezeichnet Schnabels Werk als „großartig, besonders in den ideen-, kirchen- und wissenschaftsgeschichtlichen Teilen"[36]. Und Dieter Langewiesche sagt in seinem forschungsorientierten Studienbuch (1985) über die Zeit von 1815 bis 1849, daß Schnabels „Deutsche Geschichte" „. . . die bis heute . . . bedeutendste und umfassendste Synthese der politischen und gesellschaftlichen Entwicklung in der ersten Hälfte des 19. Jahrhunderts geblieben ist"[37].

Mit besonderem Stolz pflegte der sonst jede Art von Selbstlob verachtende Franz Schnabel bei vertrauterem Gespräch in seiner Wohnung seinen Schülern zwei Zitate von angelsächsischen Historikern zu zeigen, die während des Zweiten Weltkrieges seiner gedachten. In einer Besprechung von Schnabels vier Bänden in der „American Historical Review" aus dem Jahr 1939 heißt es (übersetzt): „Gelehrte wie Friedrich Meinecke und Franz Schnabel gehen ihren Weg in der besten humanistischen Tradition des alten Deutschland." Und am 12. Juli 1944 sprach der Präsident der Britischen Akademie der Wissenschaften, der Historiker J. H. Clapham, vor seiner Akademie über die Lage der deutschen Wissenschaft. Er kam dabei auch auf Schnabels „Deutsche Geschichte" zu sprechen und sagte, sie sei nicht nur eine große wissenschaftliche Leistung, sondern er betrachte es auch als eine „ermutigende Tatsache", „daß dieselbe keine Spur des herrschenden Aberglaubens, weder eines Treitschke noch des Dritten Reiches" enthalte. Er schloß mit der Hoffnung, daß der Mann, dem die deutsche Wissenschaft dieses Werk verdanke, noch am Leben sei. „Er ist ein Deutscher, dem ich gern einmal begegnen würde. Es ist meine Hoffnung, und hiermit beende ich diesen Exkurs und diese Ansprache, daß genügend Männer wie er existieren und überleben, um zwei Dinge zu ermöglichen: solche Tagungen und eine Wiederbelebung der ehrenhaften deutschen Wissenschaft"[38].

So kann man nur wünschen, daß Franz Schnabels Hoffnung weiterhin Gültigkeit beanspruchen darf, die er in der Einleitung zu der Taschenbuchausgabe seines Werkes von 1964, zwei Jahre vor seinem Tode, niederlegte: „Die neue Ausgabe wendet sich an eine neue Generation, die ... erfahren möchte, von wannen wir kommen und wohin die Reise führen kann"[39].

Literatur über Franz Schnabel

Peter Fuchs, Franz Schnabel †. In: Katholische Nachrichten-Agentur Bonn usw. (KNA). Das Portrait, Freitag, 4. März 1966, S. 1 ff. Abgekürzt: Fuchs.

Lothar Gall, Franz Schnabel (1887–1966). In: Fridericiana. Zeitschrift der Universität Karlsruhe (1968) 2, S. 5–20. Abgekürzt: Gall, Fridericiana. Ähnlich:

Lothar Gall, Franz Schnabel (1887–1966). In: Zeitschrift für die Geschichte des Oberrheins 116 (1970), S. 427–439. Abgekürzt: Gall, ZGO.

Lothar Gall, Franz Schnabel, (1887–1966). In: Die großen Deutschen unserer Epoche. Berlin 1985, S. 143–155. Abgekürzt: Gall, DGD.

Birgit Knorr, Autorität und Freiheit. Das Liberalismus-Verständnis des Bildungsbürgertums im Kaiserreich und in der Weimarer Republik im Spiegel der Historiographie über den Frühliberalismus 1815–1848. Frankfurt a. M. 1977.

Karl-Egon Lönne, Franz Schnabel. In: Deutsche Historiker. Hrsg. von Hans-Ulrich Wehler, Bd. 9. Göttingen 1982, S. 81–101. Abgekürzt: Lönne.

Franz Schnabel. Abhandlungen und Vorträge 1914–1965. Freiburg 1970. Hrsg. von Heinrich Lutz in Verbindung mit Erich Angermann, Friedrich Hermann Schubert und Eberhard Weis. Mit einer Bibliographie der Veröffentlichungen Franz Schnabels von Karl-Egon Lönne. Abgekürzt: Aufsätze.

Heinrich Lutz, Aufstieg und Krise der Neuzeit. Bemerkungen zu deutschen Interpretationen von Dilthey bis Horkheimer. In: ders., Politik, Kultur und Religion im Werdeprozeß der frühen Neuzeit. Aufsätze und Vorträge. Klagenfurt 1982, S. 307–335, hier: S. 320–328.

Friedrich Hermann Schubert, Franz Schnabel und die Geschichtswissenschaft des 20. Jahrhunderts. In: Historische Zeitschrift 205 (1967), S. 323–357. Abgekürzt: Schubert.

Ernst-Walter Zeeden, Das Jahrhundert des Bürgertums. Franz Schnabels „Deutsche Geschichte im 19. Jahrhundert". In: Saeculum 3 (1952), S. 509–521.

Die Bibliographie der Schriften Franz Schnabels hat Karl-Egon Lönne zusammengestellt in: Aufsätze (siehe oben), S. 371–403. Lönne konnte 537 Veröffentlichungen feststellen, darunter 48 Monographien einschließlich der Neudrucke der einzelnen Bände der „Deutschen Geschichte im neunzehnten Jahrhundert".

Anmerkungen

1 Lutz, Aufsätze, S. XIII.

2 Fuchs, S. 1.

3 Gall, ZGO, S. 430.

4 Schubert, S. 331.

5 Leipzig und Berlin 1931, Nachdruck Darmstadt 1972. Diesem Nachdruck ist die Rezension des Werkes durch Rudolf Stadelmann. In: Historische Zeitschrift 149 (1934), S. 544–553, angefügt (im Nachdruck S. 378–387).

6 Stadelmann, im Nachdruck von 1972, S. 380.

7 Ebd., S. 387.

8 Freiherr vom Stein. Leipzig, Berlin 1931.

9 Gerhard Ritter, Stein. Eine politische Biographie. 2 Bde. Stuttgart 1931.

10 Gerhard Ritter, Stein. Eine politische Biographie. Neugestaltete Auflage (3. Auflage) Stuttgart 1958 (in einem Band); Neudruck (4. Auflage) Stuttgart 1981.

11 Aufsätze, S. 184–188.

12 Ebd., S. 185.

13 Ebd., S. 186.

14 Lönne, S. 83f. Ebenso eindeutig ist das Bekenntnis zur Weimarer Republik in Schnabels Rede „Zehn Jahre nach dem Kriege", gehalten bei der Neujahrsfeier der badischen Staatsregierung am 1. Januar 1929. Als eine der Hauptaufgaben bezeichnet es Schnabel, eine neue geistige Führungsschicht heranzubilden, die sich einerseits der geistigen und moralischen Grundlagen unserer Kultur bewußt ist, andererseits entschlossen auf dem Boden der Demokratie steht. Siehe Aufsätze, S. 94–105.

15 Daß der Gegensatz zwischen Schnabel und Ritter zwar auch ein wissenschaftlicher, vor allem aber ein politischer und einer zwischen Zunft und Außenseiter war, zeigt deutlich die negative Besprechung von Schnabels „Stein" durch Gerhard Ritter und die gleichzeitig abgedruckte, nicht minder scharfe, wenn auch souveräne Entgegnung Schnabels, in: Neue Jahrbücher für Wissenschaft und Jugendbildung 8 (1932), S. 264–282. Während hier Ritters Kritik sich auch sachlicher Argumente bedient – er war ja der damals beste Kenner der Quellen über Stein –, überwiegt das pauschale, vor allem politisch motivierte Verdikt über Schnabel in Ritters Aufsatz „Die nationale Geschichtsschreibung und das Stein-Porträt". In: Vergangenheit und Gegenwart 22 (1932), S. 1–21, besonders S. 5.

16 Abgedruckt (mit bibliographischen Angaben) in: Aufsätze, S. 106–116.

17 Ebd., S. 106. Vgl. dazu Lönne, S. 87. Zu dem Zitat „ruere in servitium", „in die Knechtschaft stürzen", vgl. Gall, DGD, S. 147.

18 In der Bibliographie von Lönne (Aufsätze, S. 372ff.) die Nummern 25, 27, 28, 30, 32.

19 Bd. 1, S. 10.

20 Schubert, S. 325f., 351–355; Gall, Fridericiana, S. 13–20; Gall, ZGO, S. 432–438; Gall, DGD, S. 153f.

21 S. V.

22 Ebd.

23 Nach Gall wurde Schnabel außer mit Vertreibung von seinem Karlsruher Lehrstuhl und Publikationsverbot „mit ... scharfen, in der damaligen Situation leicht lebensgefährlichen Angriffen gegen seine Person“ verfolgt, „Maßnahmen, die das Regime nur gegen sehr wenige seiner wie er nicht-jüdischen Kollegen zu ergreifen Anlaß sah“. Gall, DGD, S. 144.

24 Lönnes Bibliographie in: Aufsätze, Nr. 112–138; hierzu Lönne, S. 95.

25 Aufsätze, S. 196–216.

26 Hiei zitiert nach Lönne, S. 95.

27 Schubert, S. 325f., 352ff.

28 Vgl. hierzu Lutz, Aufstieg, S. 321–325, besonders S. 324; Gall, DGD, S. 149f.

29 Schnabel würdigte auch als einer der ersten Historiker die stärker am revolutionären und imperialen Frankreich orientierten Reformen in den rheinbündischen Staaten, die vor allem durch die Namen Montgelas und Reitzenstein gekennzeichnet sind: Deutsche Geschichte im neunzehnten Jahrhundert, Bd. 1, S. 146–159, ferner in seiner schon erwähnten Monographie über Reitzenstein von 1927.

30 5 Bände, erstmals 1879–1895.

31 Kurt von Raumer und Manfred Botzenhart, Deutsche Geschichte im 19. Jahrhundert. Deutschland um 1800: Krise und Neugestaltung. Von 1789 bis 1815 (= Handbuch der Deutschen Geschichte, Bd. 3/I, 1. Teil). Wiesbaden 1980. Die von Kurt von Raumer verfaßten Teile sind bereits in Einzellieferungen seit 1959 erschienen.

32 Karl-Georg Faber, Deutsche Geschichte im 19. Jahrhundert. Restauration und Revolution. Von 1815 bis 1851 (= Handbuch der Deutschen Geschichte, Bd. 3/I, 2. Teil). Wiesbaden 1979.

33 Thomas Nipperdey, Deutsche Geschichte 1800–1866. Bürgerwelt und starker Staat. München 1983.

34 Heinrich Lutz, Zwischen Habsburg und Preußen. Deutschland 1815–1866. Berlin 1985. Es seien aus der Vielzahl der Darstellungen außerdem genannt: Ernst Rudolf Huber, Deutsche Verfassungsgeschichte seit 1789. Bd. 1 und 2. 2. Aufl. Stuttgart 1967/68 (Bd. 2 bis 1850); Handbuch der europäischen Geschichte. Hrsg. von Theodor Schieder. Bd. 5: Europa von der Französischen Revolution zu den nationalstaatlichen Bewegungen des 19. Jahrhunderts. Hrsg. von Walter Bussmann. Stuttgart 1981; besonders der von Walter Bussmann verfaßte Teil: Vom Heiligen Römischen Reich Deutscher Nation zur Gründung des Deutschen Reiches, S. 404–615.

35 Faber (wie Anm. 32), S. 10.

36 Nipperdey (wie Anm. 33), S. 807.

37 Dieter Langewiesche, Europa zwischen Restauration und Revolution 1815–1849. München 1985, S. 117.

38 Gall, ZGO, S. 436.

39 Franz Schnabel, Einführung in das Gesamtwerk. In: Deutsche Geschichte im neunzehnten Jahrhundert. Freiburg 1964, Bd. 1, S. 9.

VORWORT

Eine Deutsche Geschichte im 19. Jahrhundert ist seit Heinrich v. Treitschke nicht mehr geschrieben worden. Treitschkes erster Band ist erschienen im Jahre 1879, es sind also seither nicht weniger als fünfzig Jahre verflossen. Wenn schon an sich ein solcher Zeitraum zur Erneuerung der Arbeit anregen müßte, um wieviel mehr bei einem Gegenstande, der eigentlich erst durch diesen Abstand dem Kampfe der Leidenschaften entrückt und historisch geworden ist; nach den ungeheuren Erlebnissen, durch die wir im letzten halben Menschenalter hindurchgeschritten sind, haben wir Abstand gewonnen von der jenseits liegenden Zeit und können sie ganz überschauen, sie vergleichen und werten. So ist es nicht weiter erstaunlich und kein Verdienst, wenn wir heute die Vergangenheit unseres Volkes mit andern Augen ansehen als der Herold des kleindeutschen Reiches; und ebenso versteht sich von selbst, daß wir das 19. Jahrhundert, diese letzte abgeschlossene Kulturperiode, die unserer Gegenwart vorausgegangen ist, heute tiefer und voller erfassen können, als es den Männern möglich war, die noch in jener Zeit gewirkt haben und von ihr abhängig gewesen sind. Wenn trotzdem niemals der Versuch gemacht worden ist, die geschichtlichen Grundlagen unserer Gegenwart aufzuzeigen, die im Ablauf der Zeiten sich vorbereitet und im letzten Jahrhundert sich vollendet haben, so gibt es hierfür Gründe mancherlei Art. Indem ich den ersten, einleitenden Band eines Geschichtswerkes, das sich sein Thema in diesem umfassenden Sinne gewählt hat, der Öffentlichkeit vorlege, bin ich mir bewußt, mit diesem Werk einen Weg zu beschreiten, der bisher der deutschen Geschichtswissenschaft fremd geblieben ist. Ich habe mich bemüht, die innige Verflochtenheit aller Lebensgebiete zu untersuchen und darzustellen, um so in großen Zügen eine Biographie des europäischen und des deutschen Menschen zu geben und die gegenwärtige Lage der europäischen Kultur und im besonderen des deutschen Volkes historisch zu deuten. Ich habe viele Probleme und Gegenstände, die man sonst in unseren Geschichtsbüchern nicht zu finden pflegt, aufnehmen müssen, und ich habe auf vieles verzichten dürfen, was man sonst wohl in unseren historischen Werken mitschleppt. Denn es kommt mir nicht lediglich darauf an, Zeitalter und Kulturen zu portraitieren, sondern die Gegenwart zu verstehen durch ihre Geschichte und das Leben zu begreifen aus seiner Entwicklung. Hier wären vielleicht einige

Worte am Platze über die psychologischen Wurzeln des historischen Interesses und welche Grundsätze und Gesichtspunkte ich also bei der Auswahl des Stoffes habe walten lassen. Doch man soll ein Geschichtswerk neuer Art nicht mit theoretischen Erörterungen belasten, sondern dem Urteile des Lesers überlassen, ob ihm die Weise gefällt und er einen Nutzen darin findet.

Dagegen schuldet der Historiker von der Methode seiner Forschung Rechenschaft. Der wissenschaftliche Apparat wird zeigen, daß ich über die monographische Literatur hinweg zu den hauptsächlichsten primären Quellen gegriffen habe. Diese bestehen allerdings nicht in ungedrucktem Material, sie sind meist sogar Werke von klassischem Range und ewiger Dauer; aber den Fachhistorikern sind sie doch oft nur dem Namen nach bekannt. Es schien mir richtiger und verdienstlicher zu sein, diese Quellen aus dem Staube der Bibliotheken herauszuheben und unter neuen Gesichtspunkten auszubeuten, als in den Archiven nach ungedruckten Quellen zu jagen, die für mein Thema doch immer nur von geringerem Range sein konnten. Ich habe mich dabei auch nicht scheuen dürfen, Bekanntes zu wiederholen. Mit Recht hat Treitschke am Eingange seines Werkes gesagt: „Will der Historiker immer und überall neu sein, so wird er notwendig unwahr.“ Ich weiß sehr wohl, daß es beruhigender ist und weniger entsagungsvoll, sich an irgend einer Stelle des großen Themas, das sich die Geschichte nennt, anzusiedeln und diese engere Welt bis in alle Einzelheiten sich zu eigen zu machen; ich bin auf das Schicksal gefaßt, daß es für jede Einzelfrage, die ich berühren mußte, irgendwo in Deutschland einen Fachmann gibt, der im besonderen Maße für sie zuständig ist. Solche und ähnliche Bedenken sind es, die bewirkt haben, daß unsere Gegenwart zwar eine reiche und tiefgründige Geschichtswissenschaft hervorgebracht und auch in der Kunst des Essays Vollendetes geleistet hat, daß sie aber der Geschichtsschreibung großen Stiles weniger hold ist. Wer heute ein umfassendes Geschichtswerk vorzulegen wagt, muß sich entschuldigen. Noch immer gilt, was C. H. Becker, der preußische Kultusminister, vor zehn Jahren ausgeführt hat, als er in beweglichen Worten darüber klagte, daß in der deutschen Wissenschaft der schon an sich nicht sehr triebkräftige Wille zur Synthese gebrochen, ja erstickt werde: „Dafür blüht das Spezialistentum um so reicher, und das Ausland baut das Haus, zu dem wir mühsam die Steine zusammengetragen haben.“ Und an anderer Stelle sagte damals derselbe Autor: „Gewiß gibt es keinen Fortschritt ohne Spezialuntersuchungen; aber soll das keine

Wissenschaft mehr sein, was früheren Jahrhunderten als Wesen der Wissenschaft erschien, der Versuch der Zusammenfassung zu einem Ganzen?“

Ich habe die vorliegende Arbeit unternommen, weil sie mich lockte und weil sie mir vom Leben gefordert scheint. Aber ich darf auch gestehen, daß ich mich auf die umfassende Aufgabe in besonderer Weise vorbereiten konnte. Der Gymnasialdienst, der mich viele Jahre hindurch festhielt, hat mich gezwungen, immer die Verbindung der Wissenschaft mit dem Leben zu suchen. Nicht als äußerliche Rücksicht auf die Bedürfnisse des Tages konnte dies gemeint sein, sondern in dem geistigen Sinne, der stets nach Zweck und Wert und nach dem Zusammenhang mit dem Ganzen frägt. Reiche Anregungen verdanke ich in dieser Hinsicht meinem ehemaligen Direktor und jetzigen Kollegen an der Hochschule, dem Direktor des Goethe-Realgymnasiums in Karlsruhe, Herrn Professor Dr. Ott, der auch bei der Ausarbeitung dieses Bandes mich durch wertvolle Ratschläge unterstützt hat; daß ich ihm auch an dieser Stelle meinen herzlichsten Dank aussprechen kann, ist mir eine große Freude und Genugtuung.

Das Quellenmaterial, das allein schon zu diesem ersten Bande durchzuarbeiten war, ist sehr ausgebreitet. Bei seiner Feststellung erfreute ich mich der liebenswürdigen und unermüdlichen Unterstützung von Herrn Oberbibliothekar Prof. Dr. Rieser in Karlsruhe, der durch seine große Sachkenntnis auf geschichtlichem Gebiete den Fortgang der Arbeit sehr erleichtert hat; auch ihm darf ich an dieser Stelle nochmals danken.

Mein Dank geht schließlich und vor allem an den badischen Minister des Kultus und Unterrichtes, Herrn Dr. Leers, der in verständnisvoller Würdigung meiner wissenschaftlichen Aufgaben mich von der Last nebenamtlicher Verwaltungstätigkeit befreit hat und mir so die Möglichkeit gewährte, das seit vielen Jahren geplante Werk in Angriff zu nehmen.

Die beiden andern Bände werden, wie ich hoffe, in Kürze folgen.

Karlsruhe, den 5. Juli 1929.

Franz Schnabel.

Vorwort zur dritten Auflage

Als ich vor zwanzig Jahren die „Deutsche Geschichte im neunzehnten Jahrhundert" zu schreiben begann, war mir nicht unbekannt, wie ungünstig schon damals die Zeitverhältnisse für eine Geschichtsschreibung großen Stiles geworden waren. Es war gewiß kein Zufall, daß umfassende historische Darstellungen aus der Feder eines einzigen Autors nicht mehr erschienen. Die inzwischen dahingegangenen wirrenreichen Jahre haben denn auch immer wieder neue Schwierigkeiten und Störungen gebracht, die eine kontinuierliche Werkfortsetzung unmöglich gemacht haben. Es gelang noch, im Jahre 1937 den vierten Band und die Neuauflage des ersten Bandes herauszubringen und zu versenden. Alsdann wurde sofort das ganze Werk unterdrückt und die Weiterarbeit an dem fünften Bande verhindert. Ich weiß nicht, ob in jenen dunklen Jahren noch irgendein anderes werdendes Geschichtswerk in dieser Weise getroffen worden ist. Jedenfalls scheue ich mich nicht, zu bekennen, daß ich nach den vielen vorangegangenen Widrigkeiten und Enttäuschungen nur noch geringe Aussicht sah, mein Lebenswerk jemals wieder flott zu machen: „Tacite aussi aurait été découragé" – falls es gestattet ist, Kleines mit Großem zu vergleichen.

Nach Ende des Krieges ist mir die Gelegenheit geworden, in meinem engeren badischen Heimatlande an führender Stelle den Wiederaufbau unseres Schul- und Bildungswesens von den Fundamenten her einzuleiten. Es war die dringendste Aufgabe, die uns nach der Katastrophe gestellt war, und ich habe sie durchführen können in erfreulicher Zusammenarbeit mit den vielen Beteiligten, die aus der Vergangenheit zu lernen suchten und ehrlich und selbstlos sich bemühten, stets die Interessen der Gesamtheit allen anderen Gesichtspunkten voranzustellen. Es waren große Schwierigkeiten und Kollisionen zu überwinden, so daß ich keine Zeit fand für wissenschaftliche Arbeit. Nachdem nun aber unsere Schulen und die anderen Bildungsinstitute wieder eröffnet sind und ein neuer Geist sich zu regen beginnt, darf auch ich wieder zu meiner eigentlichen Lebensarbeit zurückkehren. Hierzu ermutigen mich viele Stimmen, die im Auslande laut geworden sind und mir erst jetzt bekannt werden. Dankbar gedenke ich vornehmlich der Ansprache, die der Herr Präsident der Britischen Akademie, der hervorragende Historiker J. H. Clapham am 12. Juli 1944 vor den versammelten Akademikern gehalten hat. Es war die Zeit, in der sich bei uns alles aufs schärfste zugespitzt hatte und jeder von uns, der den Unwillen der Machthaber erregt hatte, mit seinem Ende rechnen mußte. Der Präsident der Britischen Akademie schilderte die trostlose Lage der deutschen Wissenschaft und der deutschen Gelehrten und kam dann auf mein Werk zu sprechen, von dem zwischen 1929 und 1937 die ersten vier Bände erschienen seien – „an encouraging fact", denn das Werk sei „the only large-scale history of modern Germany since Treitschke" und es „bore no trace of the dominant superstitions either of Treitschke or of the Third Reich". Der Sprecher urteilt: „he is not uncritical and he is perfectly just". Und zum Schlusse heißt es: „I trust that he is still alive. He is a German whom I would gladly meet. It is my hope, as I end this excursus and this address, that there may exist and survive men enough like him to make possible both such meetings and a revival of honest German scholarship."

So habe ich denn jetzt die Arbeit an dem Werke wieder aufgenommen. Zunächst erscheinen die ersten vier Bände in neuer Auflage, da sie seit dem Verbot im Jahre 1937 auf dem Büchermarkte ganz fehlen und auch im Antiquariatshandel nur selten einmal ein Band zum Vorschein kommt. Ich bin mir bei der Durchsicht wie bei der Fortsetzung bewußt, welche großen inneren und äußeren Schwierigkeiten auch jetzt wieder zu überwinden sind – Schwierigkeiten, mit denen die Gelehrten ehedem kaum jemals zu ringen hatten. Denn nach dem unseligen Kriege haben sich die Aspekte in einigen Dingen doch sehr verändert. Obwohl ich mich von Anfang an bemüht habe, die deutsche Geschichte stets im großen Zusammenhang der Universalgeschichte zu erfassen, so müssen wir heute doch den Gedanken des Abendlandes viel stärker in den Vordergrund stellen, als dies sonst wohl der Fall zu sein pflegte. Und manche Wörter und Ausdrücke, die wir ehedem unbefangen mitzuführen gewohnt waren, sind von dem nunmehr verflossenen Regime so sehr mißbraucht oder umgedeutet oder verschärft worden, daß es besser ist, sie zu meiden.

Was aber die äußeren Bedingungen betrifft, unter denen ich künftig zu arbeiten habe, so wissen wir Gelehrten, daß auch uns nichts erspart bleibt. Ich werde die künftigen Bände voraussichtlich, so Gott will, an einer Stätte schreiben, die einstmals ein ruhmvoller Mittelpunkt historischer Forschung und universaler Geschichtsschreibung gewesen ist. Aber vieles von dem, was den Vorgängern zur Verfügung stand, um Forschung und Lehre ihnen zu erleichtern, fehlt heute. Große Teile der einst so herrlichen Bibliotheken sind zerstört, der Rest ist lückenhaft, vorerst ungeordnet, ihre Benützung bleibt schwierig. Der akademische Unterricht in den zerstörten Gebäuden zwingt zu umständlichem und mühsamem Vorgehen, und der Lebenskampf in der unermeßlichen Stadt ist heute schwer. Aber ich hoffe, daß mir mit Gottes Hilfe es doch noch gelingt, mein Vorhaben zu einem guten Ende zu führen

Universität München, im Juli 1947

Franz Schnabel

ERSTES BUCH

Deutschland im Zusammenhang der europäischen Geschichte

ERSTER ABSCHNITT

Die geschichtlichen Grundlagen der modernen Welt

Das Jahrhundert, das in diesem Werke beschrieben wird, liegt abgeschlossen und vollendet hinter uns. Es ist die letzte und jüngste Epoche, durch welche die deutschen und die europäischen Menschen auf ihrem langen Entwicklungsgange bis heute hindurchgeschritten sind; überall arbeiten wir auf den von ihr geschaffenen Voraussetzungen und leben unter Bedingungen, die aus ihr stammen, und unsere heutige Generation, die jetzt auf der Höhe des Lebens steht, hat noch ihre Jugend und die erste Zeit ihres Reifens und Bewußtwerdens in jenen Jahren empfangen, da das alte Jahrhundert herrschte und in Geltung war. Aber täuschen wir uns nicht! Auf allen Gebieten des Lebens und Denkens haben neue Bewegungen eingesetzt — Bewegungen, die der Weltkrieg nicht erzeugt, sondern nur ausgelöst hat und die in Wandlungen wurzeln, welche selbst wieder, langsam und unbeachtet, im neunzehnten Jahrhundert sich vorbereitet hatten. Es ist eine Folge dieser geistigen Lage, wenn wir jetzt zum ersten Male das Bedürfnis und die Möglichkeit sehen, den gewaltigen historischen Stoff abzugrenzen, zu sichten und zu sondern, um die beherrschenden Tendenzen des Jahrhunderts herauszuheben und zu werten. Denn erst der Abstand, den wir gewonnen haben, gestattet den richtigen, ungetrübten und umfassenden Blick, und nur wer begriffen hat, daß das Jahrhundert ausgeklungen ist und einem andern Geiste den Platz geräumt hat, vermag seinen Sinn zu schöpfen und zu gestalten. Kein Wunder also, wenn eine völlige Umwertung in Bild und Weise dieses entscheidenden Zeitalters einzutreten beginnt und wenn dem lauten Hymnus Zweifel und Ablehnung gefolgt sind. Der Historiker fühlt sich frei von diesem Wandel der Mode; er freut sich der neuen Ausblicke, die er gewonnen hat, und sucht mit Ruhe und mit Gelassenheit in dem scheinbar undurchdringlichen Wirrwarr die großen Linien und den tiefen Sinn der geschichtlichen Entwicklung. Die Gegenwart braucht in den ungeheuren Erfahrungen und Problemen ihres eigenen, ringenden Seins Klarheit über die Grundlagen ihrer Arbeit und ihres ganzen Wesens, und nur eine geschichtliche Erkenntnis, die ergriffen ist vom Leben und doch vom Leben sich nicht bestechen läßt, vermag diese neue und vertiefte Einsicht in die Vergangenheit unseres Volkes zu erwerben und zu vermitteln.

Was hier ausgebreitet werden soll, ist die Zeit, die uns unmittelbar vorausgegangen ist — die Zeit unserer Väter und Großväter. Von ihr trennt uns die beim Einzelnen bis in die letzten seelischen Tiefen hinabreichende Erschütterung des Weltkrieges und seiner Folgen, deren letzte Auswirkungen wir heute auch nicht einmal zu ahnen vermögen. Wie kaum ein anderes Geschlecht im Laufe der menschlichen Entwicklung haben wir den ganzen Umkreis aller geschichtlichen Motive in der kurzen Spanne des eigenen Lebens durchschritten: so können wir messen, vergleichen und haben einen Blick für historische Dimensionen. Das Jahrhundert, von dem hier gesprochen wird, hob an, als der Vorhang über dem prächtigen Schauspiel des napoleonischen Heldenlebens niederfiel, und es ging zu Ende, als über Europa die Fackeln des allgemeinen Krieges und der Weltrevolution zu lodern begannen: so liegt dieses Jahrhundert eingebettet zwischen den großen Entscheidungen der modernen Geschichte. Es hat das Erbe der französischen Revolution vollstreckt bis in die letzten und entferntesten Folgerungen hinein, und es hat dadurch in dem raschen Ablauf von drei Generationen das äußere Leben in so unermeßlicher Weise umgestaltet, wie dies kaum jemals vorher in einem Jahrtausend geschehen war; aber es hat eben auf diese Weise, bald ahnungslos und bald widerwillig, die Bedingungen seiner eigenen Überwindung geschaffen. So ist es freilich kein Jahrhundert der neuen Gedanken und der großen Menschen geworden, deren Wort und Weise über die Zeiten hallen. Die Anreger und Beweger der Entwicklung stehen jenseits des Zeitalters; aus dem tiefen Grunde der abendländischen Seele waren sie emporgestiegen und hatten die Ideen geboren und geformt, die das neunzehnte Jahrhundert als reicher und belasteter Erbe ausgebildet hat und in die Wirklichkeit zu führen sich bemühte. Die erstaunliche Produktivität der ihm vorangegangenen Zeiten hat dieses Jahrhundert nur auf wenigen Sondergebieten erreicht; aber was ihm an Einheit und Tiefe abging, hat es ersetzt durch die Breite der Wirkung, durch die bunte Vielgestaltigkeit seiner Motive und durch den Reichtum seiner Formen, seiner Massen und Wandlungen, durch die Rastlosigkeit seines schaffenden Willens. Tiefer als jemals in früheren Tagen nahm jetzt das Volk in seiner Gesamtheit teil am geschichtlichen Leben, und was immer an Erbgut vergangene Zeiten angesammelt, ging auf in dem stets breiter und stets umfassender werdenden Strome. Dieser aber begann sich zu teilen, in vielfachen Windungen weithin wertvollen Boden lockernd und ungeahnte Kräfte erweckend. Bald fanden sich geistige Strömungen zusammen und gingen eine Strecke gemeinsamen Weges, bald hemmten sich andere oder durchquerten sich. Während der abendländische Geist erst jetzt sich siegreich über die ganze Erde dehnte und seiner Vorherrschaft sich freuen wollte, begann die abendländische Einheit im Individualismus der Menschen, der Völker, der Klassen sich aufzulösen. Eine tiefe historische Notwendigkeit lag in dieser widerspruchsvollen Entwicklung, die des Jahrhunderts Größe und Tragik in sich enthält: durch Aufstieg und Niedergang klingt zu uns eine berauschende und im Grunde doch schwermütige Melodie.

Gestalt und Lage des Kontinentes haben diesem Schicksale vorgearbeitet. Als kleinster der Erdenräume ist Europa eben deswegen am ehesten zu geschlossener Einheit gelangt und hat ein volles Jahrtausend hindurch die Weltstellung errungen und festgehalten. Denn leichter und früher als andere Erdteile vermochte gerade der kleine Raum bekannt, bewohnt und politisch erfüllt zu sein, um dann nach außen zu wirken; und gerade im Hinblick auf die Geschichte Europas vermag man von einem Gesetz der wachsenden Räume zu sprechen, das den historischen Vorsprung des kleinen Landes vor dem großen, des engen Meeres vor dem weiten behauptet. Dieser leicht überblickbare und rasch erfüllte Raum war aber zugleich auch vor andern begünstigt durch das gemäßigte Klima und durch die Lage inmitten der Kontinentalhemisphäre der Erde, durch seine Küstenentwicklung, die die reichste der Welt ist, und durch die Vielgestaltigkeit seines innern, geologischen Baues. Es war für die Geschichte der Menschheit von ungeheurer Bedeutung, daß auf dem kleinsten der Erdenräume sich die größte historische Mannigfaltigkeit entwickeln konnte. Schon die alten Griechen haben durch den Mund Strabos diesen edlen und bedeutsamen Bau Europas, die reiche Vielfältigkeit seiner ebenen wie seiner senkrechten Gliederung gerühmt und dafür das treffende Wort πολυσχήμων geprägt. „Ich muß mit Europa beginnen“, sagt der griechische Geograph, „weil es vielgestaltig und für die Vervollkommnung der Menschen und Staatsformen am gedeihlichsten ist und den andern Erdteilen von seinen eigenen Vorzügen das meiste mitgeteilt hat.“ Zwar hat diese unvergleichliche Individualisierung der Länderräume in der Folge die Zerteilung Europas vorbereitet und bedingt, aber sie hat in den Anfängen der Entwicklung die Menschen bereichert, beweglich gemacht und mit den verschiedenartigsten Hilfsquellen ausgestattet, bis der kleinste Erdteil die Herrschaft über die größten erlangte. In dem schmalen, aber gegliederten Raume vermochten die Menschen am ehesten sich ihrer selbst bewußt zu werden, hier waren sie aufeinander angewiesen und mußten zusammenarbeiten und sich gegenseitig messen, woraus eine frühe Reife der Kultur entstand, die dann mit Macht aus ihrer engen Heimat hinaus in die Weite strebte. So erfüllte ein bewegtes und starkes Leben den ganzen Kontinent, seit das Römische Reich, begünstigt durch die vereinigende Kraft der geschlossenen Thalassa, um die Ränder des Mittelmeeres erwachsen war und die antike Kultur mit den Waffen der Legionäre nach Norden trug. Bis zu den britischen Inseln, bis zu Donau und Rhein reichte politisch und geistig die Wirkung dieser mächtigen Energie, und noch weit darüber hinaus, bis in den Norden hinein, wurden die Grenzen der terra cognita vorgetragen.

Als in solcher Weise die im Mittelmeergebiet beheimatete christlich-römische Kultur mit den durch Mitteleuropa wogenden Germanen zusammenstieß, da wurden in dieser weltgeschichtlichen Auseinandersetzung die drei Grundelemente des heutigen Europas — Antike, Christentum und Germanentum — zusammengeführt, und aus ihrer Mischung und gegenseitigen Durchdringung erwuchs die Einheit der abendländischen Welt. Die Völkerwanderung ist es, die diese Einheit geschaffen hat. Als die germanischen Scharen ihr Blut mit dem der Römer mengten und die römische Bildung sich zu eigen machten, als sie zudem unter fränkischer Führung den Papst als ihr geistiges Oberhaupt anerkannten und als sie durch die Not, in der Abwehr von Sarazenen und Slawen, zum gemeinschaftlichen Handeln gezwungen wurden, entstand aus dieser Schicksalsverbundenheit die Einheit der romanisch-germanischen Völker. Und wie sehr auch angeborene Fehdelust und der Widerstreit der Interessen die Welt von Krieg und Lärm erdröhnen ließen: alle Zweige dieser Völkerfamilie waren doch durch Abstammung, durch Glauben und Schicksal zusammengehalten, und sie alle hatten in Papsttum und Kaisertum die gemeinsamen Lenker der Welt gefunden — die Träger jenes universalen Gedankens, der hoch sich erhob über alle Grenzen der Völkerschaften und in Kirche und Reich die gemeinsame Wohnung bereitete für die einheitliche, sinnvoll gegliederte Gesellschaft der Menschen.

Es war kein weites Gebiet der Erdoberfläche, auf dem diese abendländische Kultur sich entfaltete, und doch umschloß es den ganzen Umkreis des historischen Geschehens, von welchem die fernere Entwicklung der Menschheit ihren Ausgang nehmen sollte. Der Südwesten Europas war in den Händen der Araber, die ganze Osthälfte des Mittelmeeres behaupteten die Byzantiner bei sinkender Macht durch die überlieferte und überlegene Technik der Verwaltung, und nördlich von ihnen dehnte sich das breite Völkermeer der Slawenstämme; aber dazwischen lag — in starker Einheitlichkeit und doch zugleich reichem Sonderleben Raum gewährend — die Welt des christlich-germanischen Mittelalters. Gleichartig in allen Teilen dieses Abendlandes war die gesellschaftliche Struktur des agrarwirtschaftlichen Zeitalters; sie ist gekennzeichnet durch die Grundherrschaft, die in der Verbindung von Grundbesitz mit Hoheitsrechten des Staates bestand und die Überlegenheit des Kriegeradels begründete, in dessen Willen und Rat jedes Königtum die moralischen und tatsächlichen Grenzen seiner Vollmachten fand. So erwuchs eine Aristokratie, deren Herrschaftsbezirke auf der natürlichen Gliederung der Landschaften beruhte und örtliches Leben gegenüber der monarchischen Gewalt zur Geltung zu bringen vermochte; aber andererseits schuf gerade die Einförmigkeit dieses gesellschaftlichen Aufbaues aus geistlichen und weltlichen Lehensträgern eine herrschende Oberschicht von internationalem Gepräge, die — über den engen Kreis des völkerschaftlichen Lebens hinausgewachsen — vornehmlich als Glieder von Kirche und Reich sich fühlte. Die Geistlichkeit war die starke Säule, auf welche die mittelalterlichen Kaiser das Reich gebaut, der Adel war frühe für die Zwecke der kirchlichen Idee gewonnen. So entstand ein Gefühl der europäischen Gemeinschaft, und das geeinte Abendland konnte in jene gewaltige Expansion seiner Macht und seiner Kultur eintreten, die mit der erfolgreichen Slawenpropaganda der griechischen Kirche zu wetteifern vermochte und in den Kreuzzügen die stärkste Offenbarung des mittelalterlichen Geistes erlebte.

Dieser Geist aber war einheitlich zusammengewoben aus den großen konstitutiven Kräften des abendländischen Denkens. Es war die folgenreiche Leistung der Kirchenväter gewesen, daß sie das Kulturgut der Antike geprüft, gesondert und den Lehren des Evangeliums angeglichen hatten; sehr treffend hat man für diesen weltgeschichtlichen Vorgang des Geistes ein Symbol gesehen in dem Namen jener christlichen Kirche, die nahe dem Pantheon des Agrippa auf den Grundmauern eines heidnischen Tempels ragt: Santa Maria sopra Minerva! Die hellenistisch-römische Welt bot ja in der Tat Bausteine genug, auf denen sich die christliche Philosophie erheben konnte. Durch das Werk

Alexanders des Großen und seiner Diadochen war die griechische Sprache und Kultur im ganzen Umkreis der orientalischen Völker zum Siege geführt worden. Nachdem dann auch die Römer den Anschluß an diese Weltkultur gefunden und die gesamte Ökumene in einer staatlichen und kulturellen Einheit zusammengefaßt hatten, war eine nationale Dekomposition und ein Menschheitsbewußtsein entstanden, wie es dem klassischen Griechentum noch fremd gewesen war, nun aber in der Göttermischung des ausgehenden Altertums und in der φιλανθρωπία, dem ethischen Ideale der Stoiker, seinen deutlichsten Ausdruck fand. Und wie der Rassenstolz der alten Hellenen oder der bei den feineren Geistern unter ihnen an die Stelle getretene Persönlichkeitsglaube des Freien gegenüber dem Barbaren schließlich in der allgemeinen Nivellierung der römischen Kaiserzeit untergegangen ist, so ist auch der religiöse Glaube des antiken Menschen immer stärker vom Einzelnen und von der Welt hinweg zu einer Jenseitigkeit gelenkt worden, die in den universellen, über den ganzen römischen Länderkreis verbreiteten Geheimkulten gepflegt wurde und sich hier die Symbole der Sehnsucht nach der Unsterblichkeit schuf. So wurden Universalismus und Jenseitsglaube die Kennzeichen der ausgehenden Antike. Und wie sehr dann auch die heiligen Väter der Kirche den Menschheitsgedanken des Christentums von einer Vermischung mit der „Weltseele" der Stoiker und mit der atomistischen Philosophie des Epikur zu behüten verstanden und den Jenseitsglauben des Evangeliums von den Ideen Platos und des Neuplatonismus zu scheiden wußten, so wurde doch durch die Entwicklung, die das geistige Leben der Spätantike also genommen hatte, die philosophische Unterbauung der christlichen Offenbarung erleichtert. Die Gedanken von Weltfrieden und Weltreich retteten sich durch die Kirche über die Völkerwanderung hinweg, sie wurden die Grundlagen, auf denen sich jene mittelalterliche Welt erhob, die im Jenseitsglauben und im Bewußtsein eines allgemeinen Menschentums die beiden beherrschenden Gedanken alles Lebens fand und dadurch in ihrem geistigen Wesen klar und eindeutig gekennzeichnet ist. Beide Gedanken wird man in ihrer innern Zusammengehörigkeit am besten begreifen mit dem paulinischen Worte: „Ἐξ αὐτοῦ καὶ δι' αὐτοῦ καὶ εἰς αὐτὸν τὰ πάντα — von Gott und durch Gott und zu Gott sind alle Dinge." Indem die Gotteskindschaft die Menschheit einheitlich gemacht und dem Jenseits zugewendet hat und indem die ganze Welt Gott zugeordnet und in ihm bedingt ist, wird die Idee des Ordo zur zentralen Idee des Mittelalters. Die historisch wertvollsten und eigentümlichsten Leistungen der beiden antiken Völker des Mittelmeeres, die griechische Wissenschaft und der römische Staatsgedanke, wurden aus ihrer Isolierung herausgehoben, indem sie mit der christlichen Religion verbunden wurden. So vermochte man, den verschiedenen Seiten des menschlichen Bewußtseins, dem Denken, Wollen und Fühlen, eine dauernde Befriedigung zu geben. Die Welt ist für das Mittelalter ein Kosmos, eine wohlgeordnete Einheit, und alles Einzelne hat Geltung und Wert nur in den ewigen Ordnungen, denen es zugehört!

Am tiefsten ist dieser metaphysische Geist des Mittelalters von seinen großen Philosophen gefaßt worden. Denn der „Universalienstreit", der sich durch die ganze Geschichte des mittelalterlichen Denkens hindurchzieht, war nicht einfach nur ein dialektisches Spiel, so sehr sich auch logisches Denken und die „ars disputandi" in diesem Streite gebildet und entwickelt haben. Vielmehr ging es dabei um die Frage nach dem Seinsgrunde des Individuums, nach dem principium individuationis; man kämpfte also um die letzten und höchsten Fragen, um Jenseits oder Diesseits, um universalistische oder individualistische Weltanschauung. Indem der „Realismus" der Scholastiker den Gattungsbegriffen eine gedankliche und wesenhafte Existenz zusprach, stritt er für die Anerkennung einer übersinnlichen Welt und für ein Allgemeines, an welchem das Einzelne teilhaben muß, um zu existieren. So sprach der Realismus das eigentliche Wesen des mittelalterlichen Geistes aus, indem er dem universalen und dem jenseitigen Gedanken die philosophische Begründung gab und jene „Vergötterung der Dinge" verwarf, die er im Nominalismus sehen mußte, weil hier keine übergreifende Wesenheit galt und nur dem Einzelnen Existenz zugesprochen war — weil also der Nominalist an die Dinge dieser Welt mehr Anhänglichkeit habe als an die Welt der Ideen!

Man erkennt schon hieraus, wie sich das Mittelalter von der Metaphysik des Ordo aus auch seine Ethik aufgebaut hat. Aus dem Begriff des Kosmos als der ewigen Harmonie ergab sich die Einheit von Weltordnung und Sittengesetz. Ein „Naturrecht", eine von dem Schöpfer in die menschliche Natur hineingelegte Ordnung knüpfte das sittliche Handeln an feste, aller Willkür entzogene Normen — an die Pflicht, die göttliche Harmonie zu bewahren, die der Mensch durch die Erbsünde und durch die Freiheit des Willens zu zerstören in der Lage ist. So erfaßte der mittelalterliche Denker die irdische Welt und ihre geschichtliche Entwicklung als einen Kampf zwischen Ordnung und Sünde. Man weiß, wie der heilige Augustinus in eindrucksvoller, für alle Folgezeit maßgebender Schilderung die irdische Vermischung der beiden Reiche dargestellt und ihre Trennung am Jüngsten Tage als Zweck und Ziel der Menschheitsgeschichte gepriesen hat. Es wurde durch diese teleologische Geschichtsbetrachtung der solidarische Zusammenhang der Menschheit in der Abfolge der Geschlechter zum Ausdruck gebracht und durch eine in der Gottheit ruhende Zweckordnung begründet, es wurden alle menschlichen Dinge dem Gesetze der christlichen Ethik eingeordnet und erhielten von hier aus ihre Stellung und ihren Wert im großen Zusammenhang. Der Staat fand seine Rechtfertigung und seinen Zweck, indem er sich in die Dienste der jenseitigen und universalen Ideen stellte, und die Praxis der mittelalterlichen Politik hat zuzeiten in hohem Grade dieser Forderung entsprochen. Da aber der Staat nur die Form ist, welche einer menschlichen Gemeinschaft Dauer gewährt, so galt die sittliche Zwecksetzung der ganzen menschlichen Gesellschaft. Die Scholastiker lehrten, daß der Mensch von Natur zum gesellschaftlichen Leben bestimmt sei — „Homo naturaliter est animal sociale". — und daß es sich dabei nicht wie bei Bienen und Ameisen lediglich um die Äußerung des unbewußt wirkenden Naturtriebes handle, sondern daß entsprechend der vernünftigen und freien Natur des Menschen eine in freier sittlicher Hingabe zu erfüllende Pflicht vorliege. So kam Thomas von Aquin, als er dem idealen Daseinsgrunde des Staates nachging, zu seinem Bilde der „societas perfecta", das den tatsächlichen Verhältnissen des mittelalterlichen Lebens in weitgehendem Maße entsprach, und er hat dann von hier aus in einer Kulturphilosophie von einzigartiger Geschlossenheit alle Zweige des menschlichen Gemeinschaftslebens dem Sittengedanken unterstellt. Selbst die wirtschaftliche Betätigung fand auf solche Weise Schranken und Regel und wurde dem Gesetze der Gottes- und Nächstenliebe, dem Zweckbegriff des sozialen Ordo eingefügt. Wie alles Vergängliche vor Gott nur ein Gleichnis ist, so sollen auch die Menschen die elenden Außendinge des Lebens nicht für wirklich und ernst nehmen — diese „cose fallaci", von denen Dante spricht und von denen wir alle in schuldiger Weise uns beschweren und verwirren lassen. Der Christ wird sich um sie nur soweit mühen, als es zur Erhaltung der Gemeinschaft und seiner eigenen, ihm von der Vorsehung zugewiesenen Stellung im Leben notwendig ist: „necessaria ad vitam eius secundum suam conditionem"! Ein Erwerbsstreben aber, das darüber hinausgeht, stört die Ordnung und ist deshalb Sünde: „et ideo in excessu huius mensurae consistit peccatum."

Nun soll man freilich nicht meinen, diese Gebundenheit des menschlichen Daseins habe eine selbständige Entwicklung von Individuen und Völkern nicht aufkommen lassen und eine graue Einförmigkeit über die abendländische Welt gelegt. Einst hatte das Römische Reich den ganzen Erdkreis in Bann gehalten, und die einbrechenden Germanen waren zu unfertig und zu einfach gewesen, als daß sie ihr Sonderleben gegenüber der überlegenen und einheitlichen Kultur der Besiegten hätten durchsetzen können. Wohl bewahrten und retteten sie für die Zukunft ihre Eigenart in ihren Stämmen und Völkerschaften, aber zunächst hatte sich über das Abendland die Gleichförmigkeit der karolingischen Monarchie gebreitet. Karl der Große beseitigte die letzten Kennzeichen stammesmäßiger Freiheit und glaubte die Germanen zusammengezwungen zu haben; er legte den dauernden Grund für die Einheit des christlichen Glaubens im mittleren Europa, und er sah — ungern genug — den Untergang des freien Bauerntums sich vollziehen und damit die Umrisse der künftigen einheitlichen Wirtschafts- und Sozialverfassung des Mittelalters heraufkommen. Aber sein Reich selbst verschwand schon unter seinen Enkeln, und empor stiegen die bis dahin verschleierten Länder und Völker in ihren individuellen Verschiedenheiten. Mit Recht hat darum der französische Historiker Jules Michelet, als er die Geschichte seines Volkes schrieb, in einer klassischen Einleitung das Bild der französischen Landschaft gerade aus ihrer mittelalterlichen Geschichte zu enthüllen und zu deuten vermocht: „Le vent emporte le vain et uniforme brouillard, dont l'empire allemand avait tout couvert et tout obscurci; le pays apparaît, dans ses diversités locales.“ Die Dezentralisation des Lehensstaates hat die Vielgestaltigkeit des provinzialen Lebens gefördert, wie umgekehrt die politischen Einteilungen, die das Mittelalter geschaffen hat, nicht nur zufällig den physikalischen entsprachen. Und farbig und bunt wie die staatliche Welt sich im universalen Zusammenhang von Kirche und Reich entfalten konnte, ganz ebenso fand das persönliche Sonderleben gerade auch in dieser wohlgefügten gesellschaftlichen Ordnung Raum und Pflege. Die Soziallehre des Mittelalters begründete und verpflichtete Staat und Gesellschaft im Willen des Schöpfers; aber indem sie auf solche Weise dem Gemeinschaftsgedanken eine allgemeine und bindende Kraft verlieh, hielt sie dadurch die abstrakten Begriffe von Gleichheit und Omnipotenz von sich ferne und sah im Staate nicht die Summe seiner Angehörigen, sondern eine überindividuelle, moralische Gesamtperson, mit eigenen Rechten und Pflichten. So wurde der

Staat nicht als Masse unterschiedsloser Menschenatome gedacht, sondern als ein Leib, „zusammengesetzt aus vielen Gliedern, die, obwohl an Würde und Rang verschieden, doch alle einander notwendig und auf das Gesamtwohl bedacht sind". Mit diesen Worten hatte Aristoteles an einer berühmten Stelle seiner „Politik" die Lehre vom Staate als einem Organismus ausgesprochen, und das Mittelalter gab dieser Auffassung noch die religiöse Fundierung. Vor dem Geiste Gottes sind alle Menschen gleich, aber in ihrer Hinwendung zu Gott wandeln sie auf verschiedenen Stufen, sind sie Anfangende oder Fortschreitende oder Vollkommene. Auch ist es der Grundgedanke aller Ethik, daß der Mensch nach seinem Vermögen beitrage zur Erfüllung der sozialen Zwecke; das Mittelalter aber baute dieses Reich der Zwecke in Stufen von den sinnlich-animalischen zu den geistig-sozialen bis hinauf zu den religiös-überweltlichen Zwecken: die Dreiteilung der ständischen Gliederung als Nähr- Wehr- und Lehrstand wurde in solchen Gedankengängen mit dem absoluten Endziel verknüpft. So fügte diese Lehre den Staat und die Gesellschaft in den notwendigen Zusammenhang der geordneten Natur, und sie gab doch zugleich dem Einzelnen Freiheit der Bewegung im weitgespannten Rahmen. Das Eigenleben der Glieder durfte nicht unterbunden werden, wenn nicht die Glieder und der ganze Körper krank und schwach werden sollten. Aristoteles hatte das staatliche Leben in der Natur des Menschen begründet gefunden und also den Menschen ein ζῶον πολιτικόν genannt, aber er hatte ihn gleichzeitig noch mehr dem ehelichen und dem gesellschaftlichen Leben als dem staatlichen zugeordnet gesehen — „magis naturaliter coniugale et sociale animal quam politicon", wie Thomas von Aquin die Lehre des „Philosophus" wiederholte. So blieb die Schrankenlosigkeit, die im Begriffe des „summum imperium" liegt, dem Staate des Mittelalters unbekannt; in ihm und neben ihm war Raum für die Selbständigkeit anderer Mächte. Die Menschen des Mittelalters haben von dieser Möglichkeit reichsten Gebrauch gemacht. In ihnen lebte der Genossenschaftstrieb der Germanen und das von ihm geschaffene Rechtsprinzip der freien Einung; aus germanischer und kirchlicher Gesellschaftsidee erwuchs jener Individualismus der mittelalterlichen Welt, der dem Einzelnen Freiheit gewährte vor abstrakter Gleichheit und vor der Allmacht des staatlichen Gesetzes, ihn vielmehr einordnete in die naturgewachsenen Gemeinschaften der Familie, des Standes, der Korporation, die auf Gesinnung beruhten und aus denen in konzentrischen Kreisen Gesellschaft und Staat sich aufbauten. Dieser „gebundene Individualismus" der mittelalterlichen Welt hob die Persönlichkeit in dem Bewußtsein, Glied einer umfassenden Gemeinschaft zu sein: es war körperschaftliche, nicht individuelle Freiheit. Hier zeigten sich germanischer und christlicher Geist wahlverwandt; sie schufen gemeinsam jene bunte und frohe, fromme und doch auch wieder recht derbe Welt der Zünfte, der Gilden, der Bruderschaften, jenen Reichtum der ritterlich-höfischen und dann der städtisch-bürgerlichen Kultur, vor dessen farbenprächtigem Schmuck so oft die strenge Logik und Ordnung vergessen werden, die formend und stützend dahinter standen. So erwuchs mitten im Zeitalter der christlichen Weltkultur die Mannigfaltigkeit der Volkssprachen und Volksrechte, der volkstümlichen Dichtung und Kunst, die ganze Ständekultur des Mittelalters. Jede Genossenschaft war nach außen geschlossen und im Innern gegliedert, jede auf die freie Hingabe ihrer Mitglieder gebaut und sie als selbstverständliche Gesinnung empfangend, jede lebte ihre „vita communis" mit schicklichen Ordnungen, mit Formeln und Bräuchen und mit strengen Regeln bis auf Wort und Gebärde. Hier baute sich in ständischer Gliederung die „civitas ordinata" auf; alle Menschen gehörten ihr zu, ein jeder durch seinen Stand, der allein ihm Anspruch gab auf Recht und Schutz, und der Dörfler war in seiner Markgenossenschaft ebensosehr ein Gleicher unter Gleichen wie der Meister in der Zunft oder der Hochgeborene in den Wahlkollegien der geistlichen und der weltlichen Großen.

Diese Vereinigung von Freiheit und Bindung kennzeichnet das Mittelalter auf allen Gebieten des Lebens. Die Offenbarung hatte den Menschen große Ziele und Richtungen gewiesen und einen weiten Kreis der allgemeinsten Wahrheiten gezogen; nun konnte das menschliche Denken sich entwickeln und individuell gestalten an der gewaltigen Aufgabe, den Umfang des der philosophischen Einsicht Zugänglichen zu erweitern und den Kreis des dem Glauben Anheimzugebenden möglichst zu beschränken. So wurde für das Mittelalter die Frage nach der Gültigkeit des Wissens, nach dem Verhältnis von Vernunft und Gnade die dringlichste von allen. Mancher unter den Helden der Frömmigkeit oder des Denkens hat schwer und hart mit dem Dualismus gerungen, der sich hier zwischen Gott und der Welt, zwischen Gnade und Sünde auftat, wie schon der heilige Augustinus nur unter erschütternden Seelenkämpfen sich von dem Manichäismus seiner Jugendjahre befreite. Der Lebensweg, den er in seinen „Konfessionen" beschrieben hat, wurde mit allen Kämpfen, Versuchungen und Siegen immer von neuem abgewandelt; aber als dann auf der Höhe des

Zeitalters Thomas von Aquin die Summe alles Wissens zog, da wurde es ein Meisterwerk der Vermittlung. Vernunft und Offenbarung, Sittengesetz und Gnadengesetz, die theoretischen und die praktischen Prinzipien wurden hier in Einklang gebracht, das Recht des Individuellen mit dem Rechte des Allgemeinsten zusammengestimmt und alle Wirklichkeit unter das Gebot der jenseitigen Ethik gestellt, ohne daß doch hieraus eine Verneinung der Welt und eine Absage an die Freude entstanden wäre. So ist die „complexio oppositorum", die gewaltige Zusammenwölbung aller Gegensätze des Lebens, das letzte Geheimnis dieses Zeitalters und seine Größe gewesen. Es hat Jenseits und Diesseits zu vereinen gewußt, zwischen Gottesliebe und Nächstenliebe schwingt seine Ethik, und innerhalb dieser beiden Pole hat das Mittelalter alle denkbaren Grade erlebt, von der entsagenden und tatenlosen Gottesschau des Mystikers bis zur arbeitsvollen Werktätigkeit an den Dingen dieser Welt. Unter seinen Kaisern und Päpsten hat das Mittelalter Gestalten hervorgebracht, die mit dem Geiste der Askese und der Diesseitsentsagung sich erfüllten und doch zugleich Weltpolitik größten Stiles trieben, um der Ausbreitung des Jenseitsideales die Wege zu bahnen. Es gelang Heinrich III. oder Gregor VII., was Männern so nötig und doch so selten beschieden ist: in der Welt zu wirken, ohne ihr zu verfallen! In diesem Sinne hat das Mittelalter seine vollendete Erfüllung gefunden in der Gestalt eines Bernhard von Clairveaux; denn in dessen gewaltigem Leben erwuchs aus weltflüchtigem Spiritualismus und aus der Armseligkeit der Klosterzelle die machtvollste, zielbewußte Agitation, und doch wurde die Spannung gelöst und zusammengezwungen in einer Frömmigkeit, die Erkenntnis und Hingabe in sich vereinte. Dieses Zeitalter wußte, daß die „vita contemplativa" und die „vita activa", die beschauliche und die tätige Vereinigung mit dem Geiste in gleicher Weise wesentlich sind zur Erfüllung der menschlichen Bestimmung. Nicht das Leben der Anachoreten, der großen einsamen Büßer des Orients, wurde das Vorbild christlichen Wandels, sondern die Benediktinerregel, die das „Ora et labora" vereinigte. Und wenn die Gesellschaft der Menschen schon nach der Ansicht des Aristoteles auf der vernunftnotwendigen Arbeitsteilung beruhte, so war alsdann die standesmäßige Abstufung und Rangordnung der sittlichen Aufgaben und Pflichten ein letztes Gebot.

Am feinsten hat diese einheitliche, ausgleichende und architektonische Struktur des mittelalterlichen Geistes sich ausgesprochen in den Bauten der Gotik. Die Meister der Bauhütten, die aus dem romanischen den gotischen Stil entwickelt haben, waren gewiß keine Philosophen und Mystiker, sondern sie waren zuerst und ausschließlich Architekten. Sie sahen und lösten technische Probleme — Aufgaben der Statik, der Konstruktion, der künstlerischen Wirkung des Raumes; bis auf den Millimeter genau sind ihre Berechnungen, die ihnen als Grundlage dienten, das Material zu bearbeiten und zusammenzufügen. Man muß Viollet-le-Duc, dem kenntnisreichen Restaurator der französischen Kathedralen, recht geben, wenn er sagt, daß jene Architekten alles auf Klarheit, Vernunft und Logik gestellt hatten — „que tout procède de la logique et de la raison". Aber hierin eben liegt nun wiederum die Eigenart des Mittelalters begründet, daß nichts zugleich unlogischer war als diese „steinerne Scholastik", die über Erdanziehung und Schwere und also über die technischen Bedingungen des Materials kühn sich hinwegsetzte und im strengen Vertikalismus die Linien und Räume hoch in den Himmel führte. Im romanischen Stile mit seinen stolzen, vieltürmigen Baugruppen vorgebildet, erreichte diese vertikale Kompositionsweise ihre höchste Vollendung in der deutschen Hallenkirche des späten Mittelalters, die im Innern leicht und schlank wie in Sehnsucht nach dem Unendlichen die sich verjüngenden Stützen und Pfeilerbündel zum Netzwerk des Gewölbes emporsendet und mit ihrem hochragenden Dache, mit ihren mächtigen Türmen über die Giebel der Stadt emporwächst, zu ihren Füßen aber die Bürgerhäuser geduckt und friedsam versammelt findet. In straffer, einheitlicher Ordnung ist, wörtlich und bildlich, alles auf die Spitze getrieben und dem Himmel zugewendet; aber zugleich ist eine bunte Fülle von Einzelheiten, von phantastischen Gestalten und ernsten Baugliedern eingefügt. Keine Form ist hier der andern gleich, sondern durch vielfache Möglichkeiten werden die Formprinzipien abgewandelt, subjektiver Wille und ursprüngliche Gestaltungsgabe leben sich aus in diesem Reichtum der Bauglieder und des ornamentalen Schmuckes, in diesem Wirrwarr der Strebebögen, der Fialen und Baldachine, der bewegten Figuren und der grotesken, naturalistisch gestalteten Fratzen. Auch die kleinste bauliche Funktion wird als Individualität gekennzeichnet; aber umgekehrt erhält auch wieder jede Einzelheit ihren Platz in der Gesamtharmonie, um in ihr, wenn auch an verborgener Stelle, mitzuwirken. So sind auch hier Ordnung und Gliederung beisammen wie im Staat und in der Gesellschaft des Mittelalters; ein Individualismus wirkt sich aus im schöpferischen Gestalten, aber er ist eingebettet in die Dämme der Zucht, wie die Figuren im Tympanon nicht isoliert stehen, sondern zu Verbänden geordnet sind. Erdhafte Derbheit und fromme

Gottesfurcht suchen gemeinsam nach Ausdruck seelischen Lebens. Eine geistige Unruhe zaubert immer neue Bilder hervor und erfüllt den Raum mit hohen luftigen Wölbungen, mit vielen Ecken, Gestalten und Farben, mit traumhaften Vorstellungen überirdischer Heiligkeit, während die strenge Einheit des Ganzen von der in sich ruhenden Sicherheit und Gewißheit des Glaubens zeugt. Diese Meister der Bauhütten wollten als Architekten schöne Räume schaffen und nicht etwa eine in Stein geschriebene Philosophie. Aber ihre Werke sprachen wie jedes Kunstwerk, ihnen selber unbewußt, ihren Glauben und ihre Sehnsucht aus; so haben sie sogar das erdgebundene Material ihrer Kunst hineingezwungen in eine Ordnung, die auch alle andern Mittel des Lebens derselben jenseitigen Zielsetzung dienstbar gemacht hat.

Wenn solcher Weise das hohe Mittelalter die europäischen Völker unter die Herrschaft eines einheitlichen Menschheits- und Jenseitsgedankens gestellt hat, ohne daß es hierzu der Gewaltsamkeit bedurft hätte oder eine Verkümmerung ursprünglicher Kräfte eingetreten wäre, so lag der Grund hierfür allerdings in der Tatsache, daß sowohl die Völker wie die einzelnen Lebensgebiete noch nicht innerlich selbständig geworden waren und daher leichter als nachher dem theokratischen Geiste eingeordnet werden konnten. Deutlich genug hoben sich freilich die einzelnen Völker Europas bereits voneinander ab. Schon die Straßburger Eide hatten die Trennung der deutschen und der romanischen Sprache bekundet, das geistige Leben hatte vom zehnten Jahrhundert an überall eine Verfeinerung und Differenzierung erfahren. Doch hierin kündete sich lediglich das provinziale Sondertum der einzelnen Stämme und Landschaften an, das stärker war als jedes Gefühl nationaler Zusammengehörigkeit; in Frankreich wie in Deutschland kämpften die großen Vasallen untereinander und gegen ihre Lehensherren. So konnte ein nationales Bewußtsein gegenüber dem Universalgedanken nur langsam entstehen, und noch Walther von der Vogelweide vermochte in einer Zeit, als die Kaisermacht bereits im Sinken begriffen war, dem Weltgedanken des christlichen Imperialismus starke und überzeugte Töne zu leihen. Nirgends im Abendlande gab es seit den Tagen Ottos des Großen eine staatliche Macht, welche ernstlich die „translatio imperii", die Übertragung des Kaisertums von den Römern auf die Germanen zu bestreiten in der Lage gewesen wäre und sich der abendländischen Kultur- und Staatengemeinschaft hätte entziehen können. Auch der Engländer Richard Löwenherz, den Kaiser Heinrich VI. als einen Feind des Reiches auf dem Trifels gefangen hielt, hat hieran niemals gedacht, und erst der vierte Kreuzzug bekundete den Zerfall der universalen Idee, als die Venetianer den mächtigen, das Jahrhundert beherrschenden Glaubenseifer für die Ausdehnung ihres Handelsreiches nutzbar zu machen verstanden. Und wie die einzelnen Staaten Europas, so waren auch die Lebensbetätigungen ihrer Völker noch nicht stark und sicher entwickelt, so daß sie sich leicht von der christlichen Ethik bezwingen ließen. Die Kirche hat gerade durch die auf Gottesliebe und Nächstenliebe gestellte Doppelnatur ihrer Ethik die Zukunft der abendländischen Völker aufs tiefste bestimmt, denn eben die Steigerung frommer Jenseitigkeit ermöglichte die Versittlichung der diesseitigen Lebensordnung. So hat erst das Mittelalter die abendländische Gesellschaft auf den christlichen Begriff der Familie gestellt und also die Härte der altgermanischen und der römisch-rechtlichen Patriarchalgewalt erweicht; die Kirche hat ferner durch ihr Dasein und durch ihr Vorbild den Gedanken einer objektiven Gemeinschaft herausgearbeitet und dadurch den Einzelnen gebunden und ihn doch zugleich in seinem persönlichen Eigenwert anerkannt; die Kirche hat die Einheit der europäischen Kultur überhaupt erst begründet. In den tatsächlichen Verhältnissen der mittelalterlichen Welt waren Voraussetzungen gegeben, die der Kirche die Durchdringung aller Lebensgebiete mit dem Geiste ihrer Ethik ermöglicht oder erleichtert haben. Es gab in der Tat noch keine Souveränität außer jener der Kirche, auch der Staat hat wohl eigene irdische Interessen verfolgt und in harten Kämpfen gegenüber den Päpsten vertreten, doch an die christliche Idee fühlte er sich immer gebunden. Vor allem aber darf nicht vergessen werden, daß die ganze Gesellschaftsordnung mit allen ihren Verbänden und Lebensgemeinschaften auf den einfachen, ursprünglichen Gegebenheiten des naturalwirtschaftlichen Zeitalters beruhte; eine dünne Bevölkerung mit großer Sterblichkeit und mit endlosen Strecken ungerodeten Landes ermöglichte es, die Konkurrenz in weitgehendem Maße auszuschalten und alles auf persönliche Gesinnung zu gründen, auf Vertrauen und Pietät, auf Treue und auf jenen gebundenen Individualismus, der den Sonderwert des Einzelnen durch die Solidarität der Genossenschaft sicherte. Auch dann noch war es schwer, die primitive Roheit des kreatürlichen Menschen und zumal des feudalen Geistes zu bändigen, und die Kulturgeschichte des Mittelalters nennt genug Züge von Gewalttat, Genußsucht und grobem Aberglauben, von Treulosigkeit und ungezügeltem Leben. Besonders das grundherrlich-bäuerliche Dasein ist voll davon, und oft genug wurde auch die Kirche hiervon ergriffen, bis große Reformbewegungen der Verweltlichung wieder Einhalt geboten. Immer wieder hat sich die Kirche der Moralisierung des Rittertums gewidmet, seinen kriegerischen Geist auf kirchliche Zwecke gelenkt, und im Minnedienst und der höfischen Zucht wurde zeitweise auch eine Sublimierung des Trieblebens erreicht. Leichter jedoch konnte das Leben der freien Handwerker und Ackerbürger nach den Forderungen der christlichen Ethik geregelt werden, und so ist es gekommen, daß Thomas von Aquin — der selbst ein Sprößling des Feudaladels war, aber als Italiener und als Bettelmönch die Städte besonders kannte — in der mittelalterlichen Stadt sein Ideal der „societas perfecta" verwirklicht fand. So heiß auch in diesen Städten der politische Streit zu Zeiten tobte: in ihren Zünften und Gilden war der wirtschaftliche Kampf ums Dasein auf weite Strecken durch Solidarität und Gemeinschaft tatsächlich stillgelegt, der Einzelne gesichert und gebunden, sein Erwerb aber nach seiner Arbeitsleistung bemessen und zugleich beschränkt. In diesen Städten waren die wirtschaftlichen Verhältnisse noch einfach und regulierbar, der Handel wurde nur „moderate" gepflegt, die Stadtwirtschaft genügte sich selbst, durchaus im Sinne der αὐτάρκεια des von Aristoteles gezeichneten besten Staates. Und nicht anders war es auch mit Wissenschaft und Kunst, die es immer mit einer überblickbaren Welt zu tun hatten und die sich, wenn sie über ihren Sinn und ihre Aufgaben nachdachten, überall auf den praktischen Zweck der Veredelung des Menschengeschlechtes hingewiesen sahen: „aut prodesse volunt aut delectare poetae", wie Horaz seine eigene Ästhetik und damit auch die des ganzen Mittelalters formuliert hat.

Es sollte freilich nicht ausbleiben, daß diese Gebundenheit aller Lebensordnungen und aller Lebensbetätigungen verschwinden mußte und daß mit einem neu aufsteigenden Individualitätsprinzip zugleich auch die innere Auflösung der mittelalterlichen und überhaupt der abendländischen Welt begann. Dies ist der große geschichtliche Weg, der seit dem 14. Jahrhundert sich vorbereitete und erst mit der Französischen Revolution und ihren Auswirkungen sein Ende finden sollte — eine Entwicklung also, zu welcher das Abendland nicht weniger als ein halbes Jahrtausend gebraucht hat, und die wir in ihrer innern Begründung, ihrer wuchtigen Größe und in ihrer tragischen Doppelseitigkeit begreifen müssen, wenn wir das 19. Jahrhundert verstehen wollen. Zwar hat die vergleichende Völkerkunde gelehrt, daß die Abwandlungen des mittelalterlichen und des modernen Kulturbildes nicht der abendländischen Geschichte allein eigentümlich sind, sondern typische Stufen in der Strukturentwicklung aller Völker darstellen, indem das „Mittelalter" dem einfachen und ursprünglichen, sozusagen dem epischen Zeitalter eines Volkes entspricht, während die „moderne Welt" — in diesem besondern, objektiven Sinne, in welchem wir von nun an das Wort ohne jede wertende Bedeutung gebrauchen wollen — aus den komplizierteren Verhältnissen späterer Zeiten zu entstehen pflegt. Trotzdem kommt der abendländischen Entwicklung und dem großen geschichtlichen Heerzug, der hier aus dem Mittelalter in die Neuzeit geführt hat, eine gesonderte und einzigartige Bedeutung zu, weil die konstituierenden Grundlagen Westeuropas, als welche wir Antike, Christentum und Germanentum kennen gelernt, nirgends anders sich zusammengefunden haben, und weil die Weltwirkung dieser abendländischen Kultur eine Erscheinung ist, die ohne Vergleich dasteht in der Geschichte der Menschheit. So ist die Entwicklung des europäischen Geistes das bedeutsamste Thema, welches historischer Betrachtung überhaupt gestellt werden kann. Viele Denker haben es zum Gegenstande ihrer Studien gemacht, und sie sind dabei zu entgegengesetzten Ergebnissen gekommen. Die einen haben wie Hegel — und wie später, mit den Mitteln historischer Einzelforschung, die von ihm beeinflußte liberale Geschichtswissenschaft — die Entfaltung der Freiheit auf ihren einzelnen Stufen durch die Abfolge der Zeiten zu erweisen gesucht und die Verwirklichung der Autonomie als die reifste Frucht des abendländischen Willens gepriesen. Die andern haben umgekehrt die zersetzende Tendenz der modernen Entwicklung herausgearbeitet, wie dies am schärfsten durch Auguste Comte geschehen ist, der mit dem 14. Jahrhundert die „revolutionäre Periode" der Weltgeschichte beginnen läßt und in ihr den menschlichen Geist zum ersten Male in seiner Geschichte zu einer grundsätzlichen Stimmung des Protestes, der Auflösung, der Verneinung geleitet findet. Was die einen als vorwärtsführende Elemente ansehen, verurteilen die andern als Motive des Niederganges. Zwar ist das Mittelalter durch einen starken Vorrat kulturellen Erbgutes dauernd lebendig geblieben auch in den Zeiten der neueren Geschichte, und die Träger seiner Tradition haben sie zu stärken und durch moderne Gedanken zu bereichern gewußt und um ihre Auswirkung in das Leben immer wieder sich bemüht. Aber indem langsam eine Voraussetzung des mittelalterlichen Daseins nach der andern zu entschwinden begann und die einzelnen Äußerungen des Lebens sich verselbständigten und eigene Gesetze aus sich entwickelten, löste sich in der Tat die Einheit und Geschlossenheit der alten Welt: der das 19. Jahrhundert beherrschende Geist sollte hier schließlich nur noch die letzten Folgerungen einer im vollen Gange befindlichen Entwicklung zu ziehen haben. Wo er Bindungen im gesellschaftlichen und staatlichen Dasein, im Denken oder im Handeln anerkannte, lebte er vom Erbe des Mittelalters und hielt es fest, ihm selber oft unbewußt und nur selten erfüllt von der dunklen Ahnung, daß radikale Geister oder ein kommendes Zeitalter auch hierüber noch hinwegschreiten könnten. Doch die Entwicklung des abendländischen Geistes bot nicht nur das Bild der Zersetzung; sie entfesselte Kräfte und schuf neue Tatsachen, von denen aus die Lebensordnungen zeitweise wieder geregelt werden konnten, sie schuf trotz aller auflösenden Wirkung auch den Idealen des allgemeinen Menschentums und der jenseitigen Zielsetzung ungeahnte Antriebe und vielfältige Stärkung. Es wäre vermessen, wollte der rückschauende Betrachter den Reichtum dieser Jahrhunderte mit einer Formel ausschöpfen, mag sie nun Fortschritt heißen oder Auflösung. Kein Sterblicher vermag die Kräfte und Gegenkräfte des Lebens restlos gegeneinander abzuwägen oder wohl gar das Ende einer sich vollziehenden Entwicklung vorauszusehen, und wenn wir in den Nöten unserer eigenen ringenden und sehnenden Gegenwart allzu geneigt sind, das weitere Fortschreiten der Auflösung zu besorgen, so ist doch kein Menschengeist in der Lage, die immanente Notwendigkeit eines geschichtlichen Vorganges zu erweisen. Der Historiker jedenfalls wird in seinen Grenzen bleiben und sich bescheiden. Er wird die Motive erforschen, die beim Aufbau des europäischen Geistes wirksam gewesen sind, und er wird den Weg nachzeichnen, den die Menschheit gegangen ist bis zu der Stelle, an welcher sie sich in unsern Tagen befindet.

Man muß hierbei immer wieder bis zu den letzten Grundlagen der mittelalterlichen Welt zurückgehen, denn jedes Zeitalter trägt in sich die Keime seiner Überwindung. Auch liegen stets die Elemente, welche die Entwicklung weiterzuführen berufen sind, ebenso sehr im Denken wie im Sein; unabhängig voneinander sind sie bald hier, bald dort herangewachsen, um spät erst und allmählich sich zusammenzufinden zur gemeinsamen Wirkung. Wenn die Größe des Mittelalters in der einzigartigen Ausgleichung der widerstreitenden Kräfte des menschlichen Lebens bestand, so konnte freilich die restlose Verwirklichung des inneren Gleichgewichtes immer nur einer besonders begnadeten Stunde gehören, während zu andern Zeiten der Widerspruch klaffte und die störenden Stoffe immer stärker wurden. So ruhten selbst in der Scholastik unmittelbar neben der zentralen Idee der Ordnung andere geistige Motive, die langsam emporkamen, um dann das ganze Gedankengebäude zu unterhöhlen. Der Nominalismus war im innersten Kerne unmetaphysisch und also unmittelalterlich und trug in sich alle Anzeichen des modernen naturalistischen Denkens. Und je kühner die Franziskaner im späteren Mittelalter vordrangen gegen den Thomismus der Dominikaner, desto stärker wurde die Wissenschaft zur Beschäftigung mit irdischen Dingen aufgerufen, desto entschiedener wurde sie vom Allgemeinen zum Individuellen gelenkt und an die Quellen, an die Natur, an die Erfahrung und an den Willen verwiesen; hier liegt die letzte und tiefste Wurzel des modernen Freiheitsgedankens. So sind Duns Scotus und William Occam, die dem Orden des heiligen Franz entstammten, die eigentlichen Zerstörer des Mittelalters und seiner Ordnungsidee geworden. Was Thomas von Aquin mit Hilfe des Stagiriten kunstvoll und sorgfältig im Gedanken zusammengefügt, begann von neuem auseinanderzufallen, und eifrig und einseitig suchte man in den Unausgeglichenheiten der vorthomistischen Denker und besonders in den gewaltigen Antinomien der augustinischen Lehre die Sätze und Motive, die den werdenden Individualismus, den Glauben an die Souveränität der Persönlichkeit zu stützen schienen. Von hier aus haben alle Richtungen, in welche das abendländische Geistesleben in der Folgezeit auseinandergegangen ist, ihren Ursprung genommen. Der Humanismus, als er auszog zur „Entdeckung der Welt und des Menschen", machte im Geiste des alten und echten Griechentums die diesseitige Welt und den Menschen in ihrer Mitte zum Selbstzweck des Denkens und Fühlens, und wie stark dabei sein Verständnis für das Seelenleben gerade durch Augustinus geweckt wurde, hat schon am Eingange der humanistischen Bewegung Petrarca bekannt, als er bei der berühmten Besteigung des Mont Ventoux in tiefer Ergriffenheit jener Stelle der „Konfessionen" gedachte, wo der Heilige mahnt, daß die Menschen nicht ihre Seele verlieren sollen an die verführerische Herrlichkeit der äußern Natur.

Auch der Protestantismus in allen seinen Richtungen wurzelt in diesen geistesgeschichtlichen Zusammenhängen. Wenn Martin Luther im Ringen um einen gnädigen Gott einsam und auf eigenen Wegen sich sein Verhältnis zum Unendlichen suchte und wenn er die „Freiheit eines Christenmenschen" darin sah, daß der Einzelne von allen Ängsten und Abhängigkeiten sich löst allein im zutrauenden Bewußtsein der göttlichen Gnade, so hob auch er die Persönlichkeit aus der Überlieferung und aus den objektiven Zusammenhängen des Lebens, stellte sie ausschließlich auf sich selbst und suchte sie in unmittelbare Beziehung zu Gott zu setzen. Die Überzeugung von der Unverlierbarkeit der Gnade bezeichnete den äußersten Punkt, den menschliche Selbstgewißheit und das Selbstgefühl der Persönlichkeit überhaupt zu erreichen vermochten, und aus der logisch am strengsten durchgeführten Glaubenslehre des Protestantismus, aus der Lehre des Kalvin ist diese Möglichkeit, die aktive Energie und das Bewußtsein der Persönlichkeit zu steigern, am stärksten entwickelt worden. Auf den vielverschlungenen Pfaden, wie sie dem ringenden und irrenden Menschen zugewiesen sind, war Martin Luther aus den Antrieben seines religiösen Gemütes und den Erlebnissen seiner einsamen Seele zu dieser Lösung gekommen; aber die geheimen geistigen Kämpfe dieser Klosterjahre vollzogen sich in ihm zugleich bei steter Auseinandersetzung mit der spätmittelalterlichen Theologie, und so sind es auch hier die Spuren des franziskanischen Nominalismus und seiner Auffassung von Augustin, die auf dem Wege zum Individualismus der Neuzeit eingegraben sind und durch den Augustinermönch von Wittenberg führen. Wenn dieser die Formen zersprengte, um die Persönlichkeit zu lösen aus der Heilsordnung der Kirche, so haben hier die dämonischen Kräfte seiner Natur gewirkt; aber die neuere Forschung hat auch festgestellt, daß er die „Summa" des Thomas nicht gekannt hat. Allerdings haben Luther und Kalvin das Freiheitsbewußtsein gebändigt durch das Gegengewicht sittlicher Verantwortung, sie haben Schranken errichtet und neue Bindungen gesucht und gefunden gegenüber dem Individualismus. Denn sie waren zwar der Meinung, daß jeder Mensch in der Schrift persönlich forschen solle, aber die Voraussetzung war dabei doch, daß jeder zum gleichen Ergebnis kommen werde und daß es eine einzige absolute und geoffenbarte Wahrheit gebe. So hat der Protestantismus zwar die alte Unitas beseitigt, aber er selbst hat an der Idee einer einheitlichen, kirchlichen, supranaturalen Kultur noch lange festgehalten. Die Zwangsmittel wurden angesichts des erwachten Autonomismus jetzt eigentlich erst allgemein; aber da in der neuen Lehre der Glaube allein und bald nur der Buchstabe im Mittelpunkte stand, so wurde hier der Zwang kleinlich und doktrinär. Jedoch in den Grundsätzen des allgemeinen Priestertums und der Rechtfertigung allein durch den Glauben lag ein treibendes Prinzip, das schon die Hussiten gekannt hatten und das einerseits in den Bund mit dem humanistischen Individualismus, anderseits in das Sektenwesen independenter Gemeinden und in grenzenlose religiöse und soziale Erwartungen hinüberführte.

Der Individualismus wurde das Kennzeichen der modernen Welt. Seine philosophische Begründung hatte er in den radikalen Lehren des späten Mittelalters, zumal in der Lehre von der metaphysischen Selbständigkeit des Individuums gefunden, und was die einen religiös und innerlich nahmen, war weltlich gerichteten Geistern ein Antrieb, sich zu erfüllen mit dem neuen Lebensgefühl, ein voller und ganzer Mensch für sich zu sein. Die italienische Renaissance hat das Ideal des „uomo universale“ geschaffen, das von nun an immer wieder als Sehnsucht oder als Ausdruck des modernen Individuums auftauchen wird. Der Einzelne begann sich selbst als Problem aufzufassen; auf allen Lebensgebieten wirkte sich in den Jahrhunderten der neueren Geschichte der Gedanke der souveränen Persönlichkeit aus. So entstanden die Typen moderner Lebensführung, wie sie in dieser Weise das hohe Mittelalter nicht gekannt hatte und die in ihren zahlreichen Verwirklichungen den bunten Reichtum, aber auch die Verwirrtheit der modernen Kultur und Geschichte ausmachen. Da ist der ruhelose oder ruchlose Unternehmer in Staat, Gesellschaft und Wirtschaft, der seinem Willen zu leben, zu herrschen und zu gestalten ein Feld unbegrenzter Erweiterung durch Erkenntnis der Kräfte der Natur und durch die Herrschaft über sie erobert: am Faden der abendländischen Geschichte reihen sich diese Gestalten von Lionardo und Lord Bacon bis zu den absoluten Fürsten — diesen ersten Unternehmern und Führern staatlicher Großbetriebe, mit ihrem Gefolge von Abenteurern und Charlatanen — und weiterhin bis zu den Industriekapitänen der amerikanisierten Welt. Die Standesehre des mittelalterlichen Menschen wird verdrängt durch die moderne Ruhmessucht, jenen „gran disio dell' eccellenza“, der gleichfalls vom Individualismus der sinkenden Antike vorgelebt worden war und den niemand treffender zum Ausdruck gebracht hat als Tacitus: „Mors omnibus ex natura aequalis; oblivione apud posteros vel gloria distinguitur.“ Es beginnt der Kultus der „klassischen Stätten“, der Geburtshäuser und Gräber berühmter Leute; die Plätze der Städte und die Fassaden der Paläste bevölkern sich mit den Denkmälern der Ahnen in Erz und Stein, ein maßloser Ehrgeiz und Durst nach Größe strebt selbst nach herostratischem Ruhme. Da sind unter den Bildern moderner Lebensführung ferner die Allseitigen, deren Prototyp wiederum Lionardo gewesen ist, und die Freidenker in zahlreichen Abwandlungen — angefangen bei jener selbstbewußten, ganz auf sich gestellten

Menschlichkeit, wie sie Shakespeare gezeichnet hat, bis hin zu den Spöttern, die in krasser Mischung von Zynismus und Aberglauben alles umspielen. Anderseits hat der verfeinerte religiöse Individualismus jene Gefühlsschwelgerei geboren, die im Studium der eigenen Seele und in der Pflege der Freundschaft Zweck und Genüge findet. Abseits von diesen allen steht schließlich noch der „große Einsame", der in zahlreichen Gestalten der neueren Geistesgeschichte wiederkehrt und seinen erschütterndsten Ausdruck in dem Leben Spinozas gefunden hat. Innerlich losgelöst von allen Gemeinschaften führt er sein eigenes geistiges Dasein, um von dieser abgelegenen Warte aus mit Mitleid oder mit Verachtung auf das jämmerliche Gaukelspiel der Welt herabzusehen. Zwischen Ruhmbegierde und Ruhebedürfnis schwingt die moderne Seele, und es hat in solchem Sinne genug Virtuosen der Lebensführung gegeben wie Montaigne, der von sich gesagt hat: „Toute la gloire que je prétends de ma vie, c'est de l'avoir vécu tranquille." In der Verwirrtheit dieser modernen Kultur, unter den unabsehbar werdenden menschlichen Verhältnissen ist dann wohl auch die Gemütskrankheit der modernen Welt entstanden, die im gestörten seelischen Gleichgewicht die Einheit von Geist und Natur nicht wiederzufinden vermag und durch Rousseaus Leben und Schriften der Menschheit zum Bewußtsein gekommen ist. Nachdem die Selbstherrlichkeit des Individuums die Einheit in der Natur und in der Gesellschaft gesprengt hat, stehen sich Natur und Geist, Subjekt und Objekt in unversöhntem Dualismus entgegen. An der Überwindung dieser Zerrissenheit hat die moderne Welt immer wieder gearbeitet, aber der Eigenwert der Persönlichkeit drohte dabei entweder von einer ihr fremden Objektivität verschlungen zu werden oder in Willkür und Isolierung zu verfallen. Von hier ging leicht der Weg zum Pessimismus und zu den großen Skeptikern der neueren Geschichte, wie andererseits auch der Eudaimonismus aus der Lehre von der Einzigartigkeit und der Würde der Persönlichkeit gefolgert werden mochte. Immer aber stand dahinter das Gefühl von der Autonomie des Menschen und seines sittlichen Bewußtseins, das ihm gestattet, die Regeln der Lebensführung sich selbst zu setzen.

Und wie für das Handeln, so sollte auch die gleiche Freiheit für das Denken des Menschen gelten, und auch sie wurde begründet in Natur und Vernunft des Individuums. Man konnte dabei zu der Überzeugung kommen, daß alle Erkenntnis in den richtigen Wahrnehmungen und den daraus gezogenen Folgerungen bestehe; diesen Empirismus hat Bacon begründet. Hiergegen lag der Einwand nahe, daß durch bloße Erfahrung die Dinge nur so weit erkennbar seien, als sie uns erscheinen und auf unsere Sinne wirken, daß sie dagegen in ihrer eigenen Natur, ihrem eigentlichen Wesen nur dem klaren und deutlichen, nach dem Gesetze von Grund und Folge wohlgeordneten Denken einleuchten. Der Glaube an die Allmacht der menschlichen Vernunft war beiden Richtungen gemeinsam. Die souveräne Reflexion des Verstandes begann alle Fragen zu bearbeiten, die vor den Menschen gebracht wurden; sie wollte keine Bindungen und keine Autoritäten über sich anerkennen und an die Stelle treten, die bisher die Offenbarung und die Tradition innegehabt hatten. Nicht das „Gesetz", sondern die Vernunft sollte herrschen über alles Triebhafte, und man glaubte, daß dies möglich und daß es sogar der Wahrheit des Lebens entsprechend sei. Diese Autonomie des Denkens konnte sich freilich mit der Erfahrung schwerlich auf die Dauer begnügen und mußte nach dem innern Zusammenhang der Dinge streben. So ist mit dem Individualismus zugleich der Rationalismus die herrschende Weltgesinnung der nachmittelalterlichen Zeiten geworden. Sie hat durch die Erkenntnistheorie des Descartes und seine „subjektive Methode" ihre Begründung im Selbstbewußtsein des zweifelnden Individuums gefunden, das hiermit als Prinzip an den Anfang aller Forschung gestellt wurde; denn der Zweifel ist selbst schon der Ausdruck einer Gewißheit, sofern ihm das Bewußtsein zu Grunde liegt, daß es notwendig eine Gesetzlichkeit des Erkennens gibt. Indem also Descartes nicht, wie die Skeptiker Montaigne oder Charron, beim Zweifel verblieb, sondern aus dem θαυμάζειν — dem Staunen über die Problematik einer bis dahin als selbstverständlich hingenommenen Welt — zum Aufbau der Dinge aus ihren letzten Gründen fortschritt, mochten auf diesem Wege systematisch die Wahrheiten entwickelt, das ganze Leben restlos durch die menschliche Vernunft gedeutet und alle Inhalte des Seins dem logisch gliedernden Verstande unterworfen werden. Für dieses Denken war die Welt ein geordnetes Gefüge, und die Aufgabe der Vernunft war die Erkenntnis der Gesetze und Proportionen, nach denen die Welt konstruiert ist. Es galt, die fertigen, in sich gefügten Objekte der Erfahrung zu messen und zu berechnen; nur dies hieß dem Zeitalter Erkenntnis — und nicht etwa die Einsicht in Entstehung und Wirkung mit Bezug auf den Menschen. In der Grundlegung der modernen Naturwissenschaft feierte dieser Geist seinen ersten und höchsten Triumph, als die erstaunliche Reihe der großen Mathematiker von Kopernikus und Galilei bis zu Newton und Leibniz den Massen im Weltraum die Gesetze ihrer Bewegung gleichsam nachschaffend vorschrieben, das Universum durch das rechnende Denken erschlossen und auf diese Weise die Herrschaft des menschlichen Intellektes über die Natur begründeten. Denn die Begriffe der Mathematik — so zeigte Descartes — sind Grundlagen der Erfahrung, nicht deren Produkte. So wurde die Abstraktion das Verfahren, dessen das moderne Denken sich bedient, indem die Analyse der komplexen Erscheinungen die einfachen gesetzlichen Verhältnisse herausholt und durch Rückführung aller Qualitäten auf quantitative Bestimmungen die Gesetzmäßigkeit aller Lebenserscheinungen in den strengen Formen von Maß und Zahl und Bewegung festzustellen sucht. Um also die unabsehbare Mannigfaltigkeit der Dinge mit ihren stets wechselnden, nur durch die Anschauung zu erfassenden Verschiedenheiten zu bemeistern, lernte man jene Verschiedenheiten auf meßbare Unterschiede, auf die Verknüpfung von Größen zurückzuführen und sie dem immer und überall gültigen Gesetze der mathematisch ausdrückbaren Kausalität zu unterstellen, indem alles Weltgeschehen auf Druck und Stoß reduzierbar schien. Wenn daher die Mechanik als die ideale Naturwissenschaft angesehen wurde, so zögerte man also nicht, ihre Erklärung aller Veränderung durch die einzige Ursache der Bewegung auch auf die Lebensvorgänge in der organischen Natur und auf die Welt der psychischen Erscheinungen auszudehnen und schlechthin alle Gegebenheiten dem Verfahren der von Descartes gefundenen analytischen Geometrie zu unterwerfen, sie also „more geometrico" zu zergliedern, zu entwickeln und zu erklären, indem sie in ihre einfachen Elemente zerlegt und aus ihnen in ihrer Gesetzlichkeit konstruktiv wieder aufgebaut werden mochten. Schon am Eingange der Meditationen hatte Descartes geschrieben: „Die langen Ketten von einfachen und leichten Beweisen, deren sich die Geometer zu bedienen pflegen, um die schwierigsten Probleme zu lösen, haben mich auf den Gedanken gebracht, daß alle Dinge, die in den Bereich der menschlichen Kenntnis fallen können, in ähnlicher Weise zusammenhängen." Was man im Makrokosmos gefunden, sollte überall gelten: eine neue Welt schien sich zu enthüllen, autonom, ohne Wunder und Willkür, ohne Zweck und Absicht, in ihren kreisenden Bahnen rein in sich selber ruhend und sich selber erhaltend. So ist die moderne Kultur autonomistisch und zugleich intellektualistisch geworden, so suchte sie alle Erscheinungen des Lebens auf die Vernunft zu gründen — Religion und Moral, das Recht und die Ordnung in Staat und Gesellschaft, das wissenschaftliche und das künstlerische Schaffen. Die Erkenntnis der Kräfte legte ihre Entbindung und Anwendung nahe, die Wissenschaft führte zur Technik: der Wert der Kräfte wurde nach ihrer Betätigung, nicht nach ihrer Richtung bemessen; nicht der Zweck, sondern die Wirkung wurde gesucht. Indem diese Wissenschaft den Zweckbegriff ablehnte, begrenzte sie ihre eigene Befugnis auf das Beschreiben der Einzeldinge und ihrer Verbindung durch die Kausalität. Es führte also die neue Denkart zu einer allgemeingültigen, einzigen und universalen Wissenschaft, die alle Qualitäten als subjektiv ausschaltete und in extensiven Größenverhältnissen den Inbegriff alles Erkennbaren erschöpfte, dabei auf der Überzeugung von der Selbständigkeit und Gleichförmigkeit der menschlichen Vernunft beruhte. Es war die Frage nach der Einheit des Wissens, die das bedeutungsvolle Thema des „Discours de la méthode" gewesen ist und von deren Lösung die moderne Kultur ihre Synthese erhoffte. Nachdem der Individualismus diese Kultur in Atome zu zerstäuben drohte, suchte der mit ihm gemeinsamer Wurzel entstammende Rationalismus ein neues inneres Band in der Einheit des Erkenntnisverfahrens, in der allen Menschen von der Natur in gleicher Weise zugeteilten Vernunft. Das „natürliche Licht" war den Menschen eingeboren, an ihm hatten alle Menschen denselben Anteil! In dieser Überzeugung wurzelt die Lehre von der abstrakten Gleichheit und von der Einheit des menschlichen Geschlechtes, und alle konkreten Verschiedenheiten schienen nur Depravationen zu sein, die der Geschichte verdankt wurden. Der Rationalismus besaß mit dem Individualismus den gleichen, nominalistischen Ursprung, aber es steckte in ihm ein Element, das die Begründung und Festhaltung absoluter Vernunftideale ermöglichte und so der autonomen Persönlichkeit doch noch Schranken setzte.

Ein Weltalter, das individualistisch und rationalistisch gestimmt war und eine Verdiesseitigung aller Lebensbetätigungen herbeiführte, löste das Mittelalter ab; dessen universale Ordnung begann auseinanderzufallen, sein Offenbarungsgedanke erfuhr Angriffe und Zweifel. Das mittelalterliche System hatte den verschiedenen Seiten des menschlichen Bewußtseins Befriedigung gewährt, es hatte die griechische Wissenschaft mit dem römischen Staatsgedanken und beide mit der christlichen Religion unter dem Gesetze der Autorität vereint; die lange Dauer des Mittelalters war in dieser großartigen Synthese begründet. Nun begannen sich mit dem Individuum diese verschiedenen Seiten zu verselbständigen, und es lag dabei in der Natur der Sache, daß sich jener Sinn für Rationalisierung des Daseins in den Vordergrund schob, der in der griechischen Autonomie des Denkens wie in der römischen Autonomie des politischen Wollens schon in gleicher Weise wirksam war und von dem gesagt worden ist, daß er eine den orientalischen Völkern unbekannte, ausschließlich europäische Eigenschaft sei. Der Individualismus der modernen Welt verengerte sich also im Rationalismus. Hier wurzeln alle Konflikte, welche zwischen den verschiedenen Kulturbetätigungen in den neueren Jahrhunderten durchgekämpft werden mußten, denn alle Richtungen und alle Abwandlungen der neueren Geschichte gehen in der Tat auf einen Freiheitsbegriff zurück, der mit dem mittelalterlichen Ordo unvereinbarlich war. Es sind zahlreiche Zweige und Strömungen, in welche sich der moderne Geist im Laufe seiner Geschichte zerteilt hat, und vielfältig sind die Schattierungen der einzelnen Ansichten im Vergleich zu dem ursprünglichen Gedanken der Autonomie, von dem sie alle ausgehen und in welchem sie verankert sind. Es sind Unterschiede, die in der zeitlichen Abfolge, in der Verschiedenheit der Persönlichkeiten und der Völker oder in der Intensität der Folgerungen begründet sind. Welch ein Weg vom norddeutschen Luthertum zu den Puritanern oder zu den Quäkern der angelsächsischen Welt! Und welch ein Unterschied wieder zwischen dem Protestantismus als Gesamtheit und jener freien Forschung und Säkularisierung der Gedanken, wie sie die Renaissance oder der deutsche Idealismus geübt haben! Noch am Eingange dieser geistigen Entwicklung stehen Descartes und Newton, die auf dem Wege des Gedankens die Welt dem Menschen untertan zu machen suchten und doch am Glauben ihrer Väter festhielten, weil sie in ihren Berechnungen und ihren Beweisen die Ordnung des Kosmos bestätigt fanden und ihnen aus dem Zusammenwirken der Kräfte oder aus der wunderbaren Einheit des Planetensystems der zwecksetzende Schöpfer entgegentrat. Auch der Mathematiker Pascal rettete das göttliche Leben im Menschen vor der andringenden Mechanisierung durch seine Ergebung in die göttliche Autorität, und Leibniz kam nach seinem eigenen Bekenntnis zu seiner Metaphysik durch die Einsicht, „daß die ausschließliche Betrachtung der bloß ausgedehnten Masse nicht genüge und daß man den Begriff der Kraft herbeiziehen müsse, der zwar aus der Metaphysik stammt, aber doch allgemein verständlich ist“. In dem Rationalismus der modernen Kultur schien sich die Persönlichkeit sowohl frei zu betätigen als auch naturgemäß zu begrenzen. Freilich war der Individualismus nicht in diesem Rahmen dauernd festzuhalten, und die theoretischen Folgerungen wurden, wie dies im Wesen des Menschen liegt, rascher und radikaler gezogen als die Folgerungen für das praktische Leben. Erst das Zeitalter der Aufklärung begann mit der Rationalisierung der Lebensordnungen; es hat dabei mit zahlreichen Irrtümern und überholten Einrichtungen aufgeräumt und die Straße freigemacht für Neuerung und für Reform, aber die Grundlagen der abendländischen und christlichen Kultur praktisch noch nicht angetastet. Noch bis tief in das 19. Jahrhundert sind die überlieferten sittlichen Bindungen für Individuum und Gemeinschaft in Kraft geblieben. Um so kühner und zersetzender vollzog sich der Gang der Ideen. Das mechanisch-geometrische Verfahren hat im französischen Denken des 18. Jahrhunderts schnell alle Grade des Rationalismus durchlaufen; die bei Descartes bis in alle Einzelheiten vorgezeichneten Folgerungen wurden in rascher Steigerung gezogen, und die andern Möglichkeiten, wie sie besonders in Leibniz angelegt waren, wurden zurückgedrängt. Der Geist, der alle Qualitäten und Werte in Zahlen fassen wollte, um alle Lebenserscheinungen eindeutig und sicher begreifen zu können wie Naturgesetze, dieser Geist hat dann mit Leichtigkeit seine Rückwendung zum Empirismus Bacons nehmen können. Denn es lag nahe, den autonomen Standort nicht nur in der Vernunft, sondern auch in der Sinnlichkeit zu wählen und den Kreis der Tatsachen immer mehr zu erweitern, aus welchem der souveräne Verstand dann seine Schlüsse und Abstraktionen ziehen konnte: „réduire, autant qu'il sera possible, un grand nombre de phénomènes à un seul qui puisse en être regardé comme le principe“, wie d'Alembert in unvergleichlicher Weise den Standpunkt der modernen Naturwissenschaft als den aller Forschung überhaupt formuliert hat. Die Geschichte des abendländischen Denkens erzählt von diesen Abwandlungen des ursprünglichen Prinzips, von der Neigung der Franzosen nach dieser, der Engländer nach jener Richtung, von der Ausbildung der beherrschenden Ideen, welche das 17. Jahrhundert geschaffen, das 18. bis in alle Folgerungen durchdacht hat. Es sind entscheidende Kapitel der Philosophiegeschichte, die von diesem Thema handeln. Sie zeigen, wie nicht nur das geometrische Verfahren, sondern auch der moderne Autonomismus schon gleich in Spinoza die volle Ausbildung erreichten; sein pantheistisches System hat in den wenig gemäßen Formen der euklidischen Methode die zur höchsten Stufe aufgestiegene menschliche Persönlichkeit beschrieben, in welcher auch Gott erst seine Vollendung gewinnen soll. Die rein menschliche, optimistische, innerweltliche Lebensrichtung der modernen Zeit ist hier offenkundig. Nominalistisch ist auch Spinozas Substanzbegriff, das Ganze ist ihm nur eine Anhäufung von Teilen: „Per substantiam intelligo id, quod in se est et per se concipitur". Der Mikrokosmos wurde geformt nach dem Newtonschen Weltbilde. Dann haben Locke, Berkeley und Hume den Subjektivismus weiter getrieben — der eine bis zur Leugnung der substantialen Formen, der andere bis zur Leugnung der objektiven sinnlichen Welt, der dritte bis zur völligen Skepsis, während die Atomistik der Franzosen aus der Methode des Descartes jene letzten, radikalsten Folgerungen gezogen hat, die Descartes zu seiner Zeit wohl dunkel geahnt, aber niemals zu denken gewagt hätte. Es bleibt daher in diesem weltgeschichtlichen Zusammenhang erwähnenswert, daß das Hauptwerk des Descartes bereits im Jahre 1663 indiziert worden ist, „donec corrigatur". Die Konsequenz der geistigen Entwicklung führte eben von Descartes zu jener herrschenden Vernunft, die sich in der Französischen Revolution ausgewirkt hat. Das 19. Jahrhundert hat dann mit dem deutschen Idealismus und der deutschen Romantik Gegenkräfte aufgeboten, es hat in seinem Fortgange die alten Prinzipienkämpfe mit den alten oder mit erneuerten Waffen, aber in vergrößerten Dimensionen und im Bewußtsein der gewaltigen praktischen Bedeutung durchgekämpft. Doch je mehr dann der historische Sinn des 19. Jahrhunderts die Bedingtheit auch des scheinbar Rationalen erwies, desto mehr gab der Individualismus nun auch die verweltlichten Vernunftideale preis und verwandelte sich in einen Relativismus, der die atomisierende Wirkung des neuen Geistes nicht aufhob, sondern gewaltig verstärkte. Zuletzt hat dann das 20. Jahrhundert es erlebt, wie das bolschewistische Rußland das souveräne Denken und die mechanische Weltbetrachtung bis in die letzten Folgerungen hinein zu verwirklichen sucht. Nicht umsonst hat Lenin sich als den eigentlichen Vollstrecker von Peters des Großen Testament gefühlt, denn er hat den Anschluß Rußlands an jene westeuropäische Geistesentwicklung vollendet, die Peter der Große als der Schöpfer eines modernen, mechanisch konstruierten Absolutismus und nach ihm Katharina II., die Gönnerin Diderots, zuerst nach Rußland gezogen haben. In allen Epochen der neueren Geschichte und auf allen Gebieten des Lebens wirkt sich das gleiche Prinzip aus, das immer wieder in andern Strahlen sich bricht.

Freilich, die Geschichte des Geistes ist kein dialektischer Prozeß, und so ist auch die Überzeugung vom Primat des Individuums nicht nur aus den Motiven des abendländischen Denkens entstanden. Auch der Einfluß, den das wiederentdeckte Altertum auf die

Entwicklung der romanisch-germanischen Völker ausgeübt hat, ist nur auslösend und sekundär gewesen, wie wir heute gegen Jakob Burckhardt bekennen müssen und gegen seine Auffassung der europäischen Geschichte, die sich lange fast kanonischer Geltung erfreut hat. Es ist kein Zweifel, daß im Zeitalter der Renaissance die neue Welt zum ersten Male ans Licht und ins Bewußtsein der abendländischen Menschheit getreten ist und daß für diese Vita Nuova die Wiedergeburt der griechischen Kunst und Philosophie und der griechischen Erfahrungswissenschaft von besonderer Bedeutung geworden ist. Aber so sehr auch der Persönlichkeitsglaube gesteigert wurde im Studium der unvergleichlichen Gestalten, von denen die bildende Kunst und die Geschichtsschreibung der Alten berichten, und so sehr er auch vertieft wurde durch jenes Humanitätsideal, das aus den Philosophenschulen des ausgehenden Altertums von neuem lebendig wurde und den Weisen zu innerer Unabhängigkeit und zur Verwirklichung des allgemeinen Menschentums berief, so haben doch die starken literarischen Anregungen, die von Cicero und von der Stoa ausgegangen sind, schwerlich das weltliche Lebensgefühl der neuen Zeit geschaffen. Und wie entscheidend auch der Rationalismus gewesen ist, welcher dem theoretischen und praktischen Heidentum der Epikuräer und Stoiker zu Grunde lag und der auch das ganze römische Recht, die nivellierte Gesellschaftsordnung der römischen Kaiserzeit und selbst ihr Kunstschaffen kennzeichnete — er konnte von sich aus ebensowenig schöpferisch wirken wie etwa die unsterblichen künstlerischen Vorbilder, die sich für die Erfassung und Schilderung des Lebens nun plötzlich aus der Antike darboten. Wäre nicht das natürliche Wachstum der abendländischen Völker gewesen, es wären alle Ausgrabungen, Entdeckungen und Wiederbelebungen vergebens gemacht worden. Wenn das Individuum sich zu lösen begann aus der wohlgefügten Ordnung der mittelalterlichen Zeiten und wenn hiermit zugleich eine Hinwendung zu innerweltlichem Dasein verbunden war und die weitgehende Versittlichung des gesellschaftlichen und staatlichen, des wirtschaftlichen und geistigen Lebens vor einer anhebenden Autonomiebewegung aller dieser Daseinsgebiete zurückwich, so war diese Veränderung nicht von außen in die Entwicklung der abendländischen Völker hineingetragen, sie war auch nicht nur aus Denknotwendigkeiten der religiösen und philosophischen Spekulation hervorgegangen, sondern sie war in der Tat das letzte Ergebnis der ganzen mittelalterlichen Geschichte, die aus sich selbst heraus ein anderes und neues Zeitalter gestaltet hat.

Die Voraussetzung der mittelalterlichen Ordnung war gewesen, daß die einzelnen Lebensäußerungen und die einzelnen Völker innerlich noch nicht so stark und selbständig geworden waren, als daß sie sich der theokratischen Idee hätten entziehen können. Nun liegt es im Wesen alles Organischen, daß es wächst und sich wandelt und nur in der Erstarrung und im Tode ein geschichtsloses Dasein führt. Auch die Völker des abendländischen Mittelalters standen im Fluße geschichtlichen Lebens. Als Antike, Christentum und Germanentum zusammengekommen waren, da waren diese Völker entstanden, und sie hatten aus dieser weltgeschichtlichen Mischung die Einheit des Mittelalters herausgebildet, die wenigstens einmal in einer großen historischen Stunde sich restlos verwirklicht haben mag. Das reifgewordene Mittelalter führte immer rascher und weiter darüber hinaus. In der Erziehung durch die Kirche und durch das ganze Erbgut der christlichen Antike war die menschliche Natur seelisch verfeinert worden, hatte sich differenziert, dem Reichtum des diesseitigen Lebens langsam sich zugewendet und die Vielfältigkeit der Daseinsgebiete zu sehen gelernt. So ist der Individualismus eine Frucht, die das Mittelalter selber gereift hat und die über das Mittelalter hinausgewachsen ist. Was dann die Antike hinzugebracht hat, war der unsterbliche Zusatz von Schönheit, Ordnung und Regel. Sehr treffend ist der Vergleich zwischen der abendländischen und der byzantinischen Kultur gezogen worden. Während in Byzanz Antike und Christentum nach der Völkerwanderung noch ein volles Jahrtausend fortlebten, ohne daß hier ein Mittelalter sich entwickelt hat und ohne daß eine Renaissance und eine moderne Welt entstanden wären, hat das Abendland zu Antike und Christentum noch das germanische Element gefügt, es hat die drei Kräfte in eigenartiger Weise gemischt und ist daraus emporgewachsen zu einem neuen und eigenen Leben. In der deutschen Spätgotik hat der Sinn für erdhafte, naturalistische Wirklichkeit zum ersten Male sich stark und mächtig geäußert; in den Volksbewegungen des 15. Jahrhunderts zeigte sich der Individualismus in seiner innerlich-religiösen, aber auch bereits in seiner praktisch-revolutionären Auswirkung; in den deutschen Städten, die einst das Ideal der sich selbst genügenden Gemeinde am ehesten verwirklicht hatten, begann auch das wirtschaftliche Leben sich von der Herrschaft der Ethik zu lösen. Das Erstarken des Bürgertums und die zunehmende Dichtigkeit der Bevölkerung bei entschwindendem Vorrat an ungerodetem Lande, dazu die Mobilisierung aller gesellschaftlichen Beziehungen im Gefolge der Geldwirtschaft — dies alles hat die Arbeit, die Konkurrenz, das Streben nach Erwerb gefördert und die Menschen auf das Diesseits gelenkt, zum Studium der Natur, zu weltlicher Bildung, zu Erfindungen und zu rationaler Erfassung und Ausgestaltung der Wirklichkeit. Auch hier ist zu sagen, daß die Entwicklung überaus langsam sich vollzogen hat, bis der Weg zurückgelegt war von den gottesfürchtigen Kaufleuten des späten Mittelalters und von der Berufsethik und der sogenannten „innerweltlichen Askese" des Kalvinismus bis zum schrankenlosen Erwerbsprinzip und zur Entseelung der Arbeit in der Welt des Hochkapitalismus und des sozialistischen Staates. Aber schon im 18. Jahrhundert war die Zurückführung aller Dinge auf Masse und Bewegung die Weltanschauung der Unzufriedenen geworden, die nach oben strebten; das Bürgertum vererbte sie dann dem Proletariat.

Vor allem aber sind es nun auch politische Veränderungen gewesen, die an der Auflösung des Ordo und an der Entfaltung des Individualismus mitgewirkt haben. Als in dem gewaltigen Ringen zwischen Kaisertum und Papsttum die Hohenstaufen untergingen und vom Kaisertum nur noch ein Schatten seiner alten Größe übrigblieb, da trat keineswegs der Sieger die erhoffte Erbschaft an, um die Menschheit auch weiterhin in der Einheit von Kirche und Reich zusammenzuhalten. Auf den Trümmern der staufischen Macht erhoben sich überall partikulare Gewalten. Sie waren in Deutschland und Italien schon bisher unruhig genug gewesen, und nur mit Mühe und großen Zugeständnissen waren Vasallen und Städte gebändigt worden. Aber während bis dahin immer noch die universale Idee lebendig gewesen war, erhob sich jetzt hemmungslos der territoriale Egoismus: der Sinn für Weltpolitik und für große Menschheitsideale, der noch die Minnesänger und die Ministerialen der späten Stauferzeit befeuert hatte und der zuletzt noch Dantes hehre Seele durchglühte, ging schon zu seiner Zeit im Streit der Nachbarn und in elenden Kleinigkeiten zu Grund. Schon Kaiser Friedrich II. hatte einen aussichtslosen Kampf gekämpft; denn allzu vorgeschritten waren Handel und Gewerbe, das gesellschaftliche und wirtschaftliche Leben, als daß das Bürgertum der italienischen Kommunen sich noch den Erfordernissen eines fernen und fremden, weiten Zielen dienenden Kaisers gebeugt hätte. Man wird immerdar dem blondgelockten schönen Jüngling, dessen Haupt auf dem Marktplatze von Neapel fiel, eine Träne menschlichen Mitgefühles weihen, aber — „der Spruch der Geschichte war völlig reif", wie mit Recht gesagt worden ist. Konradin opferte sich für eine Idee, über welche die abendländischen

Völker hinauszuschreiten sich anschickten. Was Papst und Italiener verband, war der gemeinsame Gegensatz gegen das Kaiserhaus; doch kaum war der Feind zur Strecke gebracht, so zeigte sich, daß die italienischen Bürger für ihre Autonomie gefochten hatten und daß die Zukunft Italiens den Städten gehöre, wie die Zukunft Deutschlands bereits den Fürsten überliefert war. Auf dem Boden des italienischen Stadtstaates vermochte sich das Individuum frei und schrankenlos zu entfalten. Hier war städtisches Leben vom Altertum her immer wach geblieben durch alle Jahrhunderte hindurch, da im Abendlande die naturalwirtschaftlichen Zustände herrschten; hier hatte die Gunst des belebenden Weltmeeres Reichtum und Macht in den Händen unternehmender Geschlechter gesammelt; hier hatte sich die demokratische Bewegung der Zünfte frühe erhoben und zu blutigen Bürgerkriegen geführt; hier war der Konkurrenzkampf der einzelnen Kommunen unerbittlich und scharf, seit das Kaisertum, das sie alle niedergehalten hatte, gesunken war; hier stand ein Adel zur Verfügung, den der Wille der Bevölkerung durch das Gesetz — durch das „inurbamento della nobiltà" — zu städtischer Lebensweise gezwungen hatte und der mit Türmen und Burgen mitten in der Stadt saß als geborener Parteiführer aller, die ihn gewinnen wollten. Auf dem Grunde dieser sozialen Verhältnisse konnten Persönlichkeiten erwachsen, die im Streben nach Macht und Erwerb alle Schranken der Gesinnung durchbrachen, Söldner und Beamte anwarben oder aus städtischen Diensten übernahmen und zu Gewaltherrschern sich aufwarfen. Schon Friedrichs II. Erbmonarchie in Unteritalien war mit der „völligen Zernichtung des Lehensstates" vorangegangen. Was sich dort vollzogen hatte, war nach Jakob Burckhardts klassischer Schilderung „eine Verwandlung des Volkes in eine willenlose, unbewaffnete, im höchsten Grade steuerfähige Masse: hier ist kein Volk mehr, sondern ein kontrollierbarer Haufe von Untertanen". Das Werk des letzten Staufers freilich zerbrach. Die Städte Italiens jedoch vermochten auf festerem Grunde zu bauen, weil in ihr Leben der Feudalismus niemals tief eingedrungen war und seine Überwindung den Tendenzen entsprach, die in der urbanen Verfassungsentwicklung seit der Antike lebendig waren. So hat die italienische Stadt den modernen Staatsgedanken zuerst verwirklicht, indem sie alle Spuren des Lehenswesens ausschied, eine korporative politische Gemeinde entwickelte und durch Vereinigung aller Gewalt in den Händen des Rates oder des Tyrannen dem Leiden der Polis ein Ende bereitete. Wenn dann in Italien die Überwindung des Lehenswesens nicht bis zur Einheit des nationalen Staates geführt hat — was in der Richtung dieses geschichtlichen Prozesses gelegen hätte und vielfach auch versucht worden ist — so mag dies in der Überlegenheit der fremden Mächte begründet gewesen sein. Fremdherrschaft und Kleinstaaterei wurden Italiens Schicksal; aber es war eine Kleinstaaterei, die nicht auf dem Grunde des Lehenswesens ruhte und daher im 19. Jahrhundert, als die Gunst der außenpolitischen Lage sich mit der nationalen Erhebung verband, restlos beseitigt wurde.

Während Italien nach dem Sturze der Staufer zerfiel und der moderne Staat also zuerst im Abendlande in kleinen Territorien geboren wurde, ist die Entwicklung in Frankreich anders verlaufen. Die französischen Könige sahen sich begünstigt durch die glückliche Gestaltung des Seinebeckens, dessen doppelter Wall aus Kreide und Jura das Herz Frankreichs gegen jeden ernstlichen Angriff schützt und nur nach Norden hin mit dem Durchbruch der Oise eine Einfallpforte offen läßt. Und diesen gesicherten und von der Natur in verschwenderischer Fülle gesegneten Raum durchzieht jene unvergleichliche Straße, die der Fluß in die Landschaft gezogen hat, Bewegung und Leben spendend und doch in sanftem Lauf gehorsam dem dämmenden Willen menschlicher Kultur; in zahlreiche Arme zerteilt er sich und birgt sorgsam die Inseln, die zur Wiege Frankreichs geworden sind. Denn, wie dies wiederum Jules Michelet feinsinnig ausgeführt hat, die Isle de France vereint in sich die ganze Geschichte der französischen Monarchie, sie ist „le résumé du pays", das letzte Kapitel in der prächtigen Bilderfolge der Provinzen. Es ist eine historische Landschaft von einzigartigem Gepräge, die zwischen den obersten Inseln bei Troyes und dem alten Überseehafen von Rouen, zwischen dem Bogen der Loire und den Quellen der Oise gelegen ist; von diesem bedeutsamen Raume ist die einigende Kraft ausgegangen, die das französische Volk aus der Vielgestaltigkeit des mittelalterlichen Lebens zur nationalen Einheit hinübergeführt hat. Hier konnten die Könige in den langen Jahrhunderten, die den feudalen Gewalten gehörten, Kräfte entwickeln und die Zukunft vorbereiten, von hier vermochten sie allmählich und trotz aller Rückschläge und Niederlagen doch in unwiderstehlichem Aufstieg ihre Macht auszubreiten, nach allen Seiten um sich zu greifen und das Leben aller Provinzen im Umkreis an das Leben der Zentrale heranzuziehen. Es war ein exzentrischer Mittelpunkt, um den die werdende Nation sich bildete; er war nach Norden verschoben. Aber dieser „Wirbel des nationalen Lebens" zog schließlich auch die entferntesten Landschaften in sich hinein. Das Königtum bediente sich dabei der Mittel, welche die emporkommende Geldwirtschaft gewährte, es schuf sich ein Heer und ein am römischen Rechte gebildetes Beamtentum und vermochte so alle Funktionen des Staates in eigener Hand zu vereinigen. So wurde die Macht der großen Barone gebrochen, alle Teilgewalten wurden beseitigt und mit der Zentralisation der Verwaltung zugleich die nationale Einheit verwirklicht. Es war ein Werk, an welchem die französische Staatskunst sich zu virtuoser Vollendung gebildet hat und das aufgebaut wurde in einer ununterbrochenen Folge der Generationen und in einer Entwicklung von einzigartiger Geschlossenheit, wie die Geschichte keines andern Volkes sie jemals erlebt hat. Die Reihe beginnt mit Philipp dem Schönen, von dem Ranke gesagt hat, daß durch seine Regierungszeit der „scharfe Luftzug der neueren Geschichte" wehe; es ist dabei kein Zufall, wenn dieser französische König den Kampf gegen die Teilgewalten mit einem Kriege gegen Papst und Kirche eröffnete, weil nach dem Untergange der Staufer kein Vogt der Kirche mehr am Platze war und für jeden die Stunde gekommen war, der sie zu nutzen verstand. So haben Frankreichs goldene Könige und die großen Kardinäle, die dieses Land regierten, die Macht der Krone über alle konkurrierenden Gewalten emporgehoben; sie haben die Einheit des Staates, der Gesellschaft und des Geistes vorbereitet und in weitgehendem Maße verwirklicht, und sie haben die also gesammelten Kräfte nach außen gewendet, um das Zentrum der Energie im Norden zu schützen und zu erweitern. Die beispiellose Konzentration aller Mittel in der Hand des Staates gab ihnen dabei die Überlegenheit über die Nachbarn und geleitete sie zeitweise hinauf bis zur politischen und geistigen Vorherrschaft über Europa. Und was durch die Monarchie der Valois und der Bourbonen zu hoher Ausbildung geführt worden war, hat dann, als die Könige schwach und erbärmlich geworden waren, die Revolution vollendet, indem sie die nationale Einheit vertiefte und den geschlossenen, zentralisierten Staat bis in seine letzten Konsequenzen hinein verwirklichte; so hat sie eine neue Quelle der Energie geöffnet, die abermals über Europa gekommen ist.

Was hier aufgebaut wurde, war zunächst und ausschließlich das Werk der Dynastie. Unternehmende Männer haben auch an andern Stellen Europas mehrere Lebensalter hindurch sich abgelöst und im gleichen Geiste am gleichen Werke gearbeitet, wie dies die Abfolge der Generationen in fürstlichen Häusern ermöglichen und gewährleisten mochte; aber niemals sind sie über die zufällige Vereinigung von Herrschaftsbezirken oder ganzen Reichen hinausgekommen, und immer war die Dynastie mit ihrem Beamtentum das einzige einigende Band, das alles umschloß. In Frankreich allein schuf die Gunst der Landschaft die Möglichkeit, ein geschlossenes und abgerundetes Gebiet staatlich zusammenfassen und in der einheitlichen romanischen Bevölkerung eine nationale Kultur zu erwecken. Zwar ist das nationale Gefühl als ein Gefühl der Zusammengehörigkeit durch Abstammung und historisches Schicksal überall im Abendlande lebendig geworden als ein Ergebnis des reifenden Mittelalters und seiner erstarkenden Laienkultur; nachdem die Einförmigkeit der karolingischen Welt im frühen Mittelalter verschwunden war vor der Vorstellung einer an der gemeinsamen Sprache erkennbaren Nationalität, hat das nationale Empfinden als ein Bewußtsein der besondern, eigenen Art sich langsam entwickelt und gelöst aus der klerikalen, lateinischen Kultur. Schon die mittelhochdeutsche Literatur nennt in Wolfram und Walther die beiden Dichter, die von ihres Volkes Art und Weise in reinen Tönen gesungen haben. Dann hat der Humanismus mit dem Sinn für Sondertum und individuelles Leben auch das Bewußtsein von der nationalen Eigenart der einzelnen Völker gestärkt, und es hat manchen Seitenzweig des Humanismus gegeben, der sich der Pflege von Volkstum und Nation gewidmet hat. Die Universitäten des ausgehenden Mittelalters zeugen durch ihre Organisation und durch die Gegensätze, welche die Studentenschaft zerklüfteten und in rohen Raufhändeln gegeneinander führten, von diesem erstarkenden nationalen Individualismus; auf den Konzilien wurde nach Nationen zusammengetreten und abgestimmt, auf dem Konstanzer überwog bereits das Laienelement und zeitigte im Streit um die Prärogative einen erbitterten Haß der Nationen: die Massen traten in die Geschichte ein! Doch wiederum sind es nur die beiden frühesten politischen Völker Europas, die Italiener und die Franzosen gewesen, die Folgerungen für den Staat aus diesen Gefühlen gezogen haben. So manchem Römer erstand mit Cola di Rienzo aus dem lebendig gewordenen Altertum der phantastische Traum, daß von der Höhe des Kapitols herab die Einigung des italienischen Volkes und mit ihr die Weltstellung der Urbs noch einmal Wirklichkeit werden möchten, und es ist nicht nur Cesare Borgia allein gewesen, der vom säkularisierten Kirchenstaate aus die Italiener mit gewaltsamer Faust zusammenzwingen wollte zur einheitlichen Nation. Doch die italienische Renaissance hat auch in dieser Hinsicht sich nicht auszuleben vermocht, und also blieb es Frankreich vorbehalten, im Staate seiner Könige die nationale Einheit vorzubereiten, bis die Revolution sie vollendete und in das allgemeine Bewußtsein zu führen begann. So ist der nationalstaatliche Gedanke am Baume des modernen Individualismus herangereift, so ist er schließlich der beherrschende politische Gedanke des 19. Jahrhunderts geworden.

Es hat freilich noch einen andern Weg gegeben, auf welchem das Lehenswesen überwunden und die nationale Einheit geschaffen werden konnte. Wer die Zuständigkeiten überprüft, welche das englische Parlament schon im 16. Jahrhundert erlangt hatte, gewinnt den Eindruck einer allumfassenden Zentralgewalt, wie sie selbst die bourbonische Monarchie damals kaum besessen hat. Aber die nationalstaatliche Vereinigung war hier nicht das Werk einer mechanischen, äußerlichen Zentralisation durch obrigkeitlichen Zwang; der Apparat von Heer und Beamtentum, mittels dessen der kontinentale Absolutismus die staatliche Zentralisation den feudalen Gewalten abgerungen hat, fehlt in England völlig. Vielmehr ist hier der nationale Staat aus dem Zusammenschluß korporativer Verbände erwachsen. Solche besaß in seinen Städten auch das von Lehensbildungen überdeckte Festland; aber hier sind sie in der Folge fast überall politisch verkümmert — durch die Macht, welche die französischen Könige oder die italienischen Territorialherren in ihren Staaten errungen haben, durch den Sieg, den die deutschen Landesfürsten in offenem Felde über die Reichsstädte davontrugen. In England dagegen entwickelte sich die Idee der Vertretung ungestört und organisch aus dem Lehenswesen, das zurückgedrängt wurde. Wenn die Magna Carta von 1215, jene vielgefeierte Grundlage von Englands einzigartiger Verfassungsentwicklung, durch moderne Forschung entzaubert und mit zahlreichen Verträgen anderer Feudalländer in Reih und Glied gestellt worden ist, so bleibt dennoch jenes Urteil zu Recht bestehen, mit dem Leopold Ranke in seiner sachlichen und gedämpften Weise das Lob der englischen Verfassung bestätigt hat: „Während anderwärts jeder Stand für sich selbst sorgte, bildete sich hier ein gemeinschaftliches Interesse aller, welches sie auf immer zusammenband.“ Die Bewilligungen jenes Freibriefes wurden nicht jedem Stande für sich, sondern allen zugleich gemacht, und wie unterschiedlich auch die Zugeständnisse je nach der sozialen Stufenordnung sein mochten: das Steuerbewilligungsrecht und das Widerstandsrecht gegen die Krone, diese wichtigsten Zugeständnisse, sind hier nicht mehr Ergebnisse individueller Vereinbarungen zwischen Lehensherrn und Lehensträger, sondern

Rechte aller Stände und ihrer berufenen Vertreter. Hiermit war eine Entwicklung angebahnt, die aus dem feudalen Prinzip ständischer Eigenberechtigung ohne bewußte Zerstörung der Lehensformen zum parlamentarischen Staatsrecht hinüberführte. Bald schon hatte die getrennte Tagung der Stände ihren Sinn verloren. Die geistlichen und weltlichen Großen, die dem persönlichen Lehensrecht ihre politische Bedeutung verdankten, schlossen sich zum House of Lords, die gewählten Vertreter der Grafschaften und Städte zum House of Commons zusammen; die nun folgenden Kämpfe, die um das Verfassungsrecht des Landes gegen das Königtum geführt werden mußten, festigten das Gefühl nationaler Zusammengehörigkeit. Wenn dabei das Unterhaus rasch eine gleichberechtigte Stellung neben der Versammlung der Großen erlangte und wenn sich dann das politische Schwergewicht im Laufe der Entwicklung immer mehr zu seinen Gunsten verschob, so lag die innere Ursache dieser Stärke in der Tatsache, daß das Haus der Gemeinen gegenüber der ständischen Natur des Oberhauses auf dem repräsentativen Gedanken beruhte und als korporative Einheit die zahlreichen Verbände zusammenfaßte, denen durch uralte Gewohnheit die Selbstverwaltung gegeben war. So vollzog sich in England die nationale Vereinigung nicht wie in Frankreich durch den Machtwillen von oben, sondern durch eine organische Entwicklung, welche die aristokratische Gliederung von Staat und Gesellschaft bewahrte, aber das Parlament und zumal das Unterhaus als die einheitliche Vertretung der Nation mit Rechten ausstattete, die für die ganze Nation bindende Kraft erhielten. Die Ständeversammlungen der kontinentalen Staaten ruhten auf völlig anderer Grundlage. Sie waren Reste des Lehenswesens, ihre Mitglieder verdankten Sitz und Stimme persönlichen Voraussetzungen wie der Geburt oder dem Besitze von Hoheitsrechten, ihre Beratungen und Beschließungen fanden nach Ständen getrennt statt, ihre Macht stand zwischen dem Oberlehensherrn und der Masse der Untertanen, über welche die Herren von sich aus einzeln verfügten. Die Beschlüsse der Stände konnten daher nicht allgemein binden. Hier waren Pflichten nur auf Herkommen oder freiwillige Leistung gegründet, die Geltung dieser Stände war unfähig einer Entwicklung, der Absolutismus schritt darüber hinweg und beseitigte den Dualismus von Fürst und Ständen. Auch das englische Königtum der Tudors und Stuarts versuchte den Ausbau einer absoluten Gewalt; aber König Karl I. mußte das Schaffot besteigen und König Jakob II. in die Verbannung gehen, weil der nationale Wille in Jahrhunderten vorbereitet war und dann noch durch das Ethos des Kalvinismus eine innere Kraft erhielt, die in diesem vorgeschrittenen Stadium der Entwicklung sogar gegen das Parlament sich wenden konnte. Doch selbst Cromwell scheute sich lange, durch Sprengung des Rumpfparlamentes die Rechtskontinuität zu zerreißen, und Locke rechtfertigte die Revolution von 1688 durch den Hinweis darauf, daß sie von den berufenen Vertretern der Nation und im Interesse der alten Verfassung durchgeführt worden sei. Nachdem der dualistische Ständestaat in England frühe überwunden war und die einheitliche Nation sich gebildet hatte, ist doch der Monismus des kontinentalen Staates England fremd geblieben, weil Selbstverwaltung und parlamentarische Vertretung als Grundlagen des englischen Staates dauerten. Zwar ist um die Verteilung der Kompetenzen zwischen den drei Elementen des Parlamentes, als welche die Krone und die beiden Häuser erscheinen, zu allen Zeiten heftig gekämpft worden, und es hat an Übergriffen und Willkür vonseiten der Majorität besonders im 18. Jahrhundert nicht gefehlt; doch der Unterschied zu der kontinentalen Staatenwelt ist ungeheuer, obwohl beide vom gleichen Feudalstaate ihren Ausgang genommen haben. In der englischen Geschichte liegt eine Entwicklung von wunderbarer Stetigkeit, die auf eigenen Wegen die Einheit der englischen Nation verwirklicht hat; die insulare Geborgenheit des Landes mag mitgeholfen haben, das englische Staatsleben vor der Mechanisierung zu bewahren. Nur in Flandern und in den Niederlanden haben die Landtage eine ähnliche Bedeutung auf der Grundlage der Vertretung erlangt, aber der überragende Einfluß der Städte erklärt dort alles.

Wo immer sonst auf dem europäischen Kontinent die Dynastien Staaten gegründet haben, da haben auch sie wie Frankreichs Könige den Kronschatz gesammelt, um Soldaten und Beamte anzuwerben, den Adel niederzuwerfen, die Stände in die Machtlosigkeit zu drängen und aus den vielen Länderteilen ein Reich oder ein Territorium zu bilden. Die Gunst der geographischen Abschließung ist dabei in höherem Grade noch als dem französischen Volke dem spanischen zugute gekommen: durch die Verbindung der Kronen von Aragonien und Kastilien gelangte Spanien zu nationaler Einheit und bald auch zur staatlichen Zusammenfassung des von der Natur gebotenen Länderraumes und seiner natürlichen Grenzen. Eine solche ideale Lösung mußte freilich den Völkern Mitteleuropas versagt bleiben. Aber mochte es sich um einen kleinen italienischen Fürstenstaat, um einen reichsunmittelbaren Territorialstaat in Deutschland oder um werdende Großmächte wie Burgund oder gar wie das Weltreich der Habsburger handeln: immer waren es Dynastienstaaten, in die Europa von nun an zerfiel, und immer waren es Persönlichkeiten, verwegene oder skrupellose Gestalten, die aus Ländertrümmern den Staat zusammenbauten und den Nachbarn mit Krieg überfielen, wenn der Vorteil es also verlangte und die Umstände günstig waren. Eine übergeordnete politische Macht von universalem Gepräge war weder in der Wirklichkeit noch in der Idee vorhanden. Der Fürst strebte, mit den andern Teilgewalten auch die Kirche sich dienstbar zu machen, und er fand immer Geistliche, welche bereit waren, die Religion unter das Kommando eines Soldaten zu stellen; so ist das Zeitalter gekennzeichnet durch den Kampf der Könige gegen die europäische Autorität des Papstes, ein Kampf, der zu „nationalkirchlichen" Bestrebungen gegen die römische Oberhoheit geführt hat und der auf den großen Konzilien des ausgehenden Mittelalters zu entscheidendem Austrag gekommen ist. An die Stelle der Weltziele traten überall die partikularen Zwecke, und das Papsttum verlor seinen politischen Einfluß gerade in einer Zeit, wo eine regelnde Instanz über den gegeneinanderstrebenden Völkern am notwendigsten geworden war. Auch die Päpste fühlten sich in den Tagen der Renaissance, wenn sie politisch dachten und handelten, als Territorialherren; so hat der tatkräftige Papst Julius II. sich erfolgreich der Aufgabe gewidmet, den Kirchenstaat zu einem Staat im modernen Sinne umzuschaffen, indem er die Barone im Zaume hielt, den Venezianern weite Gebiete entriß und die innere Verwaltung in feste Hände nahm. Zwar bestand das Kaisertum auch weiterhin fort, aber schon in Deutschland war seine Geltung gegenüber den Fürsten gering genug, und vollends als Imperium im Sinne der alten abendländischen Einheit war es kaum mehr vorhanden. Auch als die Habsburger die Kaiserkrone mit ihrer gewaltigen Hausmacht dauernd verbunden haben, vermochten sie hierdurch sich selbst zwar und ihrer gehäuften Ländermasse erhöhtes Ansehen zu verschaffen, aber den Kampf um die Macht entfesselten sie dadurch nun erst recht.

So zerfiel denn von nun an Europa in zahlreiche einzelne Fürstenstaaten, ein jeder die zufällige Schöpfung einer glücklichen oder gewalttätigen Dynastie, ein jeder sich erhaltend nach dem Gesetze, dem er seine Entstehung verdankte, durch Gewalt und durch List. Und über den Kleinen und Kleinsten, von denen Italien und Deutschland, die Kernlande des alten Universalreiches, übersät waren, erhoben sich durch Glück und Geschick die europäischen Großmächte. Zuerst und am frühesten wuchs das habsburgische Reich, ein loses Gebilde weiter Länderräume, in welchem die Sonne nicht unterging und das in der Folge in einen spanischen und einen österreichischen Teil sich auseinanderlegte, von denen der letztere sich im Kreise der großen Mächte für die Zukunft hielt. Um das Erbe der spanischen Monarchie aber stritten sich Frankreich und England, und dann kam noch Rußland und zuletzt noch Preußen empor — zusammen fünf Überlebende einer ehedem stattlichen Reihe. Denn viele andere Staaten hob das Schicksal kurze Zeit empor und strich sie wieder aus der Zahl der europäischen Großmächte — Polen und Schweden, Holland, Spanien und Portugal. Aufgebaut auf dem Grundsatz der Macht und in grenzenlosem Streben nach Macht sich verzehrend, so mußten diese Staaten in dem engen Raume Europas gegeneinander stoßen, und wo die Interessen sich widersprachen, da hatte das Schwert die Entscheidung. Von dem alten Zusammenhang der abendländischen Welt blieb in politischer Hinsicht nur die „europäische Hegemonie", welche bald dieser, bald jener Staat in blutigen Kriegen zu erlangen strebte, bis die andern ihn bändigten und für Augenblicke wieder ein „europäisches Gleichgewicht" herstellten, dessen Begründung und Erhaltung Europa nicht weniger Blut gekostet hat als das Streben der großen Eroberer nach der Vorherrschaft. So standen die europäischen Völker und ihre Staatsbildungen in schroffer Isolierung nebeneinander, ohne daß die Idee einer höheren Gemeinschaft die Machtkämpfe hätte mäßigen können. Dumpf und unbewußt ringen in diesen Jahrhunderten die Mächte um eine neue Ordnung internationaler Gemeinschaft. Jeder der kontinentalen Staaten ruhte in Existenz und Wesen auf einem Herrscherhaus, fürstliches und staatliches Interesse waren identisch; der Erbfolgekrieg wurde darum die normale Form der kriegerischen Auseinandersetzung, und die staatlichen Mittel wurden ebensosehr für die Angelegenheiten des fürstlichen Hauses eingesetzt, wie diese den Interessen des Staates dienen mußten. So ist die europäische Geschichte der neueren Jahrhunderte von Machtkämpfen größten Stiles durchzogen, unaufhörlich folgen sich die Kriege der Europa umspannenden Koalitionen — jene Haupt- und Staatsaktionen, die vornehmlich in den zerklüfteten und zerteilten Hauptlanden des mittelalterlichen Reiches, in Deutschland und Italien ausgetragen wurden. Alle andern Interessen und Gegensätze aber gingen in diesen Machtkämpfen unter: Religionskriege endeten als Kriege um die europäische Hegemonie, Wirtschaftskriege wurden geführt ausschließlich zur Mehrung der staatlichen Macht. Und auch der großartigste Trieb, der die aus dem Mittelalter herausschreitende Menschheit beherrschte, der starke Drang des Individuums, die Grenzen der bekannten Erde auszudehnen, ist in die Dienste der Machtpolitik gestellt worden. Der Kampf zwischen Holland und Spanien wurde in Westindien, in Südamerika und im malaischen Archipel ausgetragen, und wenn in Europa Frankreich und England immer wieder gegeneinander stießen und auf deutschen Schlachtfeldern die Waffen kreuzten, so wurde immer zugleich mit der Hegemonie auf dem Kontinent auch die Herrschaft der Mere und der Besitz der Kolonien umstritten. Als Christoph Kolumbus im Jahre 1492 auszog — ein Mann auf der Wende der Zeiten, von Glaubensglut und Entdeckerdrang zugleich beseelt — da war Europa noch eine Einheit der religiösen Kultur, die über die Meere zu tragen des Schweißes der Edlen wert erschien. Aber schon er erlebte die Rivalität der Spanier und Portugiesen und ihren heißen Hunger nach Gold, und bald wurden die Gegensätze Europas im Angesichte der Eingeborenen ausgefochten. Als der alte Kontinent sich also zum ersten Male anschickte, seine Macht und Geltung über die gewaltig erweiterte Erde zu breiten, war er im Innersten bereits zerwühlt; daß er trotzdem die Vormacht des kleinen Erdteils über die großen begründen und durch Jahrhunderte stärken und ausdehnen konnte, verdankte er seinem weiten historischen Vorsprung und nicht zuletzt auch dem Erbgut der mittelalterlichen Welt, das die Mächte trotz allem immer wieder zwang, in einer geordneten Staatengesellschaft und auf der Grundlage der abendländischen Kulturgemeinschaft sich zusammenzufinden. Der Individualismus der neueren Geschichte hatte lange Jahrhunderte der Vorbereitung gebraucht: indem er den Staat ergriff, weckte und schuf er Energien, die im Kampfe gegeneinander stießen, aber im Kampfe auch wieder sich gegenseitig in die Höhe trieben, zu immer neuer und gesteigerter Leistung.

Es war also eine neue Staatenwelt und ein neuer staatlicher Typus entstanden. Das moderne Individuum hatte alle Mittel und Möglichkeiten der voranschreitenden sozialen und geistigen Entwicklung ergriffen und einen Staat geschaffen, der selber ein Einzelner unter Einzelnen war. Losgelöst von allen außerhalb liegenden Zwecken, sollte er ganz sich selber dienen, seiner „Vernunft“, der Staatsraison, also seinen Interessen und der Mehrung seiner Macht. So wurden alle Kräfte zusammengefaßt und unter die Leitung eines tätigen und zielbewußten Willens gestellt, und es war dabei im Grunde nur ein Unterschied in der Form, ob dieser Wille von einem Usurpator getragen wurde, wie in den italienischen

Städten, oder von legitimen Monarchen, die aus Rechtstiteln des Mittelalters auf nicht minder gewaltsame Weise ihre Macht erweiterten, oder ob schließlich von einer Versammlung, die das ganze Volk darstellte oder aus dem ganzen Volke bestand. Die „volonté générale" Rousseaus war nur die letzte Folgerung und die dünnste Abstraktion der aus dem Individualismus geborenen Allmacht des Staates; sie setzte den „kollektiven Menschen" in dieselben Funktionen und Rechte ein, die vorher der fürstliche Unternehmer geübt hatte. Ob die nivellierte Gesellschaft aus Untertanen bestand oder aus Staatsbürgern, war letzten Endes ein Unterschied in der Form, nicht in der Sache. Und mit tiefer politischer Wahrheit war es darum gesprochen, wenn Mirabeau an den König die überredenden Worte gerichtet hat: „L'idée d'une seule classe de citoyens aurait plu à Richelieu." Ebenso klar und persönlich hat diese Abstraktion auch Thomas Hobbes erlebt, der als Staatslehrer der größere Vorgänger Rousseaus gewesen ist. Als er seine Lehre vom „Leviathan" formulierte — die im Staate das verzehrende Ungeheuer sah, dem gegenüber es nur Unterwerfung und keine persönlichen Rechte geben konnte — da wurde er, der Parteigänger der vertriebenen Stuarts, aus der Konsequenz seiner Lehre wie unter dem Eindrucke privater Erlebnisse zur Anerkennung der Diktatur Cromwells geführt. Denn die Einheit des Staatswillens wurde das höchste Postulat, die Souveränität ein dem Staatsbegriff zugehöriges Merkmal. Es ist der wichtigste Inhalt der Staatengeschichte in den neueren Jahrhunderten, wie allmählich der Begriff des Staates sich löste von Person und Dynastie des Monarchen und der Staat selbst zum „Souverän" wurde. Der moderne Staat war monistisch und hob sich in seinem Wesen scharf vom Dualismus des mittelalterlichen Staates ab, denn seine Gewalt war allmächtig, konkurrenzlos und in sich gefügt — „summa in cives legibusque soluta potestas", wie der Franzose Jean Bodin zuerst 1586 den Begriff der Souveränität, der „maiestas" definiert hat. So war es im letzten Grunde allerdings gleichgültig, ob die Gewalt in der Person des Fürsten oder in der Macht eines Parlamentes zusammengefaßt, ob sie vom Willen Gottes oder vom Willen des Volkes abgeleitet wurde. Doch bevor dieser „Absolutismus des Staates" sich ausgebildet hat, war der fürstliche „Absolutismus im Staate" die Vorstufe; ihm gehörte die politische Wirklichkeit in den Jahrhunderten von der Renaissance bis zur Französischen Revolution, er stellt historisch sich dar als eine stetig voranschreitende, niemals völlig vollendete Zusammenfassung aller Gewalt in der Hand der Krone. Diese Welt der Selbstsucht und der unbedenklichen Tat in der Mitte konkurrierender Staaten forderte eine Vereinigung aller Funktionen in der Hand eines über die andern Menschen hinausgehobenen Lenkers, der niemandem verantwortlich war als seiner eigenen souveränen Persönlichkeit: „car tel est notre plaisir", wie seit Karl VIII. die bezeichnende Schlußformel in den Ordonnanzen der französischen Könige lautete. Aus dem Staatszweck der Macht und der Wohlfahrt wurde in einer wilden, zerrissenen Zeit diese Lehre von der Ungebundenheit fürstlichen Handelns abgeleitet; Machiavelli hat ihr zuerst den geschichtlich folgereichsten Ausdruck gegeben, Jean Bodin sie in juristische Formeln gefaßt.

Es war in allem die Umkehr jener sozialen Ordnungsidee des Mittelalters, die den Staat an universale und jenseitige Zwecke gebunden und durch Teilung der Gewalten dem Einzelnen Anteil am Staate und Sicherheit vor fürstlicher oder staatlicher Allmacht gewährt hatte. In der Stadt des Mittelalters war dieser gesellschaftliche Aufbau am vollendetsten verwirklicht, aber andererseits waren in ihr auch wesentliche Züge des modernen Staates am frühesten vorgebildet worden. Das Stadtrecht hatte zuerst die Gleichheit des allgemeinen Bürgertums zum Ausdruck gebracht, das Stadtgericht war einheitlich für alle Bürger, die Gleichheit der Besteuerung galt zuerst für die Akzise, deren Erträge vornehmlich dem Mauerbau galten, die Stadt war ein einheitliches Wirtschaftsgebiet, das wirtschaftliche Leben war obrigkeitlich geregelt und brauchte von der Stadtwirtschaft nur einfach auf die sich bildende Volkswirtschaft übertragen zu werden. Alle die vielen einheitlichen Aufgaben, die sich aus der Regulierung des Lebens durch den Magistrat ergaben, verlangten frühe auch nach einer modernen innern Verwaltung, also daß der Stadtschreiber der erste Berufsbeamte und besoldete Jurist in der abendländischen Geschichte geworden ist: in seinem Amte und seiner Funktion ist der Kanzler des modernen monarchischen Staates vorgebildet, während die Kanzler der mittelalterlichen Kaiser Bischöfe und Lehensträger gewesen sind. Das Fürstentum hat an die städtischen Vorbilder anknüpfen und diese Ansätze entwicklen können; und während die Städte zurückgingen oder erstarrten, erhoben sich die Staaten und dehnten sich aus als die neuen Gebilde, die bald das ganze gesellschaftliche Leben in sich faßten. Wenn so eine neue Art politischer Verbände emporkam und ein neuer Begriff hierfür gebildet wurde, so ist es kein Zufall, daß das Wort Staat, das damals für diesen Begriff zuerst geprägt worden ist, der italienischen Sprache entnommen wurde und daß das bezeichnendste Merkmal dieses modernen Staates, die „Souveränität“, einen französischen Namen erhielt: denn Italien und Frankreich haben den neuen Staat hervorgebracht. Indem aber dieser Staat keine Macht über sich anerkannte und mit niemandem die Macht zu teilen in der Lage war, wollte er ein allgemeines Reich und eine allgemeine Kirche nicht mehr gelten lassen. Denn das Wesen dieses Staates war die Begrenztheit in Raum und Zwecken und also die Vielheit der Gebilde, weil andernfalls sich die Souveränität vor universalen Aufgaben verflüchtigen mußte. So hat Leopold Ranke im Anblick der modernen Staatenwelt das Wort gefunden: „Die Idee des Staates würde vernichtet werden, wenn er die Welt umfassen sollte.“ Indem dieser Staat selbst als eine „Persönlichkeit“ oder als „Idee“ sich empfand und sich nicht in die Dienste jenseitiger oder überhaupt allgemeiner, ihm fremder Lebenszwecke stellen wollte, bedeutete solche Säkularisierung von Politik und Moral zugleich eine Lockerung oder Auflösung überkommener Gemeinschaft. Der Staat war von nun an, wie mit Recht gesagt worden ist, ein „Heide“, der in der auswärtigen Politik allem Kreuzzuggeiste abgesagt und sich mit Türken und Fremdgläubigen verband, wenn es das Interesse verlangte, und der in der innern Politik sich nicht mehr aus christlicher Liebespflicht in die Dienste der Kirche stellte, sondern ihren Apparat als wertvollstes instrumentum regni für seine diesseitigen Zwecke verwendete. Die Idee der Staatseinheit forderte allerdings den Grundsatz des „cuius regio, eius religio“, der allein die Glaubenseinheit gewährleisten konnte, und so hat selbst das französische Königtum, das in den Tagen des Dreißigjährigen Krieges durch seine auswärtige Politik den deutschen Protestantismus gerettet hat, doch im Innern Frankreichs die Hugenotten verfolgt und schließlich das Edikt von Nantes aufgehoben — „das größte Molochsopfer, welches je einer Einheit, das heißt dem königlichen Machtbegriff dargebracht worden ist“, wie Jakob Burckhardt treffend gesagt hat. Mit dieser Idee der Staatsomnipotenz schien eine über den Staat hinausreichende Kirche schwer zu vereinigen, weil sie die Allmacht des Staates an wichtiger Stelle durch eine von ihm nicht abgeleitete Autorität beengte und ihm die Herrschaft über die Gewissen entziehen konnte, während doch diesem Staate die Hingabe an ihn selbst als höchstes sittliches Postulat erschien. Auch in dieser Hinsicht ist die Entwicklung des französischen Staates schon im Mittelalter durch Ausbildung der sogenannten „gallikanischen Freiheiten“ und des Staatskirchentums vorangegangen, und auch für dieses Problem hat Thomas Hobbes dann die letzte theoretische Folgerung gezogen, indem er dem einzelnen Staate sogar die Festlegung der verpflichtenden Dogmen, die „examinatio doctrinarum“ zusprach, um zum Schlusse freilich in abermals bezeichnender Gedankenführung doch auf die Bahn zur theoretischen Gewissensfreiheit zu gelangen, da er als Freidenker und Zögling der atomistischen Wissenschaft die christlichen Dogmen völlig entleerte und als gleichgültig für den Staat hinstellte, dem es nicht darauf ankomme, die Gewissen der Menschen zu lenken, sondern ihre Worte und Handlungen. So hat Ranke in vielfacher Hinsicht mit vollem Rechte von ihm gesagt, daß „seine vornehmlichste Antipathie der katholischen Idee gegolten“ habe; denn vor dem Geiste des Hobbes gab es schließlich keine Weltkirche, kein Dogma und keine Bindung des Gewissens mehr. Auch hier hat es viele Grade und Abstufungen bis zu dieser letzten Konsequenz, die abermals ein Umschlagen in ihr Gegenteil sein sollte, gegeben. Luther zumal hat in allen Fragen, die Gesellschaft und Staat berührten, die Bindung an Ideen und jenseitige Zwecke festgehalten; sein Freiheitsbegriff war rein innerlich und religiös, und dazu kamen noch die Erlebnisse des Bauernkrieges, die ihn mit vorschreitenden Jahren immer stärker dazu führten, für das Individuum nach Anlehnung zu suchen bei der Autorität. Daß er diese Autorität dann den Händen der Territorialfürsten anvertraute, ergab sich aus der politischen Lage, in welche er geraten war. So stand der altprotestantische Staat lutherischer, aber auch kalvinischer Observanz dem Mittelalter und seiner jenseitigen Zielsetzung näher als mancher zeitlich viel weiter zurückliegende Staat der Renaissance. Aber nirgends freilich war auch die Unterordnung des religiösen Lebens unter die Regierung des Fürsten so vollständig durchgeführt wie in dem Staatskirchentum der norddeutschen Territorien, wo der Fürst „papa in suis terris“ geworden war. Die Willkür von Staat und Fürst war vollendet, sobald hier bei Hofe einmal die Verweltlichung der Politik und der persönlichen Lebensführung begann.

Aus dem Wesen des modernen Staates ergab es sich, daß er kein imperium in imperio dulden konnte, und daß er also danach strebte, alle Korporationen, Sonderheiten und Teilgewalten zu vertilgen. Als die Parlamente im alten Frankreich die Bezeichnung „compagnie souveraine“ sich zueignen wollten, belehrte sie der König, „que le mot de souverain ne convient point aux sujets et doit être réservé aux rois seuls.“ So wurde das Lehenswesen vernichtet durch die Idee des souveränen Fürsten und Staates. Das Königtum legte die Parlamente lahm, die Stände wurden einfach nicht wieder einberufen, alle Funktionen der Körperschaften in Selbstverwaltung und Gericht wurden auf die Intendanten und in letzter Linie auf den Staatsrat in der Zentrale übernommen und der Widerstand der „Fronde“ blutig niedergeschlagen. Es blieben noch manche „débris des anciens pouvoirs“, um mit Tocqueville zu sprechen. Aber das Königtum schuldete ihnen keine Rücksicht und keine Rechenschaft und befahl einheitlich und unbedingt, ohne Begründung der staatlichen Notwendigkeit. Denn des Königs Wille war höchstes Gebot — „regis voluntas suprema lex“; der absoluten Macht des Königs stand die absolute Machtlosigkeit der Untertanen gegenüber. Auf diesem Wege wurde die neue Idee der sozialen Gleichheit vorbereitet. Denn unter sich mochten die einzelnen Stände noch getrennt sein, und der Absolutismus hat sogar die sozialen Unterschiede noch absichtsvoll vertieft; aber dem Könige gegenüber waren alle Menschen in ihrer völligen Rechtlosigkeit gleich, waren sie Untertanen, subjecti, sujets; sie waren Objekte und Zubehör des Staates! Wenn also die „Elemente der Monarchenkunst“ darin bestanden, daß die Menschen nur als Zahlen betrachtet und auf dem Schachbrett der Politik hin und her geschoben wurden, so mußte die Statistik allerdings die grundlegende Wissenschaft vom Staate sein, und sie ist in diesem Zusammenhang überhaupt erst geschaffen worden. So entwickelten sich ein Staat und eine Gesellschaft, die den diametralen Gegensatz zum Mittelalter darstellten und in jeder Hinsicht der mechanischen Weltbetrachtung der modernen Zeit entsprachen. Die moderne Zeit löste die Menschen aus den gewordenen Verbänden der Korporationen und stellte sie isoliert, gleichartig und ohnmächtig unter die staatliche Allmacht. Die Gesellschaft war kein Organismus mehr, wie sie dies im soziologischen Denken des Aristoteles und des Thomas gewesen war, und wenn in den Schriften des Hobbes so oft der Vergleich des Staates mit dem menschlichen Körper wiederkehrt, so wird man sich daran erinnern, daß die Atomistik auch das organische Leben auf mechanischem Wege erklären wollte. Dieser moderne Staat war vielmehr, nach dem oft zitierten Worte des Jakob Burckhardt, ein „Kunstwerk“, durch den überlegenen Willen eines einzelnen schöpferischen Intellektes geschaffen, nach absichtsvollem und gewolltem Plane; er war eine Maschine, mit den feinkonstruierten Hebeln des Heeres und der Verwaltung, er war logisch gebaut, exakt und durch und durch rational, „more geometrico“. In den politischen Testamenten Friedrichs des Großen hat diese Staatsauffassung ihren stärksten zeitgenössischen Ausdruck gefunden: „il faut qu'un gouvernement bien conduit ait un système aussi lié que peut l'être un système de philosophie." Ein System aber kann immer nur einem einzigen Haupte entstammen: „so wenig ein Newton sein System der Attraktion hätte aufstellen können, wenn er mit Leibniz und Descartes zusammengearbeitet hätte, ebensowenig kann ein politisches System entstehen und sich halten, wenn es nicht dem Kopfe eines Einzelnen entstammt." Die Menschen sind von Natur aus gleich, dies war ja der Lehrsatz, der sich aus der mechanischen Welterklärung ergab. Aus der gleichen Ursache folgt aber immer die gleiche Wirkung, also ist das Spiel der menschlichen Affekte berechenbar; auch das gesellschaftliche Leben arbeitet also ausschließlich mit meßbaren Faktoren! Auf diesen Sätzen baute sich mit unbedingter Konsequenz die Überzeugung auf, daß es eine politische Wissenschaft im prägnanten Sinne des Wortes gebe — eine Wissenschaft also, die aus den Lehren der Geschichte und aus der eingeborenen sittlichen Natur des Menschen, durch Induktion, Beobachtung, Vergleichung und Generalisation zu eindeutigen naturgesetzlichen Ergebnissen führe, welche gestatten, den Mechanismus des Staates und der Gesellschaft zu konstruieren und unfehlbare Gesetze zu geben, die aus Vernunft und Natur geflossen sind. So ist der Polizeistaat, in welchem nichts unabhängig vom Staatswillen besteht, doch der Vorläufer des Rechtsstaates geworden.

Und darum schöpfte dieser Staat auch seine Rechtfertigung und Begründung weder aus dem Gottesgnadentum noch aus der organischen Entwicklung, sondern ausschließlich aus seinem Zwecke oder aus der Tatsache seines Daseins. Mochten Luther oder Bossuet, der große Kanzelredner Ludwigs XIV., die fürstliche Gewalt durch göttliche Einsetzung entstehen lassen, so wurde doch die Begründung des Rechtes und der staatlichen Macht auf die Natur des Menschen und auf die Zweckmäßigkeit immer geläufiger. Nicht mehr auf die Offenbarung der Zehn Gebote oder auf Herkommen und historischen Brauch sollten die Rechtssätze gestützt werden, sondern die natürliche Vernunft schien vollkommen ausreichend zur Erkenntnis dessen, was der angeborenen sittlichen Natur des Menschen gemäß war. So schuf man systematische Lehrbücher des Natur- und Vernunftrechtes — eine deduktive Wissenschaft auch dies, indem sie das Sollen aus allgemeinen Prinzipien ableitete. Und wie das Recht, so wurde auch der Staat rational begründet. Das „Kunstwerk" setzt einen Künstler voraus, der das Werk gestaltet — einen einzelnen überlegenen Geist, der das feine Rädergetriebe der Maschine übersieht und dem kein Unberufener mit ungeschickten Händen dazwischen greifen darf, wenn das ganze Werk nicht in Verwirrung geraten soll. Wenn nach Friedrichs des Großen erwähnter Definition Politik nicht möglich ist ohne ein System — „que toutes les mesures prises soient bien raisonnées“ — so setzt sie wie jedes wissenschaftliche Lehrgebäude einen Lehrer oder Meister voraus: „un système ne peut émaner que d'une tête; donc il faut qu'il parte de celle du souverain.“ Ob nun also Kunstwerk oder System — sie sind nicht denkbar ohne den Einen. Er allein hat die Gesetze des Baues der menschlichen Gesellschaft und des Staates berechnet und weiß danach zu handeln, er allein kennt die dem Staate innewohnende Vernunft, die „Staatsraison“, der er unbedenklich folgen wird, ohne sich ablenken zu lassen durch das Gewissen, das Herz oder fremde Ideen. Die Menschen aber haben in ihrem eingeborenen Egoismus eingesehen, daß sie im Naturzustande der Gleichheit und Staatenlosigkeit nicht dauernd zu leben vermögen, weil sonst der Krieg aller gegen alle ihr Schicksal sein wird; sie haben deshalb in ihrem Instinkt der Selbsterhaltung einen Vertrag geschlossen, durch welchen sie sich dem überlegenen Intellekt — mag es nun ein Einzelner sein oder ein Gremium — unterwerfen, damit dieser den Apparat konstruiere und leite, der allein ihnen Sicherheit und Wohlfahrt gewährt. So hat die Vertragslehre, die einst schon in dem ἀθροίζεσθαι der Sophisten ausgesprochen war und im Mittelalter eine lange Vorgeschichte hatte, die Rechtfertigung des Staates aus Gründen der Vernunft versucht. Die Voraussetzung dieses mit den Mitteln der Logik geführten Beweises ist eben die Ansicht, daß der Mensch früher sei als Staat und Gesellschaft: der Zustand, welcher der bürgerlichen Gesellschaft vorausgehe, sei die Autonomie des Menschen. Wenn man diese Methode und das Axiom von der ursprünglichen Staatenlosigkeit und Gleichheit der Menschen zugab, dann machte die „Organisation“ — soll heißen, die Zusammenfügung und Verwertung der Menschenzahlen — ihre Variation und Kombination den ganzen Gehalt aller Staatskunst aus. Es war eine atomistische Staats- und Rechtsordnung, die also in festen Prinzipien dargestellt und abgeleitet wurde, während das ältere Naturrecht des Aristoteles und der Scholastik den Staat und die gesellschaftliche Gliederung im Wesen des Menschen begründet gefunden und der moralischen Welt eine eigene Domäne und Freiheit gesichert hatte. Indem zahlreiche erlauchte Träger der Kronen sich jetzt zum neuen Naturrecht, zu dieser Rationalisierung des Staates und ihres eigenen fürstlichen Berufes bekannten, haben sie dem Geiste der Epoche ihren Tribut gezahlt, und dieser „aufgeklärte Absolutismus“ hat hieraus zweifellos starke Antriebe für die Arbeit der Fürsten und für ihre Lebensführung geschöpft; aber er hat damit allerdings zugleich auch die Erbmonarchie entzaubert. Denn welche radikalen Konsequenzen in der Vertragslehre und im Naturrechte steckten, war schon in den frühesten Stadien des modernen Geistes offenkundig geworden. Wenn Kalvin gegen eine gottlose Obrigkeit den „cri au peuple“ vorsah, so war sein Naturrecht doch in jenseitiger Zielsetzung verankert; aber das Widerstandsrecht war mit der Säkularisierung des modernen Lebens auch weltlich gewendet worden, und es mußte in der mechanischen Staatsauffassung Motive zu schrankenloser Radikalisierung finden. Denn was sollte geschehen, wenn ein unfähiger oder böswilliger Artifex an der Maschine stand? Und waren die Vertragschließenden nicht berechtigt und im höheren Sinne verpflichtet, den Vertrag aufzulösen, wenn einer der Partner seine Obliegenheiten nicht erfüllte? Und wer sollte der Schiedsrichter sein und welches das Gesetz, nach dem man den Fürsten beurteilte? Hobbes hatte den Vertrag als unwiderrufliche Unterwerfung der menschlichen Bestie aufgefaßt, aber bald sollte Locke kommen und den Beweis wagen, daß eine solche Subjektion im Naturrechte keine Begründung finde. Denn wenn Hobbes die Gesellschaftslehre in eindeutigen Gesetzen wie ein Rechenexempel hatte entwickeln wollen, so hatte er doch aus den subjektiven Erfahrungen seines Lebens, das ihn als Hofmeister und Emigrant durch fremde Länder getrieben hatte, in die Schilderung des Naturzustandes eine Menschenverachtung einfließen lassen, die vor dem Glauben der Aufklärung an die Güte der Natur keine Geltung fand.

Aus dem Wesen des modernen Staates ergab es sich nun aber auch, daß er schlechthin alle Lebensgebiete in seine Hoheit und seine Fürsorge einbezog, denn es war nichts an menschlichen Trieben und Interessen vorhanden, was nicht zur Mehrung der Macht hätte dienen können. Auch hierfür bietet Friedrich der Große den vollendeten Typus. Er hat nicht nur seinen Beruf, den des Erbmonarchen, rationalisiert, indem er die Vertragslehre annahm und sich zum „premier serviteur de l'Etat“ erklärte, sondern er hat alle sozialen Kräfte für die Zwecke des Staates eingespannt, den Landadel in das Offizierskorps gezwungen, das Bürgertum zu hohen Steuerleistungen befähigt. Es sind die großen Verschiebungen im Innern der abendländischen Gesellschaft gewesen, die wie den Aufbau des modernen Staates, so auch seinen umfassenden Ausbau angeregt, gefördert und begleitet haben. Schon im späteren Mittelalter war vor der Entwicklung der Städte und des Bürgertums die geistlich-ritterliche Kultur immer mehr verblaßt, es war die Pflege des künstlerischen, des wissenschaftlichen und wirtschaftlichen Lebens immer stärker in die Hände der Laien geglitten, deren frommer Sinn die großen Dome vollendet, die Stadtschulen errichtet und ein ehrenfestes Auskommen jedem Genossen gesichert hat. Wir erwähnten bereits, wie der moderne Fürstenstaat in vielen Dingen nur einfach die Einrichtungen der mittelalterlichen Stadt zu übernehmen und zu erweitern brauchte. Die straffe Organisation der Verwaltung in der Hand des Fürsten und seines Geheimen Rates war die Voraussetzung, damit die laizistische Kulturpflege und die Hereinziehung aller Lebensgebiete in die Sphäre des Staates überhaupt möglich wurden. Wenn für das französische Geistesleben die enge Verbindung von Politik und Literatur dauernd kennzeichnend geblieben ist, und zwar in so ausschlaggebendem Maße, wie dies bei keiner andern Nation auch nur annähernd der Fall ist, so haben Richelieu und Ludwig XIV. planmäßig diese Verbindung gesucht und geknüpft, und wenn die Blüte der Kunst im ludovizischen Frankreich fast plötzlich so ausgeprägte Stilformen entwickelt hat, daß sie in Europa viele Menschenalter und in Frankreich sogar bis gegen Ende des 19. Jahrhundert in Geltung waren, so verdankte Frankreich auch diese geistige Dauer staatlicher Pflege. Die Anschauung, daß es Aufgabe des Staates sei, die Erziehung der Untertanen aus den Händen der Kirche in eigene Obhut zu nehmen oder wenigstens der staatlichen Aufsicht zu unterwerfen, floß aus der politischen Theorie des Absolutismus und ist als ein Erbstück derselben in die folgende Zeit hinübergelangt und dort ausgebaut worden: der Begriff des „Kulturstaates“ begann sich anzukündigen. Nur allerdings sollten im absoluten Staate alle erzogenen und erschaffenen Kräfte nicht um ihrer selbst willen dasein, sondern immer nur und ausschließlich der Macht dienen. Doch liegt es freilich im Wesen aller menschlichen Fähigkeiten, daß sie wachsen auch über die Zwecke und Wünsche des Erziehers hinaus und daß der Erzieher, selbst wenn er dem Zögling engherzig nur äußere Ziele gesetzt hat, die seinem Menschentum fremd und feindlich sind, doch viele Kräfte anregen und ausbilden muß und niemals das Minimum des Einsatzes an der Länge und Richtung des Weges restlos abmessen kann. So ist das absolute Fürstentum eben doch ein Anreger und Beförderer der Völker geworden, aber freilich vornehmlich auf den Gebieten der äußeren Kultur; was es in dieser Hinsicht geleistet hat, macht seine eigentliche historische Bedeutung aus.

Ungeheure Opfer verlangte ja dieser Machtstaat von seinen Untertanen; denn die gewaltige Konzentration aller Kräfte vernichtete alle persönlichen Freiheiten und Rechte. Leben und Gut wurden immer wieder verschwendet zur Ausdehnung des Staates und zur Begründung der Macht nach außen und innen. Was die Völker dafür eintauschten, war die Erziehung zum Staatsgefühl als einem objektiven und weltlichen Geiste, die zunehmende Sicherheit vor auswärtigen Feinden und innerer Anarchie, war vor allem auch die Mehrung der materiellen Güter.

Denn auch das wirtschaftliche Leben stellte dieser Staat in die Dienste seiner Zwecke. Das Geld war für einen Verband, der auf der Bureaukratie und der Soldateska beruhte, der „nervus rerum“, und Geld in das Land hereinzuziehen, war also die wichtigste und bedeutsamste Aufgabe. Von hier aus ergab sich, daß das emporkommende Fürstentum und der emporstrebende neue Stand des Bürgertums natürliche Verbündete waren. Beide waren erfüllt von dem gleichen Geiste des persönlichen Selbstbewußtseins, beide besaßen ihren gemeinschaftlichen Gegner in der Grundherrschaft des Mittelalters, über die der Bürgersmann wirtschaftlich, der Fürst auch politisch hinausschritt, und so hat vor allem die französische Geschichte in ihren erhabensten Momenten den Bund von Königtum und „Tiers état“ sich zu politischer Wirkung steigern sehen. Der Staat setzte alle Mittel ein, um Gewerbe und Handel zu heben. Er gab in diesen Anfängen der Entwicklung den Unternehmungen seinen Schutz und seine Privilegien; er gewährte Ausfuhrprämien und Einfuhrverbote für gewerbliche Waren und erließ Ausfuhrverbote für Rohstoffe, damit die Waren nicht als Naturprodukte, sondern veredelt und hochwertig das Land verließen, zugleich aber auch möglichst billig für den fremden Markt hergestellt wurden und also viel Absatz gewonnen wurde und viel Geld in das Land hereinkam. Der Staat gab Vorschüsse, gründete selbst Manufakturen als Musteranstalten, und er begann auch die Erziehung zur Arbeit, indem er den Erwerb und die Intensität gegenüber dem wirtschaftlichen Mittelalter zur Geltung brachte, um das Rentnerideal der oberen Schichten, das Bettlertum und die Naturbummelei der unteren zu überwinden. Dieses Merkantilsystem war Absolutismus auf wirtschaftlichem Gebiete. In Colbert hat es einen auch persönlich großartigen und strengen Ausdruck gefunden. Der Staat führte seine Soldaten auf die Schlachtfelder, um mit den Kolonien Rohstofflieferanten und Absatzmärkte sich zu sichern; um Geld zu erwerben, setzte er seine Macht ein, und er brauchte wiederum das Geld, um seine Macht zu steigern. So trieben sich Staat und Wirtschaft in grandioser Wechselwirkung gegenseitig in die Höhe. Der dritte Stand aber ließ es sich gerne gefallen, am Machtstaate zu wachsen, indem er ihm diente. Er empfand noch nicht die Lasten der Unfreiheit, der sozialen Zurücksetzung und der finanziellen Opfer, denn er brauchte zu seiner Erstarkung den Schutz und die Bevormundung dieses Staates. Erst in der Folge sollte sich auch hier das Zeitalter die Bedingungen seiner eigenen Überwindung schaffen, als das selbstbewußt gewordene Bürgertum der Erziehung nicht mehr bedurfte und Freiheit verlangte vom Merkantilismus und von der ganzen Zentralisation des Staates. Ob das absolute Fürstentum diese Zusammenhänge voraussah und ahnte, steht dahin; es mußte auf jeden Fall mit Notwendigkeit so handeln, denn es brauchte den bürgerlichen Geist der Sparsamkeit, des Fleißes und der Unternehmungslust, und noch waren diese Tugenden unentwickelt und selten. Bei dem großen Mangel an erwerbstüchtigen und arbeitsamen Männern war so mancher Fürst einem abenteuernden Industrieritter in die Hände gefallen. So wuchs der neue bürgerliche Geist unter dem schützenden Mantel des absolutistischen Staates langsam heran, langsam zerbröckelte die Berufsethik der mittelalterlichen Welt, die das Streben nach Erwerb durch die Solidarität der Genossenschaft gezügelt und auf die Zufriedenheit mit der „gerechten Nahrung" gelenkt hatte. Langsam begann sich jener Geist des Kapitalismus zu entwickeln, dessen Träger nicht mehr einfach nur arbeiteten um zu leben, sondern vielmehr lebten um zu arbeiten. Die Arbeit um ihrer selbst willen und das schrankenlose Streben nach Erwerb, um mit dem Erworbenen weiter zu arbeiten — diese letzten und tiefsten Antriebe des kapitalistischen Willens — haben die Bahn gebrochen für gewaltige Taten; aber sie bedeuteten zugleich die Loslösung auch des ökonomischen Menschen von allgemeinen und jenseitigen Zwecken und seine Unterstellung unter das moderne Idol der Zahl.

Es war dabei im Grunde gleichgültig, ob diese neue volkswirtschaftliche Gesellschaft, die sich im Wachstum der abendländischen Völker heranbildete, die bevormundende Allmacht des Staates ertrug und nutzte oder ob sie dieselbe entbehren konnte und demgemäß im Anbeginn der französischen Revolution von sich zu werfen suchte. Denn gerade die auf politische Freiheit gegründete staatsbürgerliche Gesellschaft stellte sich als die letzte Folgerung dar, die aus dem individualistischen Ausgangspunkte der modernen Entwicklung überhaupt gezogen werden konnte. Als Montesquieu und Adam Smith das Gesellschaftsideal des Liberalismus entwickelten, da erklärten auch sie nicht anders als Hobbes das Zusammenleben der Menschen aus der elementaren Triebkraft der Eigensucht, aus welcher die Arbeit und alle Werte in Staat und Gesellschaft allein hervorgehen sollten. Der Eigennutz, so hieß es, darf also nicht niedergedrückt, sondern er muß aufgeklärt, rationalisiert werden. Indem Adam Smith als Prophet des modernen Industriestaates das mit dem ganzen Wissen des Zeitalters bewaffnete Streben nach Reichtum zur Grundlage der Ethik machte, sah auch er in Staat und Gesellschaft lediglich eine additive Verbindung aller Einzelnen, und es war von hier aus gesehen zunächst nur ein Unterschied in der Organisationsform, was den liberalen vom absolutistischen Staate schied. Die Organisation war freilich für beide Staatsauffassungen sehr wichtig; denn wenn der Wille der Gesamtheit nur einfach die Summierung aller Einzelwillen darstellt, dann ist die Regelung der gemeinsamen Angelegenheiten durch mechanische Funktionen, durch Gesetz und Vertrag möglich und notwendig. Solange die Völker unentwickelt waren, hatte dies zu der Vielregiererei des absolutistischen und bureaukratischen Staates geführt. Nun war der dritte Stand stark genug geworden, um die staatliche Fürsorge entbehren zu können, und so wollte er dem natürlichen Streben des Einzelnen nach Eigennutz nur solche Schranken angelegt wissen, welche durch die Rechte der Mitmenschen gefordert sind. Der Ruf nach Freiheit, der sich hieraus ergab, fügte sich der mechanischen Weltbetrachtung des Zeitalters ebenso trefflich ein wie vorher die Forderung nach monarchischer Konzentration. Wie in der kosmischen, so wollte man nun auch in der gesellschaftlichen Welt eine „prästabilierte Harmonie" erkennen. Indem also der Einzelne seinem eigenen Vorteile nachjage, fördere er zugleich den Vorteil des Ganzen: der Fortschritt der Gesamtheit sollte lediglich die Summe aller Fortschritte der Individuen sein! Es war ein ethischer Materialismus, der sich hieraus ergab und der den Zweckbegriff des sozialen Ordo nicht mehr kannte, ein Materialismus freilich des Erwerbes und nicht etwa der Lust, wie bei den Jüngern des Epikur. Jetzt also hieß es: gehe deinem eigenen Interesse nach, dies ist sittliche Pflicht für dich und für die Gesamtheit! Auch hier wieder ist zu sagen, daß der Schöpfer der „klassischen Nationalökonomie" — nicht anders als etwa Descartes oder Locke — nur einfach aussprach, was in der tatsächlichen und in der geistigen Entwicklung vorbereitet war, und daß alle diese Denker die Wucht ihrer Ideen, deren Konsequenzen sie dunkel ahnten, im praktischen Leben durch alle Vorbehalte überlieferter Sittlichkeit und Religion zu dämpfen hofften. Wie entschieden protestierte Adam Smith dagegen, daß Staatsmänner und Projektenmacher den Menschen als Material für ihre politische Mechanik ansehen, und diese kritische Erwägung war es vornehmlich gewesen, die ihn zu der Forderung geführt hatte, die Natur sich selbst zu überlassen; aber von der Dogmatik des Egoismus kam er so wenig los wie Hobbes, die Schranken lieferte ihm das tatsächliche Leben mit seinem überkommenen und noch starken sittlichen Erbgut und seinem materiellen Aufstieg, der dieses Zeitalter der politischen Beruhigung und des bürgerlichen Fortschrittes kennzeichnet und also den Optimismus der Aufklärung verständlich macht. Auch hat es nicht an immer erneuerten Versuchen gefehlt, den Individualismus aus seiner Verbindung mit der Atomistik zu lösen und der menschlichen Seele die eigene Schöpferkraft, der menschlichen Gesellschaft den Zweckbegriff trotz aller Mechanisierung des Lebens doch noch zu retten. Von den innern Widersprüchen Rousseaus wird in dieser Hinsicht noch zu reden sein. Sie lebten fort in dem gewaltigen Pathos der französischen Revolution und in dem „Sturm und Drang", der ihr vorangegangen ist. Zumal in den Werken des jungen Schiller steht dicht neben der mechanischen Erklärung der menschlichen Lebensvorgänge, die dem Mediziner in der Abhandlung über den „Zusammenhang der tierischen Natur des Menschen mit seiner geistigen" die Feder geführt hat, der idealistische Glaube an die ewigen Menschenrechte der Freiheit und Persönlichkeit, welche dem Individuum von Natur gegeben sind, weil es selber einzig in seinem Werte und ewig ist. Aber wenngleich die Denker des 18. Jahrhunderts nur im Kreise der Enzyklopädie und des „Système de la nature" bis zu der äußersten Grenze geschritten sind, wo der einzelne Mensch zum Automaten erklärt wird, so haben sie doch alle mit Bezug auf Staat und Gesellschaft die atomistische Auffassung durchgesetzt, mochte es sich nun um die absolutistische oder die liberale Staatsmaschine handeln. Der Absolutismus hatte die historischen Bindungen, welche brüchig geworden waren oder in den größeren Verhältnissen nicht mehr genügten, durch eigene, mehr oder minder gut konstruierte Klammern ersetzt; nun bestritt der weiterentwickelte Individualismus, der alles staatliche und gesellschaftliche Leben vornehmlich auf das Privatrecht gründen wollte, die Berechtigung auch dieses Systemes, und er hat auf solche Weise die Atomisierung der Gesellschaft vollendet. Das 19. Jahrhundert sollte also vor die große Frage gestellt werden, ob neue soziale

Gebilde heranwachsen können, die mehr sind als äußere Organisation.

Und nicht nur in seinem Inhalte, sondern auch in seiner Methode stellt sich das System des „wirtschaftlichen Liberalismus“ als ein Kind des mechanischen und deduktiven Denkens dar. Sein geistiger Vater vergrub sich in die Einsamkeit eines schottischen Dorfes und machte sich einen umfassenden Anblick der Tatsachen unmöglich, um die gesellschaftlichen Naturgesetze in ihren Zusammenhängen durchdenken und erklären zu können. Und dies war nicht die Folge mangelnder Beobachtungsgabe, sondern das bewußte Ergebnis eines wissenschaftlichen Prinzips. Die Tatsachen mochten im einzelnen veralten und unrichtig werden, das System war auf Dauer berechnet; denn überall schien die innere Gesetzmäßigkeit der Dinge aus ihren letzten Gründen, aus dem Wesen der menschlichen Natur logisch und oft erbarmungslos entwickelt zu sein. Am feinsten und tiefsten hat auch in dieser Hinsicht der französische Geist die Methode und den Inhalt der mechanistischen Soziallehre zum Ausdruck gebracht, als Turgot auf den wenigen Seiten seiner Abhandlung über die „Bildung und Verteilung der Reichtümer“ aus einem allgemeinen, hypothetisch gesetzten Naturzustande das Wesen des gesellschaftlichen und wirtschaftlichen Lebens in großartiger Deduktion herausarbeitete und also die physiokratischen Lehren abschließend formulierte. So kam er zu der Definition des Bauern als des „premier moteur de toute la machine de la société“. Und wenn sich alsdann in die geschlossene Gedankenführung Fragen der unmittelbaren Praxis einzudrängen drohten, hat er sie wohl — wie etwa die Polemik gegen das kanonische Zinsverbot — beiseite geschoben oder in späteren Auflagen gelöscht mit dem für den strengen Künstler der Methode bezeichnenden Worte: „Cette discussion théologique interrompt le fil des idées.“

Wenn aber dieses deduktive Verfahren der Physiokraten und des Adam Smith schon dem wirtschaftlichen Leben gegenüber angewendet wurde — wo die Tatsachen alles zu sein scheinen und die Theorie nichts und wo die Gefahr des Doktrinarismus am nächsten lag —, um wieviel stärker konnte der Rationalismus in allen andern Fachwissenschaften sich auswirken! Mathematik und Logik schienen die Handhabe zu bieten, mit welcher sich jede wissenschaftliche Disziplin und jede Frage des Lebens erfassen ließ; mit dieser Methode wähnte man hinreichende Kräfte gesammelt zu haben, um nach den verschiedensten Geistesgebieten mit Sicherheit vorzudringen. Von hier aus ergab sich ein geschlossenes

System aller Wissenschaften, dessen Einheit in seinem unfehlbar scheinenden Verfahren und den sich daraus ergebenden, evidenten und eindeutigen Ergebnissen begründet lag. Man weiß, wie die Literatur der Aufklärung in ihrer Gesamtheit und die französischen Enzyklopädisten im besonderen diese Einheitlichkeit aller Wissenschaft zum Ausdruck gebracht haben. Selten ist der wissenschaftliche Systemgedanke klarer und prägnanter ausgesprochen worden als in der Vorrede, die d'Alembert — auch er ein großer, schöpferischer Mathematiker — für das Grundbuch der Aufklärung geschrieben hat: „renfermer dans un système qui soit un les branches infiniment variées de la science humaine." Alles menschliche Wissen schien in einer Anzahl von Naturgesetzen beschlossen zu sein, von denen die besonderen auf allgemeinere zurückzuführen sind, bis zuletzt eine vollendete Wissenschaft alle möglichen Tatbestände aus einer einzigen Ursache hervorgehen sieht. Mittels dieser Gesetze schien auch die Zukunft ableitbar zu sein. Von dieser Wissenschaft glaubte man schlechterdings alles erwarten zu dürfen, weil man den Lauf der Welt berechnen, beeinflussen und leiten zu können wähnte. Daher kam denn auch die hohe Einschätzung, welche der Pädagogik und den Lehrenden seit dem 18. Jahrhundert widerfahren ist, weil man durch die Ausbildung ihrer Methoden die Erfüllung aller Hoffnungen erzwingen wollte. Auf wissenschaftlichem Wege hat das 17. Jahrhundert ein „natürliches System" von Gesellschaft und Staat, Religion und Kunst aufzubauen gesucht und alles Unergründliche und Unentwirrbare durch seine „Weltweisheit" zu beseitigen gehofft; auf wissenschaftlichem Wege hat dann das 18. Jahrhundert den Nonsens eines ganzen Jahrtausends zu erweisen sich bemüht. Es hat dadurch Reformen des praktischen Lebens angeregt und die Straße freigemacht für neue und große Entwicklungen, auch haben die Träger dieses Geistes in Frankreich und dann in ganz Europa den Staat und die Gesellschaftsordnung des „Ancien Régime" erschüttert. Als aber die alte Welt über ihren eigenen innern Widersprüchen und über der wissenschaftlichen Kritik zu Grunde gegangen war, da haben die Versuche nicht aufgehört, eine neue Welt nach den Regeln der Vernunft zu erklügeln. Nicht nur die Jakobiner haben die Methode des naturwissenschaftlichen Experimentes auf das geistige, soziale, politische Leben übertragen, auch im 19. Jahrhundert werden die Literaten und die Gelehrten am Werke sein, werden Verfassungen und neue Religionen vernunftgemäß zu konstruieren suchen, neue Kunstrichtungen anregen und neue gesellschaftliche Ordnungen erschaffen wollen, bis dann der russische Bolschewismus die umfassendste und radikalste Anwendung dieses Geistes gewagt hat, indem er auf völlig planiertem Boden aus neuen Anfängen ein durch und durch rationalisiertes Leben zu zeugen versuchte — eine Welt ohne Gott, ohne selbständiges Geistes- und Seelenleben, ohne die individuellen Unterschiede, die nur aus Zwecken und Wertungen sich ergeben können. Diese Wissenschaft, die einst in Westeuropa aus dem Nominalismus entstanden war, sollte schließlich in merkwürdiger, aber begreiflicher Umkehrung zu einer Vertilgung des Individuums führen; nicht von der Entwicklung der Persönlichkeit und von der Verantwortlichkeit des Einzelnen erwartete man nunmehr das Heil, sondern von der Organisation des „kollektiven Menschen". Das absolute Fürstentum hatte zuerst den Staat und die Gesellschaft als Maschine, als „Kunstwerk" konstruiert; die nachfolgenden Geschlechter hatten alsdann gefunden, daß die Maschine schlecht sei; sie hatten experimentiert, wie man die Konstruktion verbessern könne, und manche Denker waren wohl auch zu der Überzeugung gekommen, daß die Fehler in der Methode selber steckten. So hat das 19. Jahrhundert eine Fülle von Ideen, Gedanken und Richtungen nebeneinander gesehen, es griff auch hinter das naturwissenschaftliche Zeitalter zurück, sah Erneuerungen, gedankliche Verbindungen und Kompromisse in Menge und zerschlug nach dem Untergang der mittelalterlichen Unitas nun auch die Systemeinheit der mechanischen Weltbetrachtung, ohne eine neue oder erneuerte Einheit an die Stelle setzen zu können. Der Geist aber, der Welt und Leben zu rationalisieren und nach den Gesetzen der Mechanik zu gestalten unternahm, blieb lebendig. Immer wieder fanden seine Adepten, daß es den früheren Generationen lediglich an Wissen oder Kraft, an technischem Können oder an revolutionärem Willen gefehlt habe. So war es nur die letzte Konsequenz dieses Geistes, wenn Lenin — nach seiner eigenen treffenden Formulierung — die Aufgabe der ihm geschenkten historischen Stunde darin sah, „einen von allen Parasiten befreiten Mechanismus von höchster technischer Vollkommenheit" zu schaffen. Wenn die vollendete Rationalisierung des praktischen Lebens in allen seinen Zwecken und Auswirkungen möglich und zum Heile der Menschen notwendig war, dann war die Wissenschaft in der Tat die höchste Kraft und die letzte Instanz, dann mußte sie Grundlage und Voraussetzung alles Handelns werden, und nichts durfte mehr auf unwissenschaftlichem Wege geschehen; die Erziehung vor allem mußte auf die Wissenschaft gegründet werden. So hatte — noch in den Anfängen dieser Entwicklung — John Locke, der fromme Bibelleser, das Ideal des

Weltmannes aufgestellt, der über eine auf die Naturwissenschaften sich gründende Bildung verfügt; rasch war dann das Jahrhundert weitergeschritten und hatte ein Bildungsideal proklamiert, das in der Beherrschung der Natur durch den Menschen die höchste Vollendung alles Menschentums sehen wollte.

So wurde die Wissenschaft an die Stelle gesetzt, die bis dahin, solange es Menschen gegeben, die Religion eingenommen hatte. Es war eine „neue Religion", die von den Bekämpfern aller Superstition und aller Bindung auf den Thron erhoben wurde — eine Kirche, die ihre Gläubigen und ihr Dogma, ihre Sektierer und Märtyrer, in der „Aufklärung" ihre gewaltige Propaganda besaß, für die Reinerhaltung der Lehren, der Katheder und Bibliotheken sorgte und in der Französischen Revolution wie im russischen Bolschewismus die Gesinnungsdiktatur bis zum schärfsten Gewissenszwang und bis zur Todesstrafe für die „Ketzer" getrieben hat. Die Träger der objektiven und reinen Wissenschaft glaubten Religion und Kirche überwunden zu haben, und doch erwarteten sie, daß das „große Jahrhundert" — mochten sie es nun das philosophische oder das naturwissenschaftliche nennen — die Erfüllung aller Zeiten bedeute und daß die Menschheit durch inbrünstige Hingabe an den Geist der Wissenschaft schon im Diesseits die Erlösung von allen Leiden finden werde. Grenzenlose Erwartungen knüpften sich an den sich vorbereitenden Bund von Naturwissenschaft und Technik, der die Menschen auf eine höhere Stufe des Daseins erheben werde, ihre Not und ihr Siechtum lindern, ihren Lebensgenuß vermehren, sie besser und klüger, glücklicher und zufriedener machen werde. So ist es grundsätzlich schon ausgesprochen in dem letzten Abschnitte des „Discours" von Descartes, wo der Philosoph die angewandte Wissenschaft preist, die bewirkt, daß wir Menschen mühelos die Früchte der Erde und alle ihre Bequemlichkeiten genießen können, daß wir Krankheit und sogar das Alter — „l'affaiblissement de la vieillesse" — zu bannen vermögen, sobald wir nur ihre Ursachen kennen und alle Heilmittel, mit denen die Natur uns versehen hat: „et ainsi nous rendre comme maîtres et possesseurs de la nature." Dies war auch die Meinung Voltaires, als er die Fackel der Aufklärung — „les lumières", wie es hieß — in die dunkelsten Winkel und in die letzte Hütte hineintragen wollte und die Vernunft dem Glauben entgegenstellte, gegen den er sein „écrasez l'infame" schleuderte. Und wie Descartes sein Leben dem Studium und der Mitteilung seiner „so nützlichen Wissenschaft" widmete, so ist Voltaire durch seine moderne

„propaganda fidei“ und ihre erstaunlich ausgebreitete Wirkung der erste ganz hemmungslose Popularisator der Wissenschaft geworden. Mitten in den aristokratischen Kreisen, in denen er sich bewegte, hat er die Technik Gutenbergs eingesetzt für den auf die angewandte Wissenschaft gegründeten Glauben der aufsteigenden bürgerlichen Massen, als deren Anwalt er sich fühlte und denen er Wissen vermitteln wollte, weil Wissen Macht verleiht, wie dies Lord Bacon ihm vorgesprochen hatte. Diese „Religion“ mit ihrem Befehle: „Glaube nicht!“ hat auch Robespierre gemeint, als er der Göttin „Vernunft“ Altäre baute und alle Fremdgläubigen, die nicht an die Wissenschaft glaubten, der Guillotine überlieferte. Die Vergötterung von Wissenschaft und Technik, von denen man schlechterdings alles erwartete, war die letzte Folge jenes Intellektualismus, der sich durch die ganze moderne Kulturentwicklung hindurchzieht.

So ist es denn auch zu verstehen, warum die moderne Welt nicht der Kunst und der Religion und überhaupt allen Äußerungen des Irrationalen die gleiche Geltung einzuräumen vermochte, die sie der Wissenschaft so bereitwillig zuerteilte, und warum sie der Eigenart des künstlerischen Schaffens und Genießens ebensowenig völlig gerecht werden konnte, wie sie das Gemütsleben des Menschen und zumal das eigentliche Wesen des Religiösen begriffen hat. Als das reifende Mittelalter die Persönlichkeit langsam heraushob aus Geschichte und Umwelt und auf sich selber stellen wollte, da waren es gerade Gefühl und Seele, für die Rechte proklamiert wurden. Aber wenn dann in der Entwicklung des Protestantismus die subjektive und innerliche Religiosität des jungen Luther rasch abgelöst wurde durch den Humanismus Melanchthons, der in seiner Glaubenslehre das Prinzip der „naturalis ratio“ mit der protestantischen Theologie in Verhältnis setzte, so wurde dies nun überhaupt das Kennzeichen des modernen Individualismus: eine einzelne Kraft der autonomen Persönlichkeit, die Vernunft hatte rasch zu großen, äußern Erfolgen geführt, so ward sie emporgehoben und drängte alle andern Zweige des menschlichen Seelenlebens in den Hintergrund. Da die Vernunft den Schlüssel zu den letzten Geheimnissen gefunden zu haben schien, wollte man nun auch die Theologie „auf unwidersprechliche Gewißheit bringen“, wie Christian Wolff, der deutsche Aufklärer, sich vornahm, nachdem er „durch das Studium mathematikum den methodum recht zu erlernen intendieret“. So wurde nun alles Irrationale, alle Mystik, alle Übernatur und Offenbarung zurückgedrängt oder aus den Glaubenssätzen ganz herausgenommen, es wurde den Wundern gegenüber die unbedingte Gültigkeit des Naturgesetzes mit souveränem Verstande geltend gemacht. Schon Erasmus hatte die rationalistische Bibelkritik vorbereitet, Spinoza hat sie begründet und ausgebaut. Gleichzeitig ging man noch weiter. Man abstrahierte auch auf diesem Gebiet von den gegebenen Verschiedenheiten und nahm als Religion nur das, was allen Religionen gemeinsam und daher als ein „lumen naturale" allen Menschen eingeboren zu sein schien. Wie in der rationalen Rechtswissenschaft des Naturrechtes, so blieben auch in der rationalen Theologie nur die allgemeinsten Begriffe eines allgemeinen Menschentums übrig: ein eingeborenes Gottesbewußtsein, das Sittengesetz in der Brust des Menschen, die Freiheit des Willens, die Unsterblichkeit der Seele, die menschliche Würde. Schon Melanchthon hatte, wie erwähnt, diese rationalistische Theologie in ihren Grundzügen ausgebildet, und er ist darum von dem Hamburger Hauptpastor Goetze, dem Gegner Lessings, der „Patriarch aller Aufklärer" genannt worden. In einer riesigen Literatur verbreitete sich dieser Deismus über Europa. Selbstgewiß zog man vor allem auch die praktischen Folgerungen, welche zu gewinnen waren, wenn es eine allgemeine Religion gab, deren Sätze in allen historischen Erscheinungsformen der Konfessionen vorhanden sind. Von Spinoza und Locke bis zu Lessing und Kant reihen sich die Schriftsteller auf, die für die Gedanken der freien Kritik, der freien Sittlichkeit, des freien Bekenntnisses eintraten und so auf dem theologisch-politischen Sondergebiet das Wesen der ganzen modernen Entwicklung am schärfsten zum Ausdruck brachten. Die Geschichte des europäischen Geistes erreichte auf ihrem Wege vom Mittelalter hinweg in der Tat den äußersten Gegenpol, als die Moral von der Religion getrennt und — sei es wiederum rationalistisch oder sensualistisch — auf den Menschen, auf seinen Verstand oder auf sein Gefühl gegründet wurde. Und schließlich hat Kant die sittliche Freiheitslehre soweit geführt, daß er das sittliche Bewußtsein nicht nur für unabhängig von der Religion wie überhaupt von allen Motiven der Lust, des Glückes, des Nutzens erklärte, sondern daß er sogar den religiösen Glauben auf das sittliche Bewußtsein gründete, die Religion also aus einer Führerin der „heteronomen" Moral zu einer Dienerin der „autonomen" Moral umzubilden suchte. Es entstand hiermit zugleich der bezeichnendste Typus moderner Lebensführung, eine Rationalisierung der ganzen Persönlichkeit, wie Kant sie vorgelebt hat. Es ist jene Unabhängigkeit und Gesetzmäßigkeit des Lebensplanes, die durch strenge Regulierung die Lebensjahre und den eigenen Körper zum

Werkzeug der Grundsätze und Ziele macht, jede Handlung richtig und mit dem Bewußtsein ihrer Zweckmäßigkeit vollzieht und in dieser Planmäßigkeit und Ordnung den Genuß des Lebens findet. Der Triumph der rationalen Zucht über die Natur ist ein Ideal, das in den Berufen des Geistes, der Verwaltung, der Wirtschaft immer wieder erprobt und erlebt worden ist, wenngleich es in seiner höchsten Ausbildung nur durch besondere Gunst der äußern und innern Lage möglich war und im weiteren Fortschritt der modernen Rationalisierung aller Lebensgebiete schließlich sich selbst wieder aufgehoben hat, als vor dem modernen Menschen die Geister, die er gerufen, übermächtig emporwuchsen. Im Hintergrunde einer solchen Regulierung der eigenen Person stand die Ethik der reinen Pflichtforderung und der Achtung vor dem Gesetze. Diese hat sich im 19. Jahrhundert machtvoll entfaltet; aber der rationalistische Grundgedanke sollte sich trotz allem zuletzt auch hier als nicht tragfähig erweisen. Der Glaube, daß die Menschen als Träger des Sittengesetzes aus eigener Kraft eine sittliche Lebensordnung schaffen könnten, sank dahin, als der Persönlichkeitsgedanke zum Relativismus führte und dieser die Tafeln der Werte zu zerbrechen begann. So sollte auch auf diesem Gebiete das 19. Jahrhundert erfüllt sein von schweren geistigen Kämpfen, von radikalen Konsequenzen der freien Sittlichkeit und von den Gegenbewegungen der religiösen Moral, von Aktion und Reaktion — die Worte im objektiven Sinne genommen, ohne wertende Bedeutung. Gegen die Verengerung, welche die Ethik des allgemeinen Gesetzes mit sich brachte, haben schon Schiller und Schleiermacher protestiert, indem sie darlegten, wie diese Ethik nur einem abstrakten Menschheitsideal und seinen allgemeinen Menschenrechten entsprechen konnte, aber dem Reichtum des individuellen Lebens keinen Raum gewähre. Dies jedoch galt im Grunde von der ganzen „natürlichen Religion". Wenn aller Tiefsinn der religiösen Vergangenheit als mystischer Nebel, als abergläubisches Wahngebilde ausgestoßen werden sollte, so waren damit zwar ein abstraktes Menschentum und eine nüchterne Verstandesklarheit gewonnen; aber Herz und Gemüt, das Erlösungsbedürfnis und der demütige Sinn blieben unbefriedigt in einer sich selbst genügenden Welt.

Religion also bestand hier in Erkenntnis — „Erkenntnis all unserer Pflichten als göttlicher Gebote", wie Kant definierte, dessen Religionsphilosophie über den Standpunkt der Aufklärung nicht hinausgekommen ist. Wie aber war es dann mit der Kunst, die noch immer im Leben der Völker aus religiösen Quellen gespeist worden ist? Sicherlich war wenigstens hier eine Domäne geblieben, wo Gefühl, Empfindung oder Herkommen sich entfalten konnten, die Sehnsucht des Menschenherzens Genüge fand und das Genie mehr galt als die Zahl oder das allgemeine Gesetz. Die neue Zeit war heraufgeführt worden durch jenen innern, seelischen Vorgang, den man die „Entwicklung des Individuums" zu nennen gewohnt ist und der den Subjektivismus des modernen Menschen und zugleich seine Fähigkeit einer objektiven Betrachtung der äußern Welt hervorgebracht hat. Hiermit waren die besten geistigen Bedingungen gegeben für schöpferische Menschen und besonders auch für die Entfaltung einer reifen und neuen Kunst. Das 16. Jahrhundert ist denn auch im ganzen Abendland eine hohe Zeit künstlerischer Vollendung geworden, wie sie die Menschheit in gleicher Weise nur im perikleischen Athen erlebt hat. Welche Fülle der größten Meister von ewiger Dauer hat dieses eine, reiche Jahrhundert hervorgebracht: die Maler des italienischen Cinquecento und der Blütezeit deutscher Kunst in Nürnberg, Augsburg und Basel, dann in Spanien die mächtigen künstlerischen Repräsentanten der erneuerten katholischen Weltkirche, in England den Genius Shakespeares und zuletzt in den Niederlanden Rembrandts einzige Größe! Dann aber hat der in der Entwicklung des modernen Individuums begründete Rationalismus im Jahrhundert des Descartes und Newton immer stärker an Kraft zugenommen und auch von dem Gebiete der Kunst immer entschiedener Besitz ergriffen. Dabei hat er schon gleich im Vaterlande des Descartes die vorhandenen volkstümlichen Antriebe, die mit Rabelais zunächst — wenn man so sagen will — eine „Renaissance ohne Form und Schönheit" hervorgebracht hatten, durch Regeln und Gesetze zugedeckt. Die wahrhaft schöpferischen Menschen haben auch in solcher geistigen Lage Kräfte des Wachstums entfaltet: Racine, Molière und Lafontaine werden ewig dauern. Aber wenn die Kunst ein auf Mathematik gegründetes Wissen um die Mittel künstlerischer Darstellung war, wenn die Gesetze des Schönen exakt erwiesen und gemessen werden konnten — mochte nun der Maßstab entnommen werden der Natur oder einer bestimmten, als kanonisch empfundenen Stilwelt, nämlich der antiken — wenn also die Kunst durch den Zauberstab der Methode rational aufgebaut werden konnte, dann bestand sie freilich in der Nachahmung, war lehrbar und erlernbar, und die Grillen des Genies waren verwerflich. Mit der allmächtigen Wissenschaft konnte die allmächtige Pädagogik nun auch von diesem Gebiete Besitz ergreifen. Die ersten Kunstakademien sind in solchem geschichtlichen Zusammenhang im Zeitalter Richelieus hervorgetreten, die Sprach- und Dichterakademien begannen ihr großes Reinigungswerk, die Lehrbücher der bildenden Kunst und die Poetiken, die seit der Renaissance in zahllosen Bearbeitungen vorgelegt wurden, formulierten die Gesetze der Schönheit und zeigten die Wege zu ihrer Verwirklichung. Beim Studium des Vitruv wurden die Architekten im Laufe der Zeit zu Gelehrten und lösten sich aus der Genossenschaft der Bauhütten, durch die sie der Handwerkstradition und dem ursprünglichen Leben verbunden waren. Der mathematische Geist zwang die Leidenschaft und Subjektivität des schaffenden Künstlers immer stärker in die Dämme der eindeutig festgelegten Regeln. Wie überall, wo der Komment herrscht, war dies für die kleineren Geister von Vorteil. Denn der lernbare Kanon trug auch die Unbegabten empor, und es braucht nicht weiter geschildert zu werden, wie in einem geselligen Zeitalter nun jene „Wasserflut" losbrach, die von der Schulrhetorik und Gelegenheitsdichtung des Humanismus ihren Anfang nahm, und wie nun die Reimschmiede der Tauf- und Hochzeits- und Leichenkarmina im Schweiße ihres Angesichtes nach dem Vorbilde des Horaz aus Lesefrüchten ihre Poeme prunkvoll zusammenskandierten, ohne daß sie eine Ahnung davon besaßen, daß das Wesen des künstlerischen Schaffens in Phantasie, Intuition und Begabung beruht und daß die „schöne Form" immer nur der notwendige Ausdruck eines bestimmten Inhaltes sein kann. Die atomistische Staatslehre fand ihr Gegenstück in jener Kunsttheorie, die glaubte, daß aus der Ansammlung wohlgeordneter Wörter ein Gedicht entstehe. Auch hier hat erst der russische Materialismus des 20. Jahrhunderts die letzte Konsequenz gezogen, als auch dem Sprach-, Musik- und Zeichenunterricht die höchsten wissenschaftlichen Ziele gesetzt wurden, weil Dichten, Komponieren und künstlerisches Bilden nicht nur das Privilegium der wenigen Auserwählten bleiben soll. Die feineren Köpfe wußten freilich, daß der Macht des Erziehers Grenzen gezogen sind. Aber schon die Humanisten hatte für ihren künstlerischen Rationalismus Bestätigung in Plato und in den Poetiken des Aristoteles und des Horaz gefunden. Über dem Eingange der platonischen Akademie standen ja die Worte: „Οὐδεὶς ἀγεωμέτρητος εἰσίτω." Die Neuzeit entnahm aus Plato die Lehre, daß die Kunst nur eine Vorstufe zur Wahrheit sei, und im Aristoteles fand sie die Theorie von der μίμησις, von der Nachahmung, wodurch die Gleichsetzung des künstlerischen Schaffens mit der technischen Arbeit befördert wurde. Die falsche, moralisierende Auslegung der aristotelischen Katharsis kam hinzu, so daß alle Elemente bereit waren, die zur Intellektualisierung der Kunst führten. Die französische Literaturgeschichte berichtet davon, wie die „drei Einheiten“ und das klassische Maß des Alexandriners durch den auf Ordnung und Regelhaftigkeit bedachten Absolutismus Richelieus durchgesetzt wurden, wie die Regeln Vereinfachung und Reinigung im Drama und in der Sprache bedeuteten und wie dann Boileau der „législateur du Parnasse“ geworden ist, dessen Verse man zitierte wie die Artikel eines Gesetzbuches. Sein „aimez donc la raison“ hat in Deutschland Gottsched gepredigt, der als Ziel seines Lebens bekannte, die „rechte Wortfügung im Deutschen festzusetzen“ und von dem Wesen der Poesie einen „regelmäßigen Begriff“ zu geben. Daß er das Vorbild hierzu in den Franzosen sah, hat ihm die historisch so folgenreiche Gegnerschaft Lessings zugezogen. Doch dies war eine Kontroverse über die richtigen oder falschen Autoritäten, ein Streit zumal über die Frage, ob nicht die Engländer den Griechen und damit der Natur näher stünden als die Franzosen. Daß Lessing wie jeder große schöpferische Mensch in solchem Kampfe zugleich auch seine persönliche Sache führte und daß er der erste Regelsprenger und Revolutionär der neueren Geschichte geworden ist, ergibt sich aus der leidenschaftsbewegten Wucht dieses größten Polemikers, den die deutsche Literatur aufzuweisen hat. Er hat die „Autonomie der Vernunft“ in ihrem ursprünglichen, individualistischen Sinne genommen, er hat sie auf allen Gebieten des Lebens zu verwirklichen gesucht: Shakespeare war für ihn die Freiheit! Aber daß die Bewegung, der er so mächtigen Anstoß gegeben, bald weit über ihn hinaus in eine ihm fremde Sphäre sich steigerte, ergibt sich schon aus der ablehnenden Haltung, die er dem „Götz“ gegenüber eingenommen hat und einnehmen mußte. Sein Stil und sein Lebensprinzip ruhten auf rationalistischem Grunde. Auch er glaubte, ewige Sätze im Aristoteles zu finden — ebenso unfehlbare wie die Regeln des Euklid, so hat er selbst gesagt. Auch er suchte die Gesetze der Kunst „aus ihren letzten Gründen herzuleiten“, und die Urteile des Kunstrichters waren ihm Schlüsse, die er aus seinen Empfindungen gezogen und „auf die Grundbegriffe des Vollkommenen und Schönen zurückgeführt hat“. So war ihm, wie er es an einer berühmten Stelle der „Emilia Galotti“ bekannt hat, der „denkende Künstler noch eins so viel wert“. Er wollte Reinigung, Vereinfachung, Reduzierung — zunächst durch die Kunsttheorie im allgemeinen, dann in der bildenden Kunst und auf der Schaubühne im besonderen. Daß die Kunst zur Wahrheit und zur Sittlichkeit führen solle, war seine Überzeugung; seine eigenen Dichtungen waren darum Proben auf das Stilprinzip oder Aufklärungspredigten. In der Fabel hat er daher persönlich am liebsten verweilt, auf diesem „Raine der Poesie und Moral“, wie er sie genannt hat. Hier hatte er es nicht mit Individualitäten, sondern mit allgemeinen Typen zu tun, und hier ist denn auch die Stelle, wo er sich mit seinem Gegner Gottsched am nächsten berührt. Denn hier war eine literarische Gattung, die dem Rationalismus entsprach. In bewußter Rückkehr zu der Einfachheit des alten Phrygiers Äsop und in lehrreichem Unterschiede zu der individualisierenden Kunst des Lafontaine hat Lessing in seinen Fabeln das Recht der Phantasie sowie den epischen Gehalt auf ein geringstes beschränkt. Es war dies das Ergebnis seiner Kunstanschauung und entsprach zugleich dem Bewußten seiner kritischen, scharfen, analysierenden Natur. Er war ein Künstler großen Stiles, der in unvergleichlicher Weise ein Werk zu ordnen und aufzubauen, die Gedanken zu führen und zu steigern verstand; die Art, wie er eine Aufgabe stellte und löste, wird immer eine Quelle des höchsten ästhetischen Genusses bleiben, wie sie es ihm selbst gewesen ist. Es ist geschichtlich und sachlich eine denkwürdige Tatsache, daß ein Antiquar die deutsche Bühne reformiert hat und daß auf unsern deutschen Theatern die beiden ältesten Repertoirestücke der tragischen und der komischen Muse ihm verdankt werden und noch nach anderthalb Jahrhunderten ihre Wirkung nicht eingebüßt haben.

Man könnte die Auswirkung dieses rationalistischen Geistes in der Kunst noch an vielen andern Gestalten verfolgen; in Lessing haben wir den stärksten Repräsentanten. Auch die verwandte Kunstlehre Winckelmanns ruht auf der Voraussetzung, daß Schönheit gelehrt werden kann, „obgleich noch keine allgemeine Erklärung derselben bestimmt worden“. Auch Winckelmann war der Meinung, daß „Kolorit und Zeichnung durch Übung erlangt werden können, Perspektive und Komposition sich auf Regeln gründen“. Auch er erwartete von der Kunst moralische Wirkungen. Seine klassische Prosa hat mit dem Stile Lessings jene „erleuchtete Kürze“ gemein, die aus einer unermeßlichen Lektüre und langen Meditationen nur Quintessenzen gibt. Auch er wollte den „denkenden Künstler“ und verteidigte daher die Allegorie, er wollte nichts von Eigenwilligkeit des Schaffenden wissen. Überall herrscht auch bei ihm Vereinfachung und Reduktion auf wenige Phänomene, wie dies in dem ganzen klassizistischen Geschmack für die einfache Linie zum Ausdruck kommt. Indem wir aber Winckelmann nennen, denken wir auch an die akademische und theoretische Kunst und an den „Kunstverstand“ seines römischen Freundes Raphael Mengs, den sein Vater in einem pädagogischen Zeitalter zum großen Künstler emporgeprügelt hatte und dem die Römer den Beinamen „pittore filosofo“ gaben. Auch bei Schiller finden wir die gleiche Wertung der Kunst am Maßstab des Wissens, obwohl seine letzte historische Mission ihn weit darüber hinausgeführt hat. Auch Schiller sah in der Schaubühne eine moralische Anstalt, auch bei ihm trat der Mensch durch das „Morgentor des Schönen“ in das Land der Erkenntnis, auch sein Dichten war ein bewußtes Arbeiten, seine sentenzenreiche Sprache verweilt oft und gerne in Allgemeinheiten. Selbst bis in die Lustspiele Molières kann man diesen Geist verfolgen, wenn man sie mit denen Shakespeares vergleicht und oft genug in den Personen Typen, in den Dialogen Programmreden entdeckt. In der Tat ruht die ganze bildende Kunst der modernen Welt auf diesem geistigen Grunde; sie ist in der strengen Renaissancekunst bewußter an ihm haften geblieben, hat im Barock das Recht der Phantasie weiter gezogen, ist aber immer wieder nach Zeiten der schöpferischen Freiheit zur strengen Gesetzlichkeit zurückgekehrt. Die klassische Kunst wollte Schönheit vor Charakter, ein Allgemeingültiges vor dem Individuellen, sie wollte Größe und Würde, weite Räume, symmetrische Flächen und horizontale Linien, sie wollte die einheitliche Wirkung, die antike „gravitas“. Dieses Stilgefühl deckte sich mit der Grundstimmung der antiken Kunst, die aus den Zeugen des perikleischen Zeitalters zur Nachwelt sprach; aber es hatte sich selbständig entwickelt aus der diesseitsgewendeten, zweckbewußten Ratio des modernen Menschen. Wie im Staate so feierte die Weltmacht der Mechanik auch in der Kunst ihren höchsten Triumph, als die absoluten Fürsten in weite Ebenen ihre Schlösser und Gärten und Residenzstädte hineinkomponierten, mit Zirkel und Lineal, wie auf einem leeren Papier. Der Zug vom Berge in die Ebene war nicht nur ein ästhetisches, sondern ein allgemeines Lebensbedürfnis der modernen Zeit. Die Uferlosigkeit der Ebene gestattete ein souveränes Ausleben, ein freies Gestalten; hier konnte der Organisator ungehemmt die Kräfte nach einem einheitlichen Plane zusammenfassen, der individuelle Schöpferdrang lebte sich aus, indem er die Welt rational in Ordnung brachte und sich als Meister der Dinge fühlte. Wie in seinen Staaten, seinen Manufakturen, seinen Heeren und Verwaltungen, so schuf der Fürst auch in seinen Bauten und Städten zweckvolle, bewußte Werke — „Kunstwerke“ oder „Denkmäler“, in diesem prägnanten Sinne. Zahlreich sind die Beispiele solcher

„künstlicher“ Städte, die in ihrem Grundriß geometrische Figuren darstellen. Das System der radialen Straßen hat seinen Anfang genommen von jenem unvergleichlichen Platze, über den in alten Zeiten der aus dem Norden kommende Italienfahrer die Ewige Stadt betrat; aber was in der Piazza del Popolo vorgebildet war, ist dann in Versailles mit dem Schlosse des Königs zu einer Einheit und zu einem Symbol des absoluten Fürstentums verbunden worden und ist von da in unzähligen Residenzstädten dem Wesen des „Polizeistaates“ entsprechend nachgeahmt und abgewandelt worden, bis zu der letzten Konsequenz in der Fächerstadt Karlsruhe. Der Fürst sitzt in der Mitte der ganzen Anlage, von hier aus kann er alles durch gerade Straßen überblicken, um ihn sind die Reihenhäuser des Hofadels und der Beamten, denen sich die Kaufhäuser anfügen, bis die Anlage in die niederen Hütten der Handwerker ausklingt. So ist die Stadt einheitlich zusammengefaßt in Ordnung und Zucht wie der ganze Staat. Und wiederum entsprach auch dieser moderne Städtebau der Grundstimmung griechischer Kunst im Zeitalter des Perikles. Hatte doch ein Philosoph, der Milesier Hippodamus, jene vielbewunderte Hafenstadt Piräus nach einheitlichem Plane gebaut, die ganze Stadt ein „Kunstwerk“, von dem die Zeitgenossen rühmten, daß es in seiner strengen, rechtwinkligen Symmetrie einen so wohltätigen Kontrast bilde zu den krummen Straßen des ἄστυ.

Der Unterschied des neuen Stiles zu der Gotik war offenkundig. Die selbstherrliche Laune des schaffenden Künstlers ward immer wieder an dem neuen Schönheitsideale erzogen und gebändigt, aber es mochte auch viel unmittelbare Phantasie und elementare Kraft darüber verloren gehen. Es ist aus dem Leben des Pierre Corneille bekannt, wie er den Regeln der drei Einheiten gefügig gemacht wurde, mag nun auch der Streit um den „Cid“ der kleinlichen Eifersucht unfähiger Rivalen entsprungen sein. Der Kampf zwischen Genie und Regel ist auch sonst in den Jahrhunderten der neueren Geschichte immer wieder durchgekämpft worden; er ist ein echtes Erzeugnis moderner Ruhelosigkeit, und er ist dann in der deutschen Klassik das zentrale Problem von Kunst und Leben geworden. Niemals aber ist er tiefer und ernster gefaßt worden und niemals sind den gewaltigen Spannungen größere Leistungen entsprungen als in dem Leben Dürers und in jenem des Michelangelo. Auch Albrecht Dürer sah in der „Kunst“ ein auf Mathematik gegründetes Wissen um die Mittel künstlerischer Darstellung, und es war ihm eine hehre Mission, die deutsche „Kunst“ aus dem handwerksmäßigen „Brauch“ zu befreien und in ihren „Grund“ einzudringen. Wenn er dabei in heißem Bemühen mit Zirkel und mit Zahlen das Gesetz des Schönen in Proportionen und Perspektiven, in Optik und Farbenlehre zu fassen suchte, so hat er dadurch sich und die deutsche Kunst zur Klarheit der Sprache erzogen. Aber er hat dabei den Dualismus von Wirklichkeit und Gesetz, von Charakter und Regel, von Freiheit und Form in schmerzlichem Ungenügen empfunden, und es ist nicht zu errechnen, ob der Gelehrte dem Künstler mehr genützt als geschadet hat. Die innere Weite seines Wesens war so groß, daß hier die autonome Persönlichkeit neben der herrschenden, rationalistischen Grundstimmung noch Raum behielt für die Freiheit der Phantasie und der Sinnlichkeit: die Einheit seiner Kunst blieb bewahrt, denn sie beruhte in seiner individuellen Stellung zum Leben. Er hat das Gesetz der Schönheit ableiten wollen „more geometrico“, aber die „Melancholie“ war sein Los, weil die Schönheit so nicht gefunden und definiert werden kann. Doch hat er sie auch jenseits der Zahlen gesucht und aus der Tiefe seines Wesens frei gebildet. So strebte er nach der Wirklichkeit und nach der idealen Gestalt zugleich und verdankte dieser Doppelseitigkeit seines Wesens den Reichtum seiner Sprache und die bis in das Innerste dringende Erfassung und Ausprägung alles Menschlichen. Ob man den Zwiespalt, der hier sich auftat und der zugleich den eigentlichen Inhalt der abendländischen Seelengeschichte ausmacht, rassenmäßig begründen und in die einfache Antithese von romanischem Rationalismus und germanisch-nordischer Unergründlichkeit kleiden darf, ist sehr zweifelhaft. Hier genügt es, zu zeigen, wie in allen Epochen der neueren Geschichte unter der Decke des herrschenden „klassischen“ Geistes die grübelnde Eigenwilligkeit des Genies und der Hang zum Sonderleben bewußt geblieben sind. In Raffael oder Palladio hat die Gesetzlichkeit unsterbliche Werke geschaffen; aber Michelangelos Tiefe fand darin keine Genüge, und er hat dem ganzen Barock die Bahn gebrochen, also daß die Freude am phantastischen oder am individuellen Leben und der Drang zu schöpferischem Gestalten im Rausch der Formen und Farben sich aussprechen konnten. Nicht eine einfache, glatte, antithetische Auseinandersetzung zwischen zwei Richtungen ist die Geschichte des Abendlandes. Allzu vielgestaltig ist das Leben, als daß es sich in solche Begriffe restlos fassen ließe. Die Motive verbinden und kreuzen sich, eigenartige Persönlichkeiten greifen gestaltend ein, und dazwischen ragt die Vergangenheit in mächtigen Zeugen auch in die spätere Welt.

So war doch eine starke irrationale Unterströmung in der neuzeitlichen Entwicklung lebendig, große schöpferische Persönlichkeiten haben immer die Decke des Rationalismus durchbrochen. Auch ist die Theorie rascher vorgeschritten als das Leben, das seiner Natur nach stärkere Hemmungen besaß als die Welt der Gedanken: es ging die Bahnen seiner eigenen Rechte, Gesetze und Bedürfnisse, und dem Menschen blieb das Bewußtsein, daß dies notwendig und daß es gut ist. Auch ist daran zu erinnern, daß gerade mit der fortschreitenden naturwissenschaftlichen Erkenntnis das Gefühl lebendig wurde von den Grenzen der mechanischen Welterklärung, daß eine begreifliche seelische Reaktion gegen die Nüchternheit und Selbstgewißheit der siegenden Vernunft in die dunklen Untergründe und Geheimnisse des Daseins gelockt hat. Indem man ratlos in einer entgötterten Welt den Rätseln des Lebens gegenüberstand, flüchtete man die unbefriedigte Phantasie in eine erdichtete Tiefe, und die literarischen Anregungen des Neuplatonismus und der jüdischen Kabbala haben schon in der Renaissance diesen Aberglauben verstärkt und bestätigt. So hat die Geistesgeschichte das merkwürdige Schauspiel erlebt, wie mitten im Zeitalter einer rationalistischen Bildung und Aufklärung die Magier, die Schwarzkünstler den Stein der Weisen suchten, wie eine theosophische Naturphilosophie emporkam, der Zauberglaube in Totenbeschwörungen und Chiromantik, in Astrologie und Alchimie sich auslebte und wie auch eine ungemein breite Literatur auf diesem Boden erwuchs, von den okkultistischen Systemen eines Agrippa von Nettesheim und Paracelsus bis zu der sagenhaften Gestalt des Doktor Faust und zu den Traum- und Weissagebüchern für das niedere Volk. Die ganze Erscheinung ist von höchstem menschlichem Interesse; immer wieder hat der hochgespannte Rationalismus solche Reaktionen als Mode oder auch mit der Gewalt einer geistigen Epidemie hervorgebracht. Auch soll nicht übersehen werden, daß das Neue in Geschichte und Leben noch niemals geboren worden ist aus kühlem Verstande und einfachem Rechnen und daß auch Irrtümer und Wahn geschichtsbildende Kräfte sein können; als er die Ursäure suchte, wurde Lavoisier zum Begründer der modernen Chemie. Aber in der Struktur des abendländischen Geistes haben diese Geheimwissenschaften keine Funktion, und wenn wir untersuchen, wie die irrationalen Kräfte in der Neuzeit herangewachsen und erstarkt sind, so müssen wir freilich in erster Linie auf die christlichen Kirchen sehen.

Zwar ist der Geist der Aufklärung auch in den gläubigen Katholizismus eingedrungen und hat Lehre und Leben neu zu gestalten gesucht. Erleichtert wurde ihm dieser Weg durch die äußere Lage, in welche die Kirche in den einzelnen Ländern geraten war. Denn die soziale Gemeinschaft von Hochadel und oberster Hierarchie hatte vielfach zur Verweltlichung des Episkopates und zu einer Radikalisierung der unteren Geistlichkeit geführt. Die supranaturale Grundlage der Dogmen ist hierbei von der wissenschaftlichen Theologie nur selten angetastet worden, während die Umgestaltung des kirchlichen Lebens zu vielen und notwendigen Neuerungen in Schule und Brauch geführt hat, aber freilich auch oft genug den tiefen Sinn der alten Formen verwischte. In der Masse des katholischen Volkes jedenfalls blieb auch mitten im Zeitalter des Rationalismus die Kraft des Glaubens und der religiösen Innerlichkeit erhalten, wie die Geschichte des nachtridentinischen Katholizismus aus der Intensität des örtlichen Kirchenlebens, aus den großartigen Bauten der Nächstenliebe und den zahlreichen Zeugnissen der Erbauungsliteratur erweist. Auf diesem Wege hatte der Katholizismus noch im Jahrhundert der Glaubensspaltung verlorene Schlachten überwunden, und wenn dann auch die herrschende Aufklärung den kirchlichen Geist vielfach in die Verteidigung gedrängt hat, so konnte doch die Scholastik infolge ihres ausgleichenden Standpunktes sich behaupten. So hat vor allem die atomistische Gesellschaftslehre des Humanismus gleich im 16. Jahrhundert einer Erneuerung der aristotelisch-organischen Staatsphilosophie sich gegenüber gesehen, als deren Träger besonders die Jesuiten erscheinen. Wenn Bellarmin und Suarez die Vertragslehre der Scholastik besonders nachdrücklich weiterbildeten, und wenn sie dabei die Staatsformen als gleichberechtigt anerkannten und aus der durch das Volk geschehenen Übertragung der Gewalt das Recht des Widerstandes folgerten, so haben sie dabei mit der geistigen Lebendigkeit ihres Ordens wie auf allen Gebieten des Lebens und der Kunst so auch hier die Mittel und Formen der Renaissance sich zu eigen gemacht; die Bedürfnisse, die sich aus den wilden Religionskämpfen ihres Jahrhunderts ergaben, mochten es ihnen noch besonders nahelegen, in die Werkstatt des klassischen Geistes zu greifen. Aber sie näherten sich damit noch keineswegs der atomistischen Erklärung der Dinge, und des Suarez Lehre kann durchaus nicht, wie oft geschehen, als eine Vorläuferin von Rousseaus Volkssouveränität angesprochen werden. Vielmehr hielt die Neuscholastik mitten im Zeitalter der mechanistischen Deutung aller Dinge auch in ihrer Staatslehre die organische

Auffassung fest und kannte daher das freie und souveräne Individuum nicht. Das Individuum erscheint bei diesen politischen Lehrern als hineingeboren in eine übergeordnete und objektive Ordnung, die göttlichen Ursprunges ist.

Auch der Protestantismus erlebte seit der Wende des 17. zum 18. Jahrhundert eine Vertiefung. Zwar hatte die Ablehnung der Tradition einerseits in einen strengen Buchstabenglauben und andererseits zu einer „natürlichen Theologie" geführt; aber die spiritualistische Unterströmung, die sich im ersten Menschenalter der Reformation so vernehmlich gemeldet hatte, war trotz der Verfolgung durch die lutherische Orthodoxie unvertilgbar geblieben. Sie hatte sich auf anderem Schauplatze, in den englischen Revolutionskirchen, durchgesetzt und trat dann auch in Deutschland wieder hervor, als der Pietismus seine „Collegia pietatis" versammelte, um das „wahre Christentum" in der gemeinschaftlichen Erweckung des Menschen und in der Hingabe an die „Werke" zu suchen, weil es im religiösen Leben überhaupt nicht auf das Wissen ankomme, sondern auf die Einkehr und sittliche Läuterung und auf die Ausübung der vom Erlöser und seinem Jünger Johannes gebotenen Liebe. Auch dies war eine Auswirkung der autonomistischen Denkart, nur daß sie nicht in der Richtung der Allseitigkeit und auch nicht auf dem Wege einer rationalistischen Verengerung lag, sondern den Individualismus zur subjektiven Gefühlsreligion steigerte und dabei die im Luthertum liegende Vereinseitigung auf das Geistige nicht minder entschieden vollzog als die Orthodoxie oder die rationalistische Theologie. So zahlreiche Möglichkeiten lagen in dem modernen Prinzip von der Autonomie der Persönlichkeit! Aber auch der altprotestantische Dienst am göttlichen Worte hat in seinen größten Offenbarungen eine Verinnerlichung des Glaubens erlebt, das religiöse Gefühl vertieft und den unmittelbaren Weg zum Volke immer offen gehalten. Bach und Händel haben diesen Geist christlicher Andacht und persönlicher Treue zum ewigen Ausdruck gebracht. Wenn wir nun noch hinzufügen, daß ein Strom der „Empfindsamkeit" in den protestantischen Ländern zu brausen begann, daß Gellert für das deutsche Bürgertum der „Apostel des Herzens" wurde und daß die Überschwenglichkeit des Gefühles in der künstlichen Sentimentalität der Schäferpoesie wie in der männlichen Dichtung Klopstocks sich auslebte, so haben wir ein Bild von der Bedeutung, die neben der Vernunft die andern Seiten des menschlichen Seelenlebens doch immer im abendländischen Menschentum behalten hatten oder wieder erlangten. Noch war die Grundlage dieser Kultur rationalistisch, noch wurde mehr reflektiert und beschrieben als erlebt. Aber immer stärker drängten die Rechte des Herzens vor.

Da trat Rousseau auf. In seiner Persönlichkeit vereinigten sich widerspruchsvoll und unausgeglichen alle Motive, welche die moderne Welt in sich gereift hatte. Er hat den „klassischen Geist“ der Logik und Konsequenz zur letzten Vollendung geführt. Ein Fanatismus des Gedankens lebt sich aus in seiner gemeißelten Sprache, in seiner Dichtung voller Sentenzen und Thesen, in seinen radikalen Doktrinen. Auch er versteht zu analysieren, die Probleme aus dem Zusammenhang des übrigen Lebens zu lösen und in abstrakter Isoliertheit zu erörtern. Auch er ist ein Sohn seiner Zeit; die Kenntnis allgemeiner Gesetze und Regeln ist auch für ihn Sinn und Zweck aller Wissenschaft, auch er sucht ein allgemeines Menschentum und strebt danach, alle Erscheinungen des Lebens zu messen an allgemeinen Normen, die er für Staat und Gesellschaft, für Erziehung und für die ganze menschliche Kultur aufstellt. Und mit der Unerbittlichkeit seiner Logik zieht er aus den Vordersätzen die letzten Folgerungen, achtet nicht der Vielgestaltigkeit des Lebens und schlägt kühn die Brücke zur praktischen Verwirklichung. Nur freilich hat er die Normen nicht auf dem Wege des Denkens gewonnen und auch nicht empirisch zusammengefügt. Dem kartesianischen „exister c'est penser“ stellt er sein „exister c'est sentir“ entgegen, und hiermit gewinnen dann auch seine Beweise einen ganz andern Inhalt. Eine ungeheure Wendung mußte von dieser neuen Lehre ausgehen. Gegenüber der herrschenden Verstandeskultur erinnert Rousseau an die Macht des Willens und des Herzens, inmitten einer künstlich organisierten Gesellschaft voll Selbstzufriedenheit und Unnatur beruft er Gefühl und Seele und fordert die Rückkehr zur Natur, zu einem reinen und ursprünglichen Leben. Er hat diese Einsichten gewonnen aus seinem eigenen kindlichen Wesen, aus einem reichen Innenleben voll Phantasie und überschwenglicher Hingabe, das gerne in Träumen und unbestimmter Sehnsucht dahindämmert. Und für alle Gebiete des Daseins hat er aus seiner neuen Haltung zum Leben die folgenreichsten Anwendungen abgeleitet. Sein Glaubensbekenntnis, wie er es den savoyardischen Vikar aussprechen läßt, hält der mechanischen Weltbetrachtung die Frage nach dem ersten Anstoß aller Bewegung und nach der Ursache der Schönheit und Ordnung des Weltalles entgegen. Es war die Frage, die einen Newton immer wieder von der atomistischen Erklärung des Daseins abgehalten und zum Gottesglauben zurückgeführt hatte und die dann der Materialismus beiseite schob, als er die Ordnung der Welt auf Zufall zurückführen wollte. Rousseau fand hier die Grenze aller rationalistischen Deutung der Dinge, er sah hier einen Willen am Werke, „un acte spontané, volontaire", der nicht weiter erklärt werden kann. So fand er sich zurück zum Glauben, das „croire" stellte er dem „savoir" des Descartes gegenüber. „Je crois qu'une volonté meut l'univers et anime la nature", dies ist sein erstes Glaubensbekenntnis. Wie dies möglich ist, daß ein Wille die Bewegung eines Körpers erzeugen kann, wissen wir nicht: „Je n'en sais rien, mais j'éprouve en moi qu'elle la produit." Wenn aber die bewegte Materie einen Willen verrät, so verrät die nach bestimmten Gesetzen bewegte Materie eine Intelligenz, einen Zweck, den zu erkennen uns unmöglich ist: „La matière mue selon de certaines lois me montre une intelligence", so lautet der zweite Glaubensartikel. Das Leben kommt also nicht aus einer Ladung Atomen heraus, und kein Chemiker wird es jemals durch sinnvolle Mischung in seinem Schmelztiegel erzeugen können. Es ist also ein mächtiger und zugleich weiser Wille, der die Welt regiert: das Gottesbekenntnis ist Rousseaus dritter Glaubensartikel. Der Mensch innerhalb der ordnungsbewegten Materie ist nicht ein Atom, sondern ein Wesen, das mit freiem Willen begabt ist. Wie bei Augustinus entzündet sich auch bei Rousseau die Freiheit an der Tatsache, daß das Böse in der Welt ist: „Je vois le mal sur la terre." Freiheit ist also nicht Willkür, sie ist die Kraft, zu wählen, zu ordnen und zu richten: das Gewissen ist die Kraft, die in der Freiheit Ordnung zu schaffen vermag. So gelangte Rousseau dazu, die Grundlagen aller Religion, die verloren zu gehen drohten, wiederherzustellen, indem er Gott, Freiheit und Unsterblichkeit entschieden bejahte. Er hatte freilich zuviel vom abstrakten Geiste seines Jahrhunderts in sich aufgenommen, als daß er zum Christentum sich hätte zurückfinden können. Auch gründete er seinen Glauben auf das Gefühl, das bedient wird von den neugeübten und geöffneten Sinnen; so lehnte er die Offenbarung ab. Er stützte sich auf die Überzeugung des Herzens, daß es einen allgütigen Schöpfer gibt. Ob dieses Dasein Gottes dann auch bewiesen werden könne, schien ihm gleichgültig zu sein, weil der Verstand gegen die innere Überzeugung nichts zu beweisen vermag: „On a beau me disputer cela, je le sens, et ce sentiment qui me parle est plus fort que la raison qui le combat."

Wie das Weltall so betrachtete Rousseau auch die Geschichte der Menschheit mit neuen Augen. Er blieb auch darin ein Sohn des 18. Jahrhunderts, daß er alle Zeiten und Kulturen an festen

Normen prüfte und daß ihm der Sinn für das individuelle Leben in der Geschichte noch abging. So sehr er den Willen und die Seele in den Mittelpunkt alles Interesses schob und in seinen „Konfessionen“ wie in den Briefen Juliens die psychologische Zergliederung des Einzelschicksals mit unvergleichlicher Feinheit vorgebildet hat, so blieb ihm doch die Anwendung auf die Geschichte noch fremd. Aber die Wertung der Kulturentwicklung erfuhr nun freilich vor seinem prüfenden Blick eine völlige Umkehrung. Wenn der Rationalismus bis dahin den Fortschritt der Menschheit an der ansteigenden Kurve der Intellektualisierung abgemessen hatte, so warf Rousseau dem stolzen philosophischen Jahrhundert den Satz entgegen, daß die Kultur den Menschen nicht besser, sondern schlechter gemacht und die ursprünglichen Anlagen des Menschen systematisch vernichtet habe: „Otez vos funestes progrès, et tout est bien.“ Das Böse fließt also nach Rousseau nicht notwendig aus der Natur, es ist ein Erzeugnis der Geschichte, der Kultur. Das kindliche Gemüt Rousseaus glaubte an die Güte der Menschennatur, wie übrigens auch die rationalistische Aufklärung aus der Harmonie des Kosmos auf die Ordnung in der sozialen und in der psychischen Welt zu schließen gewohnt war. Rousseau folgte lediglich seinem eigenen Wesen, wenn er aus den von Menschen verursachten Disharmonien der Welt in die Sehnsucht nach ursprünglichem Menschentum flüchtete. Er hat die Kulturfeindschaft bis zur Bestreitung der Eigentumsordnung und der Wissenschaft geführt und in der Zerstörung die Hoffnung gehegt, daß die ursprüngliche Reinheit des Menschen wieder hergestellt werden könne durch eine Erziehung, die nichts weiter tue, als der naturgemäßen Entwicklung aller Anlagen freie Bahn zu schaffen. Während die rationalistische Pädagogik des Wahnes lebte, daß alles sich lernen lasse und daß die Menschheit um so besser und glücklicher sein werde, je mehr Wissen an sie herangebracht werde, gab Rousseau dem Erzieher die bescheidenere Rolle eines Wärters. Er gebot, der Natur mehr zu vertrauen als der Zucht und nichts zu lehren, was dem Kinde nicht unmittelbar einleuchte. Rousseaus Emile wächst so heran, als ob die Menschheit niemals den verhängnisvollen Schritt zur Kultur gemacht hätte. Anvertraut der besten Erzieherin, die es gibt, der Natur, entwickelt sich das Kind, seine Anlagen entfaltend nach innerer Notwendigkeit, und der Erzieher steht ihm als treuer Gefährte zur Seite. Nicht Fertigkeiten für den Kampf ums Dasein soll die Erziehung übermitteln, wohl aber soll sie für diesen Kampf die Kräfte entwickeln, sie soll die Eigenart des Kindes pflegen und ihr einen günstigen

Boden bereiten, weil jede menschliche Seele und jede Stunde ihres Daseins ihren Wert in sich selber trägt und weil nur derjenige ein richtiger Mann werden kann, der einmal ein richtiges Kind gewesen ist.

Auch Staat und Gesellschaft hat Rousseau von diesem neuen Weltgefühl aus aufzubauen gesucht. Wenn in seinem Bemühen, ein wahres Recht und eine wahre Gesellschaft zu schaffen, der rationalistische Geist lebendig ist und sich bis in die äußerste Folgerung auswirkt, so ist Rousseau doch auch hierbei von der Atomistik letzten Endes abgerückt. Die von ihm konstruierte Gesellschaft ruht auf der Gleichheit der Menschen, kennt keine Parteien und Korporationen. Der „Contrat social" zieht aus der Vertragslehre die letzte, äußerste Konsequenz und gibt dem souveränen Volke die Entscheidung in allen Dingen. Wenn Rousseau auf solche Weise die unmittelbare Anteilnahme aller Staatsbürger in der Form der Urversammlung verlangt und die repräsentative Verfassung ablehnt, so mögen ihn dabei die Vorbilder des antiken Stadtstaates und seiner heimischen Schweizer Urkantone geleitet, es mag auch die Korruption des zeitgenössischen Parlamentarismus in England ihn dazu geführt haben. Auch die begriffliche Erwägung war maßgebend, daß der Souverän sich selber abdankt, wenn er zur Wahl einer Volksvertretung schreitet. In jedem Fall gelangte Rousseau immer wieder zum Volke, und das Volk war ihm etwas anderes als nur eine Summe von Einzelwesen. Nicht umsonst hat er so scharf die „volonté générale" von der „volonté de tous" geschieden, mochte auch der Unterschied in der Praxis des staatlichen Lebens nicht allzu groß sein. Und wenn Kindlichkeit und schwärmerische Hingabe diesen Mann zur geschichtsfeindlichen Leugnung aller gewordenen und künstlichen Schranken zwischen den Völkern geführt haben und wenn so das Weltbürgertum des modernen Geistes durch ihn einen neuen und tieferen Klang erhielt, so ging dabei doch auch ein starker und voller Ton nationalen Gefühles mit, als er die Ideale des von allen feudalen Lasten befreiten Bodens und Volkes gepriesen hat. Viele Widersprüche lagen in der Seele und in dem ganz auf die eigene Persönlichkeit gestellten Systeme dieses unkritischen Denkers. Aber einheitlich blieb immer die Grundstimmung, die als letzte Möglichkeit und Stufe der abendländischen Seelengeschichte in ihm hervorgetreten ist. Es war auch hier wieder die Autonomie der Persönlichkeit, nur daß es kein Individualismus der Vernunft, sondern ein solcher des Herzens und des Gefühles war. Die volle Entfaltung der angeborenen Menschennatur, die schon Petrarca zum Studium der eigenen Seele geführt und die in der Renaissance eine hohe Blüte von Kunst und Leben gereift hatte, war durch den rationalistischen Grundzug der neueren Geschichte zur Autonomie des Denkens verengert worden; nun brach Rousseau die Schranken, er schuf der Phantasie, der Intuition freie Bahn, er faßte die Autonomie des Menschen als eine „unteilbare und unveräußerliche Souveränität". So gab er den ersten Anstoß zu einer Überwindung der mechanischen Weltbetrachtung und zu einer Auswirkung der schöpferischen Persönlichkeit im Leben und in der Kunst. Indem Rousseau das fühlende Ich zur höchsten Instanz erhob, vollendete er den Subjektivismus der modernen Geschichte. Seine Erscheinung hat die ganze abendländische Seelenentwicklung zur Voraussetzung, sie setzt das Recht der individuellen Seele neben das Recht der individuellen Vernunft: von Augustinus über Petrarca und Luther führt eine geistige Linie zu Rousseau, sie zeigt das Anwachsen des Subjektivismus im Abendlande. Noch war bei Rousseau das Gefühl gebändigt durch das Gegengewicht der Ratio; erst seine Jünger, zumal in Deutschland der „Sturm und Drang", haben in ihrer Begeisterung aus seinem Bilde alle Züge der Strenge hinweggestrichen, um ganz in Empfindungen schwelgen zu können. Aber auch schon bei ihm war der Kultus des Herzens das Ergebnis einer unendlich verfeinerten und komplizierten Seelenverfassung. Für die Kunst bedeutete es eine Befreiung, als Rousseau der Innerlichkeit des Herzens dichterischen Ausdruck gab und die Landschaft wieder entdeckte als Spiegelbild der eigenen Seele. Er hat auf allen Gebieten des Lebens seiner naturfremden Zeit neue Wege geöffnet; aber er selber trug am Erbe dieser Zeit und vermochte den Zwiespalt zwischen Natur und Geschichte nicht in sich zu überwinden, so wenig wie er in den Wirren seines irdischen Wandels seine Ideen wirklich gelebt hat. Denn er war trotz allem kein ursprünglicher, sondern ein moderner Mensch, ein „homo compositus"; bewußt und reflektierend hat er die Kulturmüdigkeit seiner Zeit zum Ausdruck gebracht. So erweckte er zwar die Ahnung von den Geheimnissen des Irrationalen; aber die religiöse Ehrfurcht blieb ihm fremd. Denn bei allem Takt und aller Freiheit, die das Neue und Große seiner Seelenführung ausmachen, lag doch auch hier die Versuchung vor, die letzten triebhaften Entschlüsse rational zu lenken durch menschliche Eingriffe, wie die Vereinigung Emiles mit der ihm bestimmten Geliebten zeigt. Die Nachwelt, die in der gleichen geschichtlichen Lage inmitten der Problematik und des Unfriedens gebannt blieb, vermochte darum nicht mit ihm fertig zu werden. Die Sehnsucht nach reinem und ursprünglichem Leben ist in der fortschreitenden Auflösung der abendländischen Einheit und in der Ruhelosigkeit der modernen Kultur immer wieder hervorgetreten, und Rousseau ist der erste, dessen empfindliche Seele darüber zerbrach und der im Wahnsinn endete. Unter die Typen moderner Lebensführung mischt sich von nun an noch ein Zug pathologischer Gestalten, indem die abendländische Kultur belebt und beseelt, bevor sie vernichtet. So ist der einsame Genfer bis heute immer wieder berufen worden und konnte doch niemals die Lösung geben. Aber die beiden bedeutsamsten geschichtlichen Erscheinungen der unmittelbar nach ihm folgenden Zeit sind ohne ihn nicht zu denken: der deutsche Idealismus hat nur, weil er durch Rousseaus Gedankenwelt geschritten ist, die Einseitigkeit der Aufklärung zum einen Teile wenigstens überwinden können, und nur auf dem Wege über diesen widerspruchsvollen Denker hat die Entwicklung des abendländischen Schicksals, die wir skizziert haben, ihren ersten, folgenreichen Abschluß gefunden in der französischen Revolution.

ZWEITER ABSCHNITT

Der Aufbau der deutschen Geschichte

An dem Ganzen dieser abendländischen Geschichte, wie wir sie soeben dargestellt haben, hat das deutsche Volk seinen besonderen und eigentümlichen Anteil. Durch seinen Wohnsitz im Herzen des Kontinentes wurde es der geborene Vermittler zwischen der romanischen und der slawischen Welt, und der Mangel natürlicher Grenzen nach Osten und Westen hin, der unser Volk durch seine ganze Geschichte hindurch politisch belastet hat, wurde ihm zugleich eine Quelle der geistigen Erweiterung. In dem Widerstreite so vieler Kulturen, die auf dem Boden Europas sich begegneten, blieb der Reichtum des europäischen Lebens begründet; aber die vielgestaltigen Glieder wurden erst durch die Anziehungskraft Mitteleuropas zu einer geographischen und geistigen Einheit zusammengeschlossen. Wie der Reiz der deutschen Landschaft zwischen der düsteren Großartigkeit des Nordens und der hellen Sonnigkeit des Südens liegt, so wiederholt sich überhaupt die Mannigfaltigkeit des Kontinents in seinem Kernlande zwischen Wasserkante und Alpensaum. Tiefland und Mittelgebirge ziehen sich vom Pariser Becken gegen Osten hin und verlaufen grenzenlos in die weite russische Ebene. Die Gliederung des Bodens kennt nicht Regel noch Anordnung und wiederholt auf dem engsten Raume alle geologischen Bildungen, die der formenreiche europäische Kontinent besitzt. Für Deutschland wurde die Tatsache entscheidend, daß keiner seiner Landschaften durch Lage und Natur ein Übergewicht gegeben war, welches die politische Einheit des Ganzen, seine Beherrschung von einem Punkte aus sicherstellte. So hat die große Mannigfaltigkeit der Bodengestaltung die staatliche Zersplitterung von jeher begünstigt, und nur der Rhein vermochte zu Zeiten die Germanen des mittleren Europas zusammenzuschließen zur Behauptung des lebensnotwendigen Raumes. Denn vom Rheine aus führen die Talstraßen nach rechts und links weit hinein ins germanische Land, und die „historische Funktion des Rheines" besteht eben darin, daß er in Europa die einzige Grundlage bot, auf der ein das ganze Festland umfassendes Reich errichtet werden konnte. Indem jedoch die Römer den Rhein zur Grenze eines im Süden wurzelnden Weltreiches machten, gelangte dieser Strom in den Schnittbereich der beiden Kulturkreise des Abendlandes, der im Mittelmeergebiet entsprungenen römisch-keltischen und der im mittleren Europa beheimateten germanischen Kultur. So entstand hier ein historisches Katastrophengebiet erster Ordnung, sobald die karolingische Monarchie, die allein im ganzen Ablauf der Geschichte Europa auf der naturgegebenen Grundlage des Rheines geeinigt hatte, vor der anhebenden Sonderung der romanischen und der deutschen Stämme auseinandergefallen war. Die Grenze ist dann an Maas und Ardennen entlanggeführt worden; wenn in der Folge das deutsche Königtum unter den Saliern und Staufern ein Weltreich aus Deutschland, Burgund und Italien zusammenfügen konnte, so schöpfte es die Kraft hierzu aus seinem rheinischen Besitze. Hier lag das Hausgut der Salier, hier bauten sie ihre Pfalzen und Burgen, ihre Klöster, Dome und Städte, hier war „maxima vis regni", wie Otto von Freising, der Geschichtsschreiber der Staufer, gesagt hat. Aber dieser Schwerpunkt des Reiches war nach Westen hin verschoben, von wo Geschichte und Kultur gekommen waren, die Kernlande lagen nicht in der Mitte des Reiches, und sie blieben nur deswegen unbedroht, weil das Kaisertum mächtig über Italien und Burgund sich dehnte und die deutschen Lehensträger im Zaume hielt, während Westeuropa noch keine Möglichkeit der Zusammenfassung gefunden hatte. Bald aber mußte sich zeigen, daß der Rhein für Deutschland nicht die historische Rolle übernehmen konnte, welche dem Seinebecken in der Entwicklung der französischen Nation zugekommen ist. Unaufhaltsam durch die Jahrhunderte wanderte der Schwerpunkt der deutschen Geschichte vom Rheine hinweg, nach Osten hin. Die unerschöpfliche Fruchtbarkeit der deutschen Menschen entsandte das ganze Mittelalter hindurch immer neue Scharen nach Osten, die als Ritter und Mönche, als Bauern und Kaufleute das Land jenseits der Elbe und Saale den Slawen wieder abnahmen, Städte und Territorien gründeten und das deutsche Volkstum über die Länder an der Ostsee und an der unteren Donau breiteten: die Kolonisation des Ostens ist die größte Tat des deutschen Volkes im Mittelalter. Aber frühe trat auch die geographische Belastung auf deutschem Boden in volle Wirkung. Die verwickelten Gebirgssysteme und die auseinanderirrenden Flüsse verewigten die in der Lehensstaaterei begründete politische Zersplitterung, der Mangel natürlicher Grenzen ließ das deutsche Volk niemals zur Klarheit und Bestimmtheit eines staatlichen Ideals gelangen, und die zentrale Lage des Landes verstärkte die Unselbständigkeit und Passivität des deutschen Menschen. So hat die deutsche Geschichte einen der französischen völlig entgegengesetzten Verlauf genommen. Während das deutsche Königtum, gestützt auf die Bischöfe und die Dienstmannen des Reiches, im Zeitalter der sächsischen und fränkischen Kaiser so fest sich begründete, wie es im Rahmen des Lehenswesens überhaupt möglich war, mußten in Frankreich die Kapetinger wehrlos und ohnmächtig die großen Barone gewähren lassen, und nur nach schwerem, hundertjährigem Kampfe konnten sie den französischen Boden von englischer Herrschaft befreien. Dann aber vollzog sich der Aufstieg von Königtum und Staat zu nationaler Geschlossenheit. In Deutschland dagegen minderte sich die Macht der königlichen Zentralgewalt von Geschlecht zu Geschlecht. Die Kaiserpolitik hatte Glanz und Ruhm unter südlicher Sonne gebracht, sie hatte die deutschen Stämme auf gemeinsamen Romfahrten geistig zusammengeführt, sie hatte Jahrhunderte hindurch die Verfassung gesichert, auf welche Otto der Große das deutsche Königtum gebaut hatte, als er den Reichsepiskopat sich verband und ihn zur stärksten Säule des mittelalterlichen Staates machte. Aber der Entscheidungskampf mit dem Papsttum, in den ein schrankenlos ausgreifender Imperialismus schließlich geführt hatte, rief die niedergehaltenen Großen auf den Plan, und das Königtum gab in wachsender Bedrängnis ein Recht nach dem andern preis, bis im Ringen der Staufer und Welfen auch die letzten Reste des Reichsgutes und der Regalien verschleudert waren und das Kaiserhaus der vereinigten Macht des Papsttums und der partikularen Gewalten erlag.

Aus dem Zusammenbruch des mittelalterlichen Imperiums stieg in Europa eine neue Staats- und Gesellschaftsordnung empor; das Lehenswesen wurde überwunden. Auf verschiedenen Wegen gelangten Frankreich, Spanien und England zur nationalen Einheit, während Italien wenigstens moderne Stadtstaaten entwickelte. In Deutschland dagegen wurde das aus dem Feudalismus entstandene Landesfürstentum Erbe der Kaisermacht; die deutsche Geschichte kennt keine Tatsache von größerem Gewicht. Die mittelalterlichen Kaiser hatten in heldenhaftem Ringen die deutschen Stämme durch Beseitigung ihrer Herzöge zu einer deutschen Nation geeint und diese Einheit zur Grundlage eines Weltreiches gemacht, wie es den Menschheitsidealen des Christentums und den politischen Notwendigkeiten des mitteleuropäischen Länderraumes entsprach. Aber sie hatten alsdann die Erbschaft der Stammesherzöge doch nicht festhalten können, weil weder der Rhein noch der Harz die formende Kraft eines geographischen Mittelpunktes besaß und den großen Lehensträgern immer mehr Zugeständnisse gemacht werden mußten. Ein Bund von Königtum und Städtetum ist gelegentlich versucht worden. Aber Handel und Geldwirtschaft waren in dem unentwickelten Norden nicht frühe genug erstarkt, so daß die Ausbildung der Landesherrschaften einen bedeutsamen historischen Vorsprung besaß und Kaiser Friedrich II. bereits es bequem fand, sich deren Unterstützung durch Preisgabe der Städte zu erkaufen. Es lag in der Linie der bisherigen Entwicklung, wenn der Untergang der Staufer für mehr als ein halbes Jahrtausend entschied, daß die Zukunft Deutschlands dem Fürstentume gehören werde. So wurde das Lehenswesen in Deutschland durch alle Jahrhunderte der neueren Geschichte konserviert, und das besondere Bild, das der deutsche Staat im Zusammenhang der abendländischen Welt bis auf den heutigen Tag darbietet, liegt in dieser Tatsache begründet. Aus der Verbindung von Bodenbesitz mit Hoheitsrechten des Staates war das Lehenswesen entstanden, in diesem System unterlagen Güter und Hoheiten dem vermögensrechtlichen Verkehr durch Vererbung, Verkauf, Verpfändung: es waren die notwendigen Verwaltungsformen einer unentwickelten gesellschaftlichen Stufe. Während aber überall sonst im Abendlande die erstarkende Staatsgewalt, verkörpert im Königtume oder in England im Parlamente, allmählich die Hoheitsrechte an sich brachte oder jedenfalls sie dem Gütermarkte entzog, hat das deutsche Königtum zwar am frühesten von allen abendländischen Gewalten den Versuch gemacht, sich von der Macht der erblichen Lehensträger zu befreien und in den Bischöfen, Städten und Ministerialen der rheinischen und schwäbischen Lande sich zuverlässige Organe zu schaffen. Aber eben dieser verfrühte Versuch mißlang, und die Vergabung von Regalien nahm seit der späteren Stauferzeit so großen Umfang an, daß Rechte und Güter des Reiches in nichts zerrannen, während die geistlichen und weltlichen Landesherrschaften heranwuchsen. Zunächst bestanden diese, ihrer Entstehung entsprechend, aus einem Ineinander und Durcheinander von Herrschaftsverbänden, deren einzelne Stücke immer wieder vertauscht und verhandelt wurden. Die Vereinigung geschah ausschließlich in der Person des Dynasten, der den Besitz nicht einmal nach den Grundsätzen des Majorates vererbte. So ist das Kartenbild des alten deutschen Reiches entstanden — eine bunte „Karnevalsjacke“, aus zahllosen Flicken zusammengesetzt, indem zwischen den vielen Reichsrittern, Reichsstädten und Reichsdörfern die Territorialstaaten der Landesherren, selbst wieder zersplittert und in unaufhörlicher Veränderung, durcheinander lagen. Als das Reich gegen Ausgang des 18. Jahrhunderts seiner Auflösung entgegenging, bestand es aus 314 reichsständigen Territorien und 1475 Reichsrittern, was zusammen 1789 selbständige Obrigkeiten gab. Es war eine Entwicklung, die schon tief im Mittelalter und im Zusammenhang der Lehensverfassung sich vollzog. Schon gegen Ende des zwölften Jahrhunderts war die Entwicklung so weit vorgeschritten, daß sich der Reichsfürstenstand als solcher abschloß; er umfaßte die reichsunmittelbaren Vasallen von mindestens gräflichem Stande. Der Partikularismus wurzelte von nun an nicht mehr in der Stammesart, sondern er wurde dynastisch, und in dieser Form siegte er im deutschen Leben. Die Landesherren haben im späteren Mittelalter die andern partikularen Gewalten, den Reichsadel und die Reichsstädte völlig an Bedeutung überholt. Jene stolzen Rittergeschlechter vom Rheine, deren Namen in den italienischen Archiven uns immer wieder begegnen, waren nach dem Sturze der Staufer von aller Weltpolitik und allen großen Aufgaben abgedrängt, sie verkamen auf ihren Ganerbenburgen in bitterer Not oder gingen als Raubritter zu Grunde. Den letzten späten Versuch, den Franz von Sickingen wagte, um dem alten Reichsadel nochmals eine politische Rolle in der deutschen Geschichte zu verschaffen, hat das siegreiche Landesfürstentum niedergeschlagen.

Das gleiche Schicksal widerfuhr den Städten. Erst nach dem Untergange der Staufer begann der wunderbare Aufschwung des deutschen Städtewesens, die Fortbildung des Marktverkehrs, der Geldwirtschaft und des Zunftlebens, jene reiche Beweglichkeit einer persönlich freien Bevölkerung und jene Lösung vom Feudalwesen, die sich ausspricht in der einheitlichen Leitung durch den die Gesamtheit vertretenden Rat und durch den vom Rate besoldeten Stadtschreiber. Wir sagten es bereits: der moderne Staat ist in Deutschland zuerst in den Städten geboren worden! Die Geschichte der Hanse und des oberdeutschen Städtewesens erzählt von der großartigen politischen, wirtschaftlichen und militärischen Leistung des deutschen Kaufmannes und seiner Gilden, mitten in einem Zeitalter sinkender Reichsmacht. Aber zu einer entscheidenden und dauernden Stellung im deutschen Staatsleben vermochten die Städte nicht zu gelangen. In der Mitte zwischen emporgekommenen Landesherrschaften gelegen, waren sie „zerstreute Inseln im agrarischen Meere“, wie man treffend gesagt hat. Sie haben sich nicht wie die italienischen Stadtstaaten oder auch die Schweizer Eidgenossen Landgemeinden anzufügen gewußt, sondern sie haben sich gegenüber den Bauern ihrer Umgegend als Grundherren und keineswegs als politische Verbündete gefühlt.

So schieden Bürger und Bauern aus der Leitung der deutschen Geschicke aus. Symbolisch hierfür sind die zeitlich benachbarten Schlachten von Sempach und Döffingen: die eine entschied im Jahre 1386 den Sieg der Eidgenossen über das Ritterheer des habsburgischen Erzherzogs, in der andern erlagen zwei Jahre darauf die oberdeutschen Städte den Fürsten und Rittern. Die Bauern aber haben dann ein Jahrhundert später im „Bauernkrieg" gleichfalls in der Isolierung gekämpft, und auch hier vollstreckte das Fürstentum den Spruch der Geschichte.

Die Kaiser des ausgehenden Mittelalters hatten keine Möglichkeit und keinen Willen, diese Entwicklung zu hemmen. Denn nach der Verschleuderung des Reichsgutes konnten sie nur etwas bedeuten, wenn sie eine Hausmacht besaßen; sie fühlten sich daher in erster Linie als Fürsten und benutzten die Zeit ihres Kaisertums, um für sich und das Fürstentum Vorteile einzubringen. Während überall sonst das Sinken des universalen Kaisertums der Ausbildung eines nationalen Königreiches zugute kam, gelang es der Macht der deutschen Fürsten, das Aufkommen eines modernen Reiches völlig zur verhindern. Die Formen des Kaisertums blieben gewahrt; bis zum Untergange des alten Reiches blieb der kaiserliche Oberlehensherr Oberhaupt des Reiches, ja der ganzen Welt, die Fürsten waren seine Vasallen und hatten ihren Sitz in der Ständeversammlung des Reichstages, nicht anders als die Ritter und die Städte. In Wahrheit aber besaß der Kaiser keine Funktionen der Verwaltung mehr, Reichssteuern gab es nicht, die Gerichtshoheit des Reiches war in den größeren Territorien völlig ausgeschaltet, seit die Kurfürsten durch die Goldene Bulle die höchste Gerichtsbarkeit in ihren Landen erhalten hatten und der Ehrgeiz der übrigen Fürsten dem gleichen Ziele nicht ohne Erfolg nachging. Die kaiserliche Lehensgewalt bestand lediglich in der Theorie weiter, wie auch die Reichstage in Wahrheit bald immer mehr den Kongressen selbständiger Fürsten und ihrer Gesandten glichen. Weder wurde wie in Frankreich die Oberlehensherrlichkeit der Krone, noch wie in England die Versammlung der Stände zum Ausgang staatlicher Vereinheitlichung. Vielmehr blieb der Dualismus von Kaiser und Reich, von Lehensherr und Ständen in Deutschland bestehen, und er wurde zudem eines jeden realen Inhaltes beraubt. Durch die Entwicklung, welche die deutsche Verfassung nahm, erreichte der hohe Adel Deutschlands, was dem französischen und englischen versagt geblieben ist — die Landeshoheit, welcher das Prädikat der Ebenbürtigkeit mit der Majestät nachfolgte. So gelangte der Hochadel Deutschlands in die dünne und sich zusammenschließende Oberschicht des internationalen Fürstenstandes Europas und bevölkerte durch seine Töchter und Söhne alle Throne des Kontinentes, während der englische Adel zum geistigen und politischen Führer seiner Nation sich bildete, der französische Edelmann wenigstens als Seigneur und Grundherr an der Spitze der sozialen Pyramide stand und dem Staate eingeordnet blieb. Die Landeshoheit dagegen hob die deutschen Fürsten weit über das Volk und das sinkende Reich hinaus und machte jedes stärkere Band unmöglich, das über die zufälligen und zerfetzten Einheiten der Territorien greifen konnte.

Während also das erstarkende Fürstentum im Reiche streng an den erstarrten Formen der Lehensverfassung festhielt, erstrebte es im Innern seiner eigenen Territorien den modernen Staat, indem es die „Gerechtsamen und habenden Freiheiten" der Stände beseitigte und die Verwaltung an sich zu ziehen suchte. „Je mehr Landtage Ihr haltet, desto mehr Autorität Euch benommen wird", hat der Große Kurfürst seinem Nachfolger ans Herz gelegt. Tempo und endgültiges Resultat dieser Bemühungen sind in den einzelnen Territorien verschieden gewesen. In den geistlichen Fürstentümern blieb der Dualismus von Bischof und Domkapitel immer bestehen, in den weltlichen aber war der Erfolg in der Ausbildung der absoluten Gewalt abhängig von dem größeren oder geringeren Geschick der Persönlichkeiten, von der Abfolge der Geschlechter in den einzelnen Dynastien, von der Gestaltung und Abrundung, die bei Erwerb und Anhäufung von Territorien dem Gesamtgebiet gegeben werden konnten. Auch das Reich haben die Fürsten gelegentlich aufgeboten gegen die „Libertät" ihrer Vasallen und gegen das ständische Recht der Steuerbewilligung, nachdem sie selbst ihre eigene „teutsche Libertät" so restlos gegen das Reich durchgesetzt hatten; so hat zuletzt noch der Reichstagsabschied von 1654 die Landstände ernstlich verpflichtet. Das Machtverhältnis zwischen Landesherren und Landständen schwankte in den verschiedenen Zeiten und Territorien mannigfach, nicht überall siegte die Krone wie in Frankreich, in manchen Territorien hat erst die Rheinbundszeit die Landstände beseitigt, und in Mecklenburg hielten sie sich sogar bis zum Jahre 1918. Wo aber die Landstände erhalten blieben, haben sie niemals eine vertretende Funktion gehabt wie in England, weil ihre Mitglieder nicht durch eine — wenn auch noch so exclusive — Wahl, sondern durch Geburt ihren Platz auf dem Landtage besaßen. Die wenigen Vertreter der Städte waren demgegenüber bedeutungslos, zudem führte die Erstarrung des städtischen Lebens im 17. und 18. Jahrhundert oft genug zur

Lebenslänglichkeit oder Erblichkeit der Räte, die darüber vergaßen, daß sie „nicht jure proprio regierten, sondern als bestellte Administratores dem gemeinen Wesen vorzustehen“ hatten, wie der Magistrat von Frankfurt sich bei Gelegenheit belehren lassen mußte. Nur in Württemberg beruhten die Landstände auf dem Grundsatze der Vertretung, indem die schwäbische Ritterschaft ihre reichsunmittelbare Stellung durchgesetzt hatte und daher nur Vertreter der Städte und Ämter auf dem Landtage saßen, dieser also eine einheitliche und zwar bürgerliche Struktur aufwies und die Vertretung des ganzen Landes darstellte, so ausschließlich auch das Wahlrecht der „Wohlgeborenheit“ vorbehalten war. Mit Stolz zitierten die Schwaben im 18. Jahrhundert den Ausspruch des englischen Staatsmannes Fox, er kenne nur zwei Verfassungen in Europa, die diesen Namen verdienten, die englische und die württembergische. Freilich wurde im Herzogtum Württemberg der Dualismus des Staatswesens andererseits auch nicht durch ein Vordringen der Stände überwunden, im Tübinger Vertrage vom Jahre 1514 wurden vielmehr Kammerstaat und Ständestaat gegeneinander abgetrennt, und im späten 18. Jahrhundert haben die Schwaben ihre Grundrechte erst noch einmal gegen den aufsteigenden Absolutismus des Herzogs verteidigen müssen und dabei dem deutschen Bürgertum ein denkwürdiges Vorbild politischen Opfersinnes geboten. Überall sonst befand sich die fürstliche Allmacht schon seit dem späten Mittelalter im siegreichen Vordringen, schuf sich im Soldheer und im landfremden Beamtentum Werkzeuge der persönlichen Herrschaft und entschädigte den Landadel für seine politische Entrechtung mit Bewahrung und Erhöhung seiner sozialen und wirtschaftlichen Privilegien. Aus den Herren und Ständen wurden bevorrechtete Untertanen, der Gegensatz von Stadt und Land wurde im Territorialstaat bewußt vertieft, der Feudalismus blieb auf dem Lande bestehen, sogar der preußische Staat „hört beim Landrat auf“. So ist der deutsche Territorialstaat entstanden, in seinen einzelnen Beispielen mannigfaltig abgestuft, als Typus dennoch von bestimmtem Gepräge. Die Allmacht des Fürsten und seines Rates erhob sich siegreich über alle Teilgewalten: „Sic volo, sic iubeo, sit pro ratione voluntas“, wie einst in kaiserlicher Zeit der römische Dichter Juvenal die Willkür des Cäsar gekennzeichnet hatte. Aber da es sich nur um Zwerggebilde mit zerrissenem Gebiet und von geringer Bedeutung handelte, so waren die wirtschaftlichen und gesellschaftlichen Zugeständnisse an den Adel noch größer als in Frankreich, alles staatliche Leben blieb im Grunde auf persönliche Rücksichten eingestellt und von ihnen abhängig, während andererseits die Willkür des modernen Staates auch wieder zahlreiche, in Herkommen oder Gesinnung begründete Bindungen zerschnitt. Es lag ein innerer Widerspruch in dieser deutschen Kleinstaaterei, die auf dem Wege zum modernen Staate nur Gebilde kleinsten Formates zu schaffen vermochte und zahlreiche Kompromisse zu schließen gezwungen war. So war es unmöglich, daß sich die große historische Sendung des Absolutismus, die Zusammenfassung aller Kräfte zum einheitlichen Zwecke am deutschen Volke erfüllte. Wie sehr auch der neue Geist einer deduktiven Politik beim Aufbau des patriarchalischen Absolutismus in Deutschland am Werke gewesen ist, so konnten doch auf diesem Wege keine geschlossenen staatlichen Gebilde und überhaupt kein Staatsgedanke in dem modernen Sinne der französischen und englischen Geschichte oder auch nur im Sinne der italienischen Stadtstaaten entstehen. Es fehlte jeder geographische und stammesmäßige Zusammenhang, die Gebiete waren auf lehensrechtlichem Wege zufällig in der Hand einer Familie zusammengekommen, und wenn dann in der Folge aus diesem Wirrwarr einige größere Staaten hervorgingen, so trugen auch sie an dem Schicksale ihres ausschließlich dynastischen Ursprungs und haben den Staatsgedanken niemals von sich aus gestalten und vollenden können. Der Sieg der Territorialfürsten verewigte die politische Zersplitterung Deutschlands, er machte das Reich ohnmächtig und pflanzte in den deutschen Menschen den ängstlichen Sinn und eine den großen Aufgaben der Nation entfremdete, dem Kleinen und Kleinsten dienende Zucht. Der patriarchalische Absolutismus des deutschen Staatslebens trug in sich seine Verdienste und seine Sünden nach dem Gesetze seines Ursprungs. Der Widerspruch zwischen der Pose des purpurgeschmückten Cäsaren und der wahren Bedeutung des Kleinfürsten, der sich in dieser Haltung gefiel, wirkt noch heute aus Schloßbauten und Bildern oft genug bitter und komisch; die Fürsorge des Landesvaters entbehrte nicht der Wärme und Tatkraft und war doch vielfach recht lästig in der unfreien Enge, und wenn despotische Willkür über die Untertanen dahinfuhr, so fehlte ihr oft jeder politische Sinn. Dies alles war nur ermöglicht durch die Unabhängigkeit eines Fürsten, den der Gang der deutschen Geschichte von kaiserlicher Gewalt befreit und zum allmächtigen Herrn seiner Besitzungen gemacht hatte, ohne daß er dort einem allgemeinen und staatlichen Gedanken zu dienen hatte.

Eine mächtige Förderung erfuhr diese ganze Entwicklung, als Martin Luther sein Glaubenswerk auf das Fürstentum baute. Die protestantischen Fürsten erlangten durch ihren Anschluß an die neue Lehre nochmals eine hohe Steigerung ihrer Macht. Die Säkularisationen verschafften ihnen einen großen Zuwachs an Gut, das „ius episcopale“ des Landesherrn drängte nach dem Kaiser nun auch den Papst aus dem Territorium hinaus, es gab die Herrschaft über die Gewissen in die Hände des Fürsten und beseitigte die kirchliche Konkurrenz bei der Besteuerung der Untertanen; der lutherische Obrigkeitsbegriff mit seiner Verpflichtung auf unbedingten Gehorsam vollendete die Ausbildung des Gottesgnadentums. Die katholischen Fürsten aber holten bald das Versäumte nach, indem auch sie das territorialistische Kirchenrecht ausbildeten, die landesherrliche Jurisdiktion ausdehnten und den fürstlichen Kammern Anteil an den geistlichen Einkünften verschafften. So brachten die Religionskämpfe abermals eine Stärkung der Landeshoheit, die politischen Folgen der Reformation entsprachen durchaus der bisherigen deutschen Verfassungsgeschichte, wie ja auch in England und Frankreich durch alle Schrecken der Glaubenskriege die staatliche Entwicklung in ihrer Richtung nicht geändert, sondern vielmehr verstärkt worden ist. Aber wenn in Frankreich der Sieg der alten Kirche zugleich den politischen Untergang des Feudaladels und die Einheit des nationalen Königtums befördert hat und wenn in England die durch die anglikanische Neuerung herbeigeführte Steigerung der königlichen Gewalt eine Schranke am Parlamente fand und der Kalvinismus in der Linie eines einheitlichen Volksstaates wirkte, so ist in Deutschland durch die Reformation nach der politischen nun auch die kulturelle Spaltung das letzte Ergebnis gewesen. Hier hat der Gegensatz der Konfessionen in den großen Krieg hineingeführt, in welchen auch die verfassungspolitischen Schwierigkeiten eingingen und der sich auf deutschen Schlachtfeldern zum europäischen Kriege ausdehnen mußte, sobald die Großmächte im Umkreis die Gunst der Lage erkannten. Während das 17. Jahrhundert in der Erinnerung der französischen Geschichte das große Jahrhundert geworden ist und auch die andern Völker Westeuropas wie die Spanier oder die Niederländer niemals wieder eine solche Blüte erlangt haben, erreichte Deutschland damals den tiefsten Stand seines politischen und kulturellen Daseins. Der Westfälische Friede besiegelte an den Grenzen die Loslösung jener Stämme, die sich vom sinkenden Reiche zeitig getrennt hatten, er vollendete die innere Zerrüttung des Reiches, indem er dem Kaisertum wenig mehr übrig ließ als einige Ehrenvorrechte. Der Kaiser rettete seine obrigkeitliche Gewalt nur in der Rechtsprechung des ganz von ihm abhängigen

Reichshofrates, die in der Tat noch scharf in die Autonomie der Territorien eingriff. Den Fürsten wurde die Landeshoheit, das „ius territorii et superioritatis“ förmlich zugesprochen, nur sollten sie keine Bündnisse mit auswärtigen Mächten gegen den Kaiser schließen. Noch war also die Souveränität nicht restlos vollendet, aber es konnten auch die klügsten und gelehrtesten Reichsjuristen nicht zweifelsfrei angeben, wo die Souveränität nun eigentlich liege und ob das Reich noch eine Monarchie war oder bereits eine aristokratische Republik genannt werden mußte. In der Tat paßte das Reich in keine der von Aristoteles überlieferten herkömmlichen Kategorien des Staatsrechtes; es war vielmehr eine Lehensmonarchie ohne tatsächlichen Oberlehensherrn. So kam Samuel Pufendorf zu dem Schlusse, dieses Reich sei eigentlich ein Ungeheuer, es sei „monstro simile“.

Wenn das Kaisertum trotzdem allein durch sein Dasein der zersplitterten mitteleuropäischen Staatenwelt eine Form und Lebensgemeinschaft bot, so war dies nur, weil das Haus Habsburg durch Jahrhunderte die Kaiserkrone trug und infolge einer glücklichen Familienpolitik sich eine Weltmacht zusammenbaute, die dem Kaisertum Gewicht und Nachdruck verlieh. Die Kurfürsten haben oft genug den Versuch gemacht, sich dieser Dynastie zu entledigen; aber der Aufschwung aus der Nichtigkeit, in der noch Kaiser Friedrich III. gelebt hatte, erfolgte unter seinem Sohne Maximilian I. durch die burgundische und die spanische Erbschaft so rasch und unerwartet, daß das deutsche Fürstentum keine Zeit gewann, sich zu besinnen und der werdenden Weltmacht die Kaiserkrone zu versagen. Schon bei Maximilians Tode floß das habsburgische Gold so reich, daß der Enkel des Verstorbenen, Karl V., gewählt wurde. Wenn der Macht des deutschen Fürstentums noch eine Gefahr drohen konnte und wenn der Versuch unternommen wurde, die deutsche Verfassungsentwicklung zu hemmen und das Kaisertum über das Fürstentum wieder emporzuheben, so konnte dies nur durch das Haus Habsburg geschehen, das weite Reiche im Osten und Westen in sich vereinigte, über die gewaltigen Metallschätze im spanischen Amerika verfügte und überall in seinen Erblanden daran ging, die Zentralgewalt der Krone zu begründen: nur die Stellung in Deutschland war unsicher, weil sie noch auf dem Lehensrechte und auf der Wahl beruhte. Es lag daher der Gedanke nahe, auch Deutschland in dieses Weltreich einzubeziehen und die kaiserliche Gewalt auch in deutschen Landen so stark auszubauen, wie es mit der königlichen in Spanien erfolgreich begonnen worden war. Was seit dem plötzlichen Tode Kaiser Heinrichs VI. nicht mehr möglich gewesen, schien dem habsburgischen Karl zu gelingen. Er unternahm die Wiederherstellung des mittelalterlichen Kaisertums, nur wollte er das Reich eben als modernen Staat durch Beamtentum und Soldheer aufbauen und regieren; das deutsche Volk aber sollte nicht wie in den Tagen der Staufer Träger und Mittelpunkt des Imperiums sein, sondern der Verstärkung und Abrundung der Weltmonarchie dienen. Es muß angesichts dieses gewaltigen Planes dahingestellt bleiben, ob ein Universalreich auf der Grundlage moderner Zentralisation überhaupt möglich war oder ob nicht die Zeit der Weltreiche mit dem Schwinden der primitiven Wirtschaft und der lehensrechtlichen Bildungen endgültig vorüber war. Jedenfalls scheiterte Kaiser Karl V., als er zur Verteidigung der Einheit von Kirche und Reich auszog gegen die im Bunde von Schmalkalden zusammengeschlossenen deutschen Fürsten; er bekämpfte in ihnen das Luthertum und den Partikularismus zugleich, die Angelegenheiten der Kirche und der deutschen Verfassung waren im Zeitalter der Glaubensspaltung aufs engste verbunden. Freilich war es kein Zufall, wenn dieser späte imperialistische Versuch mißglückt ist und wenn die Habsburger, auch nachdem eine deutsche Linie sich von der spanischen abgetrennt hatte, nicht in die Rolle hineingewachsen sind, welche in Frankreich die Bourbonen übernommen haben. Allzustark hatte sich die Fürstenmacht seit Jahrhunderten entwickelt, und darum haben alle Versuche dieser Art den Gang der deutschen Geschichte nicht mehr aufhalten können. Als im Verlaufe des Dreißigjährigen Krieges Wallenstein die protestantischen Fürsten niederwarf und die kaiserliche Macht über ganz Norddeutschland ausdehnte, da ging auch im Lager der katholischen Fürsten die Sorge um die Zukunft der landesherrlichen Macht, und Herzog Maximilian von Bayern erzwang die Absetzung Wallensteins, weil er die politischen Folgen der kaiserlichen Siege fürchtete, für deren religiöse Ziele er selbst in den Krieg gezogen war. So scheiterten Ferdinands II. Ansprüche auf die „plenitudo potestatis". Nachdem dann ein dogmenmüdes Zeitalter heraufgekommen war, sind die Glaubenskämpfe völlig zurückgetreten, und nun wurde gerade das bayrische Haus als der mächtigste Nachbar der kaiserlichen Erblande zum Anführer der Fürstenopposition, und es hat sogar, in einem kritischen Augenblick der habsburgischen Geschichte, für einige Jahre die Kaiserkrone an sich gebracht. Noch einen letzten Versuch verspäteter Kaiserpolitik hat die deutsche Geschichte schließlich erlebt, als Kaiser Joseph II. in seinen Erblanden durch eine umfassende und gewaltsame Germanisierung die Nationalitäten und Teilgewalten unter der deutschen Dynastie zu vereinigen strebte und dabei den Plan faßte, durch die Erwerbung Bayerns seinen Besitz an deutschen Ländern zu verstärken und ihn tief nach Süddeutschland auszudehnen bis zur Verbindung mit den vorderösterreichischen Besitzungen am Rheine. Auf diese Weise wäre, da die bayrischen Wittelsbacher gerade ausgestorben waren, dieser alte Vorposten der Fürstenopposition beseitigt worden, und das Kaiserhaus wäre mächtig und gebietend nach Deutschland hineingewachsen. Aber auch dieser Versuch mißlang, denn die Fürsten, welche bisher stets auf den Niedergang des Reiches hingearbeitet hatten, verbanden sich zur Aufrechterhaltung der Reichsverfassung; sie pflegten nunmehr einen reichsständischen Patriotismus, weil dieses ohnmächtige Reich ihren Wünschen genehm geworden war.

Der Sieg der partikularen Gewalten bedeutete nicht nur den innern Zerfall des Reiches. An allen seinen Grenzen holten sich die erstarkenden Nachbarn die Beutestücke; wertvolle Teile lösten sich vom Rumpfe der Nation, um im allgemeinen Niedergang oben zu bleiben. Bald war das Reich umsäumt von einem ganzen Kranze losgesprengter Gebiete. Polen streckte die Hand nach dem Ordensland und nach dem baltischen Deutschtum; Böhmen, die Festung Europas, trennte sich vom Reiche; in Ungarn brachen die Türken ein und gelangten mehrmals vor Wien; Italien, die Schweiz, Burgund und Holland schieden aus der staatlichen Gemeinschaft des deutschen Volkes, die Dänen verbanden sich Schleswig, und die Franzosen griffen nach dem Rheine. Während das deutsche Volk im Hader der Dynastien und Stämme verkam, breiteten sich seine tüchtigsten Söhne als Auswanderer über die Erde oder ließen als Söldner im Dienste der Fremden das deutsche Schwert auf allen Schlachtfeldern Europas erklingen. Den deutschen Fürsten aber wurde die Bewahrung ihrer „Libertät" erleichtert durch die fremden Mächte, die bei der innern Auflösung des Reiches nicht anders als gewinnen konnten. Als König Gustav Adolf von Schweden für seine Glaubensgenossen zu den Waffen griff, tat er es nicht nur im Eifer des Bekenners, sondern auch weil er mit Hilfe der Fürsten für Schweden die Herrschaft an der Ostsee zu erringen hoffte und das Haus Habsburg aus dem Reiche und von der Kaiserwürde verdrängen wollte. Nach seinem Tode versank freilich innerhalb weniger Jahrzehnte die Großmacht des Nordens. Um so dauernder wurde der Aufschwung, den Frankreich durch den innern Zerfall des Deutschen Reiches nehmen konnte. Wie ein Gürtel legten sich ja die Besitzungen des Hauses

Habsburg um Frankreich, bedrohten von Flandern aus durch die offene Senke der Oise die Hauptstadt Paris und gewährten nur im Osten eine Angriffsfläche, die Erfolg verhieß, weil hier die habsburgische Herrschaft nur indirekt, nur durch das Mittel einer erstarrten Lehensbeziehung bestand. Schon die Kaiserwahl von 1519 hatte den Habsburger und den Valois im Wetteifer um die Stimmen der Kurfürsten gesehen. Von da an zieht sich das Ringen der beiden Mächte in selten unterbrochener Folge durch die Jahrhunderte der neueren Geschichte; aus gemeinsamer Gegnerschaft ergab sich das Einverständnis zwischen Frankreich und den deutschen Fürsten. Man weiß, wie im Jahre 1552 deutsche protestantische Fürsten mit König Heinrich II. von Frankreich jenen Vertrag von Chambord geschlossen haben, der ihnen selbst die Entlastung gegen den übermächtig gewordenen Kaiser, dem französischen Könige aber die Städte Metz, Toul und Verdun einbrachte. Es war die erste Bresche, die in Deutschlands Westgrenze geschlagen wurde; der Weg nach dem Rheine war gewiesen, er wurde mit Hilfe der Fürsten von Frankreich verfolgt. Es galt der Verwirklichung dieser Pläne, wenn Kardinal Richelieu auf der Seite der deutschen Protestanten in den großen Krieg gegen das Haus Habsburg eintrat: „Il faut s'avancer jusques à Strasbourg, s'il est possible, pour acquérir une entrée dans l'Allmagne", heißt es in seiner Denkschrift von 1629; „car nous voulons devenir membre du Corps Germanique et ôter la couronne impériale à une maison, dont la grandeur nous est suspect." Der Rhein sollte nicht etwa nur die Grenze werden, sondern das Rückgrat von Frankreichs erstrebter europäischer Hegemonie; das Reich aber wollte Richelieu durch Föderalisierung seiner Verfassung von innen sprengen, und darum erstrebte er für Frankreich die Reichsstandschaft, für sich selbst aber den Kurhut von Trier.

Auch die Lage Deutschlands in der Mitte des Erdteils hat die französische Staatskunst frühe auszunutzen verstanden, als König Franz I. die Habsburger durch den Bund mit den Türken auch im Rücken bedrohte und Richelieu jenes System französischer Bündnisse schuf, durch das von nun an Deutschland lange umstellt blieb; Schweden, Polen, die Türken traten in Verbindung mit dem allerchristlichsten König. Der Friede von Münster überließ den Franzosen linksrheinischen Besitz und führte sie bereits über den Rhein hinweg nach dem rechten Ufer, indem Breisach und bald auch Freiburg als französische Brückenköpfe anerkannt wurden. Es bildete sich in der französischen Diplomatie eine starke Tradition, eine „Schule des westfälischen Friedens". König Ludwig XIV. war auch in seiner auswärtigen Politik der Erbe des großen Kardinals, indem er mit den vorgebildeten Mitteln — durch den Bund mit den deutschen Fürsten, mit den Türken, Schweden und Polen — die Habsburger vom Rheine hinweg und aus dem Reiche zu drängen suchte, um selbst die Hegemonie in Europa anzutreten. Nach großen Erfolgen ist ihm dies schließlich doch mißglückt, weil England die aufsteigende Macht der Franzosen am Kanal und in den Kolonien als unerträglich empfand. Nach der „glorreichen" Revolution von 1688 — die den Oranier Wilhelm III. auf den Thron erhob und Holland mit England in Personalunion verband — wurden jene Bündnisse der „minder Mächtigen" geschlossen, die bestimmt waren, das „europäische Gleichgewicht" herzustellen und mit ihm das Deutsche Reich zu retten. So war das deutsche Schicksal eng verflochten in die großen Händel der Welt. Die territoriale Zersplitterung Deutschlands hatte dieses offene Land der Mitte zum Schlachtfeld der Großmächte werden lassen, die auf deutschem Boden ihre Kriege zum Austrag brachten. Die Habsburger haben in jenen Jahrhunderten für sich und für Mitteleuropa den doppelten Kampf nach Osten und Westen, gegen die Franzosen und gegen die Türken führen müssen. Sie haben dank den Heldentaten des Prinzen Eugen Österreich weit nach Osten gedehnt und es überhaupt erst zu einer Großmacht erhoben, es zum Donaustaate ausgebaut, der — gestützt auf den die nördlichen und die südlichen Slawen voneinander trennenden Strom — von hier aus alle zugeordneten und nach der Donau sich öffnenden Landschaften an sich zog und also eine große, den wichtigen Länderraum zusammenfassende Funktion erhielt. Freilich war der Monarchie angesichts der Weite der Gebiete und der Vielzahl der Nationalitäten, die sie umfaßte, der Aufbau eines modernen zentralisierten Donaustaates doch nicht möglich, sosehr auch die Ferdinande und Kaiser Leopold danach gestrebt haben; Josephs II. radikaler Versuch, die Kronländer in eine einheitliche absolute Monarchie unter ausschließlicher Vorherrschaft des Deutschtums zu zwingen, mußte scheitern auf diesem Boden und in einer Zeit, die schon die große französische Revolution und die emporkommenden nationalen Bewegungen an ihre Pforten klopfen hörte. So haben die Habsburger gerade im Osten mit den schwierigsten Problemen ringen müssen, und wenn sie also in diesen Jahrhunderten ihrer Hausmacht dienten, so taten sie nichts anderes als jede staatliche Gewalt in der damaligen Zeit. Doch haben sie allein durch ihr Dasein und ihre staatlichen Mittel zugleich auch dem verfallenden deutschen Reiche noch Ansehen und Zusammenhalt verliehen. So blieb das äußere Chaos Europa erspart, aber unaufhaltsam vollzog sich doch am deutschen Volke der politische Zerfall.

Vollendet wurde diese innere Auflösung Deutschlands, als neben dem Hause Habsburg noch eine zweite Großmacht aus dem staatlichen Wirrwarr des Reiches erblühte und so der „deutsche Dualismus“ geboren wurde. Die große Kolonisation des deutschen Mittelalters hatte an die östlichen Grenzen des Mutterlandes nördliche und südliche Marken angefügt, die durch die Gebirgsfeste Böhmen dauernd voneinander getrennt blieben. In den südlichen Marken erstand locker zusammengefügt der Länderbesitz des Hauses Habsburg, der von hier aus über Europa sich breitete, indem dieses Haus zuerst von allen deutschen Dynastien über den territorialen Rahmen hinauswuchs; die nördlichen Marken wurden durch das Dazwischentreten Polens zerteilt, aber auch hier gelangten die wichtigsten Gebiete in die Hände einer schwäbischen Dynastie, als die Zollern nach Brandenburg und in das durch die religiösen Neuerungen säkularisierte Ordensland Preußen kamen und ein Erbvertrag beide Länder in einer Hand vereinigte. Gleichzeitig faßte das Geschlecht auch am Niederrheine Fuß; in einer langen, schmalen, durch zahlreiche Lücken durchbrochenen Kette zog sich der Territorialbesitz der Zollern durch das nördliche Deutschland. Die Begründung des preußischen Staates ist die größte staatliche Tat der deutschen Geschichte — eine Tat, die um so gewaltiger und gewaltsamer dasteht, als hier alle geographischen Voraussetzungen fehlten. Über fünf parallele Stromsysteme hinweg wurde dieser Staat errichtet, sein Dasein hat Norddeutschland gefestigt und in der Folge den deutschen Westen gegen Frankreich, den deutschen Osten gegen die slawische Überflutung gesichert. Aber freilich hat die Entstehung der norddeutschen Großmacht auch den Gegensatz von Nord und Süd, der im Volkscharakter vorgebildet sein mochte, vertieft und zu geschichtlicher Auswirkung gebracht. Keine andere staatliche Gründung ist so sehr wie diese ein Werk des Willens und der Bewußtheit. Nirgends sonst entbehrten die angehäuften Besitztümer so sehr jeder innern Einheit und lagen so weit zerstreut auseinander; hier war in der Tat die Technik des rationalen politischen Bauens am dringendsten. Eine Reihe geschickter Staatskünstler, welche die Dynastie hervorgebracht hat, erfaßte die Aufgabe, und so ist hier der Typus des mechanisch konstruierten Fürstenstaates am schärfsten herausgearbeitet worden. Inmitten der europäischen Mächte und ihrer entgegenstrebenden Interessen stand der Große Kurfürst als Besitzer von weithin zerstreuten Territorien, als Inhaber zahlreicher, aus dem

Lehensrechte abgeleiteter Anwartschaften; durch jeden Krieg, der an irgend einer Stelle Europas losbrach, wurde er in seinen Belangen berührt, und doch fehlten ihm zu einer solchen weitausgreifenden, immer aktiven Politik die Mittel. Durch das Gesetz seiner Entstehung wurde dieser Staat dazu geführt, seine Selbstbehauptung und sein Wachstum ausschließlich auf das Heer zu gründen und in der Kommandogewalt des Monarchen den ungleichen Ländern eine erste Einheit zu geben. Indem dann noch die persönlichen Neigungen König Friedrich Wilhelms I. mit den Bedürfnissen seines Staates ganz besonders übereinstimmten, erstand jener preußische Militärstaat, der alle Kräfte des Landes aufs äußerste anspannte zur Schaffung einer unvergleichlich starken Armee und der durch eiserne Disziplin, durch einen wohlerdachten Apparat Leben und Geist der Untertanen zu uniformieren verstand. Von oben herab wurde alles befohlen, die eigene Initiative der Untertanen war ungern gesehen oder als störend verboten, der bedingungslose Gehorsam war notwendig, damit die Maschine funktionierte. Was in der Entwicklung des modernen Staatswesens vorbereitet war und im weiteren Fortgang der Mechanisierung des abendländischen Lebens die andern Gebiete menschlichen Zusammenwirkens gleichfalls ergreifen mußte, wurde im preußischen Heere zuerst und vollendet ausgebildet: die Persönlichkeit wurde aufgesogen von der organisierten Masse, vom rationalisierten Betrieb. Alle menschlichen Beziehungen und alle Unterschiede sozialer und wirtschaftlicher Art verschwanden vor der Hierarchie der Arbeit und des Betriebes, in Preußen also vor dem Unterschiede des militärischen Ranges; der schneidige Kommandoton gewährleistete die Sicherheit und Einheitlichkeit aller Handgriffe, so daß die Maschine stets ungestört weiterlief; die Absonderung des Heeres und im besonderen des Offizierkorps sicherte vor unberufenen Eingriffen, während der militärische Befehlshaber nunmehr ein willenloses, immer bereites Werkzeug besaß, um alle Fragen auch des bürgerlichen Lebens vom militärischen Standpunkte aus und mit militärischen Mitteln lösen zu können. Nicht Eroberungssucht und auch nicht die Idee der Volksverteidigung steckten in diesem preußischen „Militarismus“. Denn nicht der Staat schuf hier das Heer, sondern das Heer schuf den Staat. Schon Friedrich Wilhelm I., der eigentliche Schöpfer des Systems, war in allen Fragen der auswärtigen Politik hilflos wie ein kleines Kind und friedliebend bis zur Schwäche. Nur Friedrich der Große stand auch in dieser Hinsicht außerhalb der Norm des Staates und der Dynastie, er hat mit selbstherrlicher

Laune das Heer für eine waghalsige Offensive eingesetzt, wie er auch als Freund der Musen einen fremden Klang in den Gleichtritt dieser politischen Maschine gebracht hat. Es lag im Wesen eines durch das Heer gefügten Staates, daß mit jedem Feldzuge alles auf eine Karte gesetzt wurde und daß der Wert, den hier die schimmernde Wehr allein und ausschließlich für die ganze Existenz des Staates besaß, von ihrer Verwendung zurückhielt. Wenn der Ton der Kaserne vorherrschte, so war dies naturgemäß, da der Staat ein einziges Feldlager war; das Klirren der Waffen war Gewohnheit und begleitende Musik, aber es erweckte leicht den Anschein kriegerischer Gesinnung, zumal die Übertragung auf das bürgerliche Leben nicht ausbleiben konnte. Denn auch das Beamtentum war abhängig von der Militärgewalt, es war mit militärischer Strenge geschult, es war bei bescheidener Lebenshaltung durch seinen Rang zu sozialer Geltung emporgehoben; auch das zivile Beamtentum diente dem einzigen Zwecke, die Armee zu erhalten und zu vermehren.

Durch einfache Verwaltungsmaßnahmen sind die Territorien des kurfürstlichen Hauses zusammengeschweißt worden, eine straffe Behördenorganisation machte aus einer Anhäufung von Ländern einen neuen Staat, und die Königskrönung brachte den Vorgang der Verschmelzung auch dem Reiche und den andern Staaten gegenüber vorsichtig, aber bewußt zum Ausdruck. Diese Entwicklung beginnt mit dem Großen Kurfürsten, als die Geheimratsordnung von 1651 die verschiedenen Landeskollegien lahmlegte und die Zuständigkeit der Zentralbehörden über alle Besitzungen der Dynastie ausdehnte. Besonders kennzeichnend für den Militärstaat war das Generalkriegskommissariat, das von seinem eigentlichen Gebiete der Heeressteuern bald auf andere Zweige der staatlichen Betätigung übergriff und die innere Verwaltung und Polizei in der ganzen Ausdehnung der absolutistischen Fürsorge an sich zog. Friedrich Wilhelm I. hat dann das Werk des Großen Kurfürsten vollendet, indem er die Unterordnung des ganzen Apparates unter den einheitlichen Willen des Königs durchsetzte und sich durch strammes Regiment den Namen von Preußens „größtem innerem König“ verdiente. Die Steuerräte — meist ehemalige Offiziere — griffen bevormundend und willkürlich in alle Angelegenheiten ein, sie wurden der wahrste Ausdruck der Vielregiererei durch den in alles sich mischenden Polizeistaat. Über ihnen stand der Präsident der Kriegs- und Domänenkammer und über diesem wieder das Generaldirektorium, das neben den Ministern für die einzelnen Provinzen bereits auch Ressortminister besaß. An der Spitze aber stand in schrankenloser Allmacht der König als gewissenhafter und gestrenger Hausvater, der — wie man treffend gesagt hat — „im handwerksmäßigen Eigenbetrieb" seine Affairen unmittelbar erledigte, in alles persönlich eingriff und sich selbst wie seine Diener aufs stärkste anspannen mußte, weil anders ein persönliches Regiment selbst in den einfachen Verhältnissen jener Tage und in den immerhin überblickbaren Räumen des damaligen Preußens überhaupt nicht hätte durchgeführt werden können: weil Friedrich der Große keinem seiner Minister Einblick in den Zusammenhang der Staatsgeschäfte gönnte und trotz Begabung und Fleiß schließlich doch nicht mehr alles selbst leiten konnte, hat er die Nebenregierung des königlichen Kabinetts vorbereitet und so im Streben nach letzter und höchster Einheit selbst die Verwirrung des Mechanismus herbeigeführt, die dann unter minder bedeutenden Königen eintreten mußte. Die Schrankenlosigkeit des Monarchen war aus der Idee des mechanischen Staates geboren: als in Deutschland noch die Vorstellung von gottgewollter Abhängigkeit und dazu in Preußen die militärische Subordination hinzukamen, fand das System seinen letzten und schärfsten Ausdruck.

Und doch wies diese Zentralisation der Verwaltung in Preußen eine große und bezeichnende Lücke auf. Die Zuständigkeit des Königs und seines Beamtentums machte halt vor dem agrarischen Lande. Denn nirgends hatte das Feudalsystem stärker Wurzeln getrieben als auf dem Kolonialboden des deutschen Ostens, der den Hauptbestandteil des preußischen Staates bildete; hier waren bei der planmäßigen Besiedlung die Rittergüter von Anfang an unverhältnismäßig groß angelegt worden, die Dürftigkeit des Bodens und die geringe Volkszahl hatten dazu geführt, daß von vornherein große Flächen zur Hofsaat ausgesondert wurden. Ihre Macht hatte es den Rittern ermöglicht, immer mehr Bauern in persönliche und dingliche Abhängigkeit zu bringen oder wohl auch die Felder einzuziehen und die Bauern zu „legen". Die emporkommende landfremde Dynastie fand hier einen besonders starken und entschlossenen Adel sich gegenüber, und als sie nun in der Folgezeit die zersplitterten Gebiete zur Mark Brandenburg hinzuerwarb, mußte sie alle andern Ziele dem militärischen unterordnen. Aller Bauernschutz der Könige — der gerade aus militärischen Gründen sich nahelegte — blieb unter diesen Verhältnissen in den Anfängen stecken. Schon der Große Kurfürst hat in dem berühmten Landtagsabschied von 1653 den Ständen die Heeresbewilligungen durch Zugeständnisse wirtschaftlicher Art abgekauft, so scharf er auch im übrigen gegen die von Polen gestützten Stände im Herzogtum Preußen vorging. Friedrich Wilhelm I. hat zwar viele Händel mit den Junkers gehabt, die sich nicht leicht in die strenge Disziplin des Offizierskorps hineinpressen ließen und auf der Steuerfreiheit der Rittergüter bestanden, indem sie sich nicht zu einem „kontribuablen Stande“ machen lassen wollten; aber sein und seines Sohnes Regierungssystem hat schließlich den Adel dauernd mit dem neuen Staate versöhnt, indem nicht nur — wie in gleicher Weise auch in Frankreich — die sozialen Privilegien gefestigt und erhöht wurden, sondern darüber hinaus auch die Verwaltungsfunktionen des grundbesitzenden Adels erhalten blieben. Die Kreistage bestanden seit Friedrich dem Großen ausschließlich aus adligen Rittergutsbesitzern, die aus ihrer Mitte den Landrat wählten. Während also der Steuerrat auf die Städte beschränkt blieb und dort allerdings in alles hineinregierte, gab es auf dem flachen Lande nur den Landrat, der seinen Standesgenossen gegenüber keine Gewalt besaß. Denn die untere Verwaltung wurde auf dem Lande durchaus in der alten patrimonialen Weise vom Gutsherrn geführt. Mochte dieser nun Domänenpächter sein oder adliger Besitzer, in seinen Händen befanden sich die Polizei, Justiz und Administration. So wurde hier der Gegensatz von Stadt und Land durch den Absolutismus noch vertieft. Während die Städte in strenger Bevormundung lebten, die Korruption des Rates durch einfache Ausdehnung der königlichen Ernennungen gehemmt wurde und im übrigen die Begünstigung des Gewerbes dem Fiskus die hauptsächlichsten Steuerquellen eröffnete, lebte der Edelmann ohne Eingriffe der Bureaukratie wie ein König im Kleinen auf seinen Gütern, bewahrte seine politischen Aufgaben und nutzte sie wirtschaftlich aus. Die Masse des Volkes blieb von der unmittelbaren Verbindung mit dem Staate ausgeschlossen und trug doch auf dem Lande die ungeheure Bürde einer langjährigen Militärpflicht und in den Städten wenigstens die Steuerlasten eines scharf zugreifenden Fiskalismus. Während im klassischen Lande der absoluten Monarchie, in Frankreich, der Adel zu einem Leben ohne Arbeit und ohne Einfluß verurteilt war, blieb ihm in Preußen beides erhalten, und es blieb dadurch auch das persönliche Arbeitsverhältnis ursprünglicher Zeiten ganz anders bestehen, als dies bei einer in der Hauptstadt residierenden Aristokratie noch möglich war. Aber anderseits vermochte dadurch der Absolutismus auch nicht seine letzte geschichtliche Sendung, die Vorbereitung einer inneren Einheit und eines Staatsgefühles zu erfüllen, weil die Vorrechte des Adels hier nicht einfach nur die Überreste eines alten gesellschaftlichen Zustandes waren, sondern die ganze Struktur des Staates ausmachten. Es verblieb ein tiefer Widerspruch zwischen dem rationalen Mechanismus des oberen und der historisch gewordenen Privilegienordnung des unteren Staates — ein Widerspruch, den schließlich das „Allgemeine Landrecht" kodifizierte und in die neue Zeit des Staatsbürgertums hinübernahm.

Das System hat sein Ziel erreicht. Der rationale Aufbau der Staatsmaschine hatte, wo dies unbedingt notwendig gewesen, auf historische Gewalten Rücksicht genommen, im übrigen aber die Kräfte mechanisch und gewaltsam zusammengerafft zum letzten Zwecke der Macht. Einseitige und geniale Staatskünstler hatten auf diese Weise ein System von höchster geschichtlicher Eigenart errichtet, das die Leistungskräfte der Lande und Untertanen weit über ihre natürlichen Voraussetzungen hinaus zu steigern verstand und mit der Dynastie den sich formenden Staat emporführte. Trotz allem innern Widerspruch und trotz aller Versuche der Angleichung an eine neue Zeit sollte dieses System sich nach dem Gesetze seines Ursprunges lange behaupten und durch seine äußern Erfolge das deutsche Schicksal bis in das 20. Jahrhundert hinein aufs tiefste bestimmen. Wenn Preußen die Führerschaft in Deutschland erlangte und den nationalen Staat der Deutschen auf dem Schlachtfeld begründete, so war dies die Leistung eines Systems, das alle Rechte in die Hand des obersten Kriegsherrn gab und durch die also zusammengefaßten Kräfte auf jeden Fall zu raschen Erfolgen führen mußte. Der weitere Verlauf der deutschen Geschichte ging dann um die Frage, ob Organisation und Technik genügten zur Bildung einer nationalen Gemeinschaft. Der Eingang dieser Entwicklung — als das System aufgebaut wurde und der preußische Staat heranwuchs — handelte noch nicht von so großen Dingen. Die Geschichte Brandenburg-Preußens ist in ihren Anfängen die Geschichte einer Dynastie, die mit und neben den andern deutschen Fürstenhäusern emporkam, im territorialen Egoismus sich ausdehnte und bald mit Schweden oder Polen, bald mit Frankreich oder Holland im Bündnisse stand. Die Hohenzollern erscheinen in solchem Zusammenhang als eine der vielen deutschen Dynastien, die gegen das Kaiserhaus und gelegentlich auch mit ihm ihre Hausinteressen verfolgten und keine andern Rücksichten kannten. Erst nachträglich konnte die Ansicht entstehen, als ob der Große Kurfürst oder Friedrich der Große nur deshalb ihr Brandenburg-Preußen emporgeführt, weil sie das spätere kleindeutsche Reich gewollt hätten. Weil der Große Kurfürst seine

Dynastie und sein preußisches Herzogtum aus der polnischen Lehensoberhoheit befreien wollte, deshalb kämpften seine Kürassiere die ruhmvolle Schlacht vor Warschau; ein Vorläufer germanischer Ostmarkenpolitik ist er niemals gewesen, denn der Rassen- und Nationalitätenkampf lag jenen Jahrhunderten völlig ferne. Noch Friedrich der Große war gerne bereit, seine westlichen Provinzen abzustoßen, wenn er dafür die Abrundung durch polnische Erwerbungen erlangen konnte, wie denn in der Tat Preußen durch die späteren Teilungen Polens ein internationaler Staat mit einer großen Menge slawischer Untertanen geworden ist. Und wenn der Große Kurfürst mehrere Jahre gegen Frankreich am Oberrhein gekämpft hat, so war es, weil Ludwig XIV. Schwedens Verbündeter war und Schweden den Zugang der Mark zur Odermündung versperrte. Und wenn er schließlich den „Dank vom Hause Habsburg" erntete und so auf die französische Seite gedrängt wurde, so war es nicht, weil die Habsburger etwa den Hohenzollern besonders feindlich gewesen wären und in ihnen die künftigen Kaiser gewittert hätten. Die Aussichten für einen Aufstieg waren für die Häuser Wittelsbach oder Wettin damals noch mindestens gleich groß; die Habsburger aber haben in jenen Jahrhunderten, als sie der Franzosen und der Türken zugleich sich zu erwehren hatten, immer wieder unter ihren Gegnern die Fürsten gesehen, von denen der bayrische stets der gefährlichste war. Noch Friedrich der Große ist durchaus im Sinne der alten deutschen „Libertät" im Gefolge des Wittelsbachers und der Franzosen in den Krieg gegen Maria Theresia gezogen, und erst die unerhörten Waffenerfolge der drei schlesischen Kriege haben Preußen aus der Reihe der andern deutschen Territorien herausgehoben und den Gegensatz gegen Österreich zum Lebensgesetz des preußischen Staates gemacht. Auch jetzt noch befand sich die Stellung als Großmacht im merkwürdigen Mißverhältnis zum Umfang und zu den Mitteln des preußischen Staates. Aber das Schwanken und Lavieren zwischen den Mächten hörte auf, der „deutsche Dualismus" war eine neue Tatsache von schwerwiegender geschichtlicher Bedeutung! Aus den Ruinen des alten Reiches waren zwei Großmächte hervorgewachsen, von denen die eine katholisch geblieben war, die andere nun im protestantischen Norden die tatsächliche Vormacht besaß. Die innere Auflösung des alten Reiches war dadurch in ihr letztes Stadium getreten, die Begründung einer neuen Gemeinschaft verhängnisvoll erschwert worden. Während die Fürsten bis dahin in Frankreich den gegebenen Führer gegen das Kaiserhaus gesehen hatten, bot sich nun ein Reichsstand selbst als mächtiger Beschützer der Libertät und der föderalistischen Reichsverfassung. In diesem Sinne hat Friedrich der Große sich an die Spitze der ständischen Bewegung gestellt, die zum „Fürstenbund" führte, als es galt, den imperialistischen Plänen entgegenzutreten, die Kaiser Joseph II. zuletzt noch und verspätet verfolgt hatte. Aber die kleinen und mittleren Fürsten waren nach Lage der Dinge nicht weniger mißtrauisch gegen den emporgestiegenen Standesgenossen und fühlten sich gemeinsam als ein „drittes Deutschland" zwischen den beiden deutschen Großmächten. Daß sie solche Politik nicht ohne Anlehnung an Frankreich durchführen konnten, mußte ihnen deutlich sein. Die politische Lage war unlösbar geworden und drängte einer Katastrophe entgegen, zumal überall in der Welt sich große Umwälzungen vorbereiteten und auch der deutsche Geist einer neuen Zeit entgegenschritt.

Schon immer hatte sich ja das geistige Leben des deutschen Volkes in stetem Austausch mit der umliegenden Welt vollzogen; aber nicht zu allen Zeiten war der deutsche Mensch in gleich glücklicher Weise der ihm vom Schicksal gestellten Aufgabe gerecht geworden, das Leben vieler Völker mitzuleben und doch dem Gesetze des eigenen Daseins nicht untreu zu werden. Den Aufbau des neuen nachmittelalterlichen Geistes hatten die großen Franzosen des 17. und 18. Jahrhunderts aus den innern Antrieben der Sache und ihres eigenen lateinischen Wesens vollzogen, von deutschen Denkern aber hat nur der einzige Leibniz einen starken und eigentümlichen Beitrag zu dieser Geistesbewegung geliefert. Wenn er dabei die mechanische Naturansicht mit dem Zweckbegriff zu verbinden suchte, so war dieser Versuch zunächst über dem stolzen Siegesgang des französischen Denkens vergessen worden. Mit der Hegemonie des französischen Staates breitete sich auch die geistige Vorherrschaft Frankreichs über Europa aus, und sie erreichte ihren späten Höhepunkt im Zeitalter Friedrichs des Großen, als an der Tafelrunde des preußischen Königs die kühnsten Thesen der Aufklärung französischen Lippen entströmten. Der Philosoph von Sanssouci trug wie in seinem Staate so auch im Innern des eigenen Herzens den tiefen Widerspruch zwischen radikaler Weltweisheit und politischen Rücksichten, und wenn er als Staatsmann und Sohn seiner Zeit die Politik wie alle andern Äußerungen des Lebens zu rationalisieren sich bemühte, so wußte er doch, daß er dabei oft genug auf dem besten Wege war, die allgemeine Vernunft der Vernunft des Staates — der Staatsraison — zu opfern. So hat er Kompromisse geschlossen und verblieb im ungelösten Widerspruche der radikalen Ideen, um sich betätigen zu können im Leben und in der Lenkung eines Staates, wie er nun einmal historisch geworden war. Nur auf einem einzigen Gebiete gelang es im Zeitalter ausländischer Vorherrschaft dem deutschen Menschen, aus Fremdem und Eigenem ein Werk von ausgeglichener Schönheit zu bilden: der deutsche Barock ist zwar in dem großen Zusammenhang und Werden der abendländischen Kunst erwachsen, doch aus seinen erhabensten Schöpfungen spricht der Reichtum an Phantasie und ursprünglicher Kraft, der im deutschen Volke verborgen lag und sich offenbarte in einer unvergleichlichen Reihe schöpferischer Persönlichkeiten, wie sie die deutsche Geschichte keiner andern Periode aufzuweisen hat. Während das protestantische Deutschland auf dem Wege über Pietismus und rationaler Theologie immer höher in die dünnen Luftschichten des Geistigen emporstieg, blieb in der katholischen Welt des deutschen Südens dem Sinnlichen in der Menschennatur neben dem Übersinnlichen sein Recht. Andreas Schlüter hat im Norden keinen Nachfolger gehabt, die köstlichen Perlen des späten Barock stehen in Bayern, Schwaben und Franken, in Dresden und am Rheine. Eine Gesellschaft von aristokratischer Führung des Lebens entfaltete eine erstaunliche Kraft und Lust des Bauens und Schaffens auf allen Gebieten. Die Werke dieser Kunst haben trotz ihres gemeineuropäischen Ursprungs aufs tiefste die Seele auch des Volkes ergriffen, weil sie großzügig und bewußt zum Ausdruck brachten, was das ganze Volk beschäftigte. Wenn man darum den Barock oft und zunächst vom künstlerischen und ästhetischen Standpunkte aus als den Stil der Vergeudung bezeichnet hat, so sind die Menschen jener Zeit in der Tat große Verschwender gewesen, denen alles Kleinliche und Ängstliche fernlag. In ihnen lebte unerhört und gewaltig der Drang des Sichauslebens und der souveränen Gestaltung; niemals ist das Dasein tiefer und voller ausgeschöpft worden als damals. Aber während das katholische Deutschland in unbegrenzter Fülle den ganzen Umfang menschlichen Seins und alle Kreise des Volkes zusammenfaßte und zuletzt in Mozart die höchste Stufe schöpferischen Menschentums ereicht hat, ist der Protestantismus bei stetiger Arbeit immer tiefer in das Reich des Unsinnlichen und Geistigen vorgedrungen: auf bürgerlicher und protestantischer Grundlage ruht die deutsche Literatur.

Das protestantische Bürgertum war durch die Berufsethik Luthers und das harte Erziehungswerk des norddeutschen Fürstentums geschult und gefestigt worden. Der alte Geist einfacher

Gläubigkeit und Zucht, der in den höheren Gesellschaftskreisen einer auflösenden Genußsucht und Freigeisterei gewichen war, hatte sich hier behauptet und mit nüchternem Weltverstand verbunden. In strengem Herkommen und abgezirkelter Satzung verlief das Leben in Haus und Gemeinde, und manche aufrechte, feste und wahrhafte Persönlichkeit mochte aus diesem geschlossenen und umhegten Leben erwachsen. Aber das Dasein des Bürgertums war doch auch eng und kleinlich geworden in einer Privilegienordnung, deren tiefer Sinn durch den Gang der Entwicklung verschwunden war. So sehr auch in diesen Kleinstaaten das Merkantilsystem Gewerbe und Handel förderte, so waren doch Serenissimi Gnaden allzu nahe und griffen in jedem Augenblick ein, so daß Unsicherheit und Rechtlosigkeit herrschten, die jede Arbeit auf weite Sicht unmöglich machten. So war der Sinn der mittelalterlichen korporativen Ordnung beseitigt, ihre Formen bestanden weiter, erstarrt und ohne innern Gehalt. In bequemem erblichen Stande lebend, war der Bürger klug genug, sich zu ducken vor allen Hochgeborenen, aber ebenso streng und vornehm schied er sich nun auch von dem gemeinen Manne, der nicht Haus und Geschäft besaß oder über keine lateinische Bildung verfügte. Seit die Reformation durch Melanchthons humanistische Mitarbeit ihr feingegliedertes Schulwesen geschaffen hatte, war im deutschen Volke eine bürgerliche Bildungsaristokratie entstanden, die im evangelischen Pfarrhause ihren geistigen Mittelpunkt fand und die eigenartige soziologische Erscheinung ganzer Geschlechterreihen von Gelehrten und Gebildeten geschaffen hat; die materielle Dürftigkeit, in welcher diese Familien oft zu leben gezwungen waren, gab ihnen in diesen wirtschaftlich unentwickelten Zeiten einen um so stärkeren ethischen Zusammenhalt. So hat der lehrhafte und wissenschaftliche Charakter der neuen Kirche die Kluft zwischen Volk und Gebildeten geöffnet, da die ausgleichende und verbindende Wirkung hinwegfiel, welche vor Zeiten der geistliche Stand ausgeübt hatte, als die geistliche Laufbahn auch die Niedriggeborenen zu den höchsten Würden tragen konnte. Nur die Musik gehörte allen Volksteilen gleichmäßig; ein anderes gemeinsames geistiges Band gab es nicht mehr. Bei dieser scharfen Trennung der Lebenskreise war das Bürgertum trotz Bildung und wachsendem Wohlstand einsam geworden, und so sind ihm aus jenen Jahrhunderten der Enge dauernde Züge eingeprägt geblieben. Hierher gehört der Mangel an moralischem Mut bei aller äußerlich betonten Männlichkeit und allem geschäftlichen Eifer, die Unterwürfigkeit und das Mißtrauen gegenüber den Trägern von Amt und Titel, verbunden mit der strengen Abschließung nach unten. Dieses Bürgertum zog sich völlig auf sich selbst zurück, lebte behäbig oder zerdrückt dahin und flüchtete alle Hingabe und allen Drang der Betätigung in das Kontor, in die Studierstube und in eine abgeschlossene Häuslichkeit, die uns aus dem Elternhause Goethes lieb und vertraut ist. Es war der einzige Weg, der den Menschen in dieser geschichtlichen Lage möglich war. Familiensinn und das deutsche Gemüt haben im Erleben einer maßvoll rationalisierten Bibelwelt eine warme Stätte der Pflege gefunden, und wen es hinauslockte aus den Mauern der Stadt, der griff zu den Reisewerken, die von Robinson Crusoe oder von der Weltumsegler Abenteuern berichteten. Nicht Zufall war es, daß im Bürgerhause des 18. Jahrhunderts die Geographie die Lieblingswissenschaft der Gebildeten gewesen ist. Die mechanische Weltbetrachtung fand auf dem Globus eine erste anschauliche Anwendung, auf Homanns Atlas mochte man mühelos die Phantasie spazieren führen, und Georg Forsters Beschreibung der Südsee ließ die deutsche Lesewelt teilnehmen an der Entdeckung Australiens und an der glühenden Pracht der tropischen Landschaft. Hier war von einem zwanzigjährigen Jüngling und Weltumsegler geschildert, wie die „Resolution", gesteuert vom eisernen Willen ihres berühmten Kapitäns Cook, sich ihren gefährlichen Weg durch die Eisschollen des südlichen Polarmeeres bahnte, nur von Sturmvögeln in der unendlichen grauen Einsamkeit begleitet. Dann fanden die Reisenden nach den Entbehrungen der hohen Breiten das paradiesische Eiland. Die Freundschaftsinseln zeigten dem lesenden und staunenden Kleinbürger, daß der friedliche Zustand der Natur, den Rousseau soeben gepriesen hatte, auf der Erdkugel in Wahrheit vorhanden war.

Wo freilich stärkere Naturen zur Gestaltung der Dinge drängten, da folgten jene tragischen Konflikte mit der Umwelt, von denen die Jugendwerke unserer Klassiker zeugen. Es mag zur Unvollkommenheit alles irdischen Lebens gehören, daß die Großen scheitern und die Kleinen durch Zähigkeit, Biegsamkeit und engstirnigen Willen emporsteigen, und die Skeptiker haben daraus jene Ethik der Klugheit abgeleitet, der Lafontaine unsterblichen Ausdruck verliehen hat in der Fabel von der Eiche und dem Schilfrohr: „Je plie et ne romps pas." Sparsame und dienerische Naturen waren im deutschen Volke ursprünglich wohl selten, sie sind erst aus Bauernelend und Bürgerenge geboren worden und herangezüchtet worden in den Jahrhunderten der Kleinstaaterei. Mancher zerbrach an der Jämmerlichkeit der deutschen Zustände, und oft genug wurde ein ganzes Leben überschattet von den bitteren Erfahrungen der Jugend. Wenn die Feindschaft gegen den Adel in der deutschen Aufklärung mit so besonderer Schärfe ausgesprochen wurde — wie in der französischen Aufklärung höchstens die Feindschaft gegen die Kirche —, so war daran das demütigende Hofmeisterleben schuld, durch das der junge Gelehrte sich durchzufechten pflegte. Noch im Alter hat Johann Heinrich Voß solche Erinnerungen nicht verwinden können, und von Klinger hat Goethe gesagt, daß dieser sich um so inniger an Rousseau angeschlossen habe, je quälender der Widerspruch zwischen seinem stolzen Unabhängigkeitssinn und seiner bekümmerten äußern Lage gewesen sei; bei Fichte wird uns die gleiche Formung des Lebens begegnen. Im breiten Bürgertum freilich drangen die Ideen der Aufklärung nur langsam vor, nur die größeren Städte, wie Berlin, Hamburg, Leipzig schritten rascher voran. Der aufgeklärte Absolutismus hat sich vom bürgerlichen Gelehrten beraten lassen und manche Reform in Kirche, Gericht und Verwaltung durchgeführt; die privaten Lebensordnungen des Bürgertums blieben in alter Zucht bestehen und wurden auch in der Theorie nur selten angefochten. Noch hielt ja die Aufklärung an der Existenz absoluter Vernunftideale fest, die zu formulieren die Popularphilosophie nicht müde wurde; der bürgerliche Gelehrte und der bürgerliche Kaufmann wurzelten noch in dieser alten, ehrenfesten Welt, die bürgerlichen Tugenden des Fleißes, der Sparsamkeit, der privaten Würde waren in hoher und allgemeiner Geltung. Erst der „Sturm und Drang" hat unter dem Einflusse Rousseaus und unter dem Antrieb der eigenen gährenden Jugendkraft Ungebundenheit in Gesellschaft und Sitte wenigstens für das Genie gepredigt und selber vorgelebt. Im übrigen aber verweilte die deutsche Aufklärung in der Welt der Ideen, sie hat die Anregungen aufgenommen, welche von England und Frankreich herüberkamen, und hat sie in erster Linie auf die Gestaltung der deutschen protestantischen Lebensführung und des deutschen kleinfürstlichen Staates, in erster Linie also auf ethische Fragen angewendet. Die autonomistische Denkrichtung erreichte in Deutschland ihre stärkste Betonung, als Lessing nach der Befreiung von der Tradition nun auch die Befreiung vom Buchstaben vollziehen wollte und als er durch das Bild des Hofes von Guastalla das Feuer der antityrannischen Gesinnung nährte. Was von Ansichten und Lehrsätzen in der europäischen Aufklärungsbewegung durch den deutschen Geist besonders geschaffen wurde, war im einzelnen wohl von eigener Gestalt innerhalb der allgemeinen Entwicklung; auch fehlte das System des Materialismus, wie es Diderot oder Lamettrie in Frankreich formuliert hatten, es fehlte der gottlose Spott über Kirche und Religion, und es fehlten die radikalen Forderungen einer neuen gesellschaftlichen Ordnung, wenngleich oft genug nur äußere Gründe von einer Nachfolge der Franzosen abgehalten haben mögen. Doch von diesen Einschränkungen abgesehen, hat die deutsche Aufklärung den Weg der westeuropäischen Geistesentwicklung mitgemacht und ist von hier aus zu einer eigenen Nationalliteratur gelangt. Als die Schweizer und Klopstock mit Gottsched brachen, hatte bürgerliche Innerlichkeit über die höfischen Regeln gesiegt; als Lessing dann von der französischen Klassik zu Shakespeare und zur bürgerlichen Dichtung Diderots hinüberlenkte, war die Bahn gebrochen für eine deutsche Literatur, und als Rousseaus Lehre vom Volkstum in Deutschland auf verwandte Stimmungen traf, da war die Stunde gekommen für Herder und für den jungen Goethe.

Vielfältig waren die Anregungen, Gedanken und Stimmungen, die im Geistesleben Deutschlands sich kreuzten und einer Klärung entgegenstrebten. Sie waren der Ausdruck einer Zeit, die ihren Weg nahm von der Seele des Individuums, um Grenzen zu sprengen und neue Grenzen zu setzen. In diesem Dienste waren Luther und Rousseau vereint, die protestantische Grundlage dieses Geistes wird hier sichtbar. Von hier aus gingen Herder und Goethe, Kant und Schiller ihre eigenen Bahnen, aber gemeinsam war ihnen allen ein zentraler Glaube an die schöpferische Kraft der menschlichen Persönlichkeit. Was das geschichtliche Leben seit langen Jahrhunderten in Westeuropa vorbereitet hatte, wurde durch die Entwicklung des deutschen Denkens in besonderer Weise ausgeprägt. Die letzte Synthese freilich war hier wie dort keine ausschließliche Aufgabe des Geistes, sie vollzog sich im Ablauf der großen französischen Revolution und in steter Auseinandersetzung mit dieser gewaltigen Erscheinung.

DRITTER ABSCHNITT

Die historische Bedeutung der Französischen Revolution

Die Französische Revolution hat die in der Entwicklung der abendländischen Völker seit einem halben Jahrtausend vorbereiteten und herangewachsenen Kräfte zunächst in Frankreich ins Leben übergeführt und dann das übrige Europa nach dem neuen Bilde aufs tiefste umgestaltet. Indem sie den Versuch unternahm, ein Vernunftideal zu verwirklichen, konnte sie dieses Ziel nur teilweise und nur eine kurze Zeit lang erreichen, und ihr Werk wurde an so manchen Stellen wieder rückgängig gemacht durch Napoleon, an andern dagegen von ihm in mächtiger Weise gefördert und weitergeführt. So ist die Französische Revolution in ihrem endgültigen und weltgeschichtlichen Ergebnis eine gewaltige Zusammenfassung und Verwirklichung vieler in der Vergangenheit ruhenden Möglichkeiten, und sie ist zugleich eine Weltbewegung von unerhörtem Ausmaß. „So lange die Sonne am Firmament steht und die Planeten um sie herumkreisen, war das nicht gesehen worden, daß der Mensch sich auf den Kopf, das ist auf den Gedanken stellt und die Wirklichkeit nach diesem anbaut", so hat Hegel die geschichtliche Bedeutung der Französischen Revolution umschrieben. Daß die Umwälzung gerade in Frankreich und in so gewalttätigen Formen sich vollzog, war gleichfalls in der bisherigen Entwicklung angelegt. Denn die französische Geschichte hatte aus der Eigenart von Land und Volk am frühesten und stärksten die neue Welt des zentralisierten Staates und der industriellen Wirtschaft entwickelt, der französische Geist hatte den rationalen Aufbau von Welt und Leben am reinsten und schärfsten vorgebildet, und doch war zugleich die Erinnerung nicht völlig erloschen, daß es jenseits aller menschlichen Vernunft noch andere Mächte gab, die zur gelegenen Stunde sich meldeten. Die Französische Revolution bedeutete einen Bruch mit der Vergangenheit, insofern sie die alten Formen des Lehenswesens vernichtete und tausendjährige Einrichtungen zerschlug, die wie das Königtum und die Kirche Frankreichs die Gemeinschaft darstellten, in welcher das französische Volk bis dahin gelebt hatte. Aber dieses Werk der Zerstörung lag in der Richtung der bisherigen

Entwicklung. Das Königtum als Träger der modernen Zeit hatte selbst den rationalen Bau einer neuen Gesellschaftsordnung begonnen und zu hoher Vollendung geführt. Es hatte den Staat über die Stände emporgehoben, dem Adel die politischen Rechte entzogen und dadurch den tiefen historischen Sinn zerstört, welcher der Privilegienordnung zu Grunde lag; es hatte die Kirche mit Hilfe der „gallikanischen Freiheiten" dem Staate unterworfen, es hatte an die Stelle einer vielfach gegliederten Gesellschaft die Einheit der Untertanen gesetzt. Im Streben nach Macht hatten die Könige Gewerbe und Handel entwickelt und dadurch die Entstehung eines wohlhabenden und selbstbewußten Bürgertums angeregt, sie hatten auch den Geist mobilisiert und so die Entfaltung der neuen Ideen mächtig gefördert. Die Könige standen dabei im Zwange eines großen historischen Werdens. Sie haben dunkel geahnt, daß sie Mächten vorarbeiteten, die einst über sie hinweggehen konnten, und sie haben oft genug versucht, mit kluger Staatskunst die Entwicklung zu dämpfen, die Härten der Übergänge zu lindern. Sie haben die Gliederung der Gesellschaft durch Erneuerung oder Verstärkung der wirtschaftlichen und sozialen Privilegien aufrecht erhalten, und sie haben dadurch doch nur den Widerspruch zwischen Feudalismus und modernem Staatsbau verschärft; sie haben die Kirche Frankreichs mit allem Glanze und Reichtum einer bevorzugten staatlichen Institution ausgestattet und dadurch zugleich der Veräußerlichung und Verweltlichung Vorschub geleistet, die mit Notwendigkeit sich ergeben mußte, wenn die Kirche zur Dienerin und zum Werkzeug des Staates gemacht war. Und schließlich haben die Könige gelegentlich auch das Erstarken des Bürgertums und des mit ihm großwerdenden Geistes der Kritik zu hemmen gesucht, und sie haben doch mit allen Fesseln, die sie der Wirtschaft und dem Geiste anlegten, niemals etwas erreichen können, weil ihr Königtum selbst auf der gleichen Grundlage der Aufklärung ruhte und weil sie nach dem Gesetze ihrer Entwicklung alles fördern mußten, was eine Kraft bedeuten konnte im Kampfe um die Macht. Wider ihren Willen und ihnen selbst oft unbewußt haben die französischen Könige die Revolution vorbereitet. Denn wenn alle Gewalt im Staate vereint war, wenn der Staat sich darstellte als die Summe der gleichen Untertanen und auf der Arbeit der Masse beruhte, dann war die Verbindung von Königtum und Staat — das l'Etat c'est moi — nur noch eine Sache des geschichtlichen Zufalles oder der Zweckmäßigkeit. Indem das Königtum den Staatsbegriff entwickelte, machte es sich selber zum einen Teile überflüssig, und mit dem

Königtum mußten auch alle künstlich festgehaltenen Überreste der vorabsolutistischen Zeit verschwinden, sobald die herrschende menschliche Vernunft durch Erfahrung zu der Überzeugung kam, daß diese Institutionen unzweckmäßig seien. Solche Erfahrungen aber konnte man im Frankreich des 18. Jahrhunderts sammeln.

Die Loslösung des Staates von der Person und Dynastie des Monarchen ist das erste Resultat der Französischen Revolution. Alle modernen europäischen Staaten waren entstanden aus der Anhäufung von Landbesitz und Hoheitsrechten in der Hand fürstlicher Familien. In Frankreich hatten die Kapetinger am frühesten und vollendetsten den vielfältigen königlichen Lehensbesitz zusammengeschlossen, die großen Vasallen und die politischen Korporationen beseitigt und einen einheitlichen Staat geschaffen, der neben der Dynastie noch in Heer und Beamtentum einigende Organe besaß. Der Reichtum des provinzialen Lebens erlosch, die Einheit der Nation stieg empor! Hier hat die Revolution lediglich die letzte, in Theorie und Geschichte vorbereitete Folgerung gezogen, wenn sie den Staat begrifflich und sachlich aus allen historischen Beziehungen und also auch aus der Unterordnung unter die Dynastie löste und die Souveränität in den abstrakten Staat selbst verlegte: „Il n'y a point d'autorité supérieure à la loi." Ob dies durch Abschaffung des Königtums oder durch irgend eine Teilung der Gewalten geschah, macht einen Unterschied in der Form oder im Tempo, nicht in der Sache; in jedem Falle beruhte von nun an der Staat nicht mehr auf dem Fürstenhause und auf der von ihm bestellten Obrigkeit, sondern auf der Gesamtheit des Volkes. Auch beim Staate des Mittelalters war dies der Fall gewesen, da er aus korporativen Gemeinschaften sich aufbaute; der moderne Volksstaat konnte hieran wieder anknüpfen, und er hat diese geistige Verbindung seit der Französischen Revolution oft genug gesucht. Aber zwischen der gegliederten Gemeinschaft des Mittelalters und der staatsbürgerlichen Gesellschaft, wie sie seit 1789 überall in Europa geschaffen wurde, lagen freilich Geburt und Entfaltung des modernen Menschen. Der Rationalismus hatte die Idee der Gleichheit begründet gefunden in der menschlichen Vernunft, die einem jeden Individuum zugeteilt ist: „Le bon sens est la chose du monde la mieux partagée", wie es schon bei Descartes geheißen hatte. Der vom gleichen Geiste erfüllte Fürstenstaat hatte die Anwendung davon gemacht, indem er eine einheitliche Masse von Untertanen schuf. Nun war es der weitere Schritt, daß diese Masse einen unterschiedslosen Anteil am Staate erlangte und daß also aus den Untertanen Staatsbürger, „citoyens", wurden. Wenn im Mittelalter die gesellschaftliche Ordnung ein reichgegliederter Organismus gewesen war, der in vielfachen Stufen vom erdgebundenen Bauern bis zum Oberlehensherrn emporgeführt hatte, so war es jetzt zu Ende mit allen Korporationen, Genossenschaften und Zünften, mit allen Privilegien und Sonderbräuchen — zu Ende auch mit der ganzen Lehensordnung und ihrer Verbindung von Grundbesitz und Hoheitsrechten des Staates. In rücksichtslosem Radikalismus schritt die Revolution den Weg des aufgeklärten Königtums zu Ende, die Nation fand ihre Erfüllung in der Souveränität des Staates und in der rechtlichen Gleichheit aller Genossen! Als die Finanznot den ratlosen Ludwig XVI. zur Wiederberufung der Reichsstände zwang, da geschah dies vonseiten des Königs in der Absicht, zurückzukehren zur vorabsolutistischen Zeit; und um dabei zu verhüten, daß die alte Fronde der beiden ersten Stände, die einst das Königtum so sehr geschwächt hatte, sich wiederhole, plante der König, den dritten Stand durch Verdoppelung seiner Stimmenzahl zu stärken und den Feudalismus durch die Städte, diese durch jenen in Schach zu halten. Aber er mußte bald erfahren, daß sich die Geschichte eines halben Jahrtausends nicht ungeschehen machen ließ und daß die absolute Monarchie, indem sie das Bürgertum entwickelt und die oberen Stände lahmgelegt hatte, der Idee der Gleichheit mächtigen Vorschub geleistet hatte: der „tiers état" verwarf die Tagung und Abstimmung nach Ständen und erklärte sich aus eigener Macht zur einheitlichen Vertretung der Nation! Der Vorgang war von weltgeschichtlicher Bedeutung. Es war zum Ausdruck gebracht, daß es eine einzige und unteilbare Nation gebe und daß sie vertreten werde durch die eine und unteilbare Nationalversammlung, deren Aufgabe es daher war, Frankreich eine entsprechende Verfassung zu geben. Von nun an kannte man keine Abgeordneten mehr, die kraft der Geburt oder der Vollmachten ihrer Standesgenossen zu raten und zu beschließen hatten, sondern nur noch gewählte Abgeordnete des Volkes; die Wahlen werden von nun an nach Bezirken stattfinden, der Abgeordnete aber an kein imperatives Mandat gebunden sein, weil er nicht der Vertreter seiner Wähler, sondern der Vertreter des ganzen Volkes ist. Das Vertretungsprinzip war nicht neu. Es war zwar auf dem Kontinent in seinen Anfängen erstickt worden, als der Absolutismus die Selbstverwaltung zerstörte; aber es hatte sich, wie wir sahen, im englischen Parlament seit den Tagen der Magna Carta entwickelt, und als die Franzosen es nach dem Vorgange Montesquieus von dort herübernahmen, da haben sie es zwar mit dem atomistischen

Gleichheitsprinzip verbunden, aber sie haben doch dabei den Materialismus ihrer eigenen Philosophie zurückgedrängt und sind zum Staate als einer übergeordneten Einheit gelangt. Daß der Staat sich konkurrenzlos über alle andern Gemeinschaften erheben solle, war das Ideal der absoluten Monarchie gewesen; aber der Absolutismus hatte immer nur geschichtlich gewordene Körper und Glieder aneinandergefügt und den Weg zur Einheit nicht vollenden können. Indem die Französische Revolution das Volk in seiner Gesamtheit zur gleichmäßigen Mitwirkung am Staate berief und für den Staat verantwortlich machte, hat sie den Gedanken der Gemeinschaft erneuert und vertieft; sie hat ihm freilich zugleich seine besonderen, modernen Formen gegeben, indem sie ihn an das Prinzip der Gleichheit band und ausschließlich auf den Staat bezog: „Le principe de toute souverainité réside essentiellement dans la nation; nul corps nul individu ne peut exercer d'autorité qui n'en émane expressément." Wie weit die gesellschaftlichen Aufgaben und Funktionen durch den Staat unmittelbar auszuüben seien, war im Einzelfalle abhängig von Ansichten, Stimmungen und Interessen: daß aber der Staat die höchste und letzten Endes die einzige wahre Gemeinschaft sei, war von nun an zweifellos für alle, die auf dem Boden der Gleichheitsidee und ihres allgemeinen Staatsbürgertums standen. Erst später im 19. Jahrhundert werden die Versuche einsetzen, von der neuen und gesicherten Grundlage der staatsbürgerlichen Gleichheit aus auch der Idee der Korporation neben der Idee des Staates neue Geltung zu verschaffen. So hat die Französische Revolution die in der abendländischen Entwicklung liegende Vergötterung des Staates weitergeführt, indem sie den Staatsbegriff von allen konkreten Zufälligkeiten löste und in abstrakter Reinheit emporhob. Dies aber bedeutete von vornherein eine Schwäche des neuen Staatsgedankens, daß er auf dem Umwege über das wissenschaftliche und abstrahierende Verfahren zustande gekommen war. Literaten und Gelehrte werden seit der Französischen Revolution bei allen Völkern politische Führer der nationalen Bewegungen sein! Aber andererseits hat dieser Staatsgedanke den absolutistischen Staat nicht nur weitergeführt und vollendet, sondern auch in seiner historischen Eigenart überwunden und vernichtet, indem er durch die Prinzipien der rechtlichen Gleichheit und der Vertretung die sittliche Hingabe des Volkes weckte und sie auf eine Idee lenkte, die dauern konnte, auch wenn die Generationen, die Führer und die Massen wechselten. Die Individuen, aus denen der Staat sich zusammensetzte, besaßen von nun an ein einigendes Band, das stärker und fester war als die dynastische Anhänglichkeit. Es war der in gemeinsamer Arbeit immer neu sich schließende Bund einer überindividuellen Gemeinschaft, die ihrer Eigenart und Besonderheit auch gegenüber den andern Völkern sich bewußt ist. Weil er durch die Grundsätze der Vertretung und der Rechtsgleichheit vertieft und gestärkt war, wurde der nationale Gedanke der beherrschende Gedanke des 19. Jahrhunderts.

Der neue Staat war ein Ergebnis der autonomistischen Richtung, welche die abendländische Menschheit eingeschlagen hatte. Der Einzelne strebt nach Anteil am Staate, er will sich auswirken, er verlangt, daß einem jeden die Möglichkeit gegeben werde, seine Persönlichkeit zu bilden und frei zu entfalten. Die Ansicht, daß die Macht des Staates ihre Grenze finde an natürlichen Rechten des Menschen, war dem Mittelalter nicht fremd gewesen. Es hatte sich hieraus die Lehre vom Widerstandsrecht gegen die gottlose Obrigkeit entwickelt, auch die nationalen Freiheiten der Engländer ruhten auf diesem geistigen Grunde des Mittelalters. So ist es denn auch kein Zufall, daß in der Folge gerade auf englischem Boden der Spiritualismus der Revolutionskirchen vorgeschritten ist bis zur Abgrenzung einer Rechtssphäre des Einzelnen, die vom Staate unabhängig und von ihm anzuerkennen und zu schützen ist. Das individualistische Naturrecht fügte hinzu die Vorstellung von dem Rechte, das mit uns geboren ist, das unmittelbar aus der Wesenheit des Menschen folgt und also gleich dieser schlechthin unabänderlich, das gleiche für alle Einzelnen sein muß: aus den Voraussetzungen des Rationalismus ergaben sich auf logischem Wege die Grundpostulate der Gleichheit und Freiheit und schließlich auch noch das Recht auf Sicherheit, das dem Einzelnen die freie Entfaltung all seiner Kräfte und seine Vervollkommnung ermöglicht. So bildete sich die Überzeugung, daß es Rechte des Menschen gibt, deren er sich nicht entäußern kann und daß also zur Erhaltung von Freiheit und Würde gerade die Einschränkung der Vertragsfreiheit notwendig wird. Wenn in primitiven Zeiten das unbeschränkte Recht Verpflichtungen einzugehen das Kennzeichen des freien Mannes gewesen war, so hatte man daraus Schuldsklaverei und Patronat entstehen sehen; der „Unterwerfungsvertrag“ des Hobbes widersprach dem „unveräußerlichen Rechte“ der Person, die nie als Sache verwendet werden darf. Die englischen Kolonisten haben diese Gedanken mit ihren altüberlieferten vaterländischen Einrichtungen über den Ozean getragen. Dort wurden durch die Macht der geschichtlichen Umstände die Independenten von Rhode Island und die Katholiken von Maryland zuerst in der Geschichte dazu geführt, über die bloße Toleranz hinauszugehen und die Gewissensfreiheit gesetzgeberisch auszusprechen, während dagegen die Puritaner von Massachussets in schlimmster Unduldsamkeit verharrten und in andern Kolonien wenigstens die Katholiken zurückgesetzt waren, weil die Angst vor „popery“ die ganze Welt des Freidenkertums erfüllte. Nachdem aber mit dem Rechte der religiösen Freiheit die Idee eines allgemeinen, vom Gesetzgeber ausdrücklich zu achtenden und zu schützenden Menschenrechtes zum ersten Male verwirklicht war, griff dieser Wille vom religiösen auch auf das politische Gebiet hinüber, und als die Kolonien sich im Jahre 1776 gegen die Tyrannei des englischen Mutterlandes erhoben, da haben sie in besonderen Deklarationen diese Rechte zusammengefaßt und sie so aus der Theorie in die positive Gesetzgebung hinübergeführt. Wenn hier erklärt wurde, alle Menschen seien „von ihrem Schöpfer mit gewissen unveräußerlichen Rechten ausgestattet“, so war dies also kein „glänzender Gemeinplatz“, sondern die Quintessenz einer großen, geschichtlichen Bewegung: an ihr hat der religiöse Grundgehalt des Christentums ebenso Anteil wie die naturrechtliche Theorie, die durch John Locke, Montesquieu und Christian Wolff zu folgereichen Formulierungen des neuen Prinzips geführt hatte. Besonders der deutsche Denker hatte, dem Geiste seines Meisters Leibniz folgend, im Ideal der Vervollkommnung und in der Forderung nach der Entfaltung aller Kräfte alles zusammengefaßt, was der Einzelne an unveräußerlichen Rechten besitzt: auf diesem Wege hat das deutsche Humanitätsideal ganz unmittelbar mitgeholfen, die staatlichen Grundlagen der abendländischen und nordamerikanischen Kultur zu legen. Von Amerika wanderten die Gedanken — nunmehr geklärt, geordnet und kodifiziert — nach Europa zurück, als der Waffenbund zwischen dem bourbonischen Königtum und den aufständischen Kolonisten gegen den gemeinsamen Gegner England in Tätigkeit trat. Indem die Französische Revolution die Lehre von den subjektiven öffentlichen Rechten aufnahm und sie in der „Erklärung der Menschen- und Bürgerrechte“ durch Europa trug, setzte sie die Staatenwelt des 19. Jahrhunderts auf eine neue Grundlage. Diese „droits naturels et imprescriptibles de l'homme“ hießen: Freiheit, Eigentum, Sicherheit und Widerstand gegen Unterdrückung. In ihrer Erhaltung und Sicherung sollte von nun an der Zweck des Staates beruhen. Im Einzelnen ergaben sich hieraus als Menschen- und Bürgerrechte: daß die Gesetze für alle Bürger gleichlautend sein sollen, daß in Ämterbesetzung und Besteuerung keine andern Unterschiede gelten dürfen als die der Leistungsfähigkeit, daß der Einzelne Anteil hat an der staatlichen Willensbildung und an der Bewilligung der Steuern, und daß ein Recht des Volkes besteht, alle Magistrate zur Verantwortung zu ziehen. Ferner gehört hierher die Freiheit vor willkürlicher Verhaftung und Bestrafung, sowie die Freiheit des Gewissens; die Rede- und Pressefreiheit ist „un des droits les plus précieux de l'homme" — den Fall des Mißbrauches ausgenommen, der im Gesetze festgelegt sein muß und also keine Vorzensur begründet. Die Freiheiten, die hier proklamiert werden, sind bestimmt, vor Willkür zu schützen, vor dem Absolutismus des Fürsten oder des abstrakten Staates; aber was durch die „Menschenrechte" gesichert wird, ist individuelle Freiheit und nicht etwa die körperschaftliche Freiheit der vorabsolutistischen Zeit.

Dies also sind die „Ideen von 1789", die keine innere Angelegenheit Frankreichs geblieben, sondern zu dauernder Geltung im europäischen Leben gelangt sind, so oft sie auch im Verlaufe der jakobinischen Schreckensherrschaft und überhaupt im weiteren Fortschreiten der nationalen Staatsbildungen Europas verletzt worden sind. Sie beruhen auf den Grundsätzen der persönlichen Freiheit und der rechtlichen Gleichheit, sie begründen den Staat auf die rechtlich ununterschiedene Masse des Volkes und bringen dadurch die Einheit der Nation und der Menschheit zum Ausdruck. Der Staat ist von nun an keine Vereinigung von Körperschaften mehr, was der absolutistische Staat in Wirklichkeit doch immer noch geblieben war, er ist vielmehr zunächst eine Summe von Vernunftquoten, wie sie die einzelnen Staatsbürger verkörpern: das allgemeine Stimmrecht ist die Anerkennung dieser Auffassung. Aber gleichzeitig trug die Französische Revolution in sich den Antrieb, auf dieser gesellschaftlichen Grundlage, in der sich der Geist der Atomistik so scharf verwirklichte, dennoch eine neue Einheit zu schaffen, welche heißt: die Nation. Dies war der Feudalstaat niemals gewesen, und der Staat des Absolutismus ist niemals zu diesem Ziele gelangt, wie sehr er auch in seiner Entwicklung ihm entgegenging. Der neue Begriff der Nation trug also in sich den Geist der Mechanisierung, der ihm vorausgegangen, und er ist auch im 19. Jahrhundert durch diese Herkunft belastet geblieben; dem abstrakten Menschheitsideal mit seinen allgemeinen Menschenrechten fehlte der Ausgleich zwischen Allgemeingültigem und Besonderem. Es ist bezeichnend, daß in der Erklärung von 1789 Frankreichs mit keinem Worte gedacht ist: die Menschheit erschien als eine Einheit, die französische Nation aber war nur die

Wegbereiterin dieser neuen Menschheit und daher zunächst ungegliedert wie diese. Als Abbé Sieyès am Vorabende der großen Revolution in seiner berühmten Flugschrift den Begriff der Nation zuerst formulierte, da gründete er ihn auf das nackte Zahlenprinzip und erhob den dritten Stand zur Nation, weil Masse und Mehrheit ihm alles waren; dieser „Philosoph der Revolution“ hat den werdenden nationalen Staat immer nur als einen Mechanismus betrachtet, den es zu regulieren gelte nach den Gesetzen der Vernunft und für den er als ein neuer Lykurg in seinem langen Leben zahlreiche Verfassungen konstruiert hat. Aber es bedeutete zugleich eine gewaltige Vertiefung des alten Staatsgedankens, wenn der Staat jetzt nicht nur zu einer vollen und rechtlichen Souveränität wie niemals vorher gelangte, sondern auch durch die Menschen- und Bürgerrechte an moralische Gesetze sich band, indem er durch den unverletzlichen Rechtskreis des Individuums sich beschränken ließ und gleichzeitig das also geschützte und befreite Individuum aufrief, dem Staate durch Gesinnung zu dienen. Das 19. Jahrhundert hat auf diese Weise lange dem demokratischen Absolutismus Rousseaus den Eintritt versagt und erst spät den Ausgleich zwischen Individuum und Masse zu suchen Veranlassung gehabt. So hat die Französische Revolution zwar den Typus des künstlichen, mechanischen Staates, der eine Einheit lediglich militärischer und verwaltungstechnischer Natur gewesen ist, bis in die letzte Konsequenz verwirklicht, aber sie hat dann auf dieser Grundlage weiter gebaut: der von ihr zuerst gebildete Nationalstaat konnte, indem er sich selbst beschränkte, die Sittlichkeit und Hingabe seiner Bürger zu sich heranziehen und mit den Rechten der Freiheit und Gleichheit die strengsten Pflichten gegenüber der Gesamtheit verbinden.

Als die Abgeordneten des dritten Standes sich zu Vertretern der einheitlichen Nation erklärten und dann die „déclaration des droits“ erließen, da war freilich hiermit nur erst der Anbeginn der neuen Entwicklung eingeleitet. Die alte Gesellschaftsordnung bestand weiter, solange ihre Grundlage, der historisch gewordene Besitz, unangetastet blieb. Die Legende der großen Revolution erzählt von der Nachtsitzung des 4. August 1789, wo in einer einzigen Nacht eine tausendjährige Eigentumsordnung zusammensank; in Wahrheit haben erst die nachfolgenden Ausführungsdekrete die alten Lehensabgaben aufgehoben, die Grundrente für ablösbar erklärt, die Majorate abgeschafft. Erst durch diese Gesetze ging das Mittelalter endgültig zu Ende, wurde die neue Gesellschaft in Frankreich und dann in Europa begründet. Jetzt gab es in der Tat nur noch freie Leute. In Frankreich entstand auf der Grundlage dieser radikalen Agrargesetze jenes selbständige und wohlhabende Bauerntum, auf dem Frankreichs innere Kraft im 19. Jahrhundert beruhte und das sich noch im Weltkriege bewährte. Überall in Europa trat im Gefolge dieser Wandlung an die Stelle des alten, erblichen Arbeitsverhältnisses der freie Lohnvertrag zwischen Arbeitnehmer und Arbeitgeber. Nicht immer war dies eine materielle Verbesserung für den Besitzlosen, aber die Person konnte von nun an kein Zubehör mehr sein und keine Sache, wie dies die Aufklärung im Namen der Menschenwürde schon lange verlangt hatte. Die Folge dieser neuen gesellschaftlichen Ordnung war die Umgestaltung der ganzen Verfassung des Staates. Daß eine Verfassung entworfen, beraten und beschlossen wurde, ergab sich aus dem bewußten, rationalen Grundzuge dieser staatsschöpferischen Arbeit und legte sich zudem durch das nordamerikanische Vorbild nahe. Nur freilich bestand der Unterschied, daß die amerikanische Revolution sich entzündet hatte an einem praktischen politischen Tatbestand, die französische dagegen an einer allgemeinen geistigen Lage: durch ihren theoretischen Charakter hat die Französische Revolution dem ganzen europäischen Verfassungsleben ein bestimmtes Gepräge verliehen. Die französische Verfassung von 1791 ist ja die erste geschriebene Verfassung, die es in Europa gegeben hat; sie wurde das Vorbild für zahlreiche konstitutionelle Monarchien der Folgezeit. Sie führte die Gewaltenteilung in die Wirklichkeit des staatlichen Lebens, schränkte die Mitwirkung des Königtums in Gesetzgebung und Verwaltung aufs engste ein und gab dem unverantwortlichen König die verantwortlichen Minister zur Seite, deren Gegenzeichnung erst die rechtliche Gültigkeit der königlichen Akte begründete. Die Provinzen als die Reste der großen Lehensherrschaften wurden nun völlig abgeschafft und Frankreich „more geometrico" in topographisch geordnete und benannte Departements geteilt; eine Munizipalverfassung machte die bisherigen Hörigen zu Gemeindebürgern und erneuerte unter den veränderten Verhältnissen das große Prinzip der Selbstverwaltung, um das von nun an die Revolution und das ihr nachfolgende Jahrhundert so viele politische Kämpfe ausgetragen hat. Eine Gerichtsordnung setzte an die Stelle der Standesgerichte das Volksgericht der Geschworenen, die Jury; nicht Zweckmäßigkeitsgründe, sondern der neue gesellschaftliche Gedanke führte auf diese Einrichtung. Und auch hierbei ist es wiederum das gleiche Bild: die mittelalterlichen Laiengerichte waren nur als Sondergerichte der Privilegierten noch erhalten geblieben, im übrigen war überall das königliche Gericht vorgedrungen, das mit gelehrten Richtern besetzt war und im einheitlichen Namen, aber willkürlich Recht sprach. Nun führte die Revolution die Einheit vollständig durch, doch sie griff dabei unter englischem Einfluß auf den Gedanken des Volksgerichtes zurück, verwirklichte ihn aber auf der Grundlage der Gleichheit. Ferner hat die Verfassung von 1791 eine Volksvertretung und zwar mit einer Kammer eingesetzt; noch Montesquieu hatte nicht an die Abschaffung des Adels gedacht und deshalb nach englischem Vorbilde neben der Volksvertretung die Adelskammer festgehalten. Vor allem aber schritt die Revolution, indem sie den Weg aus der alten in die neue Gesellschaftsordnung sich gewaltsam bahnte, über die Kirche hinweg. Die Kirche Frankreichs, die wie überall im Geltungsbereiche der Grundherrschaft und der Lehensstaaterei aufs engste mit dem Feudalismus verbunden war, wurde ihrer Güter beraubt; dadurch wurde der werdende nationale Staat äußerlich gestärkt, indem er mit allen andern Körperschaften auch die Kirche vernichtete und mit dem Vermögen der Kirche auch ihre Funktionen säkularisierte, so daß er nun hoffen konnte, die Kirche sich völlig zu unterwerfen und ihre Priester zu seinen Beamten zu machen. Der Kampf gegen die Kirche, den die Revolution durch alle Grade der Verfolgung hindurch geführt hat, wird im Nationalismus des 19. Jahrhunderts sich überall wiederholen, und immer werden dabei wie in den Tagen Talleyrands und Robespierres der moderne Staat und die moderne Wissenschaft verbündet sein, da sie dem gleichen autonomistischen Grunde entstammen.

Träger der ganzen Entwicklung zum nationalen Staate war der „Tiers état“; er war es, der während der ersten „grandes journées“ der Revolution durch den Schwur im Ballhause und die Konstituierung der Nationalversammlung den Rechtsbegriff des Staatsbürgers, des Citoyen, und hiermit den Begriff der Nation geschaffen hat. Die führende soziale Klasse in dem alten Geburtsstande des „Tiers état“ war das Bürgertum — die „Bourgeoisie“, wie man später zu sagen sich gewöhnte, die im Fortschritt der abendländischen Geschichte und nicht zuletzt durch die zielbewußte Förderung des Königtums zu Reichtum und Bildung herangewachsen war, daher die Vorrechte der Geburt und die Allmacht des Fürsten nicht mehr ertragen wollte und nach Freiheit von diesen Fesseln strebte. Die Sorge vor dem Staatsbankerott mag hinzugekommen sein, wenn diese Klasse unter den im damaligen Frankreich obwaltenden Umständen eine Verfassung und mit ihr eine Sicherung gegen alle „Parasiten“ verlangte, worunter sie die erblichen Nutznießer gesellschaftlicher Privilegien, aber nicht die Bezieher von arbeitsloser Kapitalrente verstand. Indem also der Gleichheitsgedanke der modernen Entwicklung von dieser sich langsam bildenden Schicht aufgenommen und mit ihren Interessen verbunden wurde, machte er halt vor dem Eigentum. Die bürgerlichen Führer der Revolution zerstörten das feudale Eigentum, weil es nur auf Geschichte und Herkommen beruhte und ein solcher Rechtstitel vor der siegreichen Vernunft keine Geltung besaß; aber sie glaubten das bürgerliche Eigentum schonen zu können, das aus Arbeit und Ersparnis stammte und die materielle Grundlage der produzierenden Stände und ihrer Betriebe war. Der Weg zur Bekämpfung des Eigentums war dennoch beschritten, aber auch hier hat die Radikalisierung sich nur langsam in vielen Jahrzehnten vollzogen, nachdem einmal die Jakobiner gescheitert waren bei ihrem Versuche, die Entstehung einer neuen privilegierten Klasse im Keime zu ersticken. Die Geschichte der Französischen Revolution wie des ihr nachfolgenden Jahrhunderts geht zu einem großen Teile um eben diese Frage, wie Freiheit und Gleichheit, Persönlichkeit und Masse, Eigentum und Arbeit nebeneinander bestehen können. Das 19. Jahrhundert wurde durch die Französische Revolution ein Jahrhundert des siegenden und dann des herrschenden und genießenden Bürgertums; noch lange sollte das Proletariat nichts weiter sein als Sturmtruppe der bürgerlichen Bewegung. So wurde die „égalité“ in ihrer Beschränkung auf die Rechtsgleichheit das große Prinzip von dauernder Geltung, das die Revolution verkündet und über die Erde getragen hat.

In dieser Einschränkung lag zugleich ausgesprochen, daß zur Tendenz und zum Wesen jeder Gesellschaft die Gliederung gehört. Die alte Ständeordnung war beseitigt, und es gab also nur einen einzigen Stand: „la nation“. Aber indem der Grundsatz der „égalité“ das gleiche Recht aller auf Teilnahme am Staatswillen aussprach und indem die Auswahl nicht mehr nach der Geburt, sondern nach den Fähigkeiten geschehen sollte, wurde der Besitz, der allein die Mittel zur Ausbildung der Fähigkeiten gewähren konnte, das neue gesellschaftsbildende Element. Auch die alte Ständeordnung hatte auf dem Besitze geruht, aber auf einem historisch gewordenen und gebundenen Besitz, der durch Arbeit nicht erwerbbar war; die neue Gesellschaft dagegen baute sich auf dem Kapitalbesitz auf, der erworben war, bisher keine Anrechte gegeben hatte, nun aber in der Verfassung von 1791 durch die Einführung eines Zensus den neuen Unterschied setzte, indem die Aktivbürger, „la nation“, von der besitzlosen Menge, „le peuple“, unterschieden waren. Es wurde nun also auch die Rechtsgleichheit noch eingeengt. Die Beschränkung des Wahlrechtes auf die Besitzenden mochte Gründen der Zweckmäßigkeit entstammen, wie schon Abbé Sieyès der atomistischen Auffassung des Bürgertums bezeichnenden Ausdruck gegeben hatte, wenn er von den „Aktionären“ des staatlichen Betriebes sprach, die in erster Linie an dessen Wohlergehen interessiert seien. Doch der Zensus war zugleich auch der Ausdruck einer Gesellschaftsordnung, die nicht mehr auf der Geburt und auch nicht auf der natürlichen Gleichheit, sondern auf der formalen Rechtsgleichheit und auf dem Kapitalbesitze sich aufbaute. Das „régime censitaire“, wie es die Verfassung von 1791 begründete, wurde zwar bald wieder abgeschafft, aber die Zukunft eines ganzen Jahrhunderts sollte ihm doch gehören. Seine Errichtung war in der Tat ein Vorgang von außerordentlicher Bedeutung für die abendländische Gesellschaft; die historischen Standesunterschiede verschwanden vor dem Unterschiede des Vermögens. Die Ordnung der Gesellschaft nach Ständen, nach erblichen Berufs- und Lebensgemeinschaften versank, und an ihre Stelle trat die Ordnung nach Klassen und also nach Wirtschaftssystemen. Die Standesehre als gesellschaftsbildendes Ethos trat zurück vor dem Klassenbewußtsein des neuen Menschen. Die Französische Revolution hat im kurzen Zeitraum von drei Jahren alle Stufen der Klassenbildung überschritten, der Sturz des Königtums hat die beiden sich scheidenden Klassen der staatsbürgerlichen Gesellschaft — die Besitzenden und die Nichtbesitzenden — von dem gemeinschaftlichen Gegner befreit und sie zu einem Kampfe auf Leben und Tod gegeneinander geführt. Aber die neue Gesellschaft war zu unentwickelt, als daß sie den Widerstreit in sich hätte zur Entscheidung führen können. Was den beiden Klassen gemeinsam war, lag in der Anerkennung der freien Persönlichkeit, von der alle Hemmungen durch feudale Vorrechte genommen waren. Daß auch das moderne Eigentum Vorrechte begründen und neue Bindungen schaffen werde, konnte erst zum Bewußtsein kommen, wenn einmal der Aufstieg des Einzelnen aus der Masse unmöglich geworden war. Zunächst war der Erwerb ein Gebot der bürgerlichen Ethik und ein erreichbares Ziel.

So war die Begründung einer neuen Gesellschaftsordnung das letzte Ergebnis der Französischen Revolution. Die neue Ordnung beruhte auf den Grundsätzen der persönlichen Freiheit und der rechtlichen Gleichheit, sie gab durch das Prinzip der Vertretung dem Einzelnen Anteil am Staate und bereitete das Gefühl der nationalen Zusammengehörigkeit vor. Die abendländischen Staaten haben im Laufe der Zeit ihre Einrichtungen diesen neuen Verhältnissen angepaßt, sie haben sich in die Dienste der neuen Grundsätze gestellt. Es war der tragende Gedanke der Menschen- und Bürgerrechte, daß der Staat sich sittlichen Zielen unterordnen müsse, wie dies einst im Mittelalter der Fall gewesen war. Die rechtliche Souveränität des Staates blieb unangetastet, aber sie sollte von nun an nicht mehr der „Macht an sich“ dienen, sondern den Zwecken einer selbstbewußten Gesamtheit, deren Glieder in ihrem Eigenwert anerkannt und gesichert waren und darum Interesse und Hingabe für diese Gemeinschaft besaßen. Dies aber kam dann wieder der Mehrung der Macht zugute, und so hat der moderne Staat nochmals eine gewaltige Steigerung erlebt, als er die sittlichen Kräfte der Einzelnen entband und für sich mobil machte. Die Staaten ruhten von nun an auf der Masse der gleichberechtigten Staatsbürger, die durch gemeinsame Schicksale und durch die Geschichte eines Jahrtausends zu einheitlichen Völkern zusammengewachsen waren und sich nunmehr ihrer nationalen Besonderheit bewußt wurden. Das äußere Kennzeichen dieser Einheit und zugleich ihre innere Garantie war von nun an die Verfassung, welche die Formen festsetzte, in denen der Anteil der Masse am Staate sich vollzog: so ist mit dem nationalen der konstitutionelle Gedanke der beherrschende Gedanke des Jahrhunderts geworden.

Die Werkzeuge aber, mit welchen dieser nationale Staat die Masse organisierte und in die Dienste seiner Idee und seiner Macht stellte, hat gleichfalls die Französische Revolution zuerst vorgebildet, als sie es unternahm, die allgemeine Schulpflicht und die allgemeine Wehrpflicht zu verwirklichen. Rousseaus radikaler staatlicher Absolutismus spricht aus dem Plane des Konventes, die obligatorische öffentliche und unentgeltliche Staatsschule überall einzuführen, die gemeinsam für alle sein soll und die aus den Händen der Natur und der Mutter die Kinder entgegennimmt, um ein Geschlecht im Sinne des neuen Staates zu bilden. Wenn der Plan damals noch nicht restlos durchgeführt werden konnte, so war dies lediglich in den kriegerischen Zeitläufen begründet. Der Anspruch des Staates auf die Schule wird das ganze folgende Jahrhundert immer wiederkehren, denn er war ein Ergebnis der atomistischen Gleichheitsidee und der in der modernen Entwicklung liegenden Richtung auf staatliche Allmacht; auch hier also verfolgte die Revolution Bestrebungen, die im patriarchalischen Absolutismus vorgebildet waren. Es ergab sich aus diesem Zusammenhang, daß die Staaten des 19. Jahrhunderts die vorgezeichneten Linien weiterführten und sie nur deswegen nicht zu Ende gingen, weil im Laufe des Jahrhunderts der korporative Gedanke sich überall wieder erhob und dem Staatsmonopol konkurrierende Kräfte entgegentraten. Um so entschiedener gelang der Ausbau des zweiten Instrumentes, das die Französische Revolution dem nationalen Staate geschmiedet hat. Als Frankreich von fremden Truppen überschwemmt und die junge Republik aufs ernsteste gefährdet war, hat Carnot im Auftrage des Konventes den nationalen Widerstand organisiert, indem er durch das Massenaufgebot das ganze Volk zur Befreiung des vaterländischen Bodens und zur Ausbreitung der revolutionären Ideen aufrief. In den Kriegen der Revolution erwuchs ein Heer, das sich aus der Masse der gleich und frei gewordenen Söhne des Volkes zusammensetzte und auf der Verpflichtung aller zum Waffendienste beruhte. Auch hierin waren die nordamerikanischen Kolonisten vorangegangen, als sie zuerst im Unabhängigkeitskriege zeigten, was ein Volksheer gegen Soldtruppen zu leisten vermochte. Nun gab es auch in Frankreich keine Söldner mehr und keine Junkerstellen; jeder Bauernsohn wußte, daß er den durch die Revolution von allen feudalen Lasten befreiten Boden gegen die Feinde nach innen und außen zu verteidigen hatte, und daß der Tapfere den Marschallstab im Tornister trug. Dieses Volksheer war ursprünglich entstanden als ein bewaffnetes Bürgertum, indem es nur aktive Bürger zuließ, und auch noch später ist die Scheidung der Klassen in Besitzende und Nichtbesitzende immer wieder auch in das Heer eingedrungen, besonders als Napoleon die Stellvertretung und den Loskauf vom Dienste gestattete. Die Klassenkämpfe des ausgehenden 19. Jahrhunderts werden überall in Europa nicht zuletzt um die Gestaltung des nationalen Heeres geführt werden. Aber trotzdem bleibt bestehen, daß die revolutionäre Demokratie Frankreichs dem übrigen Europa das Vorbild des modernen, gleichmachenden Militarismus gegeben hat. Die alten Militärstaaten — und Preußen als der vollendetste unter ihnen — konnten hier anknüpfen und hoffen, das Ethos der Revolution für ihren ganz anders gebauten Staat einzufangen. Im Sinne der Französischen Revolution war die allgemeine Wehrpflicht gedacht als Korrelat des allgemeinen Wahlrechtes, beide gaben Zeugnis vom souveränen Volke und waren bestimmt, „dem Geiste des Standesunterschiedes den letzten Stoß zu versetzen“, wie Carnot schon

1792 vor der Versammlung der Legislative erklärt hat. Das „Volk in Waffen“ war in der Tat der Ausdruck der neuen staatsbürgerlichen Gesellschaft und des nationalen Staates, und es war seinerseits auch selbst wieder ein kräftiger Hebel, um die Geister zu uniformieren und in Marsch zu setzen im Dienste der Macht. Die nationalen Heere der europäischen Staaten werden im 19. Jahrhundert den zwiespältigen Charakter niemals verleugnen, den ihnen die Französische Revolution kraft ihrer Schicksalsbestimmung verleihen mußte. Dieses Heerwesen mußte, der neuen Staats- und Gesellschaftsordnung entsprechend, mechanisch gegliedert sein, wie dies der Absolutismus vorgebildet hatte. An die Stelle der Zünfte, die eine Gesinnungsgemeinschaft auch in militärischer Hinsicht gewesen waren, ist die Kompagnie getreten als eine Summe von Menschen, die ganz zahlenmäßig nach der Größe aufgestellt und in gleiche Quoten abgezählt sind. Und zur Bewegung dieser Massen war die Trennung von geistiger Leitung und körperlicher Aktion notwendig, nicht anders als bei der Leitung jedes andern mechanischen Betriebes, einer modernen Verwaltung oder einer modernen, über die handwerkliche Wirtschaft hinausgebildeten Fabrik. Und doch hat die Revolution zugleich in diesem mechanisierten Massenapparat die Gesinnung aufgerufen und belebt und konnte von den Soldaten des nationalen Staates rühmen, daß sie die Bürgerheere des Altertums und ihren Geist zurückgebracht hätten. Die Kompagnie, das Bataillon, das Regiment — sie waren mechanisch zusammengefügte Summen; aber auf dieser neuen Grundlage der Gleichheit entwickelte sich in den neuen Verbänden ein neuer Geist der Zusammengehörigkeit, ein Korpsgeist der durch das Los der Zahl zusammengeführten Soldaten und darüber hinaus ein Geist der Hingabe an das Vaterland und an seine Ideen, die es zu verteidigen und auszubreiten galt.

Jene „schöne und starke Jugend“, die dem Rufe des Vaterlandes folgte, trug bei Wattignis unter den Mauern von Maubeuge ihren ersten, vielgefeierten Sieg über die kriegsgeübten Soldheere der verbündeten Monarchen davon; durch den Donner der Geschütze klang der brausende Gesang der Marseillaise und des „Ça ira“ zu den Österreichern herüber. Die Legende der großen Revolution hat die „Volontaires“ von 1792 und die „Levée en masse“ mit einem Nimbus unbefleckten Heldentums umgeben, den die wissenschaftliche Forschung zerstört hat; aber inmitten der Sünden und Mängel einer noch ungefestigten Organisation und einer aus allen Geleisen geratenen Menschheit hat Carnots Glaube niemals gewankt. Ein ungeheurer militärischer Mechanismus wurde nicht nur aufgebaut, sondern auch erhalten und beseelt durch das Bewußtsein, daß die Jugend Frankreichs berufen sei, ihr Ideal der Freiheit und Gleichheit dem alten Europa entgegenzutragen. Denn die Ideen von 1789 waren nicht für Frankreich allein gedacht und verkündet worden, die Würde der Menschheit war nicht gebunden an die zufälligen Grenzen von Staaten und Völkern, mit vielfältigen Stimmen klang durch das Jahrhundert das berauschende Lied: „Seid umschlungen Millionen!" In allen Landen erweckte die Befreiung der Person und des Bodens die tiefste Bewegung in verwandten Gemütern, längst war die Stimmung vorbereitet — „als man hörte vom Rechte der Menschen, das allen gemein sei". Die Männer der Revolution haben Kant zum Ehrenbürger der Republik ernannt: sie waren sich bewußt, daß ihre allgemeinen Menschenrechte und die Gesetzesethik des Philosophen im fernen Königsberg dem gleichen abstrakten Menschheitsideale entstammten. Es mußte ihnen freilich verborgen bleiben, daß ein großer Unterschied bestand zwischen Kant und ihrer eigenen Verherrlichung des Glückes. Wenn Friedrich Schiller der gleichen Ehrung teilhaftig wurde, so galt dies der Erinnerung an den starken revolutionären und politischen Idealismus, der es unternommen hatte, in den „Räubern" die verletzte Menschenwürde zu rächen und wiederherzustellen, im „Fiesco" republikanische Größe und Freiheit zu feiern, der in „Kabale und Liebe" die Naturrechte des Herzens gegen die Unnatur der Gesellschaft erhoben und mit rauschendem Pathos den Menschheitsgedanken in der Gestalt des „Posa" oder im „Lied an die Freude" verkündet hatte. Hier ist auch an Beethoven zu erinnern, der in der rheinischen Heimat den Genius der Revolution in sich aufgenommen hatte und in dessen Musik das Feuer des revolutionären Heldentums auch dann noch glühte, als es in der Welt längst durch den Bändiger der Revolution zertreten war. In der „Eroika" schilderte er die Taten des Gewaltigen und schrieb darüber den Namen Buonaparte; aber als Napoleon dann sich krönen ließ, zerriß er voll Zorn die Widmung und ersetzte sie durch die Worte: „Sinfonia eroica, composta per festeggiare il sovenire di un grand uomo." Die aus der Revolution geborene Musik lebt in der Ouvertüre zum „Coriolan" und zum „Egmont" und in jener „Appassionata", von der Bismarck bekannt hat: „Wenn ich sie häufig hören würde, würde ich immer sehr tapfer sein." Durch ein furchtbares Meer von Blut und Verbrechen zog die Revolution ihren Weg dem neuen Ziele entgegen, sie beseitigte in Frankreich eine historisch gewordene Ordnung, die auch im übrigen Europa bestand und auch dort bereits bestritten wurde.

Die Revolution schien nicht restlos verwirklicht und ihre Ergebnisse schienen nicht gesichert zu sein, wenn nicht die ganze Welt den gleichen Schritt vollzog, den Frankreich vorangegangen war. Aus dem Weltbürgertum der neueren Geschichte, das im Rationalismus begründet war und durch die Gemeinsamkeit der klassischen Bildung getragen wurde, erwuchs die „fraternité“ als ein Appell an die Waffen: „Krieg den Palästen, Friede den Hütten!“ Und während die Revolution sich an Europas Jugend wandte und die Völker aufrief, ihre Ketten zu zerbrechen, sind auch die Könige sich des ungeheuren Ernstes der Lage bewußt geworden, sie haben überall unter dem Eindruck der Pariser Vorgänge Schluß gemacht mit Aufklärung, Freiheit und machtpolitischer Zentralisation und sich solidarisch gefühlt in der Beschützung der bedrohten feudalen Gesellschaft. So hat das Zeitalter der Französischen Revolution zuerst für Europa ein neues und folgenreiches, ordnendes Prinzip aufgestellt, indem es daran erinnerte, daß es für die Staatenwelt neben dem System des Gleichgewichtes noch ein zweites System gibt, das nicht auf dem Machtgedanken aufgebaut ist, sondern auf der Solidarität der gleichartigen Gesellschaft. Die Sache des französischen Königs und der Emigranten wurde zur Sache des ganzen europäischen Adels, die Sache des „Tiers état“ zur Sache aller unterdrückten Völker. Es ist ein Motiv, das von nun an die auswärtige Politik der europäischen Staaten aufs stärkste beeinflussen wird; Staatsraison und Gesinnungspolitik werden in der diplomatischen Kunst des 19. Jahrhunderts in einer Weise miteinander ringen, wie niemals vorher in der Geschichte.

Der Propagandagedanke der großen Revolution hat das nationale Heer geboren, der Glaube an Vaterland und Menschheit hat die Truppen aufgestellt, organisiert und zum Siege geführt. Das Vaterland war entstanden durch die Vereinigung der Provinzen, es hieß: „la France“. Aber im Sinne der Revolution war das Erreichte nur die erste Stufe einer innern Verbindung aller in Europa werdenden Nationen, und Frankreich, wo die „Menschenrechte“ zuerst verwirklicht worden waren, erschien als die Keimzelle dieser kommenden Menschheit. Aus weltbürgerlichem Glauben war zuerst in Frankreich der nationale Gedanke hervorgebrochen, die Liebe zum Vaterlande war auch die Liebe zur Menschheit, der Patriotismus als ein Dienst für Freiheit und Gleichheit erschien wie eine neue Religion kommender Zeiten, das Vaterland und die Vernunft sollten vereint an die Stelle treten, die bisher der Thron Gottes eingenommen hatte. Ein neues Bild vom Kriege erstand vor den Augen Europas, man hatte seit den Tagen Cromwells keine revolutionäre Demokratie mehr in Waffen gesehen: „Es ist kein Krieg, von dem die Kronen wissen, es ist ein Kreuzzug, ’s ist ein heiliger Krieg“, wie später Theodor Körner den Gedanken des Volkskrieges aus den Erlebnissen seiner Tage formuliert hat. Daß die Demokratie der Friede sei und Kriege nur immer im Königsschlosse gemacht würden, war eine Überzeugung, die dem weltbürgerlichen Sinne der modernen demokratischen Bewegung entstammte und im 19. Jahrhundert immer wieder hervorgekehrt wird. Wenn trotzdem die Revolution die Waffen zu führen gezwungen war, so war sie gewiß, daß ihr moralischer Untergrund stärker und fester sei als bei den Kabinettskriegen der bisherigen Zeit und daß die heiße Liebe zu Vaterland und Menschheit die waffentragende herrliche Jugend beflügeln werde, bis sie die Erklärung der Menschenrechte über die Erde dahingetragen und dieser Krieg der letzte von allen Kriegen gewesen. Doch als nun die Heere der Jakobiner siegreich in Belgien standen und am Rhein, da hatten sie von den berauschenden Gewaltsamkeiten der Schlachten allzuviel gekostet, als daß das Ideal der Freiheit nicht gefährdet worden wäre. Sie waren ausgezogen im stolzen Glauben, daß Frankreich berufen sei, der Menschheit das Heil zu bringen. In dieser Selbstüberhebung, die aus dem Weltbürgertum der neueren Geschichte erwachsen war, steckte bereits im Keime der ganze Nationalismus des 19. Jahrhunderts; es war unmöglich zu scheiden, wo der Propagandagedanke aufhörte und der Eroberungsgedanke zu wirken begann. Die Jakobiner waren nach Brüssel marschiert und nach Mainz, als sie Frankreichs Boden von den eingedrungenen Gegnern der Revolution befreit hatten; den zurückweichenden Österreichern folgend, gelangten sie in Landschaften, wo die Erlösung vom Joche des Feudalismus begrüßt wurde. Adelshaß und antityrannische Gesinnung waren auch in Deutschland aus den politischen Verhältnissen und aus dem Gange der allgemeinen europäischen Geistesentwicklung erwachsen, ein staatstheoretischer Moralismus lebte in kleinen, aber regsamen literarischen Kreisen, als deren vollendeter Vertreter Georg Forster genannt werden muß, den in seiner Jugend das Schicksal und der Wille des Vaters durch die Welt der Bücher und dann durch die Endlosigkeit der Ozeane geführt hatte und der in der bescheidenen Stellung eines Bibliothekars beim Kurfürsten von Mainz kein Genüge und kein Feld der Betätigung fand. In den Truppen der Jakobiner, die Mainz besetzten und die geistliche Herrschaft beseitigten, sah er die Vorkämpfer von Ideen, die ihm aus der deutschen und der angloamerikanischen Aufklärung, aus Kant und

Franklin geläufig waren. So wurde er der erste Fürsprecher der Revolution auf deutschem Boden, als unter seiner Leitung ein rheinisch-deutscher Nationalkonvent die Losreißung des rheinischen Freistaates vom deutschen Reiche proklamierte und in Paris die Einverleibung in die große französische Republik beantragte. Der Anblick der Pariser Zustände hat freilich die Ernüchterung bald gebracht, der Forster, durch eheliches Leid zermürbt, nicht mehr gewachsen war. Die Ausdehnung des revolutionären Gedankens geriet dennoch nicht ins Stocken. Seit das linke Rheinufer dauernd von den Franzosen besetzt war, hat zwar nirgends die Liebe zum Alten gefehlt, zumal der materielle Druck der Besatzung und die Störung der gewohnten Bequemlichkeit sehr unliebsam empfunden wurden. Die Reichsstädter hingen an ihrer republikanischen Verfassung, deren Bestimmungen sie wohl gerne den Franzosen gegenüber in demokratischem Sinne umdeuteten, und der Bürgermeister von Köln erklärte vor dem Konvent die französische Verfassung zu einem „système fraternisant avec le nôtre". In den Territorien zeigte sich viel Anhänglichkeit an die Fürsten trotz ihrer kopflosen Flucht; Max Franz von Köln, der jüngste Sohn Maria Theresias, war ein guter Monarch gewesen, auch Klemens Wenzeslaus, der letzte Kurfürst von Trier, war sehr beliebt, während die Mißwirtschaft im Mainzischen unter Karl Joseph von Erthal allerdings schlimm war. Auch war die Hinneigung zu den altererbten Sitten nirgends so stark entwickelt wie in kirchlichen Dingen, wo der Radikalismus der neuen Herren sich am grimmigsten auszutoben begann. Freilich war das Volk durch das System des Absolutismus viel zu sehr an Passivität gewöhnt, als daß sich diese Stimmungen irgendwie hätten auswirken können. Die führenden Köpfe der Jugend waren überzeugt, daß das Alte zum Untergange reif sei, und niemand hat dies damals in der rheinischen Publizistik entschiedener ausgesprochen als Michel Venedey in Köln und der junge Görres in Koblenz, die beide durch die Schule der Aufklärung hindurchgegangen waren und die sittliche Besserung zuversichtlich von der Revolution erhofften. Frankreich setzte sich auf dem linken Rheinufer durch, weil die Ideen seines neuen Staates es ermöglichten, eine erfolgreiche Kulturpropaganda durch die Lande zu tragen.

Nach Belgien und an den Rhein hatte auch das alte französische Königtum immer durch viele Jahrhunderte hindurch gestrebt; in der geographischen Besitzverteilung zwischen den Häusern Bourbon und Habsburg war dies begründet gewesen, und immer hatten die Könige gemeint, dereinst das linke Rheinufer als Sprungbrett in das innere Deutschland und zur europäischen Hegemonie verwenden zu können. Daß sie von diesen Zielen abgedrängt wurden, war ihr schlimmster Mißerfolg, der an der Vorbereitung der Revolution gearbeitet hat. Nun waren die Jakobiner mit dem Banner der Menschenrechte an den deutschen Strom gelangt, und sie waren gerüstet und fähig, den Sprung nach Mitteleuropa zu wagen. Daß die Freiheit, für welche sie kämpften, französischen Ursprunges sei und nur von französischen Händen geschützt und ausgebreitet werden könne, war jedem Soldaten der Revolution gewiß. Frankreich mußte am Rheine sich festsetzen, hier waren seine „natürlichen Grenzen", die von der Natur und der Vernunft selber vorgezeichnet zu sein schienen und die auch der Eitelkeit und dem Machtbewußtsein der Nation gefielen. So brachte die Revolution mit neuer Begründung und neuer Parole die Erfüllung der alten Wünsche, der Propagandagedanke führte unmerklich hinüber zu der Lehre von den „limites naturelles", die „Nation" verlangte den Rhein mit seinen Bischofsstädten, seinen Klöstern und Ritterburgen — im Namen der Freiheit und im Namen des Ruhmes. Der überlieferte Kampf um den Rhein wurde wie alle Gegensätze der Macht und des Interesses in ganz Europa unerhört verschärft, nachdem das nationale Bewußtsein geweckt war und in Tätigkeit trat. Als die Heere der Jakobiner ansetzten, um auf der Spitze der Bajonette den Völkern die Freiheit zu bringen, da brach das letzte Band auseinander, das bisher Europa noch zusammengehalten hatte. Der Wahn, daß es ein auserwähltes Volk gebe, das die andern Völker Europas zu bekehren berufen sei, war dem Mittelalter und auch allen Jahrhunderten der neueren Geschichte fremd gewesen. Das Denken des Mittelalters hatte sich an keine Grenzen und an keine Rassen gebunden gefühlt, und noch Dante, sein letzter und größter Künder, hatte mit den Stoikern empfunden, daß die wahre Heimat des Weisen die ganze Welt sei: „cui mundus est patria ut piscibus aequor". Unter allen Vertretern moderner Lebensgestaltung war nicht ein einziger gewesen, der eine völkische Gebundenheit des Geistes bejaht und die Enge der Heimat dem weiten Erdkreis vorgezogen hätte. Das Weltbürgertum war mit dem modernen Geiste notwendig gegeben; wenn eine allgemeine Vernunft lebte, die allen Menschen in gleicher Weise zugeteilt ist, so verschwanden vor diesem abstrakten Menschentum alle Unterschiede als zufällig, unwesentlich, als nur historisch geworden. Auch war das Weltbürgertum die selbstverständliche Ergänzung der autonomen Persönlichkeit, die keine andern Grenzen anerkannte als die von der Natur gezogenen: „berühmter

Männer Grabmal ist die ganze Welt", wie schon Thukydides gesagt und der moderne Ruhmessinn seit der Renaissance immer von neuem wiederholt hat — „ἀνδρῶν γὰρ ἐπιφανῶν πᾶσα γῆ τάφος".

Mitten in den Jahrhunderten, da die großen Mächte sich gebildet und miteinander um die Gestaltung Europas gerungen haben, ist eine lebendige Europagesinnung wach gewesen. Zwar war das Kaisertum nur noch ein Schatten und ohne politische Kraft, aber seine Existenz allein gewährte dem zersplitterten Mitteleuropa eine Lebensform, und wenn im übrigen die Mächte im Kampfe um die Hegemonie oder um das Gleichgewicht immer wieder die Waffen gegeneinander kehrten, so war doch wenigstens ein gemeinsames Bewußtsein der Überlegenheit in allen europäischen Kolonisten, die gerade in diesen Jahrhunderten jenseits der Meere die Vorherrschaft Europas begründeten. In allem Ringen der Staaten um die Macht war doch Europa als geistiges Gebilde und als Kultureinheit erhalten geblieben, ja es steigerte sich dieses Gemeinschaftsbewußtsein im Fortschreiten des rationalistischen Denkens, das immer entschiedener von allen historischen Unterschieden der Anlage, der Sitte, des Geschmackes absah, bis Rousseau von seiner Zeit sagen konnte: „il n'y a plus que des Européens". Das Naturrecht hat die Einheit des Abendlandes gefördert, der Geist des Christentums und der Humanität strebte, nachdem einmal das Zeitalter der Religionskriege vorübergezogen war, nach einer alle Nationen umfassenden menschlichen Kultur; es ist denkwürdig, wie Leibniz die Kircheneinigung betrieb, weil er die Entwicklung der Menschheit als eine einheitliche erfaßt hatte und die großen Vorteile der Weltkirche für den Frieden Europas ermessen konnte. Leibniz war auch der erste Organisator der internationalen Wissenschaft, und er nahm dabei nur in Angriff, was in dem Systemgedanken der modernen Philosophie sich geradezu aufdrängte; der ganze Weg, den Wissenschaft und Kunst seit der Renaissance durchschritten hatten, war von allen Völkern zugleich durchmessen worden, international waren die Probleme und Denkmotive, die Antriebe und Wandlungen des gesellschaftlichen und wirtschaftlichen Leben, international war der geistige Austausch, die Sprache des Latein und des Französischen. Alle Geister, die am Aufbau der modernen Welt mitgewirkt haben, sind in dieser europäischen Breite des Lebens gestanden und haben den geistigen Verkehr über die politischen Grenzen hinweggetragen. Niemals ist so viel gereist worden wie im 18. Jahrhundert, dem weltbürgerlichen Zeitalter. Die Landstraßen waren belebt von Postwagen und Fußgängern, und zahlreich waren die Leute, die immer unterwegs waren und in Paris, in Wien und Dresden, in Venedig und Rom mit gleicher Sicherheit sich bewegten. Trägerin dieses Europagefühles war die „Gesellschaft" — der Begriff ist modernen Ursprungs, — jene Aristokratie des Blutes und des Geistes, die hoch sich erhob über alle Grenzen von Staat und Volkstum. Da war der internationale Hochadel Europas, dessen Söhne in Ritterakademien oder auf Jesuitenschulen die einheitliche klassische und weltmännische Bildung empfingen, dann mit großem Gefolge ihre Kavalierreisen durch Frankreich, England, Holland und Italien machten, jene „nobilis et erudita peregrinatio", für die Justus Lipsius, der große holländische Humanist, in einem berühmten Briefe Anweisungen gegeben hat und die der Junker absolvieren mußte, um die „Urbanität", die Gesellschaftsformen und die Verfeinerung der Lebenskunst kennen zu lernen. Viele kamen dann in späteren Jahren oft nach Rom, um Kunstwerke zu erspähen oder das Leben zu genießen; das Bruderschaftsbuch von Santa Maria dell' Anima, der deutschen Nationalkirche in Rom, berichtet von den zahlreichen Romfahrern der Neuzeit, die zu den großen Kirchenfesten oder zur Pflege persönlicher Beziehungen bei der Kurie alljährlich in die Kosmopolis kamen. Der Edelmann trat wohl, wenn er die große Tour hinter sich hatte, in die Klasse der Diplomaten ein, ein Beruf, der dem Mittelalter fremd gewesen und der in einer Hinsicht bestimmt war, den geistigen Austausch zu ersetzen, den früher die päpstliche Macht und ihre Legaten zwischen den einzelnen Staaten aufrecht erhalten hatten. Andere wieder zogen als Söldnerführer durch Europa oder als Abenteurer, um in Liebeshändeln oder im Spiel ihr Glück zu versuchen. Venedig, die Königin der Meere und die Stadt des Karnevals, war im 18. Jahrhundert das Stelldichein aller Lebemänner, Gauner und Falschspieler geworden. Als die „Humanitätsreligion" gerade von dem internationalen Adel — mit dem Preußenkönig an der Spitze — so lebhaft ergriffen wurde, entstanden die Freimaurer, auch sie ein internationaler Bund von vorwiegend aristokratischer Zusammensetzung. Und neben dem Geburtsadel hatten die geistigen Führer eine nicht geringere Bedeutung für den Austausch gemeinsamen Interesses. Die Philosophen, Naturforscher, Ärzte strebten nach Paris; für Hobbes und Leibniz ist der Pariser Aufenthalt epochemachend geworden. Die Künstler pilgerten nach Rom, wo Ludwig XIV. 1666 die erste Akademie der bildenden Künste gegründet hatte; die unvergleichliche internationale Stellung des Rubens, aber auch vieler kleinerer Maler jener Zeiten ist nur auf dem Hintergrunde einer solchen aristokratischen Gesellschaftsordnung und der von ihr gepflegten Europagesinnung zu denken. Mit allem diesem ging es nun seit der Französischen Revolution zu Ende. Das Bürgertum wurde die führende Schicht des 19. Jahrhunderts. Arbeit, Sparsamkeit, Sittenstrenge und eine literarische und nationale Bildung wurden seine Ideale, seine politischen Gedanken galten der nationalen Wirtschaft und dem nationalen Staate. Und als das Bürgertum nach zwei bis drei Menschenaltern gesättigt war und die Italienfahrten wie die Weltreisen bei erleichterten Verkehrsbedingungen wieder in Fluß brachte, da war dies eine Sache der Mode und des Epigonentums und hatte geringe Bedeutung für eine Annäherung der Völker. Der weltweite Sinn der alten Aristokratie mit ihrer klassischen und französischen Bildung ging verloren oder hatte keine Möglichkeit mehr, sich zu betätigen. Auch diese Entwicklung vollzog sich im 19. Jahrhundert überaus langsam; aber immer stärker drang der bürgerliche Gelehrte, der Advokat und Gewerbetreibende im politischen und gesellschaftlichen Leben vor, immer dringender wurde überall der Aufbau des freien und nationalen Staates, immer tiefer wurden die Unterschiede zwischen den Völkern, immer schwieriger die Verständigung, weil keine soziale Schicht von internationalem Gepräge vorhanden war und auch die Bildung in gesonderte, nationale Bahnen auseinanderzugehen begann. Das 19. Jahrhundert hat durch die Erweckung der Völker zum Eigenleben und Selbstbewußtsein ungeahnte Kräfte gehoben und gewaltige Werke aufgetürmt, aber es hat dadurch zugleich die Machtkämpfe zwischen den europäischen Staaten gewaltig vertieft, als die Leidenschaften des Volkstums in die Geschichte eintraten und die Macht zugleich eine nationale Erfüllung wurde. Die innere Auflösung der abendländischen Gemeinschaft trat in ihr letztes Stadium, so daß schließlich nichts mehr übrig war als eine Trümmerstätte mit Nationalitäten. Was die Französische Revolution angeregt hatte, vollzog sich im Laufe eines Jahrhunderts: die allgemeinen Menschenrechte verbreiteten sich über ganz Europa als Erbschaft der großen Revolution, und mit den Menschenrechten schritt auch der Gedanke der Autonomie, dieses letzte Ergebnis des abendländischen Denkens, durch die historische Staatenwelt Europas dahin. Der nationale und der konstitutionelle Gedanke sind die beherrschenden Ideale des 19. Jahrhunderts geworden.

VIERTER ABSCHNITT

Empire und Klassizismus

Es geht ein tiefer Widerspruch durch die Geschichte der abendländischen Kultur. Die Jahrhunderte seit der Renaissance hatten ein abstraktes Menschentum herausgebildet: Masse und Zahl, Gleichheit und Organisation — lauter quantitative Bestimmungen drängten zur ausschließlichen Geltung und wollten das Leben in errechenbare Gesetze bannen. Aber daneben meldete sich dann immer wieder eine andere Welt, die jenseits aller herrschenden Vernunft liegt — eine Welt der absoluten Werte, welche daran erinnert, daß es „Grenzen der Menschheit" gibt: „Uns hebt die Welle, verschlingt die Welle, und wir versinken". Je unübersichtlicher und gedehnter die Verhältnisse wurden, um so notwendiger wurde die Feststellung der äußern Welt; aber unter der Decke des wissenschaftlichen, begrifflichen und berechnenden Denkens ging das volle Leben seinen Gang weiter. Da sind die Menschen mit ihren Leidenschaften, ihrer Ursprünglichkeit und ihren Unterschieden, die aller Normierung spotten; da ist die vielfältige Gliederung nach Beruf und Stand, nach Begabung, Rasse und Erbschaft, wie dies nun einmal die Wirklichkeit mit sich bringt; da ist die gegebene Welt der Kirche, der historisch gewordenen Staaten, ihrer Interessen und Kämpfe, da ist die Macht des Bestehenden überhaupt in Familie und Sitte, Herkommen und Beruf. Abstrakte Menschen will das moderne Leben — Beamte; aber immer noch sind es Helden und Staatsmänner und Denker, Kaufleute und Bauern, die die Geschichte machen, immer noch bleibt in den Beziehungen der Menschen vieles auf Gesinnung gestellt, auf Treue und Glauben und auf Werte, die nicht meßbar, nicht tauschbar sind und nicht entpersönlicht werden können. Die Menschen bleiben abhängig von Sonne und Wind, von den Gaben der Natur und von der göttlichen Ordnung. Zu allen Zeiten hat das Leben den Eingriff der gestaltenden Vernunft gefordert, und diese Forderung ist jetzt bewußt, ausschließlich und ein wissenschaftliches Prinzip geworden; aber das Leben selber rauscht weiter aus verborgenen Quellen und fordert Anerkennung und Ehrfurcht. Auch die großen Franzosen des 17. und 18. Jahrhunderts, die das System der mechanischen Weltanschauung ausgebildet haben, hatten — wie Descartes in ergreifender

Weise erkennen läßt — eine tiefe Ahnung von dem letzten und geheimen Urgrund des Lebens, der nicht errechnet, erwirkt und organisiert werden kann; aber sie hatten ihn und seine Äußerungen im weiteren Vorschreiten der rationalistischen Bewegung immer mehr lediglich als ungelösten Rest hingenommen oder als schönen Schein, nicht als Zubehör und Bestandteil vollen Menschentums. Aus Descartes war ein Cartesianismus geworden, Newtons Geist war zum „homme machine“ niedergezogen. Die Französische Revolution hatte dann den Schleier zerrissen und die Zwiespältigkeit der modernen Kultur, den Dualismus von Berechnung und Leben in voller Schärfe hervorgebracht. Sie hat die Rationalisierung von Staat und Gesellschaft am weitesten getrieben, historische Beziehungen gelöst und die „Entmenschlichung“ des Daseins gefördert, als sie alles auf den überpersönlichen und abstrakten Begriff der Freiheit, der Gleichheit und des allgemeinen Menschentums bauen wollte. So wähnte sie, das vielgestaltige Leben auf die feste und eindeutige Grundlage der allen Menschen gemeinsamen Vernunft zurückführen zu können, um das Wunderwerk rationaler Organisation zu beginnen und alle Kräfte der Seele und des Geistes dem absichtsvollen Plane dienstbar zu machen. Aber eben dadurch wurden alle Erscheinungen und Werte ausschließlich nach ihrem technischen Nutzen eingestuft und der Relativismus also gewaltig gefördert. Wenn zudem der Siegeszug des planvollen und methodischen Denkens die höchsten Möglichkeiten errechnete und der Verwirklichung nahe brachte, so wurden gerade hierdurch elementare Kräfte geweckt, an welche der nüchterne Sinn für Macht und Erfolg niemals gedacht hatte. So hat die Französische Revolution den Einzelnen, das Volkstum, die Nation aus Dämmer und bewußtlosem Dasein emporgerufen, und wenn man sooft um ihren geschichtlichen Charakter gestritten hat — ob sie nämlich eine Weiterführung des in der modernen Entwicklung liegenden atomistischen Geistes oder eine Erweckung spontaner Mächte bedeutet — so zerfällt die Alternative, sobald man sich bewußt bleibt, daß mit der einzigen Ausnahme des englischen Lebens die ganze moderne Kultur kraft ihrer Geschichte und ihrer Schicksalsbestimmung in diesen Dualismus von Berechnung und Ursprünglichkeit geraten ist. Es bezeichnet die weltgeschichtliche Stellung Napoleons, daß er diesen Widerspruch vertieft und von Frankreich aus zu einem Kennzeichen der ganzen abendländischen Welt gemacht hat, indem er die kunstvolle Organisierung der Menschen bis zur denkbar vollendetsten Form ausbildete und doch gerade dadurch die Individuen und die Völker erzog zum Bewußtsein ihrer Eigenart und ihres ursprünglichen Wesens.

Die Persönlichkeit Napoleons steht außerhalb und jenseits der abendländischen Entwicklungsreihe. Es soll hier nicht das Bild nachgezeichnet werden, das Taine von dem Baumeister des neuen Staates und der neuen Gesellschaft entworfen hat und das seitdem in zahlreichen Biographien wiederholt worden ist. Es genügt der Hinweis auf die seelische und geistige Ursprünglichkeit dieses aus korsischem Boden entsprossenen Urwesens, das wie eine Naturerscheinung in die Welt der europäischen Zivilisation, ihrer abstrakten Vorstellungen und abgeleiteten Lebensformen eingebrochen ist: „c'est par la pratique, ni par la spéculation qu'il s'est instruit." Sein natürlicher, unverbrauchter Intellekt richtet sich auf die Dinge und nicht auf ihre Begriffe; er sieht, betrachtet, prüft, er errechnet das Ergebnis aus den zahllosen exakten Tatsachen, die seine Beobachtungsgabe aufgenommen, sein erstaunliches Gedächtnis festgehalten und seine Phantasie kombiniert hat. Ein rücksichtsloser Wille macht die Gedankengebilde zur Tat und treibt das Spiel der Erfindung immer weiter bis in jene Augenblicke, wo der Phantast Europa wie einen Maulwurfshügel unter sich sieht und gleich einem asiatischen Religionsstifter mit Schwert und Koran die Erde sich unterwerfen möchte. In jeder Hinsicht hat die ungebrochene Naturkraft den Charakter Napoleons geprägt, sie erklärt die Hemmungslosigkeit, mit welcher der Egoismus als die primitivste Leidenschaft in diesem ungezügelten Urmenschen lebendig geworden ist. Es ist freilich eine enge Psychologie, die das Bild eines Helden fassen möchte in die Formel: „moi colossal"; dem Sohne der Lätitia haben die versöhnenden Züge menschlichen Fühlens nicht gefehlt. Doch der elementare Ausbruch des Herrscherwillens war in dem vorgerückten Stadium der historischen Entwicklung eine Überraschung; es war ein Atavismus, der in diesem Manne lebendig geworden war aus lateinischem Blut und klassischer Überlieferung. Und doch war Napoleon in erstaunlicher Vielseitigkeit der Anlagen zugleich auch der höchste und vollendetste Typus, den das Jahrhundert des wissenschaftlichen und mathematischen Geistes hervorgebracht hat. Sein Verfahren, die Dinge anzusehen, war mathematischer Art, niemand hat so souverän, so mechanisch und statistisch Länder und Bevölkerungen auseinandergeschnitten und zusammengelegt. Er hat selbst moralische Kräfte und sogar die Religion auf meßbare Werte zurückgeführt: sich selbst schätzte er einmal in der Schlacht gleich einem Heere von 150000 Mann, bei einer andern

Gelegenheit hat er den Einfluß des Papstes gleich 40 000 Mann abgewogen. Er war Empiriker und Rationalist zugleich. So konnte er zur gegebenen Stunde das Werk vollenden, um der Organisator Frankreichs und Europas zu werden; zuletzt aber mußte er scheitern, als es sich erwies, daß moralische Energien nicht abgezählt werden können wie Geld oder Dampfkraft oder Kanonen.

Die Revolution hatte eine neue Wirtschafts- und Gesellschaftsordnung geschaffen, aber erst die Armee und ihr Führer waren in der Lage, die neue Ordnung zu sichern und ihr Dauer zu verleihen. Die Diktatur leistete, was die Gesellschaft brauchte und selbst noch nicht hatte schaffen können. So erwuchs der französische Cäsarismus als die erste von feudalen Gewalten freie Monarchie, welche die abendländische Geschichte gesehen hat. Nicht aus dem Herkommen, dem Gottesgnadentum und der Gewohnheit holte diese Monarchie sich ihre Macht, sondern sie ruhte durchaus auf den Ergebnissen der Revolution, sie stützte sich auf das Heer und auf die Masse des Volkes, das auf dem Wege über die Plebiszite die neue Staatsform bestätigt und geweiht hatte. „Par la grâce de Dieu et la volonté nationale“, war die bezeichnende Formel, durch welche der Kaiser die Legitimierung seiner Stellung zum Ausdruck gebracht hat. Es war eine formale Volkssouveränität, deren geistige Wurzeln bis zu Hobbes zurückreichten und die seitdem vertieft worden war, weil das Volk zur Nation geworden war. Das Kaisertum bot die Macht und die Garantie, daß die neue Gesellschaftsordnung und die neue Güterverteilung erhalten blieben und daß kein Ausland und keine Gegenrevolution sie rückgängig machen konnten. So mußte man — müde und ruhebedürftig, wie man nun einmal war — auf jene Staatsform verzichten, welche nach dem Gesetze der abendländischen Entwicklung in Wahrheit der neuen staatsbürgerlichen Gesellschaft entsprach, indem sie ihr Anteil an der Bildung des Staatswillens gewährte: man unterwarf sich dem Willen des Einen. Verfassung und Verwaltung wurden der Diktatur angeglichen. Eine Volksvertretung gab es nur dem Scheine nach. Ihre Zusammensetzung war durch ein klug ersonnenes Listensystem ganz in die Hand Napoleons gegeben, ihre Mitwirkung an der Gesetzgebung war schon in der Verfassung von 1799 völlig wertlos gemacht, weil dem Willen des Ersten Konsuls, wenn er unter dem Titel einer Verwaltungsverordnung kundgegeben wurde, Gesetzeskraft zukam. Auch durfte das „Tribunat“ die Gesetzesvorlagen nur besprechen ohne abzustimmen, der gesetzgebende Körper durfte nur abstimmen ohne zu beraten: das Recht der Initiative besaß keine der beiden

Kammern. Das Tribunat wurde dann 1802 noch weiter geschwächt, als Napoleon bei der verfassungsmäßigen Partialerneuerung die Person der Ausscheidenden von sich aus bestimmte und gleichzeitig der von ihm selbst diktierte „Senatskonsult" vom 4. August dem Senate das alleinige Gesetzesrecht neben dem lebenslänglichen Konsul zusprach. Auch unter dem Kaisertum bestanden die beiden gesetzgebenden Körperschaften weiter, aber alles wurde mit Senatskonsulten oder kaiserlichen Dekreten verordnet. So war in dem System des Bonapartismus die Idee der Volkssouveränität durch allgemeines Wahlrecht und Plebiszit bis zum äußersten geführt; aber gleichzeitig war sie bedeutungslos gemacht durch „ingénieuses dispositions". Es lag im Namen und Wesen des Cäsarismus, daß er auf dem Vertrauen der Massen und auf der persönlichen Konzentration aller Gewalt beruhte: „la confiance d'en bas, le pouvoir d'en haut."

Nicht minder entschieden war die Beseitigung aller Freiheit auf dem Gebiete der Verwaltung. Am 17. Februar 1800 wurde das Gesetz erlassen, das für die französische Verwaltung die dauernde Grundlage und für das übrige Europa ein oft gesuchtes Vorbild geworden ist. An die Spitze eines jeden Departements trat ein Präfekt, eines jeden Arrondissements ein Unterpräfekt, einer jeden Gemeinde ein Maire — alle drei Kategorien vom Chef der Regierung ernannt und ihm unterstellt! Die Selbstverwaltung durch gewählte Körperschaften — jene vielgefeierte Errungenschaft der Verfassung von 1791 — hatte zu jener Unbotmäßigkeit gegen die Zentralgewalt geführt, welche die Jakobiner zum schärfsten Vorgehen veranlaßt hatte, und die Direktorialverfassung von 1795 hatte schließlich die autonomen Gemeinden ganz aufgehoben. Napoleon stellte diese Kollegien wieder her, aber sie wurden von der Regierung ernannt und hatten nur beratende Funktion. So wurde die in der Absicht des altfranzösischen Absolutismus begründete Zentralisation der Verwaltung nunmehr vollendet, denn die Bureaukratie — und als ihr Träger der Präfekt — war jetzt ganz anders als ehedem der königliche Intendant abhängig von oben und unumschränkt nach unten. Der Präfekt hatte es nur mit der Masse der gleichen Untertanen zu tun und traf nirgends mehr auf die Ausnahmestellung privilegierter Stände und Korporationen: „le préfet sera chargé seul de l'administration." Wenn die Französische Revolution die Buntheit der magistratischen Verfassungen beseitigt und die Gemeinden wie die ganze Staatsverwaltung egalisiert hatte, so blieb dieses Ergebnis in der Dreigliederung der französischen Verwaltung gewahrt.

Es kann hier nicht im einzelnen ausgeführt werden, wie Napoleon auch alle Zweige des kulturellen und wirtschaftlichen Lebens einheitlich geordnet hat, wie er auch den Geist reguliert und eine Gegnerin wie Madame de Staël von Land zu Lande gejagt hat. Wenn in all dieser Hinsicht der napoleonische Staat die neue bürgerliche Freiheit beseitigt und die Methode des Absolutismus erneuert und verschärft hat, so kam dies doch — eine denkwürdige und beabsichtigte Antithese! — der Festigung einer Staatsmacht zugute, die bestimmt war, die wichtigsten Errungenschaften der Revolution zu sichern und auszubreiten. Es hatte sich als unmöglich erwiesen, die Freiheit zum Siege zu führen durch Freiheit; die Revolution war in furchtbare Anarchie und in willkürliche Bedrückung hineingetaumelt, nur ein allmächtiger Organisator konnte diesen Zustand überwinden! So waren nun Alle der Herrschaft des Einen unterworfen, aber in ihrem privaten Leben sollten sie als freie und gleiche Menschen anerkannt und behütet sein; denn persönliche Freiheit und rechtliche Gleichheit waren ja die Voraussetzungen der neuen Gesellschaftsordnung und der neuen Güterverteilung. Hierin liegt die große geschichtliche Bedeutung vornehmlich des Code Napoléon, daß er die freie Bewegung der Person und des Eigentums sowie die Gleichheit vor dem Gesetze zur Grundlage eines neuen und einheitlichen bürgerlichen Rechtes gemacht und diese Grundsätze im einzelnen ausgeführt und dargestellt hat. Die alten Könige hatten, getreu ihren klugen Regierungsgrundsätzen, ohne Rechtsbruch durch ihre Ordonnanzen eine einheitliche Gesetzgebung vorbereitet, aber es waren doch nebeneinander erhalten geblieben die germanischen Lokalrechte der „coutumes" im Norden, das römische „droit écrit" im Süden, daneben die „Arrêts" der Parlamente. Das napoleonische Gesetzbuch schuf aus diesen Vorgängern eine Einheit, die zugleich dem Wesen der neuen Gesellschaft entsprach. Die Revolution hatte die Privilegien und Standesunterschiede beseitigt; der „Code civil" zog aus dieser Tatsache alle in den Bereich des bürgerlichen Rechtes fallenden Anwendungen. Die Revolution hatte mit der Freiheit der Person und des Eigentums die Mobilisierung des Grundbesitzes durchgeführt; der „Code civil" unterstellte also den Boden wie eine Ware dem Sachenrecht und gab den Eigentümern die „libre disposition des biens qui leur appartient". Die Revolution hatte die Majorate abgeschafft und also im Erbrecht die Gleichberechtigung unter Kindern verschiedenen Alters und Geschlechtes zum Gesetz erhoben: „tous héritiers en égal degré succéderont par portions égales", wie es im Dekret vom 8. April 1791 hieß; der

„Code civil“ hat dies anerkannt, den „partage forcé“ ausdrücklich vorgesehen und die Testatfreiheit durch die Einrichtung des Pflichtteiles aufs schärfste beschränkt. Die Revolution hatte den Juden das volle Bürgerrecht erteilt; der „Code civil“ hat dies rückhaltlos bestätigt. Nicht alles, was in dem napoleonischen Buche Rechtens wurde, war eine unmittelbare Folge der neuen Gesellschaftsordnung. Vieles wurde berücksichtigt, weil es im Geiste der Revolution der Verweltlichung des Staates und der Lebensform diente. So hatte die Revolution die Ehe ihres sakramentalen Charakters entkleidet und zu einem rein weltlichen Vertrag gemacht; Zivilstandsregister und Ehescheidung wurden also in dem neuen Gesetzbuche vorgesehen. In anderer Hinsicht wieder wurde von den Grundsätzen der Revolution abgewichen, besonders wenn es sich um das Autoritätsprinzip handelte, das Napoleon wie im Staate so auch in der Familie gestärkt sehen wollte. Die Anlehnung an das römische Recht des „pater familias“ und an die patriarchalische Auffassung des „Ancien Régime“ ging sehr weit, wenngleich naturgemäß die allgemeine Rechtsauffassung jetzt als eine andere sich darstellte und die väterliche Gewalt nur die Folge einer Verbindlichkeit sein sollte und also die Rechtspersönlichkeit von Frau und Kindern nicht vernichtete. Hierher gehört auch die gesetzliche Gütergemeinschaft im Zusammenhang mit der ausschließlichen Verfügungsgewalt des Mannes. Wenn ferner der Eigentümer und Gläubiger in dem französischen Rechte so besonders nachdrücklichen Schutz erhielt, so traf auch hier die römische Rechtsauffassung mit den Wünschen Napoleons und mit dem Wesen der neuen Ordnung zusammen. Der bürgerliche Staat ruhte auf dem Eigentum. Dieses war die Grundlage alles Privatrechtes, das darum in dem Gesetzbuche zu betrachten war in Ansehung der Personen, denen das Eigentum zusteht, in Ansehung der Güter, bezüglich welcher es den Personen zusteht, und im Hinblick auf die Art und Weise, wie es zu erwerben sei: daraus ergab sich die Einteilung in Personen-, Sachen-, Obligationen- und Erbrecht. Die emporkommende Bourgeoisie beruhte durchaus auf der Freiheit, Sicherheit und Unverletzlichkeit des Eigentums; ohne diese Garantien konnte sie nicht arbeiten und nicht bestehen, und aus dieser Tatsache ergab sich jene bürgerliche Ethik, welche geneigt war, die Eigentumsvergehen mit besonders schwerer Strafe zu belegen, wie dies denn auch in allen spezifisch bürgerlichen Kriminalgesetzen — in Napoleons „Code pénal“ nicht anders als im römischen Strafrecht oder in den Rechtssatzungen des puritanischen Englands — mit eiserner militärischer Härte geschehen ist. In jeder Hinsicht also besiegelte das Gesetzgebungswerk Napoleons die durch die Revolution gewordene neue Ordnung. Es schuf der Nation ein einheitliches Recht von unvergleichlicher Folgerichtigkeit und Präzision. Auch hier brachte der französische Geist eine lange Entwicklung zum vollendeten Ausdruck. Und um dieses Recht selbst vor der Staatsgewalt zu sichern und von ihr unabhängig zu machen, gab schon die Verfassung von 1799 zwar die Ernennung der Richter in die Hand des Ersten Konsuls, aber sie sprach zugleich den großen und wichtigen Grundsatz von der Unabhängigkeit der Richter aus. Diesen Richtern wurde dann auch ihrerseits jede Willkür unmöglich gemacht. Sie waren keine „arbitri juris"; um die Entstehung besonderer Gerichtsgebräuche zu hindern, hat schon die Revolution im Jahre 1790 den Kassationshof eingesetzt, der zu erkennen hat, ob ein angefochtenes Urteil, gegen das die Nichtigkeitsbeschwerde erhoben wurde, aufrecht zu erhalten oder zu kassieren sei.

Auch das Konkordat, das Napoleon im Jahre 1801 mit Kardinal Consalvi geschlossen und im folgenden Jahre mit den eigenmächtigen Zusätzen der „organischen Artikel" veröffentlicht hat, diente der Festigung der neuen Ordnung. Jetzt erst fühlten sich die neuen Eigentümer sicher in ihren Besitztümern und drückten dies durch fleißige Arbeit und willige Steuerleistungen aus; jetzt erst hatte das revolutionäre Regiment den Bourbonen die letzte Hoffnung genommen, durch innere Wirren doch noch emporzukommen. Alle Vorteile, welche ehedem für die weltliche Gewalt mit dem Staatskirchentum und in Frankreich mit den sogenannten gallikanischen Freiheiten verbunden waren, kamen nun auch Napoleon zugute. Denn das Konkordat schuf wieder eine Staatskirche und gab die Priester völlig in die Hand der Regierung, die bei der Ernennung maßgebend beteiligt war und zudem die Besoldung zu leisten hatte, nachdem der Verlust des Kirchengutes anerkannt und somit rechtlich und endgültig geworden war. Angesichts der schwierigen Lage, in welcher sich Papsttum und Kirche befanden, kam Papst Pius VII. weit entgegen. So festigte das Konkordat den Absolutismus Napoleons und half ihn steigern zu einer Vereinigung aller Macht, wie sie die alten Könige niemals hatten erhoffen können; aber gleichzeitig bereitete es die Zukunft vor, indem es die auf der demokratischen Gleichheit und auf der neuen Besitzverteilung beruhende Gesellschaftsordnung als neue Grundlage auch für das kirchliche Leben annahm.

Indessen — die Prinzipien der Gleichheit und Freiheit waren nicht die einzige Erbschaft, welche die Revolution dem Kaisertum hinterlassen hat. Der nationale Gedanke, der aus den Wirren der Zeit geboren worden war, hatte auf jene Bahn der Eroberung gedrängt, die Frankreich in einen Kampf auf Leben und Tod mit dem alten Europa gebracht hatte. In den Kriegen, die hieraus entstanden waren, war der General Bonaparte emporgekommen. Der Eroberer lebte in ihm ebenso mächtig wie der Organisator; beide Funktionen, zu denen ihn das Geschick berufen hat, entsprachen seinen ursprünglichen Anlagen. So ist es eine müßige Frage der wissenschaftlichen Literatur, ob in ihm der Drang nach Eroberung oder der Zwang der geschichtlichen Lage stärker gewirkt habe. Unaustilgbar sind die dämonischen Züge des Titanen in den Geschichtsbüchern eingetragen, das Schicksal bot ihm für seinen urweltlichen Willen Schauplatz, Aufgaben und Ziele. Soeben war durch die große Revolution die Trennung des Staates von der Person des Monarchen vollendet worden. Dieses letzte und bezeichnendste Merkmal der modernen Staatsidee galt es mit allen seinen mächtigen Konsequenzen zu sichern. Der Mann aber, dem es vorbehalten war, dieses Werk zu leisten, hat noch einmal und bedingungsloser als jemals die alten Könige über Frankreich verfügt und im Staate sein persönliches Eigentum gesehen — seine Maitresse, hat er selber gesagt. Die kühle Distanz, die er als Fremdling diesem Lande gegenüber einhielt, mochte es ihm erleichtern, Volk und Staat als Mittel seiner Triebe zu gebrauchen, und die illegitime Herkunft seiner Stellung hat ohne Zweifel die Maßlosigkeit seines Wesens gefördert und ihn auf den äußern Erfolg verwiesen. Aber wenn sein Dämon ihn dann von Schlachtfeld zu Schlachtfeld und von erreichten Zielen zu immer höheren und weiteren geführt hat, wenn seine Regierung — mit der einzigen Ausnahme des dem Frieden von Amiens folgenden Jahres — eine ununterbrochene Reihe der blutigsten Kriege gewesen ist, so war dies auch in der Weltlage begründet, die er vorfand, und in dem europäischen Staatensystem, wie es geworden war. Längst hatte die Revolution über die Grenzen des alten Frankreich hinausgedrängt, längst waren die Straßen, die einst die bourbonischen Heere gezogen waren, wiedergefunden worden, und die „Tendenzen zur Herstellung der alten Macht", die vor allem Ranke in der Revolution wirksam gesehen hat, waren in Tätigkeit getreten. Die Geschichte Europas und die geographische Anordnung der Großmächte hatten es mit sich gebracht, daß dem nach der Hegemonie strebenden Frankreich der Könige die Koalition Österreichs und Englands entgegentrat; wenn in den Jahrzehnten unmittelbar vor Ausbruch der Revolution Frankreich und

Österreich zusammengingen, so war dies nur biographisch und persönlich zu verstehen. Dann hat die Revolution, die im übrigen das Antlitz der Welt so sehr verwandeln sollte, die alte Konstellation der Mächte, die aus der Natur der Lage sich ergeben hatte, wiederhergestellt. Das revolutionäre Frankreich hat die Richtung der alten französischen Staatskunst beibehalten; aber es hat die Wucht dieser historischen Politik gewaltig gesteigert, weil das Ethos der erwachenden Nation und die Werbekraft der neuen Ordnung für Frankreich zeugten. Napoleon trat dieses Erbe an und hat aus der gegebenen Lage mit genialer Überlegenheit und mit der ganzen Hemmungslosigkeit des geborenen Gewaltmenschen Konsequenzen gezogen, die schon immer im französischen Staate gelegen hatten, an deren Verwirklichung aber Richelieu und Ludwig XIV. sogar in ihren kühnsten Träumen niemals gedacht hatten. Hineingestellt in die überlieferte Welt der Großmächte wurde Napoleon durch die Natur der Dinge auch auf die alten Methoden der französischen Staatskunst geführt: er hat sie zu virtuoser Vollendung gesteigert. Er ist den Weg nach Norden und den Weg nach Osten zu Ende geschritten, hat hier die Seeküste im Angesichte Englands unter französische Herrschaft gebracht und dort die Straße durch Mitteleuropa in das Herz Österreichs sich gebahnt.

Napoleon hat dabei mit dem klaren strategischen Blicke, der ihm eigen gewesen ist, die geschichtliche Funktion des Rheines erkannt — daß nämlich der deutsche Strom die einzige Linie ist, von der aus Europa geeinigt und beherrscht werden kann. Das alte Königtum war nur am Oberrhein bis zur Besitzergreifung gelangt und hatte die Brückenköpfe am jenseitigen Ufer nicht behaupten können; die Revolution hatte im Rhein die natürliche Grenze Frankreichs gesehen und erreicht. Nun legte Napoleon im Ringen gegen England und Österreich die Hand auf den ganzen Strom und machte sich zum Herrn des längst zersplitterten und zerfallenen Mitteleuropa. Er hat das Ziel erreicht mit den Mitteln, welche das Königtum vorgebildet hatte. Er hat die innere Schwäche des alten deutschen Reiches und seiner Verfassung ausgenutzt, indem er sich an die weltlichen Fürsten wandte, die schon immer dem Kaiserhause widerstrebt und die Anlehnung an Frankreich zum Schutze ihrer „Libertät" gesucht hatten. Die schwachen Ansätze eines reichsständischen Patriotismus waren rasch vergessen, als die Heere der Revolution durch das südliche Deutschland zogen und Österreich selbst zu den Friedensschlüssen von Campoformio und Lunéville gezwungen war. Österreich gab hierbei seine Zustimmung, daß das linke Rheinufer vom Reiche losgelöst wurde und an Frankreich gelangte und daß die weltlichen Fürsten, die auf dem linken Ufer Verluste erlitten hatten, aus Gebieten des Reiches entschädigt werden sollten. Daß diese Entschädigung aus geistlichem Besitze geschehen werde, war offenkundig. Die Säkularisation des Kirchengutes, die in Frankreich immerhin zum Aufbau der Staatseinheit verwendet worden war, bedeutete in Deutschland den vollen Umsturz der Reichsverfassung, die auf dem Dasein der Reichskirche beruhte; auch dieser Vorgang kam also in Deutschland lediglich der Stärkung des fürstlichen Partikularismus zugute, so lag es im altüberlieferten Interesse Frankreichs. Man kennt den unwürdigen Länderhandel, der in Rastatt und Paris geführt wurde, als die deutschen Fürsten um die Wette sich bemühten, aus der fetten Beute möglichst viel für sich zu gewinnen. Jeder Reichsstand wollte jetzt Verluste auf dem linken Rheinufer erlitten haben und bezeichnete den Franzosen die Objekte, die er dafür zur Entschädigung wünschte; jeder handelte nach dem Grundsatze, man müsse unmäßige Forderungen stellen, um „vernünftige Bedingungen" zu erlangen. Ungeheuerliche Summen flossen in die Taschen Talleyrands, der jetzt französischer Minister des Äußern war und nach den allgemeinen Anweisungen Napoleons die Verteilung vorbereitete. Kühl und voll Verachtung sah Napoleon in dieses verworrene Getriebe, und er wußte, wie es im Interesse Frankreichs zu ordnen sei. Er beseitigte die kleinen österreichfreundlichen Reichsstände und schuf lebensfähige Mittelstaaten, die zu schwach waren, gegen Frankreich sich zu wenden, aber stark genug, um Frankreich gegen Österreich zu festigen. So bereinigte er das Gemenge der deutschen Kleinstaaterei und ließ auch hier — im Sinne der Zeit sei es gesagt — den Geist planmäßiger und übersichtlicher Gestaltung triumphieren über die Willkür der historischen Gebilde. Welche Fürstenhäuser er dabei zu Trägern dieser Politik machte, hing von ihren persönlichen Beziehungen und von der Unbedenklichkeit ihrer Vertreter in Paris ab. Der territoriale Ausbau und die Abrundung der neuen Mittelstaaten wurde durch die Mediatisierung des Reichsadels und der Reichsstädte vollendet, und als die neuen Könige und Großherzöge sich dann noch als souverän erklärten und sich zum Rheinbunde unter französischem Protektorate zusammenschlossen, waren die letzten Ziele der alten französischen Staatskunst und die letzte Konsequenz der ganzen deutschen Geschichte verwirklicht. Die deutschen Fürsten hatten mit der „plénitude de la souveraineté" jenes höchste Prädikat erlangt, das in der ganzen Entwicklung vom mittelalterlichen Vasallen zum modernen Landesherren vorbereitet war; sie hatten im Bunde mit Frankreich das Heilige Römische Reich Deutscher Nation nun völlig gesprengt. Das „dritte Deutschland", das sich zwischen Österreich und Preußen behaupten wollte und darum noch immer in Frankreichs Botmäßigkeit geraten war, war nun auch staatsrechtlich konstituiert. Der Vorgang bedeutete eine Verwirrung jenes deutschen und europäischen Zustandes, wie er in Jahrhunderten sich gebildet hatte. Das bisherige Staatensystem Europas, diese mühsame Ausgleichung der Kräfte, hatte ja auf der Existenz des Deutschen Reiches beruht. So schwach der Reichsverband auch geworden war, so hatte er doch immer die zahllosen Ländertrümmer Mitteleuropas zusammengehalten und diesen wichtigen Raum des Kontinentes ausgefüllt. Das Reich war das Schlachtfeld Europas geworden, und das deutsche Volk hatte die Bitterkeit dieses Loses bis zum letzten auskosten müssen; aber keine der Großmächte hatte sich hier festsetzen und die Mittel dieses gesegneten Länderraumes sich nutzbar machen können. Das europäische Gleichgewicht war beseitigt und die Hegemonie Frankreichs vollendet, als die überlebenden Fürsten des Reiches in Frankreichs Botmäßigkeit — oder unter sein Protektorat, wie es in der offiziellen Sprache hieß — sich begaben und dem historischen Zwange gehorchten, der nicht ein Befehl der Stunde war, sondern in der Geschichte eines halben Jahrtausends sich vorbereitet hatte.

Napoleon ist der Herr von Mitteleuropa geworden, indem er die Föderalisierung des Reiches, die einst die alten französischen Könige so sehr gefördert hatten, bis zu dessen völliger Auflösung trieb; daß er dabei die beiden deutschen Großmächte voneinander trennen und jede einzeln niederwerfen konnte, verdankte er der Überlegenheit seines diplomatischen Spieles und der Jämmerlichkeit von Preußens Staatslenkern. Gleichzeitig hat er auch eine andere Methode der historischen Rheinpolitik Frankreichs mit vollendeter Meisterschaft fortgebildet und vollendet, als er Deutschlands Lage im Herzen des Kontinents ausnutzte. In der alten Zeit waren Schweden und Polen die Verbündeten Frankreichs gewesen, und es hatte Frankreichs internationale Stellung in verhängnisvoller Weise verschlechtert, als Schweden durch Karls XII. abenteuerliches Soldatenleben von der Höhe einer Großmacht herabsank und Polen infolge der Unbotmäßigkeit des Adels und der Ohnmacht des Wahlkönigtums so schwach wurde, daß es den in aller Geschichte unerhörten Vorgang einer Teilung unter die benachbarten Großmächte über sich ergehen lassen mußte. Die Erbschaft Schwedens und Polens hatte das seit Peter dem Großen und der Kaiserin Katharina II. emporgekommene Rußland angetreten: der Anschluß Rußlands an die westeuropäische Kultur und sein Eintritt unter die Großmächte machte eigentlich erst die Mittellage zu einem verhängnisvollen Schicksal Deutschlands. Denn seit dem Zeitalter der Entdeckungen hatte Deutschland doch mehr oder minder am Rande der geschichtlichen Welt gelebt, und seit gar die Polen und Türken schwach geworden waren, war das Antlitz der deutschen Staatenwelt ausschließlich nach Westen gerichtet. In der napoleonischen Zeit trat zum ersten Male die Großmacht im Westen mit einer ebenbürtigen im Osten zusammen, und hierdurch war eine Konstellation geschaffen, die von nun an das deutsche politische Leben als eine ewige Sorge und Möglichkeit belastete. Napoleon handelte durchaus im Sinne altfranzösischer Politik, wenn er durch das Bündnis mit Rußland Mitteleuropa von beiden Seiten umfaßte. Es ist bekannt, wie Napoleon von frühe an auf dieses Bündnis hingearbeitet hat, wie er um Kaiser Alexander viele Jahre geworben hat und durch den Frieden von Tilsit am Ziele zu sein schien. Nachdem Europa bis dahin im Gleichgewicht der Mächte geordnet gewesen, sollte das System von Tilsit den Erdteil neu organisieren durch den Bund der westlichen und der östlichen Großmacht. Was an Staaten zwischen den beiden Kaiserreichen lag, war an die eine oder die andere Seite angeschlossen; Preußen und Österreich waren in die Ohnmacht gestoßen. So waren die im französischen Staate ruhenden Tendenzen bis auf den letzten Rest herausgeholt. Der Kampf gegen den österreichischen Erbfeind war entschieden; England, der andere Erbfeind, hatte den Zusammenschluß Europas, gegen den es sich durch zahlreiche Schlachten immer wieder gewehrt hatte, nun dennoch erleben müssen und verspürte es, wie die überlieferten Methoden des Handels- und Wirtschaftskrieges vom zusammengeschlossenen Kontinent aus geschärft werden konnten. Zwar lag die französische Flotte seit dem Tage von Trafalgar auf dem Grunde des Meeres — ein Sieg, der von England auch mit dem Tode Nelsons nicht zu teuer erkauft war; für drei Menschenalter war England konkurrenzlos zur See und in den Kolonien. Aber im Augenblick schien es wichtiger, wer auf dem europäischen Kontinent, dem Schauplatz des politischen, des wirtschaftlichen und geistigen Lebens, herrschte. Napoleon hatte sich hier die Hegemonie gesichert durch kunstvolle Werke der Organisation. Er hatte sein Reich geordnet, indem er Frankreich mit seinen

Vasallenstaaten zum Systeme des Empire zusammenfügte, und er glaubte Europa organisiert zu haben durch den von langer Hand vorbereiteten und sorgfältig erwogenen Vertrag von Tilsit. Das Werk Napoleons war die höchste Verwirklichung jenes technischen Triebes, der in der ganzen abendländischen Entwicklung begründet war. Aber wenn es dem Genius seines Schöpfers zum Trotz schon bald zusammenbrach, so mußten die Ursachen davon auf notwendige Grenzen weisen, die auch dem kunstvollsten Mechanismus und dem genialsten Konstrukteur gezogen sind. Der Sturz Napoleons machte den tiefen Widerspruch offenbar, der in der ganzen abendländischen Kultur herangewachsen war. Das napoleonische Empire mit seinem rationalen Aufbau, seiner von aller Mystik befreiten Monarchengewalt, seiner planvollen Ausbreitung über Europa war ein Wunderwerk des modernen technischen Geistes; nur freilich gab es ein Leben und zunächst ein abendländisches Leben, das sich niemals restlos in dieser Weise zahlenmäßig bewältigen ließ. So ging die Sonne von Austerlitz unter. Aber die Maschine, die einige Jahre großartig und pünktlich gearbeitet hatte, hatte Wirkungen eingeleitet, die weiter trugen, und sie hatte einen Geist am Werke gezeigt, der nicht vergessen werden konnte. Man mag die Frage stellen, ob dies für das Abendland im letzten Ende nicht sehr verhängnisvoll geworden ist, und in vielfacher Hinsicht war es dies ohne Zweifel. Aber es wurde für die Menschheit von höchster Bedeutung, daß der in ihrer Entwicklung emporgestiegene Geist der planmäßigen Ratio eine Epoche der höchsten Auswirkung in das Leben gefunden hat und daß die neue Staats- und Gesellschaftsordnung, welche aus vielfacher Wurzel erwachsen war, durch die Gewalt eines rücksichtslos gestaltenden Willens über Europa gebreitet wurde. Aller Glanz der Waffen und der staatlichen Macht war vergänglich. Dies aber ist Napoleons geschichtliche Bedeutung, daß er im Systeme des Empire für Europa die Grundlage einer neuen und gleichartigen Gesellschaft gelegt hat.

Das napoleonische Empire, bestehend aus Frankreich und seinen Vasallenstaaten, beruhte auf der Zusammenfassung vieler Länder zu einem einheitlichen Zwecke. Um diese Zusammenarbeit zu erleichtern, hatte Napoleon die einzelnen Kronen an die Mitglieder seiner Familie übertragen oder dynastische Verbindungen mit den Rheinbundfürsten hergestellt. Auch suchte er den Widerstreit zwischen den Sonderinteressen der Einzelstaaten und den allgemeinen des Empire durch die innere Angleichung aller Länder zu vermeiden, und es kam ihm auch hierbei zugute, daß er nur einfach sich als Vollstrecker der Revolution und ihres Willens zu betätigen brauchte. So wurde die Kulturpropaganda ein mächtiges Mittel napoleonischer Weltpolitik. Das Empire war und blieb französisch, und immer gingen die Interessen Frankreichs den Wünschen aller andern Länder voran. Mochte Napoleon auch noch so unhistorisch bei der Formung der deutschen Mittelstaaten verfahren sein, so lag doch die Umbildung des Empire in ein Universalreich — das seinen Schwerpunkt dann am Rheine gehabt hätte — außerhalb jedes Gedankens und jeder Möglichkeit. Zwar ist Napoleon schließlich durch die Logik der Tatsachen dazu geführt worden, Holland und die Seeküste bis Lübeck unmittelbar in Frankreich einzubeziehen, und es hat hierbei in der Tat der Streit mit seinem Bruder Ludwig, dem König von Holland, deutlich gezeigt, wie der auf die Gemeinschaft der Dynastie und der Staatsform gegründete Bau des Empire durchaus keine unbedingte Festigkeit besaß. Bald sollte sich offenbaren, daß Napoleon zu gewaltsam und daß überhaupt der französische Geist zu ausschließlich war, als daß das feine Werk der Organisierung Europas von Franzosenhänden hätte geleistet werden können: wie tief trotzdem die abendländische Kultur auf allen Lebensgebieten vom Geiste der französischen Atomistik durchdrungen ist, wird die Geschichte des 19. Jahrhunderts an vielen Stellen erweisen. Wenngleich das System des Empire den machtpolitischen Zweck Napoleons und Frankreichs nicht erfüllte und in dieser Hinsicht weiterlebt nur als Versuch eines kühnen und genialen Experimentators, so hat es doch die innere Struktur Europas und Deutschlands für alle Folgezeit gewandelt und die Völker auf jene Stufe der gesellschaftlichen und geistigen Entwicklung geführt, die Frankreich zuerst gezimmert hatte. Die rheinbündischen Fürsten und Staatsmänner haben hierbei die durch Napoleon ausgewählten und gesicherten Ergebnisse der Revolution ihren Ländern eingefügt, sie haben durch eine „Revolution von oben" verwirklicht, was in Frankreich durch die demokratische Massenbewegung von untenher erzwungen worden war, und sie haben dadurch die Möglichkeit erlangt, das Tempo zu bestimmen und die Theorie an der Wirklichkeit zu prüfen. So haben denn auch die Gegenkräfte in Deutschland Zeit gefunden zu erstarken und sich zu sammeln, bis erst nach Jahrzehnten der Ausgleich sich anbahnte. Der Reichtum an Geist und Leben, der die deutsche Geschichte in der ersten Hälfte des 19. Jahrhunderts so anziehend macht, ist aus dieser geschichtlichen Lage erwachsen; aber immer handelte es sich dabei um Entwicklungen, die in der revolutionären Staatskunst des absoluten Fürstentums vorgebildet waren, dann von der Demokratie Frankreichs zu Ende geführt und durch das rheinbündische Beamtentum auch in Deutschland angeregt wurden. Napoleon hat dabei durch Vorbild oder durch unmittelbaren Druck energisch nachgeholfen; denn er vor allem sah im Volke und zumal in den Einwohnern der von ihm geschaffenen Staaten nichts weiter als einen „kontrollierbaren Haufen von Untertanen", der zur höchsten Steuerfähigkeit und zu pünktlichen Rekrutenlieferungen befähigt werden sollte. Es lag dabei der Gedanke nahe, die neue Regierungsform von Bundes wegen zu schaffen und also einen Bundestag, ein Bundesgericht, ein Bundesrecht und eine Bundesarmee einzusetzen. Aber Napoleon war stets eifrig bemüht, den Rheinbundfürsten den Schein der Souveränität zu wahren, und er hatte kein Interesse daran, den Bund zu stärken, wenn er mit dem Staatsrecht der neuen Souveränität, das er den von ihm geschaffenen Fürsten verliehen hatte, auskommen und zu seinem Ziele gelangen konnte. Er hat vor allem das von ihm gegründete Königreich Westfalen, über das er durch seinen Bruder Jérome bedingungslos verfügte und das er als einen Neubau ungehindert nach rationalem Plane aufrichten konnte, den Rheinbundfürsten als Muster dargeboten. So unwürdig auch das Treiben am Hofe von Kassel war, so gab doch der Aufbau der Landesverfassung das Vorbild eines kunstvollen politischen Mechanismus. Von besonderem Reize ist auch das Bild, welches das Großherzogtum Frankfurt darbietet. Napoleon hatte den militärisch wichtigsten Punkt Deutschlands, wo die Bergstraße von Süddeutschland her den Rhein verläßt und durch Wetterau und Kinzigtal nach Norden führt, durch einen eigenen Vasallenstaat gesichert und diesen dem letzten Erzbischof von Mainz und Kurerzkanzler des alten Reiches, Karl von Dalberg, gegeben: nach dem Tode dieses letzten geistlichen Fürsten sollte Eugen Beauharnais Großherzog werden. Als Zögling der Aufklärung und ihrer Regierungsgrundsätze fühlte sich Dalberg dem französischen Kaiser aufs engste verbunden, er hat in seiner weichen, vermittelnden Art die westfälische Verfassung sich aufdrängen lassen, bei der Ausführung im einzelnen aber Rücksicht genommen auf die Gefühle der stolzen Reichsstadt Frankfurt und der ehedem bischöflichen Untertanen von Fulda und Aschaffenburg.

Im übrigen ergaben sich in allen Rheinbundstaaten die Aufgaben aus der Natur der Sache und aus der Staatspraxis des Jahrhunderts. Auch in dieser Hinsicht erlebten die deutschen Fürsten im Zeitalter der Revolution und Napoleons die Erfüllung alter

Pläne. Die Voraussetzungen für die napoleonischen Verfassungen waren in Verwaltungsgrundsätzen der deutschen Territorien vorgebildet, nur eben wurden jetzt Folgen sichtbar, die der kleinstaatliche Absolutismus Deutschlands niemals geahnt hatte. Das Tempo ist dabei in den einzelnen Rheinbundstaaten verschieden gewesen, überall blieb die Rechtswirklichkeit weit hinter der Theorie zurück, und die Paragraphen, in denen die neue Ordnung formuliert war, lauteten im einzelnen oft verschieden. Das Bild der Gleichartigkeit, das die Rheinbundszeit dem rückschauenden Betrachter darbietet, bleibt hiervon unberührt, wie auch die führenden Männer bei allen Unterschieden des Charakters und der geistigen Bedeutung doch ein bestimmtes Gepräge besitzen. Nur in Württemberg hatte der Monarch persönlich die Leitung der Dinge in der Hand. König Friedrich hat die Brutalität und Sittenlosigkeit seiner Vorfahren im 18. Jahrhundert und ihren tyrannischen Hochmut, der ein so dunkles Kapitel in der Geschichte der deutschen Kleinstaaterei darstellt, in den neuen Verhältnissen des vergrößerten und souveränen Königtums von Napoleons Gnaden steigern und austoben lassen können; die Verfassungskämpfe der altwürttembergischen Geschichte wollte er mit rücksichtsloser Tatkraft zu Ende bringen. In Bayern aber und in Baden ist es hier wie dort ein leitender Minister gewesen, der den Anschluß der Dynastie an das revolutionäre Frankreich vermittelt hat, mit Glück und diplomatischem Geschick die großen Gebietserweiterungen zumal durch die Säkularisationen herbeigeführt und dann auch die innere Organisation in die Wege geleitet hat. Maximilian von Montgelas und Sigismund von Reitzenstein gehören geschichtlich zusammen. Jener hat die alte Rolle, welche Bayern als Vorkämpfer der deutschen Libertät und als französisches Vorwerk gegen Österreich seit Jahrhunderten gespielt hatte, zu Ende geführt, indem er seinen Fürsten bewog, an Frankreich sich anzuschließen und so „zum alten System seines Hauses zurückzukehren", wie er es trefflich auszudrücken liebte; auf diese Weise hat er durch Napoleon erreicht, daß Bayern zum süddeutschen Donaustaat erweitert und abgerundet wurde. Ganz ebenso hat Reitzenstein das Schicksal der badischen Markgrafschaft mit der großen französischen Republik verkettet, als er im Jahre 1796 ohne Rücksicht auf den bestehenden Reichskrieg Sonderverhandlungen mit Frankreich führte, weil nach seiner Überzeugung die badische Politik nun einmal unter den französischen Kanonen von Straßburg gemacht werden mußte. So hat er bewirkt, daß nach Napoleons Willen die kleine Markgrafschaft über das ganze rechte Ufer des Oberrheines gedehnt wurde, so daß die Franzosen hier ein einheitliches Aufmarschgebiet erhielten. Montgelas und Reitzenstein handelten im militärischen und politischen Interesse Frankreichs, das vor und hinter den Pässen des Schwarzwaldes sichere und leistungsfähige Verbündete brauchte beim Marsche vom Rheine zur Donau; beide waren Diener des kleinstaatlichen Fürstentums und erkannten, daß im Angesichte Napoleons nur die Wahl war zwischen Untergang oder Wachstum und daß sie durch Anschluß an das siegreiche Frankreich ihrem Fürsten und seiner Dynastie nicht nur das nackte Leben retteten. So sahen sie kühl und klar in den Zusammenhang der Dinge und sind als Geschäftsführer partikularer Gewalten über die Trümmer des Reiches hinweggeschritten. Sie waren Männer von aristokratischer Bildung, erzogen im Geiste der westeuropäischen Aufklärung, die Leidenschaft des Willens gebändigt durch Klugheit und durch Berechnung. Ihre Arbeit galt dem fürstlichen Herrn, in dessen Dienste sie getreten waren; aber sie standen zugleich im Zwange einer geschichtlichen Entwicklung, die den Staat aus dynastischen und feudalen Bindungen heraushob. So haben sie zuerst die neue Staats- und Gesellschaftsordnung in Deutschland eingeführt. Daß ihr Staatsgedanke dabei am Kleinstaate der deutschen Wirklichkeit haften blieb, war freilich nicht anders möglich und gehört zur Tragik der deutschen Geschichte.

Die Aufgabe war die gleiche wie zwanzig Jahre früher in Frankreich. Es galt, eine Staatenwelt neu zu ordnen, die von feudalen Bildungen durchzogen und in einer gewaltigen Umwälzung durcheinander gerüttelt war. Es galt, die in der territorialen Vergangenheit vorbereiteten Ansätze der neuen Staats- und Gesellschaftsordnung zu entwickeln und zu vollenden und dadurch zugleich ein gemeinsames Band zu finden, das die neuen Landesteile mit den alten zu einem einheitlichen und planvollen Bau, zu einem staatlichen „Kunstwerk" verschmelzen sollte. Wie sehr gerade die Wittelsbacher noch bis zum Vorabend der Französischen Revolution das Land als ein Aggregat fürstlicher Privatbesitzungen betrachtet hatten, zeigen die Tauschpläne des Kurfürsten Karl Theodor, der bereit war, das bayrische Kurfürstentum, das er soeben geerbt hatte, gegen die österreichischen Niederlande zu verhandeln. Jeder Landesteil hatte seine eigene Verfassung und Regierung, und für jeden von ihnen führte der fürstliche Eigentümer einen besonderen Titel — nicht als altertümliche Floskel, sondern als klarer Ausdruck des staatsrechtlichen Zustandes. Unter den deutschen Territorien war Preußen am ehesten auf dem Wege, die Auffassung zu überwinden, daß das Land ein Patrimonium der Dynastie sei. Doch auch die bayrische Geschichte zeigte Ansätze genug, die nun durch das französische Vorbild entwickelt wurden. In Frankreich hat der geschichtliche Weg aus der Zersplitterung des Lehenswesens zur Souveränität des Fürsten und dann des Staates und der Nation geführt; Montgelas wollte diese Entwicklung eines halben Jahrtausends nachholen in der kurzen Spanne weniger Jahre und dazu noch in einem Zufallsgebilde, wo alle geographischen Voraussetzungen fehlten, er wollte den Schritt aus dem patriarchalischen Kleinstaat zu „Reich" und „Nation" der Bayern in einem Zuge vollenden. Es war die Emanzipation von den mittelalterlichen Gewalten, die der deutsche Fürstenstaat seit langem erstrebte, die ihn schon immer zu Frankreich geführt hatte und die jetzt durch Frankreich die reichste Förderung erfuhr. Es war also eine Loslösung von drei Seiten — vom Reich, von den feudalen Gewalten und von der Kirche. Die Lösung vom Reiche war zu einer Sache der auswärtigen Politik geworden und im Jahre 1806 restlos vollzogen. So blieb im Innern der neuen Staaten der Kampf gegen alle Reste des aristokratischen, geistlichen und körperschaftlichen Lebens; er war auf dem Boden des rheinbündischen Deutschlands besonders schwierig, weil ja die Friedensschlüsse dieser Jahre Ländertrümmer der verschiedensten Herkunft und Leute verschiedenen Stammes und Charakters, alte Reichsstädter und die Untertanen des Reichsadels oder der Reichskirche, Katholiken und Protestanten in neue und zufällige Verbände zusammengetan hatten. Da galt es aus der Vielheit der Stücke eine Einheit zu bilden. Die Arbeit wurde durchgeführt in zahlreichen Anläufen und Stufen, in starker Anlehnung an Frankreich und bei häufiger Gegenwehr der ständischen, volkstümlichen und zuletzt auch der nationalen Stimmungen. König Friedrich, Montgelas und Reitzenstein haben in ihren Staaten die Grundzüge der Reform durchgesetzt und gesichert durch fürstliche Dekrete und durch eine zusammenfassende Konstitution nach westfälischer Vorlage. Die nächste und erste Aufgabe war die Vereinheitlichung und Zentralisation der Verwaltung. Die Stände in Württemberg oder im Breisgau mußten erfahren, daß das rheinbündische Fürstentum keine lokalen Sonderrechte und keine Nebenregierung dulden wollte; ihre Aufhebung lag in der Logik der Dinge. Eine neue Ministerialorganisation brachte überall in den Rheinbundstaaten den Sieg des Ressortsystems über die Provinzialministerien und den Sieg der bureaukratischen Leitung über die kollegiale Geschäftsbehandlung. Im Interesse vollendeter Straffheit vereinigte der arbeitsame Montgelas mehrere Portefeuilles in seiner Hand, während andererseits grundsätzlich die übersichtliche und saubere Abgrenzung der Ressorts durchgeführt wurde. Arbeitsteilung und Ressortismus, die dann im 19. Jahrhundert zur Herrschaft gelangen sollten, sind durch die Lehre von der Teilung der Gewalten sehr gefördert worden. Unter der Zentralbehörde stand in dreifacher Abstufung die mittlere und untere Verwaltung: in den Kreisen der Präfekt oder Kreisdirektor, in den Ämtern der Amtmann, in den Gemeinden der Bürgermeister. Es ist unnötig auszuführen, daß die neue Verwaltungsform das Departementsystem nachbildete. Die Kreise, nach topographischen und statistischen Gesichtspunkten abgeteilt und geographisch benannt, vereinigten absichtlich die Untertanen der verschiedensten vormaligen Herrschaften, Katholiken und Protestanten; auch die Ämter waren mechanische, rein lokale Einheiten. So sollten alle alten Erinnerungen vernichtet und eine einheitliche und einförmige Staatsgesinnung künstlich und gewaltsam geschaffen werden. An die Stelle der bisherigen Buntheit und Ungleichheit der Gemeindeordnungen trat auch hier die Einheit. Die Kommunen unterschieden sich von nun an nur quantitativ, indem die großen mehr Adjunkte und Munizipalräte hatten als die kleinen. Es verschwanden alle Privilegien, welche die einzelnen Gemeinden aus ihrer besonderen Vergangenheit besaßen. Die Selbstverwaltung durch die Munizipal- und Departementsräte war nur ein Schein. Die Gemeinden wurden in den staatlichen Behördenorganismus eingegliedert, die staatliche Aufsicht wurde aufs schärfste gehandhabt. Daß auch die Zünfte zum mindesten ihrer politischen Funktionen entkleidet waren, ergab sich aus der neuen Ordnung von selbst; die Aufhebung des Meisterrechtes, der Maîtrise, war ja eine Hauptforderung der Physiokraten gewesen, die erste Tat Turgots und eine der frühesten Maßnahmen der großen Revolution. Die Mißstände in den städtischen Magistraten und Zünften, wo Erblichkeit oder Selbstergänzung zu einem trägen Leben voll Begünstigungen und Mißbräuchen geführt hatte, gab der rheinbündischen Bureaukratie die Veranlassung zum Eingreifen. Wie hatte schon ein Menschenalter früher Wieland in den „Abderiten" das alte Stadtbürgertum dem Gespötte preisgegeben — „ein Greis, der kindischen Sinnes die großen Spiele seiner kraftvollen Mannesjahre auf Kinderart und Torenweise weiterspielt". Aber der Zweck der neuen Bureaukratie war auch hier nicht nur die Beseitigung des alten Schlendrians und die Erziehung eines neuen bürgerlichen Geistes, dessen Träger immer nur Stadtfremde waren und sein konnten; die staatliche Einheit und der methodische Aufbau einer übersichtlichen und rationalen Verwaltung waren Selbstzwecke geworden: „régularité méthodique de l'édifice" hieß das Ziel, dem man auf beträchtlichen Strecken sich näherte.

Es kann nicht im einzelnen geschildert werden, wie die Vereinheitlichung alle Gebiete der innern Verwaltung ergriff, wie einheitliches Maß und Gewicht und ein einheitliches Zollsystem in vielen dieser Staaten eingeführt wurden, wie eine Schuldenausgleichung zwischen den einzelnen Landesstücken notwendig war und hierbei auch die Einheit der Finanzverwaltung und das französische Ertragssteuersystem — das „Enregistrement" — mit der Stempelgebühr eingeführt wurden: die klare Übersichtlichkeit, die technische Vollendung und formale Gerechtigkeit waren dabei nicht minder wesentlich als die Geldbedürfnisse Napoleons. Für den Aufbau der neuen staatsbürgerlichen Gesellschaft wurde es aber von der größten Bedeutung, daß auch das französische Recht in Deutschland Eingang gefunden hat. Ungeheuerlich war ja die Rechtszersplitterung in den neuen Rheinbundstaaten. Je nach der Vergangenheit der einzelnen Ländersplitter galt in ihnen teils das gemeine Recht, teils die verschiedensten weltlichen oder geistlichen Partikularrechte; und diese wieder bestanden in teils unaufgezeichneten, teils aufgezeichneten Statuten, Gewohnheitsrechten, oder sie waren wohl auch in eigentlichen Gesetzbüchern — Landrechten, Landesordnungen — niedergelegt. So war die Rechtseinigung eine praktische Notwendigkeit, und es war selbstverständlich, daß man das französische Gesetzbuch herübernahm, zumal Napoleon auch hier die innere Angleichung der Vasallenstaaten an Frankreich nachdrücklich betrieb und den Rheinbundfürsten die Rezeption seines Rechtes nahelegte. So entstanden die „Länder des rheinischen Rechtes", in welchen das napoleonische Gesetzbuch teilweise ein ganzes Jahrhundert in Geltung geblieben ist. Dabei hat sich dieses auf dem linken Rheinufer, dem Gebiete unmittelbarer französischer Herrschaft, am tiefsten eingebürgert, hier galten auch die französische Prozeßordnung und die französische Gerichtsverfassung, deren Bestimmungen vielfach im engsten Zusammenhang mit dem Zivilgesetzbuche stehen. Auch hat Napoleon eine der von ihm begründeten Rechtsfakultäten auf ehemals deutsches Gebiet, nach Koblenz, gelegt, um einen festen Stamm rheinischer Juristen heranzuziehen; dieser Schule stand Franz von Lassaulx vor, der den Code übersetzt und kommentiert hat. Auf dem rechten Ufer ist das französische Recht nach der napoleonischen Zeit nur in Baden erhalten geblieben, wo die Aufnahme in der Form einer offiziellen Übersetzung als „Badisches Landrecht" erfolgt ist, dabei aber in bezeichnenden Zusätzen die patrimonialen Grund- und Erbdienstbarkeiten und die Stammgüter erhalten blieben — nicht zuletzt auch im Interesse der Hofgüter des Schwarzwaldes. Als Beamte des bürgerlichen Standes zur Führung der Standesbücher sollten die Geistlichen angesehen werden. Da der französische Prozeß und die französische Gerichtsverfassung in Baden nicht übernommen wurden, wurde auch die Gewaltenteilung in Baden nicht eingeführt: das Amt behielt die Rechtsprechung der untersten Instanz. Die Zusätze geschahen stets an Ort und Stelle in besonderer Druckart, nicht also am Schluß als Anhang des französischen Buches, „weil dies einem gotischen Anbau an einen zierlichen griechischen Tempel geglichen hätte", wie der Geheime Rat Brauer, der Schöpfer des Gesetzbuches, betonte. In Bayern ist man über die Vorbereitungen der Rezeption, mit denen Anselm Feuerbach betraut war, nicht hinausgekommen, so daß es im ganzen rheinbündischen Deutschland doch erst dem Liberalismus der folgenden Periode vorbehalten blieb, die Grundsätze des neuen Rechtes nochmals aufzugreifen und für sie zu kämpfen. So ist die Zerstörung der Grundherrschaft — dieser soziale und wirtschaftliche Teil des revolutionären Programms — in Deutschland erst durch das 19. Jahrhundert durchgeführt worden. Es verstand sich freilich von selbst, daß vor dem neuen Staatsbürgertum keine Leibeigenschaft mehr bestehen konnte; waren doch in allen napoleonischen Verfassungen auch Vertretungen, wenn auch nur mit beratender Funktion, vorgesehen. Es konnte in diesen Staaten nur freie Leute geben. Im übrigen aber sind die Rheinbundstaaten über einige Edikte, welche die grundherrlichen Rechte betrafen, nicht hinausgekommen. Nur gegen die patrimoniale Gerichtsbarkeit wendete sich das rheinbündische Beamtentum mit besonderem Nachdruck. Aber es waren auch hierbei nicht nur die schweren materiellen Mißstände, die den Antrieb gaben, obwohl die Zersplitterung der Gerichtsbezirke unerträglich geworden war und die Gutsherrn in der Gerichtsbarkeit nur noch eine Rentenquelle sahen. Vielmehr handelte es sich auch bei dieser Angelegenheit um staatsbürgerliche Gleichheit und um die unmittelbare Beziehung der staatlichen Autorität zur Gesamtheit der Untertanen. Es war merkwürdig, daß die Rheinbundakte den Standesherrn mit den gutsherrlichen und Lehensrechten die „basse et moyenne jurisdiction en matières civiles et criminelles" überlassen hatte — ein dem französischen Staatsrechte des „Ancien Régime" entlehnter Begriff, der sich auf die Art des Vergehens und des strittigen Gegenstandes bezog, dann aber auch auf den Instanzenweg übertragen wurde. Auf keinem Gebiete ist der Kampf zwischen dem modernen Staate und den Trägern des Feudalismus zäher gewesen als auf diesem, und auch er sollte erst in der folgenden Periode zum Austrag kommen. Dagegen ist die Gleichstellung der Juden in den Ländern des rheinischen Rechtes schon während der Rheinbundzeit vielfach vollkommen durchgeführt worden; am interessantesten ist hierbei der Vorgang in Frankfurt, wo Dalberg die volle Judenemanzipation gegen das Patriziat durchsetzte und sich den Judenschutz gegen ein Ablösungskapital abkaufen ließ.

In dieses Bild des rheinbündischen Staatswesens gehört schließlich noch die bayrische Kirchenpolitik unter Montgelas. Der kirchenrechtliche Territorialismus war auch in Bayern durch die neueren Jahrhunderte voll ausgebildet worden. Als Montgelas im Sinne der Französischen Revolution und der Aufklärung die Unterordnung der Kirche unter die Staatsgewalt vollendete, tat er es zwar in anderem Geiste als einst die Herzöge, insofern er wie Kaiser Joseph II. mit staatlichen Machtmitteln die Kirche umgestalten und dem rationalistischen Zeitgeiste angleichen wollte; aber das System des Staatskirchentums fand er bereits vor, wie ja auch Talleyrand, als er zu Beginn der Französischen Revolution als erster die Einziehung des Kirchengutes beantragt hat, ohne die Vorstufe des Gallikanismus nicht zu denken ist. Es handelte sich also für Montgelas um die Erweiterung und schärfere Handhabung der staatlichen Hoheitsrechte gegenüber der Kirche und um die Beseitigung der gerichtlichen und finanziellen Immunität der Geistlichkeit. Die Kirche dürfe kein „Staat im Staate" sein — dies wurde der stehende Ausdruck; schon einem Manne wie Hobbes war das Wort von der „civitas in civitate" geläufig gewesen. Frankreich hatte in Jahrhunderten gezeigt, wie man eine „Nationalkirche" schuf: die neuen deutschen Mittelstaaten, die dem gleichen geistigen Grunde entstammten, wollten daher gleichfalls ihre selbständige Territorialkirche. Denn der grundsätzliche Ausschluß aller staatsfremden Gewalten aus dem Staatsgebiet bedingte die Beseitigung aller auswärtigen Diözesan- und Metropolitangewalt. Es sollte also künftig nur noch Landesbischöfe geben. Sie sollten in Bayern geboren sein, an einer bayrischen Universität ihre Ausbildung empfangen haben, dem Landesherrn und seiner „Kirchenpragmatik" den Untertaneneid leisten. An der Spitze der in sich geschlossenen bayrischen Landeskirche sollte ein Metropolitanerzbischof von München stehen. Ein Landeskonkordat sollte den Abschluß bringen. Das napoleonische Vorbild des ganzen Planes ist offenkundig. Die Allmacht des sich selbst genügenden Staates wollte nirgends eine Grenze anerkennen, und im Sinne des Zeitgeistes hatte die Überordnung des Staates über die Kirche zugleich auch den Zweck, die Verweltlichung der Lebensordnungen zu fördern, indem sie die letzte Entscheidung in die Hände des Staates gab. Als Zögling der Aufklärung und als Träger der rheinbündischen Staatsidee hat Montgelas sich für das staatliche Eherecht und die staatliche Schule ausgesprochen, aber er hat nur für die Schule seine Theorie durchgesetzt. Denn hier hatte ja der deutsche Territorialstaat vorgearbeitet. Die Schule — bis dahin ein „annexum religionis" — war vom Absolutismus zur „Polizeisache" erklärt und den Ortsobrigkeiten unterstellt worden, wobei freilich zu bemerken ist, daß das 18. Jahrhundert unter „Polizei" die innere Verwaltung verstanden hat. Das Unterrichtswesen befand sich dabei in den einzelnen Staaten des alten Reiches auf ganz verschiedener Stufe, in den größeren Territorien war es mit ihm besser bestellt als in den kleineren, die geistlichen Fürsten haben im 18. Jahrhundert viel für die Hebung der Volksschule getan, während es in dieser Hinsicht nirgends so schlimm stand wie in den Reichsstädten, wo die Elementarschulen vielfach nichts weiter waren als privilegierte gewerbliche Unternehmungen, an denen die Lehrerfamilien ein „Schulrecht" besaßen, das ein dürftiges Einkommen sicherte. Die rheinbündische Bureaukratie hat wie überall so auch hier gebessert, vereinheitlicht und verstaatlicht, aber es sollte sich zeigen, daß die Erziehungsfragen durch staatliche Monopolisierung nicht gelöst werden konnten. Der Versuch, Gemeindeschulen von interkonfessionellem Charakter zu begründen, scheiterte überall an der ablehnenden Haltung der Bevölkerung. Auch sonst griff das Beamtentum tief in das innere kirchliche Leben und entfaltete jenen Eifer in der Beseitigung alter Bräuche und Mißbräuche, der dem Josephinismus eigen war und dem das System die Möglichkeit der Betätigung schaffen wollte. Den schwersten Eingriff in die Kirche stellte die Säkularisation der Klöster dar, die für die katholischen Staaten nachholte, was die protestantischen schon im Zeitalter der Reformation erreicht hatten. Während die Einziehung des Reichskirchengutes ein Akt der auswärtigen Politik war, wurde das Recht zur Säkularisation der einheimischen Klöster, das übrigens auch im Reichsdeputationshauptschluß von 1803 vorgesehen war, zugleich aus den allgemeinen Begriffen von Staatsmacht und Staatswohl abgeleitet. Auch hier wieder wird die doppelte historische Wurzel dieser Kirchenpolitik offenkundig.

Einerseits entstammte sie dem Bestreben des modernen absoluten Fürstentums nach unbedingter Allmacht im Staate, andererseits der Meinung des Rationalismus, daß die Menschen nach Umgestaltung der Kirche und ihrer Ordnungen zufriedener und glücklicher sein würden. Daß Absolutismus und Aufklärung sich dann zusammenfanden, war durch die Gemeinsamkeit ihrer eudaimonistischen Grundstimmung gegeben, und die rheinbündische Bureaukratie hat hier nur die neuen Folgerungen und Begründungen hinzuzufügen brauchen, die von der Französischen Revolution formuliert worden waren. So ist das System des Staatskirchentums vollendet worden, um dessen Geltung oder Beseitigung während des ganzen 19. Jahrhunderts hindurch die Geister gerungen haben.

Montgelas selbst konnte sein Programm nur zum Teil in die Wirklichkeit überführen. Er selbst war mehr Edelmann als Doktrinär, und während all der Jahre, da er in der Macht saß, hat er unermüdlich gebessert und auf lebendige Kräfte Rücksicht genommen. Aber hinter dem leitenden Staatsmanne erwuchs die rheinbündische Bureaukratie der Geheimen Räte, der die Zentralisation plötzlich große Aufgaben und unerhörtes Gewicht gegeben hatte: in ihren Schreibstuben arbeitete sie die popularphilosophischen Bücher der Zeit in Edikte um, sie ertötete alles selbständige Leben der Untertanen durch die unerhörte Hochflut der Konstitutionen, Gesetze und Verordnungen und hetzte damit die nachgeordneten ausführenden Stellen zu Tode. In den einfachen Verhältnissen des alten deutschen Territorialstaates war die Vielregiererei immerhin noch ertragbar gewesen; so war in Preußen durch die stetige Arbeit der Könige ein gediegenes Beamtentum herangebildet worden. In den Rheinbundstaaten aber brachte jedes Jahr territoriale Veränderungen, eine dauernde Kriegszeit stellte unerhörte Anforderungen, und dazu jagte eine Neuorganisation die andere. Es waren meist einige wenige Männer, die in der Zentrale saßen und unermüdlich regierten. Sie waren Fremde im Lande, durch das Los des Schicksals in die fürstlichen Dienste gekommen und dort emporgestiegen, im übrigen — anders als die Abenteurerfiguren an den kleinen Höfen des 18. Jahrhunderts — voll Sachkunde und sittlichem Ernste. Montgelas entstammte einem savoyischen Geschlechte, das erst mit dem Vater des Ministers nach Bayern gekommen war, und auch Reitzenstein war als junger und landfremder Mann sehr rasch im Dienste des badischen Markgrafen aufgestiegen. Der rationale Aufbau von Staat und Gesellschaft war unabhängig von der persönlichen Verbindung mit Land und Leuten: eine deduktive Politik hatte die Länder ohne Rücksicht auf geschichtlich gewordene Beziehungen zerrissen und neu zusammengeballt, die gleiche Politik sollte die neuen Zufallsgebilde durch allgemeine Gesetze innerlich einander anpassen. Da mußten viele Interessen verletzt und Bequemlichkeiten beseitigt werden; das alles konnte nur geleistet werden von Männern, die außerhalb der Stände, Korporationen und Kliquen standen. Auch zur Pflege der Wissenschaft, die sich die rheinbündischen Staatsmänner im Geiste der Aufklärung besonders angelegen sein ließen, wurden von ihnen am liebsten auswärtige Gelehrte herangezogen, und da sie nur eine Wissenschaft rationalistischen Gepräges brauchen konnten, so waren es vornehmlich protestantische Gelehrte, die ins Land kamen. So hat Montgelas den großen Kriminalisten Anselm Feuerbach mit der Ausarbeitung der neuen Gesetzeswerke betraut, so hat er Männer wie Friedrich Heinrich Jacobi und Friedrich Thiersch an die Münchener Akademie gezogen und Hegel zum Direktor des Gymnasiums in Nürnberg gemacht; bei der Neubildung der Julius-Universität in Würzburg wurde 1803 Schelling berufen. Noch folgenreicher war die Reorganisation der Universität Heidelberg durch Reitzenstein: sie hat den Grund gelegt für den großen politischen Einfluß, welchen diese süddeutsche Universität im Laufe des 19. Jahrhunderts bei der Hinwendung der Nation zum protestantischen, kleindeutschen, preußischen Reiche ausgeübt hat. Die rheinbündische Bureaukratie hat auf allen Gebieten der staatlichen Kulturpflege entscheidende Anregungen gegeben, von denen die deutsche Geschichte lange gelebt hat. Aber sie hat auch zugleich das Vorbild eines hoch über dem Volke und dem Lande schwebenden Beamtentums geboten, das in einer theoretischen und klassischen Bildung erzogen war und das in den Akten und in der bureaukratischen Ordnung alles Leben beschlossen glaubte; auch als ruhigere Zeiten gekommen waren und Einheimische die Stellen einnahmen, haben sie an diesem Maßstabe sich orientiert, alles mechanisch auf dem Verordnungswege geregelt, ohne jede Beziehung zu den sittlichen Kräften des Volkes. Der Geist einer exakten politischen Wissenschaft, der im Rationalismus der abendländischen Entwicklung seit Machiavelli und Hobbes angelegt war, hat auch die Rheinbundstaaten geschaffen und gestaltet. Es soll nicht übersehen werden, daß durch diesen Beamtengeist auch ein Stück Erziehung geleistet wurde und daß Pünktlichkeit und Fleiß, wissenschaftlicher Ernst und sachliche Strenge auf solche Weise in das süddeutsche Dasein gelangt sind. Aber es ging in dieser rationalistischen Auffassung die Erkenntnis verloren, daß sich alles Leben auf menschliche Beziehungen aufbaut und nicht auf Regeln. So regierte dieses Beamtentum aus der Theorie heraus, ohne Fühlung mit dem Volke und ohne ausführende Organe. Denn das neue Beamtentum war nur eine dünne oberste Schicht. Die Memoiren des Ritters von Lang, deren Richtigkeit die moderne Forschung bestätigt hat, lassen noch heute die grenzenlose Korruption des aus der territorialen Vergangenheit überkommenen staatlichen und gemeindlichen Beamtentums erkennen, mit dem Montgelas zu arbeiten hatte und gegen dessen Habsucht, Käuflichkeit und rohe Unbildung er machtlos war. Es ist nicht zu ermessen, welche Unsummen säkularisierten Kirchenvermögens in diesen Händen hängen geblieben sind. Es wurde im 19. Jahrhundert ein wichtiges Thema des süddeutschen Lebens, wie das durch die rheinbündische Verwaltung erzogene Beamtentum die Verbindung mit dem Volke wiederfand und jenen Geist einer echten Demokratie entwickelte, der dem Untergebenen und sozial tiefer Stehenden menschlich begegnet und doch den durch Bildung und Pflichtenkreis gebotenen Abstand zu wahren versteht.

Die Bedeutung der Rheinbundszeit liegt nicht einfach nur in den Einrichtungen, welche die Ereignisse von 1813 überdauert haben. Viele als französisch und liberal bezeichnete Einrichtungen wurden im Zeitalter der Restauration wieder beseitigt, aber die Ideen, welche die Gesetzgebung der Rheinbundszeit bestimmt haben, blieben bestehen und kämpften mit den andern Kräften des Jahrhunderts, ohne daß ein Ausgleich gefunden wurde. Die Rheinbundszeit bedeutete also einerseits den Abschluß des Zeitalters der absoluten Monarchie: das Staatsideal des aufgeklärten Absolutismus ist nun bis in die letzte Folgerung durchgebildet und vollendet. Die Staatseinheit wurde erbarmungslos erzwungen, ein hierarchisch gegliedertes Beamtentum — mit dem Monarchen als dem alleinigen Beauftragten und Vertreter des Volkes an der Spitze — beherrschte alle Zweige des öffentlichen Lebens. In der vollendeten Form des napoleonischen Staates fanden die deutschen Fürsten dasjenige, was sie selbst seit langem erstrebt hatten. Andererseits aber ist die Zeit Ausgangspunkt einer neuen Epoche geworden: die Gedanken der Französischen Revolution wurden auf deutschem Boden heimisch. Unausgeglichen stand in diesen Staaten Altes und Neues nebeneinander. Aus der behaglichen Ruhe der „guten, alten Zeit" — die durch eine ununterbrochene Reihe von Friedensjahren seit dem siebenjährigen Kriege zur beschaulichen Gewohnheit geworden war — hatte das deutsche Bürgertum sich plötzlich in ein Zeitalter andauernder Kriege und Veränderungen, wirtschaftlicher Unsicherheit und schwerer Belastungen versetzt gesehen. Es gab keine stabilen Verhältnisse mehr, welche dem Bürger zu disponieren gestatteten. Die Reformen waren in Deutschland überaus unpopulär, denn die unaufhörlichen Neuorganisationen, die sich einander folgten, brachten Unruhe und Auflösung gewohnter Beziehungen, ohne daß die neuen Verbindungen sofort erkannt und genutzt werden konnten; die fremden Beamten, die alles nur vom fiskalischen Standpunkte aus beurteilten, waren verhaßt. Zur Durchführung der Maßnahmen und Gesetze fehlte es an zuverlässigen Leuten, dazu kamen die hohen Militärlasten, die auf dem Volke ruhten: die Blüte der süddeutschen Jugend lag begraben in Spanien, in Rußland und im mittleren Deutschland.

Dennoch entbehrt die Epoche der Revolution und des Kaiserreiches nicht der inneren Einheit; sie hat sich einen Stil des Daseins geschaffen, in welchem alle Gegensätze sich zusammenfanden und in dem eine bestimmte und bewußte Haltung dem Leben gegenüber zum Ausdruck kam. Die Anlehnung des Empire an eine idealisch gedachte Antike, an ein strenges und nüchternes Römertum war mehr als nur Form; sie war der notwendige und letzte Ausdruck einer Kulturentwicklung, die in ununterbrochener Nachwirkung der Antike sich vollzogen hatte und schließlich in rationalistische Bahnen eingemündet war. Noch war das Altertum für die abendländische Menschheit nicht einfach nur schulmäßig gepflegter und überlieferter Gedächtnisstoff, noch ruhte das Abendland in allen seinen Lebensäußerungen auf antiker Grundlage, und die Erneuerungen des Altertums, die zu verschiedenen Zeiten eingetreten waren, hatten sich alle auf einem vorbereiteten Boden vollzogen: die Einheit des europäischen Geistes entstammte der klassischen Urform, die allen Geschlechtern vorbildlich und der Nachahmung würdig schien. Nur freilich war diese antike Substanz des europäischen Geistes im Laufe eines Jahrtausends abgewandelt und verdünnt worden; das Zeitalter des Klassizismus und des Empire wurde die letzte einheitliche Kulturepoche, welche das Abendland gesehen hat. Einst hatte die Renaissance des 15.Jahrhunderts einen weiten Ausschnitt des antiken Lebens erneuert, ihn für die Bedürfnisse und die Entfaltung des abendländischen Menschentums hergerichtet und einen bunten Reichtum der Lebensäußerungen daraus entwickelt. Diese Kultur hatte Raum geboten für das Christentum der Kirchenväter, für den Unsterblichkeitsglauben des platonischen Phädon und für den Materialismus des Lucrez; sie hatte die Republikanertugend der Stoiker mit dem höfischen Lebensstile der Cäsaren vereinigt. Aber der Werdegang des europäischen Geistes hatte dann diese Palingenese des Altertums verengert; er hob in der Folge die Vernunft über alle andern Kräfte des Lebens empor und fühlte sich der Antike nur in der Gemeinsamkeit der rationalistischen Grundlage verbunden. Zwar kämpften auch in diesen Jahrhunderten Glaube und Wille, Phantasie und Gefühl um ihr Eigenrecht; sie haben sich in der Kultur des Barock einen mächtigen Ausdruck geschaffen und die unverbrauchte und allseitige Schöpferkraft der abendländischen Völker geoffenbart. Immer aber strebte der Intellekt wieder der alleinigen Herrschaft zu, immer wieder waren es Ratio und Gesetz, die einfache Linie und die stille Größe, die im Rausch der Farben und Töne, in der Vielgestaltigkeit der unlösbaren Lebensprobleme als Beruhigung und als Ausflucht sich darboten. Man fand dabei in einer bestimmten, bald kanonisch werdenden Auffassung des Altertums Hilfe und Bestätigung. Seit Brunellesco und Palladio war die Sehnsucht nach der Gesetzlichkeit der reinen Antike niemals völlig ausgestorben, wenngleich der Weg der großen Kunst über Michelangelo zu Bernini gegangen ist. Der Klassizismus der französischen Tragiker und Architekten im Zeitalter Ludwigs XIV. war dem Ideale des einfachen, „akademischen" Stiles nahegekommen; aber der Widerspruch zwischen Form und Inhalt war auch hier offenkundig, wenn Racine etwa den Hippolyte nicht so darstellte, wie er in Trözen war, sondern wie er an dem galanten Hofe von Versailles hätte erscheinen müssen. Der Eigenart und Frische von Kunst und Leben kam dies ohne Zweifel zugute. Ob man in dieser Hinsicht nicht noch sehr viel weitergehen könne, war die große Streitfrage der Literatur um die Wende des 17. zum 18. Jahrhundert, und die Dichtkunst nahm denn auch den Weg zum bürgerlichen Drama und Roman. Aber andererseits drängte gerade der Kampf gegen konventionelle Unnatur und überhaupt der ganze intellektualistische Grundzug der Neuzeit auch wieder zu einem idealen Menschentum und zu der ihm entsprechenden Strenge und Einfachheit, die man im Leben und in der Kunst der Antike fand.

Und dabei stand das Römertum zunächst durchaus im Vordergrunde. Denn die Antike war dem Abendlande wesentlich nur durch die römische Welt vermittelt worden, nachdem einmal der erste Frühling der Renaissance verblüht war. Die Römer waren das nähere Volk, in Italien war die Kontinuität des Gedankens und des Blutes niemals abgerissen; Machiavelli hoffte die „virtù“, die Willenskräfte der alten Römer, zu erneuern; man kanonisierte das Römertum, da man transzendente Autoritäten nicht mehr anerkannte. Wenn man von der einzigen Ausnahme des erneuerten Platonismus absieht, kann man behaupten, daß die Geschichte wie die Gedanken der Griechen den Lernenden zuerst in der Darstellung bekannt wurden, die sie durch die Römer empfangen hatten: die Helden der Perserkriege aus Cornelius Nepos, die Göttersagen aus Ovids Metamorphosen, die Lehren Epikurs und der Stoa aus Ciceros philosophischen Schriften. Und wenn Vergil nach der bekannten Anekdote gesagt hat, es sei leichter, dem Herkules seine Keule als dem Homer einen Vers zu entwinden, so haben doch Barock und französischer Klassizismus noch im 18. Jahrhundert in dem Römer und nicht in Homer den unvergleichlichen Epiker des Altertums gesehen und aus ihm ihre Stoffe geschöpft. In Deutschland waren die griechischen Studien, die der Humanismus angeregt hatte, bald erloschen, in den Gelehrtenschulen las man in griechischer Sprache nur das Neue Testament. Selbst die große holländische Philologie pflegte vornehmlich das Latein. Auch die innere Verwandtschaft des römischen Geistes mit dem mathematisch-logischen Denken der modernen Welt erklärt dieses Übergewicht des Römischen. Den Fremden, die in diesen reiselustigen, weltbürgerlichen Zeiten in der Ewigen Stadt zusammenströmten, mußte sich zunächst die mächtige Architektur aufdrängen; diese aber war ganz römisch. Der Weg zum Klassizismus ist denn auch in Rom und auf dem Gebiete der Baukunst rasch durchschritten worden. Seit der Mitte des 18. Jahrhunderts begann man die antiken Gebäude vor Vernichtung oder Modernisierung zu schützen, und auch bei Neubauten wandte man sich zum einfachen Stil. Noch 1749 hatte Vanvitelli die große Halle der Diokletiansthermen, die Michelangelo unter strenger Schonung des Baugedankens zur Kirche Santa Maria degli Angeli umgeschaffen hatte, aufs schlimmste verunstaltet, als er den bisherigen Querbau zu Schiff und Chor umwandelte und das majestätische Schiff zum Querbau herabsetzte, den alten Eingang und die drei gewaltigen Bogenöffnungen vermauerte und Gemälde hineinfügte. Der Vorgang war nicht anders als jene Untat Berninis, der das Pantheon seines alten Prachtgewandes entkleidet und mit barocken Zutaten verziert hatte. Aber derselbe Vanvitelli hat auch das Schloß von Caserta gebaut, das wegen der Abwesenheit aller Willkür noch die Bewunderung Goethes gefunden hat. Im Jahre 1756 wurde das

Kolosseum, das bisher als Steinbruch und als Schlupfwinkel für Banditen gedient hatte, zur Chiesa pubblica geweiht. Ungefähr gleichzeitig machte die Entdeckung von Pompeji und Herkulaneum einen ungeheuren Eindruck und trieb alle Zweige des künstlerischen Schaffens vorwärts auf dem Wege zur Einfachheit und zur klaren Linie. Bis in die kleinsten Erzeugnisse des Kunsthandwerkes machte sich der Einfluß der Scavi geltend. Längst hatte der Klassizismus auch in England Fuß gefaßt, seit William Kent seine Bauten errichtet hatte. Der Herzog von Marlborough ließ Schloß Blenheim im akademischen Stile erbauen; die Engländer pilgerten nach Vicenza, um durch die Vermittlung Palladios und seiner Meisterwerke das Wesen römischer Gesetzlichkeit, die Kunst der Raumbehandlung und der Proportionen zu ergründen. Ein Volk, das in der Erziehung seines Adels die strengste geistige und moralische Schulung mit einer Weltweite der Lebensführung zu verbinden verstand, war dem Römertum in vielem verwandt. Die Engländer haben die römische Archäologie begründet und für die Entwicklung der klassizistischen Baukunst nutzbar gemacht, als die Architekten Robert und James Adam den Kaiserpalast zu Spalato wissenschaftlich bearbeiteten, wie ja dann auch in der Folgezeit die Altertümer Athens durch Engländer entdeckt worden sind. Von England aber kam die neue Kunst nach dem nördlichen Deutschland, wo Knobelsdorff das Opernhaus von Berlin im strengen klassizistischen Stile gebaut hat.

Als nun Winckelmann und Lessing — auf eigenen Wegen und ohne im Leben persönlich einander gekannt zu haben — den Sinn ihrer Zeitgenossen auf die „edle Einfalt und stille Größe" der Alten lenkten, da haben sie also eine begonnene geistige Strömung mächtig gefördert und ihr die Richtung auf das Griechentum gegeben. Auch hierbei waren Vorläufer vorhanden und zwar wiederum in England. Wären nicht in den klösterlichen Colleges von Cambridge und Oxford Platon und Plotin mit innerem Anteil gelesen worden, so würde Shaftesbury sich nicht an dieser Philosophie genährt haben und Richard Bentley hätte nicht schon als junger Tutor in seiner ersten Schrift von 1691 eine Vertrautheit mit der griechischen Stilistik beweisen können, welche die Holländer in Erstaunen setzte. Lessing hat ihn vermutlich nicht gelesen; er und Winckelmann kamen zum Griechentum aus innerer geistiger Verwandtschaft. Wir haben die rationalistische Grundlage ihrer Lebens- und Kunstanschauung kennen gelernt; das Gesetzliche war ihnen eingeboren. Ernste und selbständige Menschen, die durch lange, bittere Jahre der Not und der Abhängigkeit hindurchgegangen waren, waren sie überdrüssig geworden der konventionellen Unnatur, der malerischen Willkür des Barock und der spielerischen Grazie des Rokoko; um sich sahen sie nichts als die eitle Pracht der Höfe und die Knechtschaft der Völker. So erfanden sie sich das Griechentum, das sie brauchten. Weil sie die Entfaltung und Betätigung des harmonisch und sittlich reinen Menschentums, das sie sehnsüchtig im Herzen trugen, in ihrer eigenen Gegenwart und Wirklichkeit nicht finden konnten, suchten sie es in der alten Welt und in den Werken ihrer einfachen und großen Kunst. Zur Kenntnis des Schönen wünschte Winckelmann sehnlich zu gelangen, als er, gefangen gehalten in nordischen Steppen, „Gleichnisse aus dem Homer betete"; dies Verlangen trieb den Abenteurer nach Süden. Im Homer erlebte er den Dichter, der „mit der höchsten Grazie begabt war", hier fühlte er die Glut des ionischen Himmels. Im Sophokles fand er alle Merkmale hellenischer Schönheit vereint — die Menschlichkeit, den Adel der Gestalten, das Schweben der Kunst über dem Sturme der Leidenschaft und den Greueln des Stoffes, die Bildung ruhig in sich vollendeter Menschheit. Und die attischen Prosaiker, Xenophon und Platon, wurden die Vorbilder seiner eigenen Prosa — jener wunderbar abgewogenen und berechneten Sprachkunst, in welcher Einfachheit mit Anmut, die methodische Disziplin des Denkens mit feinem Geschmacke sich paart und die daran erinnert, daß es tief im Wesen des modernen Geistes begründet liegt, wenn die vollendetste Leistung des Klassizismus in den großen französischen Prosaikern aus der Zeit Ludwigs XIV. beruht; an der berühmtesten seiner Statuenbeschreibungen, derjenigen des Heraklestorso, hat Winckelmann drei Monate gefeilt. Mit einseitiger Wahl blieb dieser schönheitstrunkene Geist gerade an jenen Offenbarungen des griechischen Volkes haften, die dem Allgemeinmenschlichen am nächsten standen: er erlebte die letzte Erfüllung im Anblick der griechischen Plastik. Bei den griechischen Bildnern fand er die Typen harmonischer Menschen — „das vollendet Schöne", das nicht in der Natur zu finden ist und das doch auch nicht außer der Natur liegt. So kam er zu seiner Lehre von der „idealischen Bildung": sie steht im Gegensatz zur „individuellen, auf das Einzelne gerichteten", denn sie ist „eine Wahl schöner Teile aus vielen einzelnen und Verbindung in Eins". Es handelt sich also nicht um einen Gattungs- oder Durchschnittstypus, sondern die „ideale Schönheit" ist das Urbild im platonischen Sinne, während die sinnliche Schönheit des Modells nur die schöne Natur, die natürliche Basis liefert. Gibt der Künstler nur dieses, so fertigt er eine Kopie, ein Porträt. Der Begriff des Idealschönen aber will mit Winckelmanns eigenen Worten besagen: „Die Natur strebt bei der Bildung ihrer Individuen nach dem Vollkommenen; aber fast stets gehemmt durch die Materie und durch so manche Zufälligkeiten, denen die Menschheit unterliegt, kann sie ihr vorgestecktes Ziel nicht erreichen. Daher ist es fast unmöglich, einen Menschen von allseitig vollendeter Schönheit zu finden. Dieser Unvollkommenheit hat der Instinkt des Menschen abzuhelfen unternommen, indem er sich über sein Los erheben und was die Natur unvollkommen gelassen verbessern wollte. So wird aus vielen schönen Teilen der Natur eine edlere Geburt hervorgebracht: die Griechen reinigten ihre Bilder von allen persönlichen Neigungen, welche unsern Geist von der wahren Schönheit ablenken." Diesen Idealtypus zu beschreiben, hat Winckelmann im Einzelnen unternommen. Da nun aber die physischen und sozialen Voraussetzungen zur Gestaltung idealischer Bilder in den modernen Zeiten fehlen, deshalb ist ihm die Nachahmung der Griechen der allein mögliche Weg zur Schönheit!

Die „imitatio veterum" war eine alte Parole; sie wurde nun zu einer Nachahmung der Griechen. Jetzt hieß es also, daß es eine absolute Schönheit, einen absoluten Stil gebe, daß die Griechen dieses ewige Vorbild und Muster geschaffen hätten und daß demnach die Rückkehr zu ihnen gleichzeitig einen Fortschritt über die moderne Kunst darstelle — über das, was Winckelmann das „Bernineske" zu nennen gewohnt war. Das System des Klassizismus, dessen Grundlinien längst schon vorbereitet waren, war hiermit geschlossen. Es war freilich nur das Griechentum einer bestimmten Periode seiner Geschichte, nämlich des perikleischen Zeitalters, und es war nur eine ganz bestimmte Auffassung vom Griechentum, was man von nun an klassisch nannte. Dabei kannte Lessing die alten Skulpturen nur aus schlechten Abbildungen, er hat sich sein ganzes Leben gesehnt, wenigstens Italien zu sehen, und als er endlich gegen Süden ziehen konnte, da war es für sein Leben zu spät geworden. Aber auch die Bildwerke, die vor Winckelmanns Augen standen, waren meist nur römische Nachbildungen, auch er hat das Land der Griechen niemals mit eigenen Augen geschaut und hat gesagt: „Ich ließe mir gerne einen Finger abhauen, ja mich zum Priester der Kybele machen, um diese Länder zu sehen." Noch lange bis tief in das 19. Jahrhundert sollte es so bleiben, daß die Ansicht vom Griechentum sich aufbaute auf einer Konstruktion, die abgeleitet war von einem Stilgedanken, und mehr als ein Jahrhundert lang — als die historisch-genetische Betrachtungsweise längst überall sich durchgesetzt hatte — blieb die Altertumswissenschaft stolz auf die Erkenntnis vom „ewigen Griechen“ und beharrte in der Annahme, daß die hellenische Kunst als eine Einheit und als ein Fertiges von der Nation geboren wurde und daß dann sehr frühe ihr Verfall eingetreten sei. In einer Zeit, die erfüllt war von dem Ideale eines zeitlosen Menschentums, war es begreiflich, daß einem einzelnen Entdecker der wahre geschichtliche Zusammenhang noch verborgen bleiben mußte. Winckelmann ging während seines Lebens an ganzen weiten Strecken der Kunst unberührt vorbei. Er war von Homer und Sophokles zu den Statuen gekommen, und er hat von der bildenden Kunst nur die Plastik gekannt, und auch diese, wie gesagt, meist nur aus den römischen Nachbildungen der Kaiserzeit. Er begriff die Schönheit vorzüglich als Schönheit des Umrisses, der Linie, und so war ihm die griechische Skulptur aus der Schule des Phidias, die frei ist von aller malerischen Beimischung, die höchste Offenbarung. Hier fand er „edle Einfalt und stille Größe“. Daß die Statuen des Belvedere, und zumal der Apollo, die vollendetsten Meisterwerke des ganzen Altertums seien, war schon bisher die Ansicht der Zeit gewesen, Winckelmann gründete hierauf seinen Kanon. Er sah hier die Schönheit verbunden mit Grazie: während jene von der Natur allein herkommt, ist die Grazie eine Anlage, die erst durch Erziehung und Kultur ausgebildet wird — eine zum Kunstwerk geadelte Erscheinung. Schiller hat diesen Gedanken dann später des weiteren ausgeführt. Durch starke Affekte wird die Grazie weggewischt; Leidenschaften sind also nicht geeignet, die Seele zu offenbaren. Denn die Seele ist wie ein Meer, dessen Tiefe still bleibt, die Oberfläche mag noch so wüten — ein Vergleich, den Winckelmann mit besonderer Vorliebe braucht. In allen diesen Ansichten stimmen Lessing und Winckelmann zusammen, nur in der Frage der Allegorie und der Auslegung der Laokoongruppe hatte Lessing seine besonderen Gedanken, und sie leiteten ihn zur kritischen Trennung der Künste. Im Stilgefühl waren beide einig, sie führten den Kampf gegen das Moderne durch Schilderung der Meisterwerke der Alten, durch Zergliederung ihrer Praxis. Nicht nur die Maßlosigkeit Berninis lehnten sie ab — „dem die Grazie nicht einmal im Traume erschienen ist“ — sondern auch die Willkür des Michelangelo und das Malerische seiner Plastik. Die Medizäergräber fand Winckelmann „der Anmut völlig beraubt“: so wurde „in Michelangelo das sanfte Gefühl der Schönheit verhärtet“, weil er „dem verderbten Geschmack auch in der Bildhauerei die Brücken angelegt und gebauet hat". Florenz und Etrurien haben vor Winckelmanns empfindlichen klassizistischen Augen keine Gnade gefunden, und daß neben den Manieristen auch die realistischen Holländer vor ihm nicht bestehen konnten, versteht sich von selbst. Dagegen stand ihm unter den Neueren am höchsten Raffael, den er von Dresden her kannte, und auch da wieder waren ihm die Zeichnungen des Meisters am liebsten; denn die Zeichnung, indem sie die Dinge in Linien umsetzt, ist Reduktion der Wirklichkeit auf wenige einzelne Phänomene. Als Raphael Mengs nach eingehendem Studium der Fresken von Herkulaneum den „Parnaß" der Villa Albani gemalt hatte — diese Absage an den barocken Plafond- und Kuppelstil, die alles nur gelehrt und statutarisch nehmen wollte —, da hat Winckelmann den Freund noch über den vergötterten Meister, dessen Namen jener trug, emporgehoben: „Raffael hat nichts hervorgebracht, das dem könnte verglichen werden." So war es immer ein ganz bestimmtes Stilgefühl, das ihn leitete: der schöne Umriß, die Klarheit der Konturen waren ihm wichtiger als Kolorit und Beleuchtung, Handlung und Komposition. Es ist die klassizistische Art des Sehens, sie entsprach dem ganzen Werdegang der abendländischen Menschheit. Die Folgezeit hat dieses Stilempfinden in Plastik und Malerei erlebt und besonders auch in der Baukunst, die Winckelmann fremd geblieben ist. Palladio war ihm naturgemäß der größte Architekt; aber er sah zunächst nur die ihn umgebenden Bauten der römischen Kaiserzeit, deren ornamentale Überladung ihm der Anfang jenes Verfalles war, den Michelangelo gefördert hat. Darum machte Pästum auf ihn den tiefsten Eindruck, und so hat schon er die für die Folgezeit entscheidende Hinwendung zum dorischen Stile gewiesen, der in seiner strengen Sparsamkeit der Antipode des Barock geworden ist.

Aber der Klassizismus war nicht nur eine Kunstform, sondern er ging den ganzen Menschen in allen Äußerungen seines Daseins an. Es bedeutete eine bestimmte Haltung dem Leben gegenüber, wenn Winckelmann die „große und gesetzte Seele" rühmt, welche der Ausdruck in den Figuren der Griechen bei aller Leidenschaft zeigt. Unter seiner moralischen Ausdeutung wurde Laokoon ein Stoiker, und wenn Lessing dagegen die künstlerisch stilistische Interpretation setzte, so war dies doch nur ein Unterschied der ästhetischen Betrachtung: die σωφροσύνη war die ethische Grundlage des klassizistischen Lebensstiles. Die wahre Größe der Griechen und die höchste Tugend alles Menschentums fand man in jener ἀταραξία, die gelassen und mit gemessener Ruhe Freude und

Schmerz vom Schicksal entgegennimmt. Tiefer noch als in der schon stark bewegten und barockisierenden Laokoongruppe fand man dieses Lebensgefühl in der Gestalt der Niobe: an ihr ist alles antik, unmodern, heidnisch. Der Intellektualismus der neueren Geschichte hatte dank dem christlichen Erbgut, das dem modernen Menschen mitgegeben war, niemals alle andern menschlichen Regungen völlig sich unterwerfen können; nun erhoffte er die Ruhe eines klaren und freien Denkens von einem Volke, dessen Götter nach Platon „rein vernünftig" lebten und dessen einflußreichster Denker bewies, daß die Tätigkeit der Gottheit nur eine theoretische sein könne. Man glaubte, den eigenen Intellektualismus in der Heiterkeit der griechischen Religion wieder zu finden, und man erhob sich vor allem an der Klarheit der griechischen Philosophie. Man wollte bei den Griechen das Idealbild der sich selbst genügenden Wissenschaft vorgebildet finden, wie es dem eigenen Leben als Ziel vorschwebte und von nun an immer stärker in die abendländische Kultur eingedrungen ist. Das griechische Denken war in der Tat bis zu den Grundsätzen einer Erkenntnis um ihrer selbst willen vorgeschritten, es hatte den Zusammenhang der Dinge und den Teil als ein Ganzes zu begreifen gelehrt, es hatte den Begriff als das Mittel des Erkennens herausgefunden und im Gedanken das Wesen der Welt erfassen wollen. Das Mittelalter hatte von den Griechen gelernt, aber es hatte zugleich die griechische Wissenschaftslehre mit dem römischen Staatsgedanken und mit der christlichen Religion vereinigt, also daß die Forschung ein Wert neben andern Werten des Kulturlebens wurde. Dann hatte die moderne Zeit diese Einheit wieder aufgelöst, sie hatte dem Rationalismus, der Römern und Griechen gemeinsam war, sich zugewendet und den „theoretischen Menschen" einsam emporgehoben als einen Mittelpunkt, von dem aus die Persönlichkeit und die Welt sich geschlossen aufbauen sollten. Nun wurden die Alten — von denen Lessing gesagt hat, daß es ihr Vorrecht war, „in keiner Sache weder zu viel noch zu wenig zu tun" — das Vorbild schöner und harmonischer Menschlichkeit. Es sollte das Recht und die Pflicht des Einzelnen sein, sich in der Freiheit des Denkens und auch des Handelns auszuleben und seine Persönlichkeit zum Kunstwerke zu gestalten — nicht nur weil dies nach dem Worte Goethes als höchstes Glück der Erdenkinder erschien, sondern weil die unchristliche Ansicht von der Allmacht des Willens dahinter stand und also souveräne und ungebundene Menschen die Dinge der Welt zu gestalten und zu fördern in der Lage seien. Dies war Griechenansicht gewesen — geboren aus dem Herrenbewußtsein des Freien gegenüber dem Barbaren. In der Rassentheorie des Aristoteles ist diese Überzeugung am schärfsten zum Ausdruck gekommen, sie zieht sich auch durch die Welt des Klassizismus. Winckelmann hatte sie zuerst im Hinblick auf das künstlerische Schaffen formuliert, insofern die wahren Künstler nicht bloß zahlen müssen mit dem was sie tun, sondern auch mit dem was sie sind. Es war seine Lieblingsidee, daß die Schönheit des Körpers und die Gemütsart zum Verständnis des Schönen befähigten: „Es ist diese Fähigkeit in wohlgebildeten Knaben eher als in andern zu suchen, weil wir insgemein denken, wie wir gemacht sind." So hat er den Raffael verherrlicht: „Eine so schöne Seele, wie die seinige war, in einem so schönen Körper wurde erfordert, den wahren Charakter der Alten in neuerer Zeit zuerst zu empfinden und zu entdecken." Nochmals wie in der Renaissance erwachte die Nachfolge des Altertums, bestrahlt von der Sonne Homers und von der Heiterkeit eines freien harmonischen und überblickbaren Daseins im Endlichen, beseelt von griechischer Sinnlichkeit, die — wie man annahm — beglückend und freundlich war bis in den Tod: „nullique ea tristis imago". Noch Bernini hatte das Totengerippe sogar plastisch gestaltet. Im Griechentraum erwuchs eines der größten geschichtlichen Trugbilder, die es jemals gegeben hat — um so rätselvoller, als es mehrere Generationen der abendländischen Menschheit in seinem Banne gehalten und ihr Leben aufs tiefste beeinflußt hat. Wir werden von der beseligenden und ernüchternden Wirkung einer frommen Täuschung zu sprechen haben. Der Lebensstil des Humanisten ist dabei jedenfalls rasch in einem bürgerlich werdenden Zeitalter in philiströse Gewohnheit versandet. An die Stelle unsteten Wandertriebes traten die Italienfahrten der wohlhabenden Leute aus der „Gesellschaft", über die schon Winckelmann, der es als Cicerone wissen mußte, schwere Klage geführt hat; die stoische Philosophie wurde in Materialismus umgesetzt, und die Akademie der Auserwählten, die von der Höhe ihrer volksfremden klassizistischen Bildung auf das „profanum vulgus" herabsah, fand ihren Abschluß in Casinos und Vereinen, die den Bildungshochmut in das bürgerliche Leben hineintrugen. Die ethische Höhe, welche dieser Klassizismus ursprünglich genommen hatte, sollte sich als unhaltbar erweisen, weil er menschlich und historisch auf einer falschen Analogie beruhte.

Daß der hohe Flug des neuen Hellenismus in lebensfremde Sphären entführte und den Bedürfnissen der Wirklichkeit nicht entsprach, zeigte das unmittelbare Nachleben Winckelmanns. Der zeitlosen und volklosen Kunst, von der er gekündet hatte, entsprach die Weltweite seiner eigenen Stellung und Wirkung: er ist der erste Deutsche, der in deutscher Sprache schreibend auch von den andern Völkern gelesen wurde! Aber der tiefere Zusammenhang seiner Gedanken ist doch nur von dem engen Kreise von Weimar völlig erfaßt worden, im übrigen förderte sein Eingreifen den schon lange angetretenen Gang der abendländischen Menschheit, der aus dem höfischen Rokoko zum nüchternen bürgerlichen Klassizismus führte. Und diese Entwicklung war viel zu stark durch allgemeine, soziale und politische Wandlungen veranlaßt, als daß ein ästhetisches Lebensideal diesen Menschen hätte genügen können. Der Griechentraum mochte zu Zeiten den Kampf des Alltages beleben; aber man bekränzte auch weiterhin doch vor allem die Büsten der großen Römer. In Plutarch, den einst Amyot auf Befehl seines Königs übersetzt und den Menschen der Renaissance übermittelt hatte, fanden alle folgenden Geschlechter die Bilder von Heldengröße und Ruhmesliebe. Die Wahlverwandtschaft zwischen dem Humanismus und Plutarch war begreiflich, denn dieser war selbst ein Klassizist, der die Vorzeit als ein Paradies schöner und freier Menschen verherrlicht hat. Aus Plutarch schöpften Shakespeare und Racine in gleicher Weise, und je stärker dann ein revolutionärer Geist sich entwickelt hat, um so entschiedener klang das Bekenntnis: „Mir ekelt vor diesem tintenklecksenden Säkulum, wenn ich in meinem Plutarch lese von großen Menschen." Es machte den tiefsten Eindruck und bedeutete den Sieg des römischen Klassizismus in Kunst und Leben, als der Maler Jacques Louis David im Jahre 1785 den „Schwur der Horatier" mit sittlichem und künstlerischem Pathos gestaltete; der Ernst der Schwörenden sprach von Vaterlandsliebe und Republikanertugend, die düstere Größe und Einfachheit der Komposition kündete von einer herben und sittenstrengen, bürgerlichen Kunst, die sich bewußt dem Pomp des höfischen Barock und der Leichtigkeit des Rokoko entgegenstellte. Es war der Geist, der mit unwiderstehlicher Kraft die Französische Revolution vom Schwur im Ballhause bis zur Guillotine geführt hat. Nicht umsonst hatte Montesquieu den Verfall der römischen Größe aus der Entartung des Adels, aus der sittlichen Verwilderung und der Erschlaffung der republikanischen Tugend abgeleitet. War Lessing kühn genug gewesen, eine bürgerliche Virginia vor die Rampe zu stellen, so liebte die Französische Revolution, die keine Vorsicht mehr zu üben brauchte, doch aus Stilgefühl und um der geschichtlichen Erhabenheit willen die feierliche Verkleidung der Toga. Diese Männer erkannten sich als die Fortsetzer des Werkes, das mit der Vertreibung der Tarquinier begonnen und durch Cäsar und Augustus unterbrochen worden war. Man gedachte der Gestalten, durch welche die Alten den Tyrannenmord verherrlicht haben. Man erinnerte dabei freilich seltener an Harmodios und Aristogeiton, die den Dolch im Myrtengewande versteckt hatten, denn man hielt sich völlig an das Römertum — an Brutus, den älteren und den jüngeren, an Cato und an Cicero, die Gegner der Usurpatoren. Mit gutem geschichtlichem Verständnis fühlte man, daß Catilina, dessen Erhebung der Senat niedergeschlagen hat, unter die Vorläufer der Tyrannen und nicht der Republikaner gehörte; aber das politische Denken der Französischen Revolution haftete doch allzusehr an der Form der Verfassung, als daß es hätte erkennen können, wie die Kämpfe zwischen dem Senate und Cäsar durchaus nicht um die Zukunft einer demokratischen Republik geführt wurden. Die verherrlichten Vorbilder waren nicht nur Männer von altem Schrot und Korn, wie der unentwegte Cato, sondern man übernahm das stoische Lebensideal in der Form, die ihm gerade vornehme und weltmännische Dilettanten, wie Seneca, gegeben hatten: schon in den religiösen Unruhen des 17. Jahrhunderts hatten die Freidenker in Seneca Beruhigung gesucht, sein von Nero erzwungener Selbstmord wies aus ähnlicher Notlage manchem Girondisten den Ausweg. Auch Tacitus wurde geschätzt, aus dem gleichen Grunde, warum ihn nachher Napoleon instinktmäßig abgelehnt hat; denn hier war nach der napoleonischen Charakteristik „ein unzufriedener Senator, der sich in seiner Studierstube mit der Feder in der Hand rächt“. Vor allem aber wurde Cicero, dessen Ruhm seit der Renaissance in unaufhörlichem Steigen begriffen war, der große Held der Französischen Revolution, und vielleicht nirgends wird der formalistische Grundzug der neueren Geschichte deutlicher als hier: der Ciceronianismus war eine notwendige Folge des Strebens nach Gesetzlichkeit und nach Uniformierung. In den Humanistenschulen hatte das Latein Ciceros über das der Scholastik gesiegt, der Grundsatz von der Nachahmung der Alten hatte in der Auswahl der Worte, im Aufbau der Perioden und in der Führung der Gedanken zur Nacheiferung Ciceros als des besten Stilisten verleitet. Dem Vorbilde einer universalen Form konnte man sich auch dann nicht entziehen, als die lebenden Sprachen neben das Latein traten, das nun zur toten Sprache wurde. Die attischen Prosaiker blieben den meisten der neueren verschlossen, in Cicero aber fanden sie auch weiterhin die unvergängliche Kunstprosa, die sie suchten, und sie gingen bei ihm in die Schule, zumal auch der Inhalt seiner

Schriften dem entsprach, was die neue Zeit brauchte und verlangte. Der Individualismus erkannte sich wieder in den unvergleichlichen Briefen des Freundes und Vaters, die Deisten fanden bei Cicero das Vorbild popularphilosophischer Behandlungsweise, von dem Meister des oratorischen Glanzes lernte man die Technik der zweckbewußten und wirkungsvollen Prunkrede. Die Revolution errichtete der politischen und forensischen Beredsamkeit die Bühne, nachdem bis dahin nur die Kanzel und die Publizistik den Männern des Wortes zur Verfügung gestanden; die Revolution begeisterte sich an den Bildern der antiken Gerichtsverfassung und stellte den Stuhl des Richters aus den heimlichen Stuben hinaus auf den offenen und freien Markt, wo er bei den Völkern des Altertums gestanden hatte. Auch jetzt wieder sollte die Advokatur die Vorschule der Politik werden, wie auch der Staatsmann der römischen Republik auf dem Forum gebildet worden war. Die Gemeinsamkeit der geschichtlichen Umstände hat die französische Revolution und das römische Altertum nahe zusammengerückt; „ainsi faisaient les Romains“, war der Wahlspruch in den Versammlungen und Clubs. Und als gar die unmittelbare Demokratie im Sinne Rousseaus durch die Jakobiner Wirklichkeit wurde, schien die formale Angleichung vollkommen zu sein. Nirgends waren die Eigenschaften des Rhetors nötiger als bei einer Verfassung, die auf der Demagogie und dem Sykophantentum als gesetzlichen Einrichtungen beruhte. Das Wort wurde die Stütze der Macht. Hierbei fanden die Männer der Revolution in dem ciceronianischen Muster die Form, die ihnen notwendig und gemäß war. Das Improvisieren war ihnen nicht gegeben, sie hatten auch keinen neuen Gedanken zu verkünden, denn alles stand schon bei Voltaire und bei den Enzyklopädisten zu lesen. So war ihnen die Form und die Wirkung alles. Die bewunderten Redner der großen Revolution sind ohne den Klassizismus nicht zu denken, das von ihnen und von ihrem Meister gebotene Vorbild hat der Publizistik des 19. Jahrhunderts lange eine starke Tradition und eine gewisse Höhe gesichert; denn eine durchsichtige Gliederung, ein geschickter Aufbau und eine wirkungsvolle Prägung waren immerhin werbende Mittel. Daneben freilich steckte in dieser bewußten und effektreichen Beredsamkeit eine große Gefahr. Die Girondisten vor allem haben an ihren eigenen Deklamationen und leeren Worten sich berauscht, abstrakte Formeln über die Tatsachen gestellt und die antikisierenden Bilder und Vergleiche bis zur Unerträglichkeit gesteigert. Danton galt für dumm, weil er die Alten nicht zitierte.

Nur Mirabeau und Napoleon sind diesem Klassizismus nicht erlegen. Auch von ihnen wurde die Phrase angewendet und mit Redefiguren des Altertums bestritten. Napoleon kann in vielfacher Hinsicht der letzte Redner der Revolution genannt werden. In der Schule der Jakobiner gebildet, hat er den feierlichen Stil in seinen Bulletins meisterlich gehandhabt, hat alle Hilfsmittel der klassischen Rhetorik beherrscht und ist stets sich bewußt geblieben, daß im Worte eine große Macht beruht. Aber schon Stendhal und Taine haben den Unterschied zwischen der klassizistischen Zeitform und dem antiken Wesen Napoleons aufgezeigt. Napoleon liebte die Kürze, den Befehl, und die Memoirenschreiber tun immer wieder ihr Erstaunen kund über den enormen Tatsachensinn, der dem Kaiser eigentümlich gewesen ist. Seine wilde Ursprünglichkeit, die an Shakespeare gemahnt, läßt ihn nach dem Worte Nietzsches wie eine „Antike mitten in der christlichen Gesellschaft" erscheinen; diese elementare Kraft trug ihn über die Umwelt empor und machte ihn zum Meister der Dinge. Aber diese Macht des Willens war doch zugleich gebändigt durch Absicht, durch Plan und Geist und zu innerer Harmonie gebunden. „Du hast nichts Modernes, du gehörst ganz und gar in den Plutarch", hat Paoli, der Abgott seiner Jugend, zu ihm gesagt, und Napoleon hat noch auf St. Helena an diese Kennzeichnung seines Wesens erinnert. Man hat den klassischen, ursprünglichen Typus, der mit diesem Menschen mächtig und wohlvorbereitet in die späte klassizistische Zeit hereintrat, mit der Abstammung von dem Condottierengeschlechte der Renaissance und mit der Herkunft aus dem Blute und Lande der Italiener, die selber noch als ein halbantikes Volk sich erhalten haben, in Zusammenhang gebracht; man hat dieses klassische Wesen in seiner Gestalt und in seiner Geistesart wieder erkannt. Die Künstler, die sein Bild geformt haben, waren erstaunt über das Antike seiner Züge und seiner Haltung, über die Ähnlichkeit mit der Statue des Augustus und über jenes Profil, von dem der Maler David gesagt hat, „daß es von sich aus eine vollkommen fertige Medaille oder Kamee abgibt". Und wie seine Gestalt so erschien auch sein geistiges Wesen als die Auswirkung eines Daseins, das einheitlich und ganz persönlich durchaus in sich selber ruht: „Gesetz inmitten der äußerlichen Bewegung", wie man das letzte Geheimnis des klassischen Menschen gerade im Hinblick auf ihn so fein und treffend formuliert hat. Die zeitlose Weite und Universalität des antiken Menschentums ist in ihm nochmals lebendig geworden, und er fand in seiner klassizistischen Gegenwart ein anderes, aber empfängliches Leben. So konnte er zwar keine neue Antike schaffen; aber er hat den europäischen Klassizismus zum Abschluß gebracht und dem Realismus des 19. Jahrhunderts die Bahn gebrochen. Er hat niemals kopiert wie die Künstler, die sich zur Nachahmung der Alten bekannten. Er hat aus der innern Notwendigkeit seiner Natur die der Lage entsprechenden Gebäude errichtet, und immer wurden es Werke des Klassizismus, nicht anders als die Bauten der römischen Kaiser. Es lag daher ganz in Napoleons Sinne, wenn Taine ihn geschildert hat als den Diokletian von Ajaccio, den Konstantin des Konkordates, den Justinian des Codex und den Theodosius der Tuilerien: die Aufgaben, die vor dem französischen Kaiser standen, waren die gleichen, welche die römischen Cäsaren zu bemeistern hatten. Es handelte sich darum, eine atomisierte Masse zusammenzufügen, ihr eine Organisation zu geben und eine fertige Form, darin sie ihre Entwicklung beschließen und konservieren konnte. Im Altertum waren die Vorbedingungen für ein solches Werk gelegt worden durch den Hellenismus, durch die nationale Vermischung und die Einheitlichkeit, der man auf allen Gebieten zustrebte; schon die Spätantike hat den Begriff des „klassischen" Altertums geprägt, indem sie einem Ausschnitt der griechischen Entwicklung kanonische und normative Bedeutung zuschrieb. Die römischen Kaiser hatten das Weltreich organisiert, die werdende Weltkultur mächtig gefördert und einem allgemeinen, verständlichen Stil in Werken von mächtigen Dimensionen Dauer verliehen. Die Grundlage war auch hier die urbane Lebensart gewesen, die das Individuum gelöst und jenes allgemeine Menschentum geschaffen hatte, welchem die unmittelbare Anschauung und der Sinn für das Volksleben verloren ging, so daß erst die archäologische Forschung des 19. Jahrhunderts wieder ausgegraben hat, was die Urbs und die Reichskultur an altem Volkstum und an örtlichen Besonderheiten verschlungen und vernichtet hatten. Dies war der Klassizismus des Altertums — die Welt der „bienséance" und der praktischen Fertigkeiten, die Welt der bürgerlichen Advokaten und der kaiserlichen Beamten, eine Welt der Beruhigung nach den vielen Wechselfällen des Lebens, die über die Menschen gekommen waren. Vor der gleichen Aufgabe war nun auch die Geschichte des Abendlandes angelangt, sie hatte die Einheit des Geistes und der Masse herausgebildet und die einheitliche Form durch Anleihe bei der römisch-hellenistischen Welt gewonnen. Nur die politische Entwicklung war dahinter zurückgeblieben, noch war Europa durchzogen von den feudalen und dynastischen Bildungen des Mittelalters. Die Angleichung der politischen Gestaltung des Kontinents an seine geistige hat die Französische Revolution versucht und durch Napoleon in weitgehendem Maße erreicht: der Klassizismus schien als Weltreich und Menschheitskultur sich über das Abendland zu breiten. Napoleon hat die politische Unordnung beseitigt und auf der Trümmerstätte einen Neubau versucht, nach einheitlichem Plane, symmetrisch und rational, in der majestätischen Einfachheit der klassischen Ordnung. Das neue Gebäude ist mit Reißfeder und Winkelmaß entworfen und entstammt demselben Geiste, der schon im atomistischen Naturrecht und in der klassischen Kunst und Rhetorik sich ausgewirkt hat, dem Geiste der Autorität und der mechanischen Gleichheit! Es soll dahingestellt bleiben, ob man in diesem Staate mit seiner Stufenleiter der von oben eingesetzten Obrigkeiten das romanisch-heidnische Gegenstück zum christlich-germanischen Mittelalter, zu jenem Zusammenwirken der Kräfte sehen will. Die ausklingende Antike hatte aus der gleichen Aufgabe und Lage, in welche die moderne Entwicklung des Abendlandes geführt hatte, die gleiche Form ihres Alterslebens entwickelt, und Napoleon war sich kühl und illusionslos dieser seiner geschichtlichen Stellung bewußt. Er empfand sein Werk als Wiederaufnahme der Aufgabe, welche die Cäsaren geleistet hatten — die Welt zu befrieden und die Völker zu regieren durch das „Bündnis der Philosophie mit dem Säbel". Er fühlte die geschichtliche Parallele, die zwischen dem 18. Brumaire und dem Gang über den Rubikon besteht, zwischen dem eigenen Kaisertum und der Diktatur Cäsars, denn sie beruhten beide auf den Truppen und auf den Massen, und ihr beider Mittel waren Brot und Spiele. Gerne verweilte Napoleon bei diesen klassischen Erinnerungen, sie ersetzten die fehlende Legitimität seiner Macht, und wenn ihm in seiner Jugend Plutarch vor Augen gestanden und damals die „vertu", die republikanische Tugend, die höchste sittliche Würde war, so sind jetzt die Kommentarien des Römers an die Stelle getreten und die Ehre, l'honneur, wird die große Parole, durch die der Herrscher die Hingabe der Untertanen auf sich selber lenkt. Doch Napoleon waltete über Christen, und so tritt neben das römische Kaisertum die Gestalt seines christlichen Erneuerers. Napoleon besuchte in Aachen das Grab Karls des Großen, er belebte die karolingischen Erinnerungen am „gallischen" Rheine, er ließ sich zum Kaiser krönen in Anwesenheit des Papstes, aber nicht durch den Papst, und hoffte so, durch geschicktes Verhalten es im Jahre 1804 besser zu machen, als am Weihnachtsabend des Jahres 800 geschehen war. Römisch ist der ganze Aufbau des in allen Zweigen zentralisierten Staates, die

Verwaltung der Präfekten und der prunkvolle und nichtssagende Senat, der den Kaiser umgab. Auf römischer Grundlage ruhte das Recht, römisch war die Führung der Jugend.

Nirgends sind Größe und Grenze des durch römisches Erbgut und durch die moderne Naturwissenschaft emporgekommenen Rationalismus offenkundiger geworden als im napoleonischen Erziehungswesen, das die pädagogischen Absichten des absoluten Fürstentums zur höchsten Vollendung geführt hat. Die Schule war das wichtigste Mittel zur Lenkung der politischen Anschauungen, der Staat begründete also für sich das Monopol an der Schule, „wie wenn es sich um Salz oder um Tabak handelte“. Lehrer und Schüler wurden militärisch uniformiert, alle Schulen wurden einheitlich aufgebaut und einer obersten Zentralbehörde unterstellt. Die Elementarschule hatte die Aufgabe, die Masse der staatstreuen Untertanen zu liefern; die Religion war nur Mittel hierzu. In den Lyzeen war das Studium bis in alle Einzelheiten hinein für das ganze Reich geregelt — dieselbe Lektüre, dieselbe Bibliothek, derselbe Stundenplan, dieselben Erholungspausen, also daß man wissen konnte, daß zur selben Stunde desselben Tages im ganzen Reiche dasselbe Kapitel Cäsar gelesen wurde. Dieses System konnte nicht die Erweckung schöpferischer Kräfte bezwecken, aber es pflanzte Ordnung und Ambition, es baute das Studium auf Latein und Mathematik, die beiden verwandten Fächer, die dem Geiste des Jahrhunderts so gemäß waren. So erreichte die napoleonische Schule eine unvergleichliche Konzentration des Geistes und lieferte dem Kaiser eine Elite von Logikern, von hochwertigen Technikern der Verwaltung und des Krieges. Mit der einzigen bewußten Ausnahme des Collège de France wollte Napoleon statt der alten korporativen Universitäten bureaukratisch geleitete Fachschulen, und die juristischen vor allem haben, wie schon erwähnt, in der höheren Didaktik eine große Fertigkeit entwickelt. Besonders aber kam Napoleon der unvergleichliche Aufschwung zugute, den im Vaterlande des Descartes und der Enzyklopädisten die mathematischen Wissenschaften genommen hatten und dem sofort auch der Gedanke ihrer Anwendung zur Gestaltung des praktischen Lebens gefolgt war. Die Französische Revolution hatte bereits die hier ruhenden Möglichkeiten ganz unmittelbar für die Aufgaben des Staates zu verwenden gewußt. Es war kein Zufall, daß der Konvent gerade dem großen Mathematiker Carnot die Organisierung des nationalen Widerstandes übertrug und auf dessen Anregung im Jahre 1794 die „Ecole polytechnique“ begründete, die für alle technischen Fachstudien die-

gemeinsame exaktwissenschaftliche Grundlage bieten und dem revolutionären Staate die Artillerie- und Genieoffiziere und die Baubeamten liefern sollte. Diese Schule erlebte in der napoleonischen Zeit ihre große und heroische Periode, als der Kaiser, der selbst aus der Artillerie hervorgegangen war und sie zur vornehmsten Waffengattung Frankreichs gemacht hat, alle Hilfsmittel der Technik in seine Dienste stellte, die Heerstraßen durch Frankreich und über die Alpen zog, die Kriegshäfen in Boulogne und Antwerpen anlegte, eine Flotte baute und vor zahlreichen Festungen bewunderte Belagerungswerke spielen ließ. Dies alles war die Leistung der Polytechniker. Napoleon hat auch diese Schule immer stärker militärischer Zucht unterworfen, aber zugleich auf ihren Lehrkanzeln eine unvergleichliche Reihe großer Mathematiker versammelt, die den Weltruf des Institutes dauernd begründet haben. Hier wirkten Ampère und Arago neben Monge, dem wissenschaftlichen Begründer der darstellenden Geometrie, der schon seit Errichtung der Schule ihr als Direktor vorstand und den sein ehemaliger Zögling zum Grafen von Pelusium erhoben hat.

Der Intellektualismus der modernen Kultur ist nirgends zu so großartiger und einseitiger Auswirkung gelangt wie in dem System Napoleons. Die Wissenschaft allein sollte hier Bildung und Kultur schaffen — eine zeit- und volklose Weltkultur! Mit besonderer Vorliebe hat Napoleon die Künstler begönnert, wenn sie dem abstrakten, universalen und römischen Stile des großen Weltreiches dienten. Talma wurde der vielgefeierte Schauspieler des Empire, da er zum ersten Male die antiken Personen Racines, die ja vornehmlich dem Rom der Cäsaren entstammten und die man bis dahin in der Hoftracht des 17. Jahrhunderts dargestellt hatte, in antike Gewandung und Gebärde kleidete. Das absolute Ideal aller Kunst schien Wirklichkeit geworden zu sein in Canova, von dem die Zeitgenossen glaubten, daß er die Statuen des Belvedere erreicht habe; so konnten Winckelmanns Beschreibungen auf seine Werke mit Erfolg bezogen werden, und sein Perseus wurde würdig befunden, die Stelle des von den Franzosen geraubten Apollo zu vertreten. Canova hatte schon in den Grabmälern der Päpste sein Bestes gegeben, als er beauftragt wurde, die Mitglieder des Hauses Bonaparte im römischen Stile zu gestalten. Die Statue des napoleonischen Cäsar, mit deren idealer Nacktheit der Kaiser nichts weniger als einverstanden war, ist allgemein bekannt durch den Bronzeguß im Hofe der Brera zu Mailand; Pauline Borghese tritt als unbekleidete Venus vor der Nachwelt auf, Lätitia als sitzende Agrippina. Es war der Schmerz des Kaisers, daß Canova nicht in der Weltstadt dauernd Aufenthalt nehmen wollte, sondern der Provinz und dem Papste treu geblieben ist; seine kirchliche Gläubigkeit läßt ihn aus dem Kreise des durchaus diesseits gewendeten Klassizismus deutlich heraustreten. Die heitere Schönheit ewiger Jugend, die den Werken und auch der Persönlichkeit dieses Künstlers nicht anders als ehedem einem Raffael eignete, paßte wenig in den lauten Lärm des neurömischen Lagers, die Anmut seiner Figuren erinnerte noch an das verklungene Rokoko. Deshalb ist Fernow, der gestrenge und amusische Pedant unter den Deutschen in Rom, gegen ihn aufgetreten und hat auf Thorwaldsen als den eigentlichen Vertreter des Klassizismus hingewiesen. Diese geschichtliche Stellung kommt denn auch dem Dänen in der Tat zu. Ein nordischer Mensch, der sein Leben in Rom zugebracht hat, der seine eigene Muttersprache verlernt und keine neue Sprache hinzuerworben hat, ein Weltbürger, ganz unnational und unkirchlich, so hat er die griechische Schönheit in sich aufgenommen und hat ein ideales Menschentum gestaltet, das abstrakt und also doch wieder unhellenisch war — Idealgestalten von Feldherren und Staatsmännern und Dichtern, die überall in der Welt aufgestellt werden konnten, weil sie überall und nirgends beheimatet waren. Reduktion und Ausbreitung waren dem Klassizisten alles; in dieser Richtung konnte nur noch die Zeichnung weiter gehen, als Thorwaldsens Plastik gegangen war.

So wurde die Form alles, und alles wurde gesammelt in festen Formen. Wie die Kunst so war auch der wohlgeordnete Staat ein Gefäß, das für alle Völker paßte und alle Völker umfassen sollte. Napoleon strebte das Kapitol wiederherzustellen, das Mittelmeer zur französischen See zu machen; ein neuer punischer Krieg ist entbrannt zwischen dem Römertum und dem „Krämervolk" jenseits des Kanals. Der Klassizismus dehnte sich über die Erde, nicht nur von den Adlern und Legionen des Kaisers getragen, sondern entsprechend der inneren Notwendigkeit eines Zeitalters, das großstädtisch, wissenschaftlich und extensiv geworden war. Das Bauen in riesigen Verhältnissen entspricht einer Stufe der geistigen und sozialen Entwicklung, die Rom mit den Kaiserthermen zum Ausdruck gebracht hat. Jetzt erst werden die künstlichen Städte in Menge gegründet und ausgebaut, sie liegen in dem weiten Raume zwischen Petersburg, Washington und Montevideo. Am Newakai hat Kaiser Alexander I. die Paläste klassizistisch erbauen lassen, und dies war zur gleichen Zeit, da er mit seinem Minister Speranskij Rußland auch innerlich dem politischen Systeme des Empire anzugleichen suchte. In Latein-Amerika, wo sich die Staaten nach französischem Vorbilde vom spanischen Joche befreiten, stehen die Hauptstädte der neuen Republiken im klassizistischen Stile. Die Vereinigten Staaten aber, die ihren Ursprung dem revolutionären Naturrecht und dem gemeinsamen geistigen Grunde der abendländisch-nordamerikanischen Kultur verdankten, legten Washington 1791 nach einheitlichem Grundriß an und zogen die Straßen vom neuen „Kapitol“ mit mathematischer Genauigkeit. Zwischen den beiden Weltstädten an den äußersten Polen des weiten Raumes, in dem die klassizistische Kultur sich entfaltet hat, liegen zahlreiche andere „künstliche Städte“, die geradlinig und nüchtern und alle im gleichen Stile vom Stadtbaumeister emporgeführt sind, der in Rom gewesen ist und dort die einheitliche Gestaltung der Straße, des Platzes, der ganzen Stadtanlage gelernt hat. Im rheinbündischen Deutschland findet sich dieser Baugedanke am klarsten entwickelt in Karlsruhe, wo Friedrich Weinbrenner die Aufgabe erhielt, die kleine markgräfliche Residenz, die vor kaum einem Jahrhundert durch fürstliche Willkür gegründet worden war, zur Hauptstadt des neuen Mittelstaates, zu einem kleinen Rom oder Paris auszubauen. Er brauchte also nur einfach den rationalistischen Grundriß der Fächerstadt weiterzuführen, die mathematischen Proportionen des Aufbaues auf das vergrößerte Denkmal zu übertragen und im übrigen einen bürgerlichen Klassizismus zu pflegen, indem die Paläste und Stadttore mit feinen, einfachen Fassaden emporgeführt und dorisch oder auch wohl korinthisch geschmückt wurden; die Hauptstraße aber wurde als eine neue Via triumphalis vom Haupttor über das Forum, vorbei an Tempel und Rathaus, zum Schlosse geführt. Vieles war dabei nur Attrappe — Fachwerkkonstruktionen, die griechische Ordnungen vortäuschten. Es muß auch hinzugefügt werden, daß das Leben nie restlos sich dieser abstrakten Einheit unterwerfen ließ und daß feinere Beobachtung gerade in Weinbrenners Bauten einen besondern deutschen Grundzug erkennen wird, einen Sinn für das Malerische, für gemütvolles und kleinbürgerliches Dasein. Aber die Reduzierung alles Lebens auf die einfache Linie, auf Gesetzlichkeit und klassische Ordnung bleibt der entscheidende Eindruck dieser neuen Weltkultur. Für Deutschland kam in diesen künstlichen Städten die Steigerung zum Ausdruck, die der Geist der Mechanik in den deutschen Territorien erfahren hat, als sie aus altdeutschen Patrimonien zu rheinbündischen Mittelstaaten sich abrundeten. Das künstlerische Vorbild der Architekten war Rom, aber das politische Vorbild des fürstlichen Bauherrn war die Kaiserstadt an der Seine, das Zentrum von Weltreich und Weltkultur, die unvergleichliche Stadt Paris, die der Kaiser in ein modernes Rom verwandelt hat. Die Urbanität des späten Römerreiches, die in Gallien niemals erloschen ist, hat in der altera Roma Napoleons die letzte und reifste Frucht getrieben. Längst war Paris durch die Fürsorge der Könige zu einer Stadt des wohlhabenden Bürgertums geworden, schon war man auch zur strengen bürgerlichen Bauform zurückgekehrt. Die Genovevenkirche war kurz vor der Revolution im ernsten akademischen Stile erbaut worden, und die Revolution weihte sie als Begräbnis- und Erinnerungsstätte ihrer neuen Götter, ihrer großen Menschen. Der Kaiser baute den Triumphbogen im Stile der alten Cäsaren, die er in den Ausmaßen gewaltig übertraf; er baute den Tempel der Madeleine in korinthischer Ordnung, die den republikanischen Dorismus ablöste; er zog die mächtige Rue de Rivoli über das Gewinkel der mittelalterlichen Stadt, wie er die gepflasterten Heerstraßen imposant und ohne Rücksicht auf die links oder rechts liegenden Siedlungen durch das Kartenbild der Landschaften nach den großen Mittelpunkten des Verkehrs leitete und sie alle in der Hauptstadt zusammentreffen ließ. Denn hier sammelte sich alles, was dieser Weltkultur eigen war: die Zentralisation ist das Kennzeichen des späten Klassizismus, sie bezeichnet den vollen Sieg der Organisation über die Natur. Jetzt erst wurde Paris die Stadt der Fremden, die Stadt, die alles bot, was die Weltkultur ansammeln ließ, die Stadt des Luxus, der Vergnügungen, der Museen. Zu Rom hatte ein Menschenalter früher Papst Klemens XIV. in dem Museo Pio Clementino den Skulpturenschatz des Altertums vereint und Winckelmann zum Verwalter bestellt; aber der deutsche Gelehrte hatte seine Bücher geschrieben und den Fremdenführer gespielt — die Sammlung, Registrierung, Erweiterung lag ihm ebenso ferne wie die äußere Repräsentation seines Institutes. In Paris dagegen entstand das erste moderne Museum der Welt, als die geraubten Kunstschätze aus aller Herren Länder im Louvre zusammenströmten und der Marquis Denon als Generaldirektor der kaiserlichen Sammlungen die unvergänglichen Meisterwerke der Antike nach wissenschaftlichen Grundsätzen nebeneinanderstellte, sie systematisch vermehrte und aus Werken von ewiger Geltung ein Magazin anlegte, das in seiner Aufhäufung damals noch als barbarisch empfunden wurde, weil nur der allein die Musen besitzt, der sie hegt im warmen Busen — wie Schiller gerade mit Hinblick auf das grandiose Musée Napoléon dem kommenden Jahrhundert der Museen entgegengerufen hat.

In allem ist der Klassizismus der Ausdruck der emporkommenden bürgerlichen und wissenschaftlichen Gesinnung. So unbürgerlich auch Napoleons persönliche Art und sein Aufstieg gewesen sind und so leicht und bequem er mit Arbeitern und Soldaten hätte regieren können, so hat er doch nach dem 18. Brumaire gerade auf das Bürgertum und seine Gunst den größten Wert gelegt und Opfer für dieses Ziel gebracht, da er die Richtung der geschichtlichen Entwicklung ahnte und sich der emporstrebenden Klasse versichern wollte. Das Bürgertum aber ging den Bund mit dem Cäsar ein, weil es die Resultate der Revolution, also die rechtliche Gleichheit und die neue Güterverteilung, durch den Kaiser gesichert und für die Zukunft gerettet fand. Eine innere Verwandtschaft führte den Klassizismus und die bürgerliche Bewegung zusammen. Die Römertugend war das Symbol einer Staatsgesinnung, die über Vasallentreue und Untertanengeist hinausschritt. Die Herrschaft des Formgesetzes — insofern sie nicht schöpferische Kräfte entwickeln kann, sondern nur gegebene Mittel ordnen will — entsprach der Festigkeit des Bürgertums, und die neue bürgerliche Klasse, die nach Beruf und Begabung dem künstlerischen Schaffen fernestand, sah gerne den Geist durch Regel und wohlgeordnete Massen ersetzt. Die Säulenordnung vollends wußte nichts von stolzer Repräsentation und nichts von der Unterordnung unter den Willen des absoluten Fürsten, wie dies im Kuppelbau des Barock so stark zur Geltung gekommen war. Sie brachte Freiheit und Einordnung zum Ausdruck; die klassische Walpurgisnacht ist nach Goethes Erklärung „durchaus republikanisch, indem alles in der Breite nebeneinandersteht, so daß der eine so viel gilt als der andere und niemand sich subordiniert". Die klassizistische Bildhauerei gibt nicht mehr das heldische Pathos der großen Reiterstandbilder oder das Leiden und die Verzücktheit der gewundenen Körper: gehalten und gelassen im Bewußtsein erfüllter Pflicht steht der Mann des Jahrhunderts auf der Vendomesäule! Von Lessing bis zu Kant und zum Klassizismus der Kaiserzeit geht dieser Sieg der Einfachheit und zeichnerischen Strenge, diese Reduzierung aller Vielgestaltigkeit des Lebens auf den bürgerlichen Tugendbegriff. Die Entwicklung zum zeit- und volkslosen Stile lag tief begründet im Wesen der abendländischen Geschichte, die aus dem Reichtum des provinzialen Lebens längst herausgetreten war und über die Periode der großen Dynastienstaaten hinweg einer einheitlichen Kultur zustrebte, wie sie sich durch die Gleichförmigkeit der kapitalistischen Wirtschaft vorzubereiten schien. Aber die Ideen flogen auch hier der tatsächlichen

Entwicklung weit voran. Das emporkommende Bürgertum fand den ihm gemäßen Stil, wie er aus ererbten Elementen und aus den Bedürfnissen des Zeitalters einheitlich gewoben war; jedoch das gesellschaftliche und wirtschaftliche Leben war noch nicht so weit, daß es von sich aus zu der gewaltigen Erweiterung und Vereinheitlichung hätte schreiten können, welche Napoleon dann mit Gewalt zu befördern und zu vollenden erstrebt hat. Es mußte sich zeigen, daß der Versuch verfrüht und die Methode des Vorgehens, die Frankreich und sein Kaiser herausgebildet hatten, verfehlt war. Das Bürgertum mußte zunächst seine Bestimmung erfüllen in dem überblickbaren Raume des nationalen Staates. So kam es, daß der Klassizismus doch noch einmal überwunden wurde. Aber seine Erscheinung war allzu tief begründet in der Entwicklung, die das Abendland genommen hatte, als daß er mit dem napoleonischen Kaisertum versunken wäre. Das 19. Jahrhundert war ihm an sich nicht günstig. Denn die Völker Europas erhoben sich zum nationalen Bewußtsein, und der Klassizismus wurde also zurückgedrängt in die Rolle einer ästhetischen Bewegung. Nur freilich sollte sich dann zeigen, daß auch die nationalen Kräfte, die den Kontinent im Laufe des 19. Jahrhunderts durch eine Reihe blutiger Kriege neu gestalteten und die im 20. Jahrhundert in einen Weltkampf ohnegleichen und in trostloses Chaos führten, selbst nicht elementar erwachsen waren, sondern nur auf dem Umwege über Wissenschaft und Nachdenken sich gesammelt hatten. Das Bild der späten, großstädtischen und einförmigen Menschheit, das der Klassizismus vorweggenommen hatte, rückte durch die Entwicklung des 19. Jahrhunderts langsam heran, um schließlich unter erschwerten Bedingungen sich zu vollenden und drohend sich emporzurecken aus der abendländisch-amerikanischen Welt.

ZWEITES BUCH

Die Grundlegung eines neuen Geistes

ERSTER ABSCHNITT

Herder und seine Zeit

Das Zeitalter des Empire oder des Klassizismus ist die letzte einheitliche Kulturepoche, welche das Abendland gesehen hat. Aus der atomistischen Grundanschauung des nachmittelalterlichen Denkens waren nun alle Möglichkeiten entwickelt, die Zurückführung des Lebens von der Vielgestaltigkeit auf die Einheit von Form und Gesetz hatte einen Grad erreicht, der einer Steigerung nicht mehr fähig schien. In den napoleonischen Staaten war verwirklicht worden, was bei Machiavelli und Hobbes vorbereitet war; politische Einheiten waren gegründet worden durch mechanische Zusammenfügung von Landesteilen und Menschen, durch eine auf Organisation und Gewalt sich stützende Aufklärung und Erziehung; die Politik war zur „Staatskunst" geworden, im prägnanten Sinne des Wortes, zu einer exakten Wissenschaft also, die in technischen Regeln faßbar und erlernbar schien. Wer diese Kenntnisse sich angeeignet hatte, war als Beamter Mitglied der Bildungsschicht: denn Bildung war Gelehrsamkeit, war Wissen um die Gesetze des vernünftigen Denkens und um die daraus sich ergebenden Regeln der Lebensgestaltung. Wenn Menschen Zahlen waren, dann waren viele Menschen zusammen „die Masse": ihr Leben sollte beschlossen liegen in Ordnung und Gesetz, in Klarheit und in der allgemeinen Menschenvernunft. Der Humanitätsgedanke, der als christliches und als mittelalterliches Erbgut überliefert war, hatte unter diesen Umständen in der Neuzeit das Ideal einer gleichen und einheitlichen Menschheit herausgearbeitet; die Verschiedenheiten der Völker erschienen nur als Ergebnisse der Umwelt, die das Bild des Menschen gestalten oder verunstalten, sein Wesen jedoch nicht berühren konnten. Daß dieses Wesen des Menschen von Natur aus böse sei, war das Axiom, von welchem das Verfahren der Theorie und die organisatorische Arbeit der Praxis ihren Ausgang nahmen. Nur die Vernunft war nicht trügerisch, sie war allgemein und allmächtig, auf sie war alles zu bauen! Auf solche Weise hatte sich das Weltbild der Mechanik über alle Lebensgebiete gebreitet und im Laufe der Jahrhunderte alle Konsequenzen entwickelt, welche in ihm vorbereitet und begründet waren. Diese Ideen waren einem neuen Bewußtsein des abendländischen Menschen entsprungen, an ihrer Wiege standen Persönlichkeitskultus und moderne Wissenschaft. In England waren sie aus religiösen und naturrechtlichen Antrieben zuerst für das praktische Leben zubereitet worden, die politischen Zustände Frankreichs und seine literarische Kultur schufen die Mittel der radikalen Ausbildung und der Verbreitung, also daß Macaulay mit Recht hat sagen können, die französische Literatur sei für die englische geworden, was Aaron für Moses war: „Frankreich ist der Dolmetscher zwischen England und der Menschheit."

Unterströmungen haben nicht gefehlt, aber sie blieben auf enge Kreise beschränkt oder wurden selbst im Laufe der Zeit von der Gewalt der triumphierenden Vernunft mitgerissen. Wir haben an Leibniz erinnert, dem die mathematische Wissenschaft die größte Förderung verdankt, welche sie seit Descartes erfahren hat, und der doch zugleich als Philosoph zum Vermittler zwischen dem mechanistischen und dem aristotelischen Standpunkt geworden ist. Indem Leibniz neben den „vérités de raison" die „vérités de fait" als echte Wahrheiten gelten ließ — wenn sie auch nicht beweisbar im mathematischen Sinne sind —, schuf gerade er den Raum für die Anerkennung einer Wissenschaft außerhalb der Mechanik. Und indem seine Metaphysik das Universum auffaßte als eine Stufenfolge von geistigen Einzelwesen, kam hierin die Einsicht in die Eigenart der individuellen Erscheinung zum Ausdruck. Nun waren Gradunterschiede wieder möglich statt der toten und zufälligen Anhäufung unendlicher Stoffteile; die mechanische Wirksamkeit der Kausalität war von Endursachen abhängig gemacht und der Mechanismus dem Gedanken unterworfen. Die Anwendung dieser Ideen auf das geschichtliche Leben lag nahe, und sie ist auch von Leibniz eingeleitet worden, wenngleich die Geschichtswerke, die er selbst als Hofhistoriograph des braunschweigischen Hauses geschrieben hat, den Stil der barocken Polyhistorie bewahrten. Im übrigen blieb sein Nachleben zunächst verdunkelt durch die Atomistik und ihren Sieg. In Frankreich haben ihn die Enzyklopädisten gründlicher studiert, als jemals irgendeiner seiner Landsleute es getan hat, und niemand hat Tieferes über ihn gesagt als d'Alembert, der ihm die Bewunderung nicht versagte, „que méritent la grandeur de ses connaissances et surtout l'esprit philosophique par lequel il a su les éclairer". Aber aus dem Denken der Zeit haben die Enzyklopädisten ihn eben doch verdrängen müssen, in Deutschland hat die Popularphilosophie seine tiefsten Gedanken niemals gekannt und mit Vorliebe sich an seinen Optimismus gehalten, der diese „beste der möglichen Welten" begriff als eine kontinuierliche, in eigener Kraft sich vollziehende Vervollkommnung der Menschen: sie besteht in einer „Aufklärung“ zu immer deutlicheren Vorstellungen. Erst spät, doch zu gegebener Stunde, sollten dann die letzten Gedanken des großen Philosophen hervortreten, um gemeinsam mit den Gedanken Rousseaus den deutschen Geist zu befruchten. Von Rousseau sagten wir, daß durch ihn das Bewußtsein, wie nicht alles in Welt und Leben durch Zahlen erfaßt werden kann, zum ersten Male in die Breite der herrschenden Bildung getragen worden ist. Der Eindruck von Rousseaus Persönlichkeit und Lehre ist ungeheuer gewesen, aber die Widersprüche, die er in sich trug und die auf die Zeitgenossen und das nächste Menschenalter am tiefsten gewirkt haben, verdeckten zum Teil die großen und neuen Gedanken, welche in seinem Werke vorbereitet waren und die bestimmt waren, die Welt des Rationalismus zu ergänzen und dann zu überwinden.

Unter seinen Jüngern hat Herder diesen unvergleichlichen Schatz gehoben, und er ist durch die Fülle der Anregungen und Gedanken, die er in die Welt gestreut hat, der Schöpfer einer neuen Epoche und der geistige Vater des 19. Jahrhunderts geworden. Er steht dabei am Eingange jener anhebenden Entwicklung des deutschen und des protestantischen Lebens, die den durch Melanchthon geschlossenen Bund von Luthertum und Rationalismus wieder zu lösen begann oder durch einen neuen und andern Persönlichkeitsgedanken zu ergänzen strebte. Die Frage nach Herders Herkunft ist viel erörtert. Schon Goethe hat an Hamann erinnert, den „Magus des Nordens“; es ist auch an Leibniz zu denken, an Klopstock und an den Pietismus als seine Vorläufer. Herder verkündete ein kommendes Zeitalter, als er der falschen Kultur die echte entgegensetzte und Bildung nicht in Form und Vollendung, sondern im Wachstum und in der Ursprünglichkeit zu sehen lehrte. Aus den Allgemeinheiten des 18. Jahrhunderts führte er zu dem konkreten Leben der einzelnen Menschen und der einzelnen Völker. Als er dem Ursprung der Sprache, des Mythus, der Dichtung nachging, fand er, daß nicht alles in Regeln gefaßt werden kann und daß es ein ewig Bewegliches gibt, das aus den Urgründen der Vorzeit zu uns gekommen ist und fortzeugend Neues hervorbringt. So bahnte er den Weg zur Seele der Völker; er zeigte, wie jede echte Kultur im Volkstum wurzelt, wie die Völker nach Anlage und Umwelt verschieden sind, und daß ein Volk und seine Kultur ein lebendiges Gewächs ist, das in seiner Eigenart begriffen sein muß und nicht künstlich nach fremden Mustern gemodelt werden kann. Herder tat einen tiefen Blick in die Seele der Völker, er sah hier schaffende Bildungskräfte am Werke, und er zog aus der neuen Einsicht die gewaltigsten Folgerungen. Als er seine „Ideen zur Philosophie der Geschichte der Menschheit“ zusammenfaßte, bot er eine reiche Fülle von Anregungen und Gedanken, aus denen das 19. Jahrhundert eine neue Haltung zum Leben und einen neuen historischen Sinn gebildet hat. Kein anderes deutsches Buch hat eine ähnliche Wirkung ausgeübt, nicht zuletzt auch auf den romanischen und den slawischen Geist. Aus diesem Quell haben die Völker Europas geschöpft, als sie zum Bewußtsein ihrer Sonderart erwachten und auf dem Umwege über die historische Wissenschaft sich ihre nationale Gemeinschaft und schließlich ihren nationalen Staat geschaffen haben. Auf eigenen Bahnen zwar war das französische Volk durch seine große Revolution zur nationalen Einheit geschritten; aber nicht für alle Völker war dieser Weg gangbar, viele Anregungen der Revolution versanken auch wieder unter der napoleonischen Diktatur, und eine Vertiefung in Volkstum und Geschichte mußte auch dem französischen Geiste wertvoll werden. Der nationale Gedanke, der Europa im 19. Jahrhundert aufs tiefste erschüttern und umgestalten sollte und der noch im 20. Jahrhundert den Kampf um das „Selbstbestimmungsrecht der Völker“ entfesselt hat, wurzelte zum einen Teile wenigstens in Herders Lehre vom Volksgeist. Die Einheit der abendländischen Welt brach auseinander, wenn die Völker sich ihrer Eigenart bewußt wurden und die politische Anwendung daraus zogen, indem sie die nationale Einheit im Innern und die nationale Autonomie nach außen erstrebten. In Herders Geiste waren diese politischen Folgerungen noch nicht entwickelt. Dem deutschen Denker lag die Anwendung auf den Staat noch ferne; das Ideal des autonomen Lebens, das Europa zerreißen sollte, konnte in den Völkern erst auftauchen, als die Sittenlehre Kants mit ihrem Gedanken der Autonomie auf das politische Gebiet übertragen wurde und sich mit dem erwachten Selbstbewußtsein der Völker zusammenfand. Auch Kant hat diese Folgerungen nicht geahnt, und wenngleich Herder von der im Allgemeinen und Abstrakten sich bewegenden Lehre Kants sich entfernt und in schwerer Fehde dies zum Ausdruck gebracht hat, so waren doch beide in gleicher Weise erfüllt von dem Glauben an die Menschheit, die zu steigern und zu veredeln das hohe Ziel der geschichtlichen Entwicklung zu sein schien. Herder erkannte die Menschheit im Reichtum und in der Vielgestaltigkeit ihres Lebens. Er führte ein neues Weltbild herauf, als er zeigte, daß die menschliche Gesellschaft nicht aus meßbaren und zählbaren Atomen besteht, sondern aus Individuen und Gemeinschaften sich aufbaut. Jedes echte Individuum trägt seinen

Eigenwert in sich, und jede echte Gemeinschaft ist organisch erwachsen zum Bewußtsein ihrer Aufgabe, sie ist mehr als nur die Summe ihrer Glieder, denn sie hat einen eigenen Willen entwickelt und ein eigenes Gesetz ihres Daseins! So hat Herder der mechanischen Staatsidee die völkische Kulturgemeinschaft entgegengestellt; kennt jene nur Herren und Untertanen, so gibt es in dieser keine abgesonderte Schicht, weil die Bildung wie die Sprache und die Rasse aus dem Urgrunde des Volkstums erwachsen sind. Dabei darf nicht vergessen werden, daß Herder und seinen Nachfolgern die Vorliebe des 19. Jahrhunderts für naturwissenschaftliche und biologische Begründungen noch ferne lag: die völkische Gemeinschaft war ihm eine Gemeinschaft des Geistes, der Gesinnung, des historischen Schicksals. Die Einseitigkeit des Rationalismus war überwunden. Berechnung und Organisation blieben notwendige und unentbehrliche Errungenschaften des Geistes; aber jene andere Welt, die der mechanischen Bearbeitung unzugänglich ist, war wieder entdeckt und erkannt. Herder wurzelte viel zu tief in seiner Zeit, als daß er nun die rationale Erkenntnis auf ihrem Gebiete und innerhalb ihrer Grenzen mißachtet hätte. Die Einheit des Menschengeschlechtes erfüllte sich ihm in der Mannigfaltigkeit und in dem Reichtum des geschichtlichen Lebens.

Aus der Tiefe des deutschen Geistes ist der Sinn für Sonderart und Entwicklung hervorgegangen, und die deutsche Welt des 18. Jahrhunderts, diese bunte Mannigfaltigkeit des territorialen und ständischen Lebens, beförderte die neue Richtung des Denkens. Die Aufgaben, welche dieses Leben an den Mann der Geschäfte stellte, waren vielfältig und zwangen zur Rücksicht auf gewordene Zusammenhänge und Unterschiede, die Lebenskreise waren eng und oft genug fern von dem gewaltsamen Geiste der großen Monarchien und ihrer gleichmachenden Staatsraison. Aus solchen Voraussetzungen ist Justus Möser erwachsen, dessen geruhsamer und glücklicher Lebenslauf in der Verwaltung des kleinen norddeutschen Fürstentums Osnabrück beschlossen war. Seit Urväterzeiten hatten sich die Ordnungen auf diesem zähen westfälischen Boden erhalten, die Bräuche und Verfassungsformen der einzelnen Zeitalter lagen geschichtet und offen zu Tage; zuletzt hatte noch der Westfälische Friede die Einrichtung getroffen, daß ein katholischer und ein protestantischer Bischof in dem geistlichen Fürstentume abwechselten. Was dem verallgemeinernden Geiste der Aufklärung nur wie eine krause Anomalie erscheinen mußte, war für den in den Geschäften lebenden, scharf beobachtenden Mann ein historischer Zusammenhang. In den friedlichen und engen Verhältnissen des norddeutschen Kleinstaates, inmitten des zähen und konservativen Volkstums der niederdeutschen Ebene ist Möser zum schärfsten Kritiker am mechanischen Verfahren der Großstaaten geworden. Er war Jurist und ein guter Logiker; aber er war zugleich auch ein realistischer und praktischer Geist, ein Mann von Weisheit und Güte. Er zeigte, daß in gesellschaftlichen Dingen und überhaupt in allen Fragen der Lebensgestaltung die Beobachtung vor dem analysierenden Denken steht und daß zu großer Ungerechtigkeit gelangt, wer die vielgestaltige Wirklichkeit auf allgemeine Begriffe und Gesetze abziehen will. Die Leistungen der naturrechtlichen Ideen in den modernen Großstaaten konnte er nicht sehen; aber in den engen und stabilen Verhältnissen seiner westfälischen Heimat erkannte er ein geschichtlich Gewordenes und darum einen sinnvollen und notwendigen Zusammenhang. So wurde er auf diesem Wege zum Volkstum und zur Erkenntnis des organischen Werdens geführt, er sah die innere Einheit des politischen, des wirtschaftlichen, des kulturellen Lebens eines Volkes, das Individuum fand er eingeordnet und begrenzt in den allgemeinen Verhältnissen. Alle Elemente des historischen Denkens sind bei ihm bereits vorhanden, er hat sie als Staatsmann, als Geschichtsschreiber und als Soziallehrer angewendet und verbreitet. Dabei bewegte er sich oft auch in den Gedankengängen seiner Zeit, sprach von Staatsvertrag und von gesellschaftlichem Verein, und wenn er den „wahren Staat" auf den Bodenbesitz gegründet sah, so erläuterte er dies gerne mit dem Hinweis auf die Aktiengesellschaft, die nur dem Aktionär und ihm nur nach Maßgabe seines Interesses das Mitbestimmungsrecht einräumt. Der Vergleich ist der Aufklärung geläufig gewesen, der Abbé Sieyès hat ihn nachher gerne gebraucht. Aber die moderne atomistische Staatsauffassung dachte dabei an den mobilisierten Besitz; in den deutschen Territorien dagegen war die Bindung des Bodens noch überall festgehalten, sie hatte unter den besondern Verhältnissen Nordwestdeutschlands ein wohlhabendes und selbstbewußtes Bauerntum entwickelt. Die väterliche Fürsorge für diese Untertanen erfüllte Mösers Leben, sie macht ihn zum liebenswürdigsten Vertreter der kleinstaatlichen Regierungskunst. In ihm verbanden sich die Grundsätze milder Aufklärung mit einer tiefen Ehrfurcht vor dem Gewordenen, die ihm zuerst bewußt wurde, weil er sie in dem vorgeschrittenen Jahrhunderte, dem er angehörte, so sehr mißachtet fand und weil er die inneren Zusammenhänge des Gewordenen zu begreifen gelernt hatte; als die Französische Revolution heraufkam, konnte er sich darauf berufen, daß er die Folgen des mechanischen Verfahrens schon frühe vorausgesehen hatte. Seine Lehre war klar, eindeutig und einseitig, denn sie war die Erfahrung eines begrenzten Wirkungskreises. Die Erlebnisse der Französischen Revolution sollten die Welt empfänglich machen für diese Lehre, zumal als auf dem Boden Englands, den auch Möser aus eigener Ansicht gekannt hat, unter dem Eindrucke der Pariser Vorgänge die gleichen Anschauungen gewonnen und von hier aus über Europa gebreitet worden sind.

In England brauchte das organische Werden von Volk und Verfassung nicht erst entdeckt zu werden. Es bedurfte hier nur eines äußeren Anstoßes, und die Engländer wurden sofort mitten im Zeitalter des allgemeinen Menschentums sich ihres Sonderwesens wieder bewußt. Eine einzigartige nationale Geschichte hatte hier die feudalen Formen zur modernen Volksvertretung fortgebildet und die Einheit der Nation in der Vielgestaltigkeit ihrer Glieder verwirklicht. Der Gegensatz gegen das gewaltsame und nivellierende Verfahren, durch das in Frankreich die Revolution das ganze Leben umgestalten und nach den allgemeinen Sätzen der Vernunft formen wollte, brachte den Engländern die eigene Sonderart wieder zum Bewußtsein, zumal die Revolutionäre in Paris nach dem Vorgange Montesquieus die französische Verfassung der englischen nachbildeten und sich in den Wirren der „grandes journées" gerne auf das Beispiel der englischen Revolution von 1688 beriefen. Dies veranlaßte Edmund Burke schon im Jahre 1790 zu seinen „Reflections on the Revolution in France", die sofort bei ihrem Erscheinen gewaltiges Aufsehen erregten und im Aufbau des europäischen Geistes eine dauernde Bedeutung behalten haben. Burke wurzelte in der englischen Aufklärung, er war erfüllt von den Idealen der Humanität — ein rationaler Geist, ganz Ordnung, Disziplin und Bewußtheit. Seine Parlamentsreden sind vielgepriesene Muster englischer Klassik, seine politische Arbeit hatte seit Jahrzehnten im Unterhause der Verwirklichung von Gerechtigkeit, Freiheit und Menschlichkeit gegolten, er war ein Führer der Whigs gewesen im Kampfe gegen die Willkür der Parlamentsherrschaft, er war mannhaft gegen die Ausbeutung Ostindiens und gegen die Besteuerung der amerikanischen Kolonisten aufgetreten. Aber er vergaß niemals über den Idealen der Vernunft die unlogische Buntheit des konkreten Lebens, er überblickte die Folgen, die sich ergeben mußten, wenn das abstrakte Recht und die Theorie zur ausschließlichen Führerin erhoben wurden. Daher sah er in den Pariser Vorgängen einen gewaltsamen Bruch, den das französische

Volk mit seiner eigenen Vergangenheit vollzog, als es die zahlenmäßige Mehrheit, den „tiers état“ einfach zur Nation erklärte und eine Verfassung nach ausländischem Muster entwarf. Er sah hier den Geist der Mechanik wirksam, und er nahm sich vor, zu zeigen, daß nichts falscher sei als der Vergleich mit der Entwicklung Englands. Er bejahte das Recht des Widerstandes, aber er fand die Grenze zwischen diesem Rechte und der Pflicht des Gehorsams in der Revolution von 1688 gewahrt, während die Franzosen 1789 widerrechtlich verfahren waren. Denn die Absetzung der Stuarts war erfolgt durch die berufenen Stände des Reiches und entsprechend der alten Verfassung, nicht durch lose, gleichsam atomhafte Volksmassen. Das Ziel der Revolution von 1688 war, die alten Freiheiten und die alten Gesetze, von der „Magna Carta“ bis zur „Bill of Rights“, zu schützen und zu erhalten. Jene Männer leitete die Achtung vor dem Hergebrachten, vor dem von den Vätern ererbten Gesetze; die Engländer konnten von sich sagen: „Wir verlangen unsere Freiheiten nicht als Menschenrechte, sondern als Rechte von Engländern.“ Diese Achtung vor dem Hergebrachten, das allein dem Volksgeiste gemäß ist, ergibt sich nach Burke aus der Befolgung der Naturgesetze. Denn wie die Natur, so ist auch der Staat nie völlig alt, nie völlig neu, sondern bewegt sich in einem Zustande stiller Beharrlichkeit, im ewigen Wechsel vom langsamen Verfall zu langsamer Verjüngung. Der Staat ist also ein Organismus. Ohne gelehrte und literarische Anknüpfung, ganz aus der Lebenslage des Engländers heraus wurde von Burke eine Auffassung vom Staate vorgetragen, die an die aristotelisch-thomistische Staatslehre erinnerte. Die Freiheit — so fährt Burke weiter — ist also für den Engländer ein Erbe von den Vätern her, und daher stammt seine Würde, seine Sicherheit und sein Takt; der Franzose dagegen ist im Kreise freier Menschen ein Parvenu, und daher kommt seine Neigung zu Übergriffen und zu Gewaltstreichen. Auch die Franzosen haben alte Freiheiten, aber diese haben sie nach Burkes Meinung vergessen. Die französischen Revolutionäre haben also nicht auf sie zurückgegriffen, sondern sie handelten wie Sklaven, die ihre Ketten zerbrechen, nicht wie ein Volk, das durch die Ungunst der Verhältnisse seine Freiheiten verloren hat und diese wieder aufnimmt. Daher bezeichnen Theorien und rauchende Trümmer den Weg der Französischen Revolution.

Theoretiker sind es, die in der Nationalversammlung zu Paris tagen; Männer der Geschäfte und der Erfahrung bilden das englische Parlament. In denkwürdiger Antithese hat Burke diese Charakteristik durchgeführt. Er sieht im kontinentalen Parlamentarismus den Tummelplatz politischer Dilettanten, die nur ihre Theorie und das mißverstandene englische Vorbild kennen. Wer sitzt in der „Assemblée nationale"? Kleine Advokaten und Rabulisten, die keine Praxis haben und in unfreiwilliger Muse Rousseau und die Enzyplopädisten gelesen haben; Ärzte, die keine Klienten besitzen, ihre naturwissenschaftliche Betrachtungsweise auf soziale Fragen anwenden und als echte Aventuriers in die Politik hineinspringen; Börsenmänner, die für die Säkularisation des Kirchengutes eintreten, weil sie ihr schlechtes Papiergeld in Land anlegen wollen; deklassierte Aristokraten, katilinarische Existenzen und Verächter ihres eigenen Standes: „Nun aber ist die Anhänglichkeit an den Stand, dem wir angehören, das erste Glied in der Kette, die ein Band der Liebe um Vaterland und Menschheit schlingt." Gewiß soll das Talent auch nach Burke zu Werke kommen. Aber nicht Examina als Abschluß eines armseligen Fachstudiums können den Anspruch auf die höchsten Stellen geben: „Ich stehe gar nicht an, zu behaupten, daß der Weg zu Ehre und Macht von niederer Lebensstellung aus nicht allzu leicht gemacht werden soll. Der Tempel der Ehre soll auf steiler Höhe stehen. Wenn aber Tugend allein zu ihm emporführt, so vergesse man denn auch nicht, daß sich die Tugend nur durch den Kampf stählt und bewährt." Eine „richtige" Volksvertretung soll aber nicht nur das Talent, sondern auch den Besitz berücksichtigen. Denn das Talent ist seiner Natur nach unruhig, der Besitz aber ist zähe und bedachtsam; der gebundene Bodenbesitz muß also die Grundlage des Staates bleiben! Denn die Staatskunst ist eine Erfahrungswissenschaft, für welche die Vorbereitung in den Geschäften des Hauses, des Gutes, der Selbstverwaltung liegt. Die Natur des Menschen und die Verhältnisse in Gesellschaft und Leben sind viel zu verwickelt, als daß man sie in eine einfache Formel, in eine allgemeingültige Staatsverfassung einschließen könnte. Während die antike Gesellschaft auf Gewalt, die mittelalterliche auf Gesinnung sich aufbaute, will nun die moderne Welt alles auf das Gesetz, auf den geschriebenen Vertrag gründen: so hat sie alle persönlichen Züge der Liebe und des Vertrauens, der Anhänglichkeit und der Gesinnung, ohne die ein geschäftliches und ein gesellschaftliches Leben nicht möglich sind, hinweggelöscht und will nur das mechanische Walten der Vernunft gelten lassen. „Wir dagegen haben die edle Gesinnung früherer Jahrhunderte noch immer nicht verloren; wir haben keine Entdeckungen in Moral und Staatskunst gemacht, weil man diese Dinge bei uns schon verstanden hat, ehe wir geboren waren, und weil man sie noch verstehen wird, wenn einst das Grab mit seinem Hügel uns deckt; wir bekennen uns zu alten Vorurteilen, weil oft ein tiefer Sinn in ihnen verborgen liegt." Der Staat ist ein Vertrag — gewiß! Aber er ist doch nicht gerade ein Kompagniegeschäft in Pfeffer, Kaffee und Baumwolle, sondern ein Bund aller Interessen und aller Geschlechter, eine gottgewollte Ordnung, „weil der, welcher die Vervollkommnung unseres Wesens durch die Tugend wollte, auch die Einrichtungen wollte, die dazu dienlich sind, und dies ist in erster Linie der Staat." Deshalb fordert Burke den engen Bund von Kirche und Staat, deshalb will er die auch wirtschaftlich unabhängige Kirche. Demgegenüber steht das traurige Schicksal der Kirche Frankreichs: die Literatur hat Haß gesät, der Geldadel hat geholfen aus Landhunger, das staatliche Defizit war nur Vorwand!

Der Eindruck dieser Sätze war ungeheuer, der Sinn für Ordnung trieb die Engländer auf die Seite der geschichtlichen Autorität. Es blieb in England nur eine kleine revolutionsfreundliche Partei übrig, als Burke sich von seinem bisherigen Mitarbeiter Fox trennte; auf Jahrzehnte hinaus waren von nun an die Whigs aus der englischen Politik ausgeschaltet. Auf dem Kontinent aber fand die Gegenrevolution in diesem Buche ein Arsenal voll geistiger Waffen, und sie hat nicht gezögert, davon Gebrauch zu machen. Im Lager der Emigranten zu Koblenz jubelte man dem Verfasser zu, der selbst die Reise in ihr rheinisches Lager nicht scheute. Nach Deutschland gelangte die Programmschrift der historischen Lehre auf dem Wege über Hannover, das mit England durch das gemeinsame Herrscherhaus verbunden war. Die Landesuniversität Göttingen war schon immer seit ihrer Gründung im Jahre 1734 eine hohe Schule der Staatswissenschaften gewesen und hatte von England die tiefsten Einwirkungen erfahren. August Wilhelm Rehberg, der in seiner Jugend unter Justus Möser gearbeitet hatte und der Regierung des Kurfürstentums angehörte, hat die Lehre Burkes in Deutschland zuerst bekannt gemacht. Dann hat, schon 1793, Friedrich Gentz, ein junger preußischer Beamter in Berlin, die „Reflections" übersetzt und eingehend erläutert und sie dadurch zum dauernden Besitz der deutschen politischen Literatur gemacht. Es blieb ihm dabei nicht verborgen, daß der preußische Staat — wenn irgendeiner — die ungeschichtliche und mechanische Struktur aufwies, die in dem Buche des Engländers so scharf gerichtet war; die neue historische Erkenntnis aber hatte gezeigt, daß ein Staat dem Gesetze seines Ursprunges sich nicht entziehen könne. Gentz hat nach vielen Reibungen mit seinen Vorgesetzten die Folgerung aus dieser Einsicht gezogen und ist 1802 in österreichische Dienste übergetreten. Es hätte nahe gelegen, dieses Gefühl für staatliche Eigenart auch bei der Betrachtung der Französischen Revolution selber walten zu lassen, um auch ihrer Erscheinung gegenüber zu einer gerechten und historischen Würdigung zu gelangen. Die Kampfesstellung machte dies Burke und seinen Jüngern unmöglich, erst die geschichtliche Wissenschaft des 19. Jahrhunderts, die sich an Burkes Lehre vom organischen Werden des Staates emporgebildet hat, sollte zu der Erkenntnis gelangen, daß auch die Franzosen alte Freiheiten wieder ausgegraben haben und daß im übrigen der Geist mechanischer Weltgestaltung in Frankreich historisch entstanden ist gerade aus den Voraussetzungen des Volkstums und der geschichtlichen Lage. Unter den Zeitgenossen der Revolution und des Kaiserreiches ist nur ein einziger, einsamer und kühler Denker wenigstens bis zur Ahnung der geschichtlichen Zusammenhänge vorgedrungen; es war ein Mann, der das Elend des Emigrantendaseins bis zum Ende durchgekostet hat und der doch den Emigranten — die nichts lernen und nichts vergessen konnten, die in ewiger Verneinung und in unwürdigem Genußleben verkamen — eine ehrliche und tiefe Verachtung entgegengebracht hat: Joseph de Maistre. Ihm war die Revolution ein Werk der Vorsehung und ein Ergebnis geschichtlichen Werdens; er fühlte, daß Fäden zurückführen mußten in die Vergangenheit, und indem sein am klassischen Denken geschulter Geist die scharfe und geschlossene Formulierung suchte, kam er zu jener Verbindung von Reformation und Revolution, die sich von nun an durch das ganze gegenrevolutionäre Denken hindurchziehen wird. Er sah in dem Abfall von der Autorität des Papsttums und des Königtums die eigentliche Ursache der modernen Zerrüttung, und er hat von hier aus in strengster logischer Gedankenführung ein System der Restauration aufgebaut, das die Periode nach dem Sturze Napoleons gestalten sollte und von dem daher noch zu sprechen sein wird. Was aber das historische Urteil über die Französische Revolution anbetrifft, so hatte zwar Burke das Verständnis für geschichtliches Leben geweckt, aber die Anwendung auf das entscheidende Ereignis seiner eigenen Zeit war ihm durch Veranlassung und politischen Zweck seiner Gedankenarbeit unmöglich gemacht. Dem Südländer de Maistre war die maßlose Leidenschaft des englischen Parteiführers fremd, ihn beseelte nur die einzige Leidenschaft, den Wirrwarr des Lebens zur Einheit zusammenzuführen. So war er in der Lage, von der Gegenwart aus das geschichtliche Leben zurückzuverfolgen und die Linie der Entwicklung aufzuzeichnen;

doch sein konstruktives Denken führte ihn zu rascher Formulierung und Wertung. Es blieb der historischen Wissenschaft des 19. Jahrhunderts vorbehalten, aus Burkes Lehre die allseitige Anwendung auf die Epochen der neueren Geschichte zu finden. Kein anderer Denker steht Burke methodisch und innerlich so nahe wie Alexis de Tocqueville, der gezeigt hat, daß die Französische Revolution im Grunde keinen Bruch mit der Vergangenheit darstellt, sondern daß sie selbst ihre tiefen Ursachen hatte, die sich mit Nutzen durch die Jahrhunderte des „Ancien Régime" zurückverfolgen ließen. Auch der Weg über die Revolution führte schließlich zum Volkstum und zum nationalen Staate. Burke konnte dieses nicht sehen. Seine große und dauernde Leistung war aber gerade die Erkenntnis vom Wesen des Volkes und seines geschichtlichen Lebens. Dem atomistischen Individualismus der neueren Zeit, der Gesetzesmacherei und der ganzen deduktiven Politik wurde hier die Lehre vom Volksgeiste entgegengesetzt: die Menschheit gliedert sich in Völker, und jedes Volk hat seine eigene Sprache, sein eigenes Recht, seinen Staat und sein geistiges Leben. Erwachsen aus dem vaterländischen Boden, stellt das Volk eine Gemeinschaft der Abstammung, der Gesinnung und des historischen Schicksals dar, seine Einheit ist begründet in sittlichen Bindungen, in der Zusammenarbeit der vielfältigen Stände und Gruppen, wie dies die Wirklichkeit des konkreten Lebens mit sich bringt und erfordert. Ein Volk ist also nichts Starres und Vollendetes, es besteht im Werden und Vergehen, in der Verbundenheit wechselnder Geschlechter. Das Volk ist eine Gemeinschaft „zwischen denen, welche leben, denen, welche gelebt haben, und denen, welche noch leben sollen". So ersteht aus dem Anblick des Lebens die Einsicht in seinen organischen Zusammenhang und in die geschichtliche Kontinuität.

Verweilen wir hier noch einen Augenblick, um die Stellung zu umschreiben, welche diesen neuen Gedanken der Herder, Möser und Burke im großen Zuge der deutschen und abendländischen Geistesgeschichte zukommt. Einst hatte Machiavelli im inneren Zusammenhang mit der modernen Staatslehre und Politik auch die moderne Geschichtsschreibung geschaffen. Wenn die Masse nur aus Zahlen bestand und ihre Geschicke ausschließlich durch mechanische Mittel der Gewalt und der Organisation gelenkt werden konnten, wenn — wie Hobbes gesagt hatte — der Staat die Gewissen freigeben kann, weil es ihm nicht auf die Gesinnung, sondern nur auf die Taten und die Handlungen ankommt, dann freilich war Politik lehrbar und erlernbar und konnte zu einer exakten

Wissenschaft gemacht werden. Das geschichtliche Leben bestand alsdann aus einer Kette zweckbewußter Handlungen einzelner Individuen; die Aufgabe des Geschichtsschreibers aber war, diese Taten zur Darstellung zu bringen und sie psychologisch zu erklären, damit der Erfahrungsbereich der Politiker erweitert werde. Denn da nach Ansicht der Atomistik die Menschen zu allen Zeiten gleich gewesen sind, so läßt sich aus der Kenntnis der Menschen alles übrige voraussehen. Diese Geschichtswissenschaft war also pragmatisch, indem sie alle Erscheinungen zurückführte auf bewußte Handlungen einzelner Menschen, und sie war im stärksten Sinne des Wortes praktisch, weil sie die Lehrmeisterin des Staates sein wollte und die Zukunft aus festen psychologischen Tatsachen und Analogien zu errechnen sich vermaß. Das Vorbild der griechischen Geschichtsschreiber wirkte als gewaltiger Eindruck in dieser Richtung, nicht umsonst hatte Thukydides ausdrücklich auf alles Fabulieren verzichtet und seinen Stolz darin gefunden, ein κτῆμα ἐς ἀεί, ein Werk von beständiger Brauchbarkeit, vorzulegen. Im Hintergrunde dieser ganzen Lehre vom Menschen stand der Glaube an die Allmacht der Persönlichkeit, die alle Dinge zu meistern vermag, wenn sie die gewählte Aufgabe richtig aufzufassen versteht. Ein Gefühl von der Würde der Geschichte ist allen Pragmatikern eigen; sie alle waren von Herkunft Männer, die in den Staatsgeschäften oder als Publizisten des Naturrechtes groß geworden waren. So hat Machiavelli die florentinische, Pufendorf die brandenburgische, Hume die englische Geschichte geschrieben. Je weiter dann das moderne wissenschaftliche Verfahren vom Staate aus alle andern Gebiete menschlicher Betätigung ergriff und rational zu ordnen begann, desto stärker festigte sich die Überzeugung, daß der menschliche Geist durch Bewußtheit, Wille und Aufklärung die Kreatürlichkeit des primitiven Menschen zu überwinden im Begriffe sei und in aufsteigender Entwicklung emporführe zu der Höhe und Vollendung des philosophischen Jahrhunderts. Die pragmatische Geschichtsschreibung begann, alle Zweige menschlicher Kulturbetätigung als Einheit zu begreifen und zu bearbeiten, sie wurde teleologisch im Hinblick auf einen erreichbaren oder erreichten Endzweck der Menscheit, die Epochen und Erscheinungen der Geschichte waren ihr nur Stufen eines Aufstieges, der ausschließlich in der Intellektualisierung des Menschengeschlechtes gesehen wurde. Unwiderstehlich mußte sich gerade dem mathematischen Jahrhundert die Überzeugung aufdrängen, daß keine Leistung restlos verloren gehen könne und daß die Geschichte des Geistes aus Stufen der Erkenntnis sich aufbaut.

Indem das wissenschaftliche Verfahren gestattet, von der einen gesicherten Wahrheit zur andern fortzuschreiten, übertrug man diese Erfahrung vom wissenschaftlichen Leben auf das Leben überhaupt, und so erwuchs von hier aus der Optimismus der Aufklärung, ihr Glaube an die Solidarität und den Fortschritt des Menschengeschlechtes. Der universalgeschichtliche Standpunkt war schon dem ganzen Mittelalter durch Augustinus geläufig gewesen, und zuletzt noch hatte ihn Bossuet zum Ausdruck gebracht, der dabei auch pragmatisch den Beziehungen von Ursache und Wirkung nachgegangen war. Was das 18. Jahrhundert hinzubrachte, war die rationalistische Ausschließung aller supranaturalen Eingriffe und die Verweltlichung des Endzieles, das nunmehr nicht Gottesstaat, sondern Aufklärung, „église philosophique" heißen sollte. Montesquieus Lehre von der gegenseitigen Bedingtheit aller Lebensäußerungen und von dem Einfluß des Klimas und der Bodengestaltung auf die Lebensformen der Völker hat schließlich diesem geschichtlichen Denken entscheidende Gesichtspunkte und eine innere Begründung gegeben; in den historischen Werken von Voltaire, Schiller und Gibbon ist es umfassend und wirkungsvoll zu Worte gekommen. Alle waren sie Meister der Form, die hinweg über die Materialanhäufung der Polyhistoriker und über die entsagungsvolle Arbeit der großen Editoren ihres Jahrhunderts zur Erfassung und Darstellung der innern Zusammenhänge strebten; summarisch ordneten sie die Einzelheiten, um zu den großen Ereignissen zu gelangen — „qui ont fixé la destinée des empires".

Obwohl das 18. Jahrhundert sich also mit geschichtlichen Fragen wie kaum irgend ein anderes Zeitalter vorher beschäftigt und monumentale Geschichtswerke hervorgebracht hat, so sind doch auch die größten Vertreter seiner neuen Geschichtsauffassung im tiefsten Grunde unhistorische Denker geblieben. Sie haben den „mépris du passé", den die Atomistik proklamiert hatte, nicht überwunden, sondern nur verfeinert; immer blieb die letzte Konsequenz jene der Enzyklopädie, wie d'Alembert und Condorcet sie gezogen haben, als sie den Gang der Menschheitsgeschichte kausal erklären wollten, indem sie die eine fundamentale Kraft aufsuchten, welche als einheitliche Ursache allem geschichtlichen Geschehen zu Grunde liege; so wollten sie die „Gesetze der Geschichte" aufweisen und die Zukunft vorausbestimmen, die Geschichte also „zum Range einer exakten Wissenschaft erheben". Die großen Historiker des 18. Jahrhunderts waren zu wenig Mathematiker und zu sehr Künstler, als daß ihnen diese Einengung des Interesses sympathisch gewesen wäre; aber auch ihre Geschichtsbetrachtung entstammte dem gleichen Grunde des Rationalismus. Sie blieben auf dem Boden der pragmatischen und individualistischen Auffassung, aus Lehrmeistern der Staatsmänner wurden jetzt Lehrmeister der Menschheit. Sie rechneten nur mit Einzelkräften und nur mit mechanischen Lösungen der Lebensprobleme, denn sie wußten nichts von einer Verbindung der Personen in der Gesellschaft, die mit der Natur zugleich gegeben wäre, nichts vom Volke oder vom Staate als einer ursprünglichen geschichtlichen Größe; sie verstanden nicht die unbewußt wirkenden Kräfte des Gemütes, der Phantasie und der Triebe, und sie sahen in den Leidenschaften nur Faktoren, die die Entwicklung störten und durchkreuzten. In den Verfassungen der Staaten suchten sie nicht den Charakter der Völker, sondern nur die Persönlichkeiten großer Gesetzgeber — von Solon und Lykurg bis zu den Staatskünstlern der Renaissance; sie erklärten also die Verfassungsbestimmungen aus einzelnen Ursachen und dachten nicht genetisch. Als Voltaire auf den Wunsch seiner Freundin, der Marquise du Châtelet, die in der Universalgeschichte Bossuets kein Genügen fand, selbst zum Historiker wurde, da schrieb er aus der Illusion des aufgeklärten, des großen Jahrhunderts, die von stolzer Höhe auf den langen Weg zurückblickt, welchen die Menschheit aus eigener Kraft emporgeklommen war: „par quels degrés on est parvenu de la rusticité barbare des temps passés à la politesse du nôtre." Vor dem allgemeinen und einheitlichen Menschentum verschwanden alle Unterschiede der Völker, die Trennung zwischen Priestern und Philosophen schien wichtiger zu sein als jene in Nationen: denn die Menschen sind unter allen Himmeln und zu allen Zeiten die gleichen, die Gesetze ihres Handelns sind daher leicht zu erkennen! Es ist Schiller gewesen, der das Wort gesprochen hat, daß die Weltgeschichte das Weltgericht sei; er hat in diesem Sinne seine historischen Werke geschrieben, indem er sich mit den Schlagworten der anhebenden Revolution erfüllte und besonders in religiösen Dingen mit einseitiger Parteilichkeit seine Urteile hinwarf. So vermochten diese Historiker des 18. Jahrhunderts den einzelnen Erscheinungen und Epochen der Geschichte nicht gerecht zu werden und sahen in ihnen nur Vorstufen und Mittel der „Erziehung des Menschengeschlechtes". Mit der Geringschätzung vergangener Zeiten kreuzte sich freilich bei feineren Geistern die der gleichen rationalen und humanistischen Wurzel entsprungene Verehrung des Altertums, das also aus dem Zusammenhang herausgenommen wurde als eine einzigartige Blüte der Menschheit. Es erstand jene Dreiteilung des geschichtlichen Verlaufes, die zwischen dem Untergang der Antike und ihrer Wiedererweckung nur ein „Mittelalter" sah — ein dunkles Zeitalter der Finsternis und Barbarei. Deshalb konnte Schiller die Frage erörtern, ob die Menschheit notwendig die „traurige Zeitstrecke" vom 4. zum 16. Jahrhundert durchlaufen mußte, bis erst dann „die trübe Nebelhülle", welche tausend Jahre den Horizont von Europa umzogen, sich schied und der erwachsene Sohn aus dem väterlichen Hause trat. Als Eduard Gibbon in der Zeit von 1776 bis 1788 das literarisch bedeutendste Geschichtswerk schuf, das im Rahmen dieser Auffassung möglich war — worin er in zwölf Bänden zwölf Jahrhunderte der westlichen und östlichen Völker, von den Tagen der Antonine bis zur Erneuerung der klassischen Studien beschrieb —, da arbeitete er als echter Humanist mit dem Bewußtsein des gewaltigsten Gegenstandes; er schilderte durchaus pragmatisch, wie Völkerwanderung und Gotensturm den mächtigsten Staat, den die Welt gesehen, zu Falle gebracht, wie hellenische Schönheit und römisch-hellenistische Diesseitsfreude durch das Christentum besiegt worden seien und wie dies alles dem Abendlande wiedergegeben wurde, als griechische Gelehrte durch den Fall von Konstantinopel nach dem Westen kamen! Das Mittelalter, die „gotischen" Jahrhunderte wurden von ihm behandelt — schon in der äußeren Ökonomie des Werkes — lediglich als ein Ausleben der Antike, als der „große Gedankenstrich" zwischen Altertum und Neuzeit. Die pragmatische Geschichtsschreibung hat kurz vor ihrer Überwindung in diesem Werke — das von einem Engländer, aber in Lausanne, auf romanischem Boden geschrieben wurde — ihre feinste Blüte getrieben. Von Gibbon hat Ranke gesagt: „Ich habe die Schriftzüge seines Geistes, welche zugleich die seines Jahrhunderts sind, mit Bewunderung wahrgenommen." Es ist ein Werk, das ganz in seiner Zeit steht und noch keine genetische Betrachtung kennt. Sein Thema ist das umfassendste, das es geben kann. Der Autor ist erfüllt von der Größe und Würde seines Gegenstandes, der moderne Geist der Analyse ist hier zur höchsten Feinheit entwickelt, der gewaltige Stoff ist in strenger Begrenzung zusammengehalten und hat in der gefugten Komposition und in dem eleganten, gefeilten, antithetischen Stile eine dem Werke und seiner Geschichtsbetrachtung gemäße Form gefunden. Aber freilich, bei dieser Bewußtheit des Schaffens gibt es keine ruhige, breite Erzählung, keine Gegenständlichkeit, keine Hingabe an das Objekt um seiner selbst willen; hier bleibt keine Frage ungelöst, hier waltet kein geheimnisvolles Werden.

Es hat im 18. Jahrhundert Denker gegeben, welche die Grenzen dieser Geschichtsbetrachtung hinter sich ließen und vom Boden einer idealistischen Weltanschauung nicht nur die Eigenart des individuellen Lebens und seinen Zusammenhang mit allgemeinen Mächten erkannten, sondern auch darüber hinaus zum Verständnis des organischen Werdens von Gesellschaft und Staat gelangten. In Neapel schrieb Giambattista Vico seine „Scienza nuova“, worin er — schon 1725 — ein allgemeines Naturgesetz der Lebensentwicklung zu erweisen suchte, das sich in der Geschichte der Völker wie der Individuen darstelle. So gelangte er als erster zu der Lehre vom Kreislauf, den jedes Volk wie jeder Organismus durch Jugend, Mittag und Verfall zu durchlaufen bestimmt sei. Alle Äußerungen des Lebens in Religion, Recht, Sprache hängen nach ihm mit der Volksvernunft aufs engste zusammen. Diese „neue Wissenschaft“ zertrümmerte den Pragmatismus. Die Spur des großen Philosophen, die dem übrigen Europa verborgen blieb, hat Goethe in Italien nur flüchtig gestreift; und doch fand er hier staunend eine „unergründliche Tiefe“ und „Vorahnungen des Guten und Rechten, das einst kommen soll oder kommen sollte, gegründet auf ernste Betrachtungen des Überlieferten und des Lebens“. Was der Italiener mit großer Gelehrsamkeit entwickelte, mußte dann der deutsche Geist von sich aus nochmals finden und der abendländischen Kultur vermitteln. Zwar hat auch Montesquieu vom Kreislauf des völkischen Lebens gesprochen und die Größe wie den „Verfall“ — die „décadence“ — am großartigsten Schauspiel, am Schicksale des Römerreiches verdeutlicht; er hat den „Geist der Gesetze“, also die Kultur der Völker aus ihrer seelischen Lage und aus Boden und Klima des Landes erklärt. Aber er war noch zu sehr Rationalist, als daß er nicht doch der planmäßigen Arbeit der Fürsten und Minister alles zugetraut hätte. So gab er politische Rezepte und geriet dadurch in Widerspruch mit seiner eigenen Lehre von der natürlichen Bedingtheit, die er im übrigen der literarischen Anregung durch antike Schriftsteller und ihre geographischen Liebhabereien verdankte, wenngleich er sein Buch voll Stolz ein „librum sine matre creatum“ genannt hat. Wie bezeichnend ist es doch, daß gerade Montesquieu durchaus im Sinne der alten Pragmatik die Freiheiten Englands aus dem mechanischen Gesichtspunkte einer gegenseitigen Hemmung der politischen Gewalten verstand und daß er alle Schäden des Kontinentes heilen wollte, wenn dieses System von Gewichten und Gegengewichten herübertransportiert wurde. Auch für ihn war das Leben der Staaten auf Erkenntnis ihrer — wenn auch besonderen und eigenartigen — Bedingungen gegründet; der Gedanke der organischen Entwicklung aus ursprünglichen Anlagen kam bei ihm nicht zur Auswirkung. Dagegen hat der deutsche Geist gerade die Einmaligkeit des geschichtlichen Lebens und seine Entfaltung frühe mit Verständnis ergriffen. Nochmals ist hier Winckelmanns zu gedenken. Er hatte von Montesquieu gelernt, die geschichtliche Erscheinung in den Zusammenhang der seelischen und äußeren Bedingungen zu stellen und aus vielerlei Ursachen zu erklären und zu deuten. Aber er hat den Franzosen weit hinter sich gelassen und den Kreislauf des historischen Geschehens wie die Einmaligkeit der geschichtlichen Erscheinungen begriffen, als er in der bildenden Kunst die Mitte des griechischen Lebens erkannte und dabei zuerst jenes Verfahren des echten Historikers ausbildete, das mit nachschaffender Phantasie vom geschichtlichen Denkmal die Absicht seines Urhebers abliest und mit ausgebreitetem Wissen die geschichtliche Epoche aus der Gesamtheit ihrer Erscheinungen herauswachsen läßt. Über das ausgedehnteste Wissen verfügte der Antiquar, dessen Lebensarbeit nicht anders als diejenige Lessings ohne die Polymathie der Barockzeit niemals zu denken ist. Die Phantasie aber war die schöpferische Kraft, die in ihm lebte. So hat er die wunderbare Erscheinung der griechischen Plastik und überhaupt des griechischen Lebens wie eine Pflanze aus hellenischer Landschaft und unter hellenischem Himmel emporwachsen sehen; aus Leben und Glauben der Griechen verstand er die Heiterkeit der hellenischen Kunst. Er ist der erste Denker, der eine nationale Kunst und Geschichte nachschaffend beschrieb, wie sie aus Boden, Charakter und Lebensart erblüht ist. Aber da er doch auch ein Sohn des rationalistischen Jahrhunderts war und das künstlerische Schaffen auf Regeln und Erkenntnis gegründet sah, so konnte ihm nicht verborgen bleiben, daß das geistige Leben nicht wie das organische verläuft, sondern Werte von dauernder Geltung schafft. Wie die Aufklärung so blieb auch der Neuhumanismus in seinem Denken ontologisch: aber an die Stelle Gottes trat die Humanität oder die Schönheit oder der absolute Stil. Nichts lag Winckelmann ferner als eine Hingabe an die weite Welt der historischen Formen, nichts ferner als jener Weg zum Relativismus, der später durch das geschichtliche Denken geöffnet worden ist. Ihn trieb aus armseliger Jugend und aus verstaubtem Bücherwissen ein dunkler Drang nach Sonne und männlicher Schönheit, er besaß den Sinn für das Einmalige als Geschenk und als Fluch der Götter, und er blieb jenem einzigen Jahrhundert verfallen, das er aus der Reihe der Zeiten herausgehoben. Trotz aller genetischen Betrachtungsweise beharrte er doch dabei, daß die klassische Kunst der Griechen sehr frühe und gleich als ein Einheitliches und als ein Fertiges aus dem Hellenentum geboren war — wie Athene aus dem Haupte des Zeus. So hat Winckelmann den „absoluten Stil" des Klassizismus gefestigt, indem er den „Verfall" der griechischen Kunst sehr frühe eintreten ließ und mit seinen Sinnen an einem Ideale haften blieb, das von Ort und Zeit, von Natur und Volk losgerissen war. Wenn irgend einer, so ist Winckelmann schlechthin Weltbürger gewesen; er hat, als er nach Süden zog, alle alten Bande gelöst und neue persönliche niemals geknüpft. An dem bescheidenen Zimmer des Palazzo Albani, das er bewohnte, klopften die Vornehmen aller Nationen an. Winckelmann dachte, wenn er schrieb, an Europa und an die Nachwelt. Von hier aus führte die Entwicklung der abendländischen Kultur in einen weltbürgerlichen Hellenismus und nicht zum Reichtum des historischen Lebens.

Wenn der deutsche Geist aus dem Allgemeinen zur Wirklichkeit und zur Geschichte gelangt ist, so ist es auf anderem Wege geschehen als auf jenem, den der Klassizismus gewiesen hatte. Auf dem Heereszuge, der aus der Welt des Abstrakten zum ursprünglichen Leben zurückgeführt hat, fanden wir deutsche Denker gemeinsam mit fremden, die auf den deutschen Geist gewirkt haben. Ihre Reihe geht von Leibniz bis Burke; den ganzen geistigen Zusammenhang aber kennzeichneten wir mit dem Namen Herders, denn in dessen Haupte sammelten sich alle bewegenden Kräfte des neuen Geistes. Wenn Herder trotzdem auch in unserer Darstellung fast in den Hintergrund gedrängt worden ist durch die Fülle der geistigen Erscheinungen, von denen wir zu sprechen hatten, so ist auch dies begründet in dem historischen Tatbestand. Es ist das glückliche Schicksal der deutschen Entwicklung, aber auch die persönliche Lebenstragik Herders gewesen, daß er in einem von Geist und Schöpferkraft gesegneten Zeitalter lebte, das seine Anregungen, kaum daß sie ausgesprochen waren, aufgriff und fortbildete. So wurde er schon im Bewußtsein der Zeitgenossen zugedeckt durch den Reichtum der Kräfte, die er geweckt hatte und die sich dann nach ihren eigenen Notwendigkeiten entwickelten. Der Historiker wird Herders Verdienste würdigen, er wird ihm für viele folgenreichen Gedanken die Priorität wahren: daß aber die Anregung zurücktritt hinter die Wirkung und Tat, wird er nicht hindern können. So bleibt es wahr, daß viele Ideen Herders achtlos verloren gegangen sind, die aufzusuchen auch heute noch des höchsten Lohnes wert ist. Und es bleibt darüber hinaus die Feststellung der großen geschichtlichen Tatsache: der Wegbereiter hieß Herder!

ZWEITER ABSCHNITT

Der Neuhumanismus

Es waren nun also im abendländischen Denken zahlreiche Motive und Stimmungen lebendig geworden, deren sich der deutsche Geist in besonderer Weise bemächtigte, um aus ihnen ein neues, einheitliches Lebensgefühl zu formen. Einen weiten Weg hatte die neue Bildung bis zu ihrer Vollendung durchschreiten müssen. Sie ruhte auf rationalistischer und protestantischer Grundlage, sie war der Ausdruck eines allgemeinen, in Jahrhunderten gesteigerten Dranges nach Emanzipation, zugleich auch der Ausdruck der emporstrebenden bürgerlichen Bewegung. Aus verschiedenen Quellen, so sahen wir, waren Protestantismus und moderne Wissenschaft erwachsen, und ihre Vereinigung hatten sie erst im Geiste des großen Leibniz gefunden, der die Versöhnung der mathematisch-kausalen und der ethisch-teleologischen Anschauung nicht in einer eklektischen Vermischung, sondern in einer scharfen Trennung ihrer Kategorien suchte. So hat Leibniz neben der Bewegung das Bewußtsein, neben der Autonomie der Vernunft die Eigenart des Persönlichen zur Geltung gebracht und den Begriff des Denkens durch den umfassenderen des Lebens ersetzt. Freilich war Leibniz ein Einsamer in seiner Zeit; aber seine Gedanken wurden eine neue Offenbarung für den deutschen Geist, als dieser aus den mannigfachen Anregungen fremder Denker, aus Shaftesbury und Rousseau, und aus den Antrieben des eigenen Wachstums der neuen Erkenntnis entgegenreifte. Der Ätherflug unserer klassischen Literatur, der mit Klopstocks gotterfüllten Gesängen anhob, hat in der kurzen Spanne weniger Jahrzehnte den deutschen Geist aus dumpfem Schlafe und aus der Abhängigkeit von der westeuropäischen Atomistik herausgehoben und zu jener einheitlichen Kultur emporgeführt, die wir den „deutschen Idealismus" zu nennen gewohnt sind. Diese neue Bildung hat den rationalistischen Kern der modernen Entwicklung, dem sie selber entstammte, in seinen entscheidenden Ergebnissen anerkannt, aber darüber hinaus den Glauben an die schöpferische Kraft des ganzen Menschen zur Grundlage eines neuen Bewußtseins gemacht. Es sind zahlreiche Denker der verschiedensten Herkunft und Eigenart, die um die Wende des 18. zum 19. Jahrhundert den Bau einer neuen geistigen Kultur vollendet haben — eine erstaunliche Fülle großer Persönlichkeiten, wie sie nur der unerschöpfliche Lebenswille dieses gesunden und kraftvollen Volkes hervorzubringen vermochte. Jeder von ihnen gibt seinen eigenen Teil zu der neuen Geisteswelt, jeder ist anders geartet und erlebt das neue Bewußtsein des Jahrhunderts auf seine Weise, die Verschiedenheit der Menschen bringt die mannigfaltigsten Systeme, Richtungen und Lebensstimmungen hervor: zwischen Kant, der dem Rationalismus noch am nächsten steht, und Herder, der ihn am weitesten hinter sich gelassen hat, gibt es zahlreiche Übergänge und Verbindungen, Unterschiede und Möglichkeiten, Freundschaften und Kämpfe. Auch hat es der Verlauf der Bewegung so gefügt, daß sie sogar örtlich ihren einheitlichen Mittelpunkt im Herzen Deutschlands gefunden hat, auf dem Boden des thüringischen Herzogtums, wo am Hofe von Weimar die großen Dichter versammelt waren, während an der benachbarten Universität Jena die kantische Philosophie ihre ersten Verbreiter und Fortbildner fand: der poetisch-philosophische Doppelcharakter der neuen Bildung kommt in der Verbundenheit von Weimar und Jena zum unmittelbaren Ausdruck.

Wenn die Grenzen des Rationalismus und der Aufklärung heute dem gebildeten Menschen bewußt und gegenwärtig sind, so ist dies — im chronologischen Ablauf der deutschen Geschichte — zunächst auf die Leistung des deutschen Idealismus zurückzuführen, die in den geistigen Kämpfen des 19. und 20. Jahrhunderts immer wieder hervorgeholt wurde, wenn sie weiten Kreisen der Massen, den Männern der Wissenschaft und des praktischen Lebens verloren gegangen war. Von Kant bis Herder, um wieder die beiden Antipoden zu nennen, waren sich alle diese Denker darüber einig, daß die mechanische Welterklärung ihre Schranken überschritten habe: die Grenze zu ziehen, war die eigentliche Aufgabe der kritischen Philosophie, und kein Träger der deutschen Geistesbewegung hat an diesem zentralen Probleme vorübergehen können. Nur freilich warf die Lösung, die Kant selber bot, abermals wieder so viele erkenntnistheoretische Fragen auf, daß dann die Ausbildung der Philosophie zu einer Spezialwissenschaft, die während des 19. Jahrhunderts eintrat, zu einem wesentlichen Teile sich vollzogen hat bei der Interpretation dessen, was Kant eigentlich gemeint habe. Im übrigen wurzelte Kant selbst allzutief im Rationalismus, als daß er nicht hätte bestrebt sein sollen, das Recht der Vernunft an die Erkenntnis möglichst weit vorzuschieben. Er hat das letzte Ergebnis der westeuropäischen Aufklärung, die mechanische Naturauffassung Newtons, aufgenommen, und während ihr Schöpfer die Möglichkeit einer natürlichen Kosmogonie bezweifelte — da er eine materielle Ursache, welche den Umlauf der Wandelsterne zu bewirken vermöge, nirgends entdecken konnte —, hat die von Kant formulierte und von Laplace wieder aufgenommene Lehre den Kosmos nach rein mechanischen Gesetzen entstehen lassen: „Gebet mir Materie und ich will eine Welt daraus bauen!" Dies hatte schon Descartes in jenem fünften Kapitel des „Discours" ausgerufen, wo er die mechanische Welterklärung sogar auf den tierischen Organismus ausdehnte, um dann erst vor dem Seelenleben haltzumachen. Aber die sogenannte Kant-Laplacesche Hypothese hat es dann doch abgelehnt, die mechanische Erklärung auch auf das organische Leben zu übertragen, denn was für das Sonnensystem und den Erdkörper gilt — „scheitert am Grashalm und an der Raupe". Neben Newton trat bald auch Rousseau in das geistige Leben des Königsberger Denkers: „Was in der Körperwelt die Gravitation schafft, das schafft in der geistigen Welt die Liebe." Als ihm Rousseaus Schriften zum ersten Male in die Hand kamen, war er aufs tiefste erschüttert und vergaß über der Lektüre seine gewohnte Tagesordnung; das Bildnis des Genfers war der einzige Schmuck seines Studierzimmers, im ernsten Ringen hat er das große Erlebnis bewältigt. Und da auch David Hume, der die Möglichkeit einer objektiven Erkenntnis bestritt, ihn aus dem „dogmatischen Schlummer" des Rationalismus weckte, so waren nun die Motive gegeben, die Kant über die Aufklärung hinausführten. Es wurde die Grundfrage seines Denkens, wie wahre Erkenntnis möglich sei. Aber so entschieden dann auch die kritische Philosophie die wissenschaftliche Erkenntnis auf Mathematik und Erfahrung beschränkte, so lag eben darin doch auch ein starker Antrieb zur Rationalisierung von Welt und Leben. Es wurde für die deutsche Geistesgeschichte und für das ganze deutsche Dasein von entscheidender Bedeutung, daß Kant die mechanistische Wissenschaftslehre aufs schärfste herausgearbeitet hat und sie so den Deutschen übermittelte; Wissenschaft und Leben blieben demgegenüber in Frankreich oder England weiter und freier. Kant fühlte sich eins mit der Aufklärung in der Überzeugung, daß es keine andere Wahrheit gebe, an die der Mensch glauben darf, als diejenige der Vernunft. Zwar war — nach seinem eigenen Bekenntnis — die erste Veranlassung seines Philosophierens gewesen, die alte Religion zu retten; er wollte „das Wissen entthronen, um dem Glauben Platz zu schaffen". Aber er hatte zu tief am Wissen seiner Zeit getrunken;

so mußte er zu viel Zugeständnisse machen. Er gab alles preis, was die alten Religionen bei Gott, Freiheit und Unsterblichkeit wirklich gedacht hatten, und behielt nur die leere Form der Worte in seiner Hand. Indem Kant den autonomen Verstand zum Prinzip seiner Erkenntnislehre und den autonomen Willen zum Prinzip seiner Moral machte, trieb er den in der modernen Entwicklung liegenden Subjektivismus immer weiter, wenn er auch hoffte, die Festigkeit der objektiven Welt darüber nicht preisgeben zu müssen; das war der Sinn seiner berühmten Sätze, daß der Verstand der Natur ihre Gesetze vorschreibt, daß die Gegenstände sich nach unserer Erkenntnis richten müssen und daß wir die Dinge der Welt nur erkennen, weil und sofern ihre Formen „a priori" in uns ruhen. Dies war auch schon der Standpunkt des Descartes gewesen. Kant liebte es, seine Tat mit der des Kopernikus zu vergleichen: wie jener „die Sterne in Ruhe ließ" und die Bewegung in den Zuschauer verlegte, so nimmt die kantische Philosophie an, daß nicht die Erkenntnis sich nach dem Gegenstande, sondern der Gegenstand sich nach der Erkenntnis richten muß. Aber gleichzeitig suchte Kant ein Allgemeines und Objektives doch noch zu retten; denn das Subjekt findet und konstituiert sich selbst erst im Akte der Verknüpfung eines Mannigfaltigen, und indem es diesen Akt vollzieht, entsteht ihm zugleich mit dem Gedanken der Verknüpfung auch der Gedanke ihrer Notwendigkeit. Hier wurde also eine Antwort gegeben auf die Frage, mit der die modernen Menschen in ihrem geistigen Dasein seit langem gerungen hatten — wie nämlich Autonomie und Gesetzlichkeit oder, mit Kant zu sprechen, Subjektivität und Objektivität zu vereinigen seien. Die Neuzeit hatte diese Frage vornehmlich mit Anwendung auf die Ethik durchgesprochen, Luther sowohl wie Leibniz hatten nach objektiven Normen und Bindungen gesucht, die aber nicht von außen gegeben sein, sondern aus dem inneren Gesetz des Individuums stammen sollten. In diese Bewegung trat Kant ein, als er den Begriff der Selbstgesetzgebung nicht nur für das Erkennen, sondern auch für den Willen erfaßte und also in seiner Freiheitslehre die Vereinigung von Autonomie und Gesetzlichkeit auch für die praktische Vernunft zu erweisen suchte. Jetzt hieß es, daß die freie Handlung in sich selbst ihren Zweck und ihre Norm habe und daß also die echte Freiheit auf die Erzeugung der Gesetzlichkeit gerichtet sei, in der sie erst ihren Ausdruck und ihre tiefste Bewährung findet.

So entspricht bei Kant die Autonomie des Willens durchaus der Autonomie des Gedankens: die Erkenntnis läßt keine andern Gesetze über sich gelten als die reinen Formen, die sie von Natur in sich trägt, und der Wille erkennt keine andere Nötigung an als diejenige, deren Form und Maxime er aus sich selbst zu erzeugen und zu begreifen fähig ist. Die Notwendigkeit des Logischen wie die des Praktischen wird in einer ursprünglichen Selbstbestimmung der Vernunft begründet. So suchte Kant im Erkennen wie im Handeln Autonomie und Gesetzlichkeit miteinander kunstvoll zu vereinigen; sein System erscheint in dieser Hinsicht als Höhepunkt der mit Luther anhebenden Entwicklung. Indem er vom Zentrum des neuen Standpunktes aus alle Gebiete der geistigen Wirklichkeit zu bearbeiten unternahm, ergab es sich, daß alles, was er aus originalen begrifflichen Voraussetzungen aufbaute, mit den inneren Tendenzen der neueren Jahrhunderte übereinstimmte. Trotz seiner Absage an den Eudaimonismus der Aufklärung erscheint der Pflichtbegriff Kants als die sittliche Auffassung einer Übergangszeit, als ein Seitenzweig jener rationalistischen und bürgerlichen Ethik, welche Freiheit und Bindung vereinigen möchte, die Autonomie der Persönlichkeit anerkennt und in ihr ein sittliches Leben gewährleistet findet. Der Einfluß dieser Ethik wird uns im 19. Jahrhundert in starken theoretischen Menschen öfters begegnen; nur freilich zog die Masse des Bürgertums es vor, auch weiterhin den breiten Weg der irdischen Glückseligkeit zu wandeln, der schon in der Autobiographie des Benjamin Franklin seine klassische Beschreibung gefunden hatte. Es ist ein weiter Abstand zwischen dem absoluten Pflichtbegriff des einsamen deutschen Denkers und der „honesty“ und „frugality“ des amerikanischen Bürgers, der als festen Standpunkt gegenüber dem Leben den frommen Sinn, die Wohlanständigkeit und die Haltung empfiehlt und in diesen Tugenden die Voraussetzung eines gesicherten und glücklichen Erdendaseins und seiner Erfolge begründet findet. Aber sowohl die Ethik Kants wie die Ethik Franklins gehören der gleichen Zeit und geschichtlichen Stufe an, sie entstammen dem gleichen Geiste der Vernünftigkeit, der die Selbstverantwortlichkeit bejaht und doch zugleich die Bindung durch allgemeine Mächte festhalten will. Die Rationalisierung der Lebensführung ist von den beiden Männern, die nach Neigung, geistigem Rang und nach dem Gegenstande ihrer Arbeit so verschieden waren, mit unerbittlicher Konsequenz und Nüchternheit vorgelebt worden; beide Sittenlehrer waren protestantisch, republikanisch und Exponenten der bürgerlichen Bewegung. Dabei ging der Lebensstil Franklins den Massen leichter ein als derjenige Kants, er entsprach dem Geiste der Aufklärung, wie er fast das ganze 19. Jahrhundert hindurch noch in der Bourgeoisie herrschte, wobei mit der fortschreitenden Säkularisierung von Geist und Gesellschaft die Elemente der Bindung immer lockerer wurden. Kant dagegen wies wie auf theoretischem so auch auf praktischem Gebiete über den von ihm so genannten „Dogmatismus“ der Aufklärung hinaus, ohne sich aber von seiner Grundlage zu lösen.

Der Dualismus des Kantischen Denkens setzte, so sahen wir, neben die Welt der Erscheinung eine intelligible Welt, die nicht beweisbar ist, sondern aus praktischen Postulaten stammt: mit seiner Lehre von der Macht des Willens hat Kant sich am weitesten von der Aufklärung entfernt. Der Rationalismus hatte den Menschen lediglich als Vernunftwesen gefaßt und darüber die ganze emotionale Seite der menschlichen Natur verkannt: diese Schranke durchbrach der deutsche Idealismus mit Kant und allen seinen Nachfolgern. Aber im Hintergrunde der kantischen Philosophie blieb doch lebendig die Überzeugung des 18. Jahrhunderts, daß es ein allgemeines und gleiches Menschentum gebe und daß dessen Entfaltung den alleinigen Zweck der menschlichen Geschichte ausmache. Über der moralischen Gleichheit der Menschen vergaß man ihre tatsächliche Verschiedenheit nach Beanlagung, Leistung und historischer Umwelt; diese Schranke war freilich nicht so leicht zu durchbrechen, weil es immer eine Streitfrage und zuletzt eine Sache persönlicher Entscheidung sein wird, ob man den größeren Nachdruck auf das allen Menschen Gemeinsame oder auf ihre Verschiedenheiten legen will. Dies war denn auch die Stelle, an der sich von Kant sein ältester und getreuester Schüler Herder getrennt hat, und die persönlich wenig erquickliche Kontroverse, die beide in der Folge miteinander gewechselt haben, ging vornehmlich um diese Frage. Es mußte Herder aufs tiefste erregen, wenn Kant die Anlagen des Menschen nur in der Gattung, nicht im Einzelnen sich entfalten sah und wenn der Mensch nur für den Staat und alle Generationen nur für die letzte dasein sollten. Der „mutmaßliche Anfang der Weltgeschichte“ war für Kant nicht das langsame Herausschreiten der Individuen aus der Kreatürlichkeit zur Kultur, sondern die Auflehnung des Radikalbösen gegen das Gewissen, so daß das Sittengesetz zum Bewußtsein kommt; Kants Geschichtsauffassung blieb teleologisch. Erst aus der Aufgabe, die durch die geschichtliche Entwicklung erreicht werden soll, ergibt sich für Kant eine Möglichkeit, die Menschen und Zeiten zu beurteilen. Der Gedanke einer sinnvollen Gesamtentwicklung des Menschlichen war das letzte und feinste Resultat der Aufklärungsphilosophie, er blieb auch die Grundlage von Herders neuem Lebensgefühl; aber das von Herder zuerst geahnte Individualitätsprinzip konnte sich nicht damit begnügen, Völker und Zeiten nur nach ihrem bewußten Beitrag zum allgemeinen Zwecke der Menschheit zu werten. Daß es eine allgemeine, allen Menschen in gleicher Weise zugeteilte Natur gebe, war für Herder eine Selbstverständlichkeit; wie weit dies im staatlichen und sozialen Leben zu berücksichtigen sei, gehörte vor das Forum der Politik. Daß aber darüber hinaus Eigenarten und Ungleichheiten vorhanden seien und daß gerade in ihnen ein besonderes Interesse liege, war die neue Erkenntnis Herders; hier erwuchs der Geist des 19. Jahrhunderts, die eigentliche Ansicht des Historikers, der es zwar immer mit Menschen zu tun hat, aber gerade die Verschiedenheiten sowohl im Ablauf der Epochen wie innerhalb der gleichen Epoche zu erfassen sucht. Eine klare und einheitliche Stellung zur Geschichte hat der deutsche Idealismus als solcher auch in der Folge nicht gewonnen: in seinen größten Vertretern mischte sich der alte pragmatische mit dem neuen entwicklungsgeschichtlichen Standpunkt und ging die geistreichsten Verbindungen ein. Immer aber lebte in allen diesen Menschen, so verschieden sie auch geartet und gerichtet waren, das Bewußtsein einer inneren Verbundenheit, das sie von der noch in voller Macht stehenden Aufklärung abhob: in den „Xenien" hat dieses Gefühl der Überlegenheit souveränen Ausdruck gefunden. Kultur ist hier nicht mehr theoretische Erkenntnis oder eine Moral der Gemeinnützigkeit, sondern sie ist allseitige Entfaltung des menschlichen Wesens.

Wir sind mit diesem Kulturbegriff bis in den Kern der neuhumanistischen Bewegung gelangt. „Humanität" hatte auch die Aufklärung gewollt, und sie hatte dabei von Gedanken gelebt, die auf das stoische und das christliche Naturrecht zurückgingen. Aber sie hatte vornehmlich nur das praktische Ziel im Auge gehabt, der menschlichen Gesellschaft zu nützen durch Aufhellung des Geistes und Verscheuchung dumpfer Vorurteile, durch Entwicklung der natürlichen Tugenden der Selbstbeherrschung und Nächstenliebe. Das Humanitätsideal des deutschen Idealismus war reicher und tiefer. „Jeder individuelle Mensch" — hat Schiller gesagt — „trägt der Anlage und Bestimmung nach einen reinen, idealischen Menschen in sich, mit dessen unveränderlicher Einheit in allen Abwechslungen übereinzustimmen, die große Aufgabe seines Daseins ist." Das Individuum zum Menschen emporzuläutern, war der Sinn des neuen Lebensgefühls. Es war die Ansicht, daß wir nicht Menschen von Geburt sind, sondern es erst durch Erziehung werden sollen, daß Menschentum kein Natur- sondern ein Kulturbegriff sei. „Es ist der Geist, der sich den Körper baut", oder, wie es bei Goethe heißt: „Wer keinen Namen sich erwarb, noch Edles will, gehört den Elementen an.“ Indem der deutsche Neuhumanismus den Kultus der Persönlichkeit zum höchsten Zweck und Inhalt alles irdischen Daseins machte, bewegte er sich durchaus in den Bahnen des modernen Subjektivismus und gab ihm eine letzte Verfeinerung. Der Einzelne soll sich selbst und sein Leben zum Kunstwerk gestalten durch harmonische Ausbildung aller in ihm liegenden Fähigkeiten, er soll sich zur „Individualität“ emporbilden. Die „Individualität“ aber findet ihre Erfüllung in der „Universalität“ und in der „Totalität“: indem der Mensch alle Seelenkräfte, auch Gefühl und Willen entwickelt, um die Dinge nicht nur zu erkennen, sondern sie auch wertend und wollend zu umfassen, vermag er die eigene innere Welt zum Universum zu erweitern, und indem er jeden Teil, der ihm begegnet, als ein Ganzes und im Zusammenhang eines Ganzen zu ergreifen sich gewöhnt, gewinnt er die Totalansicht der Dinge und vermag das Äußere sich anzueignen, es in seinen inneren Besitz zu verwandeln. Es kommt dabei nicht eigentlich auf die Fülle des Stoffes an, sondern darauf, daß alle geistigen und seelischen Organe in Bewegung gesetzt sind, um ihre formende Kraft zu üben; nicht im Zusammenraffen des Einzelnen besteht die Bereicherung, sondern in der geistigen Tätigkeit selbst und in der Fähigkeit, von irgend einer Stelle der Peripherie aus in das Wesen der Dinge zu dringen. Es war der Glaube dieser Menschen, daß im Erfassen der Welt durch Studium und Leben, im intensiven Auskosten aller Möglichkeiten ein Beglückendes liege: „Homo sum, nihil humani a me alienum puto.“ Doch waren sich freilich die Größten unter diesen Dichtern und Denkern sehr wohl bewußt, daß es keine Erkenntnis ohne die Schmerzen des Suchens und Ringens gibt und daß das Leben leidvoll und dunkel ist. „Zum Universum möcht' ich mich erweitern!“ — und schon tönt die heftige Antwort zurück: „Du hörst es ja, von Glück ist nicht die Rede.“ Erst spät ist Goethe, am Schlusse des Faust und in den Wanderjahren, zu seiner „Erlösung durch die Tat“ gekommen und zu der Einsicht, daß in der Selbstbeschränkung die wahre Meisterschaft liegt: „Und dein Streben sei's in Liebe, und dein Leben sei die Tat!“ Wem freilich Goethes faustischer Drang und rastloses Suchen abging, der mochte in der harmonischen Ausbildung seines Menschentums jene gelassene Heiterkeit und jene innere Ausgeglichenheit finden, die vor allem Wilhelm von Humboldt vorgelebt hat, wo auch der Schmerz noch mit Wonne genossen wird, um — wie er es selbst bekannt hat — „so mit dem Gefühle von der Erde zu scheiden, alles was sie mir darbot, genossen und gelitten und mein Erdenschicksal erfüllt zu haben". Mit der Inbrunst eines neuen Glaubens haben alle diese Denker das Humanitätsideal in sich gestaltet und sich eine Art Religion daraus gebildet, die ganz innerweltlich empfunden und ganz auf das undemütige Selbstvertrauen der autonomen und in sich ruhenden Persönlichkeit gebaut war. Auch hier war der Abstand zur Tugendlehre des Rationalismus, die alles auf Wissen oder Weisheit gestellt hatte, ein gewaltiger. Lessing — der in keiner Hinsicht die Aufklärung seiner Zeit mehr überflügelt hat als in seinen religiösen Ideen — hatte die neue Lebensstimmung der Klassiker vorbereitet, die von der bisherigen Aufklärung die Ablehnung aller Dogmatik und Kirchlichkeit übernahm, darüber hinaus aber eine Frömmigkeit lediglich auf den guten Willen, auf Gesinnung und Tat zu gründen suchte. In der Gestalt Iphigeniens hat dieses neue Bewußtsein, das man „Humanitätsreligion" nannte, seinen letzten künstlerischen Ausdruck gefunden: „Alle menschlichen Gebrechen sühnet reine Menschlichkeit."

Wie die neue Generation entstanden ist, haben wir gesehen. Aus dem tiefen Grunde der abendländischen Entwicklung ist sie emporgestiegen, der deutsche Geist hat durch sie der bisherigen gesamteuropäischen Bewegung eine besondere Wendung und Sublimierung gegeben. Im Namen der menschlichen Autonomie war der Rationalismus vorgedrungen, aber er hatte selbst wieder im Hinblick auf vollendetes Menschentum eine „Heteronomie" bedeutet; so war eine Sehnsucht nach dem „Menschen" entstanden — mitten in einer Welt der rationalen Demonstration, des mattherzigen Nützlichkeitssinnes, der unproblematischen und unsinnlichen Aufklärer. Rousseau hatte — ein neuer Diogenes mit der Laterne — dieser Stimmung Worte geliehen und den Ruf nach jener lebendigen Ganzheit ertönen lassen, die er sich unter dem Bilde des Naturmenschen vorstellte. Die deutschen Klassiker sind alle während ihrer Jugend, im „Sturm und Drang", durch Rousseaus Schule gegangen, bis sie den Ausgleich fanden zwischen Gefühl und denkender Vernunft, um beide in reiner Bildung zu harmonischem Gleichgewicht zu vereinen. Mit Rousseau blieb ihnen gemeinsam die Verlegung aller Energien in das Individuum und die Ausweitung der Persönlichkeit über sich selbst hinaus; Rousseau hatte in ihnen dauernd das Bewußtsein gestärkt, daß die moderne Kultur den Menschen in seiner Totalität zertrümmert, ihn zu einem jammervollen Bruchstück gemacht habe. Es gilt von einem Typus, der im 19. Jahrhundert immer häufiger und im 20. herrschend geworden ist, wenn Wilhelm von Humboldt von den modernen Menschen sagt: „Man bewundert, was sie tun; aber man verachtet, was sie sind.“ Rousseau hatte die verlorene Einheit nur durch Rückkehr zum paradiesischen Zustand wiederzufinden gehofft, seine deutschen Schüler aber faßten den Glauben, daß diese Ganzheit, die von der Kulturentwicklung zerstört ist, durch eine höhere Kultur wiederherzustellen sei. Dies vor allem war es ja gewesen, was Kant bei der Lektüre des Genfers so sehr erschüttert hatte — daß er hier ausgesprochen fand, wie jeder Fortschritt der Kultur vom Menschen nur mit Verlust an natürlicher Glückseligkeit erkauft werde. Aber während Rousseau hieraus den Schluß gezogen hatte, daß also die Kultur ein Verbrechen am Menschengeschlechte sei, ward Kant von hier aus zum Kritiker am Eudaimonismus der Aufklärung, und er meinte, daß nicht die Glückseligkeit die Bestimmung des Menschen sein könne, sondern daß diese Bestimmung in der Herbeiführung der sittlichen Kultur bestehe: die Freiheit ist nach Kant der Zweck, welcher die Schäden der Kultur rechtfertigt! Schiller aber fand auch hier mit Herder die Überwindung der Einseitigkeiten, und er sprach es in seinem „Spaziergang“ aus, daß die Kultur die Wunden, die sie geschlagen, auch wieder heile — daß zwar die halbe und unentwickelte Kultur die Totalität in unserer Natur trübe und störe, die ganze und vollendete Kultur sie aber nur um so voller wieder herstelle. Der deutsche Geist zuerst vermochte es, den bisherigen Verlauf der menschlichen Geschichte als die natürliche Entwicklung des menschlichen Wesens zu begreifen und in der Geschichte die Entfaltung der Humanität zu sehen: das Bild der einheitlichen, emporsteigenden Menschheit stand als sittliches Postulat und als wissenschaftliche Gewißheit vor den Augen Herders und Schillers. Indessen — vielfältig und verschlungen sind die Wege des deutschen Geistes gewesen. Neben Rousseau blieb die Antike eine lebendige Macht auch für die junge Generation des „Sturm und Drang“, und die Ansicht vom Wesen des Griechentums wandelte sich mit der Verfeinerung des Humanitätsideales und ging von der Ursprünglichkeit, die man in den Helden des Plutarch zu finden geglaubt, hinüber zur vollendeten Kalokagathie der sophokleischen Menschen. Der Neuhumanismus suchte und fand im Altertum die „Humaniora“, die lehren sollten, „mehr Mensch“ zu sein. Shaftesbury und Winckelmann hatten hierzu ermuntert. Die Lebensphilosophie des Engländers hatte zuerst das Ideal maßvoller Beschränkung den Griechen entnommen und vom Gentleman verlangt, daß er Künstler des eigenen Lebens sei und durch Besonnenheit und Bildung alle Leidenschaft und Selbstsucht zur Harmonie bändige; das Schöne und das Gute — „pulchrum et honestum" — war ihm mit Platon ein und dasselbe. Ob das griechische Altertum selbst schon den bewußten Drang nach Vervollkommnung und nach Universalität des Erlebens und Genießens gehabt hat, ist sehr die Frage; erst die Römer haben das Wort „humanitas" geprägt, und es ist auch bei ihnen wohl schon ein Ergebnis der Sehnsucht gewesen. Die Deutschen der klassischen Zeit aber brauchten ein historisches Vorbild für ihr Ideal. So setzten sie denn in Rousseaus Antithese von ursprünglicher und moderner Menschheit an die Stelle der Natur ihr geadeltes Hellenentum ein, für die Ungebrochenheit der Urvölker die künstlerische Harmonie der Griechen: aus dem Bilde der einheitlich fortschreitenden Kulturentwicklung der Jahrtausende hoben sie die einzige, kurze Zeit der perikleischen Blüte heraus und stellten sie als unvergleichbare Einzelerscheinung außerhalb aller Geschichte. Es entstand die Beziehung „antik und modern" oder — wie Schiller dies Verhältnis vertieft und mit besonderem Hinblick auf die Dichtkunst bezeichnet hat — „naiv und sentimentalisch". In den Griechen fand er wie Winckelmann die ungekünstelte Natur und „Simplizität", jene „Totalität und Harmonie der Kräfte", die dem modernen Menschen verloren gegangen war: das Überwiegen der Empfindung über die Anschauung ist des modernen Dichters Teil! Nur in der einzigartigen Erscheinung Goethes wollte der Neuhumanismus erkennen, wie der moderne Mensch auf dem Umwege über die Bildung doch zu höchster künstlerischer Objektivität, zur unbefangenen und unbewußten Einheit der Natur gelangen könne. In der Erörterung des Gegensatzes von naiver und sentimentalischer Dichtung ist sich der europäische Geist seines innersten Wesens überhaupt erst bewußt geworden.

Gestärkt wurde dieser ästhetische Neuhumanismus durch die Tatsache, daß die wissenschaftliche Erfassung des Altertums gerade im 18. Jahrhundert einsetzte und gerade von Deutschland ihren Ausgang nahm. Jene Auffassung vom Griechentum, die vornehmlich Winckelmann und Lessing heraufgeführt hatten, wurde von deutschen Philologen wissenschaftlich unterbaut, hierauf beruhte über ein Jahrhundert hindurch die Weltgeltung der deutschen Wissenschaft, die trotz Hegel doch nur in der unbestrittenen Stellung der deutschen Altertumskunde und der deutschen klassischen Philologie bestanden hat. Wenn im 17. Jahrhundert die großen holländischen Philologen, die in Leyden im Gefolge des Joseph Justus Scaliger wirkten, den Text im Fette der Anmerkungen erstickten, so begann seit der Mitte des 18. Jahrhunderts die deutsche

Philologie sich zu bemühen, zu einer universalen Auffassung des altertümlichen Lebens zu gelangen und aus einer äußerlich lernbaren Gelehrsamkeit ein das ganze Innere bestimmender und bildender Humanismus zu werden. Es ist der Ruhm der Universität Göttingen gewesen, daß in ihren Studiersälen neben den staatswissenschaftlichen auch die philologischen Wissenschaften neu begründet wurden. Hier wirkte Christian Gottlob Heyne, der gleich Winckelmann von Dresden seinen Ausgang nahm und nach ihm am meisten dafür gewirkt hat, die klassische Literatur aus dem Schulstaube zu erheben, indem er die Schranken des grammatischen und antiquarischen Wissens nun auch auf dem Katheder und im Seminar durchbrach und zu einer künstlerischen und ästhetischen Betrachtung des Altertums gelangte. Nicht mehr die Beherrschung und Nachbildung antiker Redefiguren war das Ziel des Studiums: dieser neue Humanismus suchte durch die Alten zur Bildung des Geschmackes, zur Veredelung des Gefühles, zur Vervollkommnung der ganzen moralischen Natur des Menschen zu führen. Heyne zuerst legte auf einer deutschen Lehrkanzel den Nachdruck auf das Griechische; in dem vornehmen Göttingen vermochte er seine neue Betrachtungsweise den Söhnen des Adels nahezubringen. Zu seinen Füßen saß der junge Wilhelm von Humboldt und erfüllte sich mit dem neuen Bildungsideal, das er dereinst als preußischer Kultusminister in das deutsche Leben einführen sollte. Aus dem Göttinger Seminar gingen zahlreiche Schulmänner hervor und breiteten die neuen Ansichten über Norddeutschland aus. So leitete Johann Heinrich Voß durch zwei Jahrzehnte, von 1782 bis 1802, das Gymnasium von Eutin, nachdem er 1781 zu Göttingen seine Homerübersetzung mit der Odyssee begonnen hatte: bis dahin besaß man nur die französierenden Entstellungen Popes und der Madame Dacier, noch Schiller hat nur durch Voß den Homer kennen gelernt. In Göttingen setzte es der junge Friedrich August Wolf durch, daß er als Studierender der Philologie inskribiert wurde, während bis dahin die Altertumskunde nur von Theologen als Nebenfach studiert worden war: die neuhumanistische Wissenschaft trat als die erste profane Geisteswissenschaft ins Leben, aus ihrer Ansicht vom Griechentum zog sie eine ausgesprochen antichristliche Tendenz. Wolf hat von 1783 bis 1806 als Professor an der Universität Halle gewirkt und die von ihm so genannte „Altertumswissenschaft" geschaffen, deren Darstellung aus seiner Feder das wissenschaftliche Hauptwerk des neuen Humanismus geworden ist. Den Wert des Altertums sah er nicht mehr wie die früheren Gelehrten in der Disziplinierung des Geistes, auch nicht mehr allein in der Einfalt und Größe der griechischen Kunst, sondern in der „Erkenntnis der altertümlichen Menschheit", durch die allein man zur Kenntnis des Menschen selbst zu gelangen vermöge. Auch die ältere Philologie hatte das Leben der Antike studiert — aber eben doch nur, um so die Schrift- und Bildwerke besser erklären zu können. Jetzt wurde die Kenntnis des griechischen Lebens Selbstzweck, hier suchte und fand man apollinische Heiterkeit und einen „zu echter Menschlichkeit vollendeten Charakter". Erst durch Wolf wurde die Lehre von der Einheitlichkeit des Griechentums wissenschaftlich ausgeführt: in der griechischen Geschichte erkannte er die einzige Kulturepoche der Menschheit, die im vollendeten Kreislauf das Bild eines undifferenzierten Volkslebens und eines abgeschlossenen Entwicklungsganges darbot. Wolf hat die Freundschaft Goethes, Schillers und Humboldts genossen und ihnen die scheinbar gesicherte und angeblich voraussetzungslose wissenschaftliche Bestätigung ihres Griechentraumes dargeboten. Auch er hat wie Heyne durch die große Zahl seiner Schüler, die in den Gymnasialdienst traten, die neue Methode und Auffassung rasch zum Siege geführt. Neben Göttingen und Halle wurde noch Leipzig, wo Gottfried Hermann wirkte, ein Sitz des wissenschaftlichen Neuhumanismus. Kein anderer hat so stark wie Gottfried Hermann ein einheitliches Bild des griechischen Geistes in sich getragen und von ihm aus durch die Mittel der inneren Kritik die Fragen der Textgestaltung, der Metrik und der Geistesgeschichte zu entscheiden gesucht; daher denn auch seine Konjekturen und Hypothesen oft genug fehlgingen, weil die innere Wahrheit, die vor den äußeren Kriterien stehen sollte, zwar auf unmittelbarer Anschauung eines Ganzen, aber auf einem vorausgesetzten Bilde beruhte. Es ist denn auch begreiflich, daß der wissenschaftliche Neuhumanismus stärker als der ästhetische auf der „Nachahmung der Alten" als einem Mittel der Rückkehr zur Naivität beharrte: daß diese niemals völlig zu erreichen sei, war dem modernen Dichter offenkundiger als dem Philologen. So wurde Goethes Iphigenie, die Wieland als ein „altgriechisches Stück" gepriesen hatte, von Gottfried Hermann aufs schärfste abgelehnt. Wenn Schiller das Stück „erstaunlich ungriechisch und modern" genannt hatte und Goethe zugestimmt hatte, es sei „verteufelt human", so war dies in ihrem Sinne doch nur die Feststellung, daß der moderne Künstler nicht „gräzisieren" dürfe, daß er aber die höchste Vollendung erreiche, wenn er „fühle, denke und handle wie ein Grieche". Von Raffael hat Goethe dies bewundernd festgestellt.

So wurde es für Goethe und Schiller zur Lebensfrage, wie der moderne Mensch das, was einst der bloße Instinkt ohne Reflexion in so hoher Vollendung geleistet hatte, auf dem Wege der Vernunft in eigener Arbeit wiedergewinnen könne; dem deutschen Charakter schien es vorbehalten zu sein, diese „Verbindung der Eigentümlichkeiten der Alten und Neueren in einer einzigen Form hervorzubringen", wie Wilhelm von Humboldt 1797 geschrieben hat. Wenn es demgemäß Aufgabe des Menschen sein sollte, sein Leben zum Kunstwerk zu gestalten, indem er die getrennten Teile seines Wesens in einer höheren Einheit zusammenfügt, so mußte allerdings die Kunst die wichtigste Erzieherin zur Humanität werden. Sie erst schien aus der Zerstückelung herauszuführen und den ganzen Menschen wiederherzustellen. Der Neuhumanismus schuf eine ästhetische Kultur, die in Schillers theoretischen Schriften ihre Begründung gefunden hat. Kants schroffer Dualismus von Natur und Geist, Sinnlichkeit und Verstand hatte das Ziel des Menschentums in der Unterwerfung des sinnlichen unter den geistigen Menschen, der Neigung unter die Pflicht gefunden; Schiller aber — der, wie man weiß, jahrelang sein Dichten hatte ruhen lassen, um völlig in die Schwierigkeiten der kantischen Philosophie einzudringen — vermochte diesem Rigorismus nicht zu folgen, der die Ganzheit des Menschen und sein inneres Gleichgewicht störe. Schiller fand, daß dieses ethische Ideal sich nur in einem allgemeinen Menschentum verwirklichen könne und der Verschiedenheit der empirischen Erscheinungen nicht gerecht werde. Er deutete es aus der Zeitlage, in welcher Kant wirkte: dieser „wurde der Drako seiner Zeit, da er sie eines Solons noch nicht für würdig hielt". Aber Schiller hat später wohl auch härtere Worte gebraucht, auf Herkunft, Erziehung und Lebensgefühl des einsamen Junggesellen hingewiesen, um zu erklären, warum er „seine Flügel nicht ganz von dem Lebensschmutz hat losmachen können". Schiller wollte nicht einsehen, warum sich Empfänglichkeit und Autonomie ausschließen sollten. Die Reinheit des ethischen Prinzips mußte unter allen Umständen gewahrt bleiben; aber auch das menschliche Triebsystem schien ihm ethische Bedeutung zu besitzen. Hatte doch Kant selbst die Begriffe geformt, nach welchen jetzt die ästhetische Kultur sich entfalten und seinen eigenen sittlichen Rigorismus überwinden konnte. Daß die Schönheit die Vorstufe zur Wahrheit und Sittlichkeit sei, hatte die Ästhetik seit dem Altertum immer wieder gelehrt, und noch in den „Künstlern" hatte Schiller ausgeführt, wie der Mensch nur durch das „Morgentor des Schönen" in das Land der Erkenntnis eintrete; erst nachträglich hatte er unter Wielands Einfluß einige Verse eingefügt, die der Kunst Eigenwert gaben. Diese ganze Ästhetik hatte Kant umgestoßen. Ohne seine Lehre von der Selbständigkeit des ästhetischen Gefühls zwischen Sinnlichkeit und Vernunft ist der ganze Neuhumanismus überhaupt nicht zu denken. Schiller sah in dieser systematischen, prinzipiellen Scheidung des logischen von dem ästhetischen Vermögen zunächst für sich das methodische Mittel, die Grundansicht der „Künstler" mit kantischen Gedanken zu verstärken. Wahrheit und Sittlichkeit sind das höchste Gut und das letzte Ziel der Menschheit, so hieß es bei Kant wie bei Schiller; aber solange die Menschen noch nicht reif sind zur „Moralität", bedürfen sie einer Stütze; als eine solche betrachtete Kant die Religion, Schiller die Kunst. Doch im Fortgange seiner Arbeit an den „Briefen über die ästhetische Erziehung" gewann ihm die Kunst dann einen von ihrem moralischen Nutzen völlig unabhängigen Wert. Dies führte ihn zur Überwindung des kantischen Dualismus und ermöglichte ein Lebensideal, das der Verschiedenheit der Individuen ganz anders entsprechen konnte als die kantische Ethik. In der ästhetischen, der interessenlosen Betrachtung — wo wir von den Dingen nichts wollen, weder ihnen unterworfen sind, noch sie beherrschen, sondern nur anschauend uns verhalten — gelangt der Mensch erst zur vollen Entfaltung, hier überwiegt weder die sinnliche noch die übersinnliche Natur unseres Wesens; es ist derjenige Zustand, in welchem der Mensch für die Einflüsse von beiden Seiten her gleich empfänglich ist und in welchem deshalb seine ganze, ihm spezifisch eigene Natur als reinste und vollkommenste Harmonie zum Ausdruck kommt. Denn die sinnliche Natur teilt der Mensch mit den niederen Wesen, die sittliche Bestimmung mit höheren Gewalten, das ästhetische Leben aber — die harmonische Ausgleichung des sinnlichen und übersinnlichen Elementes — besitzt er allein. Also wird die gleichmäßige Entwicklung aller Seiten des menschlichen Wesens zu einem Gebote der Ethik gemacht: die Menschheit ist ihrer tiefsten Bestimmung nach ästhetischen Charakters. So wird für Schiller die Kunst zur Erzieherin eines neuen und höheren Menschentypus, den in aller Welt bis dahin allein die Griechen gekannt haben: „nur daß sie in den Olympus versetzten, was auf der Erde sollte ausgeführt werden". Schiller hat diesen Zustand der seligen Götter in vielfachen Wendungen besungen, er hat das Ideal des harmonischen Menschentums in großartiger Antithese dem zersplitterten Dasein im Diesseits entgegengestellt. Auf Erden — „in des Todes Reichen" — herrschen

Mühsal und die „Angst des Irdischen", mag es nun der Kampf ums Dasein oder das Ringen des Künstlers mit dem Stoffe sein, mag der Wille gegen die Neigung streiten oder der Mensch in Krankheit und Not darniederliegen. Versöhnung, Ruhe und Harmonie walten nur in der Welt des Ideals, sie ziehen nur „durch der Schönheit stille Schattenlande": hier allein herrscht das, was Schiller die Freiheit nennt. So war dem deutschen Idealismus das Erlösungsbedürfnis nicht fremd; aber bei der Diesseitigkeit seines ganzen Lebensgefühles fand er die Befriedigung ausschließlich durch die Kunst, in der Verwirklichung schönen und reinen Menschentums. Immer wieder hat Schiller diesen Gedanken vertieft und erweitert, er ist allen Gesetzen und Gründen des Schönen nachgegangen, „ohne das zwischen unserer Naturbestimmung und unserer Vernunftbestimmung ein immerwährender Streit sein würde". Denn in der Welt des Schönen ist die Aufgabe erfüllt, die im Gedränge der Wirklichkeit immer wieder in die Ferne rückt. Platonische Anschauungen verbinden sich hier mit eigenen Gedanken des deutschen Geistes: die Seele befindet sich auf ihrer Wanderung durch den Leib im „traurigen Sarkophage", sie wird von Heimweh getrieben, zu fliehen „aus dem engen, dumpfen Leben in des Ideales Reich"; die Kunst allein aber vermag dieses Reich zu zeigen. Denn die Kunst — so lehrte die klassische Ästhetik durch Goethe und Schiller — hebt den ideellen Grundgehalt der Wirklichkeit heraus, sie denkt den großen Gedanken der Schöpfung noch einmal, aber in seiner Reinheit und in der Ahnung der ihm zu Grunde liegenden Idee. So schafft sie eine zweite Welt, in der das Wesen der Dinge klarer und höher zum Ausdruck kommt, sie ist ein Spiegel des wahren Wesens der Dinge, eine Welt also, die — gerade weil sie unwirklich ist — eine höhere Wirklichkeit zur Darstellung bringt. Die Kunst ist ein Schauen des Zeitlichen im Spiegel der Ewigkeit!

Es ist kein Zweifel, daß dieser ästhetische Humanismus, indem er vom ganzen Menschen ausging und ihn in seiner Totalität und in den allgemeinen Beziehungen seines Daseins erfaßte, die Einseitigkeiten der Aufklärung überwunden und einen geschlossenen Kulturgedanken gewollt hat. Im großen Zusammenhang der nachmittelalterlichen Entwicklung stellt sich der Neuhumanismus dar als der letzte Versuch des abendländischen Menschen, ein einheitliches Wertsystem neu zu schaffen, und nach Lage der Dinge, wie sie in den letzten Jahrhunderten geworden war, konnte dies nur vom Individuum aus geschehen: eine gerade Linie führt von Luther zu dieser Religion der Selbstverantwortlichkeit, die durch das rationale Denken noch absolute Werte zu schaffen und festzuhalten hofft. Ihre Krönung findet diese Lebensanschauung in dem allgemeinen Menschheitsideal, das die Ideale früherer Generationen ersetzen sollte. Wiederum wie im hellenistischen Altertum wurde der Kosmopolitismus die notwendige Folge eines Persönlichkeitsgedankens, der die Erweiterung und Universalität des Individuums predigte und in dessen Religion die Liebe und die Demut im Grunde fehlten. „Alles Heidnische spricht mich an", hat Wilhelm von Humboldt gesagt. Der Unsterblichkeitsgedanke, den er dabei noch festhielt, entstammte bei ihm lediglich dem humanistischen Persönlichkeitsgefühl, das ihm eigen war; über dem Einzelnen gab es nur ein unbekanntes und allgewaltiges, mächtiges Schicksal. Ob diese kirchen- und dogmenlose „Frömmigkeit der reinen Gesinnung und der Tat" allen Menschen zugänglich sei, war dem Neuhumanismus selbst sehr zweifelhaft; und ob sie überhaupt ausreichte, um den Einzelnen über großes Leid und über erschütternde Stürme des Lebens hinwegzutragen, haben diese Dichter und Denker nur selten erproben können, weil sie bei aller Kraft der Leidenschaft, die in ihnen lebte, doch immer persönlich stark und überlegen genug waren, das Triebleben zu Maß und Freiheit zu bändigen und weil sie auch über eine äußere Gesichertheit des Daseins verfügten, zu welcher in diesem Stadium der gesellschaftlichen Entwicklung das Zeitalter und seine geistigen Führer immerhin schon gelangt waren. Die ästhetische Kultur entsprach dem sozialen Aufstieg der Zeit und des individualistischen Bürgertums im besonderen; sie führte zu einer Aristokratie des Geistes und zu einer persönlichen Abschließung, die durch die Flucht in eine idealistisch gedachte Antike betont und verstärkt wurde. Am deutlichsten kommt auch dies wieder bei Wilhelm von Humboldt zum Ausdruck, der dem 19. Jahrhundert den Lebensstil des verfeinerten Intellektuellen vorgelebt hat. Die Gedankengänge von Schillers „ästhetischer Erziehung" bewegen sich in denselben Bahnen, und wer die Lebensführung Goethes nach der italienischen Reise, wie sie heute noch aus den Räumen seines Weimarer Hauses zum Besucher spricht, mit dem noch ganz anders im deutschen Barock und in deutscher bürgerlicher Aufklärung wurzelnden Frankfurter Goethehaus vergleicht, merkt unmittelbar die Verengerung und die Entfernung vom Leben der Gesamtheit, in die der Neuhumanismus bei aller Verfeinerung des Denkens und Fühlens doch wieder führen konnte.

Und hiermit ist denn auch zugleich das entscheidende Problem gestellt, das von nun an die Menschen nicht mehr loslassen und sie bei allen Wandlungen des 19. Jahrhunderts in immer neuer Wendung und mit steigender Eindringlichkeit beschäftigen sollte — wie nämlich Persönlichkeit und Gemeinschaft sich zueinander verhalten! Die Stellung des Einzelnen zur Umwelt ist das große Thema unserer klassischen Dichtung gewesen. Es hat seine erste, revolutionäre Beantwortung gefunden im „Sturm und Drang", wo der Subjektivismus im Sinne Rousseaus und die antityrannische Gesinnung der in kleinstaatlicher Enge schmachtenden Jugend sich austobte und in den Kulturnihilismus des „Werther" und der „Räuber" führte. Der tragische Konflikt des Helden mit der gemeinen Umwelt hat den jungen Goethe der Straßburger und Wetzlarer Zeit immer wieder beschäftigt, er ist der Inhalt seines Prometheus wie seines Mahomet, seines Cäsar und seines Götz, er erweitert sich in der faustischen Tragik zu jenem Konflikt zwischen Expansion und Gestaltung, der das eigentliche Problem der ganzen Goetheschen Lebensführung geworden ist. Der Bildungsroman wurde die beliebte Kunstform des individualistischen Zeitalters: im „Wilhelm Meister" — dieser „Odyssee der Bildung", wie man treffend gesagt hat — kommt der Kampf zwischen Ideal und Wirklichkeit zum entscheidenden Austrag und findet seine bezeichnende Lösung. Um alle Gestalten des Menschlichen zu ergreifen, wird Wilhelm Meister Schauspieler. Aber in der Gefahr, sich selbst zu verlieren, braucht er ein festes Zentrum, eine Begrenzung: „mit dem Gefühle des Vaters hatte er auch alle Tugenden eines Bürgers erworben". Der Individualismus ist für Goethe der Weg, aber das Ergebnis ist die Beschränkung in dem objektiven Kreise der Gemeinschaft, die um so fester und dauernder wird, wenn der „Einzelne" auf eigenen Bahnen zu ihr gekommen ist. Auch die einseitige Tätigkeit gibt dem schöpferischen Menschen Spielraum zur Darstellung oder zum Genusse irgend eines Ganzen: „Gesellschaft bleibt eines wackeren Mannes höchstes Bedürfnis." Am Schlusse steht der Held, wie Schiller trefflich gedeutet hat, „in einer schönen menschlichen Mitte, gleichweit von der Phantasterei und der Philisterhaftigkeit". Nicht alle Naturen, die hochbegabt und überschwenglich begonnen hatten, haben diesen Zwiespalt zwischen Ideal und Leben also überwunden. Die Geschichte des modernen Subjektivismus zeigt im 19. Jahrhundert zahlreiche Gestalten, die wie Tasso in tragischer Selbstvernichtung an den objektiven Mächten der Welt und der Gesellschaft scheiterten oder in Zerrissenheit, im Weltschmerze und in unfruchtbarem Groll untergingen, und unzählbar sind die Namenlosen, die den Kampf aufgaben und einer kurzen brausenden Jugend ein langes Leben der bürgerlichen Korrektheit oder des Stumpfsinnes folgen ließen. Aber die „Entsagenden", die sich herausarbeiteten, folgten den Großen unserer klassischen Zeit.

Wir sind hier im Fortgange unserer Darstellung an dem Punkte angelangt, von wo aus sich die einzigartige Stellung überblicken läßt, die Goethe im Zusammenhang der abendländischen Geistesentwicklung einnimmt. Der Neuhumanismus hat — wir sagten es soeben — die Fesseln des Verstandes gesprengt, in welche die Menschen durch die Entwicklung der neueren Jahrhunderte geraten waren; er hat die freie Entfaltung aller menschlichen Seelenkräfte zwar nicht ermöglicht, aber immerhin im Ideale gezeigt, und doch zugleich Naturformen des Daseins anerkannt, von welchen das individuelle Leben umschlossen ist; er hat nach der Zertrümmerung der alten Regeln eine neue Form geschaffen, nicht als starres Gesetz, sondern als lebendiges Wachstum, als notwendigen Ausdruck eines verinnerlichten Gehaltes. Ob diese Lebenskunst freilich stark und elementar genug war, um außerhalb erwählter Kreise ein Volk und sein Dasein zu formen, mußte sich erst noch erweisen; das 19. Jahrhundert sollte die tief in seinem Wesen begründete Tragödie des deutschen Neuhumanismus sich entwickeln sehen, der statt eine Lebensmacht zu werden zu einer Theorie des Unterrichtes und der staatlichen Schule wurde und auch auf diesem Gebiete schließlich gebrochen wurde durch den aus Frankreich siegreich vordringenden Cartesianismus. Man kann auch beobachten, daß die Antike von den Engländern vornehmlich politisch, von den Franzosen organisatorisch, von den Deutschen aber lediglich literarisch ausgewertet worden ist. Immerhin hat der deutsche Geist zunächst den europäischen Klassizismus bereichert und ihn tiefer begründet, als dies den Franzosen aus der Schule des Descartes, des Racine oder Voltaire möglich gewesen war. Das Studium Shakespeares und seiner Charaktertragödie war nicht vergebens gewesen und ebensowenig der Weg, der über Leibniz und Rousseau geführt hatte. Zwar hat der abendländische Mensch durch die Rationalisierung von Welt und Leben zahlreiche Güter zumal des äußern Daseins erworben; aber er war nicht ohne Verkümmerung wertvoller Seelenkräfte durch die Jahrhunderte der wissenschaftlichen Kultur hindurchgeschritten. Am wenigsten hatten Baukunst und Malerei gelitten, die ihrer Verbindung mit dem Handwerk vieles zu danken hatten und erst durch Winckelmann völlig in den Bann der Wissenschaft geraten sind. Am tiefsten aber von allen Künsten war die Poesie in den

Bereich des Gedankens und der Abstraktion getreten, einen unsäglich mühsamen Weg hat zumal die deutsche Dichtung zurücklegen müssen, bis sie zur Höhe gelangte. Sie verdankte dieser historischen Lage ihre enge Verbindung mit der Philosophie und ihren tiefen Gehalt. Aber die Schwere des Gedankens hat selbst Schillers Poesie noch oft genug niedergedrückt, und mit dem feinen Wertgefühl, das ihm eigen ist, hat Emerson, als er die Repräsentanten des Menschengeschlechtes darstellte, Shakespeare als „the poet“ und Goethe als „the writer“ bezeichnet. Doch sieht man ab von der außerhalb der Zeiten stehenden Größe des britischen Dichters, dann hat kein zweiter Geist die Reflexion so restlos abgestreift wie Goethe als Lyriker in seinen erhabensten Stunden: „gab mir ein Gott, zu sagen, was ich leide“. Es ist ein bedeutungsvolle Fügung gewesen, daß die harmonische Bildung der Seelenkräfte doch nicht nur ein Ideal zu bleiben brauchte, dem der Künstler in besonders begnadeten Stunden sich zu nähern vermochte, auch nicht als Ziel der Erziehung den künftigen Menschen vorbehalten blieb, sondern durch Goethe nochmals mitten in einer einseitig gewordenen Menschheit Gestalt gewann. Was wir früher von seinem Zeitgenossen Napoleon gesagt haben, gilt auch von ihm — daß er nämlich als Fremdling, gleichsam als ein der Natur näher stehender Mensch in die weit vorgeschrittene Welt des Abendlandes hereinkam und durch seine Begabung wie durch die Wirkung, die von ihm ausging, eine sich vollziehende Kulturbewegung vertieft, geläutert und gestaltet hat. Beide haben den Klassizismus zu Ende und über sich selbst hinaus geführt — Napoleon, indem er der in antikischen Formen verbliebenen Menschheit das ungeahnte und unerhörte Schauspiel eines echten antiken Lebens bot, Goethe aber, indem er vorlebte, wie ein griechischer Geist, in diese nordische Schöpfung geworfen, „gleichsam von innen heraus und auf einem rationalen Wege“ die von der modernen Welt verlorene Einheit wiederfindet. Als Schiller also staunend in die „Anschauung“ von Goethes Geist versenkte — „mit freundschaftlicher Hand die Summe meiner Existenz ziehend“ — hat er die geschichtliche Stellung des Freundes mit neidloser Sicherheit treffend umschrieben. Soeben befand sich die deutsche Kultur auf dem Wege der Befreiung von dem Absolutismus des Verstandes, da trat in diese Bewegung plötzlich und ungeahnt ein Geist ein, der durch die Intensität des Erlebens und der Phantasie, durch die Unmittelbarkeit des Gestaltens aus der Fülle der seelischen Kräfte ganz neuartig war in seiner Zeit, ganz Natur war und unerschöpfliche Fruchtbarkeit. Und gleichzeitig eignete dieser Geist auch die Ergebnisse der bisherigen wissenschaftlichen Kultur sich an, der Grenzen ihrer Geltung stets sich bewußt und ihren Inhalt aufnehmend nach dem ihm eigenen Verfahren, das anschauend die Dinge in ihrem lebendigen Zusammenhange ergriff und sie auf die eigene Person und ihre innere Förderung bezog. So ist Goethe „ganz Leidenschaft, aber auch ganz Verstand im Bewußtsein dessen, was er bedarf". Wie diese Erscheinung und neue Kraft geworden ist, vermag auch der Biograph nicht zu erklären, selbst wenn er die fränkische Stammesart und das Milieu der patrizischen Familie in der alten Reichsstadt am Main lebendig werden läßt oder den Werdegang des Knaben an der Hand der zahlreichen Zeugnisse seiner Entwicklung nachzeichnet: die Persönlichkeit, die als neue weltgeschichtliche Energie in den scheinbar notwendigen Gang der Dinge eintritt, entstammt geheimnisvollen Gründen, in die kein wissenschaftliches Verfahren hinunterführt.

Goethe war aufs tiefste durchdrungen von dieser Wahrheit, die zu seiner Zeit eine neue Wahrheit war und gegen die das 19. Jahrhundert immer wieder im Namen der exakten Wissenschaft und mit verfeinerten Methoden vorgegangen ist. Daß alles Leben in unerforschbaren Tiefen wurzelt und daß jede einzelne Persönlichkeit ihr eigenstes Gesetz in sich trage, war eine Einsicht, zu welcher der Gang der Geistesentwicklung die moderne Welt wieder geführt hatte. Aber es bezeichnet die weltgeschichtliche Stellung Goethes, daß er durch die einzigartige Kraft seiner Anschauung und seiner Gestaltung Persönlichkeit, Menschentum und die ganze Natur aus dieser neugewonnenen, unbewußten Tiefe begriffen und zum unmittelbaren Ausdruck gebracht hat. Er hat selbst einmal seine geschichtliche Stellung umschrieben, als er sich mit Hinblick auf die Deutschen ihren Befreier genannt hat: „denn sie sind an mir gewahr geworden, daß wie der Mensch von innen heraus leben, der Künstler von innen heraus wirken müsse, indem er, gebärde er sich immer wie er will, immer nur sein Individuum zu Tage fördern wird". Das eigene Leben aus seinen inneren Gesetzen heraus zu gestalten, war ihm die höchste Vollendung alles Menschentums. Was er an Anlagen und Kräften in sich fühlte, suchte er zu entfalten in Tätigkeit und Genuß; was ihn umgab, suchte er in sich hineinzuziehen, sich anzugleichen, es nachzuerleben und neu zu formen. So konnte er von sich sagen, daß alle seine Werke „Bruchstücke einer großen Konfession seien". Indem er nach Klarheit über sein eigenes Wesen strebte, empfand er sich als zugehörig zu allgemeinen und überpersönlichen Mächten, an denen Teil zu haben er als das Schicksal seines Lebens, als das

„Dämonische“ seiner Natur erkannte; und indem er dieses sein Wesen als Gestalt zu fassen und zu verewigen suchte, begriff er sich selbst erst ganz in seinem Gebilde. Erst die Dichtung „deckte ihm den inneren Prozeß auf, von dem das Leben nur Resultat ist“, sie sollte nicht irgend ein Poetisches verwirklichen, sondern die Wirklichkeit in ihrem tiefsten Wesen, in ihrem Werden und ihrem inneren Zusammenhang begreifen. So wurden ihm Dichtung und Wahrheit, Leben und Werk zur unzertrennlichen Einheit. Die Disharmonien seines Daseins lösten sich ihm im schöpferischen Gestalten, und wie gewaltig auch die Gegensätze gewesen sind, die in ihm stritten und unter denen er schwer und bitter zu leiden hatte— sie fanden doch immer wieder ihre Versöhnung im befreienden Werk, das titanische Streben wurde immer wieder gebändigt durch die Macht der Form. Das Leiden am Leben hat Goethe oft und am ergreifendsten im Faust ausgesprochen; aber stets wieder fand er in der Liebe oder im Schaffen oder in dem Erlebnis Italien den Ausweg. Ideal und Wirklichkeit, Freiheit und Bindung, Trieb und Gedanke — sie alle hat er zusammengefügt, indem er das ganze Leben aus seinen innersten Kräften zu begreifen und zu formen strebte. Wenn er gemeinsam mit Schiller diese Versöhnung von Wirklichkeit und Gestalt im klassischen Maß zu finden glaubte und nun die Gegenwart in Gebilde der antiken Vers- und Strophenform hineintrug, so mochten Fernerstehende darin nichts weiter als Anlehnung an eine mächtige Zeitströmung sehen, durch die sich die Tradition der antik-modernen Lebenseinheit nochmals durchsetzte und die in Revolution und Empire sich vollendete: auf dem Wege der Befreiung vom Zwang der Regel, den der deutsche Geist von der Genieperiode zur Romantik durchlaufen hat, bedeutet der Klassizismus Goethes und Schillers eine Lösung besonderer Art. Noch vor Schillers Tode war dann der Weg zu freieren Formen zurückgefunden. Es kennzeichnet den tiefsten Sinn des neuen Humanismus, daß Goethe aus den Wirrnissen seines Weimarer Daseins sich nach Italien und zu der Antike rettete, um einem ehedem lästig empfundenen Gesetze sich nunmehr freiwillig zu beugen, da er es in seiner Tiefe erkannt hatte und es ihm gemäß war. Er ist in der Anlehnung an die Antike zeitweise sehr weit gegangen, fast bis in die Bahnen eines Antiquars; es gab eine Zeit, da Schiller die Schicksals- und Chortragödie nachahmte und, wie erwähnt, die Iphigenie „erstaunlich ungriechisch und modern“ fand, während Goethe selber zustimmte und meinte, das Stück sei „verteufelt human“. Goethe hat damals die Weimarer Bühne zu einem griechischen

Theater gestaltet, und Wilhelm von Humboldt schrieb einen begeisterten Bericht über jenen „hohen Stil“ Talmas, der an den ehedem für überwunden gehaltenen Dramen der Franzosen gebildet war. Die Entfernung von Shakespeare ist in dieser Zeit erstaunlich groß, und die Entfremdung Herders war eben darin begründet, daß Herder die Kluft zwischen Volk und Literatur, die sich hier tiefer als jemals in Aufklärung und Barock auftat, als eine Verleugnung seiner eigenen Lebensleistung empfand; denn das Menschentum Winckelmanns war ihm zu eng, für ihn gab es eine Seelenstärke, die weit über die Regelmäßigkeit der geistigen und leiblichen Bildung hinausgeht. Aber wenngleich diese Lebensperiode Goethes in den bürgerlichen Klassizismus der Zeit und das ihm entsprechende Alexandrinertum einzuordnen ist, so ist doch mit dieser soziologischen Feststellung, die wir bereits an ihrer Stelle gemacht haben, für die Erkenntnis von Goethes universalem Lebenslauf, der zwischen Zerrissenheit und Altersweisheit alles Menschliche durchmessen hat, wenig gewonnen. Immer war für Goethe auch in der Zeit seines strengsten Klassizismus die Form der notwendige Ausdruck eines bestimmten Lebensgefühles. Goethe hat diese Periode seines Erdenwandels durchschritten, um dem Sehnen des ewig unbefriedigten Geistes Ruhe zu geben in der Strenge der Form; darüber hinaus aber suchte und fand er doch immer wieder die Reinheit gegenständlicher Betrachtung und jene innere Einheit, zu der er ohne den Sturm und Drang seiner Jugend und ohne das Suchen seiner voritalienischen Jahre niemals gelangt wäre und die ihm dann der feste Halt seines Lebens wurde, auch als er die antike Formenstrenge wieder gelockert hat. In dieser Harmonie fand die Zeit den „klassischen Menschen“ mitten in der modernen Gegenwart nochmals Wirklichkeit geworden.

Wie das eigene Wesen so hat Goethe auch das Menschentum als eigentümliche Ganzheit begriffen und auch der großen Natur sich zugewendet, in die er mit seinem Lebensgefühl sich verwoben wußte. In allem fand er die Urkraft wirksam und sich im Werden entfalten. Einen Spinozisten sollte man ihn darum doch nicht nennen, wenngleich er sich selbst so bekannt hat. Spinoza ging von der Idee aus und schaute in ihr die Einzeldinge, Goethe aber ging von den Einzeldingen aus und erkannte in ihnen den Urtypus. Immer ist es dieselbe Grundkraft, die in seinem ganzen, weitgespannten Schaffen tätig gewesen ist — die gestaltende Phantasie, die von den Wirkungen und Merkmalen auf den inneren Zusammenhang zurückgeht. Ob er als Dichter den Charakter aus dem lebendigen Wachstum der Seele sich entwickeln sieht oder als Naturforscher den Reichtum des organischen Lebens als Entfaltung der Kräfte und Anlagen begreift: es ist in beiden Fällen das gleiche Verfahren, das Goethe aus den Voraussetzungen seiner eigenen geistigen Konstitution sich geschaffen und durch das er erst die Überwindung des atomistischen Weltbildes vollendet hat. Die mechanische Naturerklärung hatte geglaubt, in dem analytischen Verfahren den unfehlbar sicheren Weg zu besitzen; sie hatte die Objekte ihres Studiums in Teile zerlegt und es dabei in der Erkenntnis der Einzelheiten zu hoher Vollendung gebracht; daß ihr dann aber „das geistige Band" fehlte, hat sie nicht irremachen können. So hatte auch die moderne Psychologie die menschliche Seele in Eigenschaften zerlegt, und die Kunst, die mit dieser Psychologie arbeitete, hatte daher Typen als Träger seelischer Merkmale hingestellt. Schon dem jungen Goethe war das Weltbild des „Système de la nature" „gespensterhaft bleich" erschienen, und auch in den Äußerungen seiner späteren Jahre wiederholt sich die Ablehnung in den verschiedensten Tonarten, von ernster Kritik bis zum überlegenen Spotte. Die Mathematik ist Goethe immer fremd geblieben, wenngleich er der analytischen Methode nicht alle Erfolge bestreiten konnte: ihre virtuose Ausbildung ist die große Leistung der modernen Naturwissenschaft seit den Tagen der Renaissance gewesen. Aber sie hatte sich vermessen, alle Rätsel des Lebens zu lösen und für alle Fragen des Daseins allgemeingültige Regeln zu liefern, und sie hatte nur aufgelöst, ohne daß dann die Zusammenfügung gefolgt wäre. So war denn den großen Erwartungen, die man an sie seit den Tagen der Renaissance geknüpft hatte, schließlich die Enttäuschung gefolgt. Die Trennung der Teile konnte Goethe höchstens als heuristisches Prinzip gelten lassen, das genauer und tiefer erkennen lehre, wie sich die Teile zum Ganzen fügen. Nicht selbständige Elemente wirken nach ihm in der Natur und in der menschlichen Seele nebeneinander: sie sind nur Äußerungen der tieferen Kräfte, die in lebendigem Wachstum und innerer Beweglichkeit zum Ganzen sich runden. Dies zu ergründen und zu erkennen ist ihm die Aufgabe des Naturforschers, es zu gestalten die Aufgabe des Dichters.

Mit innerer Notwendigkeit ergab sich aus Goethes geistiger Persönlichkeit, daß er in Wissenschaft und Kunst zugleich sich betätigt und beide durch eine entscheidende Wandlung des Weltbildes eine Stufe höher geführt hat. Es ist eine müßige Frage, ob der abendländische Geist seinen Weg vollendet hätte, auch wenn diese Begabung, die für ihre historische Aufgabe gleichsam besonders geschaffen war, nicht eingegriffen hätte. Die Überwindung der Atomistik war durch die Entwicklung, welche zumal das deutsche Denken genommen hatte, längst eingeleitet; auf dem Sondergebiet der Botanik, auf dem sich Goethes Naturstudien besonders bewegt haben, hatte der Berner Albrecht von Haller bahnbrechende Beobachtungen über das Wesen des Lebens und der Entwicklung gemacht; der Begriff des Organismus war durch Herder herausgearbeitet worden und hatte durch ihn auch bereits, wie wir sahen, Anwendungen auf Gesellschaft und Nation gefunden, die Goethe immer fremd geblieben sind: in dieser Hinsicht haben wir Herder früher den Propheten des 19. Jahrhunderts genannt. Da bedeutete es nun für den Aufstieg des neuen Bewußtseins mehr als nur eine Förderung, wenn ein umfassender Genius die beiden höchsten Kulturgebiete, Wissenschaft und Kunst, in gleicher Weise durchdrang, wenn er das innere Gesetz der Bildung in der Natur wie in den Werken des Geistes sich ausleben sah und ihm in vollendeten Meisterwerken den reifsten Ausdruck lieh. Noch immer traten die Zeugen des alten Weltbildes in den Denkgebäuden der französischen Philosophie und in der Kunst eines Racine oder Molière so imposant hervor, daß sie ihren Zauber über die Menschen nicht so leicht verloren; ihre Grundsätze und ihr Verfahren waren so klar und führten die strebsamen Adepten so sicher an der Hand der Regeln, daß die Masse der Arbeiter in den Laboratorien, den Schreibstuben und auf dem Theater nicht so rasch sich geschlagen gaben. Und zudem sollten die Möglichkeiten, die für die technische Gestaltung und Förderung des äußeren Lebens hier schlummerten, erst im 19. Jahrhundert ihre eigentliche Verwirklichung finden, so daß alsdann der wissenschaftliche und künstlerische Rationalismus erst noch einmal zu ungeheurer Entfaltung und in die Periode seiner Weltherrschaft eintrat. Wenn dieser festliche Zug im dröhnenden Marsch des Fortschritts und des Erfolges den Vordergrund der Bühne erfüllte, mußte das Bild Goethes durch viele Jahrzehnte völlig zurücktreten; aber es blieb vor Vergessenheit bewahrt, weil hier das Weltgefühl, das weit über alle Wissenschaft hinaus in höhere Gebiete des Daseins führte, zum ersten Male wieder seit Dante in einem unvergleichlich bewegten Leben vorgelebt worden war und weil es aus unvergänglichen Werken immer wieder zu jeder empfänglichen Seele sprach. Zwischen philosophischer Spekulation und wissenschaftlichem Positivismus stand einsam das Lebenswerk Goethes; aber aus den geistigen Bewegungen des 19. Jahrhunderts ist es niemals hinwegzudenken. Die Naturforschung wurde daran erinnert, daß es neben der statischen Welt, neben der zeitlosen Welt der Gesetze und der Ordnung durch die Zahl noch eine Welt des schöpferischen Lebens und des Werdens gibt, daß es neben der Ausdehnung die Richtung gibt, neben der Quantität den Wert und den Zweck, neben der Kausalität das Schicksal und neben dem Erkennen die Anschauung. Ob Goethe immer mit Recht und mit Glück seine Betrachtungsart auf dieses oder jenes Gebiet der Natur übertragen hat, ist eine Frage, die in den Einwendungen der exakten Wissenschaft immer wieder erörtert worden ist: sein Kampf gegen Newton hat sich unter den Nachgekommenen fortgesetzt und ging am Objekt der Lichterscheinungen in Wahrheit um die weit umfassendere methodische Frage, ob man mit meßbaren Elementen oder mit Wirkungen tiefer liegender Kräfte zu rechnen habe. Der physikalische Teil der „Farbenlehre" ist nicht zu retten, hier griff der Künstler in die Domäne der mathematischen Naturwissenschaft. Auch ist kein Zweifel, daß Goethe der Naturphilosophie die Tore geöffnet hat und daß er hiermit eine Spekulation ermutigte, die sich noch zu seinen Lebzeiten von der Erfahrung immer weiter entfernte und allen Vitalismus in der Lebensforschung auf lange hinaus unmöglich machte, bis erst das 20. Jahrhundert eine Philosophie des Organischen unter strenger Berücksichtigung der exaktwissenschaftlichen Ergebnisse wagen konnte. Goethe selbst gründete sein Wissen um die Natur ausschließlich auf Anschauungen, auf gegenständliches Denken. Niemals hat er sich vom besonderen Dasein losgelöst, sondern es gerade in seiner Reinheit und Ganzheit festgehalten; aber das Einzelne sollte sich hierbei nicht isoliert, sondern in seiner Verknüpfung mit allem andern Einzelnen darstellen. So hat Goethe die Eigenart des individuellen Lebens als Dichter und Forscher empfunden und ist daher auch ein Vorläufer objektiver Geschichtsbetrachtung geworden; aber zugleich galt dem Ganzen und der inneren Bewegung sein forschendes Auge. Er hat das Besondere und das Allgemeine, die Anschauung und den Begriff verbunden; die organische Natur und die menschliche Seele wurden die Felder seiner großen Entdeckungen.

Vom Dichter Goethe hat das Abendland überhaupt erst wieder gelernt, was Poesie ist. Indem er die Seele in ihren letzten Gründen und im Zusammenhang ihres Lebens begriff, vermochte er das Menschliche tiefer und reiner aufzufassen, als es jemals seit Shakespeare geschehen war; und indem er — „zum Sehen geboren, zum Schauen bestellt" — die Ganzheit einer Erscheinung mit anschaulicher Kraft voll aufzunehmen in der Lage war, hat er mehr und reicher und tiefer erlebt als jemals ein anderer Dichter seiner und der nachfolgenden Zeit. Das Erlebte aber verstand er voll zum Ausdruck zu bringen, ohne trennende Reflexionen. Auch dies war bis dahin keinem mehr gelungen. Daß die Naturbeschreibungen eines Albrecht von Haller keine Poesie seien, hatte man zwar durch Lessing verstandesmäßig begriffen; aber von Klopstock bis Schiller hatte doch für alle Dichter gegolten, daß „der Gedanke das beherrschende Element ihres Lebens war“, wie Wilhelm von Humboldt so schön gesagt hat, als er des Freundes Geistesentwicklung nachzeichnete. Darum hat er Schiller den „modernsten“ unter allen Dichtern genannt: „Alle Ihre dichterischen Produkte zeigen einen stärkeren Anteil des Ideenvermögens als man sonst in irgend einem Dichter antrifft und als man, ohne die Erfahrung, mit der Poesie für erträglich halten sollte.“ Auch der Göttinger Dichterbund, der am meisten dazu beigetragen hat, die deutsche Lyrik aus dem künstlich Angelernten herauszuführen, war nicht bis zur reinen Ursprünglichkeit gelangt, und Rousseau war selbst bei dem erhabensten Schwelgen im Gefühl immer Reformer geblieben, der wirken und predigen wollte: alle waren sie nach Schillers Bezeichnung sentimentalische Naturen. Nirgends hat Schiller eine so großartige Gegenständlichkeit erreicht wie in seinen Balladen; aber auch sie sind Ideendichtungen, predigen die sittliche Gerechtigkeit oder die Wandelbarkeit des Glückes, und die elementare Naivität von Goethes Balladen ist ihnen fremd. Goethe löste sich von allen außer ihm liegenden Bindungen und fand die Maßstäbe ausschließlich in sich selbst: er gab sich selbst im Gedicht, da Wahrheit und Dichtung ihm ineinandergingen. Das Höchste hat er darum in der Lyrik geschaffen, deren Grenzen er auch über Roman und Drama gedehnt hat; die Liebe, den Frühling und die beseelte Natur hat er in wundersam feinen und in gewaltig erschütternden Liedern besungen. Wo er aber das allgemein Menschliche in seinen letzten Gründen erfassen und darstellen wollte, hat er sich jene Form des Seelendramas gebildet, die in Tasso und Iphigenie das Menschentum aus unbewußter Tiefe emporsteigen läßt und es durch eine unvergleichliche Kunst der Sprache und des plastischen Gestaltens unmittelbar zum Ausdruck zu bringen vermag.

Wenn der deutsche Geist durch Goethe dazu gelangte, das Erlebte auszusprechen ohne Vermittlung der Reflexion, so war dies die Gabe eines dichterischen Genius, die unübertragbar war; doch die Lyrik der Epigonen wuchs an dem unerreichbaren Vorbild. Indem wir aber dies also darlegen, erinnern wir uns daran, daß die durch Goethes Poesie erreichte Stufe der unmittelbaren künstlerischen Gestaltung zur gleichen Zeit auch auf dem Wege der Musik erreicht worden ist, indem der Lyrik Goethes die Instrumentalmusik Beethovens entspricht. Haydn war vorangegangen, die Musik aus ihrer Funktion einer Begleiterin zu befreien und geistiges Geschehen ausschließlich nur mit musikalischen Mitteln darzustellen. In seinen Klaviersonaten und dann in der strengen Gesetzlichkeit seiner Symphonien und seiner späteren Streichquartette hat er der deutschen Musik die klassische Form geschaffen, in der ein ganzes Musikstück aus einem Thema oder zweien in stets wechselnder Verarbeitung entwickelt wird. Von ihm hat Mozart gelernt, das Erlebte in die absolute Sprache der Instrumente zu übertragen. Gleichzeitig baute Mozart neben seinen Sonaten noch sein zweites Lebenswerk aus, indem er die deutsche Oper von dem heroisch-antiken Stoffe und dem unnatürlichen „hohen“ Stile der Barockzeit löste und dadurch für sich selbst auf der Bühne die Freiheit der dichterischen Gestaltung gewann. Das bunte und bewegte Äußere des Rokoko war der gesellschaftliche Rahmen, den er festhielt und dem er allein durch seine Opern Unsterblichkeit verliehen hat; aber aus der Weite jenes Lebens griff er mit sicherem Instinkt gerade das Volksmäßige und Kindliche heraus und ließ in seiner Behandlung alle Motive des Menschendaseins anklingen. So haben Haydn und Mozart in ihrer naiven Ursprünglichkeit auf musikalischem Gebiete geleistet, was Herder und der junge Goethe auf dem poetischen: sie haben aus Klassik und Konvention den Weg zum lebendigen Menschen gebahnt, sie haben die durch das historische Schicksal gewordenen Schranken zwischen Gebildeten und Ungebildeten niedergelegt und eine einheitliche, deutsche, volkstümliche Kultur zum ersten Male gezeigt. Aber während Literatur und Wissenschaft niemals die antiken Grundlagen preisgeben konnten, hatten die Musiker eine Sprache zur Verfügung, die allen verständlich war, wenn ein ursprünglicher und genialer Künstler sich ihrer bediente. So ist es gekommen, daß Mozarts Opernwerk das einzige nationale Kulturgut ist, das allen Deutschen gehört und von allen verstanden wird; ein unerschöpflicher Reichtum an Einfällen und Ideen flutet in diesen Tönen, die vom Worte unterstützt sind, so daß den einen als Unterhaltung dienen kann, was den andern künstlerische Aussprache einer tiefen Weisheit ist. Für sich selbst aber gewann Mozart eine solche Weite im Menschlichen, daß er schließlich — als er, von Haydn angeregt, auch in der absoluten Sprache der Instrumente sich auszusprechen begann — der Sonate eine menschliche Tiefe und Innigkeit gab, die dem Idylliker und Naturdichter Haydn bis dahin fremd gewesen war und diesen nun zu einer letzten Vollendung anregte, wie er sie in seinen späteren Streichquartetten dann erreicht hat.

Musik als Aussprache des Inneren war das Höchste und Letzte, zu dem Haydn und Mozart gekommen sind. Von hier nahm Beethoven seinen Ausgang. Er hat niemals mit seiner Musik dem heiteren Spiel und Tanz, der Unterhaltung oder der Belehrung gedient. Alle Rücksicht auf die gesellschaftliche Konvention fehlte ihm im Leben wie in seiner Kunst, er war als Schaffender immer mit sich allein und hat ausgesprochen, was ihn beseelte — ohne Bildwerk und Ornament und, wenn es sein mußte, auch ohne Grenze und Maß. Was ihn beschäftigte, war ungeheuer weit und umspannte die ganze Welt, den vollen Umkreis des Erdendaseins: noch mehr als Goethe — der in einem viel bewegten Leben von frühester Jugend an Erfahrungen und Bildung sammeln konnte — ist Beethoven eine menschliche Erscheinung, deren Herkunft und Art unerklärbar sind. Die Visionen in sinnliche Form zu bannen, gab es für ihn nur die Sprache der Instrumente. Er hat selbst von sich bekannt, er höre jeden Gedanken instrumental, nie von einer menschlichen Stimme gesungen. Er pflegte von seinem „Dichten" zu sprechen, nicht von seinem Komponieren; denn freies Schöpfertum war für ihn das Höchste, nicht die handwerklichen Regeln. Nicht Worte oder Gedanken suchte er zu vertonen, sondern er dichtete mit Tönen, wie der Poet mit Worten. Gedanke und Thema, Sinn und Gestalt waren ihm gleichzeitig und eines: in dieser Hinsicht gehören Goethe und Beethoven historisch nebeneinander. Das Klavier war das Instrument, das er selber spielte; in den Klaviersonaten konnte er seinen Erlebnissen die innigste und unmittelbarste Sprache verleihen, hier war er ganz für sich allein, sinnend und träumend. In den großen Symphonien aber hat er alle Weite und Tiefe des Menschentums umfaßt und sich mit seinen Offenbarungen an das gesamte Volk, an die ganze Menschheit gewendet. Alle Lebensgefühle, die je in menschlicher Brust geschlagen, sind hier erwacht und ausgesprochen — nicht als Stimmungsergüsse, sondern als geistige Prozesse. Denn wie bei Goethe, so besteht auch bei Beethoven das neue Weltgefühl immer in einem geistigen Werden, in dessen unmittelbarem Anschauen das Erlösende des künstlerischen Schaffens und Genießens beruht. Wie wenige Sterbliche hat Beethoven am Leid der Welt getragen, hat die Schuld der Väter, die Nichtigkeit der Menschen und die harte Notwendigkeit des Schicksals begriffen;

der im Reiche der Töne lebte, ist von Taubheit geschlagen worden. Aber er hat auch gesagt: „Wem meine Musik sich verständlich macht, der muß frei werden von all dem Elend, womit sich die andern schleppen."

Die Instrumentalmusik als reine Seelenenthüllung ist das Eigentum des deutschen Geistes, kein anderes Volk hat etwas Ähnliches aufzuweisen. Das Ewige tief und echt zu erleben und es rein und in größter Konzentration auszusprechen — diese Aufgabe hatten die Großen unserer klassischen Zeit vor Augen. Wenige sind von diesem Weltgefühl und von dieser innern Notwendigkeit der Gestaltung so tief ergriffen und erschüttert worden wie Beethoven, und keiner hat eine so vollendete und ewig dauernde Sprache für das Unaussprechbare sich geschaffen. Die Einheit von Erlebnis und Dichtung war hier so eng und führte in der Überfülle der melodischen Elemente zu so jähen Spannungen, daß Goethe von der Siebenten Symphonie „mit Schrecken" sich abwandte; Beethovens Musik „beunruhigte" ihn sehr. Die beiden Großen waren zu verschiedene Naturen und haben sich daher 1811 in Teplitz auch persönlich nicht verstehen können. Der geistige Kampf des ringenden und grübelnden Denkers wurde schließlich in Beethoven so übermächtig, daß er doch die Form der Instrumentalmusik gesprengt hat und im Schlußsatze der Neunten Symphonie das Wort nicht mehr entbehren wollte. Der Vorgang ist viel erörtert; Richard Wagner hat sich auf ihn berufen wie auf den Wechselgesang des instrumentalen und vokalen Chores in der Missa solemnis, während er den Fidelio — diese ganz instrumental gedachte Oper — nur als eine große Verirrung ansah. Für die geschichtliche Stellung Beethovens sind diese Fragen gleichgültig. Die Instrumentalmusik steht im Mittelpunkte unserer klassischen Tonkunst, Beethoven hat aus ihr eine neue und umfassende, ihm ganz persönliche Sprache geschaffen, um die letzten und tiefsten Fragen des Seins den Menschen zu vermitteln. Die schöpferische Kraft des Geistes ist in der deutschen klassischen Musik mächtig geworden wie in der deutschen klassischen Literatur; dies zu verkünden, war der Sinn Beethovens, wie es der Sinn Goethes gewesen ist. Es muß bemerkt werden, daß der deutsche Geist sich für diese höchste Offenbarung seines Wesens gerade mechanischer Instrumente und ihrer Organisation im Orchester bedient hat. Zu einer Zeit, da die moderne Technik in der modernen Philosophie längst theoretisch begründet war und ihr Siegeslauf bereits begonnen hatte, hat der deutsche Geist die Technik zu wundersamen Feinheiten gesteigert, zugleich aber sie auch aufgehoben, indem er ihr das höchste geistige Ziel setzte, dem sie dienen soll und das der Mensch trotz aller technischen Hilfsmittel nur erreichen kann, wenn seine selbständige Intelligenz in jedem Augenblicke in Bewegung ist und schöpferisch neu gestaltet. Auch in dieser Hinsicht bedeutet Beethoven die letzte Erfüllung der im deutschen Geiste angelegten Entwicklung. Er war ein Virtuose des Klaviers; aber die Zeitgenossen, die das Glück hatten, ihn zu hören, rühmen nur selten den Meister der Technik, der er gewesen ist und der in Mozart so bewundert wurde, sondern sie fühlten die Zwiesprache, die der Dichter in seinen Improvisationen mit dem Unendlichen führte. Wie Goethe hat er die Gestalten seiner Phantasie lange mit sich herumgetragen und Monate, Jahre hindurch an ihrer Formung gearbeitet; doch die Eingebungen drängten sich ihm in unerschöpflicher Fruchtbarkeit, ein grenzenloser Reichtum der Inspiration strömte unbewußt Gedanken und Melodien in Fülle und Form. Die Heimat des Künstlers stand ihm jenseits aller technischen Regeln, in der Welt des Ewigen.

DRITTER ABSCHNITT

Die Romantik

In der klassischen Dichtung Goethes und Schillers und in der klassischen Musik von Haydn, Mozart und Beethoven erlebte der deutsche Mensch seine reife Entfaltung und Ernte. Ein nie gesehener Reichtum von Ideen und Persönlichkeiten erfüllt die Zeit zwischen Goethes Geburt und Goethes Tode, und nur schwer vermögen wir uns noch ein Bild zu machen von dem stark bewegten geistigen Leben des damaligen Deutschlands, das in der alten Kaiserstadt Wien und an dem kleinen Fürstenhofe in Thüringen zwei Mittelpunkte von einzigartiger Konzentration des Geistes geschaffen hat. Dort war es das katholische Deutschland, das aus der Tiefe eines künstlerisch hochbegabten Stammes und einer alle Seelenkräfte des Menschen mit gleicher Innigkeit bewegenden Religion das Reich der Töne erwachen ließ, und hier war es das protestantische Deutschland, das aus dem persönlichen Ringen nach Klarheit die philosophische Bewegung des deutschen Idealismus hervorgehen sah und durch eine eigenartige Verarbeitung des humanistischen Erbes die deutsche Literatur und ihre Sehnsucht nach vollendetem Menschentum geboren hat. Es war dem deutschen Geiste vorbehalten, der westeuropäischen Bildung, wie sie aus den geschichtlichen Voraussetzungen in den letzten Jahrhunderten erwachsen war, die Grenzen zu ziehen, die durch das Wesen des Menschen und des Lebens geboten waren. Der deutsche Geist hat dabei von einzelnen einsamen Denkern der westlichen Völker Anregung empfangen; aber die Vertiefung zu einer neuen und allseitigen Kultur geschah durch ihn aus eigener Notwendigkeit, und er hat dann seinerseits die anhebende Geistesbewegung in Frankreich und England aufs reichste befruchtet. Als die verdiente Vermittlerin seines Wesens wird Frau von Staël immerdar ihre geschichtliche Stellung und Bedeutung behalten. Die Franzosen sind gewohnt, diese ganze Gegenbewegung gegen den rationalistischen oder — wie sie es auch nennen — klassischen Geist als „romantisme", als Romantik zu bezeichnen. Sie sehen auch in Schiller einen romantischen Dichter; denn er hat die „Regeln" gesprengt, er hat seiner „Jungfrau von Orleans" selbst den Titel einer „romantischen Tragödie" gegeben, er hat den Zugang zur Weite des Lebens jenseits aller vorsichtigen und nützlichen Ratio geöffnet und aus der stofflichen Enge des Altertums in die unabsehbare, historische „Tiefe der Menschheit" hineingeführt. In Frankreich dagegen waren die revolutionären Geister des 18. Jahrhunderts, Rousseau und Diderot, nur mit jenem Teile ihres Programmes durchgedrungen, durch den sie sich der Atomistik angleichen ließen und die große politische Revolution vorbereiteten; zumal auf künstlerischem Gebiete war der Klassizismus in der napoleonischen Zeit erst noch einmal zur unbestrittenen Herrschaft und zur Weltwirkung gelangt. Den Geist der äußeren, vernunftgemäßen Gesetzlichkeit, der in Deutschland durch den Neuhumanismus überwunden wurde, hat in Frankreich die romantische Bewegung bekämpft; diese wurde der Inbegriff aller Strömungen, die in irgend einer Weise neben der Form die Freiheit zur Geltung bringen wollten. Als Viktor Hugo im Jahre 1827 in der Vorrede zu seinem „Cromwell" das Programm der französischen Romantik hinausgehen ließ, da war es ein Ruf nach jener Rückkehr zum Leben, die der deutsche Geist durch Herder, Goethe und Schiller bereits vollzogen hatte.

In Deutschland führte also die Romantik — wenn man in ihr überhaupt einen abgrenzbaren geistesgeschichtlichen Komplex erkennen will — lediglich weiter, was in der deutschen Geistesbewegung bis dahin angelegt und in den Werken der Großen zu einem ganz persönlichen Abschluß gebracht worden war. Die deutsche Romantik griff das Grundproblem, das sich aus der historischen Lage der letzten Jahrhunderte herausgebildet hatte, das Problem von Freiheit und Form abermals auf. Sie löste die kunstvolle oder künstliche Ausgeglichenheit, die der Neuhumanismus gefunden hatte, und suchte nach einer Vollkommenheit, die den Bedürfnissen des Individuums entsprechen sollte. Sie hat dabei mit den Motiven und Ergebnissen ihrer Vorgänger gearbeitet, sie gesondert, kombiniert, genutzt oder ausgeschieden; sie hat den ganzen Reichtum an Gedanken und Gestalten, den die Großen unserer klassischen Literatur in unerschöpflicher Fruchtbarkeit hervorgebracht haben, in sich aufgenommen und zahlreiche neue geistige Bewegungen daraus hervorgehen lassen, die das Bild des 19. Jahrhunderts dann so bunt und vielgestaltig gemacht haben. Immer aber gingen die Romantiker von jener Stufe des modernen Bewußtseins aus, die durch den deutschen Neuhumanismus gelegt worden war. Sie waren „moderne Menschen" in jenem besonderen Sinne, den Rousseau und seine deutschen Schüler geschaffen hatten; in ihnen lebte als bewegende Kraft ihrer Seele das Gefühl von dem alleinigen Rechte des schaffenden

Individuums. Der Subjektivismus der neueren Jahrhunderte hatte im Fortgange der geistigen Entwicklung die Autonomie der Persönlichkeit schrankenlos über alle Autoritäten und auch über die autonome Vernunft emporgehoben; der Neuhumanismus hatte nach Gesetzen gesucht, die rein innerlich sein und also Freiheit und Bindung vereinigen sollten. Nun erstand die Romantik als der letzte und vollendete Ausdruck dieser revolutionären Bewegung, die sich gegen die überlieferten Formen erhob und in ihrem Bedürfnis nach dem Wahren und Natürlichen bis zur Vernichtung aller Form ging. Den Franzosen sind diese Zusammenhänge immer besonders deutlich gewesen, weil das Gesetz ihres nationalen Daseins so stark und gefestigt war, daß auch Atomistik und Revolution es nicht haben zerstören können; die Franzosen verspürten daher in ihrer Romantik etwas Protestantisches. Aber auch die Häupter der deutschen Romantik entstammten protestantischem Boden und kamen von Norddeutschland, wo im preußischen Staate die anhebende bürgerliche Bewegung des 18. Jahrhunderts einen Raum zur Entfaltung gefunden und keine alte Kulturtradition als geistiges Gegengewicht sich gegenüber gesehen hatte. So kann die Romantik, diese in sich widerspruchsvolle Sache, nicht definiert, sondern nur historisch begriffen werden. Sie ist der Ausdruck einer vorgeschrittenen Kultur, die den Subjektivismus bis zum äußersten trieb und die ganze Welt mit dem Ich vermählen wollte: die sinkende Antike hatte im Neuplatonismus die gleiche Geisteshaltung erlebt. Und auch darin zeigt sich die Zugehörigkeit zur Spätkultur, daß die Romantiker glaubten, von der Literatur aus die Welt, das Leben, die Nation reformieren zu können: wenn Literatentum ein Ausdruck subjektivistischer Willkür ist, so ist es dem Zeitalter Voltaires allerdings noch fremd gewesen. In dem Gefühl für das Sonderrecht und den Sonderwert jeder Persönlichkeit steckte ein treibendes Prinzip, das erst die letzten Möglichkeiten der Auflösung durchlaufen mußte, bevor eine Umkehr kommen konnte. Aber der Antrieb zu dieser Umkehr ging dann schon aus dem romantischen Subjektivismus selbst hervor, aus der Einsicht in die Unvollkommenheit des atomistischen Weltbildes und in die Eigenart eines jeden persönlichen Lebens. Es bezeichnet die weltgeschichtliche Stellung der deutschen Romantik, daß der moderne Mensch in ihr die Stufe des äußersten Subjektivismus durchlaufen hat und von da zur bewußten und gewollten Anerkennung lebendiger Bindungen gelangt ist.

Zuerst war die Romantik eine literarische Schule, die ästhetische Regeln neben denen Goethes in Umlauf setzte. Ihre Mitglieder gehörten alle der gleichen Generation an; der Älteste in ihrem Kreise, August Wilhelm Schlegel, war 1767, der Jüngste, Schelling, 1775 geboren. Sie sammelten sich 1796 in Jena, wohin sie die Nähe Goethes zog. Viele von ihnen nahm dann die preußische Hauptstadt auf, wo die Romantik an der Auseinandersetzung mit dem bodenständigen Rationalismus des Berlinertums emporwuchs. Vor allem aber wurde Dresden noch in den Anfängen der Bewegung die Romantikerstadt, um es für Jahrzehnte zu bleiben. Hier war die Galerie, der keine in Deutschland damals zur Seite gestellt werden konnte; von hier aus hatte Winckelmann seine Fahrt nach Italien angetreten; diese Stadt war geweiht durch eine unvergleichliche Verbindung von Kunst und Natur, hier wurde Ludwig Tieck seßhaft, hier wirkten als eigenwillige und tiefe Künder der romantischen Anschauung der Maler Kaspar David Friedrich und der Arzt Karl Gustav Carus; die Schöpfer der romantischen Oper waren alle, von Karl Maria Weber bis zu Richard Wagner, Leiter der Dresdener Hofbühne. Doch die Konzentration des Lebens, die der klassischen Zeit eigen gewesen ist, fehlte der Romantik, und dies kommt im weiteren Verlauf auch geographisch zum Ausdruck; bald regte sich überall die romantische Bewegung, am Niederrhein und am Neckar, am Main und an der Donau. Eine Generation, in welcher das Selbstbewußtsein und die Überzeugung vom Eigenwert des Einzelnen alles andere überragten, konnte schwerlich lange in dem engen geistigen Austausch verbleiben, wie ihn das gemeinsame Leben der Freunde in Jena ermöglichte. Die „romantische Schule“ lebte in unaufhörlichen inneren Konflikten und kam nur durch die gemeinsame Polemik und ihre Notwendigkeit eine Zeit lang darüber hinweg. Allem Philistertum und der gemeinen banausischen Welt der politischen und sozialen Nüchternheiten sagte man Kampf an und führte ihn im Stile der „Xenien“; die schöpferische Persönlichkeit erhob sich gegen Konvention, gegen Regel und Gesetz; in der Schwärmerei für Natur, Poesie und Freundschaft und in der gemeinschaftlichen Abneigung gegen die Prosa des Lebens fanden sich die Genossen zusammen. Die romantische Bewegung entsprang dem Selbstbewußtsein der Jugend, das durch die geistige Emanzipation des modernen Menschen ausgelöst und gestärkt worden war und das Recht des Herzens und des Gefühles gegen die bedächtige, verstandesmäßige Lebenserfahrung des Alters stellte. Der innere Widerspruch zwischen den sich ablösenden Generationen, das Mißverständnis zwischen Vätern und Söhnen war durch die moderne Entwicklung vertieft und zu einer Zeiterscheinung geworden. Dies war zum ersten Male im „Sturm und Drang“ hervorgetreten, der seitdem in unzähligen Jünglingsherzen immer wieder erlebt worden ist. Auch die Romantik war eine solche „neue Generation“. Nur war der Subjektivismus inzwischen noch weiter vorgeschritten; aus der zunehmenden Gewohnheit, das eigene Innere zu analysieren, waren Herz und Gefühl immer komplizierter hervorgegangen, die elementare Ursprünglichkeit wurde gedämpft in lyrischem Weltschmerz, der lieber der gemeinen Wirklichkeit in irgend einer Weise aus dem Wege geht, als den Kampf mit ihr wagt zum Sieg oder tragischen Untergang. Schon im „Sturm und Drang“ hatte neben den Kraftmenschen des Willens auch die raffinierte Selbstzergliederung und das hilflose Schmachten des träumerischen Jünglings Platz gehabt, und Lessing hatte so unrecht nicht, wenn er in der Gestalt und im Schicksal des Werther eine durchaus moderne Erscheinung sah: „Glauben Sie wohl, daß ein römischer oder griechischer Jüngling sich so und darum das Leben genommen hätte? Gewiß nicht! Die wußten sich vor der Schwärmerei der Liebe ganz anders zu sichern.“ Die moderne Jugend begann sich dem Gefühl, dem Ideal, der Phantasie in subjektiver Willkür und überschwenglich hinzugeben; ihre Grundstimmung wurde die „Sehnsucht nach dem Unendlichen“, wie Friedrich Schlegel es genannt hat, die „blaue Blume“ des Novalis. Und dieser besonderen Eigenart war man sich im höchsten Maße bewußt, man fühlte sich verpflichtet, sie zu hüten und zu pflegen, sie zu genießen und auszusprechen. Die Romantik hat diesen Typus der modernen Jugend vorgelebt, die krank ist am Leid der Welt, in Zerrissenheit und Menschenverachtung sich ergeht und Gedichte an das Weltall richtet, auf daß dies bißchen Leben in Staub und Asche zerfallen möge. Mit der Lyrik Heinrich Heines und der Philosophie Arthur Schopenhauers hat diese dem 19. Jahrhundert eigentümliche romantische Stimmung ihre stärkste literarische Verbreitung und den ihr gemäßen, weil durchaus bewußten Ausdruck gefunden. Je mächtiger dann im Laufe der Zeit das äußere Dasein mechanisiert wurde und eine Umwelt entstand, die dem Individuum feindlich war und es immer schlimmer beengte, um so schärfer wurde der Widerspruch zwischen der Kollektivierung alles gesellschaftlichen Lebens und dem Subjektivismus des Einzelnen. Zahllos sind im 19. Jahrhundert die genialischen Menschen, denen zum Genie und überhaupt zur Existenz die innere Überwindung dieses Widerspruches fehlte und die an solchem Zwiespalt elend zu Grunde gegangen sind. Die Reihe der also vom Leben Enttäuschten geht von Lord Byron bis Oskar

Wilde, von Hölderlin und Lenau bis zu Nietzsche, von Kleist bis zu van Gogh. Sie alle sind Erscheinungen, die das 19. Jahrhundert hervorgebracht und verschlungen hat, sie alle sind romantische Naturen.

Ideal und Wirklichkeit, die das klassische Menschentum in seiner Weise versöhnt hatte, fielen wieder auseinander; die unaufgelösten Disharmonien wurden die Kennzeichen der modernen Welt. Die Romantik ist der Ausdruck einer Kultur, die im äußersten Subjektivismus keinen Mittelpunkt finden kann und haltlos zwischen den Extremen pendelt. Geistige Stärke war den Romantikern nicht gegeben, sie ließen sich entweder von Stärkeren beherrschen oder tauchten im Unbewußten unter, in Ekstase oder Melancholie. Die innere Unausgeglichenheit zwischen Geist und Trieb, Seele und Leib kennzeichnet den romantischen Charakter. Es waren schauspielerische Naturen, die als bewußte Menschen anders sich gaben, als ihr Instinkt sie wies; sie bewegten sich zwischen maßloser Selbsterniedrigung und rasender Selbstüberhebung, zwischen derber Liebeslust und höchster Geistigkeit. Es war der „Dämon namenloser Unruhe“, den Sophie Mereau an ihrem Clemens Brentano zehren sah: die Sehnsucht ist der Grundzug des romantischen Charakters, seine Größe und sein Fluch. Diese Sehnsucht treibt den Menschen zu hohen Idealen und Leistungen; aber da sie ganz subjektiv und willkürlich ist, ist sie unstillbar, oder wenn sie Erfüllung findet, dann ist die Romantik zu Ende. Die Reizbarkeit ist also das Kennzeichen des modernen, romantischen Menschen; nur aus ihr und nicht aus allgemeinen Gesichtspunkten ergibt sich der Geist der Opposition, der diesen Typus kennzeichnet. Die Romantik begann ja als eine revolutionäre Bewegung, das „Athenaeum“ war eine Revolutionszeitschrift, und zwar nicht nur in dem Sinne, daß hier dem rationalistischen Geiste und seiner Herrschaft in Kunst, Staat und Leben der Kampf angesagt war. Man erhob sich vielmehr gegen jede Art von Gesetz, man nahm eine „Umwertung aller Werte“ vor, alleiniger Maßstab sollte die Genialität sein, der Geschmack, die Universalität und Weite der Bildung. Es war eine Aristokratie des Geistes, die sich selber genoß und ihre Genialitätsmoral jenseits von Gut und Böse begründete. Die Schlegel nannten als die drei großen Tendenzen des Jahrhunderts die Französische Revolution, den Wilhelm Meister und die Wissenschaftslehre Fichtes. Mit der Französischen Revolution fühlten sie sich in der allgemeinen Grundstimmung verwandt; im Wilhelm Meister verehrten sie wie im Don Quixote das Bild eines einsamen Helden, den sein Enthusiasmus über alle gemeine Wirklichkeit in eine sinnlich bewegte Welt hinausträgt und der im Werden sich vollendet. An der bunten und gestaltenreichen, ganz die Innenwelt erfassenden Durchführung war ihnen alles lieb, nur nicht der Ausgang mit der bescheidenen Rückkehr in eine bürgerliche Ordnung. Fichtes Philosophie aber lag in einer Linie, die dialektisch von Kant zur Romantik führte. Fichte lehrte in Jena die kantische Philosophie und ist als erster Schüler Kants über die von der Vernunftkritik gezogenen Schranken hinausgeschritten, indem er das „Ding-an-sich" zerstörte und hiermit die neue Metaphysik des deutschen Idealismus einleitete. Kant hatte die Natur vom erkennenden Ich abhängig gemacht; Fichte aber erklärte das Ich mit seiner „produktiven Einbildungskraft" zum alleinigen Schöpfer der Welt. Seine Lehre vom autonomen, alles erschaffenden Ich — die ganz unsinnlich und einseitig wie eine Leugnung der Natur gemeint war — wurde von den Romantikern subjektivistisch gedeutet, im Sinne der Vorherrschaft von Phantasie, Empfindung und Gefühl; sie nahmen dem Ich seine Gesetzmäßigkeit und ließen nur die Willkür des Genies gelten. So verwandelte Novalis die Natur in eine traumhafte Schöpfung der Phantasie, also daß Diesseits und Jenseits, Wirklichkeit und Traum ineinandergingen und das Märchen ihm zur höchsten dichterischen Gattung wurde. Wie ein einziger Wundergarten erschien die Welt vor dem entzückten Blick: hier war nicht Anschauung, sondern Empfindung, hier lebte Stimmung und nicht Gestalt. So ließen die Romantiker alle Grenzen verschwinden: niemals ist die Entfernung des menschlichen Geistes von aller Plastik und allem Realismus so groß gewesen. Die pantheistische Gottnatur, die Goethe verkündet hatte, tat es den Romantikern an, und so wurde das Zentrum alles romantischen Denkens der Satz, daß die Welt eine lebendige Einheit ist und alles in ihr wirkend zusammenhängt. Die Romantiker legten in diese poetisch belebte Natur ihre eigene Seele hinein, und ihre Naturphilosophie begründete diesen „Genuß des Alls". Sie liebten es, das Hineinspielen der inneren Welt in die äußere zu verfolgen, sie versenkten sich in die Nachtseiten der Natur, und weil alles von ihnen bewußt und willkürlich gefaßt wurde, wirkte es wie Grauen und Dämonie. Indem die Romantiker modern waren in ihrem sentimentalischen und überschwenglichen Fühlen und diesem alleinigen Wert zusprachen, in ihm den Mittelpunkt alles Seins sehen wollten, machten sie also die ganze übrige Welt von ihrem subjektiven Empfinden abhängig und zum Gegenstande ihres ästhetischen Spieles. Auch hierzu waren sie durch mißverstandene oder umgedeutete Lehren des Neuhumanismus, der ja eine „ästhetische Kultur“ hatte begründen wollen, ermuntert worden. Aber dort hatte es geheißen, daß das Individuum seine Selbstvollendung nur auf ästhetischem Wege erreichen könne und daß echte Menschlichkeit nur zu erringen sei in der psychologischen Vertiefung und in der Befreiung durch künstlerischen Genuß. Jetzt dagegen wurde der Kultus der Persönlichkeit zur grenzenlosen Willkür eines Schwelgens im Gefühl, und die künstlerische Form verlor den Charakter der Notwendigkeit. Aus dem subjektivistischen Grundzuge der Romantik ergab sich ein Ästhetentum, das alles nur zur Befriedigung des eigenen Spieltriebes betreibt und in welchem wir abermals eine bezeichnende Erscheinung des 19. Jahrhunderts zu erkennen haben. Die Bewegung ist hier alles, die Sache ist nichts! Die Romantiker haben das geistige Leben als Sport behandelt, insofern nämlich sie alle seine Zwecke auf die subjektive Energieentfaltung und das sie begleitende Lebensgefühl konzentriert haben. Eine unendliche geistige Regsamkeit, die den Führern der Romantik eigen gewesen ist, ermöglichte ihnen diese Rolle und wurde ihnen zur Beglückung und zum Verhängnis. Sie haben mit nie gesehener Weite des Interesses die verschiedensten Gebiete umspannt, ihre Anregungen haben das Jahrhundert aufs reichste befruchtet. Diese vielseitige Produktivität macht ihre historische Größe aus und läßt sie noch als die letzten Söhne des 18. Jahrhunderts — eines Zeitalters schöpferischer Menschen — erscheinen. Aber da es ihnen nur auf das geistige Spiel, auf den Akt an sich ankam, so wurde in dieser zerstreuten Beweglichkeit das Unruhige, Abgerissene, Formlose kennzeichnend für das romantische Schaffen. Der Torso ist in der Weltliteratur eine häufige Erscheinung: in seiner Geschichte hat der romantische Geist ein eigenes Kapitel, das die literarische Dekomposition mit der ihr verbundenen Verfeinerung von den Fragmenten der Gebrüder Schlegel bis zu den Aphorismen Nietzsches verfolgen kann. Die Fragmente Lessings oder der großen Franzosen waren anderer Art. Sie waren unter dem Zwange der Stunde abgebrochen oder entsprachen dem Lebensstile einer im höchsten Sinne geselligen Kultur. Das 19. Jahrhundert dagegen schuf die Literaten, die jeden Gedanken in Esprit und Witz auflösten und weder Zeit noch Wille und Kraft zu einem umfassenden und tiefen Werke besaßen. So machten sie aus der Not eine Tugend und wollten höchstens im Essai die der Zeit gemäße und von Pedanterie freie Form der literarischen Darbietung sehen.

Das romantische Ich war ein unendliches Spiel der Laune. Auch dies war bei Fichte vorgebildet. Während Kant alle ethische Wertbestimmung von der Erfüllung allgemeiner Maximen abhängig gemacht hatte, war Fichte auch in dieser Hinsicht über den Meister hinausgeschritten und hatte mehr und mehr das sittliche Eigenrecht der Persönlichkeit anerkannt. Er hatte den ewigen Streit zwischen der unendlichen Freiheit des menschlichen Geistes und seiner ursprünglichen Beschränktheit geschlichtet gefunden nur in der Idee des ewig suchenden und doch nie völlig realisierten Ich. Wenn bei Fichte also die Welt, das „Nicht-Ich“ zum Stoffe wurde, den das Ich in unendlichem Streben verarbeitet nach seiner individuellen Notwendigkeit, so heißt es dann bei Novalis: „Alle Zufälle unseres Lebens sind Materialien, aus denen wir machen können, was wir wollen.“ Das romantische Ich war Willkür, die stets über dem Stoffe steht und mit ihm spielt. Indem der Romantiker die Konflikte des Lebens nicht lösen kann und die unendliche Weite des subjektiven Strebens mit der Endlichkeit der Welt nicht zu versöhnen vermag, setzt er sich immer wieder in souveräner Laune über sich selbst hinweg und zerstört die Geschöpfe seiner Phantasie; dies ist der Sinn der „romantischen Ironie“. Die Sehnsucht nach Erwünschtem und Verlorenem war die Grundstimmung des modernen Menschen geworden, und Goethe hatte ihr im Faust den tiefsten Ausdruck und eine allerdings ausschließlich persönliche Erfüllung gegeben. Weil die Romantiker diese Sehnsucht nicht zu stillen vermochten, wurden Unruhe und Willkür und die Bewegung des Geistes ihnen zum Selbstzweck. Vielen ist dann aus dieser Unbefriedigtheit die Umkehr geworden, andere erlagen den Schatten, die sich über ihr Gemüt ausbreiteten, und nur wenige aus dieser frühen Zeit sind im Spielerischen dauernd verblieben. Aber sie alle haben einer kommenden Periode, in der die Kräfte des Widerstandes noch schwächer geworden waren, die Haltung des modernen Ästhetentums vorgelebt und dabei gezeigt, wie die ganze Welt nur dazu da ist, daß ein Spiel des Genießens und des Gestaltens daraus gemacht werde. Der Subjektivismus wurde hier zum äußersten getrieben; er leugnete die objektive Gültigkeit aller überlieferten Werte. Die Geschichte der romantischen Schule bietet daher das Bild einer theoretischen Zerstörung ohnegleichen. Alles Denken der Menschen war bis dahin ontologisch gewesen; wo es den Thron Gottes umgestürzt hatte, hatte es doch einen andern einheitlichen und absoluten Wert an die Stelle zu setzen gesucht, mochte dieser Wert nun die Menschheit, die Antike oder die Zahl sein. Nunmehr wurde jede einzelne Individualität für sich zu eigenem Maß und Gesetz erhoben, ihr Gefühl und ihr Wille hatten allein zu befehlen und hatten Anspruch auf höchste Beachtung. Für den Romantiker galt dies Interesse zunächst nur dem eigenen persönlichen Seelenleben; mittelbar aber erstreckte es sich auf jede fremde Eigenart: „tout comprendre“ war die neue Forderung an den erkennenden und wertenden Menschen. Die Individualisierung von Welt und Leben wurde ein entscheidender Grundzug des 19. Jahrhunderts und trat in Wettkampf mit der weiterhin mächtigen Atomistik. Sie bedeutete die Anerkennung der einzelnen Persönlichkeit als eine eigene Größe, die mit keiner zweiten verglichen und in Zahlen nicht ausgedrückt werden kann; aber diese Ansicht führte zugleich auch zu einer Relativierung aller überlieferten und bis dahin gültigen Werte. Sie war die letzte Etappe in der Entwicklung und Verfeinerung der Persönlichkeit, aber sie war auch der letzte und entscheidende Schritt bei dem großen Werke der Auflösung, das der moderne Geist seit einem halben Jahrtausend an der abendländischen Kultureinheit vollbracht hat.

Zuerst und am radikalsten wirkte sich das neue Prinzip auf dem Gebiete der Kunst aus. Die Kunst war ja die eigentliche Domäne der Romantiker. Hier konnten Phantasie, Empfindung und Gefühl am unmittelbarsten sich ausleben, hier kam im Endlichen das Unendliche zur Geltung, wie Schelling vor allem lehrte; im Zerstören wie in der Vorbereitung des Neuen erwuchsen hier die bezeichnendsten Leistungen der Romantik. Noch immer war, bis in Goethes Tage, die auf das Altertum gegründete Einheit der abendländischen Kultur erhalten geblieben. Empire und Neuhumanismus schlossen nun diese Entwicklung ab. Die Romantiker gingen zwar vom Griechentum aus, Friedrich Schlegel lebte zu Dresden in ehrfürchtiger Erinnerung an Winckelmann, dessen Lebenswerk er im Hinblick auf die Dichtkunst zu wiederholen gedachte. Ein „Winckelmann der griechischen Poesie“ ist er nun allerdings nicht geworden, denn hierzu fehlte es ihm an jeder Kraft der Konzentration. Auch hatte er neben den Alten noch so viele andere Götter, daß dadurch schon das kanonische Griechentum erschüttert wurde. Zwar spotteten die Xeniendichter über Schlegels „Gräkomanie“, aber auch diese war nur aus dem romantischen Hange zur Übertreibung geboren. Begabt mit einem unendlich feinen Gefühl für fremde Individualitäten und Kulturen, verstanden die Brüder Schlegel und Ludwig Tieck sich einzufühlen in moderne Poesie, sie gewannen den Dante, den Shakespeare, den Cervantes und Boccaccio, den Goethe lieb und drangen von da in die vaterländische Vorzeit ein. Sie gingen dem Unterschiede des antiken und des modernen Dichtens nach, den Schiller bewußt gemacht hatte; sie erschlossen durch Übersetzung und Nachdichtung die literarischen Schätze aller Zeiten und Länder dem deutschen Volke. Sie haben auch hierbei längst eingeleitete Kulturbewegungen zum entscheidenden Abschluß gebracht, wie die Aufnahme Shakespeares in den deutschen Geist: wenn August Wilhelm Schlegel seinen Vergleich zwischen der Phädra des Racine und der des Euripides in französischer Sprache schrieb und in Paris erscheinen ließ, so führte er dabei die Arbeit Lessings in ganz anderer, radikaler Weise und mitten in der Hochburg des Klassizismus zu Ende. Regellosigkeit wurde das Kennzeichen der neuen Kunst. Indem die Romantiker den klassischen „absoluten Stil" aufgaben, haben sie zuerst die Weltliteratur als eine Einheit vielfältiger Formen begriffen, die alle der Berechtigung und der Beachtung wert erschienen. In dieser Tätigkeit des Vermittelns beruht die große Leistung der romantischen Schule, denn es ist bezeichnend für das Wesen der Romantiker, daß ihnen eigene Schöpfungen von höchster Vollendung versagt geblieben sind und daß sie ihr Bestes gaben durch eine fast weibliche Empfänglichkeit für die mannigfaltigsten Geister und Formen. Es wurde — mit August Wilhelm Schlegels Worten sei es gesagt — die Aufgabe des Kritikers und Interpreten, „in die Zusammensetzung des fremden Wesens einzudringen, es zu erkennen, wie es ist, zu belauschen, wie es wurde". Mit diesem Satze hat schon der Göttinger Student im Jahre 1791 den historischen Geist des 19. Jahrhunderts vorweggenommen. Auch Lessing war Kritiker, und Schiller war Historiker gewesen; aber beide waren an die Gegenstände der Interpretation als fordernde und wollende Menschen herangetreten und hatten ihre eigenen Gedanken in der Auseinandersetzung mit den Objekten gefördert und geklärt. So war ihr Arbeiten unhistorisch und produktiv. Bei den Romantikern aber ließ die höchste Subjektivität gerade zu einem Verständnis für fremde Eigenart gelangen; die Kräfte der Rezeption und der Einfühlung wurden in Bewegung gesetzt, sie führten zur objektiven Erkenntnis von Geschichte und Persönlichkeit. Oft genug freilich legten die Romantiker ihren Gestalten noch die Stimmung in den Mund, in die der Autor selber versetzt worden war. Aber das neue Prinzip haben sie doch klar erkannt, und in ihm liegt der gewaltige Aufschwung begründet, den die historische Wissenschaft in allen ihren Zweigen im Laufe des Jahrhunderts genommen hat. Ein weiter Horizont tat sich auf, und dahinter erschienen fremde Menschen, Zeiten und Völker, die bis dahin vom humanistisch erfaßten Altertum verdeckt worden waren; ein historischer Sinn entwickelte sich, wie die Schlegel ihn zuerst als Gabe der Natur in sich getragen haben. Aber hiermit erstanden zugleich die großen geistigen Gefahren, die mit dieser Eröffnung des historischen und individuellen Lebens über das 19. Jahrhundert gekommen sind. Der menschliche Geist ist im Dienste der neuen Aufgabe geschmeidiger und umfassender geworden; aber wenn eine alte Kultur nach der andern enthüllt wurde und zu Vergleichen einlud und wenn jede Erscheinung in ihren Bedingungen und ihrem Wesen erkannt und verstanden werden sollte — konnte dann noch die eigene Art selbstsicher bleiben und sich behaupten? Und wenn Einfühlung und nachempfindendes Verständnis die höchsten Qualitäten des Historikers wurden, wie konnten daneben die männlichen Tugenden der eigenen Überzeugung und des eigenen Charakters bestehen? Es wurden hiermit dem Geistesleben des 19. Jahrhunderts entscheidende Probleme gestellt, für die es nur die persönlichen Lösungen in großen Menschen hat finden können. Den Romantikern war solches nicht gegeben, weil ihre Natur sie in der ästhetischen Freude beharren ließ, die sie am individuellen Reichtum der Welt und an der geistigen Anmut ihrer eigenen unendlichen Beweglichkeit empfinden mußten. So hat das Wesen des modernen, romantischen Menschen dazu geführt, daß der Relativismus in die abendländische Kultur gedrungen ist.

Das eigene dichterische Schaffen der Romantiker bietet das gleiche zwiespältige Bild der höchsten Verfeinerung bei Auflösung aller Einheit. Die Romantiker haben das Wesen und die Macht der echten Dichtkunst begriffen, sie haben das Poetische von dem Rhetorischen unterschieden und darum Goethe recht eigentlich erst entdeckt, ihn aus der mittleren Stellung herausgehoben, in der er bis dahin sich befunden hatte. Aber die romantische Lyrik ist der Goetheschen nirgends gleich gekommen, und nur Hölderlin hat in seinen erhabensten Augenblicken für das Erlebnis einen unmittelbaren Ausdruck gefunden. Die Romantiker waren sentimentalischer noch als Schiller, ihren Schöpfungen merkt man die Bewußtheit und die Absichtlichkeit ihres Produzierens an, die Reflexion auf ihr eigenes Tun drängt sich immer wieder dazwischen. Sie haben besser als irgend jemand vor ihnen gewußt, was Poesie ist, sie haben die ganze Wirklichkeit poetisiert; aber der naive Ton blieb ihnen um so mehr versagt, je heißer sie danach gerungen haben. Auch ihre Dichtung ist Ausdruck modernen Menschentums. Ermattet von Arbeit und Genuß sucht sich der moderne Dichter am Schreibtisch ein Ausruhen bei kunstloser Naturpoesie, oder er läßt seine Phantasie ins Märchenhafte spielen, in heitere Träume oder in grauenvolle Vermischung des Wunderbaren mit dem Natürlichen. Zwischen wilder Phantastik und sanfter Idylle schwebt die romantische Muse, Formlosigkeit hält sie für Naivität und hat darum alle Dichtungsgattungen bewußt vermischt, und wenn sie in der Lyrik, wo ihre eigentliche künstlerische Stärke zu vermuten war, die Naivität des Volksliedes oder der Friederikenlieder erstrebt hat, so ist sie doch nie zur Gestaltung eines Angeschauten gelangt, sondern hat nur Stimmungen in sinnigen und reizvollen Tönen festzuhalten gewußt. Und darum ist es auch falsch, daß erst die Romantik die Schönheit der deutschen Landschaft entdeckt habe; längst lebte ein Gefühl hierfür in Bauern und Mönchen, die ihre Höfe, ihre Klöster und Kapellen mit erstaunlichem Blick für das Schöne und Große in der Natur an die Punkte hingesetzt haben, deren Reize dann die romantische Kunst den Gebildeten bewußt gemacht hat. Die Romantik trug an ihrem inneren Widerspruch. Sie konnte die Dinge zwar lehrend und formend vermitteln, aber da sie — anders als die Lyriker vor Goethe — wußte, was wahre Dichtung ist, strebte sie nach unmittelbarer Offenbarung, die ihr versagt war. So hat sie in der Dichtung zwar weitergeführt, was von Herder, von Goethe und Schiller gefunden worden war; aber sie hat alles bewußt und willkürlich genommen, und darum mußte ihr Goethe doch unerreichbar bleiben.

Die Übertragung des romantischen Subjektivismus auf das religiöse Gebiet geschah durch Novalis und Schleiermacher. Es war eine ganz persönliche und unaussprechliche, in Wahrheit unmittelbare und nur durch Suggestion übertragbare Macht der religiösen Stimmung, die niemals eine kirchliche Gemeinschaft, sondern nur allenfalls künstlerische Symbole und kleine persönliche Andachtskreise dulden konnte. Ein „Bündnis der Verschworenen", wie es dem jungen Schleiermacher vorschwebte, ist der romantisch gestimmten Jugend auch in späteren Zeiten immer wieder zur Pflege der Freundschaft und einer aristokratisch gemeinten Ethik willkommen gewesen; die Frühromantiker wollten in ihrer „unsichtbaren Kirche" eine spezifisch christliche Frömmigkeit pflegen, doch duldeten sie kein Dogma und keine Kirchenverfassung. Es war ein extremer Spiritualismus, der sich den alten Mystikern und Jakob Böhme, dem Meister von Görlitz, verwandt fühlte und in welchem die niemals ausgestorbene theosophische Unterströmung der neuen Jahrhunderte sich offenbarte, die bis zu Paracelsus hinaufreichte; bei Schleiermacher kamen pietistische Einflüsse hinzu und die durch Goethe und seinen Freund Friedrich Heinrich Jacobi übermittelte Lehre des Spinoza. Aber der Zusammenhang mit dem

Universum, der in Goethe über dem Anschauen der Natur lebendig geworden war, wurde von Schleiermacher unsinnlich genommen und spiritualisiert. Goethe und Schiller haben daher den „Reden" Schleiermachers eine, wie sie sagten, „gesunde und fröhliche Abneigung" entgegengebracht. Die Vorliebe für die Nachtseiten des Seelenlebens, wo die Grenze zwischen Bewußtem und Unbewußtem aufgehoben ist, kennzeichnet die Religion wie die Philosophie und die Dichtung der Romantiker. Unermeßlich weit auseinander liegen hier die Pole, zwischen denen die moderne Seele in unvermittelten Zügen sich bewegt hat: da steht gegen die Vernunftreligion der Aufklärung die Gefühlsreligion der Romantik und dazwischen ist die Humanitätsreligion der Klassiker. An Polemik hat es darum unter den protestantischen Richtungen des 19. Jahrhunderts nicht gefehlt. Schon Schleiermacher widmete in der dritten seiner „Reden" den Aufklärern eine scharfe Absage, weil sie in ihrer Unbildung die Religion vernichtet und so auch die Gebildeten zu Verächtern der Religion gemacht hätten — wie dieser Gedanke schon im Titel so bezeichnend ausgedrückt ist. Und doch haben alle diese sich so befehdenden dogmenfreien Ansichten in der gleichen Vergötterung der Persönlichkeit ihre Wurzel. Schleiermacher, der der Romantik nicht nur äußerlich zugehört, setzte in seinen „Reden über die Religion" neben Kants sittliches Bewußtsein das Gemüt als eine gleicherweise unrückführbare und insofern absolute Macht. Die Religion ist nach den „Reden" weder Metaphysik noch Moral, sondern Gefühl des Universums. Auch die romantische Religiosität leugnet jeden Gedanken an Transzendenz und an einen persönlichen Gott und setzt dafür das unmittelbare Bewußtsein von der Immanenz des Unendlichen in dem Endlichen. Schleiermacher lehnte daher jede dogmatische Bindung ab, er wollte nur kleine persönliche Gemeinschaften gelten lassen und forderte daher die Trennung der Kirche vom Staate. In den „Monologen" aber ist die Verbindung der beiden entscheidenden Prinzipien des neuen Geistes, der Identität und der Individualität am vollendetsten durchgeführt: „So ist mir klar geworden, daß jeder Mensch auf eigene Art die Menschheit darstellen soll, in eigener Mischung ihrer Elemente, damit auf jede Weise sie sich offenbare und alles wirklich werde in der Fülle des Raumes und der Zeit, was irgend Verschiedenes aus ihrem Schoße hervorgehen kann." Wenn Kants Ethik nur ein allgemeines Menschentum kannte, so war jetzt das Individualitätsprinzip auf die Ethik übertragen und befahl dem Einzelnen: werde zu dem, was du bist! Auch Goethe und Wilhelm von Humboldt hatten dies schon gesagt, aber jetzt wurde der Subjektivismus zum Motor der Welt erhoben; die Gefühlsreligion sollte die bewegende Kraft des menschlichen Wesens darstellen und doch zugleich keine der menschlichen Strebungen und Tätigkeiten aus ihrem selbständigen Rechte verdrängen.

Es war die Wiederentdeckung einer in der protestantischen Welt lange verschütteten christlichen Innerlichkeit, wenn es jetzt hieß, daß die allseitige und harmonische Bildung sich nur im religiösen Leben vollenden könne; aber indem dieses religiöse Leben zugleich ausschließlich auf das subjektive Gefühl gegründet wurde, rückte die Religion auf die gleiche Stufe wie die Kunst, oder vielmehr die Kunstandacht sollte unmittelbar den Wert der Religion besitzen. Die enge Verbindung von Religion und Kunst war dem Mittelalter eigen gewesen, und Wackenroders „Herzensergießungen eines kunstliebenden Klosterbruders" haben aus dieser Tatsache eine ästhetische Freude an der Kunstfrömmigkeit der Altvorderen geschöpft. Den unfrommen Zeitaltern des Barock und des Rokoko, wo die Kunst nur ein leichtsinniges Spielwerk für die Mächtigen gewesen sei, setzte Wackenroder den tiefen Ernst der alten Meister entgegen, der sich ihm in Raffael und Dürer am reichsten offenbarte. Ihm dämmerte zum ersten Male die Einsicht, daß in der frommen Hingebung eines andächtigen Gemütes eine hohe Kraft beruhe; doch Goethe fand es absurd, daß in der Frömmigkeit das einzige Fundament der Kunst liegen solle. Der romantische Geist jedenfalls fühlte sich dem mittelalterlichen verwandt. Nur freilich lag zwischen beiden die Geschichte eines halben Jahrtausends, in dessen Verlauf der abendländische Mensch alle Stadien des Individualismus und des Bewußtwerdens durchlaufen hatte und nun bei der subjektiven und ästhetischen Wertung aller Lebenserscheinungen angelangt war. So schufen sich die Romantiker ein gefühlsseliges Mittelalter. Daß die mittelalterliche Kunst nicht nur auf Empfindung, sondern auch auf Anschauung beruhte, erkannten sie nicht, und von der katholischen Kirche, diesem Wunderbau der Ordnung und Disziplin, sahen sie zunächst nichts als das, was ihrem subjektiven und willkürlichen Empfinden sympathisch war — den bewegten Reichtum des äußeren und inneren Lebens und seine Wirkung auf das Gemüt. Es war auch hier wieder der romantische Grundzug in Tätigkeit: der moderne Mensch ist in der Romantik sich seiner Zerrissenheit und seiner inneren Tragik bewußt geworden. Schwer trägt der „Klosterbruder" an dem Widerspruch zwischen Wollen und Können, zwischen der Hingabe an das Ideal und den Pflichten des äußeren Lebens. Sehnsüchtig denkt er an die verlorene Kindheit zurück und hat im grenzenlosen Subjektivismus, in den er geraten ist, zunächst keine andere Möglichkeit, als im Spiel der Empfindungen die gesuchte Einheit zu träumen. Also vermischt der Romantiker Kunst und Religion, indem er diese ästhetisiert, jene in Gefühl und Andacht aufgehen läßt; nur bei Schleiermacher fehlt diese Verbindung mit der Kunst im bezeichnenden Unterschiede von den übrigen Romantikern. Wenn im 19. Jahrhundert das sich ausbreitende Ästhetentum versuchen wird, die Religion zu ersetzen durch Kunst, die Domäne des Glaubens aufzuteilen zwischen Wissenschaft und Gefühl und das Museum oder das Theater den Massen als Ersatz für die Kirche zu bieten, so ist dies alles in der romantischen Geisteslage der späten Kultur begründet. Aber der Romantiker war zwar die bezeichnendste Figur dieses beginnenden Jahrhunderts oder vielmehr diejenige, die im Ablauf der abendländischen Geschichte diesem Jahrhundert allein eigentümlich gewesen ist; aber sein Weg war nicht der einzige, der zu einer Rückkehr in die Einheit und zu einer Erneuerung des Lebens führen konnte. Die Hinwendung zum Mittelalter, die früher Justus Möser und Burke vollzogen hatten, ist ganz unromantisch gewesen; denn sie entsprang dem unmittelbaren Zusammenhang mit dem altertümlichen Leben, das diese Männer noch umgab und das von ihnen lediglich bewußt gemacht wurde. Die romantische Sehnsucht fehlt hier völlig, und ebenso die Anknüpfung an ein Vergangenes! Man hat mit Recht darauf hingewiesen, daß die Begründer der romantischen Schule norddeutsche Protestanten und Städter gewesen sind, die auf dem ostdeutschen Kolonialboden nicht im historischen Zusammenhang des aus der Antike in ungebrochener Kontinuität erwachsenen westdeutschen Kulturlebens standen und daß sie darum einen historischen Zusammenhang nur im erträumten Mittelalter finden konnten. Auch die Emigranten befanden sich in der seelischen Lage von Entwurzelten: dies war ein gutes Feld für das Wachstum romantischer Naturen. Doch es gibt Ausnahmen. Achim von Arnim, der märkische Edelmann, besaß eine wirkliche Heimat; ihn verband ein echtes Gefühl mit der Scholle, auf der er geboren war. Ebenso war auch Eichendorff zwar im Osten beheimatet; aber wie ganz anders steht er da, der im kräftigen Lebensgrund seines schlesischen Gutsbesitzes wurzelt, erdverwachsen und naturverbunden und gefestigt im Glauben durch Familie, Erziehung und Heimat, ganz anders als etwa der Städter Klemens Brentano! Wenn Herder die Volkslieder gesammelt und aus den Tiefen der mittelalterlichen Geschichte das reine Volkstum herausgehoben hat, so war dies bei ihm hervorgegangen aus einem umfassenden

Menschheitsgedanken, der im Untergrund ihm eigentümlich gewesen ist. Dagegen ist des „Knaben Wunderhorn“ oder Uhlands Sammlung einem ästhetischen, literarischen oder antiquarischen Interesse entsprungen. Die Erweckung des bis dahin verachteten Mittelalters ist also von verschiedenen Antrieben ausgegangen, und es wird daher von diesem bedeutungsvollen Vorgange noch des öftern zu sprechen sein. Tiefere Geister der Romantik sind, nachdem sie auf ästhetischem Wege sich an der „Romantik“ der Türme und Zinnen entzündet hatten, von da aus auch zu dem geistigen Fundament und zum mathematischen Aufbau der mittelalterlichen Gralsburg gelangt. Auch liegt es im Wesen der menschlichen Natur, daß der Subjektivismus sich selbst aufhob und zu objektiven Bindungen zurückdrängte, sobald er einmal die äußersten Möglichkeiten einer ungebundenen Lebensführung erschöpft hatte.

Diese Bahnen der Genialitätsmoral waren rasch durchlaufen. Die Überzeugung, daß das Genie sich selbst das Gesetz und die Regeln zu geben habe, bestand nicht nur für das künstlerische Schaffen; das ganze Leben sollte in diesem Sinne zum Kunstwerk, zum Spiel der souveränen Laune gemacht werden. Die Grundsatzlosigkeit war von den Romantikern auch ethisch gemeint; sie haben die Ablehnung aller Folgerichtigkeit vorgelebt und mehr durch den Zauber ihrer Persönlichkeit als durch ihre Werke gewirkt und geblendet. Chateaubriand, der in Frankreich den romantischen Lebensstil zuerst gezeigt hat, ist ein großes Beispiel hierfür. Er hat nicht alle Länder besucht, die er in seinen Reisebüchern beschrieben hat; seine rührsamen und vielbewunderten Geschichten von Atala und René haben ihre Vorfahren bis zurück zum Werther, sein „Génie du Christianisme“ enthält sachlich nicht mehr, als was Thomas von Aquin, Pascal und Bossuet auch schon gesagt haben. Aber er machte daraus die Ästhetik des Katholizismus, indem er die „beautés touchantes“ des Glaubens lebendig werden ließ, und dahinter stand der Reiz einer ewig beweglichen Künstlernatur, die in selbstherrlicher Kühnheit und doch zugleich mit klarem Blick das Leben zu gestalten wußte: „l'homme d'exception, dont les défauts sont plus beaux que les vertus des autres.“ Dieser Mann hatte nichts vom Werther an sich; aber hierin eben erreichten die romantische Persönlichkeit und die romantische Ironie ihre höchste Ausprägung, daß mit vollen Zügen das Leben erobert und genossen, aber gleichzeitig die Nichtigkeit und das Elend der Welt in wehmütigen und ergreifenden Tönen besungen wurde. Dies alles war nur das ästhetische Spiel des genialischen Menschen, der vom Strome der Zeit sich erfassen ließ und doch begrüßt wurde als der Pilot, der das Schiff dem Ziele entgegenführt. Noch niemals hatten ausschließlich künstlerische Fähigkeiten, allein nur die Vereinigung von Phantasie und Formgefühl einen Mann zu solchen Erfolgen getragen und ihn zum Ausdruck selbst der politischen und religiösen Bewegungen seiner Zeit gemacht, obwohl ihm die öffentliche Tätigkeit niemals etwas anderes war als der glanzvolle Rahmen zur Ostentation seines Ich. Die Naturen freilich, die tiefer und weniger glücklich waren, trugen schwer am Seelenleid ihres Doppelwesens; aus der Sorge vor der Einseitigkeit erwuchsen jene Proteusgestalten, die immer beweglich und wandelbar waren und keine innere Einheit finden konnten — Phantasten also und problematische Naturen, die unaufhörlich auf der Reise zwischen dem Irdischen und dem Unendlichen in Zuchtlosigkeit sich selbst zerstörten. Die Allseitigkeit hinderte die Romantiker, sich für einen bestimmten Beruf zu entscheiden. Das Nichtstun des Helden ist bezeichnend für die Bildungsromane, die in so reicher Zahl dem „Wilhelm Meister" nachgeahmt wurden; diese Berufslosigkeit kennzeichnet auch das Leben dieser Dichter selbst. Entzückend ist dies romantische Ideal des „dolce far niente" im „Taugenichts" von Eichendorff gestaltet, erschütternd zeigt es im Leben Hölderlins oder Klemens Brentanos, wie sich begabte Menschen für keinen Beruf entscheiden oder dem erwählten nicht treu bleiben können, weil alles Fachmenschentum ihnen verhaßt ist und sie sich nicht unter ein bürgerliches Joch beugen, sich nicht an die wertlosen Außenseiten des Lebens verlieren wollten: so verloren sie sich in der Vielseitigkeit ihres Innern. Als fahrender Schüler mit der Gitarre über dem Arm durch die Lande zu streifen, ist dem Romantiker Herzenswunsch; ungebunden will er jeden Augenblick aufbrechen können, planlos und ziellos nach Eindrücken jagen, heimatlos, berufslos, entwurzelt. In ihrem grenzenlosen Sehnen sind die Romantiker die geborenen Wandervögel. Nicht nur während einiger froher und schwärmerischer Jugendjahre haben sie dies Reisedasein geführt, sondern viele von ihnen sind ein ganzes und langes Leben hindurch nicht seßhaft geworden. Auch Wilhelm von Humboldt hat die kraftvollsten Jahre seines Lebens auf der Wanderschaft zugebracht, seine Reise durch Spanien mit Weib und Kindern war abenteuerlich genug. Nur der Bergmannsberuf hat neben dem des Dichters und Malers in der Romantik eine fast mystische Weihe erhalten.

Die Führer der Romantik lebten ihren Neigungen, als Literaten ausschließlich der Wissenschaft und der Kunst hingegeben, manche hatten wie Tieck schon als Studenten ihr Studium ganz auf

Literatur und Kunst gestellt — eine ungewöhnliche Erscheinung in einer Zeit, da die Universitäten noch mit gebundenen Lehrplänen nur die Bedürfnisse des öffentlichen Dienstes oder des praktischen Lebens wahrnahmen. Viele dieser Romantiker führten dann durch Jahre das dürftige Leben eines Hauslehrers, bis ihnen ein günstiges Geschick gestattete, vom wirtschaftlichen Ertrag ihrer Feder zu leben. Der Beruf des Literaten gab ihnen die Möglichkeit, unbehindert durch tägliche Pflichten oder gesellschaftliche Rücksichten ganz nur ihrer inneren Natur zu folgen. Es liegt hierin auch eine soziale Emanzipation des schaffenden Künstlers, die erst das 19. Jahrhundert möglich gemacht hat. Bis dahin war in Deutschland der weltliche Künstler gezwungen gewesen, als Schulmeister oder Kantor oder als Hofbeamter seinen Unterhalt zu verdienen und die Stunden des freien Schaffens sich vom Brotherrn bestimmen zu lassen. Auch Lessing war schließlich gezwungen gewesen, nach Wolfenbüttel sich zu vergraben, und selbst Goethe hat die schönsten Jahre seines Lebens im kleinen Hofdienst zerrinnen sehen, hat Staatsgeschäfte geführt und Rollen auswendig gelernt in elenden Stücken, die im Zeit- und Hofgeschmack gearbeitet waren, und er ist dabei das Gefühl nicht losgeworden, seinem eigentlichen Berufe untreu geworden zu sein. So sagt Jarno zu Wilhelm: „Es ist sündlich, daß Sie Ihre Stunden verderben, diese Affen menschlicher auszuputzen und diese Hunde tanzen zu lehren." Und Goethe hat später gemeint: „Wer gerne leben mag und ein entschiedenes Streben in sich fühlt, einen freien Blick über die Welt hat, dem muß vor einem kleinen Dienst wie vor dem Grabe schaudern." Es ist nicht nur der Drang des Künstlers nach seinem Werke, sondern auch die Enge und Leerheit des modernen Lebens, was die Abneigung gegen jede berufliche Bindung in den Romantikern so sehr gestärkt hat. Und andererseits hat sich erst auf einer vorgeschrittenen Stufe der gesellschaftlichen Entwicklung der Konsum der geistigen Erzeugnisse so ausgebreitet, daß der Künstler vom wirtschaftlichen Ertrag seiner Arbeit bestehen konnte. Beethoven ist der erste gewesen, der nur als Komponist gelebt hat und seine Zeit nicht fremden Leuten verkaufen brauchte; er hat, obwohl er das „häßliche Wien" nicht schätzte und an der rheinischen Heimat hing, den freigebigen Ruf des Königs Jérôme abgelehnt und die wirtschaftlichen Sorgen seines Alters mit seinen andern getragen, um nicht abhängig zu werden. Auf literarischem Gebiete wurde die freie Existenz durch die Romantiker sofort eine allgemeine, soziale Erscheinung, und dies bedeutete nicht nur die Möglichkeit des ungehinderten Schaffens für das Genie, sondern auch die Geburt eines neuen Berufes, der dem Geiste des 19. Jahrhunderts in hohem Grade sein Gepräge verliehen hat. Das Literatentum, welches im vorgeschritteneren Frankreich bereits an der Heraufführung der großen Revolution mitgewirkt hatte, breitete sich nun auch in Deutschland über weite Gebiete des öffentlichen und geistigen Lebens aus. Es ergab sich jetzt aus dem ganzen Gang der gesellschaftlichen Entwicklung, daß die Pflege des Geistes immer mehr in die Hände von Männern gelangte, die fern von den Geschäften und ihren Erfahrungen lebten; die ungemein ausgebreiteten Kenntnisse der romantischen Schriftsteller waren angelesen. Auf wissenschaftlichem Gebiete hat dieser Vorgang sein Gegenstück in der ausschließlichen Bedeutung, welche im Laufe des 19. Jahrhunderts das Professorentum erlangte. Es entsprach dies einem allgemeinen Gesetze der kulturellen Entwicklung: die Schöpfer des griechischen Geistes auf allen Gebieten sind Männer der Geschäfte gewesen, dann kam mit der Aufklärung das Literatentum hoch, das schließlich zum Träger des Hellenismus geworden ist.

Die Abneigung der Romantiker gegen einen bürgerlichen Fachberuf ist also, wenn auch nicht sofort bei der ersten Generation, doch schließlich in einem neuen und sehr bürgerlichen Berufe geendet, der seine Entstehung in hohem Maße gerade der vorschreitenden Arbeitsteilung verdankte und ein Feld der Betätigung vornehmlich in der Interessenvertretung des aufsteigenden Bürgertums fand. Zersetzender wirkte die romantische Lebensauffassung auf jenem Gebiete, das man im engeren Sinne das sittliche zu benennen pflegt. Auch hier stürmte die Jugend gegen alle Überlieferung und rüttelte an den Grundsäulen der Ethik. Die Romantiker waren sinnliche Naturen, wie dies eben auch die Dichter des Neuhumanismus gewesen sind. Künstler, bei denen die Kühle etwas anderes war als nur Maske, Disziplin oder Konvention, hat erst das klassizistische Epigonentum des 19. Jahrhunderts hervorgebracht. Aber Goethe hat, als er in den „Wahlverwandtschaften“ das Verhältnis von Mann und Frau grundsätzlich erörterte, die ewige Gesetzlichkeit des Lebens gegen den modernen Geist subjektiver Maßlosigkeit in Schutz genommen und den Konflikt zu Gunsten der sozialen Institutionen entschieden. Denn die Trennung der Ehe ist nach dem Dichter nicht nur als Verletzung von Personen zu mißbilligen; es würde von den vier Personen niemand verletzt werden, wenn die Ehe geschieden würde. Aber die Scheidung wäre eine Verletzung der Form und der ewigen Ordnung, insofern das Zusammensein der Gatten eine Fülle von gegenseitigen Verpflichtungen geschaffen hat und weil man nicht die Güter, die man im Laufe eines Lebens aufgehäuft hat, wegwerfen soll. Wie man sieht, entstammt diese Begründung einer Zeit und Umgebung, welche die Säkularisierung der Ehe innerlich bereits vollzogen, die Ehe ihres sakramentalen Charakters entkleidet hat. Auch Kant hat in seiner Rechtslehre die Ehe definiert als Vertrag zweier autonomer Individuen — als „Verbindung zweier Personen verschiedenen Geschlechtes zum lebenswierigen wechselseitigen Besitz ihrer Geschlechtseigenschaften". Die Romantiker sind auch hier einfach über die Schranken hinweggeschritten, die der moderne Autonomismus sich selbst noch hatte setzen wollen. Sie haben ihr Liebesleben mit einer Zügellosigkeit geführt, die bis dahin unerhört war. Wenn Chateaubriand neben seiner Gattin sich noch Maitressen hielt, so war dies Brauch und Überlieferung, keine Romantik; aber wenn die Schlegel und ihr Kreis Ehen in der freiesten Weise wechselten, wenn diese Mißachtung der Ehe bei ihnen allgemein war und die gleiche Autonomie für Mann und Frau galt, so nahmen sie damit eine Auflösung der Sitte vorweg, der die abendländische Gesellschaft sich nur zögernd und im Laufe eines Jahrhunderts durch Brauch und Gesetzgebung genähert hat, gegen die sich aber auch ebensoviele sittliche Gegenkräfte erhoben haben. Da sind die beiden Töchter der großen Göttinger Gelehrten Therese Heyne und Karoline Michaelis. Jene heiratet den Schriftsteller Georg Forster und bricht ihm in Mainz die Ehe, und der Mann macht wissentlich den Nebenbuhler zum Begleiter und Schützer seiner Frau, als er selbst sich in den Strudel der Revolution stürzt und darin untergeht. Karoline aber, die aus unbefriedigter Ehe in Klausthal durch den Tod des älteren Gatten befreit wird, kommt gleichfalls in den Tagen der französischen Besetzung nach Mainz, wird dort schuldig, bis August Wilhelm Schlegel sich ihrer annimmt, sie aus der Gefangenschaft befreit und ihre Schmach mit seinem Namen deckt. In Jena tritt der junge Schelling in ihr Leben; acht Wochen nachdem die Scheidung von Schlegel und Karoline ausgesprochen, erfolgt die Trauung mit Schelling durch dessen Vater, der Geistlicher war. Nach der Konventionsehe und der Dankbarkeitsehe hatte Karoline ihre Liebesehe gefunden. Aber der freundschaftliche Verkehr zwischen Schlegel und dem neuen Ehepaare blieb. Der Fall war in den romantischen Kreisen an der Tagesordnung. Der Einbruch in die Ehe des Freundes oder überhaupt die Liebe zur verheirateten Frau kehrt in fast allen Biographien der Romantiker wieder: bei Friedrich Schlegel und Schleiermacher, bei Klemens Brentano, bei Adam Müller, Zacharias Werner und Ernst Moritz Arndt, nicht zuletzt bei Hölderlin und Heinrich von Kleist, die darüber zu Grunde gegangen sind. Viel bewundert war der Roman „Woldemar“, den Goethes Jugendfreund Friedrich Heinrich Jacobi im Gefolge des „Werther“ geschrieben hatte und wo der Held die Jungfrau Henriette liebt, aber dann eine andere heiratet; als Freundin vermittelt jene zwischen den enttäuschten Gatten. Hierher gehört auch die wehmütige Irrung Friedrich Creuzers. Der große Heidelberger Philologe hatte noch in Marburg eine um 13 Jahre ältere Frau geheiratet, nun entbrannte er in Liebe zur jungen Stiftsdame Karoline von Günderode. Er offenbarte seiner Gattin, „wie ich sie nicht mehr als mein Weib ansehen könne“, worauf diese verzichtet: „sie wolle mir entsagen und von jetzt an sich als meine ältere Freundin betrachten“. Er macht sein Lager in einem von seiner Frau entfernten Teile seines Hauses, aber am nächsten Morgen hat die Frau es sich anders überlegt und beharrt auf ihrem Rechte. Also muß die Ehe fortgeführt werden, „weil meine Frau nicht fähig war, sich das Verhältnis einer älteren Freundin neben einer jüngeren Geliebten zu denken“. Karoline aber hat sich den Dolch ins Herz gestoßen.

Der Romantiker liebt die Einsamkeit und sehnt sich doch nach Vereinigung. Ihn treibt das Heimweh nach dem Unendlichen, und er findet das Heilmittel hiergegen in der Liebe — in der religiösen wie in der geschlechtlichen Liebe, in denen beiden der Romantiker sich mit dem Absoluten verbunden fühlt und in ihm zur Ruhe gelangt. Die menschliche Persönlichkeit — so fühlt der Romantiker — ist ewig unfertig, sie empfindet ihre Schranke, sie braucht Erlösung, Ergänzung. Die Einzelexistenz ist also ein Nichts, sie ist erfüllt von Sehnsucht und Liebe: der Mythus der Seelenvereinigung ist von den Romantikern aus Platon entnommen worden und lebendig geblieben bis auf Schopenhauer, der die romantische „Metaphysik der Geschlechtsliebe“ abschließend formuliert hat. Wenn also jedes Geschlecht in sich selbst unvollendbar ist, so gibt es keine reine Menschlichkeit ohne Verschmelzung der beiden einseitigen Geschlechtsprinzipien zu einem allgemeinen Gattungscharakter. So erscheint die Frau als Erzieherin zur Humanität, die Ehe aber als eine durchaus individuelle Seelenverbindung, als eine Grundlage des ganzen, auch des innerlichen Lebens. Es soll daher nicht bestritten werden, daß die scheinbar so ungezügelte Lebensführung der Romantiker eine geistige und sittliche Begründung erstrebte und daß also die spätere Umkehr auch auf ethischem Gebiete in der frühern Zeit vorbereitet war. Die Sehnsucht nach idealer Lebensgemeinschaft und die hohe Auffassung von der Verbundenheit der Liebenden ließen die Romantiker mit Verachtung auf das herabsehen, was in der konventionellen Welt der Höfe oder des Bürgertums sich oft als Ehe bezeichnete und was ihnen doch nur erscheinen wollte, wie wenn zwei Geschäftsleute oder zwei Tiere zusammenkämen. In seiner extremen Weise hat Friedrich Schlegel dies ausgedrückt mit den Worten: „Fast alle Ehen sind nur Konkubinate." Die maßlose Vergötterung der Liebe, die im „Werther" vorgebildet war, führte also bei diesen Menschen zu dem Versuche, das ganze Leben ausschließlich auf die Liebe zu gründen; und da das Individuum sich irren kann und zudem selbst in lebendiger Entwicklung sich wandelt, so soll es bei der ersten Wahl nicht unbedingt für das ganze Leben verbleiben müssen. Der Subjektivismus der modernen Kultur hat die Gattenwahl unendlich erschwert, weil das Individuum nur eine aufs höchste verfeinerte Neigung gelten läßt und für sich noch zudem die Veränderung des organischen Lebens in Anspruch nimmt. Die Ehe als geheiligte Form, die nur der Tod zu trennen vermag, war hiermit preisgegeben. Es mochte wie eine Sublimierung erscheinen, daß in diesen romantischen Lebensläufen die Vereinigung der Geschlechter ausschließlich auf das Innerliche, auf die Liebe gebaut war und in ihr allein die Dauer zu finden hoffte. Doch es zeigte sich, wie diese Vergötterung einer vergänglichen Leidenschaft der Wirklichkeit des Lebens widersprach und wie sie nur der Willkür des Individuums entstammte, das sich nicht von Überlieferung und Umwelt beherrschen lassen will. In ihrer Neigung nach den Extremen ließen die Romantiker oft genug die sinnliche Glut bis zur dämonischen Sehnsucht nach Schmerz und Vernichtung emporlodern, und auch hier war ihnen die Leidenschaft und das Drängen nach dem Einswerden alles, die Erfüllung aber bedeutete ihnen auch hier das Ende der Romantik, in Öde oder in lähmender Ehe.

Wenn die romantische Metaphysik der Liebe von „Verschmelzung" sprach, so war dies die Übertragung des platonischen Eros auf die Weiblichkeit. Die Frau wurde zur Kameradin des Mannes, der Mann wollte und brauchte es so. Die Frau regte zum Schaffen an, obwohl sie selbst ganz und gar nicht schöpferisch war. Die Verwandtschaft zwischen der Romantik und der Französischen Revolution ist auch hier nicht zu verkennen. Der Frauentypus der Madame Roland war entstanden, als die Frau des stoischen Ideales sich bemächtigte; in solchen Zügen zeigt sich der gemeinsame subjektivistische und männliche Grundcharakter aller dieser Frauengestalten. Auch hier war ein Motiv, das aus den literarischen Kreisen der Romantik nur sehr langsam in die weitere Gesellschaft drang, aber dann um so zersetzender wirkte. Der moderne Feminismus hat in ihm seine Wurzel. Die Romantik zuerst hat ihm einen gesellschaftlichen Ausdruck verliehen und ähnlich geartete Männer und Frauen des folgenden Jahrhunderts durch ihr vielgefeiertes Vorbild ermuntert. Die Romantiker waren, so sagten wir, Ästheten; sie waren nicht Vertreter starker Männlichkeit wie Schiller, und ebenso war ihnen die innere Ausgeglichenheit Goethes versagt. Ihre größten Leistungen verdanken sie weiblichen Zügen — ihrer Fähigkeit der Rezeption und Einfühlung, ihrer Sensibilität und Reizbarkeit, ihrem Schwelgen in Empfindung und Gefühl; allen diesen Eigenschaften stand nur eine sprunghafte und übertriebene Produktivität gegenüber, auch sie ein Zeichen, daß es ihnen an jeder Festigkeit fehlte. Zwar blieb ihnen die erotisch betonte männliche Freundschaft fremd, die der antikische Geist der Renaissance in Montaignes Bund mit Etienne de la Boetie und in Winckelmanns Leben enthüllt hatte und die in dem Briefwechsel des Historikers Johannes von Müller mit Karl Viktor von Bonstetten ein literarisches Seitenstück zum „Werther“ geschaffen hat; aber das Frauenideal der Romantiker war nicht die betonte Weiblichkeit, die Schiller liebte, sondern die männliche Karoline Schlegel oder die knabenhafte Bettina. Die Liebe des Romantikers galt, wie wir erwähnten, meist der verheirateten Frau, die älter war als er selbst — oder aber Kindern, wie Karolinens Tochter oder der dreizehnjährigen Sophie des Novalis. Friedrich Schlegel sah im Unterschiede der Geschlechter etwas Zufälliges, Gleichgültiges. Im Liebesspiel die Rollen zu vertauschen, erschien ihm an der berüchtigten Stelle seiner „Lucinde“ als die „schönste Situation“, zugleich auch als eine „wunderbar sinnreich bedeutende Allegorie auf die Vollendung des Männlichen und Weiblichen zur vollen, ganzen Menschheit“. In der Verbindung von Friedrich und Dorothea Schlegel ist dies vorgelebt worden. Der weiche und reizbare 27jährige Mann verliebte sich in die 34jährige Dorothea Veit, des großen Mendelssohn kluge und sinnliche Tochter, die mit einem achtbaren, aber schwunglosen Bankier verheiratet und bereits viermal Mutter geworden war; ihre männlichen Züge sind uns aus zeitgenössischen Bildern überliefert, ihr starker Verstand und die Herbe ihres Wesens treten uns aus ihren Briefen entgegen. Sie gab Mann und Kinder und eine gesicherte, angesehene Stellung preis, um mit Friedrich ein bohemehaftes Leben zu führen, in welchem sie allein die Sorgen des Alltags bannen mußte und das niemals in geordneter Bürgerlichkeit enden konnte. Dieses ungleiche und doch so glückliche Ehepaar ist typisch für die Romantik, die das vermännlichte Weib und den verweiblichten Mann wollte.

Wie alles haben die Romantiker auch diesen Feminismus theoretisch aus den letzten Gründen abzuleiten gesucht. Winckelmann hatte im Hermaphroditen der griechischen Plastik — und als Gegenstück in der Amazone — das „Idealschöne“ verwirklicht gesehen, und er hatte dies auch durch den kultischen Sinn dieser Gestalten bestätigt gefunden: „denn das Geschlecht ist eine Grenze gegenüber dem Absoluten, die Gottheit ist die Synthese der Geschlechter“. Nun konnte er sich aber in seiner heidnischen, an Plato genährten Weltanschauung körperliche und moralische Schönheit nicht anders als vereint denken: so rühmte er an seinem „Idealschönen“ den ephebenhaften Körper und die männliche Seelenverfassung. Unter den Romantikern stand Wilhelm von Humboldt dem Platonismus Winckelmanns am nächsten. Jede sinnliche Form war ihm die Wirkung eines intelligiblen Wesens, und er hat hieraus die wissenschaftliche Charakterologie entwickelt, die dann ein Lieblingsstudium der Romantiker geworden ist und von dem Arzte Karl Gustav Carus vollendet ausgebildet wurde: an die Stelle der alten Begriffspsychologie trat eine Seelenentwicklungslehre, die von den äußeren Zügen des Menschen auf sein Inneres schloß, weil sie im platonischen Geiste von der gemeinsamen Grundlage aller Lebenserscheinungen überzeugt war. Wilhelm von Humboldt fand im Somatischen angedeutet, welche Seele das Individuum in sich trägt; er zeichnete die körperlichen und geistigen Typen von Mann und Weib am Beispiel der griechischen Statuen und wollte das „Idealschöne“ in der Verknüpfung beider finden, „oder vielmehr im reinen Wesen, abgesondert von allem Geschlechtsunterschied“. Dies war nun freilich nicht wie bei Winckelmann die Vermischung der Charaktere, sondern ihre Abstraktion. Es war ein Frauenideal, wie es Goethe in Iphigenie gestaltet hat — ein Heraustreten aus der Enge des Geschlechtes zu einem zeitlosen Menschentum, aber ohne daß das Frauenhafte abgestreift wurde. Während Schiller den romantischen Frauen und zumal der dämonischen Karoline Schlegel eine tiefbegründete Abneigung entgegenbrachte, die von der „Dame Luzifer“ mit übermütigem Spotte erwidert wurde, war von Humboldts Ideale aus, das ihm in der durchaus romantischen Persönlichkeit seiner geliebten Gattin „Li“ vor Augen stand, der Weg zur romantischen „Kameradschaft“ nicht mehr so weit. Am bezeichnendsten ist wohl jene Freundschaft zwischen Henriette Herz, der Gattin eines angesehenen Arztes, und dem jungen Schleiermacher; neben der „kolossalen, königlichen Figur" der Freundin erschien der feine und zarte Theologe so verschwindend klein, daß ihm seine Rolle selbst wohl wunderlich vorkam. In den Briefen Friedrich Creuzers wird die Günderode oft „Freund" genannt, in ihrem Wesen und ihrer Poesie erscheint sie sehr männlich, wie auch die Art des Todes zeigt, die sie sich wählt; sie drängt nicht auf Heirat und will dem Geliebten in Männerkleidern nach Rußland folgen, wohin Creuzer einen Ruf in Aussicht hat. Die Frauen sind in allen romantischen Bindungen immer der stärkere Teil gewesen, sie standen im Mittelpunkte des ganzen Daseins des Mannes, der — so hat Dorothea Schlegel von ihrem Schwager August Wilhelm gesagt — „wie eine Sprungfeder einmal von dieser, dann von jener Seite zusammengedrückt wurde". Diese Frauen der Romantik entbehrten nicht der weiblichsten Züge: mit maßloser Eifersucht und Rivalität ist der Kampf zwischen den beiden Schwägerinnen Karoline und Dorothea Schlegel geführt worden; die Nebenbuhlerschaft von Karoline und Therese, die in Mainz entstand, hat ein ganzes, langes Leben vorgehalten. Auch waren alle diese Frauen nicht eigentlich tief und gründlich gebildet und hatten nicht etwa männliche Erziehung genossen. Das 18. Jahrhundert hatte ganz andere weibliche Gelehrsamkeit gekannt — die Gottschedin oder Madame Dacier, die Griechisch verstand, die Marquise du Chatelet, die mit Voltaire Mechanik trieb, und Dorothea Schlözer, abermals eine Göttinger Professorentochter, die mit ihrer erstaunlichen Kenntnis der alten Sprachen und ihrem akademischen Rang ein Wunder der Zeit war und den beiden andern Töchtern Göttingens durchaus nicht sympathisch gewesen ist. Ihr Lehrer schildert sie als ein Kind von sieben Jahren, „dessen Hand zu schwach, den Zirkel zu führen, dessen Verstand aber von den Lehrsätzen und Beweisen der beiden ersten Bücher des Euklid Rechenschaft zu geben weiß". Im Alter von siebzehn Jahren promovierte sie zum Doctor philosophiae und wurde dann in schwerer Zeit eine gute Hausfrau und Mutter. Was die Frauen der Romantik dagegen kennzeichnete und ihnen in der Ehe die bedingungslose Überlegenheit gab, war die ausgesprochene Männlichkeit ihres Wesens, die sie mit unmännlichen Ästheten zusammengeführt hatte. Ohne Sentimentalität, ganz Straffheit und Wille, ganz antreibend und befeuernd war Karoline Schlegel die Gefährtin und Gehilfin ihres Gatten und der ganzen romantischen Schule, und die Zeit solcher Freundschaften ist für die meisten Romantiker die produktivste Zeit ihres Lebens gewesen. Es fehlte diesen Frauen jeder Sinn für Häuslichkeit und Mütterlichkeit, wie ja auch andererseits kein Romantiker außer Tieck es zum Familienvater gebracht hat. Auch Madame de Staël, die dem älteren Schlegel verbunden war, gehört diesem Frauentypus an; Metternich, ein unromantischer Charakter, sprach nur mit Entsetzen von diesem „Mannweib, dessen Salon einem Forum und dessen Fauteuil einer Tribüne glich und die nur gefesselte Sklaven sich zu Füßen sehen wollte“. Während Frau von Staël mit höchster Leidenschaft politisch tätig gewesen ist, waren die Frauen der deutschen Romantik noch unpolitisch, sie wollten nichts als die Liebe. Doch der Ehebruch und das freie Sichausleben gingen die Gesetzgebung an, und die spätere Generation der Romantik sollte daher mit George Sand den politischen Feldzug gegen eine Gesellschaft eröffnen, die — wie man sagte — aus der Frau den Sklaven und Märtyrer des Gatten gemacht habe. Einst hatte der „Sturm und Drang“ auch die Ehefragen mit radikaler Verneinung behandelt — Goethe im „Goetz“ und in der „Stella“ und Wilhelm Heinse in seinem „Ardinghello“; Heinse hat auch im Leben den ästhetischen Subjektivismus der Romantik vorweggenommen. Dies alles war jedoch ohne historische Wirkung geblieben. Die Auflösung des Überlieferten setzte erst ein, als die Romantiker für beide Geschlechter die freie Liebe tatsächlich vorlebten und die Vermännlichung der Frau nicht nur Literatur geblieben war. Die Romantiker glaubten, die Liebe inniger und persönlicher zu erleben als jemals Menschen vor ihnen, und es ist auch kein Zweifel, daß die Verinnerlichung der Liebe, welche die romanisch-germanischen Völker seit dem Mittelalter als ihr besonderes seelisches Gut in sich entwickelt haben, in der Romantik ihre letzte, aufs höchste gesteigerte Übertreibung erreicht hat. Gerade hierin lag es jedoch zugleich begründet, daß im 19. Jahrhundert langsam, aber dann immer rascher der Umschlag sich vollziehen mußte, der die enge und innerliche Verbindung, dieses schwer erworbene Seelengut des christlichen Abendlandes, wieder löste. Als das Mädchen zur Kameradin des Mannes wurde und als die Distanz aufhörte, die bis dahin zur Idealisierung des Mannes angeregt hatte, gewann das Motiv des inneren Freiwerdens vom Manne die Oberhand.

Alle diese Momente der Zersetzung waren zunächst nur in den Gedanken und im Leben weniger Männer und Frauen vorgebildet. Aber auch hier hat das 19. Jahrhundert lediglich von einem geistigen Gute gelebt, welches an seinem Eingange gedacht und formuliert worden war und für das erst in Jahrzehnten die sozialen Voraussetzungen der Ausbreitung sich entwickelten. Die Romantiker haben nur vorgelebt und angeregt, dann konnten sie sich selbst des Gefühles nicht erwehren, daß sie aus ihrem innersten Prinzip heraus der Auflösung des gesellschaftlichen und sittlichen Lebens in Familie, Kirche und Staat vorarbeiteten. Dies aber trieb noch in der ersten Generation und schon in den ersten Jahren der Bewegung zur Umkehr. Aber auch hierbei ist die Bewußtheit des Vorganges und seine Begründung im Ästhetischen wesentlich. Die Zerrissenheit der modernen Kultur wurde als unschön empfunden; als Mittel der Bindung bot sich zuerst die Kunst, und ihr blieb die höchste Funktion zugewiesen. Die verlorene Einheit wieder herzustellen, war die Sehnsucht der Romantiker, die ihnen aus dem Zwiespalt ihres eigenen Inneren gekommen war und sie dazu trieb, nicht nur Natur und Geist des Menschen in Einklang zu bringen, sondern auch das Subjekt mit dem Objekt in Welt und Leben. Das Individuum war ihnen keine Zahl, wie die mechanische Welterklärung wollte, sondern es war ein Stück Leben und trug als solches seinen Wert und sein Maß in sich selber, es war ein Ding für sich und also „anormal". Mit dieser Einsicht — so sahen wir — war das Individualitätsprinzip geboren und die Atomistik überwunden worden. Nachdenken und Erfahrung mußten nun aber zeigen, daß der Einzelne an sich nur Anlage und Möglichkeit ist und seine Verwirklichung niemals im leeren Raume erhalten könnte. Dies hat Fichte schon 1796 ausgesprochen: „Sobald man den Begriff des Menschen vollkommen bestimmt, wird man vom Denken des Einzelnen aus getrieben zur Annahme eines Zweiten, um den Ersten erklären zu können." Ebenso heißt es in Schleiermachers „Monologen" von 1800: „Wer sich zu einem bestimmten Wesen bilden will, dem muß der Sinn geöffnet sein für alles, was er nicht ist." Von hier war der Weg zu einer sozialen Ethik offen, aber der Romantiker wollte zunächst nur die enge, persönliche Gemeinschaft. Daß auch Goethe bei dieser Klärung des Begriffes der Individualität und ihres Zusammenhanges mit der Welt von großem Einfluß war, versteht sich angesichts seiner Alterswerke von selbst. Goethe hat zwar in zahlreichen Äußerungen das Wesen der Originalität in der Uranlage gefunden, die ihm geheimnisvoll und nicht weiter ergründbar schien, so daß er über die Ableitung von den Ahnen köstlich gespottet hat; aber gegen die Originalgenies hatte der alte Goethe eine ehrliche Abneigung. So sind auch die Romantiker allein schon durch den begrifflichen Zwang ihres Individualitätsprinzips zum Gedanken der Gemeinschaft gekommen, die das Mögliche erst wirklich macht; sie entdeckten in der Romantik selbst das Heilmittel gegen ihre eigenen Gefahren, die denen der Revolution so verwandt waren. Sie kamen dabei, wie man sieht, Goethe sehr nahe; die Verdrängung der mechanischen durch die vitalistisch-organische Lebensauffassung zeigte sich nun auch in der Idee der organischen Verbundenheit von Individuum und Gemeinschaft. Wie das animalische so wurde auch das geistige und gesellschaftliche Leben erkannt in seiner schöpferischen Eigenkraft und in der innigen Verbundenheit aller Teile zum Ganzen. Die organische Gesellschaftslehre sieht das Wachstum des sozialen Organismus wie das des biologischen: aus Anlagen und Fähigkeiten wächst der Organismus zu seiner Bestimmung heran, er bringt unbewußt die Individuen aus dem Geiste des Ganzen hervor und erzieht sie bewußt zur Anteilnahme und Mitwirkung am Ganzen. So besteht das Ganze nur in den Individuen und die letzteren bestehen nur durch das Ganze: die Hingabe an die den Organismus beherrschende Idee vermag den Wert des Individuums nicht in Frage zu stellen! Die Kategorie des Zweckes gelangte in dieser neuen Geschichts- und Gesellschaftsidee zur Geltung: die Gleichheit der Atomistik machte der Gliederung Platz, die auf die Funktion, auf den Beitrag zum Zwecke des Ganzen gebaut ist. Schelling hat diese große, säkulare Wandlung der Weltauffassung im einzelnen begrifflich begleitet und formuliert, und es ist dabei eine Frage für sich, wie weit er durch Goethe und dieser wieder durch ihn beeinflußt war; die geistige Verwandtschaft mit Herder und Burke ist offenkundig. Der Drang zur Einheit ließ die Romantiker den Subjektivismus überwinden, die Identität wurde das zentrale Thema der deutschen idealistischen Philosophie und führte unmittelbar in deren umfassende monistische Systeme. Schelling und Hegel haben dabei den subjektiven Charakter des kantischen und Fichteschen Denkens hinter sich gelassen. Indem sie den kantischen Gegensatz von Geist und Natur aufhoben, das Sinnliche und Endliche als Ausdruck und Erscheinung des Geistes verstehen wollten und die Weltentwicklung als ansteigende Offenbarung dieses Identitätsverhältnisses begriffen, wurden auch Staat und Gesellschaft zu sinnlichen Erscheinungen des Geistes, der sich in ihnen auf verschiedenen Entwicklungsstufen objektiviert. Schelling nannte diese einheitliche Kraft die „Weltseele", Hegel den „Weltgeist". Der pantheistische Charakter dieser Metaphysik deckte sich mit der Gefühlsreligion der Romantik und mit ihrer Poetisierung der Welt und war den Anregungen verwandt, welche die Romantiker von dem durch Goethe in vitalistischem Sinne umgedeuteten Spinoza empfangen haben. Schelling hat diese Lebensstimmung verstärkt, indem er den Vitalismus, die Lehre von der Lebenskraft, zur Lehre von der Welteinheit und von der Allgegenwart des Lebens erweiterte. Daß er diese ganze Naturphilosophie zum metaphysischen Systeme erhoben hat, machte ihn zum eigentlichen Philosophen der Romantik, an die auch das Fragmentarische seiner Werke so sehr erinnert. Aber die Naturphilosophie konnte von der organischen Staatslehre leicht abgetrennt werden. Es blieben dann die alten Grundgedanken des deutschen Geistes, die Leibniz gelegt und Schelling übernommen hatte — also die Bejahung zwecktätiger Naturkräfte, die Allgegenwart des Lebens, der Stufengang der Dinge und das Entwicklungssystem der Welt. Eine also vom Pantheismus losgelöste Gesellschaftsidee führte die Romantiker dann leicht zum christlichen Staate des Mittelalters; ihn als Grundlage des völkischen Lebens wiederzugewinnen und den modernen Verhältnissen anzupassen, wurde das Ziel der „politischen Romantik", wie noch zu zeigen sein wird. Gemeinsam aber blieb allen diesen Gedanken die Rückkehr zur Einheit. Aus der „geteilten Welt", wo die Einheit und Identität auf allen Gebieten verloren gegangen war, sollte also der moderne Mensch sich in eine höhere, wahrhaft alles begreifende Einheit zurückfinden. Eine neue Kultur zog herauf, die eine aus den Fugen geratene Welt wieder ordnen und die den organischen Zusammenhang in irgend einer Weise wieder knüpfen wollte. Diese Kultur war geboren aus dem Leiden bewußter Menschen, die selbst die Kraft eines naturnotwendigen Gesetzes nicht mehr in sich trugen und aus der Sehnsucht heraus dem Organischen sein Recht verschaffen wollten. Auch hierin lag eine Größe; wir finden das 19. Jahrhundert zum einen Teile beschäftigt mit diesem Werke der Restauration, das nicht nur die Jahre erfüllt, die man mit diesem Titel zu umfassen pflegt.

Die Umkehr war radikal, und doch lag sie durchaus in der Richtung des alten romantischen Bewußtseins. Der ganze gewaltige Gegensatz zur Atomistik wurde erst von dem neuen Standpunkt aus fruchtbar. Die vergleichende, genetische und wertende Betrachtung, die sich aus dem Gefühl für Bewegung, Veränderung und Individualität ergeben hatte, wurde vertieft und erweitert, als sie vom einzelnen Kunstwerk und der einzelnen Persönlichkeit auf Völker und Gemeinschaften übertragen wurde und in der „Weltentwicklung" Schellings ihren Abschluß fand. Es war immer noch der gleiche Grundzug unendlicher Beweglichkeit, der der Romantik verblieb und der nun jene große bindende Kraft zu entfalten begann, wie er vorher zersetzend gewirkt hatte; unvermindert blieb die polare Entfernung zwischen romantischem und klassischem Menschentum. Die geistigen Führer der jüngsten Jahrhunderte hatten die schrillen Disharmonien, von denen auch ihr Leben zerrissen wurde, doch immer wieder gebändigt im klassischen Maß: hier war alles bezogen auf den Menschen und auf die angeschaute Natur, auf ein ewiges Gesetz, das aller Vielheit und allen Verwandlungen zu Grunde liegt und das ganz verwirklicht werden kann in der umgrenzten Gestalt der Kunst. Die Romantiker dagegen verblieben in Empfindung, in Bewegung und in der ewigen Sehnsucht nach der Unendlichkeit. Immer trieb es sie über den Menschen hinaus zu unbegrenzten Kräften — mochten sie nun, wie in ihrer Frühzeit, heidnisch-pantheistisch die Welt vergöttern und die Gottheit verweltlichen und so das 19. Jahrhundert auf seinem Wege der Säkularisation aller Werte ermuntern, oder mochten sie später in Demut den Weg zur christlichen Heilslehre finden. Dem klassischen Menschen schwebte vor, die eigene Persönlichkeit zur reinsten Humanität zu läutern und in der Kunst die ewigen menschlichen Motive und die ewigen Naturformen des menschlichen Daseins darzustellen; die romantischen Menschen aber trieb es, die Individualität in ihrer unwiederholbaren Einmaligkeit zu erfassen und die Vielheit der Gestalten in ihrem Werden und in ihrer gegenseitigen Durchdringung zu begreifen. Auch die Klassiker hatten bereits den Einblick in die Entwicklung gewonnen; aber der Akzent der Wertung und des Interesses lag bei ihnen auf dem Gewordenen, bei den Romantikern auf dem Werden. Diese dachten in der Kategorie der Veränderung, jene in der Kategorie eines Fortschrittes zum irdischen, ernahbaren Ziele. Die Romantiker wollten also in der Kunst das Charakteristische und den Wechsel, die Klassiker das Schöne, die begrenzte Form; jene lebten in der Sehnsucht oder in der Erinnerung, diese im Augenblick. Der klassische Mensch war gewohnt, zu sondern und zu gliedern, der romantische Mensch aber beseitigte die Grenzen und drängte nach Vereinigung; jener gestaltet aus der Anschauung und macht alles zu seiner Gegenwart, dieser lebt in der Empfindung und in der Verbundenheit mit dem Fernen. Der romantisch veranlagte Mensch führt in seinen höchsten Beispielen zum erhabenen Gottsucher und ewig Ringenden, in seiner Entartung stürzt er in formloses Chaos oder in den Rausch, wird zum Phantasten oder zum Grübler: die Hamletgestalt ist als Symbol eines Menschen, der vor lauter Reflexionen nicht mehr zum Tun gelangt, den Romantikern geläufig gewesen. Der klassische Mensch hat sein Ideal in den tätig Vollendeten oder in den stolz Entsagenden gefunden: seine Entartung ist dort, wo statt Besonnenheit oder Haltung allein die Konvention und die Form herrschen. Diese Kehrseite des Klassischen und des Romantischen hat Goethe im Auge, wenn er in seiner berühmten Definition jenes das Gesunde, dieses das Kranke genannt hat. Und von den Gebrüdern Schlegel hat er gesagt, daß sie ihr Leben lang unglückliche Menschen waren, denn „sie wollten mehr vorstellen, als ihnen von Natur gegönnt war, und mehr wirken, als sie vermochten". Nicht anders hat Napoleon über Chateaubriand geurteilt, dessen prahlerisches und theatralisches Wesen er aufs tiefste verachtete: „Il y a des hommes qui se croient aptes à tout parce qu'ils ont un talent." Die Charakteristik, die Goethe und Napoleon von den ihnen so ferne stehenden romantischen Menschen gaben, mag einseitig sein, aber sie zeigt, wie es sich hier im Grunde nicht um historische Kategorien, sondern um ewige Gegensätze der menschlichen Natur handelt. Es ist eine innere Polarität des Geistes, die in einzelnen Menschen verblaßt und sich nähert, in bestimmten Zeiten aber scharf auseinandertritt. Ob man ihren letzten Sinn trifft, wenn man sie mit Nietzsche als den apollinischen Kult des Lichtes und den dionysischen Kult der Nacht bezeichnen will, steht dahin. Es mag auch sein, daß sie im abendländischen Menschentum deshalb so klare Ausprägung gefunden hat, weil hier nordisches Blut mit römischem sich mischte und weil also die „faustische Seele" oder „der gotische Mensch" — um einmal diese Schlagworte zu gebrauchen — für Romantik besonders vorbereitet waren. Madame de Staël hat zuerst den Satz geprägt: „le Nord est romantique et le Midi classique", und sie hat dabei mehr noch an den Einfluß von Klima und Landschaft als an den der Abstammung gedacht: hier steht die sonnige Klarheit des Südens gegen die nordische Nebelwelt! Die Engländer jedenfalls haben außer Lord Byron am Anfang des 19. Jahrhunderts und Oskar Wilde an seinem Ende nur wenige romantische Naturen hervorgebracht: die Welt des Ossian und die von ihr eingeleitete Bewegung zu Herder und zum „Sturm und Drang" ist keine Romantik, Walter Scott aber hat lediglich mit romantischem Geistesgut gearbeitet und dabei die umfassendsten Werke und ein ausgeglichenes Leben aufgebaut. Nirgends ist das Ideal des καλὸς κἀγαθός häufiger und vollendeter verwirklicht worden als in dem englischen „all-round-man", der fest in sich gegründet ist und wirkt durch sein Dasein, so stark auch die Phantasie, die Leidenschaft und die rückhaltlose Hingabe in ihm wirken. Daß in England die moderne bürgerliche Entwicklung sich in ruhigen Bahnen aus dem 18. in das 19. Jahrhundert vollzogen hat, mag zudem den Einbruch der Romantik in das Leben dort verhütet und die in sich ruhende Sicherheit des Gentleman erhalten haben. So bleibt noch die Annahme, daß die Unausgeglichenheit von Denken und Sein ein Erbteil wenn nicht des germanischen, so doch des deutschen Wesens sei. Die Romantiker jedenfalls glaubten, daß ihre Art dem „deutschen Gemüt" entstamme, sie lebten im Hochgefühle ihrer germanischen Abkunft, sie haben dadurch dem nationalen und dem geschichtlichen Denken wertvolle Antriebe gegeben, jedoch freilich auch die Rassentheorien der späteren Zeit vorbereitet. Wenn aber die romantische Lebensstimmung nach Renaissance und Aufklärung zu einer gestaltenden Macht im abendländischen Menschentum wurde, so war dies eine natürliche Reaktion gegen das seit Jahrhunderten siegreiche Vordrängen des klassischen Geistes — eine Reaktion, die freilich unmöglich das Mittelalter wiederherstellen konnte, sondern sich ein modernes, ein romantisches Mittelalter schuf. Vor allem aber war die Erscheinung des romantischen Menschentums begründet im Wesen einer Kultur, die von ihrer individualistischen Grundlage aus alle Möglichkeiten der Versöhnung von Freiheit und Vollendung durchlaufen hatte und nun in das späte Stadium der grenzenlosen Bewegtheit eingetreten war. Nicht anders hatte in ähnlicher Kulturlage der Neuplatonismus die großstädtische, hellenisierte Welt durch eine poetisch bewegte Lebensstimmung zum alten Hellenentum zurückführen wollen, und die Schlegel fühlten denn auch im spätgriechischen Literatentum, dessen frühesten Vertreter sie ganz richtig in Euripides sahen, eine verwandte Erscheinung.

Schon die erste Generation der Romantiker ist sich dieser ihrer historischen Stellung und Eigenart bewußt gewesen. Sie erkannte mit Schaudern die zersetzenden Wirkungen ihrer Natur und vollzog rasch die Umkehr. Doch geschah diese Entwicklung, wie gesagt, nicht ohne innere Vorbereitung und läßt daher eine tiefere Gesetzmäßigkeit nicht verkennen. So hat Schleiermacher nach der Katastrophe des preußischen Staates im Jahre 1806 seinen religiösen Individualismus zur entschlossenen Anerkennung einer Volkskirche umgewandelt, indem er den Gemeinschaftsgedanken erweiterte und vom engen, persönlichen Kreise der Ehe und Freundschaft auf Volk und sichtbare Kirche übertrug; aus dem romantischen Schriftsteller wurde der Pfarrer an der Dreifaltigkeitskirche in Berlin. Es ist ein Weg, der seinen Abschluß und seinen dokumentarischen Ausdruck in den Erläuterungen gefunden hat, die Schleiermacher im Jahre 1821 der dritten Auflage seiner „Reden“ angefügt hat; sie wollen eine Übereinstimmung der „Reden“ mit der „Glaubenslehre“ dartun, Gott wird jetzt von der Welt unterschieden, neben dem allgemeinen Priestertum wird ein besonderer Priesterstand anerkannt. Das Ergebnis der romantischen Religiosität war also von dieser Seite nur, daß sie den vielen Richtungen des Protestantismus noch eine neue hinzugefügt hatte, die nach kurzer Geltung rasch wieder verfiel; doch blieb es auf die Entwicklung der protestantischen Kirche von Einfluß, daß ihr größter Theologe durch die Romantik hindurchgegangen war.

Historisch folgenreicher war es, daß die Abwendung von der romantischen Subjektivität bei vielen Geistern zu einem grundsätzlichen Zweifel an dem ganzen autonomistischen Grundgedanken der neuen Jahrhunderte führen mußte und mit der Rückkehr zur katholischen Kirche ihren naturgemäßen Abschluß fand; der Aufstieg des Katholizismus im 19. Jahrhundert nahm von hier seinen Ausgang. Nachdem die Entfernung der abendländischen Kultur von der katholischen Idee in den letzten Menschenaltern immer größer geworden war und um die Wende des 18. zum 19. Jahrhundert den Augenblick des weitesten Abstandes erreicht hatte, erfolgte nun die entscheidende Umkehr. Die Geschichte der Konversionen beginnt mit dem Grafen Friedrich Leopold von Stolberg, der im Jahre 1800 diese Umwendung der historischen Entwicklung einleitete, als er zu Münster mit Frau und Kindern zum katholischen Glauben sich bekannte. Er gehörte der Generation des „Sturm und Drang“ an, hatte mit dem jungen Goethe die frohe und ungebundene Reise durch die Schweiz gemacht und war dann in ein christliches, protestantisches Berufs- und Familienleben eingetreten, wie es ihm vom Elternhause überliefert war und wie es dem Freunde Klopstocks entsprach. Während die meisten andern „Stürmer und Dränger“ die Überwindung der Aufklärung in der neuhumanistischen Bewegung gefunden hatten, war diesem frommen Protestanten die Verherrlichung des Heidentums verhaßt, wie sie ihm in Schillers „Götter Griechenlands“ entgegentrat. Ein Liebhaber der Griechen, wollte er doch den Geist der christlichen Weltanschauung gewahrt wissen. Seine tiefe religiöse Gesinnung ließ ihn die Schwächen der Zeit deutlich erkennen; er sah die dürre Geistigkeit und einen grenzenlosen geistigen Hochmut am Werke, und in der Überzeugung von der moralischen und politischen Zerrüttung bestärkten ihn noch die Greuel der Französischen Revolution; ein fester Zusammenhang der Guten schien ihm notwendiger denn je. Tiefen Eindruck machte auf ihn eine Italienreise im Jahre 1791. Er genoß hier den Anblick eines noch altertümlich gebliebenen Lebens, er genoß es nicht ästhetisch, wie bald nachher die Romantiker, sondern als eine Erfahrung, indem er ein katholisches Volk beobachtete, dem seine Religion in allen Widerwärtigkeiten eines dürftigen und gedrückten Lebens zur Quelle des sicheren Trostes und Friedens geworden war. So sah er mitten im Volksleben die Macht der Kirche, die triumphierend die Ruinenfelder des alten Rom überstrahlte. Einst waren die humanistischen Geister wie Poggio oder Gibbon, als sie von der Höhe des Kapitols herab die christlichen Kirchen auf den Trümmern der römischen Größe ragen sahen, zu wehmütigen Betrachtungen über die Vergänglichkeit alles Irdischen angeregt worden; der fromme Protestant dagegen sah hier den Sieg des ewigen Lichtes, das über der umnachteten heidnischen Welt aufgegangen war. In denselben Jahren trat er einem Kreise vorbildlicher Katholiken nahe, der sich im westfälischen Münster um die Fürstin Gallitzin scharte; diese entstammte dem altpreußischen Geschlechte derer von Schmettau, war aber katholisch erzogen worden und hatte sich seit 1786, also noch vor der Revolution, ihrem Glauben wieder zugewendet, nachdem sie bis dahin in den Anschauungen der Aufklärung gelebt hatte. Von ihrem Kreise in Münster ist die geistige Erneuerung des Katholizismus zuerst ausgegangen, und es war auch in ihm das gleiche Motiv wirksam, das Stolberg beseelte: man hatte die auflösenden Wirkungen der autonomen Vernunft und der modernen Wissenschaft vor Augen, der Einsturz des protestantischen Lehrgebäudes infolge der rationalistischen Bibelkritik hatte zu ernsten Zweifeln an der Richtigkeit des Protestantismus geführt, man verlangte nach einer unwandelbaren und unerschütterlichen Autorität. Im geistigen Austausch mit den Freunden in Münster und in siebenjährigem Studium und innerem Kampf überwand Stolberg einen „Stein des Anstoßes" nach dem anderen; da waren Bedenken gesellschaftlicher Art zu überwinden in dem protestantischen Eutin, wo er neben seinem Jugendfreunde Johann Heinrich Voß lebte, da waren Vorurteile der Erziehung, nicht zuletzt auch Vernunftgründe, die ihm gegen Reliquien- und Heiligenverehrung und gegen die Lehre vom Ablaß zu sprechen schienen.

Diese Konversion war ganz unromantisch, wie die Persönlichkeit des Mannes und sein inneres Erleben. Hier trieb nicht ästhetische Begeisterung für die Außenseiten der katholischen Welt, sondern es waltete die verstandesmäßige Überlegung des frommen und verantwortungsbewußten Familienvaters, der die Zerrissenheit der modernen Kultur erkannte und an die Zukunft seiner Kinder und der ganzen Menschheit dachte. Der Vorgang erregte ungeheures Aufsehen, denn hier war ein Mann, der als Diplomat und als Dichter an den Höfen und in der großen Gesellschaft bekannt war und den man als einen ernsten und besonnenen Menschen schätzte. Die Geschichte der Konversionen im 19. Jahrhundert nennt noch manche andere Persönlichkeiten dieser Art, wie auch schon frühere Stadien der modernen Entwicklung solche Gestalten hervorgebracht hatten. Es sind starke und tapfere Naturen, die das Leben zu meistern verstehen und eben darum die Willkürlichkeiten der modernen Zeit nicht hinnehmen wollen. Die Erscheinung der romantischen Bekehrungen ist dagegen dem 19. Jahrhundert allein eigentümlich, und sie hat ihren Prototyp gefunden, als Friedrich und Dorothea Schlegel im Jahre 1808 im Kölner Dome den katholischen Glauben öffentlich annahmen. Sehnsucht, so sahen wir, war die Grundstimmung des Romantikers, ungestillt hatte sie auf alle möglichen Objekte sich geworfen, Friedrich Schlegel war ein Eklektiker im Leben wie in der Weltanschauung. Wenn diese Sehnsucht schließlich auf die Offenbarungsreligion gelenkt wurde, so geschah dies aus Überdruß an der Haltlosigkeit des autonomen Ich und aus der Freude an den Schönheiten der katholischen Lehre und Welt. Die geistige Beweglichkeit des Romantikers, der in allen Zeiten und Räumen sich zurecht finden konnte, hatte vorgearbeitet, so daß Friedrich Schlegel, der einem protestantischen Pfarrhause entstammte, doch keine Vorurteile zu überwinden brauchte; auch hierin unterscheidet sich seine Bekehrungsgeschichte von dem schweren inneren Ringen des Grafen Stolberg. Das Anlehnungsbedürfnis des schweifenden Geistes fand Befriedigung und Ruhe im positiven Glauben, in der Zugehörigkeit zu einer starken Gemeinschaft und zu einer festen Ordnung. Friedrich Schlegel suchte den lange entbehrten Halt in der gläubigen Unterordnung der Vernunft unter die katholische Lehrautorität und in der demütigen Anschmiegung an die pastorale Führung der Kirche. Er fand jetzt den pantheistischen Gottesbegriff leer und einförmig, seine indischen Studien führten ihn zu der Einsicht, daß die Bibel alles viel klarer und unmittelbarer sage als die orientalische Mythologie. In Paris aber offenbarte sich ihm im Louvre die alte italienische Kunst; er fand sie andächtig, fromm, tief und bedeutend, und er kam zu dem Satze, daß wahre Kunst nur eine religiöse sein könne. So erlebte er nun auch persönlich, was Wackenroders Klosterbruder verkündet hatte. Schon in Paris trat er auch in Beziehung zu den Brüdern Boisserée, und er folgte ihnen 1805 in ihre Heimatstadt Köln, wo sie damals aus den durch die Säkularisation verschleuderten Kirchenschätzen ihre Sammlung altdeutscher Meisterwerke zusammenbrachten und also weitere Kreise auf die frommen Maler der Vorzeit hinwiesen. Friedrich Schlegel war ein Mann anfangs der Dreißiger, als er in die katholische Luft des heiligen Köln eintrat. Hier fand seine ruhelose und reizbare Seele ihren Halt und Mittelpunkt im Glauben an eine geoffenbarte Autorität. Es war ein Schritt, der ohne jedes materielle Motiv geschah und der sich zudem auch niemals gelohnt hätte; das Wirkungsfeld, das Schlegel später von Österreich aus in der publizistischen Vorbereitung des Befreiungskrieges und bei der Neuordnung Deutschlands gefunden hat, stand ihm in seinen Mannesjahren auf jeden Fall offen, und die Versorgung, die er gelegentlich in Österreich erhalten hat, war nur vorübergehend und zudem bescheiden genug. Seine Bekehrung hat durchaus allgemeine Bedeutung: auf dem Wege, den Friedrich Schlegel als erster beschritten hat, sind ihm die Genossen, die ähnlich gearteten Geister in stattlicher Zahl nachgefolgt. Ihre Namen sollen hier nicht aufgezählt werden, die Reihe geht von Adam Müller und Zacharias Werner über die römische Malerschule, aus der Jonas und Philipp Veit als die Söhne der Dorothea Schlegel zu nennen sind, bis zu so späten und einsamen romantischen Naturen, wie Julius Langbehn, dem „Rembrandtdeutschen" von 1890, oder Georg Friedrich Daumer, der mitten im Zeitalter des Materialismus 1859 in der katholischen Kirche die Religion eines neuen und höheren Lebens im Diesseits erkannte.

Das ästhetische Motiv ist bei Friedrich Schlegels Bekehrung zwar nicht auschlagend gewesen, denn ihn trieb die Sehnsucht nach Ruhe aus einem verworrenen Leben; aber die ästhetische Seite des Katholizismus hat doch tief auf diese Künstlernatur gewirkt, und sie hat auch die zahlreichen andern Konvertiten der Romantik angetrieben. Die katholische Welt des deutschen Mittelalters hat die Romantiker erfaßt, die Tiefe des Volksgeistes tat sich vor ihnen auf, das Individuum fühlte sich im organischen Zusammenhang verbunden mit der großen Kette der Generationen, mit den geoffenbarten oder überlieferten Autoritäten. Was Herder und Burke gelehrt, konnten die Romantiker nachfühlen, und sie streuten es leicht und freigebig über die Erde hin, so daß es aufgehen mochte in der Kunst, im öffentlichen Leben und in der Wissenschaft. Vor dem Individualitätsprinzip und der ewigen Beweglichkeit der Romantiker hatte ja nie der psychologische Pragmatismus bestehen können, der mit apriorischen Grundsätzen an die

Individuen herangetreten war. Indem das Subjekt nun organisch als lebendige Entwicklung eines Teiles im Ganzen begriffen wurde, ward die Persönlichkeit aus ihrer Isolierung und ihrer mechanischen Funktion gelöst und in den Zusammenhang des Lebens gestellt. „Die Welt ist kein System, sondern eine Geschichte", so formulierte Friedrich Schlegel mit romantischer Übertreibung den Gegensatz der alten und der neuen Betrachtung; denn — so hieß es nun — das Werden ist nicht berechenbar, es kann nur entwickelt und gedeutet werden im steten Hinblick auf das Objekt. Novalis ließ das gleiche im „Ofterdingen" ahnen und „der Vorwelt heilige Lüfte" verspüren. Denn „wir tragen die Lasten unserer Väter, wie wir ihr Gutes empfangen haben; und so leben die Menschen in der Tat in der ganzen Vergangenheit und Zukunft und nirgends weniger als in der Gegenwart". In seinen „Vorlesungen über schöne Literatur und Kunst" führte August Wilhelm Schlegel im Jahre 1800 den Gedanken durch, daß die Kunst im nationalen Boden wurzle, daß jedes Volkes Sprache, Religion und Dichtung als ein notwendiges Werden, als Entfaltung des Volksgeistes zu verstehen sei. Schlegel lag noch der Schluß ferne, daß es ebenso mit dem Rechte und mit dem Staate bestellt sei. Wie schon angedeutet, holte Schelling auch dieses nach; im Jahre 1803 legte er in seinen „Vorlesungen über die Methode des akademischen Studiums" dar, wie das Recht keine willkürliche Gestaltung sei, sondern eine lebendige, die in steter Entwicklung begriffen ist. So wurde die Loslösung vom Naturrecht — die Montesquieu, der Jurist, noch nicht entschieden gewagt, aber Herder, der von der Volksdichtung ausging, bewußt erstrebt hatte — durch Schelling im umfassenden Sinne vollzogen, indem er die Lehre vom Volksgeist in den Zusammenhang seiner ganzen Lebensphilosophie stellte. Der Sinn für Volkstum und Geschichte, für das organische Wachstum der einzelnen Völker wurde lebendig.

Von hier aus begreift sich erst im Ganzen das Idealbild, das sich die Romantiker vom Mittelalter geschaffen haben. So weit es dabei lediglich um eine künstlerische Angelegenheit ging, indem das klassische Stilprinzip durch fremde, der damaligen Wirklichkeit ungewohnte, also „romantische" Formen ersetzt wurde, so handelte es sich zunächst um eine Mode, die schon um die Mitte des 18. Jahrhunderts von Schottland aus nach dem Kontinent herübergekommen war. Die schottische Landschaft mit ihren malerischen Kontrasten des Sanften und des Wilden und mit ihrer verdämmernden Einsamkeit ist ja so ganz und gar verschieden von der italienischen, der klassischen Landschaft des blauen Meeres und der grauen Vulkane, und wie eine Wiedergeburt uralten und vergessenen Menschentums kam es über Europa, als sich das schottische Volkstum seit dem Erscheinen des „Ossian“ von 1760 offenbarte: diese Menschen waren so ganz anders als die Gestalten eines Racine oder Voltaire, sie waren wie die Menschen Shakespeares — tief, geheimnisvoll und gewaltig. Bewußt knüpfte man in jenem abgelegenen Lande an die verachtete heimische Kunst an, 1750 wurde Douglas Castle gebaut, der neugotische Herrensitz, der fast ein Jahrhundert lang für Europa das bewunderte Vorbild blieb. Dieser „gothic revival“ war nicht etwa die Anknüpfung an eine, wenn auch nur in bescheidener Stille fortlebende Tradition: die Gotik war verklungen, als ihr jetzt eine bewußte Neuschöpfung widerfuhr. Während in England, wie wir früher gesehen haben, der Palladianismus im 18. Jahrhundert seinen Siegeszug vollendete, kam von Schottland herüber der neue Geschmack und verdrängte vornehmlich im Gartenbau den Geist Le Nôtres: der „englische Garten“ brachte durch bewußte künstlerische Mittel, durch die Vermeidung aller geraden Linien und aller architektonischen Figuren in Rasen und Laub den Eindruck einer unberührten, von Menschen noch nicht ihrer Jugendfrische beraubten Landschaft hervor. Die Rousseaustimmung unterstützte die Verbreitung dieses Stilempfindens auf dem Kontinent; der den Jüngern des neuen „Propheten“ geheiligte Park von Ermenonville war statt mit Winkelmaß und Zirkel in Phantasie und Freiheit angelegt, hier ließ sich unter künstlichen Burgruinen, an Gräbern und Trauerweiden träumen von der Geliebten und von dem Tode, wie St. Preux in der „Nouvelle Héloïse“. Seit 1770 war auch die Heimat des Genfers entdeckt, die, abgesehen vom See, bis dahin unbekannt geblieben war, weil das empfindliche klassizistische Auge die Wucht der Bergriesen nicht hatte ertragen können. Jetzt wurde die Schweizer Reise Mode, man weilte an schäumenden Wasserfällen, in der Nähe stürmischer Wolken, an wilden Schluchten, an Gletschern und am ewigen Schnee. Dies alles waren „romantische“ Objekte, das Wort kam damals auf, und es ist von daher die populäre Vorstellung geblieben, daß das Wesen des Romantischen im Gegenstande und nicht vielmehr — wie wir gezeigt haben — im Subjekte beruhe. In Deutschland ist die Neugotik während des 18. Jahrhunderts nicht über Norddeutschland hinausgedrungen, die Einwirkung des benachbarten Englands ist bei den einzelnen Bauten erweisbar. Immer sind es die fürstlichen Bauherren gewesen, die den neuen Geschmack wünschten, und ihre Architekten haben sich, wenn auch vergebens, gegen sie aufgelehnt, weil ihrem architektonischen Empfinden diese Stimmungs- und Illusionsgotik unerträglich war. Jeder Bau will zuerst die Räume und also den Grundriß; hier aber ging man nicht von einem architektonischen Gedanken aus, sondern man wollte eine Staffage in der Landschaft, um eine sentimentalische Stimmung hervorzubringen. Niemals sind Architektur und Bühnenbild so nahe zusammengeführt worden. Der früheste Bau ist das von Friedrich dem Großen 1755 nach eigenen Entwürfen errichtete Nauener Tor in Potsdam; mit seiner streng symmetrischen Anlage und seiner sorgfältigen Quaderung ist es noch ganz klassizistisch gedacht, seine Gotik ist rein ornamental. Der Bau entsprang einer Modelaune, dem König blieb das Mittelalter und seine Kunst völlig fremd: noch 1773 hat er die Marienburg zu einer Kaserne umgebaut. Im Jahre 1768 ist der zweite neugotische Bau in Deutschland errichtet worden, als Fürst Franz von Dessau den Garten von Wörlitz mit dem „Gotischen Haus" anlegte, zum großen Schrecken seines Architekten Erdmansdorf, der ihm die Residenz Dessau aufgebaut hat mit jener Klarheit von Grundriß und Aufriß, die der klassischen Kunst eigen ist. Die Löwenburg auf Wilhelmshöhe, die der Landgraf von Kassel in den letzten Jahren des 18. Jahrhunderts errichten ließ, ist nichts weiter als eine riesige Attrappe, lediglich bestimmt, durch den Anblick einer gewaltigen künstlichen Ruine, durch die Häufung von Erkern und Giebelbauten, von Zinnen und Türmen einen stimmungsvollen Eindruck zu erwecken: schon begann man sich in den absurden Gedanken einzuleben, daß eine solche Theaterkulisse, nur weil sie gotische Formen aufwies und mittelalterliche Geräte in sich barg, für immer ein Denkmal altdeutscher Kraft sein werde.

Rascher als die neugotische Baukunst breiteten sich die englischen Gärten in Deutschland aus. An Stelle der architektonischen Formung der Landschaft trat die scheinbar frei wachsende Natur, die nicht minder künstlich geschaffen war, aber die Stimmung und Illusion der freien Natur erregen sollte; man liebte nun also die hingestreuten Baumgruppen, die gewundenen Wege, man übernahm den in England erfundenen unsichtbaren Aha-Graben, der den Unterschied von Park und Wald vergessen machte; man liebte die Urnen, die Ruhesitze, die chinesischen Teehäuser. Das Zeitalter der Empfindsamkeit förderte diese Mode; Mathisson stand in den Diensten des Fürsten Franz von Dessau. Der „Sturm und Drang" nahm diese ganze Stimmung auf, Mondschein und Waldeseinsamkeit wurden ebenso geläufig wie die Ritterdramen und der ganze Apparat des Mittelalters im Gefolge des „Götz“. In der Theaterdekoration wurde durch Zauberflöte und Fidelio die Alleinherrschaft der klassischen Ordnungen unmöglich. Die „mittleren Zeiten“ — wie man damals noch zu sagen liebte — rückten näher, sei es daß die revolutionäre Jugend hier Natur und unverbrauchtes Menschentum fand, oder daß der Zauber und das fremdartige Kleid lockten. Es war zunächst nichts weiter als ein Wandel des Geschmackes, nachdem bis dahin der strenge Klassizismus Lessings sich durchgesetzt hatte; Lessing selbst hielt inmitten der „Stürmer und Dränger“ mit innerer Notwendigkeit an seiner Art fest, obwohl er sein ganzes Leben hindurch — in Meißen, in Breslau und Braunschweig — von den edelsten Meisterwerken der Gotik umgeben gewesen ist. Viel wichtiger aber als diese Frage der Richtungen war es, daß Herder durch die Einsicht in das Wesen des Volksgeistes und seiner Entwicklung die bisher geschlossenen Tore geöffnet und in die Werdejahre des deutschen Volkes und seiner nationalen Poesie hineingeführt hatte. Die spielerische Mode der Neugotik mußte schon wegen der Bewußtheit des Vorganges Herder fremd bleiben, wie auch Justus Möser in den Patriotischen Phantasien das „englische Gärtlein“ mit köstlichem Spotte bedacht hat. Aber Herder hat gemeinsam mit dem jungen Goethe das Straßburger Münster und seine ästhetischen Werte entdeckt, beide haben im Mittelalter die Jugendzeit des deutschen Volkes wiedergefunden; Goethe hat durch den „Götz“ das allgemeine Urteil über das Mittelalter — diese zwar rohe, aber kraftvolle und ehrliche Zeit, wie man nun sagte — aufs tiefste umgestaltet, und Herder hat dann durch sein geschichtsphilosophisches Lebenswerk die Ansicht vom „dunklen Mittelalter“ auch wissenschaftlich überwunden. Wenn er dabei mehr an die völkische Reinheit der frühen Völker und seltener an den gesellschaftlichen Aufbau der mittelalterlichen Welt gedacht hat, so ist auch dieser Schritt zum Mittelalter hin dann vollzogen worden, als Johannes Müller im Jahre 1782 in seinen „Reisen der Päpste“ zum ersten Male in der protestantischen Literatur die kirchliche Hierarchie gepriesen hat, weil sie ein Gegengewicht gegen alle absolutistischen Gelüste des Staates bedeutet und so die Völkerfreiheit ermöglicht habe. Bald darauf ward auch die architektonische Größe der gotischen Kunst mit tiefem Verständnis gesehen und beschrieben, als Georg Forster im Jahre 1790 den Niederrhein hinab nach Holland fuhr und dabei in seinen „Ansichten“ den Baugedanken des Kölner Domes bewundernd pries; daß die Romantiker sich diesem feinsinnigen und unstäten Weltwanderer innerlich verwandt fühlten, haben Friedrich Schlegel und Wilhelm von Humboldt nach dem traurigen Ende des unglücklichen Mannes immer bekannt.

Das romantische Ideal des Mittelalters ist geboren worden, als Tieck und Wackenroder, die beiden Berliner Jünglinge, die bisher nichts als die nüchterne preußische Hauptstadt und die Kiefernwälder und Sandebenen der Mark gesehen hatten, zu Ostern 1793 gemeinsam durch Deutschland zogen, um an der Universität Erlangen zu studieren. Sie kamen über Bamberg, wo ihnen zum ersten Male der Glanz des katholischen Gottesdienstes entgegentrat, durch das Fichtelgebirge, wo sie die Schauer der Waldeinsamkeit und der Burgruinen im Mondschein erlebten, und sie kamen nach Nürnberg, in die Stadt Albrecht Dürers und des Hans Sachs, die sie recht eigentlich erst entdeckt haben. Hier wurde ihnen altdeutsches Bürgertum lebendig; hier wurde ihnen klar, daß nicht nur unter italienischem Himmel die Kunst zu gedeihen vermag, hier sahen sie die „altväterlichen Häuser und Kirchen, denen die feste Spur von unserer alten vaterländischen Kunst eingedrückt ist“! Es war das Mittelalter der Pilger und Eremiten, der Maler und Musikanten, das ihnen hier zwischen Spitzgewölben und steilen Dächern und „krausverzierten“ Gebäuden entgegentrat. Was aber so in schwärmerischen Künstlernaturen hervorbrach, war die ganz unantike, romantische Sehnsucht nach dem Fernen, nach dem Möglichen, es war ein ernstes Streben nach tieferen Lebenswerten und stiller Weisheit und frommer Kunst. Das wehe Herbstgefühl, daß die Völker alt und allzu klug und unfruchtbar geworden, ließ zurückblicken auf größere Zeiten und Menschen. Man konnte dabei, wie wir gesehen haben, vieles zum Gegenstande der Sehnsucht machen; die indische Philosophie ist so zuerst für Europa entdeckt worden, und Hölderlin hat dem Griechentum in durchaus romantischer Weise seine Seele verschrieben. Aber da die Antike im Zeitalter der Revolution und des Empire noch zu nahe, noch unmittelbarer Lebensinhalt der Gegenwart war, bot sich den Romantikern vornehmlich das Mittelalter als Ziel der Sehnsucht. So schöpften sie aus dem Bewußtsein der Verbundenheit mit den Vorvätern die Hoffnung für die Zukunft. In der Verwirrtheit eines völlig aufgelösten Kulturdaseins flüchteten sie in die Einheit der mittelalterlichen Welt, und Novalis hat aus dieser Stimmung in seinem Aufsatze von 1799, den er „Christenheit und Europa“ betitelte, das romantische Geschichtsbild geformt. Er zeichnet die Idee des Mittelalters, die so wohl niemals restlos verwirklicht gewesen ist, aber als beherrschender Gedanke über dem Leben jener Zeit stand und die nun von neuem und bewußt lebendig gemacht wurde. Es ist die christliche Einheit der germanisch-romanischen Völker, die von Novalis dem heidnischen und zerrissenen Dasein der modernen Welt gegenübergestellt wird: „Es waren schöne, glänzende Zeiten, wo Europa ein einziges christliches Land war, wo eine Christenheit diesen menschlich gestalteten Weltteil bewohnte; ein großes gemeinschaftliches Interesse verband die entlegensten Provinzen dieses weiten geistlichen Reiches." Er zeichnet auch die innere Solidarität aller Glieder dieses gesellschaftlichen Organismus, da alles auf Zutrauen, Gesinnung und Pietät gegründet war und die Autorität alles zusammenhielt. Aber die „schöne Blüte" dieser Jugendzeit, Glaube und Liebe, fielen ab und machten den „derberen Früchten, Wissen und Haben, Platz". Die Anarchie beginnt für Novalis mit der Reformation und vollendet sich in Absolutismus und Revolution; nun aber ahnt er die bevorstehende Umkehr, die zu einer erneuerten Menschheit führen wird! Es ist der Geist der kommenden Restauration, der hier von Novalis ausgesprochen wird; die Französische Revolution wird von ihm historisch begriffen, die Geschichte eines halben Jahrtausends erscheint als ein einziger ungeheurer Irrtum, ihr Inhalt ist Zersetzung und die Vorbereitung der großen Katastrophe, mit der man den geschichtlichen Prozeß beendet glaubt. Nun gilt es, diese fünf Jahrhunderte aus dem Buche der Geschichte wieder auszustreichen und hinter die vorabsolutistische Zeit zurückzugehen, in die Einheit der europäischen, christlich-germanischen Welt zurückzukehren. So wurde das Mittelalter zu einem Ideale, an dem sich die Politik wie das Denken von nun an orientieren sollten, um für oder wider Partei zu ergreifen. Die abendländische Geschichte war freilich nicht so einfach verlaufen, wie die romantische Theorie es wollte; aber das hier entworfene Bild hat tief auf die historischen Ansichten des 19. Jahrhunderts gewirkt — bis hin zu Auguste Comte, der um die Mitte des Jahrhunderts den Untergang der „organischen Zeit" und den Sieg der „intellektuellen und sozialen Anarchie" feststellte und doch zugleich die Entstehung einer neuen Menschheit bejahte. Nicht alle Romantiker freilich waren so umfassend wie Novalis, und so sind es oft nur Einzelerscheinungen, die aus dem Zusammenhang des mittelalterlichen Lebens herausgehoben und poetisiert wurden. Achim von Arnim oder Fouqué, die Wortführer des märkischen Adels, verherrlichten das Rittertum mit seinem Begriff der Ehre als eine Schöpfung des christlich-germanischen Geistes, die Träger der bürgerlichen Bewegung wie Ludwig Tieck fanden im Bilde der Zünfte das Ideal der Arbeitsgemeinschaft, jene altdeutsche Strenge und fromme Tüchtigkeit, die sie besonders in Hans Sachs vorgebildet fanden. Immer aber war es die gleiche Grundstimmung; man fühlte sich eins mit jenem Heldenalter, das derselbe deutsche Volksgeist geschaffen hatte, der jetzt schlummerte und der Erweckung bedurfte durch die Macht des Willens. Als aber mit dem alten deutschen Reiche auch noch der letzte überkommene Zeuge der mittelalterlichen Welt dahingegangen war und das Vaterland in der Not der Fremdherrschaft ganz zu versinken drohte, da hat die deutsche Romantik im Mittelalter vornehmlich die nationale Größe verwirklicht gesehen, die nun verloren war und wiederum erneuert werden mußte.

Es ist zuerst die Heidelberger Romantik gewesen, die neben das Idealbild der christlich-germanischen Einheit die Erinnerung an die alte deutsche Vorherrschaft gesetzt hat, damit aus dem Bewußtsein der historischen Sendung des Deutschtums ein kraftvolles deutsches Wesen und der Wille der Erneuerung geweckt werde. Gerade in den entscheidenden und trüben Jahren des napoleonischen Aufstieges, von 1804 bis 1808, verweilten die Freunde am Neckar — Arnim und Brentano und Josef Görres, während von den Professoren der soeben erneuerten Universität Friedrich Creuzer und von den Studenten der junge Eichendorff ihnen nahetrat. Später sind auch die Brüder Boisserée mit ihrer Gemäldesammlung in die Stadt gekommen, und droben im Garten des Schlosses haben Hatem und Suleika Zwiesprache geführt. Der romantische Kreis fand sich hier zusammen in einer unvergleichlichen Landschaft, die durch eine in Deutschland einzigartige Regelmäßigkeit und Klassizität der Bildung an Italien und an die künstlerische Gestaltungskraft der Natur erinnerte. Die weichen Linien dieser Berge mit ihrer „Sanftheit der Anmut" verglichen die Zeitgenossen gerne mit dem Posilipo; Goethe fand 1797 durch Heidelberg und seine Lage eine Ideallandschaft verwirklicht. Zugleich aber boten Stadt und Gegend so viel der „romantischen" Motive, daß Landschaft und Stimmung in eins verwoben und der poetische Zauber der deutschen Romantik ein Jahrhundert lang an Heidelbergs Namen haften blieb. Von keinem der zahlreichen Dichter, die Heidelberg besungen haben, ist dieses Bild strahlender festgehalten worden als von dem alten Eichendorff, wenn er in „Robert und Guiskard" selige Wandertage der Jugend lebendig werden läßt: „Doch da sie jetzt um einen Fels sich wandten, tat's plötzlich einen wunderbaren

Schein“ — und von der Höhe der Bergstraße sehen die Fahrenden zwischen den Rebenhügeln die Stadt „von Blüten wie verschneit, am klaren Strome träumerisch sich spiegeln.“ Da ist das grüne Tal und der schimmernde Fluß mit den Felsen im Bett und mit den anmutigen Umrissen der steinernen Brücke, da sind die glühenden Berge mit duftenden Gärten und lichten Wäldern, da ziehen sich die engen, langen, mondscheinbeglänzten Gassen hin, in denen es klirrt von Sporen und Schlägern und gesungen wird beim Klang der Becher, während junge Liebe sich irgendwo unter den Blättern versteckt. Hier stand die älteste und ruhmreichste Universität des alten Deutschlands, die Ruprecht von der Pfalz im Jahre 1386 gegründet und der badische Landesherr Karl Friedrich soeben 1803 übernommen und mit neuem wissenschaftlichem Leben erfüllt hatte. Droben aber über der Stadt ragte die „gigantische, schicksalskundige Burg“, wie sie Hölderlin besungen hat, und gemahnte an die Größe und an die Tragik der deutschen Geschichte. Ein Geschlecht von Kurfürsten nach dem andern hatte Bau an Bau gefügt, bis jener wundersame Schloßhof vollendet war; die Franzosen aber hatten 1693 in wenigen Stunden diese ganze Herrlichkeit in Ruinen gelegt, um die nun der Efeu das Trauerkleid breitete. Wenn man vom hohen Altan über die Rheinebene sah, dann schaute man auf die französischen Berge der Haardt. In der „neudeutschen Kleinheit“ trugen die Freunde das alte, große Deutschland im Herzen, sie zuerst haben der deutschen Jugend jene Stimmung vorgelebt, für die der Name dieser Stadt ein Symbol geworden ist und die durch viele sich folgende Studentengeschlechter in die Nation getragen wurde, bis sie in einer rauheren Zeit sich nicht mehr behaupten konnte, so daß sie schon nach der Mitte des Jahrhunderts in Scheffels Liedern verflacht war und dann zur leeren Form erstarrte. Immerhin konnte noch im Jahre 1908, gerade ein Jahrhundert nach des „Knaben Wunderhorn“ und wieder zu Heidelberg und aus seiner romantischen Stimmung heraus, der „Zupfgeigenhansl“ entstehen. Es ist eine schwärmerische Stimmung, die aus dieser Landschaft und aus dem Jugendgefühle des ersten Heidelberger Romantikerkreises erwuchs, ein Schwelgen in Natur, in Freundschaft und Liebe, ein frohes Bewußtsein des eigenen Wachstums, das sich nicht kümmern braucht um die gemeine Not des Lebens, sondern sich entfaltet nach seinen eigenen Bedingungen, frei sich die Arbeit wählt und warten kann, bis die Früchte reifen — eine Jugend also, die sich selber dient und so sich bereitet zum Dienste der Wissenschaft und des Vaterlandes.

Die Heidelberger Romantiker haben diese weltverlorene Seligkeit zuerst durchlebt, in der Erbärmlichkeit der Gegenwart fanden sie Erhebung im Umgang mit einer großen Vorzeit, mit ihren Menschen und ihrem Geiste. Da sie Romantiker waren und eine andere Möglichkeit des Wirkens nicht besaßen, so wollten sie von der Wissenschaft und der Literatur aus das nationale Leben erneuern. Das „Wunderhorn" sammelte die Lieder des deutschen Volkes, Görres gab die Volksmärchen und die Volksbücher heraus, die schon den Knaben Goethe so tief ergriffen hatten, und an der Universität hielt er als erster in Deutschland Vorlesungen über altdeutsche Literatur. Seine Erscheinung auf dem Katheder war „wie ein prächtiges, nächtliches Gewitter, weckend und zündend für das ganze Leben", so hat Eichendorff noch im Alter die Erinnerung an diesen begnadeten Lehrer festgehalten. Die Heidelberger Romantik grub bis hinunter zu den Quellen des nationalen Lebens, so daß nachher der Freiherr vom Stein sagen konnte, in Heidelberg habe sich ein gut Teil des Feuers entzündet, welches die Franzosen vernichtet habe.

So gelangte die Romantik, die in ihrem Kerne so unpolitisch war, doch schließlich zu Staat und Nation. Die Not der Fremdherrschaft rief zur Besinnung, die Lehre vom Volksgeist ließ es unmöglich erscheinen, daß die alte Kraft der germanischen Vorzeit versunken sei. Man kam zu der Überzeugung, daß die Tugenden und Fähigkeiten der alten Zeit nur schlummerten und daß die alte Größe wiederkommen werde, wenn die Gegenwart sich aufraffen wollte zur Tat. Dichterphantasie aber hüllte diese Überzeugung und diese Sehnsucht in sagenhaftes Gewand, und so entstand der Mythus vom schlafenden Kaiser — vom Kaiser, der nicht gestorben ist, sondern bergentrückt irgendwo in der Tiefe weilt und wartet, bis die Raben, die alten Vögel des Unheils, nicht mehr um den Felsen kreisen: dann aber wird er hervorkommen, um die alte Herrlichkeit wiederzubringen! Was Friedrich Rückert so im Gedichte geformt hat, war eine allgemeine Stimmung, die an historische Sagen von Barbarossa und Kaiser Friedrich II. anknüpfte, aber zunächst kein sicheres staatliches Denken in sich schloß. Indem jedoch zu gleicher Zeit einzelne Geister der neuhumanistischen wie der romantischen Bewegung über die Begrenzung auf das persönliche Leben hinausstrebten und zu einem positiven Verhältnis gegenüber dem Staate gelangten, erwuchs den Deutschen in solcher Weise aus Sehnsucht und Not, aber durchaus auf dem Umwege über Wissenschaft und Literatur, der Gedanke des nationalen Staates.

DRITTES BUCH

Die Grundlegung eines neuen Staates

ERSTER ABSCHNITT

Vom Weltbürgertum zum nationalen Staate

Auf weiten und schwierigen Wegen ist das deutsche Volk zum Gedanken des nationalen Staates gelangt. Die bürgerliche Bewegung, die mit der Aufklärung und mit der Französischen Revolution in das Zeitalter ihres siegreichen Durchbruches eintrat, war überall im Abendlande in ihren frühesten Anfängen an der Überwindung des feudalen und des imperialistischen Geistes beteiligt gewesen und hatte in dem Werden eines nationalen Staates ihren Vorteil gefunden. Aber nur in Frankreich und England waren die in den Städten vorhandenen Kräfte mit andern einigenden Gewalten verbunden und zum Aufbau einer einheitlichen Nation verwendet worden. In Deutschland hat das blühende Städtetum des ausgehenden Mittelalters eine deutsche bürgerliche Kultur von nationaler Eigenart hervorgebracht, während gleichzeitig die „gravamina der deutschen Nation“ als Kennzeichen eines politischen Zusammenhanges, einer nationalen Interessengemeinschaft hervortraten. Aber diese Keime sind dann in der großen Umwälzung des 16. Jahrhunderts zu Grunde gegangen. Das Kleinfürstentum siegte und mit ihm die politische, geistige und wirtschaftliche Vorherrschaft Frankreichs. In dieser Enge und Abhängigkeit konnten nur Menschen leben, die auf ihre persönlichen Angelegenheiten sich zurückzogen. In Deutschland vornehmlich führte der moderne Individualismus zum Privatmenschen und zum Philister. Wo Bewegungen gegen das à-la-mode-Wesen sich regten, waren sie selbst nichts anderes als Mode und berührten das Volk nicht. Der „Barockpatriotismus“ kam aus den Gelehrtenkreisen der zahllosen kleinen Universitäten, wo man die Vorstellung von der Größe des alten „Teutschland“, welche die Humanisten aus den neugefundenen Schriften des Tacitus erweckt hatten, weiterhin pflegte und wohl auch zu sprachreinigenden Gesellschaften und zu „teutsch gesinnten Societäten der Wissenschaft“ zusammentrat. Auch der Reichspatriotismus der fürstlichen Stände war nichts weiter als Wohlwollen gegenüber einer altehrwürdigen Gemeinschaft, die gemütvoll gepflegt wurde, seit sie die „Libertät“ verwirklicht hatte und dadurch bequem geworden war. Aus der deutschen Staatenwelt führte kein Weg zum Bewußtsein einer nationalen Zusammengehörigkeit; hier herrschte nur dynastisches Interesse. Aber das private Leben der deutschen Bürger und Bauern war doch sehr durchwoben von volkstümlichen Sitten und Gebräuchen, von uraltem deutschem Erbgut, so daß diese Verbundenheit der Geschlechter in Raum und Zeit nur einen Künder brauchte, der sie zeigte und bewußt zu machen verstand. Die Schöpfer unserer klassischen Literatur wurzelten alle nach Herkunft und Art in diesem volkstümlichen Leben, das unter der Decke der literarischen und französischen Bildung in Eigenkraft sein Dasein führte und ohne das die Kunst des deutschen Barock nicht denkbar wäre. Die großen Schriftsteller, die unsere deutsche Literatur heraufgeführt haben, waren gründliche Gelehrte, die mit dem ganzen Rüstzeug des klassischen Wissens ausgestattet waren und dieses Wissen selbsttätig gefördert haben; ohne diese Verbindung mit der gelehrten Bildung hätte die deutsche Literatur nicht den tiefen Gehalt besessen, der ihre Eigenart und ihre Größe ausmacht. Aber diese Männer waren nicht nur Gelehrte, sie blieben dem städtischen und bäuerlichen Leben, über das sie geistig weit hinausgewachsen waren, im Innersten verbunden und haben aus seiner Anschauung heraus gearbeitet und gestaltet. So hat Klopstock die neue Geisteskultur auf die alte volkstümliche Frömmigkeit gegründet, und Lessing ist ohne die deutsche bürgerliche Kultur von Breslau, Berlin und Hamburg nicht zu denken, so bitter und berechtigt auch seine Klage war über den „gutherzigen Einfall, den Deutschen ein Nationaltheater zu verschaffen, da wir Deutsche noch keine Nation sind". Und er fügte, als er mit solchen Worten seine Dramaturgie abschloß, hinzu: „Ich rede nicht von der politischen Verfassung, sondern nur von dem sittlichen Charakter. Fast sollte man sagen, dieser sei: keinen eigenen haben zu wollen." So klagten die frühesten Schöpfer des deutschen Geistes über die Widerstände, die ihrem Werke entgegentraten. Während in Frankreich der nationale Gedanke durch die staatliche Gewalt aus dem volkstümlichen Leben erweckt und unmittelbar in die bereite staatliche Form gegossen wurde, mußte er in Deutschland den Weg nehmen über Literatur und Wissenschaft. Die enge Verbindung der politisch-sozialen und der literarisch-künstlerischen Bewegungen ist für die deutsche Geschichte um die Wende des 18. zum 19. Jahrhundert besonders bezeichnend; sie veranlaßt den Historiker, oft ebenso eingehend von den Gedanken über die Dinge als von den Dingen selbst zu handeln, und sie legt ihm die Verpflichtung auf, diese innige Wechselwirkung von Gedanke und Tat zum Gegenstande seines Studiums und seiner Darstellung zu machen.

Am tiefsten von allen Großen unserer klassischen Literatur wurzelt Goethe im historischen Grunde des deutschen Volkes. Er hat in einem unvergänglichen Buche das altdeutsche reichsstädtische Leben geschildert, das den Knaben umgab und ihn auf Schritt und Tritt an das Dasein des Reiches, an die geschichtliche Lebenseinheit der Nation erinnerte. Er hat in Straßburg unter Herders Einfluß der nordischen Kunst sich zugewendet und in den Werken Shakespeares und Erwins von Steinbach die innere Verbundenheit alles germanischen Geistes unmittelbar zu fühlen geglaubt. Im „Götz" aber hat er die bunte Welt deutscher Vorzeit erstehen lassen, wie sie sich vor den Augen des Reichsstädters und des Protestanten darstellte und wie sie dem titanischen Streben des Jünglings entsprechen mochte; die Anregung durch eine Abhandlung Justus Mösers ist biographisch erwiesen. Als Goethe Straßburg verließ, führte ihn der Heimweg über Mannheim. Es ist ein bedeutungsvoller und symbolischer Vorgang der deutschen Geistesgeschichte, wie er dort im Antikenkabinett zum ersten Male das Stück eines griechischen Architraves sah, so daß er bekannt hat: „In diesem Augenblicke begann mein Glaube an die Überlegenheit der nordischen Baukunst zu wanken." Nach Jahren der Zersplitterung und des Zweifelns hat Goethe sich dann für die Straße nach dem Süden entschieden, und als der Greis wieder zu Hans Sachs und zu Albrecht Dürer zurückkehrte, da folgte er nur dem inzwischen vollzogenen Gang der Romantik und freute sich wehmütig und bewegt, wie man im Alter in Fülle habe, was man in der Jugend sich wünschte. Der Weg zu den Griechen führte den deutschen Geist in eine tiefe und eigenartige Lösung der ihn erfüllenden Lebensfragen; aber Volkstum und Nation schienen verloren zu sein, und die Wurzeln schienen abgeschnitten, die zum Boden der Heimat und zum Leben des deutschen Bürgertums führten. Jetzt rief Goethe den Deutschen zu, daß die Bildung zur Nation ihnen versagt sei: „Bildet, ihr könnt es, dafür freier als Menschen euch aus." Es darf nicht vergessen werden, daß Goethe gerade in dieser Zeit die deutsche bürgerliche Kultur, der er selber entstammte, tiefer als irgend ein anderer begriffen und erlebt hat, als er in „Hermann und Dorothea" den Frieden der alten deutschen Heimat liebevoll im Bilde des Städtchens und der Familie gestaltet hat, während im Hintergrunde das grollende Weltgewitter vorüberzieht und als Naturerscheinung und Schicksal hingenommen wird. Es lag in der Persönlichkeit Goethes begründet, daß er trotzdem von der Französischen Revolution peinlich berührt war und an der politischen und nationalen Bewegung, die sie überall in Europa auslöste, keinen Anteil nahm; der Umgang mit den Griechen hat ihn hierin lediglich bestärkt. Ob der deutsche Geist leichter und rascher zum nationalen Staate gekommen wäre, wenn der in seinem innersten Wesen so stark politisch gestimmte „Sturm und Drang“ sich ausgelebt und unmittelbar in die Französische Revolution und in die Romantik geführt hätte — wer will dies ermessen? Indem der Neuhumanismus in der Verbindung von griechischem und deutschem Geiste die Vollendung alles Menschentums fand, erwuchs ihm unmittelbar aus den Idealen der Humanität und des Weltbürgertums der Glaube an eine besondere, aber geistige Sendung des deutschen Volkes. Es war eine Flucht aus der Politik, die durch die Schrecken der Revolution und durch den Zusammenbruch des alten Reiches gefördert wurde; aber auf diesem Umwege kam der deutsche Geist doch schließlich zu Staat und Nation. Unter allen deutschen Dichtern ist Schiller durch Anlage und durch den Zwang der äußeren Verhältnisse der am meisten politische Mensch gewesen; und gerade er hat sich aus der Kampfesstimmung seiner Jugend in ein ästhetisches Reich zurückgezogen, um aus der humanistischen Stille dann doch den Weg zum Glauben an Volk und Vaterland zu finden.

Den Widerstand der stumpfen Welt zu besiegen, war Schillers innerster Lebenstrieb. Stärker als bei irgend einem anderen unserer Klassiker war bei ihm der politische Sinn entwickelt, sein Pathos hatte das revolutionäre Grollen auf Staat und Gesellschaft gelenkt, die an ihm schwer sich versündigt hatten. Die Französische Revolution entsprach der bürgerlichen Tendenz, der Schiller am Beispiele der Niederlande oder in „Kabale und Liebe“ aufwühlende Worte geliehen hatte. Dann kamen die beiden entscheidenden Erlebnisse seines Bildungsganges, Kant und Goethe, und durch ihre Synthese fand er den Satz, daß der Weg zur Freiheit durch die Schönheit gehe. Der Politiker wurde ganz Künstler: der gereifte Mann hatte sich eine Familie gegründet, hatte Amt, Ansehen und Würde erworben, die Ansichten hatten sich geklärt und gefestigt. Aber er bewahrte auch als Mann vor den Idealen seiner Jugend jene Achtung, die einst sein Posa dem Infanten gewünscht hatte. In den Briefen an den Herzog von Augustenburg, aus denen seine Briefe über die ästhetische Erziehung hervorgegangen sind, heißt es 1793 mit Bezug auf die Französische Revolution: „Wäre das Faktum wahr, wäre der außerordentliche Fall wirklich eingetreten, daß die politische Gesetzgebung der Vernunft übertragen, der Mensch als Selbstzweck respektiert und behandelt, das Gesetz auf den Thron erhoben und wahre Freiheit zur Grundlage des Staatsgebäudes gemacht werde, so wollte ich auf ewig von den Musen Abschied nehmen und dem herrlichsten aller Kunstwerke, der Monarchie der Vernunft, alle meine Tätigkeit widmen. Aber dieses Faktum ist es eben, das ich zu bezweifeln wage.“ Er bestreitet auch jetzt noch nicht die Grundsätze der Revolution, aber die Ereignisse scheinen ihm zu beweisen, daß die Menschen noch nicht reif seien zur bürgerlichen Freiheit, da ihnen noch so vieles zur menschlichen fehle. Schiller entwirft ein abschreckendes Bild dieser „verderbten Generation“. In den niederen Klassen sieht er nur rohe, gesetzlose Triebe, in den oberen den noch widrigeren Anblick der Erschlaffung, der Geistesschwäche; denn die Aufklärung ist, wie er sagt, nur eine theoretische Kultur, ohne veredelnden Einfluß auf die Gesinnung! „Politische und bürgerliche Freiheit“ — so heißt es hier — „bleibt immer und ewig das herrlichste aller Güter, das würdigste Ziel aller Anstrengungen und das große Zentrum aller Kultur; aber man wird diesen herrlichen Bau nur auf dem festen Grunde eines veredelten Charakters aufführen.“ So wird ihm die Erziehung die wichtigste Aufgabe; zuerst gilt es, für die Verfassung Bürger zu schaffen, dann erst kann dem Bürger eine Verfassung werden. Erziehung war auch das Thema der Aufklärung gewesen, dieser pädagogischen Zeit; aber sie hatte nur einen einseitigen Menschen gewollt. Indem Schiller demgegenüber die harmonische Ausbildung predigte und sie nur in auserlesenen Persönlichkeiten und Lebenskreisen erreichbar fand, vergaß er — noch während der Arbeit an den Erziehungsbriefen — seinen politischen Ausgangspunkt ebensosehr wie die Mittlerrolle, die er der Kunst ursprünglich zugedacht. Nicht mehr von der Wiedergeburt der bürgerlichen Gesellschaft war die Rede, sondern Schiller fand sich mit Goethe zusammen in jener „ästhetischen Selbstgenügsamkeit“, über die Herder gelegentlich bitter Klage geführt hat. Aus des Lebens Drang zog man sich in des Herzens stille Räume, und jetzt schrieb Schiller jene Sätze nieder, die für die weltbürgerliche und unpolitische Gesinnung des Neuhumanismus so bezeichnend sind: „Wir wollen dem Leibe nach Bürger unserer Zeit sein und bleiben, weil es nicht anders sein kann; sonst aber und dem Geiste nach ist es das Vorrecht und die Pflicht des Philosophen wie des Dichters, zu keinem Volke und zu keiner Zeit zu gehören, sondern im eigentlichen Sinne des Wortes der Zeitgenosse aller Zeiten zu sein.“

Der schaudernde Anblick der Pariser Vorgänge hatte Schiller, diesen hervorragend politischen Geist, zur Abwendung von aller Politik geführt; im „Spaziergang“ und im „Lied von der Glocke“ zittert die Erinnerung nach an die furchtbaren Verbrechen, von denen der Zusammenbruch einer innerlich unwahr und unnatürlich gewordenen Gesellschaft begleitet war. Trotzdem blieb ihm in aller Enttäuschung der Glaube an den Menschen erhalten: „laßt euch nicht irren des Pöbels Geschrei, nicht den Mißbrauch rasender Toren!“ Die Erfahrungen hatten ihn wissend, aber nicht mutlos gemacht, und er hat aus dem ästhetischen Weltbürgertum doch wieder den Weg zu der Menschheit großen Gegenständen zurückgefunden, wo um Herrschaft und um Freiheit gerungen wird und die Liebe zum Vaterlande in einer gottbegeisterten Jungfrau, in einem geknechteten Volke erwacht. Im Werdegang unseres deutschen Nationalbewußtseins hat Schiller eine neue Epoche eröffnet. Der deutsche Geist war langsam in Jahrzehnten herangereift zum Bewußtsein seiner selbst, er hatte die Vorherrschaft der französischen Kunst und Philosophie abgeschüttelt, und er hatte dies nur leisten können, weil schöpferische Menschen ganz nur den Notwendigkeiten der eigenen Natur gefolgt waren und schließlich sich völlig vom Vaterlande abgewendet hatten; daß dessen Lage so jämmerlich geworden, erleichterte ihnen die Errichtung eines Reiches, das nicht von dieser Welt war. Nun begann der deutsche Geist die Kräfte, die er entwickelt hatte, wieder nach außen zu wenden und im Umkreis alles Menschlichen, das er umspannen wollte, auch das nationale Bewußtsein für wert zu halten. Aus dem Gefühl seiner eigenen, unvergleichbaren Leistung erwuchs ihm die Einsicht, daß auch das Volk, dem er entstammte, eine Individualität darstelle, die es in aller Welt nur einmal gebe und an welcher Anteil zu haben Glück und Schicksal zugleich sei. Es war ein nationaler Gedanke, der zunächst noch ganz geistig gefaßt war — als ein Gemeinschaftsgefühl des Willens, der Bewußtheit und der Kultur, ohne Rücksicht auf Volkstum und Staat. Als das politische Band zerbrach, in welchem das deutsche Volk ein Jahrtausend lang gelebt hatte, konnte Schiller bekennen: „Deutsches Reich und deutsche Nation sind zweierlei Dinge.“ In einem Fragment, das man unter dem Titel „Deutsche Größe“ zu zitieren sich gewöhnt hat, ist der Gedanke von Schiller ausgesprochen worden, daß die Majestät des Deutschen niemals auf dem Haupte seiner Fürsten beruhe: „Stürzte auch in Kriegesflammen Deutschlands Kaiserreich zusammen, Deutsche Größe bleibt bestehen.“ Denn die deutsche Würde, so sagt Schiller, ist eine sittliche Größe, sie wohnt in der Kultur und im Charakter der

Nation und ist von deren politischen Schicksalen unabhängig: „Jedes Volk hat seinen Tag in der Geschichte, doch der Tag des Deutschen ist die Ernte der ganzen Zeit!“ Hier war der nationale Gedanke, wie man sieht, unmittelbar aus einer hochgestimmten, aristokratisch abgeschlossenen Bildung entstanden, deren enger Kreis der geistig Zusammengehörigen nun auf ein ganzes Volk ausgedehnt wurde. Es lag ein starker Glaube in dem Gedanken, daß die ästhetische Erziehung, wie sie aus deutschem Geiste geboren worden, auch am deutschen Volke sich vollenden werde und daß hierin die Weltsendung des Deutschtums beruhe. Wenn aber dann diese Überzeugung auf die dem 19. Jahrhundert eigene Weise materialisiert und also aus der Welt des Geistigen, in der allein sie von einer idealistisch gestimmten Zeit gedacht war, auf den sich festigenden Nationalstaat und auf die naturwissenschaftlich aufgefaßten Begriffe von Volkstum oder Rasse übertragen wurde, dann mußte hieraus allerdings eine nationale Selbstüberhebung entstehen, die das deutsche Wesen in seiner geistigen Eigenart völlig verkannte und doch an ihm die Welt genesen lassen wollte.

Der Weg, den Schiller gegangen war, entsprach der Linie der deutschen Entwicklung, die noch in den Tagen des alten Reiches die Keime eines nationalen Bewußtseins gelegt hatte und rasch genug über den von Schiller gewonnenen Standpunkt hinausführte. Als den großen Dichter ein frühes Grab aufgenommen hatte, sind Wilhelm von Humboldt und Fichte, die von ihm in Jena entscheidende Anregungen empfangen hatten, unter dem erschütternden Erlebnis von Preußens Sturz dem nationalstaatlichen Denken noch näher gekommen. Beide hatten begonnen unter dem unmittelbaren Eindruck der Französischen Revolution und der kantischen Rechtslehre, welche die Ideen von 1789 voll aufnahm und aus dem Zusammenhang der praktischen Vernunft begründete. In ihrer Beschreibung der vollkommensten Staatsverfassung stimmt die Rechtslehre Kants bis in alle Einzelheiten hinein so sehr mit dem bürgerlichen Konstitutionalismus von 1791 überein, daß sie später von Karl Marx als die „deutsche Theorie der Französischen Revolution“ bezeichnet wurde, womit er von seinem Standpunkte aus sie als den Ausdruck einer bestimmten Stufe der sozialen Entwicklung kennzeichnen wollte. Es ist freilich zugleich daran zu erinnern, daß Kant die neuen Ideen ausschließlich gründen wollte auf die Gerechtigkeit als den Endzweck des Staates und der Menschheit, während die der Aufklärung entstammende große Revolution jenen Kultus des Glückes betrieben hat, der dann vom Wohlfahrtsausschuß laut verkündet wurde, als die Menschenrechte von 1793 in ihrem ersten Artikel die Aufgabe der Staatsgewalt in der Herstellung des allgemeinen Glückes sahen und Robespierre die stolzen Worte sprach: „Le bonheur est une idée neuve en Europe". Aber wenngleich Absicht und Endziel bei Kant andere sind als bei den Männern von 1791, so bleibt doch die Gemeinsamkeit der Forderungen bestehen. Bei Kant heißt es also: „Der Mensch, der abhängt, ist nicht mehr ein Mensch; er hat diesen Rang verloren, er ist nichts als ein Zubehör eines andern Menschen." Die väterliche Regierung — „wo die Untertanen als unmündige Kinder sich bloß passiv zu verhalten genötigt sind" — nannte Kant „den größten denkbaren Despotismus". Denn er sah den Zweck des Staates nicht in der individuellen oder sozialen Glückseligkeit, sondern in der Verwirklichung der sittlichen Idee, des moralischen Endzweckes der Menschheit. Die Notwendigkeit des Staates war ihm begründet im Wesen des Menschentums; damit wir als Menschen handeln können, muß der Staat mit seinem Rechtszwang das Unrecht unterdrücken. Daher hat Kant eine starke staatliche Autorität gefordert, wo unabhängig von aller Willkür „das Gesetz selbstherrschend ist und an keiner Person hängt". Die Scheidung von Sittlichkeit und Recht — von denen das letztere sich nur auf äußere Handlungen bezieht und erzwingbar ist — gab ihm die Möglichkeit, dem Staate Zwangsrechte zuzuerkennen, ohne daß er dadurch die sittliche Autonomie, von der er ausgegangen war, preiszugeben brauchte. Auch diese Herausarbeitung eines abstrakten Staatsbegriffes, der in der absoluten Gültigkeit und Zwangsgewalt des Gesetzes besteht und das Oberhaupt nur als „Agent" des Gesetzes gelten läßt, entsprach der bisherigen Entwicklung der Staatsidee. Und auch die weltbürgerlichen Ideale, die über den Anfängen der Französischen Revolution gestanden, haben bei Kant einen eigenen theoretischen Abschluß gefunden in der Idee des Ewigen Friedens. Der stille deutsche Gelehrte, der in seinem empirischen Dasein eine rührende Anhänglichkeit an die engere Heimat bewies und in schlichter Verbundenheit mit der Vaterstadt ehrenvolle Berufungen ausschlug — der Mann, der die Grenzen Ostpreußens niemals und die Bannmeile von Königsberg nur selten überschritten hat, fühlte sich in seinem geistigen Sein als keines Landes Untertan, als Bürger aller Welten und aller Zeiten; der innere Zusammenhang zwischen der Bescheidenheit des Erdenpilgers und der Weltweite seiner Ideen ist offenkundig. Ihn erinnerte der „Nationalwahn" an tierische Instinkte, die durch

„Maximen der Vernunft“ ersetzt werden sollten. Aber da die durchaus formale Allgemeinheit seiner sittlichen Regeln eine materielle Bestimmung nicht zuließ, so stand es freilich den kommenden Geschlechtern frei, in dieses Vakuum ihre eigenen Götter hineinzusetzen. So hat der Nationalismus des 19. Jahrhunderts Nutzen gezogen aus der Lehre Kants, daß der Mensch aus innerer Freiheit, aus dem unerschütterlichen Bewußtsein seiner Pflicht zu handeln hat. Kant selbst hatte bei der Formulierung seiner Sittenlehre nur an die Betätigung im universalen Menschentum gedacht. Denn wenn das Ziel der menschlichen Geschichte die Herbeiführung der Freiheit in der vollkommensten Staatsverfassung war, dann mußten alle Staaten diesem Zustande sich angleichen, und der Ewige Friede wurde zum „höchsten politischen Gut“.

Im Anbruch der langwierigsten Kriege hat Kant den Fortgang zur staatsbürgerlichen und dann zur weltbürgerlichen Verfassung und zum Ewigen Frieden deduziert. Er dachte dabei nicht an philanthropische Ziele, sondern an die Verwirklichung des Rechtes. Diesen politischen Freiheitsgedanken hat Wilhelm von Humboldt zum Ausgang seines politischen Denkens genommen, um aber schon bald den Rechtsbegriff durch den Begriff der Humanität zu ersetzen. Im Alter von vierundzwanzig Jahren verließ Wilhelm von Humboldt, als er gerade eine Familie gegründet hatte, den preußischen Verwaltungsdienst und zog sich in das Privatleben zurück, um seinen Ideen und der Bildung seiner Persönlichkeit leben zu können. Die Abneigung gegen den bestehenden Staat des Absolutismus und dann gegen den Staat überhaupt kommt in diesem Entschlusse zum Ausdruck. In Jena, wo er die Freundschaft Schillers genoß, schrieb er 1797 jene Ideen nieder, in denen er der Wirksamkeit des Staates die engsten Grenzen zog. Diese Jugendschrift ist zwar damals nur in Bruchstücken — und vollständig erst nach einem halben Jahrhundert — gedruckt worden, sie hat also keine unmittelbare historische Wirkung ausgeübt; aber sie bleibt doch bedeutungsvoll, weil in ihr die typischen Gedankengänge des Liberalismus klassischen Ausdruck gefunden haben. Überall spürt man, oft bis in die Wortprägung hinein, die Einflüsse Mirabeaus und Kants. Am Eingange steht der viel zitierte Satz: „Der wahre Zweck des Menschen ist die höchste und proportionierlichste Bildung seiner Kräfte zu einem Ganzen; zu dieser Bildung ist die Freiheit die erste und unerläßlichste Bedingung.“ Daraus wird gefolgert, daß jedes Bemühen des Staates verwerflich sei, sich in die Privatangelegenheiten der

Bürger einzumischen, es sei denn zur Abwehr von Übergriffen, die sich ein Bürger in die Privatsphäre des andern erlaubt. So beantwortet die Schrift die Frage, ob der Staat nur die Sicherheit der Untertanen oder auch ihr positives Wohl beabsichtigen solle, mit einer entschiedenen Absage an den herrschenden Wohlfahrtsstaat. Diesem wird vorgeworfen, daß er die Menschen an die sorgende Hilfe des Staates gewöhnt und also die Entfaltung der Selbsttätigkeit, die Entwicklung vielseitiger und kraftvoller Charaktere gehemmt habe: „was aber nicht von dem Menschen selbst gewählt und betrieben wird, das geht nicht in sein Wesen über, bleibt ihm ewig fremd, das verrichtet er nur mechanisch!“ Die notwendige Begleiterscheinung des Wohlfahrtsstaates war der Ausbau der Ämter, über den schon die Physiokraten und die Girondisten geseufzt hatten. Humboldt tadelte den ganzen Wust von Verordnungen und Ordonnanzen, die Eitelkeit und den Knechtssinn der Bureaukratie, ihre Dürftigkeit und jenen Formalismus, der immer wieder neue Weitläufigkeiten und neue einschränkende Anordnungen ersinne, aus welchen wiederum sehr natürlich eine neue Vermehrung der Geschäftsmänner erwachse: „Daher nimmt in den meisten Staaten von Jahrzehnt zu Jahrzehnt das Personal der Staatsdiener und der Umfang der Registraturen zu und die Freiheit der Untertanen ab.“

Die Sorgfalt des Staates für die Sicherheit der Bürger macht also nach Humboldt den eigentlichen Staatszweck aus. Man könnte nun sagen, daß diese öffentliche Sicherheit am besten gewährleistet werden könne durch staatliche Erziehung. Dies ist nicht Humboldts Meinung. Denn ihm kommt alles auf die Ausbildung des Menschen zur höchsten Mannigfaltigkeit an, der Staat aber wird immer nur eine bestimmte Form wollen und den Menschen dem Bürger opfern: „Die Erziehung soll Menschen bilden, ohne Rücksicht auf bestimmte bürgerliche Formen; also bedarf es des Staates nicht.“ So wird von Humboldt jede positive Einwirkung des Staates abgelehnt; der liberale Staat wird nur darüber zu wachen haben, daß die unveräußerlichen Rechte des Menschen, sein Leben, seine Freiheit und sein Eigentum unangetastet bleiben oder, wo sie verletzt sind, wieder hergestellt werden. Wo der Staat die Religion in sich einbezieht, wo er durch Sittengesetze zu bessern sucht, wo er selbst Eigentum erwirbt — überall greift er nach Humboldt über seine natürliche Sphäre hinaus; der Staat des Liberalismus ist, wie Lassalle später gespottet hat, auf die Rolle eines Nachtwächters beschränkt. Was aber Humboldt, der feingebildete märkische Edelmann, durch seine Gabe des Nachempfindens, im persönlichen Anblick der großen Tage der Revolution und im geistigen Austausch mit der herrschenden Philosophie gefunden hatte, das hatte Fichte, der Sohn des armen schlesischen Leinenwebers, in einer harten Jugend, in einem langjährigen Hauslehrerdasein ohne Aussicht und voller Demütigung, mitten in der Geringschätzung der Welt erlebt und empfunden: den Haß gegen Staat und Gesellschaft trug dieser leidenschaftliche und vom Leben verletzte Mann schon in sich, als ihm die Revolution das erlösende Wort zu bringen schien. Kein deutscher Denker hat dem Liberalismus eine so radikale und entschiedene Wendung gegen den Staat gegeben wie der junge Fichte. „Der Staat hat vor allem in seinen Grenzen zu bleiben", heißt es schroff. Und daneben steht der äußerste Satz, der von diesem Standpunkte aus überhaupt denkbar ist: „Keinem Menschen kann ein Gesetz gegeben werden, ohne von ihm selbst". Auch bei Fichte begegnen wir den uns von Humboldt her bekannten Gedankengängen, daß die Kultur, wenn sie im kantischen Sinne zur Freiheit führen soll, nicht als etwas Fertiges an den Menschen herangetragen werden darf, daß sie sich dem Menschen nicht so aufhängen lasse wie ein Mantel auf die nackten Schultern eines Gelähmten: „Niemand wird kultiviert, jeder hat sich selbst zu kultivieren", heißt es bei Fichte. Zu den unveräußerlichen Menschenrechten rechnet er auch das Recht des Einzelnen, jederzeit den Staatsvertrag zu kündigen; die Frage nach der Rechtmäßigkeit einer Revolution, die Kants Rechtslehre behutsam offengelassen hatte, bejaht Fichte von kantischen Vordersätzen aus entschieden. Denn der Fortschritt der Freiheit, der nach Kant der einzig mögliche Endzweck der menschlichen Gemeinschaft sein soll, wäre unmöglich, wenn der Staatsvertrag die Unabänderlichkeit der Verfassung festgesetzt hätte: das Recht zur Veränderung einer Staatsverfassung ist nach Fichte unveräußerlich, der Staat ist ihm wie die Gesellschaft nur ein System von Verträgen, von denen das Individuum jederzeit zurücktreten kann. Zu diesen unveräußerlichen Menschenrechten zählt Fichte auch die Denkfreiheit, die seine anonyme Erstlingsschrift von den Fürsten Europas zurückfordert. Und auch hierbei bewegt er sich in den kantischen Gedankengängen. Es ist nicht wahr, sagt er, daß die Denkfreiheit dem allgemeinen Wohl schade und deshalb eingeschränkt werden müsse. Doch selbst wenn dem so wäre: was gilt Glückseligkeit gegen Gerechtigkeit — und gegen diese allerdings streitet die Einschränkung!

Der Staat wird also von dem jungen Fichte lediglich als Mittel für die Zwecke des Individuums betrachtet: „Das Leben im Staate gehört nicht unter die absoluten Zwecke des Menschen, sondern es ist nur ein unter gewissen Bedingungen stattfindendes Mittel zur Gründung einer vollkommenen Gesellschaft." Man weiß aus Fichtes Leben, wie er auch persönlich die Folgen aus diesem Standpunkt zu ziehen bereit war, wie er über seine Aufnahme in die französische Republik, dieses Vaterland der Menschheit, verhandelt hat, wie er in radikaler Polemik gegen den bestehenden Staat und die bestehende Kirche sich ergangen hat. Der arme Bauernsohn bestritt die Institution des Adels und verkündigte den liberalen Eigentumsbegriff, der einem jeden Menschen das freie Verfügungsrecht über seine Arbeitskraft zuerkennt. Die Voraussetzung dieser ganzen Weltanschauung war freilich der Glaube an die Vernunftnatur des Individuums, für dessen ungehinderte Entfaltung mit der Verleihung der politischen Freiheiten alle Schranken fallen werden. Von diesem Optimismus ist Fichte jedoch allmählich abgekommen. Die kantische Scheidung von Sittlichkeit und Recht ermöglichte auch ihm die Anerkennung einer staatlichen Zwangsgewalt ohne Preisgabe der persönlichen Autonomie: die Nötigung solle nur gegen denjenigen eintreten, der die Freiheit eines andern verletze; die Autonomie werde aber hierdurch nicht gefährdet, sondern geradezu gestärkt und gesichert. So konstruierte Fichte im Stile der Zeit einen „vernunftgemäßen Staat", und er war dabei immer erst bei einem ausschließlich passiven, lediglich die Sicherheit bezweckenden Staate angelangt. Indem aber der Staat nun einmal zum „Aufsichtsstaate" erklärt war, war in ihn ein treibendes Prinzip hineingetragen worden, das rasch über den Liberalismus hinausführte. Es bedurfte dann nur noch einer so impulsiven Persönlichkeit, die so schroff wie Fichte sich zwischen den Extremen bewegte, und schon war in dem Denken dieses Philosophen allein und im Ablauf weniger Jahre jene ganze Entwicklung vom liberalen zum sozialistischen Staatsgedanken vorweggenommen, die das 19. Jahrhundert dann im Wandel seines gesellschaftlichen und wirtschaftlichen Aufbaues nochmals und in endgültiger Weise durchschritten hat. Erhalten blieb dabei der individualistische Grundgedanke, der dem Einzelnen und dann der Masse der Einzelnen das Recht der Persönlichkeit sichern wollte. Aber wenn der Rechtsstaat die Aufgabe hatte, jedem Bürger Leben und Existenz zu sichern, so mußte er auch die Bedingungen in der Hand haben, unter denen er allein imstande sein konnte, jene Garantie zu leisten. In seinem „Geschlossenen Handelsstaat" hat Fichte dies näher ausgeführt, den Zunftgedanken gegen die Gewerbefreiheit verteidigt, den Freihandel abgelehnt und die Regulierung der Produktion dem Staate überwiesen. Dieser Staatssozialismus Fichtes, der sich also unmittelbar aus seiner Rechtslehre ergibt, ist ethisch begründet: durch die Schließung des Handelsstaates werde der Luxus eingeschränkt und die Lebensannehmlichkeit vermindert, aber in dem gleichen Grade werde der Nationalcharakter ausgeprägt, die Sitten werden vereinfacht. Dieser lykurgisch-spartanische Staat werde die Armut unmöglich machen und allen Bürgern Arbeit und Absatz sichern. Der nationale Gedanke taucht hier im Jahre 1800 auf als ein logisches Ergebnis der Rechtslehre, als ein Produckt der rechnenden Vernunft; ganz rationalistisch ist er abgeleitet und dient nur dem Zwecke, allen Mitgliedern des Verbandes ein auskömmliches Dasein zu sichern, indem er sie zu einem geschlossenen Ganzen vertraglich bindet. Auch diese Form des nationalen Gedankens — die sich von der geistigen Schillers so sehr unterscheidet — wird im 19. Jahrhundert aus primitiven Wünschen oft genug auftauchen, sobald die Befriedigung der materiellen Bedürfnisse durch Abschließung gesichert werden sollte. Die wahren Interessen aber, fügt der Rationalist hinzu, liegen nicht im Handel, sondern in der Wissenschaft: „Durch diese, aber auch nur durch sie, werden und sollen die Menschen fortdauernd zusammenhängen, nachdem für alles übrige ihre Absonderung in Völker vollendet ist."

Um die Jahrhundertwende trat Fichte in die große Wandlung seines Philosophierens ein, die den Schüler Kants zu einer Kritik am Ding-an-sich und in eine neue Metaphysik hineinführte, wodurch er im deutschen Idealismus jene Bewegung der großen Konstrukteure einleitete, die erst mit Schopenhauer ihren Abschluß gefunden hat. Fichtes „Wissenschaftslehre" führte die philosophische Überwindung des Rationalismus weiter, die der deutsche Geist mit Leibniz begonnen hatte; dieses Werk wurde geleistet durch einen eigenwilligen und selbstherrlichen Denker und in einem Augenblick, da die autonomistische Grundrichtung der modernen Welt in voller Stärke wirksam war. So blieb der Ausgangspunkt von Fichtes Philosophie das „Ich", das am Absoluten Teil hat, weil die Idee in ihm wirksam ist. Auch der Staat trat hiermit für ihn in eine neue Beleuchtung; auch in ihm sah er diese Urkraft wirksam, die Urheberin alles Rechtes und aller Ordnung unter den Menschen. So erwuchs ihm das lebendige Bewußtsein eines geistigen Zusammenhanges, in welchen die Menschen verwoben sind; dem Staate aber wurde die Aufgabe,

„alle individuellen Kräfte auf das Leben der Gattung zu richten". So gelangte Fichte vom Individualismus zur Gesamtheit. Er begann den Staat als ein „unzertrennliches organisches Ganzes" zu fassen, und er sagte jetzt von ihm aus, daß er keineswegs eine ökonomische Gesellschaft sei und einen „ganz andern Zweck habe, als den der bloßen physischen Erhaltung des Individuums". Jetzt kämpfte er gegen die Auffassung, als ob der Staat auf diesem oder jenem Individuum oder als ob er überhaupt auf Individuen beruhe und aus ihnen mechanisch zusammengesezt sei; nun wurde der Einzelne verpflichtet zu einem Leben in der Gemeinschaft, welchem die Verpflichtung des Ganzen dem Einzelnen gegenüber als gleich notwendig gesetzt wurde. Dem Staate wurde als Zweck die Pflege der Kultur zugesprochen, denn jetzt heißt es: „Es gibt keine Art der Bildung, die nicht vom Staate im strengsten Sinne ausgehe und die nicht wieder in denselben zurückzulaufen streben müsse." Aber mit dieser starken Betonung des Gattungszweckes wollte Fichte doch das geistige Eigenleben der Persönlichkeit keineswegs vernichtet wissen, insofern in jedem Individuum sich die göttliche Idee in einer „neuen, nie dagewesenen, eigentümlichen Gestalt ausprägt".

So hat Fichte Persönlichkeit und Gemeinschaft, das individuelle und das allgemeine Leben zu verbinden gesucht. Die staatsfeindliche Gesinnung des älteren Liberalismus hatte durch die kantische Rechtslehre nicht besiegt werden können, nun wurde der einfache „Rechtsstaat" Kants durch den „Kulturstaat" ersetzt, den Fichte zuerst formuliert hat. Auch das Wort stammt von ihm, während die Bezeichnung Rechtsstaat bei Kant noch nicht vorkommt, sondern erst von Juristen des 19. Jahrhunderts geprägt worden ist. Zunächst war der neue Staatsgedanke von Fichte noch rein geistig gefaßt, ohne Hinblick auf Volkstum und Nation; noch war ihm der Staat der Revolution der ideale. Das Erlebnis der napoleonischen Herrschaft in Deutschland hat ihn auch hiervon zurückgebracht; zu Beginn des Feldzuges von 1806 hat er jene „Ansprache an die deutschen Krieger" gehalten, die nach der militärischen Niederlage fortgesetzt wurde im Angesichte der französischen Besatzung durch die „Reden an die deutsche Nation". Überall sah er die ausländische, die mechanische Staatskunst in Geltung, die nach seiner Definition „alles Leben in der Gesellschaft zu einem großen und künstlichen Druck- und Räderwerk zusammenzufügen" suchte und im Empire Napoleons sich über die Erde gebreitet, alle Freiheit der Völker in Ketten geschlagen hatte. Ihr stellte Fichte die „echte deutsche Staatskunst" gegenüber, die zuerst einen „festen und gewissen Geist" zu schaffen suche. Dies eben war ihm die Ursünde der Vergangenheit, daß der Staat „je aufgeklärter er zu sein meinte, desto fester geglaubt hat, daß er auch ohne alle Religion und Sittlichkeit seiner Bürger durch die bloße Zwangsanstalt seinen eigentlichen Zweck erreichen könne". Das Jahrhundert des abstrakten Rationalismus erschien Fichte jetzt als das Zeitalter der vollendeten Sündhaftigkeit und Selbstsucht. Er tadelte die Schlaffheit der Alten und die Trägheit der Jungen, die Sorglosigkeit und Feigheit der oberen Schichten, während die unteren Klassen rechtlos und niedergedrückt ein erbärmliches Leben führten. Die Fürsten verfluchte er als genußsüchtige Schwächlinge, durch verfehlte Prinzenerziehung verdorben: „Überhaupt war ihnen völlig verborgen, daß die Erziehung des Volkes zu Religiosität und Sittlichkeit die Grundlage aller Regierung sei." Ehedem hatte er alle Gesinnungselemente aus dem Staate ausgeschlossen; nun wurde die Nationalerziehung sein großes Thema, sie wurde als das einzige Heilmittel, das aus der Not herausführen könne, dem Staate als Aufgabe übertragen. Jetzt also hieß es: „Der vernunftgemäße Staat läßt sich nicht durch künstliche Vorkehrungen aus jedem vorhandenen Stoffe aufbauen, sondern die Nation muß zu demselben erst gebildet und heraufgezogen werden. Nur diejenige Nation, welche zuvörderst die Aufgabe der Erziehung zum vollkommenen Menschen durch die wirkliche Ausübung gelöst haben wird, wird auch jene des vollkommenen Staates lösen." Freilich kann der Erzieher nur bei guten Anlagen des Zöglings mit einem Erfolge rechnen: im deutschen Volke sieht Fichte die Quelle der geistigen Erneuerung rein und lebendig, es hat mitten in aller Verderbnis seine „Urkraft" erhalten. In Sprache und Glaube, in Wissenschaft und Kunst — überall findet Fichte deutsche Art, unter der Decke der Ausländerei spürt er den nationalen Charakter des Deutschen, er erkennt seine Ursprünglichkeit, die er wie kein anderes Volk sich bewahrt hat: im deutschen Volke sieht Fichte das Wesen des „vollkommenen Menschen" am reinsten angelegt. Und wenngleich in der düsteren Gegenwart „unter den Deutschen selber wenig Deutsches mehr übrig ist", so ist doch die Rasse noch rein und kann zur ursprünglichen Art sich zurückfinden. So kommt Fichte zu der Überzeugung, daß nur die Deutschen noch wahrhaft ein „Volk" bildeten: denn das Volk „liegt weit hinaus über dem Staat", es formt den Staat, es ist auch keine Ansammlung atomisierter Massen, sondern „das Ganze der in Gesellschaft miteinander fortlebenden und sich aus sich selbst immerfort natürlich und geistig ergänzenden Menschen". So ist nach Fichte die Erziehung der Völker eine Weltaufgabe, die nur die Deutschen vorleben können. Mit eindringlichen und aufwühlenden Worten beschwört er alle Stände und Klassen, alle Lebensalter und Geschlechter: die deutsche Nation muß gerettet werden, weil mit ihr die ganze Welt versinken würde!

Man hat oft und mit Recht betont, daß die Wandlung Fichtes aus dem Weltbürgertum zum nationalen Gedanken im Grunde nicht allzu groß ist. Wie für Schiller so bleiben auch für Fichte Menschheit und Menschentum die Endzwecke; er predigt die Liebe zur eigenen Nation als der edelsten des Erdballs, „indem der letzte Zweck aller Nationalbildung doch immer der ist, daß diese Bildung sich verbreite über das Geschlecht". Dem Bürger aber wird aufgegeben, dem nationalen Staate nicht mit der niederen, sondern mit der höheren Vaterlandsliebe anzugehören, also nicht auf seine äußerliche Größe und Macht Wert zu legen, sondern darüber zu wachen, daß er sich „das Aufblühen des Ewigen und Göttlichen in der Welt" zum Ziele setze und mit seinen Zwecken in die höchsten Ziele der Menschheit eingehe. Im Hintergrund aller dieser Erwägungen steht auch für Fichte noch die Idee des „vollkommenen Staates" und der Erziehung zum „vollkommenen Menschen": aber der Weg geht ihm jetzt über die Nation, „von welcher das Individuum nur ein Teil ist". Die nationale Idee begann also auch bei Fichte unter der Vormundschaft der Vernunft in die Welt zu treten. Dieser schärfste Vorkämpfer des Nationalismus hat zugleich doch entschieden die Priorität der Sittlichkeit gepredigt; erst als die Vernunftideale im Laufe des 19. Jahrhunderts immer blasser wurden, blieb schließlich in weiten Kreisen das nationale Ideal als das einzige zurück und erreichte absolute Geltung. Man hat später diese Loslösung von den Vernunftideen als das Resultat der historisch-politischen Erziehung des 19. Jahrhunderts, als Erziehung zum Realismus gefeiert: für Fichte so gut wie für den Freiherrn vom Stein war das Leben noch reicher, als daß es unter eine einzige Formel hätte gestellt werden dürfen. Auch war für Fichte mit der Hingabe an das Volk noch nicht die Hingabe an den Staat gefordert; doch freilich war ihm der Staat das erwünschte Gefäß des nationalen Lebens. Wie er sich im Einzelnen die staatliche Form für diese Erziehungsgemeinschaft gedacht hat, steht dahin. Im Grunde war ihm diese Frage gleichgültig, weil sein nationaler Gedanke noch rein geistig gemeint und im übrigen die Darstellung eines staatlichen Zukunftsbildes im Zeitalter der Fremdherrschaft müßig war; als die

Stunde der Befreiung kam, starb Fichte hinweg. Was aber die Methode der Erziehung betrifft, so hat Fichte ein eigenes Programm entwickelt, über das noch zu sprechen sein wird. Die Erziehung sollte die nationale oder völkische Kulturgemeinschaft erwecken, sie sollte jenseits der Familie und jenseits aller Gruppen und Sonderinteressen die Idee der Einheit in die Seele der Kinder pflanzen. Weil es sich nach wie vor für Fichte darum handelte, den Staat der Vernunft — den er jetzt im deutschen Wesen begründet fand — in dieser Welt zu verwirklichen und den deutschen Menschen zu ihm zu erziehen, deshalb behielt sein Staatsgedanke den Zwangscharakter, und hierin beruht der ungeheure Einfluß, den Fichte im 19. Jahrhundert auf den Staatssozialismus aller Richtungen ausgeübt hat. Indem sein Kulturstaat keinen Volksgeist und kein unbewußtes Werden im Sinne Herders zuließ, sondern die nationale Zusammengehörigkeit als Postulat der Vernunft forderte und erzwingen wollte, hat von ihm jener Glaube an die Allmacht des Staates seinen Ausgang genommen, der dann auf dem Wege über Hegels Rechtsphilosophie in Preußen sich festigte; alle Prediger einer gewaltsamen staatlichen Gesinnungsbildung haben darum in Fichte ihren erhabenen Vorläufer verehrt. So ist es gekommen, daß im Jahre 1862 — als die Deutschen mitten in der Vorbereitung ihrer nationalstaatlichen Einigung den Säkulartag von Fichtes Geburt zu feiern Veranlassung hatten — so verschiedene Geister wie Ferdinand Lassalle und Heinrich von Treitschke sich im gemeinsamen Preise von Fichtes „Reden an die deutsche Nation" zusammengefunden haben: die sozialistische und die nationalistische Idee waren einig in der Vergötterung des Staates.

Die Persönlichkeit Fichtes trug dazu bei, dem nationalen Gedanken diese unbeugsame Härte und extreme Ausdehnung bis zur Mißachtung aller andern lebendigen Rechte zu geben. Fichte war keine Gelehrtennatur im eigentlichen Sinne des Wortes. Er selbst hat gemeint: „Zu einem Gelehrten von Metier habe ich gar kein Geschick, ich mag nicht bloß denken, ich will handeln." Wie der junge Schiller die Schaubühne, so wollte er das Katheder zur Kanzel und zur Rednerbühne machen, er fühlte die Mission in sich, die Welt und die Menschen sittlich zu erheben. Diesem Drange kam die kantische Philosophie mit ihrem unbedingten, an die menschliche Gesinnung gerichteten Sittengesetz entgegen, und Fichte erfaßte die kantische Lehre als ein Heilmittel gegen das sittliche Verderben der Menschen wie gegen die Ungerechtigkeit der öffentlichen Zustände: beide Übel aber hatte er in einer armen und dunklen Jugend frühe kennen gelernt. Die Festigkeit seiner persönlichen Überzeugung verband sich mit einem unbeugsamen Willen, so war er der geborene Erzieher seines Volkes. Mit Schiller hat er vieles gemeinsam, beide sind der deutschen Nation auf dem Wege der Einigung vorangeschritten und haben durch ihr sittliches Pathos und ihr kraftvolles Vorbild immer wieder gestärkt und befeuert. Aber Schiller war der umfassendere Geist, der neben der Gabe des Erziehers noch andere Domänen besaß, um sich zu einer innerlich freien Persönlichkeit entwickeln zu können. Fichte dagegen kannte nur den lehrhaften Ton und die schulmeisterliche Eindringlichkeit, und wo immer er eine neue Wahrheit gefunden zu haben glaubte, suchte er sie den Mitmenschen aufzuzwingen und dieselben durch die neue Erkenntnis zu bessern. Weil ihm die inneren Gegengewichte fehlten, erwuchs in ihm jene Herrschsucht und jene Überheblichkeit, die jeden Gegner für dumm oder charakterlos nimmt und im Drang nach Geltung und Ansehen die Dinge dieser Welt für wesentlicher hält, als es der Weise tun wird: der „Atheismusstreit", in den er sich verwickelte und in dessen Verlauf der von Fichtes Persönlichkeit peinlich berührte Goethe seine Entfernung aus Jena bewirkt hat, ist hierfür ebenso bezeichnend wie der zänkische und persönliche Ton, den er in die wissenschaftliche Literatur getragen hat und in den ihm so viele deutsche Gelehrte des 19. Jahrhunderts gefolgt sind. Wenn jedoch bei Fichte alle diese Züge durch die Höhe seines Geistes und durch den Dienst an einer großen Sache doch wieder veredelt worden sind, so ist sein Typus im kleineren Format in der deutschen Geschichte um so häufiger wiedergekehrt, je stärker das Professorentum sich im Sinne Fichtes zur Erziehung der ganzen Nation berufen glaubte und in die Politik eingedrungen ist.

Doch der nationale Gedanke konnte zu seiner Verwirklichung im Staate auch auf dem Wege gelangen, den Herder gezeigt hatte. Indem der Neuhumanismus in das Geheimnis der Individualität einzudringen versuchte, kam er zu der Erkenntnis, daß das Ideal der Menschheit in vielen Formen lebe und daß nicht nur die Einzelnen, sondern auch die großen Vereinigungen, die Nationen Individualitäten seien, die ihr eigenes Leben führten und ihren Wert in sich selber tragen. Auch Wilhelm von Humboldt verblieb sein Leben lang in der sehnsüchtigen Anschauung des „idealischen Menschen", und er unterschied sich freilich von Fichte darin, daß dieser so ungriechische und unsinnliche Geist nur den Primat des Willens kannte, während Humboldt die Ausbildung aller Kräfte wollte. Aber als ihm nun auf weiten Reisen der Sinn für die Eigenart der Staaten aufgegangen war und er den Triumph des Weltreiches über dem zerbrochenen Vaterlande erlebte, da stieg in ihm die Ahnung empor, daß jede Nation aus dem ihr eigenen Volksgeiste erwachsen sei und daß der Reichtum der Welt nicht in der imposanten Gleichförmigkeit eines einheitlichen Menschentums bestehe, sondern in der Vielgestaltigkeit ihrer Formen, die zusammen erst die Totalität ausmachen. Dem nationalen Staate zu dienen, schien darum als Bereicherung der eigenen Persönlichkeit. Humboldt erging es wie dem Wilhelm Meister: die Teilnahme des Einzelnen am Leben der Gesamtheit wurde ihm ein notwendiges Stück seiner eigenen Bestimmung, eine Abrundung seines persönlichen Daseins. Indem er nun aber dieses Leben der Gesamtheit gerade im nationalen Staate zu erfassen lernte, bewies er, wie er sich der Eigenart seines Volkes bewußt geworden war, es aus Geschichte, Boden und Veranlagung zu deuten verstand.

Hiermit sind wir wieder im Mittelpunkte des romantischen Individualitätsgedankens angelangt. Die Romantik war — wir sahen es — ihrer subjektivistischen Herkunft entsprechend ursprünglich amoralisch und apolitisch; Chateaubriand ist ein großes Beispiel dafür. Er ging zur Politik über, als Poesie und Liebe im Abklingen waren und er eine neue Bühne für die Schaustellung seiner Persönlichkeit brauchte. Er richtete seine diplomatische Tätigkeit durchaus nach den Launen seines privaten Lebens, machte sie abhängig von seinen Liebeshändeln und ging aus verletzter Eitelkeit zur Opposition über, in keiner diplomatischen Stellung behauptete er sich länger als einige Monate, und den Mangel an Sachkunde, Willen und sittlichem Ernst ersetzte er durch gewandte oder bombastische Reden. Auch dies war ein neuer und zukunftsreicher Typus. Bis dahin war die Politik gemacht worden von Männern der Verwaltung oder der Theorie; Menschlichkeiten hatten nie gefehlt, aber eine Arbeit am Staate ohne sachlichen Untergrund war undenkbar. Erst aus dem romantischen Ästhetentum entstand die moderne Figur des „raisonneur dans le vide“, wie Napoleon von Chateaubriand gesagt hat. Soweit jedoch den Romantikern Aktivität überhaupt versagt war, haben sie wie Novalis auch den Staat zunächst nur poetisiert. Indessen — mit der Umkehr zur Bindung und Tradition war auch eine Bejahung des Staates unmittelbar verbunden. Wenn Schleiermacher in den „Monologen“ den ästhetischen Staat Schillers gepredigt hatte — also die vollkommene Gesellschaft, in der die schöne Sitte das

Gesetz entbehrlich werden läßt —, so machte er in der Folge beim Aufbau seiner Ethik doch nicht die Persönlichkeit zur Trägerin des sittlichen Lebens, sondern die Gemeinschaft. Objekt der Ethik war ihm das „Leben der Vernunft in der Organisation“. Von hier aus gewann er wie Fichte und Humboldt den Ausgleich des individuellen und des sozialen Daseins und fand ein neues Verhältnis wie zu Ehe und Kirche so auch zum Staate und zur Nation. Auch für ihn war dabei der Gedanke der Individualität die Brücke, die ohne inneren Bruch von dem alten zu dem neuen Standpunkte gelangen ließ. Die Ablehnung jeder abstrakten Vernunftreligion hatte schon in den „Monologen“ zu dem durchaus subjektivistischen Satze geführt, daß es nur geschichtliche, positive Religionen gebe und daß jedes Volk also seine bestimmte, ihm eigene Religion habe. Von der Idee des eigentümlichen Volkes gelangte Schleiermacher dann auch zur Idee des eigentümlichen Staates, der aus inneren Gesetzen heraus sich entwickelt und nicht an abstrakte Verfassungsformen gebunden ist, sich vielmehr wandelt wie das Leben des Volkes selbst. Es konnte ja nicht ausbleiben, daß die Lehre vom individuellen und organischen Leben auch dem Staate zugute kam. Wenn das Weltall durch die Fülle von Individualitäten gefestigt und gekräftigt schien, so konnte auch der Staat begriffen werden als eine solche Individualität, die selber wieder aus Individuen sich zusammenfügt. Es ist oben erwähnt worden, daß Schelling, der die organische Weltanschauung am vollendetsten formuliert hat, bereits auch die Anwendung auf das Staatsleben vollzogen hat; er war sich dabei bewußt, daß er hiermit über die Gleichheitsidee des modernen Naturrechtes hinweg auf den aristotelisch-thomistischen Standpunkt zurückgriff. In der „Politik“ des Aristoteles heißt es: „Dasjenige, woraus eine organische Einheit werden soll, muß sich der Art nach unterscheiden“ — ἐξ ὧν δὲ δεῖ ἓν γενέσθαι, εἴδει διαφέρειν. Nur freilich war das Wesen des Organischen durch die Biologie des 18. Jahrhunderts, durch Albrecht von Haller und Goethe tiefer begriffen worden, als dies bei den Alten möglich gewesen. So hatte schon Kant den Organismus neu definieren können als das Ganze, das den Teilen vorangeht und sie von innen her beherrscht und bildet. Die Anwendung auf den Staat findet sich in der kantischen Rechtslehre noch nicht; seit Schelling aber wurde zum Ausdruck gebracht, daß auch der Staat keine abstrakte Norm sei, sondern eine lebendige Persönlichkeit in einer vielfältigen Staatenwelt, und daß sein Wesen wie seine Kraft nicht in abstrakter Herrschaft, sondern im Eigenleben seiner Glieder bestehe. Indem der Gedanke des nationalen Staates aus der Idee vom Volksgeiste sich entwickelte, ließ er die Freiheit der Persönlichkeit in ganz anderer Weise zu als die bisherige Atomistik; diese hatte den Einzelnen isoliert, zu einer Zahl gemacht und in willkürlich konstruierte gesellschaftliche Mechanismen eingesetzt, deren viele neben und gegeneinander arbeiteten. Das neue Lebensgefühl dagegen faßte das Verhältnis von Individuum und Gesamtheit persönlich, biologisch: der Einzelne findet Zweck und Wert in der Hingabe an die Gemeinschaft, diese selbst aber ist abermals eine Persönlichkeit eigenen Rechtes und selbst wieder zugehörig einer übergeordneten Einheit. Als eine dieser Gemeinschaften erschien nun auch der nationale Staat: auch er lebt in einer Fülle von Individualitäten, er beruht auf der freien Hingabe seiner Glieder und ist selbst wieder ein Glied der großen Gemeinschaft Europas. So ist der Gedanke des nationalen Staates von der Romantik aus einer tiefen und umfassenden Weltanschauung herausgearbeitet und in einen großen und starken Lebenszusammenhang gestellt worden. Geachtet blieben die eigenen Rechte der Menschen und ihrer Korporationen, geachtet auch das erhabene Ideal der Menschheit, das die Atomistik im Kampfe der Staaten hatte untergehen sehen oder durch einen Völkerverein oder ein mechanisches Weltreich im Stile des napoleonischen Empire hatte festhalten wollen. Der Gedanke des nationalen Staates ist im Anfang des 19. Jahrhunderts von der Romantik so gefaßt worden, daß er mit der Freiheit der Gewissen und mit den Ideen des Christentums und der Menschlichkeit zusammenstimmte. Aber schon in der Not der napoleonischen Fremdherrschaft haben — wie noch zu zeigen sein wird — auch im Kreise der Romantik leidenschaftliche oder flache Naturen den nationalen Gedanken zu unumschränkter Geltung erhoben, und je mehr dann im 19. Jahrhundert die nationalstaatliche Bewegung ihrer Erfüllung entgegenging und je mehr sie durch die dem Jahrhundert eigene Verweltlichung und Materialisierung aller Gedanken vergröbert wurde, desto gründlicher entledigte sie sich der geistigen und menschlichen Beziehungen.

Man wird wohl nirgends den Weg zum nationalen Staate, wie ihn gerade die Romantik dem deutschen Geiste gewiesen hat, besser verfolgen können, als wenn man das Leben des jungen Görres nachzeichnet. Josef Görres war eine fest in sich ruhende, unromantische Natur; aber seine Entwicklung mündete in die Romantik, als diese den Subjektivismus überwunden und aus der Ablehnung des alten Staates zu einer neuen Staatsbejahung fortgeschritten war. Er war aufgewachsen in der Luft der rheinischen Aufklärung, hatte als Student an der Akademie seiner Vaterstadt Koblenz Kant und die Enzyklopädisten studiert, er hatte das würdelose Treiben der Emigranten gesehen, die in Koblenz ihr Hauptquartier besaßen. Die Auflehnung gegen fürstliche Despotie und gegen die „Pfaffheit" war die Stimmung der Jugend in diesen geistlichen Staaten, in aufrichtigem sittlichem Rigorismus glaubte auch der junge Görres, daß das revolutionäre Frankreich die Sache der Menschheit führe. In den Jahren 1797 und 1798 war er, wie einige Jahre vorher der unglückliche Georg Forster, an der Ausrufung einer zisrhenanischen Republik beteiligt und betrieb ihren Anschluß an Frankreich. Aber es erging ihm in Koblenz, wie es dem ihm gleichgesinnten Michel Venedey in Köln erging. Sie waren davon durchdrungen, daß das Alte zum Untergange reif sei; aber sie erkannten auch, daß die Fremden gar nicht als Erlöser gekommen waren, sondern als brutale Gewalthaber, und daß die republikanischen Generale an Tafelluxus, an Quartieransprüchen und Korruption alles übertrafen, was man je in alter Zeit erlebt hatte. Die Ernüchterung wurde völlig, als Görres im November 1799 nach Paris gesendet wurde und dort den Aufstieg der neuen Monarchie beobachtete. Schwer lastete von nun an die Faust des Imperators auf dem linksrheinischen Lande, und alle Vorteile sozialer und wirtschaftlicher Art wogen bei einer so ethisch gerichteten Natur wie Görres den Verlust der Menschlichkeit nicht auf. So erwachte in ihm der Haß gegen das Fremdländische und die Sehnsucht nach nationaler Einheit. Die sittliche Grundstimmung zieht sich durch alle Taten und Schriften dieses Mannes hindurch und läßt die innere Notwendigkeit eines scheinbar so wandlungsreichen Lebensganges erkennen. Als Lehrer am Gymnasium in Koblenz studierte er Herder und Schelling, so daß alles in ihm vorbereitet war zur Aufnahme der Romantik. Sie wurde ihm vermittelt durch Klemens Brentano, der in Koblenz weilte und dem er nach Heidelberg folgte, um an der Universität als Privatdozent im romantischen Sinne für eine Wiedergeburt Deutschlands aus dem Geiste der alten Literatur zu wirken. Während es noch viele Jahre dauerte, bis Görres den Boden des kirchlichen Glaubens gewann und seine nach französischem Rechte geschlossene Ehe mit Katharina Lassaulx einsegnen ließ, war seine politische Entwicklung mit der Aufnahme der organischen Lehre beendet: er blieb ein Feind des alten absolutistischen Staates und ein Feind der napoleonischen Weltherrschaft, er wurde zum Künder eines kommenden Deutschland, das aus einem einigen und starken Volke erwachsen werde. Als er im Januar 1814 in den befreiten linksrheinischen Landen die Leitung des „Rheinischen Merkur“ übernahm, schuf er dem nationalen Gedanken der Deutschen das erste publizistische Organ. Hier kämpfte er für die Sicherung der Grenzen, für den freien Rhein als die „Herzader der Nation“, für eine einheitliche und freie Verfassung Deutschlands, wie sie dem Geiste des Volkes entspräche. Mit innerer Notwendigkeit führte ihn sein Glaube an den Volksgeist zu dem Kultur- und Staatsideal einer nationalen Demokratie. Nachdem der Humanismus das Volk in Gebildete und Ungebildete geschieden und die Erscheinung des „Intellektuellen“ hervorgebracht hatte, war durch Herder diese Entfremdung des Geistes vom Volke wieder aufgehoben worden. Görres zog aus dieser Sachlage die Folgerung für die Politik.

Die gleiche geschichtliche Stellung nimmt im protestantischen Norden Ernst Moritz Arndt ein, auch er ein unromantischer Charakter, in seiner willensstarken und schulmeisterlichen Art an Fichte gemahnend. Aus der leibeigenen Bauernschaft der Insel Rügen hervorgegangen, hat er den Erfahrungen des ihn umgebenden Lebens und den Anregungen der Französischen Revolution das Programm der Bauernbefreiung entnommen, das er im Namen der Menschenwürde und bald auch im Namen der nationalen Gesundheit entwickelte. In seiner „Geschichte der Leibeigenschaft in Pommern und Rügen“ schilderte er die stufenweise Verschlechterung in dem wirtschaftlichen, rechtlichen und sozialen Leben der Landbevölkerung seit dem Mittelalter und betonte als die Momente des Niederganges die römisch-rechtliche Lehre der Expropriation sowie die Ausbildung des weltlichen Territorialismus im Gefolge der Reformation und der schwedischen Herrschaft. Literarische Einflüsse der Zeit kamen hinzu, um ihn zu einem scharfen Kritiker des absolutistischen Staates zu machen. In oft wiederholten Worten hat er seine Absage gegen Friedrich den Großen ausgesprochen, gegen diesen „analytischen Geist“, dem die Menschen nur „Hölzchen und Stiftchen“ waren in seiner Maschinerie: „er ist schneidend einseitig und bloß geistig mit allen Gebrechen, welche die Geistigkeit auf der Erde zeigen muß“. Im napoleonischen Staate fand Arndt das gleiche System noch einseitiger ausgebildet wieder, und so entwickelte sich ihm in der Kritik der Weltmonarchie und der ganzen modernen Kultur der Gedanke des nationalen Staates. Er sprach es aus, daß es unmöglich sei, das reine Ich, die reine Religion, die reine Sittlichkeit oder den reinen Staat zu verwirklichen, weil der Mensch sich nie von der äußeren

Bedingtheit lösen kann. So traf er sich mit der Romantik in der Idee des Volksgeistes; nicht Konstruktion eines neuen oder Nachahmung eines fremden Staates schien ihm das Gebot der Stunde zu sein, sondern die Reform des bestehenden Staates, seine Erfüllung mit den sittlichen Kräften des Volkstums. Das Wort „Volkstum" hat der Turnvater Jahn geprägt in seiner also betitelten Schrift von 1810, worin ausgeführt wird, wie jedes Volk eine unzerstörbare Eigenart besitze. Arndt und Jahn haben die Lehre vom Volksgeiste popularisiert, wobei Arndt — der als Professor in Greifswald begonnen hatte, bevor er vor den Franzosen weichen mußte und Publizist wurde — über die größeren Kenntnisse verfügte, während Jahn nur auf dem Gebiete der deutschen Volkskunde und Geschichte einige Studien gemacht hatte. Aber beide gehören in ihrer historischen Stellung zusammen, indem sie aus der Lehre vom Volksgeiste eine scharfe Waffe gegen alles Fremdländische im Staate geschmiedet und einer bürgerlichen und nationalistischen Folgezeit den Typus des immer begeisterten, immer unentwegten Volksredners vorgelebt haben, der mit dem Brustton der Mannesüberzeugung zu wirken vermag. Wenn sie dabei ein betontes Deutschtum und eine unduldsame völkische Ausschließlichkeit predigten, so mochte dies in ihrem leidenschaftlichen Temperament und in der haßerfüllten Atmosphäre der Kriegszeit begründet sein, bei Arndt vielleicht auch in der persönlichen Entscheidung, die das Bekenntnis zum deutschen Staate von ihm, dem schwedischen Untertanen, verlangte: der überhitzte Nationalismus wurde im 19. Jahrhundert das Kennzeichen derer, die durch Abstammung oder Lebensschicksal von jenseits der Grenze kamen. Heinrich v. Treitschke ist ein bezeichnendes Beispiel dafür. Bei Jahn andererseits herrscht die Unbildung des gescheiterten Studenten und die Ziellosigkeit des „ewigen Deutschen" vor, die einseitige Ausprägung des deutschen Gemütes auf Kosten der Ratio. Selbst im Kriege, im Freikorps der Lützower, war er unbrauchbar, konnte sich nicht einordnen und wollte nur mit Säbel, Lanze und Axt kämpfen, da ihn das Schießpulver anwiderte. So überschritt er alle Grenzen und nahm alle Entgleisungen der späteren Deutschtümler vorweg, kleidete sich „altdeutsch" und schrieb einen von allen Fremdwörtern gereinigten, oft unverständlichen Stil. Doch verdanken wir seiner sprachschöpferischen Begabung wenigstens zwei Bezeichnungen, die sich dauernd gehalten haben — neben dem „Volkstum" das „Turnen", das er aus dem ahd. „turnan" bildete, einem Lehnwort aus dem Lateinischen, welches er bei der damaligen Unkenntnis der historischen Grammatik für das echte deutsche Grundwort zu „turnieren“ hielt.

Von der Turnkunst wird noch später zu sprechen sein: der vaterländische Gedanke verband sich hier mit dem demokratischen. Denn immer sah das nationalstaatliche Denken Arndts und Jahns in der Masse des Volkes — und dies waren die Bauern — die Träger des nationalen Reiches, die „frisch, fromm und frei“ zu machen und zu erhalten das Ziel aller nationalen und sozialen Politik sein mußte. Nicht umsonst hatte Arndt lange in Schweden gelebt, die ständischen Freiheiten der skandinavischen Staaten und ihre gesunde Bauerngrundlage hat er verherrlicht, und wenn auf solche Weise die nordische Staatenwelt durch Arndt auch nach Deutschland herübergewirkt hat, so ist freilich Arndt der einzige Vermittler geblieben. Als diese Staaten in der Folgezeit ihre agrarische Demokratie ausbauten und nach dem Vorgange des Dänen Grundtvig ihr Bildungswesen im Sinne einer nationalen und religiösen Bauernkultur gestalteten, ist dies für Deutschland vergebens gewesen. Der Pangermanismus, der später gelegentlich — und zuletzt von dem norwegischen Dichter Björnson — gepredigt wurde, ist bei Arndt vorgebildet. Arndt selbst hat in allen Stürmen der Freiheitskriege — wo er als offiziöser Publizist im preußischen Hauptquartier immer wieder zu Rücksichten gezwungen war — doch stets den Gedanken festgehalten, daß der dem Volksgeiste entsprechende Staat in irgend einer Form die Freiheit des ganzen grundbesitzenden Volkes und seine Mitwirkung an der Bildung des Staatswillens zur Voraussetzung habe; aus der organischen Staatslehre haben Görres und Arndt diese naheliegende Folgerung gezogen. Dies war auch die Meinung Herders gewesen, der gesagt hatte, daß „alle durch Tradition festgesetzten Stände der Menschen auf gewisse Weise der Natur entgegenarbeiten“. Wenn Herder erklärt hatte, daß „die Natur ihre edelsten Gaben nicht familienweise austeile“, so war dies nicht einfach die alte Adelsfeindschaft, wie sie die Aufklärung dem Liberalismus des 19. Jahrhunderts vermacht hat, sondern es war eine Stimmung, in der Herder durch seine Ansicht vom Volksgeiste immer wieder bestärkt wurde; für Herder gab es nur einen einzigen Stand im Staate, das Volk. Aber als Überwinder der atomistischen Gleichheit fügte er hinzu: „Zum Volke gehört der König sowohl als der Bauer, jeder auf seiner Stelle in dem ihm bestimmten Kreise.“ Daß jedoch die Gegenkräfte gegen die demokratische Auslegung des Volksgeistes gleichfalls ihre säkulare Bedeutung und Macht besaßen, wurde Görres, Arndt und Jahn bewußt, als ihre Schriften bald nach Beendigung des Befreiungskrieges verdächtigt und verboten wurden, sie selbst aber in die „Demagogenverfolgung“ hineingerieten.

Denn die Lehre vom Volksgeiste ließ allerdings noch eine andere praktische Anwendung zu, welcher die unmittelbare Zukunft in Deutschland gehören sollte. Wer hinstrebte zu einer neuen Bindung der atomisierten Gesellschaft, zu einer Anknüpfung an allgemeine und objektive Mächte, den mußte ja Burkes Grundsatz aufs tiefste ergreifen, daß Weisheit und Religion uns lehren, den Dingen zu folgen, nicht sie leiten und noch weniger sie zwingen zu wollen. Nicht Feststellung des Besten, sondern des dem Herkommen Entsprechenden wurde die Aufgabe gesetzgeberischer Beratungen. Gesetze — so hieß es — werden gefunden, nicht gemacht; die Kraft, die die Zukunft bildet, ist dieselbe welche die Vergangenheit gestaltet hat. Ein Mann wie Arndt hatte in solchen Gedanken die Rechtfertigung seiner Reformpläne gefunden, die das soziale und politische Leben des Volkes in allmählicher Entwicklung umformen wollten; dahinter aber stand zugleich sein starker Wille, der die Dinge förderte und feste Ziele im Auge hatte. Wem jedoch die Leidenschaft des Kämpfers und die bewußte Zwecksetzung des theoretischen Menschen versagt waren, der mochte durch Burke zu einem politischen Quietismus gelangen, wonach jede Generation machtlos ist über ihr Geschick, es mit ererbten Bedingungen überkommt und alle Abweichungen von der Tradition als naturwidrigen und revolutionären Einbruch in ihre Bahnen abwehren muß. So kam man zu einer Welt- und Staatsanschauung, die in der Überlieferung die erneuernde Kraft erkannte und dabei die Mitarbeit der Vernunft, des Individuums und der Gegenwart nur gering einschätzte. Auch Arndt sah in Absolutismus und Revolution die Früchte des Naturrechtes; bald aber folgerte man die Rückkehr zur vorabsolutistischen Zeit ganz unmittelbar aus der Lehre vom Volksgeiste. Wenn das Volk die Quelle des Rechtes war, dann war eben die Zustimmung des Volkes zur Gesetzgebung nötig; dieses geschichtliche Recht hatte der Absolutismus beseitigt, und die Französische Revolution hatte alsdann nicht mehr an die alte Überlieferung angeknüpft, sondern den Staat nach naturrechtlichen Grundsätzen konstruiert. So führte die Lehre vom Volksgeiste zum Begriffe der Nation als der am Staate teilhabenden Gemeinschaft aller seiner Glieder, und zwar war es der gesellschaftliche Aufbau des christlich-germanischen Mittelalters, mit dem also die nationale Idee leicht verbunden werden konnte. Nochmals begegnen wir hier der Wirkung, die das gefühlsselige, von der Romantik erdichtete Mittelalter auf das 19. Jahrhundert ausgeübt hat. Dem Naturrecht in seiner absolutistischen wie in seiner liberalen Form, der gewaltsamen Zentralisation und der atomistischen Auffassung von Gleichheit und Ohnmacht des Individuums setzte man das christlich-ständische Staatsideal entgegen, dem der Staat nicht eine Summe von Individuen, sondern eine Totalität, ein lebendiges Ganzes ist; dem modernen Wirtschaftsleben mit seinem Konkurrenzkampf auf der Grundlage von Angebot und Nachfrage trat das Bild der mittelalterlichen Solidarität entgegen, wo alle Tätigkeit als Beruf, als Dienst, als Amt innerhalb des Ganzen erschien, wo der „gerechte Preis" den Austausch geregelt hatte und die Leistung des Einzelnen nach den Fähigkeiten bemessen war, wo nicht die Anhäufung von zahlenmäßig festen Werten, sondern die Erhaltung und Erweckung produktiver Kräfte das Ziel der nationalen Ökonomie gewesen. In der Isolierung des Individuums wollte man die Ursünde der modernen Welt erkennen und strebte daher rückwärts zu den „gottgewollten Ungleichheiten", zu jenem System von Abhängigkeiten, Pflichten und Rechten, von Diensten und Leistungen, auf denen die alte Gesellschaft aufgebaut war und deren Zerstörung schon der Absolutismus eingeleitet hatte.

Diese konservative Ausdeutung des nationalen Gedankens ist in Deutschland vornehmlich durch Adam Müller vertreten. Er war Berliner von Geburt, hatte ein romantisch zerfahrenes Leben geführt und in Dresden im Winter 1808 auf 1809 über die „Elemente der Staatskunst" gelesen, wobei die Auswirkungen der organischen Staatslehre in der praktischen Politik systematisch entwickelt und dargestellt wurden. Wenn man von „politischer Romantik" spricht, hat man zuerst an ihn zu denken. Burke und de Maistre, so haben wir früher gesehen, waren keine romantischen Naturen, die Romantiker aber waren keine Politiker, sie wollten in der Politik „schwelgen", wie dies Friedrich Schlegel 1796 dem Bruder bekannt hat. Nur aus dieser Stimmung wandten sie sich dem Mittelalter zu und nahmen dabei auch das ständische Gesellschaftsideal auf. Durch Adam Müller, der zu den frühesten Konvertiten gehörte, ist dann diese katholische Romantik eine politisch folgenreiche Verbindung eingegangen mit der von Herder stammenden Lehre vom Volksgeiste und mit der gegenrevolutionären Theorie, wie Edmund Burke sie formuliert und Friedrich Gentz sie in Deutschland verbreitet hatte. Schelling hatte, wie wir sahen, diese „politische Romantik" vorbereitet; aber erst Adam Müller machte den Schritt aus der metaphysischen Begründung zu der Anwendung auf die einzelnen Fragen von Staat und Gesellschaft. Er wandte sich also gegen den freien Wettbewerb, gegen die Härte von Angebot und Nachfrage, gegen die Güterlehre des Adam Smith, weil sie den Reichtum in den Sachen, statt in der produktiven Kraft sehe. Er stritt gegen das moderne Prinzip der Arbeitsteilung, weil es „auf die Feldarbeit ebensowenig angewendet werden kann als auf die geistige, künstlerische und wissenschaftliche Arbeit". Er bekämpfte die von den Modernen übernommene, aus dem römischen Rechte stammende Vermischung des Mobiliar- und Immobiliarsachenrechtes: „sie betrachten den Boden nur als ein Objekt, welches im Grunde auch beweglich sei, nur nicht so beweglich wie die übrigen Dinge". Es sind vornehmlich Burkes Sätze, die bei Adam Müller wiederkehren. Der Staat, heißt es, ist nicht nur ein Organismus, er ist eine Person, eine sittliche Gemeinschaft; wo keine Hingabe ist, da ist auch kein Staat. In gleicher Weise gegen das absolutistische wie gegen das liberale Naturrecht ist es gerichtet, wenn der Staat von Adam Müller definiert wird als „die Totalität der menschlichen Angelegenheiten, ihre Verbindung zu einem lebendigen Ganzen", als „ein auf Tod und Leben verbundenes Ganze". Die Abhängigkeit des deutschen Romantikers von Burke ist viel erörtert worden; man mag darüber streiten, ob er die Lehrsätze des Engländers lediglich popularisiert hat oder ob die konservativen Parteien mit Recht immer dann, wenn sie durch Wissenschaft und Literatur sich erneuern wollten, gerade auf Adam Müller zurückgegriffen haben. Jedenfalls hat er eine tiefe Wirkung ausgeübt und ist in der Ablehnung der modernen Welt noch sehr viel weiter gegangen als Edmund Burke, indem er statt der allmählichen Entwicklung die Restauration einer längst überwundenen Zeit erstrebte. Es war dies eine Folge der kontinentalen Verhältnisse. Hier hatte der Staat des Absolutismus die Entwicklung vom Mittelalter her in eine eigene und neue Bahn abgelenkt, hier befand sich die konservative Staatslehre gerade in Opposition gegen die unmittelbar voraufgegangene Zeit. So ist es gekommen, daß das geschichtliche Denken hier begann mit einem höchst ungeschichtlichen Akte, indem man die historische Bedeutung des Absolutismus und der Revolution verkannte. Auch Burke fehlte ein solches Verständnis, doch um so stärker war sein historischer Sinn im Anblick des eigenen Vaterlandes erwachsen. Eben hieraus ist es erklärlich, warum der Traditionalismus Burkes und der Romantik nicht notwendig passiv war. Wenn es hieß, daß der Staat kein Gebilde des Willens, sondern ein Gewächs des Volksgeistes sei, so war die Gefahr, daß die Politik erlahmte, allerdings naheliegend. In Wirklichkeit ging auch die Romantik, nachdem sie einmal auf den Weg der Bindung des Subjektes gelangt war, von bestimmten ethischen und sozialen Forderungen aus und formte sich danach ihr Gesellschaftsideal. Ihre Methode war dabei vielfach dem Naturrechte nicht gar so ferne, aber der Inhalt und die Begründung ihrer Sozialphilosophie waren allerdings völlig anders. Man erhob also eine bestimmte Entwicklungsstufe des sozialen und politischen Lebens zu dogmatischer Geltung, nämlich die Lehensstaaterei und die Grundherrschaft — „jene erhabene Verschmelzung der Sachen und Personen", wie Adam Müller sagt. Dieser sah hier die „Naturgesetze der Gesellschaft" verwirklicht. Denn die „große einfache Teilung der Personen in Stände, in Geistlichkeit, Adel und Bürgerschaft, oder der Sachen in korporatives Eigentum, Famlieneigentum oder Privateigentum: das ist das ewige Schema aller wahren Staatsverfassung, die Garantie der Dauer und der Macht". Auch glaubte man im Feudalismus — dieser Gesellschaftsordnung, die dem Bilde des mittelalterlichen Europa eine so großartige Einförmigkeit verliehen hatte — eine besondere Eigentümlichkeit des germanischen Geistes zu erkennen. Es wurde bezeichnend für das erneuerte ständische Ideal, daß es in der agrarischen Gesellschaft, und zwar in ihrer aus dem Lehenswesen erwachsenen Ordnung, die natürliche und von Gott gewollte Form des sozialen Lebens sah, während das Mittelalter gerade im Ackerbürgertum und in der Organisation der gewerblichen Arbeit die höchste Ausprägung seiner Gesellschaftsideale erlebt hatte, so daß Thomas von Aquin die Verwirklichung der „societas perfecta" gerade in der mittelalterlichen Stadt hatte sehen können. Die politische Lage des 19. Jahrhunderts erklärt diese bemerkenswerte Bindung der organischen Staatslehre an das Sonderinteresse des grundbesitzenden Adels. Während das Bürgertum die Auflösung der Zünfte und die Befreiung des Bauernstandes im eigenen Interesse und im Namen der modernen Ideen betrieb und also die letzten Reste der überlieferten sozialen Bindungen beseitigte, war nur der Adel mit seinen Belangen auf eine Restauration hingewiesen; erst sehr viel später, als durch die neue Freiheit die moderne Entwicklung sich in Massenherrschaft und Kapitalismus vollendet hatte, sollte die christliche und konservative Staatsidee sich mit bäuerlichen und mittelständischen Interessen verbinden. In der Romantik aber begann sie als Vorkämpferin des Feudalismus, jener alten einheitlichen Gesellschaftsordnung Europas, in welcher man im

Gegensatz zu der zersetzenden Wirkung des Naturrechtes eine Bürgschaft für die Dauer der einzelnen Staaten und für ein internationales Verwandtschaftsgefühl erkennen wollte.

Die konservative Nationalitätsidee blieb also ihrer Herkunft nach zunächst verbunden mit der alten Europagesinnung. Ihre Träger sahen in der ganzen Gesellschaftsstruktur des europäischen Mittelalters eine im besonderen Sinne germanische und nationale Eigentümlichkeit; sie sagten von der organischen, auf Familie und auf ererbte Autorität gegründeten Ordnung, daß sie dem deutschen Gemüt entspreche, obgleich sie wußten, daß dieser Feudalismus eine der ganzen abendländischen Entwicklung angehörige Erscheinung war. Sie lebten eben zugleich auch in dem Bewußtsein, daß die europäischen Nationen unter sich selbst in hohem Grade verwandt seien: den Begriff des Abendlandes als einer historischen Einheit der germanisch-romanischen Völker haben wir in solchem Zusammenhange zuerst bei Novalis lebendig gesehen. Die Anwendung im einzelnen hat nicht lange auf sich warten lassen. Adam Müller hat den Adel verherrlicht als die Blüte edelster Abstammung und reinster Gesinnung, er hat seine politische und gesellschaftliche Mission immer wieder gegen die adelsfeindlichen Bestrebungen der Zeit herausgehoben und seine Verbundenheit mit dem Boden als die notwendige Voraussetzung eines gesicherten und festen Staatswesens betont. Schon er hat die kriegerische Kraft und den ritterlichen Geist als die besonderen Eigentümlichkeiten des deutschen Wesens gefeiert und durch den europäischen Adel aller Länder die germanische Erobererschicht über den unterworfenen Rassen von minderer Geltung herrschen sehen — eine Vorstellung, die bereits Montesquieu nicht fremd gewesen ist, als er die gepriesenen Einrichtungen der Engländer von den Germanen des Tacitus ableitete: „Ce beau système a été trouvé dans les bois." Die politische Romantik hat dabei nicht Maß noch Grenze gekannt und ihren Gedanken einer Gemeinschaft des christlichen Abendlandes oft genug über ihrer Rassentheorie vergessen. Sie begünstigte das Machtstreben des modernen Staates nicht minder als dies von den demokratischen Gedanken der Französischen Revolution gesagt werden mußte: der Nationalismus des 19. Jahrhunderts, der diesen beiden Wurzeln entstammte, hat Europa in eine Reihe von Kriegen hineingerissen, in welchen der Kampf der Interessen auch grundsätzlich einfach als berechtigt anerkannt wurde. Es war diesem Jahrhundert vorbehalten, die Macht an sich zu verherrlichen und den Krieg durch das Streben nach Macht gerechtfertigt zu sehen.

Die organische Staatslehre führte zu der Vorstellung von der „Staatspersönlichkeit“, die den Drang nach lebendigem Wachstum in sich habe und deren Wesen darum die Macht, deren Werkzeug der Krieg sei. Durch Leopold Ranke ist diese Lehre der Romantik später in der Wissenschaft und der Politik ausgebaut worden. Bis dahin hatte der deutsche Mensch den Krieg demütig hingenommen als eine Geißel Gottes oder er hatte mit dem Probleme seiner Beseitigung gerungen; die Politik aber hatte sich, wo sie eine Begründung brauchte, immer um einen Rechtsstandpunkt bemüht. Auch die Jakobiner hatten dem Kriege noch keinen Selbstzweck zugeschrieben, so sehr sie ihn auch für ihre Ausbreitung gewollt und gefeiert hatten. Wenn Schiller den Krieg „schrecklich, wie des Himmels Plage“ genannt, aber dann sorgsam abwägend hinzugefügt hatte, „doch er ist gut, ist ein Geschick wie sie“ — so kommt jetzt zuerst jene unbedingte Verherrlichung des Krieges auf, die vornehmlich Heinrich von Kleist als ein neuer Tyrtäus gewagt hat und die im Jahrhundert des aufsteigenden Nationalismus zu einem Wahnsinn des Geistes sich steigern sollte. Die napoleonische Herrschaft in Deutschland erklärt die plötzliche und ungewöhnliche Verherrlichung des Krieges und den unvermittelten Ausbruch der Haßgesänge. Aber es war auch sehr viel Literatentum dabei, das sich dann bei gegebener Gelegenheit gerne wiederholte. Nahe lag dieser Romantik die Berufung auf das kriegerische Heldentum der blonden germanischen Jugend, die den „Strohtod“ verachtet habe und vom Felde der Ehre nach Walhalla geleitet wurde. Oder man hielt sich an die poetische Schönheit der Landsknechtslieder und nahm sie zum Zeugnis des frommen deutschen Gemütes: „Kein schönrer Tod ist in der Welt, als wer vor'm Feind erschlagen!“ Dies alles sind Motive, die im 19. Jahrhundert immer wieder anklingen, je unwahrer die Erneuerungen der Romantik geworden sind.

Dennoch fehlt dem frühen romantischen Nationalismus noch nicht das Gefühl einer sittlichen Verpflichtung gegenüber dem Menschentum. Unter einem „wahren Kriege“ verstand Adam Müller einen Krieg, der nicht um die bloße Macht gehe; die napoleonischen Kriege waren ihm keine „wahren Kriege“. Denn ein Band gemeinsamer Ideen verknüpfte nach ihm die Völker Europas und ließ keine „isolierten Staaten“ gelten. Dem falschen Kaisertum Napoleons, das auf Vergewaltigung der Völker aufgebaut sei, stellte er die wahre europäische Gemeinschaft entgegen, die nicht mechanisch zusammengefügt sei wie ein durch Gesetz und Vertrag konstruierter Völkerbund oder wie das Reich des Welteroberers, sondern auf sittlicher und religiöser Solidarität beruhe. Der Gedanke des Novalis von der christlich-germanischen Einheit ist in der konservativen Staatsidee lange lebendig geblieben und wurde die Grundstimmung im Zeitalter der Restauration. Wie im einzelnen Staate so sollte auch in der großen Staatenwelt alles wieder im Geiste des Mittelalters auf Gesinnung und Vertrauen gestellt werden. Die Nationen sollten sich ihres Wesens und ihrer Kraft bewußt werden, sie pflegen und entwickeln, aber sie sollten sich zugleich im Dienste einer höheren, überstaatlichen Idee fühlen. Ein Krieg der Völker gegen den Einen war zu diesem Zwecke freilich noch notwendig und geboten. Aber es war ein heiliger Krieg, er galt der Verwirklichung eines sittlichen Ideals. So ist der nationale Gedanke auch bei den Romantikern noch in ein allgemeines Menschheitsgefühl verwoben, der Staat ist unter die Herrschaft der Ethik gestellt, und aller Dienst am Staate, wenn er lediglich der Macht aufhelfen will, wird als „falscher Patriotismus" von Adam Müller gebrandmarkt. Nur freilich wurde das Eigenrecht der einzelnen Nation durch den romantischen Sinn für das individuelle Leben ganz anders gewürdigt, als es dem Rationalismus möglich gewesen war. Von hier aus war dann der Weg offen zur Machtpolitik und in einen extremen Nationalismus, sobald man sich erst einmal aus der geistigen Atmosphäre einer idealistisch gestimmten Zeit entfernte und den christlichen wie den humanistischen Menschheitsgedanken preisgab. Wie rasch dieser Weg von leidenschaftlichen Naturen unter dem Drucke der Not durchlaufen war, zeigt eben vor allen andern Heinrich Kleist, der mit Adam Müller befreundet war und im Gedankenkreise des konservativen, christlich-germanischen Staates lebte, im übrigen aber wie Arndt recht unchristliche und unmenschliche Schlachtgesänge gegen den „Banditen" geschrieben hat: „Schlagt ihn tot, das Weltgericht fragt euch nach den Gründen nicht!" Ein romantischer Literat ohne Beruf und ohne Heimat, hat Kleist allen Sinn für Verantwortung und alle Grenzen der Möglichkeit und des Geschmackes hinter sich gelassen, um „Germania" aufzurufen zur Befreiung aus aufgedrungener Knechtschaft. Seine „Hermannsschlacht" ist mitten in der schwülen Zeit, da die österreichische Erhebung von 1809 sich vorbereitete, geschrieben worden, aber damals nicht zum Drucke und nicht zur Aufführung gelangt; selten hat der Nationalismus alles Maß so sehr überschritten wie in diesem Drama. Wie anders hatte Schiller im Tell die Erhebung eines bedrückten Volkes und den Kampf für die ewigen Rechte der Freiheit und der Menschenwürde dargestellt, wie viel tiefer hatte er den inneren Kampf des Helden motiviert, der sich den Entschluß zur Tat abringen muß gegenüber allen Hemmungen der Sitte und der menschlichen und väterlichen Pflichten. Bei Kleist dagegen ist alles auf das einzige Motiv des unmenschlichen Hasses gestellt, dessen sinnloser Ausbruch unerklärlich bleibt, weil er lediglich einem abstrakten Freiheitsideale gilt. Wenn Kleist dabei das historische Symbol nicht dem Mittelalter, sondern dem germanischen Altertume entnahm, so war auch diese Anlehnung in der literarischen Überlieferung bis hinauf zu Klopstocks Bardengesängen vorgebildet und drängte sich jetzt durch den Vergleich mit dem neurömischen Empire unmittelbar auf. Nicht anders liebten es Arndt und Jahn, den Tacitus heranzuziehen, um die „teutschen" Tugenden der Treue, der Tapferkeit, der Sittenreinheit zu beweisen und zu der welschen Geilheit und Perfidie in einen patriotisch erbaulichen Kontrast zu setzen; sie liebten es auch, Rom mit Frankreich und das politische Schicksal Deutschlands mit jenem Griechenlands zu vergleichen, dem gleichfalls durch innere Uneinigkeit und den Dualismus der beiden größten Staaten das Unheil von außen, von Westen her gekommen war — lauter historische Parallelen, die von den deutschen Schulmeistern dann hundertfach wiederholt, ausgeführt und zu Tode gehetzt worden sind. So vergißt auch die Hermannsschlacht über dem tendenziösen Inhalte die Poesie. Der Dichter zeigt am Bilde der germanischen Vorzeit die Forderungen der Stunde, er führt die Selbstzerfleischung der deutschen Stämme vor, geißelt die Haltung der Rheinbundfürsten, Thusnelda aber gleicht „einem der deutschen Weiberchen, die sich von den französischen Manieren fangen lassen", wie Kleist selbst kommentiert hat. Der Dualismus von Österreich und Preußen erscheint hier in dem Gegensatze von Hermann und Marbod, über alles aber siegt dann, wie der Dichter will und ersehnt, die dämonische Kraft des Volkstums und der Rache. So wird die Gegenwart gedeutet als ein Kampf des germanischen Menschen gegen die römische Weltherrschaft.

ZWEITER ABSCHNITT

Der Freiherr vom Stein und die Reform des Staates

Noch immer ist im menschlichen Leben das Neue zuerst größer gedacht und gepredigt worden, als es nachher in die Wirklichkeit übergeführt werden konnte: „Leicht beieinander wohnen die Gedanken, doch hart im Raume stoßen sich die Sachen.“ Der deutsche Geist hatte dank der inneren Notwendigkeit seiner Denkmotive die Herrschaft der Zahl und der mechanischen Gesetzlichkeit überwunden, er hatte dem Menschen das verlorene Bewußtsein der Willensfreiheit zurückerobert, er hatte die geistigen und seelischen Kräfte wiedergefunden, die jenseits aller Vernunft am Werke sind und durch die erst das Leben sich zu erfüllen vermag. Aus Tiefsinn und Irrtum war eine neue geistige Kultur erwachsen, von großen Denkern getragen. Sie war gewiß einseitig und bedingt durch die historische Lage, die aus der Entwicklung des abendländischen Denkens und der abendländischen Gesellschaft geworden war; aber sie war zugleich auch gefestigt und in sich geschlossen und erstrebte eine sichere Stellung gegenüber dem Leben. Vor allem war auch jenes für die Ordnung und Führung des menschlichen Daseins entscheidende Problem des Verhältnisses von Individuum und Gemeinschaft neu durchdacht worden; man hatte auch hier der Atomistik entsagt und war in eine positive Beziehung zum Staate getreten. Vielfältig waren in dieser Hinsicht die Gedankengebilde, die hervortraten; es blieb eine weite Spanne zwischen Humboldts ästhetischer Freude an dem individuellen Reichtum der geschichtlichen Staatenwelt und jener Vergötterung des Staates, zu der Fichte in stürmischem Umschwung gelangt war. Gemeinsam jedoch war allen diesen Männern der Glaube, daß ihre Ideen Leben gewinnen würden, wenn nur der sittliche Wille die Hindernisse beseitigen und die traumumfangenen Sinne der Völker lösen wolle. Noch lebte jeder einzelne Untertan geruhsam und teilnahmslos sein eigenes Leben, noch kannte er nur die enge Gemeinschaft der Familie, des Dorfes, der Stadt, noch galt er den Machthabern nicht mehr denn eine Zahl oder eine Figur in ihrem Spiele, der Weltherrscher schob die Länder und Menschen willkürlicher hin und her als jemals ein Fürst der alten Zeit. Aus der Not der Fremdherrschaft, die so große Opfer an Gut und Blut verlangte, erwuchs der Glaube an die Fülle und Kraft, die ungenutzt in den Tiefen des Volkes ruhten und der Erweckung harrten zum Dienste des Staates und der Gesamtheit. Es war die große Schicksalsfrage des deutschen Volkes, ob Männer erstehen würden, stark genug, um über alle Hindernisse hinweg die neuen Ideen so weit in die Wirklichkeit überzuführen, wie dies dem begrenzten menschlichen Vermögen gelingen kann. Niemand hat damals die Aufgabe dieser historischen Stunde tiefer und klarer ausgesprochen als Gneisenau, der in der Folge der eigentliche Überwinder Napoleons geworden ist: „Welche unendlichen Kräfte schlafen im Schoße einer Nation unentwickelt und unbenutzt. In der Brust von tausend und tausend Menschen wohnt ein großer Genius, dessen aufstrebende Flügel seine tiefen Verhältnisse lähmen."

So galt es also bei diesem Schritt von der Idee zur Wirklichkeit, jede einzelne Kraft im Volke zu wecken zur Selbstentfaltung und Freiwilligkeit und doch zugleich eine starke nationale Einheit über allem Sonderleben zu schaffen; es galt, die Macht des Staates zu stärken, indem man das Ethos in ihn aufnahm und also Geist und Staat miteinander verband. Wo aber war in der Wirklichkeit des deutschen Lebens ein Staat, der Träger dieser Erneuerung werden konnte? Das alte deutsche Reich hatte 1806 endgültig sich aufgelöst, seine reichen Gefilde waren gesammelt in der Hand französischer Vasallen und standen dem fremden Herrscher zu Diensten, die beiden deutschen Großmächte Österreich und Preußen waren 1805 und 1806 auf den Schlachtfeldern besiegt worden. Und doch konnte nur von ihnen die Erneuerung ausgehen, weil nur hier ein wirkliches staatliches Leben aus der Vergangenheit überliefert war. Während aber Österreich nur geschwächt aus dem Kampfe mit Napoleon hervorgegangen war, nur aus dem Reiche gedrängt und nach Osten verwiesen, hatte Preußen die größere Hälfte seines Gebietes eingebüßt und war auf seine vier „alten Provinzen" — wie man sie nunmehr zu nennen pflegte —, auf Brandenburg, Pommern, Preußen und Schlesien, beschränkt. Die französischen Besatzungen blieben im Lande, ungeheure Summen waren dem Sieger zu zahlen, alle wirtschaftliche Betätigung war unterbunden, seit das agrarische Land infolge der Kontinentalsperre nicht mehr an England verkaufen durfte. Hart war die Not, furchtbar die Demütigung, die der Feind durch unaufhörliche Übergriffe immer wieder erneuerte und mehrte. Man fühlte den Kontrast zwischen der eigenen würdelosen Lage und der Erhabenheit des neuen Geistes um so schmerzlicher, als die neue Bildung ja norddeutscher und protestantischer Herkunft war; im vergangenen Jahrzehnte war sie unter dem Schutze der preußischen Friedenspolitik erwachsen und hatte ihre Gedanken schon tief bis in die regierenden Kreise geführt. Ein allgemeines Bewußtsein von der Haltlosigkeit des alten absolutistischen Systems kennzeichnet die ersten Regierungsjahre König Friedrich Wilhelms III., der 1797 den Thron des großen Vorfahren bestieg. „Man arbeitete an der Befreiung des Volkes von den Bindungen der alten Zeit, an seiner Erweckung und Ausbildung zur Tätigkeit für den Gesamtzweck. Es wurde von großer geschichtlicher Bedeutung, daß die Katastrophe von Jena einen Staat traf, dessen leitende Männer sich von der Notwendigkeit einer Reform bereits überzeugt hatten, wenngleich sie dann inmitten ihrer bedächtigen und furchtsamen Vorarbeiten sich von dem Zusammenbruch hatten überraschen lassen. Aber die Reformarbeit stand doch erst dann unter dem Zwange einer höheren Notwendigkeit, als die Niederlage mit ihren Bildern der Feigheit und des Stumpfsinnes die ganze Überlebtheit des alten Systems offenbarte, als die weiten fremdartigen Provinzen polnischer Herkunft verloren waren, als der furchtbare Ernst der Zeit den ausgesogenen und verkleinerten Staat ganz unmittelbar zur Erneuerung drängte. Erst jetzt hob die Not die entscheidenden Männer an die entscheidende Stelle. Wenn irgendwo so ist in der preußischen Reformzeit die Gewalt der historischen Persönlichkeit offenbar geworden. Die Reform wäre nicht durchgeführt worden und sie hätte vor allem nicht diesen besonderen Charakter einer Vereinigung von staatsbildender und geistbildender Macht erhalten, wenn nicht Männer von starkem Glauben und selbstloser Hingabe das Werk geleistet hätten. Es sind Persönlichkeiten der verschiedensten Herkunft und Eigenart, die hier zum gemeinsamen Werke sich verbanden. Alle geistigen Richtungen der Zeit und viele Stimmungen des Menschlichen sind unter ihnen vertreten, von religiöser Ehrfurcht bis zu aufklärerischem Rationalismus, von ästhetischem Genießen bis zum rücksichtslosen Opfermut. Ihnen allen gemeinsam aber war die Einsicht in die Unmöglichkeit des Bisherigen und ein Glaube an die Fähigkeit des Menschen, sich zu erheben für Staat und Volk zur sittlichen Pflicht. Die großen geistigen Strömungen der Zeit gehen in diesen Männern die verschiedensten Verbindungen ein und geben den einzelnen Teilen des Reformwerkes bei aller inneren Einheit des Ganzen ihren besonderen, individuellen Charakter. So ist die Geschichte der preußischen Reformzeit in erster Linie eine Geschichte historischer Persönlichkeiten. Unter ihnen steht der Freiherr vom Stein voran, denn er hat die Reformen eingeleitet und sie am entschiedensten nach seiner starken persönlichen Eigenart gestaltet. Vom Freiherrn vom Stein muß darum zuerst gesprochen werden.

Wenn der Wanderer von Koblenz aus die Lahn aufwärts schreitet über Ems hinaus, gelangt er nach Nassau, einem Landstädtchen am rechten Ufer; jenseits ragt der Burgberg, der von der Ruine des Schlosses Nassau gekrönt ist. Von hier sind zwei Linien dieses Hauses ausgegangen — die ältere, herzogliche und als jüngere Linie das Haus Oranien, das in der Geschichte Westeuropas und des Protestantismus zu weltgeschichtlicher Bedeutung emporgewachsen ist. Unterhalb der Burg Nassau springt ein Felsen vor, der Stein, der einst die Burg der Reichsritter vom Stein getragen hat. Der Zug vom Berge in die Ebene, der dem Adel in den neueren Jahrhunderten eigen ist, hat die Herren von Nassau nach Wiesbaden und Biebrich geführt, die Herren vom Stein in das Städtchen zu Füßen der Burg, wo zwischen alten Bäumen versteckt ihr Herrensitz breit gelagert ist. In diesem Schlosse ist der Freiherr vom Stein im Jahre 1757 geboren. Die Familie gehörte zur alten Reichsritterschaft, die ihre politische Bedeutung seit dem Mittelalter längst verloren hatte, zwischen den Territorialgewalten nur schwer sich behaupten konnte und die Verwaltung ihrer Gebiete nicht immer zuverlässig besorgte. Im alten Reiche wiederholte man gerne das tendenziöse Wort des württembergischen Publizisten Jakob Moser, des Vorkämpfers bürgerlicher Freiheit im 18. Jahrhundert: „In manchen Gegenden braucht man sich gar nicht nach der Ortsherrschaft zu erkundigen; man sieht es dem ganzen Dorfe an, daß es ritterschaftlich ist.“ Aber das Dasein des Reichsadels war dennoch nicht ohne politische und moralische Bedeutung. Mitten im Zeitalter des Absolutismus gab es auf dem Festlande wenigstens eine Stelle noch, wo körperschaftliche Freiheit sich erhalten hatte. Während überall sonst auf dem Kontinent die Welt in Fürsten und Untertanen zerfiel, war in den Reichsstädten und in den Kantonen der Ritterschaft die korporative Vertretung noch lebendig. Auch wo ein Reichsritter in Hof- oder Staatsdienste trat, wurde er darum doch kein Höfling und kein Untertan; dies aber war wichtig in einer Zeit, wo es sechzig Höfe in Deutschland gab. Wenn der Freiherr vom Stein als ein unerschrockener und fester Charakter aus seiner Zeit herausragt, so war ihm dies angeboren und persönlich; aber zugleich war er in seiner Haltung gestützt und gefestigt durch das Bewußtsein, jedem Fürsten gleichgestellt zu sein und keinen Höheren über sich anzuerkennen als den Kaiser. Die Reichsritterschaft allein bewahrte durch die Jahrhunderte des sinkenden Reiches den Gedanken der Einheit, an die sie mit ihrem ganzen Dasein sich verwiesen fühlte; die Anlehnung an den Kaiser und die Gegnerschaft gegen die Fürsten ergaben sich für die Reichsritter aus ihrer geschichtlichen Lage. Auch dies ist für den Werdegang des Freiherrn vom Stein und seiner Persönlichkeit von entscheidender Bedeutung; während die anderen Vorkämpfer der nationalen Einigung nur auf dem Umwege über die Wissenschaft oder Literatur zum nationalen Gedanken gekommen sind, trug er allein das Bewußtsein der deutschen Einheit in seinem Blute. Er hat die Natur des Reiches von frühe an gekannt, die Gegnerschaft gegen die Landesherren war ihm eingeboren, und er war sich immer bewußt, daß er dem Gedanken der Einheit und der Nation deshalb so nahe stand, weil er als Untertan des Reiches, und nur des Reiches, geboren war.

Das Geschlecht derer vom Stein ist schon im Mittelalter nachgewiesen, es hat später dem Luthertum sich zugewendet. In der Umgegend der Burg und des Städtchens besaßen die Stein zwei Dörfer, sie besaßen Huben und Felder und Wiesen, Gärten und Weinberge und Höfe, sie bezogen Zehnten und Abgaben; aber auch linksrheinischer Besitz war ihnen eigen. Alle Güter lagen in des Rheins gesegneten Gebreiten, sie waren Streubesitz, meist von Pächtern bewirtschaftet; das Rentamt in Nassau führte die Verwaltung und die Verrechnung der Einkünfte. Die Art des Besitzes und der Charakter von Land und Leuten erklären das patriarchalische Leben der Familie; ein aristokratisches Standesbewußtsein war hier wach, und doch war noch keine Entfremdung von den Bauern eingetreten, in deren Mitte man wohnte. Wie anders war zur gleichen Zeit die Lage des französischen Adels, dessen Residenzpflicht am Hofe zur Verödung der Provinzen geführt hatte, so daß alle Vorbilder einzelner Edelleute von altem Schlag und alle Reformpläne dieses Übel nicht mehr hatten beheben können; wie anders auch war die Haltung des ostelbischen Adels, der seine wohlarrondierten Rittergüter in Eigenwirtschaft besaß und nur eine Masse recht- und besitzloser Fronbauern sich gegenübersah! Wenn der Freiherr vom Stein den Hofadel immer verachtet und den typischen Beamtenadel immer bemitleidet hat, wenn ihm die sittliche Erneuerung des Adels als eine der höchsten staatsmännischen Aufgaben vor Augen schwebte und wenn er von der hohen gesellschaftlichen Bedeutung eines echten Adels immer überzeugt war, so war auch dies in Herkunft und Jugendeindrücken begründet. Die Familie war freilich verschuldet; seit Jahrhunderten stritt man sich mit dem Fürsten von Nassau um Besitzrechte und Ackerstreifen, aus den ritterlichen Fehden einer rauheren Zeit waren Rechtshändel geworden, die am Reichskammergericht in Wetzlar oder beim Reichshofrat in Wien anhängig waren. Der Kampf gegen die kleinfürstlichen Tyrannen und ihre Schreiber hat den Reichsritter sein ganzes Leben lang begleitet; er hat diese Stimmung aus dem privaten Bewußtsein in die große Politik gehoben, sie durch allgemeine und nationale Ziele geadelt und zu einem beherrschenden Gedanken in der deutschen Geschichte des 19. Jahrhunderts gemacht. Zwar ist auch der Vater des Freiherrn vom Stein in fremdem Dienste gestanden — aber eben doch in den Diensten des Kurfürsten von Mainz, des Kurerzkanzlers des Reiches. Die Mutter des Freiherrn erscheint als eine prächtige deutsche Frau; in dem Hause von Nassau haben Lavater und der junge Goethe Einkehr gehalten, in den „Physiognomischen Fragmenten" Lavaters erscheint das Profil der Frau vom Stein, dem das scharf geschnittene Antlitz ihres großen Sohnes so ähnlich ist. Frömmigkeit und Gläubigkeit lebten in dieser Familie, das strenge buchstabenharte Luthertum früherer Zeiten war veredelt und gemildert durch den Geist des voranschreitenden Jahrhunderts, durch Innigkeit und werktätige Liebe.

Karl vom Stein war das neunte von zehn Kindern, der jüngste Sohn seiner Eltern. Er selbst hat später, da er als Greis die Summe seines Lebens zog, von seiner Jugendzeit gesagt: „Die Ansicht der Welt und der menschlichen Verhältnisse schöpfte der Knabe und Jüngling in der Einsamkeit des Landlebens und aus der alten und neuen Geschichte, besonders sprachen ihn die Ereignisse der vielbewegten englischen an. War diese Ansicht freilich einseitig, unpraktisch und verführend zu einer gewissen Unbilligkeit in Beurteilung der nahen Wirklichkeit, so entfernte sie mich jedoch auch vom Gemeinen und kleinlicher Zeitversplitterung." Zur Ausbildung wurde der Student mit einem Hofmeister nach Göttingen geschickt, an jene Universität im englischen Hannover, die damals die hohe Schule der Staatskunst gewesen ist und von der wir früher schon gesagt haben, daß sie eine Vermittlerin englischer Staatsgesinnung auf dem Kontinent geworden war. Der engste Jugendfreund Steins war August Wilhelm Rehberg, der nachher der früheste Künder von Burkes Lehren in Deutschland geworden ist und den wir in dieser Eigenschaft bereits früher genannt haben. Nach Beendigung der Studien, die in der damaligen Zeit für einen Edelmann noch nicht mit dem bürgerlichen Titel eines Doktors besiegelt wurde, begab sich der junge Stein auf die Kavalierreise; sie führte den Sohn des reichsritterlichen Geschlechtes nicht etwa, wie bei reichen Familien sonst wohl üblich war, durch West- und Südeuropa, sondern er besuchte die drei wichtigsten Städte des alten Reiches, Wetzlar, Regensburg und Wien, um das Reichskammergericht, den Reichstag und den Reichshofrat zu studieren. Dann aber ging er nach Berlin in die Residenz Friedrichs des Großen. Nach einigem Schwanken, ob er in Reichsdienste oder wenigstens in die Dienste Österreichs treten solle, wie dies der Tradition reichsritterlicher Familien entsprach und wie auch sein eigener Bruder getan hatte, entschied er sich für Preußen. Er hat später die Verehrung für Friedrich den Großen als Motiv seines Entschlusses angegeben. Aber seine Begeisterung galt nicht dem Staatskünstler, der durch eine rationale Verwaltung und eine eiserne Disziplin den Staat emporgeführt und zusammengefügt hatte, nicht dem Aufklärer auf dem Throne; in bezeichnender Weise fügt Stein in seiner Selbstbiographie dem Lobe Friedrichs an, daß der König damals „durch die Erhaltung von Bayern die Dankbarkeit dieses Landes und des ganzen Vaterlandes“ sich erworben habe. Der junge Reichsritter verehrte jenen König Friedrich, der den Fürstenbund vorbereitete und die alte Reichsverfassung gegen die revolutionären Anschläge Kaiser Josephs II. verteidigte; die Anhänglichkeit an das alte Reich und der eingeborene konservative Rechtssinn führten den Sohn des Reichsadels damals in die Dienste Preußens, in dessen Zusammenarbeit mit Österreich er sein ganzes Leben hindurch das Heil der deutschen Nation und die Überwindung der deutschen Kleinstaaterei gesehen hat. Eine persönliche Verbindung der Familie mit dem Minister Heinitz kam hinzu, und so wurde Stein im Jahre 1780 Referendar in dem Bergwerks- und Hüttendepartement, dem dieser Minister vorstand. Der Weg über die Beamtenlaufbahn war in Preußen wie in allen absolutistisch regierten Staaten der einzige Weg, der zu leitender Stellung in der Politik emporführte. Der Reichsritter, der dem Schreiberhandwerk und der Bureaukratie sein ganzes Leben hindurch abgeneigt war, ist selbst in der inneren Verwaltung aufgestiegen und hat sich in ihr aufs beste bewährt. Er sah die Gefahren, die hier für jede selbständige Persönlichkeit lagen. Denn dieses System wollte und brauchte abstrakte Menschen, die vom Inhalte des Lebens absehen können und mit der gleichen Routine alle Fragen und Gebiete nach festen Formen zu verwalten verstehen — Beamte also, die nach Steins bitterem Spotte „in Formen und Dienstmechanismen und in Unkunde des Bezirks" dahinleben, jede Veränderung fürchten, weil sie die Arbeit vermehrt: unbekümmert um Regen oder Sonnenschein, unberührt von Mißernten oder Handelskrisen erledigen sie in Ruhe Tag für Tag ihr Pensum, heben in Ruhe ihr Gehalt von der Kasse ab und — schreiben, schreiben und schreiben! Die Abneigung gegen die Bureaukratie der Geheimen Räte ist in einem späteren Stadium der deutschen Geschichte — wo der Absolutismus überwunden war, aber die Selbstverwaltung sich doch nicht gegen das Beamtentum durchsetzen konnte, sich wohl gar mit seinem Geiste erfüllte — von einem andern Landedelmann, von Bismarck, nochmals in geschichtlich bedeutungsvoller Weise erlebt und ausgesprochen worden. Aber während Bismarck auch persönlich sich ungeeignet fühlte für Leben und Arbeit des Beamten und daher in Göttingen — wo auch er, ein halbes Jahrhundert nach Stein, Student gewesen ist — den Fechtboden und die Kneipe und den Umgang mit Menschen den Hörsälen vorzog und auch nachher den Bücher- und Aktenstaub fürchtete, ja den Staatsdienst frühzeitig verließ, um „die Feder mit dem Pfluge zu vertauschen", hat Stein sieben volle Semester in Göttingen das Staatsrecht des alten Reiches und die modernen politischen Lehren studiert und ist in den Dienst des preußischen Staates gerade in dem Lebensalter eingetreten, wo Bismarck „auch den letzten Anlauf auf eine Ministerstelle" aufgab, als er die Vorbereitungszeit zum Assessor abbrach und Landwirt wurde. Die Verwaltungsarbeit war einem Manne, der so sehr wie der Freiherr vom Stein in dem alten deutschen Reiche des 18. Jahrhunderts wurzelte, geläufig, der Streubesitz der Familie verlangte vom Grundherrn Aufsicht über eine Verwaltung und nicht wie beim ostelbischen Rittergut über eine Landwirtschaft, das Staatsrecht des Reiches war für den Ritter wissenswert und ehrwürdig wie das Reich selbst. So war es Stein vorbehalten, die Schattenseiten einer allmächtigen Bureaukratie und die Mängel des Beamtendaseins zu durchschauen und doch zugleich hier die Formen und Bereiche eines fruchtbaren und geordneten Wirkens zu finden. Er hat von seiner ersten Verwendung in der Bergverwaltung gerühmt, daß „das Leben in einem auf die Natur und den Menschen sich beziehenden, die körperlichen Kräfte zugleich entwickelnden Geschäfte den Nutzen hatte, den Körper zu stärken, den praktischen Geschäftssinn zu beleben und das Nichtige des toten Buchstabens und der Papiertätigkeit kennen zu lernen". Es war Stein beschieden, durch sein eigenes Leben zu beweisen, daß der Weg über die Beamtenlaufbahn nicht unbedingt zur Entpersönlichung führen, daß hier nicht unbedingt abstrakte Menschen entstehen mußten.

Nach zwei Jahren schon schlug der Minister dem Könige die Beförderung zum Oberbergrate vor, nachdem der junge Referendar sich in der Zwischenzeit auf Dienstreisen und durch Studium an den Bergakademien in Freiberg und Clausthal noch gebildet hatte. Der König hatte Bedenken wegen der Jugend und weil noch keine Leistungen vorlagen, aber der absolute Monarch brauchte sich im übrigen an keine Bestimmungen zu halten und vollzog schließlich doch die Ernennung. Nach abermals zwei Jahren kam Stein nach Westfalen als Direktor der staatlichen Bergämter. Eine diplomatische Sendung an den seiner Familie befreundeten Mainzer Hof schloß sich an, Gesandtschaftsstellen im Haag und in Petersburg wurden ihm angeboten, aber er blieb in der inneren Verwaltung. Sie allein war ihm gemäß, sie allein gab ihm die Möglichkeit, in diesem absoluten Staate selbständig zu arbeiten, hier hat er sich für seine große historische Aufgabe vorbereiten können. Später freilich hat es Steins weltgeschichtliche Sendung in entscheidenden Augenblicken gefährdet, daß er das Instrument der Diplomatie nicht zu spielen verstand. Seine Abneigung gegen alle Betätigung in der auswärtigen Politik entsprang seiner hohen ethischen Gesinnung; er selbst bekennt in seiner Selbstbiographie, der Diplomatie immer abgeneigt gewesen zu sein „wegen der Wandelbarkeit der Politik der Höfe, des Wechsels von Müßiggang zu einer schlau berechnenden Geschäftstätigkeit, des Treibens, um Neuigkeiten und Geheimnisse zu erforschen, der Notwendigkeit in der großen Welt zu leben, mit ihren Genüssen und Beschränkungen, Kleinlichkeiten und Langeweile mich zu befassen, und wegen meines Hanges zur Unabhängigkeit und meiner Offenheit und Reizbarkeit“. Eine Reise nach England unterbrach zunächst die Einförmigkeit des Dienstes; sie verfolgte technologische Zwecke, aber Stein lernte hier auch Staat und Gesellschaft und ihren Aufbau aus eigener Anschauung kennen, und er fand hier Bestätigung für vieles, was ihm durch Herkunft und Studium schon bisher nahegetreten war. Lange Jahre hindurch, von 1787 bis 1804, stand er dann an der Spitze der Verwaltung in den westfälischen Besitzungen Preußens, als Kammerdirektor und als Kammerpräsident in einzelnen Herrschaftsbezirken, zuletzt aber als Präsident aller westfälischen Kammern.

Die westlichen Provinzen der preußischen Monarchie waren ja kein zusammenhängendes Gebiet, sondern sie waren territorialer

Streubesitz, der durch Erbschaft oder sonstige Formen der Erwerbung nach und nach der Krone Preußens zugefallen war. Hierzu gehörten vor allem Kleve, Geldern, Minden, Mark, Ravensberg; schließlich hat Stein in allen diesen Landesteilen regiert, am engsten war er mit der Grafschaft Mark verbunden. Hier residierte er in den ersten Jahren auf dem alten Schlosse zu Wetter, hoch über der Ruhr; später hatte er seinen Sitz zu Minden an der Weser. Die beiden Flüsse hat er schiffbar gemacht, er hat ein großzügiges Straßennetz ohne Heranziehung von Fronden gebaut, er hat die Befreiung der Domänebauern in den westlichen Provinzen durchgeführt, er hat Handel und Gewerbe gehoben, indem er ihnen freie Bahn schuf. Es drängt sich der Vergleich mit der denkwürdigen Provinzialverwaltung auf, die Turgot im Limousin geführt hat, bevor er die also gesammelten Erfahrungen als Minister auf den ganzen Staat anwenden konnte. Auch von Turgot ist die Abschaffung der Baufronden und überhaupt die Entlastung der Bauern sowie die Freiheit des Handels zuerst in den Provinzen erprobt worden, der Vergleich ist schon Stein in seiner westfälischen Zeit gegenwärtig gewesen. Stein ist im Laufe der Jahre geradezu zum Westfalen geworden, hier hat er später, nach dem stürmischen Jahrzehnte seiner weltgeschichtlichen Wirksamkeit, den Sitz seines Alters aufgeschlagen. Seine Liebe zu diesen Landen ist begreiflich, denn diese fielen nicht nur topographisch aus dem Zusammenhang der preußischen Monarchie heraus: hier hatten sich die Spuren volkstümlicher Einrichtungen vom Mittelalter her erhalten, hier war das Land eines starken mittleren Bauerntums, als dessen Nachbar und Freund Justus Möser gearbeitet und geschrieben hat; in Kleve und Mark bestanden noch in kräftiger Geltung die Ständeversammlungen, die in den ostelbischen Teilen der Monarchie längst lahmgelegt oder vernichtet waren. Auf diesen „Erben- oder Amtstagen" erschienen auch die Deputierten der Bauernschaften, während der adlige Grundbesitz sehr viel weniger als im Osten bedeutete. Durch diese Reste altständischer Einrichtungen waren die drei parlamentarischen Grundrechte der Periodizität, der Steuerbewilligung und der Mitwirkung bei den Gesetzen durch das Zeitalter des Absolutismus hindurchgerettet worden und hatten sogar die Anerkennung durch den Großen Kurfürsten gefunden. In diesen gewerblichen Bezirken war auch die Scheidewand zwischen städtischem und ländlichem Leben nicht so hoch wie im Osten; die Landschaft, die Stein an der Ruhr verwaltete und für deren gewerbliche Fortbildung er Sorge trug, ist in der Folge das eigentliche deutsche Industriegebiet geworden. Die preußischen Könige haben diese Lande, welche das System ihrer Regierung durch ihre anders geartete soziale und politische Struktur störten, nicht sehr geliebt, und noch Friedrich der Große ist gelegentlich bereit gewesen, sie gegen Besitzungen im Osten auszutauschen. Der große Absolutist hat das Land offenkundig vernachlässigt, es zollpolitisch als Ausland behandelt und es nur selten besucht. König Friedrich Wilhelm II. brach dann sofort mit dieser Methode: so konnte Stein nun wirken und fand in diesen bisher zurückgesetzten und von der landesväterlichen Fürsorge nahezu ausgeschlossenen Landesteilen große Aufgaben. Der Reichsritter, der als Beamter den preußischen Staat den Ständen gegenüber zu vertreten hatte, fühlte hier eine ihm verwandte Umgebung, einen Geist der Unabhängigkeit, der ihm in diesem ständischen Leben nicht anders als in den Tagungen seines eigenen Ritterkantones entgegentrat. Was später die romantische Staatslehre theoretisch und abschließend formuliert hat, war hier in Wirklichkeit noch vorhanden — ein soziales und politisches Leben der ständischen Freiheit und Gliederung, das in ununterbrochener Kontinuität sich entwickelt hatte und in welchem Stein mitten im Zeitalter des Absolutismus die Elemente eines wahren Staates und einer natürlichen Gesellschaft erkannte.

Dennoch darf man Stein nicht mit den Romantikern zusammenstellen. Er war ein Jahrzehnt älter als die Begründer der romantischen Schule, ihm war auch die Sentimentalität der Wertherzeit fremd geblieben, er war ein unromantischer Charakter. Tief wurzelte er in der heimischen Erde und hielt diese Quelle seiner Kraft immer fest, er war seiner ganzen Veranlagung nach in erster Linie ein Mann der Geschäfte, der sich in der arbeitsamen, patriarchalischen Fürsorge für die ihm anvertrauten Menschen selber am besten geborgen fühlte und in ruhigen Zeitläuften niemals über die Grenzen administrativer Tätigkeit hinausgeschritten wäre. Seine Welt war das alte deutsche Leben des 18. Jahrhunderts, das — wie wir öfters betonten — nicht nur ein Leben der Höfe und der französischen Bildung war, sondern an vielen Stellen das starke Ethos adeliger Gesinnung und bürgerlicher Rechtschaffenheit noch ungebrochen in sich trug. Wenn die Romantiker sich für diese Welt wie für eine verlorene ästhetisch begeisterten, so darf darüber doch nicht vergessen werden, daß dieses Leben in starken Menschen tatsächlich noch lebendig war. Steins männlichem Wesen lag der reizbare Subjektivismus der Romantik völlig ferne. Die Selbstbiographie, die er im Alter für den romantisch schwärmenden Kronprinzen Ludwig von Bayern geschrieben hat, spricht nicht von Kämpfen einer einsamen Seele und nicht von dem Werden des genialen Ich, sondern ausschließlich von seinen Plänen und Taten, von seinem Werke. Und wenn Stein im Alter die neugotische Mode der romantischen Kunst mitgemacht hat, so geschah dies, weil sie ihm stofflich nahelag, ihm patriotische Gegenstände aus Deutschlands Heldenzeitalter bot; Geschmack und ästhetisches Urteil besaß er nicht, er war eine unkünstlerische Natur. Auch seine Stellung zu den Frauen zeigt den unromantischen Charakter dieses Mannes. Er beschloß sich zu vermählen, als Vater und Mutter ihn, den jüngsten, aber tüchtigsten Sohn, zum Oberhaupte der Familie und zum Erben des Majorates einsetzten. In dieser Zeit lernte er den Feldmarschall Grafen Wallmoden kennen, einen natürlichen Sohn König Georgs II. von England, der im Kriege gegen Frankreich die englisch-hannoverschen Truppen am Mittelrheine führte. Dessen Tochter traf er in Bad Ems, er fand sie „sanft, gut, lenksam, ihren Freunden und Eltern anhängend; ich glaube, sie hat einen richtigen Verstand und Reinheit des Charakters". Gleichzeitig hörte er durch seine Schwester viel Gutes von einer andern Dame, so daß seine „Neugierde aufs äußerste gespannt" war und er Bedenken trug, vorher irgend einen Entschluß zu fassen. Wenige Wochen später aber heißt es in den Briefen von 1792: „Wahrscheinlich heirate ich zwischen hier und dem Frühjahr und noch immer wahrscheinlich die Gräfin Wilhelmine Wallmoden" — es müßten denn bei der andern, von der Schwester geförderten Zusammenkunft „ganz unerhörte Dinge zu sehen sein". Nach einigen Monaten ist der Entschluß gefaßt, nachdem er die Comtesse drei Jahre kennt und er sich von ihrem reinen Charakter und ihrem gesunden, richtigen Verstande überzeugt hat, und „weil Reinheit des Charakters und Richtigkeit des Verstandes die Quellen aller häuslichen Tugenden sind; auch ist es mir interessant, mit den Menschen, die sie umgeben, in Verhältnis zu treten, denn der Vater ist ein Mann von seltener Menschenkenntnis". Hier wird also nicht von Liebe gesprochen, immer sind es die gleichen Worte, „Reinheit des Charakters" und „richtiger Verstand" und „einiger Familienstolz"; hier ist auch nichts von der romantischen Kameradschaft zu finden. Eine strenge Häuslichkeit und der Glaube an den Mann beseelten diese Frau, die dann die schweren Jahre des Exils mit dem Gatten geteilt hat — Jahre, die gerade für eine häusliche Frau ungeheuer schwer sein mußten und die als große Opfer still und treu getragen worden sind. Auch hier steht der Vergleich mit Bismarck und seiner Ehe unmittelbar vor Augen, nur daß der junge Bismarck ohne

Zweifel in Aachen und Wiesbaden eine „romantische“ Lebensperiode durchgemacht hat, wie sie dem Freiherrn vom Stein immer fremd geblieben ist.

Als der Reichsdeputationshauptschluß vom Jahre 1803 Preußen die westfälischen Bistümer zubrachte, war der Freiherr vom Stein mit der Besitzergreifung beauftragt. Nun residierte er in Münster, im Schlosse der Fürstbischöfe. Aber er sah nach seinen eigenen Worten seine Aufgabe darin, „das Gehässige der Sache“ möglichst zu mildern. Seine gerechte und klare Beurteilung der Dinge ließ ihn sofort die segensvollen Früchte der geistlichen Regierung erkennen, die das Bistum Münster der Klugheit und Tatkraft des Domherrn Franz von Fürstenberg verdankte. Nirgends sonst hatte er „mehr Achtung für Religion, mehr Menschen von frommen und andächtigen Gefühlen“ gefunden, denn Fürstenberg erhielt seinen Mitbürgern den „Besitz eines gewiß unschätzbaren Kleinods, dessen Verlust alle unsere Philosophismen nicht ersetzen“. Der Reichsritter stand der Aufklärung fremd und feindlich gegenüber, und so hat er auch die harten Urteile nicht billigen können, die damals über den Grafen Stolberg gefällt worden sind. Stolberg blieb ihm „immer achtungswert wegen seiner reinen Liebe zur Wahrheit und wegen der Resignation, mit der er ihr soviel aufopfert“. Als Voß und Jacobi sich sofort nach dem Übertritt von dem Jugendfreunde zurückzogen und seinen Schritt verdammten, da fand Stein ihr Urteil „hart, brutal und einseitig“. Warum — so meinte er — erlauben sie Stolberg nicht, seiner Überzeugung gemäß zu leben, wo sie sonst doch nicht so wählerisch sind und „mit Menschen von allen Farben und Meinungen und allen Kopfkrankheiten umgehen? Stolberg glaubt in der katholischen Religion Ruhe und Bestimmtheit zu finden; er findet in ihr das reine ursprüngliche Christentum: warum ihn mit Wut und Schimpf verfolgen?“ Auch mit diesem Urteile unterscheidet sich also der große Patriot entschieden von dem bürgerlichen und literarischen Liberalismus, wie er im 19. Jahrhundert herrschend geworden ist.

Bei dem Anfall der westfälischen Bistümer entstand die Frage, was hier mit den ständischen Einrichtungen geschehen solle. Stein trat für ihre Erhaltung ein: „Ich hoffe, man wird die alte deutsche Verfassung, die auf Grundeigentum aufgebaut war und die sich in Westfalen erhalten hat, nicht umstürzen und an ihre Stelle eine bloße Bureaukratie, deren Unvollkommenheiten wir kennen, setzen.“ Die Umgestaltung der Stände war freilich notwendig, zumal die Domkapitel verschwanden. Stein forderte, daß man die

Stände auf den Adel als die Vereinigung der großen Landeigentümer gründe: „denn diese haben der Natur der Sache nach Einfluß und sind durch unauflösliche Bande an das Interesse des Landes gekettet." Daraus zog Stein aber die Folgerung, daß auch die bürgerlichen Besitzer großer Güter auf den Landtagen Sitz und Stimme haben sollten, und er ging dabei bis auf eine Grundrente von fünfhundert Talern herab, so daß also auch große Bauern eingeschlossen waren. Die Überzeugung von der hohen politischen Sendung, die der Adel in jedem gesunden Staatswesen zu erfüllen habe, ist immer ein Leitgedanke des Freiherrn vom Stein geblieben; aber ebenso entschieden war er von der Notwendigkeit einer steten Selbsterneuerung des Adels überzeugt, und deshalb wollte er Zeit seines Lebens den Staat und die Vertretung auf die „Eigentümer" gegründet wissen, wobei er darunter die Eigentümer von gebundenem Bodenbesitz verstand. Das Kabinett in Berlin entschied freilich damals auf Hardenbergs Gutachten anders und schloß die Sitzungen der münsterländischen Ritterschaft, eine mildere Form der Aufhebung, wie ja auch die Rheinbundstaaten mit den Ständeversammlungen in ihren Territorien endgültig aufgeräumt haben. Was aber die Haltung Steins in dieser Frage und überhaupt in diesen Jahren seiner westfälischen Verwaltung betrifft, so zeigt sie bereits seine ganze Staatsauffassung vollendet ausgebildet. Diese hat nichts mit Romantik und wenig mit der Französischen Revolution zu tun, sie ist selbständig erwachsen aus Jugendeindrücken und aus dienstlichen Erfahrungen und nicht zuletzt aus dem religiösen Urgrunde seines tiefen und lebendigen Glaubens an einen persönlichen Gott. Der Mensch war ihm nicht eine autonome Persönlichkeit, sondern ein Werkzeug in der Hand allgemeiner Mächte, die Religion war ihm die Grundlage des Staates, der Staat war ihm ein religiös-sittlicher Verband. In allem erkennt man den Gegensatz gegen den herrschenden Zeitgeist, dessen „Weichlichkeit" er frühe beklagt hat; die Verwandtschaft mit den Gedanken Herders ist offenkundig. Herders philosophisches Hauptwerk hat er gerühmt als ein Buch, „qui contient bien des vérités consolatrices", Burke nennt er bei jeder Gelegenheit. Die Jugendfreundschaft mit Rehberg, dem Vermittler Burkes, ist zwar in der Folge erkaltet, aber doch wohl nur durch die Entfremdung, die zwischen Preußen und Hannover 1802 eintrat, als die preußischen Hoffnungen auf Hannover bekannt wurden. Ob Stein den Justus Möser gelesen hat, muß eine offene Frage bleiben, wenn man nur auf die Tatsache sieht, daß er ihn niemals zitiert hat. Aber Stein war kein Schriftsteller, und seine Gedanken über die ständische Gliederung der Gesellschaft, über Adelsreform und Selbstverwaltung und über die Beseitigung der Erbuntertänigkeit sind bei Möser vorgebildet, nur daß eben der um eine Generation ältere westfälische Publizist gewisse Gedankenformen des 18. Jahrhunderts, wie etwa die Vertragslehre, noch mit sich führt. Auch die Bewegung des Adels, die in Frankreich unmittelbar vor der Revolution sich gegen den Absolutismus erhob und zahlreiche Reformschriften hervorrief, ist nicht ohne Eindruck auf Stein geblieben, wie er auch dem im übrigen auf ganz anderer philosophischer Grundlage ruhenden Gedankengute Turgots und der Physiokraten Anregungen entnahm, deren Auswirkungen wir bereits in seiner Provinzialverwaltung beobachtet haben. Aber alle diese Anregungen sind doch nur sekundär, sie haben nur ausgelöst oder bestärkt, was eigenkräftig in Stein geworden war und bereits völlig sich ausgebildet hatte, als er 1803 nach Münster kam und auch die bischöflichen Lande in Verwaltung nahm.

Das Jahr 1803 berührte, wie wir sahen, nur die geistlichen und die städtischen Landeshoheiten, die Stellung der Reichsritter blieb zunächst unangefochten. Aber die Raubsucht der Mächtigeren war geweckt, so ergriff denn auch der Herzog von Nassau Besitz von den Steinschen Dörfern. Denkwürdig ist der Protest, den Stein von seinem Amtssitze Münster aus im Jahre 1804 gegen den fürstlichen Räuber geschleudert hat und worin der ganze verwundete Stolz des Reichsritters und seine Liebe zur nationalen Einheit mächtigen Ausdruck gefunden hat. „Deutschlands Unabhängigkeit und Selbständigkeit" — so heißt es in dem Briefe — „wird durch die Konsolidation der wenigen reichsritterlichen Besitzungen mit den sie umgebenden kleinen Territorien wenig gewinnen; sollen diese für die Nation so wohltätigen großen Zwecke erreicht werden, so müssen diese kleinen Staaten mit den beiden großen Monarchien, von deren Existenz die Fortdauer des deutschen Namens abhängt, vereinigt werden, und die Vorsehung gebe, daß ich dieses glückliche Ereignis erlebe." Scharf klingen die Anklagen des Reichsritters gegen die deutschen Fürsten, die in der Not der Zeit die Erhaltung ihrer „hinfälligen Fortdauer" durch Bestechung der Franzosen erstreben: „was gewinnt Deutschlands Unabhängigkeit, wenn seine Kräfte noch in größerem Maße in diesen Händen konzentriert werden?" Der Wortführer des Adels sieht in seinem Stande den „Stolz und die Stütze großer Monarchien". Aber in einem kleinen Staate gedeiht der Adel nur kümmerlich: „ist er reich, so wird er ein Gegenstand der Scheelsucht, wo nicht des Fürsten, so doch seiner Umgebung; ist er arm, so eröffnen sich keine Aussichten zu einem besseren Sein, er darbt, verkümmert und erlischt.“ Der stolze und leidenschaftliche Mann will dem Aufenthalt in einem Lande entsagen, das ihn nur immer mit Gegenständen bitterer Erinnerung umgebe, und wo alles den Gedanken an den Verlust der Unabhängigkeit und an neue Fesseln zurückrufe. „Es ist hart“, so schließt er, „ein erweislich siebenhundertjähriges Familieneigentum verlassen und sich in entfernte Gegenden verpflanzen zu müssen, die Aussichten aufzugeben, nach einem arbeitsamen und, ich darf es sagen, nützlichen Geschäftsleben, im väterlichen Hause unter den Erinnerungen seiner Jugend Ruhe zu genießen und den Übergang zu einem besseren Sein zu erwarten. Es ist noch härter, alle diese Opfer nicht irgend einem großen, edlen, das Wohl des Ganzen fördernden Zweck zu bringen, sondern um der gesetzlosen Übermacht zu entgehen, um — doch es gibt ein richtendes Gewissen und eine strafende Gottheit.“ Der nassauische Geheime Rat beschloß, „dieses Schreiben, in dem ein preußischer Präsident und Diener von Unabhängigkeit spricht und sich gleichsam in eine Linie mit deutschen Fürsten stellen will, ganz unbeantwortet zu lassen, und wir glauben, daß hierauf bei Serenissimo anzutragen wäre“. Zum ersten Male in der deutschen Geschichte ist hier von dem Fluche gesprochen worden, den das territoriale Fürstentum für Deutschland bedeutet hat. Dabei findet sich bei Stein kein Wort der Verteidigung für die Ritterschaft; er kannte ihre Fehler und Gebrechen. Auch war ihm klar, daß die Säkularisation ein Rechtsbruch und eine Gewalttat war, und doch hatte er an demselben Rechtsbruche mitgewirkt, den er nun, wo er seine Person traf, dem Herzog von Nassau so sehr verübelte. Der entscheidende Unterschied lag für ihn nicht in dem formellen Reichsrecht, das im einen Falle gesprochen, im andern versagt hatte, sondern er lag für ihn begründet im Hinblick auf die deutsche Einheit. Nicht die kleinen Territorien konnten das Heil bringen, sondern nur Österreich und Preußen, die allein die Kristallisationskerne eines kommenden Deutschlands sein konnten. Also mußten alle Annexionen durch die Fürsten das Übel verschlimmern; die Begründung der neuen Mittelstaaten unter Frankreichs Gunst war nach Steins Ansicht der schlimmste Schaden für Deutschland. Dies wußte freilich Napoleon auch: eben darum hat er diese Mittelstaaten geschaffen und die Reichskirche wie die Reichsritterschaft zerstört.

Im Jahre 1804 wurde Stein als Minister in das Generaldirektorium berufen und an die Spitze des Finanz- und Wirtschaftsdepartements gestellt. Er hatte in seiner bisherigen Tätigkeit alle

Fragen, welche dieses Ressort angingen, von Grund auf kennen gelernt, doch fehlte ihm — wie er an den König schrieb — „die Kenntnis des Zustandes dieser Einrichtungen im Innern der Monarchie, da die westfälischen Provinzen so durchaus in ihrer Verfassung von jener abweichend sind". Der König zögerte lange, ihn zu ernennen; ihn störte die eigenwillige Persönlichkeit des Mannes und seine „westfälischen" Ansichten. Stein ging denn auch alsbald an die Durchführung seiner Reformgedanken. Jetzt kam ihm zugute, daß das alte Preußen mit Friedrich des Großen Tode bereits zu Grabe getragen worden war und daß ein Reformgeist die oberen Stellen, den Hof und das Beamtentum erfüllte. Schwer hatte ja die Hand des alten und harten Mannes auf dem Staate und seiner Bevölkerung gelastet, das System hatte sich längst überlebt und hatte sich nur durch die Autorität des großen Königs und die Furcht vor ihm noch aufrecht gehalten. Mit Staunen hatte Mirabeau, der beim Tode des Königs gerade in Berlin weilte, die Teilnahmslosigkeit des Volkes bei der Beerdigung bemerkt; der Schüler der Physiokraten hatte mit Befriedigung festgestellt, daß man des großen Absolutisten müde geworden war bis zum Hasse — „fatigué jusqu'à la haine". Mit Friedrich Wilhelm III. hatte dann 1797 ein König den Thron bestiegen, der von dem philanthropischen Geiste der Zeit wenigstens berührt war und edle, reine Absichten hatte. In seiner Umgebung fehlte es nicht an Männern von maßvoller Reformgesinnung, in welchen die neuen humanen und bürgerlichen Ideen lebten. Indem es in diesem Staate ein selbstbewußtes Bürgertum noch nicht gab, wie das vorrevolutionäre Frankreich es besaß, wurde hier das gebildete Beamtentum zum Träger der neuen Gedanken. Die bedeutendste und segensreichste Reform, die geleistet wurde, war die Befreiung der Domänebauern in den östlichen Provinzen, nachdem für den Westen noch die letzte Verordnung des vorigen Königs im Jahre 1797 dem Freiherrn vom Stein die rasch vollzogene Vollmacht erteilt hatte. Die Maßregel war freilich im Osten der Monarchie, wo der große Domänenbesitz lag, von ganz anderem Ausmaß. Die bäuerlichen Inhaber der Domänenstellen wurden, wenn sie es wollten, von den Hand- und Spanndiensten befreit, die sie den Domänenpächtern zu leisten hatten, sie wurden in den meisten Provinzen auch persönlich frei und erhielten ihre Stelle in Erbpacht, für die sie künftig lediglich eine Geldabgabe zu entrichten hatten. Freilich erstreckte sich diese umwälzende Reform nur auf jene Bauern, über welche der Staat unmittelbar verfügte. Die Privilegien des Adels wagte man nicht anzutasten, hier glitten alle Reformgedanken vorbei. In Ostpreußen hatte der Tod Friedrichs des Großen sogar eine altständische Bewegung ausgelöst, während in den westlichen Teilen der Monarchie Stein es erlebt hatte, daß die Stände sich gegen die Dienstablösungen wehrten, so daß das zu Gunsten der Privatbauern ersonnene Reformwerk also ins Stocken geriet. In Schlesien gar war die Geltung der Magnaten nur immer noch angewachsen, da diese größten aller Grundbesitzer als die ersten im 18. Jahrhundert den neuen Geist des wirtschaftlichen Rationalismus auch auf den landwirtschaftlichen Betrieb anzuwenden vermochten und also die auf feudalen Prinzipien aufgebaute Arbeitsverfassung zu kapitalistischen Zwecken mißbrauchten; hier scheiterten alle bauernfreundlichen Maßnahmen der Regierung, nicht zuletzt am Widerstande ihrer eigenen Beamten. Auch was sonst noch in der Umgebung Friedrich Wilhelms III. an Gedanken über Reformen in der absoluten Verwaltung oder im stehenden Heere geäußert wurde, führte doch nicht über einige unwesentliche Neuerungen hinaus, man verblieb bei der Kabinettsregierung, bei der überlieferten Privilegienordnung im Steuerwesen und in der Verwaltung, man beließ es auch bei der alten Zusammensetzung des Heeres. Die Geschichte des preußischen Staates vor 1806 zeigt also — wir sagten es bereits — auf allen Gebieten eine Reformregierung am Werke, die mitten in einer Zeit der gewaltigsten Veränderungen dunkel die Notwendigkeit der Umgestaltung fühlte, aber über bedächtige und wohlwollende Erwägungen nur selten hinausgelangte und von der Katastrophe dann plötzlich überrascht wurde. Immerhin konnte der Freiherr vom Stein als der einzige energische Mann in diesem Kreise aus der bestehenden Reformgesinnung Nutzen ziehen, als er in seinen Ressorts seine Ansichten zu verwirklichen begann. Er hat durch das Edikt vom 26. Dezember 1805 jene Aufhebung der Binnenzölle veranlaßt, die seit Turgots Tagen von allen kontinentalen Nationalökonomen gefordert und in Frankreich durch die große Revolution vollendet worden war, nachdem sie schon bisher in der Richtung der Entwicklung zum Einheitsstaate gelegen hatte. Eine ähnlich geartete Reform, die Stein verdankt wurde, war auch die Egalisierung der Salzpreise.

Das andere große Ressort, das Stein neben dem Finanzdepartement zu verwalten hatte, war das Fabriken- und Kommerzialdepartement. Hier hatte er Gelegenheit, im Sinne des Adam Smith das Merkantilsystem abzubauen, also staatliche Betriebe in private zu verwandeln, die Zunftschranken zu lockern und die Gewerbefreiheit vorzubereiten. Es versteht sich, daß er auch die

Schranken zu beseitigen strebte, die im alten Preußen bisher zwischen Stadt und Land bestanden. Er wollte die Gewerbe auch auf das flache Land übertragen und überall in gleicher Weise besteuert wissen, er fand es unbillig, daß auf dem Lande nur eine geringe Grundsteuer, in der Stadt aber eine hohe Akzise eingeführt war. Stein schlug eine Einkommensteuer vor, wie sie zum ersten Male in der neueren Geschichte der Konvent 1793 dekretiert hatte, in England aber Pitt 1799 durchgesetzt und 1803 beim Wiederausbruch des Krieges erneuert hatte, nachdem sie aus Anlaß des Friedens von Amiens und des Rücktritts von Pitt außer Kraft gesetzt worden war. Stein hielt sich an das englische Vorbild. Was Stein auf den verschiedenen Gebieten wollte, war also damals bereits geistiges Allgemeingut der Zeit geworden, es waren Anschauungen, die in den ähnlichen Verhältnissen des französischen Ancien Régime zuerst von den Physiokraten und überhaupt von der ganzen Reformpartei in den Reihen des Adels und des Bürgertums geäußert worden waren und bei deren Durchführung dann Turgot gescheitert war. Auch gegen Stein erhob sich jetzt schon die Opposition des Adels, und dazu kam noch das königliche Kabinett, das immer noch zwischen König und Minister stand und dessen Beseitigung allerdings den Umbau der ganzen Staatsregierung zur Folge haben mußte. Nachdem an Friedrichs des Großen Platz Monarchen von gewöhnlichen Fähigkeiten getreten waren, war die Stellung der königlichen Geheimschreiber eine überragende geworden. Stein wußte, daß die Reformen, die angesichts der dauernd drohenden Kriegsgefahr und der also notwendigen Kriegssteuer besonders dringend geworden waren, niemals durchgesetzt werden konnten, wenn nicht die Zusammensetzung der obersten Staatsverwaltung geändert wurde. So hat er im Frühjahr 1806 jene Denkschrift aufgesetzt, die sich gibt als eine „Darstellung der fehlerhaften Organisation des Kabinetts und der Notwendigkeit der Bildung einer Ministerialkonferenz“. Die Denkschrift geht aus von einfachen, harten Feststellungen: der preußische Staat hat keine Staatsverfassung, die oberste Gewalt ist nicht zwischen dem Oberhaupt und den „Stellvertretern der Nation“ geteilt, der preußische Staat ist nichts als ein sehr neues Aggregat von Provinzen! Deshalb schien es Stein um so wichtiger, daß wenigstens die Regierungsform nach richtigen Grundsätzen gebildet werde. In Preußen aber beschloß der König mit seinem Kabinett, die Minister konnten nur Anträge stellen und hatten die Beschlüsse auszuführen, ja sie bildeten nicht einmal ein Conseil, um sich zu verständigen, während andererseits der Kabinettsrat keine Minister zuließ. Das Kabinett hatte also alle Gewalt, aber keine Geschäftskenntnis und keine Verantwortlichkeit. Diese Stellung der Minister war unwürdig und unhaltbar; ihr Ehr- und Pflichtgefühl, sagt Stein, werden abgestumpft, die Achtung bei ihren Untergebenen schwindet: „man schämt sich einer Stelle, deren Schatten man nur besitzt, da die Gewalt selbst das Eigentum einer untergeordneten Instanz geworden ist“. Harte Worte fallen gegen die Kabinettsräte Beyme und Lombard und gegen den Minister Haugwitz, der sich völlig in die Abhängigkeit vom Kabinett begeben hatte; ihre moralische Verderbtheit wird bis in ihr Privatleben hinein schonungslos aufgedeckt. Während Hardenberg, der Urheber des Baseler Friedens von 1795, sich zurückgezogen hatte, da er nicht weiter der Minister der auswärtigen Angelegenheiten heißen wollte, die in Wahrheit Haugwitz leitete, nahm Stein den Kampf gegen diese Zustände auf. Er forderte die unmittelbare Verbindung zwischen dem König und den obersten Staatsbeamten, also daß „die Personen, die den Vortrag der Staatsgeschäfte zur endlichen Entscheidung beim König haben, gesetzlich und öffentlich hierzu berufen, ihre Versammlungen zweckmäßig organisiert und mit der Verantwortlichkeit versehen werden“. Die Institution des Staatsministeriums mit der Gliederung in Ressorts hatte sich in Westeuropa entwickelt; auch die Staaten des Rheinbundes waren an der Arbeit, um die kollegiale Geschäftsbehandlung im Geheimen Rate, die bis dahin dem Wesen der alten deutschen Territorien entsprochen hatte, durch die neue Ministerialorganisation zu ersetzen. Dieselbe dienstliche Stellung forderte Stein für die preußischen Minister. Sollte aber der König sich zu dieser Änderung nicht entschließen und die bisherigen Kabinettsräte nicht entlassen wollen: „so ist es zu erwarten, daß der preußische Staat entweder sich auflöst oder seine Unabhängigkeit verliert und daß die Achtung und Liebe der Untertanen ganz verschwinde“. Nicht anders hatte Turgot zu Ludwig XVI. gesprochen: „N'oubliez jamais, Sire, que c'est la faiblesse qui a mis la tête de Charles I. sur un billot.“

Die Denkschrift Steins blieb erfolglos. Wenige Monate später war die Katastrophe hereingebrochen — zwar nicht wie in Frankreich die Revolution, die mit Turgots Rücktritt eigentlich schon besiegelt war, sondern der ganze Staat war im Gefolge einer einzigen Feldschlacht zusammengebrochen. Graf Haugwitz hatte durch Ungeschick, Nachlässigkeit und persönliche Neigungen es in gleicher Weise mit allen Mächten verdorben, er hatte, als Napoleon 1805 bei der Einschließung Ulms durch das preußische Gebiet von Ansbach marschieren ließ, diese Verletzung hingenommen und hatte sich absichtlich und dem Wunsche seines Königs entsprechend im Lager von Schönbrunn hinhalten lassen, bis die Schlacht von Austerlitz geschlagen war. Dann hatte er Hannover von Napoleon angenommen und sich doch nicht vor der Welt hierzu bekannt, er hatte durch dieses ganze planlose Verhalten Preußen völlig isoliert. Zuletzt war der ängstlichen, hilflosen Scheu eine plötzliche und törichte Tatkraft gefolgt, man hatte an Napoleon jenes Ultimatum gestellt, das vom Kaiser die Auflösung des Rheinbundes und noch einiges mehr verlangte und das dieser erst beantwortete, als er schon nördlich des Maines stand, während man in Berlin sich in der eitlen Hoffnung gewiegt hatte, Napoleon werde den Weg der Verhandlungen noch offen lassen. So traten das napoleonische und das friderizianische Heer einander gegenüber, und mit einem Schlage war die innere Hohlheit des Staates und seiner Führer offenkundig. Schlimm waren die menschlichen Schwächen, die sichtbar wurden, die Vorgänge der Feigheit und der ehrlosen Gesinnung, die einer entnervenden Genußsucht entstammten: die Kriegsgerichte hatten in Preußen nach Jena reichliche Arbeit. Unter dem ersten verwirrenden Eindruck der unerhörten Vorgänge waren viele geneigt, die Schuld an dem moralischen und militärischen Zusammenbruch den persönlichen Mängeln der bisherigen Staatslenker zuzuschreiben und die veraltete Organisation der obersten Behörden zu tadeln, die keine Kontrolle über jene Männer gestattet, ihre Unfähigkeit und Trägheit verdeckt hatte; was der Freiherr vom Stein in jener Denkschrift vom Frühjahr ausgeführt hatte, hatte nunmehr eine grausame Bestätigung gefunden. So war es begreiflich, daß man jetzt aufmerkte, da seine Politik eine so schlimme Rechtfertigung gefunden hatte. Während die meisten anderen Minister in der Hauptstadt blieben und Napoleon den Untertaneneid leisteten, während Fürst Hatzfeld sich vom Kaiser zum Kommandanten von Berlin ernennen ließ, begab Stein sich nach Danzig, nahm den ganzen Staatsschatz mit und rettete so der Regierung die Mittel zur Fortführung des Krieges. In dem Kriegsrate zu Osterode, wo er für Ablehnung des von Napoleon angebotenen Waffenstillstandes und für die Erneuerung des Kampfes im Bunde mit Rußland eintrat, gab seine Stimme den Ausschlag, und der König bot ihm jetzt — wo Haugwitz sich unmöglich gemacht hatte — die Leitung der Auswärtigen Angelegenheiten an. Aber Stein lehnte ab, weil die Herrschaft des Kabinetts immer noch bestand und weil „die Veränderung eines Systems, aus dem viel Unglück entstanden ist, mir die erste Bedingung zur Rettung erscheint". Was er sonst noch anführte — daß nämlich Hardenberg geeigneter und daß er selbst nicht für die Außenpolitik vorbereitet sei, daß niemand aus dem Berufe, in welchem er erzogen sei, heraustreten solle: dies alles entsprach wohl seinem konservativen Denken, aber war in diesem drängenden Augenblick, der solche Erörterungen schwerlich zuließ, wohl nur vorgebracht, um dem König den letzten und entscheidenden Grund der Ablehnung zu versüßen. Aber der Vorgang war im friderizianischen Preußen unerhört, daß ein Beamter eine Anstellung ausschlug, weil er einen andern Beamten für geeigneter hielt und weil gewisse Reformen nicht vorgenommen wurden, die er als wesentlich betrachtete! Der König wurde mißtrauisch und fürchtete, es gehe um seine absolute Gewalt. Denn schließlich handelte es sich in diesem Ringen zwischen König und Minister eben doch um das ganze Regierungssystem des Absolutismus: der König sollte künftig gehindert sein, sich Rats zu holen, wo er es wollte. Friedrich Wilhelm suchte nach seiner Art einen Mittelweg und schlug einen Ministerrat neben dem Kabinette vor. Da Hardenberg den Wiedereintritt in ein Amt von der Beseitigung des alten Kabinetts abhängig gemacht hatte, ernannte der König zu Mitgliedern des neuen Conseils neben dem Kriegsminister und dem Minister der Auswärtigen Angelegenheiten als Minister des Innern den Freiherrn vom Stein, „der mir als denkender, großer Konzeptionen fähiger Kopf so sehr rühmlich bekannt ist". Aber Stein weigerte die Mitarbeit an diesem Ministerrate, weil ein solcher neben dem Kabinett „entweder nutzlos oder mißbräuchlich" sein werde. Er ließ jedoch dann dem Könige mitteilen, daß er nicht die Absicht habe, aus dem Dienste auszuscheiden, es aber ablehnen müsse, die Täuschung zu nähren, als ob ein wirklicher, direkt mit dem König arbeitender Ministerrat bestehe. Der König wollte daraufhin annehmen, daß Stein auf jeden Fall zur Mitarbeit bereit sei, und sandte ihm Papiere zur Bearbeitung mit der Begründung, sie gehörten nach der Instruktion für den neuen Ministerrat zu seinem Ressort. Die Papiere betrafen die Auszahlung einer Summe zur Bestreitung des französischen Hofhaltes, die der König ohne Wissen des zuständigen Ministers, eben Steins, angeordnet hatte. Stein lehnte es ab, die Sache mit den Mitgliedern des Ministerrates zu bearbeiten, und ließ die Papiere zurückgehen mit der Begründung, er betrachte nach seiner früheren Erklärung den Ministerrat als nicht konstituiert. Daraufhin erging von Memel aus unterm 3. Januar 1807 jene königliche Kabinettsorder, in der Stein ein „widerspenstiger, trotziger, hartnäckiger und ungehorsamer

Staatsdiener" genannt wurde, „der auf sein Genie und seine Talente pochend, weit entfernt, das Beste des Staates vor Augen zu haben, nur durch Kaprizen geleitet, aus Leidenschaft und aus persönlichem Haß und Erbitterung handelt". Und dann hieß es weiter: „Es tut mir wahrlich wehe, daß Sie mich in den Fall gesetzt haben, so klar und deutlich zu Ihnen reden zu müssen. Da Sie indessen vorgeben, ein wahrheitsliebender Mann zu sein, so habe ich schon auf gut Deutsch meine Meinung gesagt, indem ich noch hinzufügen muß, daß, wenn Sie nicht Ihr respektwidriges und unanständiges Benehmen zu ändern willens sind, der Staat keine große Rechnung auf Ihre ferneren Dienste machen kann." In der ursprünglichen Fassung enthielt das Schreiben sogar die Androhung von Gefängnis: „Sonst müßte ich für Sie ein passendes Quartier bereiten lassen." Sofort erbat und erhielt Stein seinen Abschied.

Es ist kein Zweifel, daß der König hier für seine Unabhängigkeit und absolute Gewalt gekämpft hat und daß ihn die Verletzung der üblichen Formen, die Stein sich erlaubte, mit gerechtem Zorne erfüllte. Stein konnte schwerlich, nachdem der Ministerrat begründet war, sich auf den Standpunkt stellen, daß er denselben nicht anerkenne, aber doch im Amte verbleibe. Seine leidenschaftliche Hingabe an die Sache ließ ihn zu einem außerordentlichen Mittel greifen, und bei der kleinlichen Art des Königs war am wenigsten zu erwarten, daß ein solches Verhalten zum Ziele führen werde; es muß dahingestellt bleiben, ob ein weniger reizbarer Mann nicht doch noch, wenn auch auf Umwegen, den König bekehrt hätte. Vor diesem scharfkantigen und heroischen Charakter erfaßte den König ein geheimes Grauen. Er empfand peinlich den Abstand zwischen seiner eigenen subalternen Natur und dem überlegenen Manne, der so selbstbewußt, als Reichsritter mehr denn als Diener, ihm gegenübertrat; er entledigte sich seiner gerne. Es ist offenkundig, daß der König in der Sache durchaus im Unrecht war, als er den von Hardenberg und Stein immer wieder vorgebrachten Gründen kein Gehör geben wollte und im Augenblicke der Not diese beiden Männer von sich stieß, um sich mit unbedeutenden Kreaturen zu umgeben. Schon nach wenigen Monaten hat er den soeben gelästerten Staatsmann zurückrufen und ihm alle Bedingungen gewähren müssen. Das Verhalten des Freiherrn vom Stein ist erklärlich aus der Not der Stunde. Nach dem jämmerlichen Bankrott des Staates hatten Schmerz und Scham die wenigen aufrichtigen und einsichtigen Männer zur höchsten Kraftentfaltung angespornt; es waren die Tage, da Scharnhorst auf eigene

Verantwortung gegen den Willen des Oberbefehlshabers in der Schlacht von Eylau die Niederlage des russisch-preußischen Heeres abwandte und Gneisenau mit der Bürgerschaft von Kolberg die ruhmvolle Verteidigung führte. In diesem zweiten Teile des Krieges regte sich bereits der neue Geist der Selbstverantwortung und des opferwilligen Mutes, aber diese Kräfte waren noch nicht stark und nicht bewußt genug, um durchzudringen: der Freiherr vom Stein mußte die Ohnmacht seiner Stellung erfahren.

Das Entlassungsschreiben seines Monarchen erhielt Stein, als er sich in Königsberg gerade anschickte, dem Hofe nach Memel zu folgen, an die äußerste Grenze der Monarchie. Es war der dunkelste Augenblick der preußischen Geschichte; soeben erhob sich Napoleon, auch noch die letzte Kraft des Staates zu brechen. Mehrere Wochen verblieb Stein in Königsberg, in peinlicher und auch gefährlicher Lage, bis durch die Schlacht von Eylau der Weg nach Danzig frei war. Dann ging er nach Hause, nach Nassau, da er nicht weiter in Preußen bleiben wollte — „in der unpassenden Stellung des Taglöhners, der an der Straßenecke steht, bis er gerufen wird". In der Stille des heimischen Tales hatte er Muße, das Geschehene und Erlebte zu überdenken. Immer deutlicher wurde es ihm, daß die Ursachen der Katastrophe tiefer lagen als nur in der fehlerhaften Organisation der obersten Behörde. Wenn eine einzige verlorene Schlacht den Zusammenbruch des ganzen Staates bewirkt hatte, so trug die Schuld daran der Mangel an Teilnahme für die Gesamtheit und ihre Zwecke, die Gleichgültigkeit des Einzelnen, der keine Opfer tragen wollte und sei es auch nur die pflichtgemäße Verantwortung des Beamten oder des Offiziers. Wie mancher preußische Festungskommandant verhielt sich nach der Niederlage von Jena still hinter den Mauern, um nur die Franzosen nicht auf sich zu lenken, statt durch Operationen den Vormarsch des Feindes aufzuhalten; wie viele Festungen wurden ohne Not kampflos übergeben, wie gleichgültig nahm die Bevölkerung den Einzug des Siegers in die Hauptstadt hin, wie hilflos und unerfahren war sie in ungewohnter Lage! In der Teilnahmslosigkeit aller Schichten des Volkes erkannte Stein die tiefste Ursache des plötzlichen staatlichen Zusammenbruchs, sie war eine Folge der bureaukratischen und feudalistischen Bevormundung. Nach der Niederlage von Jena hatte der Kommandant von Berlin die berühmte Parole ausgegeben: „Der König hat eine Bataille verloren, Ruhe ist die erste Bürgerpflicht." Das Wort war kennzeichnend für den alten Staat: wenn der König sich schlägt, geht dies das Volk nichts an — es hat weder die

Pflicht noch das Recht, sich in diese Angelegenheiten hineinzumischen. Die Französische Revolution hatte in furchtbaren Wirren einen neuen Staat geschaffen — ein Volk, das Anteil am Staate besaß oder vielmehr selber der Staat war und also ihm zu dienen verpflichtet und gewillt war. Napoleon hatte die neue Ordnung gesichert und den neuen Geist genutzt, ihn freilich auch oft genug vergewaltigt. Es war Steins Meinung, daß nun auch in Preußen Gesellschaft und Staat auf diese Stufe gehoben und mit der Hingabe des ganzen Volkes erfüllt werden mußten. So war die historische Lage in der Französischen Revolution und in der preußischen Reformzeit einander ähnlich: hier wie dort stand man vor dem Bankrott des alten staatlichen Systems, das überall im Abendlande auf einer feudalistischen Grundlage eine absolutistische Verwaltungsform errichtet hatte. Dieses System hatte Großes geleistet an Organisation, an Sammlung von Macht und äußern Gütern. Aber die Verbindung von Volk und Regierung, von Geist und Staat, die dem Mittelalter eigen gewesen war, war hierüber verloren gegangen. Volk, Geist und Staat hatten sich in einem halben Jahrtausend gewandelt — sie auf der neuen Grundlage wieder zusammenzuführen, wurde die große Aufgabe, an welche zuerst die Französische Revolution sich gewagt hatte. Aber der Geist, den Stein jetzt dem Staate zuzuführen gedachte, war deutscher Art, er entstammte dem Volkstum der alten deutschen Vergangenheit, das in den neueren Jahrhunderten durchaus nicht ganz erstorben war und das mitten im Zeitalter der geistigen Vorherrschaft Frankreichs schließlich auch literarisch wieder hervorgetreten war in Klopstock, in Möser und Herder. Jetzt kam dem Reichsritter auch die Diensterfahrung zugute, die er als preußischer Beamter gerade in den westlichen Provinzen hatte sammeln können, und sie vereinigten sich mit den Erinnerungen an das englische Staatswesen und mit den Eindrücken, welche der Aufschwung des französischen Volkes im Gefolge seiner großen Revolution in jedem unbefangenen und denkenden Zeitgenossen hinterlassen mußte. Während aber die Franzosen versucht hatten, das Naturrecht unmittelbar in die Praxis umzusetzen, hielt Stein die Anknüpfung an das konkrete, historische Dasein des deutschen Volkes für notwendig. Und während in Frankreich es schon seit dem Sturze Turgots entschieden war, daß das Königtum nicht imstande sein werde, von sich aus den Umbau zu leisten, ist in Preußen das Werk als eine „Selbstüberwindung des Absolutismus" durch Stein entworfen und begonnen worden; hier sollten nicht die Kräfte der Tiefe entfesselt werden, der Umschwung sollte sich auf gesetzlichem Wege, durch Dekrete und Verordnungen des absoluten Königs und seines Ministers vollziehen. Auf dem Wege, den Turgot vergebens zu beschreiten versucht hatte, ist der Freiherr vom Stein in der Tat eine beträchtliche Strecke vorwärts gekommen; dann freilich sollten auch in Preußen Stillstand und Rückmarsch eintreten.

So erwuchs dem Freiherrn vom Stein als Ertrag seines ganzen bisherigen Lebens in den stillen Stunden einer erzwungenen, aber nicht verbitterten Zurückgezogenheit das große Programm der Erneuerung des deutschen Volkes. Er hat es später in seinen Lebenserinnerungen prägnant zusammengefaßt, wenn er sagt, sein Bestreben sei gewesen, „einen sittlichen, religiösen, vaterländischen Geist in der Nation zu heben, ihr wieder Mut, Selbstvertrauen, Bereitwilligkeit zu jedem Opfer für Unabhängigkeit von Fremdem und für Nationalehre einzuflößen und die erste günstige Gelegenheit zu ergreifen, den blutigen, wagnisvollen Kampf für beides zu beginnen". Die Reform sollte in Steins Augen ein Mittel der Befreiung sein, aber er bejahte die Erweckung aller schaffenden Kräfte auch um ihrer selbst willen. Seine Blicke richteten sich auf Preußen, nicht nur weil er sich dem Staate seiner Wahl zu Diensten verpflichtet fühlte, obwohl ihn soeben das Entlassungsdekret des Königs losgesprochen hatte, sondern auch weil ihm Preußen ein Werkzeug schien zur künftigen nationalen Einigung aller Deutschen. In Preußen gedachte er das Vorbild des wahren deutschen Staates zu schaffen, und seine stille Hoffnung war, daß auch Österreich nicht zurückbleiben werde. Dann mochte aus der Erneuerung beider Staaten das wettergereinigte Haus des deutschen Volkes erstehen. Die Monarchie der Hohenzollern wie die Monarchie der Habsburger war ihm wert um der deutschen Zukunft willen. Sein politisches Grundgefühl war und blieb: „Ich kenne nur ein Vaterland, das heißt Deutschland."

Seiner Gewohnheit entsprechend hat Stein die ihn bewegenden Gedanken aufgezeichnet, zunächst um sich selber Rechenschaft von ihnen zu geben. So ist im Juni 1807 die „Nassauer Denkschrift" entstanden. Er war überzeugt, daß man ihn brauchen werde und daß er dann Klarheit haben mußte über die große Aufgabe, zu der ihn das Geschick berief. Die Nassauer Denkschrift entwirft die Grundzüge einer preußischen Staatsreform und entwickelt als wichtigsten Wesenszug des neuen Staates die Idee der Selbstverwaltung; es ist derjenige politische Gedanke, den Stein persönlich in das deutsche Leben des 19. Jahrhunderts getragen hat — der einzige Gedanke zugleich, mit dem ihm ein Erfolg von unbestrittener und dauernder Wirkung beschieden gewesen ist. Stein berief sich auf die Vernunft der Sache, zugleich aber auch auf die altdeutsche Überlieferung, die der Absolutismus durch Beseitigung der Selbstverwaltung abgeschnitten hatte; er wies auf das englische Volk hin und nicht zuletzt auch auf seine eigene Diensterfahrung; er rühmte die Provinzialverwaltung der westlichen Provinzen gegenüber den nur aus Beamten bestehenden Landeskollegien, von denen besonders Schlesien und die durch die letzten polnischen Teilungen erworbenen neupreußischen Gebiete verwaltet wurden. In diesem Zusammenhang, im Hinblick auf die Provinzialverwaltung fallen in der Denkschrift die harten Worte über den „Mietlingsgeist" der besoldeten Beamten, über ihre Gleichgültigkeit gegenüber dem Leben und seinen Bedürfnissen: „ist der Eigentümer von aller Teilnahme an der Provinzialverwaltung ausgeschlossen, so bleibt das Band, das ihn an sein Vaterland bindet, unbenutzt, die Kenntnisse, welche ihm seine Verhältnisse zu seinen Gütern und Mitbürgern verschaffen, unfruchtbar". Entartungserscheinungen im Adel führen Stein zu dem Bedauern, daß das bestehende System wertvolle Kräfte, die dem Staate gerne dienen würden, in Genuß und Müßiggang verkommen läßt, während andere Kräfte sich in den „leeren Hirngespinsten der Metaphysik" verlieren. Er findet es ungereimt, daß der Eigentümer jeden Einfluß auf die Angelegenheiten seiner Provinz eingebüßt hat, obwohl ein fremder, des Landes unkundiger Beamter solchen Einfluß ungenutzt besitzt: „man tötet also, indem man den Eigentümer von aller Teilnahme an der Verwaltung entfernt, den Gemeingeist und den Geist der Monarchie". Dabei will Stein an die Stelle der Bureaukratie nicht etwa die Herrschaft weniger Gutsbesitzer treten lassen, sondern es sollen alle Besitzer eines bedeutenden Eigentums zur Provinzialverwaltung herangezogen werden, „damit sie alle mit gleichen Verpflichtungen und Befugnissen an den Staat gebunden sind". Eingehend entwickelt Stein, wie er sich den Aufbau der Körperschaften denkt und welchen Wirkungsbereich er ihnen zugewiesen sehen möchte; er betont die große Ersparung an Verwaltungskosten, die ihm freilich der geringere Gewinn scheint. Denn „weit wichtiger ist die Belebung des Gemeingeistes und Bürgersinnes, die Benutzung der schlafenden oder falschgeleiteten Kräfte und der zerstreut liegenden Kenntnisse, der Einklang zwischen dem Geiste der Nation, ihren Ansichten und Bedürfnissen und denen der Staatsbehörden, die Wiederbelebung der Gefühle für Vaterland, Selbständigkeit und Nationalehre. Der Formenkram und Dienstmechanismus in den

Kollegien wird durch Aufnahme von Menschen aus dem Gewirre des praktischen Lebens zertrümmert, und an seine Stelle tritt ein lebendiger, fest strebender, schaffender Geist und ein aus der Fülle der Natur genommener Reichtum von Ansichten und Gefühlen".

Daß die Selbstverwaltung im übrigen die persönliche Freiheit der Bauern und ihre Ausstattung mit Eigentum zur Voraussetzung hatte, wird in der Nassauer Denkschrift nicht ausgeführt; diese ist nicht systematisch aufgebaut, sie bedarf der Ergänzung durch andere Äußerungen Steins aus dieser Zeit, denn sie beschäftigt sich vornehmlich mit der Verwaltungsreform. Eingehend behandelt sie daher neben der Umbildung der Provinzialverwaltung die Neuordnung der obersten Staatsbehörde. Stein kommt auf seine alten Vorschläge zurück, er entwirft einen Plan über den Aufbau der Zentralverwaltung und ihre Gliederung, die nach Sachgebieten und nicht nach Provinzen geschehen soll. Er fordert die Ersetzung des Kabinetts durch ein modernes Ministerkollegium, er will statt der Provinzial- die Fachminister, wodurch erst die Entwicklung zum Einheitsstaat vollendet ist, er will die Trennung von Justiz und Verwaltung, wodurch zugleich die Patrimonialgerichte fallen. Für die Unterrichtsangelegenheiten verlangt er ein eigenes Ministerium, ebenso je ein Ministerium für die protestantischen und die katholischen Kultusangelegenheiten — ersteres für die beiden protestantischen Religionsparteien gemeinsam mit einem gemischten Oberkonsistorium, letzteres mit einem katholischen Minister an der Spitze, „der mit den Grundsätzen dieser Kirche und ihrer hierarchischen Verfassung genau bekannt wäre und der seine Kenntnisse benutzte, die in dieser Kirche nötigen Verbesserungen mit Rücksicht auf ihre wesentliche und unabänderliche Verfassung vorzunehmen". Im Hintergrunde steht ihm bei dieser Trennung von Kultus und Unterricht auch der Gedanke, daß dann dem geistlichen Ministerium nur insofern eine Teilnahme an der Leitung der Lehranstalten zustehen solle, als diese sich mit religiösem Unterrichte beschäftigen.

In Memel war inzwischen eingetreten, was Stein vorausgesehen hatte. Das Nebeneinander von Ministerrat und Kabinett führte zu unzähligen Reibereien und machte die Bahn frei für Intrigen und persönliche Wünsche; in dieser Auflösung aller Regierung gelang es Hardenberg, sich dem Könige unentbehrlich zu machen, er wurde als Minister des Äußeren zugleich mit Wahrnehmung aller Zivilsachen betraut und erlangte hierdurch tatsächlich die Stellung eines Premierministers. Freilich kam die Herstellung der Einheit in der obersten Staatsverwaltung für Preußen zu spät; die Waffen entschieden zu Gunsten Napoleons, und bei der ersten Zusammenkunft, die der siegreiche Kaiser mit dem geschlagenen König von Preußen hatte, forderte Napoleon die Entlassung Hardenbergs als eine Bedingung des Friedens: die Überlegenheit dieses Staatsmannes über die andern Personen in der Umgebung des Königs fiel ihm auf, er befürchtete, daß der allmächtige Minister das Vertrauen des Königs besitze und Ordnung in den Staat bringen werde. Der preußische Staat blieb auf den Wunsch des Kaisers Alexander erhalten, denn Napoleon bemühte sich sehr um die russische Freundschaft, durch die er ganz Europa zu organisieren und zu beherrschen hoffte; aber die innere Festigung des preußischen Staates lag nicht in Napoleons Interesse. Auf die Äußerung des Königs, er habe niemanden, dem er seine Geschäfte mit dem gleichen Vertrauen übergeben könne als Hardenberg, erwiderte Napoleon: „Prenez le baron de Stein, c'est un homme d'esprit." Napoleon hatte von dem Konflikt der beiden gehört und hoffte die Wiederkehr der Schwierigkeiten; so hat er durch eine merkwürdige Fügung seinem größten Gegner selbst den Weg zur Rückkehr und zur Wirksamkeit gebahnt. Am Tage nach Abschluß des Friedens von Tilsit, am 10. Juli 1807, erging durch Hardenberg im königlichen Auftrag nach Nassau die Aufforderung an den Freiherrn, alten Groll zu vergessen und zurückzukehren, der König habe durch das Unglück viel gelernt, er sei lenksam, wofern man die rechte Weise treffe: „Er besitzt die gute Eigenschaft, Widerspruch zu ertragen und denjenigen zu schätzen, der ihm die Wahrheit sagt, wenn es mit Ehrerbietung geschieht, die man dem Fürsten schuldig ist." Aber auch beim König hat Hardenberg um Geduld und Vertrauen für den seltenen Mann gebeten; daß Stein zurückkehren konnte, ist Hardenbergs Verdienst. Stein lag krank darnieder, er diktierte seiner Frau die Antwort: er sei bereit zu kommen, unter jeder Bedingung! Am 1. Oktober hatte er in Memel die erste Audienz, am 4. Oktober erfolgte die Bestallung, die ihm die Leitung aller Zivilangelegenheiten übertrug, zugleich aber nach seinem Antrage auch über alle andern Verwaltungszweige ihm eine Oberaufsicht einräumte. Ein einziges Jahr nur war es von diesem Tage an Stein vergönnt, den preußischen Staat zu leiten; aber von diesem Jahre sind Anregungen ausgegangen, die in der preußisch-deutschen Geschichte durch ein Jahrhundert fortgewirkt haben.

Schon wenige Tage nach Übernahme der Geschäfte durch Stein,

schon am 9. Oktober, wurde das erste große Reformedikt veröffentlicht. Es lautete: „Edikt, den erleichterten Besitz und den freien Gebrauch des Grundeigentums sowie die persönlichen Verhältnisse der Landbewohner betreffend.“ Hardenberg, der schon bisher einer der eifrigsten Reformfreunde gewesen war, hatte vor seinem Weggange noch zwei Kommissionen eingesetzt, deren Aufgabe die Vorbereitung der Reformen sein sollte, eine Immediatkommission und eine Militärkommission. Die erstere beschäftigte sich mit der schon bisher dringlichsten Frage, wie nämlich die alte Ständeordnung durch eine moderne Gliederung der Gesellschaft ersetzt und besonders die Rechtslage der ländlichen Bevölkerung neu gestaltet werden könne. Die Kommission war noch vor Steins Eintreffen zu einem Ergebnis gekommen, denn sie hatte an die bisherigen Vorarbeiten anknüpfen können. Auch in Preußen war ja wie im ganzen Abendlande die historische Rechtfertigung für die Hörigkeit der Bauern und für zahlreiche Privilegien des Adels längst geschwunden. Der Gutsbesitzer führte zwar noch die Verwaltung seines Bezirkes, wirkte bei der Ernennung des Landrates und bei den Beratungen des Kreistages mit: insofern war der Widerspruch zwischen der alten Privilegienordnung und der neuen Zentralisation der Verwaltung im vorrevolutionären Frankreich allerdings viel schlimmer gewesen! Aber auch in Preußen war das Motiv für die Steuerfreiheit des Adels, der Rossedienst, längst nicht mehr in Geltung, das ausschließliche Anrecht des Adels auf die Offizierstellen war schon in der Not des Siebenjährigen Krieges nicht mehr aufrecht zu erhalten gewesen, die fortschreitende geldwirtschaftliche Entwicklung hatte viele Rittergüter verschuldbar und verkäuflich werden lassen; so waren auch die am Grund und Boden haftenden Hoheitsrechte vielfach zur Ware geworden, und in diesen Fällen zum mindesten konnte von einem patriarchalischen Verhältnis nicht mehr die Rede sein. Wenn aber der Adel nicht mehr im alleinigen Besitze der Rittergüter zu halten war, dann konte er von der Domänenpacht nicht mehr ausgeschlossen bleiben, es konnte ihm die Ergreifung eines bürgerlichen Berufes nicht länger als „unehrbar“ vorenthalten werden, und auch der Ausschluß des Gewerbes vom flachen Lande war auf die Dauer unhaltbar. Auch war die höhere Bodenkultur, die im 18. Jahrhundert in England die Dreifelderwirtschaft überwunden, den Kleebau und die vermehrte Düngerproduktion herbeigeführt hatte, nur dann möglich, wenn die Gemengelage beseitigt, die Ackerstücke zusammengelegt wurden. Vor allem aber glaubte man, die Kleinbürger und Fronbauern nur dann aus ihrem trägen Leben zu intensiver Tätigkeit führen zu können, wenn man Freiheit gab; denn nur die freie Arbeit schien produktiv zu sein. Dies alles waren Wandlungen, die in Westeuropa zuerst aus der grundherrlichen Ordnung des Mittelalters herausgeführt hatten. Theoretiker waren vorangegangen, die wirtschaftliche und soziale Entwicklung war rasch nachgefolgt, aber in den einzelnen Ländern waren die Ergebnisse bis dahin recht verschieden gewesen. In England hatte die Parlamentsherrschaft des Adels den endgültigen Sieg des Großgrundbesitzes noch im 18. Jahrhundert entschieden, die Bauern waren massenweise „gelegt", von der Scholle vertrieben und zu freien Lohnarbeitern gemacht worden, die Privilegien des Adels behielten in diesem Lande der Selbstverwaltung noch ihren vollen Sinn, und erst das Eindringen neuer Schichten im Gefolge der Industrialisierung sollte im 19. Jahrhundert dann eine Reform notwendig machen, die sich auf gesetzlichem Wege durchsetzte; so blieb hier die Bindung des Bodens in weitgehendem Maße bestehen, die Reform der Bodenkultur vollzog sich hier zuerst und schon im 18. Jahrhundert, sie vollzog sich im Rahmen des Großbetriebes und der freien Lohnarbeit. In Frankreich dagegen ist die mittelalterliche Ordnung mit ihren erblichen Ständen und ihrer gutswirtschaftlichen Bindung der Bauern an den Boden gewaltsam überwunden worden durch die große Revolution, die ein selbständiges, mittleres Bauerntum geschaffen hat. In Deutschland schließlich gab es, wie man weiß, seit dem späteren Mittelalter drei verschiedene agrarwirtschaftliche Gebiete. Südwestdeutschland war das klassische Land der mittelalterlichen Grundherrschaft, der Gemengelage und der Güterzerstückelung, hier waren wenig Fronden und viele Zehnten zu beseitigen; die Zehntenablösung und die Zusammenlegung werden hier im 19. Jahrhundert den hauptsächlichsten Inhalt der Agrargeschichte bilden, während die Zerstückelung des bäuerlichen Besitzes angesichts der Bevölkerungsvermehrung hier nicht aufzuhalten war. Nordwestdeutschland war das Land eines starken Großbauerntums mitten in alten Grundherrschaften. Ostdeutschland aber, das Kolonialland jenseits der Elbe, kannte von Anfang der Besiedlung an niemals den historisch gewordenen und dadurch verständlichen Streubesitz der mittelalterlichen „Grundherrschaft", sondern hier war überall die neuere „Gutsherrschaft" gegründet worden: systematisch geschlossene Rittergüter waren angelegt worden, die in Eigenbewirtschaftung des Ritters blieben, der in den neueren Jahrhunderten bei seinem Bedarf an Fronarbeitern und bei seinem Drang nach Ausdehnung die Bauern vielfach „legte" und die „gemessenen" Dienste zu „ungemessenen" ausdehnte. Das Rittergut war hier ein „Dominium", ein geschlossener Verwaltungsbezirk, bestehend aus der „Herrschaft" und den bäuerlichen Insassen, den „Untertanen"; hier war Regel, daß jede ländliche Gemeinde eine Gutsherrschaft hatte, daß sie entweder zu einem Rittergut oder zu einer Domäne gehörte; die Bauern hatten hier nur kärgliche Ackerfetzen, lebten träge und stumpfsinnig dahin, ohne Aussichten und unter dem schweren Joche der „Erbuntertänigkeit"; sie waren an die Scholle gebunden, für sich und ihre Kinder zum „Gesindezwangsdienst" verpflichtet. Der Herr besaß Züchtigungsrechte und mußte die Erlaubnis erteilen, wenn der Bauer sich verheiraten wollte; oder er besaß das Jagdrecht und das Zwangsrecht für seine Brennerei und seine Brauerei, er zahlte keine Grundsteuer, übte Polizei und Gerichtsbarkeit und war also beim Konflikt mit seinen Bauern Partei und Richter in einer Person; er ernannte den Schulzen. Diese ganze Ordnung war unhaltbar geworden in einer Zeit, die den Staat über alle Untertanen emporgehoben hatte und gleichzeitig sich erfüllt hatte mit den Ideen der persönlichen Freiheit und der rechtlichen Gleichheit, von deren Verwirklichung man die Entfesselung aller guten Kräfte des Menschen erhoffte. Es war der innere Widerspruch des alten absolutistischen Staates, daß er die Stände ihrer politischen, aber nicht ihrer sozialen Funktionen entkleidet hatte, und an diesem Widerspruche war soeben die Monarchie der Bourbonen zu Grunde gegangen. Es blieb aber auch ein Widerspruch vorhanden, wenn der Absolutismus der Hohenzollern die politische Entrechtung nur zum Teil durchgeführt hatte, die Macht des Königs in der Zentrale und in den Städten aufs schärfste mit militärischer Strenge und Pünktlichkeit gehandhabt wurde, während auf dem Lande die ganze alte Ordnung des Feudalismus bestehen blieb. Und dieser Widerspruch wurde noch unerhört verschärft, als im preußischen Staate dann noch ein halbes Jahrhundert lang ein König regierte, der als Philosoph mit der Fackel der Aufklärung in die „dunkelsten" Winkel der Vergangenheit hineinleuchtete, aber als König den überlieferten Kastenstaat sorgfältig konservierte. Das von ihm angeregte Gesetzbuch des Allgemeinen Landrechtes suchte Vernunftgesetz und Landesgesetze zu vereinen, indem es die schlimmsten Erscheinungen abschwächte, überall Ausnahmen durch königliche Gnade vorsah und dadurch den öffentlichen Geist nur um so mehr auf den inneren Widersinn aufmerksam machte. Der Schutz der Privatbauern beschränkte sich darauf, daß die Zahl der Bauernhufen nicht vermindert wurde.

Auch das Vorbild der Französischen Revolution hatte dann das Tempo der Reform in diesem Staate nicht sehr beschleunigen können, man hatte sich, wie wir gesehen haben, mit der Befreiung der Domänenbauern begnügt, mit der Verwandlung von Domänenland in Erbpachtstellen, mit einigen vorbildlichen Verwaltungsmaßnahmen, wie jene waren, die Stein in Westfalen und dann als Minister erließ und die auf die Freiheit der Person und des Eigentums hinarbeiteten.

Alle führenden Beamten, auch die Mitglieder des Kabinetts waren davon überzeugt, daß die bestehende Ordnung des Umbaues bedurfte. Es wurde schon erwähnt, daß die altständische Bewegung, die in Frankreich dem Ausbruch der großen Revolution vorausgegangen war, auch in Preußen nach dem Tode Friedrichs des Großen ihre Parallele hatte und sich besonders gegen die Neuerungen des Allgemeinen Landrechtes richtete: daß man im Falle des Nachgebens dann nicht einfach den Adel regieren lassen dürfe, war den Ratgebern König Friedrich Wilhelms III. ebenso deutlich wie einem Turgot oder Necker. Die Französische Revolution hatte darum tiefen Eindruck gemacht in der von der Aufklärung vorbereiteten Beamtenschaft, die Ideen der Zeit wiesen seit Montesquieu auf einen allgemeinen Freiheitsbegriff und auf England hin. Auch hatte Adam Smith in Deutschland Fuß gefaßt, nicht zuletzt in Ostpreußen, wo seine Lehre mit Kant sich berührte und in Königsberg durch den Nationalökonomen Christian Jakob Kraus vertreten wurde, während gleichzeitig auch die Interessen des ostpreußischen Großgrundbesitzes auf manche dieser Lehren von der wirtschaftlichen Freiheit, zumal auf Freihandel und Gewerbefreiheit hinwiesen; denn hier war ein Land, das Getreide und Holz exportierte und auch an der Freigabe des Gewerbes auf dem flachen Lande interessiert war. Aber man war auf dem Wege der Reform nicht weiter gekommen. Man hatte für die Domänenbauern fast alles erledigt und stand vor einem entscheidenden Schritte für die Privatbauern, ohne ihn zu wagen. Man würde auch dann nicht die Katastrophe von 1806 vermieden haben, weil der ganze Umbau von Staat und Gesellschaft überhaupt nicht ohne Erschütterung und nicht ohne die schwerste Not gewagt werden konnte; gerade die Sorge, daß die Leistungsfähigkeit des Heeres durch den Umbau gefährdet werde, hatte von einer durchgreifenden Reform immer wieder zurückgehalten. Auch war die Mehrzahl der führenden Beamten zu unfähig und zu ängstlich gewesen, um einen Neubau zu errichten, nachdem die Unhaltbarkeit der bisherigen Zustände allgemein erkannt war;

man hatte gezögert und die Dinge immer wieder auf bessere Zeiten verschoben!

Erst der Zusammenbruch des Staates erzwang das längst als notwendig erkannte Werk. Der Wiederaufbau war nur möglich, wenn alle produktiven Kräfte freigegeben wurden; die finanziellen Lasten des verlorenen Krieges verlangten dies dringend, auch kam als äußerer Antrieb die Tatsache hinzu, daß die Verfassung des benachbarten Großherzogtums Warschau die Gutsuntertänigkeit aufgehoben hatte. Nach Beseitigung des Kabinetts war Einigkeit unter den führenden Männern, daß nun gehandelt werden müsse. In der von Hardenberg eingesetzten Immediatkommission, die in unmittelbarer Beratung mit dem König die Reformen für den neuen Minister bis zu dessen Ankunft vorbereiten sollte, war der führende Mann der Minister v. Schroetter, der als Provinzialminister für Ostpreußen schon seit Jahren für die Befreiung tätig war; neben ihm brachte sich der junge und sehr selbstbewußte Theodor v. Schön zur Geltung, ein echter Sohn Ostpreußens, der sich in Königsberg mit den Ideen Kants und mit den Lehren des Adam Smith erfüllt hatte, die Gesetzeswerke der Französischen Revolution genau kannte und auch in England gereist war. Seine Ideen gehen auf wenige literarische Quellen zurück, selbstzufrieden und eitel pflegte dieser Theoretiker auf den unphilosophischen Reichsritter herabzusehen, der immer nur unsystematisch oder historisch die Dinge betrachtete und niemals zu einer „wissenschaftlichen Konstruktion in Staatsangelegenheiten“ gelangt sei. Es waren also in der Kommission Männer am Werke, die zur Reform entschlossen waren und die es als erste Voraussetzung des ganzen Werkes ansahen, daß die Erbuntertänigkeit allgemein aufhören und der Gebrauch des Eigentums freigegeben werden müsse. Bei den Vorverhandlungen mit dem Adel war dieser bereit, sich die Aufhebung der Erbuntertänigkeit gefallen zu lassen, wenn der Staat dafür den Bauernschutz aufgab. Der König und die Kommission waren damit einverstanden, daß der Adel einen Ersatz für die wegfallende Erbuntertänigkeit erhalte „durch freiere Disposition über seine Güter und über die Bauernhöfe“. Dabei mögen Schrötter und der König die Konsequenzen nicht überblickt haben, Schön aber folgte der neuen Lehre des wirtschaftlichen Liberalismus, wie sie Adam Smith zuerst formuliert hatte und die in Ostpreußen den Interessen der Gutsbesitzer entsprach, sobald die Erbuntertänigkeit nicht mehr verteidigt werden konnte. Schön war durchaus ein Gegner des Adels und ein Vorläufer des bürgerlichen Kapitalismus. Wenn seine Politik schon im Jahre 1808 die Grundlage für den späteren wirtschaftlichen Aufschwung des preußischen Adels gelegt hat, so war dies die politische Ernte eines Doktrinärs, der nur die Vorteile der Freiheit sah, alle Maßnahmen nach diesem einzigen Gedanken orientierte und dabei doch nicht völlig durchdringen konnte; so arbeitete er für das Interesse der Gutsbesitzer, denen er die Freiheit des Eigentums nicht beschränkt wissen wollte. Der Boden war für ihn eine Ware wie jede andere, Erbuntertänigkeit und Bodenschutz hingen nach ihm aufs engste zusammen und mußten gemeinsam verschwinden, zudem teilte er die der neuen englischen Landwirtschaft zu Grunde liegende Überzeugung von der wirtschaftlichen Überlegenheit des Großbetriebes.

Nun griff Stein in die Arbeiten ein. Er dehnte die Reform, die zunächst nur für Ostpreußen gedacht war, auf die ganze, nur noch aus vier Provinzen bestehende Monarchie aus. Die Aufhebung der Erbuntertänigkeit und die Freigabe des Verkehrs mit Grundeigentum lag in der Richtung seiner Absichten, er ließ es sich auch gefallen, daß die Möglichkeit geschaffen wurde, kleine, unrentable Höfe in größere zusammenzulegen; aber er bestand auf Vorkehrungen gegen die den Bauern nunmehr drohende Gefahr, daß sie durch die ungleiche Konkurrenz mit den Gutsbesitzern ausgetrieben oder ausgekauft wurden. Dementsprechend wurde das berühmte Edikt vom 9. Oktober 1807 abgefaßt. Der Staat hatte bisher die ganze Kastenordnung geleitet und beaufsichtigt, er hatte als „Wohlfahrtsstaat" für den Einzelnen gesorgt, ihn umhegt und gebunden. Das Recht hierzu war ihm schon bisher im Namen der freien Initiative bestritten worden; nun war er nach dem Zusammenbruch hierzu auch gar nicht mehr in der Lage. Also gab er jetzt Freiheit, da — wie in dem Edikte gesagt ist — „es bei der allgemeinen Not die Uns zu Gebote stehenden Mittel übersteigt, jedem Einzelnen Hilfe zu verschaffen" und da es „ebensowohl den unerläßlichen Forderungen der Gerechtigkeit als den Grundsätzen einer wohlgeordneten Staatswissenschaft" gemäß sei, alles zu entfernen, was den Einzelnen bisher hinderte, den Wohlstand zu erlangen, den er nach dem Maße seiner Kräfte zu erreichen fähig war. Dies eben war die Ethik des emporkommenden Liberalismus: Mensch, hilf dir selbst! Auch die notwendige Wiederherstellung der wirtschaftlichen Kultur wird in dem Edikte erwähnt: nicht umsonst hatten Adam Smith und die Physiokraten ausgeführt, daß erst der freie Genuß des Grundeigentums seinen Wert und den Kredit des Besitzers steigere und daß nur die freie Arbeit intensiv sein könne. Das Edikt beseitigte also das Kastenwesen, wie es bisher in Bezug auf das Land und die Person bestanden hatte. Von nun an galt Freiheit des Güterverkehrs. Der Edelmann konnte nun auch bürgerliche und bäuerliche Güter erwerben, der Bürger und Bauer auch adelige. Es hing hiermit zusammen, wenn auch die Wahl des Gewerbes freigegeben wurde; denn auch in dieser Hinsicht gab es nun keine erblichen Berufsstände mehr, das Monopol des Bürgerstandes auf Handel und Gewerbe fiel hinweg. Jeder Edelmann war nun ohne allen Nachteil seines Standes befugt, bürgerliche Gewerbe zu treiben, jeder Bürger oder Bauer berechtigt, aus dem Bauern- in den Bürgerstand, aus diesem in jenen überzutreten. Jeder Mensch sollte künftig seinen natürlichen Neigungen folgen können und wenigstens nicht durch das Gesetz gezwungen sein, einen ungeeigneten Beruf zu ergreifen oder bei einer erfolglosen Beschäftigung zu verbleiben. Alle veräußerlichten Grundstücke konnten nun auch geteilt und hypothekarisch belastet werden. Vor allem wurde alle Gutsuntertänigkeit mit ihren Folgen, besonders dem sehr drückenden Gesindezwangsdienst, aufgehoben: „Nach dem Martinitage 1810 gibt es nur noch freie Leute, so wie solches auf den Domänen in allen Unseren Provinzen schon der Fall ist.“

Das Edikt entsprach in jeder Hinsicht dem Bedürfnis der Zeit. Stein teilte nicht die hohen Erwartungen, welche Theoretiker wie Schön an die Befreiung der Person, der Arbeit und des Eigentums knüpften; aber um Bauern und Gutsherren aus der Indolenz zu wecken und zu gesteigerter Leistung zu führen, war allerdings die Auflösung jener alten Sozialverfassung nötig, die den Einzelnen an erbliche Berufe gebunden und in der Entfaltung seiner Kräfte gehemmt hatte. Auch handelte es sich für Stein nicht nur um die Steigerung der wirtschaftlichen Produktivität und ihre Rückwirkung auf den Fiskus, dem hohe Leistungen an den siegreichen Feind bevorstanden. Es sollte vielmehr, wie er später einmal gesagt hat, „ein kräftiges, mutiges, sittliches, geistvolles Volk, nicht allein ein kunstreiches, gewerbefleißiges gebildet werden“. Für Stein lag also der Nachdruck durchaus auf der sittlichen Überzeugung, daß das ganze Volk zur Mitwirkung am Staate berufen sein solle und daß dies nur mit persönlich und rechtlich freien Menschen möglich sei. Diesen tragenden Gedanken der ganzen Reform hat der Turnvater Jahn bei Gelegenheit also ausgedrückt: „Grundeigentum macht streitkühn zur Verteidigung. Die Möglichkeit muß jeder vor sich sehen, Grundeigentum zu erwerben — und noch im Leben, nicht im Tode, wo die Erde doch ein Grab hergeben muß.“ Aber Stein wollte eben deswegen nun durchaus nicht die völlige Mobilisierung des Grundbesitzes; zum „natürlichen“ Aufbau der Gesellschaft war nach seiner Meinung ein gesicherter, mittlerer Bauernstand ebenso notwendig wie ein gereinigter und selbständiger Adel — beide aber verloren ihre Grundlage, wenn der Boden zur Ware wurde. Die Entfernung zwischen dem Staatsgedanken Steins und dem Liberalismus, wie er von Adam Smith und der Französischen Revolution seinen Ausgang nahm, ist nirgends so groß wie gerade in dieser Frage. Stein hat im Oktoberedikt neben den Grundsatz der Freiheit des Bodens einschränkende Bedingungen über den Bauernschutz gesetzt; eine Einziehung oder Zusammenlegung von Bauernstellen sollte von nun an nur mit Erlaubnis der Regierung geschehen dürfen, welche die Rechtslage und die wirtschaftliche Notwendigkeit prüfen mußte. Auch machte das Edikt den Bauern durchaus nicht zum freien und ausschließlichen Herrn des von ihm bebauten Bodens; die aus dem dinglichen Besitze fließenden Verpflichtungen des Bauern blieben bestehen. So wurde die Freiheit des Bauern beschränkt, in seinem eigenen Interesse wie in dem der Allgemeinheit. Auf einer Reise durch Mecklenburg hatte Stein im Jahre 1802 mit Unwillen die Verwüstungen gesehen, welche die Freiheit des Bauernlegens angerichtet hatte — viel Weide und Brahe, äußerst wenig Menschen, Einförmigkeit und Mangel von jeder Tätigkeit, „die Höhle eines Raubtieres, das alles in sich verödet und sich mit der Stille des Grabes umgibt“! Wie weit Stein an eigene Bauernmajorate gedacht hat, für die damals Ernst Moritz Arndt im Sinne nordischer Bauerndemokratien sich eingesetzt hat, steht dahin. Zunächst hat das Oktoberedikt jedenfalls der wilden Bodenspekulation vorgebeugt und den vorhandenen Bestand an Bauern vor neuer Verringerung bewahrt, auch den Gutsbesitzern den notwendigen Arbeiterstamm gesichert.

Was aber den Adel betrifft, von dessen politischer Funktion der Reichsritter, wie wir gesehen haben, eine hohe Auffassung hatte, so beließ das Edikt wenigstens die Möglichkeit, daß die Fideikommisse weiterbestanden, während die liberale Theorie gerade ihre Aufhebung besonders betrieb. Die Französische Revolution hatte ja 1792 alle Substitutionen beseitigt und den „partage forcé“ verfügt; der „Code Civil“ hatte dies sanktioniert. Wenn dann Napoleon soeben, gerade im Jahre 1806, die Majorate wieder eingeführt hatte, so hatte er hiermit keine wirtschaftlichen Zwecke und im Grunde auch keine Änderung im gesellschaftlichen Aufbau verfolgt, sondern er hatte sich, wie er im Dekret selbst sagte, ein Machtmittel geschaffen, „soit pour récompenser de grands services ou pour exciter une utile émulation soit pour concourir à l'éclat du trône". Auch stand in den Lehrbüchern der Ökonomisten der Satz, das Fideikommiß hindere „die Bewegung des Bodens zum tüchtigsten Wirt", wie Albrecht Thaer gesagt hat, von dem wir noch hören werden, daß er in jenen Jahren für die Einführung der englischen Betriebsweise in Deutschland wirkte und in entschiedener Weise für die Mobilisierung des Bodens und seine Zusammenlegung in der Hand tüchtiger und rationell arbeitender Großbesitzer eintrat. Stein war von solchem Rationalismus weit entfernt. Ihm schwebte nicht die moderne, sondern die „altdeutsche" Freiheit vor, und auch diese nicht aus romantischen, sondern aus sachlichen und ethischen Gründen. Es war schon Montesquieu geläufig gewesen, daß die Adelsfreiheit germanischen Ursprunges sei und daß es in Deutschland bis in das dreizehnte Jahrhundert Majorate auch in der Bauernschaft gegeben habe, wenngleich man freilich noch nicht wußte, daß beispielsweise das Höferecht des Schwarzwaldes eine recht junge Schöpfung der Not gewesen ist. Tatsache war jedenfalls, daß die freie Teilbarkeit des Bodens und seine Unterstellung unter das Mobiliarsachenrecht in Deutschland durch Einführung des fremden, des römischen Rechtes allgemein bekannt geworden war und daß diese Freiheit des Bodens die Knechtung der Menschen und den Aufstieg der Mächtigen in unerhörter Weise gefördert hatte. Soeben erhob sich überall die liberale Auffassung zum entscheidenden Siegeszuge, weil sie in der gegebenen historischen Lage den dringend nötigen wirtschaftlichen Fortschritt brachte und in der Weltanschauung wie in den gesellschaftlichen Zuständen der Zeit ihre starken Stützen besaß; Liberalismus und Kapitalismus waren nur die letzte Stufe einer weit in die Vergangenheit zurückreichenden Entwicklung. Ehedem hatte es Motive gegeben, die diesen Fortschritt der neuen Auffassung verlangsamt hatten. Die Fürstenhäuser hatten allüberall seit dem Mittelalter eine Staatsgesinnung entwickelt und waren von der freien Teilbarkeit ihres Landbesitzes wieder abgekommen, sie hatten die Bestimmungen der Goldenen Bulle in ihren Hausgesetzen wiederholt: diejenigen Dynastien, die am frühesten eine solche „Dispositio" erließen, Brandenburg und Bayern, haben eben darum der Gegenwart die größten Territorialstaaten überliefert, während die thüringischen Fürstenhäuser am spätesten nachgefolgt sind. Das Vorbild hatte naturgemäß auf alle Besitzer von Land und Hoheitsrechten zurückgewirkt. Im reichsständischen Adel hatte sich das Institut des adeligen Stammesgutes entwickelt, im übrigen Adel war seit 1600 die privatrechtliche Stiftung durch das Familenhaupt, das Fideikommiß, Brauch geworden. So sehr auch der Freiherr vom Stein von dem sittlichen Werte der Selbstbestimmung überzeugt war, so war er doch zu wenig Theoretiker und ein zu klarer Beobachter, als daß er nun das ganze Leben auf dieses einzige Motiv gestellt und dieses Motiv nur auf einem einzigen Wege erfüllt gesehen hätte. Das Fideikommiß sollte gewiß kein Freibrief für Trägheit, keine Zuflucht für unfähige oder verkommene Existenzen sein: hierfür Sorge zu tragen, mußte Sache der Adelsgenossenschaften sein, denen die Arbeit an der Regeneration des Adels im Sinne der neuen Selbstverantwortung oblag. Die Gleichstellung der bürgerlichen Eigentümer mit den adeligen in den Körperschaften der politischen Selbstverwaltung konnte das übrige tun, um den Adel zu zwingen, sich seine Stellung durch Leistung zu verdienen und zu erhalten. Aber daß das Fideikommiß oft genug in der Geschichte ein Hort der Freiheit gegenüber dem Absolutismus der Krone gewesen war, wußte der Reichsritter sehr genau. Er sah die große politische und gesellschaftliche Funktion des echten, durch gebundenen Bodenbesitz geschützten und unabhängigen Adels, dem noch immer die Rolle der Vermittlung zwischen König und Volk obgelegen hatte — ein „pouvoir intermédiaire", ohne den die Menschheit rettungslos in den Despotismus der Fürsten oder der Masse fiel! Der enge Bund zwischen Herrscherhaus und Grundadel war ja eine recht junge Erscheinung, eine bloße Gegenwehr gegen die Ideen der Französischen Revolution. Auch schien dem Reichsritter neben der Freiheit die Tradition ebenso wichtig zu sein, und hierin eben sah er die soziale Bedeutung großer Familien, daß durch ihre Dauer in mehreren Generationen die historische Kontinuität alles Lebens besonders deutlich zum Ausdruck kam: zur Erhaltung der materiellen Basis solcher Familien war das Fideikommiß nötig — ein unveräußerlicher, unteilbarer, nur begrenzt verpfändbarer Besitz. Es muß freilich dahingestellt bleiben, ob die Erneuerung des Adels, wie Stein sie wollte, damals noch möglich war. Das Bild des echten Adels, wie es ihm vor Augen schwebte, entstammte gewiß nicht romantischer Verklärung, sondern war aus persönlicher Lebenserfahrung gewonnen; aber wenn Stein den modernen Sinn des in der Gegenwart lebenden Menschen mit den Überlieferungen seines ritterlichen Hauses verband, wenn er ein Mann von hoher Bildung und strenger Auffassung über Rang und Würde war und zugleich auch die patriarchalische Fühlung mit seinen Bauern nie verlor, ihnen Vater und Führer, ein verehrter Herr und ein opferbereiter Helfer war, so war er selbst eben doch schon zu seiner Zeit ein aussterbender Typus. In der neuen Welt siegte der von ihm so verachtete Hof- und Beamtenadel und überhaupt der Adel als bloßer gesellschaftlicher Rang; die Erhaltung der wirtschaftlichen Grundlage des gebundenen Bodenbesitzes hat nicht verhindern können, daß die ritterlichen Tugenden der Tapferkeit, der Vaterlandsliebe und des unabhängigen Sinnes vor Gewinnsucht oder Trägheit immer mehr dahinschwanden und eine führende Aristokratie im hohen Sinne des Wortes nicht mehr bestand. Für den Fortgang der Reform und für die Geschichte des 19. Jahrhunderts ist dieser Zusammenhang von der größten Bedeutung; es wird noch öfter von ihm zu sprechen sein. So blieben neben der einfachen Tatsache der Existenz und des königlichen Willens doch nur die wirtschaftlichen Argumente in Kraft, die für das Majoratsrecht sprachen. Dieses sicherte auf jeden Fall dem Lande eine höhere Anzahl von Großbetrieben; daß aber solche bei der bevorstehenden und notwendigen Intensivierung der Wirtschaft führend sein mußten, war allerdings auch Steins Meinung. Denn nur der Großbesitzer konnte das notwendige Kapital und die Kenntnisse aufbringen, nur er konnte seine Söhne auf die Schule schicken, die Thaer zur Verbreitung seiner Betriebslehre begründet hatte, nur er konnte sich auf geringwertigem Boden behaupten, und gar erst die Erhaltung des Waldes — die in dieser dem Zeitalter der Kohle und des Eisens unmittelbar vorausgehenden Periode auch wirtschaftlich besonders wichtig war — erforderte nach Raum und Zeit den gebundenen Bodenbesitz, die konsequente Durchführung eines Generationen umspannenden Wirtschaftsplanes.

So hat der Freiherr vom Stein in seinem großen Reformedikt alle Einseitigkeiten zu vermeiden gesucht, weil er das ganze Leben in allen seinen Zweigen zu umfassen und zu begreifen in der Lage war. Bei der Ausführung freilich, die er mitten in den wichtigen Verhandlungen mit den Franzosen den andern Mitgliedern der Kommission und besonders Theodor v. Schön überlassen mußte, entging ihm im Drang der eigenen Geschäfte die Wahrung seiner ursprünglichen Absichten. Indem ihm die Zusammenlegung zu größeren Bauernstellen in vielen Fällen geboten schien, ließ er es zu, daß die Ausführungsbestimmungen den Bauernschutz an sehr enge Bedingungen knüpften und im übrigen Freiheit gewährten. So ist es gekommen, daß der bäuerliche Besitzstand, der seit dem Siebenjährigen Kriege streng festgehalten worden war, durch Stein preisgegeben wurde und daß der Adel eben doch hiermit eine Entschädigung für die aufgehobene Erbuntertänigkeit erhielt. Es war daher kein Wunder, daß sich von beiden Seiten die Opposition gegen Stein erhob. Dabei war mit den radikalen Reformern im Sinne der Französischen Revolution noch am leichtesten fertig zu werden; ihr Wortführer war in Berlin der überaus fruchtbare Publizist Friedrich v. Cölln, seines Zeichens Steuerrat, dessen Tätigkeit Stein als „Unfug“ empfand und der auch bald nach Steins Abgang wegen seiner scharfen Urteile über das alte System und seinen letzten Träger, König Friedrich Wilhelm II., zu Amtsentsetzung und Festungshaft verurteilt wurde. Immerhin hat Cölln auf lange hinaus das historische Urteil über die dem Zusammenbruch von 1806 vorausgegangene Zeit und über die Ursachen der Katastrophe bestimmt, er hat die Legende von der Korruption und dem Niedergang des Adels, vom Aufstieg und der sittlichen Tüchtigkeit des Dritten Standes in Norddeutschland verbreitet, er hat die Ideen der Französischen Revolution in das aufklärerische Berlin übertragen und so die bürgerlichen Massen aufgerüttelt; hierin liegt seine historische Bedeutung. Dringlicher und unangenehmer aber war für Stein im Augenblick die Opposition des Adels. Denn dieser hatte nach den Vorverhandlungen mit Schrötter größere Gegenleistungen für die Aufhebung der Erbuntertänigkeit erwartet, nun war das Edikt von dem neuen Herrn, der die Verhandlungen gar nicht geführt hatte, plötzlich und eigenmächtig herausgegeben worden; der Adel war enttäuscht und empört. Er warf Stein vor, daß er den Staat als Versuchsobjekt für neumodische und ausländische Theorien benutze, daß er wider die Absichten eines wohlwollenden, aber eingeschüchterten Königs handle, daß das Edikt mit unwürdiger Eile herausgebracht worden sei und jeden Sinn für die soziale Bedeutung des gebundenen Bodenbesitzes vermissen lasse. Eine Äußerung Yorcks, des späteren Feldherrn der Freiheitskriege, beleuchtet diese Stimmung, die sich sofort nach Herausgabe des Ediktes in den Kreisen der Offiziere gegen Stein bildete: „Der Mann ist zu unserem Unglück in England gewesen und hat von dort seine Staatsweisheit hergeholt; und nun sollen die in Jahrhunderten begründeten Institutionen des auf Seemacht, Handel und Fabrikwesen beruhenden reichen Großbritanniens unserem armen, ackerbautreibenden Preußen angewöhnt werden.“ Und weiter heißt es: „Eine eigentliche Abschaffung, man möchte sagen Verhöhnung des Adels ist dem Geiste unseres Monarchen und unseres Volkes durchaus zuwider. Wird der Gewürzkrämer oder der Schneider, der das Gut erwirbt, oder der Spekulant, der auf seinen Profit gedacht hat und schon auf Wiederveräußerung sinnt, wird er auch im Unglück seinem Monarchen zu Dienst sein mit Gut und Blut? Wird der neue Herr seine Bauern, die ihn wohl mit Ziegengemecker an der Ehrenpforte empfangen, mit sich in der Treue festhalten, wie der alte Erbbesitzer tat, der in seinem Dorfe über die Gemüter mit Liebe und Anhänglichkeit herrschte?" Dann folgen harte Worte gegen die Theoretiker, Kraus und Schön: „Doch läuft es eigentlich darauf hinaus, daß ein Grundbesitz sein soll wie ein Taler Geld, der durch die Zirkulation sich vervielfältigt, wobei noch durch die Stempelgebühren etwas für den Staat abfällt. Keine landesväterliche Idee nach dem Sinn des Königs! So etwas kann nur in der Kanzlei eines Bankiers oder von einem Professor, der einen schlecht verdauten Adam Smith vom Katheder doziert, ausgeheckt werden. Leider hat sich dergleichen Geschmeiß des genialen Ministers bemächtigt." Die Verwüstung des Landes wird als Folge vorausgesagt: „Der Spekulant, der ein Gut erwirbt, denkt nur auf die Gegenwart; er wird eilen, die schönen Eichen- und Buchenwälder niederzuhauen, weil sie nicht soviel einbringen wie Weizenfeld. Nach Jahren aber wird der Wind die entfernten Sandhügel über die Weizenfelder wehen, und statt des schönen, grünen Waldes, der Auge und Herz erfreut, werden wir dürren Buchweizen, die magerste aller Ackerfrüchte, erblicken. Jene vaterländischen Bäume werden Fremdlinge werden und den Birken und amerikanischen Pappeln Platz machen, die schneller wachsen; die Kieferwälder werden sie noch Gnade finden lassen, da Bau- und Brennholz unentbehrlich ist und die Holzdiebe doch auch bestehen müssen." In diesen bitteren Worten lag viel Wahres, aber Yorck wußte sehr wohl, daß der Güterschacher längst eingerissen war und die Mehrzahl des kleinen Adels „beweglich wie Flugsand" gemacht hatte. Trotzdem hatte die Adelspartei für die innere Ausgeglichenheit des Oktoberedikts ebensowenig Verständnis wie für die Notwendigkeit der Stunde. Auch dem Adel Frankreichs hatte im 18. Jahrhundert jeder politische Sinn gefehlt; er hatte mit den freigeistigen Ideen frivol gespielt, hatte nie daran gedacht, daß die Ideen einmal Leben gewinnen könnten, und er hatte es also versäumt, ihnen durch Beseitigung der tatsächlichen Schäden in Staat und Gesellschaft die Grundlage zu entziehen. Ganz ebenso wurde es von nun an das Kennzeichen der preußisch-deutschen Geschichte, daß die zunächst noch führende Schicht des grundbesitzenden Adels sich einer zeitigen und behutsamen Angleichung der staatlichen Gesetzgebung an den Wandel der gesellschaftlichen Zustände widersetzte und also jene geistige Radikalisierung vorbereitete oder wenigstens erleichterte, die dem Adel schließlich die

Leitung der Dinge entwinden mußte. Die inneren Spannungen sind daher in Preußen während des 19. Jahrhunderts mehrfach überaus schwer geworden, es blieb oft nur noch die eine Wahl: „volentem ducunt, nolentem trahunt fata!“ Die Opposition gegen den Freiherrn vom Stein war menschlich begreiflich und sachlich nicht ohne manche gute Begründung. Aber die Gegner fühlten weder die nationalen Motive des Ministers noch den tiefen Zusammenhang seiner Ideen mit dem Geiste der alten deutschen Geschichte, sie sahen nur, daß Westeuropa vorausgegangen war und daß dort manche Vorbilder der Reform zu finden waren. So nannten sie den Freiherrn vom Stein einen „Jakobiner“.

Der weitere Verlauf des Reformwerkes war geeignet, diese Opposition immer mehr anwachsen zu lassen. Die Befreiung der Person und des Eigentums war ja im Sinne Steins nur die Voraussetzung, auf der sich der Neubau des Staates erheben sollte. Von leibeigenen Menschen konnte man keine Selbstverwaltung verlangen; ohne eine solche Teilnahme an den Aufgaben des Staates konnte aber der Gemeingeist nicht wiedererweckt, die Hingabe an die Gesamtheit nicht erwartet werden. Die Vorteile der Selbstverwaltung hatte Stein in der Nassauer Denkschrift entwickelt: es waren nicht nur die geringeren Kosten, die für sie sprachen, sondern vor allem wollte er die Erziehung der Menschen zu Staatsbürgern, die in der Selbstverwaltung sich erprobt. Nach Steins Plane sollte die freie Gemeinde als erste Erscheinungsform der politischen Freiheit zunächst verwirklicht werden; indem die Bürger durch die Institution der Gemeindevertretung an den kleinen, leicht übersehbaren und am nächsten liegenden Aufgaben des Dorfes oder der Stadt mitwirkten, gewöhnten sie sich am ehesten an die Sorge um allgemeine Fragen und traten heraus aus der Enge des Hauses und der Familie, trugen Verantwortung, lernten den Wert des Wahlrechtes schätzen und Opfer bringen an Zeit und Bequemlichkeit. Über der Gemeindevertretung sollte sich dann die Vertretung der Kreise erheben, darüber die Provinzialstände, und als Abschluß dachte Stein an eine preußische Nationalvertretung und an einen deutschen Reichstag. Stein wußte, daß es zur Verwirklichung dieses gewaltigen Planes langer Jahre geduldiger Arbeit, hartnäckigen Ringens und allmählicher Gewöhnung bedurfte: daß die preußisch-deutsche Geschichte ganze Menschenalter dazu brauchen würde, ahnte er nicht. Er selbst hat von dem Werke nur ein einziges Edikt herausgebracht: es ist die Städteordnung vom 19. November 1808 — nach dem Oktoberedikt von 1807 das zweite weltgeschichtliche Dokument seiner einjährigen

Ministerschaft. Stein hat hier die „Magna Carta“ der preußischen und deutschen Städtefreiheit geschaffen; die deutschen Städte verehren darum mit Recht in dem Freiherrn vom Stein den Schöpfer ihrer Autonomie.

Die preußische Städteordnung von 1808 erneuerte eine verlorene mittelalterliche Freiheit auf der Grundlage der modernen Gesellschaftsordnung. Der Begriff der in ihrem Kreise „selbständigen Gemeinde“ gehörte dem deutschen Rechte des Mittelalters an und war in den soeben beseitigten Reichsstädten durch ehrwürdige, wenn auch erstarrte Zeugen bis in die unmittelbare Gegenwart erhalten geblieben. Zwar hatte auch Frankreich einst kommunale Freiheit gekannt, aber dort war sie frühe vor der emporsteigenden Macht des nationalen Königtums verschwunden. Der Freiherr vom Stein war sich der deutschen Herkunft dieser Idee klar bewußt, nur daß er im Sinne der romantischen Wissenschaft geneigt war, sie mehr mit dem deutschen Volkscharakter zu erklären als aus äußeren Umständen, wie dem Zerfalle der alten Königsmacht. Als die Fürsten im späteren Mittelalter über die Reichsstädte Sieger geblieben waren, hatten die städtischen Republiken nur noch geringe Bedeutung bewahrt. Gleichzeitig waren auch die Landstädte durch den Absolutismus der Landesherren ihrer kommunalen Freiheiten beraubt worden. In Brandenburg-Preußen war es mit der städtischen Selbstverwaltung endgültig zu Ende, als der Große Kurfürst die Akzise einführte und König Friedrich Wilhelm I. mit Einsetzung der Kriegs- und Domänenkammern alle Verwaltung in den Städten seinen Steuerräten übertrug. Für den Freiherrn vom Stein handelte es sich also darum, die Bureaukratie wieder zurückzudrängen, die alten Freiheiten der Selbstverwaltung wieder zu erwecken, aber sie der neuen Gesellschaftsordnung entsprechend umzugestalten. Mit dem alten deutschen Rechtsbegriff der städtischen Freiheit verband also Stein in der Städteordnung nicht etwa die historisch entsprechende Idee der korporativen Vertretung, vielmehr beseitigte er die politischen Funktionen der alten Korporationsverbände, der Zünfte und Gilden, und hielt sich an die Munizipalverfassung der Französischen Revolution, die an die Stelle der Gliederung des Volkes nach der Geburt die Gliederung nach dem Grundvermögen gesetzt hatte. Es ist viel diskutiert worden, wie Stein dazu kam, so große Anleihen bei der französischen Gesetzgebung zu machen, also daß oft wörtlich Paragraphen aus der Verfassung von 1791 herübergenommen sind. Wenn die preußische Städteordnung deutsche, mittelalterliche Elemente mit den modernen Grundsätzen der rechtlichen Gleichheit und der Gliederung nach Vermögen und Leistung vereinigte, so entsprach dies der geschichtlichen Lage; auch die Städteordnung ist wie das Oktoberedikt aus vielverzweigter historischer Wurzel erwachsen, und auch diesmal wieder haben die Gehilfen des von den Geschäften bedrängten Ministers, zumal der Königsberger Polizeidirektor Frey, sich an die westeuropäischen Theorien und Muster stärker angelehnt, als es Stein selber lieb war.

Wenn Stein die Ausführung seines Selbstverwaltungsplanes mit der untersten Stufe, den kleinsten Einheiten begann, so ergab sich dies, wie wir soeben gesehen haben, aus seinem ganzen Erziehungsgedanken: erst sollten die Menschen im engen Kreise und an den Aufgaben des Alltages sich üben, bevor sie zur Zusammenarbeit mit Abgeordneten und Gegenständen, die ihnen persönlich ferner waren, berufen würden. Auch hatte es ja in Brandenburg-Preußen, diesem Agglomerat hohenzollerischen Besitzes, niemals Generalstände gegeben wie in Frankreich, wo die Wiederbelebung der Selbstverwaltung in der Tat mit der obersten Stufe der politischen Funktionen begonnen hatte. Wenn aber Stein die Selbstverwaltung zuerst in den Städten und nicht in den Landgemeinden erneuerte, so war auch dies in der Lage des preußischen Staates begründet. Die Städte zuerst, so haben wir früher gesagt, hatten in Deutschland — mitten in einer durch die Grundherrschaft gekennzeichneten Gesellschaft — den Gedanken der korporativen Vertretung entwickelt; in den neueren Jahrhunderten war dann die Bureaukratie des absoluten Staates hier eingedrungen, sie hatte die Selbstverwaltung restlos beseitigt, aber die leer und inhaltlos gewordenen Formen bestehen lassen; sie hatte die Magistrate teilweise mit versorgungsberechtigten Militäranwärtern besetzt, teilweise in der Hand kümmerlicher, erbberechtigter und unterwürfiger Familien gelassen. Hier also brauchte die Reform nur Mißbräuche, und zwar nur solche meist neueren Datums zu beseitigen, hier waren alsdann Vertretungskörperschaften vorhanden, die man lediglich nach dem neuen Prinzip der bürgerlichen Gleichheit umzugestalten brauchte; ein Widerstand verletzter Interessen war hier nicht zu überwinden. Die Landgemeinden dagegen hatten in diesem östlichen Deutschland, im Bereiche der neueren Gutsherrschaft, überhaupt nie irgend eine Form der Selbstverwaltung gekannt, in der Regel gehörte eine Landgemeinde zu einem Gutsbezirk, und diese Grundlage der wirtschaftlichen und politischen Macht des Adels hatte das preußische Königtum niemals angetastet: der preußische Staat hörte beim Landrat auf, wie oben gesagt worden ist. Die Schwierigkeiten und Widerstände waren hier in der Tat so groß, daß der von Stein entworfene Plan der Selbstverwaltung an dieser Stelle tatsächlich nicht ausgeführt wurde und daß ein Jahrhundert hindurch um die Ausfüllung dieser Lücke gekämpft werden mußte. Die strenge, grundsätzliche Scheidung von Stadt und Land, die für den Staat des Absolutismus so bezeichnend war und an deren Beseitigung der Freiherr vom Stein arbeitete, blieb daher bestehen.

Den Zweck der Städteordnung hat Stein selbst treffend umschrieben: sie wolle, daß die Bürger „nicht nur von den Fesseln unnützer, schwerfälliger Formen befreit werden, sondern auch ihr Bürgersinn und Gemeingeist, den die Entfernung von aller Teilnahme an der Verwaltung der städtischen Angelegenheiten vernichtet hat, wieder neues Leben erhält". Der Staat begnügte sich also mit einem Oberaufsichtsrecht; „mittelbare Städte" — in denen die Gutsherren Rechte ausübten — gab es nicht mehr. Die Einwohner einer Stadt wurden von nun an unterschieden in Bürger und Schutzverwandte. Das Bürgerrecht gewährte nicht nur politische Gemeinderechte, sondern auch die ausschließliche Befugnis zum städtischen Grundbesitz und zum städtischen Gewerbebetriebe; das Bürgerrecht konnte niemandem versagt werden, der in der Stadt sich häuslich niederließ und unbescholtenen Rufes war. Es wurde also auch mit diesem zweiten großen Reformgesetze Steins die erbliche Kastenordnung beseitigt, die Zünfte als politische Einrichtungen verschwanden, und an die Stelle trat auch hier die vornehmlich aus Eigentümern bestehende Gesamtheit. Durch Geburt vom Bürgerrecht ausgeschlossen waren nur die Juden, durch Beruf nur die Soldaten — zwei bezeichnende Zugeständnisse an den herrschenden Zeitgeist, die auch ohne Zweifel Steins eigener Überzeugung entsprachen. Wer kein Bürgerrecht besaß, zählte zu den Schutzverwandten. Sie sollten, wie der Name schon sagt, nur den Schutz der Stadt genießen, sie hatten daher zu den Lasten beizutragen, aber sie waren von Grundbesitz wie Gewerbebetrieb ausgeschlossen und besaßen keinen Anteil an der Selbstverwaltung. Diese war vielmehr ausschließlich den Bürgern vorbehalten, und zwar nicht nur als ein Recht, sondern als eine Pflicht: wer sich weigerte, ein unbesoldetes städtisches Amt anzunehmen oder wer seiner Wahlpflicht nicht nachkam, sollte in Strafe verfallen. Denn „dem Volke wird nicht gestattet, sondern befohlen, sich selbst zu regieren", wie man treffend den Geist dieses Gesetzes formuliert hat. Organe der Selbstverwaltung sind die von der Bürgerschaft gewählte

Stadtverordnetenversammlung und der von dieser gewählte Magistrat. Die Wahl durch die Bürgerschaft findet nach Bezirken statt, die Gewählten aber sind Vertreter der Gesamtheit und nicht des Bezirkes! Die Stadtverordneten beschließen über die Ausgaben der Stadt und legen sie auf die Einwohner um; Befreiungen von diesen Umlagen oder städtischen Steuern gibt es nicht. Der Magistrat führt die Verwaltung, er braucht daher auch einige besoldete Stadträte; so kam man zu der für die neue deutsche Selbstverwaltung bezeichnenden Mischung von Berufsamt und Ehrenamt in der gleichen Körperschaft. Die Bestätigung der besoldeten Magistratsmitglieder behielt sich die Regierung vor, ebenso die Bestätigung des erwählten Bürgermeisters; nur der Oberbürgermeister der großen Städte wurde auf Vorschlag von der Regierung ernannt. Wenn aber der Staat auf diese Weise sich mit einem überaus schwachen Aufsichtsrechte über die Städte begnügte, so konnte er der Kommunalverwaltung nicht alle Aufgaben anvertrauen, welche ehemals die mittelalterlichen Städte geleistet hatten und die der Absolutismus nur deswegen bei den Städten belassen hatte, weil er über ihre Organe unbedingt verfügte. Daß die Gerichtsbarkeit nur von staatlichen Richtern ausgeübt werden durfte, verstand sich von selbst in einem Zeitalter, das soeben auf dem Lande den Kampf gegen patrimoniale Gerichtsbarkeit begann. Auch die Polizei wurde verstaatlicht, nur daß ihre Handhabung dem Magistrat als Auftrag übertragen wurde: es ist dies die für die neuere deutsche Selbstverwaltung abermals bezeichnende Verbindung von Landesverwaltung und Kommunalverwaltung in demselben Organe. Die Unkosten, die den Städten aus ihren Aufgaben erwuchsen, sollten sie aus den Erträgnissen ihres Vermögens und aus Umlagen auf die Einwohner decken.

So hat die Städteordnung des Freiherrn vom Stein in Deutschland den Anfang gemacht mit Selbstverwaltung und modernen repräsentativen Einrichtungen. Aber während Stein mit der einen Hand den Grund legte zu dieser Emanzipation vom Beamtentum, hat er mit der andern doch wieder die Bureaukratie gekräftigt. Die Doppelseitigkeit des ganzen Reformwerkes, die schon in der Nassauer Denkschrift klar hervorgetreten war, kommt in dieser Tatsache zum Ausdruck. Einerseits bezweckte die Reform, das partikulare Leben zu wecken, andererseits aber das Sonderleben zu beseitigen, wo es die neue Staatseinheit gefährdete. Ähnlich hatte auch das Naturrecht zwar nicht die Einzelnen anzutreiben, aber doch in ihren Rechten zu schützen gesucht, gleichzeitig aber auch die Staatsgewalt stärken wollen. Was zwischen den Einzelnen und dem Staate lag, hatte auch vor den Augen der Reformer die geringste Berechtigung. Noch war ja in Preußen der Vorgang der Staatsbildung nicht abgeschlossen; der preußische Staat war zwar nicht mehr einfach nur eine Personalunion der verschiedenen Besitzungen des Herrscherhauses, aber provinziale Unterschiede, provinziale Behörden und Sonderrechte gab es noch auf allen Gebieten — die Religionsrechte, die Steuerpflichten, die Militärpflichten waren in den verschiedenen Provinzen ganz verschieden, noch gab es eigene Provinzialminister. Erst Hardenberg hatte 1807 verfügt: „der ganze Staat heiße künftig Preußen"; bis dahin war die Bezeichnung gewesen: „Alle Seiner Königlichen Majestät Provincien und Lande". Erst die Reformzeit hat die Bildung eines einheitlichen preußischen Staates vollendet, und dies war freilich nicht nur durch das geplante preußische Parlament zu erreichen, hier konnte ein starker Behördenaufbau noch Großes leisten. Bei aller seiner Abneigung gegen das Schreiberregiment war dieser Reichsritter eben doch in der inneren Verwaltung emporgestiegen und hatte ihr die Kraft seiner Mannesjahre gewidmet; so wußte er, daß ohne eine straffe Organisation der Behörden der Staat in der modernen Zeit nicht bestehen konnte und daß auch die schwierige finanzielle Notlage des Staates, die sich aus dem verlorenen Kriege und den Anforderungen des Feindes ergab, eine übersichtliche und sparsame Verwaltung doppelt notwendig machte. Auch die Selbstverwaltung durch ehrenamtliche Körperschaften und Repräsentanten hatte sich ja durch Gründe der Ersparnis empfohlen. Die alte Behördenorganisation mit ihrer kollegialen Geschäftsbehandlung war schwerfällig, kostspielig, veraltet. Mit rücksichtsloser, lediglich der Sache dienender Energie führte Stein alsbald nach Beginn seiner Ministerschaft den Abbau der Staatsausgaben durch. Unnötige Stelleninhaber, deren es im alten Polizeistaate schon bisher viele gegeben hatte und die sich in Verwaltung und Heer des nunmehr verkleinerten Staates drängten, setzte Stein lieber auf Pension, als daß er weiter mit ihnen die Bureaux und die reduzierten Truppenteile belasten wollte; alle Pensionen wurden herabgesetzt und abhängig gemacht von einem Dürftigkeitszeugnis, der Hofstaat wurde verringert, Oper und Ballett aufgelöst; auch eine allgemeine prozentuale Kürzung der Gehälter trat ein. Aber darüber hinaus mußte nun auch der Aufbau der Behörden übersichtlicher und einfacher werden. Diese Einsicht war es gewesen, die Stein zum Kampfe mit dem Kabinett und dem Könige geführt hatte. Der Konflikt war durch die Not der Stunde zu seinen Gunsten entschieden worden: Stein besaß im Augenblick eine diktatorische Stellung. Sein Bestreben war es, die Gelegenheit zu nutzen und einen dauernden, einheitlichen Aufbau der unteren, mittleren und oberen Behörden zu schaffen. So wurde die Verwaltungsreform die dritte denkwürdige Leistung des großen Staatsmannes. Am 24. November 1808, dem gleichen Tage, da Stein aus dem Amte schied, erteilte der König seine Zustimmung zu der „Verordnung, die veränderte Verfassung der obersten Verwaltungsbehörden in der preußischen Monarchie betreffend". Hier wurden nun moderne Ministerien begründet, ihre Geschäfte wurden nach dem Sachprinzip aufgeteilt, das Ressortsystem also durchgeführt. Aber gleichzeitig hielt Stein doch wieder in sehr bezeichnender Weise an der „altdeutschen" Kollegialität fest, indem die Räte der Minister sogar Vortragsrecht und Sitz in dem geplanten Staatsrate erhielten; dieser ist dann freilich nicht ins Leben getreten. Die der Verordnung über die Ministerialorganisation entsprechende Verordnung über die Provinzialverwaltung erschien am 26. Dezember 1808. An die Stelle der bisherigen Kreis- und Domänenkammern traten die „Regierungen": sie hatten keine gerichtlichen Funktionen, vereinigten dafür aber die gesamte innere Verwaltung einschließlich der Kirchen- und Schulsachen in sich, ihnen beigeordnet wurden landständische Repräsentanten. Durch die neue Ordnung wurde die ganze Monarchie in Regierungsbezirke eingeteilt, wie Frankreich in Departements geteilt war. Doch der Regierungspräsident war kein französischer Präfekt, denn seine Tätigkeit und seine Macht fanden ihre Grenze an der Selbstverwaltung und deren Organen; auch blieben ja die Provinzen bestehen. Es waren nur noch vier, eine jede mit einem Oberpräsidenten an der Spitze, da es keine Provinzialminister mehr gab. Die historische Einteilung der Monarchie blieb auf diese Weise neben der neuen rationalen Einteilung erhalten, während in Frankreich der Staat die Provinzen, aus denen er entstanden war, beseitigt und statt ihrer die neuen mechanischen Teilungen geschaffen hatte.

DRITTER ABSCHNITT

Scharnhorst und die Reform des Heeres

Bauernbefreiung, Städteordnung und die Organisation der Behörden sind die drei großen Werke, die Stein verdankt werden. Sie waren in Angriff genommen worden, nicht nur weil die verzweifelte wirtschaftliche Lage des Landes, die sich aus dem verlorenen Kriege, aus dem erzwungenen Beitritt zur Kontinentalsperre und aus den hohen Kontributionsforderungen Napoleons ergab, es dringend notwendig machte, daß die Staatsausgaben abgebaut, die Kosten der Verwaltung verringert, die Leistungsfähigkeit der Steuerzahler gesteigert und alle produktiven Kräfte durch die Freiheit der Arbeit gemehrt wurden. Wichtiger war für Stein, wie immer wieder betont werden muß, die Hebung der Gesinnung, die Erweckung des Gemeingeistes, die Erziehung des ganzen Volkes zu einer neuen Haltung. In aller Trübsal der Gegenwart vertraute er darauf, daß die Stunde der großen Abrechnung kommen werde, und daß es gelte, alles vorzubereiten für die entscheidende Tat. Doch die Reform war ihm nicht einfach nur ein Mittel der Rache oder der Befreiung. In der Folge ist es ja so gekommen, daß nach getaner Arbeit und nachdem das fremde Joch abgeschüttelt war, der kühne Geist der Neuerer sich gedämpft sah und die Reform als lästig beiseite geschoben, gehemmt und teilweise widerrufen wurde. Stein dagegen erkannte in dem Unglück, das über Preußen und Deutschland gekommen war, eine Fügung Gottes, die nunmehr die innere Hohlheit und Enge der alten Formen enthüllt hatte, damit eine neue staatliche und gesellschaftliche Ordnung sich mit jenem kühnen Geiste erfüllen könne, der als das wertvollste Erbgut der alten deutschen Vergangenheit durch die Arbeit deutscher Denker wieder erweckt worden war. Wie sehr aber diese ethische Überzeugung — die nicht auf einen äußeren Zweck, sondern auf eine innere Entfaltung sieht — die Arbeit der Erneuerer beflügelt hat, zeigt vor allem auch die andere große Reform, die neben der neuen Staatsordnung noch in dem Jahre der Ministerschaft Steins wenigstens eingeleitet und in ihrem Grundplane entworfen worden ist — die Militärreform. Kraft seiner überragenden persönlichen und dienstlichen Stellung hat der Freiherr vom Stein auch ihr die geistige Richtung gewiesen, und er hatte dabei das Glück, in Scharnhorst einen ebenbürtigen und gleichgesinnten Mitarbeiter zu besitzen, der wußte, wie das zertrümmerte Heer neu aufgebaut werden mußte. Wenn irgendwo, so sollte man meinen, war auf diesem militärischen Gebiete die Vorbereitung für eine kommende Erhebung alles, und die militärischen Reformer haben denn auch für dieses hohe Ziel alles gewagt. Aber gerade sie waren sich bewußt, daß sie ein Werk der Erziehung zu leisten hatten und daß sie Kräfte entfalten mußten, die nach vollbrachtem Werke niemals widerrufen werden konnten und von deren entfernten Auswirkungen sie das Größte für die Zukunft erwarteten.

Auch Scharnhorst hatte durch Lebens- und Diensterfahrungen die Reformbedürftigkeit des alten Systems längst vor dem Zusammenbruch eingesehen. Auch er war als Ausländer in diesen Staat gekommen; unberührt von den persönlichen Rücksichten, die sonst wohl den Eingeborenen von entschiedenen Neuerungen abhalten, hatte Scharnhorst klar in den Zusammenhang der Dinge gesehen und sich nicht gescheut, seiner Meinung Ausdruck zu geben. Er war von Geburt ein hannoversches Soldatenkind, der Vater hatte sich als Gemeiner emporgedient, war dann Landwirt geworden und hatte dem Sohne die Vorbereitung für die Offizierslaufbahn ermöglicht. Gerhard Scharnhorst wurde im Alter von siebzehn Jahren in die Offiziersschule aufgenommen, welche der Graf Wilhelm von Schaumburg-Lippe auf seiner Feste Wilhelmsstein im Steinhuder Meer gegründet hatte. Der Graf war ein Musterregent, deren das deutsche Territorialfürstentum im 18. Jahrhundert nicht gar so wenige hervorgebracht hat. Scharnhorst rühmt seine Leutseligkeit und Menschenliebe, die ihn zum „allgemeinen Vater und Versorger seines Landes“ gemacht habe. Der Wehrverfassung widmete der Graf besondere Aufmerksamkeit, er führte in seinem Ländchen eine Miliz ein, der jeder waffenfähige junge Mann angehören mußte und die als Ergänzung seines kleinen stehenden Heeres diente; bei der Ausbildung aber wurden Schläge und Scheltworte verbannt. Der Militärschule stand er selbst als „Anordner und Aufseher“ vor; die Schar der Schüler war auf zwölf beschränkt, die Anforderungen waren besonders in Mathematik sehr hohe, denn die Schule sollte namentlich Ingenieur- und Artillerieoffiziere liefern. Alle diese militärischen Ideen und Anordnungen des Grafen waren in jener Zeit neuartig und lassen keinen Vergleich zu; der aufgeklärte Absolutismus hat nirgends sonst das Ideal der Menschlichkeit, für das er wohl gerne im bürgerlichen Leben wirkte, in die Kaserne getragen. So nahm

Scharnhorst vom Wilhelmstein entscheidende Anregungen in sein Leben mit.

Im Dienste seines Vaterlandes Hannover konnte Scharnhorst seine Eigenart entfalten und betätigen. Er wurde Lehrer an der Artillerieschule zu Hannover, und es ist wohl kein Zufall, daß der Mann, der wie kein anderer die militärische Überwindung Napoleons vorbereitet hat, aus der gleichen Waffengattung hervorgegangen ist wie der Kaiser selbst. Zur Lehrtätigkeit fühlte sich der junge Offizier besonders berufen; er ist sein ganzes Leben hindurch eine ausgeprägte Gelehrtennatur geblieben. Schon in seiner Frühzeit hat er sich als Militärschriftsteller betätigt und mit klugem Sinne den inneren Zusammenhang von Staatsverfassung und Heeresverfassung begriffen und dargelegt. Als das Volksheer der nordamerikanischen Kolonisten die Soldheere Englands überwand, hat Scharnhorst damals schon diese unerwartete Erfahrung, in der das revolutionäre Massenaufgebot der Franzosen vorweggenommen war, in ihrer ganzen historischen Tragweite gewürdigt. Als die Amerikaner zuerst nur einfach eine Miliz aufstellten, vermochten sie dadurch lediglich die günstige Natur des Landes besser auszunutzen und dem englischen Heere einigen Abbruch zu tun; aber als sie die Miliz zu wirklichen Soldaten heranbildeten, fiel ihnen der volle Sieg zu. Bald wurden diese Erfahrungen bestätigt, als die Engländer 1793 den Heeren der Französischen Revolution in Flandern gegenübertraten. Scharnhorst nahm an diesen Feldzügen mit Auszeichnung teil. Die neue Lage begann außerhalb Frankreichs eifrig erörtert zu werden. Die Mißstände der alten Heere waren offenkundig geworden; aber die Kritik, von der Aufklärungsliteratur geführt, richtete sich gegen die stehenden Heere selbst und erwartete die beste Verteidigung von der allgemeinen Volksbewaffnung der Miliz, für deren Zwecke gelegentliche Tagesübungen als ausreichend angesehen wurden. Nur Scharnhorst sah, daß dem neuen Volksheer, das auch er für allein zeitgemäß hielt, die Waffenübung und die Disziplin der alten Armee zugeführt werden mußten.

Im Jahre 1801 trat Scharnhorst in preußische Dienste; ein solcher Wechsel des Kriegsherrn war in den alten Heeren nicht selten. Daß in Hannover der Bürgerliche keine Möglichkeit des Aufstieges mehr vor sich sah, mag den Schritt veranlaßt haben. Scharnhorsts Wirksamkeit in den folgenden Jahren, die dem Zusammenbruch Preußens vorangingen, zeigt das gleiche Bild, das uns aus der Biographie des Freiherrn vom Stein entgegentrat: hier war ein Reformer an hoher Stelle im Staate tätig, er trug bereits in seinem

Geiste die Grundzüge des notwendigen Neubaues, er drängte auf Verwirklichung, aber scheiterte immer wieder am König, am Kabinett, an der Bequemlichkeit der Beteiligten! Dann kam die vorausgesehene Katastrophe, und nun griff man auf die Männer zurück, die bis dahin als unbequeme Kritiker angesehen worden waren und deren Oppositon eine so grausame Rechtfertigung gefunden hatte! Scharnhorst hat in diesen Jahren immer wieder die Einführung der neuen Strategie und Taktik gefordert, die durch die Revolutionsgenerale und durch den größten aus ihrer Reihe, durch Napoleon, entwickelt worden waren, er hat als Lehrer und in seinen Denkschriften die Grundzüge der neuen Kriegskunst ausgearbeitet und dargestellt. Er wurde der Direktor der auf seine Veranlassung gegründeten Kriegsakademie: hier hat er Schüler um sich versammelt, die seine Lehre der preußischen Armee vererbt und zur Grundlage glänzender Erfolge gemacht haben — allen voran Carl von Clausewitz, sein Lieblingsschüler und nachmals sein Adjutant, der in den Jahren vor 1806 von Scharnhorst die entscheidenden Anregungen zu seiner Theorie vom Kriege erhalten hat und an dessen Schriften sich das preußische Offizierskorps bis zu Moltke und Schlieffen gebildet hat. Doch die von Scharnhorst geforderten Neuerungen wurden meist abgelehnt, auch als er selbst zu leitender Stellung in den neu gegründeten Generalstab berufen wurde: die Mehrheit der Mitglieder stand ihm ablehnend, ja feindlich gegenüber. Immer wieder stellte sich ihm der bedächtige, greise Herzog Karl Ferdinand von Braunschweig in den Weg, der als Preußens bedeutendster Feldherr galt und zusammen mit seinen gleichgearteten, überalterten Generalen das unbedingte Vertrauen des Königs besaß. Es kam noch die ebenso entschlußlose Haltung des Kabinetts in der äußeren Politik hinzu — dieses ewige Schwanken zwischen den auf mährischem Boden zur letzten Entscheidung antretenden Großmächten; so begreift man die Hoffnungslosigkeit der Reformfreunde. In den gleichen Tagen, da der Freiherr vom Stein die Denkschrift über die Reform der obersten Staatsbehörde aufsetzte, hat Scharnhorst, im April 1806, in einer entsprechenden militärischen Denkschrift die notwendigen Heeresreformen nochmals zusammengestellt. Er betonte darin gegenüber der herrschenden Ansicht der alten Zeit, die von Methodik und Kunstregeln alles erwartete, die Bedeutung der moralischen Kräfte für die Kriegführung, die Bedeutung des persönlichen Mutes und der Selbstverantwortung neben Ordnung und Disziplin. Unter Hinweis auf das französische Vorbild forderte er die Schaffung eines nationalen Heeres, in welchem jeder Staatsbürger ohne alle Ausnahme dienen müsse: „Nur dadurch, daß man die ganze Masse des Volkes bewaffnet, erhält ein Kleines eine Art von Gleichgewicht der Macht in einem Defensivkriege gegen ein Größeres, welches einen Unterjochungskrieg führt und angreift." Das neue Heer sollte gegründet sein auf Ehrgefühl, Tapferkeit und freie Aussicht für die Tüchtigen; die entehrenden Strafen sollten wegfallen, Belohnungen auch dem gemeinen Soldaten zukommen! Eroberungskriege, so heißt es mit Hinblick auf Napoleon, sind noch immer vom großen Manne abhängig gewesen, der die Soldaten zu außerordentlichen Anstrengungen mit sich riß; die Verteidigung des Vaterlandes aber hängt mehr noch als vom Talent des Heerführers von seinem und seiner Soldaten Charakter ab: „Wir haben angefangen, die Kunst des Krieges höher als die militärischen Tugenden zu schätzen — dies war der Untergang der Völker in allen Zeiten. Tapferkeit, Aufopferung, Standhaftigkeit sind die Grundpfeiler der Unabhängigkeit eines Volkes; wenn für diese unser Herz nicht mehr schlägt, so sind wir schon verloren auch selbst in dem Laufe der großen Siege."

Auch Scharnhorst scheute nicht persönliche Urteile, so wenig wie der Freiherr vom Stein; schonungslos traf er die unfähigen Inhaber der hohen Kommandostellen. Aber seine Denkschrift scheint dem Könige nicht vorgelegt worden zu sein; allzu revolutionär waren die in ihr geäußerten Gedanken, sie rüttelten an den Grundsäulen des friderizianischen Staates, die Mobilisierung der Massen konnte nur ein „Jakobiner" anregen! Wenige Monate später rückte das preußische Heer ins Feld, nachdem es über zehn Jahre in der Kaserne gestanden. Alle andern alten Mächte waren während dieser Zeit von Napoleon niedergeworfen worden, nur das preußische Heer stand noch aufrecht und erfreute sich seit dem Siebenjährigen Kriege des wohlerhaltenen Ruhmes. Den Oberbefehl führte der Herzog von Braunschweig, der König weilte bei ihm im Hauptquartier und beriet ihn, die nähere Umgebung mischte sich ein, so konnten schnelle und einheitliche Entschlüsse nicht entstehen. Scharnhorst war der Stabschef des Oberbefehlshabers und trug also nächst diesem die Verantwortung. Aber sein schlichter Vortrag vermochte nicht durchzudringen, ihm fehlte jene straffe, schneidige Haltung, die dem preußischen Offizierskorps eigen war, seit es durch die Schule Friedrichs des Großen gegangen war; er war schweigsam, in sich gekehrt und unbequem. So konnte Scharnhorst sich nicht durchsetzen mit seinem Plane, die Armee über den Thüringer Wald zu führen und die durch

Gebirgstäler getrennt anrückenden Kolonnen des Feindes anzugreifen. Der König zögerte, zumal er noch auf Verhandlungen mit Napoleon hoffte, und ließ die Armee nördlich des Thüringer Waldes und westlich der Saale stehen. Als Napoleon dann überraschend herankam, schlug Scharnhorst den sofortigen Abmarsch der Armee auf das rechte Saaleufer vor, wo sie sich dem Feinde quer vorlegen konnte und gleichzeitig ihre rückwärtige Verbindung nach Berlin gesichert hatte. Nur wenn diese Operation rasch durchgeführt wurde, hatte sie Wert; im Hauptquartier aber zögerte man und hielt Kriegsrat ab. So konnte Napoleon jene großartige Operation vollenden, die ihn an den Preußen vorbeiführte und nach einer mächtigen Linksschwenkung sie zwang, mit umgekehrter Front — die Preußen gegen Berlin gewendet — die Schlacht anzunehmen. Bei Jena stieß Napoleon der unter dem Fürsten Hohenlohe stehenden Heeresabteilung in die Flanke, während bei Auerstedt der Marschall Davoust der preußischen Hauptarmee den zu spät beschlossenen Rückzug wehrte. Der Herzog wurde verwundet, der König übernahm weder den Oberbefehl noch ernannte er einen andern General zum Nachfolger, sondern ließ alles geschehen; Scharnhorst aber, der nach seinem Range zum Stellvertreter berufen gewesen wäre, war schon zu Beginn der Schlacht zu einer Division entsendet worden, an deren Spitze er vergebens das Schicksal des Tages zu wenden suchte. Auf dem Rückmarsch, der nur in weitem Bogen um die rechte Flanke der Franzosen herum geschehen konnte und bald in Flucht ausartete, war Scharnhorst nicht mehr der Stabschef des Oberbefehlshabers, sondern dem Heeresteile Blüchers zugeteilt. Blücher und Scharnhorst ergänzten sich persönlich vorzüglich, jener wirkte durch unerschrockene Entschiedenheit und glückhaften Mut, dieser durch die Klarheit und Folgerichtigkeit seiner Pläne. Durch ihre gemeinsame Umsicht verhüteten beide, daß die ihnen anvertrauten Truppen in die schmähliche Kapitulation der Armee hineingezogen wurden; unter vielfachen Gefechten führten sie ihren Heeresteil mit der Hauptmasse der ganzen Artillerie durch Mecklenburg nach Lübeck. Hier allerdings wurden sie unvermutet überfallen, Scharnhorst wurde gefangen, während Blücher noch einige Tausend Mann aus der Stadt herausbrachte, mit denen er dann freilich kapitulieren mußte, „weil er kein Brot und kein Pulver mehr habe". Nach wenigen Tagen gegen einen französischen General ausgewechselt, eilte Scharnhorst nach Danzig und von da nach dem östlichen Kriegsschauplatze. Er war aufs tiefste niedergeschlagen und hielt nicht zurück mit seinen Anklagen über das schändliche Benehmen vieler Kommandeure „mit dicken Bäuchen und dünnen Köpfen“. Er empfand es als Schimpf, „daß man sich zwischen so vielen elenden, dummen und feigen Menschen herumschlagen und ihr verdientes Schicksal unverdient mittragen muß“. Aber der Kleinmut konnte ihn auch in den trübsten Stunden nicht überwältigen; in ergreifenden Briefen an die Tochter hat er mitten unter den wehmütigen Szenen seinen Glauben an die Zukunft bekannt. Auf dem Kriegsschauplatze in Ostpreußen wiederholten sich die alten Vorgänge. Der König hatte zwar die Kommandanten und Generäle, die Spandau, Küstrin, Stettin und Magdeburg übergeben hatten, abgesetzt und vor ein Kriegsgericht gestellt, das sogar einige Todesurteile fällte; aber die übrigen, überalterten Generäle, die noch nicht Gelegenheit gehabt hatten, zu versagen, wollte er wegen der damit verbundenen Härte nicht entfernen. Doch diesmal gelang es Scharnhorst, wenn auch äußerlich in untergeordneter Stellung, seinen Willen auch solchen Leuten gegenüber durchzusetzen. So rettete er auf dem Schneefelde von Eylau durch sein Eingreifen den schon zurückgebogenen linken Flügel der Russen und damit die ganze russische Front vor der Vernichtung. Zum ersten Male blieb hier für Napoleon eine Schlacht unentschieden, und dies war die Leistung eines Feldherrn, der dem Kaiser das Geheimnis seiner Siege abgesehen hatte: ein kleines Korps war im entscheidenden Augenblicke und an der entscheidenden Stelle eingesetzt worden und hatte den Ausschlag gegeben! Die Ehre des Tages fiel freilich dem kommandierenden General zu, einem — wie Scharnhorst ihn dem Könige schildert — „siebzigjährigen, betäubten, gedächtnislosen, in jeder Hinsicht schwachen Manne“, der eitel auf den großen, ihm zugeschriebenen Erfolg nunmehr auf Scharnhorsts Ratschläge nicht mehr hörte. Der König verharrte auf dessen Beschwerde in unerhörter Entschlußlosigkeit und schrieb zurück: „Hoffentlich werden Sie bemüht sein, Nachteilen, die etwa aus unrichtigen Anordnungen folgen könnten, durch Rat und Tat vorzubeugen.“ So nahm das Verhängnis seinen Lauf, und bei Friedland zerbrach der letzte Widerstand, zu Tilsit wurde der Frieden geschlossen, der Preußen aus der Reihe der Großmächte ausstrich.

Jetzt war die Zeit für Scharnhorst gekommen. Er wurde an die Spitze der Militärkommission berufen, von deren Mitgliedern an dieser Stelle nur noch Gneisenau genannt werden soll, der seine Berufung in die Kommission der glänzenden Verteidigung Kolbergs verdankte, die er so mutig und tapfer geleitet hatte. Der König war jetzt selbst überzeugt von der Notwendigkeit der militärischen Reform, wenngleich er ihren tieferen Ideen, dem neuen Geiste, mit welchem Heer und Volk erfüllt werden sollten, mißtrauisch gegenüberstand. Aber während er dem Freiherrn vom Stein persönlich innerlich abgeneigt blieb, fand er an Scharnhorsts schlichter und schmuckloser Art Gefallen. So konnte dieser in die Arbeit seines Lebens eintreten, wenngleich sich seine Gedanken erst in den Frühlingstagen des Jahres 1813 voll verwirklichen sollten. Was er anregte und durch alle die Jahre der Vorbereitung hindurch festhielt, begründete eine neue militärische Überlegenheit Preußens, die bald noch großartiger werden sollte als jene der drei Schlesischen Kriege und die entscheidend wurde für das Ergebnis der größten Kriege des 19. Jahrhunderts: die Waffentaten von 1813, 1866 und 1870 sind ohne Scharnhorst nicht denkbar. Scharnhorst sah im Geiste die ganze Reform vor sich: „Man muß der Nation das Gefühl der Selbständigkeit einflößen, man muß ihr Gelegenheit geben, daß sie mit sich selbst bekannt wird, daß sie sich ihrer selbst annimmt; nur dann erst wird sie sich selbst achten und von andern Achtung zu erzwingen wissen. Darauf hinzuarbeiten, dies ist alles, was wir können. Die alten Formen zerstören, die Bande des Vorurteils lösen, die Wiedergeburt leiten, pflegen und sie in ihrem freien Wachstum nicht hemmen, weiter reicht unser hoher Wirkungskreis nicht.“ Und ein anderes Mal sagt er: „Den Geist der Armee zu erheben, zu beleben, die Armee und Nation inniger zu vereinigen und ihr die Richtung zu ihrer wesentlichen und großen Bestimmung zu geben — dies ist das System, welches bei den neuen Einrichtungen zu Grunde liegt.“ Scharnhorst ging von einer tiefen und neuen Einsicht aus, die wir ihm, dem geistvollen Gelehrten, verdanken — daß nämlich ein innerer Zusammenhang zwischen der staatlich-gesellschaftlichen Struktur eines Landes und seiner Heeresverfassung bestehe. Es war eine Anwendung auf den bestehenden Weltzustand, wenn Scharnhorst für große und reiche, für erobernde Staaten das Werbesystem gelten lassen wollte, in mittleren und kleineren Staaten dagegen, die stets von mächtigen Feinden bedroht seien, die freiwillige Hingabe der Bürger für möglich hielt, sobald nur einmal diesen das Leben im Staate lebenswert gemacht sei! So können die mittleren Mächte den größeren ebenbürtig werden an Kraft, sobald sie die ihnen allein zugängliche Anteilnahme des ganzen Volkes erwecken durch eine geeignete staatliche und militärische Verfassung. Der Gedanke der allgemeinen Wehrpflicht war geboren aus dem Zwange der Selbstverteidigung — so in Frankreich im Jahre 1793, so jetzt in Preußen und Deutschland, wo die geographische Mittellage und die offenen Grenzen zum Verhängnis geworden waren. Dieses stolze Geschlecht, dem Scharnhorst angehörte, war erfüllt von dem Ideale der persönlichen Freiheit: nur die dauernde Bedrohung der nationalen Unabhängigkeit konnte in den Augen dieser Menschen die Einschränkung rechtfertigen, welche die persönliche Freiheit durch den militärischen Zwangsdienst aller Bürger erfahren mußte.

Das Prinzip des Zwangsdienstes durch Aushebung war in Preußen nicht neu. Aber es war in der Kastenordnung des alten Staates nicht gleichmäßig für alle Untertanen durchgeführt. Das „Kantonreglement" Friedrich Wilhelms I. vom Jahre 1733 unterwarf ja die Bauern und besitzlosen Kleinbürger der Militärpflicht in der Form, daß jedem Regiment ein bestimmter Bezirk, ein Kanton für die Rekrutierung der „Kantonisten" zugewiesen war. Von der Aushebung waren also große Klassen von Personen wie ganze Städte und Bezirke befreit; im wesentlichen dienten nur die Bauern, und diese hatten darum eine Dienstzeit von durchschnittlich zwanzig Jahren abzuleisten. Daneben bestand noch das Werbesystem. Der Charakter des preußischen Staates hatte diese Verbindung entgegengesetzter Prinzipien hervorgebracht. Dieser Territorialstaat hielt sich, nach dem Gesetze seines Ursprunges, ein Heer, das in keinem Verhältnis zu dem Umfange des Landes stand, die Geldmittel reichten nicht aus, ein solches Heer allein aus Söldnern zu rekrutieren, die hohe Truppenzahl und die Stärke des Heeres wären niemals unbedingt gesichert gewesen. So war man zur Zwangsaushebung gekommen. Aber an eine allgemeine Wehrpflicht ist selbst in den schlimmsten Zeiten des Siebenjährigen Krieges nicht gedacht worden. Dies hätte dem Geiste der alten Kastenordnung widersprochen und auch dem Grundsatze des Merkantilsystems; von den Städtern erwartete man Steuern, der Bürgersmann war unmilitärisch. Das System hatte unfreie und unwissende Bauern zur Voraussetzung, noch mehr als beim ausschließlichen Berufsheere war hier eine eiserne Disziplin geboten, hier herrschte der Drill des Exerzierplatzes und waltete eine erbarmungslose Härte der Strafen; Spießrutenlaufen und Stockschläge wurden selbst bei geringen Vergehen verhängt. Nirgends so sehr wie hier zeigte sich, wie die Aufklärung, die sich ja mit besonderer Vorliebe für die Vermenschlichung des Strafrechtes und des Strafvollzuges einsetzte, bürgerlich und städtisch war und haltmachte vor der Kaserne, die den Bürgersmann nicht berührte und dem aufgeklärten Despoten das wichtigste Werkzeug der Macht war;

auch der „Philosoph auf dem Throne“ hütete sich, in diesen dunklen Winkel seines Staates mit der Fackel der Aufklärung hineinzuleuchten.

Stein und Scharnhorst knüpften also, da sie die allgemeine Wehrpflicht forderten, an die bestehende Zwangsaushebung an. Aber das Zwangssystem auf der Grundlage der Ungleichheit hatte härter gedrückt als jemals das Werbesystem, und hierin war die Sonderstellung Preußens im 18. Jahrhundert und die allgemeine Abneigung gegen Preußen und gegen seinen „Militarismus“ begründet gewesen. Dann hatte die Französische Revolution eine zwangsweise Aushebung auf der neuen Grundlage der rechtlichen Gleichheit durchgeführt. Napoleon aber hatte die allgemeine Heerespflicht dann doch wieder eingeengt, indem sein System der Konskription dem modernen Klassenprinzip entsprechend die Stellvertretung und den Loskauf vom Dienste zuließ. In der Konsequenz des neuen Geistes der persönlichen Freiheit, wie er 1789 hervorgetreten war, wäre es vielleicht gelegen gewesen, die Aushebung gänzlich abzuschaffen und alles dem freien Vertrage zu überlassen. Die Französische Revolution war durch die Not des feindlichen Einbruches, der sofort zurückgewiesen werden mußte, und durch den Wandel ihrer politischen Ideale von solchen Erwägungen abgebracht worden; und wenn die preußischen Reformer in dieser militärischen Frage den Standpunkt des Oktoberediktes verließen, das doch so stark die Vertragsfreiheit und die Freiheit der Person begründete, so war für sie dabei die Staatsgesinnung, die in ihnen lebte, maßgebend. Gewiß war die Aufgabe, vor die die Militärkommission gestellt war, zunächst durch die Geldnot des Staates aufgegeben; man konnte die kostspielige Werbung und Ausbildung von Ausländern nicht mehr durchführen, und die Grundlage, von der die ganze Militärreform ihren Ausgang nahm, war die Tatsache, daß das Heer künftig nur noch aus Landeskindern bestand. Man hatte nun also die Wahl zwischen Konskription und Miliz. Die ersten Entwürfe Scharnhorsts wollten die Streitmacht in ein stehendes Heer und eine Miliz gliedern, das erstere aus den Unbemittelten sich rekrutierend, die letztere aber aus jenen Pflichtigen, die in der Lage waren, sich selbst zu unterhalten und auszurüsten. So stark machte zunächst die Frage der Kosten sich geltend, daß noch der Entwurf vom 31. August 1807, der zuerst die allgemeine und gleiche Wehrpflicht bedingungslos aussprach, an der Teilung in ein stehendes Heer und eine Miliz festhielt; die Miliz war das billigste System, sie konnte sofort gebildet werden. Als aber Napoleon sie eben deshalb verbot, gab er die äußere Veranlassung, daß das Problem nochmals durchdacht wurde. Man mußte sich mit einem stehenden Heere begnügen, also mußte das stehende Heer selbst zum Volksheere gemacht werden. Nachdem man aber in dieser Weise das Problem erkannt hatte, ergriff man es grundsätzlich und mit allen seinen Konsequenzen. Man konnte nun an die dem altpreußischen Staate geläufige Zwangsaushebung anknüpfen, aber man erweiterte diese zu einer allgemeinen Verpflichtung aller Bürger, im stehenden Heere zu dienen. So wurde dieses Heer nach Zusammensetzung und Art ein ganz anderes als das alte Söldnerheer. Alle Ideale der Zeit — Menschenwürde, rechtliche Gleichheit und persönliche Freiheit — mußten in ihm gewahrt werden, und doch mußte zugleich die alte soldatische Ordnung und Disziplin dem ganzen Volke übermittelt werden. Nirgends kommt die eigentliche geschichtliche Stellung der Reformer, ihr Versuch, Staat und Geist zu verbinden, deutlicher zum Ausdruck als an dieser Stelle. Bis dahin war die Einrichtung des stehenden Heeres den Dichtern und Denkern, den Trägern des neuen deutschen Geistes verhaßt gewesen, sie hatten in ihm die Waffe des Despotismus und den Tummelplatz barbarischer Sitten gesehen. Die Reformer waren von der neuen Bildung ergriffen, aber sie wurzelten andererseits allzusehr mit ihrem Berufe im stehenden Heere, als daß sie hier nicht in inneren Konflikt hätten geraten sollen. Indem sie nach einer Rechtfertigung des stehenden Heeres suchten, kamen sie immer wieder zu der alten Wahrheit, daß der „miles perpetuus" durch seine Existenz das bürgerliche Leben vor den Folgen eines Krieges schützt und in diesem Sinne der Kultur förderlich war. Nun aber ging Scharnhorst weiter und machte das stehende Heer zur Schule der ganzen Nation. Er war als verantwortlicher Staatsmann ausgegangen von der Frage, wie er dem verarmten Staate eine starke, aber billige Streitmacht schaffen könnte; dieser Gesichtspunkt blieb für ihn nach wie vor in Geltung. Aber auf der Suche nach dem geigneten Mittel fand er unter ausländischen Anregungen und eigenen Erfahrungen die neue Form des Volksheeres, die sich entwickeln ließ aus altpreußischen Ansätzen und die den neuen Geist der willigen Hingabe verbinden sollte mit der militärischen Zucht des alten, stehenden Heeres. So galt es denn, der ganzen Nation nicht nur Schulung zu geben, also die vollkommene Beherrschung gewisser Handgriffe und Bewegungen, sondern Erziehung, Disziplin, eine soldatische Art, zu denken, zu fühlen und zu handeln. Dies war nur zu erreichen, wenn die männliche Jugend eine Zeit lang völlig aus dem bürgerlichen Berufe heraustrat und den Krieg als ihren Beruf betrachtete. Hieraus ergab sich als neuer Grundsatz, die ganze Nation zum Militärdienst heranzuziehen, und zwar nicht zu gelegentlichem, sondern zu berufsmäßigem Militärdienst; während eines zusammenhängenden Zeitabschnittes sollte jeder waffenfähige Jüngling in der Kaserne gedient haben, alsdann genügten später gelegentliche Übungen. Der Plan sah mit der verschiedenen Art des Dienstes zugleich eine verschiedene Verwendung in den einzelnen Lebensaltern vor. Stehendes Heer und Reserve sollten zusammen die aktive Armee bilden und jederzeit sofort mobil sein für den Augenblick drohender Kriegsgefahr, die „Landwehr" — oder wie Scharnhorst noch sagte, die „Nationalmiliz" — sollte zur Sicherung oder Verstärkung der aktiven Armee dienen, der Landsturm aber sollte lediglich den heimischen Boden verteidigen helfen und außerhalb der Grenzen keine Verwendung finden. Zwei Grundtatsachen sind es also, wie man sieht, die der neuen Heeresverfassung ihr besonderes Gepräge geben sollten und in der Folge auch gegeben haben. Es ist zunächst das Prinzip der allgemeinen Heerespflicht, von der es künftig keine „Exemtionen" mehr geben soll. Und es ist ferner die Einrichtung einer Reservearmee, später Landwehr genannt: nach den ersten Entwürfen hatte sie eine Miliz sein sollen, aus ungedienten Leuten bestehend. Da man nun aber die Dienstzeit im stehenden Heere infolge der allgemeinen Heerespflicht auf wenige Jahre abkürzen mußte, die Verpflichtung zum Heerdesdienste aber das ganze Mannesalter hindurch galt, konnte man aus den ausgedienten, aber „beurlaubten" Leuten neben der Linie ein zweites Heer schaffen, das kriegstüchtig war und im Felde Verwendung finden konnte. Die Landwehr sollte also nach Scharnhorsts Willen aus gedienten Leuten bestehen.

Der ganze Plan hatte zur Voraussetzung, daß eine bestimmte, starke Gesinnung sich schaffen und in Geltung erhalten ließ. Wenn das preußische Heer im 19. Jahrhundert die größten Welterfolge davongetragen hat, indem es auf den Schlachtfeldern siegreich blieb und allen übrigen Staaten Europas bis nach Rußland hin das Muster für die Organisation nationaler Massenheere gegeben hat, so war dies begründet in der Tatsache, daß die neue soldatische und vaterländische Gesinnung aus der Verbindung des altpreußischen Gehorsams mit dem modernen Staatsgefühl erwuchs und in dem emporstrebenden, zuverlässigen Bürger- und Bauerntum einen günstigen Boden fand. Wenn dann nach einigen Menschenaltern mit dem Wandel der sozialen und wirtschaftlichen Verhältnisse und mit dem Siege des ethischen Materialismus bei Regierung und Volk die Gesinnung in Wegfall kam, die Scharnhorst zu schaffen unternahm und die von der allgemeinen Wehrpflicht vorausgesetzt wurde, dann war auch das Ende dieses Heeres gekommen. So wurzelten Scharnhorsts Gedanken tief in den allgemeinen Zusammenhängen des Jahrhunderts. Sein Plan trägt deutlich die Spuren des neuen Geistes, der auf allen Gebieten des Lebens der alten Atomistik entgegentrat: auch auf dem Spezialgebiet der Kriegführung sollte sich die seelische Kraft des Menschen mächtiger erweisen als mechanische Regeln! Die Französische Revolution hatte dies gezeigt, Napoleon hatte auch hier mechanische Organisation und menschliches Leben zusammengeführt, Scharnhorst hatte an diesen Vorbildern gelernt und ihre Lehren durch eigene, persönliche Erfahrungen vertieft und erweitert, sie dem deutschen Leben angeglichen. Zunächst freilich gestattete ihm die Lage des Staates nur eine langsame Annäherung des bestehenden Heers an seinen neuen Plan. Während der Ministerschaft Steins gelangte man in der Militärkommission lediglich dazu, die Grundfragen zu erörtern und die einzelnen Reglements der neuen Heeresordnung vorzubereiten. Die Dienstzeit, die in dem jüngsten Kantonreglement von 1792 mit zwanzig Jahren festgesetzt worden war, wurde bei der praktischen Handhabung herabgesetzt, der Ton der Kaserne änderte sich, neue Kriegsartikel wurden verkündet, in welchen Spießruten und Stockschläge verboten wurden; nur in ganz bestimmten, schwersten Fällen sollte die Prügelstrafe noch gelten dürfen, aber für solche ehrlosen Leute wurde jetzt die „zweite Klasse" des Soldatenstandes geschaffen. Wenn man bedenkt, daß das bürgerliche Strafrecht noch lange die Prügelstrafe mit sich geschleppt hat, vermag man die radikale Bedeutung dieser Reform zu erkennen, durch die nun die Ideen der Humanität siegreicher in das Militärrecht als in das bürgerliche Leben eindrangen, während sie bis dahin vor dem Tore des Kasernenhofes hatten haltmachen müssen. Jetzt schrieb Gneisenau seinen berühmt gewordenen Aufsatz über die „Freiheit des Rückens". Auch die Disziplinarbestimmungen für das Offizierkorps wurden ganz auf den Begriff der Ehre gestellt. Der Arrest eines Offizieres sollte in einer Beschränkung auf seine eigene Wohnung bestehen, ohne alle Bewachung, lediglich auf Treu und Glauben: wer einen solchen Arrest bricht, ist nicht mehr fähig, Offizier zu sein! Im übrigen wurde die Selbstdisziplin in der Form der Ehrengerichte aufgerufen. Während aber so der ritterliche Geist im Offizierskorps vertieft und veredelt werden sollte, erforderte gleichzeitig das Prinzip der allgemeinen Wehrpflicht die gesellschaftliche Erweiterung des Offiziersstandes; die wichtigste Voraussetzung der allgemeinen Wehrpflicht war die Freiheit der Beförderung und die Aufhebung des ausschließlichen Rechtes, das der Adel auf die Offiziersstellen besaß. Die Beseitigung der ständischen Schranken war ja ein Kerngedanke des ganzen Reformwerkes; ohne Verschmelzung von Adel und Bürgertum konnte kein einheitlicher Staat, kein Volk und keine „Nation" entstehen. Die enge Verbindung zwischen der bürgerlichen und militärischen Reform wird an dieser Stelle besonders offenkundig. Daß einem Manne wie Scharnhorst die Einführung des Examens — dieser, wenn man so sagen darf, demokratischen Form der Auslese — nahelag, ergab sich aus seiner ganzen bürgerlichen Gelehrtennatur; im Jahre 1810 begründete er in Berlin die Allgemeine Kriegsschule, die später Kriegsakademie genannt wurde. Einer der ersten Beschlüsse der Militärkommission lautete daher: „Einen Anspruch auf Offiziersstellen können im Frieden nur Kenntnisse und Bildung gewähren, im Kriege nur ausgezeichnete Tapferkeit, Tätigkeit und Überblick. Aus der ganzen Nation müssen daher alle Individuen, die diese Eigenschaften besitzen, auf die höchsten militärischen Ehrenstellen Anspruch machen können." Dementsprechend wurde im Laufe der Zeit ein Examen für Fähnriche und Offiziere eingeführt.

Die Opposition der konservativen Militärpartei richtete sich besonders gegen diese Aufhebung der ständischen Gliederung. Die Gegner der Reform leugneten ja, daß die Schuld am Zusammenbruch im Wesen des alten Systems liege, sie wollten überall nur Fehler einzelner Persönlichkeiten sehen und klagten die Schlappheit der Führung an; daß der König sich der Ansicht der Reformer zugewendet hatte, wurde von ihnen aufs schmerzlichste bedauert. In der Tat war der innere Wert der alten Kriegsform höher, als es nach der Niederlage von Jena scheinen mochte; noch bei Waterloo hat ein Soldheer aus trefflich disziplinierten Mannschaften mit dem aristokratischen Offizierskorps an der Spitze im Defensivkampf einen letzten großen Erfolg davongetragen. Wenn das preußische Heer so jämmerlich versagt hatte, so war dies tatsächlich darin begründet, daß die straffe Disziplin der friderizianischen Zeit bei Offizieren und Mannschaften gelockert war. Aber andererseits war das preußische Heer eben doch auch deshalb geschlagen worden, weil es immer noch das Heer Friedrichs des Großen war, das sich, wenn von einem Meister der Defensive geführt, wohl eine Zeit lang hätte behaupten müssen, aber niemals einem modernen Volksheere und einer großangelegten Angriffsstrategie hätte widerstehen können. Stein, Scharnhorst und Gneisenau sahen hier klar in diesen inneren Zusammenhang der Dinge, und sie wußten, daß es hier nur eine radikale Reform oder gar keine gab. Die Gegner der Reform erkannten zwar auch die Notwendigkeit, die neue Kriegsweise aufzunehmen, aber sie waren der Meinung, daß sich die Taktik der aufgelösten Schützenlinie, wie die Revolution und Napoleon sie entwickelt hatten, sehr wohl auch mit dem alten friderizianischen Heere durchführen lasse, und in der Tat waren zu diesem Zwecke schon vor 1806 sogenannte Füsilierbataillone geschaffen worden, oder es waren wohl auch bei jeder Infanteriekompagnie einzelne Schützen in der neuen Gefechtsart ausgebildet worden. Es war ein für die Reformen jener Zeit bezeichnender Kompromiß, der mechanisch das Neue an das Alte hing und künstlich Arbeitsteilung eintreten ließ, statt alle Infanterie auch für den Schützenkampf vorzubereiten, was eben mit dem alten Soldatenmaterial nicht möglich war. General Yorck, den wir schon als grundsätzlichen Gegner der Staatsreform kennen gelernt haben, hatte als Soldat die Notwendigkeit der neuen Taktik frühe erkannt und schon vor dem Kriege seine Truppen also eingeübt. Er verschloß sich jetzt auch keineswegs der Einsicht, daß für die neue Kriegsweise ein auf der Grundlage der allgemeinen Wehrpflicht zusammengetretenes Heer Voraussetzung war; von geworbenen Soldaten konnte man nicht die Gewandtheit und Sicherheit erwarten, die für den Schützen notwendig war, wenn er sein Ziel treffen und mit Erfolg sich vorarbeiten sollte. Auch begriff Yorck als alter preußischer Offizier durchaus die Steigerung an Macht, die für den Staat und für den Offiziersstand mit der Einführung der allgemeinen Wehrpflicht verbunden war. Aber er wollte dabei zugleich auch das bisherige Vorrecht des Adels auf die Offiziersstellen gesetzlich festgelegt sehen. Dies gerade war es, was gegen den Grundgedanken der ganzen Staatsreform ging, die eben die ständischen Schranken beseitigen, ein einheitliches Volk schaffen wollte. Yorck erkannte scharf an dieser Stelle den tiefsten, grundsätzlichen Zusammenhang des ganzen Reformwerkes, er sah mit Recht in der von Scharnhorst vorgeschlagenen Militärreform das Ebenbild des Oktoberedikts, und seine Einwände waren hier wie dort die gleichen. Wie der Boden so werde nun auch der Offiziersstand zu einem Erwerbszweig, das Recht aller hebe die Pflicht des Adels zum Offiziersdienste auf: werde also der König künftig genügend tapfere und treue Offiziere finden, nachdem bisher schon viele Bürgerliche in das Heer eingedrungen seien und sich durch Streberei, nicht durch die selbstverständliche Gewohnheit des Befehlens ausgezeichnet hätten? Yorck spottete über jene ängstliche „demokratische Vorliebe", die unter jedem Bauernkittel ein Talent wittere und die, „weil Papst Sixtus V. in seiner Jugend ein Schweinehirt gewesen, um jedes derartige Subjekt nun sorgsam bemüht ist, aus Furcht, daß irgend ein göttlicher Sauhirte unbeachtet verkommen könne". Die Opposition ließ durchblicken, mit der Kränkung der Adelsrechte fange es an, bald werde das Recht des Monarchen an die Reihe kommen! Scharnhorst ließ sich nicht beirren. Das Recht des Adels auf ausschließliche Besetzung der Offiziersstellen war ja dem modernen Staate ursprünglich fremd gewesen, es hatte sich erst spät entwickelt, als das absolute Fürstentum den frondierenden Adel niederwarf und ihn zum Dienste am Staate zwang. In Preußen waren erst Friedrich Wilhelm I. und Friedrich der Große zu diesem Ziele gelangt, dann hatten schon die Nöte des Siebenjährigen Krieges gezwungen, wieder auf Bürgerliche zurückzugreifen. Scharnhorst wußte auch, daß die Unbildung der Offiziere im friederizianischen Heere ungeheuerlich gewesen und daß auch hier wieder das geistige Doppelleben sichtbar war, das Friedrich der Große geführt hatte: zur Tafelrunde von Sanssouci hatte sein Offizierskorps keinen Zutritt. Die Offiziere hatten überhaupt keine Möglichkeit, sich zu bilden, und sie hatten auch gar keine Veranlassung dazu, da sie ja schon durch Geburt berechtigt waren. So ging viel wertvolle Kraft verloren, die in allen Ständen zur Verfügung stand. Auch hier tritt das Bekenntnis der Reformer zum freien Wettbewerb hervor, ihr Glaube an die Pflicht des Staates, alle Kräfte zu entwickeln und sie ihrer Bedeutung entsprechend einzustellen zum Dienste der Gesamtheit. Das Wort der Französischen Revolution, daß künftig jeder Soldat den Marschallstab im Tornister tragen solle, war den Reformern geläufig, aber sie dachten hierbei nicht an eine Vernichtung des Adels, sondern an seine Erneuerung; sie forderten auch vom Adel die Bewährung! Daß seine Söhne, soweit sie tüchtig waren, durch Tradition und Gewöhnung immer in leitenden Stellungen sich behaupten würden und daß es gut um den Staat bestellt sein werde, wenn er viele solcher Edelleute in seinen Diensten habe, war den Reformern Überzeugung. „Daß jedoch", sagt Scharnhorst, „die Grundsätze der Ehrliebe bei den Bürgerlichen ebensogut herrschen können wie bei den Adligen, davon geben die jetzigen französischen Offiziere ein auffallendes Beispiel." In einer an den König gerichteten Rechtfertigungsschrift hat Scharnhorst zu allen

Einwänden der Opposition Stellung genommen: „Sollen bloß adelige Kinder das Vorrecht haben, als Offiziere in ihrer krassen Unwissenheit und zarten Kindheit eingestellt zu werden, und Männer mit Kenntnis und Mut ihnen untergeordnet werden, ohne je eine Aussicht auf Beförderung zu haben, so wird den adligen Familien geholfen, die Armee aber schlecht werden und ein Gespött der übrigen gebildeten Stände bleiben.“ Auch den Grundsatz der Anciennität mußte Scharnhorst verwerfen und auch den Hochmut, mit dem der Vorgesetzte auf dem Kasernenhofe dem Unterstellten entgegenzutreten pflegte: „Wenn viele, sonst geachtete Männer meinen, man könne die Disziplin nicht erhalten, wenn nicht jeder sechzehnjährige Fähnrich und rohe Unteroffizier jeden alten Soldaten bei dem Exerzier- und Paradewesen über einen unbedeutenden unschuldigen Exerzier- oder Putzfehler halb zu Tode prügeln dürfe, so darf man dieses nicht anders als ein Vorurteil ansehen.“

Auch die Reform der militärischen Formationen und Kommandobehörden lehnte der Adel ab. Im Zusammenhang nämlich mit der Reduktion des Heeres im verkleinerten Staate wurden die alten ruhmreichen Regimenter aufgelöst und an ihre Stelle neue Einheiten gesetzt mit Ziffern und Bezeichnungen nach den Provinzen; die Einteilung des ganzen Heeres in Divisionen, die man dem französischen Vorbilde entnahm, hatte gleichfalls zu den neuen Bezeichnungen den Anlaß gegeben. Ferner ließ Scharnhorst auch die bisherige oberste Militärbehörde nicht unangetastet. Die Adjutantur, welche gleich dem Kabinett in der Zivilverwaltung den Zugang zum König versperrte, wurde allerdings nicht für alle Zukunft beseitigt. Die Könige von Preußen vermochten auf dem ihnen eigensten Gebiete, in der Kommandogewalt, ihr persönliches Regiment viel erfolgreicher zu verteidigen als in der Zivilverwaltung, und so ist es gekommen, daß durch die Reform des Freiherrn vom Stein zwar das Zivilkabinett als politische Institution dauernd abgeschafft und auf seine ursprüngliche Stellung eines persönlichen Bureaus des Königs zurückgedrängt wurde, das Militärkabinett aber die unmittelbaren, aus der Kommandogewalt des obersten Kriegsherrn fließenden Handlungen von sich aus für den König auch weiterhin besorgte und daß dies so blieb, solange es einen Monarchen in Preußen gegeben hat. Auch gelang Scharnhorst noch nicht die Einrichtung eines Kriegsministeriums; aber da er in seiner Person die Mehrzahl aller Geschäfte vereinigte, war die Einheit der Leitung wenigstens vorläufig sichergestellt und die landschaftliche Zersplitterung, wie sie bisher immer noch bestanden hatte, beseitigt. Um der Armee das Bewußtsein des verpflichtenden Zusamenhanges zu geben, wurde nun also auch auf militärischem Gebiete die bis dahin noch nicht restlos verwirklichte Einheit des preußischen Staates zum Ausdruck gebracht.

Aus zahlreichen Einzelheiten, so sieht man, setzte sich die Militärreform zusammen, wie Scharnhorst sie anregte; das Ganze aber stellte sich als ein genial durchdachtes Werk von geschlossener Einheit dar. Die Widerstände von innen und außen waren jedoch stark, sie haben zu Änderungen, Kompromissen, Aufschüben Veranlassung gegeben, so daß während der ganzen Zeit von 1808 bis 1812 der Kampf um Scharnhorsts Pläne geführt wurde, bis dann plözlich im Frühjahr 1813 die große Stunde der Verwirklichung kam, als alle Widerstände im Anblick der nahenden Entscheidung dahinschwanden. Die inneren Gegner der Militärreform fanden noch 1808 Unterstützung durch den König, der die Reform hatte gewähren lassen, aber dem Grundgedanken doch im Innersten widerstrebte. Er teilte die grundsätzlichen Bedenken des Adels gegen die allgemeine Wehrpflicht; man konnte in der Tat nicht wissen, welche Kräfte man aufrief und wie man sie dereinst wieder loswerden konnte. Auch in Einzelheiten leistete der König hartnäckigen Widerstand. Er hatte zwar der Abschaffung der Adelsprivilegien und der Einführung des Examens für Fähnriche und Offiziere zugestimmt, gleichzeitig aber hielt er an den Kadettenhäusern fest, die Scharnhorst als adelige Standesinstitute gerne beseitigt hätte, auch wehrte er sich gegen das Avancement ausschließlich nach Verdienst, zumal es in der Praxis immer schwer durchführbar sein mußte. Und dazu kam nun noch das hohe Beamtentum, machte Bedenken geltend im Interesse von Wissenschaft und Gewerbe und verlangte für Friedenszeit die Einführung der napoleonischen Stellvertretung. Hiergegen wehrte sich die Reformpartei aufs schärfste; denn die sittliche Grundlage des ganzen Werkes, die freiwillige Hingabe um der Pflicht willen schwand, wenn der Heeresdienst nur eine mit Geld loszukaufende Last war. Um solchen Schlag abzuwehren, machte Scharnhorst das Zugeständnis, daß der Gebildete und überhaupt jeder, der sich selbst ausrüste, nur fünf Monate dienen sollte, während für die andern vier Jahre vorgesehen waren. Eine gesetzliche Verkündigung der allgemeinen Wehrpflicht ist dennoch niemals zustande gekommen; bis zum Frühjahr 1813 blieb das veraltete Kantonreglement in Kraft, aber der Geist der allgemeinen Heerespflicht sprach aus allen übrigen Reformen. Vor allem erfüllte das Exerzierreglement vom Jahre 1812 den technischen

Zweck der ganzen Reform, indem es den Nachdruck auf das Schützengefecht legte und hinter den Schützen anrückende, tiefe Bataillonskolonnen vorsah.

Schuld an der Verschleppung der Reformen trug vor allem aber auch die auswärtige Lage des Staates, die dem französischen Kaiser Eingriffe in das Reformwerk gestattete. Wir haben schon gehört, wie Napoleon die Miliz verbot; jeder andern Form von Landwehr widerfuhr das gleiche Schicksal, wie ja überhaupt die ganze Reformarbeit Steins und Scharnhorsts von Unterhandlungen mit den im Lande sitzenden Franzosen begleitet war, und diese Arbeit war sogar die unmittelbar drängende. Im Tilsiter Frieden hatte Napoleon die Räumung der besetzten Gebiete zugesagt, sobald Preußen die Kontribution an Frankreich bezahlt habe; bis dahin sollte die Verpflegung des Besatzungsheeres von Preußen geleistet werden. Aber weder über die Stärke der Truppen noch über die Höhe der Kontribution war etwas ausgesagt. Über diese Punkte mußte also gesprochen werden. Während Hof und Regierung in Memel verbleiben mußten, wurde in Berlin von Beauftragten mit den Franzosen verhandelt. Napoleon forderte 150 Millionen Franken. Er wußte, daß die Summe niemals bezahlt werden konnte, aber er wollte auch gar nicht das Geld, sondern er brauchte die Stellungen an Weichsel und Oder, um gegen das verbündete Rußland auf alle Fälle gerüstet zu sein. Schließlich lautete die französische Rechnung auf 120 Millionen, zahlbar halb in Domänen und halb in Geld; solange diese Summe nicht völlig bezahlt sei, sollte eine Besatzung von 40 000 Mann in fünf Festungen des Landes verbleiben und von Preußen unterhalten werden. Als Napoleons Bevollmächtigter, der Generalintendant Daru — der in der französischen Geistesgeschichte als der Historiker Venedigs weiterlebt —, diese Vorschläge überreichte, während die preußische Gegenrechnung nur 19,8 Millionen Kriegsschäden feststellte, da vernahm man aus Darus Munde den berühmt gewordenen Ausspruch: „Il s'agit ici d'un calcul politique et point d'arithmétique.“ In Memel war man unschlüssig, was zu tun sei. Nahm man nicht an, so verblieb die Okkupation mit 157 000 Mann in einem Lande von nicht 5 Millionen Einwohnern. Schon begann Napoleon die staatlichen Einnahmen auf seine Rechnung zu erheben; die Umgebung des Königs trug sich mit dem Gedanken, ob man nicht versuchen solle, den Kaiser durch das Anerbieten einer Landabtretung zu befriedigen.

Dies also war die Lage, die Stein beim Beginn seiner Regierungstätigkeit vorgefunden hatte und die ihn nun während seiner ganzen Ministerzeit hindurch beschäftigen sollte. Es war eine doppelte Aufgabe zu erfüllen — einerseits Napoleon zu einer Reduktion seiner Forderungen zu bewegen, andererseits das Geld flüssig zu machen, um den Franzosen einigermaßen zu genügen. Es sollte sich indessen erweisen, daß beide Aufgaben unerfüllbar waren. Durch Nachgiebigkeit in Nebenfragen erreichte Stein zunächst, daß die Franzosen das rechte Weichselufer räumten und so die Residenz nach Königsberg verlegt werden konnte. Dann begannen die langwierigen Verhandlungen über die Höhe der Kontributionen, denn der Vorschlag Darus wurde von Stein abgelehnt. Zuerst führte eine in Berlin eingesetzte Kommission die Verhandlungen mit Daru, dann sandte man den Prinzen Wilhelm, den Bruder des Königs, nach Paris, der dem Kaiser 40 Millionen Kontribution und ein Bündnis anbieten sollte. Als Begleiter wurde ihm Alexander von Humboldt beigegeben, der in Paris seinen Wohnsitz hatte und durch sein großes Ansehen der Sendung moralisches Gewicht verleihen sollte. Aber in der Audienz lehnte Napoleon ab, von Geschäften zu sprechen; erst müßten die Verhandlungen mit Daru zu Ende geführt und die Frage der Kontributionen geregelt sein, ehe von einer Allianz gesprochen werden könne. Der Prinz bot sich als Geisel für Preußens Wohlverhalten an, aber ein solches Anerbieten hatte wenig politischen Sinn: „Das ist sehr edel, aber es ist unmöglich", war Napoleons Antwort. Dann begab sich Stein selbst nach Berlin zur Verhandlung mit Daru: der leitende Minister kam in die Hauptstadt des Landes wie ein Gesandter in eine fremde Stadt! Napoleon verlangte jetzt 100 Millionen Franken, zahlbar in Domänen: kein Staat besaß ja einen umfangreicheren Grundbesitz als der preußische. Stein bot statt dessen die Summe in Wechseln und Pfandbriefen auf die Domänen, bei einer Zahlungsfrist von sechs Jahren; hiergegen sollten die Franzosen das Land räumen. Aber Napoleon verzögerte die Bestätigung des mit Daru geschlossenen Vertrags. Stein konnte nicht in den Vorschlag Napoleons willigen; der Verkauf umfangreicher Domänen an Frankreich wäre einer Annexion weiter Landstrecken gleichgekommen. Dagegen faßte Stein den Verkauf der Domänen an deutsche Käufer ins Auge. Der Gedanke lag ihm nahe, auch wenn er nicht Geld für den Staat hätte bereitstellen müssen. In den Domänen ruhte ja die eigentliche Kraft des Absolutismus, von dorther hatte dieser noch immer bei unentwickelter Besteuerung seine Haupteinnahmen bezogen. Seiner Staatsgesinnung entsprechend teilte Stein die Überzeugung des Adam Smith, daß Domänenbesitz die Beamten korrumpiere und daß der Ackerbau am meisten in jenen Ländern blühe, wo es keine Domänen gebe; denn — so sagte die bürgerliche und liberale Theorie — der Besitz ist ein Ansporn zur Arbeit, der Nationalreichtum wird also durch den Verkauf der Domänen an Private vermehrt! Zwar verboten die politischen Testamente der Hohenzollern jede Veräußerung von Domänen, der Inhalt des entscheidenden Edikts von 1713 war auch in das Allgemeine Landrecht übernommen worden. Stein arbeitete daher ein Hausgesetz aus, das von allen Agnaten unterzeichnet wurde und den Verkauf gestattete. Noch war also damals die moderne, dem Absolutismus feindliche Ansicht, daß Domänen Besitzungen des Staates und nicht der fürstlichen Familie seien, nicht völlig durchgedrungen. Aber diese Auffassung lag in der Entwicklung der modernen Staatsidee, die den Staat aus dem Eigentum der Dynastie löste. Es geschah sicherlich nicht unter dem Drucke der sehr viel weitergehenden Forderung Napoleons, wenn Stein dieser Auffassung nunmehr in Preußen die Bahn brach und die Domänen zur Bezahlung der Staatsschulden und Kontributionen heranzog. Da zudem die alten Landtagsrezesse vielfach für Domänenveräußerungen ständische Zustimmung erforderten, so entsprach es Steins Staatsauffassung, daß er hierauf zurückgriff; so sind die ostpreußischen Stände von Stein befragt worden, die — wie früher gesagt — seit dem Tode Friedrichs des Großen sich wieder zur Geltung gebracht hatten. Von maßgebendem Einfluß war dabei auch Steins Absicht, die Einkommensteuer nunmehr einzuführen: der ostpreußische Adel widersprach diesem Plane und verlangte, daß der Landtag gehört werde. Nicht anders hatte in Frankreich am Vorabende der Revolution die Erörterung über die Beseitigung der Finanznot eine ständische Bewegung ausgelöst; wie damals das französische Königtum durch Verdoppelung der Stimmen des dritten Standes das Übergewicht der Privilegierten beseitigt hatte, so berief nunmehr in Ostpreußen der Freiherr vom Stein die bürgerlichen Domänenpächter in den Landtag. Dieser gab seine Zustimmung zur Belastung und zum Verkauf der Domänen, übernahm die Garantie der Pfandbriefe durch die Grundbesitzer der Provinz und genehmigte auch die Einkommensteuer. Wenn dies alles nur für Ostpreußen galt, so war diese Beschränkung in der außenpolitischen Lage begründet, weil nur in dem vom Feinde geräumten Gebiete für die preußische Regierung die Verfügung über die Einnahmen gesichert war. In Schlesien zog Stein als Ersatz für die fehlenden Stände die Vertreter der Landschaftskassen heran. Die Umwälzung war von großer Bedeutung. Zum ersten

Male war eine Steuer angenommen worden, deren Höhe sich nicht nach dem Stande, sondern nach dem Jahreseinkommen richtete. Nicht freiwillig hatte der Adel nachgegeben, sondern weil ein Mann an der Spitze des Staates stand, der zum Äußersten entschlossen war und den Träger der Krone auf seiner Seite hatte. Der Domänenverkauf begann erst nach Steins Rücktritt und wurde auch dann nur langsam eingeleitet, weil sonst das Massenangebot in Verbindung mit dem Kapitalmangel die Preise gedrückt hätte. Stein verwirklichte in diesen Finanzgesetzen einen Teil seiner politischen Ideale, aber auch die Lage erforderte dringend diesen Weg; anders konnte das Geld nicht beschafft werden, das er den Franzosen anbot. Doch eine Antwort ist ihm nicht geworden, denn Napoleon verschleppte mit Absicht diese Angelegenheit. Lange hoffte Stein, mit den Franzosen zu einer Verständigung zu gelangen und nahm ihre Übergriffe immer wieder ruhig hin. Er ahnte, daß er auf diesem Wege nicht zum Ziele kommen werde, aber er wollte auch diesen Weg nicht unversucht lassen.

Die Zeit der Ungewißheit ging rasch vorüber. Das Jahr 1808 brachte die Erkenntnis, daß Napoleon die Räumung des Landes nicht wollte und daher die Kontributionen immer auf unerschwinglicher Höhe halten werde. Zugleich aber bereiteten sich Ereignisse vor, die den aufmerksamen Beobachter lehren konnten, daß Napoleon vielleicht doch nicht so unerschütterlich dastehe und daß es Mittel und Wege gebe, ihn zu Falle zu bringen. Man hat die spanische Erhebung mit Recht als Beginn eines neuen Abschnittes der europäischen Geschichte, als das größte Ereignis seit der Französischen Revolution gefeiert. Der Welt wurde die Lehre, deren sie bedurfte. Noch mehr als die demokratische Idee sollte die nationale zur Gestalterin Europas im 19. Jahrhundert werden, es begann die Reihe jener Kriege, die nicht mehr Kriege der Staaten, sondern der Völker waren und denen es vorbehalten war, in ihrem Ablauf von 1808 bis 1859 und 1866 ganz Mitteleuropa umzuformen. Die Spanier waren eine geschlossene Nation; dies aber gab es außerhalb Frankreichs sonst nirgends in der Welt, und Frankreich war doch auch, wie wir gesehen haben, ein staatlicher Mechanismus. In den Spaniern lebte noch aus alten Zeiten ein Stammesgefühl; es hatte sich entwickelt aus ursprünglicher Wurzel und war begünstigt durch die Abgelegenheit und Abgeschlossenheit des Landes, es hatte sich gestärkt durch die gemeinsamen Unternehmungen der Kreuzzüge, die hier als Kämpfe gegen die Mauren länger angedauert hatten als anderswo, es hatte sich aufs engste verbunden mit der Religion, die hier von jeher eine einzige geblieben war und alle andern ausschloß. In der Vereinigung von Nationalität und Religion lag eine starke Kraft, die sich gegen die einbrechenden Feinde erhob und die sich bewährte, als der Staat zusammenbrach. Nicht nur den Eroberer sahen die Spanier in Napoleon, sondern auch den frevlen Neuerer, den Führer der Apostaten, Atheisten und Juden. Für Napoleon bedeutete der ungeahnte Widerstand eine peinliche Überraschung. Nicht als ob die bloße aufopfernde Hingabe eine geordnete Regierung und eine militärische Disziplin hätte ersetzen können, Napoleon siegte auch in Spanien, und vertrieben wurde er erst durch englische Truppen. Aber Napoleon war bisher gewohnt gewesen, niemals nach den Völkern zu fragen, er hatte immer mit meßbaren und berechenbaren Kräften gearbeitet, und da sein Geist diese vom modernen Leben geforderte Reduzierung auf quantitative Bestimmungen so glänzend zu leisten verstanden hatte, deshalb waren ihm so große Erfolge beschieden. Als aber in Spanien sofort nach der unwürdigen Thronentsagung der elenden Königsfamilie der Aufstand ohne Verabredung und Vorbereitung emporloderte, da war in die bisher so glatte Rechnung ein Faktor eingetreten, der nicht vorausgesehen war und dessen Wirkung sich nicht abmessen ließ.

Daß der Aufstand überhaupt möglich war, machte in Europa den tiefsten Eindruck. Die Namen Bailén und Saragossa stiegen leuchtend über dem neuen Jahrhundert empor. Bei jener andalusischen Stadt waren 20000 Franzosen in Kriegsgefangenschaft geraten, die Festung Saragossa hatte sich unter Palafox mit einem Heldenmute behauptet, wie einst im Altertum auf demselben spanischen Boden Numantia und Sagunt. Jetzt erkannten die preußischen Patrioten, daß auch für ihr Vaterland ein neuer Krieg doch denkbar war, und während sie bisher mit Frankreich verhandelt hatten, weil dies der einzige Weg zu sein schien, sich freizumachen von Besatzung und Lieferung, tauchte jetzt in dem Freiherrn vom Stein die Ahnung auf, daß das spanische Vorbild in Deutschland Nachahmung finden könne. Soeben hatte Fichte in seinen „Reden an die deutsche Nation" dargestellt, daß Staat und Nation voneinander verschieden seien, daß die Nation auch im politischen Verfalle weiterlebe durch die Hingabe ihrer Söhne — wie ein Prophet erschien der Mann, dessen Worten die Spanier so rasch eine Bestätigung brachten. In der Gemeinsamkeit der sittlichen Haltung fanden sich Stein und Fichte zusammen, wie auch ihre äußere Erscheinung nach dem Zeugnisse Arndts und nach den überlieferten Bildnissen der Ähnlichkeit nicht ermangelte. Schneller aber noch als in Preußen fanden die spanischen Vorgänge Widerhall in Österreich. Hier hatte nach dem Zusammenbruch von 1805 Graf Philipp Stadion die Reform an Haupt und Glieder begonnen — auch er der Sohn eines alten Geschlechtes, nach Herkunft und Gesinnung wie Stein ein Reichsritter, erfüllt von deutschem Bewußtsein und von Verachtung gegen die Revolution und ihren großen Erben. Auch Stadion hatte sich in seiner Jugend in Göttingen am alten Reichsrechte gebildet; er war dann in gesandtschaftlichen Stellungen tätig gewesen, hatte aber schon 1794 dem Dienste den Rücken gekehrt, weil ihm die unverantwortliche Kurzsichtigkeit des kaiserlichen Kabinetts und seiner Kreaturen unerträglich geworden war. Es blieb für Stadion ganz ebenso wie für die preußischen Reformer von Bedeutung, daß er gewissermaßen als Fremdling in das Land gekommen war, in dessen Umgestaltung die historische Aufgabe bestand, die ihm vom Schicksal gestellt war. Nach dem Bankrott des alten Systemes im Jahre 1805 erinnerte man sich des in der Zurückgezogenheit lebenden Diplomaten und berief ihn an die Spitze des Staates. Auch in Österreich lag damals das Hauptübel in dem absolutistischen Systeme selbst, in dem Dasein eines verantwortungslosen Kabinetts, das den Staat in völlige Isolierung geführt hatte; auch hier herrschte die Vielregiererei, die Finanznot, die Korruption und der Stumpfsinn des Beamtentums, die Gleichgültigkeit der Massen. Die Verwaltung zu ordnen und die schlummernden Volkskräfte zur Entfaltung zu bringen, war auch Stadions Ziel. Daß Stein die Arbeit des österreichischen Reformers, die mit seiner eigenen Aufgabe so sehr übereinstimmte und ihr zeitlich vorausging, aufmerksam verfolgt hat, ist anzunehmen; ob er ihr wesentliche neue Anregungen entnommen hat, erscheint fraglich, denn Stadion war kein Fachmann der inneren Verwaltung, auch waren die Schwierigkeiten, die sich im Staate der Habsburger einer Reform in den Weg stellten, unendlich viel größer als in Preußen. Die äußere Not war lange nicht so schlimm als in dem völlig zerbrochenen Staate der Hohenzollern, Kaiser Franz war nicht so niedergedrückt und ausgeschaltet wie König Friedrich Wilhelm III. unmittelbar nach Tilsit. Auch hatte man es in Österreich mit einem Vielerlei von Nationalitäten zu tun, die Selbstverwaltung konnte hier nicht so großzügig und weitgehend gedacht und gewährt werden, wenn nicht die Monarchie zerfallen sollte. Das habsburgische Staatsgebiet war mehr als irgend ein anderes in Europa immer noch lediglich eine Anhäufung von Besitz in der Hand der Dynastie, die staatliche Zentralisation hatte hier ihre Sendung noch nicht erfüllt, der Absolutismus sich hier noch nicht vollendet. So war dieser Staat sehr viel mehr als jeder andere zur Rücksicht auf den Adel gezwungen und besonders den großen Magnaten verpflichtet, die in dieser Monarchie mächtiger und reicher waren als irgendwo sonst; es mußte noch manches Jahrzehnt vorübergehen und noch mancher Kampf bestanden werden, ehe man daran denken konnte, den Bauer frei zu machen, die ständischen Vorrechte zu beseitigen, die moderne Selbstregierung zu gründen! Einseitiger und unmittelbarer als in Preußen bereiteten hier die Reformer den künftigen Krieg vor, der Weg der Befreiung schien hier kürzer zu sein, denn das Land war von keinem Feinde besetzt und die Schulden abzuwerfen hatte dieser Staat längst gelernt.

So stand die Heeresreform in Österreich durchaus im Mittelpunkte aller Arbeit. Ihr Schöpfer war Erzherzog Karl, ein volkstümlicher Mann, der schon im Alter von 25 Jahren als „Retter Germaniens“ gefeiert worden war, da er den Feldzug von 1796 in Deutschland siegreich durchführte und den Krieg nur deshalb für Österreich nicht gewinnen konnte, weil in Italien der 28jährige Bonaparte befehligte. Nach dem Friedensschlusse von Lunéville hatte Erzherzog Karl die Einrichtung eines modernen Ministerrates mit drei Ressorts durchgesetzt, aber der Kaiser hatte dann doch nicht auf sein Kabinett verzichtet. Gleichzeitig hatte der Erzherzog schon damals die militärischen Reformen in Angriff genommen, um nach seinen eigenen Worten „einzelne neue Einrichtungen mit den älteren bestehenden in eine dem Dienste des Kaisers zweckmäßige Verbindung und Harmonie zu setzen“. Den Hofkriegsrat hatte ja schon Prinz Eugen, der große kaiserliche Feldherr des 17. Jahrhunderts, als das „Haupthindernis“ des österreichischen Kriegswesens bezeichnet, das von Wallenstein bis zu ihm selbst alle Generale gehemmt und zahllose Operationen vereitelt hatte. Erzherzog Karl setzte die Einrichtung eines Kriegsministeriums durch, dem alle andern militärischen Stellen — Generaladjutantur, Kriegskanzlei, Hofkriegsrat, Generalstab — unterstellt waren; nur der Kriegsminister hatte direkten Vortrag beim Kaiser. Jedoch Intrigen am Hofe, die dem argwöhnischen Kaiser die Meinung einflößten, sein Bruder mache sich zum eigentlichen Herrn Österreichs, führten bald wieder zur Ausschaltung des Erzherzogs und trieben den Staat in den unglücklichen Krieg von 1805. Nach dem Friedensschlusse übernahm Erzherzog Karl abermals die Leitung. Er wurde Generalissimus aller kaiserlichen Heere und zugleich Kriegsminister — eine Stellung, wie sie seit dem Prinzen Eugen kein Feldherr innegehabt hatte. So konnte er in Österreich das gleiche Werk unternehmen, das einige Jahre später in Preußen Scharnhorst in Angriff nahm. Dem Schöpfer des preußischen Heeres war der Erzherzog nicht nur durch den früheren Beginn seines Neubaues voraus; er war in der Meinung des Volkes ausgezeichnet durch seine hohe Geburt und seinen frommen Sinn, er war ein ruhmgekrönter Feldherr und doch auch zugleich ein guter Theoretiker mit literarischen Leistungen. Aber die Arbeit des preußischen Reformers trat in ein Erbe ein, das trotz allem noch groß war durch nahe, unvergessene Siegestaten und durch die militärische Gewöhnung der bäuerlichen Massen. Erzherzog Karl hatte es in dieser Hinsicht sehr viel schwerer. Zunächst vollendete er in Österreich das Werk der allgemeinen Wehrpflicht. Befreiungen vom Dienste durften nur nach festen gesetzlichen Bestimmungen stattfinden, die vor allem die wirtschaftlichen Lebensquellen des Landes schonen sollten. Auch in Österreich handelte es sich ferner um die aus der allgemeinen Heerespflicht fließenden Folgerungen — also um die sittliche Hebung der Truppen, um die Reform der Militärstrafen, um die Ausbildung jedes einzelnen Soldaten. Der Erzherzog war wie Scharnhorst und wie jeder Soldat Gegner der Miliz, wenn solche das reguläre Heer entbehrlich machen sollte. Dagegen schien ihm eine Reserve von besonderer Wichtigkeit; eine kaiserliche Verordnung errichtete 1808 bei jedem Regiment zwei Reservebataillone mit drei- bis vierwöchentlicher Ausbildung. Über diese „Ersatzreserve", wie wir sagen dürfen, heißt es in dem Patent: „Die einfache Folge dieser Anstalten ist, daß der Mann, ehe er als wirklicher Soldat zu dem Regimente kommt, durch einige Jahre als Reservemann geübt worden ist, daß daher bei einem künftig ausbrechenden Kriege die Vermehrung der Mannschaft nicht mehr wie ehemals aus ganz ungeübten Leuten besteht." Alsbald folgte das Patent vom 9. Juni 1808, das aus den „zeitlich Befreiten" eine „bloß zur Verteidigung des vaterländischen Bodens bezweckende" Landwehr organisierte, die jeden Sonn- und Feiertag pfarrweise zu üben hatte; viel früher als in Preußen trat so in Österreich die Landwehr ins Leben. Es fehlte auch nicht an starken Zügen patriotischen Opfersinnes; der ungarische Landtag bewilligte hohe Beträge, auch Private brachten namhafte Summen auf, in den deutschen Provinzen begann es zu gären, Graf Stadion bereitete unmittelbar die Volkserhebung vor.

Da kamen die Nachrichten aus Spanien. In dem leitenden Staatsmanne Österreichs reifte der Entschluß, alsbald zum Kriege zu schreiten und sich der Mitwirkung Preußens auf jede Weise zu versichern. Im Zusammenhang der deutschen Geschichte bedeutet es einen ewig denkwürdigen und dann unwiederbringlich verlorenen Augenblick, wie nach der langen Zeit des offenen oder versteckten Dualismus die beiden Großmächte sich zusammenschlossen, jede von einem deutschen Reichsritter geführt, der über der Zerrissenheit der neuen Zeit die Einheit und Größe des alten deutschen Vaterlandes unentwegt im Auge behielt. Beide lebten der Erwartung, daß das spanische Vorbild in Deutschland Nachahmung finden werde. Stein war jetzt zum Äußersten entschlossen. Er hatte auf dem Wege der Verständigung nichts erreicht, Unsummen waren bereits in die Hände des Feindes geglitten und hatten ihn immer nur gestärkt, die Gefahr der völligen Vernichtung rückte für Preußen immer näher, und Stein lebte der Überzeugung, daß dies auch der endgültige Untergang Deutschlands sein werde. Schon hatte er gelegentlich ernstlich den Gedanken erwogen, daß Napoleon das Ziel der Weltherrschaft erreichen und eine einförmige Bureaukratie alle Nationalität zerstören werde: „Ein solcher Zustand der Dinge kann lange fortdauern, wie uns die Geschichte des Römischen Reiches beweist." Nun aber hatte Spanien gezeigt, daß Napoleon vielleicht doch mit Waffen besiegt werden könne. Jetzt erst, unter dem Eindrucke der spanischen Vorgänge, ist die Einrichtung eines Landsturmes in die Entwürfe Scharnhorsts aufgenommen worden, und man wußte sehr wohl, daß man dabei die Mächte der Tiefe aufrief. Dem aufmerksamen Beobachter blieb nicht verborgen, wie in ganz Norddeutschland der Unwille sich regte über den Druck und die Abhängigkeit und wie der Gedanke der Selbsthilfe Wurzel zu fassen begann. Diese Stimmung galt es zu benützen und zu organisieren. Dagegen war es Stein widerwärtig und widersprach seinem Staatsgedanken, wenn politische Dilettanten mit einer so heiligen und ernsten Sache sich wichtig machen wollten, wie dies mit dem im April 1808 zu Königsberg gegründeten „Tugendbunde" der Fall war, der sich bald über Schlesien und die Mark ausbreitete. Wenn der „Tugendbund" sich anbot, durch geheime Aufsicht über alle Vorgänge im Lande die Maßregeln der Regierung „schneller und wirksamer" zu verbreiten, weil der Staat dazu allein nicht mehr imstande sei, so sollte man glauben, daß dieser Gedanke den großen Erwecker der bürgerlichen Selbsttätigkeit angenehm hätte berühren sollen. Stein aber lehnte die Bewegung kühl ab als eine „Spielerei", eine „Anmaßung", eine „Pfuscherei"; sein hoher Glaube an die Kraft der Selbsttätigkeit richtete sich ausschließlich an die berufenen Vertreter des Volkes, er wollte nichts von politischen Klubs wissen.

Abermals tritt uns hier die starke, in sich ruhende Geschlossenheit seiner Staatsanschauung entgegen, die christliche und altprotestantische Züge trägt, an die alte deutsche und an die englische Verfassung anknüpft und sich an Edmund Burke gestärkt hatte. Stein kannte den Weg, auf dem in einer äußerlich und innerlich wirren Zeit der Jakobinerklub emporgestiegen war, so daß er schließlich einen Staat im Staate gebildet und die gesetzliche Regierung abgestreift hatte. Wenn aber den bürgerlichen Beamten und Lehrern, die sich im „Tugendbunde" zusammenfanden, so hohe Fähigkeiten schwerlich innewohnten, daß sie die Lenkung der Dinge selbst in die Hand nehmen und ihre Mitbürger gewaltsam vordrängen konnten, so war der Zweck der Bewegung erst recht nicht einzusehen, und es war nicht zu verkennen, daß diese Mitspieler um so unberufener waren, je weniger die letzten politischen Absichten dem Feinde geheim bleiben konnten: der politische Amateur wird niemals zögern das auszusprechen, was er denkt. Stein haßte die bürgerliche Mittelmäßigkeit, die sich hier breitmachte und in der allgemeinen Not sich Einfluß und ein angesehenes, betriebsames, verantwortungsvolles Leben zu bereiten suchte. Auch waren die Führer des „Tugendbundes" Freimaurer, Stein aber war trotz äußerlicher, zeitgemäßer Zugehörigkeit zu einer Loge gläubiger Christ, und alle Erfahrungen seines Lebens ließen ihn eine todesmutige Hingabe an Volk und Nation nur von der Belebung des, wie er sagte, „christlich-vaterländischen" Geistes erwarten — „wozu der Keim in den bestehenden Einrichtungen des Staates und der Kirche bereits liegt", wie er selbst später sein Verhalten gedeutet hat. Übrigens erfolgte erst nach Steins Abgang, im Dezember 1809, die Aufhebung des „Tugendbundes", und es war dann mehr Angst als ein Vertrauen auf die eigene Befähigung, was den König dazu führte. Das Motiv aber, das in Steins Auseinandersetzung mit dem „Tugendbund" angeschlagen wurde, sollte die Geschichte der nationalen Bewegung in Deutschland während des 19. und 20. Jahrhunderts noch oft belasten. Immer wieder hat sich trotz aller allgemeinen Bildung ein — wie Stein sagte — „ungeschulter Patriotismus" hervorgewagt, getragen von Honoratioren, von Professoren und Beamten, unberufen hat er freie Vereine gegründet, in denen nicht etwa wie in der italienischen Einheitsbewegung Revolutionäre sich sammelten, sondern bürgerliche Dilettanten zusammenkamen, sich ohne Gefährdung der eigenen Person ihre Wichtigkeit gaben und durch ihre Masse und ihren Lärm in die große Politik eingreifen konnten; nur selten hat in solchen Fällen der Lenker des Staates so entschieden, wie der Freiherr vom Stein Widerstand geleistet gegen den politischen Unverstand, der nach Geltung strebte.

Stein war erfüllt von der Größe und Gefahr des Werkes, das er unternahm. Er hat damals geschrieben: „Man muß sich mit dem Gedanken der Entbehrung jeder Art und des Todes vertraut machen, wenn man die Bahn betreten will, die man jetzt zu gehen sich vornimmt. Hat man auf diese Weise sein Inneres vorbereitet und treten günstige Umstände ein, so fange man in Gottes Namen die Sache an und erinnere sich, daß durch Mut und Unerschrockenheit mit kleinen Mitteln große Zwecke erreicht worden sind." Soeben zog Napoleon den größten Teil der Besatzungsarmee aus Preußen heraus, weil er alle verfügbaren Truppen in Spanien brauchte; in seiner klugen Art stellte er dies als die Gewährung der oft geäußerten Wünsche Preußens dar und forderte als Gegenwert erhöhte Geldleistungen; auch sollten ihm drei Oderfestungen dauernd zur Besetzung überlassen bleiben und Preußen die Begrenzung seiner Truppenzahl auf 42 000 Mann versprechen. Stein widerriet die Annahme, mit Scharnhorst und den Offizieren in dessen Umgebung, mit Gneisenau und Boyen drängte er dem Kriege und dem allgemeinen Volksaufstande entgegen. Es war unverkennbar, daß große Dinge sich vorbereiteten, daß Österreich losschlagen werde und die Befreiung Europas beginne: darum sollten alle Interessen, alle alten Zwistigkeiten und alle Vergrößerungspläne zwischen den Staaten Europas schweigen! Heiß und dringend warb die Reformpartei um den König, daß er jetzt endlich der allgemeinen Wehrpflicht zustimme und mit Österreich abschloß. Aber Friedrich Wilhelm III. konnte das alte Mißtrauen seines Hauses gegenüber der Hofburg nicht aufgeben; er wollte auf jeden Fall nur mit Rußland gehen. Soeben reiste Kaiser Alexander zum Kongreß nach Erfurt, wohin ihn Napoleon eingeladen, um ihn durch schmeichlerische Auszeichnung und reiche politische Zugeständnisse nur um so enger an dem Bündnisse von Tilsit festzuhalten: auf der Durchreise durch Berlin empfahl der Zar Ruhe und Geduld. So wandte sich der König der Friedenspartei zu, in welcher die von den Reformern verdrängten Träger des alten Regimes mit vielen grundsätzlichen Gegnern der Reform sich gesammelt hatten und die in der bedingungslosen Hingabe an Frankreich alles Heil sah. Ob es Stein doch noch gelungen wäre, den König beim bevorstehenden österreichisch-französischen Kriegsausbruch zur Teilnahme am Kriege zu bewegen, ist sehr fraglich; die Tage seiner Ministerschaft waren vielleicht schon gezählt, als er durch eigene Ungeschicklichkeit den Gang der Dinge beschleunigte und Veranlassung gab zu einer rascheren Entscheidung im Sinne der preußischen Neutralität.

Stein bereitete den norddeutschen Aufstand auf den Zeitpunkt vor, da Österreichs Angriff beginnen sollte. Im Zusammenhang mit diesen Arbeiten hatte er an den Fürsten von Wittgenstein einen Brief geschrieben, worin er dessen Vermittlung für eine Anleihe bei dem wohlhabenden, von Napoleon entthronten Kurfürsten von Hessen in Anspruch nahm und zur Begründung auf die spanischen Ereignisse hinwies und auf die wachsende Erbitterung in Deutschland, die zu nähren ratsam sei: er wünsche sehr, daß die geheimen Verbindungen in Hessen und Westfalen erhalten würden und daß man auf gewisse Fälle sich vorbereite! Die Gedankengänge des Briefes kehren auch in andern Äußerungen Steins wieder, wie ja auch sonst oft ganze Sätze wörtlich in den verschiedensten Denkschriften Steins sich wiederholen. Es war an sich sehr unvorsichtig von Stein, in solchen Briefwechsel mit einem Angehörigen des sonst so von ihm verachteten deutschen Fürstenstandes sich einzulassen, zumal der Kurfürst von Hessen im übelsten Rufe stand und es für seine Untertanen einen hohen Grad loyaler Unterwürfigkeit bedeutete, daß sie trotzdem ihm und seinem Hause auch im Unglück anhingen. Auch Fürst Wittgenstein war kein Mann, der sonst das Vertrauen Steins besaß: er bekleidete im preußischen Dienste höfische und gesandtschaftliche Stellen, Stein hatte den Schleicher bis dahin immer verachtet. Es scheint auch, daß der Bote, der mit dem gefährlichen Schreiben betraut wurde, nicht sehr sorgfältig ausgewählt war. Immerhin konnte Stein nicht voraussehen, daß der Haß seiner inneren Feinde sie zu Schergen der Franzosen machen würde. Seine preußischen Gegner waren nicht unbeteiligt daran, daß der Beamte, der den Brief überbringen sollte, mitten im Frieden und auf preußischem Boden von französischen Soldaten angehalten wurde, als er auf seinem Wege von Ostpreußen Berlin gerade verlassen hatte; der Brief wurde ihm abgenommen und nach Paris geschickt. Der „Moniteur“ vom 8. September veröffentlichte das Schreiben, am gleichen Tage wurde in Paris Prinz Wilhelm unter Ausnützung des Briefes und unter härtestem moralischem Drucke zu einem Vertrage genötigt, der Preußen zur Anerkennung der früher gestellten Bedingungen zwang, also daß Preußen nun als Entgelt für die Räumung des Landes noch 140 Millionen Franken zu zahlen hatte, den Franzosen die drei Oderfestungen einräumte und sich zur Einschränkung des Heeres auf 42000 Mann verpflichtete, wobei ihm noch ausdrücklich die Bildung einer Landwehr und die Volksbewaffnung untersagt wurde.

Als die Nachricht von dem Schicksal des Briefes nach Königsberg gelangte, begab sich Stein sofort zum König und bat um seine Entlassung. Lange tobte um ihn der Kampf zwischen den Parteien, von denen die eine in Berlin, die andere in Königsberg ihr Lager hatte. Die „französische“ Partei, die das Heil im engsten Anschluß an Frankreich sah und sich jederzeit durch Gegner der Reform stärken konnte, suchte den willenlosen König zu bestimmen, daß er den allmächtigen Minister preisgebe und das neue Pariser Abkommen bestätigte. Wie froh war nachher selbst Yorck, der tapfere und königstreue Preuße, bei der Nachricht von Steins Entlassung: „Ein unsinniger Kopf ist schon zertreten, das andere Natterngeschmeiß wird sich in seinem eigenen Gifte selbst auflösen. Ich hoffe, es wird bald besser werden.“ Bis zuletzt hatten die Reformer gehofft, fieberhaft hatten sie die Vorbereitung des Volkskrieges betrieben; aber es stellte sich heraus, daß Österreich erst im nächsten Jahre losschlagen konnte. Hiermit war die Entscheidung gefallen. Es war unwahrscheinlich, daß Stein, wenn Frieden blieb, noch durch Monate gegen die gemeinsamen Angriffe der Franzosen und der inneren Gegner gehalten werden konnte. Der König sah sein Heil nur in dem Anschluß an den Zaren, der Napoleons Freund war; also ratifizierte er den Pariser Vertrag. Scharnhorst blieb künftig nichts anderes übrig, als innerhalb der von dem Vertrage gezogenen Grenzen das Möglichste zu leisten. Der aktive Dienst in der Kaserne blieb offiziell auf zwanzig Jahre festgesetzt, wie dies im Kantonreglement von 1792 vorgesehen war, in Wahrheit aber wurde er schließlich bis auf wenige Monate verkürzt, so daß immer mehr Mannschaften, zuletzt 150 000 an Zahl ausgebildet waren und als Reserve vorläufig entlassen werden konnten, ohne daß die Präsenzstärke die von Napoleon genannte Zahl überschritt und ohne daß eine „Landwehr“ gesetzlich formiert wurde. Es war das „Krümpersystem“, das auch ohne den Pariser Vertrag ganz naturgemäß aus der Lage sich ergeben hatte, wenn man möglichst viel ausgebildete Truppen ohne hohe Kosten erhalten wollte. Freilich konnte auch so nicht die ganze waffenfähige Jugend ausgebildet werden, weil der König auch weiterhin auf seiner Ablehnung der allgemeinen Wehrpflicht beharrte.

Am 24. November 1808 erhielt Stein seine Entlassung; am 5. Dezember verließ er Königsberg und begab sich zunächst nach Berlin, nicht ohne vorher in einem als sein „politisches Testament“ bezeichneten Rundschreiben alle jene Gedanken zusammenzufassen, die als Konsequenzen der begonnenen Reform anzusehen waren. Der Wortlaut des Schreibens stammte von Schön, die Gedanken gehören durchaus Stein. Nochmals mahnte er, den Kampf der Stände zu beseitigen, jedem Einzelnen die freie Entfaltung seiner Kräfte zu ermöglichen und das Volk zur Hingabe an das Vaterland zu erziehen. Als die wichtigsten Grundsätze, die noch zu verwirklichen seien, waren genannt: daß die patrimoniale Gerichtsbarkeit und die Reste der Erbuntertänigkeit beseitigt werden sollten, eine Nationalvertretung berufen werden müsse, daß die Wehrpflicht allgemein sein solle, daß eine freie Nationalerziehung die innersten Grundkräfte des Menschen wecken, ihn an die Selbsttätigkeit des Geistes gewöhnen müsse. Viele Forderungen dieses Programms hat nachher erst die Revolution von 1848 der Verwirklichung entgegengeführt — so die Einrichtung eines preußischen Parlamentes, die Aufhebung der Gutspolizei und der patrimonialen Gerichtsbarkeit. Denn Steins Sturz sollte den Fortgang vieler Reformen hemmen oder auch in andere Bahnen lenken. Nicht minder folgenreich war Steins Entlassung für die auswärtige Politik. Es war nun endgültig entschieden, daß Preußen auf russischer Seite verblieb, daß Österreich den Krieg allein unternehmen mußte und dabei im nördlichen Deutschland nur mit einer Unterstützung durch unorganisierte Volkskräfte rechnen konnte. Für die Geschichte der deutschen Einheitsbewegung wurde es entscheidend, daß Preußen das von Stein und Stadion gemeinsam erstrebte Zusammenwirken im Dienste der deutschen Befreiung ablehnte und sich in jene Gefolgschaft Rußlands begab, die das ganze 19. Jahrhundert hindurch angedauert hat. Sie hat 1809 und später noch oft dem preußischen Staate zum Vorteile gereicht; für die nationale Einigung der Deutschen aber bedeutete sie durch ihre Rückwirkungen auf die äußere wie auf die innere Politik eine schwere Belastung.

Die Hoffnung der Patrioten, daß Stein, wenn auch ohne Amt, seinem Werke doch noch erhalten bleibe, war rasch dahin, als bekannt wurde, daß schon am 16. November aus dem kaiserlichen Lager zu Madrid das Dekret ergangen war, welches „le nommé Stein", der Unruhen in Deutschland zu erregen suche, für einen Feind Frankreichs und des Rheinbundes erklärte, seine Güter im rheinbündischen Gebiet mit Beschlag belegte und ihn selbst überall, wo er zu erreichen wäre, zur Haft zu bringen befahl. Die Vernichtung dieses Mannes war bei Napoleon ohne Zweifel in dem Augenblick beschlossene Sache, da er den verhängnisvollen Brief in Händen hielt; aber er hat dann noch zwei Monate gewartet, weil er dem Könige aus Rücksicht auf den Zaren es ersparen wollte, daß er seinen Minister auf fremden Befehl entlassen mußte, und weil er voraussah, daß Stein sich in Preußen nicht mehr werde halten können. Auch benutzte Napoleon das nunmehr über Preußen hängende Damoklesschwert gerne zu Erpressungen, ehe er es niederfallen ließ. Der edle Mann war nun heimatlos und geächtet, des uralten Eigentums seiner Ahnen und aller Mittel der Existenz beraubt. An die preußische Regierung erging die Forderung der Auslieferung. Gewarnt durch den französischen Gesandten selbst, verließ Stein die preußische Hauptstadt; im Schlitten rettete er sich durch Schlesien und über das winterliche Riesengebirge nach Böhmen hinüber. Schon wurden in den habsburgischen Staaten die letzten Vorbereitungen des nahen Krieges getroffen, schon war — zwei Tage bevor Stein aus Berlin geflüchtet war — der Major Schill mit seiner Schar als erster preußischer Soldat dort eingerückt, nachdem Napoleon die Besatzung hinweggezogen hatte. Mitten in der schweren bangen Erwartung der Völker war plötzlich an allen Plätzen und Wachstuben das Dekret erschienen, wonach der Kaiser einen Mann namens Stein geächtet habe, und wenn bis dahin die Massen noch nichts von seinem Dasein gewußt hatten, so errieten sie jetzt, daß dieser Mann, den der Kaiser so ohne nähere Erklärung schlechthin als „nommé Stein“ bezeichnete, doch wohl ein sehr berühmter Mann sein müsse und daß der König von Preußen einen solchen Patrioten unter seinen Beratern gehabt hatte. Aber so groß auch dieser moralische Erfolg für Stein sein mochte, so war er selbst nun eben doch von der Gestaltung der deutschen Zukunft abgedrängt. Die Tragik seines Lebens begann sich zu erfüllen. Er hatte mit Frankreich unterhandeln wollen; dies war ihm mißlungen. Er hatte die Nation zu erneuern gesucht und die entscheidenden Anregungen hierzu gegeben; die Ausführung entglitt seinen Händen. Er hatte dann versucht, Preußen in den Befreiungskrieg von 1809 zu treiben; hieran war er gescheitert! Er hatte sich nicht behaupten können in der unsicheren und unbeständigen Stellung, in die ihn das Geschick geworfen — zwischen dem mißtrauischen König, der herrschenden Aristokratie, die in ihm nur den Jakobiner sah, und der Menge der Kleinmütigen, die nichts wollte als Ruhe. Eben deswegen war ja die Stellung des Reformers so unsicher und sein Werk dauernd gefährdet gewesen, weil er eine „Revolution von oben“ hatte durchführen wollen, die stets abhängig blieb von der Laune des Monarchen und von der so schwierigen außenpolitischen Lage. Sobald der Reformer ging, war das ganze Werk in

Gefahr. Dem Freiherrn vom Stein war nur der einzige, freilich schöne Erfolg beschieden, daß er einige Offiziere und Beamte mit seinen Ideen erfüllen durfte, daß er sie bestärkte in den Ansichten, die in ihm erwachsen waren. Es war ihm bestimmt, auch künftig noch in die deutsche Geschichte einzugreifen, als er im Frühjahr des Jahres 1813 die gärenden Massen zum Freiheitskrieg in Bewegung setzte. Aber in jener weltgeschichtlichen Stunde, die dann der große Augenblick seines Lebens hätte werden müssen, war er von der Leitung der Dinge, die sich vollzogen, ausgeschlossen; er war zum Flüchtling geworden, seit er auf österreichischen Boden sich hatte begeben müssen, wo ihm Graf Stadion, sein Gesinnungs- und Standesgenosse, in Brünn ein Asyl gewährte. Wenn jetzt, im Jahre 1809, der erste Befreiungskrieg der Deutschen losbrach, so war es nicht Steins Schuld, daß die habsburgischen Fahnen in diesem Kampfe vereinsamt blieben und daher rasch genug wieder eingezogen werden mußten.

Der Krieg von 1809 ist der erste Versuch der werdenden deutschen Nation, sich mit den neuen Mitteln der Volkserhebung die nationale Freiheit zu erkämpfen; er ist zugleich ein ausschließlich deutscher Krieg, während nachher im Jahre 1813 die Befreiung nur als Ergebnis einer günstigen außenpolitischen Konstellation und nur im Bunde mit fremden Mächten erkämpft werden konnte. Diesen Krieg, der in der deutschen Geschichte das Zeitalter der Nationalitätenkämpfe eröffnet hat, mußte Österreich allein führen; das Jahr 1809 ist trotz allem Mißgeschick ein Jahr der deutschen Großtaten Habsburgs. Der gleiche Geist, der in Spanien so naturwüchsig hervorgetreten war, offenbarte sich nun auch in Österreich; hierin eben beruhte die Rechnung des Augenblicks, daß es gelingen werde, Napoleon durch die Last eines doppelten Volkskrieges an Ebro und Donau niederzuzwingen. Wie der Bruch zwischen Österreich und Frankreich im Einzelnen begründet wurde, braucht uns hier nicht zu kümmern. Geistvolle Publizisten wie Gentz und Friedrich Schlegel verfaßten die Staatsschriften und Proklamationen: es waren mit feurigen Worten die Übergriffe geschildert, die sich Napoleon gegen Österreich und gegen das Deutsche Reich hatte zu schulden kommen lassen, es wurde die Freiheit Europas gefeiert, die sich unter die Fahnen des habsburgischen Volksheeres geflüchtet habe. Voll banger Erwartung sahen die Völker auf die Truppen des Erzherzogs: „Eure Siege werden ihre Fesseln lösen, und Eure deutschen Brüder, jetzt noch in feindlichen Reihen, harren auf ihre Erlösung!“ So war die Sache Österreichs zugleich auch die Sache Deutschlands und Europas. Und während der

Krieg mit der alten Unentschlossenheit der österreichischen Heeresführung begann, so daß in fünf Tagen durch die Kämpfe um Regensburg der Feldzug an der Donau verloren war und Napoleon den Vormarsch gegen Wien antreten konnte, flammte in den Bergen von Tirol der Aufstand des Volkes gewaltig auf. Ein Bauern- und Jägervolk lebte da sein abgeschlossenes Dasein, treu seiner Kirche und seinem Monarchen; die Waffenübung war dem Sohne der Natur niemals fremd geworden, der Geist heldenmütigen Widerstandes hatte sich hier geoffenbart auch noch in den neueren Jahrhunderten, die nirgends sonst den Ausbruch der Volkskraft erlebt hatten. Als der Ausgang des Krieges von 1805 Tirol an Bayern gebracht hatte, da hatten die Tiroler nicht die Stammesgemeinschaft und auch nicht die äußeren Vorteile empfunden, die eine Verbindung mit Bayern hätten empfehlen können. Schon bald war bittere Unzufriedenheit über die ungeduldige Hast der rheinbündischen Bureaukratie eingezogen und über ihre hochmütige Verachtung alles Volkstümlichen; die ständische Verfassung war aufgehoben worden, die Einführung der Konskription und der neuen Steuern hatte altes, oft bestätigtes Herkommen verletzt. Auch der alte Name Tirol war abgeschafft und das Land in Kreise geteilt worden, das Stammschloß, das dem Lande den Namen gegeben, war versteigert worden. In allem hatte der unkluge und lebensfremde Geist der Rechenhaftigkeit gesiegt; das landfremde Beamtentum hatte bald erreicht, daß jede Abschaffung von Mißbräuchen als Eingriff in das Heiligste galt. Am tiefsten hatten auch hier die kirchlichen Neuerungen des Ministeriums Montgelas erbittert. Als die Fürstbischöfe von Trient und Chur sich nicht hatten beirren lassen, vielmehr dabei beharrt waren, Priester ohne staatliche Genehmigung zu weihen und die staatlichen Eingriffe in den Kultus abzuweisen, waren sie aus dem Lande gewiesen worden. Auf diese tiefe Unzufriedenheit der Bevölkerung hatte Stadion vornehmlich gebaut, als er seinen Kaiser in den Krieg führte: die Mächte der Revolution im fremden Hoheitsgebiet zu entfesseln, war ein Mittel seines Kampfes geworden. Alle Vorbereitungen waren getroffen, am verabredeten Tage rückten die Österreicher ein, und sofort loderten die Feuerzeichen des Aufstandes auf den Höhen. Ein großartiges Bild, wie die Neuzeit noch keines gesehen, bot sich der geknechteten, aufhorchenden Welt, als diese Bauern und Hirten — ganz nur vertrauend auf sich, auf Gott und ihre Berge — in oft wiederholten Aufständen sich gegen die besten Soldaten und die tüchtigsten Feldherrn siegreich behaupteten und den Kampf für ihren Kaiser, ihre Religion und ihre Freiheit auch dann noch fortsetzten, als die Waffen um Wien längst gegen Österreich entschieden hatten und die hohe Politik ihnen die Unterwerfung unter die bayrische Herrschaft befahl. Aus diesem Gemälde eines gottergebenen und tapferen Heldenvolkes tritt die prächtige Gestalt Andreas Hofers hervor, des Sandwirts im Passeyertale: treuherzig und arglos und voll inniger Hingabe an die vaterländische und religiöse Sache, die ihn erfüllte — so trat er an die Spitze der kämpfenden Bauern. Der mächtigste Verbündete der Tiroler war die Natur ihres Landes, sie war wie geschaffen für den Volkskrieg. Leicht mochte ein Feind durch das breite Inntal, diesen einzigen bequemen Durchgang großer Heere, bis Innsbruck vorzudringen; aber hier erst begann die Schwierigkeit, zwischen Felsen und Abgründen führten die Wege, durch enge Schluchten und über Brücken, deren Zerstörung alles weitere Vordringen unmöglich machte. Aus diesem Gewebe der Engpässe führten nur schmale Fußsteige über die Berge, fast nur dem Eingeborenen zugänglich; sie vermittelten den Aufständischen den Verkehr, sie gaben das Gelände für den einzelnen Schützen, der genügsam durch Monate ein freies Leben im Walde führte, aus jedem Busch und jeder Felsenkluft ohne Befehl und Ordnung feuerte, jeder Verfolgung leicht sich entzog, um an anderer Stelle die Felsstücke zu Tal zu rollen. Im Pustertal ging es im April 1809 los, auf dem Sterzinger Moose mußte eine bayrische Abteilung die Waffen strecken, bald war Innsbruck in den Händen der siegreichen Bauern. Nur fünf Tage hatte man zur Befreiung Tirols gebraucht. Der Vorgang machte gewaltigen Eindruck in Europa, hier sah man, was Vaterlandsliebe in Gemeinschaft mit religiösem Sinne vermochte; ohne jede Übung in höherer Kriegskunst hatten einfache Bauernfäuste die Unbesieglichen zum Lande hinausgejagt.

Eine ähnliche Volkserhebung hatte Stadion auch in Norddeutschland erhofft, das seit Steins Sturze „in einem dumpfen Zustande des Brütens und der Erwartung“ lag, wie Schleiermacher damals schrieb. Unter solchen Eindrücken hatte Stadion den Krieg ohne jeden Verbündeten gewagt und gegen den Erzherzog Karl durchgesetzt, der nur einen Koalitionskrieg für aussichtsreich gehalten hatte. Stadion aber hatte darauf gerechnet, daß das spanische Vorbild in Norddeutschland Nachahmung finden werde. Er hatte die Kühnheit gehabt, den ganzen Krieg von einem Anfangserfolg abhängig zu machen: dieser werde die Verbündeten schaffen! Nun hatte der Krieg mit der Niederlage um Regensburg begonnen, und so blieb die Erhebung im nördlichen Deutschland in einigen Putschversuchen stecken. Von Kassel aus wollte der

Oberst Dörnberg, der die Garde des Königs Jérôme befehligte, die Insurrektion ganz Norddeutschlands in die Wege leiten; er sah, wie unzufrieden seine hessischen Landsleute mit dem neuen, westfälischen Regimente waren, er stand mit Scharnhorst und Gneisenau in Verbindung, hohe Beamte des westfälischen Königreiches befanden sich unter den Eingeweihten; aber der Versuch, Bauernmassen zu sammeln und gegen die Hauptstadt des Königreiches zu führen, scheiterte kläglich, beim ersten Gefecht stob die zum Teil waffenlose Menge in wilder Flucht auseinander, Dörnberg rettete sich nach Böhmen. Auch das Unternehmen des preußischen Majors Ferdinand Schill zeigte das gleiche Bild der Unbesonnenheit und Übereilung. Schill hatte sich in den schlimmsten Tagen nach der Schlacht von Jena bei der Verteidigung von Colberg ausgezeichnet; die Reiterschwadronen, die ihm persönlich eng verbunden waren, hatte er nach dem Friedensschluß als eigenes Jägerregiment zusammenfügen dürfen, einem Bataillon Fußvolk wurde ihm zu Ehren der Name Schill vom König verliehen. Eine weitere Auszeichnung hatte die tapfere Schar dadurch erhalten, daß der König verfügte, sie solle zuerst in die von den Feinden geräumte Hauptstadt ihren Einzug halten. Mit großem Jubel in Berlin empfangen, ward Schill bald Gegenstand eines alles Maß überschreitenden Kultus, er fühlte sich berufen, der Befreier des Vaterlandes zu werden. Als er am Nachmittage des 28. April 1809 mit seinem Regiment zum Halleschen Tore hinauszog und draußen die ahnungslose Schar zum Kampfe aufrief, kannte er noch nicht das Mißgeschick, das die Österreicher an der Donau und die hessischen Patrioten vor Kassel ereilt hatte; als ihm die Kunde wurde, scheute er den Spott der Gegner und brach daher das Unternehmen nicht ab, sondern zog planlos in der norddeutschen Ebene umher, ohne daß sich der Aufstand regte, auf den er gezählt hatte. Er schlug sich bis zur Ostsee durch, in der Hoffnung, dort auf der englischen Flotte eine Zuflucht zu finden; in Stralsund aber ereilte ihn das Geschick. Er hatte sich der Festung durch einen Handstreich bemächtigt; obwohl die 1800 Mann, über die er verfügte, nicht ausreichten, die Wälle zu besetzen, blieb er bei seinen Hoffnungen und erwartete, Europa werde hier ein anderes Saragossa erleben. Die Franzosen aber eroberten im Sturme die Stadt, nach blutigem Straßenkampf wurden 600 Mann gefangen genommen, während Schill selber fiel. Von seiner Leiche hieben die Franzosen das Haupt ab und gaben es, wie wenn es sich um das Haupt eines Ungeheuers handelte, der Anatomie von Leyden zum Geschenk, wo es erst nach Jahrzehnten ausgelöst werden konnte. Vierzehn Gefangene aus dem Mannschaftsstande wurden, weil sie westfälische Untertanen waren, in Braunschweig mit dem Tode bestraft; elf Offiziere wurden in Wesel vor ein französisches Kriegsgericht gestellt und wegen Straßenraubes erschossen, die übrigen Gefangenen kamen als Galeerensträflinge nach Cherbourg und Brest und sahen erst nach Napoleons Sturze die Heimat wieder. In der deutschen Nation aber lebte die Erinnerung an diese Märtyrer der Freiheit immer wieder auf, und über dem grausamen Schicksale vergaß man die schweren Fehler, die Schill durch seine Voreiligkeit und dann durch seinen Starrsinn verschuldet hatte.

Groß war die Enttäuschung in Österreich, als die norddeutsche Erhebung ausblieb. Graf Stadion hatte die Kraft der Initiative im norddeutschen Volke überschätzt, diese nordischen und protestantischen Menschen waren nach Anlage und Erziehung keine Spanier oder Tiroler, und wie hätte sich in der weiten Ebene die Kriegführung anwenden lassen, die in den Bergen Andalusiens und Tirols gewagt worden war. Demgegenüber wollten die tönenden Worte der Literaten wenig bedeuten; Heinrich von Kleist hatte das Manuskript seiner Hermannsschlacht nach Wien gesendet und um Aufführung des Dramas gebeten, von dem er sagte, daß es „mehr als irgend ein anderes für den Augenblick berechnet“ sei. Stadion überschätzte wohl auch den Einfluß der preußischen Kriegspartei auf den König, weil sie die wichtigsten militärischen Stellen innehatte. Vergebens suchte er die preußische Regierung vorwärts zu treiben. Es war freilich die Ansicht der Kriegspartei in Königsberg, daß Napoleon im Falle eines Sieges vor Wien den preußischen Staat in absehbarer Zeit sich einverleiben werde und daß also durch einen Beitritt auf die Seite Österreichs nichts auf das Spiel gesetzt werde, was nicht ebenso wahrscheinlich verloren wäre, wenn Preußen neutral bliebe. Die Friedenspartei wandte dagegen ein, daß in dieser wirren Zeit der Gewinn einiger Jahre schon sehr viel wert sei, weil unberechenbare Ereignisse den Gang der Dinge wenden könnten. Der König neigte seiner ganzen Natur entsprechend dieser Seite zu. Seit Rußland am Tilsiter Frieden festgehalten hatte und wenn auch nur zum Scheine in den Krieg gegen Österreich eingetreten war, war es bei Friedrich Wilhelm entschieden, daß auch er auf französischer Seite verblieb; er lehnte alle Entwürfe ab, die Scharnhorst ihm immer wieder vortrug. Gneisenau aber, der vergebens den König bestürmte, nahm schließlich den Abschied und begab sich nach England; er wollte die britische Regierung bewegen, in Norddeutschland Truppen zu landen und so das deutsche Volk zum Aufstande zu ermuntern.

Inzwischen fiel die Entscheidung im Raume um Wien. Nach der Einnahme der österreichischen Hauptstadt wagte Napoleon im Angesichte der gesamten feindlichen Armee den Übergang über die Donau — ein tollkühnes Unternehmen, zu dem die Langsamkeit des Erzherzogs in den Kämpfen um Regensburg ihm ein Recht zu geben schien. Diesmal aber griff Erzherzog Karl den Feind entschlossen an, viele Stunden tobte ein blutiger Kampf um den Besitz des Dorfes Aspern, ohne den die Franzosen sich auf dem nördlichen Ufer nicht entwickeln konnten. Schließlich blieb Napoleon nichts anderes übrig, als seine Truppen unter den schwierigsten Bedingungen nach der nahegelegenen Insel Lobau zurückzuführen; hier blieben die Massen zusammengedrängt, ohne Nahrung, ohne Munition und ohne Raum, bis Napoleon die zerstörte Brücke nach dem rechten Ufer wieder hergestellt hatte. Aber so wenig auch der Erzherzog an eine energische Ausnutzung des Sieges dachte, die leicht zu einer Vernichtung des ganzen napoleonischen Heeres hätte führen können, so war doch der moralische Eindruck des Ereignisses gewaltig. Es war der erste große Schlag, der dem Kaiser persönlich mißlang; der Nimbus seiner Unüberwindlichkeit war erschüttert, in vielfältigen Stimmen wurde der Held von Aspern gefeiert, der die erste siegreiche Schlacht des deutschen Volkes geleitet hatte. Während aber der Erzherzog auch weiterhin untätig blieb, weil er den neuen Lorbeer nicht abermals aufs Spiel setzen und die politische Auswirkung des Sieges in Norddeutschland abwarten wollte, war Napoleon unermüdlich und traf die umfassendsten Vorbereitungen, um den Übergang über den Strom doch noch zu erzwingen. Schon sechs Wochen später setzte er — abermals von der Lobauinsel, aber an anderer Stelle — über die Donau und hatte seine Truppen bereits entfaltet, ehe der Erzherzog es hindern konnte; bei Wagram führte er den Rückmarsch des ganzen österreichischen Heeres herbei. Und wenngleich derselbe in Ruhe erfolgen konnte, so war doch die erste deutsche Volkserhebung mißlungen. Ihr militärischer Leiter trat vom Schauplatze der Weltgeschichte ab, er hat 1812 abgelehnt, unter Napoleon die österreichische Armee zu befehligen, und 1813 kein Kommando mehr erhalten. Wo immer sonst aber in deutschen Gebieten außerhalb des Rheinbundes es von entthronten Fürsten und entlassenen Offizieren wimmelte, wo immer Freischaren gesammelt und ein Guerillakrieg versucht worden war, da verleugneten solche Unternehmungen nun erst recht nicht den abenteuerlichen Zug, der ihnen anhaftete. So hatte der Herzog Friedrich Wilhelm von Braunschweig, der Sohn des unglücklichen preußischen Feldherrn, dem der Tag von Auerstädt Leben und Krone entrissen hatte, mit Österreich noch vor dem Ausbruch des Krieges einen Vertrag geschlossen, wonach er als „deutscher Reichsfürst“ und Verbündeter des Kaisers ein Korps auf eigene Kosten warb, um im Rücken des Feindes eine Insurrektion zu erregen. Er haßte, wie von ihm gesagt wurde, in Napoleon den Urheber des öffentlichen und seines häuslichen Leides; sein Unternehmen galt der deutschen Sache und war zugleich ein Rachekrieg persönlicher Art. Der rasche Verlauf des napoleonischen Feldzuges, der Österreich in wenig mehr als drei Monaten zum Frieden zwang, legte dem Herzog den Übertritt auf österreichisches Gebiet und die Auflösung seines Korps nahe. Doch der Herzog beharrte auf seiner phantastischen Rolle einer selbständigen kriegführenden Macht, er nährte die abenteuerliche Hoffnung, im Norden Deutschlands dem Kampfe doch noch einen neuen Aufschwung geben zu können. So führte er seinen Krieg auf eigene Faust, erstürmte Halberstadt, wo ein wilder Straßenkampf zwischen seiner „schwarzen Schar“ und den rheinbündischen Truppen sich entspann; auf dem Weitermarsch verstärkte er sich überall durch versprengte oder entgleiste Leute, in seiner Residenz Braunschweig schlossen sich ihm einige Hundert begeisterte Untertanen an. Dann schlug er sich durch bis zur Nordsee, wo die Engländer ihn und sein Heer aufnahmen.

Zur gleichen Zeit erfüllte sich auch in Tirol das Geschick. Als Kaiser Franz nach der Schlacht von Wagram den Waffenstillstand schloß, durch den Tirol der bayrischen Herrschaft zurückgegeben wurde, zogen die österreichischen Truppen ab, die Franzosen und Bayern rückten vor und besetzten Innsbruck. Sofort flammte der Aufstand mit frischer Kraft wieder auf und trieb ohne jede fremde Hilfe, ganz aus eigener Kraft, die Eindringlinge aus dem Lande hinaus: es waren die glorreichsten Tage der tapferen Tiroler. Noch einmal zog der Sandwirt aus Passeyer, am Napoleonstage, in Innsbruck ein und regierte von der Hofburg aus, als „Oberkommandant“, schlicht und in zwangloser bäuerlicher Einfachheit das schöne Land, bis der allgemeine Friede dieser Bauernregierung und dem kurzen Traume der Selbständigkeit ein schreckliches Ende bereitete. Jetzt eröffnete Napoleon einen regelrechten Feldzug gegen Tirol, bald war Innsbruck wieder genommen, auch Hofer unterwarf sich und kehrte in sein Tal zurück, die Ordnung schien hergestellt. Nur in der Umgebung von Meran wollte es nicht ruhig werden, halb unfreiwillig ließ sich Hofer von seinen Nachbarn und Verwandten zur Teilnahme und Leitung der Erhebung bewegen, aber es waren nur wenige aufrührerische Haufen, die er um sich hatte und mit denen die Franzosen bald fertig wurden. Wer immer unter den Bauern noch mit Waffen angetroffen wurde, ward mit dem Tode bestraft; Hofer aber, der sich in eine einsame Sennhütte geflüchtet hatte, wurde durch einen Verräter den Franzosen in die Hände geliefert und zu Mantua standrechtlich erschossen. Er starb mit der religiösen Ergebenheit des Märtyrers, er starb für die deutsche Sache. Zwar galt seine Anhänglichkeit dem Kaiser von Österreich und dem Hause Habsburg, und das große deutsche Vaterland kannte er kaum dem Namen nach; auch Dörnberg oder Schill und so manche andere Verschwörer kämpften als loyale Anhänger ihrer alten Fürstenhäuser, deren Vertreter diese Liebe zumeist nicht einmal verdienten. Aber hierin eben liegt die Tragik der deutschen Geschichte, daß sich der deutsche Patriotismus zunächst nur durch die Vermittlung dynastischer Anhänglichkeit zu entwickeln und kundzutun vermochte. Doch die Helden des Jahres 1809 trugen in sich zugleich das Bewußtsein, daß sie nicht nur für ein Fürsteninteresse fochten, sondern ihre eigene persönliche Art, ihre Religion und ihre Freiheit gegen einen fremden Unterdrücker verteidigen mußten: aus diesem Bewußtsein ist das deutsche Nationalgefühl zuerst erwachsen. Napoleon aber hatte hier das Emporkommen einer Kraft verspürt, die ihm gefährlich werden konnte. So zersprengte er jetzt nach dem Kriege die Einheit des Landes, er zuerst hat das deutsche Südtirol zum Königreich Italien geschlagen.

Das Jahr 1809 bedeutet im großen Zug der deutschen Geschichte den Aufstieg und den furchtbaren Zusammenbruch einer Idee. In Österreich, das bisher in der Vorbereitung der nationalen Befreiung die politische Führung gehabt hatte, erfolgte nun jene entschlossene Absage an die Politik des Grafen Stadion, die für alle Zukunft entscheidend wurde; man hatte Grund zu prüfen, ob die Erweckung der nationalen Leidenschaften nicht eine größere Gefahr für die habsburgische Monarchie bringen werde, als jemals von Napoleon drohen konnte, und ob auf diesem Wege nicht gar alle bürgerlichen Verhältnisse revolutioniert wurden und Europa seine Freiheit vom napoleonischen Joche mit einem Chaos bezahlen müßte. Bei ihren gewaltigen Entwürfen zu einer Insurrektion Norddeutschlands waren Stein und seine Freunde auch vor dieser Gefahr nicht zurückgeschreckt: ihr Glaube an den sittlichen Ordnungswillen der Menschen war so groß, daß sie sich immerhin zutrauten, die Welt nach erreichter Freiheit auf neuer Grundlage zu formen. Wer diesen Optimismus nicht teilte, mußte sich freilich die Frage vorlegen, ob ein sittliches Recht und eine Notwendigkeit vorhanden waren, dies Äußerste zu wagen, oder ob man nicht vielmehr warten konnte, wie die Dinge sich weiter entwickelten. Das napoleonische Reich ruhte auf der Person eines einzigen Sterblichen, die inneren Schwierigkeiten des Empire waren für den aufmerksamen und kühlen Beobachter nicht zu verkennen. Freilich konnte Österreich leichter warten denn Preußen, so bitter auch die Folgen des Krieges von 1809 waren, als Österreich immer weiter nach Osten sich geworfen sah, als die Kaisertochter dem Emporkömmling zur Gattin gegeben wurde. Man mußte sich in Wien sagen, daß die Revolutionierung Europas nach dem in Spanien und Tirol gegebenen Vorbilde im Augenblicke dem Gottesgnadentum der alten Dynastien zugute kommen konnte, daß sie in der Folge jedoch den aus vielen Nationalitäten bestehenden Donaustaat zerreißen mußte. Als Metternich in Wien die Erbschaft Philipp Stadions antrat, stand ihm diese Lage der Dinge schon deutlich vor Augen; aus ihr ergab sich das System, durch das er vierzig Jahre hindurch Österreich und Europa zusammengehalten hat. Auch Metternich wurzelte im alten Reiche, auch er stammte aus dessen Kernlanden, von den gesegneten Gestaden des Rheines, die durch die Tragik der deutschen Geschichte schon längst zur gefährdeten Westmark geworden waren; auch ihn hatte der Betätigungsdrang der Jugend in den Dienst einer deutschen Großmacht geführt. Aber anders als Stein und Stadion war er zugleich auch ein Zögling der westeuropäischen Aufklärung und bewahrte sich das Bild der alten, überlieferten Staatenwelt, deren Wiederherstellung ihm das Ziel des wahren Staatsmannes zu sein schien. Die alten Methoden hielt er auch Napoleon gegenüber nicht für überholt, sie mußten lediglich erneuert und in die Hand eines weltkundigen Diplomaten gelegt werden, der warten konnte. Metternich hatte freilich selbst als Botschafter in Paris durch seine Berichte die heimische Regierung zu dem Kriege von 1809 ermuntert, da er Napoleon in Spanien engagiert sah: mit Talleyrand, der sich vom Kaiser zurückgezogen hatte, war er in ein geheimes Einvernehmen getreten und hatte von ihm Nachrichten über die Stimmung im Lande erhalten, die er freilich überschätzte. Aber er hatte doch die inneren Risse im Bau des Empire scharf beobachtet, er hatte die Erschöpfung des französischen Blutes durch die Konskription bemerkt; groß war die Friedenssehnsucht der bürgerlichen Schichten, bitter die Opposition aller freien Geister, gefährlich die Abneigung der Frommen. Das Leben war viel zu reich an Gestalten und Interessen, als daß es nach Metternichs Meinung auf das einzige Motiv der nationalen Revolution gestellt werden durfte. Die deutsche Nation war auch für ihn die edelste von allen, sie allein von allen Nationalitäten, die der Donaustaat in sich faßte, war 1809 in die Bewegung eingetreten, sie sollte auch fernerhin die Stütze des habsburgischen Thrones bleiben. Aber auch sie mußte sich einordnen in den Gesamtplan Europas und in das Gefüge des Donaustaates, der das alte Gleichgewicht der Mächte erstreben mußte und nicht einfach den Sturz Napoleons mit der Revolutionierung Europas erkaufen oder die napoleonische Vorherrschaft mit einer russischen vertauschen durfte.

VIERTER ABSCHNITT

Wilhelm von Humboldt und die Reform des Bildungswesens

In dieser Lage wurde es von großer geschichtlicher Bedeutung, daß die Reformer in Preußen auch dann nicht abließen von ihrem Glauben, als der Sturz Steins, die Entlassung Gneisenaus und die Mißerfolge in Norddeutschland sie in ihren ausschweifenden Hoffnungen getäuscht hatten. Auch Scharnhorst mußte zwar bald auf Napoleons Gebot von seinem Posten weichen, aber er blieb fernerhin der geheime Berater des Königs. Und auch in der Zivilverwaltung war der Reformwille keineswegs gebrochen. Zwar war die Leitung zunächst unbedeutenden Männern anvertraut, die allen Ernstes bereit waren, auf den Vorschlag Napoleons einzugehen, wonach gegen Abtretung Schlesiens die Kontributionsforderungen erlassen werden sollten. Da weigerte sich der König und berief Hardenberg als Staatskanzler zurück, nachdem Napoleon, der mit den spanischen Angelegenheiten beschäftigt war und den Zusammenhang nicht durchschaute, seine Zustimmung gegeben hatte. Und während nun Hardenberg die ins Stocken geratene Reform der Gesellschaftsordnung und der Staatsverwaltung energisch wieder aufnahm und ihr, durchaus nicht zur Freude des Freiherrn vom Stein, den Stempel seiner eigenen Persönlichkeit aufprägte, hatte schon Wilhelm von Humboldt den Neubau der staatlichen Kulturpflege begonnen: wenn das Wesen der Reform in der Erziehung zu einer neuen Gesinnung bestand, so fiel der Kultusverwaltung allerdings eine der wichtigsten Aufgaben des ganzen Werkes zu.

Es war noch Stein gewesen, der kurz vor seinem Weggange den König veranlaßt hatte, den bisherigen Vertreter Preußens beim päpstlichen Stuhle, Wilhelm von Humboldt, an die Spitze der Verwaltung von Kultus und Unterricht zu berufen. Es ist unbekannt, wie Steins Aufmerksamkeit gerade auf diesen so ganz anders gearteten Mann gelenkt wurde, von dem nur bekannt war, daß er in seiner Jugend dem Kreise von Weimar nahegestanden, daß er als Übersetzer griechischer Tragödien sich betätigt, einige schwerflüssige Arbeiten über ästhetische Probleme veröffentlicht hatte und dann im fernen Rom in einem von Geschäften nicht belasteten Leben verweilt war, während die Staatsmänner zu Hause sich abgemüht hatten, die drohende Katastrophe von dem zerrütteten Staate fernzuhalten. Gegenüber der ganz unromantischen Männlichkeit Steins war hier ein „moderner" Mensch — eine passive, rezeptive Natur von feinster Empfänglichkeit für fremde Eindrücke, dem Kultus der eigenen Persönlichkeit hingegeben, in den vielseitigsten Interessen sich bewegend. Kein Fachmann und kein Arbeiter, lebte er seine Produktivität in Essays und herrlichen Briefen aus. Frühe hatte er sich gelöst von der märkischen Heimat und ein berufsloses Literatendasein geführt — ein vornehmer Skeptiker, ein feinsinniger, weltbürgerlicher Geist, abhängig von den Frauen und im tiefsten Grunde unreligiös. Die Gemeinschaft, der Staat, die Nation hatten sich ihm im Laufe der Jahre enthüllt, aber eben doch nur wie jede andere individuelle Erscheinung, als Gegenstand des ästhetischen Genusses! Er hatte um den Posten in Rom sich bemüht und war in den Staatsdienst getreten, als er sich den Aufenthalt in der künstlerisch beschwingten Atmosphäre der Ewigen Stadt mit eigenen Mitteln nicht mehr erlauben konnte. Der Staatsdienst war ihm nur Werkzeug zu seiner persönlichen Ausbildung, und auch bei der Wahrung seiner materiellen Interessen dem Staate gegenüber hat er Zeit seines Lebens sehr klug zu operieren verstanden. Als der Ruf des Königs an ihn erging, die Leitung der Kultusverwaltung zu übernehmen, war er gerade in Privatangelegenheiten in Deutschland; er sah zum ersten Male mit eigenen Augen die Not des nunmehr zerschmetterten Staates, er fühlte sich abgestoßen von dieser Umwelt und von der schweren Arbeit, die man ihm zumutete. Die Briefe an die Gattin zeigen, wie er mit allen Mitteln, und Monate hindurch, die „gutbezahlte Sinekure" in Rom verteidigte; er hätte gerne auch künftig es vorgezogen, „die Kolosse zu sehen, nach dem Vatikan zu gehen, den Aventin zu besuchen". Nur gezwungen gab er nach und zunächst ohne Gefühl für die hohe Aufgabe, die seiner harrte. Mit Fragen des Unterrichtes, die doch im Mittelpunkte seines neuen Amtes stehen mußten, hatte er sich bis dahin niemals abgegeben, er hatte niemals eine Schule überhaupt nur gesehen — er selbst war nach der Sitte des Adels von Hofmeistern und Hauslehrern unterrichtet worden. Er besaß, wie mit Recht betont worden ist, keine Fühlung mit dem Werke der Reformer, kein Programm einer Kulturpolitik. Als es nun aber entschieden war, daß er „den schweren Schritt über den Ponte Molle" endgültig und für immer getan hatte und daß er in den „kimmerischen Norden" verbannt bleiben mußte, da suchte er aus der Lage das Beste herauszuholen, und dies war dann allerdings sehr viel.

Nur anderthalb Jahre, vom März 1809 bis Juni 1810, hat Humboldt das Departement des Kultus und Unterrichts geleitet. Nicht anders als der Freiherr vom Stein hat er in so kurzer Zeit trotz Abneigung gegen Beamtentum und gegen Vielregiererei die Wirksamkeit des Staates auf Gebiete ausgedehnt, die demselben bis dahin fremd waren: weil der Staat ein anderer werden sollte, glaubten diese Männer, ihm Erziehung und Wissenschaft anvertrauen zu können, ohne sich selber untreu zu werden! Im Gegensatz zu Fichte oder Hegel, deren Rechtsphilosophie von der Notwendigkeit einer staatlichen Zwangskultur durchdrungen ist, hielt Humboldt auch jetzt noch den Grundsatz, daß der Staat sich um das Erziehungswesen im Einzelnen nicht kümmern solle, für den „einzig wahren und richtigen"; die Aufgabe seines eigenen Amtes sah er darin, der Nation von Staats wegen die Mittel zur geistigen und moralischen Reife zu schaffen, dann aber „die Geschäfte gänzlich in die Hände der Nation niederzulegen". Aber auch nach Humboldt sollte der Staat künftig nicht einfach nur ein Rechtsinstitut sein, sondern eine Kulturgemeinschaft. Der Absolutismus, wir haben es oft betont, hatte in Kirche und Schule lediglich Werkzeuge zur Pflege der Untertanengesinnung und zur Mehrung der äußeren Macht gesehen, die Aufklärung hatte demgegenüber die Pflege des Menschentums zum Programm alles Lebens erhoben und in erster Linie der Schule dieses Ziel gesetzt. Da sie vom bestehenden Staate nichts erwarten konnte und der Kirche verständnislos gegenüberstand, hatte sie die volle Freiheit der Erziehung gefordert und zugleich die innere Umwandlung des Staates vorbereitet. Nun hatte die Staatsidee durch die Französische Revolution sich zur Idee der nationalen Gemeinschaft erweitert, in Deutschland hatten die Denker von Herder bis Fichte aus eigenen Antrieben und unter dem Eindrucke der französischen Vorgänge das Bild eines erneuerten, nationalen Staates gewonnen, und sie hatten zugleich den Gedanken der Menschenbildung, den die Aufklärung noch vornehmlich mit Bezug auf die Verstandesbildung gefaßt hatte, vereint mit ihrem Ideale der „harmonischen Persönlichkeit". Nun also verknüpften die preußischen Reformer den neuen Staatsgedanken und den neuen Bildungsgedanken. Der Staat wurde berufen, die Erziehung des Menschen ohne alle Nebenzwecke von Macht und Interesse, allein um des Menschen selbst willen, in die Hand zu nehmen, doch von der neuen Bildung erwartete man zugleich, daß sie kraft des ihr innewohnenden Gesetzes die Hingabe an Volk und Staat erwecken werde. Nationalerziehung war diesen Männern Erziehung zum ganzen und vollendeten Menschen, zur freien Entfaltung und Betätigung aller in ihm ruhenden Kräfte. Es war ein Experiment, das für die deutsche Geschichte von unabsehbaren Folgen wurde, weil es eine Epoche vordrängender Kulturpolitik des Staates eröffnete und bestimmt war, die Allmacht des Staates, die im Niedergange begriffen schien, durch die neuen Mittel der nationalen Idee in ungeahnter Weise zu steigern. Nicht alle Reformer haben dabei die Selbständigkeit der kirchlichen Idee in der neuen staatlichen und nationalen Kultur ausschließen wollen; aber nur wenige von ihnen waren wie der Freiherr vom Stein gläubige Christen und ließen neben Staat und Nation noch höhere Werte gelten, die meisten nahmen die Hilfe der Kirchen nur einfach in Anspruch und dachten im übrigen die zukünftige Kultur ausschließlich gebaut auf die Idee eines im nationalen Staate sich erfüllenden Menschentums.

So haben die preußischen Reformer zuerst im deutschen Leben den beherrschenden Gedanken des 19. Jahrhunderts, den nationalen, mit allen seinen Folgerungen und Einseitigkeiten zu verwirklichen gesucht, und in diesem Sinne sind sie zu ihrer Zeit die Repräsentanten einer emporkommenden Epoche gewesen. Aus der historischen Lage ergab sich ihr Erziehungsprogramm. Gedanken der Aufklärung und des deutschen Idealismus vereinigten sich hier: beiden Strömungen war ja, wie gesagt worden ist, der „progressive Zug“ gemeinsam, sie hielten eine neue Erziehung für nötig, damit die Selbsttätigkeit geweckt werde und die Welt sich vervollkommne. Schon wirkte auch der Mann, der mit tiefem Glauben an die guten, im Volke lebenden Kräfte ihrer Erweckung selbstlos sein Leben widmete und von dem die preußischen Reformer ihr neues konkretes Schulideal übernommen haben. Es ist der Schweizer Johann Heinrich Pestalozzi, der den Gedanken der Menschenbildung damals am reinsten erfaßt und durch sein Vorbild und seine Schriften den tiefsten Eindruck auf seine Zeit und auf die Nachwelt gemacht hat. Ein Menschenfreund, ganz erfüllt von Mitleid mit dem armen Volke und bereit, ihm zu helfen in seinem Elend — so hat Pestalozzi ein lauteres christliches Leben geführt: er verwandelt sein Gut, das er als Landwirt bebaut, in eine Armenschule, lebt mit Bettelkindern zusammen und trägt den Spott der klugen Leute, die seine selbstvergessene Liebe nicht verstehen. Er fühlt sich Rousseau verwandt in der Abneigung gegen den abstrakten, lebensfremden Geist des „philosophischen“ Jahrhunderts, der auch in die Erziehung eingedrungen ist. Nicht ein mechanisches Übermitteln und Aufnehmen der Worte und Begriffe darf die Erziehung sein, sie muß den Zögling selber finden lassen, damit er Mut und Freude gewinne am eigenen Wachstum. Das Kind soll zuerst sehen, hören und tun, bevor es urteilt und schließt; es soll lernen an der Hand der Natur, der der Lehrer nur „leise und still mit der folgenden Kunst fast nebenher schleicht". Der autonomistische Grundzug der neueren Jahrhunderte kennzeichnet auch diese Erziehungslehre. Wie Rousseau verlangt auch Pestalozzi vom Erzieher, daß er der Eigenart jedes einzelnen Zöglings folge und die von der Natur in ihn gelegten Anlagen fördere. Alle Bildung aber ist Selbstentfaltung der Kräfte, nicht Prägung einer gewissen Form. Denn die Außendinge und fremden Menschen, die „Umstände" sind nur „Hilfe zur Selbsthilfe"; es ist die Aufgabe des Menschenfreundes und der Gesellschaft, sie so zu gestalten, daß sie die Entwicklung der Anlagen nicht hemmen. Es war auch für Pestalozzi das schwierigste Problem aller Menschenbildung, wie Mensch und Umstände in ein richtiges Verhältnis gesetzt werden können. „Die Umstände machen den Menschen" — aber doch nur, indem er selbst zuerst die Umstände so gemacht hat: der Mensch ist „Werk seiner selbst"! Auch Pestalozzi sieht wie Rousseau den „natürlichen" Zustand des Menschen im schroffsten Gegensatz zu seinem „gesellschaftlichen"; alle sozialpädagogischen Bestrebungen des 19. Jahrhunderts knüpfen hier an. Aber während Rousseau aus der Kritik am sündigen Leben der Zeit zur Ablehnung aller Gesellschaft gelangt ist, bleibt für Pestalozzi das soziale Leben ein bestimmender Faktor; Familie, bürgerlicher Verein, Menschengeschlecht — sie sind ihm Arbeits- und Bildungsgemeinschaften, in denen der „natürliche" wie der „gesellschaftliche" Zustand überwunden wird und der sittliche Zustand sich verwirklicht.

Erziehung also ist für Pestalozzi Selbstentfaltung des Menschengeistes, ihr höchstes Verlangen ist „Naturgemäßheit", ihre Methode ist ein lückenloses Fortschreiten von den „Elementen" bis zur Vollendung in einem Ganzen. Alle Erziehung hat daher von der „Anschauung" auszugehen, die der Anlage nach im Lernenden selbst liegt; das Bewußtsein der Zahlen wird am sinnlichen Material gewonnen, das Bewußtsein des Raumes aus den einfachsten Beziehungen im rechtwinkligen Koordinatensystem. Und wenn Pestalozzi die anderen Fächer auch nicht so vollendet entwickelt hat, wie die Grundprinzipien des mathematischen Unterrichts, so bleibt er überhaupt nicht bei fachmäßiger Berufsbildung stehen; ihm ist Ziel aller Erziehung die harmonische, gleichmäßige Entfaltung der menschlichen Kräfte in beständiger Betätigung an den Dingen — die Entwicklung der geistigen, sittlichen und physischen Grundkräfte oder, mit Pestalozzis beliebter Dreiteilung, die Bildung des Kopfes, des Herzens und der Hand. So ist das Ideal Pestalozzis eine allgemeine Menschenbildung: ihr Ziel ist es, alle Anlagen des Leibes und der Seele von innen heraus zu entwickeln. Es handelt sich für ihn nicht um Unterrichtsfächer, deren Inhalt um seiner selbst willen oder im Hinblick auf die Bedürfnisse des Tages gewußt werden muß: es handelt sich um eine Bildung des Subjekts. Dies ist das Ideal der formalen und universalen Bildung: so verschieden auch die Kinder nach Anlage und Lebensaufgabe sind und so sehr auch gerade Pestalozzi die Rücksicht auf die Eigenart des Zöglings an den Anfang seiner ganzen Kunst gestellt hat, so blieb doch immer die Natur, von welcher der Lehrer auszugehen hat, etwas Gleiches in allen Menschen, und so wurde für Pestalozzi die allgemeine Menschenbildung zur Grundlage, auf der sich erst die Berufsbildung erheben soll.

Diese Grundsätze hat Pestalozzi niemals zu einem geschlossenen Systeme gerundet; ihm blieb alle Theorie fremd, er formulierte keine Lehrsätze der Methodik — er arbeitete, wirkte und bot dann in anschaulicher Erzählung, was er an Erfahrungen gesammelt hatte. Schon 1781 war sein pädagogisches Volksbuch „Lienhard und Gertrud“ erschienen. Die Kunde von seinem Werke war bald über die Schweizer Grenze gedrungen, seine Bücher wurden bekannt, viele Reisende klopften an die Tore seiner Anstalt. Rousseau hatte ihm überall den Boden geebnet, seit einem Menschenalter bereits diskutierte man in Deutschland eifrig die Fragen der Erziehung, das Bildungsproblem stand ja im Mittelpunkte unserer ganzen klassischen Literatur; Goethes „Wilhelm Meister“, dessen erster Teil 1796 erschienen war, machte Schule. Die Verbindung der Poesie mit den höchsten Willenszielen war vor allem den umfangreichen Romanen des Jean Paul eigen; sie standen alle — von dem „Hesperus“, der 1794 erschien, bis zu den „Flegeljahren“, die 1804 beendet wurden — durchaus im Dienste des ethischen Idealismus, sie waren Bildungsromane und predigten recht unmittelbar die „Tugend“. Wie so mancher andere Entdecker im Reiche der Jugenderziehung hatte auch der Pfarrersohn aus dem Fichtelgebirge verlorene Kinderjahre zu beklagen, er hatte das ganze Elend des armen Schülers und der alten Prügelpädagogik durchgekostet, in seinen „Lebenserinnerungen“ hat er das System anschaulich und mit überlegenem Sarkasmus geschildert — dieses ewige Auswendiglernen und Abhören und Einsperren im Studierzimmer, diese ängstliche Sorge, den Schüler brauchbar zu machen für den Kampf ums Dasein, diese geistige Unfreiheit, die nichts weiß von Ehrerbietung und innerer Autorität, sondern den Zögling anlernt, niederzufallen vor Rang und äußerem Glanz. Jean Paul hat die „pädagogischen Kunstgärtner" verspottet, die vielgeschäftig die junge Pflanze umhegen, begießen und vor lauter Sorgsamkeit ihr Luft und Sonne nehmen, weil sie von der Kraft des eigenen Wachstums nichts wissen; er hat den Schulmeister seiner Zeit bitter einen „Prägestock" genannt, der seine Zöglinge münzt, er hat den Wahnsinn einer Kindererziehung gegeißelt, welche „mit Pelzmützen, Purgiermitteln und Luftsperren, mit Warmhalten und Festschrauben und Schonen einer feindlichen Zukunft nicht vorbaute, sondern vorarbeitete". Dieser Dichter fand den Wert des Menschlichen gerade in dem Kleinen und Unscheinbaren, im Häuslichen und im Stilleben, um aus der Enge frei hinauszuschauen auf das weite Meer des Lebens. Weil er sich selbst so reich beglückt fühlte durch Geringes und sein ganzes Leben lang ein Kind blieb, war er erfüllt von Liebe zum Kinderlande, die auch ihm aus der großen Liebe zu den Menschen erstand. Rousseau hatte auf ihn den stärksten Eindruck gemacht, seinen eigenen Namen Jean Paul wählte er sich in gewollter Annäherung an den verehrten Jean Jacques. Dabei war der politische und religiöse Radikalismus des Genfers ihm völlig fremd, und während bei diesem die Lehre kein Ebenbild in seinem persönlichen Leben besaß, hat Jean Paul seine Ideale selbst in sich getragen; das echte deutsche Bild des in die Enge gebannten vergnügten Schulmeisterleins hat er in seinem Lehrerdasein vorgelebt und durch die Gestalten des Maria Wuz und des Quintus Fixlein für die deutsche Literatur erobert. Seine Erziehungsgrundsätze hat er im Jahre 1807 in einem eigenen Buche niedergelegt, dem er den Namen der Göttin Levana gab in Erinnerung an jenen symbolischen Brauch der Alten, wonach der Vater den Neugeborenen liebevoll aufnehmen mußte vom Boden, um ihn als sein eigen anzuerkennen. In der „Levana" hat Jean Paul das Lob Rousseaus in lauten Tönen verkündet: dieser „erschütterte und reinigte die Schulgebäude bis zur Kinderstube herab". Auch Pestalozzi wird genannt als der „stärkende Rousseau des Volkes". Aber schon diese Formel zeigt, daß Jean Paul noch nicht erkannt hatte, worin die besondere und eigene Leistung des Schweizers bestand; noch ist der eigentliche Sinn der Methode und der ethischen Grundhaltung Pestalozzis in Deutschland unbekannt.

Die „Rezeption" Pestalozzis in Deutschland begann mit Fichtes „Reden an die deutsche Nation", die der Philosoph in der von den Franzosen besetzten Hauptstadt im Winter 1807 auf 1808 gehalten hat. Sie handeln, wie wir früher gesehen haben, von der Wiederaufrichtung des durch die Selbstsucht seiner Söhne zu Grunde gegangenen Vaterlandes, von der notwendig zu schaffenden Kraft, die über alle persönlichen Rücksichten von Vorteil oder Nachteil hinausgeht: diese Kraft muß also vorher im Volke durch Erziehung angelegt werden! Wie aber, so ist die Frage, sieht diese neue Erziehung aus, die neue Menschen und durch sie eine neue Gemeinschaft und einen neuen Staat zu bilden fähig ist? Sie darf nicht, wie das bisherige Erziehungswesen, sich nur an das Gedächtnis wenden, sie muß Liebe und Sehnsucht erwecken nach dem Wahren und Guten und nach seiner Darstellung im Leben — sie muß den Menschen zum Menschen bilden, nicht „etwas am Menschen" bilden wollen. Der Gedanke der „Züchtung" ist Fichte nicht fremd, aber er ist bei ihm noch vornehmlich geistig, im Sinne der platonischen Politeia gemeint, noch nicht ausschließlich naturwissenschaftlich und rassenmäßig wie im 19. Jahrhundert. Die Erziehung soll also nicht einfach Erkenntnisse übermitteln, vielmehr den Willen stählen und die Geistestätigkeit anregen, so daß jede Erkenntnis Lebenstrieb wird: die Liebe zur geistigen Tätigkeit wird die Sinnlichkeit überwinden und zur Sittlichkeit vorbereiten! Eine solche Erziehung, sagt Fichte in der neunten Rede, ist wirklich schon gefunden! Und nun rühmt er Pestalozzis Persönlichkeit und Werk, in ihm sieht er das deutsche Gemüt lebendig: er erzählt von seinem mühevollen Leben im Kampfe gegen alle Hindernisse, gegen die eigene Unbeholfenheit und gegen die Verkennung der Welt, er berichtet, wie Pestalozzi gerungen habe nach dem dunkelgeahnten Ziele und beseelt von dem mächtigen deutschen Triebe, von der Liebe zu dem armen verwahrlosten Volke. Aber es war nun doch ein weiter Weg von dem stillen Menschenfreund, der in seinem abgelegenen Winkel voll christlicher Liebestätigkeit den armen Kindern hilft, bis zu dem dröhnenden Tribunen, der in der besiegten Militärmonarchie das Volk zur Hingabe an den Staat und zur waffengewaltigen Tat aufrief. Es ist dabei lediglich biographisch und durch den Gang der deutschen philosophischen Bewegung bedingt, wenn Fichte in sein Erziehungssystem die formalistische Ethik Kants aufgenommen hat, also daß es gelte, einen festen und unfehlbaren Willen im Menschen zu bilden, eine Liebe, die „unmittelbar auf das Gute schlechtweg als solches gehet"; diese Formeln fehlen naturgemäß bei Pestalozzi, so viel Beziehungen man im übrigen zwischen ihm und dem „transzendentalen Idealismus" herstellen kann. Die Veränderung aber, die Pestalozzis Lehre bei ihrer Aufnahme in den preußischen Staat durch Fichte gefunden hat, greift noch tiefer und ergibt sich aus dem Unterschiede der Persönlichkeiten und ihrer Motive. Pestalozzi wollte vornehmlich dem niederen Volke helfen, Aufgabe der Gegenwart aber war es, den Unterschied von Gebildeten und Volk aufzuheben und durch die neuen Erziehungsgrundsätze eine Nation und einen Staat zu schaffen. Dies ist neben der einseitigen Pflege des Gedächtnisses der große Vorwurf, den Fichte gegen das bisherige Erziehungswesen vorzubringen hat, daß es immer nur Standeserziehung gekannt und dabei die höheren Stände dem Volke entfremdet, das Volk aber fast ganz vernachlässigt habe. Daß dem Volke geholfen werden müsse, hatte Pestalozzi gepredigt, und er hatte gezeigt, wie hier Menschen gebildet werden konnten. In Preußen aber hatte man in schwerer Zeit die Erfahrung gemacht, daß gerade den höheren Ständen die Verbindung mit dem Leben des Volkes, die neue Geistes- und Willensbildung notwendig sei und daß die neue Erziehung geeignet sein müsse, die Deutschen zu einer Gesamtheit zu formen, so daß es sich nicht mehr handeln dürfe um die Bildung eines besonderen Standes, sondern um die Bildung der Nation schlechthin als solcher. So hat Fichte Wort und Begriff der „Nationalerziehung" geschaffen. Es war der tragende Gedanke der ganzen Reformzeit und der deutschen Klassik überhaupt, daß die schlafenden Kräfte auch in dem Niedriggeborenen geweckt und daß eine einheitliche Menschheitskultur von hohem Werte also entstehen werde. Daß diese Kultur nur im deutschen Menschen sich vollenden könne, war Fichtes Meinung. Eine „Einheitsschule" sollte also zu „vollendeten" Menschen bilden, und im Sinne Fichtes sollten dies zugleich politische Menschen von nationaler Gesinnung sein. Auch der künftige Gelehrte mußte nach diesem Schulplane durch die allgemeine Nationalerziehung hindurchgegangen sein, damit die alte, geistige und soziale Absonderung und Verknöcherung, der alte Hochmut vermieden werde; der Staat aber soll im Laufe der Schuljahre diejenigen Knaben auswählen, die vorzügliche Gabe zum Lernen und hervorstechende Hinneigung nach der Welt der Begriffe besitzen, und er wird sie der höheren Lehranstalt zuweisen, die auf den Gelehrtenberuf vorbereitet.

So hat Fichte das Gebäude einer einheitlichen Nationalerziehung errichtet, deren Durchführung er dem Staate als seine Bestimmung zuweist. Da er nicht wie Pestalozzi ausschließlich vom Menschen ausging, sondern mindestens ebensosehr auch von Staat und Nation, wurden ihm die Grundsätze Pestalozzis zu politischen Mitteln; und da er den Staatsgedanken mit der ihm eigenen geistigen Gewalttätigkeit bis zur Ausschließung aller andern Berechtigungen vorschob, strich er aus dem Erziehungsplane Pestalozzis alles, was die Allmacht des Staates beengen konnte. Pestalozzi hatte die sittliche Bildung zur Gemeinschaft gegründet auf die Familie als die natürliche und christliche Lebensordnung der Menschen: in der „Wohnstube“ der Gertrud empfängt das Kind die Kenntnis der Welt und seiner Pflichten, die häusliche und mütterliche Erziehung kann nach Pestalozzi durch keine künstliche auch nur annähernd ersetzt werden, die Schule ist immer nur Notbehelf oder Ergänzung. Erst der Staatssozialismus Fichtes hat der Schule einen Eigenwert zugesprochen, indem sie an die weiteren Gemeinschaften jenseits der Familie gewöhnen soll. Da die Einheitlichkeit der nationalen Gesinnung für Fichte das Ziel war und der Staat Zwingherr zu dieser Einheit sein sollte, ist Fichte als erster zur Idee der Nationalschule gelangt. Einheitlich für das ganze Volk in allen seinen Ständen aufgebaut, erkennt diese Staatsschule weder eine Erziehungsberechtigung der Eltern noch Eigenrechte der Kinder an, sie duldet keine konkurrierenden Mächte neben sich — am wenigsten die Kirchen, die, wie Fichte sagt, „lediglich zur Seligkeit im Himmel“ erziehen. Seiner persönlichen Art entsprechend ging Fichte den Gedanken bis zu seiner letzten Möglichkeit ab und forderte grundsätzlich die Lösung des Kindes von der Familie, die Internatserziehung im Sinne einer staatlichen „Schulgemeinde“. Während feinsinnige Geister wie Jean Paul oder Humboldt aus dem Grundsatze der individuellen Erziehung die Trennung von Knaben und Mädchen als selbstverständlich beibehalten, verlangt Fichte die Koedukation: dies erfordere die Erziehung zum „vollkommenen Menschen“, indem also die Gegenstände prinzipiell für beide Geschlechter dieselben sind. Die Schulgemeinde ist ihm eine Lern- und Arbeitsgemeinschaft. Wie die Objekte der Erkenntnis sollen auch die des praktischen Gebrauches soviel als möglich selbst erzeugt werden: jenes geschieht durch die intellektuelle, dieses durch die mechanische Arbeit. Daß die Anstalt sich selber erhalte, eine „autarke Wirtschaftseinheit“ darstelle, soll den Zöglingen wenigstens so scheinen. Also nicht auf die Kostenersparnis kommt es dabei an, sondern auf den Dienst am Ganzen, an den der Zögling sich gewöhnen soll — und weil „das gegründete Vertrauen, daß man sich stets durch eigene Kraft werde durch die Welt bringen können und für seinen Unterhalt keiner fremden Wohltätigkeit bedürfe, zur persönlichen Selbständigkeit des Menschen gehört und die sittliche bedingt“. In das Gemüt des Zöglings soll als allererster Grundsatz die Überzeugung geprägt werden, „daß es schändlich sei, seinen Lebensunterhalt einem andern denn seiner Arbeit verdanken zu wollen". Auch wird das Leben im kleineren Gemeinwesen in den Schülern jene Liebe erwecken, die sie dann draußen in der Welt und in großen Gemeinwesen anwenden und betätigen werden! Immerhin verstand Fichte die Schulgemeinde zunächst nur als ein Gebot der historischen Lage, bis das neue Geschlecht vom verdorbenen alten innerlich losgelöst sei: wenn dereinst einmal „ein ganzes Geschlecht durch die neue Erziehung hindurchgegangen ist, wird sich beratschlagen lassen, welchen Teil der Nationalerziehung man dem Hause anvertrauen wolle". Es ist nicht so, als ob Fichte hätte behaupten können, ewige oder überlieferte Wahrheiten seien damals durch die Erwachsenen grundsätzlich gefährdet gewesen; er bildete sich vielmehr eine Theorie der nationalen Gemeinschaft und der restlosen Hingabe an den Staat und ließ keine andern menschlichen Beziehungen daneben gelten. Wenn der Staat — so sagt Fichte — zum Kriegsdienste zwingen darf, warum soll er nicht auch zur Erziehung zwingen dürfen? Auch bei Luther steht übrigens schon dieser Vergleich: wenn die Obrigkeit die Untertanen zwingen kann, Spieß und Büchse zu tragen, um wieviel mehr kann und soll sie die Untertanen zwingen, ihre Kinder auf Schule zu schicken! Doch der Staat, wie er Luther vorschwebte, sollte im Dienste religiöser und ethischer Ideale stehen; auch Fichte meinte es noch so, wie wir gesehen haben. Aber angesichts der Säkularisierung aller Gedanken, an der auch Fichte seinen Anteil nahm, sah der Staat sich doch schließlich über alle Rücksichten hinausgehoben, die Hingabe an ihn wurde zum höchsten sittlichen Postulat. So machte Fichte den Staat durch den staatlichen Schulzwang zum Herren der jugendlichen Gewissen, wie Scharnhorst ihn durch die allgemeine Wehrpflicht zum Besitzer der jugendlichen Körper machte. Beide Männer konnten dabei gewisse Institutionen des altpreußischen Absolutismus fortentwickeln — der eine die Zwangsaushebung des Kantonreglements, der andere die Volksschulpflicht, wie sie seit Friedrich Wilhelm I. allmählich durchgesetzt worden war. Jetzt aber wollte man es nicht mehr mit Untertanen zu tun haben, sondern mit Bürgern, und man glaubte, daß die gesteigerte Unfreiheit dennoch erträglicher sein werde als das alte System des Absolutismus, das um ethische Fundierung sich nicht bemüht hatte und dem es ausschließlich auf die Mehrung der materiellen Leistungsfähigkeit angekommen war. Freilich konnte Fichte sich nicht verhehlen, daß ein Staatsmonopol an der Bildung leicht den Wert des Geistigen nach dem politischen und praktischen Nutzen statt nach dem inneren Gehalte bemaß und daß die Kasernierung für den Geist noch eine größere Gefahr war als für den Körper. Er half sich mit dem Hinweis auf Deutschlands Vielstaaterei, die selbst dieser erste Theoretiker der kulturellen Uniformierung doch noch erhalten sehen wollte als eine Gewähr der Freiheit, als ein Ansporn zum Wetteifer. Aber immerhin — wenn jetzt die Gedanken der allgemeinen Wehrpflicht und der staatlichen Zwangserziehung in Preußen völlig durchgeführt wurden, so war dies nicht nur die augenblickliche Notlage Preußens, die hierzu führte, vielmehr stand dahinter eine von der Französischen Revolution vorgezeichnete Wandlung von säkularer Bedeutung. Bei Fichte wie bei Scharnhorst war der Zwang gemildert durch ethische Begründungen und durch die Hoffnung, daß die freiwillige Hingabe an den Staat den Menschen zu einer neuen Religion werde, daß also alle andern Zielsetzungen des Lebens dahinter zurücktreten würden. Aber es war trotz allem schon jetzt entschieden, daß der neue nationale Staat, der sich als Idee zu bilden begann, eine ganz andere Macht besitzen werde als der alte Staat des Absolutismus und daß im Namen des Geistes die persönliche Freiheit eine ganz neue und drückende Einengung erfahren werde, nachdem soeben die politische Freiheit der Menschenrechte proklamiert war.

Fichtes Aufruf war die Fanfare der neuen Zeit. Sie appellierte an das ganze Volk in allen seinen Ständen, sie erschütterte die Gewissen, sie wollte den alten preußischen Staat erneuern und sittlich vertiefen, damit er Vorbild werde für Deutschland. Preußen lag zunächst am Wege der Reformer, es sollte nach ihrer Meinung zuerst den deutschen Geist aufnehmen, der soeben sich zu realisieren begann. Die besondere Ausprägung, die Fichte dem Erziehungsgedanken gegeben hat, ist freilich niemals verwirklicht worden; allzu stark waren die menschlichen und historischen Kräfte, die sich gegen die Vergewaltigung durch die Theorie auflehnten. Aber sein Grundplan einer national und durchaus weltlich bestimmten Einheitsschule, durch die der Staat das Bildungsmonopol besitzen sollte, hat die preußisch-deutsche Kulturpolitik des Jahrhunderts aufs tiefste beeinflußt, er hat dem Staate ungeahnte Möglichkeiten zur Steigerung seiner Macht eröffnet und zahllose Kämpfe hervorgerufen; daß in diesen Schulplan auch wertvolle neue Gedanken Pestalozzis eingebaut waren, interessierte den Staat weniger. Die preußischen Reformer aber hofften noch beides vereinigen zu können und — indem sie die Macht des Staates durch Benutzung der höchsten menschlichen Willenskräfte steigerten — doch auch dem Menschen um seiner selbst willen dienen zu können. In diesem Geiste hat Humboldt die Ideen, die er vorfand und unter denen ihm der Gedanke des reinen Menschentums persönlich besonders vertraut war, in der preußischen Schulverwaltung zu verwirklichen begonnen. Er hat die Grundsätze Pestalozzis in Verwaltungssätze gefaßt; die innere Übereinstimmung des Propheten und des Staatsmannes ist eine historische Erscheinung von höchstem Reize. Das Bildungsideal, in welchem sich die Denker und die Männer der Verwaltung zusammenfanden, hieß Weckung aller Kräfte; es wollte nicht Darbietung von Wissen, sondern Entwicklung von Fähigkeiten. Die ganze Jugend sollte durch diese Welt des Geistigen hindurchgehen, bevor Beruf und Erwerb sie einengten. Daher konnte es grundsätzlich keine andere Gliederung der Schulen geben als diejenige der zeitlichen Dauer. Also schloß der Gedanke der allgemeinen Bildung — die nicht enzyklopädisches Wissen, sondern eine vorbereitende Übung der Kräfte will — alle Standes- und Berufsschulen aus. Humboldt hat diesen tragenden Gedanken seiner ganzen Reformarbeit also formuliert: „Alle Schulen, deren sich nicht ein einzelner Stand, sondern die ganze Nation oder der Staat für diese annimmt, müssen eine allgemeine Menschenbildung bezwecken. Was das Bedürfnis des Lebens oder eines einzelnen seiner Gewerbe erheischt, muß abgesondert und nach vollendetem allgemeinem Unterricht erworben werden. Wird beides vermischt, so wird die Bildung unrein, und man erhält weder vollständige Menschen noch vollständige Bürger einzelner Klassen.“ Dies war eine Erwägung, die der historischen Lage, der geistigen und gesellschaftlichen Entwicklung des beginnenden 19. Jahrhunderts entsprach. Einheit und Kontinuität des Schulunterrichtes, wie sie hier entwickelt waren, beruhten auf der Überzeugung, daß Bildung ein organischer Zusammenhang sei. Diese Einsicht ist dem menschlichen Denken erst im 19. Jahrhundert verloren gegangen, vorher lag sie allen Kulturzeitaltern lebendig vor Augen; sie hatte soeben ihre vielseitige Begründung in der klassischen Literatur der Deutschen erhalten, sie lag dem philosophischen System Fichtes, seiner „Wissenschaftslehre“ zu Grunde, sie war im Jahre 1803 von Schelling in seinen „Vorlesungen über die Methode des akademischen Unterrichtes“ eindrucksvoll und abschließend entwickelt worden. Zugleich aber entsprach der Gedanke der Einheitsschule auch den Veränderungen der gesellschaftlichen Ordnung, wie sie sich im Fortgange der abendländischen Geschichte vollzogen hatten und an die Preußen sich durch das Reformwerk des Freiherrn vom Stein anschloß: die Geburtsstände verschwanden und an ihre Stelle trat die rechtliche Gleichheit unter allen Volksgenossen und die Gliederung nach dem materiellen und geistigen Vermögen. Die Einheitsschule entsprach dem einheitlichen Heer, der einheitlichen Verwaltung: auch hier wieder wird der innere Zusammenhang aller Teile der Reform offenkundig. Das Gewirr der vorhandenen Schulen mußte also der neuen Zeit weichen: künftig gab es nur den dreifachen Aufbau der Elementarschulen, der Gelehrtenschulen und der Universitäten. Humboldt warnte davor, den Elementarunterricht in die unterste Stufe der Gelehrtenschule einzubeziehen; die „Grundschule" hat nach ihm eine große soziale Funktion: man würde sonst „die eigentlichen Elementarschulen bald als Volksschulen im verächtlichen Sinne des Wortes ansehen". Der Zweck der Gelehrtenschulen ist „die Übung der Fähigkeiten und die Erweckung der Kenntnisse, ohne welche wissenschaftliche Einsicht und Kunstfähigkeit unmöglich ist". Und während man also in den Gelehrtenschulen „das Lernen lernt", lehrt die Universität das eigene Erschaffen des Wissens — und wäre es auch nur das Nachschaffen bereits gewonnener Einsichten! Den Übergang von der einen zur andern Stufe wollte Humboldt möglichst erleichtern. Auch bei dieser Forderung ist die doppelte Motivierung des Reformwerks durch soziale und methodische Erwägungen kennzeichnend: da es keine andern Abstufungen als die durch die individuellen Begabungen geben soll, müssen alle andern Hindernisse des Aufstieges möglichst zurückgedrängt werden, und indem das Wissen eine Einheit ist, muß die Schule ein adäquater Ausdruck dieser Totalität sein. Neben dieser Längseinteilung des Schulwesens darf es keine Querteilung geben. Die Spezialschulen sind nicht „vorbereitend", sie liegen also außerhalb dieses Gebäudes und sind „dem Leben vorbehalten", wie Humboldt sagte. Den Standesschulen aber kündigte Humboldt einen regelrechten Krieg an, nicht überall drang er durch. Es verschwanden die Ritterakademien und die Garnisonschulen für die Soldatenkinder, aber die Kadettenhäuser wurden von Scharnhorst, wie wir wissen, zwar nicht als Standes-, wohl aber als Spezialschulen erhalten und erfuhren Humboldts schärfste Kritik; denn „sie bilden früher für einen Beruf als zum Menschen aus". So hat auch die Kriegsakademie und die Pépinière, die technische Hochschule für Militärärzte, keine Gnade gefunden vor Humboldts Idee der Universität.

Was nun die Volksschulen betrifft, so lag hier ein weites Feld, auf dem noch so gut wie alles zu tun war. Die Aufklärung hatte zwar manche wohlgemeinte Versuche zur Hebung der Volksschule gemacht; aber weder die Fürsten noch die Literaten hatten viel zu Wege gebracht, am besten stand es noch in den geistlichen Staaten, wo durch den Klerus genügend gebildete Männer für Unterricht und Aufsicht zur Verfügung standen. Nur in formaler Hinsicht war Preußen sehr weit gegangen: die allgemeine Volksschulpflicht hatte schon Friedrich Wilhelm I. in dem berühmten Edikt von 1717 angeordnet, wonach in den Orten, „wo Schulen seien", die Eltern bei Strafe gehalten sein sollen, ihre Kinder in die Schule zu schicken. Die von dem Edikt vorausgesetzte Gründung von Schulen ging jedoch nur sehr langsam vor sich, auch der König hat nur auf den Domänen Schulen gebaut und als Lehrer nur solche eingestellt, „die dabei arbeiten und sich was verdienen können, um der Gemeinde nicht ganz und gar à charge zu sein". Sein Nachfolger aber, der Philosoph auf dem Throne, hat schon aus Gründen seiner Weltanschauung wenig für die Volksschule getan: ihm fehlte der Glaube an die Menschen, ihm galt die Schule nur so weit, als sie helfen konnte, die Arbeitsamkeit und die Steuerfähigkeit der Massen zu steigern. Die üblen Schulzustände sind gegen Ende des 18. Jahrhunderts in der Oppositionsliteratur oft und vielfach wohl auch zu grell geschildert worden; es bleibt aber doch des Lehrer- und Schulelendes genug — überfüllte Klassen, erbärmliche Schulstuben, ausgehungerte und unfähige Lehrer! Seine Einkünfte zog der Schulmeister von den Kindern in der Form des Schulgeldes ein, die Schulstellen waren Versorgungen für Invaliden, für unfähige und gescheiterte Handwerker; meist waren es die „sitzenden Gewerbe", Schneider oder Schuster, die sich der körperlichen Bewegung wegen zum Beruf des Prüglers meldeten; der Unterricht kam auf dem Lande selten über das Buchstabieren hinaus. Das Zeitalter der Aufklärung schrieb und „raisonierte" über diese Zustände, hat auch wohl die Begründung einiger Musteranstalten gesehen; für die Masse des Volkes änderte sich nichts. Erst gegen Ende des Jahrhunderts begann in Preußen auch im Kreise der Regierung sich auf diesem Gebiete ein Reformwille zu regen. Kurz vor dem Eintreffen Humboldts in Königsberg hatte man die Verbindung mit Pestalozzi aufgenommen, man hatte ein „Normalinstitut" mit Lehrerbildungsanstalt gegründet nach dem Muster von Ifferten und einen Anhänger des neuen Propheten an die Spitze gestellt, auch einige Kandidaten waren nach der Schweiz geschickt worden. Es wurde ihnen gesagt, daß sie nicht nur der „Methode" wegen dorthin gesendet würden — das „lohnte die Kosten fürwahr nicht" — und daß es sich überhaupt nicht nur um die Geschicklichkeit zum Unterrichten handle, sondern daß sie sich erwärmen sollten an dem heiligen Feuer, „das in dem Busen glüht des Mannes der Kraft und der Liebe, dessen erreichtes Werk noch immer unter dem geblieben ist, was er ursprünglich wollte, was, nach allem zu urteilen, die eigentliche Idee seines Lebens war und wovon die Methode nur als schwacher Ausfluß, nur als Niederschlag erscheint“. Der Königsberger Nicolovius, ein feinsinniger Theologe, der weite Reisen gemacht hatte und mit Goethes Nichte vermählt war und der nun unter Humboldt als Ministerialdirektor arbeitete, hatte schon in früheren Jahren die Anstalt Pestalozzis besucht und wurde jetzt nach dem Vorgange Fichtes ein entschiedener Förderer der neuen Bestrebungen. An Enttäuschungen fehlte es freilich nicht, die inneren Schwierigkeiten jeder „Schulgemeinde“ wiederholten sich in dem Königsberger Institute, und wenn der junge Karl v. Raumer, der später in Erlangen ein berühmter Pädagoge geworden ist, von Fichte begeistert nach Ifferten gezogen war, so kehrte er nach Ablauf eines Jahres sehr ernüchtert zurück: seine Umkehr hat mehr als eine persönliche Bedeutung! Auch Pestalozzi war das Schicksal der Berühmtheiten nicht erspart geblieben: die Pflichten seines Weltrufes entzogen ihn immer mehr der Mitarbeit an seinem Werke, die Lehrkräfte befehdeten einander aus Eitelkeit oder Neid, die Kinder aber gelangten den ganzen Sommer über kaum zum Lernen, da sie „fast täglich jedem Narren von Reisenden vorexerziert wurden“. Vor allem aber begann mit Raumer der Zweifel an dem Gleichheitsprinzip Pestalozzis, die individuelle Erziehung schien ihm besser gewährleistet, wenn sie auf den Stand der Eltern und auf die Person des Zöglings Rücksicht nahm, wenn sie kulturell und national bestimmt war. Immerhin war mit der Rezeption Pestalozzis die Entstehung einer allgemeinen deutschen Volksschule angebahnt: der neue Geist verbreitete sich mit Hilfe neu gegründeter Lehrerseminare rasch über die preußische Monarchie, doch die Klärung der Prinzipien sollte noch das ganze kommende Jahrhundert beschäftigen.

Auch die Gelehrtenschulen bedurften der Erneuerung, auch für sie bedeutet die Rezeption Pestalozzis einen neuen Weg, welchem die pädagogischen Reformideen des 18. Jahrhunderts nur eben vorgearbeitet hatten. In den protestantischen Staaten war man über den von Melanchthon eingenommenen Standpunkt nicht mehr hinausgekommen. Nur die berühmten sächsischen Fürstenschulen und die württembergischen Klosterschulen machten eine Ausnahme; aber sie waren lediglich für künftige Theologen bestimmt.

Im übrigen gab es nur die Lateinschulen, in denen die lateinische Grammatik das Haupt- und Kernfach darstellte. Der Betrieb war durchaus katechetisch — ein Frage- und Antwortspiel, das man mechanisch auswendig lernte. Darüber hinaus gab es nur noch die Nachahmung Ciceros, dem man die Phrasen entnahm, um mit ihnen den lateinischen Stil zu spicken. Nachahmung von auswendig gelernten Formeln ist unter allen Umständen erzwingbar; so herrschte denn in diesen Schulen noch mehr als in der Volksschule der Stock — „das Gewölbe schallt täglich wider von dem Geschrei der Geschlagenen“, wie es in einem wenig anmutigen Zeitbilde heißt. Dieses ganze System des Auswendiglernens und Abhörens von Vokabeln und Formeln, dieses System des Exponierens und der Exerzitien ohne Geist und Sinn war überaus bequem für die Lehrer, an die nur geringe Anforderungen gestellt wurden und deren Ansehen und äußere Lage erbärmlich waren. Ein bestimmter Bildungsgang war für sie nicht vorgeschrieben, wie ja auch die Professoren der Philologie und Eloquenz an den Universitäten keine eigenen Schüler hatten und ihr Ordinariat meist nur als Vorstufe zu einem Lehramt in der theologischen und juristischen Fakultät betrachteten; es wurde früher erwähnt, daß dies zuerst in Göttingen sich änderte. Die Lehrer an den Latein- und Gelehrtenschulen waren meist gescheiterte Theologen oder solche, die auf ein Pfarramt warteten, eine Prüfung fand höchstens „pro loco“ statt, in Württemberg bildete das Präzeptorat oft genug einen Strafplatz. Vornehme Leute vertrauten daher ihre Söhne niemals den staatlichen oder städtischen Gelehrtenschulen an, sie ließen sie durch Hofmeister zu Hause unterrichten oder sandten sie auf die Ritterakademien oder in katholischen Ländern auf die Jesuitenschulen, wo neben der lateinischen Eloquenz noch die moderne Bildung gepflegt wurde, die den Zögling befähigte, dereinst die Fragen des Lebens, der Politik und Geschichte vom hohen Standpunkte zu beurteilen und als ein allseitig gebildeter Mensch in der großen Welt sich zu bewegen. Auch manches „Gymnasium illustre“ entstand in dem Jahrhundert nach dem Dreißigjährigen Kriege, jeder Fürst wollte in seinem Lande und an seinem Hofe eine Akademie haben. Durch den Glanz einer solchen Anstalt wurde oft genug die Universität der benachbarten mittelalterlichen Stadt in den Schatten gestellt; denn solche Gymnasien fügten sich gerne noch akademische Vorlesungen ein, so daß sich der Unterschied zwischen Schule und Universität verwischte. Am berühmtesten ist die Hohe Karlsschule, die Herzog Karl Eugen von Württemberg in Stuttgart neben die Tübinger Universität setzte; sie umfaßte alle Unterrichtsstufen, erhielt 1781 das Universitätsprivileg und pflegte die moderne Bildung des „philosophischen“ Jahrhunderts. Aber diese höfischen Gründungen, die oft nur auf dem Interesse und der Ruhmbegierde eines einzelnen Fürsten oder Hofes beruhten, dürfen nicht vergessen lassen, daß die Masse der Lateinschulen noch in der zweiten Hälfte des 18. Jahrhunderts sich in trostlosem Zustande befand und daß von diesen Schulen die meisten Studenten kamen, die dann rasch genug auf der Universität dem rohesten Pennalismus verfielen.

Die pädagogische Literatur der Aufklärung wandte mit besonderer Vorliebe sich gegen die schlimmen Zustände in den Latein- und Gelehrtenschulen, durch die ja alle diese Schriftsteller einst als Schüler hindurchgegangen waren. Da sie ausgingen von dem Glauben an die Güte der Menschennatur und von dem Satze, daß der Mensch von Natur aus den Drang habe zu erkennen, konnten sie die Klagen über die Dummheit und Trägheit der Schulknaben nicht anders deuten, als daß die Schuld an dem herrschenden Systeme liege. Die Aufklärung bekämpfte in der Erziehung die Rute, wie sie im Strafrecht die Folter bekämpfte — als traurige Reste aus dem „finstern“ Mittelalter! Wenn die Entwicklung der geistigen Tätigkeit den Inhalt der Schule ausmacht, sind Zwangsmittel freilich weder möglich noch nötig: eine solche Schule kommt, davon war man überzeugt, dem natürlichen Triebe des heranwachsenden Jünglings entgegen. So gilt also die Kritik der Aufklärung dem Auswendiglernen, dem „Trichter“, den man täglich „zwischen die knirschenden Zähne der Jugend hineinzwängt, um die von den Gedanken abgeschöpfte Sprache der Römer einzugießen“. Statt dessen verlangten diese „Philanthropisten“, als deren bedeutendster Basedow aus dem Kreise der Rousseau-Jünger genannt sein mag, die freie Entfaltung der Kräfte und, als Mittel der Erziehung, die Weckung des Ehrgefühles durch Zensuren, Lokationen, Prüfungen. Auch begann die Aufklärung Kritik zu üben an der einzigartigen Stellung, die dem Lateinunterricht eingeräumt war, und forderte Annäherung an das Leben, in welchem der junge Mensch sich dereinst einmal betätigen mußte. In dieser Hinsicht gingen Aufklärung und Pietismus zusammen; schon im Jahre 1708 hatte der Pfarrer Christoph Semmler in Halle die erste „Realschule“ begründet, nachdem bis dahin, wie Melanchthon es durchgesetzt hatte, im ganzen protestantischen Kulturgebiet die Lateinschule die einzige höhere Lehranstalt für alle Stadtkinder war. Die Aufklärung wollte „brauchbares Wissen fürs wirkliche Leben“, und andererseits „aus den höheren Klassen allen Sektengeist verbannen". Hand in Hand mit diesem Utilitarismus ging die neue Methode: in Basedows Musteranstalt, dem 1774 in Dessau gegründeten „Philanthropinum", wurde auch Latein gelehrt, aber man wollte nicht die „unerhörten Zeitvergeudungen" des bisherigen Unterrichtes, man begann mit Umgang und Gebrauch, dem dann erst die Grammatik folgte. So enthielt dieses Schulprogramm schon alle jene Forderungen, die im Laufe des 19. Jahrhunderts durch die wirtschaftliche und soziale Entwicklung emporgetragen wurden und in eine Periode zahlloser Schulexperimente hineinführten. Wenn die Aufklärung diesen Weg nicht rascher durchlaufen konnte, so war es, weil der Neuhumanismus dazwischentrat. Beide Strömungen berührten sich in vielen Punkten — in der Kritik an der alten Lateinschule und dem Glauben an die freie Betätigung der Kräfte, in der gemeinsamen Wendung gegen die Kirche. Aber der Neuhumanismus verstärkte und vertiefte die absolute Gültigkeit des Altertums, er wandte sich gegen die neue „realistische" Richtung, gegen ihre Überschätzung des Sachwissens, aus der die Überzahl der Fächer entstanden, gegen ihre Vernachlässigung des Griechischen und der Philosophie, gegen ihre Unfähigkeit, den Geist zu schulen; auch war in dem Schulsystem der Philanthropisten der Gedanke der „Einheitsschule" bis in die letzte Konsequenz durchgedacht, also daß die Knaben erst mit dem zwölften Lebensjahre die erste Lateinstunde erhalten konnten. So war der Kampf zwischen der humanistischen und realistischen Strömung schon gegen Ende des 18. Jahrhunderts auf der ganzen Linie entbrannt. Dabei war es das Schicksal des Neuhumanismus, daß sein feines und großes Programm nur von tiefen und reichen Menschen erfüllt werden konnte und daß der Durchschnitt doch wieder die Verbindung des klassischen Bildungsideals mit dem Erziehungsbegriff Rousseaus löste. Schon Niethammer, der neben Friedrich Thiersch die bayrischen Gymnasien reformierte, stellte die formale Bildung durch die Sprache ausdrücklich in Gegensatz gegen das Rousseausche Prinzip „Nicht Worte, sondern Sachen", und schon er wagte gegen Rousseau darzulegen, wie die Unlust der Jugend zum Lernen gerade ein Beweis sei, daß man erzieherisch das Richtige getroffen habe.

Zunächst und für zwei bis drei Menschenalter siegte der Neuhumanismus. Er verfügte damals über die tieferen Denker, der klassizistische Geist war noch in voller Geltung und war ihm behilflich, die sozialen Verhältnisse waren seinem Schultypus günstig, man brauchte in den höheren Berufen vor allem Beamte,

Theologen, Ärzte. Die Reform der Gelehrtenschulen im neuhumanistischen Sinne war gegen Ende des Jahrhunderts überall im Gang. In dem Geiste Herders hatte sich die Synthese der Rousseauschen Pädagogik und des neuhumanistischen Bildungsideales zuerst vollzogen, Herder stand auch von allen Klassikern dem Schulwesen am nächsten, er zuerst hatte zu sagen gewagt, Imitation sei ein Unding, und die alten Schriftsteller, „die größten Heldentaten des menschlichen Geistes", seien zu Besserem da als zu „Stilübungen im Staube unserer Lehrkerker". Aus den philologischen Seminaren, die Heyne in Göttingen und Friedrich August Wolf in Halle gegründet hatten, gingen Lehrer hervor, die das Studium des Altertums sich zum Lebensinhalt gewählt hatten und das „Nachleben" der Griechen im Sinne eines inneren Wachstums verstanden. Die formale Bildung und die Vorbereitung auf den Gelehrtenberuf standen für diese Schulmänner erst in zweiter Linie. Das Schwergewicht des Unterrichtes verschob sich durchaus nach dem Griechischen hin. Im Kampfe gegen doppelte Front setzte Friedrich August Wolf sich durch. Er bekämpfte die alte Drillanstalt, aber ebensosehr den Utilitarismus der Aufklärer und ihre Anhäufung des Sachwissens: πολυμαθίη νόον οὐ διδάσκει, wie schon der alte Heraklit gesagt hatte. Auch zog Wolf wieder scharf die Grenze zwischen Universität und Schule, nachdem sie, wie erwähnt, vielfach zu verschwinden begann. Eine jede der beiden Anstalten, so lehrte er, hat ihren eigenen Wert und Charakter und ein besonderes Gesetz ihres Lebens: die Schule ist gemäß ihrem Namen Gymnasium, der ihrem Wesen am meisten entspricht, durchaus gymnastisch, Kräfte übend; ihre Aufgabe ist nach Wolf die methodische Übung der intellektuellen Kräfte und die vorbereitende Anregung des wissenschaftlichen Geistes: „Erst auf Universitäten muß der Unterricht wissenschaftlich, auf den Schulen muß er vorbereitend, im allgemeinen bildend und elementarisch sein". So wollte Wolf auf den Schulen keine wissenschaftliche Grammatik gepflegt, sondern Fertigkeiten geübt wissen, und bei der Lektüre der Schriftsteller sollte keine Textkritik getrieben, sondern die Einsicht in Form und Inhalt erarbeitet werden. Wolf baute das Gymnasium nicht auf das Studium des Altertums, sondern auf die „klassischen Studien" und machte sie zum Mittelpunkte des ganzen Unterichtes: „In uno habitandum, in ceteris versandum!" Überall drängte er auf Einschränkung, die Liste der Autoren war bei ihm sehr karg — um so tiefer werde alsdann das Eindringen sein! Dem Lehrer gab er den Rat, er solle es „beinahe so machen wie jener Prediger, der sechs Tage lang auf seine

Predigt studierte und dabei drei Tage bedachte, was er nicht sagen wollte". So suchte dieser Neuhumanismus die Gelehrtenschule zu einer in sich geschlossenen Einheit zu formen, die alles verwirrende Vielerlei ausschloß und sich ganz und gar sammelte um die ewigen Werte, die man im Griechentume zu finden glaubte. Daß diese Schule leicht zu einer Entfremdung vom Christentume führen konnte, lag im Wesen des Humanismus, und auch schon Luther hatte in solcher Hinsicht Sorge gehabt: „Die hohen Schulen sind große Pforten zur Hölle, so sie nicht emsiglich die Heilige Schrift üben und treiben ins junge Volk." Gerade bei den bedeutendsten Vertretern des Humanismus fällt diese Haltung auf; so umfassend auch und vollständig die Bildung Wilhelm v. Humboldts gewesen ist, so hat er doch das Christentum und überhaupt das Religiöse nie begriffen, ein ganzer, weiter Bezirk des menschlichen Daseins blieb ihm also verschlossen. Der Neuhumanismus hat seinen heidnischen Grundcharakter gerne recht offensichtlich zur Schau gestellt; bei einem Manne wie Friedrich Thiersch — der als ein Schüler Göttingens in der Rheinbundzeit nach Bayern berufen wurde, um dort den neuen Schultypus durchzusetzen — ist dies in der katholischen Umgebung sehr deutlich geworden und hat in der Folge häufig zu grundsätzlichen Konflikten geführt. Immerhin war daneben auch ein christlicher Humanismus möglich, wie er auf protestantischem Boden später besonders in Erlangen gepflegt wurde — von Karl v. Raumer ist hier schon die Rede gewesen — und wie ihn in Erziehungsfragen auch Jean Paul in der „Levana" vertreten hat, der übrigens dort auch die feinste Formulierung des humanistischen Schulideals gegeben hat: „Die jetzige Menschheit sänke unergründlich tief, wenn nicht die Jugend durch den stillen Tempel der großen alten Zeiten und Menschen den Durchgang zum Jahrmarkt des Lebens nähme."

So trat Wilhelm v. Humboldt auch bei der Reform der Gelehrtenschulen in eine längst sich vollziehende Bewegung ein, die auch die preußische Schulverwaltung bereits ergriffen hatte: im Jahre 1788 war die Abiturientenprüfung eingeführt und so der Begriff „Gelehrtenschule" scharf abgegrenzt worden. Humboldts Leistung besteht nun darin, daß er das Schulideal des Neuhumanismus — dem eine Bildungsidee zu Grunde lag, die er selber heraufzuführen geholfen hatte — mit den Gedanken Pestalozzis verband und auf dieser Grundlage eine einheitliche Neuordnung der preußischen Gelehrtenschulen durchführte. Sein Mitarbeiter war dabei der Staatsrat Johann Wilhelm Süvern, der einst ein Schüler Wolfs gewesen war, dann im praktischen Schuldienste gestanden und soeben einem Rufe an die Universität Königsberg gefolgt war, als Hof und Regierung durch die Niederlage von Jena in die ferne Stadt kamen und auf Süvern aufmerksam wurden. Süvern hat dann die Reform der höheren Schulen auch nach Humboldts Rücktritt in ihrer beider Sinne weitergeführt. Was dieses Werk ermöglichte, war eben die allen diesen Männern gemeinsame Zentralidee der Sebsttätigkeit — daß nämlich Lernen ein geistiges Schaffen sei und daß also die Welt des Wissens in jedem Individuum neu erzeugt werden muß. Diese Überzeugung und nicht nur die ästhetische und wissenschaftliche Wertung des Altertums gab jetzt in Preußen auch für die Gelehrtenschulen den letzten entscheidenden Anstoß der Reform. Der Stoff der Übung ist hiernach nicht nach seiner unmittelbaren Nützlichkeit und Brauchbarkeit für den Kampf ums Dasein zu wählen; es kommt vielmehr alles auf die gleichmäßige Übung der Hauptkräfte an. In diesem Sinne predigten Pestalozzi wie der Neuhumanismus eine „formale Bildung“: wer durch die mathematische oder fremdsprachliche Schulung hindurchgegangen ist, hat einen geübten Geist, auch wenn er später keinen Lehrsatz mehr beweisen, keine Inschrift mehr übersetzen kann. Vor allem, sagt Humboldt, ist die Sprache ein Mittel, geistige Kräfte zu entfalten: denn Sprache ist die sinnliche Darstellung des Geistes, sie ist „nicht Erzeugtes, sondern Erzeugung.“ Auf dem Gebiete der Sprachphilosophie liegen ja Humboldts originalste wissenschaftliche Leistungen: wie er in seinen Jugendarbeiten die Ideen aufgefunden hatte in den Werken der Plastik, so hat er sie später gesucht in der Sprache, und er hat hier den Zugang gesehen zum Geist, auch den Zugang zu dem individuellen Geiste eines Volkes. In seinen Lehrplänen lag Humboldt die einseitige Betonung des Sprachunterrichtes noch ferne; aber der Sprachunterricht sollte nach ihm doch nicht nur ein Mittel sein zum Verständnis der klassischen Schriftsteller: Humboldt hat die Sprache, deren Studium er persönlich die tiefsten Einsichten verdankte, energischer zur Grundlage der deutschen Gelehrtenschulen gemacht, als es dem Neuhumanismus ursprünglich eigen war. Diese Wendung, die Humboldt dem höheren Schulwesen gegeben hat, ist überaus folgenreich geworden. Die „humanistische“ Grundlegung der neuen Bildung, wie sie der Neuhumanismus gab, verbot an sich die Aufnahme von Schülern, die nicht die ganze Schule durchlaufen wollten. Denn erst die Lektüre der alten Schriftsteller brachte den eigentlichen Ertrag der sprachlichen Vorbereitung, nämlich die Erkenntnis des Menschheitsvolkes, die Idee der Humanität; das Gymnasium sollte hier Bildung bieten und zugleich Vorbereitung sein für das Studium. Wenn Humboldt nun aber sagte, daß die Erlernung der Sprache den Blick öffne in das Walten des Geistes und daß sie deshalb, auch wenn sie noch so frühe abgebrochen werde, den höchsten Nutzen gewähre — dann war der Besuch des Gymnasiums von Wert, auch wenn er frühe wieder abgebrochen wurde. Auch verkannte Humboldt dabei, daß die tiefen Einblicke, die ihm selbst das Sprachstudium gewährt hatte, dem Kinde immer verschlossen bleiben werden, und so hat er durch seine Ansicht über die Stellung des Sprachunterrichtes Veranlassung gegeben, daß in den Schulen die Sprache doch wieder Selbstzweck wurde. So sind von ihm, ohne daß er es beabsichtigte, Entwicklungen eingeleitet worden, die in der Folgezeit für das deutsche Gymnasium verhängnisvoll wurden. Für ihn selbst waren und blieben maßgebend allein die Forderungen, die er sich aus vielerlei Studien und Anregungen gewonnen hatte: die organische Einheit aller Wissenschaften führte auf eine Universalität des Lernens, die nicht quantitativ bestimmt war, sondern von irgend einer Stelle der Peripherie aus in das Wesen der Dinge eindrang und an der die Individualität des Lernenden sich entwickeln sollte. „Humanität" aber war das höchste und letzte Ziel!

Die wichtigsten gesetzgeberischen Akte sind erst nach dem Ausscheiden Humboldts aus dem Amte herausgekommen. Zunächst wurde im Jahre 1810 den Gelehrtenschulen ein wissenschaftlicher Lehrerstand gesichert durch Einführung eines Examens „pro facultate docendi". Hierdurch wurde der bisherige Mißbrauch der Patronatsrechte und die Willkür der städtischen Schulbehörden beseitigt und dem Staate der entscheidende Einfluß auf die Auswahl der Lehrer gegeben: der höhere Lehrer als neuer Stand und Beruf ist dadurch geschaffen worden. Doch blieb innerhalb dieses Rahmens Raum für die Selbstverwaltung und für die kommunalen Gerechtsame bei Stellenbesetzung und Schulaufsicht; daß bei dieser Gelegenheit der Einfluß der Geistlichkeit zurückgedrängt werden konnte, war Humboldt sehr willkommen. Die Examensordnung verlangte vom Kandidaten — im Geiste der Universalität und der allseitigen Durchdringung des Wissens in seinem organischen Zusammenhang — Kenntnisse in den philologischen, historischen und mathematischen Fächern zugleich. „Man gestattete der Individualität, sich nach einer bestimmten Seite hin besonders auszuzeichnen, aber man gestattete ihr nicht, nach einer Seite hin ganz zu versagen." Auch sonst legte Humboldt, nicht anders als Scharnhorst und aus dem gleichen Geiste der sozialen

Nivellierung heraus, auf Examina einen großen Wert, so daß man wohl von einem „Prüfungsfanatismus" Humboldts gesprochen und ihn historisch begreiflich, aber für das deutsche Schulwesen sehr folgenschwer gefunden hat. Ein Edikt Süverns vom Jahre 1812 ordnete das Abiturientenexamen, das seit 1788 in der Praxis oft als ein einfaches Abgangszeugnis verstanden worden war. Der Name Gymnasium wurde denjenigen Anstalten vorbehalten, welche mit dem Zeugnis der Reife entlassen. Doch blieb auch jetzt noch die Möglichkeit, das Recht zur Immatrikulation durch eine Aufnahmeprüfung bei der Universität zu erwerben, so daß immer noch der Weg der freien Vorbereitung ohne Nachteile eingeschlagen werden konnte. Mit solchen Gesetzesbestimmungen standen übrigens die preußischen Reformer nicht allein, vielmehr haben auch Württemberg und Bayern in diesen Jahren die Maturitätsprüfung eingeführt; die Gleichheit der sozialen Entwicklung führte durch die Logik der Tatsachen zu ähnlichen Maßnahmen. Einen ersten Abschluß der Reform brachte dann Süverns Gymnasialverfassung von 1812. Das Gymnasium stellte künftig einen zehnjährigen Kurs dar, bestehend aus sechs Klassen, die Sexta bis Prima genannt wurden; in Tertia und Sekunda saß der Schüler zwei Jahre, in Prima drei. Als Hauptfächer galten Latein, Griechisch, Deutsch und Mathematik, alle übrigen waren Nebenfächer, aber auch sie gehörten zur „allgemeinen Bildung", es war also keine Befreiung möglich. Auch hier wieder greifen Humboldts Ideen der Universalität und der organischen Einheit aller Wissenschaften ineinander. Obwohl die Anlagen verschieden sind — heißt es in der Begründung —, soll doch jeder Schüler seine Anlagen versuchen und üben, und dies werde um so mehr möglich sein, „je verwandter bei aller Verschiedenheit des Stoffes der allgemeine Organismus aller Wissenschaften ist und je leichter es einem in der allgemeinen Elementarschule zum richtigen, organischen Denken gebildeten Kopfe werden muß, in jedwedes Fach einzudringen". Es sollte also vermieden werden die „unharmonische Bildung", die „entsteht durch zu rasches Voreilen des Schülers in einigen Lieblingsobjekten und sein unverhältnismäßiges Zurückbleiben in andern". Doch sah die Ordnung Süverns zur Entlastung der Schüler Fachklassen vor, so daß ein Schüler in dem einen Fache dieser, in dem andern jener Klasse angehören konnte. In allen wissenschaftlichen Haupt- und Nebenfächern wurde im Abiturientenexamen geprüft, nur nicht in Religion.

Die Humboldt-Süvernsche Gymnasialordnung ist im Laufe des 19. Jahrhunderts von stärkstem Einfluß auf die Entwicklung der

Gelehrtenschulen in ganz Deutschland gewesen: hierin liegt ihre Bedeutung für die deutsche Geistesgeschichte. Sie war, wie man sieht, nicht einfach eine Aufnahme der Schulpläne Friedrich August Wolfs, vielmehr geht sie hinaus über den ursprünglichen neuhumanistischen Gedanken einer aus dem griechischen Unterricht zu gewinnenden Humanität und erstrebte eine geradezu universale Bildung aller Fähigkeiten; deshalb waren auch Gesang und Zeichnen im Sinne von Pestalozzis berühmter Dreiteilung von Kopf, Hand und Herz in die Reihe der Unterrichtsfächer aufgenommen. Es ist daher begreiflich, daß Wolf und Thiersch die Gymnasialordnung Süverns und ihr Prinzip der Universalität verwarfen und die Anforderungen für zu hoch hielten. Wenn Friedrich August Wolf schon zu Beginn der Vorbereitungen die Mitarbeit an Humboldts Schulreform verweigert hatte, so waren dabei die Eigenwilligkeit und die Selbstüberschätzung des eitlen und schwierigen Gelehrten ausschlaggebend; aber seine spätere Kritik traf doch mit sachlicher Notwendigkeit das dem wissenschaftlichen Neuhumanismus fremde Prinzip der Universalität.

Ausgeschieden blieb aus der Süvernschen Gymnasialordnung alles, was nur fachwissenschaftlich war: dies gehörte an die Universität oder an technische Schulen. Es blieb also in diesem ganzen Aufbau der Einheitsschule eine Lücke, die mit innerem Zwange sich aus den Grundprinzipien ergab: wer sich den höheren Gewerben zuwenden wollte und dabei an der Volksschule sich nicht genügen ließ, mußte den Weg durch die Gymnasien nehmen, auch wenn er entschlossen war, vorzeitig wieder auszutreten. Wir haben gesehen, wie Humboldt dies von seinem Standpunkte aus rechtfertigte, die Idee der Bürgerschulen war ja eine Schöpfung der Aufklärung und ihres Nützlichkeitssinnes! Aber das Leben und seine Bedürfnisse waren stärker als die Theorie; schon bei den Vorbereitungen mußte Humboldt den Widerspruch Schleiermachers erfahren, der das Recht der Bürgerschule anerkannte; und Staatsrat Kunth, einst Humboldts Erzieher, stellte dem „Sprachgymnasium“ das „Realgymnasium“ für die Gewerbetreibenden entgegen und forderte seine Verwirklichung. Aber siegreich behaupteten zunächst die neuhumanistischen Gymnasien das Feld und drängten die aus dem 18. Jahrhundert stammenden und also, wie man mit Recht betont hat, viel älteren Realschulen wieder zurück, bis erst die veränderten wirtschaftlichen und sozialen Verhältnisse einer späteren Zeit den Kampf um das Realgymnasium unter andern Bedingungen zu erneuern erlaubten. Soweit es sich nur um Fach- und Gewerbeschulen handelte, die jenseits der allgemeinen Schulbildung standen, hatte Humboldt nichts gegen sie einzuwenden, da sie seinen Aufbau der Einheitsschule nicht störten; aber sie interessierten ihn auch nicht. Nirgends ist der Unterschied zwischen deutschem und französischem Schulsystem deutlicher als an dieser Stelle. Die Gedanken der Selbstentfaltung des Individuums und der geistigen Arbeit um ihrer selbst willen fehlten an den napoleonischen Schulen völlig; dort herrschten nur Logik, Disziplin, Bildung von Fertigkeiten. Aber was Realgymnasien leisten konnten, zeigten die napoleonischen Lyzeen, und was technische Schulen vermochten, zeigte die „Ecole Polytechnique", die eine Vorbereitungsanstalt für Spezialschulen war. Auch die französische Schule war eine Einheitsschule, in großem Ausmaß und mit tyrannischem Zwang durchgeführt; aber alle einzelnen Schultypen gestatteten ohne Schaden den Austritt in den Beruf. Auch die deutschen Gelehrtenschulen bereiteten, ihrem ganzen Lehrplane nach, in erster Linie auf einen Beruf und für das Universitätsstudium vor; daß sie hierzu die einzig mögliche Vorbereitung seien, bestritt niemand. Aber Humboldt erwartete von ihnen mehr, und er ging dabei noch weit über den vom ursprünglichen Neuhumanismus eingenommenen Standpunkt hinaus. Er sah in ihnen die einzige Form der höheren Menschenbildung verwirklicht, er verwarf daher alle Rücksichten auf einen künftigen Beruf, und sei es auch den des Gelehrten, er führte seinen theoretischen Grundgedanken bis in die letzten Konsequenzen durch: eine aus ästhetischen Bedürfnissen und wissenschaftlichen Annahmen zusammengebaute Theorie formte das deutsche Gelehrtenschulwesen, das in dieser Gestalt in ganz Norddeutschland sich durchsetzte und schließlich auch im Süden. Aus dieser geschichtlichen Lage ist es zu erklären, warum im 19. Jahrhundert die Kämpfe zwischen Schule und Leben so erbittert geworden sind — mochten es nun die Fragen des Religionsunterrichts oder des Gymnasialmonopols, der Spezialschulen oder der Lehrpläne sein.

Im Zusammenhang mit dem neuen Bildungsziele der Selbsttätigkeit und des harmonischen Menschentums ist auch das Turnen entstanden. Als Ludwig Jahn im Jahre 1811 mit zweihundert Gymnasiasten auf der Hasenheide vor den Toren Berlins zu turnen begann — Studenten und junge Leute aus den arbeitenden Ständen schlossen sich an —, da lebte er durchaus in den Erziehungsgedanken der neuen Zeit. Er war nach ruhelosen Wanderjahren als Hilfslehrer an der Plamannschen Anstalt in Berlin untergekommen, die unter den ersten Schulen war, welche die

Grundsätze Pestalozzis aufnahmen; was er hier sah, begegnete sich mit seinen eigenen Ideen völkischer Zucht, die er soeben im Jahre 1810 in seiner Schrift über das deutsche Volkstum niedergelegt hatte. Pestalozzi hatte in seinem Erziehungsplane auch die Leibesübungen vorgesehen und zwar eine Gymnastik, die auf der Anatomie des Körpers ganz systematisch aufgebaut war und durch die planmäßig ein Körperteil nach dem andern in allen ihm möglichen Bewegungen geübt und vervollkommnet werden sollte; aus diesen Anweisungen Pestalozzis haben sich später die Freiübungen, die verschiedenen Formen der rhythmischen oder reinen Gymnastik entwickelt. Jahn sah hier eine Lücke in den pädagogischen Gedanken des Schweizers; die Leibesübungen sollten nach Jahns Meinung nicht einfach nur den Körper stählen, sie sollten ebensowenig wie die geistigen Übungen auf Drill beruhen; die Versuchung hierzu lag aber bei den Freiübungen sehr nahe. Vielmehr forderte Jahn, daß auch die Leibesübungen dem großen Erziehungsplane sich einfügen müßten und könnten und also die Selbsttätigkeit und den Willen bilden, das Gemeinschaftsbewußtsein entwickeln sollten. So erforderte gerade der neue Erziehungsgedanke, wie er Pestalozzi verdankt wurde, eine Form der Körperübung, die auf praktische Anwendung und auf lebendige Leistung gerichtet war; nur dadurch konnte der Wetteifer angespornt, der Wille gebildet werden. Nun hatten die Philanthropisten in Deutschland die Leibesübungen als ein Mittel der Erziehung zum vollkommenen Menschen bereits entwickelt, der Lehrer Gutsmuths, der an der Musteranstalt Schnepfenthal tätig war, hatte zu diesem Zwecke seine Schüler solche Übungen machen lassen und sie in seiner „Gymnastik für die Jugend" beschrieben; er nannte das Gehen, Laufen und Springen, das Klettern, Werfen und Ziehen, das Ringen und Schieben. Jahn kannte Gutsmuths persönlich und kannte seine Schriften. Er nahm die Anregungen auf, fügte ihnen von sich aus das Geräteturnen hinzu, von dem bis dahin nur das Turnen am Pferde und das Klettern bekannt waren. Zur Vorbereitung für das Turnen am Pferde schuf Jahn den Barren, und auch das Reck hat Namen und Konstruktion von ihm erhalten: Urbilder waren der Schrägbalken, das gespannte Seil, der Querast des Baumes. Vor allem aber gab Jahn diesen Übungen, für die er, wie wir früher erwähnt, den Namen Turnen erfand, einen neuen und tiefen Sinn. Der Turnplatz sollte nicht einfach nur ein Mittel der körperlichen Ertüchtigung sein und auch nicht etwa nur eine Vorbereitung für das Heer: über das „Turnziel" ist später, im Jahre 1817, die literarische „Breslauer Turnfehde" ausgefochten worden. Vielmehr war für Jahn die Turnkunst ein Teil der notwendigen Gesamterziehung, ein Mittel der Erziehung zum selbsttätigen Menschen, der Erziehung zum deutschen Volkstum. Das Turnen war nötig, wenn alle natürlichen Anlagen sich entfalten und die sittliche Hingabe an die Gemeinschaft entwickelt werden sollte. Wenn Jahn auf dem Turnplatze die jungen Leute aller Stände zum gemeinsamen Dienste vereinte, so entsprach dies durchaus dem Grundgedanken der Reformer, die in der Beseitigung der gesellschaftlichen Schranken die wichtigste Voraussetzung für die Entwicklung eines Nationalgefühls erkannt hatten. Das Turnen war gesinnungsbildend, wie es auch die allgemeine Wehrpflicht und die allgemeine Schulpflicht sein sollten; die grauleinene Turntracht war nicht nur sehr zweckmäßig, sondern sie war eine prunklose Uniform, die geeignet war, den Unterschied der Stände vergessen zu machen. Daß es künftig weder Kadetten noch stehende Heere geben dürfe, war Jahns Überzeugung, und daß vor dem Ethos der Turngemeinde sich kein „Einling" mehr werde behaupten können, war sein höchster Wunsch. Aus allen Berufen standen sie hier in Reih' und Glied, redeten sich mit Du an, trugen die gleiche Kleidung, turnten dieselben Übungen und schwärmten in gleicher Weise für Volk und Vaterland. Die Gemeinschaft der Turner sollte gleichsam die Keimzelle der Volksgemeinschaft sein; denn — so meinte Jahn — wenn die geistige Bildung trennt, so wirkt die körperliche immer nähernd, einend. Mit Vorbedacht hat er daher diejenigen Leibesübungen bevorzugt, die in diesem Sinne am stärksten wirken — also neben den Leistungsübungen das Wandern und die Spiele. Von Anfang an hat Jahn mit seinen jungen Freunden weite Turnfahrten unternommen, die Turnfeste angeregt, die Turnspiele ausgebildet. Von den Spielen zumal hielt er sehr viel, sie gehörten ihm sehr wesentlich zur edlen Turnkunst. Denn sie zwingen den Einzelnen, den rechten Augenblick abzupassen, selbst zu entscheiden, was nach der Spiellage zu tun ist; sie gewöhnen in besonderem Maße an Mut, an Entschlußfreude und Geistesgegenwart! Also dienten auch die Spiele — Barlauf und Schlagball — den gleichen Gedanken wie das Turnen und wie alle Aufgaben, welche die Reformer in jenen Jahren der Nation stellten: nicht Drill und Masse sollten künftig gelten, sondern der freie Entschluß der in Riegen zusammenwirkenden und von erwählten Vorturnern geführten Jünglinge. Feinere Geister freilich, wie Schleiermacher, fühlten sich abgestoßen durch die grobe Ungeschlachtheit des Turnmeisters, durch seine Gleichmacherei, die sich von keiner Geburt, keinem Alter und Verdienst imponieren ließ und gerne das ganze Volk in Turntracht gesteckt und zu den Übungen angehalten hätte. Das Ideal einer nationalen Demokratie, das Jahn, wie wir früher gesehen haben, bis zu völkischer Ausschließlichkeit getrieben hat, kam auch in seinem Turnen zum Ausdruck; seine Übungen und Bezeichnungen knüpfen an Altdeutsches an oder an das, was er dafür hielt, sein grobes Schimpfen galt allem Fremdländischen — den Welschen zumal, den Höflingen und den Juden. Seine Gefolgsmannen aber machten es ihm nach, und so kam ein frischer, aber auch sehr rauher Ton in die Jugend. Doch war zum wenigsten die akademische Jugend aus ihren Bierdörfern und Kneipen an ganz andere Kost gewöhnt; das Treiben der neuen Barbaren kam aus einem guten Herzen und einem unklaren, aber ehrlichen vaterländischen Empfinden, aus einer naiven Ursprünglichkeit, die sich absichtlich über alle Formen hinwegsetzte und von tieferen menschlichen Beziehungen nichts kannte als die „Tugend", die man recht stolz und selbstbewußt zur Schau trug. Die derben Redensarten und Lebensformen des Turnvaters Jahn können nicht vergessen machen, daß er mit seinem Turnen alle Klassen und Stände einander genähert und so die von den Reformern gewollte Einheit gefördert hat und daß er dadurch auch mitgewirkt hat, das Studentenleben reiner und edler zu gestalten und die Reform der Universitäten zu unterstützen, die von Humboldt vorgesehen war.

Der Verfall der Universitäten in den neueren Jahrhunderten ist ja bekannt. Die Professoren pflegten eine umständliche und erstarrte Gelehrsamkeit, die Studenten lebten in Ausschweifungen oder erbärmlicher Armut dahin. Es wurde schon darauf hingewiesen, wie das absolute Fürstentum die alten Universitäten vernachlässigte, die im Dunkel der mittelalterlichen Städte verkamen, während am Hofe die neue, akademische Wissenschaft emporblühte. Die Geheimnisse der Folianten und Laboratorien wurden im Lichterglanze der Salons ausgebreitet, fast jeder größere Hof besaß im 18. Jahrhundert sein „Gymnasium academicum" oder seine wissenschaftliche Akademie; auch die Akademien von Berlin und München entstammen jenem Zeitalter. Von Leibniz und Lessing sind uns bittere Urteile über die Universitäten ihrer Zeit überliefert, und was wäre aus Winckelmann geworden, wenn er seine Archäologie in der stillen Berufstätigkeit eines Professors, in Folianten oder lateinischen Dissertationen niedergelegt hätte! Wo immer die neue abendländische Kultur sich ausgebreitet hatte, war die Lage die gleiche. In England hat Adam Smith, der selber ursprünglich Professor war, die reichen und gut dotierten Universitäten seines Landes als Schlupfwinkel der Trägheit gebrandmarkt. In Deutschland hatten die meisten Universitäten ihre alten, korporativen Freiheiten eingebüßt, sie waren Staatsanstalten, deren Zweck es war, junge Leute für den öffentlichen Dienst heranzubilden; Lehrer und Studenten standen unter strenger Aufsicht. Daher verbot man oft genug den jungen Leuten den Besuch ausländischer Universitäten, und zu Lehrern nahm man, der alten Ständeordnung entsprechend, am liebsten Söhne oder Schwiegersöhne der Professoren, weil man Einordnung in das Gegebene und Überlieferte vom beamteten Gelehrten wünschte und ein geistiges Streben nur an der Akademie und in den Salons ertrug. Die Hauptfakultäten waren die philosophische und die juristische; die medizinische war nur schwach besucht, die philosophische diente immer noch wie die mittelalterliche Artistenfakultät lediglich als Vorschule: daß die Grenzen zwischen Universität und Gymnasium noch unsicher waren, wurde bereits erwähnt. Die Aufgabe des Professors war, den überlieferten und gesicherten Bestand des von ihm vertretenen Faches seinem ganzen Umfange nach auf der Grundlage von Lehrbuch und Diktat in öffentlichen Vorlesungen weiterzugeben; deren Anzahl war recht beträchtlich, gegen zwanzig in der Woche. War er daneben noch in der Lage, die Wissenschaft von sich aus zu fördern, so konnte er dies tun und darüber in Privatvorlesungen berichten. Die Bildung der Studenten war daher eine enzyklopädische und vornehmlich auf praktische Brauchbarkeit gerichtet. Wenn aber die Aufgaben der Universität in der Tradition eines überkommenen oder aber eines praktisch sofort verwendbaren Stoffes bestand, dann hatten die Philanthropisten recht, wenn sie sagten, die Universitäten seien im Zeitalter des Bücherdrucks überlebt und ihr enzyklopädisches Ideal sei zudem mit der fortschreitenden Mehrung des Wissens unhaltbar geworden. So gingen aus der Wertschätzung, welche die Aufklärung dem Spezialstudium widmete, die Fachschulen hervor — die Bergakademien, die 1795 gegründete Pépinière und 1799 die Bauakademie in Berlin. Sie bedeuteten den alten Universitäten gegenüber einen fortgeschritteneren Typus, indem sie in ihrer Lehrtätigkeit den universalen Überblick über das einzelne Fach ganz im Stile der alten Universitäten erstrebten, aber die wissenschaftliche Spezialforschung hinzufügten: die Ausbildung für den Beruf stand im Mittelpunkt ihres Unterrichtes, aber darum gruppierte sich ein weitgezogener Kreis allgemein bildender Fächer, die alle mit dem Beruf in irgend einer Weise in Beziehung standen. Daß Frankreich, die Heimat des Rationalismus, in dieser Hinsicht das

Vorbild gab und dann mit der „Ecole Polytechnique“ und den napoleonischen Rechtsschulen die höchste Vollendung erreichte, die in diesem Rahmen denkbar ist, wurde bereits erwähnt.

Diese den Universitäten ungünstige Entwicklung wurde aber vom deutschen Geiste ganz ebenso unterbrochen wie die Entwicklung des Realschulwesens: die Kräfte zu üben sollte nicht nur bei der Kindererziehung, sondern auch bei der Berufsbildung der Theologen und Juristen, der Mediziner, der Forst- oder Bergbeamten im Vordergrunde stehen. Dabei zeigte es sich, daß die Universitäten, obgleich die moderne Wissenschaft nicht in ihnen geboren worden ist, dennoch nun auch für den neuen Geist einen recht brauchbaren Rahmen boten. Ihr System des Unterrichtes zum mindesten war nicht so schlecht, als man nachher gewollt hat, da man in Deutschland sich an den von Humboldt zu seiner Zeit eingenommenen Standpunkt gewöhnte. Die Studierenden brachten von den hohen Schulen einen Überblick über die Gesamtheit ihrer Wissenschaft und des Wissens überhaupt, und sobald dann einmal der neue abendländische Geist seinen Einzug in die alten Anstalten gehalten hatte, waren überlegene Denker sehr wohl in der Lage, innerhalb des überlieferten Rahmens Großes zu leisten und die Übermittlung eines universalen Überblicks zu verbinden mit der Einführung in die Methoden und Probleme ihres eigenen neuen Forschens. Dieser Stand wurde an vielen Universitäten im Laufe des 18. Jahrhunderts erreicht. Die Geschichte dieses Wiederaufstieges nahm bekanntlich ihren Ausgang von dem 1694 gegründeten Halle, aber der „ohnpedantische“ Geist des Thomasius vertrug sich in der Folge schlecht mit den andern Professoren, der erste Versuch einer Erneuerung des akademischen Lebens mißlang. Gerade nach Halle ist eine der bittersten Schriften Lessings gegangen, würdig dem „Essai du pédantisme“ des Montaigne; und Winckelmann war in Halle Student — „die akademische Speise blieb ihm zwischen den Zähnen hängen“. Friedrich der Große kümmerte sich um seine Universität Halle nicht, und daß in Königsberg ein Mann wie Kant lebte, entging ihm. Als er bei der Besetzung Leipzigs den dortigen Professoren Audienz erteilte, hatte er Gelegenheit, über ihre Eitelkeit zu lächeln: ein Philologe rühmte sich ihm gegenüber, bereits fünfzig Folianten geschrieben zu haben, jedes Vierteljahr zwei, und Gellert lehnte ab, mit Lafontaine in einem Atem genannt zu werden, und sprach zum König: „Majestät, ich bin ein Original.“ Und doch war Leipzig, die Stadt des Buchhandels, schon damals ein „Klein-Paris“ geworden. Vornehmlich jedoch ging von der Begründung der Universität Göttingen im Jahre 1734 eine neue Periode in der Geschichte der deutschen Universitäten aus. Ihr Schöpfer, der hannoversche Staatsmann Gerlach Adolf v. Münchhausen, schob bewußt das benachbarte Helmstedt in die Ecke und schuf dem vielgerühmten Halle eine Konkurrenz, er beseitigte die überlieferte und auch in Halle noch durchaus gültige Oberaufsicht der theologischen Fakultät und bereitete der neuen gelehrten, aber auch „eleganten und weltmännischen Bildung" eine Stätte der Pflege und Forschung. Es wurde bereits öfters erwähnt, daß Göttingen als die jüngste, modernste und umfassendste Universität im 18. Jahrhundert zuerst wieder seit dem Mittelalter den Bund von Schule, Wissenschaft und Bildung vollzogen hat: hierher kamen die Adelssöhne aus dem Reiche, um dessen Staatsrecht und die neuhumanistische Wissenschaft zu lernen. Ihre Lehrer brachen völlig mit dem lateinischen Vortrag und unterrichteten deutsch, sie bildeten als die ersten den Typus des „professeur orateur" aus, sie betätigten sich alle zugleich als Schriftsteller im Leben, sie brachten die berühmte Bibliothek zusammen, die aber noch nicht den Studenten zugänglich war, und gründeten 1751 die Sozietät der Wissenschaften, die eng mit der Universität verbunden wurde. Der staatliche Aufwand, der nötig war, um von Schlözer bis Heyne die berühmtesten Gelehrten der Welt anzuziehen und festzuhalten, war gering. Die Professoren waren vornehmlich auf den aus ihrer Arbeit und ihren Büchern fließenden Verdienst angewiesen, sie hielten — auch um ihrer Wissenschaft willen — die Verbindung mit der Praxis ihres Faches aufrecht, betätigten sich als Prediger oder Richter, als Ärzte oder in der Schulaufsicht, sie bezogen ihre Einkünfte vornehmlich aus Vorlesungshonoraren, Privatunterricht und dem Halten von Pensionären — und doch war Göttingen die erste Universität in Deutschland! Die Professoren ließen sich hoch honorieren und Göttingen war sehr teuer, sehr vornehm: denn, wie man richtig gesagt hat — von der sozialen Stellung der Schüler hängt das Ansehen des Lehrers recht wesentlich ab. Und dieser glänzenden Außenseite entsprach zugleich ein hoher innerer Wert, sie war der bewußte Ausdruck einer Gelehrtenrepublik, welche die überlieferte Universalität des abendländischen Unterrichts festhielt und vertiefte, zugleich aber aus der lebendigen Verbindung mit der Welt und aus der eigenen, selbständigen Forschung ihrer Mitglieder ihre stärksten Kräfte zog.

Zum Neuhumanismus gesellte sich noch die neue Philosophie, die — wie wir uns erinnern wollen — zuerst in Jena sich breit auswirken durfte in das akademische Leben, als dort Fichte und Schelling, der junge Hegel und Friedrich Schlegel ihre Lehren vortrugen: ihr aller zentraler Standpunkt aber war, daß Wissen ein Ganzes sei und daß es nur in lebendiger Wechselwirkung entstehen kann. Hiermit war ein neues Universitätsideal gegeben. Nochmals müssen wir an dieser Stelle auf den Gedanken der inneren Einheit aller Wissenschaften zuückkommen, der allen Schulreformern der Zeit geläufig war und den in vollendeter Weise Schelling in seinen „Vorlesungen über die Methode des akademischen Studiums“ entwickelt hat; im Jahre 1802 wurden diese Vorlesungen in Jena gehalten, 1803 erschienen sie im Druck. Schelling war sich bewußt, daß er dabei über die Reformation hinweg an die große „Universitas litterarum“ der Scholastik und des ausgehenden Mittelalters wieder anknüpfte, nur daß er eben die inzwischen vollzogene Säkularisierung der Wissenschaft mitmachte und im übrigen die Einheit alles Wissens begründen konnte aus den neuen Einsichten, welche seine Philosophie in das Wesen des organischen Lebens getan hatte. Was der Naturorganismus im Realen ist, sagt Schelling, das ist der Organismus der Wissenstotalität im Idealen. Der besonderen Bildung zu einem Fache muß also die Erkenntnis des organischen Ganzen der Wissenschaften vorangehen. Wer sich einer Fachwissenschaft widmet, muß die Stelle kennen lernen, die sie in diesem Ganzen einnimmt, und den besonderen Geist, der sie beseelt, sowie die Art der Ausbildung, wodurch sie dem harmonischen Bau des Ganzen sich anschließt: nur wer den Typus des Ganzen besitzt, kann seine immer wiederkehrende Ausprägung im Einzelnen verstehen! Dies aber unterscheidet den Handwerker vom wissenschaftlichen Kopf, daß jener das Fach nur als ein besonderes betreibt, dieser in ihm den Ausdruck eines Allgemeinen erkennt, von welchem die einzelnen Wissenschaften die Werkzeuge oder die objektiven, realen Ausprägungen sind. Denn dies ist ja der Kern von Schellings Identitätsphilosophie: das wahre Ideale ist allein und ohne weitere Vermittlung auch das wahre Reale. Diese Identität liegt nach Schelling aller Wissenschaft zu Grunde, denn die Wissenschaft will, daß das Konkrete und das in den besonderen Erscheinungen Undurchdringliche sich für sie in die reine Evidenz und die Durchsichtigkeit einer allgemeinen Vernunfterkenntnis auflöst. So baut beispielsweise der Geometer seine Wissenschaft auf die absolute Realität des schlechthin Idealen: indem er beweist, daß in jedem möglichen Dreieck alle drei Winkel zusammen 180° sind, gründet er dieses sein Wissen nicht auf Vergleichung mit konkreten Dreiecken, sondern beweist es aus dem Urbild, das ideal und real zugleich ist! Das soll nun nicht heißen, daß das Fach lediglich Mittel sein soll zur Erkenntnis des Allgemeinen. Im Gegenteil sagt Schelling: „Schon an sich kann nichts als Glied in einer wahren Totalität begriffen sein, was in ihm bloß als Mittel wirkt. Jeder Staat ist in dem Verhältnis vollkommen, in welchem jedes einzelne Glied, indem es Mittel zum Ganzen ist, zugleich in sich selbst Zweck ist." Je mehr ein Gelehrter seinen besonderen Kreis als Zweck an sich selbst begreift, ihn zum Mittelpunkte alles Wissens macht, desto mehr bestrebt er sich, Allgemeines und Ideen in ihm auszudrücken; und je weniger er vermag, ihn mit universellem Sinn zu fassen, desto mehr wird er ihn nur als Mittel begreifen! Wenn also schon bisher immer als Aufgabe der Universitäten bezeichnet worden ist, daß sie durch die Wissenschaft Beamte zu bilden haben, dann durften die Universitäten sich nicht begnügen mit der Übermittlung dessen, was unmittelbar praktischen Nutzen bringen kann, sondern sie mußten eben in der Tat Wissenschaft pflegen. Selbst wenn der akademische Lehrer sich auf die Vermittlung von Wissen beschränkt, muß er doch in das Ganze der Wissenschaft eingedrungen sein, sonst greifen die Studenten besser zu Handbüchern und Kompendien, statt ihre Zeit in Vorlesungen zu verlieren. Wer nicht in den inneren Zusammenhang eines Gedankens eingedrungen ist, vermag ihn auch nicht einmal weiterzugeben; vielmehr muß der Lehrer die Methode, durch die man zu dem Gedanken gelangt, selbst darstellen und in jedem Falle „das Ganze der Wissenschaft gleichsam erst vor den Augen des Lehrlings erstehen lassen". Dies aber kann nur ein Lehrer, der seine Wissenschaft aus eigener Konstruktion besitzt. Der „Brotgelehrte", wie schon Schiller gesagt hatte, der sich mit den bloßen Resultaten begnügt und nur auf den unmittelbar praktischen Nutzen sieht, erreicht in Wirklichkeit auch nicht einmal diesen. Er wird falsche Anwendungen von dem Gelernten machen, da der Besitz desselben nicht auf einem lebendigen Organe der Anschauung, sondern auf dem Gedächtnis beruht; er kann sich im vorkommenden Falle nichts konstruieren und selbständig zusammensetzen — „und da er im Lernen doch nicht auf alle möglichen Fälle vorbereitet werden konnte, so ist er in den meisten Fällen von seinem Wissen verlassen". Der Brotgelehrte ist unfähig fortzuschreiten, weil alles von außen angeklebt ist. Und zudem — die Universität muß nach Schelling weiter streben als nur einfach auf die Vermittlung von Wissen. Sie hat eine sittliche Bestimmung, nämlich das Suchen nach Wahrheit — denn die

Wahrheit macht euch frei! Es entsprach dabei der autonomistischen Grundhaltung der modernen Zeit, wenn Schelling den Wissenschaftsbegriff von allen andern Lebensmächten befreite; so gelangte er zu dem Satze, daß in der Pflege der Wissenschaft um ihrer selbst willen die geistige und sittliche Bestimmung der Universitäten beruhe.

Schellings Gedanken zur Universitätsreform waren der Ausdruck eines Geistes, der die Atomistik überwinden, aber doch an der Autonomie des menschlichen Denkens festhalten wollte; sie bedeuteten zugleich eine Kritik an dem Zustande des Verfalles, in welchem die Mehrzahl der hohen Schulen Deutschlands sich befand. In eben dem Jahre 1803, da Schelling seine Ideen formulierte, gingen durch die napoleonischen Wirren zahllose kleine Universitäten zu Grunde, die oft nur zwei- oder dreihundert Studenten besaßen und mit ihrer handwerksmäßigen Unterrichtsweise oft tief unter dem Niveau des akademischen Gymnasiums in der benachbarten Residenz sich befanden. Es verschwanden mit den geistlichen Fürstentümern deren Universitäten, die zuletzt meist Hochburgen der Aufklärung und ihrer Atomistik geworden waren, es verschwanden auch viele weltliche Anstalten. Andere, wie Heidelberg oder Würzburg, wurden von rheinbündischen Staatsmännern reorganisiert; die neue Universität Heidelberg rekrutierte sich vornehmlich aus Gelehrten, die von Göttingen oder Jena kamen und von dort im Gefolge der Okkupation Hannovers und der Jenaer Schlacht hinwegstrebten; nach Würzburg wurde Schelling berufen. So wurden diese beiden Universitäten als die ersten im Zeitalter der Erneuerung des deutschen Lebens jenem wissenschaftlichen Geiste angeschlossen, der aus der Literatur erwachsen war und bisher nur in Göttingen, Leipzig und Jena das Katheder sich erobert hatte; Kant in Königsberg war ja eine einsame Erscheinung geblieben. Daß aufstrebende Denker auch jetzt nicht gerne gesehen waren und nur durch das Machtwort eines überlegenen Fürsten gelegentlich gefördert wurden, zeigt das Schicksal Friedrich Schlegels, der im Alter von fünfundzwanzig Jahren ein glänzendes philosophisches Werk schrieb — aber keine Universität wollte ihn haben. Auch in Preußen beschäftigte sich die Regierung schon längere Zeit mit der Frage der Universitätsreform, man besaß die Provinzialuniversitäten in Königsberg, Frankfurt a. O., Halle und Duisburg, man hatte in den letzten Jahren Erlangen, Erfurt und Münster hinzuerworben; sie alle befanden sich auf dem alten Stande und waren durch Göttingen und Jena längst in Schatten gestellt. Man beriet, ob man nicht in der Hauptstadt eine Landesuniversität gründen sollte, die nach dem Muster Göttingens mit der Akademie vereinigt werden konnte. Da kam der Zusammenbruch des Staates, die meisten Universitäten gingen verloren, darunter auch Halle, die Lieblingsschöpfung des Herrscherhauses, und sie wurde von Napoleon sofort suspendiert. Der Gedanke lag nahe, die Universität Halle nach Berlin zu verlegen; aber Friedrich August Wolf, der bei der Regierung im höchsten Ansehen stand, forderte, daß in Berlin etwas Neues geschaffen werde aus den dortigen Akademiemitgliedern, den berühmten Ärzten der Stadt und einigen brauchbaren Mitgliedern der Universität Halle. Als die Hallenser in Königsberg um die Verlegung petitionierten, sprach der König zu ihrer Deputation das berühmt gewordene Wort: „Der Staat muß durch geistige Kräfte ersetzen, was er an materiellen verloren hat." Kurz darauf erließ der König das Edikt, das die Errichtung einer allgemeinen Lehranstalt in Verbindung mit der Akademie der Wissenschaften in Berlin befahl.

Zuerst arbeitete Fichte einen Entwurf für die neu zu gründende Universität aus und sandte ihn nach Memel. Er fühlte sich hierzu besonders berufen, nachdem er in seiner Wissenschaftslehre die Idee von der Totalität des Wissens schon vor Schelling ausgesprochen, die Fragen der Erziehung in den Mittelpunkt seiner Ethik gestellt und im Zusammenhang mit den früheren Reformabsichten der preußischen Regierung einen Plan für die Universität Erlangen ausgearbeitet hatte. Die Gedanken aus den „Reden an die deutsche Nation" sind in diesen Plänen nun auf die Universität angewendet. Wenn es nach Fichte ging, sollte es im preußischen Staate künftig nur eine einzige Universität geben, alle andern sollten eingehen. Diese Universität, die Fichte sich in der Hauptstadt errichtet dachte, sollte die einheitliche Nationalerziehung krönen. Wie jede andere Schule und wie es überhaupt dem neuentdeckten Wesen der Erziehung entsprach, sollte auch die Universität künftig nicht eine Summe von Kenntnissen übermitteln, sondern den rechten Gebrauch des Verstandes und die rechte Gestaltung des Lebens lehren. Der Weg hierzu ist für Fichte die Erkenntnis, die Klarheit des Menschen über den Gegenstand seines Wollens. Da die Wissenschaft eine Einheit ist und, wie schon Schelling gesagt hatte, objektiv wird in den drei positiven Wissenschaften, die in der theologischen, juristischen und medizinisch-naturwissenschaftlichen Fakultät gepflegt werden, also daß der Gang der Wissenschaft durch keine einzelne derselben in ihrer Totalität objektiv wird, — so ist die Philosophie die allgemeine Wissenschaft, und die philosophische Fakultät ragt daher vor allen andern hervor: sie wird von Fichte und Schelling wieder in ihre alte propädeutische Stellung eingesetzt. Daß auch die Philosophie eine Fachwissenschaft und der Philosoph ein Spezialist werden könne, ist dieser Zeit noch undenkbar; und daß die Philosophie, die also im Mittelpunkte des ganzen Bildungswesens stehen und an deren Prinzipien alle andern Disziplinen gemessen werden sollten, nur Fichtes „Wissenschaftslehre" sein könne, war bei der Intoleranz dieses Philosophen selbstverständlich. Auch für jedes einzelne Fach forderte er einen einleitenden, allgemeinen Teil, er nannte ihn im alten Sinne die „Enzyklopädie" der betreffenden Wissenschaft; sie war ihm die Grundlage und der Ausgangspunkt des wissenschaftlichen Unterrichtes in diesem Fache. Durch solche enzyklopädische Grundlegung hängt, wie Fichte sagte, jede besondere Wissenschaft „gleichsam in den Angeln der Philosophie" und wird von ihr getragen. Der Enzyklopädist ist also Philosoph und Fachlehrer in einer Person, er ist der wichtigste Lehrer der Fachrichtung. Bis hierher gehen Schelling und Fichte einig, die allgemeinen Erziehungsideen der Zeit sprechen aus ihnen. In der Einzelausführung drängt dann aber die tyrannische Staatsgesinnung Fichtes vor, die sich noch obendrein gerechtfertigt fühlte durch die üblen Zustände, gegen die es anzukämpfen galt. Die sittliche Hebung des Volkes und im besonderen der Studentenschaft konnte nach Fichte nur durch konzentrierte Zusammenarbeit von Lehrern und Schülern, durch ihre „vita communis" erreicht werden. Bei solchem persönlichen Austausch wird auch der Kathedervortrag schließlich entbehrlich, den Fichte verwarf, obwohl er selbst ein Redner von mächtiger, aufwühlender Wirkung war. Die Universität ist von ihm als eine verweltlichte Gralsburg oder als ein gottloses Kloster gedacht, das an den Stand und die Berufung der φύλακες in der Republik des Platon erinnert und im 19. Jahrhundert von staatsgläubigen Monisten wohl gelegentlich wieder gefordert worden ist. Einst hatten die Studenten im Mittelalter unter Aufsicht eines Magisters in der „Burse" zusammengewohnt, geteilt in „Nationen", eine jede Gemeinschaft ihre eigenen Bräuche pflegend. Der Individualismus der Aufklärung hatte diesen Zusammenhalt gelockert. Fichte wollte ihn erneuern, indem er dem Kulturstaate die Aufgabe stellte, eine neue einheitliche Gemeinschaft der Studierenden auf der Grundlage abstrakter, philosophischer Ideen zu schaffen. Die Universität ist bei Fichte ganz untergeordnet den Zwecken des abgeschlossenen, allmächtigen Staates, die bei ihm, wie wir wissen, als identisch mit den Zwecken der Vernunft und der Wissenschaft gedacht waren. Deshalb wollte Fichte auch die Akademie der Wissenschaften nicht weiter bestehen lassen, sie sollte ganz aufgehen in der dem Staate dienenden und ihm unterworfenen Universität. Diese aber sollte ihres erzieherischen Zweckes wegen eine Schulgemeinde wie die andern dieser Art sein. Da einem Manne wie Fichte in seinem persönlichen Leben wie in seinem Bildungsideale die harmonische Vereinigung von „vita activa“ und „vita contemplativa“ nicht gelingen konnte, wollte er auf dem Wege staatlichen Machtgebotes die isolierte Gemeinschaft erzwingen — die „völlige Absonderung von der allgemeinen Masse des gewerbetreibenden und dumpf genießenden Bürgertums“.

Über den Zweck der Universität hatten sich also in den vergangenen Jahren die Gedanken geklärt, insofern sich der junge Mann zwischen der Schule und dem Eintritt ins Leben eine Reihe von Jahren hindurch ausschließlich dem wissenschaftlichen Nachdenken, der Erkenntnis um ihrer selbst willen ohne Rücksicht auf Nützlichkeit oder Brauchbarkeit für das Leben widmen solle und dies an einem Orte, der viele Lehrer und Lernende in sich vereinigte. Wilhelm v. Humboldt hat die Idee der neuen Erziehung, die nun auch für die Universität gelten sollte, mit klassischen Worten umschrieben: „Nicht darauf ist zu sehen, daß dieses oder jenes gelernt werde, sondern in dem Lernen muß das Gedächtnis geübt, der Verstand geschärft, das Urteil berichtigt, das sittliche Gefühl verfeinert werden. Nur so wird die Geschicklichkeit, die Freiheit, die Kraft erreicht werden, die nötig sind, um jeden Beruf aus freier Neigung und um seiner selbst willen — und nicht um das Leben damit zu fristen — zu ergreifen.“ Mit diesem Erziehungsideale sollte künftig die Universität die Idee der Wissenschaft verbinden; von ihren Jüngern verlangte Humboldt, „die Wissenschaft als etwas noch nicht ganz Gefundenes und nie ganz Aufzufindendes zu betrachten und unablässig sie als solches zu suchen“. Nachdem Göttingen und Jena durch eine günstige Fügung zahlreiche große Gelehrte auf ihren Kathedern versammelt hatten, kamen die deutschen Denker aus der inneren Notwendigkeit ihres Bildungs- und Wissenschaftsbegriffes zu dem Ergebnis, daß in solcher Vereinigung des Lehrens und Forschens der Idealtypus der Universität und des akademischen Lehramtes beruhe. Es wurde für die Geschichte der deutschen Universitäten von ausschlaggebender Bedeutung, daß ihnen Fichte und Schelling, Schleiermacher und Humboldt diesen Doppelcharakter einer Forschungsstätte und Beamtenbildungsanstalt verliehen haben. Hierauf beruht die Weltstellung, die sich die deutschen Universitäten im 19. Jahrhundert errungen haben. Wie einst im Mittelalter erwuchs nun abermals die Wissenschaft aus den Schulen. Die deutschen Universitäten traten mit stärkster Aktivität in den sich vollziehenden Fortschritt der Wissenschaften ein, ohne zunächst gezwungen zu sein, durch ihre Spezialforschung den Sinn des großen Zusammenhanges zu verlieren. Viele Studentengenerationen wurden hier zur Forschung und für das Leben zugleich erzogen, die Universitäten waren in der Lage, Gelehrte und Berufsbeamte in einer Person heranzubilden. Wenn im 19. Jahrhundert das akademisch gebildete Beamtentum auch ohne wirtschaftliche Güter eine vornehme geistige und gesellschaftliche Höhe einhalten konnte, so war dies durch den Absolutismus vorbereitet; dies gilt in vorbildlicher Weise vom alten preußischen Beamtenstaat, und unter den verschiedenen Kategorien des Beamtentums gilt es vornehmlich vom Juristen: „dat Justinianus honores!" Aber die neue Zeit, die nun vom hohen Beamten erwartete, daß er auch ein Gelehrter sei, hat doch einen neuen Typus geschaffen, der uns im 19. Jahrhundert in führenden Gestalten noch oft entgegentreten wird: die geistigen Anforderungen, die Universität und Leben an den Einzelnen stellten, verhinderten, daß die Wissenschaft nur einfach betrieben wurde um des Ansehens willen, das sie verlieh. So sind Staat und Gesellschaft durch den Doppelcharakter der neuen Universitäten in weitgehendem Maße geformt und erhöht worden. Indem die neuen Anstalten von den alten Universitäten die enzyklopädische Zielsetzung, den Überblick über das Ganze des Faches, der Wissenschaft, des Lebens festhielten, dazu aber das neue Ideal der Gewöhnung an selbständige Arbeit fügten, konnten sie die Fachschulen der Aufklärung und des napoleonischen Staates übertreffen. Hier waltete nicht mehr das Verhältnis des Lehrers zum Schüler, sondern des Gelehrten zum Jünger. In der Folge haben sich freilich aus diesem besonderen Doppelwesen der neuen Universitäten Spannungen von weittragender Wirkung ergeben. Die Vereinigung von universalem Überblick und eigener Forschertätigkeit ist zu allen Zeiten von großen Gelehrten vorgelebt worden, und sie blieb auch später abhängig von den Persönlichkeiten, die auf dem Katheder standen; indem jedoch jetzt der Schwerpunkt von Interesse und Wertung sich durchaus nach der eigenen Forschung des akademischen Lehrers verschob, wurde die Auflösung der Universitas gerade durch Humboldt und seine Mitarbeiter gefördert. Der Durchschnitt der akademischen Lehrer, dem es versagt war, beiden Zwecken völlig zu genügen, mußte dazu geführt werden, alle Kraft auf den Anbau des eigenen, wenn auch noch so bescheidenen Forschungsgebietes zu werfen, und dieser Vorgang griff immer weiter um sich, je mehr sich im Laufe des Jahrhunderts mit dem emporkommenden Positivismus die Wissenschaften spezialisierten und an die Stelle des Gelehrten der Fachmann trat. Die Universitäten, die kraft ihrer Idee und Sendung berufen gewesen wären, das Leben und seine Einheit gegenüber dieser Entwicklung zu betonen, sahen sich in ihrer höchsten Aufgabe gehindert; die Verengerung von Bildung und Leben vollzog sich in Deutschland erbarmungsloser als jemals in Frankreich oder England, wo die Gefahr, daß den Universitätslehrern der Überblick über das Ganze ihres Faches und überhaupt des Lebens entschwand, niemals so groß werden konnte. Indem die deutschen Universitäten nicht wie die englischen den Gentleman, sondern den Berufsspezialisten erziehen wollten, mußten die tiefsten Gedanken der Reformer, die Erziehung von Charakter und Willen und die Entwicklung lebendigen Wissens im großen Zusammenhange des Lebens, schließlich verloren gehen und der Vorsprung gegenüber den Fachhochschulen zur Täuschung werden; auch die philosophischen Fakultäten wurden immer stärker aus ihrer vorbereitenden Stellung gedrängt, das Bakkalaureat, das sich in England als der erste akademische Grad und als Abschluß der Bildung erhielt, ist in Deutschland verschwunden. Von diesem wichtigen Kapitel der deutschen Geistesgeschichte wird noch des öfteren zu sprechen sein. Die Schöpfer der neuen Universitäten konnten nicht voraussehen, welche Paradoxie aus der geschichtlichen Entwicklung sich ergeben sollte, wenn die hingebungsvolle, von aller praktischen Brauchbarkeit absehende Durchdringung eines Ganzen den immer mehr sich zerspaltenden Einzelproblemen zugute kam und so gerade dadurch die Atomisierung der Kultur gefördert wurde.

Und doch lag die Lebensentfremdung auch schon in dem grundlegenden Prinzip der autonomen Forschung, von dem die Schöpfer des neuen deutschen Universitätstypus sich leiten oder vielmehr unter dem Gebote der abendländischen Geistesentwicklung sich treiben ließen. Alle diese Reformer beklagten als das größte Unheil der modernen Kultur die Herrschaft des toten Wissens, die Entfremdung der Gelehrten vom Leben der Gegenwart. So hatten es gleichzeitig Fichte und Arndt mit eindringlichen Worten ausgesprochen, jener in den „Reden an die deutsche Nation“, dieser im ersten Teile vom „Geist der Zeit“. Der neue Erziehungs- und der neue Wissenschaftsbegriff sollten hier bessern, aber der

Grundsatz der Forschung um ihrer selbst willen konnte dazu führen, daß der Zusammenhang mit dem Leben doch wieder verloren ging. Zwar haben im 19. Jahrhundert die Gelehrten in die Fragen des öffentlichen Lebens oft und entscheidend eingegriffen; aber dies war keine der deutschen Geschichte im besonderen eigentümliche Erscheinung, sondern ergab sich aus dem in langen Jahrhunderten vorbereiteten Siege des theoretischen Denkens, das sich mit Leichtigkeit der besonderen Aufgaben des Zeitalters bemächtigen konnte. Noch immer haben die Völker, die nach nationalem Zusammenschluß und nach konstitutioneller Freiheit strebten, die Hilfe der Rechtslehrer und der Historiker gebraucht, und die gewünschte Rationalisierung der ganzen Lebensführung rief auch die andern Wissenschaften auf den Plan. Die für Deutschland bezeichnende enge Verbindung von Wissenschaft und Katheder führte also dazu, daß die Wortführer des Volkes auf den Lehrstühlen saßen; es wird aber noch zu erörtern sein, wie das deutsche Professorentum dieser ihm vom Leben gestellten Aufgabe nicht so zu genügen vermochte wie die großen Geschichtsschreiber und Juristen Englands oder Frankreichs. Das hohe Beamtentum wenigstens, das in Deutschland der Schulung durch die Universitäten soviel verdankte, vermochte sich durch Beruf und Lebensführung vor der Einseitigkeit des theoretischen Menschen eher zu bewahren; aber das Ideal der reinen Erkenntnis, das doch niemals und nirgends gewahrt werden konnte, verlieh seinen Lehrern ein Gefühl unfehlbarer Überlegenheit und führte zur Herrschaft der Theorie über das Leben. Dieses Ideal war ein Ergebnis der autonomistischen Richtung, die der abendländische Geist nun schon seit Jahrhunderten eingeschlagen hatte, indem er die Einheit des Wollens, Denkens und Fühlens aufhob. Der deutsche Geist hatte, wie wir des öfteren zeigten, eine neue Synthese von Wissenschaft, Weltanschauung und Religion versucht, und er war dazu geführt worden unter dem Eindruck des überlieferten Erbgutes früherer Zeiten, das auch die deutschen Klassiker noch als eine Lebensmacht umgab. Auch wußten diese Männer, daß sie hiermit einem tiefen menschlichen Bedürfnis entsprachen. Aber der Inhalt dieser Einheit war nun völlig säkularisiert, es sollte eine wissenschaftliche Weltanschauung sein auf der Grundlage der Autonomie des Denkens gegenüber dem Leben; Denken und Sein waren als identisch angenommen. Es trat aus der neukonstruierten Einheit nun eben doch der theoretische Mensch als der besonders wertvolle, als der höchste Typus hervor. Da war es nur folgerichtig von Fichte, daß er für diese staatliche Erziehung zum reinen Erkennen den radikalen Umsturz der überlieferten akademischen Ordnung, die Beseitigung der Korporation und ihrer Rechte forderte.

Es war zunächst in diesen äußeren Dingen, daß Humboldt und Schleiermacher dem neuen Propheten nicht folgen konnten. Sie sahen nicht ein, warum alle persönliche Freiheit vernichtet, alle korporativen Einrichtungen in Lehrkörper und Studentenschaft zerschlagen werden sollten und warum kein Raum mehr sein sollte für eine gesonderte, wissenschaftliche Akademie. Der moderne Individualismus ertrug weder die Vergesellschaftung des Geistes, die Fichte dem kommenden Jahrhundert schon jetzt auferlegte, noch auch die Bindung des studentischen Lebens, wie sie in den mittelalterlichen „Bursen" zum Ausdruck gekommen war: um die Wende des 18. zum 19. Jahrhundert entschied es sich, daß das deutsche Studentenleben im großen Unterschied zu dem englischen sich durch die Aufklärung umgestalten ließ und dem ungebunden und einzeln wohnenden Studierenden es überließ, sich selbst den persönlichen Anschluß zu schaffen. Die preußischen Reformer wollten zunächst einmal die Menschen frei machen, weil nur die freie Arbeit produktiv sei; die Lebensformen des Mittelalters waren ihnen also angenehm, soweit sie nicht Bindung bedeuteten, sondern Sicherung gegenüber einem nach Allmacht strebenden Staate. Sie wollten die alten Formen des gelehrten und studentischen korporativen Lebens dem neuen Staate der rechtlichen Gleichheit und persönlichen Freiheit eingliedern, sie geistig vertiefen, aber nicht völlig beseitigen. Humboldt und Schleiermacher fühlten sich abgestoßen durch das herrische Wesen Fichtes; auch wurzelte in ihnen die alte Überzeugung von dem naturnotwendigen Gegensatz von Macht und Erkenntnis, Staat und Geist allzu tief, als daß sie so schroff und unvermittelt wie Fichte eine Vereinigung hätten erzwingen können. Auch sie wollten den deutschen Geist in den preußischen Staat aufnehmen. Es war der Grundgedanke der ganzen preußischen Reform, daß sich diese Verschmelzung in den Angelegenheiten der äußeren Ordnung durch das Mittel der Selbstverwaltung vollziehen lasse, daß diese aber nur auf dem Boden des neuen, allgemeinen Staatsrechtes der Einheit und Gleichheit und also nur in Begleitung einer starken staatlichen Aufsicht eintreten könne. Von korporativen Sonderrechten konnte also auch bei den Universitäten keine Rede mehr sein. Wie die neue Universität Heidelberg ganz auf Ausstattung aus dem jährlichen Staatsetat angewiesen wurde, so sollte es auch mit Berlin geschehen, und so wurde es Grundsatz bei allen andern deutschen Universitäten. Nur wenige von ihnen, wie Greifswald, retteten ihre Ausstattung mit liegenden Gründen über die Wirren der napoleonischen Zeit hinweg, und daß der Freiherr vom Stein vergebens einen Teil des Domänenbesitzes für solche Zwecke verwendet wissen wollte, wurde bereits erwähnt. Die hohen Schulen Deutschlands wurden Staatsanstalten und fanden darin ihren besonderen Charakter im großen Gegensatze zu den auf Stiftungen beruhenden Universitäten des Mittelalters oder Englands und Amerikas. Auch Humboldt erstrebte ja wie Fichte das Staatsmonopol an der Schule, und dieses hat sich denn auch im preußischen und deutschen Universitätswesen so entschieden durchgesetzt, daß an die Begründung freier, nichtstaatlicher Universitäten überhaupt nicht mehr gedacht werden konnte. Und auch später, als unter völlig veränderten wirtschaftlichen und sozialen Verhältnissen kapitalkräftige Städte wie Frankfurt a. M. oder Köln im Geiste der großen städtischen Vergangenheit des deutschen Mittelalters Stadtuniversitäten stifteten, da mußten sie sich mit der Rolle des Geldgebers begnügen und grundsätzlich dem Staate die gleiche Stellung einräumen, die er seinen eigenen Universitäten gegenüber innehatte, da er sich im Besitze des Prüfungsmonopols befand.

Der Staat aber sollte nach Humboldts Willen seine Universitäten nun nicht behandeln wie eine Polizeianstalt oder einen Manufakturbetrieb, sondern sich der Einrede in die Lehre und Forschung enthalten. Der die ganze Staatsreform durchziehende Gedanke der Selbstverwaltung sollte also auf dem Gebiete der geistigen Kultur nicht die Verfügung über äußere Dinge in sich begreifen; in finanzieller Hinsicht war die Universität künftig Staatsanstalt, eine polizeiliche Ausnahmestellung für ihre Gerichtsbarkeit war in der Zeit der Rechtsgleichheit nicht mehr denkbar. Wohl aber sollte der akademische Senat, dessen Verfassung also erhalten blieb, die Angelegenheiten des Lehrbetriebes von sich aus regeln, für die Professoren sollte die Freiheit des Forschens und Lehrens, für die Studenten die des Lernens gelten: dies war es, was man von nun an in Deutschland unter „akademischer Freiheit“ verstand. Es bildete sich also das Recht aus, daß die Studenten durch keinen Studienzwang mehr an eine bestimmte Landesuniversität gebunden waren, der Professor aber durch keine Gewalt außer der des ordentlichen Strafrichters von seinem Katheder verdrängt werden konnte, daß er also auch nicht pensioniert, immer nur emeritiert werden konnte. Freilich mochte der Doppelcharakter der Universität als einer Forschungsstätte und einer Bildungsanstalt für die höheren Berufe Veranlassung werden, daß die Lehrfreiheit mit dem allgemeinen Interesse in Widerspruch trat. Doch verblieb dem Staate die Zielsetzung der Staatsexamina als ein notwendiges Druckmittel, und außerdem lag bei ihm die Auslese der Persönlichkeiten bei der Besetzung der Lehrstühle. Denn es war bei den Professoren wie bei den Richtern: die persönliche Unabhängigkeit als eine Sonderstellung innerhalb des Beamtentums konnte naturgemäß nur den Inhabern der Stellen zugute kommen und hatte daher überhaupt nur dann einen Wert, wenn das Avancement nach erfolgter Anstellung von dem Einzelnen entbehrt werden konnte und wenn die Anwärter aus Männern genommen wurden, denen auch andere Wege im Leben offen waren. Andernfalls war die Gefahr, daß die wertvollsten Jahre in Abhängigkeit dahin zogen. Daß der Aufstieg zum Ordinariate durch die Privatdozentur ging, war jedoch in der damaligen Zeit noch eine Ausnahme, und nach Humboldts Gelehrtenideal war dies gut so: die Verbindung von Praxis und Wissenschaft war für alle Disziplinen noch eine Notwendigkeit. Im übrigen aber wollte Humboldt die Berufungen fest in der Hand des Staates und im Interesse von Wissenschaft und Lehre gehandhabt wissen. Wie es der Grundgedanke der ganzen Staatsreform Steins, Scharnhorsts und Humboldts war, daß die zunftmäßige Abschließung beseitigt und die freie Konkurrenz hergestellt werde, so verschwand jetzt auch das Selbstergänzungsrecht der Universitäten; das Berufungsverfahren hat sich erst sehr viel später eingebürgert. Humboldt befragte bei Besetzung von Lehrstühlen, wen er wollte, und berief, wen er alsdann für geeignet hielt. Und dies war für ihn um so wichtiger, als er den neuen Charakter der Universitäten überhaupt weniger von einer Änderung der akademischen Formen, welche Fichte so radikal vollziehen wollte, als vielmehr von der Persönlichkeit der neuen akademischen Lehrer erwartete. Humboldt war einst selbst ein Schüler Göttingens gewesen und wußte, was in diesem Rahmen geleistet werden konnte und welchen Neuerungen man dort die Erfolge verdankt hatte. Vom akademischen Lehrer wurde künftig erwartet, daß er nicht nur das Ganze seines Faches wissenschaftlich ohne Diktat und Lehrbuch vor seinen Schülern entwickeln konnte, sondern auch als Schriftsteller es zu mehren und zu gestalten in der Lage war. Die Studenten sollten aber künftig nicht nur lernen, sondern mit eigener Forschung am geeigneten Objekt sich versuchen; daß dies nicht auf Kosten der allgemeinen Durchdringung des Faches geschehen dürfe, war auch für Humboldt noch selbstverständlich. Die Bibliothek der

Universität stand von nun an auch den Studenten zur Verfügung. Einen Studienzwang gab es nicht mehr. Jeder Lehrer sollte also künftig lesen können, was ihm für das Studienziel notwendig schien, jeder Student sollte hören, bei wem er Lust hatte. Den Ordinarien wurde für die Bücher ihres Faches Zensurfreiheit gewährt, wenn sie Titel und Charakter voranstellten. Die Selbstergänzung blieb lediglich für die Akademie erhalten, die — entgegen Fichtes Vorschlag — als wissenschaftliches Forschungsinstitut bestehen blieb und an deren Arbeit der Staat nur mittelbar beteiligt war, während für die Universität der Doppelcharakter als Forschungsstätte und Beamtenbildungsanstalt maßgebend war. Die Mitglieder der Akademie erhielten das Recht, als „Professores honorarii" auch ohne Habilitation Vorlesungen an der Universität zu halten.

Humboldt war ursprünglich dem Plane, daß in Berlin eine Zentraluniversität gegründet werden solle, abgeneigt. Er selbst hatte einst in Frankfurt a. O. studiert, bevor er nach Göttingen gegangen war; er sah nicht ein, warum eine Universität gerade in eine große Stadt verlegt werden solle. Ähnlich hatte sich auch Stein, der um die Moral der Studenten besorgt war, geäußert, und der König fürchtete, daß sich studentisches Treiben in den ruhigen, abgezirkelten Straßen der Residenz breitmachen werde; noch Jahre später hat er unter den Linden höchstpersönlich Jagd gemacht auf Studenten, die Kokarden trugen. Schließlich entschied man sich, daß Königsberg zwar als Provinzialuniversität erhalten blieb, Frankfurt dagegen aufgehoben wurde und die Landes-Universität in die Hauptstadt kam, weil dort die Institute zur Verfügung standen, welche der Akademie mit einem einzigen Federstriche genommen wurden. Humboldt aber erkannte alsbald den hohen politischen Wert einer Universität in der Hauptstadt. So konnte Preußen in ganz Deutschland ein moralisches Ansehen statt des verlorenen militärischen gewinnen: „die Bildung einer großen und gut organisierten Universität, die, wenn sie gelingt, Studierende aus allen Teilen von Deutschland versammeln muß, ist eines der vorzüglichsten Mittel, durch welches Preußen die Aufmerksamkeit und Achtung Deutschlands für sich gewinnen kann." Friedrich Wilhelm hat schließlich die ihm vorgelegten Satzungen ohne weitere Verhandlungen unterschrieben, er hat nur eine einzige Änderung angenommen, indem er — die Dekane von der Liste der courfähigen Personen strich. Im Herbst 1810 wurde die Universität in Berlin eröffnet mit einer Gesamtzahl von 256 Studierenden, davon 117 Mediziner aus den schon bisher vorhandenen klinischen Instituten. Im Sommersemester sank die Zahl der Studierenden auf 198. Der erste gewählte Rektor war Fichte, er scheiterte aber infolge seiner Heftigkeit schon nach wenigen Monaten und trat zurück. Aber wenngleich die erste Zeit noch in einem äußerlich kleinen Rahmen verlief, so war doch dank der sachkundigen Hand Humboldts eine Reihe glücklicher Berufungen gelungen. Schon vor der Eröffnung der Universität hatten Fichte und Schleiermacher Vorlesungen vor dem Publikum der Stadt gehalten — Fichte seine „Reden an die deutsche Nation". Gleich im ersten Semester las Niebuhr seine „Vorlesungen über römische Geschichte", die in der Entwicklung der Historiographie Epoche gemacht haben. Da Niebuhr bis dahin als Staatsrat tätig gewesen war, war sein Erscheinen auf dem Katheder ein gesellschaftliches Ereignis, er las aus einem druckfertigen Manuskript vor einem großen und erlauchten Auditorium, die Fortsetzung im folgenden Semester war dann nur sehr schwach besucht. Wohl nur wenige Hörer mochten die Bedeutung dessen erkennen, was Niebuhr vortrug. Fichte dagegen las unter gewaltigem Andrang in freier Rede über sein System.

Die Begründung der Universität Berlin war, wie man sieht, kein so außerordentliches Ereignis, wie die Anreger ursprünglich gewollt und gehofft hatten. Die kleinlichsten Händel zwischen den Professoren, wie sie die alten Gelehrtenrepubliken zerrüttet hatten, wurden schon im ersten Jahre auch an der neuen Anstalt ausgetragen und konnten nur durch die starke Amtsgewalt, die das Ministerium seiner Schöpfung gegenüber besaß, beigelegt werden. Auch waren die Gedanken, auf denen die Universität aufgebaut war, nicht so ganz ungewöhnlich. Nachdem sie von Schelling ihre letzte Formulierung gefunden hatten, war ihre Einführung in das Leben bereits in Heidelberg und Würzburg mit Erfolg versucht worden. Erst nach dem Befreiungskriege begann der durch die Anlehnung an den großen Staat ermöglichte Aufstieg der Universität Berlin, so daß sie dann auf Geistesleben und Schule von ganz Deutschland im Laufe des Jahrhunderts den stärksten Einfluß ausüben durfte. Was Humboldt zu dieser geistesgeschichtlichen Entwicklung persönlich hinzugebracht hat, war seine Freude am Gestalten der Idee und das Gewicht seiner amtlichen Stellung, mit dem er bei der Begründung der Berliner Universität die einzelnen Fragen entschied. Gemeinsam war ihm mit allen Trägern des neuen Geistes der zentrale Gedanke der „zweckfreien Bildung" oder der „voraussetzungslosen Wissenschaft"; sie zum Lebensgesetz der deutschen Universitäten zu erheben, wurde das Bildungsprogramm des Liberalismus im kommenden Jahrhundert. Ob freilich Humboldt selbst bereit gewesen wäre, das Ideal des wissenschaftlichen Menschen, die selbstvergessene Hingabe an die Erkenntnis, wie man sie im Vorbilde des Sokrates verkörpert fand, bis zum letzten, bitteren Ende zu erfüllen, mag man bei seinem Charakter und seiner sonstigen Bereitschaft zu persönlichen Opfern füglich bezweifeln; der innere Widerspruch zwischen der friedlichen Bürgerlichkeit eines gesicherten Gelehrtendaseins und der heroischen Theorie, die sich für die Freidenker der Antike und der Renaissance begeisterte, sollte an den deutschen Universitäten immer dann um so peinlicher hervortreten, wenn das von Humboldt vorgelebte Ästhetentum in Geltung kam. Die Grundidee der freien Wissenschaft als eines geistigen Wertes entstammte, wie wir gesehen haben, einer jahrhundertelangen Entwicklung des abendländischen Bewußtseins; die preußischen Reformer aber versuchten, ihr die Führung im nationalen Erziehungswesen zu übertragen. Sie berührten sich dabei mit dem späten Griechentum, mit Aristoteles zumal, und waren sich dieses Zusammenhanges durchaus bewußt. So ist, wie bereits angedeutet, die Intellektualisierung der deutschen Bildung vollendet worden. Das ganze Schulwesen wurde auf das Universitätsziel gerichtet, die wissenschaftliche Befähigung wurde zum Maßstabe für alle geistige und auch alle soziale Bewertung, das Schwergewicht der Universitäten wurde durchaus auf die Gelehrsamkeit, auf die Entfaltung theologischer, juristischer, philosophischer und selbst medizinischer Ideen verlegt. Es wurde schon darauf hingewiesen, wie in dieser historischen Lage die überragende Stellung begründet ist, welche die Universitäten im Laufe des 19. Jahrhunderts im Geistesleben des deutschen Volkes gewonnen haben. Indem der neue Universitätstypus vom Lehrer und Schüler die Mehrung des Wissens durch Forschung am besonderen, wenn auch noch so geringen Objekte verlangte, förderte er den emsigen Ausbau der Fachdisziplinen, der im 19. Jahrhundert geleistet worden ist; und indem der neue Typus sich durchsetzte, vermochte er das ganze geistige Leben mit wissenschaftlicher Methode zu erfüllen. Eine nie gewesene Disziplinierung des Geistes, aber auch eine Verarmung an seelischen Werten war die notwendige Folge. Und je mehr in der Masse der Menschen vor dem neuen Gotte die religiösen Dogmen verblaßten, desto heißer wurde, mitten in der Herrschaft der freien Wissenschaft und gerade durch sie, das Bedürfnis nach Glaubensdogmen der Vernunft, und wieder waren es die hohen Schulen, die diesem Wunsche am besten entsprechen konnten. Es erstand auf dem Katheder die neue Erscheinung des wissenschaftlichen Propheten, die als erster Fichte verkörpert hat. Und niemals ist die „rabies theologorum" im konfessionellen Zeitalter schlimmer gewesen als jetzt im Namen der voraussetzungslosen Wissenschaft die Intoleranz der sich befehdenden Schulen. Auch hierfür ist Berlin schon bald vorbildlich geworden, nachdem Fichtes zornige Fehden in Jena vorangegangen waren. Über dem literarischen Streite zwischen den beiden Schwaben Hegel und Schelling sollte dereinst die älteste Freundschaft in die Brüche gehen, der 70jährige Schelling und der 82jährige Heidelberger Rationalist Paulus — alte Jugendfreunde aus dem Tübinger Stift — führten um wissenschaftliche Fragen vor Gericht einen Prozeß, weil Paulus das Kollegheft des „Charlatans" hatte nachschreiben und veröffentlichen lassen, Schelling aber gewiß war, daß er den „Shylock", den alten Sünder, nur pekuniär fassen könne. Doch dies sind Vorgänge, die bereits tief im 19. Jahrhundert liegen, wo das neue Prinzip der freien Wissenschaft sehr rasch zur Herrschaft der staatlich geschützten „Schulen" führte. Humboldt selbst lebte wie seine Mitarbeiter des Glaubens, dem kulturellen und menschlichen Fortschritte zu dienen, wenn er die Pflege der Wissenschaften in die Hände des Staates legte und ihr dann freiwillig Raum gab für Lehre und Forschung. Daß diese Freiheit ihre Grenze doch am staatlichen Interesse finden konnte, war ihm bewußt, wenngleich dies in jenem Augenblick nicht praktisch zum Austrag gelangte; und nicht minder deutlich war ihm, daß er mit seiner ganzen kulturpolitischen Arbeit einen Standpunkt einnahm, dem nichts in der Welt fremder war als die katholische Idee. Sein Lebenswerk galt der Verwirklichung eines geschichtlich erwachsenen und bedingten Glaubens: ohne zunächst den Geist dem Staate zu unterwerfen oder durch ihn die staatlichen Belange unmittelbar fördern zu wollen, hoffte er doch, auf diesem Wege zugleich die nationale Wiedergeburt vorzubereiten. Die Elemente hierzu sah er in der durch die Wissenschaft gegebenen Erziehung zu strenger Nüchternheit und Klarheit des Denkens, in der Verwirklichung der „civitas academica" als Vorbild gesellschaftlicher Einheit.

Als die Universität Berlin im Herbst 1810 eröffnet wurde, war Humboldt bereits nicht mehr im Amte. Seine Stellung als Chef der Sektion für Kultus und Unterricht im Ministerium des Innern bedeutete für seine Arbeit und für sein Selbstgefühl von Anfang an eine große Hemmung. Daß die Angelegenheiten des Kultus und Unterrichtes auch in der Steinschen Organisation der obersten Behörden dem Ministerium des Innern zugeteilt waren und kein eigenes Kultusministerium gegründet worden war, ist erklärlich aus der noch festgehaltenen Praxis des alten Staates, die — wie wir schon öfters erwähnten — alle Schulsachen zur inneren Verwaltung rechnete. Wenn dabei durch Stein Kultus und Unterricht in einer einzigen Sektion vereint worden waren, so hatte dies, soweit man sieht, nicht Steins ursprünglichen Plänen entsprochen und war wohl nur auf des Königs ausdrücklichen Willen in der Verordnung vom 24. November 1808 so eingerichtet worden. Humboldt sagte dies alles nicht sehr zu. Er hat in der Sektion, deren Chef er wurde, die Unterrichtsabteilung persönlich geführt, während er die Abteilung für die Angelegenheiten des Kultus Nicolovius völlig selbständig überließ. Den Sektionen der einzelnen Ministerien waren — nach Steins Plane und entsprechend seinem der ausschließlichen Beamtenregierung abholden Grundgedanken — wissenschaftliche oder technische Deputationen beigeordnet, bestehend aus sachkundigen, im praktischen Leben arbeitenden Männern. Es ergab sich aus Humboldts Erziehungsideal, daß er in seine „wissenschaftliche Deputation" keine Vertreter der Fachwissenschaften aufnahm, sondern, wie er bei den Berufungen darlegte, nur solche Männer, „die sich den philosophischen, mathematischen, philologischen, historischen Studien, mithin denjenigen Fächern widmen, welche alle formellen Wissenschaften einschließen, durch welche die einzelnen Kenntnisse erst zur Wissenschaft erhoben werden können und ohne die keine auf das Einzelne gerichtete Gelehrsamkeit in wahre intellektuelle Bildung übergehen und für den Geist fruchtbar werden kann". Da sich Wolf, wie erwähnt, ihm versagte, wurde Schleiermacher der bedeutendste Mitarbeiter der Deputation, doch behielt Humboldt durchaus die geistige Leitung. Überhaupt war er auf Wahrnehmung der Rechte der Sektion sehr eifrig bedacht und unterwarf ihrer Aufsicht besonders auch die Akademien der Kunst und Wissenschaft, die gerne in der Stellung privilegierter Körperschaften geblieben wären. Auch in dieser Hinsicht zeigte es sich, wie die Reformer den modernen Staatsgedanken zunächst einmal gegen alle überlieferten Sonderrechte durchführten, bevor der Gedanke der Selbstverwaltung auf neuer Grundlage verwirklicht wurde. Sogar ein Gymnasium, das Joachimsthalsche in Berlin, besaß ein eigenes Direktorium mit hohen Rechten; Humboldt löste es einfach auf. Mit derselben Sorgfalt sah er aber auch auf die Wahrung seiner Stellung innerhalb der Regierung, und wenn die Steinsche Ordnung ihm eine selbständige Ministerstelle versagt hatte, so hatte sie doch einen Staatsrat vorgesehen, in welchem die Sektionschefs ebenso wie die zu berufenden Notabeln gleichberechtigt mit den Ministern Sitz und Stimme haben sollten. Humboldt verlangte daher die Einrichtung dieses in Aussicht gestellten Staatsrates oder aber — falls dies nicht geschehen könne — die Begründung eines eigenen Unterrichtsministeriums. In diesem Kampfe um die Verselbständigung seiner Sektion unterlag Humboldt, sobald Hardenberg im Juni 1810 berufen wurde. Statt des Staatsrates wurde das Amt des Staatskanzlers geschaffen, das für alle Ressorts die letzte Entscheidung in die Hände des einen leitenden Staatsmannes, nämlich Hardenbergs gab. Eine Zusammenarbeit von Hardenberg und Humboldt erwies sich als unmöglich. Der Kanzler entschloß sich, Humboldt in den diplomatischen Dienst zurücktreten zu lassen, und gab ihm den Posten eines Gesandten in Wien.

FÜNFTER ABSCHNITT
Hardenberg

Hardenberg hatte das sechzigste Lebensjahr bereits vollendet, als er die große und weltgeschichtlich bedeutsame Arbeit in Angriff nahm, die seine eigentliche historische Stellung begründet hat und die uns berechtigt, mit Ranke festzustellen, daß tiefer als er noch niemals ein Staatsmann seinen Namen in die ehernen Tafeln der preußischen Geschichte eingegraben hat. Hardenberg nahm das Reformwerk, das Stein begonnen hatte und das dann liegen geblieben war, mit verdoppelter Energie wieder auf und schuf in allen Zweigen des staatlichen und gesellschaftlichen Lebens entscheidende, unwiderrufliche Tatsachen. Man ist gewohnt, die ganze Periode der preußischen Geschichte, die dem Befreiungskriege vorausging, als die Stein-Hardenbergische Reformzeit zu bezeichnen, wie ja auch die beiden Denkmäler auf dem Dönhoffplatze in Berlin die Zusammengehörigkeit der beiden Staatsmänner im Gedächtnis der Nachwelt zum Ausdruck gebracht haben. Doch dies gibt ein falsches Bild von dem inneren Verhältnis der beiden Stufen des Reformwerkes; allzu verschieden waren sich die beiden Männer nach Anlage, Lebensrichtung und politischen Ansichten, als daß sie sich im Dienste an einem gemeinschaftlichen Werke einfach hätten ablösen und harmonisch ergänzen können. Stein war durch die Fügung des Schicksals von der Leitung der Geschäfte abgedrängt und vermochte lediglich aus der Ferne, in der Rolle eines politischen Flüchtlings, die Arbeit seines Nachfolgers mit aufmerksamen Beobachtungen zu begleiten, um nach anfänglicher Billigung im Laufe der Zeit zu immer schärferer Ablehnung zu gelangen. Hardenberg dagegen war es vergönnt, sich in Staat und Leben auszuwirken: er hat sich durchzusetzen verstanden. Auch er war in Preußen Ausländer, Hannoveraner. Aber ganz anders als der Reichsritter hatte er sich eingelebt in diesen Staat und in die Welt der hohen Diplomatie, er hatte den Kampf der großen Mächte als die Grundtatsache alles politischen Daseins hingenommen und den Überlieferungen der altpreußischen Militärmonarchie sich einzuordnen gelernt. Ein Zögling der herrschenden französischen Aufklärung und ihrer vornehmen, volksfremden Bildung, voll Menschenverachtung und souveräner Laune, war er gewohnt, die Dinge zu gestalten und, wenn es sein mußte.

sie zu zwingen. Wie er sein persönliches Leben nach eigenen, freien Gesetzen, ohne Rücksicht auf Umwelt, Sitte und fremde Interessen führte und noch im Alter frivole Abenteuer, den Umgang mit zweifelhaften Weibern und niedrigen Kreaturen nicht scheute, so besaß er auch als Staatsmann nur einen einzigen Glauben — den Glauben an die Allmacht der ungebundenen großen Persönlichkeit. Ein Meister in der Kunst der Menschenbehandlung, verdankte er seine Erfolge seiner eigenen Unwiderstehlichkeit. Bald wußte er durch rücksichtsloses Zugreifen, bald durch bestrickende Liebenswürdigkeit zu gewinnen; in der stolzen, schönen, aristokratischen Gestalt lebte ein starker, zielbewußter und beweglicher Geist, der den Menschen Eindruck zu machen verstand. So war er wie geschaffen für politische Wirkung in einer Zeit, die durch Zwang und Gebot die Kräfte im Staate entfesseln und organisieren wollte, damit die Macht gemehrt, die verlorene Geltung zurückgewonnen werde; er verstand es, durch klugen Wechsel von Nachgiebigkeit und Energie, durch eine Ausdauer, die niemals von leidenschaftlichem Ungestüm zerrissen wurde, dem letzten Ziele zuzustreben. In diesem Sinne war Hardenberg der vollendetste Typus des politischen Menschen, der letzte Vertreter des aufgeklärten Absolutismus, dessen Selbstüberwindung die Aufgabe seines Lebens wurde. Auch er war wie der Freiherr vom Stein in der inneren Verwaltung emporgekommen, er hatte lange die fränkischen Außenbesitzungen der Hohenzollern verwaltet. Er hatte dabei die alten bürokratischen Formen des nach einheitlicher Zusammenfassung strebenden Staates handhaben und schätzen gelernt, er war frühe auch in diplomatischen Missionen mit Erfolg verwendet worden und hatte im Jahre 1795 jenen Frieden von Basel geschlossen, der den preußischen Monarchen aus dem Bunde der alten Mächte löste und mit der Republik der Königsmörder versöhnte; schon bei dieser Gelegenheit hatte Hardenberg das staatliche Interesse über alle Bedenken und Bindungen des Gemütes gesetzt. Der Kampf gegen das Kabinett hatte ihn dann an die Seite Steins geführt; ihm und nicht dem Freiherrn vom Stein war die Abschaffung gelungen, er war in die bis dahin unerhörte Stellung eines Premierministers gelangt. Als er schließlich beim Abschlusse des Friedens von Tilsit dem Machtgebote Napoleons hatte weichen müssen, hatte er in der Zurückgezogenheit die berühmte Rigaer Denkschrift vom 12. September 1807 verfaßt. Dem rückschauenden Betrachter stellt sie sich dar als ein lehrreiches Gegenstück zur Nassauer Denkschrift Steins. In entschiedener Anlehnung an die Gedanken der Revolution und des Kaiserreiches forderte Hardenberg hier die Neuordnung des gesellschaftlichen und wirtschaftlichen Lebens auf individualistischer Grundlage, den Staat aber wollte er durch einen straffen, bureaukratischen Behördenaufbau ohne Selbstverwaltung zentralisiert wissen, doch sah er zugleich eine „Nationalrepräsentation“ vor.

Das Amt des Staatskanzlers gab Hardenberg die Möglichkeit, die Reformen in die von ihm gewollten Bahnen zu lenken. Er allein hatte die Leitung. Minister und Räte, die einen selbständigen Willen betätigen wollten, wurden entfernt; so mußten nach Humboldt auch Schön und Niebuhr zurücktreten. Der Kanzler entwarf selbst mit genialer Sicherheit die Reformpläne; die Ausarbeitung im einzelnen, um die er sich nicht kümmerte, wurde in seinem Bureau besorgt, dem ein junger Assessor, Friedrich von Raumer, der spätere Geschichtsschreiber der Hohenstaufen, vorstand. Noch immer war die Beschaffung der Mittel zur Befriedigung der Franzosen die dringlichste aller Sorgen. Hardenberg half sich, indem er die Ideen der Physiokraten und der Französischen Revolution nun in Preußen verwirklichte und dabei die Verwaltung des Königreiches Westfalen sich zum Muster nahm: in einer Reihe von Finanzgesetzen wurde Ende Oktober 1810 die „Revolution von oben“ durchgeführt. Ein Edikt verfügte die Säkularisation alles evangelischen und katholischen Kirchengutes im Lande, nachdem 1803 nur das Reichskirchengut eingezogen worden war. Die protestantischen geistlichen Güter dienten schon bisher meist nicht zu kirchlichen Zwecken, sondern zur Gewährung von Präbenden an hohe Persönlichkeiten; als Beispiele seien die Domherrenstellen in Naumburg genannt, die selbst Hardenbergs Säkularisation um ein Jahrhundert überlebt haben. Das katholische Kirchengut lag naturgemäß fast ausschließlich in Schlesien und stellte dort einen enormen Wert dar. Die Mehrzahl der Güter gelangte zum Verkauf, was angesichts der ungünstigen Marktlage — nicht anders als beim Domänenverkauf — einer Verschleuderung und einer Bereicherung der Spekulanten gleichkam; der Erlös diente der Schuldentilgung. Schon diese Maßnahme wurde von Stein mißbilligt, der Kirchen und Schulen mit liegenden Gründen hatte ausstatten wollen. Am 28. Oktober 1811 erschienen dann die neuen Steuergesetze. Mit Aufhebung aller Befreiungen wurde die Grundsteuer eingeführt, die Verbrauchs- und die Luxussteuer wurden über das ganze Land ausgedehnt und die völlige Gewerbefreiheit verkündet. Wer Gewerbesteuer bezahlte, konnte künftig ohne jeden andern Nachweis ein Gewerbe betreiben, nur für einzelne Gewerbe, wo durch allzu große Konkurrenz und ohne Nachweis der erforderlichen Eigenschaften große Nachteile für die Gesamtheit entstehen konnten, wurden Ausnahmen gemacht; die liberale Gesetzgebung der deutschen Staaten hat in der Folgezeit diese Ausnahmestellung immer für die Apotheken festgehalten. Diese Gewerbegesetzgebung von 1810 wurde von Stein mißbilligt. Seine eigene Gesetzgebung hatte ja, seiner ganzen Staatsauffassung entsprechend, nicht die Zünfte selbst aufgehoben, sondern nur das Recht der Zünfte, andere vom Gewerbe auszuschließen. Stein hatte die sittlichen Grundlagen der alten Gewerbeverfassung, ihre korporative Aufsicht über die Mitglieder festhalten wollen: er ist über das Zuchtrecht der Zunft, das ein Eingreifen des staatlichen Richters möglichst verhütete, noch später in eine interessante Auseinandersetzung mit dem Staatsrat Kunth getreten. Hardenberg und seine Gehilfen waren im Geiste des Adam Smith überzeugt, daß die Konkurrenz der „beste Anreger und Regulator der Industrie" sei und daß durch Freiheit der Arbeit und des Verkehres die Aufbringung der Steuern erleichtert werde. Eine Stempelsteuer auf Urkunden kam noch hinzu, eine neue Gesindeordnung gründete das Dienstverhältnis auf privatrechtliche Vertragsfreiheit.

Durch diese Gesetze wurde das alte Staatswesen völlig umgestaltet. Es verschwanden alle Korporationen, Privilegien und Realgerechtigkeiten, es verschwand der Unterschied zwischen Stadt und Land, der für das alte Staatswesen so charakteristisch gewesen war. Die neue Gesetzgebung ruhte auf der Grundlage der rechtlichen Gleicheit, des freien Eigentums und des freien Vertrages: jetzt erst waren diese Grundsätze völlig verwirklicht. Den Protest der Berechtigten sah Hardenberg voraus. Ein Edikt vom 27. Oktober verhieß daher eine beratende Landesvertretung sowohl für die Provinzen wie für den ganzen Staat: der Kanzler hoffte, hierdurch dem Zeitgeiste entgegenzukommen und durch seine eigene persönliche Überlegenheit die öffentliche Meinung gewinnen zu können. Die provisorische „Nationalrepräsentation", die er alsbald berief, bestand aus Notabeln, die er selbst ernannte, aber entsprechend der sozialen Zusammensetzung des agrarischen Staates vornehmlich aus Rittergutsbesitzern wählen mußte. Doch statt der gehofften Unterstützung stieß er auf Widerspruch, die Notabeln trugen ihr Mißvergnügen in ihre heimatlichen Kreise, die Erregung wuchs gegen die Fremdlinge, die ihre Theorien an dem preußischen Staate versuchten und „aus dem ehrlichen, brandenburgischen Preußen einen neumodischen Judenstaat" machen wollten. An den König ging eine Eingabe in diesem Sinne, die an erster Stelle von dem Grafen Finckenstein unterzeichnet und von dem Gutsbesitzer Ludwig von der Marwitz — der schon die Gegnerschaft gegen Stein geführt hatte — aufgesetzt war. Die Eingabe wurde von Hardenberg sehr übel genommen, die beiden Rädelsführer wurden — weil sie ein „Komplot“ angestiftet und die Ehrfurcht gegen den König verletzt — nach Spandau auf Festung gesetzt, zwei Landräte wurden ihrer Stellung enthoben, der Oberhofmeister, der sich der Fronde angeschlossen, wurde entlassen: so sehr hatte Hardenberg den König in der Hand! Einer neuen Notabelnversammlung wurde eine Revision der Steuergesetze vorgelegt, und auf dieser Grundlage kam eine Verständigung zustande. Hardenberg konnte es sogar wagen, ein neues inhaltschweres Edikt vom 14. September 1811 mitzuteilen, das die „Regulierung“ der gutsherrlichen und bäuerlichen Verhältnisse betraf: die Stellen der im Besitz befindlichen Privatbauern sollten in dienstfreies Eigentum verwandelt werden. Während das Oktoberedikt von 1807 lediglich die persönliche Leibeigenschaft mit ihren Folgen, besonders dem Gesindezwangsdienst aufgehoben hatte, aber die aus dem dinglichen Besitze fließenden Verpflichtungen der Bauern unverändert ließ, stellte Hardenberg zum ersten Male an die Rittergutsbesitzer das Ansinnen, daß sie das Obereigentum an den Bauernstellen aufgeben und die Dienste ablösbar machen sollten. Das „Regulierungsedikt“ bezog sich also auf solche bäuerliche Besitzer, welche noch kein Eigentumsrecht hatten, also auf die „Lassiten“, ob sie nun erblich waren oder nicht. Das Edikt verfolgte das Ziel, dieser Masse der östlichen Bauern das dienstfreie Eigentum an ihren Stellen zu verschaffen. Es geschah dies in der Form der „Ablösung“, indem der Bauer einen Teil des zum Pachtgut oder zum Bauernhof gehörigen Landes dem Gutsbesitzer abtreten mußte, wenn er den Rest als freies Eigentum erhalten wollte. Die „Regulierung“ konnte nur auf Antrag geschehen, die Mithilfe der beiden interessierten Parteien, des Herrn und des Bauern, war für die Durchführung notwendig. Es waren durchaus staatsmännische und nicht etwa besonders bauernfreundliche Gesichtspunkte, die Hardenberg bei der Entwerfung des Edikts leiteten. Er wollte die Befreiung des bäuerlichen Eigentums und der bäuerlichen Arbeit, weil nun einmal die Steigerung der Produktivität im Rahmen der alten Feudalverfassung nicht möglich war; er war sich zugleich bewußt, daß das gutsherrlich-bäuerliche Verhältnis in erster Linie ein Arbeitsverhältnis war und daß bei seiner Aufhebung dem Rittergutsbesitzer ein Ersatz für die bisherigen Arbeitskräfte werden mußte. Auch Hardenberg war von der Notwendigkeit eines Großgrundbesitzes überzeugt, ohne welchen der für die Erhöhung der Erträge notwendige Aufwand an Kapital und Intelligenz niemals aufgebracht werden konnte. Nicht das adelige Rittergut, wohl aber der freie ungebundene Großbesitz schien Hardenberg für das Wohl des Staates nötig zu sein, und so sah das Regulierungsedikt die Entschädigung des Gutsbesitzers durch die Bauern vor: es war offenkundig, daß viele Bauern alsdann nicht mehr existieren konnten und gezwungen waren, in Lohnarbeit zu gehen. Die größeren aber, die sich behaupteten, konnten nach Hardenbergs Absicht den festen Kern für ein sich bildendes kräftiges Bauerntum abgeben. Immerhin war der alte Grundsatz der preußischen Könige, daß das Rittergut nicht auf Kosten des Bauernlandes anwachsen dürfe, nunmehr sehr abgeschwächt worden.

Die Überzeugung von der wirtschaftlichen Überlegenheit des Großbetriebes ist dem ganzen Zeitalter des emporkommenden wirtschaftlichen Liberalismus eigen gewesen. Im parlamentarisch regierten England waren in der zweiten Hälfte des 18. Jahrhunderts durch den allmächtigen Adel die letzten großen „Einhegungen" durchgeführt worden — jene „enclosures", die das Bauernland in herrschaftlichen Besitz, mittelalterliche Rechtsansprüche in freies modernes Eigentum umwandelten. Hiermit hatte sich gleichzeitig eine grundlegende Wandlung der landwirtschaftlichen Betriebsweise vollzogen, nachdem die in karolingischer Zeit aufgekommene Dreifelderwirtschaft nunmehr ein volles Jahrtausend hindurch der abendländischen Agrikultur und Landschaft das Gepräge gegeben hatte. In einem Zeitalter, das gesteigerte Regsamkeit auf allen Gebieten zeigte, war auch der Zwang zur Steigerung der Bodenerträge dringend. Man kam jedoch im Rahmen der bisherigen Wirtschaftsweise nicht weiter, weil die Düngerproduktion zu gering war; angebaut wurde innerhalb der Dreifelderwirtschaft nur Getreide, die Haltung von Vieh war also beschränkt, weil Futtermittel nur aus der Brahe, aus den Wiesen und aus dem Laub des Waldes zu gewinnen waren: da man zu viel Korn anbaute, erntete man zu wenig Korn. In England zuerst erkannte man, daß die Brahe entbehrlich sei, indem nämlich der Boden sich hinsichtlich einer Frucht erhole, wenn er eine andere trage; man begann also den Anbau von Futterpflanzen und führte die Stallfütterung auch im Sommer ein. Die Physiokraten lernten dann diesen „rationellen Fruchtwechsel" in England kennen, aber in Deutschland konnte die neue Wirtschaftsweise doch erst dann zu einer nennenswerten Steigerung der Erträge führen, wenn der weitgedehnte und leistungsfähige ostelbische Gutsbesitz sie aufnahm. Es war auch offenkundig, daß der intensive Betrieb nicht mit der alten Arbeitsverfassung und den alten Flurgewohnheiten durchführbar war; aber der Wege gab es für die preußischen Staatsmänner doch noch viele. Ein Verwaltungsbeamter wie Theodor Schön, der in England das neue Betriebssystem und die Lehren des wirtschaftlichen Liberalismus kennen gelernt hatte, brachte diese beiden Erfahrungen in doktrinärer Weise viel enger zusammen, als es jemals in dem vielseitigen angelsächsischen Leben möglich gewesen wäre — weit enger auch als es Stein oder selbst Hardenberg lieb war. So wurde Schön, wie wir bereits festgestellt haben, unter den Reformern der erste Wegebahner eines von allen Rücksichten auf die politische Stellung des Adels losgelösten, ausschließlich kapitalistisch gedachten Großgrundbesitzes, der zur Marktware gemacht und rationell betrieben werden sollte wie ein Gewerbe; diesem Zwecke ausschließlich sollte die Bauernbefreiung dienen, wenn es nach dem Sinne des extremen bürgerlichen Liberalismus ging. Hardenbergs Gesetzgebung war nicht ganz so radikal, aber sie wies doch in die gleiche Richtung. Der Staatskanzler fand dabei die wertvollste Unterstützung in Albrecht Thaer, dem „Schöpfer des wissenschaftlichen Landbaues" — wie die Inschrift des Denkmals auf dem Schinkelplatze in Berlin lautet. Ihm übertrug Hardenberg die Ausarbeitung und Durchführung der Agrargesetze.

Albrecht Thaer wurzelte seiner Persönlichkeit und geistigen Herkunft nach in der deutschen Aufklärung des 18. Jahrhunderts. Als Arzt in Celle hatte er in freundschaftlichen Beziehungen zu Lessing gestanden, der im benachbarten Wolfenbüttel die letzten Jahre seines Lebens verbrachte. Für die Stunden seiner Muße kaufte er sich einen Garten vor der Stadt, den er allmählich zu einem ganzen landwirtschaftlichen Betriebe ausbaute. Auch studierte er die Schriften, welche damals so zahlreich über alle Fragen der kameralistischen Wissenschaft geschrieben wurden und die den Geist der Vernünftigkeit und der Aufklärung auch auf das bäuerliche Land und in die Wirtschaft zu tragen sich bemühten. So lernte er die Mängel der damaligen Landwirtschaft und die Vorteile der neuen englischen Betriebsweise kennen. Es wurde ihm bewußt, welche Steigerung der Erträge zu gewinnen war, wenn man die Bauern aus dem trägen Leben einer widerwillig und lässig geleisteten, unfreien Arbeit löste. Zunächst führte Thaer auf seinem Gute in Celle das neue Betriebssystem als erster in Deutschland ein, er begründete dort auch zugleich ein Lehrinstitut und schrieb ein dreibändiges Werk über die englische Landwirtschaft für „denkende Landwirte und Kameralisten". Der Ruhm des Schriftstellers verbreitete sich rasch in den agrarischen Ländern Norddeutschlands, und die preußische Regierung beschloß im Jahre 1804, den bedeutenden Mann in ihre Staaten zu ziehen. Thaer kaufte mit königlicher Autorisation das Rittergut Möglin am Rande des Oderbruches und errichtete dort ein Mustergut mit einem Lehrinstitut, dem bald der Rang einer landwirtschaftlichen „Akademie" verliehen wurde. In den Jahren 1809 bis 1812 erschien sein literarisches Hauptwerk, die „Grundsätze der rationellen Landwirtschaft". Es ist ein Buch von großer geschichtlicher Bedeutung, weil in ihm zuerst der Geist der Rationalisierung, den wir im Zusammenhang der abendländischen Entwicklung erwachsen sahen und der als Wirtschaftstheorie von Adam Smith nur im Hinblick auf Gewerbe und Industrie formuliert worden war, nun auch von der Landwirtschaft Besitz ergriff und zum System eines wissenschaftlichen Landbaues führte. Die Physiokraten hatten zwar ihre Gedanken über Agrarreform aus allgemeinen Gründen vernunftgemäß abgeleitet und in den Zusammenhang einer umfassenden Theorie gestellt; aber daß der Landwirt wissenschaftlich und kaufmännisch denken müsse, lag ihnen noch ferne, sie begnügten sich, die überlieferten Hindernisse der menschlichen Freiheit und Arbeit anzugreifen und Verbesserungen des Betriebes einzuführen. Thaer dagegen kam es auf die neue Wirtschaftsgesinnung an; er stellte an die Spitze seiner Ausführungen das Prinzip der Wirtschaftlichkeit. Während bisher das Gut im Geiste der alten Ordnung dazu diente, dem Gutsherrn und seiner Familie ein standesgemäßes Auskommen und die Erfüllung seiner Pflichten an die Gesamtheit zu ermöglichen, heißt es jetzt bei Thaer in dem ersten Paragraphen hart und nüchtern: „Die Landwirtschaft ist ein Gewerbe, welches zum Zwecke hat, durch Produktion vegetabilischer und tierischer Substanzen Gewinn zu erzeugen. Je höher dieser Gewinn ist, desto vollständiger wird dieser Zweck erfüllt. Die vollkommenste Landwirtschaft ist also die, welche den möglichst höchsten, nachhaltigsten Gewinn nach Verhältnis des Vermögens, der Kräfte und der Umstände aus ihrem Betriebe zieht." Hiermit war der patriarchalischen Wirtschaftsethik der Todesstoß versetzt; Erwerb wurde auch für den Landwirt höchstes sittliches Gebot. Thaer stellt den Unterschied von Rohgewinn und Reingewinn auf und betont als Aufgabe der wissenschaftlichen Lehre von der Landwirtschaft, daß sie zu zeigen habe, wie der möglichst höchste Reingewinn unter allen Verhältnissen aus einem Betriebe gezogen werden kann. Das Prinzip der Wirtschaftlichkeit hat nach Thaer das Prinzip der Wissenschaftlichkeit zur Voraussetzung. Bis dahin war die Landwirtschaft betrieben worden nur wie ein Handwerk oder eine Kunst, sie war lediglich auf Erfahrung gebaut, der Meister hatte die überlieferten Handgriffe und Regeln an den Lehrling weitergegeben. Thaer begründete demgegenüber den Landbau auf die Wissenschaft. Es ist naturgemäß eine empirische Wissenschaft, aber auch diese setzt nach Thaer nicht einfach nur positive Regeln fest, sondern entwickelt die Gründe, nach welchen man für jeden vorkommenden speziellen Fall — den sie scharf unterscheiden lehrt — das möglichst beste Verfahren selbst erfindet: „Die Kunst führt ein gegebenes und angenommenes Gesetz aus, die Wissenschaft gibt selbst das Gesetz.“ Auch für die Wissenschaft ist die Quelle die Erfahrung, aber der Verstand führt durch Beobachtung und Versuche zu dem Gesetz. So wurde Thaer zum Begründer des landwirtschaftlichen Versuchswesens. Was für Gewerbe und Industrie in diesem Zeitalter der emporkommenden Naturwissenschaft bereits galt, wurde nun auch für die Landwirtschaft als Ziel aufgestellt, nämlich die Überwindung der handwerksmäßigen Wirtschaftsweise — indem die Erfahrung nicht nur durch bloße Beobachtung erreicht werden soll, sondern durch Fragen, die wir der Natur vorlegen. Voll Stolz sah Thaer auf die großen Erfolge, welche zu seiner Zeit bereits die exakte Wissenschaft auf vielen Gebieten errungen hatte: „Auf sie“, sagt er, „gründet sich vorzüglich die Gewalt des Menschen über die materielle Welt, und er kann diese um so weiter ausdehnen, je mehr er jene Kunst vervollkommnet und in Ausübung bringt.“ So stand Thaer durchaus im Zusammenhang der modernen rationalistischen Geistesentwicklung, als er auch den Ackerbau auf physikalische und chemische Gesetze, auf Zahl, Maß und Gewicht zurückführte; der rationelle Fruchtwechsel stellte ja dem Bauern die Aufgabe, dem Boden quantitativ und qualitativ die Stoffe wieder zu ersetzen, welche der Mensch ihm mit der Ernte entzog. Ebenso erforderte die planmäßige Ernährung und Züchtung des Viehes eine Erfassung und Kenntnis naturwissenschaftlicher Gesetze. Thaer war sich bewußt, daß er mit seinem Lebenswerke in einer großen, geistesgeschichtlichen Bewegung stand und daß er für das spezielle Gebiet der Landwirtschaft nunmehr eine neue, bis dahin nicht betretene Bahn einschlug. Er hat nicht nur die Landwirtschaft in die Reihe der selbständigen Wissenschaften gehoben, sondern auch zu gleicher Zeit auf diesem wichtigsten Gebiete konservativen Lebens den modernen Geist der Versachlichung und der Rechenhaftigkeit zur Geltung gebracht. Aus seinen Erörterungen über Buchhaltung oder Betriebsleitung ergibt sich, wie stark er die Landwirtschaft als ein Geschäft betrachtet sehen wollte.

Und doch wurzelte Thaer noch allzusehr in der deutschen Aufklärung des 18. Jahrhunderts, als daß er das treibende Prinzip erkannt hätte, das in diesem Geiste steckte und das nach dem Ablauf eines weiteren Jahrhunderts alles Menschliche aus einem mechanisierten Dasein ausschalten sollte. Thaer ist in dieser Hinsicht gleich Adam Smith eine Grenzfigur zwischen zwei Zeitaltern; er trug in sich das Bewußtsein von dem unersetzbaren und unberechenbaren Werte lebendiger Qualitäten und hoffte, es auch in der neuen Zeit noch erhalten zu können. Überaus bezeichnend ist hierfür, daß er unter den Bedingungen des landwirtschaftlichen Betriebes das Subjekt vorangestellt hat, von seinen notwendigen Eigenschaften spricht, seinem moralischen Wesen, seiner Energie und Tätigkeit, Ausdauer und Überlegung. Er betont, wie sehr der Landwirt Ruhe des Gemütes braucht, die Liebe zur Schöpfung sowie den Willen und die Fähigkeit, das Walten der Natur zu erkennen. Hierin sah er die erhebende und erlösende Kraft des bäuerlichen Berufes; denn „wenn uns die moralische Welt und die gesellschaftlichen Verhältnisse fast nur den widrigen Anblick des Widerstrebens gegen die ewig beseelenden Gesetze der Vernunft darbieten, wodurch sich Schmerz und Elend über die Erde verbreiten, so zeigt uns die Natur nur um so mehr Ordnung und Einheit, je tiefer wir eindringen". In diesen Sätzen ist der Wille zur Humanität, der die deutsche Aufklärung neben dem Willen zur Rechenhaftigkeit noch kennzeichnet, deutlich zu spüren.

Es war klar, daß Hardenberg sich eines Mannes vergewisserte, dessen Lehren dem gleichen geistigen Grunde wie sein eigenes Gesetzgebungswerk entstammten und zu den gleichen praktischen Forderungen der „Bereinigung" von Ackerflur und Bodenrecht, der Befreiung der Person und des Eigentums führten; es traf die innersten Absichten der Reform, wenn es bei Thaer nun hieß, daß Ritter und Bauern künftig nicht mehr Herren und Knechte sein sollten, sondern jeder auf seinem Grunde der Betriebsleiter eines dem Gewinne dienenden Geschäftes. Wenn Thaer mit den von der Aufklärung gelieferten Mitteln die Produktivität des Landbaues steigern wollte, so stand ihm dabei der merkantilistische Gesichtspunkt der Geldbeschaffung für den Eigentümer und für den Staat vor Augen, und genau hierauf kam Hardenberg es an; die Erweiterung des Nahrungsspielraumes kam für das damalige Deutschland noch nicht in Betracht. Thaer wurde, noch im Jahre

1809, als Staatsrat zur Mitarbeit an der Gesetzgebung berufen; bei der Begründung der Berliner Universität trat er auch in deren Lehrkörper ein, zugleich behielt er die Leitung seiner Akademie und blieb ein fruchtbarer Schriftsteller. In dieser vielseitigen Tätigkeit wurde er für die Gegner der Reform recht eigentlich der Vertreter des bösen Prinzips. Der Adel nahm die technischen Einzelheiten, die Thaer nach englischem Vorbilde lehrte, in der Folgezeit gerne auf und erzielte dadurch die notwendige Steigerung der Reinerträge. Aber die gesetzgeberischen Maßnahmen und das Prinzip überhaupt lehnte der Adel ab. Es war nicht nur das Interesse, das die Gutsbesitzer gegen Thaer auf den Plan rief. Es war auch der alte Geist der Gemächlichkeit, der patriarchalischen Ordnung, der Menschlichkeit, der hier Protest erhob gegen das aufsteigende Prinzip der Rationalisierung. So stießen hier zwei Zeitalter zusammen, wobei immer wieder zu sagen ist, daß Thaer den wirtschaftlichen Rationalismus noch nicht bis zur Ertötung alles Menschlichen getrieben sehen wollte und daß die Angriffe, welche gegen ihn gingen, durchaus ihn persönlich nicht treffen konnten. Der publizistische Führer des preußischen Adels war in diesem Kampfe der schon früher genannte Adam Müller: auch der grundbesitzende Adel brauchte von nun an in der neuen Zeit zur Vertretung seiner Interessen den bürgerlichen Literaten, den Mann „ohne Ahr und Halm", einen journalistischen Sachwalter. Und in Preußen erst recht war dies ein Novum; bis dahin waren die Wünsche des Adels unmittelbar an den Thron gelangt, jetzt stand der Kanzler dazwischen. Der Streit zwischen dem Kanzler des absoluten Königs und dem frondierenden Adel wurde nun also von zwei bürgerlichen Gelehrten literarisch ausgetragen. In Thaers Werke gab es ein überaus bezeichnendes Kapitel, das „von der Wahl eines Landgutes" überschrieben war. Thaer führte darin aus, daß der Besitz eines ererbten Landgutes ihm keineswegs das erste und notwendigste Erfordernis zur Ergreifung des landwirtschaftlichen Gewerbes zu sein scheine. Wenn die richtige Persönlichkeit Kapital besitze, werde sie immer in der Lage sein, ein Landgut zu erwerben, das dann in den meisten Fällen zweckmäßiger und den Fähigkeiten des Einzelnen wie seinem Vermögen angemessener sein werde als ein ererbtes. Auch schien Thaer keineswegs der Besitz eines ererbten Landgutes eine ausreichende Berufung zu sein, sich der Landwirtschaft zu widmen. Doch hatte er freilich hinzugefügt, daß die günstigste Situation diejenige sei, wenn zu den übrigen Qualitäten noch ererbter Besitz und also die Liebe zum vaterländischen Grund und Boden hinzukomme. Dies war bekanntlich auch der Standpunkt des Freiherrn vom Stein, der die Mobilisierung des Grundbesitzes durchgeführt hat, aber doch den Adel in erster Linie zur Bestellung des vaterländischen Bodens berufen glaubte und ihm daher Sicherungen seines Besitzes gewährte. Aber wenn nun Thaer im einzelnen auseinandersetzte, wie man am besten das richtigste Landgut wähle, nämlich indem man jenes nehme, welches den möglichst höchsten Reinertrag nach Verhältnis der Kräfte des Besitznehmers verspreche, so mußte Adam Müller einen solchen abstrakten und rechnerischen Geist ablehnen. Er lehrte die notwendige Verbundenheit des einzelnen Gutsbesitzers mit dem Boden und den auf ihm angesiedelten Menschen, er protestierte gegen die Versachlichung, welche aus den Ausführungen Thaers sprach. Der Satz von der Wesensgleichheit des Landbaues und der Industrie mußte den Anhängern des Alten fast wie eine Lästerung erscheinen, sie konnten nicht zugeben, daß die Landwirtschaft künftig eine Art Fabrik sein solle; sie war ihnen vielmehr ein „Amt", eine im Interesse der Gesamtheit zu erfüllende Aufgabe, deren Dienste nicht in Geld ausgedrückt und also auch nicht durch eine Geldabgabe ersetzt werden konnten. Für die Mehrzahl der damaligen Menschen war der Ackerbau noch der erste und wesentlichste Gegenstand der Staatswirtschaft, er stellte ihnen moralische Verpflichtungen und war nicht einfach Kalkül und Gewerbe, nicht einfach ein Problem für den besten Rechenmeister. „Eigentümer" ist also nach dieser Auffassung nicht der augenblickliche Grundbesitzer, vielmehr repräsentiert dieser nur den Eigentümer, „welcher allzeit eine moralische Person ist." Auch die Eigentümer sind „glebae adscripti", heißt es bei Adam Müller. Thaer aber zerschnitt die Bande, die den Eigentümer an den Boden knüpften. Durch ihn — so formulierten es die Gegner — werde der Eigentümer zum bloßen Repräsentanten der Ertragsfähigkeit seiner Plantagen erniedrigt; alle menschliche Weisheit werde künftig darauf gerichtet sein, den Prozeß der Fäulnis und des Todes, aus welchem das vegetabilische Leben hervorgeht, zu steigern und die Pflege des Viehes höher zu achten als die Pflege des Menschen. Wenn die preußischen Reformer die persönlichen Dienste der abhängigen Bauern durch eine Geldabgabe ersetzten, wenn sie die Güter verkäuflich und verschuldbar machten und soeben darangingen, die Gemeinheiten aufzuteilen, so war dies alles der Ausfluß des gleichen Geistes der Rationalisierung und erschien den Gegnern wie ein Eingriff in die ewige Ordnung der Dinge: die organische Verbindung von Boden und Besitzer sei aufgehoben und in ein „totes Aufkleben der Güter an die Personen“ verwandelt, das Dienstverhältnis sei aus einer persönlichen Verbindung zu einer sachlichen gemacht, das Prinzip der Arbeitsteilung aber, das Adam Smith gleich zu Eingang seines Buches als Urquelle produktiver Arbeit gefeiert hatte, widerstrebe, wenn es auf die Landwirtschaft angewendet werde, dem Geiste dieses Geschäftes völlig, „welches durch seinen ganz an die Gestirne gebundenen Turnus der ausschließenden Distribution einzelner Geschäfte an einzelne Menschen, die in der Manufaktur sehr an ihrer Stelle ist, unüberwindliche Hindernisse entgegengesetzt“.

So wurden grundsätzliche Fragen von größter Tragweite in dieser Diskussion über den wissenschaftlichen Landbau angeregt — Fragen, die damals zuerst formuliert worden sind und seitdem nicht mehr zur Ruhe kamen. Gegen das „revolutionäre“ Prinzip der rationellen Landwirtschaft stellte man den Satz, daß auch die Bebauung des Bodens und vornehmlich gerade sie nach Himmelstrich und Volkstum verschieden betrieben werden müsse und daß sie nicht isoliert betrachtet werden könne, sondern immer nur im Zusammenhang mit dem ganzen Leben, im Zusammenhang mit der ganzen nationalen Ökonomie. Und wenn die Prediger der wirtschaftlichen Weltbürgerlichkeit demgegenüber betonten, daß eben die verschiedenen Länder der Erde sich nach Maßgabe des Himmelstriches und des Bodens in die Produktion teilen müßten, so verwarf Adam Müller eine solche „ökonomische Universalmonarchie“, in der die Welt zu einer einzigen, großen Fabrik geworden; er wollte die heimische Versorgung gesichert wissen vor den Schwankungen der Konjunktur, er forderte im Interesse der Menschen wie im Interesse eines unabhängigen Vaterlandes den Ausgleich zwischen den nationalen Produktionszweigen. Es ist, wie man sieht, der Staatsgedanke der politischen Romantik, der aus dieser ganzen Kritik an der Reform Hardenbergs und den ihr zu Grunde liegenden Prinzipien spricht. Die agrarische Ordnung wird empfunden als die von Gott gewollte Ordnung, die Entwicklungsstufe des gebundenen Bodenbesitzes und der patriarchalischen Herrschaft erscheint als begründet in der göttlichen Offenbarung und in den christlichen Institutionen. Dies war einst auch der Standpunkt Martin Luthers gewesen, der im agrarischen Norden lebte und in den Diensten eines Kleinfürsten stand, während der um Jahrhunderte ältere Italiener und Städter Thomas von Aquino gerade im gewerblichen Leben der Zünfte die Verwirklichung der „societas perfecta“ gesehen hatte. Wieviel Bürgerliche haben selbst noch im 19. Jahrhundert ihr Vermögen mit Vorliebe in

Grundbesitz angelegt, nicht nur, weil die Einkünfte aus dem Boden sicherer, sondern auch weil sie vornehmer waren als die aus dem Handel! Die konservative Anschauung sieht auch noch im 19. Jahrhundert alles „Amt“ vom Landbau abgeleitet, er ist die Wurzel der Monarchie: der Gutsbezirk ist also ein Staat im Staate, der Gutsherr ist Hausvater und König in seinem Kreise, der Bauernstand aber ist der „ewigen Natur der Dinge nach“ nichts anderes als die erweiterte Familie des Adels; „nur als solche kann er wirken und gehört er in unseren Staat“. Diese politische Lehre protestierte hiermit, wie wir früher sahen, gegen die abstrakte Staatsidee: diese ist ein „Unding“ für den Bauern, weil er einen solchen Staat weder sehen noch erkennen kann außer etwa durch „Steuern und Kanonen“. So ist für diese Staatslehre die persönliche, menschliche Verpflichtung durch Gehorsam und Dienstbarkeit die Grundlage, auf welcher Familie und Staat in gleicher Weise beruhen: indem der Liberalismus das Dienen verwerfe und nur das Arbeiten gelten lasse, sei aus der Untertänigkeit gegen Personen die schlimmere gegen Geld geworden. So pries Adam Müller die natürlichen Abhängigkeitsverhältnisse und das ständische Mitbestimmungsrecht, er glaubte, daß die alte Agrarverfassung sich organisch aus dem Geiste des deutschen Volkstums entwickelt habe; man wußte ja damals noch nicht, daß sie einst sehr realen, wirtschaftlichen Bedürfnissen entsprungen war. Diese Politiker sahen das Ziel der ökonomischen Restauration in der Erneuerung der ständischen Gliederung und in dem Sturze der modernen Wirtschaftsprinzipien, nicht zuletzt auch der Hypothekenkreditwirtschaft, „unter deren Regiment der Adel verwirrt und korrumpiert worden ist“. Die glückliche Harmonie der germanischen Staaten und Stände war nach dieser Geschichtsphilosophie verloren gegangen, als „durch den steigenden Flor der Städte, durch das unverhältnismäßige Übergewicht des Handels und der Manufaktur über den Ackerbau, durch die Entdeckung neuer Welten von Bedürfnissen und Absatz der dritte Stand, das bewegliche Eigentum seine Macht unabhängig ins Unendliche erweiterte“. Aus allen diesen Gesichtspunkten ergab sich der schärfste Protest gegen das Werk der Reform, gegen seine Träger und Nutznießer. Adam Müller sah in der Reformregierung des Übels Kern und bekämpfte unaufhörlich die Überzahl der Beamten und Journalisten, der Schulmeister aller Kategorien, unter denen die zünftigen, auf Adam Smith schwörenden Nationalökonomen und ihre „Schule“ ihm besonders verhaßt waren: „Ritter und Bauernstand gehen unter, und es gibt am Ende nur Kaufleute, Handwerker und Juden.“

Wie man sieht, kämpften in diesem Streite um Hardenbergs Reformgesetze die Gegner des Kanzlers im Namen Burkes gegen den siegreichen Adam Smith. Nur freilich ging ihnen darüber der große Gedanke einer Regeneration des Adels verloren, der den Freiherrn vom Stein beseelte, als er von sich aus gegen das Regulierungsedikt die schwersten Bedenken erhob: daß Stein die „Revolutionierung des Vaterlandes“ begonnen habe, blieb für einen Junker wie Ludwig von der Marwitz eine unbestreitbare Tatsache. Es schlossen sich die hocharistokratischen Widersacher des Kanzlers mit ihren bürgerlichen Sachwaltern aufs engste zusammen zwecks Vorbereitung der ökonomischen und sozialen „Restauration“. Eine „christlich-deutsche Tischgesellschaft“ wurde im Jahre 1811 von Achim von Arnim begründet, der mit seinem Freunde Brentano den Sitz der Heidelberger Romantik, wenn man so sagen darf, nach Berlin verlegt hatte. In der Tischgesellschaft sammelten sich Offiziere, Gutsbesitzer, Gelehrte und Literaten in der gemeinsamen Opposition gegen den Kanzler; sie duldeten satzungsgemäß unter sich „keine Juden, keine Franzosen und keine Philister“. Aus diesem Kreise gingen die „Berliner Abendblätter“ hervor, in denen die konservative Welt- und Staatsanschauung ihre früheste publizistische Vertretung in Deutschland gefunden hat. Die Redaktion führte Heinrich von Kleist, er gab in dem einführenden Leitartikel, den er „Gebet des Zoroaster“ überschrieb, die neue Parole „für Gott, König und Vaterland“ aus und verfocht sie gegen die altberühmten aufklärerischen Zeitungen der Hauptstadt, die Vossische und die Spenersche. Da er jedoch aus Geldnot und Ehrgeiz für seine Zeitung einen offiziellen Charakter erstrebte, gab er bald ihre Unabhängigkeit preis, und schließlich erzielten die beiden großen Zeitungen, da sie ja „königlich privilegierte“ waren, ein Verbot der politischen Artikel. Es blieben dann nur noch die Theaterkritiken, die aber durch die Zensur unterdrückt wurden, als sie scharf mit Iffland, dem königlichen Theaterdirektor, ins Gericht gingen, weil er noch immer wie in seiner Mannheimer Zeit im Stile der Schillerschen Jugenddramen den Adelshaß auf der Bühne pflegte, während Kleists eigene Werke nicht zur Aufführung gelangen konnten.

So hatte ein geistig vielbewegtes Leben sich in der preußischen Hauptstadt gesammelt. Die Häupter der Franzosenpartei blieben nach dem Abzuge der französischen Truppen im ruhigen Genuß ihres gesicherten Einflusses; um so lebendiger rangen die Adelspartei und die Reformpartei miteinander über die richtigen Mittel, durch die Preußen wieder erhöht werden könne. Der Kanzler stand zielbewußt und überlegen in diesem Austausch der Meinungen. Einen großen Anhang besaß er nicht, aber er verfügte über die Macht, und einige sachkundige Beamte standen ihm zu Diensten; dies aber genügte ihm. In allen Fragen der inneren Politik war es ihm nicht allzu schwer, sich durchzusetzen; die öffentliche Meinung war in der Beurteilung der Reformedikte geteilt, die Sachkenntnis und der Zwang der historischen Lage sprachen durchaus für Hardenberg. So konnte er es sogar wagen, in dem Edikt vom 11. März 1812 den Juden den Weg zur Staatsangehörigkeit und in die Lehr- und Kommunalämter zu bahnen, und im Gendarmerie-Edikt von 1812 sicherte er den Beamtenstaat, indem er eine militärisch organisierte Gendarmerie nach westfälischem Muster einsetzte, die sowohl dem Kriegsministerium wie dem Ministerium des Innern unterstand. Wenn das Edikt dann gleichzeitig eine neue Kreisverfassung brachte, so blieb diese freilich in der Folge unausgeführt, weil sie dem Präfektensystem nachgebildet war und so den Widerspruch der Gutsherren hervorrief. Vollends die auswärtige Politik des Kanzlers war der Schrecken und die Verzweiflung aller Patrioten, mochten sie nun mit Marwitz oder mit Gneisenau fühlen. Daß die Stunde einst kommen werde, wo der blinde Gehorsam nicht mehr genügte und man den Kampf mit dem Unterdrücker auch gegen den Willen von König und Kanzler werde wagen müssen, war den Patrioten gewiß. Dies war ja die bange und aufwühlende Frage, die Heinrich von Kleist in dem 1810 geschriebenen „Prinzen von Homburg" aufwarf: die Macht des Gesetzes steht fest und unerschütterlich, aber die Pflicht der Untertanen ist es, die Freiheit der Persönlichkeit dadurch zu erweisen, daß sie im notwendigen Falle ihre Empfindung über das Gesetz zu stellen wagen und dabei doch sich bewußt bleiben, daß der Herrscher das Recht hat, sie wegen der Gesetzesübertretung zu bestrafen. Die Zeitgenossen verziehen es dem Dichter, daß die künstlerische Durchführung nicht befriedigte, indem ein Traumwandler, bei dem unmöglich von einem inneren Konflikt zwischen Gesetz und Persönlichkeit gesprochen werden konnte, zum Träger des Themas gemacht war. Solche Bedenken versanken vor dem märchenhaften Spiele im dämmernden Licht, und an das Gekünstelte und Ergrübelte war man zudem bei romantischen Dichtern gewohnt. Das Zeitalter sah das Problem und seine Lösung und fand wieder, was alle im tiefsten Innern bewegte und was als persönliche Entscheidung rasch genug an die Verantwortlichen herantreten sollte: der General Yorck, der Gegner der Reformer, ist als erster gezwungen worden, zwischen der toten Regel und der rettenden Tat zu wählen, als er die Konvention von Tauroggen schloß.

Bevor dies möglich war, mußten Jahre vorausgegangen sein, in denen die Sorge um die Existenz des Staates an den Gedanken gewöhnte, daß man dereinst ohne König und Kanzler werde handeln müssen. Soeben bereitete sich die Lösung des französisch-russischen Bündnisses vor, das zu Tilsit geschlossen worden war, und hilflos lag der kleine preußische Staat in der Mitte zwischen den beiden einzigen Großmächten, die es in Europa noch gab und die nun zum letzten, entscheidenden Gang antraten. Neutralität war eine Unmöglichkeit; drohend erhob sich für Preußen im Jahre 1811 die Gefahr, zwischen der westlichen und der östlichen Großmacht erdrückt zu werden. Scharnhorst und Gneisenau forderten den Anschluß an Rußland und die Organisierung des Volkskrieges in Norddeutschland. Sie stellten dem Könige vor, daß der Anschluß an Frankreich den Untergang von Staat und Dynastie zur Folge haben müsse: wenn Napoleon siege, werde er auch ein verbündetes Preußen nicht schonen, sein Argwohn über die Reformen sei allzu groß, er mußte das Land vor der russischen Grenze im eigenen Besitze haben. Also blieb nach Meinung der Patrioten nur der Anschluß an Rußland, auch wenn sie selbst kein großes Zutrauen in die innere Kraft des russischen Reiches hatten. Auch Stein hatte oft genug an diesem dünnbevölkerten, gewerbelosen Reiche mit seinem leichtsinnigen Fürsten und seiner korrupten Bürokratie gezweifelt und im Jahre 1808 prophezeit: „Ein solches Land wird den Kampf mit dem gebildeten Europa nur kurze Zeit bestehen.“ Aber selbst wenn die Aussichten noch schlechter gewesen wären, hätten diese Männer doch auf dem Kriege gegen Frankreich bestanden; es war ihre Überzeugung, daß Außerordentliches gewagt werden müsse und daß eine norddeutsche Volkserhebung im Rücken des nach Rußland marschierenden Kaisers die Entscheidung bringen könne. Gneisenau, der jetzt wieder in Dienst trat, überreichte am 8. August dem König den „Plan zur Vorbereitung eines Volksaufstandes“, und an den Staatskanzler appellierte er noch besonders. Es ist ein einzigartiger Vorgang in der preußischen Geschichte, wie der General in dem offiziellen Schreiben mit rauschendem Pathos Strophen formt, durch die er aufruft zur Tat: „Trau dem Glücke! Trau den Göttern! Steig trotz Wogendrang und Wettern kühn wie Cäsar in den Kahn!“ Der König versah den Entwurf Gneisenaus mit seinen berühmten, zweifelnden Marginalien: „Wenn ein Prediger erschossen sein wird, hat die Sache ein Ende!“ Und an der Stelle, wo der General die Bevölkerung an den Kampf der Makkabäer erinnern und durch deren Beispiel befeuern will, hat der König beigeschrieben: „Als Poesie gut.“ Gneisenau aber wagte, dem König in einer Gegenbemerkung zu erwidern: „Wer nur nach kalter Berechnung handelt, wird ein starrer Egoist. Auf Poesie ist die Sicherheit der Throne gegründet. Wie so mancher von uns, der mit Bekümmernis auf den wankenden Thron blickt, würde eine ruhige glückliche Lage in stiller Abgezogenheit finden können, wie mancher dürfte selbst eine glänzende erwarten dürfen, wenn er statt zu fühlen berechnen wollte. Jeder Herrscher ist ihm dann gleichgültig.“ Der König sah hilflos den kommenden schweren Zeiten entgegen, aber er ließ zu, daß unaufhörlich und mit Entschlossenheit gerüstet wurde. Inzwischen glich sich der Kanzler mit vollendeter Geschmeidigkeit den wechselnden Situationen an. Das Wichtigste war eben doch, wie er in der großen Denkschrift vom 10. Mai ausführte, die Existenz zu erhalten: „In dem Wechsel der Begebenheiten können Hilfsmittel liegen, die wir nicht einmal ahnen.“ So trug er die Maske unbedingter Fügsamkeit gegen Frankreich zur Schau und bot Napoleon ein Bündnis an. Er hoffte, durch eine Allianz, die Napoleon ja jederzeit erzwingen konnte und die nun freiwillig angeboten wurde, dem preußischen Staate Erleichterungen zu schaffen. Aber eben dies wollte Napoleon nicht und zog die Antwort hinaus; er behielt sich völlig freie Hand gegenüber Preußen. Zur gleichen Zeit wurde Scharnhorst nach Petersburg gesandt und schloß dort im tiefsten Geheimnis mit dem Zaren persönlich eine Militärkonvention ab. Auch Hardenberg neigte unter solchen Umständen, da Napoleon sich weiterhin in drohendes Schweigen hüllte, einem Bündnis mit Rußland zu; aber trotz der eindringlichen Denkschrift vom 2. November gelang es ihm nicht, den König auf diese Seite zu ziehen: allzu unzuverlässig war der Zar, und eine Garantie, daß er zeitig genug den Preußen zu Hilfe kommen werde, bot er nicht. Die Entscheidung war eigentlich schon gefallen, als Scharnhorst noch nach Wien gesandt wurde und dort von Metternich die bestimmte Antwort erhielt, daß Österreich neutral bleiben werde und keineswegs daran denke, die Ablösung der französischen Hegemonie durch eine russische von sich aus zu befördern. So siegte denn in Preußen die Ansicht, die der König von Anfang an festgehalten hatte; auch der Kanzler wendete sich nun von der russischen wieder nach der französischen Seite. Es gelang, den Argwohn Napoleons zu beschwichtigen, zumal da Blücher, dem der Kaiser aufs tiefste mißtraute, im November seines Kommandos in Pommern enthoben wurde und die Rüstungen, die in den vergangenen Monaten nie geruht hatten, eingestellt wurden. Am 24. Februar 1812 ließ Napoleon den preußischen Gesandten in Paris den Vertrag unterzeichnen, nach welchem Preußen eine Allianz mit Frankreich schloß und sich für den drohenden Krieg mit Rußland zur Stellung eines Hilfskorps verpflichtete. Die französischen Truppen standen zum Einmarsch bereit, es hing nur von dem Gesandten ab, ob die Aktion eine friedliche oder eine kriegerische sein sollte. Ungeheuer war in diesen Tagen die Spannung in der Umgebung des Königs. Um einen Druck auf ihn auszuüben, reichten Scharnhorst und Gneisenau mit einigen andern hohen Offizieren gemeinsam ihren Abschied ein — ein Pronunciamiento der Generale! Am 5. März ratifizierte der König, am 9. März erhielt Gneisenau die Entlassung, während Scharnhorst sich nach Schlesien zurückzog und nur die technische Beratung beibehielt.

Der Entschluß des Königs, die Waffenhilfe an Frankreich zu geben, ist nicht das Ergebnis eines weiten Blickes und einer tiefen Einsicht gewesen, obwohl in der Folge es sich zeigen sollte, daß Preußen in der damaligen Stunde eine bessere Entscheidung kaum hätte treffen können. Friedrich Wilhelm III. hat nicht etwa die russische Volkserhebung vorausgesehen, die seinen Ratgebern entgangen war; an eine Vernichtung der Großen Armee durch die russische Kriegführung dachte damals niemand in der Welt. Es wurde für die preußische und die deutsche Geschichte von verhängnisvoller Bedeutung, daß ein ganzes halbes Jahrhundert hindurch und gerade in den größten Schicksalsstunden von Staat und Volk in Preußen ein König auf dem Throne saß, dem es an Mut, an Menschenkenntnis und an Vertrauen gebrach, der in allen großen Angelegenheiten immer den bequemsten Weg vorzog und nur bei kleinen und äußerlichen Dingen zuweilen tatkräftig zugriff, dann aber ein zähes Beharren kannte, das bis zu törichtem Eigensinn führen konnte. Die schweren Schicksalsschläge, die den König trafen, hatten ihn immer tiefer niedergedrückt; nur diese Demütigung war es gewesen, die ihn veranlaßt hatte, sich von den alten Beratern zu trennen und den Reformern freie Bahn zu lassen. Daß er sich diesen und nicht ihren Gegnern zugewendet hat, ist von großen, historischen Folgen geworden; aber ein solcher Entschluß entsprang bei ihm nicht etwa einer Einsicht in den Sinn und Geist der Reform. Die Patrioten hatten in den vergangenen Jahren alles vorbereitet, damit die große Stunde ein würdiges Geschlecht finde. Sie hatten den Augenblick herbeigesehnt und sein Nahen wohl auch gewaltsam betrieben; die Opfer, die das Werk der Befreiung forderte, wären auf dem Wege, den sie vorschlugen, zweifellos viel schwerer und blutiger geworden. Doch ohne jene rücksichtslose Hingabe an den Zweck, die von der Patriotenpartei in den entscheidenden Stunden betätigt wurde, hätte der vom König gewählte Weg niemals zur Befreiung geführt. Selten ist die Bedeutung der Persönlichkeit in der Geschichte so offenkundig wie in dieser Epoche, die von großen Männern geschaffen worden ist. Ihren Anteil gegeneinander zu wägen und zu werten, hält schwer; aber aus ihrer Arbeit erwuchs eine weltgeschichtliche Kraft von vielgestaltiger und dennoch einheitlicher Wirkung. Sie haben das deutsche Leben in mächtiger Weise umgeformt, als sie den tiefsten Gehalt der deutschen klassischen Literatur, den Glauben an die Spontaneität, an die schöpferische Kraft des menschlichen Geistes für den Neubau von Staat und Gesellschaft verwendeten und so aus toten staatlichen Objekten die lebendigen Träger von politischen Arbeiten, Rechten und Pflichten machten. Mit drei großen Aktionen haben sie dieses Werk der Erneuerung eingeleitet: sie haben eine neue, auf die politische Mitwirkung gegründete Staatsordnung entwickelt, sie haben eine neue, durch die selbsttätige Ausübung der Bürgerpflicht gebotene Verfassung der Wehrkraft eingerichtet, sie haben als Grundlage des Ganzen ein neues, auf die Entwicklung der Selbständigkeit gegründetes System der Erziehung geschaffen. Manche Forderungen ihres Programmes waren persönlich bedingt und führten in ihren Auswirkungen zu schweren politischen und geistigen Kämpfen, in denen die Menschen des 19. Jahrhunderts sich dann bewegt haben. Aber die Reform selbst entsprach der Stufe der geistigen und gesellschaftlichen Entwicklung, welche die deutsche und die abendländische Menschheit in jenem Augenblicke erreicht hatte. Die Überzeugung von der Macht der Persönlichkeit hatte sich in Jahrhunderten entwickelt und gefestigt, die alten Geburtsstände verschwanden und an ihre Stelle trat die Gleichheit vor dem Gesetze, im übrigen aber die Abstufung nach der Leistung für die Gesamtheit. So hatte es schon Adam Smith gemeint, als er in der Arbeit und nicht mehr in der „nahrungsspendenden Flur“ die Quelle alles Reichtums sehen wollte, so hatte es die Französische Revolution zuerst verwirklicht, als sie im Jahre 1791 die Volksvertretung nicht auf der Grundlage der ständischen, sondern der persönlichen Unterschiede einsetzte und die entfesselten Kräfte dem Staate zuwandte. In Frankreich zuerst war auf solche Weise der konstitutionelle und nationale Staat geschaffen worden, der eine ganz andere Macht zu entfalten in der Lage war als jemals der alte, auf den äußeren Zwang gegründete Staat des Absolutismus. Freilich hatte die französische Bewegung dann doch ihr Ende gefunden in einem neuen Weltreiche, das schwer und einförmig sich über die Länder breitete: nochmals mußte von Deutschen der geistige Weg zum nationalen Gedanken und zur verfassungsmäßigen Freiheit gebahnt werden. Es blieb dem neuen Jahrhundert vorbehalten, den Völkern diese beiden Ideale als die wichtigsten Ergebnisse der abendländischen Geistesentwicklung zu bringen. Im Rahmen der Universalmonarchie war diese Sendung nicht zu erfüllen; der europäische Freiheitskrieg mußte geführt werden, damit die Pforten des 19. Jahrhunderts sich öffneten.

VIERTES BUCH

Die Befreiung

Der Untergang der Großen Armee, die Napoleon nach Rußland geführt hatte, war für Europa eine ungeahnte Überraschung. Auch wer Hoffnungen auf den Kampf zwischen dem westlichen und dem östlichen Kaisertum gesetzt hatte, war doch auf ein zähes Ringen, auf eine lange Dauer des Krieges gefaßt gewesen und hatte auf solche Rechnung seine Pläne gebaut. Nun aber hatte Napoleon den Feldzug schon sechs Monate, nachdem er ihn begonnen hatte, mit einem letzten Bulletin geendet, das den Jammer und das Verderben der Hunderttausende nur leise andeutete, der Nation aber die Mitteilung machte, daß die Gesundheit Seiner Majestät niemals eine bessere gewesen sei. In rascher gefahrvoller Fahrt war der Kaiser, nur von wenigen Getreuen begleitet, aus dem Inneren Rußlands durch Deutschland hindurch nach den Tuilerien gefahren; von dem Heere aber, das in der Stärke einer halben Million den Vormarsch nach Rußland angetreten hatte, gelangten nur wenige hundert Mann geordnet nach Königsberg zurück, während der Rest als eine chaotische Masse von einigen Tausend in völliger Auflösung der russisch-preußischen Grenze zuwankte. Nicht der allzu frühe Einbruch des russischen Winters trug, wie der Kaiser glauben machen wollte, die Schuld an der Katastrophe; die Kälte war vielmehr in jenem Jahre ungewöhnlich spät eingetreten. Das Heer wurde ein Opfer der weiten Ebene und der russischen Kriegführung; Napoleon sah sich einer Lage gegenüber, die mit keiner früheren seiner Feldherrnlaufbahn zu vergleichen war und der er sich nicht mehr anzupassen vermochte. Sein Glaube an die Allmacht der Zahl hatte ihn dazu geführt, in dem Kampfe gegen das östliche Riesenreich auch seinerseits alles von der Masse zu erwarten, indem er die russischen Zahlen durch seine eigenen noch übertraf. So hatte er ein Heer zusammengebracht, wie es bis dahin die Welt nicht gesehen hatte. Aber eben dies sollte ihm zum Verhängnis werden. Hätte er weniger Menschen gehabt, so hätte er sie besser ernähren können und die Russen hätten sich eher zur Schlacht gestellt. So aber war es für ihn ein Feldzug der Überraschungen geworden.

Peinlicher und sorgsamer als jemals einen seiner früheren Züge hatte Napoleon diese Heerfahrt vorbereitet: doch die Entscheidung, die er brauchte, konnte er nicht erlangen. Die russischen Heere wichen vor ihm zurück, abziehend verbrannten sie ihre Magazine, und was zuerst nur aus Scheu vor dem mächtigen Gegner geschah, wurde bald zur Methode, nachdem es sich herausgestellt hatte, daß man so dem Feinde den schlimmsten Schaden zufügen konnte. Für Napoleon wurde dieser Vormarsch ohne Schlachten die schwerste aller Proben; die Verluste durch Mangel und Krankheit steigerten sich mit verdoppeltem Tempo, der Kaiser aber zog ungeduldig hinter dem Feinde her und konnte doch die heiß ersehnte Gelegenheit zum Schlagen nicht finden. Ursprünglich hatte er in Wilna überwintern wollen, dann in Smolensk, vor dessen Toren die Russen den ersten Widerstand wagten: „Hier bleibe ich, wir wollen uns sammeln; der Feldzug vom Jahre 12 ist zu Ende; 13 werde ich in Moskau sein, 14 in Petersburg, dieser Krieg dauert drei Jahre." Vergebens suchte er Verbindung mit dem Zaren, seine Briefe blieben ohne Antwort, seine Entschlüsse ließen die alte Sicherheit vermissen; einmal entglitt ihm sogar durch eigene Schuld die günstige Gelegenheit, den Feind zu fassen. Endlich stellten sich die Russen, um das geweihte Moskau nicht kampflos preiszugeben. Auf der „heiligen Heide" von Borodino, über die der Sage nach niemals eines Feindes Fuß hinausgedrungen war, wurde die blutigste Schlacht des ganzen napoleonischen Zeitalters geschlagen; doch wie wenn dem Imperator die alte Entschlußkraft geschwunden wäre, wagte er nicht, die Garde einzusetzen; „und wenn morgen eine zweite Schlacht stattfindet, womit soll ich sie liefern?" So konnte er nur erreichen, was er eine „gewöhnliche Schlacht" zu nennen gewohnt war. Das russische Heer wurde aus seinen Stellungen gedrückt, aber geordnet zog es durch Moskau hindurch. Napoleon folgte, endlich war er Herr der fernen, strahlenden asiatischen Stadt, die ihm auf dem ganzen mühseligen Marsche als leuchtendes Ziel vor Augen geschwebt hatte und in der er den Frieden zu diktieren hoffte. Aber die Hauptstadt der Russen war öde und leer, kein Magistrat überreichte dem Kaiser die Schlüssel, wie er es von Mailand, von Wien oder Berlin her gewohnt war, bald ging die Stadt in Flammen auf, und nur mit Mühe konnte der Kaiser sich aus dem Kreml retten. Nochmals verschwendete er dann fünf kostbare Wochen an die Hoffnung auf Frieden, doch vom Zaren kam keine Antwort. Die Entwürfe Napoleons waren gescheitert, er mußte den Rückzug antreten, wollte er nicht die Verbindung mit der Heimat verlieren. Der Rückmarsch aber mußte auf der alten Straße erfolgen, über die unaufgeräumten Schlachtfelder, durch eine endlose Wüste von Schlamm und Schnee. Nur die Zaghaftigkeit der Russen, die von dem wahren Zustande des französischen Heeres keine Ahnung hatten und den großen Feldherrn noch immer fürchteten, rettete den Zug der Todgeweihten vor der Vernichtung durch die Waffen: um so unentrinnbarer war die innere Auflösung. Auch Napoleons Willenskraft, die im Mißgeschick sich nochmals glänzend bewährte, vermochte nicht mehr zu helfen. Über die Beresina brachte er noch das Gros des Heeres hinüber, doch die nachdrängende Masse der Versprengten ging auf der engen Brücke im wüsten Durcheinander der Menschen, Pferde und Wagen elendig unter; Unzählige fielen den feindlichen Kugeln oder den eisigen Fluten zum Opfer. Auch die Garde begann zu wanken; zerlumpt und ausgemergelt zogen die Soldaten weiter, in ihrer Mitte der Kaiser selbst — in einen polnischen Pelz gehüllt und den Stock in der Hand marschierte auch er durch die endlose russische Ebene. Dann bestieg er den Schlitten. Die politischen Folgen der Katastrophe waren ihm gegenwärtig, eine unabsehbare Reihe neuer Kämpfe stand ihm bevor: die Gefahr erhob ihn, und nicht einen Augenblick hat er verzagt. Doch den Widersinn des menschlichen Schicksals empfand er tief. Als er in Warschau, wo er vor kurzem erst glänzenden Hof und Parade gehalten, fast wie ein Flüchtling für eine Nacht bescheiden Quartier nahm, hat er zu polnischen Edelleuten das Wort gesprochen: „Vom Erhabenen zum Lächerlichen ist nur ein Schritt."

Wenn der Zar fest geblieben war gegen alle Versuche der Annäherung, so war auch dies für Napoleon eine große Überraschung geworden: er hatte den leichten Sinn dieses Monarchen und seine Eitelkeit zur Genüge kennen gelernt, so daß er sich zutraute, ihn rasch für den Frieden zu gewinnen, sobald erst einmal ein fremdes Heer siegreich im Innern Rußlands stehe. Aber anders als in Tilsit oder in Erfurt befand sich der Zar jetzt in der Mitte seines Volkes, sah sich umgeben von den Altrussen, denen die Schmach des feindlichen Einbruchs ans Herz griff. Das russische Volk erhob sich zur Verteidigung der heimischen Erde und ihrer Heiligtümer, die lieber in Flammen aufgehen, als dem Feinde in die Hände fallen und ihm dienen sollten. In ergreifendem Opfermut offenbarte sich die Hingabe an Moskau und an den Zaren, abermals wie in Spanien und in Tirol verschmolzen religiöses und nationales Empfinden aufs innigste, in Rußland aber fand das starke Volk auch eine starke Regierung: dies wurde von der größten geschichtlichen Bedeutung. Der Zar hatte in Erwartung der Entscheidung trefflich vorgearbeitet. Er hatte den Krieg mit den

Türken beendet, er hatte feste Verabredung getroffen mit Bernadotte, dem Kronprinzen von Schweden, der — ein traditionsloser, aber erfolgreicher Spieler — Schwedens alten und natürlichen Haß gegen Rußland begraben wollte und als Ersatz für das verlorene Finnland das dänische Norwegen erstrebte, für sich persönlich aber aus dem Kriege gegen den französischen Kaiser, den alten Rivalen seiner Jugendjahre, noch mehr herauszuholen hoffte: er ist in der Folge des Zaren Kandidat für den französischen Thron geworden. Außer Bernadotte hat vor allem der Freiherr vom Stein den russischen Kaiser im Kriegswillen bestärkt: der große Patriot trat nun in die zweite Periode seiner weltgeschichtlichen Wirksamkeit. Bei Ausbruch des Krieges war ihm in sein tatenloses österreichisches Exil die ehrenvolle Einladung des Zaren gekommen, alsbald war er in das Hauptquartier nach Wilna gereist, obwohl er bis dahin nicht die höchste Meinung vom Zaren gehabt, der Preußen in Tilsit preisgegeben und in der Zeit von Steins eigener Ministerschaft dem König immer den Frieden mit Frankreich angeraten hatte. Den Eintritt in russische Dienste lehnte Stein ab und begnügte sich mit der Stellung eines persönlichen Ratgebers des Zaren. Schon in den ersten Tagen nach seiner Ankunft — im Juni, als der Marsch Napoleons erst begonnen hatte — legte er dem Zaren einen Plan vor, wie die Kräfte Rußlands, die dem Imperator bisher zur Verfügung standen, gegen ihn gewendet werden könnten; die allgemeine Erhebung Deutschlands im Rücken des napoleonischen Heeres, die Scharnhorst und Gneisenau von Preußen aus nicht gelungen war, sollte nach Steins Rat jetzt von Rußland aus ins Werk gesetzt werden. Es mußte dem russischen Kaiser ein leichtes sein, die Landung englischer und schwedischer Truppen in Norddeutschland herbeizuführen; um die Regierungen für eine solche Operation zu gewinnen, reiste Gneisenau in diesen Monaten nach Schweden und England. Gleichzeitig sollte nach Steins Absicht eine rührige Agitation die deutschen Völker aufrufen zur Erhebung. Justus Gruner, der Berliner Polizeipräsident, der wie die preußischen Offiziere den Dienst des Königs verlassen hatte und in Prag im Exil lebte, war bereit, die literarische Propaganda einzurichten. Ernst Moritz Arndt wurde auf Steins Veranlassung von Prag nach Wilna berufen und machte sich alsbald an die Abfassung neuer Kriegsschriften. Man bildete eine deutschrussische Legion aus den in Rußland lebenden deutschen Freiwilligen, durch Anwerbung der Gefangenen hoffte man sie zu mehren; eine Propaganda in den deutschen Verbänden des napoleonischen Heeres wurde, wenn auch ohne Erfolg, eingeleitet, preußische Offiziere wie Clausewitz oder Boyen standen als Führer zur Verfügung. So schmiedete Stein einen weitausgreifenden Plan zur Vernichtung des „großen Verbrechers". Es war ihm gewiß, daß nicht nur die Vertreibung der Franzosen aus Rußland, sondern auch die Befreiung Deutschlands erreicht werden könne. Als er diesen Gedanken zuerst in seiner Wilnaer Denkschrift vom 20. Juni aussprach, stellte er ein Kriegsziel auf, an das bis dahin im russischen Hauptquartier niemand gedacht hatte. Schon beschäftigte er sich auch mit der Frage, welche Verfassung dem durch die Hingabe seiner Söhne befreiten deutschen Vaterlande zu geben sei, und erstattete hierüber dem Kaiser einen Bericht in der großen Denkschrift vom 17. September. Die Widerstände, auf welche Stein bei seiner Arbeit stieß, kamen dabei vornehmlich aus deutschen Kreisen selbst. Am Hofe des Zaren lebten zahlreiche Opfer der Revolution, nicht nur französische Emigranten, sondern auch entthronte deutsche Fürsten. Herzog Peter von Oldenburg, der mit dem Zaren der gleichen Dynastie zugehörte und dessen Absetzung durch Napoleon die Entfremdung der beiden Kaiser herbeigeführt hatte, widerstrebte jedem Appell an das Volk: vielmehr dürfe alles nur durch die Fürsten geschehen. Der Reichsritter aber war längst schon von der Unfähigkeit der deutschen Fürsten überzeugt, und eine Verletzung fürstlicher Würde konnte seiner Meinung nach unmöglich darin liegen, wenn ein Zentralausschuß die Massen bewaffnete — indem die deutschen Fürsten „niemals Oberherren, sondern Glieder und Untertanen des Kaisers und Reichs gewesen sind und die durch den Rheinbund ihnen gegebene Souveränität nichts als eine Usurpation ist". Wenn der in Petersburg geschriebene „Soldatenkatechismus" Arndts die schärfsten Anklagen gegen die deutschen Fürsten richtete und vom Fahneneid erklärte, daß er nicht der Person, sondern dem Amte geleistet sei, so gab die Not der historischen Stunde diesen Mut ein: die nationale Befreiung war mit kleinfürstlichen Garnisonen niemals zu erstreiten, die nationale Einheit konnte nur durch Beseitigung fürstlicher Hoheiten errungen werden. So heißt es denn bei Arndt: „Wenn Fürsten also tun und gebieten, was gegen das Vaterland ist, oder wenn sie sich gebärden, als wollten sie solches tun, so sind die Untertanen von ihrem Eide erlöst." Arndt und Stein waren keine deutschen „Untertanen". Die englische Regierung aber, von deren Stellungnahme alles abhing, war schon mit Rücksicht auf die Zukunft Hannovers für den fürstlichen Standpunkt; lieber wollte man das napoleonische Joch etwas länger tragen, als einen Volksaufstand nach spanischem oder tiroler Muster erleben.

Als Vertreter Englands und seiner Politik brachte sich Graf Münster zur Geltung, mit dem Stein in einen Austausch der Meinungen gelangte.

Durch die plötzliche Vernichtung des napoleonischen Heeres trat die Frage nach dem Sinn und Ziel des Krieges unerwartet in den Vordergrund. Der Angriff Napoleons war abgeschlagen. Daß Napoleon ihn erneuern und einen zweiten Zug in das Innere Rußlands unternehmen werde, war ausgeschlossen; Rußland hatte sich als unangreifbar erwiesen. Die altrussische Partei wollte daher den Krieg als beendet angesehen wissen. Eine andere Auffassung vertrat Nesselrode, ein junger Diplomat, der dem Kaiser vorstellte, ein dauernder Friede sei nur zu gewinnen, wenn durch entscheidende Siege über Frankreich dessen Übergewicht zerstört und das Gleichgewicht der Mächte wiederhergestellt werde. Auch Herzog Peter legte seinem Vetter die Weiterführung des Krieges nahe; ihm kam es auf Restauration der deutschen Fürsten an. Der Freiherr vom Stein aber gewann den Zaren für den umfassenderen Gedanken, die Völker Europas zum Kriege und zur Befreiung von der Fremdherrschaft aufzurufen. Nachdem Stein durch seine Reformen in Preußen den Grund gelegt hatte zur staatlichen und geistigen Erneuerung Deutschlands, wurde es nun seine zweite weltgeschichtliche Leistung, daß er den russischen Kaiser überredete, den beendigten russischen Verteidigungskrieg als einen europäischen Befreiungskrieg weiterzuführen. In der Petersburger Denkschrift vom November 1812, die abermals als eine seiner großen Staatsschriften denkwürdig bleibt in der deutschen Geschichte, entwickelte er den Plan in entscheidenden Zügen. Er forderte den Zaren auf, in Deutschland einzurücken, die Einwohner gegen den gemeinsamen Feind in Tätigkeit zu setzen, die Regierungen zu überwachen, zu leiten, in gewissen Fällen auch sich ihrer zu bemächtigen. Als Ziel des Krieges verlangte er die Vernichtung des Rheinbundes und die Begründung eines einigen und unabhängigen Deutschland. Er hoffte zuversichtlich auf den Anschluß Preußens und Österreichs: beim König von Preußen werde man darauf dringen müssen, daß er sein Ministerium und seine Umgebung aus Männern bilde, die die Reinheit ihrer Grundsätze und die Kraft ihrer Charaktere erprobt haben. Alle Reformer waren ja in Preußen aus dem Dienste geschieden. Preußen und Österreich waren in Steins Augen die beiden Säulen, auf denen sich das neue Deutschland erheben sollte. Den übrigen Fürsten aber — mochten sie nun sich widersetzen oder sogleich unterwerfen — erkannte Stein kein Recht zu auf Beibehaltung oder Wiederherstellung ihrer

Oberherrlichkeit: „Sie sind im feindlichen Stande, selbst die vertriebenen Fürsten haben kein Recht, ihre Wiedereinsetzung zu verlangen, da es ausschließlich von den verbündeten Mächten abhängt, welchen Gebrauch sie von ihrem Erfolge machen wollen, wenn sie die Franzosen aus Deutschland gejagt haben; denn sie sind keineswegs die Verbündeten dieser Fürsten und haben ihnen keine Gewähr zu geben." Nicht nur Herkunft und politische Erfahrung, sondern vor allem auch sein hoher sittlicher Sinn gab dem Reichsritter den Zorn gegen die deutschen Fürsten ein. Immer wieder betont er in seinen Äußerungen den korrumpierenden Einfluß der vielen kleinen Höfe, die Vernichtung von Rechtsbewußtsein und Bürgersinn, die Herabwürdigung des Volkes vor sich selbst und vor dem Auslande: wie oft hatten doch die Manifeste der Revolution und des Kaiserreiches Bezug genommen auf den Soldatenhandel der deutschen Fürsten im 18. Jahrhundert. Es war in diesen Tagen, da die Entscheidung in Rußland soeben gefallen war, als Stein dem Grafen Münster das berühmt gewordene Bekenntnis ablegte: „Ich habe nur ein Vaterland, das heißt Deutschland, und da ich nach alter Verfassung nur ihm und keinem besonderen Teile desselben angehöre, so bin ich auch nur ihm und nicht einem Teile desselben von ganzem Herzen ergeben. Mir sind die Dynastien in diesem Augenblick großer Entwicklung vollkommen gleichgültig; es sind bloß Werkzeuge; mein Wunsch ist, daß Deutschland groß und stark werde, um seine Selbständigkeit, Unabhängigkeit und Nationalität wieder zu erlangen und beides in seiner Lage zwischen Frankreich und Rußland zu behaupten; das ist das Interesse der Nation und ganz Europas."

Der Zar ließ sich von Stein und Nesselrode gewinnen und beschloß die Weiterführung des Krieges: der Wunsch nach Erweiterung des eigenen Machtbereiches, wozu Polen dienen sollte, vereinte sich mit der Ruhmbegierde, die nach der Palme des Völkerbefreiers strebte. Boten gingen nach Berlin und Wien, aber noch ehe der zum preußischen König entsandte Boyen, der an der österreichischen Grenze auf Metternichs Veranlassung angehalten worden war, mit Scharnhorst in Schlesien zusammentraf, war durch General Yorck die Konvention von Tauroggen geschlossen und eine neue Lage geschaffen worden. Das preußische Hilfskorps von 18000 Mann, das unter Yorcks Führung im Heeresverbande des Marschalls Macdonald längs der Ostsee vorgerückt war, hatte nach dem Untergange der Großen Armee eine ungeahnte Bedeutung gewonnen, und Yorck war sich dessen bewußt. Er erhielt ein Schreiben des Zaren, worin dieser als sein

Ziel die Wiederherstellung Preußens bezeichnete; darauf schloß Yorck am 30. Dezember 1812 die Konvention, durch die er sich von den Franzosen trennte. Trotz aller Vorbehalte war so dem König die Entscheidung aus den Händen genommen; und dies war nicht durch einen der Reformer geschehen, die den blinden Gehorsam verwarfen und nur von spontanen Regungen des Willens eine bessere Zukunft erwarteten, sondern hier war ein scharfer Gegner der neuen Zeit, ein Mann von altpreußischer Strenge und Subordination durch das Gebot der Stunde zu einem Entschlusse geführt worden, den der König von sich aus nie zu fassen gewagt hätte. Noch glaubte der König an die Möglichkeit, dem Vertrage die Bestätigung zu versagen und seinen General abzusetzen. In der Tat wurde schon bald die Nachricht bekannt, daß der König die Konvention verworfen und ein Kriegsgericht zur Aburteilung des Generals eingesetzt habe. Das Bundesverhältnis mit Napoleon konnte also ungetrübt bleiben, wie wenn nichts geschehen wäre. Inzwischen aber war der Freiherr vom Stein in Ostpreußen erschienen und schuf unwiderrufliche Tatsachen. Als Beauftragter des Zaren nahm er die Provinz in „vorläufige Verwaltung" und verkündete die Bildung von Landwehr und Landsturm. Es war ein revolutionärer Akt, der bestimmt war, den König zum Befreiungskriege zu zwingen: höher als die Pflicht gegenüber dem König von Preußen stand dem Reformer die Pflicht gegenüber Deutschland! Friedrich Wilhelm hat es dem Freiherrn vom Stein niemals vergessen, daß er einen solchen Auftrag von einem fremden Monarchen annahm und unter dem russischen Schutze durchführte, wie er auch Gneisenau die selbstherrliche Haltüng vom Jahre 1812 niemals verziehen hat: diese beiden Männer standen nach Charakter und Begabung von allen Reformern dem Könige am fernsten. Und doch blieb Stein, der Verehrer des Rechtes und der geschichtlichen Überlieferung, durchaus sich selber treu, als er über den König hinwegschritt; auch Burke hatte ein moralisches Recht auf Widerstand gekannt, wenn es ausgeübt wurde von den berufenen Vertretern des Volkes. Stein berief die ostpreußischen Landstände, bei deren Wiedererweckung er selbst als Minister so entschieden mitgewirkt hatte und die unter dem Eindruck der Ereignisse bereits in Bewegung gekommen waren. Der Generallandtag trat am 5. Februar zusammen, um die Mitteilungen zu hören, welche der Bevollmächtigte des Kaisers von Rußland zu machen habe, und um über dieselben zu beraten. Den Vorsitz in der Versammlung lehnten die zunächst Befugten aus Furcht ab. General Yorck erschien in der Versammlung, aber er hatte zur

Bedingung gemacht, daß der russische Abgesandte, der zudem gegen alle recht herrisch auftrat, nicht anwesend sei und die Stadt verlasse. Es wurden also Steins Eröffnungen verlesen, Yorck proklamierte den Krieg gegen die Franzosen, die Errichtung von Landwehr und Landsturm nach dem Entwurfe von Clausewitz wurde unter großem Jubel beschlossen. Inzwischen waren auch die Häfen geöffnet worden, die Kaufmannschaft stellte, in Erwartung, daß nun die trostlose wirtschaftliche Lage Ostpreußens sich bessern werde, hohe Vorschüsse zur Verfügung. Es ist gewiß kein Zufall, daß die Befreiung des Kontinentes gerade von Rußland und Preußen ausging, den beiden agrarischen Ländern, die unter der Festlandssperre am meisten zu leiden hatten.

Alle Beschlüsse des ersten preußischen Parlamentes mißachteten, wie man sieht, die bestehenden Rechte des Monarchen. Noch begründete man dies schonend mit der Tatsache, daß der König keinen freien Willen habe oder aber „daß bei den jetzigen Konjunkturen die augenblickliche Festsetzung durch den König nachzusuchen nicht möglich, dagegen wegen der dringenden Gefahr keine Zeit zu verlieren gewesen sei“. Aber Friedrich Wilhelm fühlte, wie hier einfach über ihn hinweggeschritten wurde; von Stein befürchtete er gelegentlich allen Ernstes, daß er die Provinz an Rußland ausliefern wolle. Seine Haltung war im übrigen begreiflich. Umgeben von französischen Truppen hatte er in der Tat nicht die Freiheit des Willens, auch gab es kaum jemanden im Herrschaftsbereiche Napoleons, der geglaubt hätte, daß aus der Vernichtung der Armee in Rußland größere Folgen entstehen könnten; im Rheinbunde blieb alles still. Erst der Abfall der preußischen Truppen veranlaßte Napoleon zu neuen Rüstungen, aber auch jetzt glaubte weder Friedrich Wilhelm III. noch sein Kanzler, daß Deutschland befreit werden könne bis zum Rheine. Hardenberg hoffte, daß nunmehr die Gelegenheit kommen werde, Preußen wieder eine Stellung zwischen Rußland und Frankreich zu verschaffen: dies war alles, was man im günstigsten Falle glaubte erwarten zu können. Auf Hardenbergs Rat begab sich der König am 22. Januar von Berlin, aus dem Machtbereiche der französischen Truppen, nach Breslau. Hier übernahm Scharnhorst wieder die Leitung der Rüstungsangelegenheiten. Am 3. Februar erließ der König das Edikt, das die der Dienstpflicht bisher enthobenen Klassen der Gebildeten zum freiwilligen Jägerdienst aufrief: alle siebzehn- bis vierundzwanzigjährigen jungen Männer aus „denjenigen Klassen der Staatsbürger, welche bisher vom Dienste befreit und wohlhabend genug sind, um sich selbst bekleiden und beritten machen zu können", dürfen sich zu den freiwilligen Jägern melden; sie sollen nicht zum inneren Dienst in Garnison und bei Schildwachen gebraucht werden, ihr Dienst soll im Detachieren bestehen. Noch also waren hier die Befreiungen von der Heerespflicht nicht abgeschafft; aber schon am 9. Februar wurde angeordnet, wer sich nicht zu den freiwilligen Jägern gemeldet habe, solle dort eingestellt werden, wo die Militärbehörde es für gut befinde; hiermit war die allgemeine Wehrpflicht für die Dauer des Krieges eingeführt. Am gleichen Tage noch wurde General Knesebeck, ein alter Gegner der Reformer, ins russische Hauptquartier gesandt zu Verhandlungen über den vom Zaren angebotene Allianzvertrag. Dabei war ihm vom Könige aufgetragen worden, dem russischen Kaiser all das Unheil vorzustellen, das aus den „beinahe revolutionären" Maßnahmen Steins in Königsberg entspringen müsse. Der preußische Abgesandte benahm sich bei den Russen überaus vorsichtig. Er forderte als Bedingung der Allianz die Wiederherstellung Preußens in den Grenzen vor 1806, der Zar aber wollte die polnischen Besitzungen für sich und bot als Ersatz Sachsen. Die preußischen Forderungen entsprachen weder dem Ernste der Lage noch den wahren Interessen Preußens, denn was wollte man mit Warschau! Friedrich Wilhelm befürchtete, wie 1806 von Rußland vorgetrieben und dann im Stiche gelassen zu werden. Er wollte daher Sicherheiten haben und im Grunde eigentlich nur in Gemeinschaft mit Österreich vorgehen: zur gleichen Zeit, da er mit den Russen verhandelte, nahm er Fühlung mit Wien. Sein ganzer Gegensatz zu den Patrioten kommt darin zum Ausdruck, daß er zuerst sich diplomatisch sichern wollte und also seine eigene Politik der österreichischen unterordnete, während die Patrioten gerade durch den Schwung der preußischen Erhebung die andern antifranzösischen Mächte mit sich ziehen wollten. Aber auch wenn man wie Friedrich Wilhelm alles sorgfältig berechnete, so blieb es sehr zweifelhaft, ob man nicht doch den Russen entgegenkommen mußte; es bestand sonst die Gefahr, daß der Zar mit Napoleon einen zweiten Tilsiter Frieden abschloß. So wußte man nicht, was vom preußischen Standpunkte aus das Nützlichste sei. Knesebeck beklagte sich bitter über den Freiherrn vom Stein, daß ihn das Los Preußens so gar nicht kümmere, wenn nur der Krieg in Deutschland ausbreche — „und gleichzeitig unterläßt er nichts, um uns um jeden Preis hineinzustoßen". So kamen die Verhandlungen mehrere Tage nicht vorwärts, bis Stein sich vom Zaren nach Breslau entsenden ließ. Die Gemeinschaft des Zaren und seines deutschen

Ratgebers war jetzt die denkbar innigste: beide wollten die Niederwerfung des Weltherrschers, der Zar brauchte hierzu die nationale Bewegung der Deutschen und diese ihrerseits war an der Rückerwerbung polnischer Gebiete durch Preußen nicht interessiert.

Kalt und ungnädig war der Empfang, der Stein in Breslau bereitet wurde. Hardenberg befürchtete in ihm einen Rivalen, der auf seine ehemalige Stellung wieder Anspruch machen werde, der König aber war der Mühe überhoben, sich um ihn zu kümmern, da Stein in der Dachstube eines Gasthauses schwer krank darniederlag; niemand sorgte um ihn. Aber seine Mission war von Erfolg gekrönt, er vermittelte den Bündnisvertrag, der am 27. Februar im russischen Hauptquartier in Kalisch besiegelt wurde. Wenn der König also mit Frankreich brach, so konnte er nicht mehr gut anders, da ihm sonst die Regierung entgleiten mußte; doch der Abschluß des Vertrages blieb trotz allem ein Wagnis. Es zeigte sich alsbald, daß die Zahl der russischen Streitkräfte sehr gering, die napoleonische Macht in Deutschland jedoch immer noch bedeutend war, daß Österreich die neue Koalition gerne sah, aber von sich aus vorläufig nicht eingriff. Wenn der König bis dahin immer noch im Unklaren gelassen hatte, wem die Rüstungen eigentlich galten, so war auch dieses doppelte Spiel nun zu Ende. Am 10. März, dem Geburtstage der früh verblichenen Gattin, stiftete Friedrich Wilhelm das „Eiserne Kreuz“, am 15. März hielt der Zar seinen Einzug in Breslau, am 16. wurde der Krieg an Frankreich erklärt, am 17. erschien der von Staatsrat Hippel verfaßte Aufruf „An mein Volk“. Es war darin an die Leiden der Vergangenheit erinnert, an den Frieden, der tiefere Wunden geschlagen als selbst der Krieg. Es waren die Güter genannt, die es zu verteidigen gelte: Gewissensfreiheit, Ehre, Unabhängigkeit, Handel, Kunstbesitz und Wissenschaft. Es war darin der äußersten Möglichkeit furchtlos ins Auge geblickt; aber der Aufruf schloß mit Zuversicht und Gottvertrauen. Auch der Zar erließ Proklamationen und schrieb die Freiheit der Nationen auf seine Fahne. Berühmt wurde der Aufruf von Kalisch, der am 25. März im russischen Hauptquartier erlassen wurde. Er bezeichnete als Ziel des bevorstehenden Krieges die Herstellung der deutschen Verfassung „allein durch die deutschen Fürsten und Völker und aus dem ureigenen Geiste des deutschen Volkes“; den widerstrebenden Fürsten aber wurde mit der „verdienten Vernichtung“ gedroht. Es war also doch nicht ganz das Programm, das Stein in seinen Petersburger Denkschriften entwickelt hatte: die deutschen Fürsten sollten erhalten bleiben, wenn sie zeitig sich den Verbündeten anschlossen. Dies erforderte die Rücksicht, die Kaiser Alexander den deutschen Fürstenhäusern schuldete, aus denen sich die Großfürsten die Gattinen zu holen pflegten; daß Deutschland ein „russisches Gestüte“ sei, habe er freilich nicht gewußt — bemerkte bei Gelegenheit der Freiherr vom Stein bitter zum Zaren. Auch war der Kampf gegen die kleinen Fürsten ein politischer Gedanke, der dem Reichsritter doch nur persönlich eigen war; den führenden preußischen Patrioten kam es zuerst auf die Niederwerfung des Usurpators an und auf die Wiederherstellung der von ihm verletzten Rechte, mochte es sich nun um die Rechte des von ihm geknebelten deutschen Volkes oder um die Rechte der entthronten Fürsten handeln. So kam es, daß schon jetzt die Gedanken der Nationalität und der Legitimität sich verbanden, und daß Gneisenau, als er bei Kriegsausbruch die Sachsen zum Anschluß aufforderte, ihnen schreiben konnte, man werde kämpfen „für die Sicherheit der alten Throne und unsere Nationalunabhängigkeit“.

Inzwischen traten die Formationen zusammen. Die Landwehr wurde nicht, wie in späteren Friedenszeiten, aus den älteren Jahrgängen der gedienten Leute gebildet. An solchen war kein Überfluß, man brauchte die ehemaligen Soldaten und „Krümper“ zur Vervollständigung und Neubildung von Linienregimentern. Vielmehr bestand die Landwehr der Freiheitskriege aus ungedienten, meist sehr jungen Leuten, sie stellte gewissermaßen das bewaffnete Bürgertum dar wie einst die französische Nationalgarde von 1792. Scharnhorst hatte bisher stets von der „Nationalmiliz“ gesprochen; erst durch den Entwurf, den Clausewitz für die ostpreußischen Stände angefertigt hatte, wurde das Wort Landwehr gebräuchlich. Die studentische Jugend zog in Scharen zu den freiwilligen Jägern, in Breslau führte der Philosoph Steffens seine Hörer geschlossen zum Heere, in den Freikorps sammelten sich die Freiwilligen aus jenen Gegenden, die noch das napoleonische Joch trugen; berühmt wurde das Korps des Majors von Lützow, in welchem Theodor Körner mit „Leier und Schwert“ dem gemeinsamen deutschen Vaterlande diente, während seine sächsische Heimat aufseiten des Unterdrückers verblieben war. Die stolze und reine Begeisterung der deutschen Jugend fand ihren vollendeten Ausdruck in diesem Jüngling, der als Held und als Sänger hinauszog und durch sein Leben wie durch seinen Reitertod diesem Krieg eine höhere Weihe verliehen hat: „Es ist kein Krieg, von dem die Kronen wissen, es ist ein Kreuzzug, 's ist ein heil'ger

Krieg." Auch zur Landwehr meldeten sich genügend junge Leute, nur selten wurde es in den einzelnen Bezirken nötig, die Mannschaften durch das Los auszuheben. Abgesehen von den Freikorps war die Freiwilligkeit jedoch nirgends ganz freiwillig, weil ohne sie der gesetzliche Zwang eintrat und den Freiwilligen der Vorzug bei der Beförderung und die Erleichterungen im Garnisonsdienst winkten. Die Legende hat diesen Zusamenhang verschleiert. Aber es bleibt doch wahr: „Man kann gesetzlich gezwungen etwas gerne tun, was man doch freiwillig nicht tun würde." In diesem Sinne trug die Erziehungsarbeit der Reformer nun doch ihre Früchte. Erst im Fortgange der Ereignisse wurde dann die Erregung allmählich in die Massen getragen. Es war eine kleine Schar von Patrioten, von denen die Bewegung ausging; sie veranlaßte, daß der König rief, und dann erst kamen sie alle!

Preußen und Russen vereinigten sich nun vollständig, und die französischen Truppen zogen sich vor ihnen ohne Widerstand über die Elbe zurück. Schon am 17. März, dem Tage, da in Breslau des Königs Aufruf erschien, hatte Yorck mit seinem Korps seinen Einzug in Berlin gehalten. Der „eiserne" Mann war nun vom König „für vorwurfsfrei" erklärt; kalt und streng ritt er vor seinen Truppen durch die jubelnde Menge. Inzwischen hatte Napoleon aus Rekruten und Nationalgarden eine neue Linienarmee zusammengebracht, die Rheinbundfürsten stellten ohne Säumen die geforderten neuen Kontingente. Nur in Bayern überlegte man, da man nicht weniger als dreißigtausend Mann in Rußland verloren hatte, einen kurzen Augenblick, ob man sich nicht neutral halten solle; dann siegte Montgelas über die Partei des Kronprinzen Ludwig. Sachsen, das von den Verbündeten besetzt wurde, schwankte entschlußlos zwischen den beiden Heeren und Parteien; der König begab sich außer Landes nach Prag. In Hamburg wurde ein Kosakenkorps, das in schneidigem Streifzuge vorgedrungen war, mit Begeisterung empfangen. Der freie Handel der Hansastadt und ihre alte Senatsverfassung wurden wiederhergestellt, aber als die Russen später wieder zurückgehen mußten, wurde schwere Vergeltung geübt. Im übrigen konnte Napoleon sich auf das unterworfene Deutschland verlassen. Die Erhebung, die ihrer Natur nach auf eine Bewegung des ganzen deutschen Volkes angelegt war, blieb auf die vier östlichen Grenzprovinzen, die zusammen die preußische Monarchie ausmachten, beschränkt: es war die erste große Enttäuschung, welche die preußischen Patrioten erlebten. Ungehindert und in raschen Märschen rückte Napoleon über Mainz und Frankfurt auf den gewohnten Straßen gegen Sachsen vor, ein Teil der Truppen konnte erst auf dem Marsche eingeübt werden, es fehlte an Offizieren und an Kavallerie — denn in dieser Hinsicht waren die Verluste vom vorigen Jahre am wenigsten zu ersetzen. Immerhin war Napoleon den Gegnern an Zahl der Truppen doch weit überlegen. Mit gewohnter Umsicht plante der Kaiser, die Verbündeten zu umgehen und sie gegen das Erzgebirge zu werfen, wo sie ihm nicht mehr entweichen konnten und dem Kriege also mit einem Schlage ein Ende gemacht war. Aber ehe er die einleitenden Bewegungen beendet hatte, traf ihn am 2. Mai der Angriff der Verbündeten beim Dorf Großgörschen. Napoleon zwang den mit ungewohnter Hartnäckigkeit kämpfenden Feind zum Rückzug. Aber es war ein Sieg ohne Gefangene und ohne Beute, eine Ausnutzung des Sieges bis zu einer Vernichtung des Gegners verbot schon der Mangel an Reiterei. Die Verbündeten räumten jetzt Sachsen, dessen König auf Napoleons Befehl von Prag zurückkehrte; als Torgau überliefert werden mußte, ging der Kommandant Thielmann zu den Verbündeten über. Das russisch-preußische Heer zog sich bis zur Spree zurück. Unmittelbar hinter dem Flusse erwartete es in der gesicherten Stellung bei Bautzen den Angriff des Feindes. Die preußischen Generale, Blücher und sein Stabschef Gneisenau — der an die Stelle des bei Großgörschen verwundeten Scharnhorst getreten war —, hatten eine Angriffsschlacht empfohlen, Kaiser Alexander besaß aber hierzu schon nicht mehr die Entschlossenheit; auf dem zur Verteidigung geeigneten, von Hügeln und Teichen durchzogenen Gelände beraubten sich die Verbündeten ihres hauptsächlichen Vorteils, indem die Reiterei sich hier nicht entfalten konnte. Auch war so eine Entscheidung niemals zu gewinnen, da im günstigsten Falle nur eben der Gegner zurückgeschlagen werden konnte. Aber Napoleon erkämpfte am 20. Mai im Angesichte des Feindes den Übergang über den Fluß und am folgenden Tag leitete er die Umfassung ein, der die Verbündeten im richtigen Augenblick noch durch einen Rückzug entweichen konnten. Die Lage war nun aber für die Preußen sehr ernst geworden. Nach zwei verlorenen Schlachten waren sie fast an die Grenze der Monarchie zurückgewichen, und schon erwogen die Russen den Rückzug nach Polen! Wenn nicht eine kurze Frist kam, damit man die Rüstungen vollenden konnte, war Preußen aufs äußerste gefährdet! Da kam die Rettung durch Napoleon selbst, der einen Waffenstillstand anbot. Der Kaiser kannte die kritische Lage seiner Gegner nicht; später hat er dieses Angebot als die größte Dummheit seines Lebens bezeichnet. Aber er war über die Erfahrungen, die er in den beiden Schlachten gemacht hatte, erstaunt: „Ces animaux ont appris quelque chose", erkannte er voll Ingrimm. Seine Siege glichen den früheren nicht mehr, er hatte nur öde Schlachtfelder erkämpft, nirgends war ihm die Verwirklichung eines strategischen Gedankens geglückt. Er fühlte das Bedürfnis, seine Heeresmacht aufs höchste zu steigern und zusammenzufassen und hoffte zugleich, daß seine Staatskunst, die bisher noch immer die Koalitionen gesprengt hatte, auch jetzt zum Erfolge führen werde. Es schwebte ihm der Gedanke vor, sich wie einst in Tilsit getrennt mit Rußland zu verständigen oder Österreich für sich zu gewinnen. Im Kreise der preußischen Patrioten war man denn auch entschieden gegen die Annahme des Waffenstillstandes: man traute sich zu, jetzt den Plan von 1811 zu verwirklichen und hinter den in Polen kämpfenden Franzosen die Volkserhebung zu organisieren. Auch Hardenberg war dieses Mal einer Meinung mit Blücher und Gneisenau. Die beiden Monarchen entschieden sich anders; am 4. Juni wurde auf zwei Monate der denkwürdige Waffenstillstand geschlossen, der die entscheidende Wendung des Krieges vorbereitet hat.

An Österreichs Haltung hing nun das Schicksal der Welt. Napoleon hoffte noch immer auf Waffenhilfe durch seinen Schwiegervater, die Verbündeten aber erkannten, daß Metternich den Augenblick für gekommen achtete, um für Österreich und Europa den alten Gleichgewichtszustand zwischen Frankreich und Rußland wiederzugewinnen; der Minister Österreichs war entschlossen, die napoleonische Vorherrschaft zu beseitigen, eine russische aber keinesfalls aufkommen zu lassen. Mit großer Umsicht und Klugheit hatte Österreich sich alsbald nach der Katastrophe der Großen Armee aus dem Bündnis mit Frankreich gelöst. Dies war Kaiser Franz möglich geworden, weil er außer den nach Rußland gesandten Truppen im Notfalle noch ein weiteres Heer zur Verfügung hatte, während Preußen fast in die Rolle eines Rheinbundstaates gedrängt worden war. Als Napoleon an seinen Schwiegervater das Ansinnen stellte, er solle das Hilfskorps verdoppeln und die Russen solange beschäftigen, bis er selber mit neuen Truppen herankomme, wurde dies abgelehnt; General Schwarzenberg, der Führer des Hilfskorps, erhielt den Befehl, mit den Russen Waffenruhe zu vereinbaren und die Truppen an die österreichische Grenze zurückzuführen — „um sie für den kommenden Feldzug zu schonen", wie man in Paris versichern ließ. Aber man gab hiermit zugleich den Russen den Weg zur Oder und die Verbindung mit den Preußen frei. Inzwischen rüstete man eifrig, man ermunterte die Preußen zum Anschluß an Rußland, aber man behielt sich selbst freie Hand; Metternich schlug den Höfen einen allgemeinen Frieden unter Österreichs Vermittlung vor. In Wien arbeitete die Patriotenpartei, an ihrer Spitze Graf Stadion, gegen den Minister. Dieser aber hatte sein sicheres Ziel, das er klug und vorsichtig zwischen der Kriegspartei und dem friedensfreundlichen Kaiser verfolgte. Österreich durfte sich nicht eröffnen, bevor seine Rüstungen nicht beendet waren, weil es andernfalls die Rache Napoleons zu gewärtigen hatte oder sich willenlos in die Gefolgschaft Rußlands begeben mußte. Metternich war im Jahre 1809 ein Haupturheber des Krieges gewesen, indem er zu voreilig auf die andern Mächte und auf die Stimmung im französischen Volke gebaut hatte; nun war er vorsichtig und gründete seine Entschlüsse auf Berechnung und feste, sichere Größen. Im Frühjahr hatte sich dann die außenpolitische Lage so gestaltet, daß dem Minister nun selbst eine entschiedenere Stellungnahme geboten schien; er teilte den Kriegführenden mit, daß Österreich die „bewaffnete Vermittlung" übernommen habe. Dies war gegenüber der bisherigen Stellung nur eine andere „Nuance", aber es bedeutete in der Tat die Auflösung der französisch-österreichischen Allianz. Napoleon konnte hieran nichts ändern, doch ließ er drohend in Wien erklären, er werde sich mit dem Zaren vergleichen und ihm Warschau überliefern. Mit diesem Zugeständnisse hoffte Napoleon die Koalition zu sprengen und entweder Rußland oder Österreich zu gewinnen; dies war die Rechnung, die ihn zum Angebot und Abschluß des Waffenstillstandes veranlaßte.

Die Rechnung aber war trügerisch. Weder ließ Metternich sich einschüchtern noch der Zar sich gewinnen. Ihre Kriegsziele waren verschieden, aber gemeinsam war ihnen die Überzeugung, daß kein dauernder Zustand errungen werden könne, wenn Napoleon seine europäische Machtstellung behalte. Die Sorge, daß der Zar wie in Tilsit abfallen werde und ganz Polen sich überweisen lasse, war bei Metternich groß, sie war jetzt durch Napoleon noch gesteigert worden; so beförderte Napoleon selbst den Beitritt Österreichs zur Koalition und bewirkte, daß Metternich nun sogar die vordrängende Kraft wurde. Am 27. Juni wurde zu Reichenbach, im Hauptquartier der Verbündeten, der Vertrag geschlossen, der vier, von Metternich formulierte Artikel enthielt, die Österreich als „bewaffneter Vermittler" präsentieren sollte: wenn Napoleon sie nicht annahm, verpflichtete sich die Wiener Regierung, an ihn den Krieg zu erklären. Die Punkte verlangten von dem Imperator die Auflösung des Herzogtums Warschau, die Wiederherstellung

Preußens und der Hansestädte, die Rückgabe der illyrischen Provinzen an Österreich. Es waren, verglichen mit dem, was in früheren Äußerungen der Russen gesagt worden war, recht mäßige Bedingungen; insbesondere war von der Auflösung des Rheinbundes nicht die Rede. Aber daß Napoleon auch nur auf diese Bedingungen eingehen werde, hielten die Verbündeten für ausgeschlossen. Am 26. Juli hatte dann Metternich im Palais Marcolini zu Dresden mit Napoleon die berühmte neunstündige Unterredung, in der nach Metternichs Bericht „Freundlichkeit mit den heftigsten Ausbrüchen sich mischte". Hier war es, wo der Kaiser das Bekenntnis ablegte, nicht wie ein legitimer Monarch als Besiegter vor sein Volk treten zu können und also zur Festhaltung aller Eroberungen gezwungen zu sein; hier war es auch, wo er im höchsten Zorne seinen Hut zu Boden warf und Metternich es kühn versäumte, ihn aufzuheben. Wider Erwarten nahm Napoleon die bewaffnete Vermittlung Österreichs an — unter der Bedingung, daß der Waffenstillstand verlängert wurde! Napoleon wollte Zeit gewinnen für Rüstungen, auch hoffte er, auf dem in Aussicht genommenen Kongreß zu Prag Gelegenheit zu finden, sich mit dem Zaren zu verständigen. Der Zar aber blieb dabei, daß alle Verhandlungen nur durch Österreich geschehen könnten, Napoleon mußte den Gedanken eines Separatabkommens aufgeben und sah sich plötzlich einer Koalition gegenüber, wie sie gewaltiger noch nie gegen ihn gestanden hatte: dabei hatte er die Interessen dieser Mächte bisher für unvereinbar gehalten. Österreich und Rußland hatten sich nun gefunden, England und Schweden waren schon lange angeschlossen. Daß Österreich fest bleiben möge, war der heiße Wunsch der preußischen Patrioten. Um für dieses Ziel zu wirken, hatte sich der bei Großgörschen verwundete Scharnhorst nach Prag begeben und seine letzte Kraft der großen Sache gewidmet; er nahm das Bewußtsein mit ins Grab, daß die Koalition gefestigt und der Sieg gesichert sei. Es war Metternichs Verdienst, daß der Sturz Napoleons und die Neuordnung Europas nunmehr durchgeführt werden konnten.

Der Beitritt Österreichs zur Koalition veränderte den Charakter des Krieges von Grund aus. Bis dahin war der Krieg ein gemeinschaftliches Unternehmen des Zaren und der preußischen Patrioten gewesen, sein Sinn und Zweck war oft genug ausgesprochen worden, am nachdrücklichsten in der Proklamation von Kalisch, die der russische Oberbefehlshaber im Namen der beiden Monarchen erlassen hatte. Hiernach war Ziel des Krieges, Deutschland und Europa von der Herrschaft des Tyrannen zu befreien, dem legitimen Rechte wieder Geltung zu verschaffen, den unterdrückten Völkern eine freie, ihrem Wesen entsprechende nationale Verfassung zu erringen. Dies war zwar ursprünglich nicht der Wille des preußischen Königs gewesen, aber Friedrich Wilhelm war mehr oder minder freiwillig von den Patrioten auf diesen Weg geführt worden, seine Truppen wurden in diesem Gedanken der nationalen Freiheit aufgerufen und versammelt. Darum sprach man vom „Freiheitskrieg", in den man zog; erst nach errungenem Siege wurde die Bezeichnung „Befreiungskrieg" üblich, weil Friedrich Wilhelm das Wort Freiheit nicht liebte und weil er entgegen dem klaren Wortlaute der Proklamation von Kalisch den Wunsch hegte, daß seine Untertanen mit der Beseitigung des napoleonischen Joches das Ziel des Krieges erfüllt sehen möchten. In den hellen Frühlingstagen des Jahres 1813 hatten die preußischen Reformer erreicht, wonach schon lange ihr Herz strebte: das Volk stand auf, der Sturm brach los! Mit dem Zar-Befreier waren sie alle eines Sinnes. Daß der Zar daneben auch noch seine polnischen Pläne verfolgte, war noch nicht bekannt und brauchte sie im übrigen nicht zu stören. In ihren Augen war es gut, wenn Preußen und Deutschland den wesensfremden Ballast verloren, den die beiden letzten polnischen Teilungen gebracht hatten, vorausgesetzt, daß eine militärisch gute Grenze gezogen wurde. Und wenn der Zar in dem Freiheitskriege nicht nur die Nationalität, sondern auch die Legitimität verteidigt sehen wollte, so entsprach auch dies durchaus den politischen Ansichten der Reformer. Nur Stein dachte strenger über die Rheinbundfürsten, im übrigen aber war der Zar durchaus nicht doktrinär und war sehr froh, als der König von Sachsen zu Beginn des Krieges den Aufforderungen Blüchers und Gneisenaus keine Folge gab: der Zar wollte Sachsen als Tauschobjekt für die polnischen Landesteile, die ehedem Preußen gehört hatten und die er jetzt für den Aufbau seines neuen polnischen Königreiches brauchte. Daß den Völkern Europas die nationale Einheit und die konstitutionelle Freiheit werden mußten, war Sinn und Parole des Krieges, seit die Russen die preußische Grenze überschritten und die preußischen Patrioten ihren König mit sich gerissen hatten.

Mit Österreichs Eintritt in die Koalition wandelte sich alsbald dieses ursprüngliche Ziel des Krieges. Auch Metternich strebte danach, die französische Vorherrschaft in Europa zu beseitigen, auch er verwarf die Universalmonarchie, weil sie der Vernunft und Natur, den lebendigen Kräften widersprach. Aber er wollte an ihrer Stelle das alte Gleichgewicht der historisch gewordenen

Staatenwelt, nicht eine Neuordnung auf der Grundlage nationaler Zusammengehörigkeit. Metternich war der leitende Staatsmann einer Dynastie, die in langen Jahrhunderten einer zielbewußten und glücklichen Hauspolitik ihren Staat aus vielen Nationalitäten zusammengebaut und abgerundet hatte. So sehr auch der Donaustaat eine geographische und politische Funktion im Zusammenhange der europäischen Staatenwelt erfüllte, so ruhte sein Dasein eben doch durchaus und ausschließlich auf der Dynastie. Auch die andern Staaten Europas waren einst durch eine Anhäufung von Besitz in den Händen einer fürstlichen Familie entstanden, aber immer besaßen sie doch einen mehr oder minder vollkommenen nationalen Kern, aus welchem sich ein politisches Bewußtsein jenseits der Dynastie entwickeln konnte. Die habsburgische Monarchie aber mußte zerfallen, wenn die Völker Europas vom Drange nach nationaler Einheit und nationalem Zusammenschluß erfaßt wurden. Zwar war das Haus Habsburg das vornehmste deutsche Herrscherhaus, es hatte Jahrhunderte hindurch die Kaiserkrone getragen; unter den Führern der deutschen Bewegung bestand die Meinung, daß nach dem Sturze der französischen Herrschaft die alte, im Jahre 1806 niedergelegte Kaiserkrone wieder aufgenommen werden müsse und daß nur der Habsburger zu dieser hohen Aufgabe berufen sei. Aber Metternich fühlte sich nicht nur als Geschäftsführer seines Kaisers. So glänzend auch und verlockend die Aussichten des habsburgischen Hauses emporstiegen und so sehr auch die Macht des neuen Kaisertums gesteigert würde im Vergleich zu dem vor einigen Jahren erloschenen, sobald nur die nationale Bewegung der Deutschen siegte, so setzte doch eine solche Zukunft nicht nur den Sturz Napoleons voraus, sondern auch die völlige Umwälzung aller historischen Ordnung in Deutschland und Mitteleuropa, so daß nur ein Abenteurer oder ein unpolitischer Kopf auf solche Gedanken kommen konnte. Die preußischen Reformer dachten zunächst nur an die Vernichtung des Tyrannen und an die deutsche Freiheit; was nachher werden sollte, war in ihrem Kreise Gegenstand eifrigen Planens — ein klares Bild der Lage, die kommen werde, hatten sie nicht. Metternich dagegen sah voraus, daß der nationale Gedanke erst am Anfange seiner Auswirkungen stand, daß er überall in Europa eine unabsehbare Kette von politischen und gesellschaftlichen Kämpfen hervorrufen mußte, daß er die österreichische Monarchie aushöhlen und eine gesicherte Ordnung Europas unmöglich machen werde.

Kühl und leidenschaftslos sah Metternich in den Zusammenhang der Dinge; er konnte sich nicht denken, daß die historisch gewordenen Staaten kampflos sich dem neuen Nationalitätenprinzip unterordnen sollten, er befürchtete, daß der alte Gegensatz zwischen Österreich und Preußen wieder aufgerissen werde und daß Frankreich kraft seiner eigenen, nationalen Geschlossenheit am meisten dabei gewinnen werde. Auch wußte er, daß auf dem Boden der habsburgischen Monarchie nach deren Zerfall nur Zwerggebilde entstehen konnten, die sich gegenseitig befehdeten und die Mächtigen anlockten. Der österreichische Staatsmann erkannte die große, europäische Funktion des Länderreiches, das er zu betreuen berufen war; er war gewohnt, nicht nur in österreichischen, sondern auch in europäischen Gedankengängen sich zu bewegen, und er fand, daß das Lebensinteresse des österreichischen Staates sich mit dem Interesse eines geordneten Europa deckte. Nicht umsonst hatte er sich von Jugend an in der Welt der großen Diplomatie bewegt, hatte sich erfüllt mit dem Geiste des weltbürgerlichen Jahrhunderts und war von Herkunft Angehöriger jener hohen Aristokratie, die als Oberschicht von internationalem Gepräge die geordnete Staatenwelt Europas verwaltete und das Bewußtsein des abendländischen Kulturzusammenhanges pflegte. Der Sohn der rheinischen Heimat hatte als Student in Straßburg und Mainz, in Brüssel und in seiner Vaterstadt Koblenz die ersten Ausschreitungen der jakobinischen Revolution erlebt, sein statisch gerichtetes Denken sah das Heilmittel in der Organisation durch die überlieferten Autoritäten, durch das Gleichgewicht aller Kräfte. Nun hatte der Erdteil zwei Jahrzehnte schwerster Erschütterungen durchlebt, die Frankreich emporgeführt hatten zur Hegemonie auf dem Kontinent. Unter dieser Übermacht litten die Staaten wie die Völker, sie stand nach Metternichs Überzeugung „außerhalb der Natur und der Zivilisation“. Wenn sie beseitigt war, brauchte Europa Ruhe und eine dauernde Ordnung, welche das Nationalitätenprinzip niemals gewähren konnte. Einst hatte die historisch gewordene Staatenwelt den Völkern Form und Halt verliehen, die Staaten hatten sich im Gleichgewicht gehalten, das oft genug in diesen Jahrhunderten der großen Kabinettskriege gestört, aber immer wieder hergestellt worden war; das gesellschaftliche Leben des Abendlandes war in solchem Rahmen geordnet und gefestigt gewesen. Dieses System war durch die Revolution und Napoleon in Unordnung gebracht und schließlich vernichtet worden, manche der Neuerungen waren unwiderruflich und hatten sich als wohltätig erwiesen — wozu Metternich in der Folge die Säkularisationen rechnete, auf denen das Dasein der Rheinbundstaaten beruhte. Im übrigen aber konnte in Metternichs Augen das Ziel des Krieges nur darin bestehen, Napoleon aus seiner überragenden Stellung zu verdrängen und den alten Zustand, also das Gleichgewicht der Mächte und die soziale Harmonie wieder herzustellen. Daher konnte Metternich niemals das Mittel des Volkskrieges, die Entfesselung ungeordneter und elementarer Kräfte wünschen oder billigen.

Es war ein völlig anderes Ziel als jenes, das die preußischen Patrioten dem Kriege gesetzt hatten. Beiden gemeinsam war die Überzeugung, daß nicht alle politische Individualität durch einen Universalstaat aufgehoben werden dürfe und daß die Staaten Europas also die Gegensätze ihrer Interessen zurückstellen müßten, um gemeinsam die drohende Uniformierung abzuwerfen und eine politische und soziale Ordnung anderer Art an die Stelle zu setzen. Dem Weltbürgertum der napoleonischen Monarchie stellte man ein Weltbürgertum der europäischen Solidarität gegenüber und begrub die alten Gegensätze der Macht, nachdem sie seit 1792 so oft die Koalitionen vereitelt hatten. So meinte es Gneisenau, wenn er 1812 schrieb: „Auf das Gebiet der Länder scheint es hierbei weniger anzukommen als auf das der Grundsätze." Dies war auch Metternichs Standpunkt. Eroberungsabsichten hatte in diesem Kriege nur Kaiser Alexander, doch hoffte er die Rolle des russischen Eroberers mit der des europäischen Befreiers vereinigen zu können. Aber wie nun die zukünftige Ordnung Europas beschaffen sein solle, darüber gingen die Meinungen allerdings auseinander. Die deutschen Patrioten setzten sich im Geiste kühn über die historisch gewordene Staatenwelt hinweg, in ihnen lebte neben dem alten Menschheitsbewußtsein der neue nationale Gedanke, und es war ihnen dabei nicht bewußt, daß das Streben nach nationaler Selbstbestimmung, wenn es in jedem Volke mächtig wurde, die europäische Harmonie noch ganz anders stören werde als jemals das Machtstreben der überlieferten Staaten. Metternich dagegen wollte die neue politische und soziale Ordnung schaffen durch Erneuerung des staatlichen und kulturellen Zusammenhanges in Europa, wie dieser bis zur Französischen Revolution trotz aller Störungen immer noch bestanden hatte und dann jähe in Verwirrung gebracht worden war. In der Gegnerschaft zwischen Metternich und dem Freiherrn vom Stein hat die Antithese des nationalen und des europäischen Gedankens einen persönlich großartigen und historisch denkwürdigen Ausdruck gefunden. Beide waren sie rheinischem Blute und altdeutschem Boden entsprossen — aber Stein war eine leidenschaftliche Herrennatur von urwüchsiger Kraft, tief im Heimatboden verankert, Metternich der Zögling einer verfeinerten Weltkultur. Stein wollte die Beseitigung der napoleonischen Weltmacht, weil er die Freiheit der Nationen wollte, Metternich, weil er die Freiheit der geschichtlichen Staaten erstrebte; der eine war deutsch vor allem, der andere fühlte sich zuerst als Angehöriger einer staatlichen und gesellschaftlichen Ordnung, die Erschütterungen fürchterlichster Art durchgemacht hatte und nun konsolidiert werden mußte; der eine trug in seiner feurigen Seele ein revolutionäres Ethos, sein Denken war dogmatisch und beflügelt von Bildern geschichtlichen Heldentums, der andere war ein kühler, weltlich und rational gerichteter, ein philosophisch orientierter Kopf, der tief in den Zusammenhang der Dinge hineinsah und erkannte, daß die nationale Bewegung — weil sie über die alten Staaten hinweg zu neuen Einheiten strebte — eine Epoche blutiger Kriege und eine Desorganisierung Europas heraufführen mußte. Wenn der tiefste Lebensgrund der Reformer die „Spontaneität“ war, so entsprang Metternichs „Stabilität“ allerdings einem völlig andern menschlichen Empfinden. Und doch darf man nicht sagen, daß Metternich im Ernste glaubte, er könne eine geistige Bewegung — die so tief in der autonomistischen Richtung der neueren Jahrhunderte begründet war — mit politischen Maßregeln töten. Vielmehr weht durch seine intimen Schriften ein Hauch schmerzlicher Resignation, der beweist, daß er die Katastrophe Europas nur hinauszuschieben, aber niemals abzulenken hoffte. Doch kämpfte er freilich gegen die aufsteigende Idee des Jahrhunderts, die zugleich auch lange das historische Urteil zu seinen Ungunsten geprägt hat. Nicht Schwäche oder Unfähigkeit, nicht Rücksicht auf den Schwiegersohn seines Kaisers oder auch nur allein die Sorge für die Zukunft des österreichischen Staates waren es, was Metternich zu seiner vorsichtigen, zögernden, manchmal sogar doppelzüngigen Politik veranlaßt hat, die sich allem Wechsel der Ereignisse anschmiegte. Von Anfang an, sobald die niemals erwartete Katastrophe in Rußland eingetreten war, hatte Metternich die Wiederherstellung des europäischen Gleichgewichts im Auge. Daher konnte er sich weder rückhaltlos den Russen noch den preußischen Patrioten hingeben, auch mußte er Zeit gewinnen um Geld und Truppen zu sammeln. Ob die Preußen und Russen allein in der Lage gewesen wären, Napoleon zu beseitigen, ist mehr als fraglich. Keinesfalls ließ es Metternich zu einer solchen Probe kommen, Österreich wurde der Schiedsrichter Europas, weil dies nach Metternichs Ansicht für Österreich und für Europa gut war. Die Befreiung wurde der geschickten Ausnützung einer günstigen außenpolitischen Konjunktur verdankt; aber eben deshalb war es nicht anders möglich, als daß ein tiefer Gegensatz zwischen der nationalen Idee und den Erfordernissen der politischen Wirklichkeit in das Werk der Befreiung hineingetragen wurde und daß dieser Widerspruch nur so lange zurücktrat, als die gemeinsame Gefahr drohte und der Sieg noch nicht gesichert war.

Die Zeit der Waffenruhe war nicht nur mit den diplomatischen Verhandlungen erfüllt; nicht minder energisch wurde gerüstet. In Preußen wurde erst jetzt die Landwehr eingeübt, nachdem man bis dahin alle bereiten Waffen für die Linienregimenter hatte verwenden müssen. Während des Stillstandes wurde in allen Werkstätten, die Ausrüstungsgegenstände fertigen konnten, mit Hochdruck und unter militärischem Antrieb gearbeitet. Bald exerzierten in jeder Stadt und in jedem Dorfe die Abteilungen der Einberufenen. Auch die Organisation der Landwehr wurde, wo es nötig schien, behutsam und schonend geändert; so wurde das Offizierskorps der Landwehrbataillone, das nach dem Entwurfe von Clausewitz durch Wahl der Mannschaften gebildet worden war, von ungeeigneten Elementen gereinigt, junge Leute aus den Reihen der freiwilligen Jäger wurden zu Landwehroffizieren befördert. Besonders Gneisenau machte sich bei dieser allgemeinen Mobilisierung des Volkes verdient, er war auf seine Bitten für die Dauer der Waffenruhe zum Militärgouverneur von Schlesien ernannt worden. Auf seine Initiative war es auch zurückzuführen, daß der König das Landsturmedikt erließ, das in den unmittelbar vom Feinde bedrohten Gebieten die ganze männliche Bevölkerung zu den Waffen rief und alle Gewalt von den bürgerlichen Behörden auf gewählte „Schutzdeputationen“ übertrug, die — vom Vertrauen des Volkes getragen — die Massen bewaffnen und leiten sollten. Im Januar 1813 hatte Ernst Moritz Arndt seine Schrift geschrieben: „Was bedeutet Landsturm und Landwehr?“ Hier war die Idee des extremsten Volkskrieges entwickelt. Während die Landwehrmänner 20 bis 35 Jahre alt waren, sollten dem Landsturm alle über 35 Jahre alten Männer angehören; sie sollten nur innerhalb der Landesgrenzen Verwendung finden, keiner Uniform bedürfen und jedes taugliche Werkzeug als Waffe benützen. Der Unterschied von Krieger und Bürger war aufgehoben, die äußerste Konsequenz aus der allgemeinen Wehrpflicht war hiermit gezogen; es war die Rückkehr zur „absoluten Feindseligkeit“. Nach überliefertem Kriegsbrauch, wie ihn die moderne Zivilisation ausgebildet hatte, um die Schrecken des Krieges zu dämpfen, galt nur der uniformierte Soldat als Feind, die Zivilbevölkerung hatte Schonung zu beanspruchen. Wenn jetzt die Zivilisten zu den Waffen griffen, so konnten sie nicht als legitime Krieger gelten, ihnen gegenüber hörte die Schonung auf, die selbst der Soldat zu beanspruchen hatte, wenn er in Gefangenschaft sich begab: der Krieg erhob sich alsdann zu seiner ganzen, ursprünglichen Wildheit. So war einst bei primitiven Völkern gekämpft worden, so las man es in alten Chroniken. Erst jüngst hatte Schiller im „Tell" an den ursprünglichen Begriff des Krieges erinnert, jetzt schilderte Ernst Moritz Arndt die altdeutsche Einrichtung der Wehrgemeinde, die durch die Französische Revolution wieder erneuert worden sei; in der Vendée, in Spanien und soeben noch in Rußland war dies die Form gewesen, in der nationale und religiöse Leidenschaft sich mit Erfolg betätigt hatte. Das Beispiel belebte die preußischen Patrioten, die im Begriff waren, für die Legitimität der Fürsten und die nationale Freiheit der Völker das Schwert zu ergreifen. Aber wie 1809, so blieb auch in Zukunft das norddeutsche Land ungeeignet zur Durchführung einer solchen revolutionären Idee. Die Bevölkerung war seit Jahrhunderten im lutherischen Geiste gewohnt, bei allen Einzelheiten auf die hohe Obrigkeit zu warten. Selbst Stein war gelegentlich geneigt, der Reformation die Schuld beizumessen, daß die Erhebung in Preußen nicht so ging wie 1808 in Spanien, 1809 in Tirol und 1812 in Rußland. Kaum erst hatte die Bevölkerung von der neuen bürgerlichen Selbstverwaltung gehört, und schon sollte sie in der wichtigsten Angelegenheit mit eigener Initiative eingreifen; sie war zu gutmütig und zu wohlerzogen, als daß sie die Schranken der Gesittung hätte überschreiten und die letzten Mittel des Volkskrieges hätte anwenden können. Den Besitzenden und Gebildeten aber graute es vor der drohenden Auflösung aller bürgerlichen Ordnung, die die Folge sein mußte. Auch der Adel, der grundsätzliche Gegner der Reform, erkannte, daß nichts mehr fest blieb in Staat und Gesellschaft, wenn man also das ganze Volk in regellose Aktion treten ließ; viele bürgerliche Reformfreunde waren in nicht geringer Sorge. Sie sahen die wesentlichsten Grundrechte der neuen Zeit, die Sicherheit der Person und des Eigentums gefährdet, sie verabscheuten die harte Sprache des Edikts, das alle Bürger in den Landsturm zwang und ihnen schwerste Strafe androhte, wenn sie es an Tapferkeit fehlen ließen; sie befürchteten, daß bei der Aufhebung aller bürgerlichen Behörden eine Nebenregierung entstehen werde, und in der Tat hatten die „Schutzdeputationen" bereits begonnen, ihre Herrschaft auszuüben und in alle Angelegenheiten der Verwaltung einzugreifen. Demgegenüber meinte das Bürgertum, daß der Staat gerade im Kriegsfalle noch anderer Berufe als der Soldaten bedürfe und daß daher viele Bürgerliche „unabkömmlich" seien. Aus Hardenbergs Bureau ging das geflügelte Wort: „Welche Folgen möchten wohl eintreten, wenn auf einmal zweihundert Präsidenten, Räte, Assessoren verloren gingen?"

In der Tat gelang es, König Friedrich Wilhelm von der Gefährlichkeit des Landsturmes zu überzeugen. Wie revolutionär klangen doch die Worte, die Ernst Moritz Arndt im Jahre 1812 in seinem „Katechismus für teutsche Soldaten" gewagt hatte und die durch die ganze Mobilmachung des Volkes hindurchklangen. Arndt hatte — mit allen aufwühlenden Konsequenzen — die Parole der großen Französischen Revolution von neuem ausgegeben: „Das Vaterland ist in Gefahr!" Er hatte Landwehr und Landsturm als die wahre Form der Volksbewaffnung der französischen Konskription entgegengestellt und für künftige Friedenszeiten die Miliz gefordert — Gedanken, die aller soldatischen Tradition Preußens widersprachen. Und Arndt hatte geschrieben, „daß der brave Krieger dem König oder Fürsten, der ihm zu gebieten wagt, für die Franzosen und ihren Despoten den Degen zu ziehen und gegen die Freiheit und Ehre ihres Landes zu fechten, den Degen im Angesichte zerbreche, weil er nicht den Mut hat, gleich seinen Vätern stolz und frei zu herrschen oder freier und stolzer zu vergehen". Solches schwülstige und revolutionäre Pathos rüttelte freilich an der Grundlage des Königtums. Vergebens stellte Boyen seinem Könige vor, das Volk sei monarchistisch bis in die Knochen. Friedrich Wilhelm blieb mit Recht mißtrauisch und suchte Anlehnung an das ruhige Bürgertum und an das geordnete, überlieferte Heerwesen, das er nicht preisgeben konnte, ohne selbst die stärkste Stütze seiner Macht zu verlieren. Hatte doch auch Gneisenau die Möglichkeit ins Auge gefaßt, daß das Volk auch wider des Königs Willen kämpfen müsse. So war es begreiflich, daß der König das Heer fest in der Hand behalten wollte und den Klagen gegen den Landsturm gerne sein Ohr öffnete. Das Edikt wurde abgeändert, die Landsturmpflicht wurde beschränkt, der Landsturm war künftig der ordentlichen Polizei unterstellt, sein Aufgebot sollte nur durch den Militärgouverneur geschehen. So wurden die demokratischen Elemente des Gesetzes beseitigt, und da zudem im weiteren Verlaufe des Krieges keine größeren Strecken preußischen Gebietes vom Feinde berührt wurden, so sind die Voraussetzungen für eine Verwendung des Landsturmes nicht eingetreten. Aber wenngleich die wildeste Form des Volkskrieges dem deutschen Leben erspart geblieben ist, so war doch durch allgemeine Wehrpflicht und Landwehr — diese beiden tragenden Gedanken der Scharnhorstschen Reform — das preußische Heer zu einem Volksheer gewandelt, seine Führer aber waren vor die Aufgabe gestellt, die dem neuen Heerwesen entsprechende neue Taktik und Strategie gegen deren eigenen Schöpfer und unvergleichlichen Meister zu wenden.

Nochmals sehen wir an dieser Stelle zurück auf den Werdegang des neuen, auf der allgemeinen Wehrpflicht beruhenden Heeres. Wir haben früher ausgeführt, wie die Revolution in Frankreich und die Heeresreform Scharnhorsts in Preußen den neuen Geist der Selbsttätigkeit auf dem Sondergebiete der Kriegführung zur Geltung gebracht haben: statt mechanischer Regeln sollte auch hier die innere Kraft des Menschen in Tätigkeit treten. Und so sehr auch die Französische Revolution und das Kaisertum Napoleons auf vielen Gebieten des staatlichen Lebens in den Methoden und Anschauungen der Atomistik verblieben waren, so war doch der unmittelbare Zwang, sich gegen die äußeren und inneren Feinde zu wehren, so drängend, daß das neue Staatsideal am vollkommensten gerade in der Armee sich durchsetzte, die doch im alten Regime die Hochburg ständischen Wesens und der Tummelplatz mechanisierender Abrichtung gewesen war. Schon Carnot hatte es sich angelegen sein lassen, dem neuen Volksheere auch die entsprechende Taktik zu schaffen. Das alte Söldnerheer war gering an Zahl gewesen, nur schwer war jedesmal Ersatz zu beschaffen, es hatte vielfach aus Ausländern und Kriegsgefangenen bestanden, die nur durch eiserne Disziplin zusammengehalten werden konnten. Diesem Soldatenmaterial hatte die „Lineartaktik" entsprochen: man war lange Linien oder Gevierte gewohnt, ein jedes Karree war von Offizieren und Korporalen umgeben, so daß ein Ausreißen unmöglich war, nur langsam bewegte sich eine solche Aufstellung im Angriff vorwärts, ihre Wirkung bestand im andauernden, konzentrierten und kommandierten Salvenfeuer, was alles nur möglich war im freien Felde und nicht im durchschnittenen Gelände. Das neue Heer der Revolution dagegen rechnete mit ganz andern Zahlen, weil es auf der Aushebung beruhte und immer wieder in das unerschöpfliche Reservoir der Bevölkerung zurückgreifen konnte. Der Ersatz war leicht zu beschaffen, die Soldaten waren Inländer und mit dem Kriege durch moralische Bande und durch die Aussicht auf Beförderung verbunden. Die Möglichkeit der Fahnenflucht war jetzt, wo der Einzelne mit der Soldatenehre zugleich Vaterland und Existenz verlor, nicht mehr so rasch gegeben. Jetzt konnten daher die festen Truppenkörper, wenn es zum Gefechte kam, aufgelöst werden in einzelne getrennte Schwärme, was den Kampf auf unebenem oder waldigem Gelände sehr erleichterte. So kam die „Tirailleurtaktik" auf, das Ausschwärmen in Schützenlinien. Vom einzelnen Soldaten verlangte diese „zerstreute Fechtart" ein gewisses Maß von Selbstverantwortung und persönlicher Tapferkeit, der Mann mußte ein geübter Schütze und gewandter Fechter sein; Scheibenschießen und Übung im Bajonettkampfe wurden die Mittel, um die Kriegstüchtigkeit des Einzelnen auszubilden. Langsam entwickelte sich diese Gefechtsart aus der neuen Lage der Dinge. Die Revolutionsheere waren anfangs ungeordnete Scharen, tapfer, aber ohne Disziplin: so ergab sich die neue Kampfesweise von selbst. Und da diese Truppen raublustig waren und der schwer um seine Existenz ringende Jakobinerstaat überhaupt Mühe hatte, die Verpflegung der Truppen zu sichern, so änderte sich mit der Taktik des Gefechtes auch das System der Verpflegung. Die alte Kriegführung war völlig abhängig gewesen von der Intendantur, ein Heer hatte sich nie weiter als einige Tagesmärsche von seinem Magazin entfernen können und hatte dann warten müssen, bis ein neues Magazin angelegt worden war. Dieses System hatte von den Künsten der Verwaltung und Organisation, über die der alte Staat des Absolutismus verfügte, ein glänzendes Zeugnis gegeben. Die Heere der Revolution dagegen holten sich ihre Verpflegung, wo und wie sie ihrer habhaft werden konnten. So trat an die Stelle des Magazinsystems das Requisitionssystem. Der Feldherr konnte die Raubsucht seiner Soldaten ausnutzen und sicher sein, daß die Soldaten nach getaner Arbeit wieder zu ihren Verbänden zurückkehrten, die ihnen Heimat, Leben und Zukunft bedeuteten.

Mit der Zahl und Zusammensetzung der Truppen, mit Taktik und Art der Verpflegung änderte sich auch die Strategie. Im Zeitalter der mechanischen Weltauffassung war die Kriegskunst eine Wissenschaft gewesen, ganz ebenso wie die Staatskunst: man hatte „Regeln" entwickelt, der Feldherr wie der Staatsmann hatte es mit einer überblickbaren Welt zu tun, die von ihm nach allgemeinen Gesetzen rational geordnet und verwendet wurde. Die „methodische Kriegführung", wie sie von Turenne und Marlborough, von Prinz Eugen und König Friedrich geübt wurde, ging von der Tatsache aus, daß das Heer Besitztum des Souveräns war, mit dem er haushalten mußte, daß es also klein und schwer beweglich war und die Verluste nur langsam ersetzt werden konnten: das „Material", mit dem diese Feldherren arbeiteten, war eine stabile und tote Größe. Deshalb mußten sie sich stets die Frage vorlegen, ob der beabsichtigte Zweck die Schlacht rechtfertigte oder ob man nicht billiger ohne Schlacht zum Ziele gelange. Da man den Gegner doch nicht völlig vernichten konnte, sein Land und seine Hauptstadt auch nach dem glänzendsten Siege nur selten zu erobern vermochte, so war es klüger, durch geschickte Manöver seine Stellungen und seine Magazine zu bedrohen und ihn so zur Nachgiebigkeit zu zwingen, ihn „mattzusetzen". Für diese „Ermattungsstrategie" war also der Feldzug ein methodisch aufgebautes Schachspiel, die Gegner machten Zug nach Zug, man bezog Standlager, man belagerte Festungen, man erschöpfte sich in Märschen und Gegenmärschen, um die Verbindungslinien zu bedrohen, ohne eine entscheidende Schlacht zu suchen; die Generale gingen darauf aus, „natürliche feste Stellungen" ausfindig zu machen, also die geographisch wichtigsten Punkte zu besetzen; das „Terrain" nahm ihre ganze Aufmerksamkeit in Anspruch. Auch politische Rücksichten trugen wohl dazu bei, den „Kabinettskrieg" ganz ebenso wie den Staat des Absolutismus zum „Kunstwerk" zu machen, zu einem Unternehmen also, der seine berechnete und zweckvolle Form durch die menschliche Vernunft erhielt und in welchem die menschlichen Leidenschaften Rahmen und Dämme fanden. Denn das Ziel war in allen diesen Kriegen meist die Eroberung einer Provinz, mochte sie nun Elsaß, Pfalz oder Schlesien heißen; es handelte sich wohl auch um die Geltendmachung eines Erbrechtes; doch die Vernichtung des Gegners war schon im Interesse des europäischen Gleichgewichtes unerwünscht. Aus allen diesen Gründen sind die Kriege und Feldzüge des 17. und 18. Jahrhunderts gekennzeichnet durch die lange Dauer zwischen den einzelnen Schlachten und durch die engen Räume, auf denen sie sich abspielten. Monate hindurch lagen sich die Heere in Feldbefestigungen gegenüber, die Ingenieurkunst geschulter Artilleristen und Pioniere war von besonderer Wichtigkeit. Es ist ja das Zeitalter Vaubans, der Frankreich nicht nur die Festungen gebaut, sondern auch die erste wissenschaftliche und technische Ausbildung der Genieoffiziere eingerichtet hat. Doch ist es mit der wissenschaftlichen Kriegskunst nicht anders gewesen als mit den „Regeln" der Kunst oder der Politik. Nach exakten Gesetzen strebten in diesem mathematischen Zeitalter auch die Größten, aber sie waren mehr als nur geduldige Rechenmeister, sie haben in ihren genialsten Werken die Dämme der Methodik durchbrochen und den Menschen zur Geltung gebracht in seiner ursprünglichen Wildheit und

Schöpferkraft. Die Feldzüge der Franzosen am Oberrhein zeigen, daß Turenne durchaus nicht der Sklave des Terrains und des Trosses war, daß Schnelligkeit und Unternehmungsgeist für ihn wie schon für Cäsar und wie für jeden Feldherrn von Rang die Seele aller Strategie gewesen sind und daß ihm im übrigen die systematische Vernichtung des Gegners wichtiger war als ein einzelner blendender Sieg. Auch Friedrich der Große hat gelegentlich die Grenzen gesprengt, die ihm durch den Charakter des Heeres gezogen waren, und er ist dadurch allerdings in den ersten Jahren des Siebenjährigen Krieges bis hart an die Grenze der Selbstvernichtung geführt worden.

Es war freilich psychologisch begreiflich, daß die „Methodiker", wenn sie ängstlich waren, gar zu leicht an das Terrain sich klammerten, daß sie jeder Gefahr auswichen, überall Hindernisse sahen. Die Revolutionsgenerale dagegen waren unbelastet von aller Wissenschaft und ihren Hemmungen, mancher war vom Stallknecht oder vom kleinen Leutnant in raschem Aufstieg zum Oberbefehle gelangt; sie führten einfach Krieg, indem sie angriffen, den Durchbruch oder die Umgehung wagten, sie waren tapfer und siegten. Diese Feldherrn waren die echten Söhne des neuen, auf Elan und Masse gegründeten Heeres, so haben sie die freien und großen Bewegungen ersonnen und innerhalb dieser reißenden Massenbewegungen die freie und lebendige Stellung der Bataillone und sogar der einzelnen Leute. So haben sie beides geschaffen, die Wirkung der Masse und die der Initiative. Jetzt also wurde offenkundig, daß die Menschen und nicht das Terrain die Schlacht gewinnen. Und doch war nicht alles an der alten Strategie wertlos geworden. Mancher von den Führern der revolutionären Scharen war selbst aus dem alten Offizierstande hervorgegangen. Carnot, der große Mathematiker, der das neue Heer schuf, war Instrukteur gewesen, er wußte nicht nur die Massen zu organisieren und zu befeuern im Glauben an die revolutionäre Idee, sondern er verstand auch bereits, sie zu verteilen im Raume und mit ihnen auf den entscheidenden Punkt zu operieren. Er hat die geistige Tradition des alten Heeres weitergeführt und gesteigert, als er im Jahre 1794 den Konvent veranlaßte, die „Ecole Polytechnique" zu begründen, um geschulte Artillerie- und Pionieroffiziere heranzuziehen. Und andere Revolutionsgenerale — Desaix oder Hoche — standen hinter ihm nicht zurück, als es galt, die Macht des Geistes und die Macht der Seele zu vereinigen im neuen Heere. Napoleon aber ist der größte oder vielleicht auch nur der erfolgreichste Heerführer in dieser Reihe. An Rückschlägen hatte es ja in den ersten Jahren der Revolutionskriege niemals gefehlt, weil eben die jungen Führer nur langsam und unsicher nach der neuen Taktik und Strategie suchen konnten; sie hatten viele ihrer Erfolge doch nur der Überraschung verdankt, da sie mit ihren revolutionären Scharen auf die Heere der alten Zeit gestoßen waren, die einer ganz andern Sozialordnung angehörten. Es wurde die weltgeschichtliche Leistung des Feldherrn Napoleon Bonaparte, daß er aus der neuen Sachlage, die dem Strategen ein Volksheer zur Verfügung stellte, die entsprechenden Folgerungen endgültig gezogen und die „methodische Kriegführung" der alten Zeit durch eine neue Kriegskunst ersetzt hat, die dem Wesen des neuen Heeres entsprach. Aber wie auf dem Wege von der Revolution zum Kaisertum, so ging auch bei der Entwicklung vom republikanischen zum napoleonischen Heere manches verloren, was Inhalt und Ausdruck der neuen, von der Revolution geschaffenen Ordnung war. Es blieb das Massenaufgebot als Grundlage des neuen Heeres. Aber wenn die Revolution sich ihr Volksheer als eine Nationalmiliz gedacht hatte und nur durch die andauernde Kriegszeit dazu geführt worden war, den aktiven Dienst immer wieder auszudehnen, so wurden durch Napoleon Konskription und Kasernierung Gesetz; das Volksheer wurde zu einem stehenden Heere, wobei noch die allgemeine Dienstpflicht durchbrochen wurde durch das Prinzip der Stellvertretung. Hiermit war die Idee aufgegeben, die hinter dem Heere der Revolution gestanden hatte; an die Stelle der Freiheit und Gleicheit trat der Ruhm als treibendes Motiv. Es kennzeichnet die geschichtliche Doppelstellung Napoleons, daß derselbe Mann, der die alte Monarchenkunst und ihre mechanische Leitung der Menschen bis zum äußersten auszubilden und zu handhaben verstand, doch zugleich sehr wohl wußte, wie ein Element der Gesinnung dem Heere notwendig war. Die neue Zeit konnte hierauf nicht mehr verzichten; sie war und blieb sich bewußt, daß jenseits aller Regeln der lebendige Mensch ist und daß seine Kräfte im höchsten Sinne entscheidend sind. Und darum wäre auch die neue Strategie nie geworden ohne einen geborenen Feldherrn, in welchem die Klarheit und Folgerichtigkeit des strategischen Denkens von Anbeginn seiner Laufbahn an vollendet ausgebildet war, also daß er jede Sachlage schnell und sicher beurteilen konnte, mit raschem Blicke den entscheidenden Punkt erkannte, dann die geistige Kraft besaß, alle Nebenumstände zu verachten oder nicht zu viele Dinge auf einmal zu sehen und unabänderlich das Ziel im Auge zu behalten. Aber gleichzeitig war Napoleon geschmeidig genug, die Wege zum Ziele jederzeit den

Umständen anzupassen. Die Rastlosigkeit seines Wesens kam hinzu — jene Art des großen Feldherrn, dem das Glück des ersten Erfolges nur die Ansprüche steigert, also daß er die Ziele höher steckt, jener Drang die Schlachtentscheidung zu suchen, obwohl doch alles von ihr abhängt, und nicht zuletzt auch jene Entschlußkraft, die Nutzen zu ziehen weiß von allen Gelegenheiten und das Glück sofort zu fassen versteht, wenn es sich bietet, weil sonst der Augenblick unwiederbringlich verloren ist. Und — eine in der neueren Kriegsgeschichte seltene Vereinigung der Fähigkeiten! — dieser geborene Stratege war auch zugleich ein Truppenführer von unerreichter Sicherheit des Auftretens, von einer Umsicht und einer Kunst der Menschenbehandlung, die in Erstaunen setzt. Es war ein in aller Geschichte nie gesehener Vorgang, wie der achtundzwanzigjährige, unerprobte Offizier im Jahre 1796 in Nizza das Kommando übernahm über eine verwahrloste Truppe und ihre mißgünstigen Führer, die ihm an Jahren, Erfahrung und Verdienste überlegen waren — wie er da unter sie trat, sie gewann und sie in raschem Zug von Sieg zu Sieg durch Oberitalien führte; wie er auch die heimische Regierung zu behandeln wußte und mutig genug war, ein Kommando mit Beschränkungen, das man ihm nach den ersten Siegen zumutete, abzulehnen, weil ein schlechter General besser sei als zwei gute. Am vollendetsten bewährte sich die Kunst des Truppenführers wohl in Ägypten, wo die Soldatenrevolte manchmal unmittelbar bevorzustehen schien, als die Rückfahrt abgeschnitten war, als die Märsche durch die Wüste, unter glühender Sonne, bei Hunger und Durst endlos wurden, als verbrecherisches Gesindel das Heer im Rücken bedrohte und gar der Sturm auf Akkon mißlungen war. Aber gerade die Umstände, die das Kommando einer gewöhnlichen Natur vernichtet hätten, gaben seinem Genie die unbedingte Herrschaft über alles.

Diese persönlichen Eigenschaften Napoleons waren notwendig, damit die neue Strategie entstehen konnte. Es gehörte zum Wesen der neuen Zeit, daß sie alle Kunst auf die Kraft und die Hingabe lebendiger Menschen baute. Erst durch Napoleon wurde die neue Taktik vollendet, die auf der individuellen Ausbildung des Einzelnen und seinem Zusammenwirken in der Masse beruhte. Napoleon hat auch die taktische Gliederung des Heeres durchgeführt. Die niederste Einheit war von nun an das Bataillon; eine Zerteilung in kleinere Verbände kam wegen der geringen Feuerwirkung der damaligen Zeit noch nicht in Betracht. Die Regimenter wurden zu Brigaden und Divisionen zusammengesetzt: eine jede dieser höheren Einheiten besaß im richtigen Verhältnis alle Truppengattungen, so daß jede für sich dem Feinde entgegentreten konnte. Wenn die neue Gesellschaft auf der Masse beruhte, so war die Zusammenfassung und Gliederung oberstes Gebot. Napoleon aber zeigte sich als der Meister für diese moderne Aufgabe: niemand hat besser als er die Kunst der Massenorganisation verstanden, die doch zugleich den Einzelnen nicht wie in der alten Zeit einfach zur toten Zahl machen wollte, sondern seine lebendige Kraft zu verwenden verstand. Und diesen Massenheeren stellte Napoleon das neue strategische Ziel, das nun nicht mehr in einem mechanischen „Mattsetzen" des Gegners, sondern immer in seiner Vernichtung bestehen sollte. Da der neue Feldherr mit Massen arbeitete, die stets durch die Konskription immer wieder leicht ersetzt werden konnten, galt für ihn nicht mehr die Frage, ob der Sieg lohne. Napoleon schlug die Schlacht, sobald die Gelegenheit da war; ihm war der Sieg immer geboten und nützlich. Die Grundsätze der neuen Strategie hat Napoleon niedergelegt in seinen Taten wie in seinen Schriften. Die Feldzüge des Kaiserreiches wurden die Schule, in der Frankreichs Nachbarn den Krieg erlernt haben; die Lehren dieser Kriege haben Königgrätz und Sedan vorbereitet, aus diesen Lehren haben Jomini in Frankreich und Clausewitz in Preußen ein System gemacht und allen Feldherrn des 19. Jahrhunderts zum Studium dargeboten. Sie sind dabei ungerecht geworden gegenüber den Leistungen der vornapoleonischen Feldherrn, mochten diese nun Turenne heißen oder Carnot: sie waren geblendet durch das Außerordentliche, an das Napoleon die Welt gewöhnt hatte. Auch haben sie aus der kriegerischen Tat eine gelehrte Doktrin gemacht. Aber selbst Jomini, der die Lehre ganz abstrakt und leblos faßte, hat doch den Unterschied zwischen der napoleonischen und der methodischen Kriegführung nicht zuerst in den Einzelheiten der Spielregeln, sondern im Leben und im Geiste gesehen, wenn er schrieb: „Der Krieg, weit entfernt eine exakte Wissenschaft zu sein, ist ein schreckliches und leidenschaftliches Drama." Doch daß die Strategie eine Kunst sei, die sich auf Regeln gründe, war allerdings auch Napoleons Überzeugung, wenngleich niemand besser wußte als er, daß nur hohe Begabung die Anwendung der Regeln und den Erfolg verbürgen kann und der Irrtum mit seinen unübersehbaren Folgen auch dem Genie nicht erspart bleibt. Die napoleonische Strategie geht also aus vom Werte der Zahl, der Masse; im Kriege gilt immer derselbe — wie Napoleon sagt — einfache Grundsatz, auf den entscheidenden Punkt die größtmögliche Masse von Kräften zu führen, um dem Gegner an dieser Stelle überlegen zu sein und ihn zu zertrümmern: es ist immer die größere Zahl, welche die kleinere schlägt. Wenn ein Feldherr an Truppenzahl dem Gegner unterlegen ist, dann ist es nötig, daß er seine Kräfte mit Schnelligkeit zu gruppieren und die Teile einzeln zu schlagen versteht: so kann man aus der kleineren Zahl die größere machen. Die Kriegskunst besteht also darin, mit einer geringeren Armee immer mehr Kräfte als der Feind auf dem Punkte zu haben, den man angreift, oder auf dem Punkte, der angegriffen wird. Die napoleonische Strategie fordert dabei die unbedingte Offensive, weil der Angreifer es leichter hat, dem Gegner das Gesetz des Handelns zu diktieren und weil derjenige, welcher hinter seinen Verschanzungen bleibt, zurückgeschlagen wird: „Die Erfahrung und die Theorie sind in diesem Punkte einig", hat Napoleon selbst gesagt. Aber auch wenn er wie im Herbstfeldzuge des Jahres 1813 in der Verteidigung zu fechten gezwungen war, hat er die Initiative an sich gerissen. Die napoleonische Strategie löste das Heer vom Terrain und vom Trosse, sie verbot, daß der Feldherr sich leiten lasse von Verpflegungs- oder andern Nebenrücksichten, ihr einziges Ziel wurde die Schlacht, ihr Operationsobjekt fand sie in der feindlichen Armee und in dem von ihr dargebotenen, entscheidenden Punkte. Dieser entscheidende Punkt ist also für Napoleon keine geographisch feste Stelle mehr, sondern der Weg, der in die Verbindungslinien des Feindes führt. Die Operation auf ihn kann in der Ausnützung der „inneren Linie" bestehen, indem der Feldherr sich zwischen die getrennten Heeresteile schiebt und sie getrennt schlägt. Wo dies nicht mehr möglich ist, kann die Entscheidung entweder auf der Flanke gesucht werden oder an einer schwachen Stelle im Zentrum. Napoleon hat sowohl Umfassungsschlachten wie Durchbruchsschlachten geschlagen. Mit einem Durchbruch eröffnete er seine Laufbahn, als er 1796 den Angriff auf die „Naht" des österreichisch-piemontesischen Heeres richtete und die Piemontesen umfassend zerdrückte, und mit dem Scheitern eines Durchbruchversuches ging auf dem Felde von Waterloo seine Laufbahn zu Ende. Die Umgehung eines der feindlichen Flügel hat er 1800 bei Marengo mit dem Stoß in den rechten Flügel der Österreicher versucht, und dann hat er die Strategie der Umgehung zu vollendeter Meisterschaft ausgebildet 1805 bei Ulm und 1806 bei Jena, indem er hier den linken Flügel der Preußen, dort den rechten Flügel der Österreicher zertrümmerte. Immer aber, ob nun Durchbruch oder Überflügelung, war die Operation von ihm so angelegt, daß er die Verbindungslinien des Feindes nach rückwärts und seitwärts zerriß und die Vereinigung der Kräfte möglichst hinderte, während er selbst die Masse seiner ganzen Armee vereinigt auf einer Operationslinie hatte. Die Zerstreuung der Macht gegen mehrere Objekte war nach ihm ein ebenso schlimmer Fehler des Feldherrn wie die Heranführung des Angriffes auf mehrere Linien. Deshalb hat er in einer berühmten Kritik die konzentrische Operationsform, diese „Verzettelung der Kräfte" getadelt, die Friedrich der Große 1757 sich erlaubte, als er auf vier getrennten Linien nach Böhmen einmarschierte. Deshalb war sein Grundsatz, daß die Vereinigung der Kolonnen niemals erst auf dem Schlachtfelde geschehen dürfe, sondern daß die einzelnen Heeressäulen beim getrennten Marschieren immer in Fühlung bleiben und jederzeit auf eine Linie zusammenziehbar sein sollten, weil die Bewegungen des Gegners eine unaufhörliche Änderung der Richtung notwendig machen — wie ein „Zielen auf laufendes Wild".

Die napoleonische Offensive ist „Vernichtungsstrategie". Immer wieder betont es der Kaiser, daß der Zweck des Feldherrn nicht der Sieg sein dürfe, sondern seine Folgen, daß man daher eine Schlacht nicht liefern solle, nur um sie zu gewinnen, also den Feind aus seinen Stellungen zu werfen, sondern durchaus um die Vernichtung des Feindes zu vollenden. Napoleon war ein Meister der Verfolgung, er hat die Hemmungen, die sich bei Truppe und Führer nach siegreicher Schlacht gegen eine Weiterführung des Kampfes in die Nacht hinein einzustellen pflegen, zu überwinden verstanden; seine Energie wurde durch seine Taten nicht erschöpft, sondern gestählt. Die Österreicher haben dies nach Marengo, die Preußen nach Jena erfahren! Diesem strategischen Zweck entsprachen auch die taktischen Grundsätze. Er pflegte alles an Truppen, was irgend möglich war, bis auf den letzten Mann heranzuziehen, so daß manchmal ein einziges Bataillon den Tag entschied; er konzentrierte die Massen auf die entscheidende Stelle, alle Nebenrücksichten verachtend und nur die Basis unter allen Umständen sichernd. So gab er zu Austerlitz seinen rechten Flügel der Übermacht preis, um an anderer Stelle mit voller Wucht auftreten zu können und dann den linken Flügel des Feindes zu vernichten. Alle Schwenkungen und Züge vollzog er mit persönlichem Nachdruck und mit unerhörter Schnelligkeit, „activité" und „vitesse" waren ihm die Geheimnisse des Sieges. Er hat selber gesagt: „Die Kraft einer Armee wird wie die Bewegungsmenge der Mechanik ausgedrückt durch die Masse, multipliziert mit der Geschwindigkeit." Er wollte in erster Linie durch die Beine seiner Soldaten siegen, dann erst durch ihre Bajonette;

nach dem Tage von Ulm rühmte er sich voll Stolz, er habe die österreichische Armee „durch bloße Märsche" zerstört. Das Wichtigste aber war ihm, eine leistungsfähige Reserve zurückzuhalten, um sie im richtigen Augenblick an der richtigen Stelle einzusetzen. In der Verwendung der Reserve war er ein vollendeter Meister, am großartigsten hat er so bei Austerlitz den Tag entschieden. Es versteht sich dabei von selbst, daß auch für die neue Kriegführung Artillerie- und Geniewesen von hoher Bedeutung waren. Napoleon war ja selbst aus der Artillerie, der bevorzugten Waffengattung der Methodiker hervorgegangen, er wußte wie Carnot, daß die Leistungsfähigkeit der Artillerie- und Pionieroffiziere wesentlich auf der mathematisch-wissenschaftlichen Vorbildung beruhe. Die „Ecole Polytechnique" erlebte unter dem Kaisertum ihre heroische Periode. Nicht mehr der Verteidigung, sondern dem Offensivkrieg diente das Geniekorps; die Märsche Napoleons sind ohne die Polytechniker nicht denkbar — angefangen von der grandiosen Überschreitung des St. Bernhard bis zu dem Brückenbau an der Beresina. Und schließlich ergibt sich aus allen diesen Voraussetzungen noch die Weiträumigkeit der napoleonischen Kriege und ihre kurze Dauer. Rasch durchzogen Napoleons Heere die einzelnen Länder, man kämpfte auch im Winter, mit zwei oder drei Schlachten ist der Friede erzwungen, der nach Besetzung weiter Provinzen in der Hauptstadt des Feindes diktiert wird.

Es sind wenige große Grundsätze, die Napoleon geboten hat und aus denen seine ganze strategische Lehre besteht; zu ihrer erfolgreichen und sieghaften Verwendung waren die persönlichen Eigenschaften dieses Mannes notwendig. Es ist aber Tatsache, daß Entschlossenheit und Tatkraft, die Konzentration auf das Wesentliche, in den späteren Jahren nachließen, daß er schon im Feldzuge von 1809 bequemer geworden war und daß dies noch sehr viel mehr von seinen Marschällen gilt, die er zudem niemals zur Mitwirkung an strategischen Entwürfen erzogen hatte. Er hat schon 1809 bei Regensburg die Verfolgung unterlassen, bei Borodino kämpfte er rein frontal und gewann weder die Flanke oder den Rücken des Feindes, noch setzte er die Reserven ein. Und dieses offenkundige Erlahmen seiner Spannkraft überkam ihn in einer Zeit, da die preußischen Generale als seine gelehrigsten Schüler mit der neuen Heeresverfassung auch die neue Taktik und Strategie übernahmen und gegen ihn wendeten. Alle Versuche in dieser Hinsicht waren bis dahin an der geistigen Überlegenheit Napoleons gescheitert. Bei Aspern war Napoleon nur deswegen vom Übergang über die Donau abgehalten worden, weil er — übermütig und den Feind gering achtend — es an den nötigen Vorbereitungen hatte fehlen lassen; bei Wagram aber hatte Erzherzog Karl eine ganz napoleonische Schlacht angelegt, doch sie war ihm durch Napoleons geniale Umsicht, durch die Mängel der Organisation und der Disziplin auf österreichischer Seite völlig verdorben worden. In Preußen dagegen war die Reorganisation der neuen Kriegsweise sorgfältig und in jahrelanger Arbeit erfolgt. Scharnhorst hatte, wie wir sahen, in dem Exerzierreglement von 1812 die neue Gefechtsweise bei den Bataillonen als den damaligen untersten taktischen Körpern eingeführt, wenngleich er freilich dann erst Offizier und Mann zu jener Selbständigkeit erziehen mußte, die vom Kampfe in Schützenlinien gefordert war.

Am tiefsten aber hatte Neidhardt von Gneisenau den Geist der neuen Strategie ergriffen: er ist der einzige ebenbürtige Gegner, den Napoleon in seiner Feldherrnlaufbahn gefunden hat! Ein Soldatenkind, war er im Trosse der Reichsarmee während des Siebenjährigen Krieges zur Welt gekommen und in seinen ersten Lebenstagen nur durch einen glücklichen Zufall aus der Schlacht von Torgau gerettet worden. In den dürftigsten Verhältnissen hatte er seine Jugend verbracht, bis sich wohlhabende Großeltern des Knaben annahmen und ihn in ihrem Hause zu Würzburg im katholischen Glauben erziehen ließen. Dann war er Soldat geworden, zuerst in österreichischen, dann in ansbachischen Diensten; er hatte zu den Truppen gehört, die der Markgraf im schändlichen Soldatenhandel den Engländern verkaufte. Obgleich der Unabhängigkeitskrieg der nordamerikanischen Kolonisten schon vorüber war, als der junge Gneisenau drüben landete, so hatte er doch Gelegenheit genug, das Volksheer kennen zu lernen, das gegen die erprobten Truppen alter Schule sich behauptet hatte. Dann hatte Gneisenau in preußischen Diensten, in Schlesien, Jahrzehnte lang das lähmende Leben der kleinen Garnisonen durchgemacht, er war ein alter Hauptmann geworden von sechsundvierzig Jahren, ohne Aussicht auf Beförderung, als der Krieg von 1806 ihn plötzlich zu weltgeschichtlicher Leistung berief. Der König entsandte ihn als Gouverneur in das belagerte Kolberg, das er gemeinsam mit Joachim Nettelbeck, dem Führer der bewaffneten Bürgerschaft, bis zum Waffenstillstande hielt; so hat er als erster den Bund von Bürgertum und Militär vorgelebt, den die Reformen Steins und Scharnhorsts sich zum Ziele setzten. Ein Mann der Tat und der praktischen Arbeit, war er am wenigsten schulmäßig von allen Reformern, seine Kaltblütigkeit in schlimmster persönlicher Gefahr erregte schon in Kolberg die höchste Bewunderung, auch dem König trat er bei aller Ehrerbietung entschieden und selbstbewußt gegenüber, sobald er als Mitglied der Militärkommission die Reform des Heeres und die Vorbereitung des Befreiungskampfes betreiben konnte. Den Tyrannen mit seinen eigenen Waffen zu schlagen, war Gneisenaus Ziel durch all diese Jahre: ihm strebte er zu mit der ganzen Leidenschaft seiner edlen Seele, in unermüdlicher Zuversicht. Die Natur hatte ihm fürstliche Gaben, den geistigen und sittlichen Adel und den äußeren Glanz der Erscheinung in verschwenderischer Fülle verliehen. Mit Ablauf des Waffenstillstandes, der Scharnhorst nicht mehr unter den Lebenden fand, wurde an dessen Stelle Gneisenau nun endgültig zum Stabschef oder „Generalquartiermeister" Blüchers, des Befehlshabers der preußischen Truppen, ernannt. Er trat jetzt in die weltgeschichtliche Aufgabe ein, die ihn festhielt, bis das Ziel seines Lebens, die Entthronung Napoleons und die Befreiung Deutschlands, erreicht war.

Im Trachenberger Kriegsplane — so genannt nach dem Orte, wo die letzte Beratung zwischen den russischen und österreichischen Heerführern mit Bernadotte stattfand — einigten sich die Verbündeten auf einen einheitlichen strategischen Gedanken. Drei Heere waren gebildet. Die Hauptarmee unter Schwarzenberg und seinem Stabschef Radetzky nahm Aufstellung in Böhmen, sie war bei weitem die stärkste und bestand aus österreichischen, russischen und preußischen Truppen, bei ihr befanden sich die drei verbündeten Monarchen. Die Armee Blüchers stand in Schlesien, die Armee Bernadottes, aus schwedischen und preußischen Truppen zusammengesetzt, deckte Berlin. Die Verbündeten standen also in weitem Halbkreis um Napoleon herum, dessen Truppen im Gefolge der Schlacht von Bautzen bis zur Oder vorgeschoben waren. Der Kriegsplan der Verbündeten sah vor, daß jedes der drei Heere für sich operieren solle. Sobald eines der Heere auf die feindliche Hauptmacht stieß, sollte es dem Kampfe ausweichen, während die beiden andern Heere alsdann vorgehen sollten, um Flanken und Rücken der napoleonischen Streitmacht zu bedrohen. Dieses stete Vorrücken und Zurückweichen werde, so rechnete man, die Macht des Gegners ermüden, einzelne glückliche Schläge sie bedeutend vermindern. War dies erreicht, so konnte man den Kreis enger um ihn schließen, um zuletzt, wie der russische General Toll, der militärische Berater des Zaren, es ausdrückte, im feindlichen Lager sich ein „allgemeines Rendez-vous" zu geben. Der Kriegsplan verriet, daß die napoleonische Strategie in Europa Schule gemacht hatte, daß aber die Heerführer der Verbündeten nicht sklavische Nachahmer waren, sondern die neue Kriegskunst in geistvoller Weise der gegebenen Lage anzupassen verstanden. Schon den Frühjahrsfeldzug hatte man durch eine sinnvolle Kombination der napoleonischen Offensive mit rechtzeitigem Rückzug zu führen gewußt und war so der Gefahr einer Niederlage entgangen, die angesichts der Unvollständigkeit der Rüstungen gedroht hatte. Nun waren die Streitkräfte auf beiden Seiten ungefähr gleich, und obwohl Napoleon die Landwehr nicht als ebenbürtige Soldaten einschätzte, so sollte sich dennoch zeigen, daß sie sich glänzend schlug; zudem mehrte bei den Verbündeten jeder Tag den Zuwachs an Ersatz, den Napoleon seinerseits nicht mehr schaffen konnte. So entsprach eine anfängliche Defensive und ihr zeitiger Übergang zum Angriff durchaus der Lage der Dinge. Die Verbündeten gingen dabei von der Annahme aus, daß Napoleon seiner Art entsprechend die sofortige Entscheidung suchen werde, indem er den stärksten Gegner angriff, um womöglich über Böhmen gegen Wien vorzustoßen. Dies war nun allerdings nicht richtig. Napoleon sah, daß er auf solche Weise seine Stellung in Norddeutschland und die Festungen an Weichsel und Oder, die noch in seiner Hand waren, hätte preisgeben müssen. Er beschloß daher — zum ersten Male in seiner Feldherrnlaufbahn! — seine Streitkräfte nicht offensiv gegen die feindliche Hauptmacht in Böhmen und Schlesien vorgehen zu lassen, sie vielmehr in Dresden zu konzentrieren, gleichzeitig aber einen Schlag gegen Berlin zu führen. Er konnte so die preußischen Hilfsquellen vernichten, sich mit seinen Festungstruppen im Norden vereinigen und dann in mächtiger Schwenkung nach Süden gegen die Preußen und Russen vorgehen.

Aber der Schlag gegen Berlin mißlang. Da Blücher und Schwarzenberg vorrückten, konnte Napoleon dem Marschall Oudinot nicht genügend Truppen geben, so daß dieser von den zum Verbande Bernadottes gehörenden Preußen unter Bülow bei Großbeeren am 23. August angegriffen und zurückgeschlagen wurde: im erbitterten Bajonettkampf bestand die preußische Landwehr ihre erste Probe. Berlin war gerettet, aber Oudinot konnte sich zurückziehen. Bülow hatte eigenmächtig gegen den Oberbefehlshaber gehandelt; es steht dahin, ob Bernadotte das französische Heer vernichtet hätte, wenn Bülow ihm nicht durch seinen voreiligen Angriff, der dem Mißtrauen gegen den ehemaligen französischen Marschall entsprang, seinen Plan zerstört hätte. Marschall Davoust, der von Hamburg aus den Stoß auf die preußische Hauptstadt hatte unterstützen sollen, mußte nun in Mecklenburg bleiben, wo es nur zu kleinen Gefechten kam; in einem solchen, bei Gadebusch, fiel Theodor Körner am 26. August.

Am gleichen Tage kam es in Schlesien zu einer ersten Entscheidung. Blücher war mit Leichtigkeit den planmäßig in Richtung Dresden zurückweichenden Franzosen gefolgt, während Napoleon den Augenblick erspähte, der ihm erlaubte, sich überraschend auf ihn zu stürzen. Dem alten, feurigen Reiterführer fiel es schwer, auf die Schlacht zu verzichten, die auch Napoleon dringend wünschte; aber Gneisenau setzte es durch, daß der Kriegsplan eingehalten wurde. Nun begann jenes Vor- und Zurückziehen einer großen Armee, das in der Kriegsgeschichte einzig dasteht, dessen Durchführung an die Erfindungsgabe und das taktische Geschick der Führer wie an die Moral der Truppen die höchsten Anforderungen stellte. Jedesmal wenn Napoleon angreifen wollte, zog sich Blüchers Armee zurück; aber immer mußte sie dabei fechtend in Fühlung mit dem Feinde bleiben — „mit der Elastizität einer Vorpostenkette" jeder Änderung der Situation folgen, um sofort wieder vorzugehen, sobald der Kaiser mit seinen besten Truppen sich gegen die vormarschierende Hauptarmee wendete und also die Gelegenheit gegeben war, einen Schlag zu führen. Und diese ruhelosen Vor- und Rückmärsche bei Tag und bei Nacht mußten die Truppen vollziehen, ohne den Zweck dieser Operationen einzusehen; die Schlesische Armee war in der Tat völlig vom Feinde abhängig geworden. Es kam zu einem schweren Zusammenstoß zwischen Gneisenau und dem General Yorck, der nun auch in der Strategie wie früher in der Organisation des Heeres bewährte Grundsätze beiseite geschoben fand und als alter Truppenführer und Korpskommandeur für seine Soldaten zu sorgen gewohnt war, die er nun von einem jungen „Theoretiker" durch „Märsche ohne Zweck" ruiniert sah. Endlich kam nach zehn Tagen die Gelegenheit. Marschall Macdonald, der das Zurückweichen Blüchers unter Gefechten und Verlusten für ein Ergebnis der Schwäche nahm, überschritt am 26. August die Katzbach — in der Meinung, sich auf der Verfolgung zu befinden. Er wurde aber bei dem Versuche, die Höhen am andern Ufer zu erklimmen, von Blücher mit seinen Preußen und Russen angefallen. Besonders das Korps Yorcks zeichnete sich aus. Es stürzte sich überraschend auf den Feind. Da im strömenden Regen die Gewehre versagten, warfen die Truppen mit dem blanken Bajonett den Feind von den Höhen zu beiden Seiten der wütenden

Neiße in diesen Fluß und in die Katzbach hinunter. Auf dem aufgeweichten Boden bei andauerndem Regen verbrachten die müden, hungrigen Truppen die Nacht. Die Ausnützung des Sieges war daher lässig; auch die Verfolgung wollte erst gelernt sein. Während Yorck die müden Truppen und die Bevölkerung schonen wollte, drängte Gneisenau zum rücksichtslosen Einsatz: „Wo eine Brücke fehlt, muß sie augenblicklich gebaut werden, und sollte man in einem so wichtigen Augenblick Häuser dazu niederreißen, um Bauholz zu erhalten."

Inzwischen hatte sich die Hauptarmee Dresden genähert. Ihr Anmarsch hatte Napoleon veranlaßt, in Eilmärschen heranzukommen, so daß die Erfolge im Norden und in Schlesien möglich geworden waren. In der Schlacht um Dresden, am 26. und 27. August, wagte Schwarzenberg einen Angriff, der nach seinem Tagesbefehl nur „demonstrativen" Charakter hatte. Es wurde erbittert gefochten; hier fiel Moreau, den der Haß gegen Napoleon aus Amerika, wo er in der Verbannung lebte, in das Lager des russischen Kaisers geführt hatte. Am zweiten Tage versuchte Napoleon die Umfassung; aber der Rückzug der Verbündeten war trotz ihrer unverhältnismäßig großen Verluste an Toten und Gefangenen doch noch ein freiwilliger und entsprach dem Kriegsplane. Der Rückmarsch über das Gebirge wurde überaus schwierig; auf ungangbaren Straßen, unter strömendem Regen und mit einem unübersehbaren Trosse mußte sich das Heer hindurchwinden. Zwar wurde das Korps Vandamme, das Napoleon vereinzelt über das Erzgebirge geschickt hatte, am 30. August aufgerieben, als es bei Kulm von den Russen und bei Nollendorf überraschend von den über den Kamm des Erzgebirges marschierenden Preußen angegriffen wurde und so zwischen zwei Feuer geriet. Aber die Sorge, daß Napoleon mit seiner ganzen Macht nach Böhmen nachdringen werde, blieb doch im Hauptquartier so groß, daß Blücher den Befehl erhielt, nach Böhmen heranzukommen. Gneisenau protestierte, und die Angelegenheit erübrigte sich, weil Napoleon von der Verfolgung abstand. Die Nachrichten von Großbeeren und von der Katzbach hatten ihn nachdenklich gestimmt. Sie zogen ihn — es war eine entscheidende Wendung! — von der Hauptarmee in dem Augenblick ab, wo er Aussicht hatte, ihr einen vernichtenden Schlag zu versetzen. Nochmals nahm er seinen alten Plan gegen Berlin auf. Doch wieder konnte er sich, von Blücher bedroht, nicht selbst an die Spitze stellen, mußte vielmehr gegen ihn wie gegen Schwarzenberg abwechselnd operieren; beide wichen ihm jedesmal aus. Immer von neuem wiederholte sich das alte Spiel, und inzwischen wurde im Norden Marschall Ney am 6. September von Bülow bei Dennewitz geschlagen. Abermals kam dabei der preußische General seinem Oberfeldherrn zuvor; er ließ die Franzosen in der Nacht an sich vorüberziehen und warf sich dann ihnen überraschend in Flanke und Rücken. Neun Stunden kämpften die Preußen gegen den übermächtigen Feind und zersprengten ihn dieses Mal völlig.

Die Operationen waren nun also auf einen toten Punkt angekommen und stockten. Innerhalb zweier Wochen, vom 23. August bis zum 6. September, hatte Napoleon den ganzen Feldzug verloren, mit seiner Offensive nach Norden war er zweimal gescheitert, und die Abwehr gegen die beiden andern Heere hatte ihn nur zu aufreibenden und verlustreichen Hin- und Hermärschen gezwungen. Er hatte darüber mehr als ein Drittel seiner ganzen Mannschaft eingebüßt, die Moral der Truppen war bereits erschüttert, sie litten Mangel in dem engen Raume, auf dem sich die Operationen immer wieder vollzogen, zahlreiche Deserteure trieben sich im Lande umher oder strebten der Heimat zu. Es hatte sich gezeigt, daß seine Truppen zu schwach waren, um seine strategischen Gedanken durchzuführen; die Landwehr war doch tüchtiger, als er gemeint hatte. Und dabei kamen die Verbündeten immer entschiedener in die Überzahl. Es blieb dem Kaiser kein anderer Weg, als seine Truppen eng um Dresden zu konzentrieren, von hier aus bald gegen Schlesien, bald gegen das Erzgebirge zu stoßen, in der Hoffnung, daß die eine oder die andere Armee dem langweiligen Spiele ein Ende machen werde und sich wagemutig ihm zur Schlacht stelle. Nur eine Schlacht bot ihm Aussicht, er suchte sie mit heißem Bemühen. Diesen Gefallen erwies ihm keiner der Feldherren. Doch war den Verbündeten klar, daß der erste Teil des Trachenberger Planes nun erfüllt war und daß jetzt die Vereinigung der drei Heere gesucht werden mußte, wenn der Krieg ein Ende finden sollte. Es war die Frage, wie dies die drei Oberbefehlshaber erreichen konnten, da doch Napoleon in ihrer Mitte stand. Nochmals tauchte im Hauptquartier der Gedanke auf, die Schlesische Armee nach Böhmen zu ziehen, dann aber nicht über das Erzgebirge vorzubrechen, wo Napoleon die aus den Pässen hervorkommenden Truppen leicht hätte abfangen können; vielmehr wollte man in weitem Bogen um das Gebirge herum über Hof oder Bamberg gegen die rückwärtigen Verbindungen des Kaisers operieren. Da erklärte sich Bernadotte bereit, mit seiner Nordarmee über die Elbe vorzumarschieren, und Gneisenau verband hiermit den Vorschlag, daß die Schlesische Armee sich statt nach Böhmen nach rechts ziehe, die Elbe zwischen Dresden und Torgau überschreite und die Vereinigung mit der Nordarmee vollziehe. Hiergegen sprach nur das Mißtrauen, das die preußischen Generale der Nordarmee gegen ihren Oberbefehlshaber beseelte, sie besorgten von seiner Seite Verrat, obwohl Bernadotte sicherlich der schlimmste Nebenbuhler Napoleons geworden war und für sich wie für Schweden eigene Zwecke verfolgte, die er nur an der Seite der Verbündeten erreichen konnte. Freilich war Kühnheit der Entschlüsse nie seine Sache gewesen, auch wollte er seine Schweden schonen und sich selbst nicht allzusehr in den Vordergrund drängen beim Kampfe gegen seine alten Landsleute, denn er hoffte für sich auf die französische Königskrone. Gegen den ganzen strategischen Plan sprach vom preußischen Standpunkt noch ein anderes Bedenken: wenn sich die beiden Heere vereinigten, konnte dem Kronprinzen von Schweden nicht gut der Oberbefehl versagt werden. Blücher und Gneisenau waren trotzdem der Meinung, daß man sich des Kronprinzen nicht besser versichern könne, als wenn man sich mit ihm verbinde. Falls Bernadotte sich versagen sollte, war Gneisenau entschlossen, auf eigene Verantwortung mit ihm zu brechen und die preußischen Truppen der Nordarmee an sich heranzuziehen: wie Yorck in Tauroggen betätigten auch Gneisenau und Bülow einen Geist, wie er den preußischen Offizieren bis dahin unmöglich gewesen war und den die große Zeit und die Schwäche des Königs in diesen Generalen entwickelt hatten. Bernadotte ließ sich von Gneisenau gewinnen. Da er aber seine Bewegungen nicht so rasch vollzog, wie es die schneidigen Preußen gerne gesehen hätten, so marschierte das Heer Blüchers an ihn heran und überschritt also die Elbe weiter abwärts, bei Wartenburg. Yorcks Landwehr setzte vor allen über den Strom und erstürmte das stark befestigte Dorf. Die Vereinigung der beiden Heere wurde alsbald vollzogen, und nun war es bei Blücher und Gneisenau entschieden, daß die Zeit der „elastischen" Kriegführung vorüber war und die Schlachtentscheidung gesucht werden mußte. Man nahm den Weg in Richtung auf Leipzig, während gleichzeitig auch die Hauptarmee von Süden her gegen diese Stadt vorging. Napoleon geriet in Gefahr, daß sich die beiden Heere in seinem Rücken vereinigten und ihn zu einer Schlacht mit umgekehrter Front zwangen. Um dies zu verhindern, wandte er sich rasch mit der Masse seiner Truppen gegen Norden, in der Absicht, das vereinigte Heer Blüchers und des Kronprinzen entweder zu schlagen oder zum Rückmarsch über die Elbe zu zwingen. Es war ein verwegenes Manöver, denn wenn sich die Schlacht mehrere Tage unentschieden hinzog, konnte die Hauptarmee der Verbündeten ihm in den Rücken kommen. Bernadotte lehnte die Entscheidungsschlacht ab und wollte über die Elbe zurückweichen. Gneisenau machte darauf den Gegenvorschlag, dem Kaiser nicht über die Elbe, sondern nach der entgegengesetzten Seite, also über Mulde und Saale und über Halle auszuweichen; so konnte man hinter Napoleon die Verbindung mit der Hauptarmee herstellen. Es war ein kühner und echt napoleonischer Gedanke, denn man gab hiermit die bisherige Operationsbasis völlig auf und schnitt zugleich Napoleon vom Rückmarsche ab. Bernadotte stimmte nur zu, wenn die Armee Blüchers bei diesem Marsche die äußerste, am weitesten vorgeschobene Stellung einnahm. Die Schlesische Armee marschierte also zu diesem Zwecke an der Front der Nordarmee vorbei, sie wurde jetzt rechter Flügel, und beide Heere schauten nun nach Osten. Es war eine völlige Umwandlung des bisherigen Bildes. Der Stoß Napoleons aber traf jetzt ins Leere, gegen und über die Elbe; es dauerte lange, bis der Kaiser sich klar wurde, wohin die feindlichen Heere überhaupt gekommen waren. Noch blieb ihm die Möglichkeit, an der Elbe abwärts zu ziehen, und Bernadotte, der für seine Rückzugslinie fürchtete, war geneigt, ihm dahin zu folgen. Da aber Blücher, der ihm nicht förmlich unterstellt worden war, sich weigerte, mit ihm über die Elbe zu gehen, blieb ihm nichts anderes übrig, als von seinem Plane abzustehen und Blücher nachzufolgen. In der Gegend von Merseburg traten die Schlesische und die Böhmische Armee miteinander in Fühlung. Napoleon aber beschloß, den Kampf nunmehr da aufzunehmen, wo er ihm angeboten war, und zog mit seinen Truppen nach Leipzig.

Man hat die Völkerschlacht von Leipzig vom strategischen Standpunkte aus mit Recht ein Nachhutgefecht riesigsten Ausmaßes genannt: „Durch diese Schlacht zwang Napoleon die Verbündeten, alle ihre Kräfte hier zusammenzuschließen und so den Westausgang freizugeben.“ Nachdem die Schlesische und die Böhmische Armee miteinander in unmittelbare Verbindung getreten waren, war Napoleon genötigt, sich den Rückzug zu erkämpfen. Die Gegner hatten ihm ihren Willen aufgezwungen, mit jedem Tage konnte sich der Halbkreis in seinem Rücken fester schließen, er mußte also daran denken, mit umgekehrter Front, gegen Westen gewendet, zu kämpfen, und je später er angriff, desto schlimmer für ihn. Während des ganzen Herbstfeldzuges hatte er die Entscheidungsschlacht gesucht; nun fand er sie, aber unter den ungünstigsten Bedingungen, die er sich vom Gegner diktieren lassen mußte, und dazu hatte er nur noch halb so viel Truppen wie die Feinde. Wenn er nicht sofort angriff und wenn er nicht beim ersten Stoße Sieger blieb, war er verloren. So wurde denn auch die Schlacht als eine Defensivschlacht von Radetzky entworfen und von Schwarzenberg vorbereitet: in weitem Halbkreise sollten die Armeen im Westen die Stadt umgeben, hier Napoleon anrennen lassen, um ihn zu „ermatten“ und dann mit Übermacht zu erdrücken. Der Plan entstammte ohne Zweifel einem methodischen Kopfe, der von rascher Offensive und kühnen Entschlüssen nichts wissen wollte und hier eine Aufgabe fand, die seiner Eigenart entsprach. Aber die napoleonische Kriegführung begann bereits eine Theorie zu werden. Schon bisher hatte Kaiser Alexander unter dem Einflusse des Generals Toll den umsichtigen und bedächtigen Oberfeldherrn mit seinen Ratschlägen, die oft Befehlen gleichkamen, immer wieder gedrängt, weil dieser gar zu sehr einer Schlacht abgeneigt war. Der Zar sah in dem jetzigen Plane nur eben nichts weiteres als die Zaghaftigkeit. Schließlich war es ja, wenn man bei Radetzkys Entwurf verblieb, nicht ausgeschlossen, daß Napoleon seinen Rückzug nach der Elbe und nach seinen norddeutschen Festungen nahm und die Schlacht also vermieden wurde. Der Zar und sein Berater verlangten den Angriff auf die französischen Stellungen um Leipzig, damit das „allgemeine Rendez-vous“ im Lager des Feindes sich endlich erfülle. Dieser Angriff konnte aber von Westen her nicht geführt werden, weil hier die Flüsse und das vom Leipziger Ratsholz durchzogene Gelände hinderlich waren. Schwarzenberg war also gezwungen, von Süden her auf dem rechten Ufer der Pleiße den Angriff zu führen, Blücher aber seine Truppen von Norden her vorzubringen. So lösten die beiden Heere die Vereinigung, die sie bereits vollzogen hatten, wieder auf und gaben den Franzosen die Rückzugsstraße frei. Für Napoleon handelte es sich jetzt darum, ob er die von Norden und Süden andrängenden Heere schlagen oder wenigstens so weit fernhalten konnte, daß er den Abmarsch zu vollziehen in der Lage war. Eine Durchbruchsschlacht blieb ihm nun erspart. Noch hatte er den Vorteil der inneren Linie, und mit genialer Meisterschaft wußte er ihn in der dreitägigen Schlacht zu nutzen; aber die Übermacht war zu groß geworden. Am ersten Tage, dem 16. Oktober, war die Lücke im Osten noch nicht geschlossen, da Bernadotte noch im Norden hinter der Armee Blüchers stand; es wurden also an diesem Tage zwei selbständige Schlachten geschlagen. Napoleon suchte die Entscheidung im

Süden gegen die Hauptarmee, aber der Kampf, der um das Dorf Wachau im zähen Ringen des Fußvolkes und im heroischen Ansturm der Reitermassen geführt wurde, endete mit keinem Siege; die beiden Gegner behaupteten sich in ihren Stellungen. Und dabei hatte Napoleon seinem Grundsatze entsprechend alle verfügbaren Truppen eingesetzt, so daß er sogar noch einmal mit einer, wenn auch geringen Überzahl kämpfen konnte. Der Armee Blüchers hatte er nur eine an Zahl weit unterlegene Heeresabteilung unter Marschall Marmont entgegengestellt. Sie verschanzte sich im Dorfe Möckern und konnte von dem Korps Yorcks erst nach stundenlangem blutigen Ansturme hinausgeworfen werden; dann rückten die Preußen vor. Am folgenden Tage, dem 17. Oktober, erneuerte Blücher alsbald den Angriff und trieb die Franzosen bis in die Vorstädte Leipzigs zurück. Im Süden dagegen ruhten die Waffen; man brauchte hier die Erholung. Napoleon benutzte die Pause, um einen Waffenstillstand anzubieten; eine Antwort wurde ihm nicht erteilt. Dann zog er seine Truppen in einem engen Halbkreise um Leipzig, kaum eine Wegstunde von den Mauern der Stadt entfernt, zusammen. Sein ganzes Streben war jetzt nur noch darauf gerichtet, die Verbündeten so zu beschäftigen, daß sie in Sorge, er wolle durchbrechen, alle ihre Kräfte im Norden, Osten und Süden festlegten und die Frankfurter Straße in seinem Rücken offen ließen. Dies war der Sinn der Kämpfe am 18. Oktober. Wo der Kaiser persönlich war, im Süden, standen die Dinge auch jetzt noch nicht schlecht, die Franzosen behaupteten das Dorf Probstheida gegen alle Angriffe. Im Osten aber rückte jetzt endlich der Kronprinz von Schweden, der am liebsten der Leipziger Schlacht ganz ferne geblieben wäre, auf Blüchers persönliche Vorstellungen hin nun doch auf das Schlachtfeld, seine Truppen schlossen die Lücke und gingen gegen Leipzig vor. Bülow kam dabei bis zu den Osttoren der Stadt; auf diesem Teile des Kampffeldes war es, wo die sächsischen und württembergischen Truppen in offener Feldschlacht die Partei wechselten.

Es war eine einzige, gewaltige Schlacht geworden, die verbündeten Heere hatten sich gefunden in gemeinsamer Aktion, für Napoleon fielen die Vorteile der „inneren Linie“, durch die er so oft die Gegner getrennt geschlagen hatte, hinweg: er befand sich „auf dem Grunde eines Trichters“, in einer strategisch unmöglichen Stellung, wie sie ungünstiger seine Gegner in Ulm oder Jena auch nicht gehabt hatten. Die Armeen Blüchers und des Kronprinzen standen am Abende dicht vor der Stadt, Napoleon mußte den Rückmarsch durch Leipzig antreten, sonst zogen die verbündeten Truppen vom Schlachtfelde in seine Rückzugslinie im Westen, und dann war er verloren. Am nächsten Morgen begann der Angriff auf die Stadt, die von einigen Korps verteidigt wurde, während die zurückmarschierenden Truppen zum entgegengesetzten Tore hinaus, über die Brücken der Pleiße und der Elster zogen. Es kam zu blutigen Kämpfen in den engen Gassen: auf dem Marktplatze von Leipzig, recht eigentlich im Herzen des feindlichen Lagers, trafen sich die drei Heere, ihre Oberfeldherren und Monarchen. Das russische Korps Sacken, das seit der Katzbach tapfer neben dem Yorckschen Korps alle Schlachten der Blücherschen Armee mitgemacht hatte, drang von Norden durch die Stadt bis zur Elsterbrücke vor, ein französischer Korporal, der den Befehl hatte, sie zu sprengen, vollzog den Auftrag. Viele, besonders rheinbündische Truppen wurden also abgeschnitten und gefangen, andere suchten sich schwimmend zu retten. Hier war es, wo der Pole Poniatowski, Marschall von Frankreich, in den Fluten unterging. Von einer energischen Verfolgung freilich, die leicht durch schnelle Märsche die ganze französische Armee hätte abschneiden können, war keine Rede. Yorck, der beauftragt war, kam mit seinen müden Truppen zu spät; er lehnte die Verantwortung ab und beklagte sich bitter über Gneisenau, daß sein Korps „zum Spielball der Launen und Eitelkeit des Blücherschen Generalstabes“ gemacht worden sei. Die weitere Verfolgung geriet auf falsche Fährte, indem man vermutete, der geschlagene Kaiser werde über das Lahntal dem Rheine zustreben. Napoleon aber führte sein Heer durch das Tal der Kinzig gegen den Main; nicht umsonst hatte er dieses wichtige Paßgebiet als eigenes Großherzogtum Frankfurt zusammengefaßt. Am Main stellte sich ihm der bayrische General Wrede in den Weg, dessen König einige Wochen vor der Leipziger Schlacht auf die Seite der Verbündeten getreten war. Da jedoch Napoleon den Paß von Schlüchtern bereits durchschritten hatte, als Wrede erst in Hanau anlangte, war er im Vorteil; er brach aus dem Lamboywalde hervor und schob die Bayern zur Seite. So erfocht er noch einen letzten Sieg auf deutschem Boden.

Deutschland war frei bis zum Rhein! König Jérôme verließ schleunigst Kassel und begab sich nach Frankreich, das Hauptquartier der Verbündeten wurde nach Frankfurt gelegt; Dalberg, der Großherzog, reiste ab. Nachdem Bayern und dann auch Württemberg vorangegangen waren und gegen Zusicherung von Souveränität und Besitzstand ihren Anschluß an die Verbündeten vollzogen hatten, meldeten sich jetzt auch die übrigen deutschen

Fürsten und wurden von Metternich aufgenommen, darunter auch Großherzog Karl von Baden, der Schwiegersohn Napoleons. Der Rheinbund war also aufgelöst; aber es war durch die Verträge mit den Fürsten schon jetzt auf die Errichtung einer starken deutschen Reichsgewalt verzichtet, und es war auch entschieden, daß die Säkularisationen und Mediatisierungen anerkannt blieben. Es wurden also ganz willkürlich nur die von Napoleon beim Zusammenbruch Preußens entthronten Fürsten wie Braunschweig und Kurhessen wieder eingesetzt, und diese begannen sofort eine Restauration, indem sie alle napoleonischen Einrichtungen abschafften; im übrigen blieben die Fürstenhäuser erhalten, die gerade regierten, auch wenn ihr Land so unbedeutend war wie die thüringischen Staaten; die mediatisierten Fürsten blieben entthront. Von den Neuschöpfungen Napoleons wurden also nur die beiden Staaten, die rein napoleonischen Ursprungs waren, nämlich Westfalen und das Großherzogtum Berg beseitigt, sowie noch das Großherzogtum Frankfurt, weil der Großherzog nicht ebenbürtigen Geschlechtes war. Wiederhergestellt wurden die drei Hansestädte mit ihrer Senatsverfassung und ebenso die alte Krönungsstadt Frankfurt. Bei der Restauration der aristokratischen Stadtrepubliken wirkte der Freiherr vom Stein mit, seine Begeisterung für alte reichsstädtische Freiheit ließ ihn für die Wiederherstellung Frankfurts eintreten. Im übrigen ging die Wiederkehr oder Schonung der Fürsten durchaus gegen seinen Willen. Zu Beginn des Krieges war unter seinem Vorsitze und im Sinne des Aufrufes von Kalisch ein Zentralverwaltungsrat eingerichtet worden, der die Länder der Fürsten, die auf Napoleons Seite verbleiben würden, in vorläufige Verwaltung nehmen sollte, bis die deutsche Verfassung endgültig über ihr Schicksal entschieden habe. Der Eintritt Österreichs in den Krieg hatte bewirkt, daß die Verhandlungen mit den Fürsten an Metternich übertragen worden waren. Dieser hatte den schonenden Vertrag von Ried mit Bayern abgeschlossen und zugleich erreicht, daß der Zentralverwaltungsrat beseitigt wurde. Nach der Leipziger Schlacht wurde er wieder eingesetzt, aber seine Funktionen wurden aufs engste beschränkt. Stein nahm zunächst Westfalen und Berg in Verwaltung, und als er dann in Frankfurt ankam, fand er, daß die rheinbündischen Staatsmänner ihm zuvorgekommen waren. Die kleinen Fürsten hatten bitter zu klagen über seinen „Hochmut" und seine „Anmaßung", er ließ sie stundenlang antichambrieren, belustigte sich über diese „Sündflut von Prinzen und Souveränen" und hätte sie alle am liebsten abgesetzt; daß sie bei nächster sich bietender Gelegenheit wieder zu Napoleon abfallen würden, war außer Zweifel. Jetzt aber konnte Stein in den ehedem rheinbündischen Ländern nichts weiteres tun als die Volksbewaffnung einleiten und überwachen, und auch hierbei wußten die Souveräne von Bayern und Württemberg ihn auszuschalten. Um so tapferer hielten sich im folgenden Winterfeldzuge die bayrischen, von Wrede geführten Truppen, wie überhaupt die Bevölkerungen der ehemaligen Rheinbundstaaten eine ehrliche Anhänglichkeit an die nationale Sache bekundeten. Es ist begreiflich, daß der Gegensatz zwischen Stein und Metternich in Frankfurt offen zum Ausbruch kam, nachdem Metternich durch die Verträge mit den Rheinbundstaaten zum voraus entschieden hatte, daß der Partikularismus der Dynastien bei der Neuordnung der deutschen Dinge geschont wurde.

Im übrigen stand die „deutsche Frage“ noch nicht im Vordergrunde der Erörterungen, vielmehr mußte zunächst Beschluß gefaßt werden, ob und wie der Krieg fortzuführen sei. Gneisenau verlangte den sofortigen Einmarsch nach Frankreich. Daß die Hauptstadt des Feindes das Ziel eines Feldzuges sein müsse, hatte Napoleon oft genug gezeigt, und daß er selbst es nicht bis zum Äußersten kommen lasse, sondern vorher Frieden schließen werde, erwartete allerdings auch Gneisenau. Der Einmarsch sollte nach seiner Meinung von zwei Seiten erfolgen, durch die Niederlande und durch Lothringen. Diesem Plane, der deutlich die napoleonische Schule verriet, traten die Anhänger der alten Kriegführung entgegen, deren Ansichten Schwarzenberg und der preußische General Knesebeck führten. Sie hielten Napoleon auch jetzt noch für einen Gegner, der nicht zu verachten war, sie befürchteten eine Volkserhebung wie im Jahre 1792, als zum letzten Male fremde Truppen auf Frankreichs Boden gestanden waren; sie wollten lieber, daß man Vaubans Festungskette umgehe und überhaupt nicht auf Paris marschiere, sondern die Operationen durch die Schweiz nach dem südlichen Frankreich lenke, um auf diese Weise Italien vom Empire zu trennen und vielleicht auch dem über die Pyrenäen vordrängenden Wellington die Hand zu reichen. Jedenfalls hofften sie, im Stile der alten Kriegskunst Frankreich durch Besetzung seiner reichsten Provinzen zur Nachgiebigkeit veranlassen zu können und so den Sturm auf die Hauptstadt sich zu ersparen. Schwarzenberg hatte sich im Herbstfeldzuge unter dem Drucke der äußersten Not als ein sorgsamer und entschlossener Feldherr erwiesen; jetzt aber, wo der Zwang zum Handeln nicht mehr so dringend war, griff er gerne auf die Methoden der alten Kriegführung zurück. Daß Knesebeck, der alte Gegner der Reformer, ihm beipflichtete, war begreiflich, zumal er von seinem Könige hierzu ermutigt wurde. Friedrich Wilhelm widersprach aufs heftigste den Plänen Gneisenaus, wies auf den trostlosen, abgerissenen Zustand der Truppen, zumal des zusammengeschmolzenen Yorckschen Korps hin, mit dem man unmöglich noch einen Winterfeldzug durchführen könne. Gneisenau aber erklärte, daß es um die Soldaten Napoleons noch sehr viel schlimmer stehe und daß dieser kaum noch genügend Ersatz erhalten werde. Auch war Friedrich Wilhelm der Meinung, daß die Verbündeten das linke Rheinufer durchaus nichts angehe. Schon dies zeigt, wie hinter den militärischen Erörterungen auch politische Motive standen. Die Koalition hatte, wie wir gesehen haben, die verschiedensten Interessen zusammengespannt zur Beseitigung der napoleonischen Universalmonarchie; die gemeinsame Not hatte alle Gegensätze der Macht zurückgedrängt und eine Einheit der „Grundsätze" geschaffen, die in der Solidarität Europas gegenüber Napoleon ihren Ausdruck fand. Nachdem nun die schlimmste Gefahr beseitigt war, kam das Eigenleben der Staaten wieder zur Geltung, die alten Gegensätze traten wieder hervor. Österreich und England konnten ein Übergewicht Rußlands nicht dulden, der „deutsche Dualismus" zwischen Österreich und Preußen machte sich wieder bemerkbar. Jetzt näherte sich die Zeit für Metternichs geschichtliche Sendung. Seinem Staatsideale getreu, suchte er die alten Gegnerschaften zu mäßigen, indem er auf die Herstellung des europäischen Gleichgewichtes hinarbeitete. Er hielt also den Sturz Napoleons weder für nötig noch für wünschenswert. Denn was sollte an die Stelle gesetzt werden! Als Napoleon auf Verhandlungen nicht einging, wurde dem Vorschlage Metternichs entsprechend die Fortsetzung des Krieges beschlossen, aber nicht mit dem Zwecke, den Gegner zu vernichten, sondern um ihn durch Drohungen zu einem annehmbaren Frieden zu zwingen, der Frankreich aus seiner universalen Stellung in seine alte nationale Bahn zurückführen sollte. Dieser politische Gesichtspunkt bedeutete eine Lähmung der militärischen Initiative, die an sich schon in dem Oberfeldherrn aus persönlichen Gründen und methodischen Erwägungen nicht allzu stark war: man führte Krieg ohne den Wunsch zu haben, ihn voll und ganz zu gewinnen! Und hinzu kamen fürder die Hemmungen, die sich aus dem Interessengegensatze der verbündeten Staaten ergaben. Immer wieder hoffte Metternich, daß Napoleon „Vernunft annehmen" und einen Frieden schließen werde, während der Zar vorwärts drängte, weil er bei dem allgemeinen Wandel der Dinge, der einer Entthronung Napoleons folgen mußte, für sich in Polen viel zu gewinnen hoffte; in Bernadotte hielt er einen bequemen Kandidaten für den französischen Thron bereit. Schon seit Beginn des Freiheitskrieges fiel ja bei Alexander die Staatsraison zusammen mit der Idee des Strafgerichtes, die im Lager Blüchers mächtig war. Hier hielt man sich denn auch, weil der eigene König im Herzen anders fühlte, an den Zaren, durch den man zugleich des Königs gewiß war. Schon während des Herbstfeldzuges hatte der volkstümliche „Marschall Vorwärts" in seinem Hauptquartier mit seinen Offizieren und seinen „Schriftgelehrten" — unter denen der Philosoph Steffens sich befand — die nationale Leidenschaft laut gegen die Höflinge sprechen lassen. Jetzt war man in diesem Kreise schon bald ganz einfach der Meinung, „daß wirklicher Friede nur durch die vollständige Niederwerfung Napoleons gewonnen werden könne, daß diese vollständige Niederwerfung in der Einnahme von Paris liege, daß die Macht zur Einnahme von Paris vorhanden sei und daß man darum auf Paris marschieren müsse". Der Thron Napoleons, so erklärte Gneisenau, müsse umgestürzt werden, diese Rache seien die Regenten ihrer eigenen Würde und ihren gepeinigten Völkern schuldig. Im Lager Blüchers war man mit Entthronungen rasch bei der Hand, man wollte Napoleon eine solche ebensowenig ersparen wie seinen rheinbündischen Kreaturen. Metternich befürchtete, daß dieser revolutionäre Geist die Grundlage des monarchischen Prinzips bedrohe; die Besorgnis vor dem Umsturze kam nun auch dem gekrönten Erben der Revolution zugute, und es war seine Schuld, daß er sie nicht zu nutzen verstand. Im Kreise Metternichs und in der persönlichen Umgebung des preußischen Königs sprach man schon während des Herbstfeldzuges von dem Hauptquartier Blüchers nicht anders als von einem „Jakobinernest".

Der Feldzug des Jahres 1814 zeigt also ein wirres Durcheinander militärischer, politischer und persönlicher Antriebe. Dies allein erklärt es, warum die Invasion zwei Monate in Anspruch nahm, bis sie nach Paris durchgedrungen war, obwohl die Verbündeten eine erdrückende Übermacht besaßen. Die Truppen setzten um Neujahr über den Rhein — Blücher bei Caub und Mannheim, die Hauptarmee bei Basel. Die gefürchteten Festungen bereiteten keinen nennenswerten Widerstand, von einem Volkskriege war nichts zu spüren, die Nation hatte die Aufrufe ihres Kaisers unbeachtet gelassen, sie war der Kriege müde. In wenigen Wochen gelangte die Hauptarmee, ohne einen Schuß zu tun, auf das Plateau von Langres, jene Wasserscheide Frankreichs, die sich die methodische

Kriegführung als vorläufiges Marschziel ausgesehen hatte und wo auch die Diplomatie eine Pause wünschte, um zu sehen, welche Wirkung der Einmarsch auf Napoleon ausüben werde. Nachdem man von Frankfurt aus dem Kaiser die Rheingrenze angeboten hatte, ohne daß er darauf eingegangen war, bot man ihm jetzt nur noch die Grenzen von 1792. Die Operationen der Hauptarmee wurden also eingestellt, im Hauptquartier kam es zu heftigen Konflikten. Als Hardenberg und der Vertreter Englands den Ansichten Metternichs zustimmten, war der Zar völlig isoliert. Er erklärte, den Krieg allein weiterzuführen, worauf Friedrich Wilhelm nicht anders konnte als zu sagen, dann werde er ihn nicht verlassen. Um den Weitermarsch zu erreichen, schob sich Blücher, der von Nordosten herkam, vor die Hauptarmee und traf zum ersten Male auf Widerstand. Er löste sich durch das Gefecht von Brienne vom Gegner, zog sich auf die Hauptarmee zurück und erlangte hier Truppen und den Befehl, die Kraft des Feindes zu erproben; bei la Rothière fochten seine Truppen im tiefsten Schneegestöber und drängten den Feind zurück. Durch diesen ersten Sieg auf französischem Boden ermutigt, beschlossen die Verbündeten den Vormarsch, der zur Erleichterung der Verpflegung auf getrennten Wegen erfolgen sollte — Blücher längs der Marne, die Hauptarmee längs der Seine. Gleichzeitig begannen in Chatillon die Verhandlungen, zu denen Napoleon, jetzt nachgiebig gestimmt, seinen Minister mit unbedingten und dann doch wieder unklaren Vollmachten ausstattete. Die Zeit ging inhaltlos dahin. Kaiser Alexander zog absichtlich die Verhandlungen hin in der Erwartung, daß inzwischen die Armee weiter vorrücken und das Heer Napoleons vernichten werde, Schwarzenberg aber verzögerte absichtlich den Vormarsch, weil er hoffte, daß inzwischen die Verhandlungen zum Abschlusse gelangten und so ihm selbst die Schlacht, der österreichischen Politik aber die Entthronung Napoleons erspart bleibe. Die langsame Bewegung mit allen Sicherungen der methodischen Kriegführung bewirkte, daß Blücher an der Marne weit voraus war. Er war dort auf den aus den Niederlanden herangekommenen Marschall Macdonald gestoßen und hatte den Entschluß gefaßt, ihm den Weg auf Paris zu verlegen. Zu diesem Zwecke hatte er seine Korps weit auseinandergezogen; Yorck folgte dem Marschall auf dem rechten Ufer, Sacken sollte ihm vom linken Ufer her in den Weg treten, Blücher selbst hielt mit seinem Hauptquartier die Verbindung mit den rückwärtigen Truppen. Da aber die Große Armee zurückgeblieben war, so befand sich das Korps Sacken ohne linke

Flankendeckung. Dies erspähte Napoleon, der schon auf dem Rückmarsch nach Paris war. Er kam rasch von Süden heran und stand nun im Rücken des Sackenschen Korps zwischen diesem und dem Hauptquartier Blüchers, das also von der Verbindung mit seinen beiden Korps abgeschnitten war — eine tolle strategische Situation, die zu drei blutigen Niederlagen Blüchers führte. Schwarzenberg aber blieb in diesen kritischen Tagen tatenlos, er kannte die Schwierigkeiten Blüchers nicht, auch war er nicht begierig nach Gefechten. Zudem war gerade in dieser Zeit der Streit zwischen Metternich und Kaiser Alexander aufs höchste gestiegen, Alexander weigerte seine weitere Teilnahme an den Friedensverhandlungen, Metternich faßte den Rücktritt Österreichs aus der Koalition allen Ernstes ins Auge. Als sich nun Napoleon nach den Siegen an der Marne gegen die Große Armee wendete, ging Schwarzenberg bis Troyes zurück. Zugleich beschloß man die Wiedervereinigung der beiden Heere, auch bot man Napoleon einen Waffenstillstand an und die Wiedereröffnung der Verhandlungen. Die Vereinigung vollzog Blücher alsbald, von Napoleon aber kam keine Antwort. Trotzdem traf Schwarzenberg keine Vorbereitungen zu einer Schlacht, sondern befahl den Rückzug auf das Plateau von Langres; wie gering die Truppenzahl Napoleons in Wirklichkeit war, wußte niemand.

Da gelang es Blücher und Gneisenau, wenigstens den Rückmarsch zu verhindern, wenn sie auch nicht den Vormarsch beschleunigen konnten; sie boten an, nach Norden abzumarschieren, um sich mit dem aus den Niederlanden herankommenden Bülow zu vereinigen. Die alte Nordarmee hatte sich nämlich geteilt. Der Kronprinz von Schweden — der als französischer Thronkandidat den Feldzug in Frankreich nicht hatte mitmachen wollen — hatte nach der Leipziger Schlacht sich gegen die Dänen gewendet und sie im Frieden von Kiel gezwungen, Norwegen herauszugeben. Bülow hatte die Niederlande befreit und hatte nur das von Carnot mit alter republikanischer Tapferkeit verteidigte Antwerpen nicht nehmen können. Mit Bülow vereint war noch ein zweites Korps; beide wollte Blücher jetzt aufnehmen. Kaum war er abmarschiert, so erging an ihn Gegenbefehl. Er aber war schon weit und erklärte, die Bewegung nicht mehr ohne große Gefahr rückgängig machen zu können. Jenseits der Marne wurde die Vereinigung vollzogen, dann gab Gneisenau den Truppen die dringend notwendige Ruhe. Das Korps Yorcks hatte in diesem Winter abermals unerhörte Anstrengungen bestehen müssen, es war zusammengeschmolzen, die nötigsten Ausrüstungsstücke begannen zu fehlen, die Truppen waren verwildert und disziplinlos. Da die Armee Blüchers unmöglich allein auf Paris marschieren konnte, so war es besser, dem Könige den Rest seiner Truppen zu schonen, damit er nicht ohne Heer in die kommenden Friedensverhandlungen eintrat. Also wollte Gneisenau warten, bis die Hauptarmee sich wieder in Bewegung setzte. Napoleon wandte sich alsbald gegen den — wie er meinte — isolierten Blücher. Unterdessen erlitten seine Marschälle bei Bar sur Aube durch die Hauptarmee eine Niederlage; hier war es, wo der junge Prinz Wilhelm, der spätere Kaiser, die Feuertaufe empfing. Die Armee Blüchers blieb in tapferer Verteidigung und wies die Angriffe Napoleons in dem hochragenden Laon am 9. und 10. März ab. Jedoch ein völliger Nervenzusammenbruch, der den siebzigjährigen Blücher mitten in der Schlacht betraf, hinderte den Stabschef an der Ausnützung des Sieges. Gneisenau war jünger als alle Korpsbefehlshaber und konnte auf deren freiwillige Subordination nicht rechnen; besonders Yorck machte wieder Schwierigkeiten. Ein energischer Übergang zum Angriff hätte sicherlich die Vernichtung des napoleonischen Heeres herbeigeführt. Aber Gneisenau wollte warten, bis die Große Armee wieder in Bewegung war. Dieser Augenblick konnte nicht mehr ferne sein. Soeben hatte Napoleon nochmals die Rheingrenze gefordert, auch Metternich mußte einsehen, daß dem Kaiser nicht zu helfen war, der Friedenskongreß von Chatillon löste sich auf. Nun gab es für Napoleon keine Rettung mehr. Da faßte er den abenteuerlichen Entschluß, den er schon einige Zeit erwog, nämlich nach Osten zu marschieren, um den Verbündeten Sorge für ihre rückwärtigen Verbindungen einzuflößen. Aber schließlich hatten diese ja jetzt den Weg durch die Niederlande frei, und zudem waren alle strategischen Gesichtspunkte allmählich außer Geltung gekommen, denn das Mißverhältnis der Truppenstärke war allzu groß geworden. Die Hauptarmee griff den Kaiser zwar auf seinem Marsche bei Arcis sur Aube an und drängte ihn zur Seite, aber von einer Verfolgung sah sie ab. Die Heere der Verbündeten vereinigten sich und rückten vor Paris, nach nochmaligem Kampfe übergaben die Marschälle die Stadt. Den feierlichen Einzug machte Kaiser Franz nicht mit, um nicht als Triumphator über seinen Schwiegersohn aufzutreten. Auch die Preußen Blüchers durften nicht dabei sein; sie waren nach der Ansicht ihres Königs zu schmutzig, zu verwahrlost und ohne Disziplin. So schloß der wunderbare Siegeszug von Memel bis zur Seine.

Mit der Einnahme von Paris war der Krieg zu Ende. Napoleon

mußte abdanken, an seine Stelle traten die Bourbonen. Seit Wochen hielt sich der Graf von Artois in der Nähe des Hauptquartiers auf, besonders gut empfangen von dem Vertreter Englands; denn im Vaterlande Burkes herrschte die Überzeugung, daß nur das alte Königtum fähig sei, Frankreich aus seinem Kaisertraume in die staatlichen Schranken zurückzuführen, die ihm von der Politik und der Natur gewiesen waren. Auch die preußischen Patrioten wollten auf diese Weise der Legitimität zum Siege verholfen wissen. In Steins Augen war die Wiedereinsetzung der Bourbonen eine „Wirkung des ihnen angestammten und auf keine gültige Art verloren gegangenen Rechtes“, alle andern Auswege schienen ihm verwerflich, „da kein eminenter, hoch emporragender Mann vorhanden war“; so hat Stein später seine Haltung begründet. Seit die Verhandlungen von Chatillon endgültig gescheitert waren, hatten die Bourbonen auch in Metternich einen Freund. Es war freilich bedenklich, das Volk zum Richter über seinen Kaiser aufzurufen, aber da es nun einmal nicht anders sein konnte, war die Absetzung eines Monarchen zweifelhafter Herkunft immerhin noch erträglich, und die Bourbonen waren alsdann die einzig möglichen Erben; von ihnen war auch zu erwarten, daß sie sich dem Systeme des Gleichgewichts anschlossen. Kaiser Alexander aber sah ein, daß kein anderer Vorschlag Aussicht auf Verwirklichung besaß. Der naheliegende Gedanke einer Regentschaft durch die Kaiserin wurde abgelehnt, denn es war unmöglich, den Gatten und Vater alsdann dauernd fernzuhalten. Unter den führenden Franzosen wirkte Talleyrand vor allen andern für die Rückkehr der gestürzten Dynastie. Der ehemalige gallikanische Bischof, der einst Thron und Altar der Revolution unterworfen und dann lange Jahre dem Kaiser als Minister gedient hatte, um zeitig sich zurückzuziehen, als er in den spanischen Wirren den Anfang des Endes ahnte — dieser kluge und grundsatzlose Mann sah kühl in den Zusammenhang der Dinge; er erkannte die Vorteile, die eine Restauration der alten Monarchie den Franzosen zu bieten vermochte. Das Haus Bourbon allein durfte auf Schonung durch die Verbündeten rechnen, es allein war in der Lage, die französische Politik auf ihre nationale Basis zurückzuführen, über welche der Kaiser durch die Errichtung seines Universalreiches weit hinausgeschritten war. Er hat es noch in seinen Memoiren also formuliert: „Avec la maison de Bourbon la France cessait d'être gigantesque pour redevenir grande.“ Von dem neuen Könige Ludwig XVIII. zum Minister der Auswärtigen Angelegenheiten ernannt, also in die gleiche Vertrauensstellung gehoben, die er einst unter Napoleon so lange innegehabt hatte, schloß er mit den Verbündeten den Pariser Frieden vom 30. Mai 1814. Klug nutzte er jenes Manifest, das die Verbündeten noch von Frankfurt aus an das französische Volk gerichtet hatten und in welchem zu lesen war, daß der Krieg nicht Frankreich gelte, sondern dem Übergewicht, das der Kaiser Napoleon außerhalb der Grenzen seines Reiches erlangt habe: die Mächte hatten damals dem französischen Volke eine Ausdehnung seines Gebietes verbürgt, wie sie Frankreich unter seinen Königen nie gekannt habe. Nachdem sie dem Kaiser noch nach begonnener Invasion die Grenzen von 1792 angeboten hatten, konnten sie jetzt die Bourbonen nicht gut schlechter behandeln. Die Wiedereinsetzung des alten Königshauses verfolgte ja die Absicht, in Frankreich Ruhe und in Europa das friedliche Gleichgewicht wiederherzustellen; um dieses Zieles willen mußten die Verbündeten von den Gefühlen der Rache oder des Eigennutzes absehen und dem Königshause ermöglichen, vor dem französischen Volke als Erretter der nationalen Ehre und des nationalen Besitzstandes auftreten zu können. So wurde Frankreich sehr milde behandelt und behielt über den Bestand hinaus, den die alten Könige besessen hatten, noch alle Enklaven wie Avignon, Mömpelgard und jene Besitzungen deutscher Fürsten im Elsaß, über die einst der Krieg zwischen dem neuen Frankreich und dem alten Europa zuerst ausgebrochen war; auch das Herzogtum Savoyen und die Grafschaft Saarbrücken waren nicht im Besitze der alten Könige gewesen und verblieben dennoch bei Frankreich. Der gewaltige Reichtum an Geld und Kunstschätzen, den das revolutionäre Frankreich aus allen Ländern Europas herausgeholt und in Paris gesammelt hatte, wurde nicht zurückgefordert: nur die Victoria vom Brandenburger Tore und der Degen Friedrichs des Großen gelangten wieder nach Preußen.

Vergebens hatten die preußischen Staatsmänner bei den Verhandlungen mit Talleyrand wenigstens die Festungen Landau und Straßburg zurückverlangt, vergebens hatte die öffentliche Meinung laut ihre Stimme erhoben, daß die „avulsa imperii", die in einer trüben Vergangenheit gewaltsam vom Reiche gelösten Gebiete eingefordert werden müßten. Der Sinn für Volkstum und nationale Geschichte, der durch die Romantik geweckt worden war, hatte mit Arndt und Görres zum Ideale einer nationalen Demokratie geführt und forderte im Namen des Volkes die Befreiung der unerlösten Brüder, die Wiedererrichtung des alten Reiches in den Grenzen, die es im Zeitalter seiner größten Ausdehnung gehabt hatte. Dieses Reich war einst am Rheine erwachsen, sein machtvollstes Kaiserhaus war ein rheinisches Geschlecht gewesen, in den Fluten des Stromes spiegelten sich die ältesten Städte des Reiches, hier ragten die herrlichsten Bauten, die deutscher Geist ersonnen, hier war die Wiege von Macht und Kultur. Der Rhein mit dem Systeme seiner Zuflüsse war die Lebensader des mittelalterlichen Reiches und seines Kaisertums gewesen, das von seiner rheinischen Basis aus dem ganzen Abendlande gebot. Dann war ein Stück nach dem andern herausgerissen worden aus diesem vielgegliederten und reichen Stromgebiete; schlimmer noch als der Zerfall der östlichen Grenze des Reiches war der Einbruch Frankreichs von Westen her gewesen, die alte Linie an Maas und Ardennen war immer weiter zurückgedrängt worden, bis schließlich die alten Kernlande des Reiches nur noch die Funktion einer Westmark besaßen, die zudem unter zahlreiche Zwergstaaten aufgeteilt war. Das erwachte nationale Bewußtsein der Deutschen, das sich gestärkt hatte am Anblicke der Vergangenheit, wollte es nicht ertragen, daß diese Entwicklung unwiderruflich sein solle. Ihm waren dieser Strom und seine geschichtsreichen Ufer heilig, um seine altersgrauen Gemäuer und seinen edlen Wein wob sich der Sang der Romantik, aus seinen Fluten sollte gleich dem Golde der Rheintöchter die versunkene Einheit emporsteigen und alle Söhne des großen deutschen Stammes in neuen und weiten Grenzen zusammenschließen. So wurde im Zeitalter der Romantik und des Freiheitskrieges der Rhein zum Symbol. In seinem Bilde und Schicksal erkannte das deutsche Volk sich wieder, eine mächtige Kraft lag hier gefesselt und harrte der Stunde, die Freiheit und Ausdehnung gab. Jetzt erst wurde der „Franzmann“, dessen Streben nach dem Besitze des Stromes den oberrheinischen Landen schon seit anderthalb Jahrhunderten Qualen genug gebracht hatte, als der „Erbfeind“ empfunden; in der Publizistik des Freiheitskrieges und im Hauptquartier Blüchers ist diese Stimmung zuerst erwacht. Im Kultus des Rheines hat die deutsche nationale Bewegung des 19. Jahrhunderts ihre vaterländische Begeisterung ausgelebt, sie hat ihn drei Menschenalter hindurch gepflegt, bis die Welt nüchterner geworden war. Als die verbündeten Regierungen im Frühjahr 1813 auszogen, um Napoleon zu bekriegen, da hatten sie lediglich mit einer Wiederherstellung Preußens und Österreichs und höchstens mit der Auflösung des Rheinbundes gerechnet; als aber im Herbste dies alles erreicht war, da waren auch die geheimen Wünsche der Patrioten in den Bereich der Möglichkeit gerückt. Bei den Beratungen in Frankfurt waren sie durch Stein vertreten worden, aber nicht ihre Werbekraft, sondern Napoleons Verblendung hatte bewirkt, daß der Rhein dann tatsächlich überschritten wurde. In jenen Herbsttagen des Jahres 1813 war es, da Ernst Moritz Arndt seine berühmt gewordene Flugschrift hinausgab, von der recht eigentlich die nationale Verherrlichung des Rheines ihren Ausgang genommen hat und in der Arndt der französischen Lehre von den „limites naturelles" die deutsche Auffassung entgegenstellte, daß der Rhein „Deutschlands Strom, aber nicht Deutschlands Grenze" sei. Er leitete den Anspruch auf das linke Ufer aus der Geschichte her: schon zu Cäsars Zeiten war es von germanischen Stämmen bewohnt. Er erkannte die politische Funktion des Stromes, die den Franzosen, wenn sie die Hand auf dem Rheine behielten, das Übergewicht über Deutschland und über ganz Europa sicherte. Vor allem aber sah Arndt aus Frankreichs Streben nach dem Rheine die Gefahr fremdländischer Propaganda emporwachsen, die das ganze deutsche Wesen verfälsche durch „wälschen Tand"; denn die rheinischen Lande waren ihm der Kern und das Herz des deutschen Volkes, „woraus sein rechtes Lebensblut und seine lebendigsten Lebensgeister in alle Adern, ja in die äußersten Glieder seines Leibes ausgegossen werden". Im alten Westen des Reiches meinte er die „rechte Deutschheit" zu finden, da hier das germanische Element durch alle Stürme der Zeiten und Völker am reinsten sich erhalten habe. Das hauptsächlichste Kennzeichen der Nationalität war ihm bei allen Völkern die Sprache, und so verlangte Arndt die staatliche Einheit des Sprachgebietes; dies ist schon der Grundgedanke jenes ebenso unpolitischen wie unpoetischen Gedichtes „Was ist des Teutschen Vaterland", das er auf der zukunftsfrohen Winterreise von Petersburg nach Königsberg gedichtet hat. Wenn Arndt also ein Programm der Eroberungen entwickelte, so war freilich ihm, der — anders als Theodor Körner — nur die Leier und nicht auch das Schwert führte, im Hauptquartier der Verbündeten kein Ziel zu hoch. Er hat als erster im deutschen Geistesleben einen Annexionismus vertreten, der sich mit geschichtlichen Gründen waffnete und im 19. Jahrhundert bei allen Völkern wiederkehren wird. Noch stand bei Arndt wie bei dem Freiherrn vom Stein oder bei Gneisenau eine sittliche Würde dahinter; noch ging ihr aller Denken nicht auf die Macht an sich, es war nicht das, was man später „realpolitisch" zu nennen sich gewöhnte. Wir sahen bereits, wie diese Männer glaubten, um das sittliche Endziel der Geschichte zu kämpfen: der augenblickliche politische Gegensatz war in ihren

Augen einem ewigen Dualismus entsprungen, es war der Kampf des Guten mit dem Bösen — mit dem „Ungeheuer, welches die Hölle geboren hat". Es galt ihnen, die Weltfreiheit zu retten vor der allgemeinen Knechtschaft. Aber je entschiedener im Laufe des 19. Jahrhunderts dann die nationale Idee der ihr innewohnenden Tendenzen heraustrieb, desto mehr hat sie alle andern sittlichen Berechtigungen beiseite geschoben, ist zum Ideal aller Ideale geworden. Auch hierbei sind in allen Ländern mehr noch die Literaten als die Generale vorangegangen und haben die nationalistische Doktrin hemmungslos walten lassen; daß die deutsche Grenze von Dünkirchen aus das germanische Flandern einschließen und an Maas und Ardennen entlang geführt werden müsse, ist während des Freiheitskrieges nur von Arndt, aber von keinem Staatsmanne und keinem Feldherrn gefordert worden.

Auch bei dem bescheideneren Verlangen nach der Vogesengrenze sind die Publizisten vorangegangen, und gerade hierbei begegnete ihnen die große Überraschung, daß das Elsaß selbst schwieg und auf die Rückkehr zu Deutschland keinen Wert legte. Besonders Görres trat mit dem ganzen Feuer seiner Beredsamkeit und mit seiner tiefen sittlichen Auffassung vom Berufe des Publizisten und von der Bedeutung der Presse dafür ein, daß wenigstens das linke Rheinufer wieder an Deutschland komme. Der nationale und geschichtliche Sinn des romantischen Schriftstellers verband sich mit der Heimatsehnsucht des Rheinländers, der selbst auf dem linken Ufer wohnte und in der befreiten Vaterstadt Koblenz unmittelbar nach dem Einrücken der Preußen und Russen den „Rheinischen Merkur" herausgab — eine Zeitung, die er in fliegender Eile fast allein schrieb und durch die er der erste deutsche Journalist großen Stiles geworden ist. Hier predigte er unermüdlich den Staatslenkern und dem Volke von dem historischen Deutschtum des linken Rheinufers, von der deutschen Größe Erwins und seines Münsters, die Herder und Goethe zuerst entdeckt hatten, hier prophezeite er die Vernichtung des Korsen und Deutschlands kommende Einigung. Die Geister im alten Deutschland wurden von diesem Journalisten geweckt und aufs tiefste erschüttert. Aber alle Grüße an die deutschen Brüder im Elsaß zerflatterten an der Tatsache, daß die elsässische Bevölkerung, die noch in Goethes Studententagen deutsch fühlte, durch die neue politische und soziale Ordnung des Kaiserreiches innerlich für Frankreich gewonnen war. Die Bauern hatten die Freiheit der Person und des Besitzes erhalten, die Bourgeoisie ein modernes, auf die Freiheit des Vertrages gegründetes Recht; Gewerbe und Handel waren im Elsaß durch die Zugehörigkeit zu dem großen, einheitlichen Wirtschaftsgebiete emporgeblüht, die lothringische Montanindustrie verdankte der Fürsorge des Kaisers ihre Entstehung. Erst durch Napoleons gute und moderne Verwaltung wurden die beiden Landschaften völlig eingegliedert in den großen, geschlossenen französischen Staat; Zentralisation und Individualismus haben die alte deutsche Vergangenheit, das bis dahin liebevoll gepflegte körperschaftliche Leben des alten Deutschlands abgeschnitten. Die Elsässer lockte nicht mehr die Verbindung mit dem jenseitigen Ufer, nicht mehr die Gemeinschaft in einem armen, staatlich zersplitterten und sozial unfreien Leben. Immerhin galt die Anhänglichkeit, die man Frankreich entgegenbrachte, dem Kaiser und nicht den Bourbonen; das Gefühl von der Einheitlichkeit der alemannischen Kultur war im Elsaß noch nicht verloren gegangen, die Teilnahme am Leben des deutschen Geistes noch nicht ganz erloschen. Bei der Entscheidung freilich, die in Paris fiel, kam keiner dieser Gesichtspunkte in Betracht. Das Elsaß blieb bei Frankreich, weil der dauernde Ausgleich zwischen den Großmächten dadurch gefördert wurde. Die Verbündeten wünschten, daß in Frankreich endlich Ruhe eintrete, sie konnten daher dem Lande nicht gut den Besitz nehmen, dessen Erwerb den letzten großen Erfolg des alten und nunmehr erneuerten Königtums ausgemacht hatte. Und auch für Europas Ruhe war es wünschenswert, daß Frankreich und Österreich, deren alte Feindschaft die letzte Ursache all der blutigen Kriege gewesen war, künftig nicht mehr aneinander grenzten. Metternich war entschlossen, Elsaß und Belgien — diese beiden größten und umstrittensten Zwischenlande zwischen dem habsburgischen und dem bourbonischen Herrschaftsgebiete — nicht mehr in österreichischen Besitz zu nehmen. Was aber sollte aus dem Elsaß gemacht werden, wenn es nicht bei Frankreich verblieb? Schon schmiedeten die süddeutschen Fürsten Pläne der Erweiterung, und dann konnte auch Preußen niemals zurückbleiben; eine unabsehbare Kette von Verwicklungen und Streitigkeiten lag vor den Augen der verantwortlichen Staatslenker. Sie konnten unmöglich die Neuordnung Europas gefährden um einer Theorie willen, der unter den Männern der Praxis nur wenige anhingen. Selbst den Führern waren weder die nationalen noch die strategischen Gesichtspunkte gegenwärtig, die erst in den Erfahrungen von Jahrzehnten zu gewinnen waren.

So stieß der werdende deutsche Nationalismus immer wieder auf die Tatsache, daß das Interesse an einem wohlgeordneten Europa noch mächtiger war als alle nationalen Wünsche, Ideen und Ziele. Und dies mußte sehr rasch offenbar werden, sobald auf dem Kongresse zu Wien die Neuordnung des Erdteiles begonnen wurde. Die Verbündeten hatten sich noch in Paris das Wort gegeben, daß die neue Gebietsverteilung, die über das Erbe des Empire zu befinden hatte, auf einem Kongresse in Wien vorgenommen werden solle und daß Frankreich dabei keinesfalls mitwirken dürfe, nachdem die französischen Angelegenheiten durch den Pariser Frieden ihre Erledigung gefunden hatten. Die Entscheidung lag also bei den vier Großmächten, die sich zu Krieg und Sieg zusammengefunden hatten: Rußland und Preußen, Österreich und England. Den Kongreß in Wien beschickten freilich alle Fürsten — solche, die einen Staat regierten, und solche, die wieder Regenten werden wollten. Es war eine ungeheure Flut von Souveränen, Prinzen und Gesandten, Mediatisierten und Prälaten, von Bittstellern und Abenteurern: das gesellschaftliche Leben des „Ancien Régime" feierte nach dem Sturze des großen Emporkömmlings eine glanzvolle Auferstehung. Die elegante Heiterkeit der Kaiserstadt an der Donau bot den günstigen Boden für diesen „tanzenden" Kongreß, und niemand war geeigneter die Honneurs zu machen als der österreichische Kanzler; kein Hausherr konnte liebenswürdiger, gewandter und geistreicher die Gäste empfangen. Wo ein großes Drama der Weltgeschichte aufgeführt wird, braucht man viele Statisten; Metternich hatte keine Möglichkeit, die Flut der hochgeborenen Reisenden fernzuhalten, die als ernste Vertreter ihrer Sache kamen und dem Kongreß auch dann ein gutes Andenken bewahrten, wenn ihre Absichten im feenhaften Glanze der Festlichkeiten vergessen wurden. Die Entscheidung über die Neuordnung der Dinge lag durchaus bei den vier Großmächten, und es war ihre Sache, wie weit sie es für nötig hielten, den andern Staaten eine Mitwirkung einzuräumen. Noch aber war der Kongreß nicht eröffnet, und schon traten die Sonderinteressen der vier Mächte offen hervor; eine jede suchte ihre Stellung zu stärken, indem sie andere Staaten an sich heranzog, und dies gab Frankreich und den Mindermächtigen nun doch die Möglichkeit, auf die Entscheidung der Dinge einzuwirken. Am wenigsten interessiert war noch England; es hatte bereits in Paris alle seine Ziele erreicht. Der gefährliche Gegner war entthront, die Festlandssperre war beseitigt, Hannover war zurückgegeben und wurde der neuen Rangbezeichnung entsprechend aus einem Kurfürstentum zum Königreiche. Die Kolonien und Seefestungen, die England als alleiniger Beherrscher der Meere weggenommen hatte — Ägypten, Malta, Helgoland, das Kap —, sie verblieben alle im englischen Besitz. Die Holländer, denen die wichtigsten Kolonien gehört hatten, wurden entschädigt, indem der von ihnen zurückgerufene Prinz von Oranien König eines niederländischen Gesamtstaates wurde: die Zusammenfügung der ehemaligen Generalstaaten mit den ehemals österreichischen Niederlanden schien der Ruhe Europas und besonders auch der Sicherheit Englands förderlich zu sein. Man glaubte, daß der Staat, den man also an der Nordgrenze Frankreichs gründete, lebensfähig und stark genug sein werde, um Frankreich von jedem Streben nach Ausdehnung und von jedem Angriff auf die flandrische Küste abzuhalten. Auch Preußen war froh, daß hier ein Bollwerk gegen Frankreich geschaffen wurde. Das allgemeine Interesse Europas und die Sonderinteressen Englands und Preußens fanden sich zusammen bei dieser staatlichen Neugründung, die dann doch nicht zwei Jahrzehnte überdauert hat.

Daß auf dem Festlande ein Gleichgewicht der Mächte bestehen solle, war ein alter Leitgedanke der englischen Staatskunst, den sie während des ganzen 18. Jahrhunderts gegen die drohende Hegemonie Frankreichs siegreich verfochten hatte: das Bündnis Englands und Österreichs, an dem sich die europäische Politik noch in den Revolutionskriegen orientierte, war in diesem Zusammenhange begründet worden. Nun war Frankreich niedergeworfen, aber um so drohender erhob sich die Großmacht im Osten. Nicht um das Gleichgewicht wieder herzustellen, war Zar Alexander in den Krieg gezogen, sondern um den Nationen Europas als Befreier zu erscheinen und seine eigene Macht dabei auszudehnen, indem er den Polen einen nationalen und konstitutionellen Staat unter seinem eigenen Zepter schuf; Alexander war entschlossen, sich jetzt für seine Verdienste um Europa bezahlt zu machen und in anderer Art nachzuholen, was Katharina II. bei der Teilung Polens nicht hatte erreichen können. Wenn Metternich, als er sich nur vorsichtig aus der Verbindung mit Napoleon löste und dem russisch-preußischen Bündnis anschloß, zu verhindern gesucht hatte, daß Europa die napoleonische mit der russischen Vorherrschaft vertausche, so schien dies nun doch eintreten zu sollen, und hierüber mußte gekämpft werden: die Sonderinteressen, die vor der gemeinschaftlichen, von Napoleon drohenden Gefahr zurückgetreten waren, kamen nun auf dem Kongresse mit voller Schärfe ans Licht. Auf Seiten Österreichs und Englands, denen Ruhe und Ordnung am höchsten standen, befand sich anfangs auch der preußische Staatskanzler; auch er erstrebte das Gleichgewicht Europas, zudem verlangten die preußischen Generale eine militärisch haltbare Ostgrenze, die naturgemäß durch die Pläne des Zaren in Frage gestellt war. Auch hatte der preußische Staat die polnische nationale Propaganda zu befürchten, die aus der Wiederherstellung Polens sich ergeben mußte. In einer Zeit, da die benachbarten Staaten noch kein Parlament besaßen, konnte das konstitutionelle Königreich Polen die Nachfolge des napoleonischen Herzogtums Warschau antreten und zur Revolutionierung Osteuropas führen. Wie dem österreichischen, so schwebte auch dem preußischen Kanzler ein Bund der drei „deutschen Großmächte" vor; die dritte war England, weil es Hannover besaß. So war Alexander isoliert. Nun lag aber die „polnische Frage" nicht als die einzige auf dem Tische der Konferenz, sondern ebenso brennend waren die Gebietsveränderungen, die im Innern Deutschlands geschehen mußten, nachdem Napoleon alle alten Verhältnisse aufgelöst hatte. Besonders wichtig war die Wiederherstellung Preußens, und hierbei hatten die preußischen Staatsmänner Wünsche, die sich mit Notwendigkeit aus dem Wesen ihres Staates ergaben. Schon Friedrich der Große hatte, um Sachsen zu erobern, den Siebenjährigen Krieg begonnen: die sächsische Grenze lief in unmittelbarer Nähe der preußischen Hauptstadt, als Verbindung Schlesiens mit der Mark war wenigstens ein Teil Sachsens von unschätzbarem Werte. Jetzt hatte der Gang der Ereignisse die Gelegenheit gebracht, die ein guter Staatsmann sich nicht entgehen lassen durfte: der König von Sachsen hatte den Werbungen der preußischen Generale während des Feldzuges kein Gehör geschenkt, er war schließlich auf Napoleons Seite verblieben und in Leipzig gefangen genommen worden, als die Verbündeten einrückten. Die Preußen hatten ihn in Gewahrsam genommen und als Gefangenen abgeführt. Zwar hatten andere Fürsten sich noch später von Napoleon getrennt, aber sie hatten immerhin einen Vertrag geboten, und zudem waren die preußischen Patrioten gegen jene nun einmal ohnmächtig, gegen den König von Sachsen aber wollten sie die neue Lehre anwenden, „daß man nicht ungestraft gegen die Interessen der Nation, welcher ein Volk angehört, handeln darf", wie es in einer der Denkschriften Humboldts hieß. Immer wieder suchte Humboldt, der Gesandter Preußens in Wien war und bei den Pariser Friedensverhandlungen wie auf dem Kongreß zu Wien dem Staatskanzler Hardenberg zur Seite stand, in eingehenden Darlegungen Preußens Recht auf Sachsen zu erweisen: nur diese Entschädigung komme für Preußen in Betracht, die Abrundung Preußens werde auch für Europa von Vorteil sein, indem also eine gefestigte

Macht zwischen Rußland und Frankreich geschaffen werde. Es versteht sich, daß auch Stein, der als Berater des Zaren für die deutschen Angelegenheiten in Wien weilte, das Eroberungsrecht bejahte und Gründe genug fand, es gegen Sachsen anzuwenden. Metternich war denn auch geneigt, in der sächsischen Frage entgegenzukommen. Von einer völligen Annexion Sachsens wollte er zwar keinesfalls etwas wissen, denn sein Prinzip der Legitimität, das sogar Napoleon recht lange zugute gekommen war, konnte keine Entthronung zulassen; auch konnte er das Anwachsen der preußischen Macht vor den Toren der Festung Böhmen weder vom österreichischen noch vom europäischen Standpunkte aus dulden. Aber der „friedliche Dualismus" der beiden deutschen Großmächte, den er erstrebte und durch den er Deutschland und Mitteleuropa ordnen wollte, erforderte allerdings, daß die preußische Hauptstadt entlastet und also ein Teil Sachsens an Preußen gegeben werde: dies schien Metternich den politischen Notwendigkeiten und der Gerechtigkeit in gleicher Weise zu entsprechen. Die Preußen aber wollten mehr, und da lag es nahe, die sächsische mit der polnischen Frage zu verbinden. Der König zumal hätte sich wegen der polnischen Schwierigkeiten nie ernstlich gegen den Zaren gewendet, den er als seinen „Erretter" verehrte; und daß der größte Teil von Preußens Erwerbungen aus der zweiten und dritten polnischen Teilung vom nationalen Standpunkte aus unerwünscht sei, empfanden die Patrioten immerhin. Wenn also Alexander eine militärisch annehmbare Grenzlinie bot und im übrigen dafür eintrat, daß statt der verlorenen polnischen Gebiete ganz Sachsen an Preußen gegeben wurde, dann war den Sonderinteressen der beiden Mächte geholfen: ob das europäische Gleichgewicht dann noch gewahrt war, konnte ebenso gut behauptet wie bestritten werden. Durch Friedrich Wilhelms persönliches Eingreifen wurden Hardenberg und Humboldt, die ursprünglich sächsische und polnische Erwerbungen zugleich erstrebt und gegen Rußland Stellung genommen hatten, zu einer Schwenkung in ihrer Politik veranlaßt; es gruppierten sich also um die polnisch-sächsische Frage die Mächte auf dem Kongreß von neuem, indem Rußland und Preußen nunmehr gegen Österreich und England standen.

Der Gegensatz vertiefte sich rasch, auf beiden Seiten suchte man seine Stellung zu stärken, indem man Bundesgenossen heranzog, und hierbei war Metternich von vornherein im Vorteil. Die Mittelstaaten waren naturgemäß alle für Sachsens Rettung, und Talleyrand, der von seinem Könige als Vertreter Frankreichs auf den Kongreß entsandt worden war, hatte von Anfang an in der sächsischen Frage das Mittel erkannt, das Frankreich entgegen den Bestimmungen des Pariser Friedens den Zugang zu den Verhandlungen über die Gebietsfragen bahnen konnte. Jene Abmachung von Paris, die Frankreich von der Regelung der territorialen Fragen fernhielt, war eben nur aufrecht zu erhalten, wenn alle vier Mächte einig waren. Daß übrigens von Talleyrand zuerst das Wort „Legitimität“ in die Erörterung der sächsischen Frage geworfen worden sei, läßt sich nicht erweisen; sicherlich hat er dem neuen Geschichtsbilde des Legitimismus, das sich jetzt formte, die wirkungsvollste Prägung gegeben. Jetzt also hieß es, Napoleon sei entthront worden, weil er revolutionären Ursprunges gewesen, und Ludwig XVIII. sei zurückgerufen worden, weil nur eine legitime Monarchie fest gegründet sei und die Ruhe des Staates wie Europas garantiere; die Annexion aber sei ein napoleonisches Verfahren. In Wahrheit waren es realpolitische Erwägungen gewesen, die zur Absetzung Napoleons und zur Berufung des geeignetsten Anwärters geführt hatten. Was aber die Annexionen betrifft, so hat später Bismarck in der grundsätzlichen Auseinandersetzung mit solchem Legitimismus gemeint: „Legitime Erben alter Throne können das auch.“ Hinter der Antithese von Revolution und Legitimität verbarg sich ein Gegensatz der Interessen: es war die alte Aristokratie der fünf Mächte, die hier über Europas Schicksal stritt und darüber zu entscheiden hatte. Der Konflikt spitzte sich immer mehr zu, Talleyrand gelang im günstigen Augenblick, was Napoleon nicht geglückt war — die Koalition zu spalten. Man kam bis hart an die Grenze einer Kriegserklärung. In einem geheimen Bündnis vom 3. Januar 1815 sagten sich Österreich, England und Frankreich gemeinsames Handeln zu, das nötig werden könne „infolge neuerdings geoffenbarter Ansprüche“; gleichzeitig faßten in Preußen die Generale ernstlich den Krieg gegen Österreich ins Auge. Aber man war der Schlachten müde, schon wenige Tage später kam eine vorläufige Verständigung zustande: Preußen willigte in die Teilung Sachsens und sollte dafür auf dem linken Rheinufer entschädigt werden. Nun begann man die Grenzlinien abzustecken und um einzelne Stücke zu feilschen: da die Preußen Leipzig, um das sie sich heiß bemühten, nicht erlangen konnten, gab Alexander schließlich, um dem Spiel ein Ende zu machen, Thorn als Ersatz. Im übrigen erhielt er selbst den größten Teil Polens und gab dem Lande alsbald eine Verfassung, die der kommenden Generation ein vielgerühmtes Vorbild geworden ist. Nachdem Alexander mit der Niederwerfung Napoleons den einen Teil seiner Weltbefreiung durchgeführt hatte, wirkte er auf dem Wiener Kongreß für den andern, den innerpolitischen Teil seines Programmes und empfahl den Fürsten, ihren Völkern freie Verfassungen zu geben: auch in dieser Hinsicht spielte er gerne den Antipoden Metternichs.

Statt durch Sachsen erhielt Preußen seine Entschädigung in Westfalen und am Rheine; des polnischen Besitzes ledig, bestand die Monarchie der Hohenzollern künftig wieder ausschließlich aus deutschen Gebieten, sie erstreckte sich wieder quer durch ganz Norddeutschland und war künftig kraft ihrer Stellung zur Wacht am Rheine berufen. Doch sie war durch das dazwischen liegende Hannover in zwei Teile gerissen, noch unfertig und auf die Bahn der Eroberung geradezu hingewiesen. Ein guter Fang glückte Hardenberg noch, als er durch Sonderverhandlungen mit Schweden Vorpommern und Rügen erwarb. Auch hier war eine Landschaft, welche die Hohenzollern von Anbeginn ihres Aufstieges an, seit den Tagen des Großen Kurfürsten erstrebten. Sie war von Bernadotte im Kieler Frieden an Dänemark gegeben worden als Ersatz für Norwegen, aber die Norweger hatten sich alsbald gegen die schwedische Herrschaft erhoben mit der Begründung, daß sie sich nicht verkaufen lassen wollten „wie eine Herde“: schon begann der nationale Geist der Völker, der das Joch des Weltherrschers abgeworfen, sich gegen die Regierungen zu wenden, die durch die Macht der volkstümlichen Bewegung zum Siege geführt worden waren und nun zu den alten mechanischen Regierungsmethoden zurückkehren wollten. Bernadotte erklärte kurzerhand den Kieler Frieden für gebrochen und verkaufte seine Ansprüche auf Vorpommern an Preußen; dieses bot den Dänen als „Ersatz“ das kleine Lauenburg an, das den Welfen in Hannover gehörte, die ihrerseits wieder als Ersatz von Preußen Ostfriesland erhielten. Es war ein Länderschacher, der zwischen Hardenberg und dem Grafen Münster als dem Vertreter der Welfen verabredet wurde; schlimmer hatten auch die alten Monarchen und Napoleon nicht die Bevölkerungen hin- und hergeschoben. Ganz ebenso galt auch auf dem Wiener Kongreß nur die Statistik; von einer Verbundenheit des Volkes mit seinem Herrscherhaus wollte man hier trotz aller Grundsätze von Legitimität und Tradition durchaus nichts wissen, sobald es sich darum handelte, das Gleichgewicht abzumessen. So wurden auch im Süden Deutschlands, wo man dies gewohnt war, die Bevölkerungen nochmals nach bewährtem Vorbild vertauscht und verhandelt. Da die Wittelsbacher Tirol, Salzburg und das Innviertel herausgeben mußten, erhielten sie als Ersatz die linksrheinische Pfalz und den östlichen Odenwald; die dazwischen liegende rechtsrheinische Pfalz sollte dann noch beim bevorstehenden Aussterben der badischen Dynastie an Bayern heimfallen. Die Souveräne von Württemberg, Baden und Hessen protestierten hiergegen sofort; der Streit um die rechtsrheinische Pfalz hat noch auf Jahre hinaus die territoriale Ordnung des südlichen Deutschlands im Ungewissen gelassen.

Nachdem der Kongreß die Gebietsverteilung geordnet hatte, kam endlich auch die „deutsche Frage" zur Verhandlung. Sie war in der Tat die schwierigste von allen, die den Kongreß beschäftigten. Daß die deutsche Staatenwelt in irgend einer Form zusammengeschlossen werden müsse, war seit Beginn des Befreiungskrieges die allgemeine Ansicht; auch Österreich war zur Koalition mit der Überzeugung gekommen, daß Bündnisse mit den einzelnen Staaten nicht genügten, sondern eine feste Verfassung für Deutschland unerläßlich sei. Zahlreiche Pläne und Entwürfe waren während des letzten Jahres aufgestellt worden. In weiten Kreisen der Gebildeten lebte jene unklare, durch die Romantik genährte Vorstellung, daß die alten großen Zeiten des deutschen Mittelalters wiederkehren müßten, sobald man das 1806 erloschene Kaisertum erneuerte und durch eine freie Verfassung festigte. Daß nur das Haus Habsburg Träger der Kaiserkrone werden könne, war allen diesen Patrioten gewiß. Sobald sie nun aber der Frage nachgingen, wie die Verfassung des Reiches beschaffen sein solle, traten alle jene Probleme hervor, die eine wirrenreiche Geschichte im deutschen Leben aufgetürmt hatte und die von nun an schuld daran waren, daß dem deutschen Volke im 19. Jahrhundert die nationale Einigung unendlich schwieriger wurde als irgend einem andern unter den Völkern Europas. Der Freiherr vom Stein, der von allen Staatsmännern der Zeit am frühesten die Begründung des nationalen Reiches ins Auge faßte, hatte doch kein klares Programm entwickeln, keinen einheitlichen Plan entwerfen können. In der Petersburger Denkschrift, die er dem Zaren unterm 17. September 1812, also noch vor dem Brande von Moskau vorlegte, hatte er eine Wiederherstellung der alten Reichsverfassung als möglich bezeichnet und die Zweiteilung der Vormacht zwischen Österreich und Preußen ins Auge gefaßt; die deutschen Territorien sollten diesen beiden Großmächten einverleibt oder, falls ihr staatlicher Bestand geschont werden mußte, ihnen angeschlossen werden. Stein war der Meinung, daß diese Errichtung einer politischen Mainlinie zwar gerechtfertigt sei durch die Verschiedenheit, welche die Bewohner von Nord und Süd nach Stammesart und Sitten, nach Religion und Gemeindeeinrichtungen voneinander trenne; aber wenn ein einheitlicher nationaler Staat dennoch geschaffen werden konnte, so war dies unstreitig die bessere Lösung. Deshalb schlug Stein in der Prager Denkschrift vom August 1813 die Erneuerung des habsburgischen Kaisertums vor: der Kaiser mit dem Reichsministerium solle eine starke Exekutive besitzen, die gesetzgebende Gewalt solle bei ihm und dem Reichstage liegen, dessen Mitglieder Repräsentanten und nicht mehr Gesandte sein sollten. Die Landeshoheit dachte sich Stein aufs entschiedenste beschränkt, die Territorien wollte er auf den Stand zurückführen, den der Reichsdeputationshauptschluß geschaffen hatte; der protestantische Reichsritter wollte also die Mediatisierungen rückgängig gemacht wissen, aber die Wiederherstellung der geistlichen Fürstentümer und überhaupt der alten Reichskirche hielt er nicht für möglich. In diesem Entwurfe war zwar die Mainlinie überwunden und eine starke einheitliche Reichsgewalt konstruiert, aber dafür trat andererseits das Problem des „deutschen Dualismus“ um so unlösbarer hervor: in einem solchen Reiche war kein Platz für Preußen. Die preußische Monarchie mußte, darüber war Stein sich klar, wiederhergestellt werden, aber sie war alsdann als Großmacht unfähig, sich Kaiser und Reich einzugliedern. Also konnte Preußen dem Reiche nur lose verbunden werden: „Sein Verhältnis gegen Deutschland ist das eines zur Mitsorge für seine Erhaltung verpflichteten Standes und eines ewigen Garants seiner Verfassung und Integrität.“

Dies alles waren freilich politisch undenkbare Vorschläge, denen die Publizistik der Zeit noch zahlreiche andere ähnlicher Art zugesellte; wer den nationalen Zusammenschluß wollte, stieß sofort auf Probleme, um deren Lösung sich das deutsche Volk seither immer wieder und immer vergeblich bemüht hat. Es ist daher nicht erstaunlich, daß die ersten Anreger der nationalen Bewegung zwar aus der Tiefe ihres Gemütes heraus forderten, aber durchaus nicht wußten, wie das Unmögliche möglich gemacht werden solle. So war diesen unpolitischen und unpraktischen Menschen Metternich sofort überlegen, denn niemand außer ihm hatte einen brauchbaren Vorschlag. Er sah, daß der deutsche Dualismus die Begründung eines nationalen Kaisertums ausschloß, wenn anders man überhaupt zu dauernden und geordneten Verhältnissen in Deutschland und Europa gelangen wollte; er sah, daß man einen Herd ewiger Feindseligkeiten schuf, wenn man den Rheinbundfürsten eine „capitis deminutio“ zumutete. In der Tat war die Errichtung eines geschlossenen deutschen Nationalstaates praktisch unmöglich, ganz abgesehen von dem Anreiz, den der Vorgang im

Herzen Europas auf alle andern Völkerschaften ausgeübt hätte. So lehnte Metternich für seinen Monarchen die Rolle ab, die ihm in den Plänen der Patrioten zugedacht war. Er war klug genug, die Machtsteigerung, die dem habsburgischen Hause so verlockend mit der Krone des nationalen Kaisertums dargeboten wurde, auf einem andern Wege zu suchen, der minder glanzvoll, auch scheinbar minder einfach und zunächst mühevoller war, aber dafür eine größere Dauer versprach als die kunstvolle Ausgleichung, welche Stein zwischen den Interessen der geschichtlichen Staatenwelt und den neuen Forderungen des nationalen Gedankens herstellen wollte. Stein hat in der Folge noch manchen Plan ausgearbeitet; während des Winterfeldzuges von 1814 legte er dem Hauptquartier in Chaumont einen Entwurf vor, der ein Direktorium aus den vier großen Staaten — Österreich, Preußen, Bayern und Hannover — vorsah; dem Wiener Kongreß übergab Hardenberg einen Plan Steins, der das Direktorium nur aus Österreich und Preußen bestehen ließ. Schließlich kam Stein auch wieder auf seine Idee des deutschen Kaisertums zurück. Metternich dagegen verfolgte sein Ziel mit Umsicht und Tatkraft; sein Auge durchblickte das verworrene Durcheinander der politischen Interessen und Ideen, geistreich verstand er aus dieser Lage die Ergebnisse zu ziehen und seine Politik aufzubauen. Wenn man das Chaos, in das Europa gestürzt worden war, bändigen und eine dauerhafte Ordnung schaffen wollte, mußte man die vorhandenen Kräfte schonen und dienstbar machen dem obersten Zweck. Es mußte also der zersplitterte mitteleuropäische Raum zusammengefaßt werden, aber die Form konnte nur ein Bund sein, der zwei Großmächten zugleich Raum gewährte und die Mittelstaaten in sich faßte. Es konnte also nur ein Staatenbund geschaffen werden, der die Souveränität aller Glieder unberührt ließ, der Gesamtheit nur die unbedingt notwendigsten Aufgaben übertrug, im übrigen aber den Zusammenhalt von der Gemeinschaft der Interessen erwartete. Dann waren die Fragen nach Rang und Überordnung ausgeschaltet, Österreich und Preußen konnten im „friedlichen Dualismus“ nebeneinander wirken, die Mittelstaaten hatten keine Veranlassung mehr, an Frankreich sich anzulehnen. Während Stein und die Patrioten gerade deshalb die Rheinbundstaaten verkleinern wollten, weil sie meinten, daß durch ihre Vermittlung der Einfluß Frankreichs auf das innere Deutschland immer fortdauern werde, war Metternich der Überzeugung, daß die Fürsten jederzeit ein französisches Joch mit scheinbarer Souveränität einem deutschen Kaiser vorziehen würden und daß also die Errichtung des Kaisertums sie unter allen Umständen in Frankreichs Arme treiben werde: die napoleonische Herrschaft in Deutschland konnte nun einmal nicht ungeschehen gemacht werden. Dies eben war die neue politische Linie gewesen, die Metternich durch den Vertrag von Ried vorgezeichnet hatte. Er verhinderte die Wiederkehr der kleinen reichsunmittelbaren Stände, obwohl diese bis zum Untergange des Reiches die treuesten Stützen Habsburgs gewesen waren; er schuf sich in Deutschland eine neue österreichische Partei an den Mittelstaaten, die unter den völlig veränderten Verhältnissen gesichert waren vor einem habsburgischen Ehrgeiz. Soeben hatte das Haus Habsburg auf allen alten Besitz im „Reiche“ verzichtet. Wie anhänglich an die alte Dynastie zeigten sich die Bewohner des Breisgaues gerade jetzt bei Auflösung des Rheinbundes! Aber wenngleich die Erwerbung des Breisgaues beim bevorstehenden Erlöschen der Zähringer Dynastie zeitweise von Metternich ins Auge gefaßt war, so ist es hierzu doch nicht gekommen. Österreich konzentrierte sich um seine Kernlande an der Donau, ließ sich Tirol, Salzburg und das Innviertel von Bayern zurückgeben und nahm Besitz von der für den Donaustaat lebensnotwendigen Küste Dalmatiens und von der reichen lombardisch-venetianischen Ebene, welche die Entschädigung für die gerne aufgegebenen Niederlande darstellte. So hat Metternichs Umsicht den alten bayrisch-österreichischen Gegensatz begraben, ganz ebenso wie er durch seinen Beitritt zur großen Koalition den preußisch-österreichischen Dualismus getilgt hat. Aber während dieser nach einigen ruhigen Jahrzehnten wieder von neuem an den Tag treten sollte, gehörte die Gegnerschaft Bayerns gegen den östlichen Nachbarn nun endgültig der Vergangenheit an; Bayern konnte in Zukunft im südlichen Deutschland die Rolle übernehmen, die Preußen im Norden spielte, es konnte an Österreichs Seite das Gegengewicht gegen Preußen verstärken. Die deutschen Fürsten waren von nun an sicher vor einer Wiederkehr des josephinischen Imperialismus; um so sorgenvoller sahen sie auf den feindseligen Geist, der im Lager Blüchers gegen sie laut wurde, und auf den preußischen Ehrgeiz, den sie auch bei Staatsmännern wie Hardenberg und Humboldt argwöhnten. Österreich dagegen konnte kraft der Eigenart seines staatlichen Baues in dem neuen Jahrhundert der nationalen Bewegung immer nur eine konservative, eine erhaltende Macht sein, es konnte den Weg zum deutschen Volke immer nur über die Regierungen nehmen. Der Bund der souveränen deutschen Fürsten mit Österreich war also gesichert.

Metternich hat von Anfang an erkannt, daß nichts anderes möglich war als ein „foedus perpetuum“ auf der Grundlage der Gleichberchtigung, und man sieht nicht, was anders hätte geschaffen werden sollen, auch wenn die Staatsmänner wie Stein und Humboldt, die den nationalen Gedanken im Herzen trugen, geschicktere Politiker gewesen wären. Im übrigen deckte sich auch in dieser Hinsicht das Interesse des österreichischen Staates durchaus mit dem Interesse, das Europa an einer wohlgesicherten staatlichen und gesellschaftlichen Ordnung besaß. Indem Metternich die Führung ergriff in einer Politik, die den politischen und sozialen Frieden auf der Grundlage des erneuerten europäischen Staatensystems und der überlieferten Gesellschaftsordnung sicherte, entsprach er nicht nur den Lebensinteressen seines Staates, sondern auch den Wünschen aller Mächtigen und verschaffte so seinem Monarchen eine Bedeutung, die weit über dessen äußere Machtmittel hinausging und die viel größer war, als jemals durch Erneuerung des Kaisertums zu gewinnen war. Durch den von ihm vorgeschlagenen Bund herrschte Österreich künftig in Mitteleuropa mit friedlichen Mitteln, es behielt neben seiner neuen Stellung als Ostmacht die alte mitteleuropäische und blieb in Verbindung mit dem Hauptkörper des deutschen Volkes, ohne wie vor 1806 durch erstarrte Formen und abgetrennte Landesteile in seiner eigenen Freiheit gehemmt zu sein. So hat Metternich den Plan zum Deutschen Bunde aus einer umfassenden Ansicht der Dinge entworfen und auf sie politische Tatsachen gegründet, mit denen die nationale Bewegung Deutschlands von nun an zu rechnen hatte. Es war sein Ziel, auch einen ähnlichen Bund in Italien zustande zu bringen, wo der nationale Wille unter dem Einflusse der Französischen Revolution und der napoleonischen Herrschaft sich gleichfalls zu regen begann: auch hier kehrten jetzt die vertriebenen Fürsten, an ihrer Spitze der Papst, zurück. Mitteleuropa war der Kern des alten Imperiums und eben deshalb seit Jahrhunderten zersplittert. Österreich erwuchs die Aufgabe, von seiner festen Stellung im Osten aus die beiden historischen Länder des alten Reiches, ohne deren Beruhigung es keine Ordnung in Europa geben konnte, unter seine politische Leitung zu nehmen, indem der österreichische Kaiser in dem Deutschen Bund wie in der „Lega Italica“ eine Vormachtstellung sich schuf. Ohne eigenen staatlichen Ehrgeiz, mit voller Schonung der partikularen Gewalten konnte Österreich hierdurch große Bedeutung gewinnen. Der italienische Bund ist dann doch nicht zustande gekommen, weil Österreich durch den Besitz des lombardo-venetianischen Königreiches und der Sekundogenituren an sich schon in Italien stark war; der Deutsche Bund aber wurde auf dem Wiener Kongreß geschaffen.

Als der Kongreß zusammentrat, waren die Kaiserpläne durch die Verträge Metternichs mit den Fürsten bereits hinfällig geworden. Nur Stein kam nochmals auf sie zurück, er stieß aber sofort auf den Widerspruch der beiden Vertreter Preußens, Hardenberg und Humboldt. Die preußischen Staatsmänner standen auf dem Boden des europäischen Gleichgewichts und des „friedlichen Dualismus“, wobei sie freilich meinten, daß Preußen im Norden, Österreich im Süden die Vorherrschaft führen, beide also bis an den Rhein reichen und die Mittelstaaten sich untertan machen sollten. Dies alles war für Metternich unannehmbar. Humboldt hoffte, Preußen und Deutschland zugleich dienen zu können, gewissenhaft suchte er nach der für Deutschland besten Lebensform, und Preußens Einfluß sollte dabei steigen — „aber nicht als zwingende Macht, sondern Deutschland gewinnend und mit seinem eigenen freien Willen“. So hat er die Politik der „moralischen Eroberungen“ begonnen — wie man nachher zu sagen pflegte. In zahlreichen Denkschriften mühte sich Humboldt ab, den „gordischen Knoten“ zu lösen: auch dieses Wort ist dann für zwei Menschenalter in die Geschichte der „deutschen Frage“ eingegangen. Es zeigte sich in Wien immer wieder, daß die Schwierigkeiten und die Gefahren für den inneren Frieden um so größer wurden, je mehr man über das in eine Verfassung zusammengefaßte und also gesicherte System von Verträgen hinausging, das Metternich vorschlug. Überaus schwierig waren die Verhandlungen, die in einem Fünferausschuß geführt wurden, den Österreich, Preußen, Hannover, Bayern und Württemberg bildeten. Die Staaten, ob groß oder klein, fühlten sich grundsätzlich gleich und widersprachen allen Plänen, die eine Gliederung und Abstufung bezweckten. Vergebens schlug Stein die Einteilung in Kreise vor, denen die bedeutenderen Fürsten als Kreisobersten vorstehen sollten; alle diese zahlreichen Entwürfe preußischer, österreichischer und mittelstaatlicher Staatsmänner konnten die bestehenden Schwierigkeiten nicht lösen und blieben gekünstelt. Von dem ersten preußischen Entwurf, der einen starken Bund schaffen wollte, bröckelte immer mehr ab, selbst die „Minimalpunkte“, die Preußen schließlich aufstellte und die eine Einheitlichkeit der Kriegsverfassung und des Gerichtswesens wollten, konnten nicht festgehalten werden; es verblieb bei einem lockeren Bunde gleichgeordneter Staaten. So kam die „Deutsche Bundesakte“ zustande, die das Datum vom 8. Juni 1815 trägt. Hier vereinigten sich die souveränen Fürsten und freien Städte Deutschlands zu einem unauflöslichen Bunde, der den Namen „Deutscher Bund" erhielt und als dessen Zweck bezeichnet war, die „Erhaltung der äußeren und inneren Sicherheit Deutschlands und der Unabhängigkeit und Unverletzbarkeit der einzelnen deutschen Staaten." Der Bund bestand aus 39 souveränen Staaten, die Monarchen von Österreich und Preußen traten ihm bei für ihre gesamten vormals zum deutschen Reiche gehörigen Besitzungen, der König von Dänemark für Holstein, der König der Niederlande für das Großherzogtum Luxemburg; der König von Hannover trug auch die englische Krone. Organ des Bundes war der Bundestag in Frankfurt a. Main; er war ein Gesandtenkongreß, in welchem Österreich den Vorsitz führte. Die Stimmenverteilung suchte zu verhindern, daß die Großstaaten von der Masse der Kleinen überstimmt werden oder ihrerseits die Kleinen rechtlos machen konnten. Im gewöhnlichen Geschäftsgange führten die 11 größeren Staaten je eine Stimme, die 28 kleineren waren in sechs Kurien gruppiert, eine jede mit einer Stimme; die Vereinigung dieser 17 Stimmen bildete den „Engeren Rat". Das „Plenum" trat zusammen, wenn es sich um Beschlüsse über die Bundesakte und über organische Bundeseinrichtungen handelte; dieser Fall trat aber oft in vielen Jahren nicht ein. Hier hatten die sechs größeren Staaten zusammen 28 Stimmen unter 70 und konnten, da hier Zweidrittelmehrheit vorgeschrieben war, jeden ihnen mißliebigen Beschluß hindern. Der Antrag Sachsens, das „liberum veto" einzuführen, war zwar abgelehnt worden; aber bei Verfassungsänderungen und Beschlüssen über bleibende Landeseinrichtungen sollte doch Einstimmigkeit notwendig sein.

Die Bundesakte enthielt nach Metternichs Absichten nur die wichtigsten „Grundzüge"; es sollte dem Bundestage überlassen bleiben, die Einzelheiten und die „organische Einrichtung" des Bundes festzustellen. Die von Humboldt betriebene Darlegung der Freiheitsrechte unterblieb, man begnügte sich mit wenigen Sätzen, unter ihnen war der Art. 13, welcher besagte: „In allen Bundesstaaten wird eine landesständische Verfassung stattfinden." Auch die den Bewohnern aller Einzelstaaten zu gewährenden Rechte — wie Gleichberechtigung der christlichen Konfessionen, das Recht zum Erwerb von Grundeigentum, zum Wegzug in einen andern Bundesstaat — wurden nicht eigentlich als Vorschriften der Bundesakte, sondern als freie Vereinbarungen der Bundesstaaten ausgesprochen. Metternich legte dann noch Wert darauf, daß die Bundesakte als eine europäische Angelegenheit in die Kongreßakte aufgenommen werde, und auch Humboldt wie Stein stimmten diesem Gedanken zu. Es wurde ja schon oben betont, wie das frühe deutsche Nationalbewußtsein durchaus noch vereinbar war mit dem Gefühl europäischer Gemeinschaft, man hoffte so die Mittelstaaten zu binden und dem neugeordneten Deutschland eine gesicherte Stellung im Kreise der Mächte zu verleihen. Man ahnte nicht, daß die Mächte hieraus die Forderung ableiten konnten, ohne die Erlaubnis der europäischen Bürgen dürfe an der Akte nichts geändert werden. Trotz all dieser Mängel bedeutete aber der Deutsche Bund doch eine Besserung gegenüber dem alten Reiche, dessen innere Auflösung allein schon durch die Sonderfrieden der Reichsstände mit Frankreich gekennzeichnet war. Dies wenigstens war erreicht, daß der Bund nach außen hin als eine Einheit auftrat: seine innere Kraft hing nunmehr von seinem Ausbau ab.

In dem gleichen Monate Juni, da die Wiener Kongreßakte die Neuordnung Europas besiegelte und so das wirrenreiche Zeitalter der Revolution und Napoleons abschloß, fand auch jener kurze Epilog ein Ende, der an die fünfzehn Jahre eines wundersamen Dramas noch hundert Tage voll Spannung und Heldentum fügte. Die Kunde vom Streit der Mächte auf dem Kongreß war auch nach Elba gedrungen, wo Napoleon in erzwungener Ruhe das Leben eines Gutsbesitzers führte und der sicheren Erwartung lebte, daß Frankreich und Europa seiner wieder bedurften. Kaum hatte er vernommen, daß die Koalition, die sich gegen ihn zusammengefunden hatte, auseinanderzufallen beginne, kaum hatte er von der tiefen Unzufriedenheit gehört, die sich in Frankreich gegen die bourbonische Restauration regte, da war sein Entschluß gefaßt. Am 1. März landete er mit der Garde, die man ihm gelassen hatte, an der Riviera; die Truppen, die ihm begegneten, gingen zu ihm über, wie im Fluge zog er durch Frankreich nach Paris, das die Bourbonen eilends verließen. Freilich war es nur die Armee, die an ihm hing. Die Bevölkerung blieb ruhig und wartete: „Sie haben mich kommen lassen, wie sie die andern gehen ließen“, hat Napoleon selbst gesagt. Er war bereit, künftig als konstitutioneller Monarch zu regieren und gewann dadurch nicht nur Carnot, den alten Republikaner, für sich, sondern auch Benjamin Constant, der schon unter dem Konsulat für den Gedanken des Verfassungsstaates gekämpft hatte und von dem Alleinherrscher beiseite geschoben worden war; jetzt nahm Constant den Auftrag entgegen, eine Verfassung zu entwerfen. Nachdem Napoleon sich also in Frankreich eingerichtet hatte, hing sein Schicksal von den Mächten ab, die in Wien versammelt waren. Er hatte auf deren Uneinigkeit gerechnet. Wenn er ihnen klar machte, daß er nunmehr das Frankreich des Pariser Friedens von seinen unfähigen bourbonischen Vorgängern übernommen habe und nur zu dessen Behauptung der Nation gegenüber verpflichtet sei, sich also künftig aller Übergriffe in den europäischen Frieden enthalten werde, dann — so hoffte er — würde die eine oder andere Partei der streitenden Mächte sich um ihn bemühen. Aber im März war der sächsisch-polnische Konflikt längst beigelegt. Vergebens sandte Napoleon dem Zaren jenen Vertrag vom 3. Januar, den die drei Mächte gegen Rußland geschlossen und den er im Schreibtische Ludwigs XVIII. vorgefunden hatte. Der Zar gab Metternich das Schriftstück zu lesen und warf es dann vor dessen Augen in den Kamin. Man war einig in der Überzeugung, daß Napoleon als Kaiser über Frankreich eine dauernde Bedrohung des so schwer errungenen europäischen Friedens bedeuten werde. Sein Anerbieten, den Frieden von Paris zu achten, lehnten die Mächte ab mit der Begründung, sie hätten diesen Frieden mit einer Regierung geschlossen, die genügend Bürgschaft für die Ruhe Europas geboten habe, würden ihn aber niemals mit Bonaparte eingegangen sein, ohne viel stärkere Garantien zu verlangen. Schon am 13. März ging die Achterklärung gegen den „Feind und Zerstörer der Ruhe der Welt". Also mußte nochmals Krieg geführt werden. Die Verstimmung hierüber war in der französischen Nation groß, und sie konnte auch nicht behoben werden durch die Verfassung, die Napoleon gegen Constants Willen nicht etwa durch eine Volksvertretung beraten und beschließen ließ, sondern als „Zusatzakte" zur bisherigen Verfassung des Kaiserreiches veröffentlichte und nach seiner gewohnten Methode einem leicht lenkbaren Plebiszite unterwarf. Nur das Heer blieb treu, aber es konnte nicht genügend vermehrt werden, weil Napoleon sich scheute, die von den Bourbonen abgeschaffte verhaßte Konskription wieder einzuführen.

Von den verbündeten Großmächten hatten nur die Engländer und die Preußen ihre Truppen kriegsbereit. Das englische Heer trat in den Niederlanden unter dem Kommando Wellingtons zusammen, das preußische stand in der neu erworbenen Rheinprovinz. Den Oberbefehl erhielt abermals Blücher, dem wieder Gneisenau als Chef des Stabes beigegeben wurde. Vergebens hatte Gneisenau beim König um ein selbständiges Kommando gebeten; er hat es bitter empfunden, daß Yorck oder Bülow ihm als kommandierende Generale an Rang und Ruhm überlegen waren, er hat es noch während dieses Feldzuges in Briefen an den

Staatskanzler ein hartes Schicksal genannt, „nie eines eigenen Kommandos wert geachtet zu sein und stets für einen andern arbeiten zu müssen“. Scharnhorst und Gneisenau haben durch ihre persönlichen Eigenschaften zuerst das Amt des Generalstabchefs weit über seine ursprünglichen Funktionen hinausgehoben, die bis dahin in der Sammlung der Unterlagen und in der Ausarbeitung der Befehle bestanden hatten. Gneisenaus Stellung aber ist im Kriege und dann vor der Geschichte eine höchst eigentümliche geworden, sein Biograph hat sie mit feinem Verständnis und gerechtem Urteil umschrieben. Gneisenau schloß stets seinen Vortrag vor dem Oberbefehlshaber mit festen Vorschlägen, ihnen ist Blücher immer beigetreten, und es war immer eine Zustimmung aus eigener Einsicht, nicht etwa aus freiwilliger Unterordnung. Gneisenau hat niemals in Übereifer die Verantwortung zu sich herangezogen, und Blücher hat sie niemals von sich geschoben. Blücher trug die Verantwortung, und also gehört ihm der Ruhm auch vor der Geschichte. Aber der Freiheitskrieg wäre nicht anders verlaufen, wenn Gneisenau selbst den Oberbefehl gehabt hätte. Denn er besaß alle dem Feldherrn notwendige Gaben, und gerade die Truppenführung, bei der Blücher seiner nicht bedurfte, konnte er selbst als sein eigentliches Element betrachten, wie er schon in Kolberg durch seine Umsicht und seine Unerschrockenheit gezeigt hatte. In diesem unvergleichlichen Manne war die strategische Überlegung und die Fähigkeit, die Truppen mit sich zu reißen, in einer Weise vereinigt, wie sonst nur noch in Napoleon: der Unterschied zwischen Blücher hier und Moltke dort läßt keinen Zweifel darüber, wer der größte Feldherr Preußens im 19. Jahrhundert gewesen ist. In seiner selbstlosen Weise hat Gneisenau sich in die Rolle gefunden, die ihm das Schicksal übertragen hatte, und hat mit Blücher gearbeitet in einer Gemeinschaft, in der er der allein Gebende war. Er war der leitende strategische Denker im Hauptquartier, und er war dem Oberbefehlshaber auch gleich an Kühnheit und Tatkraft; er war ein Mann von weiter Bildung und feinem Takt, dem die Landsknechtsmanieren Blüchers nicht angenehm waren. Und dieser unvergleichliche Offizier blieb in den langen Monaten der großen Feldzüge den Truppen nahezu unbekannt, seine Fähigkeiten und Leistungen verschwanden vor den Taten eines anderen. So blieb es auch in dem kurzen und glorreichen Feldzug von 1815.

Das preußische Heer rückte in die Niederlande ein. Während man um Lüttich lagerte, meuterten die sächsischen Truppen, deren Verbände nach der Aufteilung ihres Heimatlandes aufgelöst werden sollten. Die Bataillone wurden von preußischen Truppen entwaffnet; die Rädelsführer — deren man nur habhaft werden konnte, als man mit Dezimierung drohte und schließlich mit der Auslosung begann — wurden erschossen. Es war eine peinliche Zeit des Wartens, die solche Ausschreitungen heraufrufen mußte: auf Verlangen der Mächte sollte der Angriff verschoben werden, bis die russischen und österreichischen Truppen ankämen. Da rückte Napoleon heran. Nach seiner gewohnten Art hatte er die Offensive ergriffen, um die Koalition des Gegners zu sprengen. Der Feind war ihm ums Doppelte überlegen, aber er war in zwei Heere geteilt, und auf diese Tatsache baute Napoleon einen Feldzugsplan, der nach Geist und Kühnheit der Anlage ein vollendetes strategisches Kunstwerk wurde wie nur jemals ein Feldzug aus den Tagen seines Glückes. Die preußische Armee stand im Raume vor Lüttich, die englische im Raume vor Gent; die eine hatte also ihre rückwärtige Verbindung nach dem Rheine hin, die andere gegen das Meer zu: ihre Vorposten berührten sich in der Gegend von Charleroi. Auf diesen Punkt konzentrierte daher Napoleon den Anmarsch seiner Truppen. Von hier aus konnte er die Gegner getrennt angreifen; vereinigen konnten sie sich nur, wenn die eine von ihnen ihre Basis aufgegeben hätte. Napoleon warf sich überraschend auf Blücher, er traf auf dessen Gegenstoß bei Ligny am 16. Juni und schlug ihn zurück. Blücher hatte die Schlacht angenommen, weil ihm von Wellington Hilfe zugesagt worden war. Aber der englische Feldherr hatte in seinem Briefe an Blücher die Stellungen seiner Truppen näher an den preußischen angegeben, als sie in Wirklichkeit waren. Er wußte, daß seine Truppen noch weit auseinandergezogen waren, er fühlte sich daher durch Napoleon bedroht und wollte die Preußen zu seiner eigenen Hilfe festhalten; er berichtigte seine Angaben auch dann nicht, als er selbst zu Blücher hinüberritt und sich davon überzeugen mußte, daß diesen und nicht ihn selbst der Hauptangriff Napoleons treffen werde. Kaum war er von Marschall Ney in Quatrebras angegriffen, gab er die Absicht auf, den Preußen Hilfe zu schicken. Ungünstig war es ferner für die Preußen, daß das Korps Bülow auf dem Schlachtfelde fehlte: abermals kam ein Korpsführer dem Befehle des Stabschefs nicht pünktlich nach. Dazu kam, daß die preußische Schlachtordnung übermäßig langgedehnt war — nach links um die Rückzugslinie zu decken, nach rechts um die Fühlung mit Wellington nicht zu verlieren. Mit schonungsloser Erbitterung wurde an dem heißen Sommertage durch viele Stunden hindurch gekämpft. Da setzte Napoleon gegen

Abend die Garde ein, stieß durch das feindliche Zentrum und nahm das Dorf. Blücher wurde verwundet und war in dem furchtbaren Gewühle der Schlacht nicht mehr zu finden, als der Kampf durch das Einbrechen der Dunkelheit endlich zum Stehen kam. Der Rückzug der Preußen war unvermeidlich geworden; daß jetzt der vorsichtige Herzog von Wellington sich auch zurückziehen werde und zwar gegen Antwerpen, war anzunehmen, und der belgische Feldzug war also verloren. Da traf Gneisenau die denkwürdige und entscheidende Anordnung, daß der Rückzug nicht gegen den Rhein erfolgen solle, sondern gegen Nordosten, in Richtung Waterloo, zur Vereinigung mit den Engländern. So gaben die Preußen ihre Operationsbasis auf; dies aber war es, was außer aller Berechnung Napoleons lag. Sein Feldzugsplan ruhte auf der Voraussetzung, daß der erste Sieg die Gegner für immer trennen werde; nur wenn ihre Vereinigung verhindert wurde, hatte er bei seinen geringen Streitkräften überhaupt eine Aussicht, den Feldzug zu gewinnen. Gneisenaus Entschluß entschied in der Tat Napoleons Untergang. Der Kaiser konnte unmöglich annehmen, daß der unter schweren Verlusten geschlagene Feind sofort noch eine zweite Schlacht aufnehmen werde. Gneisenau hat es später den Truppen verkünden lassen: „Alle großen Feldherren haben von jeher gemeint, man könne mit einer geschlagenen Armee nicht sogleich wieder eine Schlacht liefern. Ihr habt den Ungrund dieser Meinung dargetan.“ Alle Gedanken des Kaisers richteten sich auf die Tatsache, daß die Rückzugslinien der beiden feindlichen Heere divergierend auseinandergingen. Er schickte den Marschall Grouchy mit einem großen Teile seines Heeres zur Verfolgung auf die Straße gegen Lüttich, und es dauerte lange, bis dieser merkte, daß er auf der falschen Fährte war. Napoleon selbst aber wandte sich nun gegen Wellington, in der Meinung, nur diesen Gegner vor sich zu haben.

Wellington bezog eine feste Stellung unmittelbar vor dem Dorfe Waterloo, südlich Brüssel, auf einem langgestreckten Hügelrücken, quer über die Brüsseler Landstraße; rechts und links war die Stellung durch Hindernisse des Geländes geschützt. In dieser Position beschloß er dem längs der Straße herankommenden Feinde standzuhalten, nachdem Blücher ihm zugesagt hatte, daß er mit seinem ganzen Heere ihm zu Hilfe kommen werde. Die Schlacht war also von Wellington als Defensivschlacht angelegt; so entsprach es auch dem Wesen des englischen Feldherrn und seines Heeres. Noch war hier eine Armee, die überwiegend aus Söldnern bestand und in langer Dienstzeit gewohnt war, unerschütterlich in den Bataillonen beisammenzubleiben und die günstige Stellung zu halten. Und noch war hier auch ein Feldherr, der mit der Ruhe und Zähigkeit des echten Engländers eine großartige Überlegenheit verband und durch diese Eigenschaften seines Charakters für die Anwendung der methodischen Kriegführung gleichsam von Natur geschaffen zu sein schien. So ist er mit Recht der größte Defensivgeneral genannt worden, der jemals gelebt hat: nicht Leidenschaft, sondern Kaltblütigkeit war die Ursache seiner Erfolge. So hatte er in Spanien auf dem Boden, der große Entscheidungsschlachten nicht zuließ, durch Jahre hindurch gekämpft und schrittweise die Franzosen zum Lande hinausgedrängt. So leitete er auch am 18. Juni die Schlacht bei Waterloo. Er wollte nicht Rache und Sieg, sondern er wollte die Stellung halten: „Unser Plan ist ganz einfach: die Preußen oder die Nacht", so hieß die von ihm ausgegebene Instruktion. Er war sich bewußt, daß von seiner Haltung nicht zwar das Schicksal eines Reiches, wohl aber die Sicherheit Brüssels und der bourbonischen und oranischen Majestäten abhing. Unaufhörlich stürmten die französischen Scharen an die lebendige Mauer und zerbrachen an ihr, ruhig leitete der Feldherr die Schlacht und vermochte die Reserven mit erstaunlicher Geschicklichkeit immer zeitig genug an der Stelle anzusetzen, gegen die sich der Ansturm über das Feld richtete. Der Kaiser hatte im Angesichte des Feindes noch eine Parade über seine Truppen gehalten — die letzte dieses Feldherrn und dieses kaiserlichen Heeres; dann brachen während des Nachmittags drei gewaltige Hauptstürme und viele einzelne Angriffe gegen die Engländer vor, aber sie richteten nichts aus. Da kamen die Preußen und entwickelten sich gegen den rechten Flügel und den Rücken der Franzosen. Anfangs meinte Napoleon, es sei Grouchy, der fast ein Drittel des ganzen Heeres mit sich führte und zurückbeordert war, weil der Kaiser diese Truppen schmerzlich entbehrte. Dann aber stellte sich der ganze ungeheure Irrtum heraus, in welchem Napoleon seit zwei Tagen gelebt hatte. Vergebens war es, daß ihm noch einige Schläge gegen die Preußen gelangen, vergebens auch, daß er die Garden persönlich gegen die englische Mauer heranführte: der gewaltige Angriff brach in sich zusammen, gleichzeitig stießen die Preußen mit Aufgebot aller Kraft in die rechte Flanke und bogen sie zurück bis fast zur Brüsseler Landstraße. Die französischen Truppen, die vorne gegen die Engländer kämpften, zogen sich auf der Straße zurück bis zum Gehöfte Belle Alliance, aber auch hier war ihres Bleibens nicht mehr. Denn Wellington setzte jetzt seine ganze Front über das weite Feld in Bewegung; es war mehr ein Besitznehmen des Schlachtfeldes als ein Angriff. Die Franzosen gerieten in Gefahr, zwischen Engländer und Preußen zerdrückt zu werden. Alles drängte auf die große Straße, um noch rasch über sie hinweg Rettung zu finden; so löste sich der Rückzug in allgemeine Flucht auf. Bei Belle Alliance trafen sich die beiden Feldherren. Wellington erklärte haltmachen zu wollen; also übernahmen die Preußen die Verfolgung. Und anders als nach Leipzig wurde sie diesmal durchgeführt. In Gneisenaus Tagesbefehl hieß es: „Wir haben gezeigt, wie man siegt, nun wollen wir zeigen, wie man verfolgt." Unermeßlich war die Beute an Geschützen, auch Napoleons Wagen fiel den Preußen in die Hände. Maßlos war die Wut der preußischen Soldaten, schrecklich das Entsetzen, das den Flüchtlingen in die Glieder gefahren war: nach verbürgter Erzählung genügten wohl manchmal einige Trompeter und Hornisten, um die Todmüden wieder aufzuscheuchen.

Nur sechs Tage hatte dieser unvergleichliche Feldzug gedauert. Im Hauptquartier Blüchers war nur eine Stimme, daß man jetzt mit Schnelligkeit auf Paris marschieren und dort einen Frieden diktieren müsse, wie er den militärischen und nationalen Bedürfnissen Deutschlands entsprach. Ganz anders dachten Wellington und die englische Regierung; auch sie wollten den alsbaldigen Vormarsch auf Paris, aber nur um die Bourbonen zurückzuführen. Ihre Wiedereinsetzung erschien den an Traditionen gebundenen Engländern eine notwendige Gegenwehr gegen den emporsteigenden demokratischen Geist des Jahrhunderts. So rückte man vor — Blücher immer voraus, seine Truppen von Zornesgedanken erfüllt über den erneuten Friedensbruch, jederzeit geneigt, an den Franzosen Rache zu nehmen. Den Kaiser hätten sie, wenn er ihnen in die Hände gefallen wäre, ohne Zweifel erschlagen; Gneisenau verlangte, daß Napoleon an Preußen ausgeliefert werde, damit man ihn vom Leben zum Tode bringe. Wellington folgte den Preußen langsam auf dem Marsche nach Paris, in seinem Quartier führte er die Bourbonen mit sich und setzte sie in jeder Stadt, durch die er kam, feierlich ein: sie sind aus dem Packwagen des Auslandes hervorgekrochen — „du fourgon de l'étranger" — haben später die Pariser gespottet. Die Preußen rückten vor die Hauptstadt, umgingen sie im Westen und griffen von Süden her an, wo sie nur schwach befestigt war; von dieser Seite war wahrlich noch nie ein Feind erwartet worden! Nochmals wurde hier gefochten, dann folgte die Übergabe durch die provisorische Regierung, an deren Spitze Fouché, der ehemalige

Polizeiminister, stand. Vergebens hatte Napoleon noch auf Wendung des Schicksals gehofft. Noch war ja das Heer Grouchys vorhanden, noch gab es Nationalgarden; die Preußen aber hatten, als sie die Seine überschritten und Paris von Süden her angriffen, sich in eine nicht ungefährliche Lage begeben. Dies hatte Napoleon veranlaßt, sich der provisorischen Regierung anzubieten, als einfacher General den Krieg weiterzuführen und Frankreichs heiligen Boden vom Feinde zu befreien. Aber er hatte ausgespielt. Von den Kammern gedrängt, hatte er schließlich abgedankt — „zu Gunsten seines Sohnes Napoleon II.“; er hatte Paris und dann auch die Nachbarschaft der Hauptstadt verlassen müssen, um nicht den Preußen in die Hände zu fallen. So lieferte er sich den Engländern aus und bat seine schlimmsten Gegner um ein Asyl. Das Beispiel des Themistokles schwebte ihm vor, der den Edelmut des Feindes mit Erfolg angerufen und am Hofe des Großkönigs als Privatmann hatte leben dürfen.

Inzwischen lagerten die preußischen Truppen in der französischen Hauptstadt, erhoben Kontributionen und begannen den Rücktransport der von Napoleon geraubten Kunstwerke. Von dem durch Wellington zurückgebrachten König Ludwig XVIII. nahmen die preußischen Generale keine Notiz: für sie war Frankreich der Feind, dieses Mal sollte es nach ihrem Willen auf jeden Fall Entschädigungen und Sicherheiten geben. Aber das Eintreffen der Monarchen in Paris verschlechterte alsbald die Aussichten des preußischen Standpunktes, dem Wellington und das konservative, ordnungsliebende England unerschütterlich entgegenstand: der Befreier Spaniens liebte die ihm verbündeten spanischen Patrioten ebensowenig wie irgend eine andere volkstümliche Bewegung. Auch Kaiser Alexander wollte jetzt nichts mehr von dem „Jakobinismus“ wissen und stellte sich auf die Seite der Legitimität. Metternich verlangte anfangs, daß die wichtigsten Festungen Frankreichs abgetreten werden sollten; nachher trat auch er zu dem englischen und russischen Standpunkt. So war Preußen isoliert, seine Staatsmänner wurden Schritt für Schritt zurückgedrängt. Den Krieg auf eigene Faust weiter zu führen, wozu die Generale gerne geraten hätten, war im Ernste nicht möglich, „Europa“ hätte die Störung des mühsam errungenen Gleichgewichtes nicht ruhig hingenommen. So wurde es auch diesmal nichts mit der Rückgabe von Elsaß und Lothringen, obwohl Hardenberg und Humboldt, die Preußen wieder bei den Pariser Friedensverhandlungen vertraten, sich auf das entschiedenste dafür einsetzten und auch die süddeutschen Fürsten auf ihrer Seite hatten, die hierbei Landgewinne zu machen hofften. Der Staatskanzler ließ sogar schleunigst den Freiherrn vom Stein nach Paris kommen, damit er auf den russischen Kaiser einwirke; aber auch Steins Einfluß war dahin. Vergebens stellten Hardenberg, Humboldt und Gneisenau immer wieder vor, daß jetzt unmöglich mehr die Gründe gelten konnten, die im vorigen Jahre für Schonung gesprochen hatten. Dieses Mal hatte die französische Nation die Freiheit des Willens gehabt, sie war von der soeben zurückgekehrten Dynastie wieder abgefallen und hatte sich einem Abenteurer in die Arme geworfen, der in drei Tagen völlig geschlagen worden war: bei Waterloo stand nicht ein Haufe napoleonischer Parteigänger, sondern ganz Frankreich gegen die Verbündeten. Alle früheren Zusicherungen, die von Frankfurt aus dem französischen Volke gemacht worden waren, erklärte Humboldt also für hinfällig; es sei sinnlos und unmöglich, die Bourbonen den Franzosen aufzwingen zu wollen. Also, schlossen die preußischen Denkschriften, könne die Sicherheit Europas nicht in der Beförderung des alten Königsgeschlechtes gesucht werden, sondern nur dadurch, daß man den angrenzenden Staaten militärisch gute Grenzen verschaffe. So forderten die Preußen, daß Frankreich seinen Nachbarn die Verteidigungsmittel zurückgebe, die es ihnen genommen habe — an Deutschland also das Elsaß und die Festungen an Saar, Mosel und Maas: dann erst werde Frankreich sich in seiner wahren Verteidigungslinie befinden, innerhalb der Vogesen und der Festungslinien zwischen der Maas und dem Meere. Es war ein Standpunkt, der nichts zu tun hatte mit den ausschweifenden nationalistischen Theorien der Literaten wie Arndt, obwohl eine aufrechte und warme deutsche Gesinnung aus den Denkschriften Humboldts und Gneisenaus sprach. Ihre Gesichtspunkte waren militärisch und politisch, und gegen sie stand nur die Sorge vor Revanche: „Europa" wollte Ruhe haben, eine zeitweise Okkupation französischen Landes mußte genügen, bis die Regierung der Bourbonen dauernd gefestigt sei. So gab der zweite Pariser Frieden am 20. November 1815 nur Saarlouis, Saarbrücken und Landau in deutsche Hand; die von Vauban gebaute Saarfeste gelangte an Preußen, und ebenso die alte Hauptstadt der Grafen von Saarbrücken, die in der Königszeit niemals zu Frankreich gehört hatte und dennoch im vorigen Jahre als Zugabe zu den Grenzen von 1792 den Bourbonen überlassen worden war. Landau wurde zur bayrischen Pfalz geschlagen, Savoyen und Nizza wurden an den König von Sardinien gegeben. Immerhin wurde diesmal auch eine Kriegsentschädigung abverlangt, ferner sollte Frankreich eine Summe Geldes liefern zum Bau deutscher Festungen an der Westgrenze. Eine „Garantie“ gegen die Wiederholung französischer Kriegsgelüste sollte, wie gesagt, die Okkupation der Nordprovinzen sein, die auf fünf Jahre vorgesehen war: das Kommando über das Besatzungsheer erhielt der Herzog von Wellington, der vor der Geschichte als der eigentliche Schöpfer des zweiten Pariser Friedens zu gelten hat. Während der erste Friedensschluß Frankreich immerhin große Einbußen an Land und Macht zugefügt hatte, war der zweite überaus großmütig. Und doch enthielten die beiden Verträge den Keim eines neuen Krieges: die napoleonischen Eroberungen gab Frankreich ohne weiteres preis, nicht so das linke Rheinufer, auf das es sich durch hohe Kulturarbeit einen Anspruch erworben zu haben glaubte. Und auch im jenseitigen Deutschland war die Wirkung des französischen Einflusses nicht ohne Dauer: in den Fürsten, den hohen Beamten, der ganzen Bildungsschicht besaß der französische Geist noch lange seine Verehrer. Daß dies alles politisch ungenützt bleiben möge, dies war es, was die Schöpfer der Pariser Verträge von den Bourbonen erwarteten.

Die Ruhe Europas ging den Machthabern über alle andern Berechtigungen. Allzu lange und allzu gewaltig waren die entfesselten Leidenschaften über die Erde dahingebraust, als daß nicht das Bedürfnis nach Beruhigung allmächtig geworden wäre. Man hatte erlebt, wie die souveräne Vernunft eine ganze, historisch gewordene und geordnete Welt aus den Angeln hob, wie alle geistigen Güter verleugnet wurden, die die Menschheit in langen Jahrhunderten aufgebaut und gegen die Angriffe der Barbarei, des Eigennutzes und der Dummheit scheinbar für immer gesichert hatte. Man hatte den mächtigen, hemmungslosen Willen eines gewaltigen Mannes am Werke gesehen; Veraltetes hatte er mit großartiger Wucht hinweggeräumt, eine neue Lebensform hatte er den Völkern aufgeprägt, aber seiner Gewaltsamkeit war es versagt, jene Ruhe und Dauer zu schaffen, in der die Menschen ihres Erdentages froh werden konnten. So hatten sich Staaten und Völker gegen ihn erhoben und auch ihrerseits ungeahnte Kräfte und Leidenschaften der Tiefe aufgerufen. Mit schwerer Sorge hatten die Führer des antinapoleonischen Bundes den unerhörten Ausbruch erlebt: ihn zu nutzen und dann in ruhigere Bahnen zu lenken, erschien als Gebot der höchsten Weisheit. Alle Staatslenker jener unvergleichlichen Jahre haben sich um diese Aufgabe gemüht. Sie alle waren Söhne eines weltbürgerlichen Zeitalters, sie lebten im Glauben an ein allgemeines Menschentum und im Bewußtsein der großen abendländischen Kulturgemeinschaft. Aber Stein oder Humboldt hofften, der Menschheit auch durch Erweckung der nationalen Triebe zu dienen, Metternich und Hardenberg dagegen zweifelten an der Möglichkeit, nationale Ausschließlichkeit und europäisches Gemeinschaftsbewußtsein zugleich zu befriedigen. Und während die Vorkämpfer des nationalen Strebens keine politische Form für ihre Ideen zu finden vermochten, verfügte der Europagedanke über eine große politische Tradition, der auch Napoleon sich nicht hatte entziehen können und die jetzt nochmals wie eine neue Erkenntnis über die Menschen kam. Aus Antike, Christentum und Germanentum, so sahen wir, war die abendländische Kultur erwachsen; das Bewußtsein von ihrer Einheit und Eigenart hatte sich in allem Wandel der Jahrhunderte doch immer erhalten, und es hat seinen politischen Ausdruck gefunden in jenem Systeme des Gleichgewichts, das in den Kämpfen um die Macht sich herausgebildet hatte und eine geordnete Staatengesellschaft in sich schloß. Dieses politische Europa wurde repräsentiert von der dünnen Oberschicht der ebenbürtigen Fürstengeschlechter, die auf den Thronen saß, von einer Aristokratie und Diplomatie, die über die einheitliche, vorwiegend französische Bildung Europas verfügte und im gesellschaftlichen wie im geschäftlichen Leben sich zueinander fand. Dazu war der Geist des Rationalismus gekommen und das ihm entstammende Bewußtsein eines allgemeinen Menschentums; kraft seiner Bestimmung hatte er sich bemüht, aus dem Kriegszustande der Staaten einen Rechtszustand zu schaffen. Es war das Problem, das den großen Leibniz beschäftigt und den französischen Abbé St. Pierre in einer Zeit, da Frankreich durch die endlosen Kriege Ludwigs XIV. vollständig erschöpft war, zu seinem Völkerbundsgedanken geführt hatte — „pour rendre la paix perpétuelle en Europe!“ In diesem geistigen Zusammenhang ist schon während des 17. Jahrhunderts durch Grotius und Pufendorf die Wissenschaft des Völkerrechtes geschaffen worden; bis hin zu Kant geht die große Reihe der Denker, die bald aus den Antrieben der Menschlichkeit und des ethischen Wollens, bald aus dem Bewußtsein des christlichen Universalismus und bald aus dem formalen Rechtsgedanken heraus die Solidarität der europäischen Staaten bejaht haben. Nun kam eine Zeit, die aus innerem Bedürfnis danach verlangte, daß diese Solidarität erneuert und gestärkt werde. Indem Metternich durch Geburt, Bildung und praktische Einsicht zu dieser Politik geführt wurde, hat er den alten Erdteil noch einmal zusammengefaßt und organisiert in der Pentarchie seiner großen Mächte. Es war eine

Diktatur der großen Regierungen über die kleinen, die nur mitwirken konnten, wenn es die Form oder aber das Interesse einer Großmacht also verlangte. „Europa“ war es, das Napoleon stürzte, „Europa“ ordnete zu Wien alle Fragen der Völker, „Europa“ war entschlossen, diese Ordnung zu verteidigen gegen alle Störung. Zum äußeren Zeichen dessen fanden sich die drei verbündeten Monarchen auf Anregung des Zaren noch zu Paris am 26. September 1815 in jener „heiligen Allianz“ zusammen, durch welche im Stile der politischen Romantik der christliche Charakter des einheitlichen Europas und seine patriarchalische Sozialordnung noch ausdrücklich betont und die übrigen Fürsten aufgefordert wurden, sich zur Bewahrung dieser Grundsätze anzuschließen.

An widerstrebenden Kräften fehlte es in den Tiefen der Völker nicht. Der nationale Gedanke war durch Revolution und Romantik in die Herzen der Menschen getragen worden, das emporgekommene Bürgertum machte sich zu seinem Vorkämpfer, dazu kam der unaustilgbare Egoismus der Staaten, der nur im Augenblick durch Einsicht und Ruhebedürfnis zurückgedrängt war. Der Wiener Kongreß hatte gezeigt, wie rasch dieser Friede gefährdet werden konnte. Frankreich war durch die Anstrengungen des ganzen Europas auf seine natürliche Basis zurückgedrängt worden, über deren Umfang man im Einzelnen verschiedener Meinung sein konnte, über die aber das Kaisertum jedenfalls weit hinausgeschritten war. Den größten Vorteil hatte jetzt von dem Wandel der Dinge England davongetragen: es besaß keinen Rivalen mehr auf dem Weltmeere und in den Kolonien, es genoß die Vorteile, die es von jeher aus dem Gleichgewichte der Mächte auf dem Kontinent für seine eigene Weltstellung gezogen hatte; jenseits seiner grünen Küste sah es das flandrische Land nicht mehr in Frankreichs Händen. Aber im Hintergrunde Europas erhob sich Rußland. Die Ereignisse hatten gezeigt, daß im Schoße des russischen Volkes unerhörte Kräfte schlummerten, die, wenn sie entbunden wurden, die kühnsten Pläne Peters des Großen oder der Kaiserin Katharina verwirklichen konnten: der englisch-russische Gegensatz in Europa und draußen in der Welt wird die außenpolitische Grundtatsache des 19. Jahrhunderts werden, und wieder wie in der alten Zeit wird dabei eine englisch-österreichische Interessengemeinschaft sich einstellen. Ebenso war auch der Dualismus der beiden deutschen Großstaaten zwar vorläufig durch die Waffenbrüderschaft begraben worden, und er blieb durch die Errichtung des deutschen Bundes für die nächsten Jahrzehnte ferngehalten; daß aber diese preußisch-österreichische Gegnerschaft verstärkt wiedererstehen konnte, wenn sich das preußische Staatsbewußtsein mit der nationalen Bewegung der Deutschen verband, war im Hauptquartier Blüchers zuerst offenkundig geworden. In diesem Falle mußte dann auch für Frankreich die Stunde einer neuen Entscheidung kommen, denn noch immer hatte die französische Staatskunst die Wirren im Inneren Deutschlands zum Vormarsch gegen den Rhein benutzt, noch immer hatte sie sich genährt an der Feindschaft der Fürsten gegen Österreich, die schließlich mit dem Aufstieg des Hauses Hohenzollern zur hoffnungslosen Schwächung des Reiches geführt hatte; auch die offenen Grenzen Deutschlands und seine Lage im Herzen des Kontinents hatte Frankreich von jeher sich nutzbar zu machen gewußt, und das nationale Zeitalter wird auch diese Motive gesteigert zurückführen. So zeichneten sich, als Europa aus Einsicht und Not sich seiner Einheit nochmals bewußt wurde, am politischen Horizonte bereits alle jene Gegensätze ab, durch die das Jahrhundert von 1815 bis 1918 zu einer Periode der blutigsten Kriege geworden ist, an deren Ende ganz unmittelbar die völlige Auflösung drohte. Um so größer ist das Werk der Organisation, das der Wiener Kongreß unter Metternichs geistiger Führung geleistet hat, indem er durch sorgsame Ausgleichung aller Gewichte und Gegengewichte eine „Stabilität“ noch ermöglicht hat. Aber was hier geleistet wurde, war doch nur ein Organisieren, ein virtuoses Arbeiten mit den Praktiken der alten mechanischen Saatskunst: künstliche Gebilde waren das Ergebnis, das 19. Jahrhundert hat sie wieder aufgelöst. Wahllos wurden die Völker und Länder hin- und hergeschoben, die Menschen waren ein Zubehör von Territorien, die Statistiker waren auf dem Kongresse die wichtigsten Berater der Monarchen und Staatsmänner: die Humanitätslosigkeit des atomistischen Geistes begann im 19. Jahrhundert furchtbar sich zu entfalten. Doch die abendländische Welt hatte auf mühsamen Bahnen sich noch eine andere und höhere Wertung des Menschen erkämpft; in den Völkern war das Gefühl, daß es einen menschlichen Eigenwert gab, mit elementarer Gewalt hervorgebrochen. Diese Einschätzung des Menschentums war als christliches Erbgut allen geläufig, die nicht auf dem Boden der Atomistik standen: daß sie auch für das Leben im Staate gelte, wurde den Politikern des Kongresses nicht bewußt. Mit Recht hat darum Bismarck in der Auseinandersetzung mit dem Legitimismus seiner Zeit den inneren Widerspruch betont, der auf dem Wiener Kongreß zwischen der idealistischen Theorie und der Anwendung mechanischer Prinzipien bestand; man sprach von „Wiederaufrichtung der gesellschaftlichen Ordnung“, von „Neugestaltung des politischen Systemes“, vom „dauerhaften, auf eine gerechte Verteilung der Kräfte begründeten Frieden“, während man in Wahrheit eben doch nur die den Besiegten abgenommene Beute unter die Sieger verteilte, wie Friedrich Gentz schon damals in vertraulicher Denkschrift diese innere Unausgeglichenheit beklagt hat. Und doch hatten schon Revolution und Kaiserreich gelegentlich beides miteinander zu vereinigen gewußt — die alte Kunst der rationalen Gestaltung und den neuen Glauben an die spontane Kraft und an den Wert der Gesinnung. Hier lag eine große Erbschaft, die das übrige Europa noch nicht völlig genutzt hatte oder auch wieder nach erlangter Befreiung vom napoleonischen Joche vergaß und die dem 19. Jahrhundert erst noch einmal vermittelt werden mußte. Es ist die letzte weltgeschichtliche Tat des gestürzten Kaisers gewesen, daß er mit dem scharfen Instinkt für das Dauernde, der ihm eigen war, aus seinem Lebenswerk die Ideen heraushob, die bestimmt waren, an der Gestaltung des 19. Jahrhunderts mitzuwirken.

St. Helena heißt die letzte Etappe in Napoleons Leben: sie ist nicht geringer an historischem Gewicht als etwa Marengo oder Austerlitz. Die Großmächte, die den gestürzten Helden an den fernen Felsen weit draußen im Ozean schmiedeten, machten aus ihm einen Märtyrer, und während der Unwille im französischen Volke sich im Winter 1814 und während der Hundert Tage in oft unverhüllter Form geäußert hatte, kam bald die Zeit, wo die Menschen Mitleid empfanden mit dem Gatten, den die Frau verlassen hatte, mit dem Vater, dem man den Sohn genommen. Der Gefangene selbst aber führte die letzte und einzige Waffe, die ihm geblieben war: er schrieb. Hier entstand jenes Buch, das alsbald nach dem Tode des Kaisers nach Europa gelangte und wie eine politische Offenbarung zu den Völkern sprach — der „Mémorial de Sainte Hélène“. Von der Höhe seines Felsens sah der Mann des Jahrhunderts gleichsam über die weite Fläche der historischen Welt, sprach Urteil über Vergangenheit und Zukunft und verkündete die Ideen der neuen Zeit, als deren Schöpfer und erster Gestalter er angesehen sein wollte und für die er sich und seinen Thron geopfert habe. Nicht von dem geschichtlichen Bonaparte sprach der dahinsiechende Kaiser. Vergessen blieben alle Züge der Despotie, der Grausamkeit und des Eigennutzes, vergessen jene Verachtung aller „Ideologen“, in der sich der Mann des 18. Brumaire so gerne gefallen hatte; vergessen wurde vor allem auch der Eroberer. Aus Bonaparte wurde ein Bonapartismus; er war von ihm selber geschaffen und wurde in einem reichen und wechselvollen Nachleben durch das Jahrhundert getragen. Als Vorkämpfer von Freiheit und Weltfriede wollte Napoleon vor der Geschichte erscheinen, als Anreger aller schöpferischen Kräfte der Völker, als Vollender ihrer tiefsten Gedanken. Jetzt also hieß es: „Ich habe den Krater der Anarchie geschlossen und das Chaos entwirrt. Ich habe die Revolution von ihrem Schmutze gereinigt, die Völker veredelt, die Könige befestigt. Ich habe einen allgemeinen Wetteifer angeregt, jedes Verdienst belohnt, die Grenzen des Ruhmes weit hinausgesteckt. Das ist wohl etwas." Und hieran war so viel richtig, daß alle diese Motive, die nach seinen eigenen Worten die Herrschaft der Vernunft, die freie Ausübung aller Fähigkeiten zum Ziele hatten, dem Wesen des napoleonischen Kaisertums zugehörten. Die andern Antriebe aber von ebenso starker Geltung, die daneben standen, entschuldigte er jetzt mit der Macht der Umstände, mit der Zügellosigkeit, die immer noch gedroht habe, mit der Angriffslust der Mächte: „Ich wollte der Welt den Frieden geben, aber sie haben mich zu einem Dämon des Krieges gemacht." Die geistige Hinterlassenschaft des Kaisers predigte von der Freiheit der Völker in einem einheitlichen Europa, von dem Glauben an die schöpferische Kraft des Menschen, vom Vertrauen auf ihren Wert für die Gesamtheit, vom Willen zu ihrer Entfaltung und Lenkung. Das demokratische Kaisertum, gestützt auf das Volksheer und auf die Massen, frei von aller Bindung an Adel und Priester, sollte nach der Deutung seines Schöpfers die Bestimmung in sich tragen, den Völkern die nationale Einheit und die konstitutionelle Freiheit zu bringen und sie doch zugleich in dem großen Verbande einer abendländischen Gemeinschaft zusammenzufassen. Jetzt erzählte der Kaiser von seinen Plänen, die das Schicksal und die Bosheit der Mächte vernichtet hätten: den Deutschen, den Franzosen, den Italienern, den Spaniern, und er hätte auch sagen können, den Polen — einem jeden dieser Völker habe er einen „einigen, nationalen Körper" zugedacht. Ihnen allen hat er in der Tat den Funken des nationalen Wollens übermittelt, der ihm persönlich dann verhängnisvoll geworden ist. Der Gedanke des demokratischen und des sozialen Königtums schritt durch das Jahrhundert, begleitet vom Aufstieg des Bürgertums und der Massen und getragen vom Willen zu selbsttätiger Arbeit und zur staatlichen Macht. Die neue Besitzverteilung, die neue Rechtskultur, der neue Verfassungsstaat und der nationale Glaube — dies alles ging von dem Manne aus, der die Revolution in vielfachem Sinne zu Ende geführt hatte und der sich als ihren Erben bezeichnen durfte. Reich und üppig ging die Saat von St. Helena auf und mehrte die stattliche Fülle von Gedanken und Antrieben, die in den letzten Jahrhunderten emporgewachsen waren. Nun lagen sie alle bereit, sich zu messen und sich zu vertragen: sie vollends aus dem Reiche der Ideen in die Wirklichkeit überzuführen, wurde die Aufgabe des 19. Jahrhunderts.

Anmerkungen.

Die Bibliographie zu unserem Thema ist unübersehbar. Auch nur die wichtigsten der herangezogenen Monographien hier aufzuführen, ist ganz unmöglich. Ich gebe vornehmlich Belege aus Quellen, auf die der Text im besondern Bezug nimmt. Auf das in diesem grundlegenden I. Bande ausgebreitete Material werden dann die folgenden Bände bei zahlreichen Einzelfragen immer wieder zurückgreifen.

I, 1.

S. 5. Gesetz der wachsenden Räume: s. Fr. Ratzel, Anthropogeographie I² (1899) 237.

S. 5. Die Strabo-Stelle findet sich 2, 26 C 126.

S. 6. Den Begriff der romanisch-germanischen Völker als der völkischen Grundlage der abendländischen Kultur hat zuerst Leopold Ranke entwickelt in seinen „Geschichten der romanischen und germanischen Völker" (1824), mit der berühmten Einleitung: „Von der Einheit der romanischen und germanischen Völker und von ihrer gemeinschaftlichen Entwickelung".

S. 7. Der Vergleich mit Santa Maria sopra Minerva: Otto Willmann, Geschichte des Idealismus II² (1907) 128.

S. 8. Die Bezeichnung „nationale Dekomposition" für die Kultur der römischen Kaiserzeit ist geprägt worden von Theodor Mommsen, „Auch ein Wort über unser Judentum" (1880), wieder abgedruckt in „Reden und Aufsätzen" (1905) 416 f.

S. 9. Die Geschichte des europäischen Geistes als besondere Entwicklungsstufe des menschlichen Bewußtseins hat zuerst Wilhelm Dielthey als wissenschaftliches Problem erfaßt (Ges. Schriften II⁴ [1923]).

S. 9. Über das Naturrecht der Scholastik vgl. einerseits Martin Grabmann, Mittelalterliches Geistesleben (1926) 65 ff., anderseits Ernst Troeltsch, Soziallehren der christlichen Kirchen (Ges. Schriften I [1912] 238 ff.).

S. 10. Die Stellen aus Thomas von Aquin sind aus der Summa theologica (Opera iussu Leonis XIII edita t. IV): I, q. 96 a. 4 c. (homo naturaliter est animal sociale) und II 2, q. 118, a. 1 c. (bona autem exteriora ... unde necesse est quod bonum hominis circa ea consistit in quadam mensura, dum scilicet homo secundum aliquam mensuram quaerit habere exteriores divitias, prout sunt necessaria ad vitam eius secundum suam conditionem. Et ideo in excessu huius mensurae consistit peccatum, dum scilicet aliquis supra debitum modum vult eas vel acquirere vel retinere, quod pertinet ad rationem avaritiae). Dazu natürlich noch die Schrift „De regimine principum".

S. 11. Jules Michelet, Histoire de France II, Kap. 1: „Tableau de la France". Die Stelle spricht von der „révélation de la France" in der „époque féodale ou provinciale": „Les divisions politiques répondent ici aux divisions physiques."

S. 12. Aus Aristoteles kommen besonders in Betracht: Politik 1, 2; 2, 1; 5, 2. Nik. Eth. 6 (2, 15). Z. B. 2, 1: „οὐ μόνον δὲ πλειόνων ἀνθρώπων ἐστὶν ἡ πόλις, ἀλλὰ καὶ ἐξ εἴδει διαφερόντων· οὐ γὰρ γίνεται πόλις ἐξ ὁμοίων. ..." Das Wort ἄνθρωπος φύσει πολιτικὸν ζῷον steht Pol. 1, 1, und ihm entspricht der Satz: „πρότερον δὲ τῇ φύσει πόλις ἢ οἰκία καὶ ἕκαστος ἡμῶν ἐστιν · τὸ γὰρ ὅλον πρότερον ἀναγκαῖον εἶναι τοῦ μέρους.“ Das Wort des Thomas: „magis naturaliter conjugale etc.“, steht auch schon Nik. Eth. 6. Es ist umstritten, ob Aristoteles sich widerspricht; meine Auffassung ist im Texte wiedergegeben.

S. 14. Über ordo und complexio vgl. auch Karl Vossler, Göttl. Komödie [2](1925), bes. Bd. I 56 ff. u. ö.

S. 15. Viollet-le-Duc, Dictionnaire raisonné de l'architecture I (1858) Vorrede, in der das Bekenntnis des Verfassers zur nationalfranzösischen Gotik und dem in ihr waltenden „rôle de la raison“ eindringlich dargelegt ist.

S. 16. Walther von der Vogelweide, Ausg. K. Lachmann, die Sprüche 8, 28; 11, 6; 18, 29; 16, 36.

S. 17. Die Zusammenhänge zwischen Theorie und Wirklichkeit in der mittelalterlichen Soziallehre bei Troeltsch a. a. O. I 246 ff.

S. 18. Die Stadt als societas perfecta bei Thomas, Comm. in Pol. I lect. 1: „Quarum quidem communitatum cum diversi sint gradus et ordines, ultima est communitas civitatis ordinata ad per se sufficientia vitae humanae. Unde inter omnes communitates humanas ipsa est perfectissima ...“ Über die nichtstädtische Bevölkerung: „quia sunt expulsi de civitate vel propter paupertatem necesse habent excolere agros aut animalia custodire. Et hoc patet, quod non est contrarium ei quod dictum est, quod homo sit naturaliter civilis; quia et alia naturalia aliquando deficiunt propter fortunam: puta cum alicui amputatur manus vel cum privatur oculo.“

S. 18. aut prodesse: Horat., Ad Pisones 333.

S. 19. Die Annahme eines Entwicklungsparallelismus zwischen den romanisch-germanischen und andern Völkern ist eine Konsequenz der organischen Geschichtsauffassung und also zuerst bei Herder zu finden („Auch eine Philosophie der Geschichte“, Ausg. Suphan V 504). Dann hat Heinrich Leo (Lehrbuch der Universalgeschichte I [1835]) zuerst von einem griechischen Altertum und Mittelalter gesprochen, während Roscher hierauf seine von ihm oft formulierte Lehre von den Wirtschaftsstufen gegründet hat. Später hat Eduard Meyer seine ganze „Geschichte des Altertums“ auf den Begriff vom griechischen Mittelalter und auf den Parallelismus der Entwicklung aufgebaut.

S. 19. Hegel und Comte: Hegel, Vorlesungen über die Philosophie der Geschichte, Ausg. Brunstaedt, bes. S. 95 ff.; Aug. Comte, Cours de Philosophie positive, Ausg. Littré VI [3] (1869) 193 ff. — Hier ist auch zu erinnern an Goethes Ausspruch zu Eckermann (Gespräche, 29. Januar 1826): „Alle im Rückschreiten und in der Auflösung begriffenen Epochen sind subjektiv, dagegen aber haben alle fortschreitenden Epochen eine objektive Richtung. Unsere ganze jetzige Zeit ist eine rückschreitende, denn sie ist eine subjektive.“

S. 21. Nominalismus: für unsern Zusammenhang wesentlich Paul Honigsheim in Erinnerungsgabe für Max Weber I (1923) 173 ff.

S. 21. Entdeckung der Welt und des Menschen: Jakob Burckhardt, Kultur der Renaissance in Italien, 4. Abschnitt.

S. 21. Der Brief Petrarcas über die Besteigung des Mont Ventoux steht in dem Werke: Petrarca, Epistulae familiares, Ausg. Fracassetti (Florenz

1859 ff.) IV, 1; über Besteigung und Brief vgl. Edward Henry Ralph Tatham, Petrarca (1925) I 318 ff.

S. 22. Darüber, daß Luther die Summa des Thomas nicht gekannt hat, vgl. Denifle, Luther und Luthertum I² (1904) 522 ff. Bei der von Troeltsch (Ges. Schriften IV 202 ff.) angeregten Streitfrage, ob das Luthertum eine „moderne" Erscheinung ist oder nur eine „Umformung der mittelalterlichen Idee", ist die Fragestellung verfehlt; sie erwartet als Antwort eine Formel, unser Text antwortet mit einer Darstellung des geschichtlichen Verlaufes. Das gleiche gilt von der Formel „weltliche und geistliche Renaissance", die aufgebracht wurde von P. Wernle („Die Renaissance des Christentums im 16. Jahrhundert" [1904] und „Renaissance und Reformation" [1912]), sowie von K. Burdach („Reformation, Renaissance, Humanismus" [1918]).

S. 23. Tacitus, Hist. 1, 21.

S. 23. Den Unternehmertypus hat am besten geschildert W. Sombart, Der moderne Kapitalismus I⁵ (1922), bes. 836 ff. — Der Typus des Allseitigen ist dargestellt in der Vita des Leon Battista Alberti bei Muratori, Scriptores XXV, Kol. 295 ff., und von modernen Gestaltungen in dem Roman von Mereschkowsky, Lionardo (deutsch von Gütschow, 1903). — Die Menschlichkeit von Shakespeares Gestalten hat herausgearbeitet Gustav Landauer, Shakespeare dargestellt in Vorträgen (1920). — Über Spinozas Lebensstil vgl. besonders den Briefwechsel mit Johann Ludwig Fabricius in Heidelberg, der (16. Februar 1673) im Auftrage des Kurfürsten Karl Ludwig bei Spinoza (als dem Autor des „Tractatus theologico-politicus") anfragt, „an in illustri sua Academia ordinariam Philosophiae professionem suscipere animus esset". Spinozas ablehnende Antwort (Haag, 30. März): „... dum vitam privatam et solitariam ago ... Vides itaque, Vir amplissime, me non spe melioris fortunae haerere, sed prae tranquillitatis amore, quam aliqua ratione me obtinere posse credo, modo a publicis lectionibus abstineam" (abgedr. Opera, Ausg. der Heidelberger Akademie, IV 234/6). — Das Zitat aus Montaigne, Essais II 16; vgl. auch III 7 (De l'incommodité de la grandeur) u. 9 (de la vanité). — Hier wäre auch noch Petrarca zu nennen mit seiner Schrift „De contemtu mundi (Ep. famil., Ausg. Fracasetti a. a. O. 233 ff., übersetzt u. d. T. „Briefe an die Nachwelt, Gespräche über die Weltverachtung" von H. Hefele, 1910). Vgl. E. H. R. Tatham a. a. O. II 416.

S. 24. Das Urteil über Bacons persönliche und wissenschaftliche Qualitäten hat lange geschwankt zwischen den Erhebungen Macaulays (Critical and Historical Essays Bd. III [1837]) und der vernichtenden Kritik Justus Liebigs (Über Francis Bacon [1863]); auch die säkulare Gegenbewegung gegen den Rationalismus hat sich vornehmlich gegen Bacon gewendet (Joseph de Maistre, Examen de la philosophie de Bacon, où l'on traite différentes questions de la philosophie rationnelle; abgedr. Oeuvres [1844] V/VI). So ist Bacons historische Wirkung jedenfalls unermeßlich. Das Hauptwerk „Novum organon" drückt schon im Titel die Wendung gegen das ὄργανον des Aristoteles aus; vgl. z. B. lib. 1 Aphor. c. 63: Aristoteles „philosophiam naturalem dialectica sua corrupit".

S. 25. Descartes, Meditatio prima und Epistola (an die Sorbonne): „Quamvis eas, quibus hic utor, certitudine et evidentia Geometricas aequare vel diem superare existimem, vereor tamen ne a multis satis percipi non possint... tum praecipue quia requirunt mentem a praeiudiciis plane liberam etc."; vor allem Discours Kap. 1. — Als anderes Beispiel für die neue Methode sei noch genannt die Begriffsbestimmung der „Philosophia" bei Hobbes, De corpore 1, 1: „Philosophia est effectuum seu φαινομένων ex conceptis eorum causis seu generationibus, et rursus generationum, quae esse possunt, ex cognitis effectibus per rectam ratiocinationem acquisita cognitio"; und ferner „recta ratiocinatio — id est ex veris principiis recte compositis concludens."

S. 25. Das Beste, was über die erkenntnistheoretischen Grundlagen des neuzeitlichen Denkens geschrieben worden ist, ist die Dissertation von Ernst Cassirer, Descartes' Kritik der mathematischen und naturwissenschaftlichen Erkenntnis (Diss. Marburg; wieder abgedruckt als 1. Kapitel seines Werkes „Leibniz' System in seinen wissenschaftlichen Grundlagen" [1901]); dazu immer auch Dilthey, Ges. Schriften II, bes. 246 ff.

S. 28. Über Newtons Gläubigkeit s. sein theolog. Alterswerk „Annotationes in vaticinia Danielis" (gedr. 1713); über Descartes' Stellung zur Kirche vgl. Karl Ott, Die Begründung des Neuhumanismus in Descartes' Discours (in der Zeitschrift „Schule und Wissenschaft" 1927, S. 91 ff.); über Leibniz' Begriffe der Kraft, des Bewußtseins, der individuellen Substanz s. Cassirer, Leibniz 300 335 ff. 389.

S. 29. Das Zitat aus d'Alembert, Discours préliminaire de l'Encyclopédie: Das große Unternehmen soll sein eine Enzyklopädie — „exposer l'ordre et l'enchaînement des connaissances humaines" — und ein „Dictionnaire raisonné des sciences, des arts et des métiers"; in dieser Hinsicht soll es „contenir sur chaque science et sur chaque art . . . des principes généraux qui en sont la base, et les détails les plus essentiels qui en font le corps et la substance". Es heißt dann sofort weiter: „réduire à un petit nombre de règles ou de notions générales chaque science ou chaque art en particulier".

S. 30. Spinozas Substanzbegriff: Ethica, Def. 3.

S. 30. Lockes Leugnung der substantialen Formen: Essay concerning Human Understanding (1690), bes. IV, und die vorangeschickte „Epistle to the reader" (Works 1801, Bd. I/II). — Berkeleys Leugnung der objektiven sinnlichen Welt: Treatise on the Principles of Human Knowledge (1710). — Humes Skepsis: Treatise on Human Nature (1739), bes. I 4.

S. 30. Descartes und der Index: Dekret vom 20. Nov. 1663 (Index Alexanders VII. von 1667, Nr. 78). Über den sich alsbald hieran anfügenden Streit über den Cartesianismus, wobei die Jesuiten die Sache der aristotelischen, Arnauld die Sache der cartesianischen Philosophie führte, vgl. Fr. Bouillier, Hist. de la philosophie Cartésienne II (1854); Sainte-Beuve, Port Royal V.

S. 30. Lenin, Ges. Werke XIX.

S. 31. Die Überwindung des Geschichtsbildes von Jakob Burckhardt beginnt mit Karl Neumann, Byzantinische Kultur und Renaissancekultur (1903; auch Histor. Zeitschr. Bd. 91). Eine kritische Entwicklung von Burckhardts Renaissancebegriff und seiner Abwandlung hat Karl Neumann dann gegeben in seinem „Jakob Burckhardt" (1927) 111 ff. Hiermit entfällt dann auch der Burckardtsche Begriff der Protorenaissance, der immer mehr ausgedehnt worden war (z. B. bei Henry Thode, Franz v. Assisi und die Anfänge der Renaissance in Italien[2] [1904]) und der schließlich bei K. Burdach, Deutsche Renaissance[2] (1918) zu dem Begriff einer „deutschen Renaissance" geführt hat, während in Burckhardts Augen die Renaissance eine ausschließlich italienische Erscheinung gewesen ist und die „deutsche Renaissance" richtiger als feinste Blüte der Spätgotik begriffen wird.

S. 33. Der Terminus „innerweltliche Askese" stammt von Max Weber, Die protestantische Ethik und der Geist des Kapitalismus (Archiv für Sozialwissenschaft und Sozialpolitik III [1905], wieder abgedruckt in Webers Ges. Aufsätzen zur Religionssoziologie I² [1922] 17 ff.); der Terminus „Hochkapitalismus" (im Gegensatz zu „Frühkapitalismus") stammt von W. Sombart, Der moderne Kapitalismus II⁵ (1922).

S. 33. Dantes „Monarchie" 1, 4: „quod pax universalis est optimum eorum, quae ad nostram beatitudinem ordinantur — omnes partes praenotatae intra regna et ipsa regna ordinari debent ad unum Principem sive Principatum, hoc est ad Monarchem sive Monarchiam."

S. 33. Das Wort über Konradin steht bei Ferd. Gregorovius, Gesch. der Stadt Rom im Mittelalter² (1871) V 442.

S. 34. Inurbamento della nobiltà: vgl. die Beispiele bei Muratori, Antiquitates Italicae etc. IV, Kol. 159 ff. (Dissert. 47): De amplificata civitatum Italicarum Dominatione ac Potentia; z. B. Kol. 162: „Patavinus populus a. 1213 . . . castrum Estense obsidione et bellicis machinis pressit, ut Marchio tamquam devictus ad voluntatem Communis Paduae venire et sicut Civis Communi Paduae in omnibus oboedire fuerit coactus." Dort auch die Stellen aus Otto von Freising, De rebus gestis Friderici II 13 14 18.

S. 34. Das Wort über Friedrich II. stammt von Jakob Burckhardt, Kultur der Renaissance (Erstausgabe 1860) 4.

S. 35. Die geographischen Grundlagen der französischen Geschichte sind glänzend entwickelt bei Michelet a. a. O. (zuerst die Kapitel über die einzelnen Provinzen, abschließend mit „la France centrale", dann „Isle de France" und „Centralisation"); der historische Aufbau bei Ranke, Franz. Geschichte I (1852); das Zitat über Philipp den Schönen I 47: „Durch sein ganzes Dasein weht schon der schneidende Luftzug der neueren Geschichte"; die Fortführung der alten Tendenzen durch die Revolution bei Tocqueville, L'Ancien Régime et la Révolution (1856); bes. Buch 2, Kap. 2—4.

S. 37. Über den nationalen Humanismus vgl. P. Joachimsen, Geschichtsauffassung und Geschichtsschreibung unter dem Einflusse des Humanismus I (1910), bes. S. 91 ff. (Johannes Nauclerus) u. S. 125 ff. (Beatus Rhenanus). Den nationalen Bewegungen auf den Universitäten wären die auf den Konzilien noch hinzuzufügen; vgl. über beides H. Finke, Weltimperialismus und nationale Regungen im späteren Mittelalter (1916).

S. 37. Die Idee des absolutistischen Einheitsstaates Italien: aus Colas Briefen die Stelle: „per reductionem civitatis Romanae et totius Italiae ad unam unanimem, pacificam, sanctam et individuam unionem" (Gregorovius VI 290). Über die Ideengemeinschaft Cesare Borgias und Machiavellis s. Pastor, Gesch. der Päpste III (1895) 122/23 548; vgl. auch F. X. Kraus in Cambridge Modern History II 1.

S. 38. Ranke über die Magna Charta: Engl. Geschichte I (1863) 71 ff. — Die „Entzauberung": Gneist, Engl. Verfassungsgeschichte (1882) 240 ff.; W. Stubbs, Constitutional History of England I⁵ (1891); Plehn, Der politische Charakter des Matthaeus Parisiensis (Schmollers Staats- u. sozialwissenschaftl. Forschungen XIV³ [1897] 17 25 ff.): daß nicht das Widerstandsrecht selbst, sondern die Schaffung eines korporativen Subjektes des Rechtes das Novum ist. — Text der Magna Charta bei W. Stubbs, Select Charters[7] (1890); Inhaltsangabe bei Pauli, Gesch. Englands III 425.

S. 38. Das Vertretungsprinzip in den kontinentalen Städten: Hegel, Gesch. der Städteverfassung von Italien II 379 ff. — Die Ständeversammlungen des Kontinents (auf anderer Grundlage: Geburt, getrennte Tagung, Beschlüsse nicht allgemein bindend) s. Georg von Below, Territorium und Stadt[2] (1923) 53 ff.

S. 40. Cromwell und das Rumpfparlament: Ranke, Engl. Geschichte III 557—566.

S. 41. Die Päpste als Territorialherren: vgl. z. B. das Urteil über Papst Sixtus IV. bei Pastor II[3] (1904) 653.

S. 44. Hobbes: die .abstrakte Staatsidee, also die Begründung der Souveränität aus dem Staatszweck, ist bei Hobbes klar herausgearbeitet bereits in der Schrift „De cive" 5, 7: „civitas est persona una, cuius voluntas, ex pactis plurium hominum, pro voluntate habenda est ipsorum omnium." Soweit ich sehe, hat Hobbes an den Stellen, wo in der Erstausgabe von „De cive" (1642) vom Inhaber der summa potestas die Rede ist, in der Ausgabe von 1669 überall das Wort „sive concilium" eingefügt; in der Tat paßte dieser rationale Absolutismus schließlich besser zu Cromwell als zur Stuartschen Restauration. Die persönlichen Motive, die Hobbes zur Annäherung an Cromwell und zur Heimkehr aus dem Exil veranlaßten, s. F. Tönnies, Hobbes[3] (1925) 42 ff.

S. 44. Die Unterscheidung „Absolutismus im Staate" und „Absolutismus des Staates" ist zuerst begrifflich formuliert von Karl Schmitt, Staatslexikon I[5] (1926) 30.

S. 45. Machiavelli: die berühmten Kapitel aus dem „Principe" (Ausg. Burd-Acton, Oxford 1891), besonders Kap. 15 (Delle cose mediante le quali gli uomini, e massimamente i principi, sono lodati o vituperati); Kap. 17 (Della crudeltà e clemenza, e se egli è meglio essere amato, che temuto); und das berüchtigte Kap. 18 (In che modo i principi debbano osservare la fede). Hier (S. 303) der berühmte Satz: „bisogna adunque essere volpe a conoscere i lacci, e lione a sbigottire i lupi." Aber dann doch Kap. 19 mit dem Satze (S. 316): „che un principe debba stimare i grandi, ma non si far odiare dal popolo." — Car tel est nostre plaisir: s. die Anmerkung zu S. 48.

S. 45. Das Wort Staat wohl zuerst durch Machiavelli in die wissenschaftliche Literatur eingeführt (s. die Eingangsworte des 1. Kapitels des „Principe": „Tutti gli stati etc." Vgl. im übrigen die Angaben bei Georg Jellinek, Das Recht des modernen Staates (1900) 118.

S. 46. Das Wort vom „Molochsopfer" steht bei Jakob Burckhardt, Weltgeschichtliche Betrachtungen (Neudruck Kröner) 95.

S. 47. Hobbes über die „examinatio doctrinarum": Leviathan Kap. XVIII: „In the well governing of opinions consisteth the well governing of men's actions." Im Leviathan ist die antikirchliche Tendenz viel schärfer als in „De cive" und erregte auch bei den Anglikanern schwersten Anstoß. In „De cive" Kap. XIII—XVII ist das ganze System des Obrigkeitsstaates mit allen seinen Aufgaben in klassischer Prägung entwickelt, also: Militärstaat, Kulturstaat (recta institutio civium in doctrina civili), Wohlfahrtsstaat (also gerechte Lastenverteilung nach dem Verbrauch, merkantilistische Wirtschaftspolitik; z. B. leges quibus ignavia prohibeatur — quibus sumtus immodici prohibeantur etc.), der Rechtsstaat (poenas non maiores sumendas quam quae legibus praefinitae sunt). Vieles auch schon in der von Ferd. Tönnies aufgefundenen ersten Fassung von Hobbes' „Naturrecht"; vgl. Th. Hobbes, Naturrecht, übers. mit Einleitung von Tönnies (1926), bes. Teil II, Kap. 6 bis 10.

S. 47. Das Wort Rankes über Hobbes: Engl. Geschichte IV 468.

S. 47. Souveränitätsbegriff: für die Theorie bahnbrechend Jean Bodin, Six livres de la République (1576) I 1; jedoch lehnt Bodin (I 8) noch die Schrankenlosigkeit des summum imperium gegenüber den natürlichen Gesetzen ab.

S. 48. Débris des anciens (vieux) pouvoirs: Tocqueville a. a. O.[4] (1859) 75 81.

S. 48. Königliche Souveränität: vgl. Colbert, Lettres, instructions et mémoires, Ausg. P. Clément VI 382: „Que le pouvoir de faire des lois est une suite de la souveraineté et qui a toujours fait partie de celle des rois de France, qui sont en possession de dire comme les Pères du concile le mot de placet, qui a toujours esté reconnu pour loy; que la clause des édits: car tel est nostre plaisir, en est une preuve suffisante et perpétuelle." Vgl. Gustav Hecht, Colberts Grundanschauungen (1898) 11.

S. 48. Statistik: Jakob Burckhardt, Kultur der Renaissance 53 ff.

S. 48. Elemente der Monarchenkunst: Schillers Don Carlos V 10 (der Großinquisitor zum König).

S. 49. Wissenschaftliche Politik: vgl. Friedrichs des Großen politisches Testament von 1752, abgedr. bei G. Küntzel, Die politischen Testamente der Hohenzollern II (1920), z. B. S. 33, Politik als Wissenschaft: „La politique est la science d'agir toujours par des moyens convenables conformément à ses intérêts, il faut les connaître, et pour parvenir à cette connaissance, il faut de l'étude, du recueillement et de l'application"; S. 64 die Monarchie als Konsequenz: „Aussi peu qu'il aurait été possible à Newton d'arranger son système de l'attraction s'il avait travaillé de concert avec Leibniz et Descartes etc."

S. 49. Luther und Bossuet: der Obrigkeitsbegriff ist von Luther entwickelt im Sinne des absolutistischen Gottesgnadentums, im Einzelfalle sind aber auch die Stände von Gott. Die Hauptschrift ist „Von weltlicher Obrigkeit, wie weit man ihr Gehorsam schuldig sei" (1523): Werke, Weimarer Ausg. XI 230. Bossuets Lehre vom Gottesgnadentum ist niedergelegt in der „Politique tirée de l'Ecriture Sainte": sein Inhalt ist Gallikanismus, eine Mischung der größten Gegensätze, Thomas und Hobbes. Das Gottesgnadentum des Mittelalters war ein anderes als das Luthers und Bossuets: erst Dante entschied sich rückhaltlos für das unmittelbare Gottesgnadentum der weltlichen Gewalt, als er (Monarchia B. 3) die Frage erörterte: „Utrum auctoritas Monarchae Romani immediate a Deo dependeat an ab aliquo Dei vicario."

S. 50. Vernunftrecht: klassische Definition bei Hobbes, De cive 1, 2: „dictamen rectae rationis circa ea, quae agenda vel omittenda sunt ad vitae membrorumque conservationem."

S. 50. Das ἀθροίζεσθαι der Sophisten: Plato, Protag. 322; Rep. 2, 359 A. Bei Thomas steht die Vertragslehre neben dem aristotelischen ζῷον πολιτικόν (Thomas, De regimine principum 1, 6). Voll ausgebildet ist die Lehre erst bei Marsilius von Padua, Defensor pacis 1, 12—14. Zu erinnern ist auch an Hobbes' Polemik gegen das Wort des Aristoteles, s. De cive 1, 2: „error a nimis levi naturae humanae contemplatione profectus est."

S. 51. Rationalisierung als Entzauberung der Erbmonarchie: s. Friedr. Meinecke, Idee der Staatsräson (1924) 345 ff.

S. 51. Kalvins „cri au peuple: Calvini Institutio religionis christianae (letzte Ausg. von 1559) 4, 20: de politica administratione. Wesentlich ist in unserem Zusammenhang: 1. daß Kalvin sich immer mehr der Republik zuneigt; 2. daß sein Widerstandsrecht nicht dem Volke, sondern den magistratus populares zusteht; 3. daß diese nicht Volksvertreter sind, sondern als von Gott in ihr Amt oder ihren Beruf eingesetzt gelten, also die Volkssouveränität abgelehnt ist. Diese ist dann aber schon in der nächsten Generation, wenn auch mit allen Bindungen an die berufenen Vertreter, entwickelt durch die (anonym erschienene) Schrift Bezas „De iure magistratuum in subditos". Vgl. Hans Baron, Calvins Staatsanschauung (1924) 61 ff.

S. 51. Locke gegen den Unterwerfungsvertrag: Two treatises of Government (zuerst anonym 1689) Works 1801, V 209 485. Die Rechtfertigung der Revolution von 1688 ist S. 210 ausdrücklich als Zweck der Schrift genannt. Die erste Abhandlung ist gerichtet gegen das patriarchalische Gottesgnadentum Filmers; der Unterschied zwischen väterlicher und königlicher Gewalt ist entwickelt Kap. 2, S. 215—222. Die zweite Abhandlung enthält Lockes eigene Staatsphilosophie: hier die Widerlegung des Hobbes (Kap. 7, S. 383 ff.), die Vertragslehre (Kap. 8: Of the beginning of political societies, S. 394 ff.) und das Widerstandsrecht für die berufenen Vertreter der Nation (Kap. 19: Of the dissolution of government, S. 469). Interessant der Vergleich mit den das Widerstandsrecht ablehnenden Argumenten des Grotius: De iure belli ac pacis (1625), B. I, Kap. 3, § 8.

S. 52. Die mittelalterliche Stadt als Vorbild des modernen Staates: s. G. v. Below, Probleme der Wirtschaftsgeschichte (1920) 501 ff.

S. 53. Nervus rerum: das Wort hat seine Vorgeschichte in der antiken Literatur (s. Büchmann) und war daher der Renaissance geläufig, wie aus Machiavelli, Discorsi 2, 10, zu ersehen ist.

S. 54. Colbert: die Stellen bei Hecht a. a. O. 17 24 31 u. 60; seine Hingabe an das Werk: „Je vendrois tout mon bien, j'engagerois ma femme et mes enfants et j'irois à pied toute ma vie pour y fournir s'il estoit nécessaire" — „mon inclination naturelle est tellement au travail que je reconnais tous les jours en m'examinant en mon dedans qu'il est impossible que mon esprit puisse soutenir l'oisiveté ou le travail modéré"; sein Kultus der Arbeit: „exciter les peuples au travail", die Klagen über die „fainéantise sans pareille", sein Merkantilismus (Lettres a. a. O. IV 39: „du commerce et des manufactures — les deux seuls moyens d'attirer les richesses au dedans du royaume et de faire subsister avec facilité un nombre infini de ses sujets"), sein absolutistischer Staatsgedanke (ebd. VI 14), Brief an den König 10. Oktober 1665: „réduire tout son royaume sous une mesme loi, mesme mesure et mesme poids, qui servit assurément un dessein digne de sa grandeur de Vostre Majesté."

S. 55. Daß von Descartes ein unmittelbarer Weg zu Adam Smith und der klassischen Nationalökonomie führt, hat zuerst Karl Marx gesehen (Kapital I 377 Anm. 111); zu erinnern ist als Zwischenglied an Mandevilles

Bienenfabel (The fable of the Bees or Private Vices made Public Benefits, 1706). — Über die Lebensführung zur Illustrierung der deduktiven Methode s. John Rae, Life of Adam Smith (1895) 240 ff. (wo einige Briefe an David Hume über seine Arbeitsweise berichten). — Aus der atomistischen Grundeinstellung ergibt sich besonders die Lehre von der Arbeitsteilung, auf der bekanntlich das ganze System beruht (Wealth of Nations I 2), ferner die Wert- und Preislehre (I 7) und die Übertragung der Begriffe von Angebot und Nachfrage auf den Arbeitslohn (I 8), nicht zuletzt die Lehre von der wirtschaftlichen Freiheit (II 4/5, III 1). – Wie stark auch Montesquieu trotz allem noch in atomistischen Vorstellungen sich bewegt, hat zuerst Dilthey herausgearbeitet (Ges. Schriften III 234).

S. 57. Turgot, Réflexions sur la formation et la distribution des richesses (Oeuvres 1844, I 7; die Schrift ist, den einzelnen Thesen entsprechend, in Paragraphen eingeteilt); hierher gehören noch der „Eloge de Gournay", wo Turgot seine volkswirtschaftlichen Ansichten noch tiefer mit seiner Weltanschauung verbunden hat (Oeuvres I 262 ff.) und die berühmten „Lettres sur le commerce des grains" (I 154 ff.).

S. 58. d'Alembert, Discours préliminaire de l'Encyclopédie I Abs. 3.

S. 59. Lenins Wort über die „Parasiten": R. Fülöp-Miller, Geist und Gesicht des Bolschewismus 442.

S. 60. Lockes Bildungsideal: Some Thoughts concerning Education (1690), z. B. § 31: „The next and principal business is, to set the mind right, that on all occasions it may be disposed to consent to nothing but what may be suitable to the dignity and excellency of a rational creature." Vgl. noch bes. § 81 (reasoning), § 95 (familiarity), § 99 (reverence), §§ 110 ff. (liberality, justice, hardiness etc.), § 147 (learning), § 162 ff. (French, Latin), § 217: „I think, a Prince, a Nobleman and an ordinary Gentleman's son should have different ways of breeding. But having had here only some general views in reference to the main end and aims in education and those designed for a Gentleman's son, who being then very little, I considered only a white Paper or Wax, to be molded and fashioned as one pleases; I have touched little more than those heads which I judged necessary for the breedings of a young Gentleman of his condition in general."

S. 60. Descartes, Discours de la méthode, Kap. 6. In diesem Zusammenhang pflegt man auch an Bacons Nova Atlantis zu erinnern (Opera omnia, Leipzig 1694, Kol. 967 ff.). Diese Schrift, die übrigens nur in Bruchstücken erhalten ist, führt jedoch nicht auf die Grundprinzipien des technischen Denkens, eröffnet vielmehr die Reihe der Utopien der Technik, die im 19. Jahrhundert sich in Bellamys „Looking Backward 2000—1887" (ersch. 1888) fortsetzen. Nur kurz kommt Kol. 988 der Zweckbegriff zur Geltung: „Finis fundationis nostrae est cognitio causarum et motuum etc." Viel stärker entwickelt ist das technische Prinzip im „Novum Organum scientiarum" B. 1 Aphor. 3 ff. Alle diese Gedanken über das Wesen der Technik mußten in neuerer Zeit nochmals, ohne Kenntnis der Vorgänger, gefunden werden von modernen Denkern wie Eberhard Zschimmer, Philosophie der Technik ([2]1919), und Friedr. Dessauer, Philosophie der Technik (1924).

S. 61. Vernunftreligion: über die geistesgeschichtliche Stellung von Melanchthons Glaubenslehre s. Dilthey, Ges. Schriften II 162—202 (dort auch das zitierte Wort des Hauptpastors Goetze). — Über Christian Wolff s. seine „eigene Lebensbeschreibung", herausgeg. von Heinr. Wuttke 1841,

S. 121 betr. seine Studienjahre in Jena: „So lag mir immer im Sinne, ob es denn nicht möglich sei, die Wahrheit in der Theologie so deutlich zu zeigen, daß sie keinen Widerspruch leide. Wie ich nun nach diesem hörte, daß die Mathematici ihre Sachen so gewiß erweisen, daß ein jeder dieselben vor wahr erkennen müsse, so war ich begierig, die Mathematik methodi gratia zu erlernen, um mich zu befleißigen, die Theologie auf unwidersprechliche Gewißheit zu bringen." — Erasmus' rationalistische Bibelkritik: Ratio seu Methodus compendio perveniendi ad veram theologiam (Löwen 1518; ausgew. und übers. von W. Köhler in „Klassiker der Religion", herausg. von W. Pfannmüller, XII 181 ff.). — Spinoza, Tractatus theologico-politicus (anonym 1670), Opera (Ausg. der Heidelberger Akademie) Bd. III, z. B. Kap. 6 (De miraculis), Kap. 7 (De interpretatione Scripturae), Kap. 13 (nec de divina natura aliud docere, quam quod homines certa vivendi ratione imitari possunt). — Locke, Lettres of Toleration 1685, 1690, 1692 (Works, 1801, Bd. VI).

S. 62. Kants Religionsphilosophie: „Die Religion innerhalb der Grenzen der bloßen Vernunft" (1793), Ges. Schriften (Akademieausg. 1907) Bd. VI (für unsern Zusammenhang bes. S. 153 ff.). Über Kants „kritische Lebensart" (Herrschaft der Grundsätze, Unabhängigkeit, Lebensordnung) vgl. Kuno Fischer, Gesch. der neueren Philosophie IV[4] (1898) 104 ff. — Schiller und Schleiermacher gegen Kants Ethik vgl. II 2 u. 3.

S. 64. Rabelais als „Renaissance ohne Form und Schönheit": der Ausdruck stammt von Jakob Burckhardt, ohne daß ich die Stelle im Augenblick genau angeben könnte.

S. 65. Kunsttheorien: z. B. Boileau, L'art poétique (1674) Kap. 1: „Quelque sujet qu'on traite, ou plaisant ou sublime, que toujours le bon sens s'accorde avec la rime ... Aimez donc la raison: que toujours vos écrits empruntent d'elle seule et leur lustre et leur prix". — Hierher gehört als treffliches Beispiel Joachim von Sandrart, Teutsche Akademie (1675). Buch 1 handelt von der „Baukunstlehre" und dem „Bauverstand". Buch 2, 1 Definition der Bildhauerei: Hierauf mus er [dem Stoffe] aus einem formular oder aus eignem Concept und Verstand dasjenige fürbilden, was er vorstellen will etc." Über seine Absicht Bd. I, S. 56: „Dem Apelles, Antigonus und Xenocrates nachzufolgen, welche bei ihrer Nation diese Kunst in Bücher verfasset und damit nach ihrer Zeit, Art und Wissenschaft alle Verborgenheit der Kunst ihren Kunstlehrlingen vor Augen gestellet und geoffenbaret." 3, 1 Definition der Zeichnung: Die Vernunft ist der Zeichnung Ursprung; Zeichnung ist „nichts anders als ein erkenntlicher Entwurf, Abbildung oder Erklärung unsers Concepts, welchen wir in unserm Gemüt ausgebrütet und der Einbildung als eine Form oder Idee vorgestellet"; hier S. 61 vom Nutzen der Akademien. Die Farben „muß man mit Verstand auftragen" (S. 63). Starke Betonung der Regeln bei der Perspektivekunst (S. 89). Im II. Teil die Urteile über die großen Künstler der Vergangenheit; z. B. für unsern Zusammenhang wesentlich das Urteil über Rembrandt (I 326): „Es ist fast zu bewundern, daß der fürtreffliche Rembrand von Ryn, nur aus dem platten Land und von einem Müller entsprossen, gleichwohl ihm die Natur zu so edler Kunst dergestalt getrieben, daß er durch großen Fleiß, angeborene Inclination und Neigung auf einen so hohen Staffel in der Kunst gelanget ... Demnach blieb er beständig bei seinem angenommenen Brauch und scheute sich nicht, wider unsere Kunstregeln als die Anatomie und Maß der menschlichen Gliedmaßen, wider die Perspektive und den Nutzen der Antichen Statuen, wider Raphaels Zeichenkunst und vernünftige Ausbildungen, auch wider die unserer Profession höchstnötigen Academien zu streiten."

S. 65. Wasserflut: der Ausdruck bekanntlich von Goethe, Dichtung und Wahrheit B. 7.

S. 65. Horaz (De arte poetica v. 333/4), Plato (Republ. B. 6), Aristoteles (Poetik Kap. 1 u. 6).

S. 66. Boileau als législateur: Sainte-Beuve, Causeries du Lundi VI 494.

S. 66. Die zitierten Stellen aus den Briefen Lessings sind bekannt und bedürfen keiner Einzelnachweise.

S. 67. Winckelmann: ich zitiere nach der ältesten Gesamtausgabe (von Joseph Eiselein, 12 Bde, Donaueschingen 1825). Die Zitate im Text stammen aus der Jugendschrift „Gedanken über die Nachahmung der griechischen Werke in der Malerei und Bildhauerkunst", 1755; Sämtl. Werke Bd. 1); vgl. ferner § 9: „Laokoon war den Künstlern im alten Rom eben das, was er uns ist, . . . eine vollkommene Regel der Kunst." Allegorie § 178: „Der Pinsel, den der Künstler führet, soll in Verstand getunkt sein, wie jemand von dem Schreibegriffel des Aristoteles gesagt hat. Er soll mehr zu denken hinterlassen, als was er dem Auge gezeiget, und dieses wird der Künstler erhalten, wenn er Gedanken in Allegorien nicht zu verstecken, sondern einzukleiden gelernet hat." Vgl. Erläuterung der Gedanken über die Nachahmung etc. (1756) §§ 68 ff. (betr. Allegorie: Sämtl. Werke I 159 ff.); im Text zitiert § 60: „Zeichnung und Colorit sind durch anhaltende Übung zu erlangen: Perspektive und Composition, und diese im eigentlichsten Verstande genommen, gründen sich auf festgesetzte Regeln" (Sämtl. Werke I 155). Vgl. den Versuch, „sinnliche Begriffe der Schönheit" zu bestimmen, die „Form der wahren Schönheit" zu finden (Sämtl. Werke I 208 ff.). In der „Beschreibung des Torso im Belvedere" heißt es (I 227): „Es ist nicht genug zu sagen, daß etwas schön ist; man soll auch wissen, in welchem Grade und warum es schön sei." — Über das Wesen der Schönheit: Geschichte der Kunst, 4. Buch, 2. Kap., § 8 ff. (Sämtl. Werke IV 43 ff.). Die Lehre von den Proportionen abgenommen vom menschlichen Körper, 5. Buch, 4. Kap. (Sämtl. Werke IV 226 ff.) Vgl. auch „Vorläufige Abhandlung zu den Denkmalen", 4. Kap., § 5 (Sämtl. Werke VII 102): „Die Schönheit läßt sich auf gewisse Grundbegriffe zurückführen, aber nicht bestimmt erklären."

S. 68. Mengs: Bezugnahme auf Mengs in Winckelmanns Geschichte der Kunst, 5. Buch, 4. Kap., § 13 (Sämtl. Werke IV 237) und 6. Kap., § 12 (IV 301). Die eigenen Schriften von Mengs (Gedanken über die Schönheit und über den Geschmack in der Malerei [1762]), in ihrer doktrinären Art schwer lesbar, sind eine Fundgrube von Bemerkungen zu unserer Frage. Zuletzt noch Ulrich Christoffel, Der schriftl. Nachlaß des A. R. Mengs (1918).

S. 68. Das moderne Grundprinzip der Stadtanlage ist im technischen Schrifttum zuerst entwickelt bei L. B. Alberti, De re aedificatoria B. 4 u. 8.

S. 69. Künstliche Städte: vgl. F. Schnabel, Karlsruhe, die Stadt als Denkmal, in „Karlsruhe", herausg. von O. Berendt (1926). Hierher gehören noch Mannheim, Rastatt, Ludwigsburg, Karlsruhe in Schlesien usw.

S. 69. Hippodamos: Karl Friedrich Hermann, De Hippodamo Milesio (1841). Zu erinnern ist auch an den rationalen Stadtgrundriß des Vitruv,

De architectura libri decem l. 1, c. 5 (beste Ausgabe von Rose u. Müller-Strübing (1868, [2]1899).

S. 69. Gelehrte Architekten: so z. B. die Selbstbiographie von Elias Holl (1573—1646), herausg. von Chr. Meyer (1873), bes. S. 20 ff. An jene rationale Baukunst, der das Entwerfen die Hauptsache war und die im Entwurf die einfachste Erscheinungsform eines gegebenen Bauprogrammes zu schaffen sich bemühte, knüpfte wieder an: Friedrich Ostendorf, Sechs Bücher vom Bauen, Bd. I (1913) unter dem Titel: Theorie des Entwerfens (unvollendet; die späteren Auflagen und Bände wurden von fremder Hand verändert).

S. 70. Dürer: vgl. bes. die „Underweysung der Messung mit dem Zirkel und Richtscheit in Linien, Ebenen und ganzen Corporen" und die „Vier Bücher von menschlicher Proportion" (gedr. 1528): „Damit die Kunst der Malerei mit der Zeit wieder ihr Vollkommenheit reichen und kommen mög ... dann offenbar ist, daß die Teutschen Maler mit ihr Hand und Brauch der Farben nit wenig geschickt sind, wiewohl sie bisher an der Kunst der Messung, auch Perspektiva und andern dergleichen Mangel gehabt haben. Darumb wohl zu hoffen, wo sie die auch erlangen und also den Brauch und Kunst miteinander überkommen, sie werden mit der Zeit keiner andern Nation den Preiß vor ihnen lassen" (aus der Widmung an Willibald Pirkheimer). Der Gedanke stammt offenbar letzten Endes von Vitruv III: das Ebenmaß, das auf dem Verhältnis des einzelnen Gliedes zum ganzen Körper entsteht, ... so auch das Ebenmaß des Baukörpers dem Ebenmaß des schönen Menschen entsprechend ... die Regeln also gründen auf die Natur und auf ihr edelstes Leben, den Menschen.

S. 70. Palladio und Michelangelo: vgl. Jakob Burckhardt, Cicerone (Neudruck der Urausgabe 1925) 335: „Michelangelo ... steht bei vielleicht höherer Anlage und bei großartigeren Aufgaben ... doch unter der Botmäßigkeit seiner eigenen Grillen; Palladio ist durch und durch gesetzlich."

S. 71. Agrippa und Paracelsus: Die Hauptschrift des Aprippa trägt den bezeichnenden Titel: „De incertitudine et vanitate scientiarum" (1527; deutsche Ausgabe von F. Mauthner 1913). Neuausgabe der Werke des Paracelsus von Karl Sudhoff, Bd. VI—XI (1922—1928); Übers. von Bernh. Aschner Bd. I/II (1926—1928). Die Kette der Überlieferung Boehmescher Ideen und überhaupt die irrationalistische Unterströmung bei F. J. Schneider, Die Freimaurer und ihr Einfluß auf die geistige Kultur Deutschlands am Ende des 18. Jahrhunderts (19C9) 130 ff.

S. 71. Lavoisier und die Ursäure zitiert bei F. A. Lange, Geschichte des Materialismus II[2] (1873) 173.

S. 72. Katholische Aufklärung: Sebastian Merkle, Die kirchl. Aufklärung im kathol. Deutschland (1910), und Adolf Rösch, Ein neuer Historiker der Aufklärung (1910): der Text nimmt zu dieser Kontroverse Stellung.

S. 72. Suarez: vgl. die Zusammenstellung der Zitate aus Suarez bei H. Rommen, Die Staatslehre des Franz Suarez (o. J.), S. 326 Anm. 37 (betr. Vertragslehre), S. 345/46 (Gleichberechtigung der Staatsformen), S. 185 ff. (Widerstandsrecht, Verhältnis zu Rousseau).

S. 74. Rousseau: ich zitiere nach der Genfer Ausgabe von 1782—1789 (33 Bände). Über sein Doppelleben — „ce caractère efféminé, mais pourtant indomptable entre la faiblesse et le courage, entre la mollesse et la vertu" — vgl. von alten Berichten neben den „Confessions" noch K. G. Lenz,

Über Rousseaus Verbindung mit den Weibern (1792, Neuausg. 1906; bes. I 21 ff. 113 ff.), sowie Madame de Staël, Lettres sur le caractère et les ouvrages de Rousseau (1788).

I, 2.

S. 80. Die geographischen Bedingungen der deutschen Geschichte sind herausgehoben worden von A. v. Hofmann, Das deutsche Land und die deutsche Geschichte (1921); vgl. noch Bodo Knüll, Histor. Geographie Deutschlands im Mittelalter (1903); Hofstaetter-Schnabel, Grundzüge der Deutschkunde II (1929). Daß vornehmlich die Föderalisten den Zusammenhängen von Boden und Staat in der deutschen Geschichte nachgingen, liegt im Wesen der Sache; vgl. aus der älteren publizistischen Literatur bes. Constantin Frantz, Deutschland und der Föderalismus, neu herausg. von Eugen Stamm 1921, S. 38 ff.

S. 81. Otto v. Freysing, Gesta Friderici imp. B. I, Kap. 12: „Fridericus Suevorum dux ... de Alemannia in Galliam transmisso Rheno se recipiens totam provinciam a Basilea usque Moguntiam, ubi maxima vis regni esse noscitur, paulatim ad suam inclinavit voluntatem ..." Es folgt die Erzählung von den Burgengründungen längs der Vogesen und der Haardt — „ut de ipso in proverbio diceretur: dux Fridericus in cauda equi sui semper trahit castrum."

S. 82. Die Sybel-Ficker-Kontroverse über die mittelalterliche Kaiserpolitik ist im Text nur angedeutet; sie wird in den folgenden Bänden noch eingehender zu behandeln sein. Der Sybelsche Standpunkt, der seit einigen Jahrzehnten als überwunden galt, ist wieder von neuem vertreten worden durch G. v. Below, Der deutsche Staat des Mittelalters I (1914) 353 ff., und Die italienische Kaiserpolitik des deutschen Mittelalters (1927).

S. 83. Friedrichs II. Statutum in favorem principum dat. Mai 1232: Mon. Germ. hist. LL. Sect. IV, Bd. II (1895) 211—213.

S. 83. Reichsfürstenstand und Ebenbürtigkeit: außer Julius Ficker, Der Reichsfürstenstand (1861) Bd. I, s. von älteren Werken J. J. Moser, Teutsches Staatsrecht Bd. XIX, und Göhrum, Lehre von der Ebenbürtigkeit (1846).

S. 84. Zerstreute Inseln etc.: der Ausdruck von Hugo Preuß, Verfassungspolitische Entwicklungen (1927) 49.

S. 85. Gerichtsbarkeit in der Goldenen Bulle: das ius de non appellando und das ius de non evocando — Goldene Bulle Kap. 11.

S. 85. Landeshoheit: der Ausdruck „dominus terrae" (lantherre) zuerst im Statutum in fav. principum von 1231 (Kap. 7) und gleichzeitig im Reichsurteil von 1231 (Mon. Germ. Const. II 420).

S. 87. Die städtischen Vertreter nicht iure proprio: das Reichshofratskonklusum von 1746 hält dem Magistrat von Frankfurt sein „ungeziemendes Betragen" vor, „daß sich selbiger einbilde, als wenn ihm die superioritas territorialis über die freie Stadt Frankfurt zukomme, die dortige Bürgerschaft seine Untertanen seien.... Kaiserliche Majestät befehlen, sich den Ständen des Reiches nicht gleich zu achten ... nicht iure proprio zu regieren, sondern als bestellte Administratores dem gemeinen Wesen vorzustehen" (zit. bei Preuß a. a. O. 213, dem unsere Darstellung auch sonst vieles verdankt).

S. 87. Württembergischer Verfassungskampf: vgl. J. J. Moser, Lebensgeschichte, von ihm selbst geschrieben, II (1777) 94 ff.; Cl. Th. Perthes, Polit.

Zustände und Personen I² (1862) 433 ff. — Der Ausspruch von Fox entstammt der liberalen Tradition; s. Below, Territorium und Stadt² (1923) 94. — Tübinger Vertrag vom 8. Juli 1514 s. Chr. Fr. v. Stälin, Wirtemb. Geschichte IV, 1 (1870) 105 (dort auch die Druckausgaben des Vertrages und des Nebenabschiedes).

S. 87. Der preußische Staat hört beim Landrat auf: das Wort bei Ernst Meier, Die Reform der Verwaltungsorganisation unter Stein und Hardenberg (1881) 116 (das Wort ist an jener Stelle als Zitat angeführt, von wem es ursprünglich geprägt worden ist, ist mir nicht gegenwärtig).

S. 87. hoc volo: Juvenal, Satir. 6, 223.

S. 89. Augsburger Religionsfriede von 1555, abgedr. bei Zeumer, Quellensammlung zur Geschichte der deutschen Reichsverfassung (1904) Nr. 163. Westfälischer Friede s. Pütter, Geist des westfäl. Friedens, nach dem inneren Gehalt und wahren Zusammenhang der darin verhandelten Gegenstände historisch und systematisch dargestellt (1795).

S. 90. Samuel Pufendorf (Severinus de Monzambano), De statu imperii Germanici liber unus (Genevae 1667; ich benutze die Ausgabe Lipsiae 1734), cap. VI (de forma imperii) § 9: „Germaniam esse irregulare aliquod corpus et monstro simile, si ad regulas scientiae civilis exigatur."

S. 93. Über den ber. Plan Richelieus von 1629 vgl. zunächst Rudolf Wackernagel, Geschichte des Elsasses (1919) 259.

S. 93. Schule des westfälischen Friedens: Ausspruch des Oberkommissars Tirard 1924, zit. bei H. Oncken, Die histor. Rheinpolitik der Franzosen (1926).

S. 95. Die zwei Herausbaue: das Bild stammt von Konstantin Frantz a. a. O. 74. — Über Österreich vgl. bes. die Schrift von Robert Sieger, Der österr. Staatsgedanke und seine geographischen Grundlagen (1918); dort auch die übrigen Aufsätze desselben Autors verzeichnet.

S. 97. Die Geheimratsordnung von 1651 dat. Cleve 4. Dez. 1651: „Neue Verordnung und Disposition, darnach ... unsere sämmtlichen Geheimenräte allhier und zu Cölln a. Spr. unsre Landesgeschäfte künftig zu expedieren und zu verrichten haben sollen" (vgl. J. G. Droysen, Geschichte der preuß. Politik III² [1871] 51).

S. 98. Landtagsrezeß dat. Cölln a. Spr. 26. Juli 1653, abgedr. bei Mylius, Corpus constitutionum marchicarum VI 425—464 (bes. Art. 14 betr. Mitwirkung der Stände in allen wichtigen Angelegenheiten; Art. 22 das Bauernlegen; Art. 23 „daß dem Magistratus jedes Orts sein gebührender Respekt bezeigt werden möge"; Art. 27 Immunität; Art. 30 39 Steuerfreiheit). Die Vorakten sind publiziert in „Urkunden und Aktenstücke zur Geschichte des Kurfürsten Friedrich Wilhelm von Brandenburg X (1880) 262 ff.; das geschichtliche Gesamturteil über den Rezeß ebd. S. 177/8: „das Fundament, auf dem sich der brandenburgisch-preußische Militärstaat des ausgehenden 17. und des ganzen 18. Jahrhunderts erhebt"; es wurde das Herrenrecht der Ritterschaft für Jahrhunderte festgestellt, was eine große Entschädigung für eine geringe und auch zeitlich sehr beschränkte Bewilligung war. Aber: der Rezeß gab zwar dem Adel in materieller Beziehung die Befreiung von fast allen öffentlichen Lasten, in politischer eine große Unabhängigkeit innerhalb seines „Gerichtes", in sozialer eine noch schärfer hervortretende Sonderstellung gegen Bürger und Bauern; „die genauere Prüfung ergibt indes zugleich, daß dieser Rezeß kaum eine Bestimmung fundamentaler Art enthält, die nicht schon früher bestanden hätte".

S. 99. Über den preußischen Beamtenstaat vgl. Acta borussica, Denkmäler der preuß. Staatsverwaltung im 18. Jahrhundert I (1894), mit der großen Einleitung von G. Schmoller über Begriff und historische Entwicklung des Beamtentums und des preußischen insbesondere.

S. 102. Die inneren Widersprüche in Person und Leben Friedrichs des Großen hat dargelegt Fr. Meinecke, Idee der Staatsraison (1924) 340 ff.

S. 103. Stil der Vergeudung: das Wort stammt von Wilh. Hausenstein, Vom Geiste des Barock (1920) 113.

S. 104. Der bürgerliche Lebensstil im 18. Jahrhundert sehr lebendig bei Joh. Jac. Moser, Lebensgeschichte a. a. O. Bd. III (gibt hier eine Beschreibung seiner selbst nach Konstitution, Temperament, Betragen, Eheleben, Arbeitsweise).

S. 105. Über die kulturgeschichtliche Bedeutung des Homannschen Atlas vgl. W. H. Riehl, Kulturstudien aus drei Jahrhunderten[5] (1896) 3 ff. — Georg Forsters Beschreibung der Weltreise in seinen Sämtl. Schriften, herausg. von seiner Tochter (1843), I/II.

S. 106. Hauslehrerdasein: die Jugenderinnerungen von Johann Heinrich Voß (Antisymbolik II 176—210) brechen in den Schülerjahren ab: „Der Blumenweg meiner Jugend verlor sich jetzt in eine rauhere Dornenbahn." Das Hauslehrerdasein beim Herrn v. Oertzen s. Briefe, herausg. von Abrah. Voß, II (1829) 44—49.

I, 3.

S. 108. Die Revolution als Erbin des alten Königtums bei Tocqueville a. a. O. (1856), bes. B. II, die sozialgeschichtliche Vorgeschichte der Revolution bei Augustin Thierry, Recueil des monuments de l'histoire du Tiers Etat (1850, bis zum 18. Jahrh. reichend) und Essai sur l'histoire de la formation et des progrès du Tiers Etat (1853); die sozialgeschichtliche Bedeutung der Revolution bei Lorenz v. Stein, Geschichte der sozialen Bewegung in Frankreich I (Neuausg. 1921) 153 ff. 201 ff. Den Zusammenhang der „Ideen von 1789" mit dem modernen naturwissenschaftlich-mathematischen Verfahren hat zuerst Taine dargestellt (Origines de la France contemporaine I 269 ff.: „Le 17. siècle . . . fournit les idées mères", und dann gibt er die Etappen dieser Entwicklung).

S. 109. Der alte und der neue Staat: Daß Tocqueville, weil er die Entstehung der Revolution und ihrer Verwaltungsgrundsätze aufsucht, kein Bild von dem Nebeneinander alter und neuer Institutionen, provinzieller Privilegien und monarchischer Allgewalt im altfranzösischen Staate entwirft, ist selbstverständlich; ob man also den Ausdruck „débris des anciens pouvoirs" will gelten lassen oder nicht, kommt auf den Standpunkt an: diesen nimmt das gegenwärtige historische Interesse anders als Tocqueville, weil die vorrevolutionäre Zeit noch nicht so sehr durchforscht ist; vgl. Hedwig Hintze, Staatseinheit und Föderalismus im alten Frankreich und in der Revolution (1927), wo auch die Literatur verzeichnet ist, die an Tocqueville Korrektur geübt hat. Hier werden aus dem Eigenleben der Provinzen die föderalistischen Reformbestrebungen des Ancien régime und der Männer von 1790, auch der Gironde gedeutet; die Schreckensherrschaft wird dann ausschließlich durch den Zwang der auswärtigen Politik erklärt. Ich hoffe, im Texte alle diese Fragen in ihrem innern Zusammenhange dargestellt zu haben.

S. 110. Mirabeaus Wort: „car encore une fois, jusqu'ici nous ne sommes pas une nation, mais seulement une aggrégation de provinces réunies sous un même chef" (in der Schrift „Dénonciation de l'agiotage" [1786]).

S. 112. Déclaration des droits de l'homme et du citoyen (26. August 1789), in allen Handbüchern gedruckt. Sie gibt sich als „déclaration solennelle" in 17 Artikeln und enthält die „Ideen von 1789": „les droits naturels, inaliénables et sacrés de l'homme", also Freiheit, Rechtsgleichheit, Eigentum, Sicherheit vor Beamtenwillkür und Widerstand gegen Unterdrückung. Art. 3 enthält das Prinzip der Volkssouveränität (le principe de toute souveraineté etc.), Art. 4—6 das Gesetz als Schutz gegen Willkür, Art. 10 Religionsfreiheit, Art. 11 „la libre communication des pensées et des opinions est un des droits les plus précieux de l'homme", Art. 12—14 Folgerungen aus dem Prinzip der Rechtsgleichheit (Steuern etc.), Art. 15 Verantwortlichkeit der Beamten, Art. 16 Begriff der Konstitution.

S. 113. Subjektive öffentliche Rechte: Die Literatur ist uferlos; man findet sie verzeichnet bei Georg Jellinek, Die Erklärung der Menschen- und Bürgerrechte ([4] 1927). Im übrigen handelt es sich bei Jellinek lediglich um die Frage, wie die Menschenrechte aus der Literatur in die Sphäre des geltenden Rechtes gelangt sind, und hierfür setzt Jellinek den religiös-kalvinistischen Ursprung; er befand sich damals in Ideengemeinschaft mit seinen Heidelberger Kollegen Max Weber und Ernst Troeltsch, deren Forschungen gleichfalls dem Anteil gegolten haben, der dem Kalvinismus am Aufbau der modernen Welt (Kapitalismus, Toleranzidee) zukommt. Es sind hierüber viele Kontroversen geführt worden. Unberührt hiervon bleibt der literarische Ursprung aus der Aufklärungsphilosophie; in Christian Wolffs Hauptwerk „Naturrecht" sind die subjektiven öffentlichen Rechte unmittelbar und rational aus der Wesenheit des Menschen abgeleitet (vgl. Gierke, Althusius [2] 112 ff. 346 f.). Die Vorgeschichte geht zurück bis zur Magna Charta von 1215; z. B. Schutz vor Willkür Art. 39: „nullus liber homo capiatur vel imprisonetur aut dissaissiatur aut utlagetur aut exuletur aut aliquo modo destruetur — nisi per legale judicium parium morum vel per legem terrae"; oder Widerstandsrecht Art. 61: „illi 25 barones cum communia totius terrae distringent et gravabunt nos modis omnibus quibus scilicet per captionem castrorum etc."

S. 114. Toleranzgedanke und Puritaner: s. Georg Friderici, Das puritanische Neuengland (1924) 32, wie überhaupt durch diese Studie viele Legenden über die „Pilgerväter" von 1620, diese angeblichen Apostel der Demokratie und der Gewissensfreiheit, zerstört worden sind, z. B. S. 16 ff. (politische Unfruchtbarkeit und das Fehlen jeder historischen Wirkung), S. 20 (Oligarchie mit grausamer Härte gegen alle Enterbten), S. 50 (Knebelung aller freien Meinung). Es bleiben also von dem alten Ruhme nur die spezifisch bürgerlichen „Tugenden": Fleiß, Sparsamkeit, Hochmut und Selbstzufriedenheit, Eigentumsschutz, Ausdehnungstrieb. Die Legende von dem unvergleichlichen Vorbild aller theoretischen Demokratie ist geschaffen worden von Tocqueville (Démocratie en Amérique [1835]), George Bancroft (Hist. of the U. S. 1834 ff.) und Edouard Laboulaye (Hist. pol. des États-Unis I [1855]; ins Deutsche übertr. von Bluntschli 1882). — Was die Vorgeschichte der politischen Toleranzidee betrifft, so führt sie vielmehr auf Spinoza, Tractatus theologico-politicus, Opera (Ausg. der Heidelberger Akademie) Bd. III, bes. Kap. 16 (über die Summa potestas), Kap. 17 (neminem omnia in Summam potestatem transferre posse nec esse necesse), Kap. 20 (in Libera Republica unicuique et sentire quae velit et quae sentiat, dicere licere).

S. 116. Sieyès, Was ist der dritte Stand? Übersetzt und eingeleitet von O. Brandt (1924); das Zahlenprinzip bes. in Kap. I—III.

S. 117. Revolutionsgesetze: Aus der Tatsache der Revolution (Nationalversammlung, Erklärung der Menschenrechte) wurden zunächst die gesetzlichen Folgerungen, vor allem durch Umbildung der Verwaltung, gezogen, und dann erst haben sich die Franzosen die Verfassung gegeben; vgl. Aulard, Histoire politique de la Révolution (1901), 1. Teil, Kap. 3. Die wichtigsten der neuen Gesetze abgedr. bei F. A. Hélie, Les constitutions de la France (1879) 44 ff. Es sind dies: Acte constitutionnel sur les pouvoirs publics (1. X 1789), sur les impôts et sur la promulgation des lois (12. X), sur les biens du clergé (2. XI), sur les fonctionnaires publics (27. XI), betr. der municipalités (14. u. bes. 22. XII 89 u. 21. V 90), der Departements (9. XII 89 u. bes. 26. II 90), dann über die Nichtkatholiken (24. XII), die Aktivbürger (15. I 90), die Juden (28. I), die Klöster (13. II), das Heer (28. II), sur le jury (30. IV), sur le domaine de la couronne (21. V), sur le droit de paix et de guerre (22. V), Abschaffung des Adels (20. VI), die constitution civile du clergé (12. VII), Pressevergehen (2. VIII), Abschaffung der Apanagen (13. VIII), Gerichtsverfassung (16. VIII), Rekurs gegen Verwaltungsakte (7. X), Postgeheimnis (19. XI), Kassationshof (27. IX), über die force publique (6. XII). über die Seminare (22. XII), über die Verwaltungskörper (15. III 91), über die Regentschaft und den Sitz der Beamten (29. III), Ministerialorganisation (27. IV), Kultusfreiheit (7. V), Petitionsrecht (18. V), Verbot der Koalitionen (14. VI u. 30. IX), Polizei (19. VII), dann die Verfassung v. 3. IX 91, schließlich noch über die Farbigen (28. IX) und das Bodeneigentum (28. IX). Alsdann löste sich die Constituante auf.

S. 117. Verfassung von 1791: Text Hélie a. a. O. 268 ff.

S. 117. Departementseinteilung: Gesetz v. 26. II 1790 (Hélie S. 99: La France sera divisée en quatre-vingt-trois départements). — Munizipalverfassung: das grundlegende Gesetz v. 22. XII 1789 (Hélie S. 72).

S. 118. Gerichtsverfassung: 1. Loi sur le jury 30. IV. 1790 (Hélie S. 110; besteht aus nur 2 Artikeln, davon einer die Einrichtung des jury en matière criminelle verfügte, während der andere den jury civil ablehnte; über die Einrichtung des letzteren war lange diskutiert worden). 2. Die Gerichtsverfassung v. 16. VIII. 1790 mit Nachträgen (ebd. S. 146—173). 3. Die Begründung des Kassationshofes 27. IX. 90 (ebd. S. 185). 4. Über Kriminalgerichte 20. I. 91 (ebd. S. 197). 5. Staatsgerichtshof 10. V. 91 (ebd. S. 229). 6. Kriminalprozedurgesetz v. 16. IX. 91 (ebd. S. 307).

S. 118. Kirchengesetze der Constituante: 1. Das von Talleyrand angeregte und von Mirabeau abschließend redigierte Dekret vom 2. Nov. 1789: „Que tous les biens ecclésiastiques sont à la disposition de la nation, à la charge de pourvoir, d'une manière convenable, aux frais du culte, à l'entretien de ses ministres et au soulagement des pauvres." 2. Dekret v. 13. II 1790: „Sur les couvents et les vœux monastiques" (Hélie S. 97): „L'assemblée nationale décrète comme articles constitutionnels que la loi ne reconnaîtra plus les vœux monastiques solennels des personnes de l'un ni de l'autre sexe"; nicht unter das Verbot fallen die mit dem öffentlichen Unterrichte beauftragten Orden und die établissements de charité. 3. Die constitution civile du clergé v. 12. VII 1790 (Hélie S. 125). 4. Über die Seminare 22. XII 90 (Hélie S. 195).

S. 121. Der Konvent und die Schule: Ausgangspunkt ist Art. 22 der Menschenrechte von 1793 (L'instruction est le besoin de tous. La société doit favoriser de tout son pouvoir les progrès de la raison publique etc.). Die wichtigsten Dokumente zur Erkenntnis des revolutionären Monopols an der Schule sind die Reden von Robespierre (18 floréal an II) und von Danton (22 frimaire an II), vgl. Taine, Origines etc., Rév. III 112 ff. Robespierre: „La patrie a le droit d'élever ses enfants; elle ne peut confier ce dépôt à l'orgueil des familles ni aux préjugés des particuliers ... nous voulons que l'éducation soit commune et égale pour tous les Français ... ils puiseront la connaissance de leurs droits, de leurs devoirs, des lois, de la morale républicaine." Danton: „Les enfants appartiennent à la République avant d'appartenir à leurs parents ... C'est dans les écoles nationales que l'enfant doit sucer le lait républicain ... La république est une et indivisible, l'instruction publique doit aussi se rapporter à ce centre d'unité." — Das Dekret des Konventes vom 7. Mai 1794 (18 floréal an II): „Le peuple français reconnaît l'existence de l'Etre suprême et l'immortalité de l'âme."

S. 122. Das Heer: Grundlegend das Gesetz vom 23. Aug. 1793 (Hélie S. 393): „Tous les Français sont en réquisition permanente pour le service des armées." — Die wissenschaftliche Kritik über die Volontaires wurde auf der Grundlage der Beschwerden der Befehlshaber und anderer Dokumente zuerst aufgebaut und in schärfster Weise geführt von Camille Rousset, Les Volontaires (1870); auf ihn hat Moltke zur Begründung, warum er die Miliz verwerfe, Bezug genommen in der Reichstagsrede vom 16. Febr. 1874: Moltkes Ges. Schriften VII (1892) 113. — Anders: Aulard, Taine historien (1907) 238 ff. und bes. Jean Jaurès, Histoire socialiste de la Révolution Bd. III, und Jaurès, Die neue Armee, deutsche Übers. 1913 S. 73—89 u. 124 bis 178.

S. 124. Einwirkung auf Deutschland: Eine Zusammenstellung und Verarbeitung des Materials hat gegeben G. P. Gooch, Germany and the French Revolution (1920). Eine Nachlese hierzu hat geliefert Alfred Stern, Der Einfluß der französischen Revolution auf das deutsche Geistesleben (1928).

S. 124. Kant seinerseits ist wieder stark von der Französischen Revolution beeinflußt, seine rechtsphilosophischen Schriften sind erst in den 90er Jahren erschienen. In ihnen ist der Gedanke der Grundrechte ganz scharf herausgearbeitet und der Absolutismus auch in seiner aufgeklärten Spielart abgelehnt, weil er die Untertanen wie unmündige Kinder behandle. Noch im Jahre 1798 im „Streit der Fakultäten" spricht er von dem Enthusiasmus trotz aller Greuel: „Diese Begebenheit ist das Phänomen nicht einer Revolution, sondern der Evolution einer naturrechtlichen Verfassung" ... „ein solches Phänomen in der Menschengeschichte vergißt sich nicht mehr, weil es eine Anlage und ein Vermögen in der menschlichen Natur aufgedeckt hat, dergleichen kein Politiker aus dem bisherigen Laufe der Dinge herausgeklügelt hätte." Und weiter über die Verfassungsideen: „Die gesetzgebende Gewalt kann nur dem vereinigten Willen des Volkes zukommen. Denn da von ihr alles Recht ausgehen soll, so muß sie durch ihr Gesetz schlechterdings niemand Unrecht tun können. Nun ist es, wenn jemand etwas gegen einen andern verfügt, immer möglich, daß er ihm dadurch Unrecht tue, nie aber in dem, was er über sich selbst beschließt. Also kann nur ... etc." Kants Ges. Schriften (Akademie-Ausgabe) X 64.

S. 124. Beethoven: Die Tradition über den Ursprung der Eroica ist immerhin unklar und umstritten: A.W. Thayer, Beethoven II[3] (1922) 64 421 461 Anm. Der Titel der Originalausgabe (1806) ist der im Text angeführte. — Das Bismarck-Wort über das erste Stück der Sonate in F-Moll (1864) ist überliefert von Robert v. Keudell, Fürst und Fürstin Bismarck, Erinnerungen (1901) 64.

S. 126. Propaganda und Eroberung: Der Propagandagedanke ist programmatisch formuliert in der Kriegserklärung vom 20. April 1792 (Procès-verbal de l'Assemblée nationale V 335): „... qu'elle adopte d'avance tous les étrangers qui, abjurant la cause de ses ennemis, viendront se ranger sous ses drapeaux." Das Wesen des Propagandisme und seine Umkehrung in den Eroberungsgedanken ist abschließend dargestellt von H. A. Goetz-Bernstein, La diplomatie de la Gironde (1912). Vgl. bes. S. 30 ff. (Brissot, Discours vom 20. Okt. 1791: „Consolider la Révolution et dévoiler la trahison"), S. 54 u. 90 (Robespierres anfänglicher Widerspruch gegen die Idee einer „révolution universelle": „Domptons nos ennemis intérieurs et marchons ensuite contre nos ennemis, si alors en existe encore"), S. 60 (Brissots Formulierung vom 24. Nov. 1791: „La chaumière est pour un homme libre plus respectable qu'un palais. Tels sont les principes qui dirigeront l'armée française ... Ils feront oublier ces scènes affreuses du Palatinat qui ont souillé, non pas la nation, mais le despotisme ministériel. C'est alors que les Allemands verront la différence d'un peuple qui se bat pour la liberté, à une armée qui soutient les fantaisies de quelques brigands couronnés ... Le moment est venu pour une autre croisade et elle a un objet bien plus noble, bien plus saint. C'est une croisade de liberté universelle"). Die bekannte Formel „guerre aux rois, paix aux nations" u. a. stammt von Merlin de Thionville. Vgl. ferner S. 85 u. 131 den Notenwechsel Paris-Wien. Entscheidend und abschließend ist dann das Dekret des Konvents vom 19. Nov. 1792 (Hélie a. a. O. 346): „La Convention Nationale déclare ... qu'elle accordera fraternité et secours à tous les peuples qui voudront recouvrer leur liberté, et charge le pouvoir exécutif de donner aux généraux les ordres nécessaires pour porter secours à ces peuples et défendre ceux qui auraient été vexés ou pourraient l'être pour la cause de la liberté."

S. 127. Forsters „Pariser Umrisse" und seine Schriften über die Mainzer Vorgänge: Sämtl. Schriften a. a. O. VI 306 ff. 352 ff. Dazu die Briefe aus Paris an seine Frau in Bd. IX. — Michel Venedey: vgl. die Altersschrift seines Sohnes Jakob Venedey, Die deutschen Republikaner unter französischer Herrschaft (1870; geschr. mit Benützung der Papiere des Vaters). — Görres' Ausgew. Werke, herausg. von W. Schellberg (1911) Bd. I („Der allgem. Friede" [1797]; Das rote Blatt und Rübezahl [1798/99]; ebd. S. 15 ff.). — Der Text nimmt noch besondern Bezug auf Justus Hashagen, Das Rheinland und die französische Herrschaft (1908), passim, und Max Braubach, Max Franz von Österreich (1925) 73 ff. 219 ff.

S. 129. Thukydides III 43.

S. 129. Leibniz: Wie stark bei ihm der religiöse Unionsgedanke und der politische Europagedanke zusammenhängen, zeigt schon in seiner Mainzer Zeit seine Denkschrift über die Sicherheit des Reiches (O. Klopp, Politische Schriften des Leibniz I 246 ff.) und in seiner Pariser Zeit der ägyptische

Plan (Klopp a. a. O. II). Für die Folgezeit ergibt sich dieser Zusammenhang aus F. X. Kiefl, Leibniz und die religiöse Wiedervereinigung Deutschlands ([2]1925).

S. 130. Justi Lipsi Opera omnia II (1675) 31 ff., ep. XXII: Philippo Lanoyo nobiliss. iuveni, Antwerpiae III. nonas Aprileis 1578: „Humiles istae et plebeiae animae domi resident et adfixae sunt suae terrae: illa divinior est quae caelum imitatur, et gaudet motu ... sed ista hic cautio: ut id fiat non cum voluptate solum, sed cum fructu ... Ac de voluptate aliquid dicere vacuum sit: cum ea sponte obvia: nec quisquam tam lapis ac frutex, quem non titillet aut flectat amoena illa variaque spectio gentium, urbium, locorum. Natura scilicet illud aurigatur, nec duce opus ulla ratione. At in utilitate laborandum est, quam nec secuti omnes, nec qui secuti, adsecuti. Eam tibi ingero, et triplici hoc limite designo, Prudentiae, Scientiae, Morum. Haec enim omnia peregrinatio adferre debet." — Die „Epistolae de peregrinatione Italica" wurden zuerst 1631, lange nach dem Tode des Verfassers, gedruckt.

S. 130. Auf dem Bruderschaftsbuch von Santa Maria dell' Anima als Hauptquelle ist aufgebaut: Friedr. Noack, Deutsches Leben in Rom, 1907, 2 Bde. ([2]1927).

S. 130. Venedig als Stadt der Abenteurer: hier ist vornehmlich zu erinnern an Casanovas Memoiren und an Schillers Geisterseher.

S. 130. Hobbes weilte 1640—1651, Leibniz 1672—1676 in Paris, der Hochburg des Cartesianismus. Vgl. Tönnies, Hobbes 23 ff.; Cassirer, Leibniz 514 ff.

I, 4.

S. 134. Das Napoleonbild Taines, auf das im Texte Bezug genommen ist, findet sich im 9. Bande der „Origines". Vgl. hierzu Karl Ott, Taines Napoleon Bonaparte (in Diesterwegs Neusprachl. Blättern 1927, Heft 9/10).

S. 134. Das Wort vom Maulwurfshaufen ist überliefert durch Bonrienne, Mémoires II 44, das Wort von Schwert und Koran durch Madame de Rémusat, Mémoires I 274.

S. 135. Verfassung vom 13. Dez. 1799 s. Hélie a. a. O. 577, Verfassung des Kaiserreichs (Senatuskonsult vom 18. Mai 1804) ebd. 717; Gesetz über die Verwaltung vom 17. Febr. 1800 ebd. 611. Hier Art. 3: „Le préfet sera chargé seul de l'administration." Art. 5. Er präsidiert dem conseil de préfecture: „en cas de partage, il aura voix prépondérante".

S. 137. Code Napoléon: die „libre disposition" über das Eigentum Art. 537; der partage forcé Art. 815 913 (zuerst vorgebildet im Gesetz vom 8. April 1791, dann bestätigt durch den Konvent unterm 6. Jan. 1794, Hélie S. 217 403; vgl. auch Lorenz v. Stein a. a. O. I 217); Zivilstandsregister livre I, titre 2 (Des actes de l'état civil) und titre VI (Du divorce); hierher noch Art. 54 des Konkordates (Hélie 654); die entsprechenden Revolutionsgesetze sind früher genannt. — Natürliche Gewalt: livre I, titre IX (De la puissance paternelle), livre III, titre V (Du contrat de mariage et des droits respectifs des époux); hier bes. Art. 1400 ff. (De la communauté légale) und Art. 1421 (le mari administre seul les biens de la communauté). — Das erste Gesetz über die illegitimen Kinder ist vom 2. Nov. 1793 (Hélie S. 398). — Die Gleichstellung der Juden schon 28. Jan. 1790 und 28. Sept. 1791 (Hélie S. 96 319); für die napoleonische Zeit: A. Robert, Napoléon et les juifs (1928).

S. 138. Code pénal: der erste Code pénal stammt vom 26. Sept. 1791 (Hélie S. 317), wichtig dann noch jener vom 25. Okt. 1795 (ebd. S. 498). — Eigentumsvergehen: z. B. Code pénal §§ 274 ff., 381; Code civil titre XIX (De l'expropriation forcée et des ordres entre les créanciers).

S. 139. Gerichtsverfassung: Verfassung von 1799 titre V und Gesetz vom 18. März 1800 (Hélie S. 582 626). — Inamovibilität der Richter: Verfassung von 1799, § 68. — Ähnlich die Stellung des Rechnungshofes: Gesetz vom 16. Sept. 1807 (Hélie S. 804).

S. 139. Keine arbitri juris: Code civil Art. 5. — Kassationshof eingerichtet durch Gesetz vom 27. Sept. 1790, eingehend dann darüber Verfassung von 1795, Art. 254—264 (Hélie S. 185 457).

S. 139. Konkordat unterzeichnet 15. Juli 1801, publiziert durch Gesetz vom 8. April 1802 mit den „organischen Artikeln"; alle diese Stücke abgedruckt Hélie S. 651 ff.

S. 140. Müßige Frage: hier Sybel und Lanfrey, dort Ranke und Max Lenz. Bei weitem am besten in Auffassung und Darstellung auch heute noch A. Fournier, dessen Napoleonbuch (3 Bde.; [3]1904) der Gefahr der Vergessenheit entrissen werden sollte.

S. 140. Tendenzen zur Herstellung der alten Macht: das Wort steht Ranke, Die Großen Mächte (Reclam-Ausg. S. 60).

S. 142. Vernünftige Bedingungen: Wort des badischen Staatsmannes v. Reitzenstein bei den Entschädigungsverhandlungen 1796: „qu'il fallait faire des demandes exorbitantes pour obtenir des conditions raisonnables" (Polit. Korrespondenz Karl Friedrichs von Baden, herausg. von Erdmannsdörffer-Obser III xv).

S. 143. Eine Geschichte des Rheinbundes besitzen wir trotz einiger Anläufe (Bitterauf, Rheinbund I [1905]) immer noch nicht. Auch von den einzelnen Rheinbundstaaten haben nur Sonderbildungen, wie die Großherzogtümer Berg (Ch. Schmidt, Le Grand-Duché de Berg [1905]), Frankfurt (Paul Darmstaedter [1901]) und Würzburg (A. Chroust [1913]) Darstellungen erhalten. Für Bayern vgl. Michael Doeberl, Entwicklungsgeschichte Bayerns (1912) 381 ff. Das Königreich Westfalen hat noch keine wissenschaftliche Darstellung, es sind nur vorhanden die wenig znverlässigen Bücher von R. Goecke (1888) u. A. Kleinschmidt (1893), so daß man zurückgreifen muß auf Fr. Saalfeld, Handbuch des westfäl. Staatsrechtes (1812). Auch für Baden beschreibt W. Andreas, Gesch. der bad. Verwaltungsorganisation und Verfassung I (1913), lediglich die Vorgänge; die Geschichte der Verwaltung und Verfassung steht noch aus.

S. 148. Montgelas-Reitzenstein: über beide und ihre geschichtliche Zusammengehörigkeit habe ich an anderer Stelle gehandelt; über diesen in dem Buche: Sigismund v. Reitzenstein, der Begründer des bad. Staates (1926); über jenen im Staatslexikon Bd. III. — Das Programm von Montgelas ist im Texte zitiert nach seinen „Denkwürdigkeiten über die innere Staatsverwaltung" (herausg. von Laubmann-Doeberl 1908) und den Staatsakten (die verarbeitet sind bei Ludwig Doeberl, Montgelas und das Prinzip der Staatssouveränität [1925]). Der die auswärtige Politik betreffende Teil der Denkwürdigkeiten ist nur in Auswahl und Übersetzung (von M. v. Freyberg, 1887) herausgekommen. Die Denkwürdigkeiten wurden von Montgelas 1817 geschrieben nach seinem Sturze und gekleidet in die Form eines Compte rendu an den König.

S. 151. Das Wort über Wielands Abderiten: Nadler, Literaturgeschichte der deutschen Stämme III² (1924) 123.

S. 152. Die Koblenzer Rechtsschule: Leo Just, Franz von Lassaulx (1926) 179 ff. Außer Lassaulx mit seinem großen Kommentar (4 Bde., 1808—1815) ist von Deutschen noch Daniels für die wissenschaftliche Bearbeitung des Code Napoléon tätig gewesen; doch fällt seine Hauptarbeit bereits in die nachnapoleonische Zeit. Von den zahlreichen späteren deutschen Darstellungen sind zu nennen: Anton Stabel, Institutionen des französischen Zivilrechtes (1871), und Cäsar Barazetti, Einführung in das Französische Civilrecht und das Badische Landrecht (² 1894).

S. 153. Badisches Landrecht: die Zusätze 577 aa—cr (betr. Stammgüter), 827 c—g (betr. Vorteilgerechtigkeit), 710 a—k (betr. Zehenden, Erbgülten und Fronden); das Wort vom „gotischen Anbau" aus den Akten zitiert bei W. Andreas, Savigny-Zeitschrift, German. Abteilung Bd. 31.

S. 153. Code Napoléon in Bayern: vgl. Anselm Feuerbachs Vortrag im Geh. Rat (1809): abgedr. in A. Feuerbachs Leben und Wirken, herausg. von seinem Sohne Ludwig, I [1852] 162 ff. Von Feuerbachs Denkschriften sind hier noch zu nennen die zur Kriminalgesetzgebung, nämlich Reformvorschlag von 1805 (ebd. S. 129), über die Aufhebung der Tortur (1806, S. 138) und das Strafgesetzbuch von 1813 (S. 212—256, mit Anhängen).

S. 153. Vertretungsgedanke in den rheinbündischen Verfassungen: z. B. Darmstaedter a. a. O. 89 99—105.

S. 154. Bayrische Kirchenpolitik: Montgelas, Denkwürdigkeiten über die innere Staatsverwaltungen 116 ff., wo der gestürzte Minister (1817), der persönlichen Absicht seiner Erinnerungen entsprechend, die Verbindung mit der altbayrischen Kirchenpolitik betont.

S. 154. Civitas in civitate: Hobbes, De cive Kap. XIII.

S. 158. Ritter v. Lang, Memoiren II (Originalausgabe von 1842) 83 ff. — Die wissenschaftliche Quellenkritik: Adalbert v. Raumer, Der Ritter v. Lang und seine Memoiren (1923) 145 ff.

S. 160. Die Querelle: Ch. Perrault, Parallèles des anciens et des modernes (1688—1697), vgl. H. Rigault, Histoire de la querelle (1859).

S. 161. Rom im 18. Jahrhundert: die populärste (wenn auch bedenkliche) Quelle sind vor allem die Stiche von Piranesi (vgl. z. B. den Pantheon mit den „Ohren" des Bernini, „ridotto al gusto moderno"). Die „Ruinenmode" nordischer Künstler, wie sie in der bildenden Kunst seit dem 16. Jahrhundert aufkommt, ist eine Sonderangelegenheit der Kunstgeschichte und als solche dargestellt bei Waetzoldt, Das klassische Land (1927) 104 ff.

S. 161. Schloß Caserta: Goethes Ital. Reise (1787) III[14 u. 15].

S. 162. Die Scavi: der früheste Bericht sind Charles de Brosses Lettres sur l'état actuel de la ville souterraine d'Herculée (1750); dann Winckelmanns Schriften über die neuesten herkulanischen Entdeckungen (1758—1763; Sämtl. Werke II).

S. 162. Der englische Klassizismus: Bonamy Dobree, Essays in Biographie (1925) 57 ff. (betr. The architect of Blenheim, Sir John Vaubrugh). Knobelsdorff u. Friedrich d. Gr.: Hohenzollern-Jahrb. 1899 u. 1911.

S. 162. Bentley: R. C. Jebb, Richard Bentley (1885) 4 ff. (Studien- und Hauslehrerjahre); 142 ff. (Homer).

S. 163. Winckelmanns Griechentum: das „Idealschöne“ bes. „Gedanken über die Nachahmung etc.“ (1755), Sämtl. Werke I, § 11: „Die Kenner und Nachahmer der griechischen Werke finden in ihren Meisterstücken nicht allein die schönste Natur, sondern noch mehr als Natur, das ist gewisse idealische Schönheiten derselben“. § 32: Die griechischen Künstler fingen an, „sich gewisse allgemeine Begriffe von Schönheiten sowohl einzelner Teile als ganzer Verhältnisse der Körper zu bilden, die sich über die Natur selbst erheben sollten; ihr Urbild war eine bloß im Verstande entworfene geistige Natur“. § 37: „Das Gesetz, die Personen ähnlich und zu gleicher Zeit schöner zu machen, war allezeit das höchste Gesetz, welches die griechischen Künstler über sich erkannten, und setzet notwendig eine Absicht des Meisters auf eine schönere und vollkommenere Natur voraus.“ § 38: „Die sinnliche Schönheit gab dem Künstler die schöne Natur; die idealische Schönheit die erhabenen Züge; von jener nahm er das Menschliche, von dieser das Göttliche.“ § 47: betr. Unterschied von Kopien und idealischen Bildern. Vgl. ferner Geschichte der Kunst, 4. Buch, 2. Kap., §§ 25 bis 35 (Sämtl. Werke IV 62—70): „Wahl schöner Teile aus vielen Einzelnen und Verbindung in Eins, welche wir idealisch nennen.“ Über den Unterschied von individueller und idealischer Schönheit vgl. „Vorläufige Abhandlung“ Kap. 4, § 13 (Sämtl. Werke VII 108). — Die imitatio veterum: Gedanken über die Nachahmung (Sämtl. Werke I) § 6: „Der einzige Weg für uns, groß, ja, wenn es möglich ist, unnachahmlich zu werden, ist die Nachahmung der Alten“ § 46: „Daß die Schönheit der griechischen Statuen eher zu entdecken ist als die Schönheit in der Natur, und daß also jene rührender, nicht so sehr zerstreuet, sondern mehr in Eines vereiniget, als es diese ist. Das Studium der Natur muß also wenigstens ein längerer und mühsamerer Weg zur Kenntnis des vollkommenen Schönen sein, als es das Studium der Antiken ist.“ § 56: „Könnte auch die Nachahmung der Natur dem Künstler alles geben, so würde gewiß die Richtigkeit im Kontur durch sie nicht zu erhalten sein; diese muß von den Griechen allein erlernet werden.“ — Beschreibung des Herkulestorso (Sämtl. Werke I 226 ff.), des Apollo (Geschichte der Kunst 5. Buch, 1. Kap., § 11, Sämtl. Werke IV 99): „Der höchste Begriff idealischer männlicher Jugend ist sonderlich im Apollo gebildet, in welchem sich die Stärke vollkommener Jahre mit den sanften Formen des schönsten Frühlings der Jugend vereiniget findet.“

S. 165. Edle Einfalt: das berühmte Wort, an das dann Lessings Laokoon anknüpft, steht in Winckelmanns „Gedanken über die Nachahmung“ § 79: „Das allgemeine vorzügliche Kennzeichen der griechischen Meisterstücke ist endlich eine edle Einfalt und eine stille Größe sowohl in der Stellung als im Ausdruck. So wie die Tiefe des Meeres allezeit ruhig bleibet, die Oberfläche mag noch so wüten, eben so zeiget der Ausdruck in den Figuren der Griechen bei allen Leidenschaften eine große und gesetzte Seele. Diese Seele schildert sich in dem Gesichte des Laokoon, und nicht in dem Gesichte allein, bei dem heftigsten Leiden.“ Der Vergleich mit dem Meere kehrt bei Winckelmann oft wieder. — Laokoon und Niobe: Geschichte der Kunst 5. Buch, 3. Kap., § 13 14 (Sämtl. Werke IV 205); 10. Buch, 1. Kap., § 12—17 (ebd. VI 18—24). — Von der Gratie etc.: Sämtl. Werke I 217 ff.

S. 165. Das Urteil über Bernini und Michelangelo: Von der Gratie etc. (Sämtl. Werke I 224); hier das Wort: „dem die Gratia nicht einmal im

Traume etc."; Geschichte der Kunst 4. Buch, Kap. 2, § 14 (Sämtl. Werke IV 52): „seine Figuren sind wie der zu plötzlichem Glücke gelangte Pöbel"; 5. Buch, Kap. 3, § 27 (ebd. IV 221): „daß Michelangelo die Brücke zu dem verderbten Geschmacke auch in der Bildhauerei angeleget und gebauet".

S. 166. Raffaels Zeichnungen: Gedanken über die Nachahmung § 89 (hier die Stelle: „eine so schöne Seele etc."); Geschichte der Kunst 8. Buch, 6. Kap., § 2 (Sämtl. Werke V 171: Über Raffaels Zeichnungen). Vorläufige Abhandlung (ebd. VII 100: Von der Kunst der Zeichnung).

S. 166. Dorismus: Schon Vitruv (B. IV) hat diesen Zusammenhang von Architektur und Ethik gezogen und, einer alten Sage entsprechend, die dorische Ordnung dem ernsten starken Manne verglichen, dem es obliegt, die schwerste Last des Schicksals zu tragen. — Winckelmann hat den Dorismus eingeführt: „Anmerkungen über die Baukunst der alten Tempel zu Girgenti", 1759 (Sämtl. Werke II 303 ff.), und „Anmerkungen über die Baukunst der Alten", 1761 (ebd. II 333 ff. handelt er von Pästum; über die dorische Ordnung bes. S. 387). Die griechischen Formen in der technischen Literatur zuerst bei Jacques François Blondel, Cours d'architecture (1771).

S. 168. Rassentheorie des Aristoteles: Pol. I, 2, 4 (die ganze Theorie steckt allein schon in dem Ausdruck: φύσει δοῦλοι).

S. 168. „Nullique ea tristis": der Ausspruch ist von Statius und ist Motto von Lessings Abhandlung „Wie die Alten den Tod gebildet" (1769), an deren Gedankengang hier zu erinnern ist. Für die plastische Gestaltung von Totengerippen bietet die Sepulkralskulptur des Barock in Rom zahlreiche Beispiele.

S. 169. Amyots Plutarch, zit. nach der berühmten, von Vascosan 1567 bis 1574 in 8 Bänden veranstalteten Gesamtausgabe. Für unsern Zusammenhang besonders wesentlich die Widmung an König Heinrich II. und der Avis aux lecteurs.

S. 169. Montesquieu, Considérations sur les causes etc., bes. Kap. 19—23.

S. 170. Römertum und Revolution: Beispiele leicht zu finden bei Aulard, Les grands orateurs de la Révolution; ebenso hat Lamartine (Histoire des Girondins, 1849) aus persönlicher Geistesverwandtschaft diesen Gesichtspunkt besonders hervortreten lassen. Über den Ciceronianismus s. Th. Zielinski, Cicero im Wandel der Jahrhunderte[3] (1912) 261 ff.

S. 172. Napoleon als antiker Typus: nach Taine (Origines etc. IX.) und Stendhal (Vie de Nap.) noch Berthold Vallentin, Napoleon (1923) 137 ff.

S. 174. Die Parallele zwischen dem antiken und dem modernen Klassizismus ist bekanntlich ein wesentlicher Gedankengang bei Oswald Spengler, Untergang des Abendlandes II.

S. 175. Das napoleonische Unterrichtswesen ist dargestellt in Taines letztem Bande; über die École Polytechnique s. F. Schnabel, Die Anfänge des technischen Hochschulwesens (1925).

S. 176. Talma: zu erinnern an Wilh. v. Humboldts Aufsatz in Goethes Propyläen, 1800 (Humboldts Ges. Schriften, Akademie-Ausgabe II [1904] 379): „Man sieht, daß er nicht, wie es sonst die Art der hiesigen Schauspieler ist, welche die meisten ihrer Rollen durch Tradition empfangen, nur andere Schauspieler, sondern daß er die Natur selbst studiert hat, und es ist nicht unwahrscheinlich, daß ihm die Begebenheiten der Revolution hierzu einen reichen Stoff dargeboten haben." Dazu sein Studium der Kostüme.

S. 176. Über Canova und die im Texte berührten Fragen ist die wichtigste zeitgenössische Quelle die von seinem Freunde Conte Leopoldo Cicognara geschriebene Biographie (Venezia 1823); die Angriffe Fernows findet man in dessen „Röm. Studien“ I (1806).

S. 177. Der klassizistische Stadtplan als bürgerliche Weiterbildung der von Rationalismus und absolutem Fürstentum geschaffenen künstlichen Städte: vgl. Valdenaire, Fr. Weinbrenner (1919). Als Gegenstück nehme man die Schilderung von Bern durch Goethe an Frau v. Stein 9. Okt. 1779: „In bürgerlicher Gleichheit eines wie das andere gebaut, all aus einem graulichen weichen Sandstein, die Egalitaet und Reinlichkeit drinne tut einem sehr wohl, besonders da man fühlt, daß nichts leere Dekoration oder Durchschnitt des Despotismus ist.“ Hierher gehört auch die bezeichnende Begeisterung der Italienfahrer des 18. Jahrhunderts für Turin; vgl. Charles de Brosses, Lettres familières (1739): „Turin me paraît la plus jolie ville de l'Italie, et, à ce que je crois, de l'Europe par l'alignement de ses rues, la régularité de ses bâtiments“ (zit. bei Waetzoldt, Das klassische Land 34). Ebenso die Freude an architektonischer Landschaft, z. B. hochberühmt im 18. Jahrhundert Isola Bella und Isola Madre im Lago Maggiore (ebd. S. 36).

S. 177. Klassizismus und Verbürgerlichung (zunehmende Bedeutung der Nutzbauten): Überblick gibt Paul Klopfer, Von Palladio bis Schinkel (1911), bes. S. 29 ff. (betr. Klassizismus in seinem Verhalten zu den Kulturaufgaben).

S. 177. St. Petersburg: der wichtigste Architekt ist der Italiener Giacomo Quarenghi (1744—1817); seine Haupttätigkeit fällt noch in die Zeit Katharinas II.; Daten über ihn bei Klopfer a. a. O. 246. — Die Epoche Speranskijs ist im übrigen in jeder Hinsicht der Ausdruck der Allianz mit Napoleon; sein Sturz und seine Versendung nach Sibirien erfolgen denn auch ganz unvermittelt, 17. März 1812 (vgl. Grand-duc Nicolas Mikhailowitsch, L'Empereur Alexandre I Bd. I [1912] 91—93).

S. 178. Widerspruch von Form und Inhalt: am Beispiele Weinbrenners auf Grund der Restaurationsbefunde dargelegt von Fritz Hirsch, Hundert Jahre Bauen und Schauen (1928) 36 ff. — Weinbrenner bietet übrigens ein treffliches Beispiel für die Verdrängung volkstümlicher Kräfte durch den Klassizismus. Wie stark Weinbrenner trotz allem noch im deutschen Barock wurzelt, zeigt z. B. die Grundrißanlage des Karlsruher Rondellplatzes oder die mit Licht und Schatten effektvoll wechselnden Höfe des Markgräflichen Palais (vgl. Valendaire a. a. O. 87 betr. Kreisform des Rondellplatzes). Wie mächtig der Stilwille sich in ihm regte, zeigt seine Bildungsgeschichte; vgl. Friedr. Weinbrenner, Denkwürdigkeiten, aus dem Nachlaß herausg. von Aloys Schreiber (1829); ich zitiere nach dem Neudruck von K. K. Eberlein (1920) bes. S. 55 (Vergleich mit Genelly, der mit dem Studium der Theorie und Geschichte begann, Weinbrenner aber mit der praktischen Ausübung: auf der Mitte des Weges trafen sie sich).

S. 179. Musée Napoléon: Schillers Gedicht „Die Antiken zu Paris“.

S. 180. Klassische Walpurgisnacht: Eckermann, Gespräche 21. Febr. 1831.

II, 1.

S. 186. Leibniz: seine Einsicht in das Wesen des individuellen und organischen Lebens s. Cassirer S. 404 ff. Hier sind auch die berühmten Formulierungen nachgewiesen und erläutert: „Toute la nature est pleine de vie — les créatures ... comme les déserteurs de l'ordre général — la nature de la substance est d'être féconde et de faire naître des suites ou variétés." — Ethik als eine zweite, andere Gesetzlichkeit (S. 440): „un monde moral dans le monde rationnel".

S. 186. d'Alembert über Leibniz: Discours prélim. 2. Teil.

S. 187. Herder: das früheste Dokument des neuen Lebensgefühles ist bekanntlich das Reisejournal von 1769 (Sämtl. Werke, herausg. von Suphan IV [1878] 345 ff.); das früheste Dokument der historisch-genetischen Betrachtung ist die Abhandlung über den Ursprung der Sprache (1772, ebd. Bd. V); die Blätter „Von deutscher Art und Kunst" (über Ossian und Shakespeare) ebd. S. 159 ff.

S. 189. Möser: die biographischen Voraussetzungen sehr fein bei Dilthey, Ges. Schriften III 248—257; die geistige Verbindung von Möser zu Goethe: Dichtung und Wahrheit B. 13 u. 14. Hauptquelle für den Text sind die Patriotischen Phantasien (Sämtl. Werke herausg. von Abeken I—IV [1842]). Von Möser stammt der für unsern Zusammenhang kennzeichnende Vergleich des Staates mit einer Pyramide (ebd. II 250 ff.). Die neue Geschichtsauffassung I 146: „In einer Amts- und Gildengeschichte können sogar die Namen aller Mitglieder und die Lebensläufe aller Gildemeister entbehrt werden"; vgl. auch die Vorrede zur Osnabrückischen Geschichte datiert 20. Febr. 1780 (ebd. VI). Charakteristisch betont die soziale Bedeutung des volkstümlichen Handwerks (I 113), der Spinnstube (I 127). Die Vereinigung von konservativem und fortschrittlichem Geiste bes. in den Ausführungen über Adelsreform (IV 240).

S. 191. Burke: Die „Reflections on the French Revolution" sind zitiert nach der Übersetzung von Gentz ([3]1838). Zu nennen ist noch die Gegenschrift von Th. Paine, Die Rechte des Menschen. Deutsche Übers. ([2]1793). Grundlage zur Lebensgeschichte sind die Werke (Burke, Works ed. H. Rogers [1854]); hier neben der philosophischen Schrift (Inquiry into the Origin of our Ideas of the Sublime and Beautiful) bes. die Reden: on American taxation 1775 (ebd. I 154), for Conciliation with America 22. III. 1775 (ebd. 181) und on the East-India Bill 1. XII. 1783 (ebd. 274). Über Burke als Redner s. Adam Müller, Zwölf Reden über die Beredsamkeit (gehalten 1812, gedruckt 1816, Neudruck von A. Salz 1920), 6. Rede (veranschaulicht die politische Beredsamkeit am Redekampf zwischen Burke und Fox, 12. Febr. 1791).

S. 194. Burke in Deutschland: über dieses Thema das Buch von Frieda Braune (1917); betr. Rehberg 114 ff.; Fr. Gentz 139 ff. In diese geistige Reihe gehört von Franzosen bes. Mallet du Pan, Über die französische Revolution, übers. von F. Gentz (1794). Von Rehberg sind bes. zu nennen die „Untersuchungen über die Französische Revolution" (1793), mit scharfer Kritik am aufgeklärten Absolutismus. Es ist bezeichnend, daß der Widerspruch gegen das Buch zuerst vom radikalen Liberalismus kam (Fichtes Beitrag zur Berichtigung der Urteile des Publikums etc., 1793 (Sämtl. Werke VI [1845]).

S. 195. Gentz und Preußen: zu erinnern ist vor allem an das Sendschreiben an König Friedrich Wilhelm III. bei der Thronbesteigung am 16. Nov. 1797, abgedr. in Gentz' Schriften, herausg. von G. Schlesier II (1838) 12—32. Über den Wechsel vom preußischen in österreichischen Dienst vgl. P. Bailleu (Beiträge zur brandenburg.-preuß. Geschichte [1908] 237 ff.) und A. Fournier

(Beiträge zur neueren Geschichte Österreichs I [1906; wieder abgedr. in seinen Histor. Studien und Skizzen II]). Eine die neuesten Arbeiten umfassende Gentz-Bibliographie findet man in den „Schlesischen Lebensbildern", herausg. von der Histor. Kommission für Schlesien II (1926) 154.

S. 195. de Maistre: die Oeuvres in der Ausg. von 1844. Auf ihren Gehalt wird noch zurückzukommen sein. Vgl. vorläufig Sainte-Beuve, Portraits littéraires II 387—466.

S. 197. κτῆμα ἐς ἀεί: Thukydides I 22. Daß das Wort nicht ein Ausdruck literarischer Aspirationen ist, sondern ein Bekenntnis zur pragmatischen Geschichtsauffassung darstellt, ergibt sich aus dem vollen Wortlaut des Satzes: κτῆμά τε ἐς ἀεὶ μᾶλλον ἢ ἀγώνισμα ἐς τὸ παραχρῆμα ἀκούειν ξύγκειται.

S. 197. Pragmatische Geschichtsschreibung: Grundlegend der berühmte Aufsatz von Dilthey, Das 18. Jahrhundert und die geschichtliche Welt (Ges. Schriften III [1901] 209 ff.). Seither ist noch eine große Anzahl von Spezialarbeiten erschienen. Die Gedankengänge des Textes habe ich zuerst dargelegt in dem Aufsatze „Französische und englische Historiker im Unterricht" in der Zeitschrift „Schule und Wissenschaft" (herausg. von Grabert-Hartig [1927] 256 ff.). Die Titel der in Betracht kommenden Geschichtswerke (Machiavelli, Pufendorf etc.) findet man in den Handbüchern (z. B. von Fueter, Geschichte der neueren Historiographie [1911, ²1927]) verzeichnet. Am bequemsten ist die Geschichtsauffassung des 18. Jahrhunderts zugänglich in den kleinen historischen Aufsätzen von Fr. Schiller (also der akademischen Antrittsrede, ferner bes. „Über Völkerwanderung, Kreuzzüge und Mittelalter" und in dem schon durch das Thema bezeichnende Aufsatz „Die Gesetzgebung des Lykurgus und Solon").

S. 200. Gibbon: History of the Decline and Fall of the Roman Empire (12 Bde [1776—1788]). Als Quelle diente ferner: H. Milman, Life of Gibbon with selections from his correspondence (1839). Vgl. auch noch Jakob Bernays, Ges. Abhandlungen II (1885) 206 ff.; Michael Bernays, Schriften zur Kritik und Literaturgeschichte IV 302 ff.; Sainte-Beuve, Causeries du Lundi VIII 430—472. — Das Ranke-Wort steht Weltgeschichte V 2, 259.

S. 201. Vico: Benedetto Croce, Vico (2 Bde. [1926]). — Die Stelle aus Goethes Ital. Reise: Neapel 5. März.

S. 201. Montesquieu: vgl. Dilthey, Ges. Schriften III 233—235. Die atomistische Auffassung von der Gewaltenteilung geht bekanntlich auf Locke zurück: Two Treatises of government cap. XII (Works V 424 ff): Of the legislative, executive and federative power of the commonwealth. — Das Wort Volksgeist hat seine lange Vorgeschichte bis zum römischen Recht: Institut. I 2, § 1; Dig. I 9 u. I 1; von da ins kanonische Recht (c. 8 D. 1); durch das Naturrecht die Idee zurückgedrängt. Nun bei Vico und Montesquieu (Considérations Kap. 8; Esprit des lois B. 19, Kap. 4). Vgl. E. v. Moeller, M. Inst. für österr. Geschichte XXX (1909). — Zu erinnern ist im Zusammenhang mit Montesquieu auch an die ständische Reformliteratur des alten Frankreich (Fénelon, d'Argenson etc.).

S. 202. Winckelmann als Historiker: er macht sich das κτῆμα ἐς ἀεί als Motto seiner Geschichte der Kunst des Altertums zu eigen und sagt § 1: Geschichte sei ihm „keine bloße Erzählung der Zeitfolge und der Veränderungen in derselben", sondern ein „Versuch eines Lehrgebäudes". Dann heißt es § 2: „Die Geschichte der Kunst soll den Ursprung, das

Wachstum, die Veränderung und den Fall derselben nebst dem verschiedenen Stile der Völker, Zeiten und Künstler lehren." — Die kulturgeschichtlichen Bedingungen wie Rasse, Klima, Kleidung, Leibesübungen usw.: Gedanken über die Nachahmung § 12—20, Erläuterung der Gedanken § 6 ff. Vor allem aber: Geschichte der Kunst des Altertums 1. Buch, 3. Kap. (Sämtl. Werke III 122—139), 4. Buch, 1. Kap. (ebd. IV 8 ff.), 8. Buch (ebd. V 169 ff.: „Von dem Wachstume und dem Falle der griechischen Kunst"). Das Freiheitsmoment als Hauptursache der Blüte 9. Buch, 1. Kap., § 2 (Sämt. Werke V 297); ebenda ist auch betont, daß er „eine Geschichte der Kunst und nicht der Künstler" geben wolle. Ebd. 9. Buch, 2. Kap., § 3 u. 9 (ebd. V 348—354) die Heraushebung des perikleischen Zeitalters und Vergleich mit dem leoninischen; betr. die geistige Verwandtschaft Winckelmann-Herder: Herders Denkmal Winckelmanns (1778; Herders Werke, herausg. von Suphan VIII 437 ff.); dazu noch Adrastea VI 1; Werke XXIV 339 ff.

II, 2.

S. 206. Kants „Gebt mir Materie etc.": das Wort steht in der Vorrede zur „Allgem. Naturgeschichte und Theorie des Himmels" (1755): Ges. Schriften Ausg. der preuß. Akademie I (1902) 229; gleich darauf folgt der Satz: „daß eher die Bildung aller Himmelskörper, die Ursache ihrer Bewegungen, kurz der Ursprung der ganzen gegenwärtigen Verfassung des Weltbaues werde können eingesehen werden, ehe die Erzeugung eines einzigen Krauts oder einer Raupe aus mechanischen Gründen deutlich und vollständig kund werden wird" (S. 230). — Die Stellen über Rousseau stammen aus dem Jahre 1764 und stehen in den „Fragmenten I. Bemerkungen zu den Beobachtungen über das Gefühl des Schönen und Erhabenen": „Ich muß den Rousseau so lange lesen, bis mich die Schönheit der Ausdrücke gar nicht mehr stört, und dann kann ich allererst ihn mit Vernunft übersehen" — „ich fühle den ganzen Durst nach Erkenntnis und die begierige Unruhe darin weiter zu kommen oder auch die Zufriedenheit bei jedem Fortschritte. Es war eine Zeit, da ich glaubte, dies alles könnte die Ehre der Menschheit machen. Rousseau hat mich zurecht gebracht. Dieser verblendete Vorzug verschwindet usw. — Newton und Rousseau (aus Kants Nachlaß): „Newton sah zuerst Ordnung und Regelmäßigkeit mit großer Einfachheit verbunden, wo vor ihm Unordnung und schlimmgepaarte Mannigfaltigkeit anzutreffen waren, und seitdem laufen die Kometen in geometrischen Bahnen. Rousseau entdeckte zu allererst unter der Mannigfaltigkeit der menschlichen angenommenen Gestalten die tief verborgene Natur des Menschen und das versteckte Gesetz."

S. 208. Benjamin Franklins Autobiographie: Die Klassiker haben in Franklins Persönlichkeit und Selbstbiographie das Vorbild echter Humanität und ein Gegenbild zu Rousseaus Unausgeglichenheit gesehen. So besonders Herder in den Briefen zur Beförderung der Humanität Brief 2—3 (Werke XVII 10); ferner W. Sombart, Der Bourgeois (1913) 163 (time is money); S. 156 (Buchführung über die Tugenden); S. 199 (Stundenplan); S. 283 (Eudaimonismus).

S. 209. Kant und Herder: Kants Rez. von Herders Ideen, Kants Schriften VIII 43 ff., Herders Metakritik (Werke XXI).

S. 210. Humanitätslehre: vgl. Ernst Cassirer, Freiheit und Form² (1918) 271 ff., und Eduard Spranger, Wilhelm v. Humboldt und die Humanitätsidee (1911, ²1929).

S. 211. Nihil humani: Cicero, De officiis 1, 9.

S. 212. Rousseau und W. v. Humboldt: Quelle hierfür das Tagebuch der Reise nach Paris 1789, und zwar die Stellen, wo von dem Besuch in Ermenonville die Rede ist (Humboldts Ges. Schriften, Akademieausg. XV 135—138; ferner die Bemerkung S. 593 ff.).

S. 214. Die Lehre von der Naivität des Griechentums: G. Billeter, Die Anschauungen vom Wesen des Griechentums (1911) 217—219; die griechische Humanität (anknüpfend an Cicero, Ad Quintum fratrem 1, 1, § 27; ebd. S. 235 bis 240). Shaftesbury kommt in dem Buche von Billeter nicht vor. Im übrigen über die Begriffe „naiv“ und „sentimentalisch“ Schillers Abhandlung und über die Vorstellung vom Griechentum als Verwirklichung der ästhetischen Kultur seine Briefe über die ästhetische Erziehung Br. 6 u. 15.

S. 217. Schiller und Kants Ethik: Schiller „Über Anmut und Würde“ (1793) die ber. Stelle: „Bis hieher glaube ich mit den Rigoristen der Moral vollkommen einstimmig zu sein; aber ich hoffe dadurch noch nicht zum Latitudinarier zu werden, daß ich die Ansprüche der Sinnlichkeit etc.... Womit haben es die Kinder des Hauses verschuldet, daß er nur für die Knechte sorgte.“ Ferner: Briefe über die ästhetische Erziehung, Brief 15, wo dann positiv das Ideal der ästhetischen Freiheit entwickelt ist; von den philosophischen Gedichten besonders „das Ideal und das Leben“, mit den dazugehörigen Briefen Humboldts an Schiller vom 21. August und Schillers an Humboldt vom 7. Sept. 1795. Das scharfe Urteil über das „grämliche Ansehen“ in Kants praktischer Philosophie steht im Briefe an Goethe vom 21. Dez. 1798.

S. 217. Schillers „Künstler“: Entstehungsgeschichte aus dem Briefwechsel mit Körner vom Oktober 1788 bis März 1789.

S. 222. Bildende Kunst und Handwerk: Eine geschichtliche Darstellung ihrer gegenseitigen Lösung gibt es nicht; sie müßte mit der „Rezeption“ Vitruvs beginnen. Doch darf dieses Ereignis nicht überschätzt werden: es sind nicht weniger als 55 Handschriften aus allen Zeiten des Mittelalters erhalten (aufgezeichnet: Vitruv, übersetzt und erklärt von J. Prestel II [1913] 582 ff.). Seit dem 15. Jahrhundert wurde seine Lehre von den Säulenordnungen und von den Formen und Arten der Tempel (3. Buch) besonders herausgehoben, so daß sein Name zuletzt allein mit dieser ausschließlich künstlerischen Angelegenheit verbunden wurde. Von den Drucken sind dann allerdings schon 30 vor 1600 herausgekommen; vgl. Bodo Ebhardt, Die 10 Bücher des Vitruv u. ihre Herausg. (o. J.) 35 ff.

S. 223. Dichtkunst und Reflexion: vgl. W. v. Humboldts Abhandlungen über Schiller und den Gang seiner Geistesentwicklung, wo sich das Wort findet, daß der Gedanke das Element seines Lebens gewesen; dazu Humboldts Brief an Schiller vom 6. Nov. 1795. Hierher gehört auch das Urteil, das Schiller in der Abhandlung „Über naive und sentimentalische Dichtkunst“ über Klopstock gefällt hat und das auch von ihm selbst gilt: „Seine Sphäre ist immer das Ideenreich etc.“

S. 223. Schillers Urteil über Goethes „griechischen Geist“ in dem ber. Brief vom 23. Aug. 1794 und Goethes Antwort vom 27. Aug.; vgl. auch Humboldts Brief an F. A. Wolf vom 20. Aug. 1797: „die Verbindung der Eigentümlichkeiten der Alten und Neueren in einer einzigen Form hervorzubringen, könnte man gleichsam die Endabsicht des deutschen Charakters nennen“.

S. 224. Ganz Leidenschaft: Dilthey, Erlebnis und Dichtung[7] (1921) 225.

S. 225. Das Urteil über die Iphigenie: Goethe an Schiller vom 19. Jan. 1802 und Antwort vom 22. Jan.

S. 226. W. v. Humboldts (schon oben zitierter) Aufsatz über Talma (betitelt „Über die gegenwärtige französisch tragische Bühne"), in „Propyläen" 1800 (III 1), und dazu sein Brief an Goethe vom 18. Aug. 1799 (Humboldts Schriften II 377 ff.); es ist kein Zufall, daß im gleichen Propyläenheft Goethes Bearbeitung des Mahomed von Voltaire steht.

S. 230. Musik: Haydn vgl. Richard Benz, Die Stunde der deutschen Musik I (1923) 219 ff. — Die beste Biographie Beethovens stammt von einem Engländer: A. W. Thayer, Beethovens Leben, deutsche Bearbeitung von H. Deiters, 3. Aufl. von H. Riemann 1917; hier II 137 ff. (Charakter und Persönlichkeit); die Stelle: „wem meine Musik etc.", ist von Bettina aus dem Jahre 1810 überliefert. — Richard Wagner über die IX. Symphonie, die Missa und Fidelio in dem Aufsatz über Beethoven (1870): Ges. Schriften IX 75—151.

II, 3.

S. 235. Madame de Staël. De L'Allemagne erschienen London 1813; über ihre Beziehungen zu A. W. Schlegel und überhaupt den ganzen deutsch-französischen Kulturkreis vgl. Lady Blennerhasset, Frau von Staël. 3 Bände, 1887—1889.

S. 235. Über franz. Romantik vgl. Pierre Lasserre, Le romantisme français, 2. Aufl. 1928. (Beginnt mit Rousseau, der dritte Teil greift tief in die Geschichte des 19. Jahrhunderts ein.)

S. 236. Die Literatur über die Romantik ist unübersehbar (Haym, Ricarda Huch, Walzel, Joachimi etc.). In der jüngsten Zeit ist die Einsicht in das Wesen der Romantik sehr vertieft worden durch zwei grundlegende neue Bücher: Carl Schmitt, Politische Romantik ([2]1925) und Josef Nadler, Die Berliner Romantik (1921). Daß vor allem Schmitt starken Widerspruch (z. B. von Below) gefunden hat, ist mir bekannt; trotzdem habe ich mich mit Gründen, die im Texte dargelegt sind, für ihn entschieden. Die Nadlersche These wird man nicht so eng auffassen wie Schmitt (S. 15), daß nämlich Nadler aus der Romantik eine ostelbische Bewegung gemacht habe; vielmehr ist der Nachdruck auf die menschliche Stimmung des Entwurzelten, Großstädtischen zu legen.

S. 238. Jena: Hauptquellen sind die Briefe der Karoline Schlegel und die Lebenserinnerungen von Steffens („Was ich erlebte"; Auswahl von Gundolf S. 87 ff.).

S. 238. Dresden: Dokumente aus der Romantikerstadt sind vor allem Carl Gustav Carus, Lebenserinnerungen und Denkwürdigkeiten, 4 Bände, 1865—1866 (Carus kam 1814 nach Dresden); Philipp Otto Runges Briefe (aus der Zeit von Juni 1801 bis November 1803); Gotthilf Heinrich v. Schubert, Der Erwerb aus einem vergangenen und die Erwartungen aus einem zukünftigen Leben, Band III, 1855.

S. 240. Die drei großen Tendenzen: das vielzitierte Wort Fr. Schlegels findet sich in den Athenäumfragmenten; vgl. J. Minor, Friedrich Schlegels prosaische Jugendschriften (1882) II 14.

S. 241. Fichtes Ich: die Rezeption erfolgt durch Schelling in der Schrift „Vom Ich als Prinzip der Philosophie", 1795: Schellings Ges. Werke I (1856) 149 ff.

S. 241. Novalis: die Fragmente geben diesen Subjektivismus in immer neuen Formen wieder: Werke, herausgegeben von Minor 1907, Bd IV.

S. 244. Winckelmann der griechischen Poesie: der Ausspruch als Bezeichnung einer wissenschaftlichen Aufgabe war zuerst von Herder 1767 geprägt worden und wurde 1794 von Schlegel eifrig wiederholt (Haym, Romantische Schule[3] (1914) 197 202 207). — Gräkomanie: vgl. Michael Bernays, Fr. Schlegel und die Xenien (Schriften zur Kritik etc. II 223).

S. 245. A. W. Schlegel, Comparaison entre la Phèdre de Racine et celle d'Euripide, 1807, abgedruckt in Schlegel, Essays littéraires et historiques (1842) 85 ff.

S. 245. Das Wort A. W. Schlegels (damals Göttinger Student und 24 Jahre alt) in dem Aufsatz über Dante, der sich den Beifall Herders verdiente (Haym a. a. O. 151 f.).

S. 246. Über die Romantik als Mutter der Geschichtsschreibung des 19. Jahrh. (d. h. des Interesses an der Historie um ihrer selbst, der genetischen Geschichtsauffassung und der relativistischen Wertung) sind vor einiger Zeit viele Bücher geschrieben und Kontroversen geführt worden; man findet alle Titel verzeichnet bei Ernst Troeltsch, Der Historismus und seine Probleme, 1922 (Ges. Schriften III 281).

S. 247. Religion: Novalis ist heute nur in der Ausgabe Minors (4 Bände, 1907) zu benutzen. Von Schleiermacher kommen hier in Betracht die „Reden über die Religion an die Gebildeten" und die Monologe (1799 resp. 1800), ferner Schleiermachers Briefe, herausgegeben von Dilthey, besonders Bd. III (die Briefe mit den Brüdern Schlegel), 1861. — Dilthey, Leben Schleiermachers (1870), umfaßt nur die für unseren Zusammenhang freilich sehr wesentliche Jugendentwicklung; eine Gesamtbiographie von Dilthey in der Allgem. deutschen Biographie XXXI 422; wieder abgedruckt in Ges. Schriften IV 354 ff. Über Schleiermachers Beziehungen zur Romantik gehen die Meinungen auseinander; die protestantische Auffassung (Joh. Bauer, Schleiermacher als patriotischer Prediger, 1908) will diese Beziehung nur als locker und sekundär ansehen, Frdr. Gundolf (Schleiermachers Romantik, Vierteljahrsschrift für die Literaturwissenschaft 1924, 418) rechnet Schleiermacher voll und ganz zur Romantik.

S. 252. Humboldts Tagebuch der Reise nach Spanien 1799—1800 in Ges. Schriften XV 47 ff.

S. 253. Goethes Brief an Frau v. Stein vom 7. Sept. 1796. (Das Wort ist gesprochen im Hinblick auf Fritz v. Stein, dessen Entschluß, in preußische und nicht in weimarische Dienste zu treten, Goethes Beifall findet.)

S. 253. Beethovens Berufung nach Kassel: Thayer a. a. O. III 73 (wobei zu bemerken ist, daß bei dieser Gelegenheit die fürstlichen Gönner, um Beethoven für Wien zu erhalten, einen Betrag zusammenlegten, der freilich durch die folgende Inflation vernichtet worden ist).

S. 254. Das Problem der Ehe: für Goethes Wahlverwandtschaften s. Gertrud Bäumer, Die soziale Idee in den Weltanschauungen des 19. Jahrh.[2] (1910) 41—44. — Kants Rechtslehre § 24 enthält außer der genannten Definition noch die Unterscheidung von matrimonium (= gesetzl. Vertrag) und commercium sexuale (= usus membrorum et facultatum sexualium alterius). — Die Ehescheidung zuerst durch Gesetz vom 20. Sept. 1792 (Hélie a. a. O. 334): „faculté du divorce qui résulte de la liberté individuelle, dont un engagement indissoluble serait la perte". — Als Gegenstück siehe Conc. Trid. Sess. XXIV can. 1 4 12 De sacr. matrim.: „Si quis dixerit matrimonium non esse vere et proprie sacramentum — et ecclesiam non potuisse constituere impedimenta matrimonium dirimentia vel in iisdem constituendis errasse — et causas matrimoniales non spectare ad iudices ecclesiasticos: anathema sit."

S. 255. Romantikerehen: Georg Forster und Therese Heyne: die Briefe Forsters an Therese und Huber, Sämtl. Schriften Bd. IX; dort auch S. 151 über die Todesanzeige im „Moniteur" mit dem Zusatz „quelque chagrin domestique"; dazu F. L. Huber, Sämtl. Werke (1806) Bd. I; dichterische Bearbeitung: Ina Seidel, Das Labyrinth (1925). — Friedrich und Dorothea: Dorotheas Briefwechsel, herausg. von Raich (zwei Bände, 1881); H. Finke, Über Fr. und D. Schlegel (1918). — Creuzer und Günderode: Creuzers Briefe liegen auf der Universitätsbibliothek Heidelberg (Cod. Heidelb. 369, 215—216), die Gegenbriefe sind vernichtet. Auf Grundlage der Heidelberger Briefe schrieb Erwin Rohde: Friedrich Creuzer und Karoline Günderode (1896); eine Gesamtausgabe der Briefe veranstaltete K. Preisendanz (1912). — Clemens Brentano und Sophie Mereau: die Handschriften liegen auf der Staatsbibliothek Berlin; herausg. von H. Amelung (o. J., zwei Bände); die Briefe beginnen 1799, die Scheidung der Ehe von Prof. Mereau und Sophie erfolgt 1801 durch Herder, 1803 die Heirat mit Clemens, die aber nicht sehr glücklich sich gestaltete. Sophie starb 1806. Sehr gut der Romantiker gezeichnet in Sophiens Brief vom 17. Sept. 1804 mit der Klage über Brentanos „stetes Sehnen nach dem Entfernten": „Ich bitte dich, lieber Fremdling, komm doch endlich einmal nach Hause, du bist stets nicht bei dir." — Wilhelm und Caroline Humboldt in ihren Briefen, herausg. von Anna v. Sydow, Bd. I/II. — Adam Müller und Frau v. Haza: vgl. den Briefwechsel zwischen Fr. Gentz und Adam Müller (1857). — Jacobis „Woldemar": s. die Rezension W. v. Humboldts in Allg. Lit. Ztg. 1794 (Ges. Schriften, Akademieausg. I 288 ff.).

S. 256. Metaphysik der Liebe: Fr. Schlegels Lucinde (1799; Neudruck öfters); Schleiermachers Vertraute Briefe über die Lucinde (gleichfalls Neudruck); Schopenhauers Metaphysik der Geschlechtsliebe (Sämtl. Werke herausg. von Griesebach II 623 ff.).

S. 258. Montaigne, Winckelmann, Joh. v. Müller: Montaigne, Essais B. I, Kap. 27/28 (De l'amitié) u. 29 (Sonnets d'Estienne de la Boétie); vgl. noch Sainte-Beuve, Caus. IX 140—161; betr. Winckelmann: Justi, W. II, 2 (1872), 337—339; in der 2. Aufl. (1898) sind die Briefstellen gestrichen. — Joh. v. Müller, Briefe eines jungen Gelehrten an seinen Freund; in Buchform zuerst anonym 1802; vermehrter Wiederabdruck in Müllers Sämtl. Werken, herausg. von Joh. Gg. Müller XIII—XV (1810); vgl. Karl Henking, Joh. v. Müller I (1909) 144 ff. u. II (1928) 72 ff. — Hierher gehören auch Michelangelos Sonette an Tommaso dei Cavalieri.

S. 259. Charakterologie: Grundlegend für diesen Abschnitt Fritz Giese, Der romantische Charakter I (1919), und ders. im Art. Androgynenproblem im Handwörterbuch der Sexualwiss., herausg. von M. Marcuse I² (1926). — Die wichtigsten Stellen aus Winckelmann sind: Geschichte der Kunst 4. Buch, 2. Kap., § 36 u. 39 (Hermaphr.) u. 5. Buch, Kap. 1, § 2 (Amazone): Sämtl.

Werke IV 72 ff. 86. — W. v. Humboldts zwei Aufsätze in Schillers Horen (1795): „Über den Geschlechtsunterschied und dessen Einfluß auf die organische Natur“ und „Über die männliche und weibliche Form“; wieder abgedruckt in Ges. Schriften I 311 ff. u. 335 ff. — C. G. Carus, Symbolik der menschl. Gestalt, neu herausg. von Th. Lessing ([3]1925), u. Psyche, neu herausg. von Ludw. Klages (1928). — Die moderne Stellung bezeichnet Ludwig Klages, Prinzipien der Charakterologie (1910, [3]1920), den Standpunkt der modernen medizinischen Wissenschaften z. B. E. Kretschmer, Körperbau und Charakter ([8]1929), bes. S. 93 f. (freilich umstritten).

S. 260. Frauen- und Männertypus: Carolinens und Dorotheas Briefe (viele Ausgaben); ferner die Briefe bei H. Landsberg, Henriette Herz (1913). Über Dorothea Schlözer: L. v. Schlözer, D. v. Schlözer, ein deutsches Frauenleben (1923). — Das Urteil Dorothea Schlegels über A. W. Schlegel im Brief vom 26. Okt. 1804 (Dorothea und Friedrich Schlegels Briefe an Paulus, herausg. von Unger [1913] 29); vgl. auch das Wort Goethes über A. W. Schlegel (Eckermann 24. April 1827): „er ist freilich in vieler Hinsicht kein Mann etc.“ Die Stellen könnten beliebig vermehrt werden. — Metternich über die Staël zur Gräfin Lieven: Srbik, Metternich I 238.

S. 262. „Sobald man den Begriff ...“: Fichte, Grundlage des Naturrechtes (1798) 47.

S. 262. Goethe und die Originale: Eckermann 6. April 1829 u. 12. Mai 1825.

S. 263. Schelling: ich sehe, wo möglich, von der 14bändigen Gesamtausgabe (1856—1861) ab und zitiere nach der für die heutigen Leser bequemen Auswahl in 3 Bänden (Philosoph. Bibl. 1907, Bd. 133—135). Der neue Standpunkt zuerst in „Ideen zu einer Philosophie der Natur“ (1797, [2]1803), bes. I. Buch, 6. Kap. u. II. Buch, 1. u. 2. Kap. (wo der Begriff der Kraft entwickelt und die Auseinandersetzung mit dem Newtonismus vollzogen wird; Werke I 263 ff. 293). Ferner die organisch-genetische Betrachtung vor allem in der Schrift „Von der Weltseele“ (1798, [3]1809; Werke I 440 ff.).

S. 265. Der klassische und der romantische Mensch: Überaus klärend hat in dieser Hinsicht gewirkt das Buch von Fritz Strich, Deutsche Klassik und Romantik (1922, [2]1924). — Die ber. Goethesche Definition steht: Eckermann 2. April 1829.

S. 265. Hamlet: der später so beliebte Vergleich zuerst bei Adam Müller, Vermischte Schriften über Staat, Philosophie und Kunst II 97: „Ich spreche nicht von meiner Zeit, sondern die Rede ist von Hamlet.“

S. 266. Chateaubriand, Napoleon: zitiert bei Maurice Paléologue, Romantisme et diplomatie, Talleyrand, Metternich, Chateaubriand (1924) 134. Statt Napoleon könnte man auch Goethe in fundamentalen Gegensatz zu Chateaubriand setzen; so Sainte-Beuve, Caus. XI 300 (im Essai über Goethe). — Goethe über die Gebrüder Schlegel: an Zelter 26. Okt. 1831: „Die Gebrüder Schlegel waren und sind, bei so viel schönen Gaben, unglückliche Menschen ihr Leben lang, sie wollten mehr etc.“

S. 266. Romantik in England: K. Murray, Taine und die englische Romantik (1924).

S. 267. Schleiermachers Reden über die Religion: die kritische Ausgabe von Pünjer (1879) ermöglicht die drei Fassungen bequem zu überschauen; die 2. Aufl. (1806) enthält bereits kleine Abschwächungen, die 3. Aufl. (1821) hat die gewichtigen, im Texte gekennzeichneten Änderungen.

S. 268. Friedr. Leopold Stolberg: Biographie von Joh. Janssen, 4. Aufl., herausg. von L. Pastor (o. J.). Die wichtigsten Dokumente stehen S. 61 93 ff. 104 123 146 ff. 162. — Poggio und Gibbon: Poggio, De varietate rerum (Opera 1513); Edw. Gibbon, History of the Decline etc. (a. a. O. Kap. 71).

S. 270. Konversion Fr. u. D. Schlegels: F. Imle, Fr. Schlegels Entwicklung von Kant zum Katholizismus (1927) 97 ff.

S. 271. Konversionen: Rosenthal, Konvertitenbilder aus dem 19. Jahrhundert, 3 Bde. (1865—1870); vgl. z. B. Bd. I S. 86 die Konversion Adam Müllers 1810 mit dessen Rückblick auf seine romantische Vergangenheit: „bis etwa in mein 25. Jahr ist mir diese Welt wie ein Spiel- und Feuerzeug für mein Talent vorgekommen: alle, auch die ernsthaftesten Verhältnisse des Lebens schienen mir nur für die Ausbildung, beständige Erfrischung und Belebung meines Geistes vorhanden". — Julius Langbehn: B. M. Nissen, Der Rembrandtdeutsche (1926) 272 ff. (Gegenschrift von Cornelius Gurlitt, Langbehn [1927], bes. S. 58 ff.). — Daumer: Josef Nadler in der Muncker-Festschrift „Die Ernte" (1926) 410.

S. 271. Herder und die Romantik: diese Beziehung ist sehr schwierig restlos zu klären; erörtert am Beispiele der Ansichten über Tod und Palingenese von Rudolf Unger, Herder, Novalis und Kleist (1922) 24 ff. Novalis ist der einzige der Frühromantiker, der persönliche Beziehungen zu Herder unterhalten hat; besonders in den „Hymnen an die Nacht" sind Geniezeit und Romantik verschmolzen (Unger S. 62 ff.).

S. 272. Schelling, Vorlesungen über die Methode des akademischen Unterrichtes (1803); Werke a. a. O. II 541 ff. (hier bes. die 10. Vorles. S. 636 ff.).

S. 273. Neugotik: reiche Quellenangaben bei Alfred Neumayer, Die Erweckung der Gotik in der deutschen Kunst des späten 18. Jahrhunderts (1928). — Zur Geschichte des Wortes „gotisch": Zeitschrift für deutsche Wortforschung IV (1903). Ferner noch: H. M. Lützeler, Die Deutung der Gotik bei den Romantikern (Wallraf-Richartz-Jahrb. 1925).

S. 275. Herder und das Mittelalter: Ideen zur Philosophie der Geschichte Buch 18—20 (Werke XIV). Freilich heißt es noch über die Kreuzzüge (S. 448): „sie waren nichts als eine tolle Begebenheit"; die Hierarchie wird S. 409 ff. mit Abneigung geschildert; die Glanzseiten des Mittelalters werden ausschließlich dem unverbrauchten Menschentum der germanischen Rasse zugeschrieben; das abschließende Urteil S. 445 u. 492.

S. 275. Johannes v. Müller, Reisen der Päpste (abgedr. in Sämtl. Werken a. a. O. VIII 19—60).

S. 275. Kölner Dom: Albrecht v. Hallers Tagebücher seiner Reisen, herausg. von Ludwig Hirzel (1883) 25/26; die Stelle (z. J. 1723) lautet: „Diese weitläufige, erzkatholische Stadt und hohe Schule ist sehr unangenehm und schlecht gebaut. Die Kirchen, deren eine sehr große Menge, sind meist gotisch und haben nichts Schönes. Um die heiligen 3 Könige und deren 11000 Jungfrauen Gebeine laß ich andere begierig sein und war froh, diesen verdrießlichen Ort zu verlassen" (der Dom ist also überhaupt nicht genannt). — Georg Forster, Ansichten vom Niederrhein (1790) Nr. IV (Sämtl. Schriften a. a. O. III [1843] 26/27). — Fr. Schlegel über Forster, den „gesellschaftlichen Schriftsteller" und klassischen Popularisator (1797), abgedruckt bei Minor, Fr. Schlegels prosaische Jugendschriften II 119 ff.

S. 276. Nürnberg: Wackenroder, Phantasien über die Kunst (1799), Ausg. von 1814, S. 123 ff. („Schilderung, wie die alten deutschen Künstler gelebt haben; wobei zu Exempeln angeführt werden Albrecht Dürer nebst seinem Vater Albrecht Dürer dem Alten"). Quellen zur Lebensgeschichte Dürers waren damals gerade von heimatbegeisterten Lokalforschern veröffentlicht worden: die Briefe an Pirkheimer, herausg. von C. G. v. Murr in seinem „Journal zur Kunstgeschichte" X (1781); das Niederländische Tagebuch, ebd. VII (1779) 55—98. Ob Wackenroder die Abschrift der Familienchronik auf der Nürnberger Stadtbibliothek kennen gelernt hat, ist fraglich; die Mehrzahl dieser persönlichen Quellen ist erst durch F. Campe, Reliquien von Albrecht Dürer (1828) bekannt geworden.

S. 277. Goethes Widerspruch gegen des Novalis „Christenheit oder Europa" (1799): Raich, Briefwechsel des Novalis mit den Schlegel (1880) 145 ff.

S. 278. Heidelberger Romantik: sehr feinsinnig Josef Nadler, Literaturgeschichte der deutschen Stämme III^2 (1924) 411—422; die Klassizität und Symmetrie der Landschaft sehr fein bei Carl Neumann, Heidelberg als Stadtbild (1914). Auswahl der Quellen bei Phil. Witkop, Heidelberg und die deutsche Dichtung (1916) 84 ff.

III, 1.

S. 283. Das Thema dieses Kapitels ist zuerst grundlegend behandelt worden von Fr. Meinecke, Weltbürgertum und Nationalstaat (1908).

S. 285. Die zitierten Goethestellen sind bekannt und bei Max Morris, Der junge Goethe, leicht aufzufinden.

S. 286. Schillers Briefe an den Herzog von Augustenburg: Urtext herausg. von Michelsen: Deutsche Rundschau Bd. 7 u. 8. — Schillers Deutsche Größe, ein unvollendetes Gedicht, herausg. von B. Suphan (1902).

S. 289. Kants Rechtslehre: Werke a. a. O. VI; hier bes. § 45 ff. — Die Schrift über den Ewigen Frieden ebd. VIII 341 ff.

S. 291. Wilhelm v. Humboldt, Ideen zu einem Versuch, die Grenzen der Wirksamkeit des Staates zu bestimmen (geschr. 1791/92); betr. der Schwierigkeiten mit Zensur und Verlegern vgl. Humboldts Briefe an Schiller vom 12. Sept. und 9. Nov. 1792, 14. und 18. Jan. 1793. Bruchstücke gab dann Schiller in der Thalia heraus. Das Ganze erst 1851 herausg. von E. Cauer. Jetzt Humboldts Ges. Schriften, Akademieausg. I 97 ff.

S. 292. Nachtwächterstaat: das Wort steht im „Arbeiterprogramm" (Vortrag vom 12. April 1862); Lassalles Reden und Schriften II (1893) 45.

S. 293. Fichtes Staatslehre: ich zitiere nach den Sämtl. Werken 1845/46. Hier bes. „Zurückforderung der Denkfreiheit" (Bd. VI, S. 90, wo das Wort „sich selbst kultivieren") und „Beiträge zur Berichtigung der Urteile des Publikums über die französische Revolution" (ebd. Bd. VI): beide Schriften von 1793, die letztere gegen Rehberg gerichtet. Ferner 1796 die „Grundlegung des Naturrechts" und 1800 der „Geschlossene Handelstaat" (Bd. III). Die Schrift „Grundzüge des gegenwärtigen Zeitalters" bringt zuerst die organische Staatsauffassung, aber noch in Vermischung mit den Vorstellungen vom Amtscharakter des Staates und vom vernünftigen Staate (Bd. VII, S. 139 ff.); zugleich aber hält Fichte die Idee der Rechtsgleichheit entschieden fest (S. 184—198).

S. 294. Verhandlungen Fichtes über Eintritt in französische Dienste: Fichtes Briefe vom 29. fructidor VI und 21. floréal VII, abgedruckt in Fichtes Briefwechsel, herausg. von Hanns Schulz I (1925) 593 ff.

S. 294. Rechtsstaat: vorgebildet bei Grotius, De iure belli ac pacis (lib. 1, cap. 1, § 14: Zweck des Staates ist „die Vereinigung freier Menschen zum Genuß des Rechtes und zum gemeinsamen Wohle"). Das Wort kommt erst durch Rob. v. Mohl auf. Im 19. Jahrhundert hat der Liberalismus lange die Kontroverse über Rechts- oder Polizeistaat ausgetragen; es wird dort des näheren noch davon zu sprechen sein.

S. 296. Fichtes Ansprache an die deutschen Krieger (1806), Werke VIII 509 ff.; Reden an die deutsche Nation (1807/8). Über die Idee der Nationalerziehung, wie sie in der 9. und 10. Rede niedergelegt ist, später. — Die Literatur über Fichtes Staatslehre ist sehr ausgebreitet: Reinhard Strecker (1917), Gertrud Bäumer (1921), Heinz Heimsoeth (1923), Martha Horneffer (1925), Nico Wallner (1926) usw. — Daß Fichtes scheinbar zwischen den Extremen sich bewegender Entwicklungsgang der inneren Einheit nicht entbehrt, hat zuerst Fr. Gogarten, Fichte als religiöser Denker (1914), dargelegt; daß dies auch für seine politischen Ansichten gilt und der Nationalismus der „Reden" noch durchaus unter der Vormundschaft der Vernunft und der Sittlichkeit im weltbürgerlichen Geiste des 18. Jahrhunderts steht, ergibt sich besonders deutlich aus der 1. und 7. Rede: „was an Geistigkeit und Freiheit dieser Geistigkeit glaubt und die ewige Fortbildung dieser Geistigkeit will, das, wo es auch geboren sei und in welcher Sprache es rede, ist unsers Geschlechtes."

S. 299. H. v. Treitschke, Fichte und die nationale Idee (1862); abgedruckt in Treitschkes Histor. u. polit. Aufsätzen[2] (1865) 123 ff. Ferd. Lassalle, Die Philosophie Fichtes und die Bedeutung des deutschen Volksgeistes, Festrede vom 19. Mai 1862 (Lassalles Reden und Schriften, herausg. von Ed. Bernstein I [1892] 425 ff.).

S. 300. Fichtes Persönlichkeit s. Steffens, Was ich erlebte; neu gedruckt in Auswahl von Fr. Gundolf (1908) 106.

S. 301. Humboldts Wandlung: Meinecke a. a. O. 42 ff. 179 ff.

S. 302. Schleiermachers Staatsanschauung: Hauptquellen sind die Vorlesungen „Lehre vom Staat" und die Aphorismen „Über den Staat" in Ges. Werken herausg. von O. Braun III 539 ff. 610 ff., ferner die Akademievorlesung: „Über den Beruf des Staates zur Erziehung", ebd. I 495 ff. Vgl. Günther Holstein, Die Staatsphilosophie Schleiermachers (1922), und Ernst Müsebeck, Schleiermacher in der Geschichte der Staatsidee (1927).

S. 302. Organismus: Aristoteles, Pol. 2, 1. Kant, Kritik der Urteilskraft § 65.

S. 303. Görres: die wichtigsten Dokumente seiner Entwicklung in den Ausgewählten Werken und Briefen herausg. von Schellberg I (1911). Aus der in den letzten Jahren überaus reichen Görresliteratur kommen die 1926 erschienenen Arbeiten über seine Frühentwicklung hier in Betracht: in weltanschaulicher Hinsicht von G. Reisse und in politischer Hinsicht A. Dähnhardt.

S. 305. E. M. Arndt über Friedrich d. Gr.: die scharfen Urteile Arndts finden sich vornehmlich in „Germanien und Europa" (1802) und in „Geist der Zeit" I (1806). Arndts Einwendungen besagen: 1. daß „alle Macht dem stehenden Heere zufiel, das sich immer noch vermehrte"; 2. daß „den Menschen Luft und Licht blieb, war etwas; daß man ihnen Wort und Gedanken frei ließ, war eine große Gabe; aber Glück, Freiheit und Menschlichkeit ... waren darin nicht"; 3. „die Gabe der geistigen Freiheit, die König Friedrich gab, war keine reine Gabe; nicht aus Begeisterung für den hohen Adel des Geschlechtes, ... sondern aus Modewut, durch frechen Witz das Höchste zu erniedrigen und das Heiligste zu beflecken, und aus der Eitelkeit, von französischen Witzlingen und Wüstlingen Philosophenkönig genannt zu werden"; 4. „Gott hatte sein Herz von dem König gewandt, und er war verstockt und erblindet und erkannte nie die Treue, den Glauben, den Tiefsinn seines Volkes, sondern buhlte mit fremder Eitelkeit und Verruchtheit"; 5. „zum Klügeln, zum Zerreißen, zum Zerklauben war dies Zeitalter geboren, nicht zum Verbinden, zum Vereinigen, zum Gestalten.... Daher der Mensch eine Maschine, der Staat eine Maschine, die Welt eine Maschine, Gott selbst eine tote Maschine ..., daß sein geistiges Wirken verderblich ward, weil er kein gläubiger Held war, ... weil er nicht handelte wie Mahomed, wie Omar, wie Ziska, wie Gottfried v. Bouillon". 6. „Das aber machte seine Natur völlig scharf, daß seine Jugendblüte durch frühe Wollust befleckt war. Er hatte den höchsten Liebreiz, die Lust der Liebe zu früh verloren: als Mann liebte er die Weiber nicht mehr, der Mensch liebte bald auch die Menschen nicht mehr ... er verachtete sie." 7. Strenge Verwaltung, Beförderung nützlicher Anstalten: „wo blieb das Große? Wo war das, was man fordern konnte von einem König, der sich das Ansehen gab, zu verstehen und zu erwägen, was die edelsten und seelenvollsten Menschen über Gesetzgebung, Menschenrechte, Verfassungen gedacht und geschrieben haben? König Friedrich duldete eine abscheuliche und dumm machende Aristokratie etc." 8. „Daß jeder heilige Wahn und jeder unergründliche Glaube zum Aberglauben gestempelt ... Aus solchem Lichte der Aufklärung sollten tapfere Helden und herrliche Männer kommen; nichts kam daraus als Aufgeblasenheit, Elend und Schande. Die Männer, welche Friedrich großmachen halfen, waren aus einer besseren Zeit; er hat keine großen Feldherren und Staatsmänner hinterlassen." 9. Verachtung alles Deutschen, auch sein Staatsgedanke undeutsch. 10. Zerstörer des alten Reiches, Schöpfer des deutschen Dualismus, und dieser Geist ging auch auf die Kleinen über; „solche Gesinnung äußern, nannten sie Bollwerke der deutschen Freiheit aufführen"... der Fürstenbund, der „bloß ein papiernes Leben gehabt hatte". — Gegen Arndt erschien 1818 (also zur Zeit, da die Verfolgungen sich vorbereiteten) die Schrift: „Arndts Urteil über Friedrich d. Gr., beleuchtet von K. G. N(eumann); sie gibt eine Apologie Friedrichs und wendet sich S. 169 ff. gegen die oben aufgeführten „Beschuldigungen". Vgl. noch Treitschkes Briefe I 172 ff.

S. 307. Björnson und Grundtvig: A. H. Hollmann, Die Volkshochschule ([2]1919). Grundtvig, Schriften zur Volkserziehung, Auswahl von Tiedje. 2 Bde. 1928.

S. 309. In der Politik schwelgen: die für das apolitische Ästhetentum der Romantiker bezeichnende Stelle steht bei Walzel, Briefe Friedr. Schlegels an seinen Bruder A. W. Schlegel S. 278 (27. Mai 1796).

S. 309. Adam Müller: die Hauptquellen sind „Elemente der Staatskunst" (1809) und „Vorlesungen über deutsche Wissenschaft u. deutsche Literatur" (1807), Neuausg. von A. Salz 1920. Den tiefsten Einfluß hat er durch Burke und den ihm persönlich eng befreundeten Gentz empfangen: der „Briefwechsel zwischen Frd. Gentz und Ad. Müller" (1857) ist eine Fundgrube, wozu noch die Ergänzungen von Wittichen (Briefwechsel von Gentz II [1910]) hinzukommen. Müllers Anschauungen von der Sozialgeschichte Europas wie bei Novalis (Vorlesungen, Ausg. Salz S. 34: das Emporkommen des dritten Standes habe die glückliche Harmonie der alten Zeiten vernichtet). Müllers Soziologie besonders in den „Elementen der Staatskunst" (15. Vorl.), wo die „große einfache Teilung der Personen in Stände, in Geistlichkeit, Adel und Bürgerschaft, oder die Sachen in korporatives Eigentum, Familieneigentum oder Privateigentum" als ewiges Schema aller wahren Staatsverfassung, als Garantie der Dauer und der Macht bezeichnet wird.

S. 312. Adel und Rasse: Montesquieu, Esprit des lois 1, 11, Kap. 6 u. 1, 19, Kap. 27 (Germanische Freiheitsidee), 30, 1 (Germanische Patrimonialgerichte).

S. 313. Staatspersönlichkeit: der Ausdruck stammt von Hegel, Rechtsphilosophie § 279 (wo der Begriff Persönlichkeit mit Bezug auf den Staat verwendet ist) u. § 272 (wo der Ausdruck „individuelles Ganzes", gelegentlich auch „individuelle Totalität"); vgl. auch den berühmten Schlußabschnitt von Rankes Aufsatz „Die großen Mächte", wo von „Leben hervorbringenden Kräften" die Rede ist, von „moralischen Energien, die wir in ihrer Entwicklung erblicken".

S. 314. Kleist. Es ist eine Streitfrage, was Kleist im Prinzen von Homburg darstellen wollte: ob „das Recht des freien Heldenmutes, der rettenden Tat neben der toten Regel" (Treitschke) oder den Triumph des Gesetzes über die willkürliche Eigensucht; letztere Behauptung, die oft zu finden ist, ist für die Zeit eines Schill usw. unmöglich. Daß in der Hermannsschlacht mit Hermann das rettende Österreich von 1809, mit Marbod das zerstümmelte Preußen gemeint ist, wird entgegen der herrschenden Ansicht von Nadler, Literaturgeschichte der deutschen Stämme III 488, ausgeführt: man solle, wird mit Recht gesagt, Kleist nicht preußischer machen als er war.

III, 2.

S. 317. Das Wort Gneisenaus s. Hans Delbrück, Leben Gneisenaus I (1882, [4]1920) 130.

S. 317. Das Zeitalter der Erhebung ist auf die Formel einer Vereinigung von staatsbildender und geistbildender Macht zuerst gebracht worden von H. Baumgarten (Wie wir wieder ein Volk geworden; abgedr. in seinen Ges. Aufsätzen [1894]); dann weiter ausgeführt von Friedr. Meinecke, Das Zeitalter der deutschen Erhebung (1906).

S. 319. Die Hauptquelle für die Geschichte des Freiherrn vom Stein ist Pertz, Das Leben des Ministers vom Stein, 6 Bde., 1849—1855 (eine Dokumentensammlung mit verbindendem Text); die beste Biographie Steins hat ein Engländer geschrieben: J. R. Seeley, Life and Times of Stein in Germany, etc., 3 Bde., 1880 (seine dokumentarische Unterlage ist das von Pertz gelieferte Material; Gestaltung und Wertung verraten einen klugen und in politischen Geschäften bewanderten Mann, der sich als Engländer den Staatsideen Steins geistig verwandt fühlt, aber zugleich auch ihre Entwicklung und Auswirkung von seinem besondern englischen Standpunkte aus mit kritischen und geistreichen Bemerkungen begleitet). Alle diese Qualitäten gehen dem deutschen Biographen Steins ab: Max Lehmann III (1902 bis 1904). Das Quellenmaterial ist hier in einem langen und emsigen Gelehrtenleben sehr gemehrt, die Auffassung aber läßt die politische Erfahrung und den weiten Blick des Engländers völlig vermissen; sie ist doktrinär und bemüht sich advokatorisch, die geistige Gemeinschaft Steins mit den Ideen von 1789 eng erscheinen zu lassen. Hiergegen Ernst v. Meier in einer eigenen Flugschrift und in seinen Französ. Rechtseinflüssen (1908); vgl. aber besonders seine „Reform der Verwaltungsorganisation unter Stein und Hardenberg" (1881, [2]1912).

S. 321. Kinderjahre: die Quellen gesammelt und verarbeitet bei Adolf Bach, Das Elternhaus des Freiherrn v. Stein (Rhein. Neujahrsblätter 1927, Heft 6).

S. 323. Stein und Bismarck: Max Lenz, Histor. Schriften (1910) 409 ff. — Stein und Rehberg: Niedersächs. Jahrbuch II (1925).

S. 326. Stein und die Romantik: die (ganz unromantische) Selbstbiographie, ursprünglich übrigens nur für den Kronprinzen Ludwig von Bayern geschrieben: Pertz VI 2, Anh. S. 155 ff.; die Briefe über die Vermählung: Pertz I 108—128. Hier auch noch zu erwähnen sein ganz unromantisches Verhältnis zu Mittelalter und Kunst: vgl. Briefe Steins an Fritz Schlosser, herausg. von O. Gradenwitz, Sitzungsber. der Heidelberger Akademie, phil.-histor. Klasse 1910, z. B. die Briefe vom 7. Mai und 15. Juli 1829 (S. 29--31), betr. die Ausschmückung des Schlosses Kappenberg.

S. 328. Die Übernahme von Münster: über Fürstenberg vgl. Max Braubach, Max Franz von Österreich (1925, passim). Steins Urteil über Fürstenberg: Pertz I 241, ebd. S. 243 auch das Urteil über Graf Stolberg gegen Jacobi und Voß. Die Stellung zu den Ständen von Münster: Pertz I 244 bis 246, Bericht vom 2. Dez. 1803.

S. 330. Der Brief an den Herzog von Nassau vom 10. Jan. 1804: Pertz I 257.

S. 331. Berufung in das Generaldirektorium: der Brief Steins an den König vom 3. Nov. 1804: Pertz I 277—278.

S. 332. Mirabeau über den Tod Friedrichs d. Gr. in seinem Werke „De la monarchie prussienne"; die Stelle in Übersetzung bei Henri Welschinger, übers. von Marschall v. Bieberstein (1910) 169; vgl. auch K. Wild, Mirabeaus geheime Sendung (1901) 112, und Gust. Schmoller, Jahrbuch für Gesetzgebung VIII 2 ff.

S. 334. Denkschrift vom 27. April 1806 betr. „Darstellung der fehlerhaften Organisation des Kabinetts und der Notwendigkeit der Bildung einer Ministerkonferenz". Der Abdruck Pertz I 328 ist die gereinigte Fassung; die vollständige Fassung mit Datum „im Monat Mai 1806" bei Ranke, Hardenberg V 368 ff. Diese Fassung ist dem ganzen Wortlaute nach und besonders mit ihren Schlußsätzen nicht an den König gerichtet, sondern an die Ministerkollegen. Nach Hardenberg (Ranke III 106) war die Sprache so „stark und grell", daß sie beim König wohl den entgegengesetzten Eindruck als den beabsichtigten gemacht hätte, und so habe Stein beschlossen, die Denkschrift in ihrer gemilderten Form an den König gelangen zu lassen.

S. 335. Der Brief Turgots an Ludwig XVI., Wortlaut vom 30. April 1766 bei Léon Say, Turgot (1887) 172.

S. 337. Der Konflikt mit dem König: der Brief des Königs dat. Ortelsburg, 29. Nov. 1806 (Pertz I 360); Steins ablehnendes Schreiben (I 364); die übrigen Dokumente folgen (S. 396).

S. 341. Nassauer Denkschrift: Pertz I 415—438.

S. 341. Ich habe nur ein Vaterland: aus dem Briefe an den Grafen Münster vom 1. Dez. 1812 (Pertz III 226).

S. 344. prenez le baron: Pertz I 450. Hardenbergs Schreiben an Stein vom 10. Juli, ebd. I 452; Steins Antwort S. 457; auch Ranke, Denkwürdigkeiten Hardenbergs IV 530 ff.

S. 345. Oktoberedikt: Wortlaut Pertz II 23—27. Seit G. F. Knapp (Die Bauernbefreiung und der Ursprung der Landarbeiter in den älteren Teilen Preußens, 1887) ist eine große Anzahl Monographien erschienen; eine völlige Klärung der Verdienste und Verantwortlichkeiten ist auch heute noch nicht erreicht. Für die früheren bäuerlichen Verhältnisse vgl. bes. Großmann, Die gutsherrlich-bäuerlichen Verhältnisse in der Mark vom 16. bis 18. Jahrhundert (1890), und J. Ziekursch, Hundert Jahre schlesische Agrargeschichte (1915, ²1927).

S. 349. Stein und Schön: „Aus den Papieren Schöns" I 166, wo Schön sich das ganze Verdienst zuschreibt und Stein vorwirft, daß er unphilosophisch und nur historisch gedacht habe und niemals zu einer „wissenschaftlichen Konstruktion in Staatsangelegenheiten" gelangt sei. Seeley (I 388) gibt eine eingehende Kritik der Papiere Schöns. Eine weitere Erörterung der Frage hat lediglich biographisches Interesse.

S. 354. Fideikommiß: die angezogenen Gesetze der französischen Revolution (betr. Aufhebung aller Substitutionen) sind: Gesetz vom 25. Okt. und 14. Nov. 1792 (Hélie S. 345), Code civil Art. 896 897 1048 1049; Senatskonsult vom 14. Aug. 1806, Hélie S. 775 776, im Text zitiert Art. 5. Betreffs Bauernmajorate Arndts anonyme Schrift „Der Bauernstand, politisch betrachtet", 1810 (vgl. E. Müsebeck, Preuß. Jahrb. 1910, Bd. 141, S. 78 ff.).

S. 356. Friedr. v. Cölln: J. Ziekursch, Histor. Vierteljahrschrift XII (1909) 38.

S. 356. Urteil Yorcks: Wortlaut bei Joh. Gust. Droysen, Leben des Feldmarschalls Yorck I ⁷ 158 ff. v. d. Marwitz über die Revolutionierung Preußens durch Stein: in seiner Selbstbiographie (F. L. v. d. Marwitz, herausg. von Meusel I [1908] 493 ff.).

S. 360. Städteordnung: ein Bild von der üblen Lage der preußischen Städte vor Einführung der Städteordnung gibt an einem einzelnen provinziellen Beispiel Joh. Ziekursch („Das Ergebnis der frederizianischen Städteverwaltung und der Städteordnung Steins am Beispiel der schlesischen Städte dargestellt" [1908], bes. S. 88 ff. 148 ff.). Als geistige Anregung kommen weniger die französischen Revolutionsgesetze als die Reformliteratur des Ancien Régime in Betracht (G. Ritter, Histor. Zeitschrift 1928, Bd. 137, S. 442 ff.).

S. 362. Behördenorganisation: Pertz II 689—739.

III, 3.

S. 365. Das ganze Material ist zusammengestellt und verarbeitet bei Max Lehmann, Scharnhorst. 2 Bde. 1886 u. 1887.

S. 367. Stellungnahme gegen die stehenden Heere und für Miliz nimmt Ende des 17. Jahrhunderts ihren Ausgang von England (Declaration of rights): Lehmann I 54 ff. 204 ff. II 38; das Vorbild Amerikas ebd. I 212.

S. 367. In Flandern Lehmann I 91 ff.; die hieraus folgenden Erfahrungen und Reformvorschläge ebd. S. 226—262.

S. 368. Preußen 1801—1806: Lehmann I 295 ff.; Kriegsakademie und ihre Instruktion vom 21. Juni 1804 I 310—312. Denkschrift an Hardenberg vom

2. Dezember 1804: „Über unsere jetzigen militärischen Verhältnisse mit Frankreich" I 340 ff. Die Denkschrift vom 19. April 1806, ebd. I 370—372. Die letzten Vorschläge vor Jena: „Verstärkung der Feldarmee, Errichtung einer Miliz, Entfernung der unfähigen Befehlshaber", ebd. I 377—384. Bei Jena und Auerstädt I 411 ff. Vgl. auch Clausewitz, Vom Kriege 6. Buch, 14. und 28. Kap.

S. 370. Nach Lübeck: „Daß man sich zwischen so vielen elenden, dummen und feigen Menschen herumschlagen und ihr verdientes Schicksal unverdient mitertragen muß. ... Mich trifft es doppelt, da ich alle die Fehler, die Dummheit, die Feigheit kenne, die uns in die jetzige Lage gebracht hat" (Lehmann I 471).

S. 371. Eylau: J. Hildebrand, Die Schlacht bei Pr. Eylau. (1906; hier die Waffenehre von der alten Armee wieder hergestellt, hier die Keime des Neuen). — Der Entscheid des Königs zur Schonung des Befehlshabers, 14. Juni: Lehmann I 518.

S. 372. Vorgeschichte der Militärreform: für die frühere Zeit vgl. G. Schmoller, Umrisse und Untersuchungen (1898) S. 247 ff. — Die Reformbestrebungen der letzten Jahrzehnte: F. Meinecke, Leben des Feldmarschalls Boyen I (1896) 111. — Blüchers Zustimmung s. Brief an Gneisenau 1807 bei Pertz, Gneisenau I 288.

S. 372. Militärkommission; Reglement über die Besetzung der Offiziersstellen vom 6. Aug. 1808 (mit Vorgeschichte) Lehmann II 52—66. Die ersten Vorschläge zur Bildung einer Miliz II 92, die Bedenken 97. Die Umarbeitung der Kriegsartikel und des Militärstrafgesetzbuches II 100—124 (Verordnungen vom 3. Aug. 1808). Gneisenaus Aufsatz über die Freiheit des Rückens abgedruckt bei Hans Delbrück, Leben Gneisenaus I[4] (1920) 134. Reform der Militärverwaltung und des Trosses II 126 145; die „Vorläufige Instruktion für die Übung der Truppen" vom 3. Juli 1808, II 153; die Frage der Heeresstärken (Krümper) 158 ff.

S. 378. Opposition Yorcks: Droysen I 156; ebenso v. d. Marwitz-Meusel, a. a. O. I 502. — Daß Yorck schon vor 1806 die neue Fechtart in der leichten Infanterie durchgeführt, s. Meinecke, Boyen I 170 ff.

S. 384. Steins Verhandlungen mit den Franzosen: Napoleons Wort an Daru überliefert Pertz II 42 — betr. Domänenverkauf ebd. II 59; das angezogene Veräußerungsverbot vom 13. Aug. 1713: „Allg. Landrecht" II 14 § 16.

S. 392. Stein und der Tugendbund: auf Grund der Akten A. Fournier, Histor. Studien 1885 Bd. 1; die Stellen aus der Selbstbiographie, Pertz VI 2, 170. In dem Buche von J. R. Haarhaus, Deutsche Freimaurer zur Zeit der Befreiungskriege (1913) S. 94 ff., ist die Stellung Steins ohne Quellenbelege und falsch dargestellt. Daß die meisten preuß. Reformer und die Offiziere des Befreiungskrieges Freimaurer waren, bedarf keines Beweises. Die These des Buches ist, daß zwar der Freimaurerbund „als solcher" kosmopolitisch gewesen sei, daß aber der „maurerische Geist" in den großen Männern der Befreiungszeit wirksam gewesen und sie zu ihrem Werke getrieben habe. Hierzu ist zu bemerken, daß auch die Freimaurerei naturgemäß teil hatte an dem ganzen geistigen Zusammenhang, der die Reformer mit dem 18. Jahrhundert verband und daß im übrigen auch viele Maurer der allgemeinen Entwicklung vom weltbürgerlichen zum nationalstaatlichen Denken sich nicht haben entziehen können. Wenn übrigens der

Freiherr vom Stein von seiner Jugendzeit her im Geiste der damaligen Welt Mitglied einer Loge in Wetzlar gewesen ist (Haarhaus S. 115), so ändert dies nichts an seiner im Texte angedeuteten, entschieden christlichen Haltung. Stein als Gegner der Freimaurerei s. die Stelle bei Pertz III 99; ganz anders Hardenberg (Ranke, Sämtl. Werke XLVIII 400) und Schön (Aus den Papieren II 271).

S. 394. Die Ächtung: die Dokumente zur Vorgeschichte Pertz II 230 ff., das Testament 309—314. — Steins Urteile über Wittgenstein ebd. V 762; vgl. auch Alfred Stern, Revue historique t. 60; Forschungen zur brandenburgisch-preußischen Geschichte Bd. IX.

S. 395. Scharnhorst bleibt: Lehmann II 197 ff. Einrichtung des Kriegsministeriums 207, Militärakademie 215 ff.; der Kampf um die allgemeine Wehrpflicht 330—342.

S. 398. Krieg von 1809: O. Christe, Erzherzog Carl II (1912) bes. 182 ff. — Das Manifest des Kaisers vom 15. April 1809, verfaßt von Gentz, abgedruckt in seinen Schriften, herausgegeben von G. Schlesier II (1838) 336—366. — Friedrich Schlegel schrieb die Aufrufe des Generalissimus an sein Heer; das Buch von R. Wolpers, Friedrich Schlegel als politischer Denker und deutscher Patriot (1917) versagt hier, indem es unmittelbar vor 1809 abbricht; die Kriegslieder Friedrich Schlegels ebd. S. 224. — Über Andreas Hofer s. K. Th. Heigel, Zwölf Charakterbilder (1913) S. 201 (hat die offiziösbayrische Tendenz seiner Zeit, Hofer als österreichischen Helden, doch nicht als deutschen Helden gelten zu lassen).

S. 400. Erhebung in Norddeutschland: Stein war gelegentlich geneigt, der Reformation die Schuld beizumessen, daß die Erhebung in Preußen nicht so vor sich ging wie 1808 in Spanien, 1809 in Tirol, 1812 in Rußland (Aus den Papieren Schöns III 23).

S. 406. Zur Charakteristik Metternichs in den Anfängen seiner Ministerschaft vgl. die Wiener Gesandtschaftsberichte W. v. Humboldts, besonders vom 12. Febr. 1811 (Ges. Schriften II 5 ff.).

III, 4.

S. 408. Die Hauptquellen für dieses Kapitel sind W. v. Humboldts Ges. Schriften, Akademieausgabe Band X (1903; enthält die Denkschriften des Unterrichtsministeriums) und XIII (1920; enthält Supplemente). — Neben dem schon früher genannten Werke von Ed. Spranger (W. v. Humboldt und die Humanitätsidee, 1909, zweite Aufl. 1929) kommt jetzt hier vor allem in Betracht das andere Werk von Ed. Spranger: W. v. Humboldt und die Reform des Bildungswesens (1910), sowie das Werk von S. Kaehler: W. v. Humboldt und der Staat (1927), das für die Beurteilung Humboldts ganz neue, weit von der alten panegyrischen Auffassung (z. B. Rudolf Haym, Humboldt, Lebensbild und Charakteristik, 1856) wegführende Ausblicke öffnet; ich habe mich bemüht, aus dem Bilde der Persönlichkeit die entsprechenden Folgerungen für das politische Werk Humboldts zu ziehen. Vgl. Kaehler S. 211 ff. (Verhalten, als der Ruf nach Königsberg an ihn erging, wogegen Haym seinen Helden voll Idealismus an Steins Stelle treten läßt; auch S. 499 Gehaltsfragen). Immerhin heißt es doch bei Haym (S. 201): „Humboldt wünschte dem Staate zu dienen, um den Staatsdienst selbst zum Mittel seiner eigenen Ausbildung zu machen.“ Grundlage sind hierfür die Briefe an die Gattin vom November 1808 (Erfurt) und von Januar

1809 (von Berlin aus): in dem Briefwerk W. u. Car. Humboldt, herausgegeben von A. v. Sydow a. a. O. III 15 ff. 73 ff.

S. 410. Staat und Kulturpflege: noch in seinem Generalbericht an Dohna vom 19. Mai 1809 (Ges. Schriften XIII 219) schreibt Humboldt, „daß der Zeitpunkt, wo die Sektion ihren Zweck erreicht hätte, der wäre, in dem sie ihr Geschäft gänzlich in die Hände der Nation niederlegen und sich mit dem Unterricht und der Erziehung nur noch in den höchsten Beziehungen derselben auf die andern Teile der obersten Staatsverwaltung beschäftigen könnte. Der Grundsatz, daß der Staat sich um das Schulwesen gar nicht einzeln bekümmern muß, ist an sich, einer konsequenten Theorie der Staatswissenschaften nach, gewiß der einzig wahre und richtige."

S. 411. Pestalozzi: ich folge der ersten (Cottaschen) Gesamtausgabe, 14 Bände, 1819/1826. Grundlegend für die Methode ist die also genannte Schrift von 1800 und die Rede von 1809 „Über die Idee der Elementarbildung" (VIII 129 ff.; dort die im Texte angeführten Stellen): dazu natürlich noch die bekannten Hauptwerke I—V. — Die Verwandtschaft von Pestalozzi und Kant ist eine These Paul Natorps: in seinem „Pestalozzi" (^{3}1919) S. 22 und in seiner Schrift „Pestalozzis Idealismus" (1919).

S. 413. Jean Pauls „Levana": Neuausgaben von Karl Lange (Bibliothek Pädagog. Klassiker XII), K. Fischer (Greßlers Klassiker der Pädagogik) und Reclam. Vgl. Wilh. Münch, Jean Paul als Verfasser der Levana, 1907 (enthält eingehende Auszüge).

S. 415. Rezeption Pestalozzis: Fichte, Reden an die deutsche Nation (9. Rede) und das von Dilthey in seiner Biographie Süverns mitgeteilte Material (Diltheys Ges. Schriften IV bes. 461 ff.).

S. 421. Der dreifache Aufbau: Hauptquellen sind der Königsberger und der litauische Schulplan (Ges. Schriften XIII 259 ff.).

S. 421. Kadettenhäuser: Humboldt-Süvernsche Denkschrift vom 9. Juli 1809 (Ges. Schriften X 93 ff.). Die Militärakademie als Spezialschule für das reifere Alter wird geduldet, verworfen aber werden die Kadettenhäuser, weil sie Spezialschulen seien, „die das frühe Alter schon für den Militärstand in Anspruch nehmen, lange zuvor ehe es den Weg allgemein notwendiger Bildung zurückgelegt hat und auf ihm so weit geführt ist, daß über seine Anlage und Neigung zu einem bestimmten Fache sich nicht mehr zweifeln läßt. Sie tun daher der menschlichen Natur Gewalt an ... als wenn der Kaufmannsstand merkantilische oder der Ökonomiestand ökonomische Institute anlegte, in welchen schon vom Knaben an der Mensch an Leib und Seele zum Kaufmann oder zum Ökonom gebildet werden sollte". Die gleichen Gedanken in Humboldts Denkschrift über die Ritterakademie in Liegnitz vom 7. September 1809 (Ges. Schriften X 160 ff.). Daß Scharnhorst seiner Grundauffassung nach ursprünglich den Kadettenschulen abgeneigt war, s. Lehmann II 94.

S. 422. Volksschule: betr. Vorgeschichte s. Ferd. Vollmer, Friedrich Wilhelm I. und die Volksschule (1909); J. Tews, Ein Jahrhundert preußischer Schulgeschichte (1914) S. 11 Anm. und S. 16 (betr. das Edikt von 1717). — Dilthey, Süvern a. a. O. — K. G. v. Raumer, Leben von ihm selbst erzählt (1866) 32 ff.

S. 423. Schulaufsicht: St.-O. § 179 hat die Errichtung von städtischen Schuldeputationen (aus Magistrat und Stadtverordneten) vorgesehen. Humboldts Denkschriften zur Ausführung dieser Bestimmungen (Juli 1809) s. Ges. Schriften X 115 ff. Seine Tendenz geht auf Sicherung des Rektors als Schulmonarchen. Das Schulkollegium soll nur Rat erteilen, und wo er nicht befolgt wird, sich an die Oberbehörde wenden; die Geistlichen sollen das Recht und die Verbindlichkeit erhalten, „den Religionsunterricht zu kontrollieren und darüber dem Schulkollegio ihre Bemerkungen mitzuteilen und jedoch nur für diesen Punkt sich als Mitglieder desselben gerieren."

S. 424. Gelehrtenschulen: die grundlegenden allgemeinen Werke sind Friedrich Paulsen, Geschichte des gelehrten Unterrichts II³ (1921); A. Heubaum, Gesch. des deutschen Bildungswesens I (1905); H. Leser, Die pädagogischen Probleme in der Geistesgeschichte der Neuzeit Bd. I/II (1925—1928). — Ein Quellenwerk für ein einzelnes Territorium: Geschichte des humanistischen Schulwesens in Württemberg, herausgegeben von der württemberg. Kommission für Landesgeschichte III 1 (1927).

S. 427. Herders Schriften über den Gelehrtenunterricht aus allen Perioden seines Lebens zusammengestellt: Werke, herausg. von Suphan Bd. XXX.

S. 427. Fr. A. Wolf: Arnoldt, Fr. A. Wolf. 2 Bde. (1861); hier Bd. II 387 ff. über Wolfs heidnischen Humanismus. Ebenso Hans Loewe, Fr. Thiersch, ein Humanistenleben (1925) Bd. I passim. — Vgl. auch Anton Baumstark, F. A. Wolf und die Gymnasialpädagogik, in Fleckeisens Neuen Jahrbüchern für Philologie, Bd. 28 (1863) II. Abt. S. 371 ff. (die Tendenz ist, die Reformbestrebungen der sechziger Jahre durch Wolf zu begründen, von dessen Ideen man seit den zwanziger Jahren durch die sog. formale Bildung abgekommen sei. Wolf habe beides gewollt: Menschenbildung und Vorbereitung auf den Gelehrtenberuf, nicht einfach nur eine formal-idealistische humanitas).

S. 430. Humboldt und die Sprache: die Arbeiten Humboldts zur Geschichte und Psychologie der Sprache sind in seinem langen Leben konzipiert und meist in den späteren Jahren erst niedergeschrieben worden; sie füllen die Bände V u. VI der Ges. Schriften (Akademieausg.). — Im Königsberger Schulplan (Ges. Schriften XIII 265) heißt es: „Daß der Sprachunterricht wirklich Sprachunterricht und nicht, wie jetzt sooft, eine mit Altertums- und historischen Kenntnissen verbrämte und hauptsächlich auf Übung gestützte Anleitung zum Verständnis der klassischen Schriftsteller sei. Denn die Kenntnis der Sprache ist immer, als den Kopf aufhellend und Gedächtnis und Phantasie übend, auch unvollendet nützlich"; dazu Spranger a. a. O. 167 ff.

S. 431. Prüfungen: Gutachen Humboldts betr. Examen pro fac. doc. vom 11. April 1810 (Schriften X 239 ff.): fordert Abschaffung des Examens pro loco, besonders auch durch Beseitigung von Patronatsmißbräuchen, und Einführung eines allgemeinen Examens nach dem Süvernschen Entwurf vom 27. Februar 1810. — Humboldts Gutachten über die Organisation der Ober-Examens-Kommission vom 28. Juni 1809 (Schriften X 81 ff.), betr. Ratsexamen für höhere Beamte; hier die Sätze: „daß ebensowohl die natürlichen Anlagen als die erlangte Bildung beurteilt werden müssen, und daß es nicht allein darauf ankommt, über die Zulassung oder Abweisung zu entscheiden, sondern vorzüglich darauf, sich eine möglichst richtige und vollständige Anschauung der intellektuellen Kräfte des Geprüften und ihrer Richtung zu verschaffen. Daher wird es sehr zweckmäßig sein, wenn die einzelnen Examinatoren . . . ihr Urteil über den Examinanden schriftlich und in einiger Ausführlichkeit und gleich mit hierauf genommener Rücksicht aufsetzen, und je fähiger ein Subjekt ist, desto genauer wird die Sorgfalt hierin sein können." Es folgen Vorschläge zur Reform der Konduitenlisten über die im Dienste befindlichen Beamten. S. 87 heißt es: „Nichts ist so wichtig bei einem höheren Staatsbeamten, als welchen Begriff er eigentlich nach allen Richtungen hin von der Menschheit hat, welche Ausdehnung er dem Begriff der Bildung gibt . . ., welchen Grad der Achtung oder Nichtachtung er für die niederen Volksklassen hegt . . ., ob er den Feuereifer des Reformators oder nur den starken Willen treuer Pflichterfüllung nach strengen Grundsätzen oder Lust am Experimentieren hat. . . . Die Kunst des Examinators wird nur darin bestehen müssen, . . . nicht mit einer vorbereiteten Ideenreihe zu kommen, die er verfolgen will, sondern sich vielmehr dem zu Prüfenden zu überlassen etc." — Das Wort „Prüfungsfanatismus" von Spranger a. a. O. 232.

S. 432. Realgymnasien: Spranger 215 ff. — Fach- und Gewerbeschulen: Goldschmidt, Kunth (1881) 32 107.

S. 433. Jahn: Edmund Neuendorff, Turnvater Jahn, sein Leben und Werk (1928). — Über Jahn aus späterer Zeit: Steffens, Was ich erlebte, Auswahl von Gundolf 335—339. — Daß die Einführung des Exerzierens und gymnastischer Übungen in allen Schulen zu Scharnhorsts Grundgedanken gehörte, s. Lehmann II 93.

S. 436. Verfall der alten Universitäten: Leibnizens Urteile bei Ed. Pfleiderer, Leibniz 604 ff. — Lessing, Briefe antiquarischen Inhalts 54. Brief., Der junge Gelehrte. — Adam Smith, Wealth of Nations Bd. V, Ch. I, Part III, Act. II. — Winckelmann in Halle: Justi a. a. O. I 46 ff. — Leipzig: Mencke, De charlataneria eruditorum (deutsch: Von der Marktschreyerei der Gelehrten, 1715). — E. M. Arndt, Geist der Zeit Bd. I (1806).

S. 440. Schellings Vorlesungen über die Methode des akademischen Studiums (1803, ²1813, ³1830). Werke a. a. O. II 541 ff.

S. 442. Reorganisation von Heidelberg: F. Schnabel, Sigismund v. Reitzenstein 81 ff.

S. 443. Universität Berlin: Max Lenz, Geschichte der Universität Berlin I (1910). — Die drei denkwürdigsten Entwürfe sind: Fichtes „Deduzierter Plan einer zu Berlin zu errichtenden höheren Lehranstalt" (1807); Schleiermachers „Gelegentliche Gedanken über Universitäten in deutschem Sinn" (1808); H. Steffens, „Über die Idee der Universitäten" (1809). Neudruck von allen dreien ed. Ed. Spranger, Philosophische Bibliothek Bd. 120 (1910, ²1919). Dazu kommt ferner noch Humboldts unvollendete und undatierte Denkschrift „Über die innere und äußere Organisation der höheren wissenschaftlichen Anstalten" (1810), wieder abgedruckt in Ges. Schriften X 2 S. 250 ff. und in seinen Ausgew. phil. Schriften, herausgegeben von Joh. Schubert (Philosophische Bibliothek Bd. 123) S. 204 ff. Die übrigen Aktenstücke Humboldts zur Gründung der Universität Berlin abgedruckt in Ges. Schriften X 139—159 u. 263—288. — Das Wort: „Der Staat muß durch geistige Kräfte etc.", ist überliefert von Schmalz, s. Lenz I 78.

S. 446. Zu den allgemeinen Fragen über die Nachwirkungen der Humboldtschen Universitätsreform: C. H. Becker, Gedanken zur Hochschulreform (1919); ders., Vom Wesen der deutschen Universität (1925).

S. 455. Humboldts Rücktritt: Entlassungsgesuch mit eingehender Begründung vom 29. April 1810 (Ges. Schriften X 244—250). Die Briefe aus Mai und Juni 1810 (W. u. C. Humboldt in ihren Briefen a. a. O. III 399 ff.).

III, 5.

S. 458. Hardenbergs Rückkehr: s. eigene Darstellung bei Ranke, Hardenberg IV 215 ff. 235—249.

S. 459. Hardenbergs Denkschrift über die Reorganisation des preußischen Staates, Riga, 12. Sept. 1807: Ranke a. a. O. IV, Anhang.

S. 460. Säkularisationsedikte vom 27. u. 30. Okt. 1810: s. Erich Förster, Die Entstehung der preußischen Landeskirche (1905) 193 ff.

S. 462. Die Opposition: v. d. Marwitz, eigene Lebensbeschreibung, herausg. von Meusel I 533 ff.; dazu das Tagebuch während seiner Gefangenschaft II, 1 (1811) 18—45. Die Aktenstücke und Briefe sind abgedr. II, 1, 152 ff.; die Denkschrift Adam Müllers vom 11. Febr. 1811 S. 252—262.

S. 464. Theodor v. Schön in England: Theodor v. Schön, Studienreisen eines jungen Staatsmannes in England (1891), bes. S. 43 ff. (betr. landwirtschaftl. Studien in Susson-Hall und Ritt durch Suffolk).

S. 464. Albrecht Thaer, Grundsätze der rationellen Landwirtschaft, 4 Bde., 1809—1812 (ich zitiere nach dieser Erstausgabe).

S. 468. Adam Müller und Thaer: s. Adam Müller, Agronomische Briefe (1812); Theorie der Staatshaushaltung (1812). Vgl. Fr. Lenz, Agrarlehre und Agrarpolitik der deutschen Romantik (1912).

S. 473. Judenedikt: die Judenfrage war in Preußen in Fluß gekommen durch die von Moses Mendelssohn angeregte Schrift von Christian Wilhelm Dohm, Über die bürgerliche Verfassung der Juden (1781).

S. 474. Auswärtige Politik: Hardenbergs eigene Darstellung bei Ranke, Hardenberg IV 265 ff. Gneisenaus Denkschrift vom 8. Aug. 1811 mit den Marginalien des Königs bei Delbrück, Gneisenau I 219—221 231; die Randbemerkungen wurden zuerst bekannt gegeben von Arndt, Notgedrungener Bericht I 402. Scharnhorsts Denkschrift gegen Hardenberg (ohne Datum), aber vor 10. Mai 1811 (Lehmann II 362—366); Hardenbergs Denkschrift vom 10. Mai 1811; die Militärkonvention vom 17. Okt. 1811, abgedr. bei Martens, Recueil des traités conclus par la Russie 7, 24 ff. — Die Schriftstücke der Opposition: v. d. Marwitz a. a. O. II, 2, 198 ff. — Gesamturteil: Delbrück, Gneisenau I 241 und der Exkurs ebd. 249 ff.

IV.

S. 481. Das letzte Bulletin: zur gerechten Würdigung: Fournier, Napoleon III 137 Anm. Dort auch und S. 155 über die bewußte Legendenbildung von dem vorzeitig eingetretenen russischen Winter.

S. 482. Quellen über den Feldzug von 1812: Liste bei Fournier III 396 ff.

S. 484. Stein nach Wilna: das Berufungsschreiben Alexanders an Stein vom 27. März 1812 und Steins Antwort vom 23. Mai 1812: Pertz III 51—53 599 600.

S. 484. Steins historische Wirkung in Rußland ist umstritten. Die Russen bestreiten sie völlig: Grand-duc Nicolas Mikhailowitsch, L'Empereur Alexandre

I (1912) 112 (wo alles als persönliches Verdienst des Zaren in Anspruch genommen ist). Vermittelnd: Theodor v. Bernhardi, Geschichte Rußlands und der europäischen Politik II, 2 (1875) 713 (der Zar handelte unter dem Drucke der öffentlichen Meinung).

S. 484. Gneisenaus Reise nach Schweden und England: Delbrück a. a. O. I 269 ff.

S. 485. Stein, Arndt: vgl. Arndt, Meine Wanderungen und Wandlungen mit dem Freiherrn vom Stein (erst 1858 geschrieben).

S. 485. Die Wilnaer Denkschrift vom 20. Juni 1812 und Alexanders Antwort: Pertz III 68–74 601–604.

S. 485. Die Denkschriften vom 17. Sept. 1812 über Deutschlands künftige Verfassung und über die Bildung eines Verwaltungsrates für Deutschland: Pertz III 140 144.

S. 485. Konflikt mit Herzog Peter: Steins Bericht an den Kaiser vom 18. Aug. 1812: Pertz III 114.

S. 486. Briefwechsel mit Graf Münster: bes. der ber., schon oben zitierte Brief vom 1. Dez. 1812: Pertz III 226.

S. 486. Petersburger Denkschrift vom November 1812: Pertz III 212.

S. 487. Tauroggen: heutiger Stand s. den Exkurs bei Delbrück, Gneisenau I 278–280.

S. 488. Steins Sendung nach Ostpreußen: Pertz III 269 ff.; die Originalvollmacht ebd. S. 644. — Für Steins Rechtsstellung vgl. den ber. Brief Alexanders an Friedrich Wilhelm III. vom 21. Januar 1813: „J'ai revêtu de mon plein pouvoir un dignitaire russe, mais un des plus fidèles sujets de Votre Majesté, le baron Stein" (Grand-duc Nicolaus, L'Empereur Alexandre I 118).

S. 491. Stein in Breslau: Pertz III 302 ff.

S. 491. Die Verordnungen über die Landwehr sind gesammelt von Gerwien, Errichtung der Landwehr und des Landsturmes im Jahre 1813 (Beiheft zum Militärwochenblatt 1846).

S. 493. Betr. Freiwilligkeit: das Urteil von Hans Delbrück, Weltgeschichte IV (1928) 215. Vgl. Lehmann, Scharnhorst II 528 Anm. 2: bei der Artillerie und den Pionieren wurden keine besonderen Detachements gebildet; die Folge war, daß sich bei diesen Waffengattungen eine auffallend geringe Zahl von Freiwilligen einfand.

S. 495. Metternich: Die Beurteilung Metternichs hat sich im letzten Menschenalter völlig gewandelt, der Umschwung hängt zusammen mit der allgemeinen Überwindung der kleindeutschen und großdeutschen nationalistischen Einseitigkeiten. Lange herrschte im öffentlichen Bewußtsein die von den Führern der nationalen und konstitutionellen Bewegung in Deutschland und Italien ausgesprochene Verdammung Metternichs vor, wie sie in Deutschland am schärfsten von der kleindeutschen Richtung und in ihr wieder am entschiedensten und lautesten von Treitschke (z. B. sehr bezeichnend I 494) ausgesprochen worden ist. Dann hat man allmählich Metternichs Politik aus den Lebensbedingungen des österreichischen Staates zu verstehen gelernt, bis H. v. Srbik 1925 in seiner großen Metternichbiographie den Staatsmann und den Menschen aus der geschichtlichen Lage erklärte, die europäischen Gesichtspunkte Metternichs aufzeigte und sie geschichtlich aus der Welt der rheinischen Aufklärung und aus dem Gleichgewichtssysteme des 18. Jahrhunderts deutete, indem er zugleich den stark doktrinären Zug in dem Wesen dieses Staatsmannes, aber auch seine kluge Haltung zwischen den rivalisierenden Großmächten heraushob. Hieraus erklärt sich auch Metternichs Politik 1813, jene vorsichtige Lösung von Napoleon und der Anschluß an Rußland unter gleichzeitiger Vermeidung einer russischen Botmäßigkeit (Srbik I 156 ff. 163 ff.). Bei Srbik (I 3—50) findet man auch einen Überblick über die Wandlungen des Metternichbildes in der Historiographie.

S. 496. Eine Hauptquelle für die preußisch-österreichischen Beziehungen bis zum Reichenbacher Vertrag sind die Denkschriften und Gesandtschaftsberichte Humboldts, abgedr. in Ges. Schriften XI. — Kritische Bemerkungen über die Quellen zur Dresdener Entrevue gibt Srbik I 715 (zu 160). — Das Manifest des Kaisers, wieder wie 1809 von Gentz verfaßt, erschien am 19. Aug. 1813 (Gentz' Schriften herausgeg. von G. Schlesier II 369 ff.): es schildert die ganze Vorgeschichte seit 1809, nennt als eigentlichen Kriegsgrund die „unnatürliche Ausdehnung des französischen Gebietes" (S. 375); der Traktat vom 14. März 1812 habe den Zweck gehabt (S. 378), eine Stellung zu gewinnen, „die im Falle der Unmöglichkeit des Friedens oder wenn der Lauf des Krieges entscheidende Maßregeln notwendig machen sollte, Österreich in den Stand setzte, mit Unabhängigkeit zu handeln". Als Ziel des Krieges wird bezeichnet (S. 385) die „Wiederherstellung des politischen Systems von Europa".

S. 503. Landwehr und Landsturm: E. M. Arndts Schrift: „Was bedeutet Landsturm und Landwehr?" (1812) gibt wie schon Justus Möser der Meinung der Zeit Ausdruck, daß beide Institutionen (also die Nationalmiliz) germanischer Herkunft seien und daß der Verfall des Gemeinwesens mit dem Aufkommen der Söldner begonnen habe. Daher auch die Verdeutschung: statt Volontaires Freiwillige, statt Nationalmiliz Landwehr und Landsturm. Von hier aus konnte man dann doch wieder sehr leicht zur Verwerfung der stehenden Heere gelangen. — Neben der völkischen Tendenz ergibt sich die christlich-protestantische der Bewegung schon aus dem Wortlaut der Landsturmordnung und des Landsturmediktes mit ihren Anweisungen an die Prediger und ihrer Betonung der christlichen Tugenden; daher auch das Landwehrkreuz (Lehmann II 562).

S. 504. Die Bedenken gegen das Landsturmedikt: Delbrück, Gneisenau I 324.

S. 506. Die alte und die neue Kriegführung: die scharfe Antithese ist herausgearbeitet worden von Jomini und Clausewitz. Vgl. Jomini, Traité des grandes opérations militaires contenant l'histoire des campagnes de Frédéric II comparées avec celles de l'Empereur Napoléon. 2. éd. 1811. Vol. III p. 199 ff. (wo die „Prinzipien" Napoleons auf die Position von 1759 angewendet werden), oder Vol. IV p. 143 (wo die Operationen Dauns 1761 mit denen Napoleons 1809 verglichen werden); vor allem noch IV 275 ff. (Chap. 35: „L'art de la guerre, ramené à ses véritables principes"). Carl v. Clausewitz, Hinterlassene Werke (1832 ff.) Bd. IX bes. S. 227—228 (wo er sein abschließendes Urteil über Turenne spricht); die Prinzipien selbst in dem Werke „Vom Kriege": 3. Buch „Von der Strategie überhaupt" (bes. 2. Kap. Elemente, 8. Kap. Überlegenheit am entscheidenden Punkte, 9. Kap. Überraschung, 12. Kap. Vereinigung der Kräfte, 13. Kap. Reserve). Die

Jomini - Clausewitzsche Antithese ist als Ergebnis moderner Wissenschaft dargestellt und prägnant zusammengefaßt von Hans Delbrück in dem Aufsatz „Über die Verschiedenheit der Strategie Friedrichs und Napoleons" in seinen Histor.-polit. Aufsätzen (1887) 227 ff.; ihre Berechtigung wird bestritten von Jean Jaurès, Die Neue Armee (1913) 66 ff. (auch Turenne war mehr als nur Methodiker) und 77 ff. (auch die Revolutionsgenerale waren mehr als nur Draufgänger): in Carnot sieht er die Vereinigung des Geistes und der Seele, der geistigen Tradition des alten Heeres mit der aufopfernden Liebe zum Vaterlande. — Vgl. noch Graf Yorck v. Wartenburg, Napoleon als Feldherr. 2 Bde. [4]1904.

S. 517. Herbstfeldzug 1813: Lange herrschte in unserer Literatur die antiösterreichische Auffassung, die Quistorp (Geschichte der Nordarmee, 1873) und Theodor v. Bernhardi (Denkwürdigkeiten aus dem Leben des russischen Generals v. Toll, 1865) geschaffen haben. So geht das scharfe Urteil über Schwarzenberg auf die Preußen und Russen, insbesondere auf Toll, den Adjutanten des Zaren, zurück und war den Zeitgenossen geläufig, bis es durch Bernhardi in die Wissenschaft gelangte. Ebenso übernahm die Wissenschaft unbesehen die Beschuldigungen Bülows gegen seinen Oberfeldherrn Bernadotte. Diese ganze Geschichtsauffassung ist umgestoßen worden von Hans Delbrück und seiner Schule; alle Literatur und abschließende Darstellung bei H. Delbrück, Gneisenau, [4]1920.

S. 527. Daß Stein und Gneisenau auf dem Leipziger Marktplatz sich das Wort gegeben, ist übermittelt bei Pertz, Gneisenau III 477.

S. 527. Zentralverwaltungsrat: die Aktenstücke herausg. von Eichhorn (1814); dazu Pertz, Stein III 444 ff.

S. 527. Steins „Hochmut": s. Briefe an seine Frau: Pertz III 485.

S. 528. Der modus procedendi — zuerst Territorialfrage, dann erst Verfassungsfrage, Mitwirkung der Mächte etc. — entwickelt von Gentz in Brief an Metternich vom 5. Nov. 1813: Wittichen, Briefe von und an Gentz III (1913) 193—197.

S. 530. Winterfeldzug 1814: das Bild ist gleichfalls vornehmlich durch Hans Delbrück und seine Schule (G. Roloff, Politik und Kriegführung während des Feldzuges von 1814 [1891]) aufgebaut worden.

S. 533. Ende Napoleons: Senatsbeschluß betr. Ernennung einer provisorischen Regierung vom 1. April 1814 (Hélie S. 871); betr. Absetzung Napoleons und seiner Familie vom 3. April (ebd. S. 874); Bestätigung durch den Corps législatif (S. 877); Abdankungsurkunden vom 4. und 11. April (S. 878).

S. 536. Der Rhein: die Schrift von Arndt ist sehr oft gedruckt, die wichtigsten Artikel aus dem Rhein. Merkur abgedr. in der Görres-Auswahl von Schellberg I (1911) 508 ff. Zum Werdegang des rheinischen Symbols: Fr. Schlegel, Reise nach Frankreich (zuerst erschienen 1803 in „Zeitschrift Europa"), Neudruck in Kürschners Nat.-Lit. Bd. 143, bes. S. 278 (das Gedicht an den Rhein). Im gleichen Jahre 1802 die Rheinfahrt Arnims und Brentanos, von Frankfurt bis Koblenz, wo Brentano in Liebeshändel geriet und sich von Arnim trennte; vgl. Brentanos „Märchen von dem Rhein und dem Müller Radlauf".

S. 542. Die sächsische Frage: Niebuhr, Preußens Recht gegen den Sächsischen Hof (1814, [2]1815).

S. 546. Die Deutsche Frage: J. L. Klüber, Akten des Wiener Kongresses (1815): Vorverhandlungen, wer zur Beratung beizuziehen sei (II 71 106—109). Im ganzen 10 Entwürfe seit Chaumont, nämlich: Steins Entwurf vom 10. März 1814; die preußischen Entwürfe vom 13. Sept. (41 Art.), 10. Febr. (120 Paragr.), am gleichen Tage noch in 106 Paragraphen, Anfang April (14 Art.), 30. April (14 Art., Klüber II 298—308); die österreichischen Entwürfe Dezember 1814 (15 Art., von Wessenberg ausgearbeitet und später zur Grundlage aller Beratungen geworden; Klüber II 1—5), 7. Mai (19 Art., Klüber II 308—314); gemeinsam von Österreich und Preußen die 12 Artikel vom 16. Okt. 1814 und die 17 Artikel vom 23. Mai 1815. Die Protokolle über die Schlußkonferenzen vom 23. Mai bis 10. Juni 1815: Klüber II 324—360. Die wichtigsten Denkschriften Steins zur Deutschen Frage sind: die Petersburger Denkschrift vom 17. Sept. 1812 (Pertz III 140), die Prager Denkschrift vom August 1813 (publiz. L. v. Ompteda, Polit. Nachlaß III 224), die Chaumonter Denkschrift vom 10. März 1814 (Pertz III 558 u. 718), die Wiener vom 17. Febr. 1815 (betr. Wiederherstellung der Kaiserwürde: Pertz IV 744), außerdem der oben genannte Entwurf. — Die wichtigsten Denkschriften Humboldts zur Deutschen Frage sind: 1. Frankfurt, Dezember 1813 (Schriften XI 95): die Entscheidung über Krieg und Frieden soll an die zwei Großmächte gegeben werden; im übrigen sollen die vier größten Staaten die Leitung haben, innere Reformen sollen von Bundes wegen durchgeführt werden. 2. Gegen die Bedenken von Gentz, die sich gegen alle drei Punkte richteten, die Denkschrift dat. Freiburg, 4. Jan. 1814 (S. 113). 3. Über die Territorialfragen, Wien 20. Dez. 1814 (S. 145). 4. Mémoire préparatoire, dat. vermutlich April 1814 (S. 204 ff.) 5. Der Brief an Hardenberg vom 31. Aug. 1814 über Hardenbergs Verfassungsplan der 41 Artikel (S. 220). 6. Denkschrift gegen den bayrischen Standpunkt betr. das Recht der Kriegführung und die Bündnisse der Einzelstaaten (S. 227). 7. Die beiden Verfassungsentwürfe mit und ohne Kreiseinteilung vom November 1814 (S. 234) und ein dritter Entwurf einer „von dem bisherigen Vorschlage abweichenden Organisation der Bundesversammlung" o. Dat. (S. 279). 8. Widerlegungen von Steins Denkschrift über die Kaiserwürde o. Dat. (18.—23. Febr. 1815 u. 3. März 1815; S. 295 302).

S. 554. Blücher und Gneisenau: ihr persönliches und dienstliches Verhältnis sehr fein bei H. Delbrück, Gneisenau II 152—156.

S. 557. Waterloo: es gibt von dieser Schlacht zwei meisterhafte Darstellungen (worunter ich das ganz uncharakteristische Bild von Stendhal, Chartreuse de Parme Kap. 3—4, natürlich nicht rechne): Treitschke, Deutsche Geschichte I 751 ff., und Delbrück, Gneisenau II 169 ff. Meine Darstellung beruht, wie nicht anders möglich, auf jener von Delbrück.

S. 560. Der zweite Pariser Friede: Humboldt gegen den russischen Standpunkt in zwei Denkschriften von Anfang August 1815 (Schriften XII 3 ff. u. 15 ff.). Gentz' Artikel „Über den zweiten Pariser Frieden" im Österr. Beobachter vom 5. Dez. 1815 (abgedr. in Gentz' Schriften, herausg. von Schlesier II 403); Görres' Antwort „Nach Wien hinüber" im Rhein. Merkur vom 16. Dezember (wieder abgedr. in Görres' Rhein. Merkur, ausgew. von Arno Duch [1921] 253—257); Gentz' Antwort „Gegen Görres" im Österr. Beobachter vom 19./20. Januar 1816 (abgedr. Schlesier II 410).

S. 560. Die Kunstwerke (worüber im Text nicht eingehender gehandelt werden konnte): G. Contarini, Canova a Parigi nel 1815 (1891). E. Steinmann, Geraubte Schätze in Paris: Deutsche Revue 1916. Arthur Chuquet, Les Prussiens et le musée du Louvre en 1815: Revue des Sciences Politiques 3. Serie, Bd. 36, S. 264 ff. Die Artikel des Rhein. Merkur zu dieser Sache in der Görresauswahl von Schellberg I (1911) 634—637 (hier auch von der Heidelberger Bibliothek die Rede). Vgl. Friedr. Wilken, Geschichte der Bildung, Beraubung und Vernichtung der alten Heidelbergischen Büchersammlungen (1817) 238 ff. (betr. die Zurückerstattung von 890 Handschriften, geschrieben auf Grund seiner eigenen maßgeblichen Beteiligung, aber mit starker Abneigung gegen den Heiligen Stuhl).

S. 566. St. Helena: Las Cases, Mémorial de Sainte-Hélène ou Journal jour par jour, ce qu'a dit et fait Napoléon durant dix-huit mois (1823/24). — Die literarischen Arbeiten Napoleons: Mémoires pour servir à l'histoire de France sous Napoléon (1823; jetzt in der Correspondance Bd. 29—32).

S. 567. Die Stelle aus dem Mémorial über die Berechtigung und Vereinigung der nationalen und der europäischen Idee lautet: „Une de mes plus grandes pensées avait été l'agglomération, la concentration des mêmes peuples géopraphiques, qu'ont dissous, morcelés les révolutions et la politique. Ainsi l'on compte en Europe, bien qu'épars, plus de trente millions de Français, quinze millions d'Espagnols, quinze millions d'Italiens, trente millions d'Allemands; j'eusse voulu faire de chacun de ces peuples un seul et même corps de nation. C'est avec un tel cortège qu'il eût été beau de s'avancer dans la postérité et la bénédiction des siècles. Je me sentais digne de cette gloire! Après cette simplification sommaire, il eût été plus possible de se livrer à la chimère du beau idéal de la civilisation: c'est dans cet état des choses qu'on eût trouvé plus de chances d'amener partout l'unité des codes, celle des principes, des opinions, des sentiments, des vues et des intérêts. Alors peut-être, à la faveur des lumières universellement répandues, devenait-il permis de rêver, pour la grande famille européenne, l'application du congrès américain, ou celle des Amphictions de la Grèce; et quelle perspective alors de force, de grandeur, de jouissances, de prospérité. Quel grand et magnifique spectacle.... Quoiqu'il en soit, cette agglomération arrivera tôt ou tard, par la force des choses, l'impulsion est donnée, et je ne pense pas qu'après ma chute et la disparition de mon système, il ait en Europe d'autre grand équilibre possible que l'agglomération et la confédération des grands peuples. Le premier souverain qui, au milieu de la première grande mêlée, embrassera de bonne foi la cause des peuples, se trouvera à la tête de toute l'Europe, et pourra tenter tout ce qu'il voudra" (Mémorial de Sainte-Hélène, ed. Las Cases, 1823, t. VIII, p. 168 ff; wieder abgedruckt in Correspondance de Napoléon vol. 32, p. 304/6).

Personenregister.

(Die Anmerkungen sind in den Registern nicht berücksichtigt.)

Sachregister.

dtv **Gebhardt**

Neunte, neu bearbeitete
Auflage, herausgegeben
von Herbert Grundmann
WR 4201–4222

1. Ernst Wahle: Ur- und Frühgeschichte im mitteleuropäischen Raum

2. Heinz Löwe: Deutschland im fränkischen Reich

3. Josef Fleckenstein und Marie Luise Bulst-Thiele: Begründung und Aufstieg des deutschen Reiches

4. Karl Jordan: Investiturstreit und frühe Stauferzeit (1056 bis 1197)

5. Herbert Grundmann: Wahlkönigtum, Territorialpolitik und Ostbewegung im 13. und 14. Jahrhundert (1198–1378)

6. Friedrich Baethgen: Schisma und Konzilszeit, Reichsreform und Habsburgs Aufstieg

7. Karl Bosl: Staat, Gesellschaft, Wirtschaft im deutschen Mittelalter

8. Walther Peter Fuchs: Das Zeitalter der Reformation

Handbuch der deutschen Geschichte

9. Ernst Walter Zeeden: Das Zeitalter der Glaubenskämpfe (1555–1648)

10. Max Braubach: Vom Westfälischen Frieden bis zur Französischen Revolution

11. Gerhard Oestreich: Verfassungsgeschichte vom Ende des Mittelalters bis zum Ende des alten Reiches

12. Wilhelm Treue: Wirtschaft, Gesellschaft und Technik in Deutschland vom 16. bis zum 18. Jahrhundert

13. Friedrich Uhlhorn und Walter Schlesinger: Die deutschen Territorien

14. Max Braubach: Von der Französischen Revolution bis zum Wiener Kongreß

15. Theodor Schieder: Vom Deutschen Bund zum Deutschen Reich

16. Karl Erich Born: Von der Reichsgründung bis zum Ersten Weltkrieg

17. Wilhelm Treue: Gesellschaft, Wirtschaft und Technik Deutschlands im 19. Jahrhundert

18. Karl Dietrich Erdmann: Der Erste Weltkrieg

19. Karl Dietrich Erdmann: Die Weimarer Republik

20. Karl Dietrich Erdmann: Deutschland unter der Herrschaft des Nationalsozialismus 1933–1939

21. Karl Dietrich Erdmann: Der Zweite Weltkrieg

22. Karl Dietrich Erdmann: Das Ende des Reiches und die Entstehung der Republik Österreich, der Bundesrepublik Deutschland und der Deutschen Demokratischen Republik.